HINA

中國·鎮江

长江运河相约的地方

址、昭关石塔、

扬剧、秦淮灯彩、封缸酒酿制技艺、董永传说

、南山风景名胜区、茅山风景名胜区、宝华山国家森林公园

《镇江年鉴》近年来主要荣誉

中国年鉴奖（2004年）

第三届全国年鉴编纂出版质量评比综合一等奖（2004年）
第四届全国年鉴编纂出版质量评比综合特等奖（2009年）

全国地方志系统首届年鉴评奖综合特等奖（2004年）
全国地方志系统第二届年鉴评奖综合特等奖（2010年）

第二届全国年鉴编校质量检查评比特等奖（2006年）
第三届全国年鉴编校质量检查评比一等奖（2007年）
第四届全国年鉴编校质量检查评比特等奖（2008年）

江苏省第四次地方志系统优秀成果评奖特等奖（2006年）
首届江苏省年鉴奖综合特等奖（2010年）

镇江年鉴

2011(总第20卷)

镇江市人民政府 主办

镇江市史志办公室 编

方志出版社

图书在版编目(CIP)数据

镇江年鉴.2011/镇江市史志办公室编. —北京：方志出版社，2011.8
ISBN 978-7-5144-0211-7

Ⅰ.①镇…　Ⅱ.①镇…　Ⅲ.①镇江市－2011－年鉴
Ⅳ.①Z525.33

中国版本图书馆CIP数据核字(2011)第179844号

镇江年鉴(2011)

编　　者：镇江市史志办公室
责任编辑：陆　洋
出 版 者：方 志 出 版 社
（北京市建国门内大街5号中国社会科学院科研大楼12层）
邮编　100732
网址　http://www.fzph.org
发　　行：方志出版社发行部
(010)85195814　85196281
经　　销：新华书店总店北京发行所
法律顾问：北京市大禹律师事务所
印　　刷：南京凯德印刷有限公司
开　　本：889×1194　1/16
印　　张：27
字　　数：1330千
版　　次：2011年8月第1版　2011年8月第1次印刷
印　　数：0001～2800册
ISBN 978-7-5144-0211-7/K·171　　定价:200.00元

《镇江年鉴》主审

许津荣　刘捍东

《镇江年鉴》编审人员

主　编	孙晓南　胡　振
副主编	杨国祥　傅雪元　刘爱玲　孙爱军　陈恒明
编辑部主任	杨正宏
编　辑	(以下按姓名笔画排序)
	毛向阳　杨正宏　赵茂龙　姚丽华　翁红霞　戴　芸
特约编辑	王　涛　王　磊　王金涛　付久成　冯　杨　冯鸿鸣
	石铁流　安　江　朱利荣　吴　琼　李小亮　李世华
	杜晓镇　束国玉　沈忠华　邵　教　陈正群　於光辉
	姜银土　唐　为　贾泽栋　郭　鑫　章存保　满子琴
	褚和平　缪立新　谭坚强
辖市(区)编辑	丁　阁　尹宏蔚　王　芸　刘　芳　李冬冬　殷　红
	谢竞美
英文翻译	姚丽华
彩页设计	黄丽华　黄　锦

《镇江年鉴》撰稿单位审稿人名单

(按姓名笔画排序)

丁羽如　马鹤利　尤　廉　尹卫民　尹连荣　王　欣　王　诚　王　琴　王为华

王友照　王永新　王建宏　王金华　王俊秋　王根生　王桂宏　王海波　王琪生

史玉林　史国平　叶有伟　田先华　田志虹　乔文兵　任一鸣　任振棣　刘　沁

刘吉顺　刘贤忠　刘海东　华国强　印　明　吕永生　吕建峰　孙　彤　孙　杰

孙中良　庄　钧　朱小坤　朱云峰　朱纪平　朱希庭　朱保卫　朱绮云　祁昌贵

许荣立　邢　军　邬书棋　冷国桂　冷剑桦　吴林宝　宋飞雄　宋勤华　张　兵

张　明　张水娟　张世成　张永志　张志宏　张　劼　张国云　张忠波　张海森

张雪冰　张德军　李　军　李江苏　李伯鍜　李奇瑞　李剑锋　李润仙　杜秀芹

杜晓镇　杨　斌　杨宁国　沈　红　沈红亮　沈恩达　沈高升　沈维良　肖军荣

苏启善　邵利明　陆廷秀　陈　凯　陈立军　陈志兰　陈建云　陈林海　陈泰龙

陈莹莹　周　社　周文娟　周国年　周建明　周胜贤　周梅生　宗加伟　尚亚波

屈振国　岳卫平　经颜明　郑　青　郑　毅　金汉甫　金国使　金彩曦　俞波涛

姚　岳　施竞平　段洪波　祝瑞洪　祝瑞银　胡龙海　胡配军　贺平泉　赵长亮

赵立源　赵慕萱　闻　捷　唐成海　唐国义　夏来友　徐　文　徐文山　徐旭峰

徐恒功　徐海亮　徐德军　殷国兴　殷金顺　莫丽荣　袁剑峰　郭必东　郭瑞龙

钱五龙　钱伯安　钱忠文　陶卫忠　顾宜方　顾雄林　康　勇　戚亚新　曹阳根

曹丽虹　黄　毅　曾文兵　葛晓祥　葛艳峰　蒋　宁　蒋乃平　蒋宗宁　蒋建中

蒋建新　韩建玲　褚和平　管鹤楼　缪志林　蔡　萍　樊德高　潘早云　潘国建

霍爱平　戴非平　鞠　伟　魏守红

编辑说明

《镇江年鉴》是镇江市人民政府主办、镇江市史志办公室编撰的大型地方综合年鉴，创刊于1992年，每年一卷，旨在逐年记载镇江市经济和社会发展的基本情况，为社会各界认识镇江、研究镇江、发展镇江提供基本资料。

《镇江年鉴(2011)》记载2010年全市经济、社会等方面的基本面貌、发展状况和各行各业取得的新进展、新成就、新经验，出现的新矛盾、新问题以及新探索。《镇江年鉴(2011)》新设“十一五”回眸和“十二五”展望、市政府机构改革、“三新”（新市镇、新农村、新园区）建设、国家创业型城市建设、新兴产业、深化医药卫生体制改革、沪宁高速铁路镇江段建设、综合交通客运枢纽工程建设、镇江与上海世博会、人力资源和社会保障“五大建设”、万顷良田建设工程、2010镇江音乐季、创先争优活动等内容。彩色画页继续设立《城市名片》，介绍城市特点和重要荣誉。为增强年鉴实用性，在相关部类安排重点企事业单位、科研机构、科研成果、大专院校等“点”上的信息，刊登最新版《镇江市政区图》《镇江市城区图》，继续选登有资料价值、史料价值的图表。

全书分类目、分目和条目3个层次，共设41个类目、226个分目、2000多个条目(图表)。个别分目下设立次分目，其标题前后加·表示。条目为记述实体，其标题用黑体字加【】表示。《大事记》中△表示“同日”，表格中#表示“其中”。全书所用稿件由市各部门、单位，各辖市(区)专人撰写，并经过各单位领导审阅，事实与数据均经过反复核对。统计数据均使用法定计量单位，为保持文献原貌，《特载》所刊报告中数据的量与单位均不作变动。对有些重要资料的记载在时限上适当放宽，以提高资料使用的时效性。地图经市国土资源局、地名管理办公室等单位审核，并由镇江市测绘管理办公室监制。

全书配有多重检索方法：卷首设中、英文目录，卷末设主题分析索引，并辅之以全书条目参见系统。为行文简洁，对主要机构(单位)名称采用习惯性简称，并在目录前配有《〈镇江年鉴〉主要机构(单位)简称全称对照表》，全书所有信息资料可通过目录、索引、条目参见系统以及书眉等查寻。2000年起，《镇江年鉴》进入互联网（http://nj.zhenjiang.net.cn）；2006年起附电子版光盘，以方便读者使用。

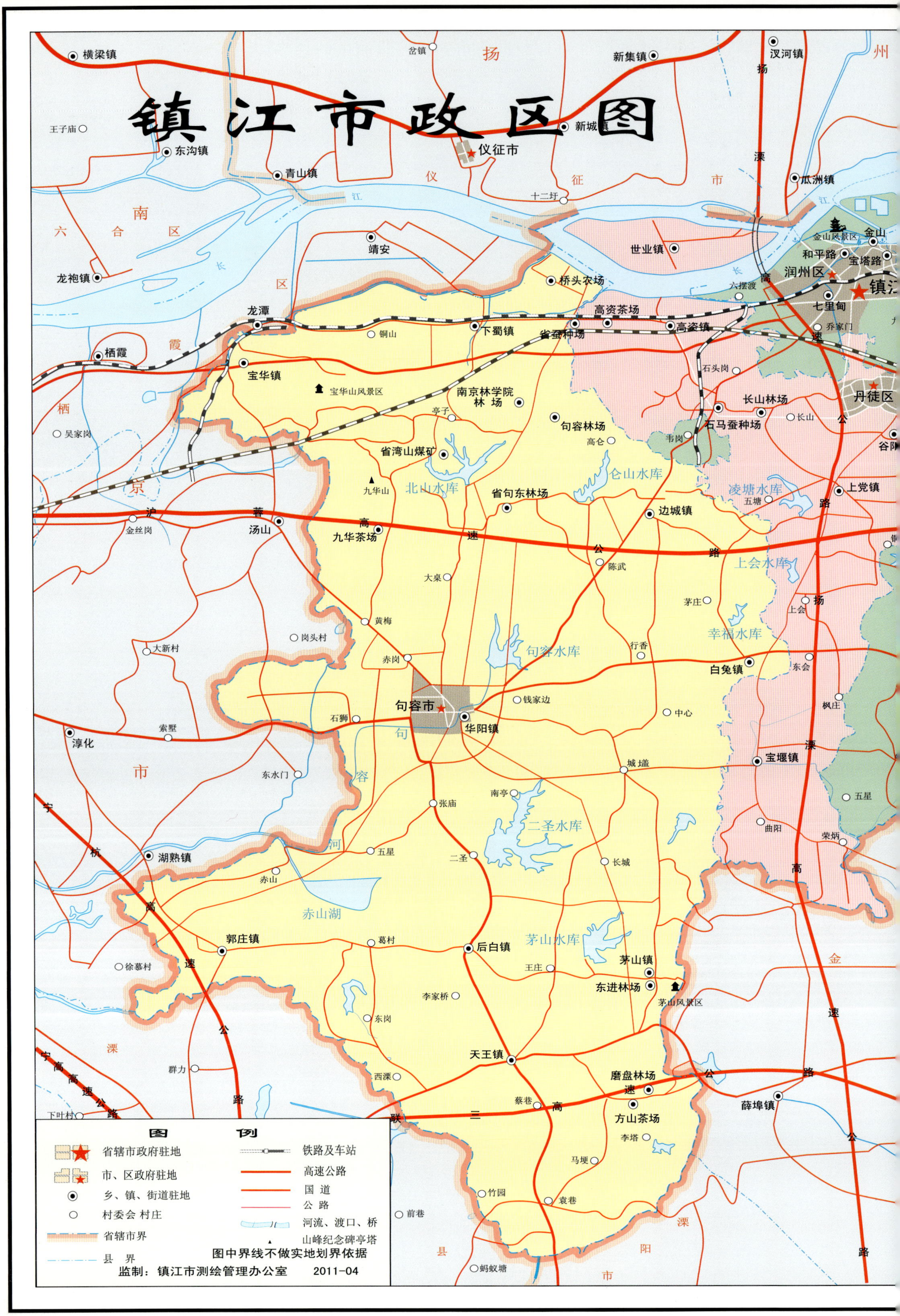
镇江市政区图
图 例
省辖市政府驻地
市、区政府驻地
乡、镇、街道驻地
村委会 村庄
省辖市界
县 界
铁路及车站
高速公路
国 道
公 路
河流、渡口、桥
山峰纪念碑亭塔
图中界线不做实地划界依据
监制：镇江市测绘管理办公室 2011-04
横梁镇
岔镇
扬
新集镇
汉河镇
州
王子庙
新城镇
东沟镇
仪征市
青山镇
仪
征
市
十二圩
瓜洲镇
南
六 合 区
靖安
世业镇
金山风景区
金山
和平路
宝塔路
润州区
镇江
龙袍镇
桥头农场
六摆渡
七里甸
龙潭
高资茶场
下蜀镇
省蚕种场
高资镇
乔家门
栖霞
铜山
宝华镇
石头岗
宝华山风景区
南京林学院林场
长山林场
丹徒区
亭子
句容林场
石马蚕种场
长山
吴家岗
韦岗
高仑
谷阳
省湾山煤矿
仓山水库
九华山
北山水库
省句东林场
凌塘水库
五塘
上党镇
金丝岗
汤山
九华茶场
边城镇
大卓
陈武
上会水库
茅庄
黄梅
岗头村
幸福水库
上会
大新村
句容水库
行香
东会
赤岗
白兔镇
钱家边
枫庄
句容市
石狮
华阳镇
中心
索墅
淳化
城墙
宝堰镇
东水门
南亭
张庙
五星
二圣水库
曲阳
荣炳
湖熟镇
五星
二圣
长城
赤山
赤山湖
郭庄镇
葛村
后白镇
茅山水库
徐慕村
王庄
茅山镇
东进林场
茅山风景区
李家桥
金
东岗
天王镇
群力
西溧
磨盘林场
蔡巷
方山茶场
薛埠镇
下叶村
李塔
马埂
竹园
袁巷
前巷
溧
阳
市
蚂蚁塘
县

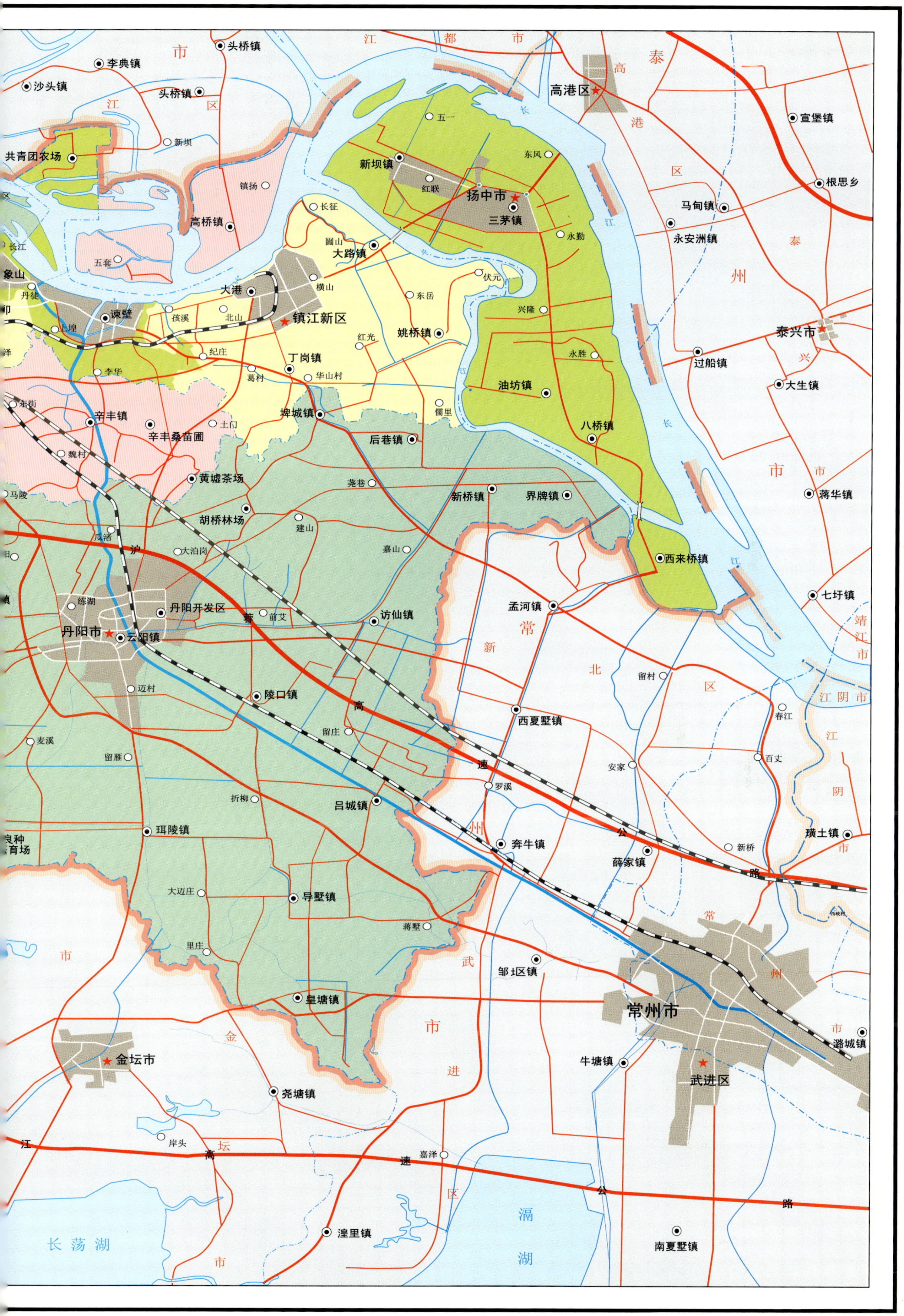

头桥镇
李典镇
沙头镇
头桥镇
新坝
共青团农场
镇扬
高桥镇
五套
长江
象山
丹徒
谏壁
上埠
李华
东街
辛丰镇
辛丰桑苗圃
魏村
马陵
黄墟茶场
胡桥林场
瓜渚
大泊岗
练湖
丹阳开发区
丹阳市
云阳镇
前艾
迈村
麦溪
留雁
珥陵镇
大迈庄
里庄
金坛市
尧塘镇
岸头
长荡湖
湟里镇
嘉泽
滆湖
南夏墅镇
牛塘镇
武进区
常州市
潞城镇
邹区镇
皇塘镇
蒋墅
导墅镇
吕城镇
折柳
留庄
陵口镇
访仙镇
嘉山
建山
荛巷
新桥镇
界牌镇
后巷镇
儒里
埤城镇
华山村
葛村
丁岗镇
纪庄
红光
姚桥镇
孩溪
北山
大港
镇江新区
横山
圌山
大路镇
长征
东岳
伏元
兴隆
永胜
油坊镇
八桥镇
新坝镇
红联
五一
东风
扬中市
三茅镇
永勤
高港区
宣堡镇
根思乡
马甸镇
永安洲镇
泰兴市
过船镇
大生镇
蒋华镇
西来桥镇
七圩镇
孟河镇
留村
西夏墅镇
春江
百丈
安家
罗溪
奔牛镇
薛家镇
新桥
璜土镇
江阴市
沪蓉高速公路
江金高速公路

镇江市城区图
世业洲旅游度假区
征润洲
金山村
鸭子塘
金山公园
春江潮广场
北固山公园
四牌楼街道
金山街道
宝塔路街道
大市口街道
和平路街道
健康路街道
润州区
润州广场
镇江站
七里甸街道
江苏省镇江中学
市政府
江苏科技大学（西校区）
润州道院
高崇寺
招隐寺
竹林寺
南山风景区
南山国家森林公园
九华山
南山公园
风林山
鸡笼山
白龙山
镇江南站
五州山
东山
嶂山
马鞍山
丹徒区
图例
市政府
县（市）、区政府
乡、镇政府
街道 场
村委会
学校
医院
居民区
河流沟渠
桥梁水闸
码头
绿化
山峰
汽车站
铁路 车站
庙宇
塔
文物古迹
水库 鱼池
本图中界线不做实地划界依据
监制：镇江市测绘管理办公室 2011-04

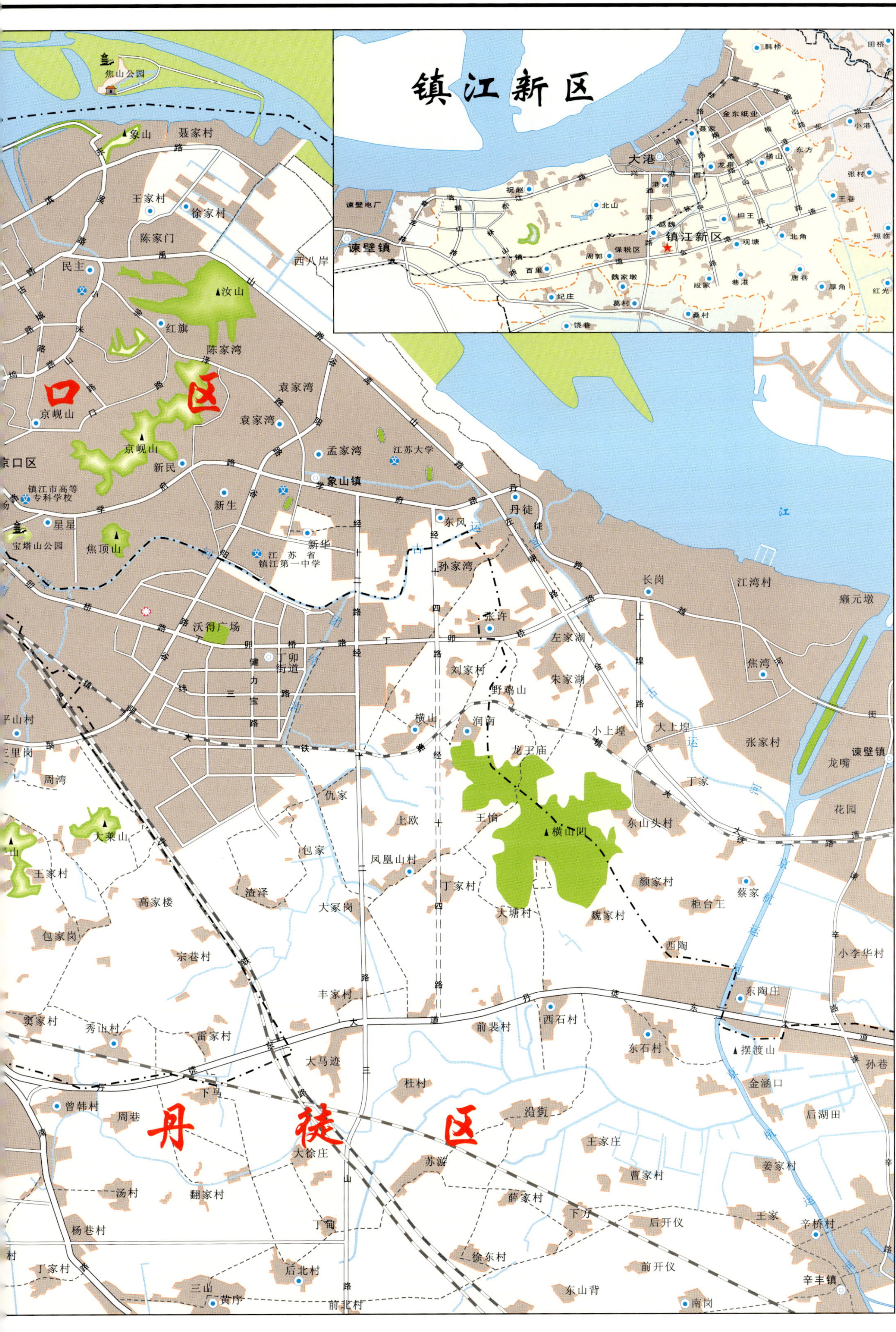

镇江新区
大港
谏壁镇
镇江新区
谏壁电厂
金东纸业
焦山公园
象山
聂家村
王家村
徐家村
陈家门
西八岸
民主
汝山
红旗
陈家湾
袁家湾
口
区
京岘山
孟家湾
江苏大学
象山镇
新民
新生
丹徒
东风
镇江市高等专科学校
星星
宝塔山公园
焦顶山
新华
江苏省镇江第一中学
孙家湾
长岗
江湾村
癞元墩
沃得广场
张许
左家湖
丁卯街道
刘家村
朱家湖
焦湾
野鸡山
横山
润南
小上埠
大上埠
张家村
谏壁镇
龙嘴
龙王庙
丁家
仇家
上欧
王怡
横山凹
东山头村
花园
大莱山
包家
凤凰山村
王家村
高家楼
渣泽
大冢岗
丁家村
大塘村
颜家村
魏家村
柜台王
蔡家
包家岗
宗巷村
西陶
小李华村
丰家村
东陶庄
窦家村
秀山村
雷家村
前裴村
西石村
东石村
摆渡山
孙巷
大马迹
杜村
金涵口
曾韩村
周巷
下马
沿街
后湖田
丹
徒
区
大徐庄
王家庄
苏游
曹家村
姜家村
汤村
翻家村
薛家村
杨巷村
丁甸
下方
后开仪
王家
辛桥村
丁家村
后北村
徐东村
前开仪
三山
黄庄
前北村
东山背
南岗
辛丰镇

《镇江年鉴》创刊20周年

——镇江成长的年轮

1992～2011 光阴荏苒20载，资料赓续20期

20年，客观汇集，严谨行文

20年，以史鉴今，承前启后

20年，筚路蓝缕，资政育人

主要荣誉:

- 中国年鉴奖（2004年）

- 首届全国年鉴编纂出版质量评比综合二等奖（1994年）
- 第二届全国年鉴编纂出版质量评比综合一等奖（1999年）
- 第三届全国年鉴编纂出版质量评比综合一等奖（2004年）
- 第四届全国年鉴编纂出版质量评比综合特等奖（2009年）

- 全国地方志系统首届年鉴评奖综合特等奖（2004年）
- 全国地方志系统第二届年鉴评奖综合特等奖（2010年）

- 江苏省第四次地方志系统优秀成果评奖特等奖（2006年）
- 首届江苏省年鉴奖综合特等奖（2010年）

2009年底，《镇江年鉴》在第四届全国年鉴编纂出版质量评比中获得综合特等奖。

2011年1月12日，省委书记罗志军（中）视察江苏卡威集团

2011年1月16日，省长李学勇（左一）视察江苏恒神纤维材料公司

2010年12月27日，中共镇江市五届十一次全委会召开

2011年1月20～23日，市六届人大四次会议召开

2011年1月19～20日，镇江市政协六届四次会议召开

蒸蒸日上

2010年12月16日举行镇江港吞吐量超亿吨庆典仪式

2010年，镇江市紧扣“稳增长、调结构、惠民生”发展主题，按照“跨越发展、创新驱动、绿色增长、和谐共享”的总体要求，积极化解不利因素，加快转变发展方式，全市呈现出经济运行高开稳走、内外需求协调运行、效益质量明显改善、社会事业全面进步的健康发展局面。

总投资3亿美元、国内最大的铝合金板带项目落户京口

巨型加氢反应器

镇江船厂巨轮下水

2010年7月1日，沪宁高速铁路镇江站开通

2011年6月底，京沪高铁镇江南站建成启用

挑灯夜战

泰州大桥

文体中心建筑工地

茅山云海

咱们工人有力量！

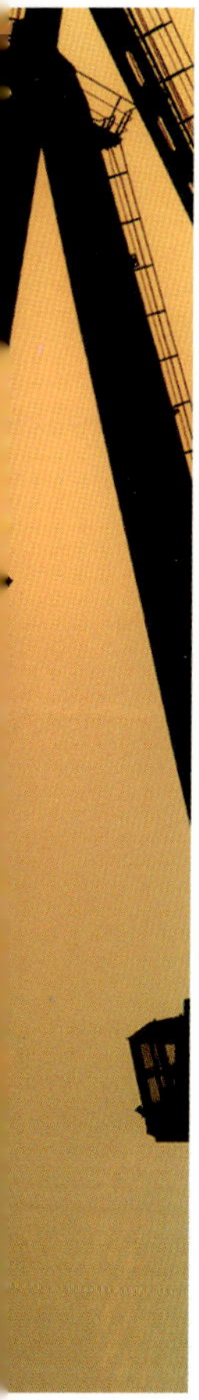

抢修列

余晖映华灯

2010年，全市城乡建设总投入500亿元。沪宁高速铁路建成通车，市区综合交通客运枢纽竣工营运。城乡公共交通投入超过80亿元，新建农村公路130公里，危桥改造38座。全市区域供水普及率达到95%；城乡污水管网铺设突破400公里。南徐新城的体育会展中心两个场馆封顶，第二人民医院主体交付，职工文体活动中心B楼封顶，行政服务中心竣工交付，市民公园建成开放；北部滨水区清淤800万立方米，引航道枢纽工程竣工，金山、焦山、北固山以“水”相串，“大江风貌”“长江公园”成为镇江城市的新名片。生态建设多措并举，花山、狮子山、象山等公园建成开放，虎头山、磨笄山、跑马山等综合整治实施。重拳整治企业非法排污行为和施工工地扬尘。植树造林近8000公顷，森林覆盖率达到23.2%。完成年度节能减排目标，万元地区生产总值能耗下降4.3%，化学需氧量、二氧化硫排放分别减少2.6%、4%。

焦山新渡

2010年7月1日，沪宁城际高速铁路建成通车

润扬大桥下的世业洲

春梅鼎足山

春意古运河

京口宝鼎

南徐新城

金山湖引航道水利枢纽主体工程完工

夕照金山湖

金山湖景区建成

2010年，镇江市以争创全国文明城市为龙头，开展群众性精神文明创建活动，加强未成年人思想道德建设，打造“大爱镇江”特色品牌，实施“十大行业倡文明、百个社区传文明、千家单位促文明、万户家庭赛文明”创建活动，开展关爱空巢老人、文明交通劝导、文明旅游劝导等志愿服务活动，开展道路交通秩序、占用盲道、工地围墙建设、菜市场、“三无三有”社区创建等督查。全市公共文明指数在中央文明办的测评中上升至31位。加大矛盾纠纷排查调解和领导带案下访制度，解决群众反映的突出问题，刑事案件和“八类”案件发案数双下降，安全生产形势良好，全社会继续保持和谐稳定的良好局面。

2011年元旦第三届“大爱镇江”颁奖晚会现场

2010年，镇江市继续打造大爱镇江的特色品牌，开展“大爱镇江”主题活动。先后组织开展“我为第三届‘大爱之星’评选暨颁奖典礼献一计”、面向社会各界公开征集“大爱镇江”活动项目暨优秀活动项目评选、“‘大爱之星’百场宣讲和网上宣讲”、“我推荐、我评议身边好人”、“大爱镇江”主题歌征集、“大爱有行——迎世博讲文明树新风”志愿服务行动、“大爱镇江”爱之行、镇江市幸福金婚伉俪征集暨“情暖夕阳、爱满镇江——镇江市幸福金婚伉俪庆典”、第三届“大爱之星”评选等系列活动，举办第三届“大爱镇江”新闻人物颁奖典礼。

第三届“大爱镇江”颁奖晚会演出现场

“大爱镇江”慈善捐赠活动

歌手韩红在颁奖晚会上演唱

2010年12月25日镇江市举办幸福金婚伉俪庆典活动

2010年11月5日“幸福的饭桌”活动中，
市知名书画作者向网络爱心群体捐赠作品

央电视台节目主持人张越与“大爱之星”交流

关爱空巢老人志愿服务行动

2010年10月18日，镇江市与韩国釜山广域市江西区签署缔结友好城市关系协议书

2010年9月16日下午和17日上午，中国国民党名誉主席连战及夫人连方瑀一行先后参观金山湖景区和西津渡古街，市委书记许津荣、市长刘捍东先后陪同参观

上海世博会期间，非洲记者团参观镇江西津渡古街

2010年4月12日，日本前首相海部俊树(右二)访问镇江

2010年5月16～17日举办海外华文媒体镇江专访活动

前列专题图片由镇江市摄影家协会、镇江日报社摄影中心、《创新》杂志社、市史志办公室、市外事办公室、市侨务办公室等单位和丁伟民、文雯、王义华、王军、王念约、王镇容、石小刚、任国卿、孙薇、朱茂其、朱翀、邢永青、何克、何宪政、吴启刚、吴家祥、宋建设、张桂安、李延平、李行华、杨宪华、陈大经、陈拱良、季翔、胡永顺、赵羽、倪红阳、唐艳、唐淑萍、徐波、钱小平、高山、梅贵根、黄良清、黄健、黄铈、谢戎、魏兢（以上按姓名笔画排序）等摄影供稿。

《镇江年鉴》主要机构（单位）简称全称对照表

简 称	全 称
市 委	中国共产党镇江市委员会
市人大常委会	镇江市人民代表大会常务委员会
市政府	镇江市人民政府
市政协	中国人民政治协商会议镇江市委员会
纪 委	中国共产党镇江市纪律检查委员会
市委办	中国共产党镇江市委员会办公室
统战部	中共镇江市委统一战线工作部
政法委	中共镇江市委政法委员会
综治办	镇江市社会治安综合治理委员会办公室
中级法院	镇江市中级人民法院
检察院	镇江市人民检察院
农 办	中共镇江市委农村工作领导小组办公室
台 办	中共镇江市委台湾工作办公室 （镇江市人民政府台湾事务办公室）
编 办	镇江市机构编制委员会办公室
机关工委	中共镇江市委市级机关工作委员会
保密办（局）	中共镇江市委保密委员会办公室 （镇江市国家保密工作局）
史志办	镇江市史志办公室
党史办	中共镇江市委党史工作办公室
接待办	镇江市委市政府接待办公室
关工委	镇江市关心下一代工作委员会
市政府办	镇江市人民政府办公室
发改委	镇江市发展和改革委员会
经信委	镇江市经济和信息化委员会
科技局	镇江市科学技术局
国资委	镇江市人民政府国有资产监督管理委员会
人社局	镇江市人力资源和社会保障局
国土局	镇江市国土资源局
环保局	镇江市环境保护局
住建局	镇江市住房和城乡建设局
城管局	镇江市城市管理局
城管执法局	镇江市城市管理行政执法局
园林局	镇江市园林管理局
南山管委会	镇江市南山风景区管理委员会
干道办	镇江市城市干道工程建设办公室
农 委	镇江市农业委员会
农机局	镇江市农业机械管理局
农资局	镇江市农业资源开发局
贸促会	中国国际贸易促进委员会镇江市委员会
文广新局	镇江市文化广电新闻出版局
食药监局	镇江市食品药品监督管理局
人口计生委	镇江市人口和计划生育委员会
安监局	镇江市安全生产监督管理局
民宗局	镇江市民族宗教事务局
口港局	镇江市口岸和港口管理局
机关事务局	镇江市市级机关事务管理局
人防办	镇江市人民防空办公室
外 办	镇江市人民政府外事办公室
港澳办	镇江市人民政府港澳事务办公室
侨 办	镇江市人民政府侨务办公室
法制办	镇江市人民政府法制办公室
民革市委	中国国民党革命委员会镇江市委员会
民盟市委	中国民主同盟镇江市委员会
民建市委	中国民主建国会镇江市委员会
民进市委	中国民主促进会镇江市委员会
农工党市委	中国农工民主党镇江市委员会
致公党市委	中国致公党镇江市委员会
九三学社市委	九三学社镇江市委员会
工商联	镇江市工商业联合会

简称	全称
团市委	中国共产主义青年团镇江市委员会
妇　联	镇江市妇女联合会
科　协	镇江市科学技术协会
社科联	镇江市哲学社会科学界联合会
文　联	镇江市文学艺术界联合会
侨　联	镇江市归国华侨联合会
台　联	镇江市台湾同胞联谊会
残　联	镇江市残疾人联合会
仲裁委	镇江仲裁委员会
供销社	镇江市供销合作总社
文广集团	镇江市文化广电产业集团
城投集团	镇江市城市建设投资集团有限公司
水投公司	镇江市水利投资公司
交投公司	镇江市交通投资建设发展公司
农科所	镇江市农业科学研究所
广电网络公司	江苏省广播电视信息网络股份有限公司镇江分公司
消防支队	中国人民武装警察部队江苏省总队镇江市消防支队
武警支队	中国人民武装警察部队江苏省总队镇江市支队
船艇学院	中国人民解放军镇江船艇学院
国税局	镇江市国家税务局
地税局	镇江市地方税务局
质监局	江苏省镇江质量技术监督局
工商局	江苏省镇江工商行政管理局
盐务局(公司)	镇江市盐务管理局（江苏省盐业集团镇江有限公司）
烟草局(公司)	镇江市烟草专卖局（江苏省烟草公司镇江市公司）

简称	全称
无管处	江苏省无线电管理局镇江管理处
海　关	中华人民共和国镇江海关
缉私分局	中华人民共和国镇江海关缉私分局
检验检疫局	中华人民共和国镇江出入境检验检疫局
边检站	中华人民共和国镇江边防检查站
电信公司	中国电信股份有限公司镇江分公司
移动公司	中国移动通信集团江苏有限公司镇江分公司
联通公司	中国联合通信有限公司镇江分公司
中石化镇江分公司	中国石油化工股份有限公司江苏镇江石油分公司
中石油镇江分公司	中国石油天然气股份有限公司江苏镇江销售分公司
人　行	中国人民银行镇江市中心支行
银监分局	中国银行业监督管理委员会镇江监管分局
农发行	中国农业发展银行镇江市分行
工　行	中国工商银行股份有限公司镇江市分行
农　行	中国农业银行股份有限公司镇江市分行
中　行	中国银行股份有限公司镇江分行
建　行	中国建设银行股份有限公司镇江分行
交　行	交通银行股份有限公司镇江分行
邮储银行	中国邮政储蓄银行有限责任公司江苏省镇江市分行
江苏银行	江苏银行股份有限公司镇江分行
教育工委	中共镇江市委教育工作委员会
江　大	江苏大学
江科大	江苏科技大学
高　专	镇江市高等专科学校
江大出版社	江苏大学出版社有限公司

目 录

特 载

专 记

镇江概况

中共镇江市委员会

镇江市人民代表大会

镇江市人民政府

政协镇江市委员会

民主党派・工商联

人民团体

国 防

政 法

综合经济管理

人力资源和社会保障

农　业

水　利

工 业

交通·邮政

信息化建设

城市建设与管理

环境保护

旅游·园林

国内贸易

对外及对港澳台经济贸易

口岸·港口

财政·税务

金 融

民营经济

科学技术

教 育

文 化

新闻出版

卫 生

体 育

社会生活

辖市(区)

镇江新区·开发园区

人 物

大 事 记

书目·文摘·题录

统计资料

工作生活指南

索 引

CONTENTS

FEATURES

MONOGRAPH

GENERAL SURVEY OF ZHENJIANG

ZHENJIANG COMMITTEE OF THE COMMUNIST PARTY OF CHINA

THE PEOPLE'S CONGRESS OF ZHENJIANG

THE PEOPLE'S GOVERNMENT OF ZHENJIANG

ZHENJIANG COMMITTEE OF THE PEOPLE'S POLITICAL CONSULTATIVE CONFERENCE

DEMOCRATIC PARTIES · ASSOCIATION OF INDUSTRY AND COMMERCE

PEOPLE'S ORGANIZATION

MILITARY AFFAIRS

POLITICS AND LAW

OVERALL ECONOMIC CONTROL

MANPOWER RESOURCES AND SOCIAL SECURITY

AGRICULTURE

WATER CONSERVANCY

INDUSTRY

COMMUNICATIONS AND TRANSPORT · POSTAL SERVICE

INFORMATIONIZATION

URBAN CONSTRUCTION AND MANAGEMENT

ENVIRONMENTAL PROTECTION

TRAVEL INDUSTRY · GARDENS

DOMESTIC TRADE

ECONOMY RELATIONS AND TRADE WITH FOREIGN COUNTRIES AND HONGKONG, MACAU, TAIWAN

PORT

FINANCE · TAXATION

BANKING · INSURANCE · SECURITIES

INDIVIDUAL AND PRIVATE ECONOMY

SCIENCE AND TECHNOLOGY

EDUCATION

CULTURE

JOURNALISM · PUBLICATION

HYGIENE

SPORTS

SOCIETY

COUNTIES AND DISTRICTS

ZHENJIANG NEW AREA · DEVELOPMENT ZONES

FIGURES

CHRONICLES OF EVENTS

BOOKLISTS · DIGEST · TITLES

STATISTICAL DATA

GUIDE TO LIFE AND BUSINESS

加快转型升级　实现强市富民

——2010 年 12 月 28 日在中共镇江市五届十一次全委会议上的讲话(摘要)

市委书记　许津荣

中共镇江市委书记　许津荣

这次全会的主要任务是，认真贯彻中央和省委近期召开的一系列重要会议精神，总结 2010 年和"十一五"工作，研究部署 2011 年以及"十二五"发展，动员全市进一步坚定跨越信心，加快转型升级，实现强市富民，为"十二五"与苏南其他城市同步迈入基本现代化打下坚实基础、创造良好开局。

一、关于 2010 年工作

2010 年是"十一五"收官之年，也是镇江发展进程中又一个重要的跨越之年、转型之年。预计地区生产总值增长 13% 以上，地方财政一般预算收入增长 33%，全社会固定资产投资增长 30%，其中战略性新兴产业投资增长 112%，服务业投资增长 35.1%，社会消费品零售总额增长 18%；镇江港迈入亿吨大港行列，镇江经济技术开发区升格为国家级开发区；镇江市被授予"国家知识产权工作示范城市""中国十佳和谐可持续发展城市"称号。主要特点是：

(1) 产业结构调整态势良好。三次产业占国民经济比例由 2009 年的 4.5∶58.2∶37.3 调整为 4.3∶56.3∶39.4。新增高效农业 2 万公顷、设施农业 0.51 万公顷，现代农业园区建成区突破 0.67 万公顷，句容白兔镇建成全市第一家省级现代农业示范园。制定全市五大新兴产业发展规划纲要，加大产业招商和项目投入力度，全年新兴产业产值占规模工业比重超过 30%。中建材薄膜太阳能基地、中节能晶硅太阳能基地、航天三院大飞机配套产业园、爱励鼎胜航空特种材料基地、哈电通用风电装备基地、大全科技产业园、中电电气变压器基地等一批新兴产业项目相继落户开工；新区航空零部件、丹阳特种纤维、丹徒二重核电装备、扬中工程电器、润州船用动力等产业园区成为省级特色产业基地。高新技术产业产值占规模工业比重同比提高 3.6 个百分点。企业技改投入 630 亿元、增长 24.5%，2 家企业成功境外上市，新增 4 家销售超百亿企业，企业发展内生动力不断增强。苏宁、万达等 7 个投资超 20 亿元的商贸综合体加快建设，彻底改变镇江商业业态和消费环境，使之成为一个具有现代商业气息的城市。软件与信息服务业营业收入突破 200 亿元、增长 69%；旅游业总收入增长 30%；文化产业投资增长 130%。金融对产业结构调整的支持力度不断加大，中信银行分支机构入驻镇江，新增丹阳保得、句容茅山 2 家村镇银行、11 家小额贷款公司。全市信贷余额比年初增长 28.5%。

(2) 科技创新能力明显增强。2010 年全市有 3 人入选"国家千人计划"、28 人进入省"双创计划"，丹阳巍华合金的人才团队成为全省获得支持资金最高的团队。碳纤维、光伏、光学膜、合金材料等产业，依靠高层次人才和科技创新支撑，在全省乃至全国站在行业前沿。全社会研发投入增长 23%、占 GDP (地区生产总值，下同) 比重达到 2%；新增科技孵化器面积超 100 万平方米、国家级高新技术企业 51 家、企业院士工作站 5 家、省级以上研发机构和检测中心 11 家。年专利申请量首次突破万件，专利授权 6000 件、增长 114.8%，增幅列全省第一。获省级以上科技拨款支持超 2 亿元，科技综合实力继续位居全省前列。

（3）统筹城乡发展水平不断提高。全市预计城乡建设总投入500亿元左右。沪宁城际高速铁路建成通车，沿线整治和绿化高标准完成，市区综合交通客运枢纽竣工营运。城乡公共交通投入超过80亿元，新建农村公路130公里，危桥改造38座。全市区域供水普及率达到95%，新增10万受益人口；城乡污水管网铺设突破400公里。南徐新城的体育会展中心两个场馆封顶，第二人民医院主体交付，职工文体活动中心B楼封顶，行政服务中心竣工交付，市民公园建成开放；北部滨水区清淤800万立方米，引航道枢纽工程年底竣工，焦南坝合龙，8平方公里水面已经形成，“三山”改造基本完成。棚户区危旧房改造52万平方米，惠及7428户居民。“万顷良田”“三新”建设有序推进，11个新市镇、50个新社区、25个新园区建设试点稳步实施，73个农民集中居住点开工建设，面积达到300多万平方米。生态建设多措并举，80%的镇通过环境优美乡镇省级考核，秸秆综合利用率全省领先，空气优良天数比例90%；“青山绿水”行动成果不断推出，花山、狮子山、象山等公园建成开放，虎头山、磨笄山、跑马山等综合整治实施。重拳整治企业非法排污行为和施工工地扬尘。植树造林11.9万亩，森林覆盖率达到23.2%。完成年度节能减排目标，万元GDP能耗下降4.3%，化学需氧量、二氧化硫排放分别减少2.2%、4%。

（4）人民生活持续改善。新建创业孵化基地128万平方米，免费培训17万人，新增城乡就业13万人，新增私营企业17348家，个体工商户58431户，新增注册资本超千亿元。城市居民人均可支配收入增长10.2%、农民人均纯收入增长12%。全年公共财政用于民生类支出增长35.2%。全市新农保覆盖率95%，句容财政投入5500万元，与苏南同标准实现农村社会保险全覆盖。城乡居民医保报销比例提高到87%。大力提高居民医疗保险和新农合补助标准，财政增支4234万元，惠及159.1万人。市区最低工资标准增长12.9%，退休职工人均养老金增长11.3%。出台稳定物价“十二条”措施，落实物价上涨动态补贴机制，市财政投入989.5万元，有54296人享受补贴。全市义务教育免收课本费及发放各类助学金超过5000万元、惠及21.5万人，再次被评为全省师资队伍建设先进市，所有辖市（区）被授予“省教育现代化建设先进县（市、区）”称号。医药卫生改革继续走在全国前列，公立医院改革有效推进，基本药物制度实施后直接减少群众医疗费用1.5亿元，居民社区就诊个人负担平均下降5个百分点。文化惠民延伸到所有村、社区，在全省评比中名列前茅。市区建设和筹集廉租住房、经济适用房、公共租赁住房1.07万套（间），安置房竣工面积171.5万平方米，为环卫工人提供公共租赁房144套（间）。文明城市创建工作扎实有力，公共文明指数在中央文明办的测评中，从2009年全国排位66位上升至31位。

（5）党的建设不断加强。全面开展创先争优活动。丹阳在“全国县域经济竞争力”排第16位，前移了8位；扬中在“中国中小城市科学发展百强”排名第29位，前移了2位；镇江新区实际利用外资在全省131家省级以上开发区中位居第3位，全社会固定资产投资位居第4位。全市新增经济总量超百亿元的镇4个，丹阳后巷镇突破300亿元，扬中新坝镇超过240亿元、三茅镇超过200亿元；润州七里甸街道集体资产突破10亿元。涌现出丹阳金桥村原党支部书记张雅琴这样的优秀基层干部先进典型。深化干部人事制度改革，在基层推行公推直选，选拔任用领导干部实行“四差额”，通过公开、民主、竞争、择优，让埋头干事、干净干事、能干成事、群众拥护的干部脱颖而出。加强惩防体系建设，保持惩治腐败高压态势，重点突出对工程建设领域、“小金库”等专项整治。人大代表开展效能评议，政府部门工作作风和服务质量明显改善。

五年来，地区生产总值年均增长14.1%，财政一般预算收入年均增长23.4%，全社会固定资产投资年均增长26.3%，城乡建设投入年均增长23.1%，城市居民人均可支配收入年均增长13.3%，农民人均纯收入年均增长12.8%。我们打造“镇江速度”、创造“镇江奇迹”、培育“镇江精神”。

二、2011年的目标要求和主要任务

我们要全面贯彻党的十七届五中全会、中央经济工作会议和省委十一届九次全会、全省经济工作会议精神，坚持科学发展主题，突出转型升级主线，致力强市富民主要任务，坚持以创新促转型、以转型促跨越，以全国文明城市、生态市、创业型城市、创新型城市和“人居环境奖”“五城同创”推动全面工作，提高经济社会发展水平，为“十二五”与苏南其他城市同步迈入基本现代化打下坚实基础。

我们提出的指标体系是：地区生产总值增长12%；居民消费价格总水平控制在4%左右；城市居民人均可支配收入增长12%、农民人均纯收入增长13%；全社会固定资产投资、财政一般预算收入、新增私个注册资本增长25%以上；社会消费品零售总额增长18%；全社会研发投入占GDP比重达到2.2%；高新技术产业产值占比38%；服务业增加值占比力争达到42%；节能减排全面完成省下达的指标。实现上述目标，要重点抓好六个方面工作：

（一）着力加快产业结构调整。做强新兴产业。确保新兴产业投资增长100%以上，销售增长50%以上，产值占规模工业比重35%以上。2011年服务业投入要确保增长30%以上。加快中石油、大港四期等大型物流项目的开工建设，抓好惠龙港、大港两个千亿级物流基地建设。新增软件企业100家、销售增长50%。抓好单体规模10亿元以上的25个在建项目、8家五星级酒店的建设。落实北京、深圳两次文化产业招商活动签订的总投资200多亿元的一批文化产业项目。推动旅游业与文化产业、信息服务业融合，探索“智慧旅游”新模式，拓展旅游增值服务，旅游业增加值占比力争达到10%。做优传统产业，使之成为优势产业。新增百亿企业3～4家、总数达到10家以上。做精现代农业。2011年现代农业园区建成区面积力争突破1.33万公顷，新增高效农业面积1.67万公顷、设施农业0.53万公顷、省级现代农业园区2家。

（二）着力增强科技创新能力。把引进高层次人才作为增强科技创新能力的核心任务。力争有5人进入“国家千人计划”，40人进入省“双创计划”。进一步优化人才发展环境，形成引得进、留得住、用得好的良性循环。加快推动人才、技术与企业接轨，推动高层次人才队伍、高科技创新成果转化、高新技术产业“三高”联动。把加大投入作为增强科技创新能力的根本保障。以财政资金为引导、企业投入为主体，大幅度增加全社会研发投入和科技成果转化投入，完善多元化投入机制。加快成立科技银行、科技小额贷款公司和科技保险公司，扩大风投公司注册资本，使创新型企业获得更多金融支持，获取更快发展。把载体建设作为增强科技创新能力的重要支撑。不断推出政产学研“创新联盟”，强化招所引院，新增10家以上重点研发机构和检测机构，新建15家省级以上科技服务平台。以国家级大学科技园为核心，高标准建设镇江科技新城。加快打造高新技术创业园、留学生创业园等一批载体，推进丹徒中科孵化基地、润州凤凰智慧产业园、京口软件园等创新基地建设，提升孵化能力。注重各类科研成果向现实生产力转化，科技进步对经济增长贡献率达到55%以上。

（三）着力提高统筹城乡发展水平。推进城乡统筹发展，必须坚持以人为本，加快基本公共服务全覆盖，逐步缩小城乡发展差距，不断改善城乡居民生产生活生态环境，满足群众日益增长的物质文化需求。要按照省委提出的“五个一体化”要求，加快破除城乡二元结构，提高城市化和城乡一体化水平。

合理确定中心城区、辖市城区、新市镇的功能定位和产业布局，增强吸纳人口、集聚产业、扩大就业、提供公共服务等方面的综合承载力。按照“山水花园城市”定位，建设好中心城区。南徐新城完成文化公园建设，体育会展中心、职工文体中心主体竣工，京沪高铁站场投入运营，启动南山北入口景区建设；北部滨水区加快文化艺术中心、江滩湿地公园一期、旅游商业配套设施建设，启动水上旅游项目，基本形成景区路网。官塘板块基本拉开框架。改造棚户区危旧房50万平方米，加快消除“城中村”。深入推进城市精细化管理，有力治理“脏、乱、差”，充分彰显“洁、清、美”，强化占道、噪声污染、乱贴乱放等突出问题整治，消除露天菜市场。积极稳妥推进“三新”建设，有序实施“万顷良田”工程，优化调整生产力布局，调出发展新空间，调出先进生产力。注重科学规划、因地制宜，强化产业支撑、完善公共服务，尤其要尊重农民意愿，维护农民合法权益，落实好各项配套保障政策，让“新市民”进城能过上幸福美好的生活。注重城乡基础设施对接，完成338省道市区段改造工程，开工建设238省道扬中“四桥”、镇丹高速、沪宁高速公路镇江支线改造等主城区与辖市（区）的快速通道，增强主城区的集聚力、辐射力。开工建设京杭运河市区段“四改三”工程。

（四）着力加强生态文明建设。加大环境综合整治力度。继续实施好“青山绿水”行动计划，加快云台山、宝盖山、黄鹤山等山体整治，古运河中段风光带基本形成。通过“三新”建设和农业结构调整，解决农业面源污染、农村生活污染问题。森林覆盖率提高1.3个百分点，建成区绿化覆盖率达到42.2%。加强粉尘、工地扬尘整治，全市空气优良天数全年不低于90%。加强环境监管和执法力度。细分监控区域，增强科技监控手段，形成环境预警机制，及时发现、及时处置。严格环保执法，铁腕治污、铁面执法，坚决打击非法排污。落实行政首长负责制，坚持月度环境状况公示制度，按区、按段、按负责人一一公示，接受群众监督。加大环境基础设施建设力度。加快实施老城区雨污分流管网建设工程，完成污水收集处理系统建设和所有排污口整治工作，加强黑臭河流整治，采取临时性措施与永久性措施相结合，2011年9月底前彻底解决市区污水直排问题，实现地表水全面达标。污水管网未覆盖区域要加紧制定规划、加快建设施工，已建成的污水处理厂尽快正常运行。

（五）着力改善民生。巩固和发展全民创业的良好局面，让更多的人动起来、忙起来、富起来。新建创业孵化基地200万平方米。加强就业再就业培训，劳动人事部门要开展多形式的招聘活动，加强劳动力供需双方有效对接，培育和完善人力市场，提供更多的就业岗位，2011年新增城乡就业7.5万人，失业率控制在5.5%以内。在全市提倡“劳动最光荣”的理念，各级政府要研究和提供街巷管理、卫生保洁、绿化修管等更多公益性岗位，让年龄偏大、缺少文化和技能的人也能够通过劳动增加工资性收入。要把稳定物价总水平放在更加突出的位置，围绕“保供应、强监管、稳预期、惠民生”的要求，综合运用多种调控手段，防止价格上涨过快影响群众基本生活。强化菜园子、“菜篮子”分管市长负责制，加强本地生产的时令蔬菜供应，平抑市场菜价。加强市场价格预警和监督检查，强化价格执法。确保各项补贴制度落实到位，保障低收入群体基本生活水平不因物价上涨而降低。进一步构建统一的城乡社会保障体系，推进新农合与居民医保一体化运行，将灵活就业人员、被征地农民纳入城镇社会保障范围，确保城乡居民社会养老保险参保率、基本养老保险参保率、社会医疗保险覆盖率都在95%以上。退休职工养老金再提高10%以上。加快发展养老服务，强化多元化投入，形成居家养老、社区养老、集中养老等多方式相互补充的格局。发展慈善事业，完善社会救助机制，不断改善和提高困难群体生活水平。关心残疾人生活。强化政府责任，调动多方力量，加快推进住房保障体系建设，让百姓安居。坚持教育优先发展，完成“校舍安全工程”19.4万平方米，抓好教师素质提升工程；做好国家学前教育体制改革试点工作，抓好丹阳市义务教育优质均衡发展示范区创建，推动高中和职业教育优质特色发展，办好人民满意教育。继续抓好医改试点工作，推进医疗集团一体化建设，完善分级医疗格局，提高社区卫生服务能力，建成居民健康档案和双向转诊数字化卫生信息平台；完成市二院整体搬迁、市精神卫生中心异地新建和市妇幼保健院整合。提高文化体育惠民水平。

（六）全面加强社会建设和管理。各级党政都要高度重视研究新形势下社会发展领域面临的新情况、新问题，以管理的创新解决好源头性、根本性、基础性问题。要狠抓社会基层组织建设。社区是社会管理的基础。2010年中央首次就加强和改进社区建设工作出台了专门文件，表明中央对这项工作高度重视，我们要结合实际抓好贯彻。特别是在我市加快推进城市化、加快“城中村”改造、加快“三新”建设的情况下，村、社区等基层组织设置和管理工作不能断层，不能缺位，不能出现盲区，确保基层基础工作有人抓、有人管，社会管理有效覆盖。要以党的建设带动社会组织建设，加强政府行政管理与基层群众自治有效衔接，充分发挥社会组织作用。进一步规范户籍登记管理制度，完善服务设施，加强社区工作队伍职业化、专业化建设，提高服务群众、搞好管理、化解矛盾的能力。化解矛盾要突出解决重点难点问题。对征地拆迁、劳资纠纷、环境污染、医患冲突等社会矛盾比较集中的领域，要加强规律性研究，找准薄弱环节，开展矛盾纠纷“大排查”、“大调处”，防止矛盾激化。要畅通群众利益诉求表达渠道，健全社会舆情汇集和分析机制，强化信访工作责任制，力求社会矛盾早发现、早处置。深入推进平安镇江建设，加大社会治安综合治理力度，健全公共突发事件应急管理机制，强化安全生产责任制和责任追究制，有效遏制重特大安全事故，增强人民群众的安全感。继续抓好文明城市创建，发挥人大、政协、驻镇部队、群众团体的重要作用，保障社会文明、和谐、稳定。

三、切实加强党的建设，提高引领转型升级、强市富民的能力。

事业兴衰，关键在党，关键在人。各级党组织和广大党员干部要更好地认清职责、肩负使命，在转型升级、强市富民上发挥好引领和带动作用。

1. 以建党90周年为契机，大力加强思想作风建设。继续推进思想解放，在学习党史、感悟奋斗历程中，进一步增强党性观念和宗旨意识，以思想上的坚定性保证党员的先进性，以观念的领先保证发展的率先。在转型升级、强市富民的艰巨任务面前，要始终坚定信念、与时俱进，真抓实干、敢于创新，不畏艰难、勇于胜利。切实加强反腐倡廉建设，健全惩防体系，加大查处腐败案件力度，强化重要权力节点监控和问责机制。

2. 以三级党委换届为契机，进一步加强领导班子建设。2011年是市、县、乡三级党委换届之年，要严肃纪律，保证风清气正，按照民主、公开、竞争、择优的原则，选好配强各级领导班子。要注意把一心为民、埋头苦干、坚持原则、敢抓敢管、为人正派、作风过硬的优秀干部，把长期在基层一线、条件艰苦、情况复杂地方经努力工作创出优异成绩的优秀干部，把思想解放、实事求是、勇于创新、锐意进取的优秀干部选拔出来，放到最关键的岗位上。建立和完善更加科学的考评体系，提高考核的有效性和推动性。

3. 深入开展“创先争优”活动。紧扣转型升级、强市富民的新要求，引导各级党组织和广大党员在发展速度上“创先”，在发展质量上“争优”，在发挥榜样示范作用上“创先”，在提高引领发展的能力水平上“争优”。要坚持把加强基层组织建设作为创先争优的重要任务，发挥好战斗堡垒作用。2011年要在基层党组织和党员负责人中开展"学习张雅琴，当好带头人"活动，增强基层党组织的创造力、凝聚力、战斗力，加强带头人队伍建设。

4. 学做、会做、做好群众工作。不善于做群众工作，不愿意做群众工作，不能够与群众打成一片，是现今领导干部存在的一个突出问题，尤其是解放以后成长起来的年轻干部，在这方面更是相对偏弱。实践表明，做好群众工作是领导干部的一项基本功。今后，市县两级党校要把提高群众工作能力，作为干部培训的必修课，讲群众观点、群众路线、群众工作。群众工作是不可逾越的。我们各级干部一定要想到自己来自于群众，生活于群众，根植于群众，只有把群众放在心上，群众才会让你坐在台上。我们作决策、上项目都要深入到群众中去，听取群众意见，向群众作宣传，争取群众的理解和支持，让群众知晓，让群众参与，唤起民众千百万、同心干，我们的目标就一定能够实现。

政府工作报告(摘要)

——2011年1月20日在市第六届人民代表大会第四次会议上

市长 刘捍东

镇江市市长 刘捍东

一、2010年和"十一五"回顾

2010年，全市上下深入贯彻科学发展观，按照"跨越发展、创新驱动、绿色增长、和谐共享"的总体要求，创新克难，锐意进取，全面完成了市六届人大三次会议确定的各项目标任务。预计全市实现地区生产总值1957亿元，比上年增长13.8%；地方财政一般预算收入138亿元，增长36%；全社会固定资产投资1327亿元，增长31.3%；社会消费品零售总额559.5亿元，增长18.9%；实际利用外资16.1亿美元，增长12.1%；城市居民(年)人均可支配收入23075元，增长10.1%；农民(年)人均纯收入10800元，增长12%；城镇登记失业率2.3%；单位GDP能耗下降4.3%，化学需氧量削减2.6%，二氧化硫排放量削减4%。全社会固定资产投资、社会消费品零售总额等指标增幅居全省前列。

(一) 转型升级迈出大步。全市新兴产业完成投资227.2亿元，增长106.1%；实现销售1100亿元，增长45%。装备制造等五大主导产业实现销售3350亿元，丹徒重型装备等3个园区成为省特色产业基地，新增3家销售超百亿元企业；完成技改投资650亿元，增长27.9%。高新技术产业产值占比达36.1%，全社会研发投入占比达2%，科技进步贡献率达53%，年专利申请量突破万件，成为国家"知识产权工作示范市"和"知识产权质押融资试点城市"。服务业增加值占比达40%。软件产业营业收入103亿元，增长56.5%；服务外包执行额1.6亿美元，增长159.4%；文化产业完成投资36.7亿元，增长102.6%；镇江港建成亿吨大港，惠龙国际钢铁物流交易额突破100亿元；镇江商业城、镇江八佰伴零售额均超10亿元；新增私家车4.6万辆，增长50.2%。新建12个市级现代农业园区，句容现代农业产业园升格为省级园区。"三资"投入农业40亿元。新增高效农业面积30万亩、农村"三大合作"组织412家、入社农户7.8万户。

(二) 要素集聚成效明显。镇江经济技术开发区、大学科技园、京口软件园和润州特种船舶基地晋升为国家级；镇江科技新城建设快速推进；成功引进11家省以上研发机构和检测中心，成立省航空新材料等4个产业技术创新战略联盟，新增5家企业院士工作站，新建孵化器面积超过100万平方米。新引进38个人才(团队)，3人入选国家"千人计划"，28人进入省"双创"计划。12个央企项目落户，总投资322亿元；净增私个注册资本超1000亿元，增幅全省第一。发行企业债券76.3亿元，总量全省第一。中信银行、紫金保险分支机构落户，成立江苏银行镇江科技支行，新增2家村镇银行、11家小额贷款公司，金融生态县实现全覆盖。

(三) 城乡面貌变化显著。全市完成城建投资375亿元、拆迁779.4万平方米。新行政中心建成，体育会展中心"两馆"封顶，"三山"改造和金山湖景观工程基本完成，苏宁广场、万达广场等一批城市综合体加速推进，大市口地下人防工程主体完工，完成老小区改造50万平方米。交通基础设施投入90亿元，创历史新高。沪宁城际高铁镇江段建成通车，综合交通客运枢纽开通运营，京沪高铁、宁杭高铁、泰州大桥及东接线、338省道镇江段建设进展顺利；开通大运量公交3号线，建成丹徒新城等一批公交停车场。11个试点新市镇、50个试点新社区建设进展良好。全社会环保投入73.9亿元，市区通过国家环保模范城市省级复核，丹阳、句容、扬中和丹徒通过国家生态县省级技术评估，33个镇通过国家生态镇省级考核。城市水利建设走在全国前列，基本解决农村饮用水安全问题。建成区绿化覆盖率42.4%，全市森林覆盖率21.5%。

(四) 社会事业加快发展。全市财政用于民生投入66.4亿元、增长33%，高出一般预算支出增幅5.4个百分点。新增城镇就业9.2万人，转移农村劳动力2.7万人。推进社保制度全覆盖，新农保加快制度接轨，征地保障实施即征即保，30多万农民享受医保"同城同待遇"。完成廉租房、公共租赁房、经济适用房、危改房和拆迁安置房等"五房"建设300万平方米。公共文明指数测评列全国第31位。启动学前教育体制改革国家级试点，推进义务教育优质均衡发展。组建市文广集团和报业集团，西津渡文化创意产业园等项目加快推进，文化惠民活动深入开展。在十七届省运会上获得52枚金牌，首次跻身省金牌奖励榜。公立医院改革进展顺利，完成14家社区卫生服务中心标准化建设，率先实现基本药物制度全覆盖。人口出生缺陷发生率降至4.7‰。安全生产事故起数和死亡人数连续九年"双下降"，食品药品、产品质量安全水平稳步提高。对口援建四川地震灾区三年任务两年全面完成，援藏援疆各项工作有序推进。

（五）自身建设继续加强。新一轮市县、乡镇政府机构改革顺利完成，事业单位改革工作稳步推进。城市社区、农村“两委”换届工作全面结束。办理人大代表建议301件、政协提案492件。市政府“12345”公开电话接听群众来电22万余次，及时解决热点难点问题。“中国镇江”政府门户网站获全国绩效评估第17名。

这五年，综合实力显著提升；发展活力不断增强；城乡面貌发生巨变；人民生活加快改善；社会事业全面进步。

二、“十二五”展望

到2015年，全市GDP在2010年基础上实现翻番，力争达到4000亿元，年均增长12%以上，人均GDP接近2万美元；五年累计全社会固定资产投资超1万亿元，年均增长18%以上；地方财政一般预算收入超过350亿元，年均增长20%以上；社会消费品零售总额年均增长18%以上；城乡居民收入实现翻番；完成省政府下达的节能减排任务；城市化率力争达到70%。

“十二五”期间，我们将奋力拼搏，把镇江建设成为：产业发达城市、创业创新城市、山水花园城市、幸福和谐城市。

三、奋力做好2011年工作

2011年全市经济社会发展的主要预期目标为：GDP增长12%；地方财政一般预算收入增长20%；全社会固定资产投资增长20%，实际利用外资增长8%，外贸进出口总额增长15%，社会消费品零售总额增长18%；城市居民人均可支配收入增长12%，农民人均纯收入增长12%，居民消费价格总水平控制在4%左右，城镇登记失业率控制在3.5%以内；全社会研发投入占比达2.1%，高新技术产业产值占比达38%，服务业增加值占比达41.5%；单位GDP能耗下降3.5%，主要污染物排放削减率完成省下达任务。将全力抓好六个方面：

（一）坚持以人为本理念，满足人民群众的生活保障需求

大力扶持创业。加快培育新时期创业文化，增强市民的求富意识和风险精神，建成国家创业型城市。新发展私营企业6000家、个体工商户9000户，新增注册资本500亿元。继续完善四级创业指导服务体系，成功扶持创业4000人、带动就业3.5万人。

广开就业门路。完善人力资源市场配置机制，基本建成“充分就业市”。新增城镇就业4.3万人、转移农村劳动力3万人，下岗失业人员再就业2万人；接收本科毕业生1万名以上，新培养紧缺型高技能人才5000名，本地大中专毕业生就业率90%以上。

提高保障水平。完善保障体系，将灵活就业人员、被征地农民等纳入城镇社会保障范围。确保基本养老、医疗、失业保险覆盖率稳定在95%以上。健全城乡低保自然增长机制和困难群体物价补贴响应机制，切实保障困难群体的基本生活。加大住房保障力度，建设拆迁安置房6.4万套、公共租赁住房1万套、经济适用住房3000套、廉租住房400套。推动老龄服务体系建设，城乡居家养老服务站点覆盖率分别达80%和30%。

（二）构建现代产业体系，满足人民群众的物质增长需求

推进现代服务业快速发展。认真落实现代服务业两年翻番政策，力争营业收入增长50%以上。加速提升现代物流业，建成2个交易额超100亿元的物流基地。完成新兴商贸业发展规划，高标准打造“一主五副”商贸中心，切实推进14个城市综合体和2个电子商务产业（示范）园建设。新增软件类企业100家。推进国家级“智慧旅游”服务中心建设，争创1家AAAAA级旅游景区和1家五星级旅游饭店。引进1～2家股份制银行，组建2家村镇银行、10家农村小额贷款公司，发展5家以上股权投资机构，力争成为省债券融资试点地区。

推动新兴产业爆发式增长。五大新兴产业实现销售1600亿元，增长50%以上，占规模以上工业比重超过33%；当年投资力争翻番。以争创国家级创新型试点城市和全国科技进步先进市“八连冠”为抓手，集中60%以上市级科技经费实施新兴产业重大科技专项。新兴产业科技研发投入占比达到3%以上，引进培育研发检测机构10个以上，高标准建设镇江科技新城，新增各类孵化器面积50万平方米以上。坚持人才优先发展战略，实施新一轮创新创业领军人才集聚工程，引进30名以上领军型人才（团队）和1300名硕士以上人才，新兴产业人才引进数量占比达到60%以上。加快“两化融合”步伐，推动300家企业转型升级。继续实施“千百亿工程”，力争五大主导产业销售突破4000亿元，新增1家销售超百亿元企业。

加快农业转型升级。大力发展优质粮油、健康肉奶、特色水产、高效园艺、生态经济林业和观光农业等六大产业。力争创成2个以上省级农业产业园，建成现代农业园区20万亩，新增高效农业22万亩、设施农业8万亩、农业龙头企业20家以上。综合农业机械化水平达80%以上。认真落实中央1号文件精神，完成水利投资30亿元，加快农村水利现代化建设，推进农村河道疏浚整治，全面完成小型水库除险加固。积极发展农业电子商务，建立农产品网上销售平台。大力发展生态农业、创意农业和品牌农业，新增无公害、绿色、有机农产品50个，抓好“菜篮子”工程，确保农产品安全有效供给。

实现开放型经济新发展。大力推动境外上市、增发、并购等利用外资方式，力争引进10家以上世界500强企业的分支机构，引进一批行业领先的重大外资项目、研发中心和地区销售中心。继续把招引央企作为重点，引进一批超10亿元项目，总投资超过100亿元。吸纳民资350亿元，增长35%以上。推进开发区转型升级，加快各类创新要素向开发区集聚。发挥18个省以上出口基地（企业）示范作用，促进外贸转型升级。大力发展国际服务贸易，鼓励有实力的企业“走出去”。

（三）彰显山水花园特色，满足人民群众的生态宜居需求

全市完成城建投资560亿元。

完善城市功能。南徐新城投入100亿元，商务A区全面交付，商务B区全面启动，职工文体中心全面竣工，主次干道全部建成，高铁站场、体育会展中心主体竣工，花园城基本成型；北部滨水区投入27亿元，基础设施全面完成，启动西津湾、文化艺术中心和金山湖旅游配套工程，滨江风貌初显；官塘新区投入50亿元，实施安置房项目及路网工程，拉开基本框架；老城棚户区改造投入10亿元，改造所有“城中村”；丹徒新城投入35亿元，加速与主城无缝对接；大港滨江产业新城投入100亿元，完善新区功能；加快各辖市城区、11个新市镇和50个新社区建设，推进“万顷良田”工程，促进城乡一体化发展。实施沪宁高速公路镇江收费站南移，编制城市轨道交通线网规划，完成泰州大桥及东接线、338省道镇江段等主体工程，开工建设镇丹高速、扬中四桥及接线等项目。

提升人居质量。争创中国人居环境奖。全面启动“绿化美化家园”工程，因地制宜种花种草、种植彩色苗木，建设花园式工厂、社区和学校。完善住宅小区综合配套设施建设。完成金山水厂改扩建和区域供水工程。大力推动“智慧镇江”建设。发放市民卡100万张，完成44万户居民电表智能化改造。认真解决群众反映强烈的停车难、行车难问题，优先发展公共交通，新辟和优化公交线路15条，更新一批公交车辆，新增各类停车泊位1万个；推进城市主干道智能交通系统建设，切实提高道路通行能力。

加强生态建设。继续深化国家生态市创建，丹阳、句容、扬中和丹徒创成国家生态县，全市力争通过国家级考核验收。开展国家生态园林城市创建，全面完成“青山绿水”工程，绿化造

林5万亩。全力整治群众反映强烈的市区“黑臭河”问题，完成市区河道241个排污口整治，雨污分流管网全部接通。防治工业废气污染、餐饮业油烟污染、机动车尾气超标排放和工地扬尘污染，确保空气质量优良率保持在90%以上。坚持低碳发展，狠抓节能减排，严格环保执法，淘汰落后设备、技术和产能。切实保护饮用水源地，加强对农业面源污染和生活污染的监管。

优化城市管理。落实大城管机制，夯实基层基础工作，严格落实管理责任。实施市容市貌精细化整治，重点解决群众投诉较多的露天菜市场问题，新建14个、改造5个室内菜市场。加大违法设施、违章建筑拆除力度。狠抓建成区道路一体化保洁、渣土运输及建设工地管理。加快完善市政公用配套设施，推进生活垃圾分类收集与处理，新建4座压缩式垃圾转运站。

（四）加快发展文体事业，满足人民群众的精神文化需求

全力推进文明创建。以争创全国文明城市为龙头，深入开展群众性精神文明创建活动，加强未成年人思想道德建设，完善社会信用体系，不断提升市民素质，打造“大爱镇江”和志愿者服务等特色品牌。依法保护历史文化遗产。加快推进全国文明城市创建硬件达标，建成市科技馆和档案馆。

扎实推进文体惠民。开展“欢乐家园”和“我们的节日”系列公益文化活动，举办“2011镇江音乐季”。推进文化信息资源共享工程，建设一批特色文化广场、图书馆和文化站室。大力开展全民健身活动，城乡体育健身设施覆盖率超过90%，每万人拥有健身点5个以上，经常参加体育锻炼的人数超过30%。

做大做强文体产业。重点发展文化创意、影视演艺、旅游文化和出版印刷等四大文化产业。深化文化体制改革，加快提升市文广集团、报业集团实力，力争吸引1～2个全国知名的文化企业落户，完成一批文化设施建设。加快发展体育产业，构建以市体育会展中心为核心的产业链。

（五）全面加强社会建设，满足人民群众的公共服务需求

优化教育卫生服务。深入贯彻教育改革发展实施意见，扎实开展国家学前教育体制改革试点，积极推进义务教育优质均衡发展，实施东方技校等一批职校整合迁建，完成“校舍安全工程”19.4万平方米，支持在镇高校发展，办好人民满意的教育。完成市二院整体迁建、精神卫生中心异地新建和妇幼保健院整合，建成市一院内科医技楼和中心血站综合楼。全面完成国家公立医院改革试点任务。

提供安全保障服务。巩固“平安镇江”创建成果。启动“六五”普法，建设“法治镇江”。完善公共突发事件应急机制，严格落实安全生产和食品药品安全责任，确保群众生命财产安全。创新特殊人群和外来人口服务管理体系，严格规范小旅馆等“九小场所”管理。启用新人民来访接待中心，强化信访大格局建设，健全“大调解”机制，深入推进社会矛盾化解。

延伸社会公益服务。推进新型社区建设，完善人口公共服务体系。依法管理宗教事务，加强民族团结进步事业。加强国防教育和人民武装工作，深化军民共建，力争全国双拥模范城“六创”成功。继续开展对口支援。认真做好妇女儿童、残疾人等工作。

（六）强化政府自身建设，满足人民群众的利益表达需求

恪守一心为民的职责。全体公务人员将倍加珍惜来之不易的发展局面，倍加珍惜为民干事的广阔舞台，倍加珍惜自己人生的宝贵时光，时刻把群众的安危冷暖放在心上，时刻把维护群众的利益抓在手上，为人民服务、让人民放心、使人民满意。

锤炼锐意创新的品格。工作中始终保持争创一流的志气、敢为人先的锐气、求新思变的勇气。创新发展思路，提升转型升级的能力和水平；坚持走群众路线，创新工作方法，提高维护群众合法权益的实效性。

浓厚真抓实干的氛围。倡导“为民多吃苦、为民作奉献、为民埋头干”的风气，敢于负责、勇挑重担、真抓实干，始终把重点放到推进强市富民上，把精力集中到解决具体问题上。

弘扬高效清廉的作风。做事雷厉风行，工作干净利落，以高效率保证高质量，以快节奏推动大发展。认真落实党风廉政建设责任制，始终保持勤政为民、务实清廉的形象。

·小资料·

镇江新二十四景

镇江新二十四景评选活动，从2010年6月下旬开始至当年10月结束，共有10余万名市民参与。市有关方面按得票高低并结合专家评议，从入围的40个候选景点中最终确定镇江新二十四景：

西津寻渡（西津渡历史街区）、北水柳浪（金山湖景区）、摩崖夕照（焦山碑林）、蓉楼晓荷（芙蓉楼）、慈寿塔影（慈寿塔）、泠泉喜雨（天下第一泉）、萧寺听鹂（招隐寺）、长虹卧波（大桥公园）、江左文宗（文宗阁）、寒汀芦荻（滨江湿地）、云台霞蔚（伯先公园）、长山烟云（中国米芾书法公园）、海门江雪（焦山渡口）、莲花含秋（南山西入口）、晋城春望（花山古城遗址公园）、灯火临流（古运河风光带）、春江夜月（春江潮广场）、北固远帆（多景楼）、甘露流芳（甘露寺）、鼎石访梅（宝塔山公园）、圌山惊涛（圌山）、竹林叠翠（竹林寺）、湾头壁立（北固湾）、文心繁霜（文苑）。

（南山石）

专 记

责任编校：傅雪元

回眸与展望

回眸："十一五"镇江经济社会发展重大成就

"十一五"期间，镇江市深入实践科学发展观，认真贯彻落实国家宏观调控政策，积极应对国内外复杂的环境变化，解放思想，开拓创新，圆满完成"十一五"规划确定的主要目标任务，率先建成全面小康社会。

经济实力迈上新台阶。2010年，全市主要经济指标均较2005年翻一番以上。地区生产总值总量达到1957亿元，人均63440元人民币（折合约9580美元），年均分别增长14.1%和13.1%。财政一般预算收入138亿元，是2005年的近三倍，年均增长24.1%。全社会固定资产投资五年累计4110亿元，是"十五"时期的3.2倍。社会消费品零售总额560亿元，是2005年的2.32倍。

发展方式实现新转变。"十一五"期间，全市服务业增加值占地区生产总值比重平均每年提高1个百分点，2010年达到40%；高新技术产业产值占规模以上工业产值比重每年提高2个百分点以上，2010年达到36.1%，新兴产业实现销售收入1100亿元；科技进步贡献率达到53%，科技进步综合实力列全省第五位，年专利申请量突破1万件，研发经费支出占GDP比重达到2%，连续七次被评为"国家科技进步先进市"。

城乡面貌发生新变化。经过五年努力，镇江新城建设和老城改造步伐全面加快，北部滨水区初现形象，南徐新城初具规模，丁卯科技城功能升级，官塘片区规划建设全面启动；市区五年累计拆迁面积超过1000万平方米，建成一大批现代化住宅小区，体育会展中心、职工文体活动中心、城市商业综合体等加快建设，城市功能得到提升，居住和消费环境大幅改善，名城保护品牌效应进一步凸显。启动新市镇、新社区、新园区试点建设，新建和改造农村公路1300公里，实现乡镇污水集中处理和自来水集中供应全覆盖，农村行政村等级公路、客运班车通达率100%。扬溧高速、宁常高速、宁杭高速、沪宁高铁建成通车，高速交通路网初步形成；京沪高铁、宁杭高铁镇江段、泰州大桥等加快建设，五峰山过江通道前期工作加紧推进；镇江综合交通客运枢纽建成营运。镇江港建成亿吨大港。

社会事业实现新发展。"十一五"期间，全市实现免费九年义务教育，人均受教育年限14.5年以上，高中教育毛入学率100%，高等教育毛入学率60%，辖市（区）全部通过基本教育现代化省级评估。全市建成一批重大卫生基础设施，成立两大医疗集团，卫生疾病防控应急体系进一步健全。新广电中心、金山大剧院、西津渡老码头文化创意园投入使用，"大爱镇江""迷笛音乐节"和市民大讲堂等成为镇江新文化品牌，成功拍摄《诗话镇江》《血色沉香》《西津渡》等优秀影视作品，城市文化影响力进一步提升。连续两次荣获全国"社会治安综合治理优秀地市"荣誉称号，第五次获得"全国双拥模范城"称号，社会发展更加和谐。

人民生活得到新提升。2010年，全市城镇居民年人均可支配收入和农民年人均纯收入分别达到23075元和10800元，年均增长13.2%和12.8%。五年居民人均储蓄存款余额增长近一倍。2010年城市和农村人均住房建筑面积分别达到35平方米和48.7平方米。五年累计新增城镇就业23万人，城镇登记失业率控制在3.5%以下。城镇职工三大保险覆盖面稳定在98%以上，新型农村养老保险覆盖率95%，新型农村合作医疗保险覆盖率超过99%。全市"五保""三无"、重点优抚对象及特殊群体和低收入家庭的社会保障水平逐年提高，城乡低保实现"应保尽保"。

生态环境实现新优化。五年中，加大环境建设投入，开展生态市创建，2010年初步达到生态市建设要求。推进太湖流域水污染防治，关停小化工企业165家，建成一批污水处理和垃圾处理设施。成功搬迁改造或关闭大东造纸厂、焦化厂、江南化工厂、金河纸业等一批污染企业，基本完成市区企业退城进区。全面完成"十一五"规划主要污染物减排目标。实施"青山绿水"行动计划，建成区绿化覆盖率达42.4%，城镇人均公共绿地面积约18平方米，全市森林覆盖率超过21.5%。城市空气优良天数占全年90%以上，饮用水源地水质达标率100%，环境质量综合指数89.6。

改革开放取得新突破。五年间，开展新一轮政府机构改革，推行公务员阳光工资制度，推进事业单位分类改革，启动公立医院改革试点。基本完成市属企业改制任务。新增上市企业10家、创投公司7家。引进6家股份制银行和外资银行，成立2家村镇银行。率先试点中小企业融资新模式，成立全省首家农村小额贷款公司。市级投融资平台总资产规模超过1000亿元。民营经济增加值占GDP比重五年提高近7个百分点，荣获首批"中国创业之城"称号。五年累计实际利用外资60.5亿美元、完成出口189亿美元。镇江经济开发区升格为国家级开发区。

展望："十二五"镇江经济社会发展新蓝图

《镇江市国民经济和社会发展第十二个五年规划纲要》提

出，“十二五”发展总体目标是：率先迈入基本现代化，初步建成产业发达、创新创业、幸福和谐的现代化“山水花园城市”，努力实现产业、城乡、社会、生态、开放和空间发展六大转型，显著增强综合经济实力、自主创新能力、国际竞争力以及可持续发展能力。

综合实力大幅提升。到2015年，全市GDP在2010年基础上实现翻番，力争达到4000亿元，年均增长确保12%，力争13%。人均GDP达12万元以上（近2万美元）。地方一般预算收入达到350亿元，年均增长20%以上。社会消费品零售总额和全社会固定资产投资年均增长18%。

人民生活显著改善。实施居民收入倍增计划，到2015年，城镇居民人均可支配收入和农民人均纯收入实现倍增，分别达到4万元和2万元以上，力争达到4.6万元和2.2万元。城乡基本社会保险覆盖率和三项医疗保险参保率均达到97%以上。建成国家级创业型城市，五年累计新增城镇就业超过20万人。新增保障性住房面积1000万平方米以上。居民消费率高于30%。

转型升级取得突破。服务业增加值占GDP比重每年提高1.5个百分点以上，到2015年确保达到48%，力争50%，加快形成“三二一”产业结构。高新技术产业产值占规模工业产值比重每年提高2个百分点左右，到2015年达到45%。新兴产业销售占规模以上工业销售比重达到40%。形成具有镇江特色和核心竞争力的现代产业体系。

创新支撑强劲有力。提升以企业为主体的区域创新能力，建成国家级创新型城市。全社会研发经费支出占GDP比重力争提高到3%。人力资本投资占GDP比重15%以上。百亿元GDP专利授权数360件。科技进步贡献率60%，对外技术依存度下降到40%以下。

生态环境优化提升。实施绿色家园工程、蓝天工程、碧水工程和清洁家园工程，建成国家级生态市，城市建成区绿化覆盖率提高到47%，森林覆盖率超过24%。主要污染物排放削减、单位GDP能耗和二氧化碳排放量完成省下达目标任务。耕地保有量16万公顷，基本农田确保13.91万公顷。

城乡发展更加协调。建成全国知名的宜居宜业城市、旅游文化名城，彰显山水花园城市特色。推进“三新”示范建设，构建完善社会主义新农村，促进城乡一体化统筹发展。到2015年，城市化率力争70%。 （潘煜龙）

镇江市创建国家级创业型城市

2010年，镇江市被人社部确定为“全国创业型城市创建重点联系城市”，全面开展全民创业工作。7月下旬，人社部在杭州召开大学生创业工作会议，镇江市作为江苏省唯一代表在大会上作经验介绍；8月上旬，接受人社部和省人社厅的中期评估，以98分位列全省6个创建城市首位。至年底，经人社部推荐全国各地有十多个城市到镇江市考察学习。

1. 组织领导有力，工作机制高效。市政府成立创建领导小组，由市领导担任组长，36个部门主要领导为成员，并抽调23名干部组建创建办公室集中办公。各辖市（区）也建立相应的工作机构，构建起“党政共抓、上下联动、全民参与、市场主导”的工作格局，推进市、辖市（区）和镇（街道）三级联创。市委、市政府和创建办全年召开创建工作会议近30次，其中千人大会就有3次（1月19日建设创业型城市动员大会，3月8日全市“万人创业普训”活动动员大会，9月11日大学生创业报告会），使创业氛围高潮迭起。

组织市直32个部门的科级以上干部分赴32个镇（街道）“一对一”地结对指导创业工作。组建“百人师资培训团”“专家指导团”和“创业典型先进事迹报告团”，建立创业项目库，收集整理3000多个创业项目并在网站上发布，为创业者提供“超市+保姆”服务。

2. 政策措施到位，考核体系健全。市委、市政府先后出台《关于推进全民创业的意见》《关于切实做好鼓励创业促进就业的工作意见》《关于建设创业型城市的意见》等系列政策，明确15项创业补贴政策，建立城乡互通贷款机制，降低创业门槛，全市共设立扶持创业和中小企业发展专项资金14320万元，增加创业担保贷款基金2000万元，补充完善10条扶持创业政策，累计发放创业贴息贷款7566万元，惠及创业人员近万人。

镇江市在全省率先建立的创业型城市评估指标体系，受到人社部、人社厅的高度评价。制定下发创业型辖市（区）、创业型街道（镇）、创业型社区（村）3个《建设标准及评估办法》，每月公布一次辖市（区）和乡镇（街道、开发区）的私个经济发展情况和排名，每两个月通报一次创建领导小组成员单位服务创建工作结对服务情况，全市形成你追我赶、相互支持的创业竞赛氛围。

3. 宣传广泛深入，创新活动载体。举办市民大讲堂，组成创业巡回报告团，到各镇、街道开展70余场次的巡回演讲。在全市重要路段、主要道口制作20块公益广告牌，悬挂横幅100多条，组织《创业之歌》大型广场文艺演出。相继开展“动员月”“宣传月”“培训月”“服务月”“招商月”“竞赛月”“民企转型升级月”“创业平台建设月”“大学生创业月”“科技创新联盟月”“人才强企月”“总结评估月”等活动，组建创业培训服务团、专家指导团、创业典型事迹报告团，深入开展创业指导进校园、进社区、进农村基层。

4. 增强针对性，找准突破口。高校毕业生是创业的生力军。在全市20多所大中专技职校开设创业培训课程。把9月确定为“大学生创业月”，全月安排12项活动；9月11日，召开千名大学生参加的大学生创业报告会，请创业成功大学生谈创业体会，激发大学生创业热情，力促大学生成为一支创业的生力军和引领高层次创业的重要力量，从整体上提升全民创业的质量和水平。

人才是创业成功的基本保证。把11月定为“人才强企月”，通过人才与企业的对接联盟，促进高层次人才引进和高技能人才培养，为民营经济发展提供强有力的人才支撑。全市“万人创业普训”活动，累计对近15万人进行创业意识教育，每万人参加创业普训的人数达637人。培训后已有9506人成功创业，涌现出一批有志创业、能创成业的大学生。

5. 创业成效显著，贡献份额提升。2010年新建57家创业孵化基地、19家创业实验（训）基地、14家省级重点培育小企业创业基地，培育创业“小老板”3000多人，入驻企业930家。创业孵化基地总面积达128.41万平方米，容纳各类创业经营户3881家，带动就业19363人，平均每个创业孵化基地带动就业达340人。

全年民营经济税收入库61亿元，比上年增收19亿元，增长46.2%，占税收增收总额的84.5%。其中私营个体经济税收32亿元，增收13亿元，增长66%，占税收增收总额的55.1%，私营个体税收比重由2009年的29.6%上升到36.3%。

（方 莉 陈志坚）

镇江市开展人力资源和社会保障“五大建设”

2010年，镇江市人力资源和社会保障局坚持“民生为本、人才优先”的工作主线，突出就业创业、社会保障、人才队伍建设、人事制度改革、和谐劳动关系等重点工作，加快资源整合，着力构建“大就业、大保障、大培训、大市场、大服务”的管理体制和工作机制。

一、构建“大就业”格局。一是推进全民创业促进就业。参与全国创业型城市创建，发挥职能作用，落实贴息贷款、补贴和基层扶持奖励等创业优惠政策，建立从市到社区（村）的四级创业服务网络和创业实训、孵化基地，全年扶持创业5.26万人。二是推进充分就业。推进“充分就业市”创建三年行动计划，把高校毕业生放在就业工作首位，每名未就业毕业生有2次以上就业机会，90%的镇江籍高校毕业生落实就业岗位；加大对下岗失业人员、大中专技职校毕业生、返乡农民工、被征地农民、复转军人、残疾人等重点人群的就业援助，实现城镇零就业家庭和农村零转移家庭“双清零”。2010年全市新增城镇就业9.2万人，下岗失业人员再就业2.42万人，困难家庭就业0.57万人，城镇登记失业率2.31%，城镇零就业家庭和农村零转移家庭实现“双清零”，基本建成“充分就业市”。三是推进统筹城乡就业。逐步向农村延伸公共就业管理服务，贯彻落实农村公共服务四项制度，健全市级农村创业就业服务体系，规范完善村级劳动保障平台功能，返乡农民工基本实现就近就地就业创业。

二、构建“大保障”机制。一是完善保障制度。推进新型农村养老保险（城乡居民养老保险）制度与全省、全国接轨，逐步消除市区老农保，推进被征地农民进“城保”，扩大企业职工基本养老保险覆盖率。逐步统一全市医保政策，理顺医保管理体制，推动医保、医疗、医药同步改革，实现医保统一管理、统一运行。二是提高保障水平。适时调整基本养老金和养老补贴标准，全市退休人员养老金月增资143元，人均月养老金达1358元，其中市区月增资147.5元，人均养老金达1427元，市区基本居民养老补贴由50元/月提高到69元/月。全面深化医保普惠保障，落实基本医疗保险提高报销比例和开展门诊统筹等措施，继续提高失业、工伤保险待遇标准。2010年养老金社会化发放率机关事业单位达100%，企业达95%以上。推进“金保工程”“五险合一”，实现同人同城同库。三是扩大保障范围。促进农民工、灵活就业人员、城镇居民参加职工或居民社会保险，城镇基本养老、医疗、失业保险覆盖率和新型农村养老保险参保率均达95%以上，基本养老保险、社会医疗、工伤、失业、生育保险分别参保61万人、252万人、51.05万人、43.26万人、33.73万人，新农保参保38.3万人，参保率95.48%。市区 基本养老保险基金征收221631万元，较上年增长13.08%，实现“应保尽保”，社保基金“应缴尽缴”。

三、构建“大培训”体系。一是加强人才培训培养。2010年围绕“千百亿工程”、信息软件业、新能源产业培训人才11万名。推进专业技术人员知识更新“351”工程，专业技术人员继续教育培训1.1万人。实施“新生代企业家培养工程”。推进“农村实用人才培训计划”。推进企业内评改革，开展“首席技师评选”“百名技师带徒”等活动，培养选拔高技能人才。全市新培养紧缺型高技能人才9700人，其中新增高级技师1662人。二是加强职业技能培训。重点开展失业人员、返乡农民工、新成长劳动力、被征地农民、困难职工的技能和创业培训。完善职业院校、职业技能培训机构等社会培训功能，使广大城乡劳动者得到实训和技能提升机会。推进职业技能鉴定全程数字化、网络化运作。三是加强公务员能力建设培训。重点培养公务员的公共行政、公共管理、公共服务能力，加强学分制管理，公务员参训率达98%。完成军转干部、苏南苏北对口、初任及科级公务员任职等培训任务。

四、构建“大市场”平台。一是实施市场统一管理。统一市场监管体制、法规制度和实体服务平台，贯通人才、劳动力、高校毕业生就业等市场的对象与信息、标准与业务、场所与管理。加强市场监控执法队伍建设，开展专项整顿活动。二是提升市场服务功能。加快建设江苏省苏南人力资源市场，健全完善公共就业服务。加强行业规范，吸引和鼓励民间、海外资本在镇投资创办人力资源服务机构，推进人力资源招聘、派遣培训、外包、测评和高级人才寻访等服务产业化。三是加强市场调控引导。建立健全市场预测监控机制，加强政策引导，搞好人才储备。规范人力资源市场服务业从业行为，实施职业资格制度，提高从业人员整体素质。

五、构建“大服务”环境。一是围绕产业需求服务发展。推进实施引进培育领军人才“331计划”，吸引更多海内外人才来镇江创新创业。以人才引领产业，产业集聚人才，实施重点产业人才引进计划，举办第三届“发展新兴产业项目与人才对接洽谈会”、第二届“双高人才对接洽谈会”和“百家企业高校行”活动，以“产业+项目+人才”模式引才，促进产业集群与人才集群、产业链与人才链的良性互动。二是建设和谐劳动关系服务民生。建立企业用工和劳动诚信体系，加强劳动合同管理，完善劳动关系协调机制，构建和谐稳定的劳动关系。加强劳动监察“两网化”建设，推进劳动仲裁实体化基本建设和乡镇、街道争议调处基层平台“两基”工程。完善企业职工工资调控管理政策，推进集体协商，落实同工同酬。三是加强平台建设提高服务效能。开展“优质服务窗口”创建活动，向行政村（社区）延伸基层综合服务平台，提高综合服务水平，让更多老百姓享受到人力资源和社会保障的普惠制、均等化服务。

（陈志坚）

2010年镇江市政府机构改革情况综述

一、机构改革基本情况

2009年10月26日，省委、省政府下发《关于印发〈江苏省市县政府机构改革的意见〉的通知》后，市委、市政府高度重视，迅速贯彻落实。市编办在充分调查研究的基础上，拟订市政府机构改革方案，报请市委、市政府批准后于2009年12月初上报省委、省政府。2009年12月底，省委、省政府批准镇江市改革方案。2010年2月初，市政府向市人大常委会备案。2010年2月9日，市政府机构改革动员大会召开，机构改革正式进入实施阶段。各部门根据《关于市政府机构改革“三定”工作实施意见》，抓紧做好“三定”（定职责、定机构、定编制）工作，并按要求于2010年3月15日前上报“三定”规定草案。市编办对各部门的“三定”规定草案进行认真审核、反复沟通。2010年4月23日，经市政府常务会、市编委会研究批准后，各部门“三定”规定于5月底在全省省辖市中较早全部出台，定员定岗工作亦于6月底全部落实到位，各部门按新的工作机制正常运转。

这次市政府机构改革后共设置39个工作部门，即：市政府办公室（挂市政府研究室、市政府金融工作办公室牌子）、市发展和改革委员会、市经济和信息化委员会（挂市中小企业局牌子）、市教育局（挂市委教育工作委员会牌子）、市科学技术局

（挂市知识产权局牌子）、市公安局、市监察局（与市纪委合署办公，不计政府机构个数）、市民政局、市司法局、市财政局、市政府国有资产监督管理委员会、市人力资源和社会保障局、市国土资源局、市环境保护局、市住房和城乡建设局、市规划局、市城市管理局（挂市城市管理行政执法局牌子）、市园林管理局（挂市南山风景区管理委员会牌子）、市交通运输局、市农业委员会（挂市农业机械管理局、市农业资源开发局牌子）、市水利局、市商务局（挂中国国际贸易促进委员会镇江市委员会牌子）、市文化广电新闻出版局（挂市文物局牌子）、市卫生局、市食品药品监督管理局、市人口和计划生育委员会、市审计局、市体育局、市安全生产监督管理局、市统计局、市旅游局、市物价局、市粮食局、市民族宗教事务局、市口岸和港口管理局、市市级机关事务管理局、市民防局（挂市人民防空办公室牌子）、市政府外事办公室（挂市政府港澳事务办公室牌子）、市政府侨务办公室、市政府法制办公室。

二、机构改革主要做法及初步效果

这次政府机构改革做法，概括起来主要有：一是领导高度重视，二是方案措施缜密，三是严格遵照规定。改革的效果主要体现在四个方面：

1. 明确职责、理顺关系。在制定“三定”方案过程中，坚持各部门职责与省级机关总体对应、个别调整，确实需要增加的必须提供有效依据，防止自设权力、擅自加码现象；职责的界定清楚明了，一件事情由几个部门办理的，明确分工，相关部门的表述协调一致，防止扯皮推诿，努力为改善政务环境、投资环境提供制度保障。除省批复方案中规定的部门整合和职责调整外，还对农业产业化龙头企业管理、出入境就业管理、产业损害调查、重要工业品和原材料进出口计划组织实施、特殊流通行业监管、综合协调食品安全和组织查处食品安全重大事故等职责进行调整，进一步理顺关系。

2. 规范设置政府工作部门。一是认真做好“规定动作”。整合优化农业、经济和信息化、交通运输、住房和城乡建设、人力资源和社会保障、文化、食品药品监督管理、内贸和外贸管理等8个方面的组织结构。镇江除因长江岸线较长、港口经济比较发达，港口管理职能没有整合进交通运输部门外，其余全部按照省里要求整合到位。二是严格控制机构数量。最终镇江市本级共设置工作部门39个。三是撤销部门管理机构。这次机构改革前，镇江市有部门管理机构5个（外国专家局、医保局、防汛防旱办公室、畜牧兽医局、无线电管理办公室）。这次改革中，将这些部门管理机构全部撤销，职责整合进相关部门。同时，不再设立新的部门管理机构。

3. 整合归并政府直属事业局。机构改革前，镇江市政府直属的事业局有9个（机关事务管理局、园林局、房产管理局、农业机械管理局、农业资源开发局、市政公用事业局、经济协作办公室、贸易促进会、地震局）。这次改革中，除地震局根据有关要求保留外，其余8家全部予以整合，行政职能收回机关。

4. 清理规范挂牌机构和议事协调机构。一是严格控制挂牌机构。共撤销挂牌机构6个（乡镇企业管理局、信息化办公室、新闻出版局、版权局、政府教育督导室、扶贫办）。二是清理议事协调机构的实体性办事机构。取消议事协调机构的实体性办事机构11个（军转办、交通战备办、蔬菜办、绿化办、文管办、双拥办、上市办、重大项目办、友协办、老龄办、爱卫办），其工作职责由相关部门内设机构承担。 （吴业辉）

镇江市深化医药卫生体制改革记述

2009年9月起，镇江市全面启动国家和省部署的深化医药卫生体制改革五项重点工作，加快落实“一核心四同步”改革任务，即以公立医院改革为核心，同步推进基本医疗保障、基本药物制度、基层医疗卫生服务和基本公共卫生服务四项改革。作为全国16个试点城市之一，镇江市的试点工作按照“整体联动、重点突破”的总体要求，积极探索、大胆改革，坚持做到“四个创新”并取得初步成效。

一、创新资源优化配置方式。镇江市公立医院改革，坚持以自愿为主、以资产和技术为纽带，在市区组建两个以三级甲等医院为核心的医疗集团，将二级医院、专科医院和社区卫生服务中心全部整建制并入。每个集团内部进一步优化配置资源，基本实现检查结果、医师培训、采购配供、信息平台等资源的共享。建立集团医院与社区的分工协作机制，医院与社区卫生机构签订双向转诊协议，建立业务协作网络，形成以技术支援为主的帮扶机制，明确社区医生对居民健康管理的责任，大力推进分级诊疗、双向转诊，有效落实“小病在社区、大病进医院、康复回社区”的分工协作机制。2010年社区门急诊量增长35%、占市区总量的53.8%。加强县、镇、村三级医疗机构建设，乡镇成立社区卫生服务中心，并按5000人左右规模设立中心村（社区）卫生服务站，实行镇村一体化管理。

二、创新医院管理运行制度。一是建立出资人制度。市政府委托卫生行政部门履行出资人职责，负责建立公立医院法人治理结构，确定公立医院规划和发展方向，监督公立医院资产和运营。二是完善法人治理结构。由出资人代表、医院法人代表、医院职工代表及其他代表组成医院理事会，理事会对出资人负责。实行理事会领导下的院长负责制，院长对理事会负责，拥有医院的经营管理和人事管理权。三是改革人事分配制度。取消医院行政级别，实行全员聘用、岗位绩效工资，实行薪酬分配向临床一线、技术骨干、质量效率倾斜。2010年两大医疗集团职工人均年收入6.7万元，专家型人才年收入达40万元。四是实行管办分开。理事会履行办医职责；卫生行政部门依法实行全行业管理，加强对公立医院的等级评审、要素准入、执业行为的管理。五是建立绩效考核评价体系。涵盖社会满意、运行效率、运营效益、发展能力四大类20项指标，其中社会满意权重占57%。2010年，公立医院平均每百元医疗成本费用比上年下降2.14元。

三、创新便民惠民机制。率先在全省实现基本药物制度全覆盖，截至2010年底，全市平均药价比上年下降42.1%，门急诊量增长12.5%；门诊均次费用平均下降21.6%，减轻患者负担1.78亿元。不断完善医保费用支付方式，采取以“就诊人头”为核心，总额预算、弹性结算、部分疾病按病种付费相结合的复合式办法，控制医疗费用增长。2010年，镇江市医院的门诊均次费用和住院均次费用为全省最低。全面开展临床路径管理，建立健全临床路径管理制度、工作模式、运行机制和评估体系，所有二级以上医院26个专业实施临床路径管理试点，试点病种120余种，完成试点病例8000余例。创新社区卫生服务模式，组建164个“3+X”家庭健康责任团队（3，即每个团队中以全科医生的核心，人数不少于3人，X，即可以由集团医院医生、护士、行政人员或其他志愿者组成。），重点对65岁以上老人、救助对象、慢性病患者和0～7岁儿童等人群，开展上门健康服务，打造15分钟健康服务圈。全面开展预约诊疗服务，专家门诊预约率达50%以上，落实社区首诊病人转诊预约服务，社区服务综合满意度提升4.37个百分点。以医院管理和电子病历为重点，成立卫生信息中心和“镇江智慧健康研究院”，建立区域卫生信息平台，实现集团医院与社区卫生机构互联互通、信息共享。

四、创新多元化投入机制。加大政府对公立医院的投入，确保每年增幅高于经常性财政预算支出增长。2010 年政府与集团医院共投入 1.1 亿，推进社区卫生服务机构标准化建设，市区 14 家社区卫生服务中心达到省定建设标准。政府以购买服务的方式，向各类医疗机构择优购买各类公共卫生、医疗服务产品，促进医疗集团之间的良性竞争。改革基层医疗卫生机构补偿机制，实施基本药物零差率后，市财政预算安排 1.7 亿元专项补助基层医疗机构。同时，将人均基本公共卫生服务经费由 2009 年的 15 元提高到 2010 年的 20 元。对应由各级政府举办的疾控、防疫、精神病诊疗、妇幼保健、中医诊疗等，政府给予资金保障。鼓励社会资本，包括国内外医疗机构、管理集团、科研院所及其他社会资本以合作、托管、改制等形式，参与医疗集团的发展与改革，全面提高医疗集团的综合竞争力。

（滕丽平）

沪宁城际高速铁路镇江段建设

沪宁城际高速铁路（曾用名沪宁城际铁路、沪宁城铁、沪宁高铁）是华东地区首条采取"公交化列车"运营的高速客运铁路，也是沪宁综合运输体系的重要组成部分。总投资约 500 亿元，线路全长约 300 公里，线路起自上海，经苏州、无锡、常州、镇江至南京，先行开通 21 个车站，预留 10 个车站。列车最高时速达 300 公里以上，采取大站直达、站站停靠等运行模式，最小行车间隔时间 3 分钟，上海至南京只需 1 个多小时。其中江苏段长 269 公里，设 21 个站，总投资约 427 亿元。镇江段全长约 87 公里，总投资超 100 亿元，设宝华山、镇江、丹徒（三山）、丹阳四个站，镇江站面积 6000 平方米，丹阳站面积 4000 平方米，丹徒、宝华山站面积各 2000 平方米；预留下蜀、高资南、陵口、吕城四个站。设计能力：最大区段客流密度近期 4850 万人/年，远期 6700 万人/年，远景 6800 万人/年。镇江段自 2008 年 7 月 1 日动工，于 2010 年 7 月 1 日通车，建设由沪宁城际铁路公司承担，镇江市交通运输局主要负责镇江段征地拆迁、沿线绿化和环境整治等相关工作。

征地拆迁。2008 年 7 月启动征地拆迁，至 2008 年年底在全省率先完成征地 363.2 公顷、拆迁 40 余万平方米，实现无障碍施工。征地拆迁过程中主要采取货币安置和房屋安置相结合的办法。其中：丹阳市、句容市和丹徒区部分乡镇段主要采取自拆自建方案；丹徒区新城段、润州区、南山风景区主要采取统拆统建方案。沪宁城铁镇江市区段需安置 688 户、近 5.6 万平方米，主要安置在凤凰家园、新城市花园、红星桃花园、秀山美苑等小区。在拆迁过程中遵守"四个坚持"：一、坚持公平公正、阳光拆迁。二、坚持以人为本、和谐拆迁。对城市拆迁，采取货币安置和建设定点安置房同步考虑、同步实施，特别是改善低保户的居住条件，在老城区的低于 54 平方米的予以补足；对农村拆迁，采取宅基地划拨和建设村民定居点相结合，新的宅基地由乡、村统一规划，防止"二次拆迁"。三、坚持主动服务、合力拆迁。四、坚持制度建设、依法拆迁。市指挥部下发《镇江市京沪高速铁路、沪宁城际铁路征地拆迁等经费管理办法》，实现依法拆迁。沪宁城际高速铁路征地拆迁全过程，没有发生一起强拆，没有发生一起集体上访事件。

绿化整治。沪宁城际高速铁路镇江段路线是沿线 6 市中最长的，其间山体多，地势起伏，同时兼有水网地带，绿化整治难度大。镇江市交通运输局认真踏勘现场，细化优化方案，明确沿线绿化定位：以造林增绿为主，并和镇江城市山林特色相结合，适当造景。沿线各辖市（区）和市各有关部门调集大批精干力量，抢进度、抓质量。同时，各有关部门采取工程监测、材料报验、旁站监理、现场签证、质量报验等措施，为工程质量建起"防护墙"，确保"整一片、栽一片、绿一片、美一片"。沪宁城际高速铁路镇江段完成沿线绿化 1667 公顷、环境整治 630 万平方米。

沪宁城际高速铁路建设体现"镇江速度"。在欧洲高铁专家看来需要 5～8 年完成的任务，沪宁城际高速铁路 2 年就开通。镇江段是沿线六市最长的一段，但仅用 5 个月的时间，就率先完成征地、拆迁任务；仅用 3 个多月的时间，完成铁路沿线绿化、环境整治任务；仅用 1 年时间，就配套建成一座现代化客运枢纽。这是"镇江速度""镇江精神"的体现。

沪宁城际高速铁路实现镇江人的"同城梦"。沪宁城际高速铁路连通上海、苏州、无锡、常州、镇江和南京六城。现在，镇江到上海只要 1 个多小时，到南京仅需 20 来分钟，公交化的高速城际列车实现镇江数代人的"同城梦"。

沪宁城际高速铁路推动镇江跨越发展。沪宁城际高速铁路既可以放大上海、南京等城市对镇江的辐射、拉动作用，也可以带动镇江餐饮、旅游、物流甚至房地产行业的发展。"城市候鸟""长三角人"、都市圈、卫星城、枢纽城等等都会在镇江出现，镇江的旅游、港口、人文、居家、运输等资源将会更好被推介出去。这一切都为镇江跨越发展增添新的动力。

（唐刘君）

镇江市综合交通客运枢纽工程建设

镇江市综合交通客运枢纽是为沪宁城际高速铁路镇江站而建设的市政配套工程。该枢纽位于镇江火车站（北站）铁路以南李家大山区域，占地 18 公顷，拆迁总面积约 26 万平方米，总投资约 28 亿元，是镇江历年来拆迁量最大、投资额最高、综合功能最强的单项交通城建工程。该工程由镇江市交通运输局承建，深圳市市政设计研究院有限公司设计，镇江市交通投资建设发展公司负责项目筹资和建设。项目于 2009 年 6 月 22 日开工，2010 年 7 月 1 日与沪宁城际高速铁路同步建成并投入使用，历时仅一年。

市交通部门按照构建现代综合交通运输体系的内在要求和镇江市火车站片区城市功能、空间形态的实际情况，将综合交通客运枢纽定位为：体现"零换乘、无缝对接"的理念，把站场建设和城市建设结合起来，兼顾铁路、公路、公交、航空、未来轨道交通等多种交通方式和功能，通过"一体化、智能化"的交通设计，实现人车完全分离，实现各种交通功能间的零换乘，实现社会资源的综合利用，体现"以人为本"的理念，使之成为集交通转换、商业活动和其他公共服务功能有机融合的综合体。

镇江市综合交通客运枢纽设置道路、广场、长途客运站、城市候机楼、公交首末站、出租车停靠站、地下停车库以及地下商业区等多种功能区，并按照"上进下出、左右贯通、铁公相连、人车分流"的原则，形成一个有机整体。

1. 道路工程：包括黄山西路、李家山路跨线桥南北接线、李家山路上跨铁路立交桥及南北广场地下通道。其中，黄山西路东起黄山南路，西止跑马山路，采用城市次干道二级标准设计，总长 1670 米，红线宽度为 50 米；李家山路跨线桥南北接线长 500 米，红线宽度 30 米；李家山路上跨铁路立交桥长 240 米，桥梁面积 7200 平方米；南北广场地下通道长 230 米，采用 12 米乘 3 米框架地道。以上道路工程的建设，打通城市南北的通道,把铁路两侧城区联结成为一个整体。

2. 广场工程:广场东西宽 260 米,南北纵深 90 米,占地面积约 23400 平方米,两层地下广场总面积约 47000 平方米。该广场成为火车站、汽车站、城市候机楼、公交站、出租车等多种交通工具"无缝对接"的换乘中心。

3. 长途客运站:该项目占地约 21000 平方米,建筑面积约 18000 平方米。建有 20 个发车位,日发送旅客 20000 人,停车场规模为 16800 平方米,其用地面积、规模基本满足一级站的规模要求。

4. 城市候机楼:该项目占地约 3300 平方米,建筑面积约 9300 平方米,日发乘客可达 1500 人次。

5. 公交首末站:公交首末站设置在广场东侧区域,占地约 8540 平方米。按照日换乘客流 38000 人的规模和公交换乘中心的要求,站内共设置 6 个公交停靠站台、上下客步行廊、等候调度候车区、调度室,实现完全的人车分流。

6. 出租车停靠站:该站占地约 1200 平方米,设置 8 个下客车位和 50 个排队等候车位。

7. 地下停车库:该停车库总面积 13700 平方米,设有 500 个停车车位和设备用房。

综合交通客运枢纽还包括结构、给排水、电气、消防、暖通、监控智能化、无障碍设施、绿化景观以及商业开发等。

综合交通客运枢纽的建成,展现了镇江城市交通发展的趋势和形象,提升了镇江城市发展的优势和潜力,促进了镇江城市商贸流通、服务业的繁荣与升级。 (张晓俊)

镇江市推进"三新"建设

2010 年,镇江市委、市政府把"三新"建设(新市镇、新社区、新园区)作为落实科学发展观,加快城乡统筹发展,推进农村工业化、城镇化与农业现代化最佳结合点的有效载体,取得明显成效。

一、"三新"建设的初步成效

一是农民集中居住水平有效提高。2010 年全市拆迁农房 737 万平方米,搬迁农民 90496 人;新开工农民集中居住点 76 个,建成面积 348 万平方米,比上年同期增长 13.4%;全市农民集中居住点建设投资 85 亿元,新增农民集中居住点人口 5.54 万人。全市 11 个新市镇累计投资 38.3 亿元,完成农房拆迁面积 186.4 万平方米,搬迁农户 11053 户,建成安置房 141.4 万平方米。

二是基础设施建设有效加强。全年投入 217 亿元,完善乡镇工业集中区基础设施;投资 19.6 亿元,建设市镇道路 81 公里;投资 1740 万元,完成河塘整治 73.8 公里;铺设污水处理管网 37.2 公里,投资 6797 万元;投资 4479 万元,新建学校 4 所,校舍建筑面积 8000 平方米。

三是园区产业支撑能力有效增强。全市新增土地流转面积 1.02 万公顷,土地流转农户达 16938 户。整理复垦新增土地面积 485.5 公顷,新增农业适度规模经营面积 1.03 万公顷,提前完成全年目标任务;新建工业集中区标准厂房 326 万平方米,新增入园企业 317 家,园区企业实现营业收入 1831 亿元。其中,11 个试点镇启动建设 14 个现代农业园区,投资 3930 万元,建设园区核心面积 1040 公顷,完成设施农业面积累计 204 万平方米;投资 2830 万元,建设农业园区道路 94 公里;投资 10970 万元,启动建设工业园区 12 个,累计完成工业园区道路建设 58.1 公里;投资 11.18 亿元,完成工业园区标准厂房建设 68.58 万平方米。

四是城乡公共服务均等化有效提升。全市新农合筹资 2.74 亿元,参合率 99.97%,基本实现农村人口全覆盖;农村改厕工作稳步推进。11 个试点镇新农合、新农保和农民最低生活保障实现全覆盖;投资 1200 万元,新建文体设施 0.63 万平方米;投资 7830 万元,新建社区综合服务中心 4.09 万平方米。

二、"三新"建设的主要做法

1. 狠抓规划修编,保证"三新"建设科学有序推进。按照因地制宜、尽力而为、突出特色、试点推进的原则,首批确定 11 个试点镇、50 个试点新社区,明确"十个一"的规划建设具体内容,着力将新市镇打造成规划建成区面积在 5 平方公里以上、人口 5 万人以上、集聚全域人口 50% 以上,生产、生活、生态空间布局合理的小城市。

2. 狠抓三年行动计划制订,把规划由蓝图变为现实。各辖市(区)、各试点镇都以正式文件出台各自三年行动计划。市委、市政府召开三年行动计划现场观摩推进会,出台全市三年行动计划。三年内全市 11 个试点镇、50 个新社区将完成"三新"建设总投资 500 亿元,其中 2010 年实际完成 113.1 亿元。2010 年全市 11 个试点镇启动八大类 120 个项目,引进 26 个大项目。

3. 狠抓资金落实,为"三新"建设提供要素支撑。市委办和市政府办出台《关于金融业支持新市镇新社区新园区建设的实施意见》,引导和鼓励金融业支持"三新"建设。市财政到 2012 年每年安排 1000 万元专项资金,用于"三新"建设规划编制、基础设施投入和现代农业园区建设的奖励和补助,辖市(区)财政也配套相应资金。市委、市政府于 8 月 10 日召开"三新"建设项目与银行对接会议,邀请市内外 22 家金融机构参加,现场签约 4 个项目、融资 8 亿元,构建银行与新市镇直接对接机制。2010 年,全市"三新"融资达到了 34.8 亿元。

4. 狠抓项目带动,找准"三新"建设的切入点。6 月 10 日,市委、市政府在句容召开全市新市镇建设试点镇现场推进会。各试点镇对建设内容进行分解细化,推进各类工业园、农业园、基础设施、居住区等项目,将其集成包装成 126 个项目。在"三新"建设项目与银行对接会上,发布 70 个项目,总投资达 402 亿元。丹阳市利用厦门、深圳农业招商平台发布"三新"建设项目,签约一批投资规模大、合作意愿强的"三新"建设大项目。

5. 狠抓政策执行,提高各级干部领导建设的能力。10 月中旬,由市委组织部、市委农办、市新市镇办、市委党校联合举办为期一周的"三新"建设领导干部专题培训班,重点解读新市镇建设与城乡一体化相关政策,学习先进地区城乡一体化发展建设经验。各辖市(区)也都制定相应配套政策。

三、"三新"建设的初步体会

一是坚持以人为本。市委、市政府始终把以人为本作为"三新"建设的首要原则,把"让农民自愿、让农民得益"作为"三新"建设的首要前提,把发展经济、增加收入,特别是完善保障、促进创业就业等事关民生的工作摆在突出位置,着力抓实抓好。各地在农房拆迁标准上,就高不就低,在安置房标准上,就低不就高;在保障的标准上,把被征地农民全部纳入基本生活保障体系,养老金标准还根据当年物价指数进行调整;对离地不失地农民,全面参加新农保、新农合,并给予适当补贴;为化解物价上涨造成农民土地流转长期利益受损的矛盾,根据省定苏南地区的指导价格,各地按乡镇制定土地流转保护价,并根据国家粮食指导价建立稳定增长机制,强化对农民长期利益的保护。同时,提倡实行实物计价、货币兑现的补偿办法。

二是坚持规划引领。全市 11 个试点镇在新市镇规划编制导则指引下,分别对镇域总体规划进行新编或修编,对土地利用、产业发展、环境保护等各类规划进行有机衔接,形成左右配套、上下衔接、管理有序的规划体系。

三是坚持因地制宜。推进"三新"建设,坚持从实际出发,在尊重民意的基础上,因地制宜,创建特色,注重保护历史文化遗存,保持自然生态和乡土特点,着力打造工业重镇、农业强镇、文化大镇、旅游名镇、都市卫星城,避免千镇一面,建设雷同。

四是坚持循序渐进。"三新"建设坚持试点先行、分批实施的原则,在城镇基础好、农民充分就业、经济实力强、产业驱动性强的镇村先行探索经验,由点及面,有效避免不顾条件、大拆大建、侵害农民利益的事件发生。

五是坚持政策扶持。全市形成推进"三新"建设的"1+8"政策体系,"1"即《关于加快推进新市镇建设的意见》,"8"即涉及规划、土地、金融、户籍等方面配套政策。

(屈振国 朱凯生)

镇江新区"万顷良田"建设工程

"万顷良田"建设工程,是江苏省国土厅为缓解耕地保护压力,结合城乡一体化发展目标,在全省范围内开展的一项创新性工作。镇江新区从2009年6月起组织实施"万顷良田"工程。

镇江新区"万顷良田"建设工程土地整理总规模为3727公顷,涉及新区丁岗、大路和姚桥3个镇18个行政村84个自然村,涉及农民约2.1万人,需要拆迁7826户、拆迁面积约140万平方米。工程实施后,通过农用地及未利用土地的开发整理可新增耕地264公顷,新增耕地比例为7.08%;通过居民点和独立工矿用地拆迁可增加农用地约552公顷。

工程分丁岗片、大路片、姚桥南片和姚桥北片4个项目区进行建设,建设周期为三年,从2009年6月到2012年6月,分两期实施。工程总投资约40亿元,其中"万顷良田"安置区建设投资约36亿元,土地整理和其他工程投资4亿元。

2010年,镇江新区"万顷良田"工程建设全面推进,省委书记罗志军、国土资源部领导及专家学者给予充分肯定。《人民日报》《新华日报》等媒体都作了专题报道,中央电视台也专门进行采访。镇江新区的主要做法是:

1. 精心打造安置工程。"万顷良田"工程拆迁居民安置区选址在城市规划区内,占地105.5公顷,建筑总面积160万平方米,共有299栋住宅和10栋公共建筑,设计总套数1.46万套。邀请苏州等地的知名设计单位按照城市商品房标准进行方案设计,借鉴周边城市的先进建筑理念,引入新加坡"邻里中心"模式,配套建设一个4万平方米,集菜场、超市、餐饮、娱乐于一体的邻里中心,同时建设一个6轨制幼儿园、一个8轨制小学、一个功能完善的社区卫生服务中心和一个占地3.3公顷的邻里公园。至2010年底,安置区已有288栋房屋封顶,220栋通过主体验收。整个工程将在2012年6月底前竣工交付,邻里中心、街心公园等一批生活配套设施也将同步投入使用。镇江新区还专门成立"平昌新城中心社区管委会",创新社会管理和服务,努力把"万顷良田"安置区建设成为民主法制健全、公共服务完善、生态环境良好、邻里互助友爱、文明风尚盛行、群众安居乐业、各个社会群体和谐相处的社会生活共同体。

2. 依法流转农民土地。镇江新区根据国家有关法律法规,在不改变土地权属、不改变土地农业用途、不损害农民和集体利益的基础上,规范有序地开展农村土地承包经营权流转。以村为单位成立土地股份合作社,将农民承包田和自留地的经营权以股份形式集中起来,统一发包给镇集体资产管理公司经营,经营收益归农民所有,并由区财政负责,按每亩800元/年的标准,将经营收益与这一标准的差额部分,补贴给农民。对宅基地和集体建设用地整理后新增的耕地面积确权给村土地股份合作社组织,收益按村集体经济组织章程进行分配,确保农民能得到合理的回报。将部分新增建设用地指标留存给村集体经济组织,用于建设工业集中区标准厂房,以容纳工程范围内的搬迁企业和引进新型产业项目,其土地收益仍归村土地股份合作社组织分配。在2010年2月召开的中国农村土地流转制度改革研讨会上,镇江新区以"开发区土地流转的实践与思考"为题作经验交流。

3. 科学实施土地整理。镇江新区专门成立新农发展公司,负责"万顷良田"土地整理和经营。2010年3月,镇江新区在丁岗片区内率先启动200公顷土地整理工作,通过聘请专业机构进行科学设计,因地制宜地将土地整理成1~2公顷不等、适合规模机械作业的高标准农田,并由专业公司承包种植。2010年7月首期200公顷土地整理工作实施完毕,并顺利通过省国土厅验收,通过整理新增耕地34公顷。丁岗片区内其他1067公顷土地整理工作已开展。全部土地整理工作在2010年6月底前全面完成。

4. 切实保障农民权益。镇江新区对土地流转补贴价格建立与粮食价格挂钩的递增机制,并对离地农民提供就业、创业扶持政策。一是加强农民技能培训。在全区所有10个社区、47个行政村建立起基层劳动保障服务站,对现有的17837名被征地农民逐个入户调查,对有需求的人员进行农业、养殖业实用技术培训和电工焊工等职业技能培训。二是组织农民就业安置。以区人力资源配置市场为主体,在全区各乡镇、街道举办被征地农民大型专场招聘会,并定期通过网络和基层劳动保障平台发布招聘信息。对于零就业家庭,政府负责"埋单"购买一些公益性岗位,予以保障性安置。三是实施全民创业计划。在带动农民就业的同时,出台优惠政策,通过免税、奖励、补贴等扎实举措大力引导、扶持农民自主创业。对有创业意愿的农民,组织他们参加SYB(创办你的企业)培训,并由基层创业服务站进行后续跟踪服务。

5. 积极争取群众支持。镇江新区通过利用各种媒体广泛深入宣传,召开"万顷良田"工程群众听证会,多批次组织工程范围内的群众代表赴苏、锡、常等地参观等多种途径,为群众释疑解惑,使广大群众彻底实现从顾虑观望到支持盼望的大转变,有力夯实"万顷良田"工程的思想基础。与此同时,镇江新区着眼于群众切身利益的保障,努力解除农民后顾之忧,建立起20个(村)组数据库信息,将征地范围所有失地农民全部纳入失地农民保障。对在"万顷良田"工程范围内的未征用地部分,尝试以土地换保障,并结合2010年出台的江苏省新型农村社会养老保险制度给予全覆盖保障,真正做到人人拥有保障。此外,还加快完善城乡居民医疗保险,对区域内农民实现全部医疗保险。

(成剑坤)

“浪奔,浪流,激情永不休……”

——2010 镇江音乐季侧记

2010 年,镇江文广集团举办音乐季活动。活动从 5 月开始至 10 月结束,历时半年。这是镇江市首次举办的组合各种文艺形式的大型活动。音乐季以“浪奔,浪流,激情永不休……”为主题,对接上海世博会,通过文化的力量营销城市,打造城市文化品牌,吸引人气集聚镇江,推动地方经济发展,让市民生活更精彩、更幸福。活动包括 HiFi 西津渡、长江迷笛音乐节、第五届长三角青年歌手大奖赛、台湾明华园《超炫 · 白蛇传》演出等 14 项内容。

“HiFi 西津渡”国际音乐节。从 5 月 15 日到 9 月 26 日的每个周六及节假日的晚上,共举办 22 场国际音乐会,包括有多国年轻人组成摇滚乐队——DUDE 乐队 、具有非洲节奏的 AFROKOKO ROOTS 乐队、海龟先生乐队、Stegosaurus(剑龙)乐队、The cave singers 乐队和 Wimme 乐队等 44 支国外乐队在西津渡为市民免费献演。有 10 余万观众、听众享受这音乐饕餮盛宴。

第五届长三角青年歌手大奖赛。5 月 24 ~ 27 日在镇江举行复赛、决赛和颁奖晚会。镇江选手张晓晨、许伟分别获得流行组金奖、民族组铜奖。

芭蕾舞《天鹅湖》和交响音乐会。6 月 8 日,莫斯科国立模范剧院芭蕾舞团在镇江影剧院上演俄罗斯音乐大师柴可夫斯基的旷世经典巨作《天鹅湖》。6 月 23 日,俄罗斯国立交响乐团在镇江影剧院为市民奉献一台高水平、高品质的交响音乐会,钢琴大师刘诗昆加盟演出。

“民星传奇”——全民歌舞大赛。大赛于 5 月 22 日启动。平民化的舞台、多样化的形式吸引全市众多爱好音乐、舞蹈的市民报名参赛。有 2000 余人报名、400 多个参赛节目。大赛历经春夏秋三季,覆盖镇江三市四区,并辐射到常州、扬州等周边城市。大会共吸引 1400 多人次参与 PK,年龄从 4 岁到 85 岁,镇江网友之家活动专帖点击率达 10 多万人次,短信人气投票 9000 多票次。10 月 24 日,“民星传奇”全民歌舞大会举行总决赛。选手薛秋妮凭一首英文歌曲《保镖》,用她至情至深的嗓音打动所有的评审和观众,登上“民星传奇”冠军宝座。马馨辰、林瑾雯分别夺得大赛的第二、三名。

舞剧《风中少林》。6 月 30 日晚,郑州歌舞剧院大型原创舞剧《风中少林》在镇江影剧院上演。该剧既有少林功夫的舞台展示和恢弘的战争场面,又有如歌的人间情爱和扣人心弦的故事情节,给人以强烈的视听震撼和全新的艺术享受。

环球国际模特大赛中国赛区总决赛。全国 20 个省、市分赛区的 61 名选手于 8 月 4 ~ 8 日在镇江金山湖畔参加总决赛。本次大赛选出 2010“镇江 · 金山湖杯”环球国际模特大赛中国总决赛的冠亚季军、男女十佳选手以及最佳活力、最佳上镜、最佳潜质等单项奖。

台湾歌仔戏《超炫 · 白蛇传》。9 月 16 日晚,台湾明华园戏剧总团歌仔戏《超炫 · 白蛇传》在镇江长江之滨惠龙港激情上演,历时 150 分钟,两万余名观众亲历经典和艺术带来的震撼。《超炫 · 白蛇传》,以台湾传统戏曲歌仔戏形式搬上舞台,借着两岸文艺工作者的生动演出,加之声光电一体的视听冲击,为镇江人民奉上一桌文艺盛宴,为“江苏台湾周”的开幕增添一抹亮色,也为两岸人民的深层次文化交流开辟一条全新的路径。与此同时,明华园与镇江联合打造的《白娘子传奇》,作为大陆唯一的定幕剧演出,也正式落户金山湖景区。中国国民党荣誉主席连战,海协会常务副会长李炳才,省委副书记、组织部长王国生,省委常委、宣传部长杨新力,以及镇江市领导许津荣、刘捍东等观看演出。

“2010 长江迷笛音乐节”。10 月 1 ~ 4 日,“2010 长江迷笛音乐节”激情上演,世界各地的 7 万多名“笛迷”齐聚镇江世业洲京江渡,在摇滚音乐盛宴中度过别样的假期。音乐节举办场地 42 万平方米,现场共设唐、宋和元电子舞曲三个舞台,拉丁金属鼻祖 SOULFLY、敲击金属之神 SHADOWS FALL、亚洲金属的骄傲 LOUDNESS、维京金属巨人 FINNTROLL 四大国际金属乐队,唐朝、何勇、痛仰等 90 组中外乐队和电子音乐家为长江迷笛音乐节带来重型摇滚冲击波。长江迷笛音乐节在镇江文化史上创造许多“之最”:活动规模最大、吸引中外参与者最多、观众购票进场率最高、组织周密程度最强。全国 30 多个省、市、自治区以及美国、英国、加拿大、挪威、日本等近 20 个国家和地区的乐迷齐聚镇江,吸引包括新浪、网易等国内 45 家网络、平面知名媒体和《纽约时报》、挪威电视台等国外媒体的关注。音乐节的举办有力扩大城市的影响力,迅速提升旅游度假岛——世业洲的国际知名度,引发镇江旅游、餐饮、商贸、交通等行业短期“爆发式”地增长,给城市带来可观的经济效益。音乐节举办期间镇江的宾馆客房入住率达 91.5%,位居全省首位。

随着长江迷笛音乐节的落幕,2010 镇江音乐季活动圆满地画上句号。 (孙海茗)

镇江市开展创先争优活动记述

2010 年,按照中央部署和省委要求,镇江市委围绕“推动科学发展、促进社会和谐、服务人民群众、加强基层组织”的总体要求,围绕中心抓结合,积极开展创先争优活动,紧贴实际抓创新,统筹协调抓推进,取得明显成效。

一是争创主题明确。市委明确“践行科学发展观、实现镇江新跨越”的主题,提出“推进跨越发展、实现后发先至”“总量超扬州,均量赶常州”的具体目标,各级基层党组织按照“四明确”(明确活动主题、明确创建标准、明确活动载体、明确承诺内容)和“三个一”(一领域一主题、一支部一载体、一党员一承诺)的要求,把创先争优活动有机融入发展大局和中心工作,确立活动主题,拉高发展标杆,明确赶超对象,创先争优、争创一流的激情得到迸发,比学赶超、争先进位的氛围不断浓厚。2010 年,丹阳市围绕“学赶宜兴”,在“全国县域经济竞争力”排名第 16 位,比上年前移 8 位;镇江新区紧追常州高新区,全年实际利用外资在全省 131 家省级以上开发区中居第 3 位、全社会固定资产投资居第 4 位;扬中瞄准金坛,在“中国中小城市科学发展百强”排名第 29 位。

二是创设载体丰富。根据创先争优活动的新要求新特点,市委从实际出发,以“争当跨越发展排头兵、争创跨越发展先锋岗”活动为总揽,分类创设丰富多彩的活动载体,充分调动基层党组织和广大党员的积极性和主动性。在镇、村党组织深入开展“三争”(综合实力争超百亿规模、财政收入争当全省百强、村镇建设争创全国重点中心镇)、“两提三增”(提升科学文化素质、提升科学致富能力和集体增资产、农民增收入、班子增活力)活动,通过大力调整产业结构、加强致富带头人队伍建设、实施联富帮扶工程,全面提升农村基层党组织引领科学发展、推动跨越赶超的本领。全市新增4个经济总量超百亿的镇，丹阳后巷镇超300亿元，扬中新坝镇超240亿元、三茅镇超200亿元。在街道社区党组织扎实推进“三增”（经济发展增实力、社会管理增活力、和谐建设增合力）活动，通过社区党建文化建设、党员志愿服务等活动，促进社会和谐稳定，提升社会管理水平。润州区实施的“一村（社区）一幢创业楼”计划，不仅有效破解村集体资产保值增值难题，还为辖区群众创造了更多的创业平台。在非公企业党组织，通过开展“四争”（争创高新技术企业、争当全国行业龙头企业、争获国家品牌、争做劳动关系和谐企业）活动，引导企业党组织和党员围绕企业科技创新、转型升级积极创先争优。江苏华燕船舶有限公司推行的“三三”工作法，以创先争优促进企业发展，中央创先争优活动简报专刊作介绍。

三是关键环节突出。坚持把公开承诺、领导点评、群众评议作为推动创先争优活动重要抓手，全市19.4万名党员、9400多个基层党组织按照要求、结合实际，全部做出公开承诺，并通过报纸、电视、网络等多种形式，公示承诺内容和进展情况，接受社会监督；市委常委、党员副市长带头到联系点调研点评创先争优活动，基层党员领导干部普遍开展调研、督查、指导等工作；通过召开民主评议大会、发放满意度测评表、设立意见箱等方式，组织开展对基层党组织和党员兑现承诺、开展活动情况进行评议，群众的参与率、知晓率、满意率明显提高。

四是舆论氛围浓厚。采取多种形式大力宣传创先争优的先进典型，在市级媒体开辟创先争优活动专栏，召开“学华西村、学常德盛”村党组织书记座谈会和先进典型的推介会，推出44个基层党组织和党员先进典型，营造出学先进、争先进、赶先进的良好氛围。注重典型引领、示范带动，大力学习宣传张雅琴同志先进事迹，通过召开报告会、座谈会，编写专题教育材料，激励动员各级党组织和广大党员向张雅琴看齐，争做张雅琴式的带头人。

五是活动成效明显。创先争优活动有力推动跨越发展、促进转型升级。许多特色做法和经验得到中央、省委领导和省委创先争优活动办公室的肯定。2010年10月，“人民网”对镇江市活动开展情况进行专门访谈，全面介绍镇江市的特色做法和实际成效；《人民日报》、《新华日报》等重要媒体先后介绍镇江市创先争优助推新兴产业爆发式增长、丹阳深入开展党员志愿服务、扬中农村创先争优促“三增”、丹徒平安先锋工程等经验做法，在全省产生较大影响。中央政治局委员、中宣部部长刘云山，中央政治局委员、中组部部长李源潮，省委书记罗志军对镇江创先争优活动中涌现出的先进典型张雅琴同志先进事迹作出重要批示，省委作出向张雅琴同志学习的决定，并推荐作为“全国重大典型”大力宣传。 （创先争优办）

支持世博 参与世博 对接世博 融入世博

——镇江与上海世博会侧记

上海世博会是继北京奥运会后中国举办的又一次国际盛会，也是世博会历史上规模最大的盛会。镇江市委、市政府高度重视，把支持世博、参与世博、对接世博、融入世博作为提升镇江城市品质、展示镇江良好形象的一次重要契机，号召全市上下“抢抓世博机遇，推进跨越发展”，并组织各项配套活动，放大世博效应。

成立组织机构。成立以市政府分管领导为组长、市相关部门负责人为成员的世博工作领导小组，明确专门的联络部门和工作人员。

制订活动方案。制订镇江市全面对接上海世博会活动方案，从展示经济科技成果、参与世博设施建设、供应销售农副产品、吸引游客旅游观光、发展壮大物流服务业、推进对外经贸合作等六个方面全面对接世博、共享世博。

广泛宣传发动。积极利用全市各种媒体、采取各种形式加强对上海世博会的宣传，提高全体市民对世博会的认知度、关注度和参与度。2009年年底，在人流量大、市民活动多的镇江火车站广场安放世博吉祥物“海宝”雕塑。2010年1月23日，在大市口繁华地段举办上海世博会镇江宣传周活动之“我们大家的世博”图片展，制作60块展牌，全方位展示世博会，精美的图片吸引大量镇江市民驻足观看。此外，在电视台开播《百年世博梦》系列专题片、开展世博进社区等系列活动，宣传世博会相关知识，拉近镇江市民与世博会的距离，激发群众融入世博的热情。

举办镇江“友谊日”活动。2010年6月2～3日，镇江市成功举办上海世博会镇江“友谊日”活动。镇江“友谊日”是长三角城市“友谊日”活动中江苏省的第一站，活动主题是“记忆镇江”，以“一山一街一馆一区一企”为核心，一山即金山，一街即西津渡古街，一馆即镇江博物馆，一区即国家级镇江经济技术开发区，一企即江苏恒顺集团。来自40多个国家和地区的65位世博官员、代表及知名媒体记者齐聚镇江，参观考察，走访体验，洽谈交流，“触摸”镇江古老的历史文化痕迹，感受镇江蓬勃的现代发展活力，将“记忆镇江”深深植入每位嘉宾心中。

举办旅游配套活动。在长三角地级市中率先到沪推出“迎世博、游镇江”的联动计划。2010年4月9日，在上海举行“迎世博，游镇江”新闻发布会，面向上海及长三角地区定向发放旅游“世博护照”，凭“护照”到镇江旅游给予一系列优惠，邀请参观世博会的海内外宾客，看镇江、游镇江、品镇江，承接世博旅游“溢出”效应。推出一些精品旅游景点。镇江4个景点入选“长三角世博主题体验之旅”示范点，分别为“天下第一江山”（镇江・北固山）、千年江南第一渡（镇江・西津渡）、“千年醋都”（镇江醋文化博物馆）、“福孝圣地”（镇江・茅山）；金山、焦山、北固山、南山、西津渡古街、镇江博物馆等10个景点、“朝日祈福”五日游、“四大名著”访古探迹四日游等4条线路入选“长三角世博主题体验之旅”。西津渡景区成功入选“最受欢迎的20个世博主题体验之旅示范点”。 （冯晓波）

镇江概况

责任编校：杨正宏

地情概要

【位置、面积】 镇江市地处江苏省西南部，长江下游南岸，北纬31°37′～32°19′、东经118°58′～119°58′。东西最大直线距离95.5公里，南北最大直线距离76.9公里。东南接常州市，西邻南京市，北与扬州市、泰州市隔江相望。全市土地总面积3847平方公里，占全省3.75%，其中市区1082平方公里，丹阳市1047平方公里，句容市1387平方公里，扬中市331平方公里。 （叶 卜）

【地貌】 镇江市地势西高东低，南高北低，呈波状起伏，形成以丘陵岗地为主的地貌特征。其间，宁镇山脉大体为东西走向，茅山山脉略呈南北走向。最高峰为句容的大华山（437.2米），市区最高峰为十里长山（349.7米）。滨江低地和江心沙洲系近代由长江泥沙淤积而成。江中洲地自西向东有世业洲、征润洲、新民洲、江心洲、顺江洲和扬中4洲（雷公嘴、太平洲、西沙、中心沙）。 （叶 卜）

【资源】 土地资源：全市低山丘陵以黄棕壤为主，岗地以黄土为主，平原以潜育型水稻土为主。全市土地面积中丘陵山地占51.1%，圩区占19.7%，平原占15.5%，水面占13.7%。水资源：全市河流60余条，总长700余公里，以人工运河为多。水系分北部沿江地区、东部太湖湖西地区和西部秦淮河地区。长江流经境内长103.7公里。京杭大运河境内全长42.6公里，在谏壁与长江交汇。全市人工水库、塘坝总库容5亿多立方米。其中库容10万立方米以上的水库107座，库容量3.74亿立方米。矿产资源：主要集中在宁镇山脉。矿种有铁、铜、锌、钼、铅、银、金等金属矿藏和石灰石、膨润土、白云石、大理石、磷、耐火黏土、石膏、石墨等非金属矿藏。其中，石灰石矿石质优良，储量30多亿吨；膨润土矿1.5亿吨，储量居全国第三；宝华山发现省内第一处大型红柱石矿，开发前景广阔。此外，尚有煤、泥炭和地热资源等。生物资源：植物方面，落叶阔叶树有麻栎、枹树、黄连木、山槐、枫杨等；常绿阔叶树有青风栎、苦槠、石楠等。药用植物有700多种。引进的树种有黑松、杉木、泡桐等。宝华山自然保护区有木兰科中最珍稀的宝华玉兰。动物方面，鱼类资源丰富，青、草、鲢、鲤等淡水养殖鱼类和鲌、鲶、鳝等非人工养殖鱼类均有大量出产。境内长江鱼类有90多种，其中刀、鲥、鳗、鮰、河豚是名贵品种；白鱀豚、中华鲟等是中国珍稀动物。全市有鸟类100多种，其他野生动物20多种。 （叶 卜）

【气候】 镇江市属北亚热带季风气候。2010年气候总体为正常年景，全市平均气温16.3℃（摄氏度，下同），比常年偏高1℃，属异常偏高年份。年平均降水量1208.7mm（毫米，下同），年平均日照时数2073.8小时，均属正常范围。

气温。全年（2010年1～12月）各站平均气温为15.9℃（句容）～16.5℃（扬中），比常年偏高0.6℃（市区）～1.3℃（扬中）。全市年平均气温16.3℃，比常年偏高1℃，异常度值为2.0。3～7月、10月全市平均气温与常年同期相比属正常；1月、11～12月平均气温偏高；2月、8～9月平均气温异常偏高，其中8月平均气温比常年偏高2.7℃，为1959年以来之最。

全市高温日为：市区（镇江市区，下同）25天，扬中20天，丹阳29天，句容25天，其中≥37℃的高温日：市区8天，扬中、丹阳和句容各9天，市区8月12～14日连续3天最高气温>38.0℃（为38.2～38.8℃），8月份出现3段区域性持续高温天气，分别为：1～6日、11～15日、20～24日，历史同期未见。

市区夏季高温日数为25天，异常多于30年平均高温日数（9.6天）。极端最高气温38.8℃，出现在市区的8月13日，极端最低气温-7.1℃，出现在句容的1月14日。市区冬季极端最低气温为-6.5℃，出现在1月14日。

9月22日进入秋季，12月11日进入冬季，整个秋季长达81天，比历史平均64天多17天，比历史最多的75天还多6天，入冬日也比常年平均晚21天，比历史最晚的2004年（12月5日）还迟6天。

降水。全年（2010年1～12月）全市各站降水量为1075.5mm～1377.4mm，比常年偏多2%～31%，全市年平均降水量1208.7mm，比常年平均偏多14%，属正常年份。

全年降水分布不均匀，前期雨水充沛，后期降水量走低。8月降水量正常，12月降水量偏多，2～4月、7月、9月降水量异常偏多，其中4月全市平均降水量为185.9mm，是常年的1.6倍；1月、5～6月、10月降水显著偏少，11月份降水量异常偏少，其中10月11日到12月11日降水16.3mm。

日照时数。全年（2010年1～12月）日照时数为1926.2～2182.9小时，与常年同期比，扬中日照时数偏少1.3%，其他各站偏多1.0%～7.3%。全市平均日照时数为2073.8小时，比常年同期偏少3.4%，属正常范畴。

年初、年末日照时数偏多，2月、7月日照时数偏少，其余月份均正常。1月、

表 3-1

2010 年镇江市市区分月气象情况表

项 目	平均气温(℃)	极端最高气温(℃)	极端最低气温(℃)	降水量(mm)	最多连续降水量(mm)	最长连续降水日数(天)	日照时数(小时)
常年值	15.6	40.2	-10.1	1088.2	-	-	2000.9
全 年	16.2	38.8	-6.5	1298.5	211.3	7	2129.4
1 月	3.5	19.8	-6.5	18.8	9.3	2	187.2
2 月	5.9	22.6	-4.8	126.8	14.7	4	99.1
3 月	8.3	29.1	-4.3	120.7	60.2	6	142.0
4 月	12.6	23.7	2.9	188.5	75.8	5	179.2
5 月	21.0	33.3	10.7	44.4	10.3	4	193.0
6 月	24.8	35.1	16.7	38.1	37.5	4	192.5
7 月	28.5	38.7	22.0	397.1	211.3	4	164.5
8 月	29.7	38.8	21.9	160.8	85.1	6	255.1
9 月	24.7	35.3	15.2	125.0	18.6	7	149.7
10 月	17.3	26.3	4.6	33.6	9.4	2	168.9
11 月	12.1	24.2	3.0	5.0	5.0	2	196.0
12 月	6.4	22.2	-4.2	39.7	39.7	3	202.2

（陆海泉　居小虎）

11～12 月日照时数比常年同期偏多，其中 1 月和 12 月均偏多 30% 以上；3～6 月、8～10 月接近于正常，2 月、7 月偏少，其中 2 月日照时数比常年平均偏少 20%～30%。（陆海泉　居小虎）

【重要天气气候事件及其影响】

1. 寒潮。1 月 20～21 日受北方强冷空气南下影响，全市出现 24 小时内强降温 12℃以上，过程达到特强寒潮和强寒潮标准。其间 24 小时最低气温降幅：市区和扬中 12.4℃，丹阳 12.2℃，句容 11.1℃。

12 月 13～16 日出现寒潮天气，除丹阳以外都达到寒潮标准，72 小时最大降温幅度：句容 12.7℃、扬中 12.2℃、市区 12.0℃、丹阳 11.8℃。

2. 大雾和霾。1 月 28 日、29 日分别出现最低能见度 40 米和 900 米的大雾天气。

2 月 23 日出现浓雾天气，最小能见度 40 米。

3 月 19 日北方南下冷空气将沙尘带进市境，20 日全市出现严重浮尘和灰霾，空气污染程度为重度污染。

4 月 5 日 6:15 句容出现能见度 40 米的浓雾，6 日 5:55 句容出现能见度 150 米的浓雾。

10 月 15 日、16 日句容连续 2 天出现能见度 150 米的浓雾；17 日丹阳出现能见度 900 米的大雾；18 日市区出现能见度 900 米的大雾。

11 月，出现 4 次大雾和浓雾过程，其中 30 日全市大雾迷茫，能见度最低的市区只有 30 米。

3. 暴雨。全年度暴雨主要集中在 4 月和 7 月。

4 月 1 日全市出现区域性暴雨，市区、丹阳、扬中、句容均达到暴雨量级，降水量分别为 58.0mm、64.9mm、57.1mm、68.1mm。

7 月发生暴雨以上强降水：市区 3 次、丹阳 2 次、扬中和句容各有 1 次，其中 11 日 20 时～12 日 20 时全区域大暴雨过程：市区 161.9mm、扬中 118.5mm、丹阳 103.0mm、句容 130.2mm。

4. 强对流降水。全市强对流天气频繁发生，集中在 7 月和 9 月：

7 月 18 日 15:51 市区有 14m/s（米/秒，下同）西南大风以及 1 小时（15 时～16 时）降水量为 11.9mm 的降水；20 日 16:13 句容有 18m/s 的偏西大风，16:51 市区有 14m/s 的西南西大风，镇江非本站发生直径 4mm 的冰雹；22 日 16 时～17 时市区出现 1 小时降水量为 44.0mm 的强降水，同时出现强雷电，丹阳出现 19m/s 的东北大风；

8 月 15 日 14:30 左右句容、丹阳、扬中分别出现 14m/s、15m/s 和 16m/s 大风，同时伴有强雷电出现。16 日 10:00～11:00 句容出现 1 小时 31.0mm 的短时强降水，11:00～12:00 扬中出现 1 小时 39.8mm 短时强降水，同时句容、市区以及丹阳先后出现 19m/s、14m/s 和 16m/s 雷暴大风。

5. 高温。夏季气温比常年显著偏高，8 月平均气温与常年同期相比属异常偏高，9 月下旬出现的高温天气为历史之最。

8 月份全市出现高温日 14～18 天，比常年平均多 8～12 天，≥37℃高温日数为 7～8 天，高温极值 38.8℃，并出现 3 段区域性持续高温天气，分别为 1～6 日、11～15 日、20～24 日。具体分布见下表：

表 3-2　　单位：℃

日期	市区	丹阳	句容	扬中
1 日	37.5	37.3	37.0	37.4
2 日	37.6	38.0	38.0	37.7
3 日	38.1	38.1	38.2	38.5
4 日	38.5	38.3	38.7	38.4
5 日	36.4	36.9	36.0	36.1
6 日	-	35.4	35.5	-
10 日	-	35.6	35.3	-
11 日	36.3	36.7	37.0	36.2
12 日	38.6	38.5	38.4	38.2
13 日	38.8	38.6	38.1	38.6
14 日	38.2	37.5	37.9	37.9
15 日	36.6	37.4	36.8	37.1
18 日	-	35.6	35.7	-
20 日	35.2	35.2	35.4	35.2
21 日	35.2	35.0	-	35.3
22 日	36.7	36.2	35.6	35.9
23 日	-	35.1	-	35.1
24 日	35.1	35.4	-	-

9 月 21 日出现市区 35.3℃、扬中 35.6℃、丹阳 35.4℃的高温天气。

（陆海泉　居小虎）

【极端天气现象之最】　冬季（2009 年 11 月 11 日～2010 年 3 月 27 日）

11 月 16 日出现初雪，为历史最早；冬季出现 6 次寒潮，为历史最多；雷暴日 8 天，为历史最多。

1 月 20～21 日强寒潮过程，24 小时最低气温下降了 12.4℃，为 1 月历史之最。

3 月 19 日最高气温 29.1℃，最低气温 7.2℃，日较差 21.9℃，为历史同期历史之最。

春季（3 月 28 日～6 月 11 日）

4 月 13～16 日连续 4 天日平均气温

在10℃以下，其中15日平均气温5.6℃，为4月中旬历史最低。4月14日全市出了霰和冰粒，为历史最晚。

6月上旬平均气温为21.5℃，为历史最低。

夏季(6月12日~9月21日)

7月12日4时~13日4时，镇江市区降水为188.7mm，超过7月历史平均总降水量187.8mm。

9月21日出现高温天气：市区35.3℃，为9月下旬之后市区高温的历史记录。

秋季(9月22日~12月10日)

秋季80天(60年平均为62天)，是历史最长的。

10月23~24日，受13号强台风在福建漳浦登陆外围云系的影响出现小到中雨，是受台风外围影响的历史最晚纪录。

2010年冬季从12月11日开始，为最晚进入冬季的历史记录(历史平均是11月21日)。 (陆海泉 居小虎)

【水文水情】 2010年，镇江市汛期面平均雨量583.5mm，比常年平均(674.8mm)偏少13.5%，比上年同期(942.3mm)偏少38.1%，最大为783.1mm(镇江站)，最小为455.0mm(句容水库站)。汛期平均雨日为48.3天，与上年同期持平(48.2天)，最多为65天(句容水库站)，最少为33天(扬中站、李塔水库站)。

镇江市在6月17~24日间入梅(常年6月18日)，其中扬中17日，丹阳19日，镇江市区、句容24日；7月18日出梅(常年7月11日)。全市梅雨日24~31天，其间全市24个报汛站降雨日为7~15天。全市平均梅雨量239.9mm，比多年平均梅雨量(235.6mm)略多1.02%。

汛期长江大通来水量比多年平均偏大19.0%，比上年同期偏大86.7%。大通站6月29日出现汛期最大流量65700立方米/秒(上年最大45200立方米/秒)，7月14日出现汛期最高水位14.58米(上年12.23米)；5月10日出现汛期最小流量为31100立方米/秒(上年25100立方米/秒)，同日出现汛期最低水位9.44米(上年8.22米)。

长江镇江站汛期平均潮位6.15米，高于上年同期(5.34米)0.81米和多年平均(5.47米，北固山站)0.68米。7月15日出现汛期最高潮位8.02米(上年6.80米)；5月12日出现汛期最低潮位4.38米(上年3.95米)。2010年汛期镇江站超警戒水位(7.00米)44天。

受汛期降雨影响，市境内主要河道句容河、赤山湖汛期平均水位分别高于多年平均0.28米、0.10米，而大运河、香草河、九曲河汛期平均水位分别低于多年平均0.17米、0.04米、0.04米；其中大运河、九曲河、句容河分别超警戒水位1天、2天、4天。

谏壁闸汛期引水量、排水量为0；九曲河闸引水量564.97百万立方米，排水量16.2百万立方米。赤山闸汛期排水54.02百万立方米，赤山抽水站汛期未开机。镇江市5月1日16座报汛水库总蓄水量为106.80百万立方米，以后总蓄水量持续下降，到7月10日降至全年最小90.31百万立方米(上年57.38百万立方米)，以后水库总蓄量随降雨回复，到7月14日涨至全年最大111.25百万立方米(上年为106.11百万立方米)，到10月1日蓄水量为92.71百万立方米，小于上年同期(97.09百万立方米)，汛期中16座报汛水库总蓄水量减少14.09百万立方米。 (姚允龙)

【建置沿革】 "宜"为镇江最早地名，是3000年前周康王封给宜侯的领地，春秋时称朱方，后曾用谷阳、丹徒、京口、润州等名称。北宋政和三年(1113年)建镇江府，始称镇江，历经宋、元、明、清。辛亥革命后称丹徒县，1928年改为镇江县。1929年至1949年2月为江苏省政府所在地(其中1937年至1945年镇江沦陷期间，省政府迁往苏北)。1949年4月23日镇江解放后，划城区和近郊为镇江市，划四乡为丹徒县，均隶属苏南行政区镇江专署。1953年，苏南、苏北行政区合并建江苏省后，设镇江专员公署，辖镇江市和10个县(丹徒、丹阳、扬中、句容、江宁、高淳、溧水、武进、金坛、溧阳)，镇江为县级市和专署所在地(其中1958年9月~1959年9月，专署迁至常州，改称常州专员公署)。1983年3月，镇江市改为省辖市，辖4县2区。1987年、1994年、1995年，所辖丹阳、扬中、句容先后撤县设市；2002年，丹徒撤县设区。现镇江市辖丹阳市、句容市、扬中市和丹徒区、京口区、润州区以及镇江新区(镇江市人民政府派出机构)。 (叶 卜)

【行政区划】 至2010年底，全市有50个镇(街道)。其中：镇40个，街道10个。丹阳市辖13个镇，句容市辖9个镇(2010年3月11日起，撤销黄梅镇和华阳镇，以原两镇所辖区域设立新的华阳镇)，扬中市辖5个镇，丹徒区辖7个镇，京口区辖2个镇、4个街道，润州区辖1个镇、4个街道，镇江新区辖3个镇、2个街道。2006年底，市政府设立南山风景区管理委员会，负责辖区檀山、鹤林、黄鹤山、五凤口、回龙村等5个社区、村的社会事务管理。 (徐雨平)

【城市性质】 经江苏省政府批准，镇江城市性质为：国家历史文化名城，长江下游重要的港口、工贸、风景旅游城市。1978年，镇江被国务院列为对外开放城市；1986年，镇江港经国务院批准对外开放；1986年底，镇江被国务院列为第二批国家历史文化名城；1988年，镇江被国务院列为沿海经济开放区。

(叶 卜)

【交通】 镇江临江近海，水陆交通极为便利。镇江为国家级水路主枢纽和省级公路主枢纽城市。世界闻名的"黄金水道"——长江和京杭大运河在此交汇，沪宁高速公路、沪宁高速铁路、沪宁城际铁路、京沪铁路、312国道穿市而过。润扬长江公路大桥将苏南、苏北连在一起，成为长江南北的主要通道。全市公路总里程为6936公里，当年新增203公里，其

表3-3

2010年镇江市行政区划一览表

辖市(区)	镇	街道
丹阳市	云阳、司徒、延陵、珥陵、导墅、皇塘、吕城、陵口、访仙、界牌、新桥、后巷、埤城	–
句容市	华阳、下蜀、宝华、边城、白兔、郭庄、后白、天王、茅山	–
扬中市	三茅、八桥、西来桥、油坊、新坝	–
丹徒区	谷阳、高桥、辛丰、上党、宝堰、高资、世业	–
京口区	象山、谏壁	正东路、健康路、大市口、四牌楼
润州区	蒋乔	宝塔路、和平路、七里甸、金山
镇江新区	丁岗、大路、姚桥	大港、丁卯

(徐雨平)

中高速公路154公里。104、312国道和122、231、238、241、243、337、340省道构成镇江与外省、市连接的公路网络。距南京机场和常州机场均为60公里。镇江港是国家一类开放口岸，全国主枢纽港之一，-10米以下岸线长85公里。高资港区、龙门港区、谏壁港区、高桥港区、大港港区、扬中港区构成镇江港口群体。2010年，全市港口货物吞吐量1.22亿吨，比上年增长20.4%。苏南运河镇江段42.26公里，是全国第一条国家级文明样板航道，三级标准，可常年通行500吨级船队。镇江口岸为国家一类对外开放口岸，海关、商检、卫检、动植检等查验机构齐全。（叶　卜）

【人口】 2010年，全市常住总人口311.45万人，比上年增加4.51万人。户籍总人口270.71万人，比上年增加0.83万人，其中：男性人口135.16万人，女性人口135.55万人，男女性别比（女=100）为99.7；分辖市看：丹阳市98.8，扬中市97.2，句容市99.7。在户籍总人口中：市区103.53万人，其中：丹徒区28.4万人，京口区33.01万人，润州区24.51万人，镇江新区17.61万人；丹阳市80.88万人，句容市58.48万人，扬中市27.82万人。全市户籍人口总户数102.23万户，比上年增加1.71万户，户均2.65人，其中：市区40.22万户，比上年增加0.67万户，户均2.57人。全市出生人口21247人，人口出生率7.9‰，比上年提高0.3个千分点，其中：市区7.5‰，丹阳市7.4‰，句容市9.0‰，扬中市8.2‰。全市死亡人口21053人，人口死亡率7.8‰，比上年提高1.2个千分点，其中：市区6.2‰，丹阳市7.8‰，句容市10.3‰，扬中市8.2‰。全市人口自然增长率0.1‰。（统计局）

【民族】 2000年第五次全国人口普查时，全市有汉族人口288.20万人，占总人口99.46%；各少数民族人口1.56万人，占0.54%。与1990年第四次全国人口普查相比，汉族人口增加28.94万人，增长11.6%；各少数民族人口增加0.40万人，增长34.25%。2010年，全市有回族、蒙古族等41个少数民族，居民1.62万人，占总人口0.57%，少数民族人口比例列全省第二位。（叶　卜）

【方言】 镇江话属于北方方言的江淮次方言，位于北方方言与吴方言两大方言的结合部，大致以谏壁为东界、上党为南界。古代的镇江话属吴方言，由于特殊的政治、社会、交通等原因，导致方言属性的变化。镇江话虽属北方方言范畴，但构成复杂，其中既有吴方言的遗痕，又有旗腔（类似京腔）的影响。与普通话相比，镇江话没有全浊声母和舌尖后音声母；鼻化元音介于前鼻音韵母与元音韵母之间，in、ing、en、eng、n、l不分；有入声调。词汇中保留着丰富的吴方言词。句容、丹徒、扬中的方言类似镇江话，虽构成复杂，但均属北方方言系统。大港以东、宝堰以南、句容傍茅山一线及至丹阳市西部的语言自西向东渐次出现吴方言特点。多文白异读，说话音接近吴语，读书音接近官话；全浊声母消失，舌面声母多，没有舌尖后音声母；单元音韵母多；读书音4个声调，说话音6个声调。丹阳东部则进入吴语区。（叶　卜）

【风景名胜】 镇江为中国优秀旅游城市，具有“城市山林”和“真山真水”的独特风貌，以“天下第一江山”闻名于世。市区北部“珍珠项链”——长江路自西向东串联起金山、北固山和焦山，组成风景各异的“三山”风景区。“寺裹山”的金山以绮丽著称，“山裹寺”的焦山以雄秀闻名，“寺冠山”的北固山以险峻称雄。市区南部有南山国家森林公园，这里青山连绵，古木幽深，昭明太子读书台、文苑、增华阁和赵伯先墓等点缀其中。市区还有宝塔山公园和伯先公园、河滨公园、西津渡古街、梦溪园、赛珍珠旧居和长达5公里的古运河风光带。市区东部有山上矗立“万里长江第一塔”——报恩塔的圌山风景名胜区。句容市有佛教“律宗第一山”隆昌寺和以“宝华玉兰”著称的宝华山国家森林公园，有集江南名山、道教胜地、革命根据地于一体的茅山风景名胜区。镇江的宗教活动在全国乃至东南亚有广泛影响。金山江天禅寺、焦山定慧寺、宝华山隆昌寺、茅山道院均为全国重点寺庙道观。（叶　卜）

【历史文化遗存】 镇江是国家历史文化名城，有着深厚的文化积淀。全市有全国重点文物保护单位9处：焦山碑林、丹阳南朝陵墓石刻、镇江英国领事馆旧址、昭关石塔、大运河镇江段、虎踞桥、江河交汇处、新河街一条街、西津渡古街。焦山碑林中有“大字之祖”瘗鹤铭以及苏轼、黄庭坚、米芾、陆游等书法大家的墨迹碑刻和摩崖石刻；南朝陵墓石刻存有齐梁两代帝王归葬丹阳故里的陵墓11处26件、葬于句容的1处4件，是南朝石刻瑰宝。省级文物保护单位23处，其中有焦山古炮台遗址、相传为孔子所书的延陵季子碑（唐拓本）、被誉为“江南第一钟”的唐中和铜钟、古代建筑奇葩隆昌寺无梁殿和铜殿、宋抗金名将宗泽墓、圌山炮台遗址、保存完好的汉末城堡铁瓮城遗址等。还有市、县级文物保护单位228处、文物控制单位25处。白蛇传传说、镇江恒顺香醋酿造技艺、古琴艺术、扬剧、秦淮灯彩、封缸酒酿造技艺、董永传说等7个项目先后被列入国家级非物质文化遗产名录，并有国家级非物质文化遗产项目代表性传承人5人。（叶　卜）

【历代名人】 镇江扼南北要冲，得山水之胜，钟灵毓秀，代不乏才，历代文人墨客纷来寻幽探胜，寄情抒怀，其中有李白、杜牧、范仲淹、王安石、苏轼、陆游、辛弃疾等才士名贤，在此耕耘风雅，播种斯文。王昌龄的“洛阳亲友如相问，一片冰心在玉壶”，王安石的“春风又绿江南岸，明月何时照我还”，辛弃疾的“何处望神州，满眼风光北固楼”等成为千古绝响，流风遗韵，至今袅袅不断。李白的“丹阳北固是吴关，画出楼台云水间”，杜牧的“青苔寺里无马迹，绿水桥边多酒楼”，范仲淹的“山分江色破，潮带海声来”，沈括的“楼台两岸水相连，江北江南镜里天”，萨都剌的“野人一过竹林寺，无数竹林生白烟”，冷士嵋的“槛外晴川甘露寺，窗前秋水玉圌峰”，是一幅幅活色生香的有声画、无声诗。东晋中原鸿儒显宦纷纷南下，移居京口者众多，或完成大业，或著书立说，著名的有：南朝宋开国皇帝刘裕（寄奴），撰有《世说新语》的刘义庆，著有《晋书》的臧荣绪，选编《玉台新咏》、诗文与庾信齐名的徐陵，中国第一部诗文总集《昭明文选》的编纂者萧统，著有中国第一部系统文艺理论巨著《文心雕龙》的刘勰等。宋代移居镇江的有：著有被誉为“十一世纪的科学坐标”——《梦溪笔谈》的沈括，制造世界上最早天文钟“水运仪象台”的科学家苏颂，书画家米芾，抗金名将宗泽等。明清两代镇江名人有：官居吏部尚书兼武英殿大学士的杨一清，主持编修《大清一统志》《佩文韵府》《康熙字典》的张玉书。近现代以来有：著有《铁云藏龟》和《老残游记》的刘鹗，著有第一部全面系统的汉语语法专著《马氏文通》的马建忠，历史学家柳诒徵，飞机制造专家巴玉藻，世界语运动开创者之一的符悩武，金融家陈光甫，辛亥广州起义总指挥、被南京临时政府追授为上将军的赵声，辛亥革命著名将领李竟成、解朝东，“黄花岗七十二烈士”中有镇江籍5人，有爱国民主人士冷遹，诗人闻捷，桥梁专家茅以升。此外，丹阳市为三国吴大帝孙权和南朝齐高帝萧道成、梁武帝萧衍故里，近代有爱国人士马相伯、美术家吕凤子，当代有语言学家、语文教育家吕叔湘；句容市有被誉为医药鼻祖的葛玄，晋朝道教理论家、炼丹术家和医学家葛洪，南朝道教思想家、医药学家陶弘景。

（叶 卜）

【历代兵事】 镇江扼水陆交通要冲，地理形势险要，自古以来就是军事重镇。春秋时吴楚争霸，发生朱方之战。东晋隆安五年（401 年），孙恩领导的农民起义军在镇江大战蒜山。宋高宗建炎四年（1130 年），韩世忠率水兵 8000 名在江面截击金兀术的 10 余万大军，金兵被围困在黄天荡 48 天。元世祖至元十二年（1275 年），南下元军在瓜洲、西津渡打败宋军，南宋抵抗力量受挫。清顺治十六年（1659 年），郑成功北伐直抵焦山，与清军在城下大战，后郑成功据守镇江城 38 天，因南京战事失利退出镇江。清道光二十二年（1842 年）六月，英国侵略军侵入镇江，遭镇江军民誓死抵抗，英军虽破城，但伤亡惨重。恩格斯在《英军对华的新远征》中对镇江人民给予高度评价。清咸丰三年（1853 年）二月，太平天国军队攻占镇江，进行了 4 年 9 个月的镇江保卫战。清宣统三年（1911 年），驻镇新军起义，光复镇江。民国 26 年（1937 年）12 月，日本侵略军攻占镇江，镇江城蒙受巨大损失。民国 27 年（1938 年）5～6 月间，新四军先遣支队和一支队、二支队进入苏南，6 月 17 日在韦岗伏击日军车队，打响新四军苏南抗战第一枪，随后创建以茅山为中心的苏南抗日根据地，领导苏南人民进行 7 年多的顽强抗战，直至取得胜利。1949 年 4 月 21 日，中国人民解放军发动渡江战役，22 日晚驻镇江城内国民党军队不战而逃，23 日镇江获得解放。 （叶 卜）

【市树】 市树：广玉兰。1985 年 3 月，市一届人大第三次会议决定广玉兰为市树。广玉兰属于木兰科木兰属，长绿乔木，叶长 10～20 厘米。花大白色，清香，直径 20～30 厘米，通常 6 瓣，5～7 月为花期。种子外皮红色，9～10 月果熟。树冠呈卵状圆锥形，小枝和芽均有锈色绒毛，树形优美，是优良环保庭院树和观赏树。 （叶 卜）

【市花】 市花：杜鹃花。1985 年 2 月，市一届人大常委会第十二次会议决定腊梅为市花。1994 年 11 月，市三届人大常委会第十三次会议重新决定杜鹃花为市花。杜鹃花别名映山红、山石榴，杜鹃花科杜鹃花属。杜鹃花多为灌木或小乔木，因生态环境不同，有各自的生活习性和形状，喜阴凉、湿润，耐寒。杜鹃花分落叶和常绿两大类。落叶类叶小，常绿类叶片硕大。花的颜色有红、紫、黄、白、粉、蓝等。 （叶 卜）

国民经济和社会发展

【概况】 2010 年，全市经济运行高开稳走、内外需求协调运行、效益质量明显改善、社会事业全面进步。经济持续稳步增长。2010 年，全市实现地区生产总值 1956.64 亿元（统计公报数，下同），比上年增长 13.3%（按可比价计算），其中：第一产业增加值 81.58 亿元，增长 4.5%；第二产业增加值 1124.52 亿元，增长 13.8%；第三产业增加值 750.54 亿元，增长 13.4%。人均地区生产总值 63325 元，折合 9580 美元，比上年增长 12.0%。从产业结构看，三次产业构成由上年的 4.5 : 58.2 : 37.3，调整至 4.2 : 57.4 : 38.4，第三产业比重比上年提高 1.1 个百分点，服务业占地区生产总值比重为 39.0%。从运行质量看，财政与经济增长的同步性、匹配性得到改善，财政总收入占地区生产总值比重 19.5%，比上年提高 1.8 个百分点，财政一般预算收入增幅比上年提高 17.4 个百分点，快于地区生产总值增幅 17.8 个百分点；占地区生产总值比重 7.1%，比上年提高 1 个百分点。 （统计局）

【农业、农村】 2010 年，全市农林牧渔业总产值 122.72 亿元，比上年增长 4.5%。粮食生产连续第七年实现增产，全年粮食种植面积 17.73 万公顷，比上年增长 0.6%。高效农业步伐加快。2010 年，全市高效农业、设施农业、高效渔业面积比重分别提高 7.6、1.8 和 12.3 个百分点。农村土地流转面积 4 万公顷，占比重 27.3%，比上年提高 2.0 个百分点。年末全市拥有省级以上农业龙头企业 21 家、省级名牌农产品 10 个。

新农村建设稳步推进。2010 年，全市 11 个新市镇、50 个新社区、25 个新园区建设试点稳步实施，开工建设 76 个农民集中居住点。年末全市拥有农村"三大合作"组织 1648 家，入社农户 17.9 万户，其中当年新增 470 家和 7.8 万户。

（统计局）

【工业】 2010 年，全市规模以上工业实现总产值、增加值 4175.11 亿元和 1029.05 亿元，比上年分别增长 30.6% 和 16.1%。按轻重工业分，重工业实现总产值、增加值 3299.09 亿元和 758.76 亿元，分别增长 32.2% 和 15.4%；轻工业实现总产值、增加值 876.02 亿元和 270.29 亿元，分别增长 24.9% 和 18.0%。按注册类型分，国有企业实现增加值 41.89 亿元，下降 5.2%；集体企业实现增加值 23.27 亿元，增长 2.3%；股份制企业实现增加值 503.88 亿元，增长 15.9%；三资企业实现增加值 364.09 亿元，增长 20.7%；民营企业实现增加值 579.57 亿元，增长 14.5%。按行业分，化学原料及化学制品制造业、电气机械及器材制造业、交通运输设备制造业、金属制品业、通用设备制造业实现总产值 690.70 亿元、468.09 亿元、329.71 亿元、319.73 亿元和 316.04 亿元，分别增长 33.1%、28.1%、43.7%、15.5% 和 52.0%。列统的 46 个主要工业产品有 30 个实现增长。全年工业用电量 131.82 亿千瓦时，增长 12.5%。工业结构不断优化。产业集聚水平继续提升，"五大"主导产业（造纸、新材料、特种金属、绿色化工、装备制造）实现销售收入 3350 亿元，增长 33.5%；占比重 84.2%，提高 1.3 个百分点。新兴产业迅猛发展。新能源、新材料、海洋工程等新兴产业实现销售收入 1100 亿元，增长 45%。

全市工业综合效益指数为 250.82，比上年提高 24.8 个百分点，34 个行业实现整体赢利，企业亏损面、亏损额比上年分别下降 4.1 个百分点和 63.0%。规模工业企业实现销售收入、利税总额 3980.36 亿元和 352.74 亿元，比上年分别增长 32.3% 和 37.7%，利税率 8.9%，比上年提高 0.5 个百分点。全年工业销售收入超 100 亿元企业 6 家、利税超 10 亿元企业 3 家、利润超 1 亿元企业 35 家。 （统计局）

【固定资产投资】 2010 年，全市全社会固定资产投资完成 1327.08 亿元，比上年增长 31.3%，其中：第一产业投资 21.99 亿元，增长 28.4%；第二产业投资 792.93 亿元，增长 25.0%，其中工业投资 777.28 亿元，增长 24.4%；第三产业投资 512.16 亿元，增长 42.6%。在建亿元以上投资项目 280 个，增加 59 个；完成投资 599.46 亿元，增长 53.6%。城市基础设施建设完成投资 146.55 亿元，增长 33.7%。

全市房地产开发投资完成 114.88 亿元，增长 20.3%。全年商品房施工面积 1180.92 万平方米，增长 20.6%，其中住宅施工面积 920.82 万平方米，增长 11.9%；商品房竣工面积 212.87 万平方米，下降 26.9%，其中住宅竣工面积 179.92 万平方米，下降 29.3%；商品房销售面积 374.77 万平方米，下降 18.0%，其中住宅销售面积 300.74 万平方米，下降 27.4%；商品房销售额

203.66亿元，增长8.9%，其中住宅销售额154.94亿元，下降6.5%。（统计局）

【国内贸易】　2010年，全市实现社会消费品零售总额559.5亿元，比上年增长18.9%。按城乡分，城镇市场实现零售额530.93亿元，增长19.0%；农村市场实现零售额28.59亿元，增长16.3%。按行业分，批发和零售业实现零售额499.46亿元，增长17.3%；餐饮业实现零售额55.08亿元，增长35.1%；住宿业实现零售额4.98亿元，增长19.0%。汽车类消费品实现零售额62.2亿元，增长48.2%，全年新增私人上牌汽车4.65万辆，增加1.55万辆。全年食品、烟酒、服装、鞋帽、针纺织品、家用电器消费品实现零售额分别增长20.8%、14.1%、77.7%、39.0%、28.3%和19.4%。全年家电下乡、以旧换新累计销售17.73万台和24.51万台。（统计局）

【对外及对港澳台经济】　2010年，全市完成进出口总额81.54亿美元，比上年增长35.1%，其中：进口总额34.03亿美元，增长36.6%；出口总额47.51亿美元，增长34.2%。按注册类型分，国有、外商投资、私营企业完成出口及输出总额4.9亿美元、26.79亿美元和14.59亿美元，分别增长45.6%、30.3%和41.2%。按外贸地区分，亚洲市场完成出口总额22.22亿美元，增长37.8%，其中：对中国香港、印度、日本、韩国、中国台湾、东盟出口总额2.36亿美元、2.48亿美元、4.77亿美元、2.41亿美元、2.14亿美元和4.02亿美元，分别增长80.4%、30.0%、14.9%、46.4%、168.1%、21.2%；欧洲市场完成出口总额10.54亿美元，增长40.4%，其中欧盟出口总额8.4亿美元，增长32.2%；美国市场出口总额7.76亿美元，增长14.4%。按外贸产品分，机制纸及纸板、机电和高新产品完成出口总额8.1亿美元、15.49亿美元和1.82亿美元，分别增长9.6%、35.1%和140.7%。全年全市新批工商注册外商投资企业138家，减少26家；新批千万美元以上项目86个，减少13个；协议利用外资23.25亿美元，下降17.1%；实际利用外资16.15亿美元，增长12.1%。全年完成服务外包合同额2.54亿美元，执行额1.62亿美元，分别增长141.3%和159.4%。全市新批境外投资企业24家，中方协议投资2亿美元，增长4.7倍；新签外经合同额3.53亿美元，增长11.5%；实现营业额3.19亿美元，增长17.9%。全市离岸外包合同额1.6亿美元，执行额9000万美元，分别增长164.0%和117.6%。唐邦机电、大全新能源分别在纳斯达克和纽约证券交易所成功上市。（统计局）

【财政收支】　2010年，全市实现财政总收入381.50亿元，比上年增长28.7%。实现财政一般预算收入138.1亿元，增长36.0%。在财政一般预算收入中：税收、非税收入完成110.87亿元和27.24亿元，分别增长33.7%和45.9%，占比重分别为80.3%和19.7%；国税、地税完成32亿元和80.2亿元，分别增长28.8%和36.73%；增值税、营业税、企业和个人所得税完成20.84亿元、35.15亿元、14.17亿元和5.52亿元，分别增长12.4%、33.9%、63.9%和34.3%。全市完成财政总支出298.22亿元，增长28.9%。财政一般预算支出完成154.86亿元，增长28.3%。财政一般预算支出用于教育、社会保障和就业、环境保护支出分别增长23.2%、39.6%和37.7%。

（统计局）

【金融】　2010年，中信银行开业，江苏银行镇江科技支行成立，新增2家村镇银行、11家小额贷款公司。金融生态县实现全覆盖。年末全市金融机构各项人民币存款余额2203.22亿元，比年初增加417.93亿元，其中：企事业单位存款余额632.87亿元，比年初增加78.5亿元；居民储蓄存款余额993.57亿元，比年初增加145.93亿元。金融机构各项人民币贷款余额1563.34亿元，比年初增加276.7亿元，其中：短期贷款余额798.49亿元，比年初增加155.1亿元；中长期贷款余额713.16亿元，比年初增加178.22亿元。年末拥有44家保险机构，比上年新增2家。年末保险业资产总额54.04亿元，增长32.6%。实现保费收入54.04亿元，增长32.6%。各类赔付支出9.62亿元，下降8.5%。（统计局）

【科学技术】　2010年，全市科技进步贡献率53.5%，比上年提高1个百分点。研究与发展（R&D）投入39.33亿元，增长22.5%；占地区生产总值比重2.0%，提高0.1个百分点。镇江市获批成为"国家级镇江特种船舶及海洋工程装备特色产业基地"。引进省以上研发机构和检测中心11家，成立省航空新材料等产业技术创新战略联盟4个，新增企业院士工作站5家。全年新认定省级科技产业园区6个（航空材料、光电、高性能、软件科技、船舶制造、智能化电力电器），新增科技孵化面积100万平方米；新增省级高新技术企业51家、高新技术产品170个。全年专利申请数10406件、授权数6562件，分别增加1798件和2498件。百亿元地区生产总值专利授权数341.8件，增加98.7件，其中百亿元地区生产总值发明专利申请数102.4件，增加22.2件。（统计局）

【城市建设】　2010年，全市城市基础设施建设完成投资146.55亿元，比上年增长33.7%。行政中心、人民来访接待中心、后勤服务中心竣工交付，市民公园建成开放，第二人民医院主体交付，高铁站场开工建设。万达广场、中信广场、常发广场、大市口AB地块等一批城市综合体加速推进；大市口地下人防工程主体完工。北部滨水区完成清淤800万立方米，金山、焦山、北固山以"水"相串，"大江风貌""长江公园"成为镇江城市的新名片。改造街巷道路1.72万平方米，燃气普及率98.5%。征润洲水源地保护工作基本完成，通过国家节水型城市考核验收，区域供水实现镇村覆盖，供水普及率95%。西津渡历史文化街区获中国人居环境范例奖。市区建成区面积108平方公里，比上年增加4平方公里。

（统计局）

【环境保护】　2010年，镇江生态市（县）建设各项生态城市创建目标总体达到国家标准。通过国家环保模范城市省级复核评估，辖市（区）生态创建接受省级技术评估，33个镇（街道）达到国家级生态镇考核标准，创成省（市）级生态村92个、绿色学校245所。环境质量改善提升，环境质量综合指数89.6%，比上年提高6.4个百分点。全年空气质量优良天数占比90.7%。森林覆盖率21.5%，市区人均公共绿地面积16.0平方米。

（统计局）

【社会保障】　2010年，全市城镇职工养老、失业、医疗参保人数为68.91万人、43.27万人和75.45万人，比上年分别增加6.18万人、0.38万人和4.08万人，保险覆盖面分别为98.2%、98.4%和99.2%，累计发放养老、失业、医疗保险金14.9亿元、0.57亿元和6.8亿元。新型农村养老参保人数38.1万人，参保率95%，老年居民养老补贴25915人，发放金额1120万元。市区职工最低工资标准调增至960元/月、企业退休人员养老金人均调增至1427元/月，城乡最低生活保障发放标准分别调增至380元/月和250元/月，城乡低保人数4.41万人，累计发放低保补贴6755万元。

（统计局）

【人民生活】　2010年，城市居民年人均可支配收入23075元，比上年增长

10.1%;农村居民年人均纯收入10874元,增长12.8%。城市居民年人均生活消费支出14080元,增长8.0%。农村居民年人均生活消费支出7848元,增长11.2%。年末城市居民人均住房建筑面积35.01平方米,农村居民人均住房面积48.7平方米。城乡百户家庭拥有电脑66台、电话310部、汽车5.3辆,恩格尔系数为39.6%。 (统计局)

社会主义政治文明建设

【概况】 2010年,全市深化干部人事制度改革,在基层推行公推直选,选拔任用领导干部实行"四差额"(差额推荐、差额考察、差额酝酿、差额表决),有9个正处职岗位、19个副处职岗位进行差额选拔。市委、市政府采纳发展新兴产业、建设生态城市、改善政府服务等方面的建言建议。市人大常委会加强督促检查,推进山水花园城市建设,审议生态市创建进展情况,听取2010年城建重点工程建设计划,视察城管工作和2010年城建重点工程建设成果。跟踪督办市人大常委会关于交通工作的3个方面17条评议意见。组织全体市人大代表对39个市政府工作部门效能建设情况进行评议,听取各方面意见,使一些热点难点问题得到及时解决。城市社区居民委员会和农村村民委员会"两委"换届工作结束。在市人大开展效能评议工作中,政府部门边接受评议边整改,工作作风和服务质量明显改善。各级政府自觉接受市人大法律监督、工作监督和市政协民主监督,办理人大代表建议301件、政协提案492件。市政府"12345"公开电话接听群众来电22万余次,及时解决热点难点问题。"中国镇江"政府门户网站获全国绩效评估第17名。2010年,市政协委员、政协各参加单位和专门委员会,就全市经济社会发展中的重要事项和关系人民群众切身利益的问题,通过提案建言献策,提交提案528件,审查立案521件。立案提案分别送交60多个承办单位研究办理,截至2010年11月底全部办复。提案者对办理结果表示同意的441件,表示理解的79件,表示不同意的1件。全市各级检察机关依法监督公安机关立案73件139人,纠正不当立案47件99人。全市法院系统全年邀请人大代表、政协委员旁听评议庭审1107人次,走访、视察1529人次,座谈791人次。 (叶 卜)

【市人大代表评议市政府工作部门效能建设】 2010年3月至11月,市人大常委会围绕市委提出的"跨越发展、后发先至"的目标和进一步提升行政效能、优化发展环境的要求,组织全体市人大代表对39个市政府工作部门效能建设情况进行评议。评议期间,向350名市人大代表发放问卷调查表,对各部门效能建设情况进行测评。市政府39个工作部门行政效能建设总体满意度为80.08分,达到"满意"水平。测评的六项指标中,"依法行政"为81.53分,"廉洁自律"为81.46分,"政务公开"为80.79分,"服务质量"为80.12分,"办事效率"为79.53分,"创新能力"为77.09分。从问卷调查测评结果看,政府部门效能建设在以下三个方面还有较大的提升空间:1. 政府工作部门创新能力和办事效率有待进一步提高。各部门均要注重各项工作的创新,改变固有思路,勇于创新、敢于实践;缩短办事时间,提高服务质量。2. 政府工作部门服务质量、依法行政有待进一步改善。各类现象中,回答"很严重"占比最高的是"门难进、脸难看、话难听、事难办",其次是"乱收费、乱罚款、乱摊派、乱检查"。市政府各部门要采取有效措施,减少上述"四难""四乱"现象的发生;规范各项规章制度,公布办事流程,做到秉公执法、为民执法、文明执法。3. 解决民生问题还需进一步加大工作力度。从整个测评结果看,涉及民生问题的政府部门测评得分均较低,存在的各类现象"严重率"也较高,说明民生问题是社会的关注点,只有切实解决老百姓切身利益问题,才能成为人民满意的政府。问卷调查情况向市人大代表通报,同时向39个市政府工作部门反馈测评结果以及代表提出的意见和建议。11月30日市六届人大常委会第二十五次会议听取旅游局、教育局和城管局效能建设整改工作情况的报告。通过评议,各部门完善长效机制,普遍制定首问负责、服务承诺、限时办结、失职追究等制度,并在接受监督、优化服务、提高落实执行力上注重长效,巩固评议成果,把效能建设向纵深推进。(张 豫)

【党务公开】 2010年,按照中共中央对党务公开工作联系点的新要求,中共镇江市委专题召开全市深化党务公开工作推进会,下发《关于进一步深化全市党务公开工作的意见》,深化党务公开工作,提升党务公开实际效果。全市各级党组织根据各自职责范围和工作特点,完成对党务公开目录、组织实施和监督检查等各项制度新一轮的修订完善。在实践中创新党务公开的形式,丰富党务公开内涵,全面推开领导班子及其成员面向社会公开述职述廉制度。2010年,抽取20个党政部门领导班子及其成员面向社会公开述职述廉,网络点击达3.5万人次,收集网民意见建议320条。在全市乡镇推开基层党代表监督工作,2010年以来,全市开展党代表询问质询180次,参加党代表877人次,解决群众反映实际问题274个。在扬中等地建立村民监督委员会,监督村级党务、村务、财务、事务"四公开"情况,保障村务公开有效落实。探索建立以党员群众满意度为目标取向、以党员群众对党务公开情况开展"评、查、改"为主要内容的党务公开绩效评价机制,使党务公开走上自我完善、自我提高的良性循环轨道。镇江市被中共中央党务公开工作领导小组表彰为2010年度中央党务公开工作联系点先进单位。 (王 勤)

【政务公开】 2010年,镇江市各地、各部门坚持"以公开为原则、不公开为例外",深化政务公开内容,拓宽政务公开渠道。截至2010年底,全市累计主动公开政府信息10620条,全文电子化率达97%。2010年新增主动公开政府信息2212条,全文电子化率达98%。其中,市级机关1475条,辖市(区)737条。全年在所有主动公开的政府各类文件信息中,有20.8%为新增公开内容,新增公开内容比上年度增长115%。9月19日,省行政权力网上公开透明运行考核验收组对镇江的行政权力网上公开透明运行情况进行考核验收,镇江市获省优秀等级。

结合政府机构改革,在市政府办公室增设政务公开和新闻联络处作为政府信息公开的职能机构,专门负责全市政府信息公开工作。同时各辖市(区)和市级机关也成立相应工作机构或明确专人,负责本地区、本机关的信息公开工作。建立覆盖全市的政府信息工作网络,下发《关于对市级行政权力再次进行清理审核及调整的通知》,并于6月对市级行政权力再次清理审核及调整工作进行培训,对市有关部门从事信息公开工作的有关人员,进行信息上网操作指导。编制新的《镇江市行政权力事项目录》,加强行政权力、行政事项的规范化、标准化建设。下发《关于政府信息公开内容适时更新的通知》,对信息更新不及时的市级机关督查督办。年初,印发《镇江市2010年政务公开工作要点》,指导全市政务公开工作。2010年,全市受理依申请公开信息3件,其中市级机关收到2件,辖市(区)政府及工作部门收到1件,均以信函形式申请。

2010年,全市举行新闻发布会84次、新闻通气会97次、网络发布5052次,组织集体采访468次,发布新闻通稿1129篇,组织访谈81次。新闻发布内容主要集中在经济建设、社会保障、旅游消费、城市建设及管理等方面。（吴 琼）

【法治镇江建设】 2010年,镇江市推进法治镇江建设,为全市经济社会跨越发展提供了良好的法治环境。

推进“阳光型政府”。镇江市制定出台2010年~2014年推进依法行政、建设法治政府的指导性意见和配套措施,对市级机关行政许可、行政处罚、行政征收、行政强制等行政权力的清理结果进行第二轮审核确认,对群众反映的问题在3天之内予以明确答复,并在1个月之内由相关部门予以妥善解决。对1990~2007年出台的规范性文件进行集中清理。建设“服务型政府”。在审结的行政复议案件中,有85%的案件是通过调解方式解决的。开展依法行政示范单位建设活动,做好对省级依法行政示范点的重新确认与培育工作,提升执法水平和服务质量。建设“责任型政府”。各级政府及其工作部门推行行政问责制,按照谁决策、谁负责的原则,对超越权限、违反程序决策造成重大损失的,追究决策者责任。市政府对各部门原先制定的行政执法自由裁量权的指导性标准进一步完善和细化。对市级行政许可和非行政许可审批项目进行梳理,将行政许可审批项目由427项减少为249项,非行政许可审批项目由193项减少为116项。备案审查重大行政处罚决定295件、规范性文件45件。

注重政法队伍的能力建设。制定教育培训纲要,对未来五年队伍整体素质提出明确目标。建立常态化培训机制,将执法能力考核与职级晋升、评优评先相结合,定期考核,严格奖惩,提升政法干警的业务素质。

注重公正廉洁的机制建设。市委政法委重点推出案件评查和执法监督巡视两项制度,政法各部门也重点建立健全执法规程、执法公开、执法档案和责任追究等制度。全市政法部门出台533件操作性较强的执法制度或执法规范性文件。推进信息化建设,将信息化建设与其他各项政法工作同部署、同检查、同促进,推进网络建设和信息化应用。

注重运行高效的体系建设。各级政法部门对照本系统的执法岗位标准、执法工作规范,明确执法各环节的工作流程,细化执法责任和责任查究制度,完善各项工作机制。各级政法部门从自身工作特点出发,制定相应的考核指标和考核办法,细化和量化岗位目标管理责任制,实行对部门和干警个人的量化百分考核制度。

推动法治城市和法治县(市、区)创建活动。重新修订《镇江市法治镇(街道)创建活动考核办法》和《镇江市法治镇(街道)创建活动考核细则》。开展“民主法治村(社区)”创建活动。在城市社区居民委员会和农村村民委员会“两委”换届工作中,全市村委会换届“无候选人一次性直接选举”比例达到建制村的15%以上,居委会直选比例达到90%以上。全市有国家级“民主法治示范村”4个,省级77个,市级714个,市级以上创建率达91%,位居全省前列。（张 威）

【推进干部人事制度改革】 2010年,中共镇江市委制定出台《关于深化干部人事制度改革的实施意见》,明确全市推进新一轮干部人事制度改革的指导思想和6项基本目标、29项重点任务,并选择《推行差额选拔干部制度》《推进干部工作信息公开》《建立调整不适宜担任现职干部制度》《完善从基层一线选拔干部制度》《健全促进科学发展的党政领导班子和领导干部考核评价机制》《建立拟提拔干部廉政报告制度》《加大竞争性选拔干部力度》《推行基层党组织领导班子公推直选》《推进事业单位干部人事制度改革》等9个项目作为近期全市深化干部人事制度改革的重点内容,分别布局在各辖市(区)、镇江新区和8个市级机关部门中进行试点。同时明确市委组织部9个业务处室分别联系实施单位,负责业务指导、综合协调、督促推进。抓好“推行差额选拔干部制度”重点突破项目的试点工作,在全省率先出台《差额选任领导干部试行办法》,依据该办法对9个市管正职、19个市管副职领导岗位人选差额选拔,占新提拔干部的比例超过60%,范围从市级机关部门拓展到市直事业单位、辖市(区)党政领导班子,从市级层面延伸到县区级层面。中共中央组织部部长李源潮对此作出批示:“请关注镇江试点‘四差额’选任干部,注意及时指导并总结经验。”对差额选拔制度的实践探索和调查研究,被《新华日报》、人民网等媒体宣传推介,并获2010年全省组织工作创新创优成果优秀奖和全省优秀党建论文奖。同时,将改进完善干部选拔任用初始提名作为深化干部人事制度改革的重点和基本方向,针对不同层次、不同类别、不同行业特点,通过实行公开推荐、“两推一考”(两轮推荐,差额考察)、竞岗选拔等不同方式进行初始提名,扩大干部提名环节的民主,也使推荐出的人选能够人岗相适、专业对口。探索干部德的考察途径。以加强干部“私德”考核为突破口,在后备干部集中调整中,对句容、润州两地28名后备干部考察对象,从政治品质、职业水准、伦理道德、人格修养等四个方面,试行“两圈”(社交圈、生活圈)考察。为了解试行效果,市委组织部召开座谈会2个、发放调查问卷163份,分别听取考察对象、参与组织者、社区群众等方面人员意见。通过调查,认为要大力推进“两圈”考察的占92.1%,认为“两圈”考察有实际效果的占79.7%。

（刘春安）

【职工民主管理】 2010年,全市开展百企示范、千企提升、万企覆盖的“百千万”工资协商专项行动,全年全市生产经营正常、独立建会企业有95%建立集体协商制度,签订工资集体协商合同2068份,签订区域、行业集体合同349份,覆盖小企业19739家。在各类企业中开展共商薪酬制度活动,突出高技能、高业绩、高薪酬,促进企业内部分配向一线技术工种和关键岗位倾斜,一线技术工人平均收入普遍高于一般职工10%~20%,带动和拉动一线普通职工工资增长。6月,中央电视台、新华社专程采访镇江市开展工资集体协商有关情况,市总工会推进“共商薪酬制度”的经验在全国深化工资协商经验交流会上作大会交流。市总工会联合市人社局、市中级人民法院,在全省首家下发依法制定用人单位劳动规章制度的法律要求和程序规范,中华全国总工会办公厅《工会工作通讯》全文转发。全市880多家企业通过共决企业规章活动,修改企业劳动规章条款1252条,全市百人以上企业活动开展率达95%。572家百人以上的企事业单位开展创建星级职代会活动,全市百人以上企事业单位职代会建制率达95%。省交通工程集团有限公司获全国厂务公开民主管理先进单位称号,18家企事业单位被命名为省厂务公开民主管理工作先进单位,镇江市总工会被授予全省推动厂务公开民主管理工作先进单位称号。（马晓俊）

【村务公开和基层民主建设】 2010年,镇江市推进村务公开和基层民主建设。完善村务公开制度、民主决策制度、民主管理制度,凡是需要公开的村务工作和被列入民主管理范围的工作都依法建制,有制可依,按制办事。全市604个村全部成立村民监督小组、理财小组、议事小组,推进村务公开,确保村民民主选举权、决策权、管理权、监督权和知情权。

规范村务公开栏、党和国家方针政策宣传栏、群众意见反馈栏，做到统一公开内容、统一公开形式、统一公开程序、统一公开时间、统一公开管理。结合第九届村委会换届选举，提高干部群众民主法制素质。严格按照政策法规规定的程序和原则，动员和组织群众参与村务公开和民主管理实践，在实践中提高基层干部组织农民群众当家做主的能力，提高农民群众正确行使民主权利的能力。

（沈小鹏）

社会主义精神文明建设

【概况】 2010年，镇江市努力推进文明城市创建工作。市委、市政府确立"全面发动，全民参与，全力争创"的总体要求，先后制定下发《镇江市"全民共创文明城"行动实施方案》《全国文明城市测评重点任务责任分解表》《台账资料收集整理工作任务分解表》《创建文明城市宣传工作意见》《镇江市文明城市创建工作问责办法》等系列文件，部署推进各项工作。5月30日上午，在春江潮广场举行"全民共创文明城"行动启动仪式，宣布"全民共创文明城"行动方案，"文明创建我知晓""文明创建我参与""文明创建我评判""文明创建比比看"四大全民创建活动拉开帷幕。实施"十百千万"文明创建系列活动，即"十大行业倡文明、百个社区传文明、千家单位促文明、万户家庭赛文明"创建活动。深化志愿服务活动，开展关爱空巢老人、文明交通劝导、文明旅游劝导等志愿服务活动，仅参加文明劝导的志愿者就达1.5万人次。6月23日8时至9时，全市开展"志愿奉献一小时，全民共创文明城"万人集中行动，全市80多个部门4000多名机关干部，每天利用上班前时间开展志愿奉献行动。培育文明创建典型，先后组织开展省级精神文明先进单位初评推荐工作、"迎世博迎亚运——满意在镇江"优质服务竞赛以及镇江市第二批优质服务品牌评选活动。开展道路交通秩序、占用盲道、工地围墙建设、菜市场、"三无三有"社区创建等督查。11月，市文明办（镇江市精神文明建设指导委员会办公室，下同）在全市企业中启动"负责任地做产品"主题活动。进行三次公共文明指数市级测评，测评结果以《白皮书》形式发布。

推进"文明和谐农民家庭"创建活动，在扬中市新坝镇立新村召开全市"百佳文明和谐农民家庭"现场经验交流暨表彰会，100户农民家庭获得表彰。全市各级各类文明和谐农民家庭30多万户。

开展"大爱镇江"主题活动。先后组织开展"我为第三届'大爱之星'评选暨颁奖典礼献一计"、面向社会各界公开征集"大爱镇江"活动项目暨优秀活动项目评选、"'大爱之星'百场宣讲和网上宣讲"、"我推荐、我评议身边好人"、"大爱镇江"主题歌征集、"大爱有行——迎世博讲文明树新风"志愿服务行动、"大爱镇江"爱之行、镇江市幸福金婚伉俪征集暨"情暖夕阳、爱满镇江——镇江市幸福金婚伉俪庆典"、第三届"大爱之星"评选等系列活动，举办第三届"大爱镇江"新闻人物颁奖典礼。

开展未成年人思想道德建设工作。结合开展中华经典诵读活动，先后举办"欢乐元宵"广场文艺汇演、"明媚的春天"经典诵读、中秋赏月晚会等大型活动。成立"太阳娃"道德童谣社总社，在有条件的学校设立分社，征集童谣作品500余首。市未成年人社会实践基地建设通过省专家组论证，进入开工建设阶段；新的未成年人成长指导中心搬迁建设取得进展。开展未成年人思想道德建设示范学校、示范基地、示范街道、示范社区（村）、示范家长学校达标创建活动。开展"科学家教进万家""快乐父母沙龙""快乐亲子营"等家庭教育实践活动，优化儿童成长的家庭环境。

（陈志耕）

【省级精神文明建设先进单位评选】 2010年12月，省文明委下发通知，表彰2007～2009年度江苏省群众性精神文明建设先进单位，镇江市获表彰的名单如下：

江苏省文明村标兵（3个）：丹阳市埤城镇常兴村、扬中市八桥镇红光村、镇江市润州区和平路街道金江村；

江苏省文明乡镇标兵（2个）：扬中市新坝镇、丹阳市后巷镇；

江苏省文明单位标兵（4个）：镇江市第一人民医院、镇江市劳动就业管理中心、镇江市图书馆、镇江市碧榆园；

江苏省文明社区标兵（1个）：镇江市京口区四牌楼街道江滨新村第一社区；

江苏省文明村（10个）：丹阳市新桥镇群楼村、丹阳市后巷镇前巷村、丹阳市司徒镇谭巷村、句容市华阳镇下甸村、句容市边城镇东昌村、扬中市新坝镇治安村、镇江市丹徒区辛丰镇辛丰村、镇江市丹徒区丹徒新城西麓村、镇江市润州区蒋乔镇嶂山村、镇江新区丁岗镇留村村；

江苏省文明乡镇（7个）：丹阳市新桥镇、句容市华阳镇、句容市边城镇、扬中市油坊镇、镇江市丹徒区世业镇、镇江市润州区蒋乔镇、丹阳市云阳镇；

江苏省文明单位（55个）：丹阳新华书店有限公司、江苏省丹阳高级中学、丹阳市人民医院、大亚科技集团有限公司、丹阳市人民检察院、江苏省句容高级中学、句容市人民医院、句容市人民检察院、句容市实验小学、句容市公路管理处、中电电气集团有限公司、江苏省扬中高级中学、中国农业银行股份有限公司扬中市支行、江苏环太集团有限公司、扬中市审计局、江苏星河集团有限公司、江苏省大港中学、镇江市丹徒区农村信用合作联社、镇江市实验小学、镇江市规划局京口分局、镇江市京口区健康路社区卫生服务中心、镇江市润州区人民检察院、镇江市润州区人民法院、镇江市大港中心小学、镇江市经济开发区人民检察院、镇江市计量所、镇江市建设工程管理处、镇江市公安局经济犯罪侦查支队、茅山新四军纪念馆、镇江船厂有限公司、江苏科技大学、江苏大学、镇江市高等专科学校、江苏省谏壁船闸管理所、中国农业银行股份有限公司镇江分行、江苏省镇江第一中学、镇江高等职业技术学校、镇江液压件厂有限公司、中国国电集团公司谏壁发电厂、江苏捷诚车载电子信息工程有限公司、镇江百盛商城有限公司、中国人民解放军镇江船艇学院船艇教练大队、镇江新华书店有限公司、镇江市城市水利管理处、镇江市公证处、镇江市烈士陵园管理处、中国人民武装警察部队镇江市支队、镇江监狱、镇江市自来水公司、镇江大酒店股份有限公司、镇江市外国语学校、镇江市路桥工程总公司、镇江三山（金山、焦山、北固山）风景名胜区管理处、句容市茅山风景区管理委员会、丹阳市公安局交通巡逻警察大队；

江苏省文明社区（5个）：镇江市京口区正东路街道酒海街社区、镇江市京口区大市口街道米山社区、镇江市润州区七里甸街道四圩社区、镇江新区大港街道港南花苑社区、镇江市润州区金山街道西津古渡社区；

江苏省文明行业（6个）：镇江质量技术监督系统、镇江市国土资源系统、镇江市住房和城乡建设系统（市直）、镇江市人力资源和社会保障系统（市直）、镇江市交通运输系统（市直）、中国人寿保险股份有限公司镇江市分公司系统。

通知还表彰省创建文明村工作先进村30个、省创建文明乡镇工作先进乡镇14个、省精神文明建设工作先进单位134个、省创建文明社区工作先进社区11个、省创建文明行业工作先进行业8个。

（张　悦）

【举办第三届"大爱镇江"新闻人物颁奖晚会】 第三届"大爱镇江"新闻人物颁奖晚会由市文明委主办，市委宣传部、市文明办、市文广集团、中央电视台承办，于2011年1月1日晚7:30在镇江体育馆举行。晚会主题是"唱响生命，守望幸福"。中央电视台主持人张越、启明主持晚会。晚会分四个环节：一是展示环节，用电视短片叙述和主持人、嘉宾讲述的方式，讲述"大爱之星"的爱心故事，对"大爱镇江"进行形象演绎；二是对话环节，由主持人张越、启明与获奖者进行面对面交流，对"大爱镇江"精神进行诠释；三是颁奖环节，由市领导许津荣、刘捍东、郭礼荣、张庆生、张甫雄为第三届"大爱之星"个人和群体颁奖；四是文艺演出环节，特邀演员韩红、任岩和镇江艺术团体以及"大爱之星"表演有关大爱主题的曲目。市委、市人大、市政府、市政协有关领导出席颁奖晚会。（参见第342页） （陈志耕）

【开展"'大爱之星'百场宣讲和网上宣讲"活动】 2010年5月20日全市启动"'大爱之星'百场宣讲和网上宣讲"活动，"最美女护士"周好、好"的哥"李巧生、优秀乡邮员解加平、和谐拆迁的好村官孙达霞、"0511"爱心家园网友群体代表等第二届"大爱之星"个人和群体代表走进市民大讲堂，与百姓面对面交流，讲述各自平凡而感人的事迹。各地、市各参创行业组织、邀请"大爱之星"进机关、进行业、进企业、进学校、进社区作专场报告。在镇江文明网开设"'大爱之星'百场宣讲和网上宣讲"活动专栏，及时上传宣讲视频和宣讲活动动态。全市共举办宣讲活动近百场次、听众7.1万多人次。 （陈志耕）

【镇江市在全国公共文明指数测评中获佳绩】 2010年9月上旬，中共中央精神文明建设指导委员会办公室（简称中央文明办）委托国家统计局到镇江市主干道、主要交通路口、居民社区、商业街、公园、广场和车站等公共场所进行暗访，对城市环境、秩序和市民行为进行实地考察，采取抽样方式随机选择一定数量的居民家庭进行入户调查，开展公共文明指数测评；同时到镇江市爱国主义教育基地、公益性文化设施以及网吧、游戏厅、校园周边进行暗访，开展未成年人思想道德建设工作测评。根据11月中央文明办下发《关于2010年全国117个城市（区）公共文明指数测评结果的通报》和《关于2010年全国117个城市（区）未成年人思想道德建设工作测评结果的通报》，镇江市在全国首次开展的未成年人思想道德建设工作测评中得89.51分，列第19位；公共文明指数测评得78.53分，列第三十一位。这两项排名在全省参评城市中分列第三位和第四位。与2009年相比，镇江市公共文明指数测评上升35位。 （张 悦）

【"不给别人添麻烦"主题活动】 2010年12月，全市启动"不给别人添麻烦"主题教育实践活动，以城市公共文明建设为重点，通过学习明理、活动践行、评选推进等一系列子项目，开展公共场所道德教育实践活动，在全社会倡导"不给别人添麻烦，给别人添了麻烦要道歉，尽可能地帮助别人解决麻烦"的风尚。市文明办按照广场、公园、社区等18个主题，编写《不给别人添麻烦——文明新风谣》，内容通俗易懂、图文并茂、朗朗上口，通过志愿者发放到市民手中。 （张 悦）

【镇江市志愿者培训学校挂牌成立】 2010年12月28日，镇江市志愿者培训学校正式挂牌成立。该校由市文明办、市志愿者协会共同领导，下设综合协调部、培训活动部、后勤保障部。学校主要职能是：依托在镇高校、职业学校教学资源，整合社会力量，分层面组织志愿服务团体骨干培训、志愿服务通识培训；根据大型志愿服务或专项志愿服务活动需要，分类组织心理健康、应急救助、赛会活动、交通法规等各类专业知识培训；举办志愿者沙龙，交流志愿服务经验和体会；组织志愿者体验活动；举办优秀志愿者宣讲活动等。 （张 悦）

【镇江市志愿者注册信息管理系统开通】 2010年12月28日，镇江市注册志愿者信息管理系统正式开通。该系统依托镇江市注册志愿者网站（http://www.zjzyz.org/index），集志愿组织分层分级管理、志愿者注册及档案管理、志愿服务项目管理、志愿服务工作指挥协调、志愿者五星级激励管理、弱势群体志愿服务求助等功能于一体。市志愿者协会以"镇江市注册志愿者信息管理系统"为平台，通过集中注册的方式，组织和引导原先通过纸质登记注册的志愿者重新网上注册，鼓励和动员更多加入注册志愿者的行列。该系统还拥有短信自动群发平台，各服务团队管理员组织活动可以输入条件选择群发功能，网站自动群发短信给合乎条件的志愿者，使全市各项志愿服务活动有序、高效地开展。 （张 悦）

【开展"大爱镇江"爱之行系列活动】 2010年10月16日重阳节上午，市委宣传部、市文明办、市慈善总会、市志愿者协会、市文广集团联合开展的"大爱镇江"爱之行系列活动，在四牌楼街道江滨新村广场启动。活动旨在整合社会各方面力量，践行大爱精神，为城市弱势群体提供爱的援助。启动仪式上举行"大爱镇江"爱之行授旗仪式，江滨新村第一社区等12个志愿者服务站被授牌。市文明办为社区百余名孤寡老人免费订阅一年《镇江壹周》，5个社区贫困户获得每户2000元的爱心订报资助款。市、区慈善总会还向社区特别困难的家庭实施了慈善救助。全市志愿者分六路，为孤寡老人、空巢老人开展家政服务、检查维修水电气，在社区开展医疗义诊、心理辅导志愿服务；陪老人看新镇江；现场进行志愿者登记注册；向居民发放第三届"大爱之星"推荐表，寻找年度大爱之星。12月5日国际志愿者日，"大爱镇江"爱之行——"志愿七里，情满南城"启动仪式在润州广场举行，现场聚集来自市区、七里甸街道的数百名志愿者。组委会向七里甸街道百个困难家庭发放慰问品，市妇联向社会妈妈资助的儿童赠送衣物，市慈善总会向多名特困人员发放了"慈善暖流"行动救助款。 （张 悦）

【幸福金婚伉俪庆典活动】 2010年12月25日上午，"情暖夕阳、爱满镇江——镇江市幸福金婚伉俪庆典"活动在新行政中心的市民大厅隆重举行。活动由市委、市政府主办，市文明办、镇江文广集团承办，旨在在全社会弘扬文明新风和大爱精神，以家庭的文明和谐推进社会的文明和谐，推进镇江的文明创建工作。活动自9月份启动，在全市征集金婚老人100多对，从中评选出50对参加庆典活动。活动当天，市爱心车队、真情车队和雷锋车队的50辆出租车组成喜庆车队，护送50对金婚老人到现场。市委书记许津荣、市政协主席郭礼荣为50对老人送上金婚证书和花环。市委常委、宣传部部长张洪水为金婚老人作金婚证词。 （张 悦）

【江苏省镇江未成年人社会实践基地立项并开工建设】 2010年6月18日，镇江市未成年人社会实践基地项目通过江苏省基地规划建设论证，立项为江苏省镇江未成年人社会实践基地，获得省1500万元资金支持，并于8月开工建设。工程位于丹阳市陵口镇，总投资6800多万元，占地13.7公顷，由南京华业建筑设计院设计，以丹阳市中小学生综合实践基地为主体，以江苏文化科技产业园和天禾生态农业科技园区为依托建造，有4个功能区，可以开设8大类60多项

实践课程。（吴修飞）

【镇江市未成年人成长指导中心新址落成】 2010年11月，面积200多平方米、有各类心理辅导功能室10余间的镇江市未成年人成长指导中心（以下简称"中心"）新址建成并投入使用。中心依托镇江市外国语学校和培训机构"安博"A+学堂，建有一支专业的咨询师队伍，有社会各界有经验、有专长的心理咨询志愿者40多名，中心的职能是对未成年人在成长、学习过程中的心理问题免费给予及时、科学的指导，并对成年人的心理问题进行疏导。（吴修飞）

【开展未成年人思想道德建设主题活动】 在2010年"我们的节日"系列活动中，结合开展中华经典诵读活动，先后举办"欢乐元宵"广场文艺汇演、"明媚的春天"经典诵读、"我是红色宣讲员——少儿英烈故事大赛"、"网上祭英灵"、"月是故乡明"经典诵读中秋赏月晚会等大型活动。在"做一个有道德的人"主题活动中，响应中央、省文明办要求，在最短时间内启动"传唱优秀童谣、做有道德的人"网上签名寄语活动，中央文明网对活动进行报道。（吴修飞）

【全市首次统一组织入学仪式教育活动】 2010年9月8日，市文明办组织全市小学统一举行入学仪式，有161所小学的6.75万名一年级新生举行包括升国旗、奏国歌、校长讲话、新生代表献词、齐诵主题语等为内容的入学仪式。各学校向新生赠送自编古诗文读本、赠送学生自创诗集，跳欢迎舞蹈，展示剪纸、泥塑、布艺等传统民间文化才艺和回、瑶、满、藏等多民族服装秀等欢迎一年级新生入学。（吴修飞）

生态文明建设

【概况】 2010年，镇江市委、市政府提出"2010年达到国家生态市创建标准"的目标，全市把生态市建设作为改善民生、优化环境、促进转型、提升形象的重要方略，生态市建设取得良好效果。根据相关技术专家对镇江生态市创建工作的自我评估，镇江创建生态市5项基本条件，已全部符合要求；19项生态市建设指标，18项达标，1项基本达标，全市基本达到生态市创建标准。丹阳市、句容市、扬中市、丹徒区2008～2010年责任状和2010年责任状中的各项任务基本完成，生态县建设均通过省级技术评估。丹阳市通过国家环保模范城市省级技术评估，句容市通过国家环保模范城市省级复核评估。市23个责任部门基本完成目标责任状规定的指标任务和工作任务。（颜正清　曲新华）

【"十一五"期间全市生态建设概要】 "十一五"期间，镇江市实施重点节能项目180多个，万元地区生产总值能耗下降20.7%，超额完成"十一五"目标；实施污染减排项目226个，化学需氧量削减11.8%，二氧化硫排放量削减38%，分别完成"十一五"目标的108.3%和190%。"十一五"期末，全市万元地区生产总值能耗0.811吨标煤，万元地区生产总值化学需氧量排放强度2.02千克，二氧化硫排放强度3.00千克，达到生态市建设指标。（曲新华　颜正清）

表3-4　**2008～2010年镇江市创建国家生态市建设指标完成情况表**

类别	序号	指标名称	计量单位	考核要求	2008年	2009年	2010年	达标情况
经济发展	1	农民年人均现金收入	元	≥8000	8703	9642	10800	达标
	2	第三产业占地区生产总值比例	%	≥40	36.5	37.3	40.0	达标
	3	单位地区生产总值能耗	吨标煤/万元	≤0.9	0.894	0.847	0.811	达标
	4	单位工业增加值新鲜水耗	立方米/万元	≤20	22.7	20.6	18.1	达标
		农业灌溉水有效利用系数	立方米/万元	≥0.55	0.56	0.57	0.57	达标
	5	应当实施强制性清洁生产企业通过验收比例	%	100	100	100	100	达标
生态环境保护	6	森林覆盖率	%	≥15.0	19.7	21.76	21.45	达标
	7	受保护地区占国土面积比例	%	≥17.0	21.14	22.14	22.14	达标
	8	空气环境质量	达到功能区标准%	达标	达标	达标	达标	达标
	9	水环境质量	达到功能区标准%	达标	81.5	86.1	92.6	基本达标
	10	化学需氧量排放强度	千克/万元地区生产总值	<4.0	2.81	2.44	2.02	达标
		二氧化硫排放强度	千克/万元地区生产总值	<5.0	4.56	3.64	3.00	达标
	11	集中式饮用水源水质达标率	%	100.0	100.0	100.0	100.0	达标
	12	城市污水集中处理率	%	≥85.0	87.80	85.25	86.13	达标
		工业用水重复率	%	≥80.0	80.5	80.7	81.4	达标
	13	噪声环境质量	是否达标	达标	基本达标	基本达标	达标	达标
	14	城镇生活垃圾无害化处理率	%	≥90.0	100.0	100.0	100.0	达标
		工业固体废物处理率	%	≥90.0	100.0	100.0	100.0	达标
	15	城镇人均公共绿地面积	平方米/人	≥11.0	14.5	15.57	15.95	达标
	16	环境保护投资占地区生产总值比重	%	≥3.5	3.04	3.41	3.77	达标
社会进步	17	城市化水平	%	≥55.0	59.8	60.0	63.4	达标
	18	采暖地区集中供热普及率	%	≥65	–	–	–	–
	19	公众对环境的满意率	%	>90.0	86.48	86.10	91.22	达标

（张先宝）

【镇江市区通过国家环保模范城市省级复核评估】 2004年，镇江市获得国家环保模范城市授牌。根据镇江市人民政府申请，2010年10月20日至21日，"国家环境保护模范城市"复核省级评估组听取镇江市人民政府关于镇江市国家环境保护模范城市持续改进工作的情况汇报，观看巩固提高创模成果专题片和26项考核指标完成情况多媒体演示，查阅创模工作档案、技术资料，审核创建指标相关数据，实地察看市容市貌、水环境综合整治、前塍庄和京口闸国控断面以及金河纸业有限公司关闭现场等情况，检查征润州污水处理厂、新宇固体废物处置有限公司、城东垃圾填埋场、镇江市机动车尾气检测中心等环境基础设施，调查镇江市万发化纤厂、镇江格兰春普化工有限公司等环境信访处理情况。技术评估组一致认为，镇江市委、市政府高度重视国家环保模范城市持续改进工作，创模成果得到巩固和提高，同意镇江市通过国家环保模范城市省级复核评估。

（颜正清　汤　立）

【镇江市33个乡镇通过国家生态镇创建省级考核】 到2010年底，全市通过省级考核的国家生态镇有33个，占全市乡镇总数的80.5%，其中世业镇、大港街道获得环境保护部命名。情况如下表：

表3-5

	涉农的镇、街道数（个）	通过省级考核的生态镇数（个）	所占比例（%）
全　市	42	33	80.5
丹阳市	13	12	92
句容市	10	8	80
扬中市	5	5	100
丹徒区	7	6	86
京口区	2	1	50
润州区	1	0	-
镇江新区	4	1	25

（曲新华）

【生态村创建工作】 2010年，全市有2个村（丹阳市新桥镇群楼村、扬中市三茅镇勤丰村）通过国家级生态村验收，已上报环境保护部待命名，9个村通过了省级生态村验收，83个村通过市级生态村验收，创建数量之多为历年之最。截至年底，全市有市级以上生态村206个，生态村比例达34.04%。（何坤兴）

【镇江市制定实施《生态市建设问责办法》】 2010年2月，镇江市纪委、监察局下发《2010年国家生态市创建工作问责办法》。该《办法》规定，各辖市（区）、市直各有关部门都要全面完成2010年生态市目标责任状所确定的各项任务，确保年底前全市达到国家生态市创建指标。市纪检监察部门将在年中和年底分别对各责任单位进行考核，对未完成生态市建设目标任务的辖市（区）主要行政领导和分管领导以及在创建过程中工作不力责任部门的主要行政领导和分管领导实行问责。问责方式包括书面检查、通报批评、诫勉谈话、扣发押金或工作性津贴、取消评先评优资格，辞职或责令辞职。至2010年底，各地、各有关部门未出现严重影响全市生态市建设工作进程的情况，未启动问责办法。

（颜正清）

【未完成生态市中期建设任务部门收到预警告通知】 2010年8月25日，镇江市政府召开生态建设工作联席会议第七次会议。市委常委、常务副市长陈照煌，各辖市（区）政府、镇江新区管委会主要领导及分管领导，镇江生态市建设工作联席会议全体成员，市生态办主任、副主任出席会议；各辖市（区）政府、镇江新区管委会生态办主任、环保局局长等参加会议。会上，市统计局作《上半年生态市（县）建设统计监测报告》，市生态办作《2010年镇江生态市建设中期评估情况通报》，市生态办向市发改委、商务局、环保局、建设局、统计局、水利局、公安局及丹阳市政府、扬中市政府等9个责任单位送达了《预警告通知书》。至2010年底，以上9个单位落实整改措施，基本完成各自任务，年底未予正式警告。

（曲新华）

【全市产业结构向高新、生态型转型】 2008年至2010年底，全市建成现代农业园区12个，建成特色农业示范基地8个，无公害、绿色食品和有机食品示范基地11个，循环农业示范基地7个，立体种养示范基地3个，发酵床养殖技术推广工程83处，生态健康养殖示范场44家，年销售额500万元以上农业龙头企业85家，在全省形成规模较大、特色明显、层次较高的生态农业体系。制定实施《关于加快构建绿色招商体系的实施意见》，实施"千企技改工程"（一年推进3000家企业实施技术改造）、新兴产业"5+X"（"5"即重点发展新能源、新材料、电子信息、航空制造、海洋工程等五大战略性新兴产业，"X"即加快培育发展生物医药、节能环保、物联网等其他新兴产业）倍增计划，高新技术产业实现产值1063亿元，占规模以上工业的33.1%。实施清洁生产审核方案1081个，58家企业通过审核验收；建设26家省级、市级循环经济试点，实施循环经济项目18项；全市7家省级以上开发园区中，6家生态园区规划通过专家评审，1家获准创建。服务业增加值三年翻番，全市实现服务业增加值超过750亿元，占全市地区生产总值比重达40%左右。生态旅游业发展迅速，创成AAAA级旅游景区7家，金山旅游景区创国家AAAAA级通过省级验收，新增2个国家级农业旅游示范点、1个江苏乡村旅游精品创建试点单位、三星级以上乡村旅游点8个。全年旅游增加值实现160亿元，占全市地区生产总值比重9%。

（曲新华　颜正清）

【全市环境基础设施加强】 镇江市生活垃圾焚烧发电厂项目自2010年3月开工建设以来年内完成投资规模2.6亿元；句容市城北垃圾填埋场二期工程库底地基、导流系统、防渗、土工布铺设基本完工。全市推进城乡环卫一体化，农村垃圾处置垃圾中转站达到58座、垃圾房29323座、垃圾桶11480只、密闭式垃圾运输车68辆、普通垃圾运输车辆224辆、保洁车3814辆、镇村专职保洁员6991人，在太湖流域率先实现农村生活垃圾日产日清。太湖流域11个水质自动监测站、新建的船舶垃圾收集站和船舶油废水回收站完成建设任务。

（汤　立　袁桂珍）

【全市农村开展生态环境综合整治】 2010年，镇江市将生态建设与城乡建设、民生建设并列为重点建设工程，把生态保护工程向农村延伸。先后开展农村生活垃圾无害化处理、河塘水体清淤、卫生改厕、区域供水、秸秆综合利用、化肥农药减控等专项治理行动。全市创成省、市两级农村环境综合整治村154个，新增造林面积1.87万公顷，疏浚县乡河道3525万立方米，疏浚整治村庄河塘2750万立方米。实施面源氮磷流失生态拦截工程19处，氮肥使用量和化学农药使用量比2007年分别削减17.9%、22.18%。完成水土保持小流域治理面积45平方公里。农村改厕63.1万户，卫生户厕普及率100%，其中无害化卫生户厕56.64万户，普及率85.7%。各镇的压缩式垃圾中转站、农村生活垃圾分类试点和生活垃圾处置"组保洁、村收集、镇转运、县处理"四级运行机制逐步完善。各建制镇与非建制镇卫生服务中心实现医疗污水、医疗废物处置全覆盖。医疗废物、危险废物安全收集处置网络覆盖到镇、村，并通过网上监管、现场抽查、重点跟踪，确保监管到位。

（曲新华　颜正清）

【园林绿化生态建设】　2010年，全市努力增加城市绿地面积，改善城市绿化布局，提高百姓绿色生活空间。结合城建重点工程，制定城市绿化重点工程项目57项，完成“南徐新城”市民公园、文化公园、滨江旅游风光带、花山、狮子山等17项工程。建成区绿地面积达4200余公顷，其中公共绿地达1424公顷，人均公共绿地达16平方米。完成象山整治工程，按照设计要求，新建入口广场8.92万平方米，栽种各类乔、灌木95种58.3万株，新辟停车场和公交回车场4600平方米，铺设管线6140米，修复性保护象山古炮台，治理南侧山体5000平方米，打锚杆900余根，80%以上山体治理区域被绿色覆盖，形成较好山体绿化景观。按照“统一规划、分步实施”的原则对黄鹤山、磨笄山进行综合整治，委托法国PBA国际有限公司南京代表处完成两座山体的整治与保护前期策划，由市规划设计院进行深化设计；完成黄鹤山一期拆迁11户、磨笄山东侧52户。鼎石山（宝塔山）整治工程方案基本完成。开展省级园林式居住区（单位）创建工作；2010年，全市又有29家居住区（单位）被评为省级园林式居住区（单位）。

（谢疆平）

【生态农业建设】　2010年，镇江市生态农业建设围绕生态市创建和太湖流域农业面源污染治理重点工程展开，新建特色农业示范基地3个，累计建成8个；新建循环农业示范基地3个，累计建成7个；新建立体种养示范基地2个，新建“三品”（无公害农产品、绿色食品、有机农产品）示范基地4个，扩大林业产业基地3个。推广应用测土配方施肥面积18.67万公顷次，施用配方肥4万多吨，应用商品有机肥面积1.02万公顷，商品有机肥1.3万吨，化学肥料使用量控制在5.95万吨，较上年削减10.1%；推广应用吡蚜酮、甲维盐等高效低毒农药配套综合防治技术32万公顷次，化学农药使用总量为3186吨，比2007年削减22.1%。综合治理规模化畜禽养殖场，新建发酵床养殖示范场33处，面积3万平方米，累计建成63家，总面积5.03万平方米；全市规模化畜禽养殖场粪便综合利用率97.8%。因地制宜，继续推广运用秸秆机械化还田、秸秆造粒、秸秆气化等多元化利用技术，出动秸秆还田及综合利用机械915台（套），实施机械化全量还田14.2万公顷次，占全市种植面积65%；累计建成秸秆气化站7座、秸秆造粒点26个，推广秸秆气化炉1800多台，建设整村推进示范点15个，全市秸秆综合利用率95%。推进太湖水污染治理，建成生活污水处理工程17处，在农业园区、主要入湖河流两侧实施面源氮磷流失生态拦截工程19处，累计建设生态沟渠塘面积34.45万平方米；建成池塘循环水养殖面积344公顷，有效改善水质。

（刘常珍）

【国土资源生态建设】　2010年，全市开展绿色矿山创建工作，加快废弃矿山宕口治理进度，保护和恢复矿区生态环境和地质环境。加大对偷盗采矿行为的打击力度，2010年对全市在采和已关闭宕口进行200余次动态巡查，对句容、丹徒境内矿山进行重点督查，查处非法偷盗采40起，巩固绿色矿山创建成果。

（严华万）

【城区水环境治理】　为调控水体、改善水质，2010年，古运河闸站开泵2280台时；京口闸开闸80余次，丹徒闸开闸则更为频繁。妥善处理水体调控与沿河建设的关系。从9月起，采取水环境综合整治周考评制度，并将其长期化、制度化，取得较好的促进效果。建成闸站网络视频监控系统，通过运行水质监测分析等，促进水质科学调控。取样检测金山湖水质，对焦南坝封堵前后水质进行比对，分析水质趋于好转的原因。2010年7月，由于连续高温、频繁降雨和金山湖水体流动性下降等多种因素，导致金山湖水体富营养化，金山湖运粮河口至原8号码头附近出现蓝藻。水利部门日均开闸引水2次、开泵调水10台时，每天引调水约10万立方米，增加金山湖水体的流动性，有效抑制蓝藻生长。

（徐雪峰）

组织机构及领导人名单

中共镇江市委员会

书　　记　许津荣（女）
副 书 记　刘捍东
　　　　　杨省世（2010－11～　）
　　　　　张庆生
常　　委　黄宝荣　李国忠
　　　　　李茂川　杨　建
　　　　　陈照煌　魏红军
　　　　　张洪水
　　　　　甄邢兵（　～2010－07）
　　　　　王树均（2010－07～　）
秘 书 长　李国忠
副秘书长　陈林海　杭祝鸿
　　　　　朱开宝　褚　祎（女）
　　　　　何培树　杜官彪
　　　　　施正中

办公室

主　　任　朱开宝（兼）
副 主 任　杜晓镇
　　　　　翟胜勇（2010－08～　）
　　　　　赵　军　翟春辉
市委机要局局长　谈国兴
调 研 员　左金霞（女，　～2010－07）
副调研员　曹青兰（女，　～2010－03）
　　　　　吴同舟（女）
　　　　　陈　明（2010－08～　）
　　　　　张　平（2010－08～　）

组织部

部　　长　魏红军
副 部 长　陈　晨　岳卫平
　　　　　孙沛然（2010－09～　）
　　　　　徐冀锋　吴　彤（女）
部务委员　李明洪
副调研员　张锦红（2010－08～　）
　　　　　于　坤（女，2010－08～　）

新经济社会组织党工委

书　　记　徐冀锋（兼）
副 书 记　谭金生（　～2010－08）
　　　　　朱　彤（2010－08～　）

企业高级经营管理人才评价推荐中心

主　　任　宋平生（　～2010－08）

党员电化教育中心

主　　任　陈平才（2010－08～）

宣传部

部　　长　张洪水
副 部 长　赵　珏　周国建
　　　　　宋成玺（　～2010－08）
　　　　　王红卫
　　　　　董和建（2010－08～　）
部务委员　杨苏镇　曾文兵
调 研 员　郭廉福（　～2010－03）
　　　　　欧阳箐（　～2010－04）
　　　　　宋成玺（2010－08～　）
副调研员　刘晓鸣（　～2010－03）
　　　　　孙长宏（2010－08～　）

对外宣传办公室

主　　任　朱广宝

精神文明建设指导委员会办公室

主　　任　赵　珏（兼）

副主任 李 洪 刘玉祥

统一战线工作部

部长 宦祥宝
副部长 张永志 魏跃明
王曙明(兼， ~2010-08)
徐礼宾
副调研员 唐铁军(~2010-08)
张钢星

政法委员会

书记 黄宝荣
副书记 夏新平(兼)
陈林海
政治部主任 周国平

社会治安综合治理委员会办公室

主任 陈林海(兼)
副主任 杨 健(~2010-04)
陈顺平
龚祺祯(女,2010-08~)

依法治市办公室

副主任 陈顺平

研究室

主任 施正中(兼)
副主任 屈振国(兼)
胡敖成
吴 杨
调研员 霍爱平(女)
副调研员 袁云萍(女)

农村工作领导小组办公室

主任 何培树(兼)
副主任 屈振国 卢小扣
郭丹平
翟胜勇(~2010-08)
朱凯生(2010-08~)
副调研员 陆顺根(~2010-07)
王惠英(女， ~2010-02)
石铁流

台湾工作办公室
(市政府台湾事务办公室)

主任 褚 祎(女)
副主任 黄志中 张 明

机构编制委员会办公室

主任 陈孝信
副主任 吕永生

市级机关工作委员会

书记 张建国
副书记 邓扣平 侯军生
周国年
纪工委书记 任曼青(女)

副调研员 王嘉年 许国庆(女)
朱永敖

老干部局

局长 岳卫平
副局长 张国平 陈建云
王瑞卿
调研员 石燕宁(女)

信访局

局长 华兴龙
副局长 金晓萍(女， ~2010-03)
吴海平 段洪波
李 丹
蒋祥林(2010-03~)
党组书记 华兴龙
党组副书记 金晓萍(女， ~2010-03)
副调研员 蒋祥林(~2010-03)

保密委员会办公室
(市国家保密工作局)

主任(局长) 冷剑桦(女)

史志办公室
(市委党史工作办公室)

主任 胡 振
副主任 杨国祥 傅雪元
刘爱玲(女)
孙爱军(女， ~2010-08)
陈恒明
党组书记 胡 振
副调研员 孙爱军(女,2010-08~)
杨正宏(2010-08~)

党 校(行政学院)

校长 张庆生(兼)
行政学院院长 陈照煌(兼)
常务副校长 王 华
副校长 印 明(~2010-08)
张宜英(女)
张欣平
张水娟(女)
教育长 徐 光
党委书记 王 华
党委副书记 印 明(~2010-08)
纪委书记 王会明
副调研员 宋卫东
任延梅(~2010-10)
丁朋荣

档案局

局长 王 欣
副局长 汪 好
党组书记 王 欣
党组副书记 汪 好
调研员 高浩良

副调研员 徐晓生

文化广电产业集团
(2010年3月机构改革，组建文化广电产业集团)

总经理 张 兵(2010-02~)
副总经理 徐 力
陈 炜(2010-02~)
江忠顺 陆艳华
汤文彪
党委书记 张 兵(2010-02~)
党委副书记 徐 力
纪委书记 徐 力
助理调研员 周宜一

报业集团
(2010年3月机构改革，组建报业集团，原镇江日报社党委组成人员、领导干部行政职务和纪委书记职务自然免除)

社长 周国建
副社长 孙肖苏 朱纪平
柳昌焰
董事长 周国建
总编辑 孙肖苏
副总编辑 顾洪恩 杨苏宜
张翀煜(女)
党委书记 周国建
党委副书记 孙肖苏(2010-08~)
朱纪平
纪委书记 郑卫星
副调研员 林少麟 刘乃生

镇江市人民代表大会常务委员会

主任 许津荣(女)
副主任 张甫雄 李壮云
陈 苏 卢章平
王守和
秘书长 蔡文俊
副秘书长 任振棣 温小卫
潘法强(2010-02~)
许勤梅(女)
党组书记 张甫雄
党组副书记 李壮云

办公室

主任 任振棣(兼)
副主任 周玉琴(女) 尹克己
张 俊 徐 强
信访处处长 吴圣涛
副调研员 张安明 蓝纯龙

研究室

主任 温小卫(兼)
副主任 纪 东 徐 策

内务司法委员会

主　　任　胡荣明
副 主 任　赵　宁

财政经济委员会

主　　任　殷宪广
副 主 任　周义平
副调研员　贺留中（　~2010-08）

农业经济委员会

主　　任　李谊忠
副 主 任　郑宇飞

环境资源城乡建设委员会

主　　任　张定岐
副 主 任　滕道远（2010-08~　）
　　　　　贺留中（2010-08~　）
副调研员　王春福

教科文卫委员会

主　　任　潘法强（　~2010-02）
　　　　　李照金（2010-02~　）
副 主 任　张志耕

民族宗教侨务台湾事务委员会

（2010年2月民族宗教侨务委员会更名为民族宗教侨务台湾事务委员会）

主　　任　秦党人
副 主 任　罗福春

人事代表联络委员会

主　　任　周以蓉（女）
副 主 任　于士和　周建华（女）

镇江市人民政府

市　　长　刘捍东
副 市 长　陈照煌　陈建设
　　　　　陈　杰　王　萍（女）
　　　　　冯士超　曹当凌
　　　　　夏新平　李小平
　　　　　王常生（2010-12~　）
秘 书 长　孙晓南
副秘书长　周凤霞（女，　~2010-02）
　　　　　顾大福　沈宝来
　　　　　龚志才（兼，　~2010-02）
　　　　　王　飚（兼）　赵志新
　　　　　华兴龙（兼）　林　枫
　　　　　朱金生　卜晓放
　　　　　朱仲蔚（兼）　张伟清
　　　　　陈鹏飞　桂祈亮
党组书记　刘捍东
党组副书记　陈照煌

办公室

主　　任　顾大福（兼）
副 主 任　蒋建新　徐海亮
　　　　　吕　舟　严竹波
　　　　　赵荣庆（兼，　~2010-02）
　　　　　朱晓华（兼）
党组书记　孙晓南
党组副书记　顾大福
　　　　　周凤霞（女，　~2010-02）
纪检组长　连维义
调 研 员　周凤霞（女，2010-02~　）
　　　　　赵荣庆（2010-02~　）
　　　　　朱应华（2010-02~　）
副调研员　廖秀珍（女）　陆永喜
　　　　　赵权升
　　　　　陈　明（2010-02~　）
副 处 级　许志民
金融工作办公室主任
　　　　　林　枫（兼，　~2010-02）
　　　　　田为华（挂职，2010-08~　）
金融工作办公室副主任
　　　　　严竹波（兼，2010-08~　）
双拥办主任　蒋建新（2010年3月机构改革，原双拥办主任职务自然免除）

研究室

（2010年3月机构改革，政府办公室挂政府研究室牌子，原政府研究室副调研员职务、党组成人员职务自然免除）

主　　任　卜晓放（兼）
副 主 任　万峻松　张卫平
党组书记　卜晓放（兼，　~2010-03）
副调研员　陈　明（　~2010-03）

发展和改革委员会

主　　任　尹名年
副 主 任　赵顺凌（　~2010-02）
　　　　　吴志优
　　　　　丁羽如（　~2010-08）
　　　　　殷国兴　许军炯
　　　　　谈沁磊
党组书记　尹名年
党组副书记　赵顺凌（　~2010-02）
纪检组长　陈金瑞
调 研 员　赵顺凌（2010-02~　）
　　　　　高　明
副调研员　戎全兵（2010-01~　）
　　　　　王永其（　~2010-07）
　　　　　真启琮（　~2010-07）
　　　　　巫宇声
　　　　　吕仁卿（2010-08~　）
镇江市对口支援四川省绵竹市板桥镇地震灾后恢复重建指挥组现场指挥
　　　　　丁羽如（　~2010-08）

经济和信息化委员会

（2010年3月机构改革，组建经济和信息化委员会）

主　　任　朱云峰（2010-02~　）
副 主 任　于建武　贾云平
　　　　　朱炳国（　~2010-08）
　　　　　顾伟刚（2010-08~　）
　　　　　刘建宁（　~2010-08）
　　　　　徐志伟　周　毅
　　　　　陈凤翔　殷智才
　　　　　聂旭东（2010-08~　）
专职委员　陈建平
党组书记　朱云峰（2010-02~　）
党组副书记　贾云平
　　　　　朱炳国（　~2010-08）
　　　　　顾伟刚（2010-08~　）
纪检组长　邹海莉（女）
调 研 员　李学科（　~2010-10）
　　　　　朱炳国（2010-08~　）
副调研员　杨爱华
　　　　　刘建宁（2010-08~　）
　　　　　王洪富
　　　　　孙国艾（　~2010-09）
　　　　　周以镇（　~2010-10）
　　　　　陶跃俊（女）　朱建中
　　　　　沈玉明
　　　　　马元兴（2010-08~　）
中小企业局局长
　　　　　朱炳国（　~2010-08）
中小企业局副局长　朱治臣

经济贸易委员会（乡镇企业管理局）

（2010年3月机构改革，原经济贸易委员会、乡镇企业管理局领导干部行政职务、党组组成人员职务、纪检组长职务自然免除）

主　　任　裔玉乾（　~2010-02）
副 主 任　朱炳国
　　　　　黄秉东
　　　　　徐志伟　周　毅
专职委员　陈建平
党组书记　裔玉乾
党组副书记　朱炳国
纪检组长　邹海莉（女）
调 研 员　汤　翔（　~2010-02）
　　　　　李学科
副调研员　杨爱华（2010-01~　）
　　　　　周以镇
　　　　　陶跃俊（女）
　　　　　朱建中　沈玉明
乡镇企业管理局副局长　陈建平（兼）
中小企业局局长　朱炳国
中小企业局副局长　朱治臣

信息产业局（信息化办公室）

（2010年3月机构改革，原信息产业局、信息化办公室、无线电管理办公室领导干部行政职务、党组组成人员职务、纪检组长职务自然免除）

局　　长　于建武
副 局 长　刘建宁　陈凤翔

殷智才
党组书记 贾云平
纪检组长 王加军
副调研员 孙国艾
无线电管理办公室主任 刘建宁(兼)
党组书记 刘建宁(兼)
副调研员 王洪富

教育局
(市委教育工作委员会)

局　　长 刘国荣
副 局 长 方俊洪
陈国栋(2010－03～　)
蔡晓海 陈国俊
刘元良
曹阳根(2010－03～　)
潘晓芙(兼,女)
党委书记 刘国荣
党委副书记 方俊洪
黄法祥(2010－08～　)
纪委书记 李玉扬
副调研员 姚　平 睢开华(女)
笪　翔
薛安明(2010－08～　)
副 处 级 邢淳镇(2010－03～　)
教育工作委员会书记 刘国荣(兼)
教育工作委员会副书记 方俊洪(兼)
教育工作委员会纪工委书记
李玉扬(兼)

市政府教育督导室
(2010 年 3 月机构改革,原市政府教育督导室领导干部行政职务自然免除)

主　　任 陈国栋
副 主 任 曹阳根

科学技术局
(知识产权局)

局　　长 柏晓宏
副 局 长 潘国建 陆介平
葛玉连
朱晓阳(2010－08～　)
肖敬东
党组书记 柏晓宏
党组副书记 潘国建
纪检组长 唐圣洋
副调研员 吴国源(2010－08～　)
知识产权局局长 柏晓宏(兼)
知识产权局副局长 陆介平(兼)

公安局

局　　长 夏新平
副 局 长 高晓光
马玉根(　～2010－02)
褚先明 张卫东
梁　坚 张为人
石重光
党委书记 夏新平
党委副书记 高晓光
纪委书记 王新辉(　～2010－02)
胡新群(2010－02～　)
政治部主任 褚先明
(兼,　～2010－02)
王新辉(2010－02～　)
调 研 员 隋　明
马玉根(2010－02～　)
陈金友
副调研员 左敦传
丁智慧(　～2010－07)
夏志祥 李念勤
张海泉(2010－08～　)
副 处 级 曲乃仁
孙江桥(　～2010－11)
许祥荣 仇卫民
刘爱萍 朱国庆
王公渠 范志敏
班同霞(女,2010－02～　)
夏成强(2010－08～　)
陈立平(2010－08～　)
指挥中心主任 钱建平
指挥中心政委 夏成强(　～2010－08)
张爱祥(2010－12～　)
治安警察支队队长 陶苏闽
治安警察支队政委
班同霞(女,　～2010－02)
杨国平(2010－02～　)
刑警支队支队长 顾传先
刑警支队政委 陈立平(　～2010－08)
顾西蒙(2010－12～　)
经侦支队支队长 高建新
经侦支队政委 张耘田
交巡警支队支队长
陶文章(　～2010－02)
张　勇(2010－12～　)
交巡警支队政委
杨国平(　～2010－02)
季成宾(2010－03～　)
水警支队支队长 张柏林
水警支队政委 颜景林
国保支队支队长
陶文章(2010－02～　)
国保支队政委 朱继军

维护稳定工作领导小组办公室

主　　任 高晓光(兼)
副 主 任 赵立源 邱新芳

监察局

局　　长 杨志伟
副 局 长 徐洪兴
徐邦义(兼,　～2010－05)
邵宁乙
季　平(兼,2010－05～　)

民政局

局　　长 汤才顺
副 局 长 树世萍(女,　～2010－08)
戴江澄 吴　当
陈平清
谭金生(2010－08～　)
党委书记 汤才顺
党委副书记 树世萍
(女,　～2010－08)
纪委书记 李　俊
调 研 员 张梅梅(女)
树世萍(女,2010－08～　)
副调研员 顾　言 陆松林

司法局

局　　长 殷　敏(女)
副 局 长 马建生 史雪峰
张俊昌 张汉涛
刘　芳(女)
党组书记 殷　敏(女)
党组副书记 马建生 史雪峰
纪检组长 周国达
副调研员 殷金顺
郑斌斌(　～2010－09)
黄品涛

财政局

局　　长 王荣正
副 局 长 朱国芳(女)
孙广平(　～2010－08)
彭家明 戴　坚
党组书记 王荣正
党组副书记 朱国芳(女)
孙广平(　～2010－08)
宋晓霞
(女,　～2010－03)
纪检组长 宋晓霞
(女,兼,　～2010－03)
尹盐生(2010－08～　)
调研员 石　耘(女,　～2010－02)
宋晓霞(女,2010－03～　)
副调研员 沈维良(2010－01～　)
陈定华(2010－08～　)

国有资产监督管理委员会
(2010 年 3 月机构改革,市政府国有资产监督管理委员会由市政府直属特设机构调整为市政府工作部门)

主　　任 尤　廉
副 主 任 唐洪生(兼,2010－02～　)
夏敏章 徐志刚
谭浩俊 王　林
党委书记 尤　廉
党委副书记 栾卫东
唐洪生(兼,2010－02～　)
纪委书记 栾卫东(兼)
副调研员 朱国建(2010－08～　)

人力资源和社会保障局

（2010 年 3 月机构改革，组建人力资源和社会保障局，2010 年 8 月人力资源和社会保障局党组改建党委）

局　　长　秦双林（2010－02～　）
副 局 长　顾　笈　程天龙
　　　　　马　进　蒋更俊
　　　　　封汉桥　黎　平
　　　　　魏弘扬　蒋建中
　　　　　陈新中
党委书记　秦双林（2010－02～　）
党委副书记　顾　笈　程天龙
纪检组长　杨春华
调 研 员　许忙耕（　～2010－10）
副调研员　袁玉林　黄亚平
　　　　　张久成　吴志龙
　　　　　张　群　周恩泽

人才服务中心

主　　任　朱建忠
党总支书记　顾中朝

人事局

（2010 年 3 月机构改革，原人事局、外国专家局、军队转业安置工作小组办公室领导干部行政职务、党组组成人员职务、纪检组长职务自然免除）

局　　长　秦双林
副 局 长　程天龙　马　进
　　　　　黎　平　魏弘扬
党组书记　秦双林
党组副书记　陈孝信
　　　　　程天龙
纪检组长　杨春华
调 研 员　许忙耕
副调研员　袁玉林　张　群
外国专家局局长　黎　平（兼）
军队转业安置工作小组办公室主任
　　　　　吴志龙

劳动和社会保障局

（2010 年 3 月机构改革，原劳动和社会保障局、医疗保险局领导干部行政职务、党组组成人员职务、纪检组长职务自然免除）

局　　长　朱云峰
副 局 长　顾　笈　蒋更俊
　　　　　封汉桥　蒋建中
　　　　　陈新中
党组书记　朱云峰
党组副书记　顾　笈
纪检组长　于德道
副调研员　黄亚平　张久成
医疗保险局局长　陈新中（兼）
医疗保险局党总支书记　陈新中（兼）
副调研员　周恩泽

环境保护局

局　　长　刘晓东
副 局 长　姚继承　梁晨辉
　　　　　贾云亮　李鼎如
党委书记　刘晓东
党委副书记　姚继承
纪委书记　唐国义
调 研 员　孙纪英　郁长生
副调研员　易北江
　　　　　郭祥明（　～2010－03）
　　　　　曲新华（女）
　　　　　高　平
　　　　　明守跃（2010－08～　）
环境监察支队支队长
　　　　　贾龙华（2010－03～　）

住房和城乡建设局

（2010 年 3 月机构改革，组建住房和城乡建设局）

局　　长　鄂金书（2010－02～　）
副 局 长　龚建平（　～2010－08）
　　　　　徐罗照　祝瑞洪
　　　　　陈纪华
　　　　　滕道远（　～2010－08）
　　　　　强南山　荆天翔
　　　　　宇文家胜（2010－08～　）
　　　　　张百和
　　　　　施仁新（2010－06～　）
党委书记　鄂金书
党委副书记　龚建平（　～2010－08）
　　　　　徐罗照　孙　杰
纪委书记　丁建武
调 研 员　褚桂馨
　　　　　司端余（　～2010－09）
　　　　　龚建平（2010－08～　）
副调研员　胡　军　符永华
　　　　　王晓红（女）　朱苏镇
　　　　　单立春　阮钢钢
　　　　　潘海涛（2010－08～　）

建设局

（2010 年 3 月机构改革，原建设局领导干部行政职务、党委组成人员职务、纪委书记职务自然免除）

局　　长　鄂金书
副 局 长　龚建平　祝瑞洪
　　　　　滕道远　强南山
　　　　　陈可可（兼）　荆天翔
党委书记　鄂金书
党委副书记　龚建平　孙　杰
纪委书记　丁建武
调 研 员　褚桂馨
副调研员　符永华
　　　　　王晓红（女）
　　　　　朱苏镇　单立春
　　　　　阮钢钢

房产管理局

（2010 年 3 月机构改革，原房产管理局领导干部行政职务、党组组成人员职务、纪委书记职务自然免除）

局　　长　经颜明
副 局 长　徐罗照　陈纪华
　　　　　张百和
党委书记　经颜明
党委副书记　徐罗照
纪委书记　胡德义
调 研 员　司端余

规划局

局　　长　王根生
副 局 长　沙振镇　朱富坤
　　　　　宇文家胜（　～2010－08）
　　　　　史健洁（女，2010－08～　）
党委书记　王根生
党委副书记　吕金虎（　～2010－03）
　　　　　沙振镇（2010－08～　）
纪委书记　吕金虎（　～2010－03）
　　　　　胡德义（2010－03～　）
调 研 员　高久珍
　　　　　吕金虎（2010－03～　）
副调研员　王国生
规划监察支队支队长　陈新生

城市管理局

（城市管理行政执法局）

局　　长　郭必东
副 局 长　刘　端（女）
　　　　　张春发（　～2010－08）
　　　　　黄祝山　杨晓勤（女）
　　　　　邓世安（兼）
党委书记　郭必东
党委副书记　刘　端（女）
纪委书记　张国富
副调研员　汤达敏　徐金和
　　　　　张春发（　～2010－08）
　　　　　张茂桃
　　　　　陶德明（2010－03～　）
　　　　　匡玉玉（2010－03～　）
城市管理行政执法支队支队长
　　　　　黄祝山（兼）
城市管理行政执法支队党委书记
　　　　　黄祝山（兼）

园林管理局

（2010 年 3 月机构改革，园林管理局列入市政府工作部门，挂市南山风景名胜区管理委员会牌子）

局　　长　徐　平
副 局 长　王建国　陈　凯
　　　　　余　雷
党委书记　徐建国
党委副书记　王建国
纪委书记　谢　键

调 研 员　闻锁芝
副调研员　孙永康

南山风景名胜区管理委员会

主　　任　徐　平
副 主 任　戴宏才　郭礼洪
　　　　　陈　凯(兼)　朱国夫
党委书记　徐建国
副 书 记　戴宏才
纪工委书记　谢　键
副 处 级　徐菊生

交通运输局
(2010 年 3 月机构改革,组建交通运输局)

局　　长　周　社(2010-02～　)
副 局 长　丁　锋　戴永胜
　　　　　郜大浩　袁　琦
　　　　　李　坚(2010-08～　)
党委书记　周　社
党委副书记　丁　锋　方德龙
纪委书记　张正祜
调 研 员　陈德兴
副调研员　孙建敏　金　龙
　　　　　蒋伟骏
铁路办主任　丁　锋

交通局
(2010 年 3 月机构改革,原交通局领导干部行政职务、党委组成人员职务、纪委书记职务自然免除)

局　　长　周　社
副 局 长　丁　锋　戴永胜
　　　　　郜大浩　袁　琦
党委书记　周　社
党委副书记　丁　锋　方德龙
纪委书记　张正祜
调 研 员　陈德兴
副调研员　孙建敏
　　　　　金　龙(2010-01～　)
　　　　　蒋伟骏

农业委员会
(2010 年 3 月机构改革,组建农业委员会,挂农业机械管理局、农业资源开发局牌子)

主　　任　潘早云(2010-02～　)
副 主 任　滕玉林　郭荣贵
　　　　　荆国芳　王敏敏
　　　　　孙德举　周惠瑜
党组书记　潘早云
党组副书记　滕玉林
纪检组长　陈　俊
调 研 员　王德友
　　　　　赵挺俊(　～2010-09)
副调研员　唐建伟　田　峰
　　　　　胡厚汉　袁继强
　　　　　陈生荣
　　　　　刘捷铃(女,2010-08～　)
农业机械管理局局长　滕玉林
农业机械管理局副局长
　　　　　郭东歌　王达保
农业资源开发局局长　潘早云
农业资源开发局副局长　丁洪坤
　　　　　戚方平　李　林

农业机械管理局
(2010 年 3 月机构改革,原农业机械管理局调研员、副调研员职务自然免除)

局　　长　滕玉林
副 局 长　郭东歌
　　　　　陈昆山(兼,　～2010-03)
　　　　　王达保
党组书记　滕玉林
调 研 员　赵挺俊
副调研员　唐建伟　胡厚汉

农业资源开发局
(2010 年 3 月机构改革,原农业资源开发局党组组成人员、调研员、副调研员职务自然免除)

局　　长　潘早云
副 局 长　丁洪坤　戚方平
　　　　　李　林
党组书记　潘早云
正 处 级　王德友
副调研员　袁继强

水利局

局　　长　王梅芳
副 局 长　张岱峰　吴青龙
　　　　　张益民
党组书记　王梅芳
纪委书记　赵慕萱(女)
调 研 员　马万顺
副调研员　马云新　薛　政
　　　　　张志远(　～2010-07)
　　　　　朱银顺　祝步远

防汛防旱指挥部办公室
(2010 年 3 月机构改革,原防汛防旱指挥部办公室领导干部行政职务自然免除)

主　　任　张岱峰(兼)

农林局
(2010 年 3 月机构改革,原农林局、畜牧兽医局领导干部行政职务、党组组成人员职务、纪检组长职务自然免除)

局　　长　潘早云
副 局 长　郭荣贵　荆国芳
　　　　　王敏敏　孙德举
　　　　　周惠瑜
党组书记　潘早云
纪检组长　陈　俊
副调研员　田　峰
畜牧兽医局局长　陈生荣

商务局
(2010 年 3 月机构改革,组建商务局,保留中国国际贸易促进委员会镇江市委员会牌子)

局　　长　刘吉顺(2010-02～　)
副 局 长　周祝全
　　　　　袁聿森(　～2010-08)
　　　　　黄秉东(2010-02～　)
　　　　　张志军
　　　　　李金方(2010-08～　)
党委书记　刘吉顺
党委副书记　周祝全
纪委书记　顾克新
调 研 员　袁聿森(2010-08～　)
副调研员　欧阳兵(　～2010-09)
　　　　　吉建霞(女)
　　　　　程　跃
中国国际贸易促进委员会
　镇江市委员会会长　刘吉顺
中国国际贸易促进委员会
　镇江市委员会副会长　徐加荣

对外贸易经济合作局
(2010 年 3 月机构改革,原对外贸易经济合作局领导干部行政职务、党委组成人员职务、纪委书记职务自然免除)

局　　长　刘吉顺
副 局 长　周祝全　袁聿森
　　　　　张志军　吴小华(挂职)
党委书记　刘吉顺
党委副书记　周祝全
纪委书记　顾克新
副调研员　欧阳兵
　　　　　吉建霞(女)
　　　　　程　跃

文化广电新闻出版局
(2010 年 3 月机构改革,组建文化广电新闻出版局,挂市文物局牌子)

局　　长　戈　矛(2010-02～　)
副 局 长　邬建国　余爱国
　　　　　赵　峰　董有成
　　　　　孙小梅(女)
党委书记　戈　矛
党委副书记　邬建国
纪委书记　殷国平
调 研 员　朱邦治(2010-09～　)
　　　　　陈　杰
副调研员　顾雄林
　　　　　王玉国(2010-03～　)
　　　　　刘晓鸣(2010-03～　)
　　　　　王建一
　　　　　程亚平

文化局

（2010年3月机构改革，原文化局、新闻出版局领导干部行政职务、党委组成人员职务、纪委书记职务自然免除）

局　　长　张　兵
副 局 长　余爱国　王玉国
　　　　　赵　峰　陆艳华（女）
党委书记　张　兵
党委副书记　徐　力
纪委书记　殷国平
副调研员　顾雄林　王建一
　　　　　程亚平
新闻出版局（版权局）副局长
　　　　　余爱国（兼）　王玉国（兼）
　　　　　赵　峰（兼）

卫生局

局　　长　李照金（　～2010－02）
　　　　　林　枫（2010－02～　）
副 局 长　赵庆荣（　～2010－08）
　　　　　许黎明　伏庆鸣
　　　　　苏　枫（女）
党委书记　尹瑞林（　～2010－08）
　　　　　林　枫（2010－08～　）
党委副书记　李照金（　～2010－02）
　　　　　林　枫（2010－02～2010－08）
纪委书记　金长安
调 研 员　吕振声（　～2010－07）
副调研员　孔汉良　樊德高
　　　　　倪晓琴（女，2010－08～　）

爱国卫生运动委员会办公室

（2010年3月机构改革，原爱国卫生运动委员会办公室领导干部行政职务自然免除）

主　　任　伏庆鸣（兼）

医疗保险结算中心

主　　任　李一平
党支部书记　葛艺群（　～2010－03）
助理调研员　葛艺群（2010－03～）

食品药品监督管理局

（2010年3月机构改革，由省以下垂直管理机构改为市政府工作部门，并更名为市食品药品监督管理局）

局　　长　史国平（2010－02～　）
副 局 长　张纪成（2010－02～　）
　　　　　陈　黎（2010－03～　）
党组书记　史国平（2010－02～　）
党组副书记　张纪成（2010－02～　）
纪检组长　王加军（2010－03～　）

人口和计划生育委员会

主　　任　杜秀芹（女）
副 主 任　许豪勤（女）
　　　　　李建华（女，兼）
　　　　　李文福
党组书记　袁　平（女）
纪检组长　包舒平（女）

审计局

局　　长　黄　可（　～2010－08）
　　　　　孙广平（2010－08～　）
副 局 长　张炳良　蒋建军
　　　　　孙浩琦　乔文兵
党组书记　黄　可（　～2010－08）
　　　　　孙广平（2010－08～　）
党组副书记　张炳良
纪检组长　杜友义
调 研 员　黄　可（2010－08～　）
副调研员　陈宏贵　章先明
　　　　　陈俊如（女，2010－08～　）

广播电视局（广播电视总台）

〔2010年3月机构改革，原广播电视局（总台）领导干部行政职务、党委组成人员职务、纪委书记职务自然免除〕

局长（台长）　戈　矛
副局长（副台长）　孙家政
　　　　　郧建国　江忠顺
　　　　　陈　炜
党委书记　戈　矛
党委副书记　孙家政
纪委书记　董有成
调 研 员　朱邦治　陈　杰
镇江人民广播电台台长
　　　　　孙小梅（女，　～2010－03）
镇江电视台台长　陈　炜
镇江电视台台长级干部
　　　　　周宜一（女，　～2010－03）

体育局

局　　长　徐　萍（女）
副 局 长　何广涛　曹双林
　　　　　李　彬
党组书记　徐　萍（女）
党组副书记　何广涛
纪检组长　王友照
副调研员　于　波
　　　　　王锡炳（2010－01～　）
　　　　　毕延中　彭钦彦（女）

安全生产监督管理局

局　　长　赵兴根（　～2010－08）
　　　　　丁羽如（2010－08～　）
副 局 长　李瑞林　唐洪云
　　　　　张　勤
党组书记　赵兴根（　～2010－08）
　　　　　丁羽如（2010－08～　）
党组副书记　李瑞林
纪检组长　朱　丹
调 研 员　赵兴根（2010－08～　）
副调研员　许见远　姜宪光
安全生产监察支队支队长　徐　军

统计局

局　　长　张建华
副 局 长　周文娟（女）　施章传
　　　　　潘荣军　史　强
党组书记　张建华
调 研 员　沈春英（女，　～2010－05）
副调研员　吕联泰

旅游局

局　　长　卢道富
副 局 长　王协祖　赵春寅
　　　　　蔡晓伟
党委书记　王协祖
纪委书记　张学斌
副调研员　沈庆平

物价局

局　　长　武白苹（女）
副 局 长　田先华　凌继宁
　　　　　臧腊坤　殷建国
党组书记　武白苹（女）
纪检组长　臧鹏刚
调研员　朱晓法
副调研员　徐晓苏　蔡　华
物价检查分局局长　霍　鹏

粮食局

局　　长　吕振亚
副 局 长　姚爱生　孙国忠
　　　　　何益华（2010－01～　）
党委书记　吕振亚
党委副书记　陈和胜
纪委书记　陈和胜
调 研 员　陆应祥（2010－08～　）
　　　　　吴伯安
副调研员　殷国文　桑锁明
　　　　　黎永康　吴林宝

民族宗教事务局

局　　长　王曙明（　～2010－08）
　　　　　夏和生（2010－08～　）
副 局 长　夏和生（　～2010－08）
　　　　　张大华　孙正林
党组书记　王曙明（　～2010－08）
　　　　　夏和生（2010－08～　）
党组副书记　夏和生（　～2010－08）
调 研 员　王曙明（2010－08～　）
　　　　　王　珏
副调研员　胡贵留

口岸和港口管理局

局　　长　高国成
副 局 长　周　宁　孙锡礼
　　　　　倪成才（　～2010－03）
　　　　　巫天明

党组书记 高国成
党组副书记 周 宁
纪检组长 肖军荣
调研员 徐瑞芝 张 立
副调研员 严傲良
倪成才(2010-03～)
赵承中
翟金成(～2010-11)

市级机关事务管理局
(2010年3月机构改革,市级机关事务管理局列入市政府工作部门)

局长 龚志才(～2010-02)
经颜明(2010-02～)
副局长 孔宪忠(～2010-02)
金晓萍(女,2010-02～)
周万宝 赵洪春
张剑斌
党组书记 龚志才(～2010-02)
党组副书记 孔宪忠(～2010-02)
金晓萍(女,2010-02～)
纪检组长 高善国
调研员 龚志才(2010-02～)
孔宪忠(2010-02～)
副调研员 徐 刚
陆应海(2010-08～)

民防局(人民防空办公室)
(2010年3月机构改革,人民防空办公室更名为市民防局,挂市人民防空办公室牌子)

局长 朱冬生
副局长 江明跃
范广庭(～2010-08)
权秀阳
方乐平(2010-01～)
吕建峰(2010-08～)
党组书记 朱冬生
党组副书记 江明跃
纪检组长 吴解平
副调研员 蒋晓龙
范广庭(2010-08～)
李洪祥(～2010-02)
朱向前

政府外事办公室
(政府港澳事务办公室)
(2010年3月机构改革,外事办公室更名为政府外事办公室,挂市政府港澳事务办公室牌子)

主任 薛 峰
副主任 张国云 刘志强
李金方(～2010-08)
张忠华(2010-08～)
党组书记 薛 峰
党组副书记 张国云
纪检组长 王晓明
副调研员 杨方明 郭桂凤(女)

政府侨务办公室

主任 许宝庆
副主任 王金华 周晓保
崔海柱
党组书记 许宝庆
副调研员 吕鸿生 彭五全
曾龙祥

政府法制办公室

主任 金国使
副主任 孙 放 薛国荣
钱家宝
党组书记 金国使

仲裁委员会秘书处

秘书长 金国使(兼)
副秘书长 李少华

地震局

局长 冷国桂
副局长 赵伯廷 曹 惠
党组书记 冷国桂
副调研员 宦亚平

市委市政府接待办公室

主任 杜官彪(兼)
副主任 沈 红(女)
党组书记 杜官彪(兼)
副调研员 朱纪斌

市政公用事业管理局
(2010年3月机构改革,原市政公用事业管理局领导干部行政职务、党委组成人员职务、纪委书记职务、副调研员职务自然免除)

局长 陈可可
党委书记 陈可可
副处级 陶德明
副调研员 陶 毅 匡玉玉

供销合作总社

主任 韩迎农
副主任 梁 勇 孙 彤
吴士富(2010-01～)
党委书记 韩迎农
党委副书记 梁 勇
纪委书记 迟永普(2010-03～)
副调研员 迟永普(～2010-03)
施 源(2010-03～)

行政服务中心

主任 戚亚新
副主任 顾开宁 张 敏
党组书记 顾开宁
党组副书记 戚亚新
纪检组长 闻 风
副调研员 赵金良 王连二

镇江新区[党工委、人大工委、管理委员会(经济开发总公司)、政协工委]

党工委书记 李小平
党工委副书记 罗洪明
王桂宏
王祥义
孙家政(2010-02～)
党工委委员 桂祈亮 刘祥生
经山河 仲新福
邵 兵 沈 沉
路月中 王德家
贺宏福 王友春
张宁晖 杨菊兰(女)
王 涛
纪工委书记 王桂宏(兼)
主任(总经理) 罗洪明
副主任(副总经理) 桂祈亮 刘祥生
经山河 仲新福
邵 兵 沈 沉
路月中 王友春
人大工委主任 王桂宏(兼)
人大工委副主任 戴荣林
政协工委主任 陈发祥
正处级 陈锡福(～2010-11)
副处级 张红庆 安 江
王东晓 李春凤(女)

轻工化工物资行业管理办公室
(2010年8月撤销)
机械电子冶金建材行业管理办公室
(2010年8月撤销)
纺织建筑煤炭行业管理办公室
(2010年8月撤销)

企业改革指导办公室
(2010年8月成立)

党委书记 于文丰(2010-08～)
主任 凌仁泉(2010-08～)
副主任 冯学云(2010-08～)
助理调研员 沈兆明(2010-08～)
陈晓妹(女)(2010-08～)
张寿祖(2010-08～)
刘永安(2010-08～)

行业老干部管理服务办公室
(2010年8月成立)

党委书记 陆 俊(2010-08～)
主任 李 明(2010-08～)
副主任 唐承军(2010-08～)
卞纪发(2010-08～)
调研员 周建平(2010-08～)
章程贵(2010-08～)
刘来根(2010-08～)
汤永德(2010-08～)

施国俊(2010－08～)
邬书棋(2010－08～)

农业科学研究所

所　　长　庄义庆
副 所 长　潘跃平　李国平
党委书记　潘跃平
党委副书记　庄义庆
纪委书记　李国平
调 研 员　储国良

城市水利管理处

主　　任　朱拥军
党总支书记　朱拥军

水利投资公司

董 事 长　吴青龙
总 经 理　李明俊
党总支书记　吴青龙

拆迁管理办公室

主　　任　周小平(2010－08～)
吕建峰(～2010－08)
党总支书记　戴卫东

城市干道工程建设办公室

主　　任　邓　峰
党支部书记　邓　峰

城市建设投资集团有限公司

董 事 长　祝瑞洪
总 经 理　祝瑞洪
副总经理　杨贵亮　何新荣
马士良(2010－08～)
党委书记　祝瑞洪
党委副书记　杨贵亮　庞　迅
助理调研员　项　智　严永生
尚亚波(2010－08～)

给排水管理处

处　　长　胡　坚
党委书记　胡　坚

燃气管理办公室

主　　任　胡继生

规划设计研究院

院　　长　王荣飞(2010－08～)
党总支书记　殷　强(2010－08～)

地方海事局

局　　长　赵永富
党总支书记　何继培
助理调研员　陈定国(～2010－06)

运输管理处

处　　长　管小牧
党总支书记　孙家涛

公路管理处

处　　长　石小武
党委书记　陈德兴

航道管理处

处　　长　符　明
党委书记　张　庆
助理调研员　丁　竟(女)

交通工程建设管理处

处　　长　戴嘉平(～2010－08)
戴光明(2010－08～)
党支部书记　戴光明
助理调研员　宫建国(～2010－11)

交通投资建设发展公司

董 事 长　周　社
总 经 理　李　坚
党总支书记　李　坚
总工程师(副处级)
戴嘉平(2010－08～)

住房公积金管理中心

主　　任　王　捷

财政干部培训中心

主　　任　吕小建

劳动就业管理中心

主　　任　胡　强
党总支书记　胡　强

社会保险基金征缴管理中心

主　　任　朱殿月
党总支书记　朱殿月

政协镇江市委员会

主　　席　郭礼荣
副 主 席　赵腊根　宋余庆
赵庆荣　许能斌
宦祥宝　宋敬伟(女)
徐　平　孙志安
秘 书 长　陈惠祥
副秘书长　姜　辉　陈泰龙
俞立群(～2010－03)
谈德成(兼,2010－08～)
吕纯贵　王建宏(兼)
李柏椵(兼)　沈红亮(兼)
孙中良(兼)　宗加伟(兼)
钱伯安(兼)　季　平(兼)
任一鸣(兼)
党组书记　郭礼荣
党组副书记　赵腊根

办公室

主　　任　陈泰龙(兼)
副 主 任　张荣军(～2010－08)
陈　红(女)
副调研员　马党生(女)

研究室

主　　任　谈德成

提案委员会

主　　任　杨晓英(女)
副 主 任　张友林

经济科技委员会

主　　任　蒋平权
副 主 任　林泰富

农业经济委员会

主　　任　文雁才
副 主 任　朱志江

教卫文体委员会

主　　任　范　然(～2010－08)
尹瑞林(2010－08～)
副 主 任　孙振亚

文史资料委员会

主　　任　赵康琪
副 主 任　朱竟林

社会法制委员会
(民族宗教委员会)

主　　任　吴登昌
副 主 任　汪　勉

港澳台侨委员会
(外事委员会)

主　　任　王骏康
副 主 任　许小琦

城乡建设人口资源环境委员会

主　　任　邵孟大(～2010－08)
张荣军(2010－08～)
副 主 任　孔　萍(女)

政协委员工作办公室

主　　任　蒋　勃
副 主 任　霍　双(女)

中共镇江市纪律检查委员会

书　　记　杨　建
副 书 记　杨志伟　高庆国
胡培红
常　　委　徐洪兴　张凤华
李国平　谢继步

秘 书 长　胡培红
办公室主任　宋飞雄(2010－08～　)
监察综合室主任　陈　晖
法规研究室主任　周　巍
宣传教育室主任　尹盐生(　～2010－08)
信访室主任　何　明
案件审理室主任　马振兵
执法监察室主任　司马东良
干部管理室主任　蔡迎曙(女)
第一纪检监察室主任　庄　旭
第二纪检监察室主任　翟新跃
党风廉政室主任
谢继步(兼，　～2010－08)
吴晓彤(2010－08～　)
纠正部门和行业不正之风办公室主任
许　明
案件监督管理室主任　李　锋
行政效能监察室主任　李桂芳
调 研 员　茆新毅
副处级纪监员　杨敏之
杨传军(2010－08～　)
孙华杰　肖家林
张锡苏(女)　蒋小平
宋飞雄(　～2010－08)
张国华　袁永芬(女)
朱万银(2010－08～　)
周苏平(2010－08～　)
沈剑威(2010－08～　)

镇江市中级人民法院

院　　长　帅巧芳(女)
副 院 长　眭瑞华　章纯钢
郑　清(女)　姚　强
周建明(挂职)
党组书记　帅巧芳(女)
党组副书记　眭瑞华
章纯钢(2010－08～　)
纪检组长　李明胜
政治部主任　刘茂顺
调 研 员　顾其荣
副调研员　褚冬平　史玉林
副处级审判员
汤　流　史培勤
张榕宁　吴绍祥
宁　杰　张　蕾(女)
单锦鹿(2010－08～　)
陈玉(女,2010－08～　)
杨连夫(2010－08～2010－11)
吴德福(2010－08～　)
副 处 级　张子敏
镇江经济开发区法院院长　高国华
执行局局长　戴小南

镇江市人民检察院

检 察 长　蒋伟亮
副检察长　俞波涛　孙云国
董新建(女)
殷建兵(　～2010－03)
查迅宇(2009－11～　)
朱　毅(2010－08～　)
党组书记　蒋伟亮
党组副书记　俞波涛
纪检组长　徐　军
政治部主任　侯建伟(女)
专职委员　赵国兴(2010－08～)
调 研 员　殷建兵(2010－03～)
郭夕培
副调研员　司马兆二
吴连宝(2010－08～　)
副处级检察员
刘才荣　王海燕(女)
余巧生　马江宁
戴以平
仇运泉(　～2010－12)
赵国兴(　～2010－08)
胡志勇
王　云(女，　～2010－03)
管　俊　张冬喜
陈汉兵　陈云南
孙复龙
邢　华(女,2010－08～　)
黄　进(2010－08～　)
王肖瑭(2010－08～　)
反贪污贿赂局局长　朱　毅
反渎职侵权局局长
殷建兵(兼，　～2010－03)
王　云(女,2010－03～　)
镇江经济开发区检察院检察长　朱国忠
湾山地区检察院检察长　张　斌

镇江军分区

司 令 员　甄邢兵(　～2009－12)
曹　寅(2010－02～　)
政治委员　王树均
副司令员　管晓阳(兼参谋长)
毕伟国(　～2009－12)
姜海岩(2010－12～　)
政治部主任　李江苏
后勤部部长　白连生
党委第一书记　许津荣
党委书记　王树均
党委副书记　甄邢兵(　～2009－12)
曹　寅(2010－02～　)
纪委书记　李江苏
纪委副书记　白连生

民主党派、工商联

中国国民党革命委员会镇江市委员会

主任委员　宋余庆
副主任委员　王　萍(女)
王加友　朱富坤
沈红亮(驻会)

中国民主同盟镇江市委员会

主任委员　陈昆山
副主任委员　佘其瑞(女)　李鼎如
任一鸣(驻会)

中国民主建国会镇江市委员会

主任委员　强南山
副主任委员　孙中良(驻会)
夏　军

中国民主促进会镇江市委员会

主任委员　徐　平
副主任委员　李柏椴(驻会)
李耀明　邹家生
于庆芳(女)

中国农工民主党镇江市委员会

主任委员　赵庆荣
副主任委员　郑金旭　王建宏(驻会)
李建华(女)　蒯开明
副调研员　陈根生(2010－08～　)

中国致公党镇江市委员会

主任委员　卢章平
副主任委员　谢志荣　宗加伟(驻会)

九三学社镇江市委员会

主任委员　王贵成
副主任委员　陈沛华(女)　颜　斌
钱伯安(驻会)

工商业联合会

主　　席　孙志安
副 主 席　张永志　季　平
蔡永祥　朱保卫
唐铁军(2010－08～　)
朱国平(兼)
鄂秀萍(女,兼)
苏启善(兼)　徐　翔(兼)
周东海(兼)　应　军(兼)
叶有伟(兼)　耿忠毅(兼)
党组书记　张永志
副调研员　柏新民(　～2010－02)

人民团体

总工会

主　　席　陈　苏
副 主 席　时秋香(女)　姜　勇
卫锁宏　蒋新民
党组书记　陈　苏
党组副书记　时秋香(女)
纪检组长　杨维勤
调 研 员　于富强(　～2010－10)

副调研员 吴　科　王愉夫
徐镇伟(　~2010-07)
郑飞星

共青团镇江市委员会

书　　记 黄万荣
副 书 记 贺建国　蒋　敏(女)
王为华
党组书记 黄万荣

妇女联合会

主　　席 胡云霞(女)
副 主 席 徐伟珍(女)
朱绮云(女)
郑迎伟(女)
马金芳(女,兼)
党组书记 胡云霞(女)
党组副书记 徐伟珍(女)

归国华侨联合会
(2010年8月组建党组)

主　　席 徐晓元(　~2010-08)
副 主 席 王永新(2010-08~　)
张俊昌(兼)
支　芸(女,兼)
党组书记 魏跃明(兼,2010-08~　)
调 研 员 徐晓元(2010-08~　)

科学技术协会

主　　席 赵振祥
副 主 席 马鹤利　佘其瑞(女)
张志明　邵锦亚(女)
朱炳国(兼)　陈国栋(兼)
葛玉连(兼)　孙广平(兼)
庄义庆(兼)　李照金(兼)
袁寿其(兼)　王自力(兼)
薛　玉(兼)
党组书记 赵振祥
副调研员 王亚东(2010-01~　)

哲学社会科学界联合会

主　　席 潘文瑜
副 主 席 唐明觉　邵利明
唐永泽(兼)　孙秀法(兼)
唐成海(兼)　姜　辉(兼)
顾大福(兼)　郭廉福(兼)
尹卫东(兼)　董德福(兼)
王　华(兼)　张卫平(兼)
党组书记 潘文瑜
调 研 员 严忠沛(　~2010-04)

文学艺术界联合会

主　　席 宋成玺(兼,　~2010-08)
王红卫(兼,2010-08~　)
副 主 席 蒋　宁(女)　蒋光年
丁伟民　王　川(兼)
余爱国(兼)
党组书记 蒋　宁(女)
调 研 员 陈春鸣

台湾同胞联谊会

会　　长 刘贤忠

残疾人联合会

理 事 长 王联东(　~2010-08)
印　明(2010-08~　)
副理事长 赵　斌　史寿胜
党组书记 王联东(　~2010-08)
印　明(2010-08~　)
调 研 员 王联东(2010-08~　)

红十字会

会　　长 王　萍(女,兼)
副 会 长 蒋宗宁　许能斌(兼)
褚先明(兼)　李照金(兼)
陈国栋(兼)　戴江澄(兼)
夏敏章(兼)　侯军生(兼)
朱金生(兼)　潘法强(兼)
卜晓放(兼)
蒋　敏(兼,女)
林　枫(兼,2010-03~　)
赵　珏(兼,2010-03~　)
王荣正(兼,2010-03~　)

辖市(区)

丹阳市

市委书记 李茂川
市委副书记 王常生(　~2010-10)
裔玉乾　聂刚健
李忠法(2010-04~　,援藏)
市委常委 张仁海　沈岳方
许　文　刘正泰
周爱仙(女)　李　刚
任剑平　蒋明辉
刘汉平(　~2010-08)
宋卫东(2010-08~　)
薛军民(2010-06~　,援藏)
人大常委会主任 冷书成
人大常委会副主任
陈步荣　金国平
韩效平　刘云珍(女)
市　　长 裔玉乾
副 市 长 张仁海　马耿良
张红娣(女)　王金祥
沈留海
张刘苟
赵立群(2010-08~　)
市长助理 张鸿宾
政协主席 王　健(女)
政协副主席 徐三保
李金连(　~2010-12)
荆国南　刘友群(女)
徐　翔　钱留梅(女)
杨志峰
纪委书记 许　文
法院院长 陈　敏
(2010-01~2010-12)
检察院检察长 景双彬
(2010-01~2010-12)

句容市

市委书记 童国祥
市委副书记 尹卫东　孙昌桂(女)
市委常委 商　震　朱建禾
王永京
张映桥(　~2010-02)
章壮钧
秦德明(　~2010-08)
张德军　张宇轩
王吉武(2010-03~　)
梁汉林(2010-08~　)
人大常委会主任 童国祥
人大常委会副主任
杨庆荣
郭道贵(　~2010-12)
易立富
王良喜(　~2010-09)
吴小香(女)
市　　长 尹卫东
副 市 长 商　震　高庆华
周春芳　王　琴(女)
石继纲　彭良豪
陆金火(　~2010-02)
市长助理 朱凯生(挂职)
政协主席 王远根
政协副主席 徐之宝(　~2010-03)
黄　培　王　林
谢荣洲　倪定胜
王道银(女)
纪委书记 王永京
法院院长 卜士凡(　~2010-12)
检察院检察长 毛康林

扬中市

市委书记 凌　苏
市委副书记 孙乾贵　冯锦跃
市委常委 施健华　沈大银
顾小俊　唐崇林
王继兰(女)
朱晓阳(　~2010-08)
蔡　敏　黄宝红
王成明(2010-08~　)
卜兴荣(2010-06~　,援藏)
人大常委会主任 赵根林
人大常委会副主任
施祝生
徐新华(　~2010-04)
陈来娣(女)　蒋金龙
市　　长 孙乾贵
副 市 长 施健华　唐崇林

谢庚龙
戴少华(～2010－12)
蔡 萍(女)
鄂有阳
宋武平(～2010－12)
政协主席 戴正春
政协副主席 王子龙 吴昌荣
常 云 汤树良
张万龙
纪委书记 顾小俊
法院院长 余新优
检察院检察长 倪艳平(女)

丹徒区

区委书记 丁 憬
区委副书记 陈 琳(女)
孙沛然
(援藏， ～2010－09)
陈可可(2010－02～)
唐洪生(～2010－02)
区委常委 许志涛 张国金
张纪成(～2010－02)
尹卫民
李幸福(2010－02～)
张映桥 韩宏亮
叶向东 凌荣春
杨 军(～2010－08)
陶学军(2010－08～)
人大常委会主任 张锦荣
人大常委会副主任
冷安康 丁国方
戴登庆 王卫方(女)
区 长 陈 琳(女)
副 区 长 张纪成(～2010－02)
张映桥(2010－02～)
徐新祥 殷利民
杨伟民 赵志强
陈发荣(援疆)
田志虹(2010－08～)
汤锁洪(～2010－12)
政协主席 毕增立(女)
政协副主席 黄河图 殷红林
郭祥明 江 灿
冷顺康
纪委书记 许志涛
法院院长 施吉祥
检察院检察长 高春荣

京口区

区委书记 胡宗元
区委副书记 郭建 孙国平
区委常委 徐建锋 姚敬源
魏春林(～2010－08)
倪兆顺 何光荣
马国进(2010－08～)
张王平(2010－08～)
余国根
(2010－02～ ，援疆)
人大常委会主任 胡宗元
人大常委会副主任
戴善民 徐 军
严柳生
郑苏真(女)
区 长 郭 建
副 区 长 徐建锋 蒋嵩峰
余国根(～2010－02)
曹丽虹(女)
马国进(～2010－08)
陈跃生(2010－02～)
宋平生(2010－08～)
陈德福(2010－08～)
政协主席 贾国祥
政协副主席 朱长龙 谢志荣
姜厚荣 陆春生
沈成钧
纪委书记 姚敬源
法院院长 尉利亚
检察院检察长 柳建华

润州区

区委书记 庄兆林
区委副书记 王冬生 王明龙
区委常委 缪杏沛 范永放
戴非平 毛 健
董和建(～2010－08)
彭忠东(2010－08～)
胡新春
人大常委会主任 王惠亮
人大常委会副主任
朱贵玉 夏雨林
罗秀龙 易丽娟(女)
区 长 王冬生
副 区 长 戴非平 高亚明
蔡文龙 许向阳(女)
彭忠东(～2010－08)
刘凯成
胡新群(～2010－02)
陆金水(2010－02～)
周必松(2010－08～)
贺建国(2009－04～ ，挂职)
政协主席 姚元龙
政协副主席 周建华 徐邦义
蒋卫东 祝中昊
蔡 飞
纪委书记 范永放
法院院长 吴 猛
检察院检察长 叶志发(～2010－12)

部省属单位

国家安全局

局 长 朱仲蔚
副 局 长 张建荣 张 强
徐向阳
党委书记 朱仲蔚
纪委书记 戴以力

国家税务局

局 长 高逸民
副 局 长 张宁忠 刘卫忠
郭瑞龙
总经济师 朱智宏
党组书记 高逸民
纪检组长 杨长春

地方税务局

局 长 夏照明
副 局 长 施竞平 李 峻
郦梅生(2010－12～)
总经济师 高 凌(2010－12～)
郦梅生(～2010－12)
党组书记 夏照明
纪检组长 邵 云

工商行政管理局

局 长 刘海东
副 局 长 邓世安 黄春年
邓国平 祝明良
张云星
党组书记 刘海东
党组副书记 邓世安
纪检组长 李 健

质量技术监督局

局 长 蒋乃平(2010－04～)
黄昌林(～2010－04)
副 局 长 陈 珑 赵常男
王伟群
党组书记 蒋乃平(2010－04～)
黄昌林(～2010－04)
纪检组长 潘东生

国土资源局

局 长 雷志强
副 局 长 吕国奇
郑永红(女)
袁华荣 黄 毅
党委书记 雷志强
党委副书记 吕国奇
纪委书记 张朝晖

土地收购储备中心

主 任 何玉博

国家统计局镇江调查队

队 长 周文娟(女)
副 队 长 罗凌俊
韩志明(2010－06～)
党组书记 张建华
党组副书记 周文娟(女)
纪检组长 蔡建刚(2010－06～)

出入境检验检疫局

局　　长　陶卫忠
副 局 长　张甫华　朱金连
　　　　　吴小华
党组书记　陶卫忠
纪检组长　程　昕(女)

海　关

关　　长　葛燕峰(2010－07～　)
　　　　　陶建明(　～2010－07)
副 关 长　张晓东(2010－09～　)
　　　　　吴琪琳(2010－07～　)
　　　　　钱卫民(　～2010－09)
　　　　　贡立新　李　建
　　　　　张士民(2010－07～　)
党组书记　葛燕峰(2010－07～　)
　　　　　陶建明(　～2010－07)
纪检监察特派员
　　　　　封抗勇(　～2010－07)

海关缉私分局

局　　长　张晓东(2010－09～　)
　　　　　钱卫民(　～2010－09)
副 局 长　束　健(　～2010－09)
　　　　　宋　平

海事局

局　　长　徐旭峰(2010－05～　)
　　　　　张士元(　～2010－05)
副 局 长　郭学军(　～2010－05)
　　　　　茆德胜
　　　　　沈锁荣(2010－05～　)
　　　　　宋儒卿(　～2010－05)
党委书记　蒋永龙(2010－05～　)
党委副书记　郭学军(2010－05～　)
纪委书记　郭学军(2010－05～　)

烟草专卖局
(省烟草公司镇江市公司)

局长(经理)　胡龙海
副 局 长　张其富
副 经 理　张建农
党组书记　胡龙海
纪检组长　张其富

盐务管理局
(省苏盐连锁有限公司镇江分公司)

董 事 长　赵斯勤
局长(总经理)　赵斯勤
副局长(副总经理)
　　　　　陈方晓(　～2010－02)
　　　　　祁昌贵(2010－02～　)
　　　　　李功正
党委书记　陈方晓(　～2010－02)
　　　　　祁昌贵(2010－02～　)
党委副书记　赵斯勤　张惠明
纪委书记　张惠明
工会主席　张惠明

供电公司

总 经 理　沈恩达
副总经理　郦明先　芮松华
　　　　　傅六林　高昇宇
　　　　　王惠明
总工程师　崔恒志
总会计师　朱　洪
党委书记　郦明先
党委副书记　沈恩达
纪委书记　陆克奇
工会主席　刘宽心

邮政局

局　　长　邢　军(2010－11～　)
　　　　　江淞宁(　～2010－11)
副 局 长　丁震宇(2010－01～　)
　　　　　徐　晓(　～2010－01)
　　　　　强　斌(　～2010－11)
党委书记　邢　军(2010－11～　)
　　　　　江淞宁(　～2010－11)
纪委书记　强斌(　～2010－11)
工会主席　丁震宇(2010－01～　)
　　　　　徐　晓(　～2010－01)

中国电信股份有限公司镇江分公司

总 经 理　姚　岳(2010－12～　)
　　　　　吴　强(　～2010－12)
副总经理　刘文龙　翁坚莉(女)
　　　　　张　忠　吕笃公
总工程师　刘文龙
党委书记　姚　岳(2010－12～　)
　　　　　吴　强(　～2010－12)
纪委书记　刘文龙
工会主席　翁坚莉(女)

中国移动江苏有限公司镇江分公司

总 经 理　杨　斌
副总经理　卢新奇
　　　　　陈　兵(2010－03～　)
　　　　　沈建林(　～2010－03)
党委书记　杨　斌
纪委书记　陈　兵(2010－03～　)
　　　　　沈建林(　～2010－03)
工会主席　卢新奇

中国联通镇江分公司

总 经 理　陈莹莹
副总经理　马志荣　金　凯
　　　　　承　春　殷海云(女)
党委书记　陈莹莹
党委副书记　马志荣

省广电信息网络股份有限公司
镇江分公司

总 经 理　袁剑峰
副总经理　陈　剑　包信家
党委书记　袁剑峰

气象局

局　　长　尹连荣
副 局 长　朱筱英(女)
党组书记　尹连荣
纪检组长　曹纪平

银行、保险

人民银行镇江市中心支行

行　　长　邱跃民(女,2010－01～　)
　　　　　何敏峰(女,　～2010－01)
副 行 长　顾　强
　　　　　姚盛敏(　～2010－01)
　　　　　赵晓春
　　　　　李　军(2010－05～　)
　　　　　孙　雯(2010－09～　)
党委书记　邱跃民(女,2010－01～　)
　　　　　何敏峰(女,　～2010－01)
纪委书记　周宜强
工会主任　马　成

银行业监督管理委员会镇江监管分局

局　　长　张宗政
副 局 长　薛润生　贺平泉
党委书记　张宗政
纪委书记　陈家龙(2010－06～　)
　　　　　薛润生(　～2010－06)

农业发展银行镇江市分行

行　　长　徐素荣
副 行 长　孙秋生(　～2009－02)
　　　　　钱五龙　周　鸣
党委书记　徐素荣
纪委书记　钱五龙

工商银行股份有限公司镇江分行

行　　长　张清水 (2010－05～　)
　　　　　周　乃(　～2010－05)
副 行 长　郑福鹏(2010－09～　)
　　　　　庄　钧　汪　航
　　　　　张万生
党委书记　张清水 (2010－05～　)
　　　　　周　乃(　～2010－05)
纪委书记　张万生
工会主任　张万生

农业银行股份有限公司镇江分行

行　　长　宋国云(2010－05～　)
副 行 长　宋国云
　　　　　(主持工作,　～2010－05)
　　　　　李剑锋
　　　　　周清清(　～2010－08)
　　　　　荆玉萍
　　　　　朱文姝(2010－08～　)

张国富(2010－10～)
行长助理 张 英(2010－10～)
党委书记 宋国云(2010－05～)
党委副书记 宋国云
(主持工作， ～2010－05)
纪委书记 李剑锋

中国银行股份有限公司镇江分行

行 长 孙庆阳(2010－06～)
王玉刚(～2010－06)
副行长 陆 鸿
孙志辉(～2010－07)
刘瑞成
刘 沁(2010－07～)
党委书记 孙庆阳(2010－06～)
王玉刚(～2010－06)
纪委书记 尹国瑞

建设银行股份有限公司镇江分行

行 长 刘 彤
副行长 许良大(～2010－08)
朱士富 李云霞
钟一平
党委书记 刘 彤
纪委书记 朱士富

交通银行股份有限公司镇江分行

行 长 葛晓祥(2010－03～)
柴卫平(～2010－03)
副行长 张国民 曹云杰
罗来珍(女)
党委书记 葛晓祥(2010－03～)
柴卫平(～2010－03)
纪委书记 张国民

江苏银行镇江分行

行 长 眭建群
副行长 邹荣清 殷才驹
耿心伟(2009－04～)
总稽核 赵长亮
党委书记 眭建群
纪委书记 赵长亮

人民财产保险股份有限公司镇江市分公司

总经理 戎 军
副总经理 王海波 王爱国
陈 德
党委书记 戎 军
纪委书记 王海波

人寿保险股份有限公司镇江市分公司

总经理 黄 俊
副总经理 康 勇 陈士珠
陶有为
党委书记 黄 俊
党委副书记 康 勇
纪委书记 康 勇

太平洋财产保险股份有限公司镇江中心支公司

总经理 杨宁国
副总经理 陆 忠 陈国华
贺旺成(～2010－07)
党委书记 杨宁国

太平洋人寿保险股份有限公司镇江中心支公司

总经理 韩建玲(女，2010－11～)
副总经理 韩建玲
(女，主持工作，～2010－11)
刘文军
党委书记 韩建玲(女，2010－11～)
党委副书记 韩建玲
(女，主持工作，～2010－11)

学校、医院

江苏大学

校 长 袁寿其
副校长 姚冠新 许化溪
宋余庆
孙玉坤(～2010－04)
李萍萍(女) 程晓农
田立新 陈 龙
冯振卿(2010－10～)
党委书记 范 明
党委副书记 曹友清 姚冠新
纪委书记 曹友清(正厅级)

江苏科技大学

校 长 王自力
副校长 张庆奎 姚寿广
葛世伦 景旭文
郭锡杰 许俊华
王加友
戴跃伟(2010－10～)
党委书记 王建华
党委副书记 王自力 张庆奎
纪委书记 夏纪林(女)

高等专科学校

副校长 潘天华 夏光荣
戴光辉
党委书记 杨国祥
党委副书记 徐 铭
纪委书记 徐 铭

江苏农林职业技术学院

院 长 黄 焱
副院长 俞禄生 李振陆
苏小冬(女)
党委书记 朱洪生
党委副书记 黄 焱 王润贤
纪委书记 王润贤

江苏省交通技师学院

院 长 王宗荣
党委书记 刘 云
党委副书记 张永春
纪委书记 张永春

高级技工学校

校 长 王社宁
党总支书记 黄亚平

镇江中学

校 长 徐 杰(2010－08～)
张玉坤(～2010－08)
副校长 于 健 张尤嘉
徐 杰(～2010－08)
邢淳镇(～2010－08)
龚保庆
党委书记 徐 杰(2010－08～)
张玉坤(～2010－08)
党委副书记 钱 进
纪委书记 钱 进

镇江第一中学

校 长 张玉坤(2010－08～)
黄法祥(～2010－08)
副校长 周晓宇 王 健
赵竹林 郭晓峰
王瑞楠
党委书记 张玉坤(2010－08～)
黄法祥(～2010－08)
党委副书记 王明春(女) 周晓宇
纪委书记 王明春(女)
督导员 邓干成(～2009－12)
游曙辉(～2010－05)

江苏康复医疗集团

院 长 朱 夫
副院长 周伟明 周 云
许文林 蒋鹏程
姚恒祝
钱 炜(2010－12～)
党委书记 朱 夫
党委副书记 周伟明
凌能侃(2010－06～)
纪委书记 贺春金(2010－06～)

(市委组织部 镇江军分区)

中共镇江市委员会

责任编校：戴　芸

综　述

【概况】 2010年，中共镇江市委按照“跨越发展、创新驱动、绿色增长、和谐共享”的总体思路，动员全市加快转型升级，实现强市富民。

通过《中共镇江市委关于制定镇江市国民经济和社会发展第十二个五年规划的建议》，确定“十二五”时期镇江经济社会发展的主要目标。提出并实施《关于建设创业型城市的意见》，从组织领导、政策措施以及财税金融等各个方面支持全民创业，以此带动就业，2011年建成国家级创业型城市。坚持人才引领，创新驱动，出台新兴产业发展规划纲要，加大产业招商和项目投入力度，推动新兴产业呈爆发式增长。中建材薄膜太阳能基地等一批新兴产业项目相继落户；新区航空零部件等产业园区成为省级特色产业基地；高新技术产业产值占规模工业比重比上年提高7.2个百分点；镇江港迈入亿吨大港行列；镇江经济技术开发区升格为国家级开发区。镇江市被授予国家知识产权工作示范城市、“中国十佳和谐可持续发展城市”称号。

大力推进城市基础设施建设，优化投资环境，提升城市品位。沪宁城际高速铁路建成通车；综合交通客运枢纽投入营运；北部滨水区建设加速推进，其中金山湖景区建设基本完成并全景开放，成为北部滨水区的亮点工程；南徐新城建设加快进度，体育中心两个场馆封顶，行政中心竣工交付，市民公园建成开放。

继续开展“青山绿水”行动，优化生态环境，提升百姓生活质量。综合整治跑马山等易滑坡山体，建成开放狮子山等天然公园，使镇江向“山水城”“生态城”“花园城”迈进一大步。全市80%的镇通过环境优美乡镇省级考核；万元国内生产总值能耗下降4.3%，完成年度节能减排目标。

大力度推进以新市镇、新园区、新农村为主要内容的“三新”建设，在丹阳市、句容市、扬中市、丹徒区、镇江新区规划建设新市镇示范点，推动全市“三农”工作上新台阶。2010年，全市范围农民收入首次突破万元大关，并连续5年保持两位数增长，增幅连续两年超城市居民收入。

倾心关注民生，努力多办实事。提高居民医疗保险和新农合补助标准、市区最低工资标准、退休职工人均养老金。落实物价上涨动态补贴机制。全年公共财政用于民生类支出比上年增长33%，全市新农保覆盖率95%。继续推进公立医院改革，减轻群众医疗负担。市区全年建设和筹集廉租住房、经济适用房、公共租赁住房1.07万套(间)。

加大创建文明城市力度，打响“大爱镇江”品牌，开展“慈善一日捐”“机关干部每周奉献一小时”等活动，全市公共文明指数在中央文明办的测评中列第31位，未成年人思想道德建设工作在测评中列第19位。

全面开展创优争先活动，在全市党员干部中开展向张雅琴同志学习活动，激发各级党组织和广大党员勇于争先、跨越发展的热情。深化党务公开工作，完善党务公开制度。深化干部人事制度改革，在基层推行公推直选。继续保持惩治腐败的高压态势，突出对工程建设领域等的重点整治，党风和廉政建设取得新的成绩。（胡　瑾）

【“十一五”市委工作概要】 “十一五”期间，中共镇江市委坚持以党的十六届六中全会和十七大精神为指导，认真贯彻邓小平理论和“三个代表”重要思想，用科学发展观统领全局，坚持跨越发展、率先发展、科学发展、和谐发展，经济和社会发展取得巨大成就，精神文明建设取得长足进步，党的建设和反腐倡廉取得明显成效，实现“全面达小康，建设新镇江”的目标。

这五年，综合实力显著提升。经济社会发展主要均量指标、科技综合实力居全省前五，跻身福布斯中国大陆最佳商业城市第33位。同“十五”末比，国内生产总值实现翻番、人均超过9000美元，一般预算收入增长1.9倍，全社会固定资产投资增长2.3倍，社会消费品零售总额增长1.3倍。

这五年，发展活力不断增强。277户市属企业改革任务基本完成；29个央企项目落户，总投资872.3亿元；实际到位外资60.5亿美元；民营经济增加值占比达57%；新增上市公司10家、创投公司7家。率先试点中小企业融资新模式，成立全省首家农村小额贷款公司，成功引进6家银行分支机构。

这五年，城乡面貌发生巨变。累计完成城乡建设投资超过1000亿元，拆迁总面积1950万平方米，其中市区突破1100万平方米。“三铁一桥”建设开启同城时代，“南城北水”建设全面推进，“青山绿水”工程加快实施，建成区面积扩大22平方公里，奠定山水花园城市的基本形态。各辖市城市化进程加快，中心城区综合承载能力明显增强。新市镇、新园区、新农村建设完成投资超100亿元，建成农民集中居住区612万平方米，农村社区综合服务中心实现全覆盖，“万顷良田”建设全省领先。

这五年，人民生活加快改善。城乡居民收入保持两位数增长，人均储蓄增长近1倍，消除了农村人口绝对贫困现象。实现全面小康省定目标值。获首批

“中国创业之城”称号。累计新增城镇就业27万人，城镇登记失业率控制在3.5%以内。覆盖城乡的社会保障体系和救助体系基本建立。

这五年，社会事业全面进步。实施科教兴市、人才强市战略，连续获得“全国科技进步先进市”称号，率先基本实现教育现代化。全国公立医院改革试点有序推进。“大爱镇江”等成为镇江文化新品牌。第五次蝉联“全国双拥模范城”，获得“全国社会治安综合治理优秀地市”“科技强警示范城市”“中国最关爱民生的城市”和“中国十佳和谐可持续发展城市”等称号。

这五年，党的建设不断加强。扎实开展学习实践科学发展观活动；开展保持共产党员先进性教育活动；开展创优争先活动，号召全市党员干部向张雅琴同志学习。完成市、辖市（区）、镇三级党委换届工作。加强基层党组织建设，基层无职党员设岗定责。不断深化党务公开工作，完善党务公开制度，加强重要权力节点监控，建立和完善一批切实可行的反腐倡廉制度。（胡 瑾）

【部分中央、省领导人先后视察镇江】 2010年5月20日，国家预防腐败局副局长崔海容率调研组到镇江调研预防腐败工作。省纪委副书记、监察厅厅长解畅，副厅长洪慧民，市委书记、市人大常委会主任许津荣，市委常委、市纪委书记杨建陪同调研。崔海容一行现场察看市行政服务中心、扬中市行政服务中心及三茅镇勤丰村便民服务室，听取市预防腐败工作汇报，就进一步做好预防腐败工作与有关人士进行座谈交流。

6月8日，全国政协副主席、民盟中央第一副主席张梅颖带领全国政协调研组到镇江，就不同地区如何推动城镇化和新农村建设这一课题进行专题调研。张梅颖一行在省政协副主席包国新，市领导张庆生、李茂川、曹当凌、赵腊根等陪同下，考察丹阳市练湖新市镇建设、新桥镇群楼村新社区建设，以及界牌镇新市镇建设；考察金山湖景区和西津渡历史文化街区。市委副书记张庆生向调研组汇报镇江市加快“三新”建设，协调推进城镇化和新农村建设的情况。张梅颖认为镇江的新市镇建设，把建设的核心放在“市”上，突破传统的城市发展“铺大饼”的做法，通过空间整合，让农民就地转移，通过公共服务体系化、集中化，让农民过上现代生活。张梅颖表示，城镇化和新农村建设是一项系统工程，一定要以民为本，利民为先，多为农民着想，通过工业化、城镇化双轮驱动，让农民利益最大化。

6月24日，省委书记梁保华赴丹阳市专题调研新兴产业发展和新农村建设。梁保华一行先后调研江苏恒神纤维材料有限公司、江苏呈飞精密合金股份有限公司、江苏卡威专用汽车制造有限公司、江苏尚阳数字科技有限公司、江苏巍华精密合金有限公司等多家企业，对丹阳市近年推动产业升级取得的成效给予充分肯定。梁保华在界牌镇调研当地推进城乡一体化发展的情况。梁保华强调，苏南地区要加快转变经济发展方式，坚持以人才引领产业优化升级，以创新抢占发展制高点，努力在经济转型升级中增创发展新优势。

7月3日，中联部副部长、机关党委书记陈凤翔率考察组到镇江，对镇江市基层党建工作开展考察。市委常委、组织部长魏红军汇报市发展概况，就基层党建工作进行详细介绍。陈凤翔表示，此次考察是为进一步了解社情、党情，在实地走访中多听多看，为继续做好党的工作提供材料和依据。

9月11日，中共中央政治局委员、中央政法委副书记王乐泉到镇江视察，中央政法委副秘书长王其江及中央政法委相关处室负责同志随同视察。省委副书记、组织部部长王国生，省委常委、政法委书记林祥国，市领导许津荣等陪同视察。王乐泉一行参观西津渡历史文化街区、北部滨水区以及金山公园、市规划展示馆，并赴丹徒区视察世业镇世业村“平安先锋工程”。王乐泉表示，镇江是一座自然禀赋独特、文化底蕴丰厚的历史文化名城，也是一座充满生机与活力、正发生着历史性巨变的城市。

9月16日，中国国民党荣誉主席连战及夫人，率代表团到镇江市访问参观。海协会常务副会长李炳才，省委副书记、组织部部长王国生，市领导许津荣、刘捍东等陪同参观。连战一行先后参观金山风景区、镇江博物馆、西津渡历史街区和镇江规划展示馆，高度赞赏镇江市在各个领域所取得的成果。（胡 瑾）

【部分外市党政代表团到镇江访问】 2010年12月1～2日，由市长徐新荣率领的陕西省渭南市代表团到镇江参观考察，并就对口协作工作进行交流。镇江市委常委、常务副市长陈照煌表示，镇江将继续以援助社会事业项目为基础、以经济合作为重点，同时继续加大智力扶贫力度，提高渭南地区人才素质和水平。徐新荣希望两市今后在进一步加大政府交流的同时，能够引导更多的企业参与进来，本着“互利双赢”的原则展开更广泛的合作。丹徒区、扬中市分别与渭南合阳县、白水县签订对口挂钩协作协议。镇江与渭南结对挂钩扶贫协作14年，镇江市累计无偿投入1600多万元，用于援助渭南市的城乡建设、干部和人才培训以及开展经济技术等方面的协作。

5月18日，宿迁市委书记张新实，市委副书记、市长缪瑞林，市政协主席卜平，市人大常委会党组副书记、常务副主任顾明珠率宿迁市党政代表团，对镇江市经济社会发展情况进行参观考察。宿迁市党政代表团实地考察二重（镇江）重大技术装备制造基地、金山湖景区、北部滨水区、西津渡历史文化街区，以及镇江国家大学科技园、南山西入口和规划展示馆；考察江苏农林科技示范园、巨宝精密加工（江苏）有限公司，以及茅山丘陵有机农业园区。张新实对镇江得天独厚的区位优势和乘势而上的发展态势表示赞叹。（胡 瑾）

【市党政代表团赴盐城、宜兴学习考察】 2010年12月4日，市党政代表团赴盐城市学习考察。代表团参观考察盐城市东风悦达起亚汽车二厂、盐城环保工业园、华锐风电盐城产业基地、城南新区、城市规划展览馆等地。市委书记许津荣表示，通过实地参观考察和听取经验介绍，感到盐城的惊人变化主要来自盐城人奋勇争先、敢于发展的精神和踏踏实实、埋头实干的作风，为镇江树立榜样。

12月10日，市党政代表团赴宜兴参观考察。考察宜兴团氿风景区（氿北湿地公园）、建邦清源污水处理厂、江苏金山环保工程集团、宜兴经济开发区创意软件大厦和国电光伏江苏有限公司。许津荣对宜兴经济社会发展所取得的成绩给予高度评价，宜兴在推进产业转型升级、培育新兴产业方面取得成绩，代表团要学习宜兴发展的先进理念和成功经验。双方就城市生态环保体系建设、产业发展业态等进行交流。（胡 瑾）

【新疆生产建设兵团农四师代表团与镇江结对】 2010年7月26日，新疆生产建设兵团农业建设第四师党委书记、政委张勇率团到镇江，与镇江市市长刘捍东商谈对口支援事宜。根据中央新疆工作座谈会精神和省委、省政府援疆工作的统一部署，镇江市承担对口支援新疆生产建设兵团农四师任务。26日，市委、市政府举行情况交流会，刘捍东代表市委、市政府向农四师代表团介绍镇江的概况及近年来经济社会发展情况。他表示，镇江对口支援农四师，既是一项光荣的政治任务，也将为两地实现优势互补、共同发展带来良好机遇。希望以此为起点，探索一条双方长期合作的双赢道路，为推进新疆跨越式发展和长治久安作出镇江应有的贡献。

张勇表示，此次江苏与新疆的对口支援，对新疆的未来发展将起到极为重要的作用。他希望镇江能够在人才、项目、资金、教育等方面给予重点扶持。新疆生产建设兵团农业建设第四师是执行屯垦戍边使命，担负生产队、战斗队、工作队任务，发挥开发、建设、稳定边疆和巩固边防作用的特殊农垦组织，驻地及垦区在天山西部北坡山区素有“塞外江南”美誉的伊犁河谷。

10月24日，新疆生产建设兵团党委常委、副司令员于秀栋、哈尼巴提·沙布开一行到镇江市实地考察。镇江市委书记、市人大常委会主任许津荣向于秀栋和哈尼巴提·沙布开一行介绍镇江发展概况。双方在镇江为期十年对口援建新疆生产建设兵团农四师的相关事宜上达成一致。（胡 瑾）

【市委办公室工作】 2010年，市委办公室完成各类会务、庆典、调研等活动500多场；向省委报送信息2386条，编发《镇江信息》及各类信息刊物近400期；累计处理群众来信380件次，办理省委书记信箱53件，满意率100%；在省委《快报（专刊）》上刊发15篇信息，采用量居全省第一。《创新》杂志获得“全国城市十佳党刊”称号，成为全省唯一的“双十佳”党刊。督查工作年终考核全省第一，《江苏督查专报》《情况与建议》《省委书记信箱督查专报》录用数居全省地级市之首；《江苏通讯》全年刊用数，全省第一。组织和承办2009年度跨越发展总结表彰大会、“井冈山精神”与跨越发展学习体验班、两次市委全委会、投资促转型现场观摩会、2010年度工作研讨会等大型活动。机关党建工作在全市机关工委考核中连续三年位居首位，连续五年被评为“先进党委”。保密工作在监督管理、技术保障等工作中，处于全省领先地位。连续四年在全市机关作风建设和目标管理考评中位列十佳，综合得分在第二序列35个部门中名列第一。办理各类电报10860份；打字室文字处理量50余万字，文件收发交换处理超过100万份；印刷厂承印各类文件材料累计80余万份；车队安全行车90多万公里无事故。（胡 瑾）

【政策研究工作】 2010年，市委调查研究工作围绕“跨越发展、后发先至”大局，完成年度任务。编发《调查快报》154期，编发《农村改革发展快讯》87期，在省级以上刊物发表文稿10篇。

为决策信息提供服务。坚持辖市（区）经济运行旬报制度，根据主要经济发展指标、保增长促跨越的亮点特色、大项目推进情况等三项基本内容编发经济旬报，全年编发36期。坚持省辖市发展动态月报制度，对省辖市经济社会发展，特别是重大项目、重点投入、城市建设、高层活动、创新举措等最新情况及时收集汇总，提供决策信息资料。收集整理先进地区城乡统筹发展经验，转型发展、跨越发展经验，为全市在转型中跨越、在跨越中转型提供借鉴和启示。及时收集重要的有价值信息，为市领导、有关部门和企业掌握讯息，谋划经济和产业转型提供帮助。

2010年完成4个系列调研。城乡统筹发展系列调研：先后收集整理和编写天津、苏州、嘉兴、重庆、成都、合肥等城市推进城乡统筹的经验做法，集结成册，在全市“三新”建设领导干部培训班上作为重要教材印发给每名学员，为全市新市镇、新社区试点单位的实际工作提供指导。走进基层系列调研：组织“走进基层”调研活动，访谈33名村、社区支部书记，反映基层组织的现状和基层干部。聚焦各地新政系列调研：重点收集分析南京等周边城市在推动转型升级、促进发展方式转变上的新政策、新导向，为全市从政策层面加快转型步伐提供有益借鉴。（袁剑峰）

【保密工作】 2010年全年无泄密事件发生。5月，印发中宣部、国家保密局、司法部、全国普法办《关于开展〈中华人民共和国保守国家秘密法〉学习宣传活动的通知》，开展新《中华人民共和国保守国家秘密法》（以下简称《保密法》）宣传教育活动。6月，在市委第23次“新知识讲座”中，组织以新《保密法》宣传教育为主题的学习辅导，聘请省保密局罗江淮副局长作现场报告，市四套班子领导，辖市（区）四套班子领导以及市各部委办局、直属单位、人民团体的副处职以上干部600多人听取报告。7～9月，聘请省局专家为党校县处级以上干部培训班100多人授课，为全市《保密法》宣传教育骨干300多人做专题辅导；组织全市公务员和涉密人员开展保密知识竞赛；组织代表队参加省保密知识电视竞赛，取得第三名。活动期间印发新《保密法》1万册、违规警示卡片1万张、《江苏省公务员保密知识读本》6000册、《新保密法释义》150本、宣传挂图70套。

2010年3月，转发省委、省政府《关于进一步加强信息公开保密审查工作的通知》，要求各机关单位开展信息公开保密审查工作自查，组织3个检查组对13家机关单位的自查工作进行抽查，通报检查结果。6月，根据省局安排，组织全市机关单位开展涉密载体保密管理的自查，对部分市直机关、辖市（区）和军工产研单位的涉密载体管理情况进行抽查，印发《关于加强涉密载体保密管理的通知》，规范涉密载体的留存、回收和销毁。8～9月，联合公安、工商、商务、文广、电信公司等部门在全市范围内开展清理取缔涉密文件资料非法交易工作，印发《镇江市开展清理取缔涉密文件资料非法交易工作实施方案》，打击收购、倒卖涉密文件资料行为。

2010年3月，召开军工企业保密工作会议，对新认证标准的执行提出要求；11月，组织专业人员对11家军工企业进行保密检查，按照新认证标准规范军工单位各项保密管理；12月，配合省保密局完成对江苏捷诚车载信息系统有限公司的涉密信息系统测评。

2010年4月，市电子政务内网违规外联安全监管平台初步建成并通过省保密局验收；月底组织各行政机关和辖市（区）相关人员进行违规外联监控系统的部署培训，下发《关于安装电子政务内网违规外联安全监管软件的通知》；年底全市违规外联监控系统的部署任务基本完成。12月，结合新行政中心搬迁，投资20多万元重新规划市违规外联监控中心，配置通信光缆、监控屏幕、会议投影、操作平台等先进设备。

2010年9月，举办全市计算机信息系统保密员培训，126名计算机信息系统保密员取得合格证书。月底通过省保密局对镇江市“五五”保密法制宣传教育工作的检查验收。（李新峰）

【市委组织“井冈山精神”与跨越发展学习体验班】 2010年11月13～15日，市委组织“井冈山精神”与跨越发展学习体验班。市委、市人大、市政府、市政协领导，各辖市（区）党政主要领导，以及市有关部门主要负责人共56人赴井冈山参加专题学习体验班。在井冈山革命烈士陵园向革命烈士敬献花圈，参观小井红军医院、黄洋界哨口、茅坪八角楼等革命故地，听红课，唱红歌，重走朱毛挑粮小道，体会和学习“井冈山精神”，激发跨越争先的动力。（胡 瑾）

重要会议和决策

【市委五届十次全委会议】 2010年7月5日，中国共产党镇江市第五届委员会第十次全体会议在一泉礼堂举行。全会深入贯彻中央和省关于加快转变经济发展方式的部署要求，总结上半年，部署下半年，动员全市转变发展方式，开创跨越发展新局面。市委书记许津荣代表市委常委会作题为《人才引领 创新驱动 在加快转变发展方式中实现跨越发展》的报告。

会议总结上半年工作。全市地区生产总值增长15.2%，全社会固定资产投资增长30.3%，地方财政一般预算收入连续6个月增幅列苏南第一。"南城北水"、旧城改造、重大基础设施项目、"青山绿水"两年行动等一批项目迅速推进。

市委书记许津荣对今后工作提出要求，要以新兴产业爆发式增长为重点，全面推进产业结构优化升级；突出抓龙头项目、龙头企业，带动产业链发展；突出抓新兴产业基地，每个辖市(区)都要有1～2个省级以上基地，尽快形成超千亿元、超500亿元的产业规模；突出抓高层次创新创业人才，各级政府都要设立人才培养、引进和奖励专项资金，确保不低于财政一般预算收入的3%；突出抓现代服务业，重点发展现代物流业、软件业、文化旅游业。城乡建设方面，要以建设"山水花园城"为目标，全面加快城乡一体化步伐。要完成年初确定各项城建重点工程；推进文明城市、生态城市、创业城市、创新城市等创建活动。加快"三新"建设，农民就地、就近转为城镇居民，提高城乡一体化水平。民生改善方面，要转变发展方式，进一步健全民生保障体系，提高保障标准。确保企业离退休人员养老金标准提高12%。城市低保、农村低保分别提高到380元和250元以上。用两年左右时间，切实解决城市低收入者的住房问题。要加大公益性社会事业投入，加快教育、文化、体育、卫生等公共事业发展。会议最后，许津荣对领导干部提出明确要求：各级领导干部要坚持以科学发展观为指导，不断提高引领和推动转变发展方式的能力。

(胡 瑾)

【市委五届十一次全委会议】 2010年12月27日，中国共产党镇江市第五届委员会第十一次全体会议在一泉礼堂举行。全会总结2010年和"十一五"工作，研究部署2011年以及"十二五"发展，动员全市加快转型升级，实现强市富民。会议通过中共镇江市五届十一次全委会议决议和《中共镇江市委关于制定镇江市国民经济和社会发展第十二个五年规划的建议》。市委书记许津荣代表市委常委会作题为《加快转型升级实现强市富民》的报告。

会议总结2010年全市经济和社会发展情况，对下一年工作提出奋斗目标：2011年，全市要坚持科学发展主题，突出转型升级主线，致力强市富民主要任务，坚持以创新促转型、以转型促跨越，以国家生态市、文明城市、创业型城市、创新型城市和"人居环境奖""五城同创"推动全面工作，提高经济社会发展水平。力争地区生产总值增长12%；城市居民人均可支配收入增长12%，农民人均纯收入增长13%；全社会固定资产投资、财政一般预算收入增长25%以上；节能减排全面完成省下达指标。

许津荣要求：1. 要加快产业结构调整，引进一批新兴内外资大项目，加快战略性新兴产业基地建设；做大物流业、文化产业、旅游业、信息服务业、现代服务业；做优传统产业，新增百亿企业3～4家，总数达10家以上；提高都市农业、外向农业、设施农业发展水平，提高农民收入。2. 要增强科技创新能力，新引进30名领军人才，力争5人进入"国家千人计划"；大幅度增加全社会研发投入和科技成果转化投入；加快打造高新技术创业园等一批创新基地。3. 要提高统筹城乡发展水平，按照"山水花园城市"定位建设中心城区，加快推进"三新"建设、"万顷良田"工程。4. 要加强生态文明建设，继续实施"青山绿水"行动计划。5. 要改善民生，以创业带就业，失业率控制在5.5%以内；运用多种手段稳定物价；构建统一的城乡社会保障体系。6. 要加强社会建设和管理，狠抓社会基层组织建设；对征地拆迁、劳资纠纷等社会矛盾集中领域，集中排查调处；深入推进平安镇江建设，保障社会和谐稳定。许津荣强调，各级党组织和广大党员干部要以建党90周年为契机，加强思想作风建设，加强反腐倡廉建设；以三级党委换届为契机，加强领导班子建设，选拔出思想解放、踏实肯干的优秀干部；深入开展"创先争优"活动，加强基层党组织建设。

(胡 瑾)

【《关于建设创业型城市的意见》】 2010年1月18日，市委市政府颁布。要求力争通过2年左右时间，将镇江市建成国家级创业型城市。具体目标：创业教育培训率达到80%；万人拥有私营企业、个体工商户户数达到650户；万人拥有私营企业、个体工商户注册资本达到5亿元；私营企业、个体工商户户数年均增长率达25%；私营企业、个体工商户注册资本年均增长率达50%；创业活动对就业的贡献率达65%；私营企业、个体工商户从业人员占全部从业人员的比重达50%；私营企业、个体投资占全社会投资比重达50%；私营企业、个体工商户经济总量占国内生产总值比重达50%；私营企业、个体工商户税收占全部税收比重达40%；民营高新技术产业产值占工业产值的比重达18%；创业者和社会各界对创业环境满意率达85%以上；创业效率和促进创业工作成效的指标全省领先、全国先进；辖市(区)全部达到国家级创业型城市建设标准，85%以上的街道(镇)达到创业型街道(镇)标准。

具体措施包括：凡法律法规未禁止、未限制的行业和领域全面开放；落实税费减免政策；加大创业补贴扶持；加大资金扶持；加大金融支持；实行社区创业奖励，从2010年起，市区街道、社区基层劳动保障平台增加5000元创业扶持专项工作经费；狠抓创业项目建设，建立市、辖市(区)两级创业项目库；建立创业型城市指标体系，创业参与率、增长率、贡献率和满意率等共12项指标。 (胡 瑾)

【《关于进一步深化全市党务公开工作的意见》】 2010年1月22日，由市委印发。就进一步深化全市党务公开工作提出意见。要求修订完善党务公开制度规定：结合各类党组织不同的职责范围和工作特点，合理设计和拓展党务公开的内容；对党员群众申请公开的事项及时答复；严格按照制定目录、实施公开、收集意见、处理反馈和归档管理的程序规范运作。要求严格按照规定实施公开，坚持公开原则性、真实性、及时性。要求加大监督检查力度：日常坚持监督检查；坚持党务公开案例抽查；推行党务公开绩效评价机制，将考核结果作为党组织主要负责人评先评优和选拔任用的重要条件。要加强对党务公开工作的领导：加大组织领导力度，各级党组织要把深化党务公开工作列入重要议事日程；加大宣传教育力度；加大开拓创新力度，正确处理党务公开与政务公开、村务公开的关系，公开与保密的关系，以及结果公开与过程公开的关系。 (胡 瑾)

【《关于加快推进新市镇建设的意见》】 2010年4月12日，由市委市政府印发。提出新市镇建设目标：把新市镇建设成为产业和人口的集聚地，农村区域性经济、文化和服务中心，主、副中心城市的特色功能区和卫星城。2010年，丹阳市、句容市、扬中市、丹徒区、镇江新区规划建设1个或1个以上建成区面积不低于5平方公里、集聚镇域人口50%以上、生产生活生态空间布局合理的新市镇示范点；京口区、润州区完成60%以上城中村改造。力争到2012年，全市新市镇建设形成基本健全的框架、体系和基础；到2020年，所有新市镇基本建成现代化区域小城市。

工作重点包括：按照"山水花园城

市”的总体要求，科学编制新市镇、新社区规划纲要；加快推进农民居住向新市镇、新社区集中；加快推进农业向规模经营集中，全年全市建成核心区域面积万亩或营业收入亿元以上现代农业园区3～5个，新建投资1000万元以上的高效农业规模基地50个，新增农村合作经济组织300家，农村合作组织规范化水平达60%以上，新增入社农户数占比25%以上；加快推进工业向产业园区集中，全年完成镇工业集中区基础设施投资30亿元以上，工业集中区产出占乡镇工业比重、占全市工业集中区比重分别提高5个百分点。

为完成新市镇建设目标，从加大财税扶持、创新用地制度、创新金融服务、组建投融资平台、改革户籍制度、优化创业就业环境等六个方面采取切实措施。

（胡 瑾）

【《中共镇江市委关于制定镇江市国民经济和社会发展第十二个五年规划的建议》】 2010年12月27日，中国共产党镇江市第五届委员会第十一次全体会议通过。“十二五”时期镇江社会发展主要目标：综合实力大幅提升，地区生产总值翻番，人均国内生产总值2万美元，地方财政一般预算收入翻一番以上；产业结构更加优化，新兴产业爆发式增长，主导产业和传统产业竞争力增强，农业现代化进程加快。服务业增加值占国内生产总值比重提高到48%，高新技术产业产值占规模以上工业比重提高到45%；创新能力显著增强，区域创新体系完善，研发投入占国内生产总值比重提高到3%左右，科技进步贡献率提高到60%以上，形成一批拥有自主知识产权、自主品牌的创新型企业，基本建成创新型城市；生态建设推进，单位国内生产总值能耗和二氧化碳排放大幅下降，完成“十二五”主要污染物减排任务，建成国家生态市；城乡发展协调，城市化率达到苏南城市同等水平，基本建成“山水花园城市”；城镇结构体系优化，推进新农村建设和“三新”建设试点；改革开放不断深化，行政职能加快转变，政府公信力和行政效能提高，开放型经济、民营经济加快转型升级；人民生活改善，城乡居民收入倍增，低收入者收入提高更快，中等收入群体持续扩大；建成国家级创业型城市，社会就业更充分，覆盖城乡居民的社会保障体系更完善；城乡一体的基本公共服务体系健全，教育优质均衡发展，文化事业繁荣，市民综合素质提高；法治镇江、平安镇江建设持续，社会管理机制完善，公民权益得到切实保障。（具体措施参见专记）

（胡 瑾）

组织工作

【概况】 2010年，全市组织系统通过党群共创、典型引领等举措推动创先争优活动。市委常委、组织部长魏红军应邀接受人民网视频访谈。全市涌现出张雅琴、景荣春、傅德利等一批先进典型。张雅琴被确定为全省创先争优活动重大先进典型，省委号召全省党员干部学习。

2010年明确全市新一轮深化干部人事制度改革6个基本目标29项重点任务。推行差额选拔干部，出台《差额选拔任用领导干部办法（试行）》，对51个市管职位人选实施差额选拔。辖市（区）推出职位，联动跟进。《新华日报》、“人民网”等媒体进行宣传报道，获得2010年全省组织工作创新创优成果优秀奖。实施干部选拔任用“一报告两评议”，组织开展“两项法规”试点，形成4个配套制度，出台《拟提拔县处级干部报告个人有关事项试行办法》，试点开展领导干部“社交圈”“生活圈”考察。

2010年，选派9名转任非领导职务的处级干部赴辖市（区）街道指导创业。对市管后备干部进行集中调整，出台年轻干部培养锻炼实施意见，分期分批选派后备干部到拆迁拆违和信访维稳一线，到创建生态市、文明城市、创业型城市和重大项目、重点工程现场，到城乡基层挂职锻炼。提拔基层干部，全年在市级机关提拔的干部中，有基层工作经历的占89.7%；提拔进辖市（区）领导班子的全部担任过乡镇、园区党委书记。

2010年，全市引进创新创业领军人才（团队）94个，带动引进海内外高层次人才431名。有3人入选国家“千人计划”，28人入选省“双创人才引进计划”，丹阳市的陆敏团队入选全省首批8个科技创新团队，其项目成为达到国际先进水平的唯一A类资助项目。全年争取省以上财政资金5179万元。实施企业博士集聚计划，中组部《人才工作通讯》《组织人事报》等作宣传报道。

2010年，全市95%以上的村、社区党组织通过公推直选产生新一届领导班子，在部分村、社区探索开展无候选人直接选举试点。推进新经济社会组织党的建设，分片划区建立区域党组织422个。在外来创业务工青年群体中，开展“新镇江青年”团建，推动党建工作覆盖，全省推进会在镇江市召开。推进大学生村官工作，新选聘大学生村官183名，95人实施创业项目73个，16人通过换届选举担任村（社区）“两委”书记或主任。实施党员平安先锋工程，推动普通党员发挥先锋模范作用，《人民日报》等媒体专题报道。

（缪立新）

表4-1 **2010年镇江市党员和党组织情况表**

单位	党员队伍（人）					发展党员（人）				基层党组织（个）			
	党员数	女党员	少数民族党员	35岁以下	大专文化以上	发展数	女党员	35岁以下	大专文化以上	总数	党委	党总支	党支部
市直	45462	13879	582	18323	28323	5213	2536	4906	1128	2455	197	188	2070
丹阳市	47647	7039	34	8370	12817	782	217	448	425	2107	71	219	1817
句容市	33235	5114	42	5037	8637	474	157	362	248	1437	41	176	1220
扬中市	21448	4376	14	4514	7227	483	175	363	356	1034	79	78	877
丹徒区	19994	3589	53	3256	5466	338	119	187	178	837	34	101	702
京口区	11963	3876	145	1524	4812	86	44	60	66	503	36	65	402
润州区	10407	2530	75	1199	3707	159	73	105	127	606	21	61	524
镇江新区	8989	1557	12	1576	2222	126	46	79	71	353	11	38	304
合计	199145	41960	957	43799	73211	7661	3367	6510	2599	9332	490	926	7916
所占比例（%）	100	21.07	0.48	21.99	36.76	100	43.95	84.98	33.93	100	5.25	9.92	84.83

（组织处）

【“十一五”组织工作概要】 “十一五”期间，全市组织工作取得显著成绩，打造一批在全省有影响的组织工作品牌。

开展学习实践、创先争优活动。以“践行科学发展观，实现镇江新跨越”为活动主题，创设“争当跨越发展排头兵”活动载体。在乡镇开展“三争”（综合实力争超百亿规模、财政收入争当全省百强、村镇建设争创全国重点中心镇）活动，在街道开展“三增”（经济发展增实力、社会管理增活力、和谐建设增合力）活动，在企业开展“四争”（争创高新技术企业、争当全国行业龙头企业、争获国家品牌、争做劳动关系和谐企业）活动，在村开展“两提三增”（提升科学文化素质、提升科学致富能力和集体增资产、农民增收入、班子增活力）活动。通过党群共创、典型引领等举措扩大学习实践活动、创先争优活动的社会影响，中央电视台、《新华日报》《江苏省学习实践科学发展观活动简报》、省相关会议22次介绍。省委组织部在镇江市召开全省建立保持共产党员先进性长效机制工作推进会，中央先进性长效机制建设检查组随机抽查并给予充分肯定。组织部部长魏红军应邀走进“人民网”接受创先争优活动视频访谈。张雅琴被确定为全省创先争优活动重大先进典型。《中共中央学习实践科学发展观活动简报》《人民日报》《新华日报》等媒体先后报道镇江市创先争优助推新兴产业爆发式增长等做法。

实施干部人事制度改革。推行差额选拔干部制度，在全省率先出台《差额选拔任用领导干部办法（试行）》，对51个市管职位人选实施了差额选拔，县乡党委换届中全面推行运用。对差额选拔制度的实践探索和调查研究项目及论文分别获得2010年全省组织工作创新创优成果优秀奖和全省优秀党建论文，《中国组织人事报》《组织人事报》《新华日报》、“人民网”等均有报道。镇江市将改进完善干部选拔任用初始提名作为深化干部人事制度改革的重点和基本方向，实行公开推荐、两推一考、竞岗选拔等不同方式进行初始提名。县级党委换届中，对拟提拔进班子人选，普遍开展“生活圈、社交圈”考察，对现任党政领导班子和班子成员，普遍开展科学发展实绩分析。在6个乡镇开展公推直选党委领导班子试点，同步开展公推直选党代表试点；在丹徒区开展公推区委领导班子成员试点；在丹徒区开展拟提拔干部廉政报告试点。这些试点直接纳入全省干部人事制度改革布局。

建设领导班子和干部队伍。选派14名领导干部挂职服务“百亿培育”企业，为领导班子建设储备一批熟悉经济工作、具有基层工作经验的后备人才。全省培育大企业（集团）现场推进会推广镇江市做法。选派60余名年轻干部参与六城同创、53名后备干部、年轻干部在信访一线挂职锻炼、近400名年轻干部赴基层企事业单位和村（社区）挂职、60名熟悉农村工作的同志驻村推进脱贫攻坚、66名科级以上年轻干部赴基层担任全国环境优美乡镇创建督导员，基层一线培养锻炼干部做法被评为全省组织工作创新创优项目。

建设高层次人才队伍。实施“331计划”，引进创新创业领军人才（团队）125个，其中有人（谁）入选国家“千人计划”，64人入选省“双创人才引进计划”，丹阳陆敏团队入选全省首批8个科技创新团队，其项目成为达到国际先进水平的唯一A类资助项目。实施企业博士集聚计划，创造“企业家+科学家”合力攻坚、共同创业的典型经验，中组部《人才工作通讯》《组织人事报》等作报道。

建设党的基层组织。明确各级党委（党组）书记、分管副书记以及党群部门抓基层党建工作的主要责任、五项管党制度以及10项基本措施。开展以“展示形象、服务群众，创业富民、和谐发展”为主要内容的党员“先锋工程”主题实践活动，被中央电视台、《人民日报》《经济日报》《新华日报》等媒体报道。实施农村无职党员“设岗定责”，并根据形势需要不断向社区、企业拓展，成为无职党员发挥先锋模范作用的重要品牌项目，被评为全省组织工作创新创优项目优秀奖。创先争优活动中，与实施平安先锋工程相结合，深化拓展无职党员设岗定责，推动普通党员发挥先锋模范作用，成为中组部创新社会管理的典型案例，省综治委、省委组织部向全省推广镇江市做法。依托村综合服务中心远程教育站点，实施远程教育服务新农村建设致富工程，探索建立“远教+部门+专家+镇村+基地+经合组织”的“5+1”远教学用模式，被评为2008年全省组织工作创新创优项目。开展“三为”（为发展所需，为党员所欢迎，为群众所拥护）党建品牌创建活动，打造社区党建文化、农民家庭致富发展档案等特色党建工作品牌。其中社区党建文化被评为2010年度全国基层党建创新优秀案例奖。采用项目管理的方式推进村（社区）综合服务中心建设，全市所有的村（社区）建成综合服务中心（村平均达到803平方米，社区均超过300平方米）。（缪立新）

【推行差额选拔领导干部制度】 2010年，中央颁布的深化干部人事制度改革《规划纲要》把“推行差额选拔干部制度”列入党政干部制度改革重点突破项目。镇江市在全省率先出台《差额选任领导干部实行办法》，依据该办法对9个市管正职、19个市管副职领导岗位人选差额选拔，占新提拔领导干部的比例超过60%，范围从市直机关部门拓展到市直机关事业单位、辖市（区）党政领导班子，从市级层面延伸到县区级层面。《新华日报》、“人民网”等媒体做宣传推介。（刘春安）

【《党建之窗》被评为“全国优秀党刊”】 《党建之窗》是中共镇江市委组织部编印的内刊。2010年，通过《党建之窗》，宣传全市组织工作重大新闻，介绍组织工作实践做法，传递组织工作改革创新信息。建立一支50人左右的特约撰稿人队伍，健全编辑委员会，聘请辖市（区）委组织部长担任刊物顾问。完善《岗位职责》《编辑流程》《审稿制度》《评刊制度》和《学刊用刊制度》。对编辑体例、刊物版式、四封设计、印刷质量等方面进行改进。《党建之窗》被全国城市党刊研究会评选为“全国优秀党刊”。（刘春安）

【“331计划”推动】 2010年，全市实施市“331计划”（自2008年起，3年内引进培育30个领军人才团队和100名左右领军人才，带动高层次创新创业人才队伍建设，形成引领镇江跨越发展的高层次人才链）。市领军人才办向中组部人才工作局汇报“331计划”实施情况，中组部《人才工作通讯》《中国人事报》对“331计划”作专题报道。全年共有464名海内外高层次人才申报第二批、第三批“331计划”。实行人才引进开放式评审，在面试阶段邀请镇江本地企业家参与旁听，推动人才、技术与资本、市场对接，提高人才创业成功率。“331计划”第二批、第三批共引进93个人才（团队），市、县两级财政提供资助资金1.046亿元。截至年底，在“331计划”引进的创新创业领军人才中，有64人入选省“双创计划”，4人入选国家“千人计划”，1个人才团队成为全省首批8个科技创新团队中唯一属于国际先进水平的A类项目。（章昆明）

【大学生村官队伍建设】 2010年，全市加快实施“一村（社区）一名大学生村官工程”。全年选聘大学生村官183名，其中党员146名，占比79.8%。与南农大联合举办农业推广硕士镇江大学生村官班，对新聘大学生村官进行集中培训，推进大学生村官创业工作，筛选100个适合村官创业的项目建立创业项目库，举办镇江市大学生村官创业项目大赛。全市共有95名大学生村官创业，创业项目73个，项目总投入达528万元，吸纳300余人就业，带动79人创业。对合同到期大学生村官进行期满考核、择优续聘。鼓励大学生村官参加村（社区）“两委”换届选举，全市共有16名大学生村官担任村（社区）“两委”主要负责人。（朱录军）

【选派干部挂职】 2010年，镇江市在重点发展的五大支柱产业中选择发展基础好、具有爆发式增长潜力的、重大项目需加快推进的企业作为挂职服务对象，在机关部门中选择与企业联系密切的职能部门作为挂职服务派出单位，选择能力强和发展潜力大的优秀干部作为挂职服务干部。全年先后选派市级机关13名副处职干部作为市委、市政府服务企业的代表，帮助百亿培育企业累计协调解决各类问题40多个，企业难题办结率超过80%，企业满意率95%以上。13家企业中销售超百亿元企业6家；加强非公企业党组织建设和工会建设，形成在“一线培养、考察和检验干部”的选人用人新机制。（机关干部处）

【“平安先锋工程”实施】 2010年，全市开展创建平安和谐党支部、平安建设先进党员的“双创”活动，推行“党员包片联系户”制度。全市共有63235名党员参加“平安先锋工程”，占农村和社区党员的63.7%；43782名共青团员、干部、教师和群众组织成员参与活动，建立平安联系户30万余户，形成群防群治的局面。组建党员治安巡逻队、党员社工服务队、党员矛盾纠纷调解队三支队伍。全市各村、社区的“三支队伍”开展巡逻45628批次、17万余人次，发现和处置违法犯罪事项1132起；开展矛盾纠纷排查4576次，调解矛盾纠纷4169起。中共中央政治局委员、中央政法委副书记王乐泉到镇江市视察指导；《人民日报》《江苏卫视》《新华日报》《江苏法制报》等众多媒体先后报道，省综治委、省委组织部联合在镇江召开平安共建现场会，向全省推广镇江做法。（党员教育管理处）

【老干部工作】 2010年春节前，市委、市政府主要领导走访慰问老红军和地市职老领导。市委、市政府召开地市级老同志情况通报会，通报全市经济建设、城市建设、农业和农村工作等情况。结合政府机构改革，市委、市政府批准成立副处级国资委行业老干部管理服务办公室，把轻化物行管办、机电冶建行管办、纺建煤行管办1000余名离退休干部实现统一管理，解决改制企业离退休干部的服务管理问题。

落实老干部政治待遇。举办离退休干部“余热生辉、共建和谐”双月教育讲座。为每位离休干部编发双月刊《老干部时政学习资料选编》。组织离退休干部参观上海世博园和参加“感受新变化、体验新镇江”活动。在离退休干部党支部和党员中开展创先争优活动，制定下发《关于开展创建“五好”离退休干部党支部活动的意见》，召开全市创建“五好”（支部班子好、党员队伍好、组织设置好、活动开展好、群众反映好）离退休干部党支部工作推进会。举办离退休干部党支部书记培训班，交流离退休干部党支部工作经验，布置老干部党建工作任务。开展“常走访、常看看”走访慰问活动，全年走访老干部150名，帮助协调解决18个问题。

落实老干部生活待遇。提高离休干部的人均医药费统筹标准，比上年增加3500元，达到每人每年2.2万元，并提高离休干部安装六类人工器官和医用耗材的报销最高限价。完善有特殊生活困难离休干部帮扶工作机制，帮扶59名离休干部及其遗属。因病情需要安装人工器官造成个人承担医药费过重的离休干部，在年终给予一次性补贴。下发《关于利用社区资源为离休干部提供服务管理试点工作实施方案》，在京口区和润州区各选择一个社区为离休干部提供“送学习、送社工、送关爱、送健康”服务工作。开展青年志愿者“为奉献者作奉献”活动，组织机关、院校和工矿企业20个青年志愿者队伍，定期为老干部提供家政、医疗保健、精神慰藉等服务。

组织老干部活动。推进全省示范性老干部学习活动阵地创建工作，加大老干部活动中心（室）基础设施建设，市老干部活动中心被评为省级文明单位。老干部大学利用活动中心教学资源开设8个专业课程，13个班级，招收学员360多名，为离退休干部免费教学。组织开展江、浙两省12市“恒顺杯”桥牌邀请赛、全市“跨越发展、幸福生活”老干部摄影展、“迎省运”全省老干部桥牌、现代交际舞、乒乓球等比赛。组织37名离休干部参加全市“幸福金婚伉俪”庆典活动。（陈　红）

【市级机关党的工作】 2010年末，市级机关有机关基层党组织90个，其中机关党委35个，党总支21个，党支部34个；党员8572名，其中预备党员223名。女党员1838名，占党员总数21.44%，少数民族党员89名；有大专以上学历党员6185名，占党员总数72.15%；35岁以下党员1405名，占党员总数16.39%；新中国成立前入党的党员144名，离退休党员2060名。

针对政府新一轮机构改革后部分单位的合并重组，成立市文化广电新闻出版局、市民防局、市编办等机关党委、党

表4-2

2010年镇江市离休干部分布表

单位：人

单位	离休干部总人数	参加革命工作时期				享受待遇情况							
		红军时期	抗战前期	抗战后期	解放战争时期	副省长级医疗待遇	享受地（厅）级待遇	享受副地（厅）级待遇	享受地（厅）级医疗乘车待遇	享受司局级医疗待遇	享受县（处）级待遇	享受副县（处）级待遇	享受科级及以下待遇
镇江市	1926	3	150	346	1427	4	7	109	128	289	17	661	711
市直单位	1018	3	93	175	747	4	7	78	96	116	17	410	290
丹徒区	179	–	11	41	127	–	–	8	1	43	–	51	76
京口区	72	–	4	18	50	–	–	5	1	17	–	29	20
润州区	43	–	–	5	38	–	–	1	4	–	–	16	22
镇江新区	21	–	3	4	14	–	–	–	–	7	–	5	9
丹阳市	305	–	15	53	237	–	–	9	15	48	–	63	170
句容市	194	–	18	29	147	–	–	7	3	40	–	61	83
扬中市	94	–	6	21	67	–	–	1	8	18	–	26	41

注：全市离休干部平均年龄83.3岁，市直离休干部平均年龄83岁。

（陈　红）

总支、党支部。5月组织近300名入党积极分子进行党的基础知识培训。

机关工委在市级机关党组织中开展创先争优活动，向市级机关党组织下发开展创先争优活动的实施意见。7月相继召开机关党委、总支、支部三个层面的市级机关创先争优活动推进会，就市级机关深入开展创先争优活动进行进一步的动员部署。

组织社会各界5000人对市级机关89个部门单位进行评议。3500人对市级机关35个单位的35个处室进行评议。针对机构改革带来的情况变化，重新明确机构改革后81个机关评议单位及序列安排，改进重点处室评议办法。机关工委制定下发《关于市级机关建设学习型机关党组织的实施意见》，开展社会主义核心价值体系、理想信念教育。2～4月，在市级机关各部门开展"弘扬社会主义核心价值体系箴言征集活动"，筛选上报机关50多个单位的300多条箴言，其中23条箴言由《理想与信念——江苏省市机关党员箴言录》收录。邀请省委党校刘长江教授就建设学习型机关党组织进行专题培训。邀请省委党校刘长江及徐民华两位教授就学习型党组织和社会主义核心价值观两个课题作专题讲座，近300名机关干部听课。

2010年，党中央下发《中国共产党党员领导干部廉洁从政若干准则》，市级机关纪工委及时征订相关学习材料，发放《中国共产党党员领导干部廉洁从政若干准则》读本及释义等辅导材料3万余册，向各级党组织发放《中国共产党党员领导干部廉洁从政若干准则》竞赛复习资料。组织5535名机关党员干部进行《中国共产党党员领导干部廉洁从政若干准则》测试，其中市厅级17名，县处级754名，科及以下干部4764名，平均成绩98分以上。纪工委深入基层指导各单位申报和开展廉政文化建设示范点创建活动，将廉政文化工作纳入机关党建工作目标管理考核。6个单位创建成廉政文化县级示范点，12个申报市级示范点单位并通过市考核组的验收（含市交通运输局、市人力资源和社会保障局和市经信委等3个更名单位）。

机关工委在镇江市创建全国文明城市工作的整体部署中负责组织市级机关81个单位承担市区11条主干道22个主要路段的创建任务，组织机关党员干部开展"每周志愿奉献一小时"活动。自6月23日首次集中行动至年末，市级机关81个部门累计出动5万多人次。迎检期间，履行"百米一岗"职责，平均每天500人12小时定人、定岗、定时、定责在路段上执勤。

市级机关工会在基层工会主席中开展"比基层工会活力，赛工会凝聚力、比服务职工水平，赛职工满意率、比工会工作影响，赛行政支持度"的"三比三赛"活动。市级机关团工委在市级机关团组织和广大团员团干部中开展"立足岗位比贡献，优质服务争一流"主题实践活动。组织青年志愿者志愿服务进社区，组织机关团员青年参加"大爱有行镇江青年骨髓捐献志愿者行动"等。市级机关妇工委成立机关巾帼志愿服务队，组织参加"京江明月中秋韵"镇江市家庭中华经典诵读活动等。组织市级机关各部门迎新年"元旦长跑"活动，44个部门2200多名机关干部职工参加；组队参加全国历史文化名城乒乓球比赛、"交通杯"职工乒乓球比赛，分获团体第五名、男子团体亚军；参加镇江市首届龙舟大赛，机关代表队作为全市七支参赛队唯一进入决赛的队伍，获镇江市第一名、大赛第六名。组织"献爱心送温暖"和"慈善一日捐"活动，筹得善款785.1万元，获镇江市首届"慈善爱心奖"。

（阮振坤）

【市级机关第五届运动会】 2010年，由机关工委主办，市级机关工会承办市级机关第五届运动会。51个部门的运动员代表队参加入场式。运动会各单项比赛项目自4月开始，历时6个月，包括跳绳、乒乓球、登山等10个项目的比赛。市级机关共有85个单位组成416个（次）运动团队2300多人次运动员参加竞赛。市委办、市国税局、市地税局等45个单位分别获优秀组织奖、体育道德风尚奖和团体总分奖。（阮振坤）

宣传工作

【概况】 2010年，全市宣传工作强化科学发展、跨越争先的思维理念。开展52场转变经济发展方式主题讨论交流活动；组织"抢抓机遇与镇江跨越发展"大型征文活动；在全市县处级以上领导干部中开展"在转变发展方式中实现后发先至"主题学调活动。以转变经济发展方式、弘扬创业创新精神为重点，举办"领导干部新知识讲座"11期、"市民大讲堂"11期。推出《跨越发展在现场》《跨越之歌》等"深入重大项目"报道；开展"火红的五月、火热的现场"项目建设系列宣传暨好新闻竞赛活动；组织"发展新兴产业、推动转型升级""跨越发展在基层"、五大新兴产业发展规划解读、"跨越征程——'十一五'成就"等重点报道；推出全国劳模典型系列宣传。全年中央级主要媒体用稿100篇。以生态建设、文化寻访、爱心捐助等为主题，组织开展大型公益植树、"走青山看绿水"城市毅行、网友文化寻访宣传、"网络助学"行动、"社会儿女"网络爱心结对等活动。举办镇江市第三届网民节等系列活动。网络发言人部门和单位增加到115个。推出"镇江版主沙龙"活动，围绕网上热点话题，组织各网站版主与政府部门负责人面对面交流，全年策划举办走进新区、规划、供电等10余场次。在40个社区推进"网上居委会"试点。全年共处置网上有害和不良信息3000余条，编辑《网上主要舆情》210多期800多条，舆情通知1000多件次，编印专报、快报32期，介入处置和引导重大舆情50多次。"626"工程（参见《镇江年鉴（2010）》第42页）全面实施：推进24个总投资199.3亿元的项目。全市全年新增文化产业投资27.23亿元，增长132.8%；营业收入226.3亿元，增长31%；实现增加值55亿元，增长29.5%。在省委宣传部和省统计局对全省文化发展绩效测评中，市文化发展绩效考核评价综合指数位列全省第三。

举办深圳文化产业招商会，招商项目总投资212.38亿元，22个项目正式签约，吸引各类资本106.95亿元。7个项目获得省级文化产业引导资金1180万元。

举办首届长江迷笛音乐节，与台湾明华园合作举办《超炫·白蛇传》实景演出。30集电视剧《血色沉香》分别在央视1套和8套播出，5集人文纪录片《诗话镇江》在央视10套"探索·发现"栏目播出。

成立国有文化资产管理办公室。组建市文化广电产业集团和镇江报业传媒集团。启动"全民共创文明城"行动；开展"大爱有行"等志愿服务活动，整治重点项目、窗口行业、公共场所、主要路段；组织"三无三有"（"三无"：无卫生死角、无乱堆乱放、无乱涂乱贴；"三有"：有文明礼仪教育活动，有社会志愿服务活动，有文明创建主题活动）社区创建、"爱满农家""文明和谐农民家庭"创建等主题活动。镇江市在全国未成年人思想道德建设工作测评和公共文明指数测评中列全省参加城市的第三和第四位，在全国分列第十九位和第三十一位。开展"我为第三届'大爱之星'评选暨颁奖典礼献一计"活动，收到广大市民建议100余条；公开征集"大爱镇江"活动项目110多个。组织开展"'大爱之星'（道德模范）百场宣讲和网上宣讲"、第二届"大爱之星"与百姓面对面交流、"大爱之星"（道德模范）进机关、进行业、进企业、进学校、进社区等活动；与央视联合举办“唱响生命，守望幸福”第三届“大爱镇江”新闻人物颁奖典礼。举办“文化嘉年华”系列活动，开展“龙王聚首舞镇江”“唱不尽的白蛇，看不够的金山”戏曲精品展演等10项惠民文化活动。组织“欢乐家园”文化惠民活动，半年内举办12大项活动，包含上海世博会精品剧目“印度ZEE宝莱坞炫舞之夜”等41场演出、“文心讲堂”等27堂讲座和吴国青铜器精品展等9个展览。组织送戏下乡278场，送书下乡86433册，送电影下乡8637场次，观看人数172.77万人次。推进特色文化主题广场建设，村镇、社区文化站室、农家书屋全覆盖，全市万人拥有公共文化设施面积达到750.72平方米，位列全省第四。广播电视新联网20户以上自然村55个，完成广播电视“村村通”工程，全市20户以上通电自然村广播电视实现全覆盖。 （鲜永超）

【“十一五”宣传工作概要】 “十一五”期间，宣传工作重点开展思想解放大讨论活动；组织“跨越发展看合肥”研讨；开办电视节目“理论热点面对面”；举办“领导干部新知识讲座”和“市民大讲堂”；在全市县处级领导干部中开展“践行科学发展观、实现镇江新跨越”“在转变经济发展方式中实现后发先至”专题学习调研活动。举办“建军80周年”和“新中国成立60周年”系列庆祝活动。

推进新闻宣传改革。宣传手法突出“让现场说话、让群众说话”特色，宣传组织突出协调联动；完善新闻例会制度、新闻策划制度、分级新闻阅评制度；实行“月初选题、月底统计、半年考核”对外报道工作机制；策划推出“跨越六论”“学习合肥经验”“‘十一五’成就”等重大宣传，张雅琴、赵亚夫等先进典型宣传。

推进文化事业。邀请印青、孟庆云等6名词曲作家为镇江量身定做《大江东去》《美丽镇江我的家》《我在梦里见过你》《城市山林》《我家在镇江》5首歌曲，并邀请王宏伟、邓榕、吕薇、柏文、白雪5位歌手演唱；开展“文化嘉年华”活动，举办央视《爱电影》栏目走进镇江、“文心讲堂”等子活动；推动十大主题文化广场创建；电视剧《血色沉香》在央视1套、4套、8套播出，人文纪录片《诗话镇江》在央视10套“探索·发现”栏目播出，有氧话剧《三国·龙凤呈祥》在北京保利剧院上演；举办两届“迷笛音乐节”，与台湾明华园合作举办《超炫·白蛇传》大型实景演出；全市文化活动室全部建成，农家书屋实现全覆盖。

发展文化产业。制定三年市区文化产业发展行动纲要；确定“626”工程，建设六大产业园区、两条产业带、六大产业基地；2009年北京文化产业招商会，正式签约9个总投资15亿元的项目，意向性签约5个总投资26.3亿元的项目；2010年深圳文化产业招商会，正式签约22个项目，吸引各类资本106.95亿元，招商项目总投资212.38亿元；建成西津渡历史文化街区、南山西入口广场、超越神话大剧院等项目。

开展“全民共创文明城”主题活动。实施“1234510”示范工程，推进建设文明交通、整治环境卫生等六大整治行动。拍摄电影《小城大爱》；出版《“大爱镇江”报告文学集》；征集“大爱镇江”活动项目；举办“大爱之星”“进机关、进行业、进企业、进学校、进社区”活动，评选“大爱之星”；与凤凰卫视和央视合作，举办三届“大爱镇江”新闻人物颁奖典礼。2010年全国未成年人思想道德建设工作测评和公共文明指数测评，镇江在全省参评城市中分列第3位和第4位。

在全国率先、全省首家启动网络发言人制度和“网上居委会”建设。加强网络舆情处置。举办三届网民节，以公益、爱心、文明、文化等内容为主题，开展百家网络媒体“镇江文化行”、公益植树、“幸福的饭桌”网聚大爱慈善晚宴等活动。 （武卫华）

【学习型党组织、领导班子建设】 2010年，市委办公室印发《关于推进学习型党组织、学习型领导班子建设的实施意见》，明确镇江市推进学习型党组织、学习型领导班子建设的学习要求、学习内容、学习方法及组织领导。研究成立推进学习型党组织、学习型领导班子工作领导小组，负责领导、督查学习创建活动。通过领导干部新知识讲座专题学、会议传达及时学、网上在线实时学、课题调研深入学、交流参观互动学、推荐书目自主学等多种方式深化领导干部学习。在全市推出镇江市地方海事局“晨学三分钟”经验；与省委宣传部合力在全省推出镇江交通系统“周末讲座十年不间断——精心打造品牌学习载体”经验做法。 （王香莲）

【领导干部新知识讲座】 2010年，领导干部新知识讲座作为全市领导干部集中学习的一个重要平台，从学习主题的确定、学习的组织、到学习的考勤、学习的通报及档案建设等方面都形成一套较完备的工作机制。年度学习专题由宣传部拟定计划后报市委书记亲自审定，学习考勤情况实时显示并列入年度机关作风考核。讲座邀请胡旭成、费维扬、张志安、金一南、郑吉昌等名家做物联网、低碳经济、媒体应对、学习的力量、现代服务业等专题报告，全年举办11期。发行图书版《领导干部新知识讲座》第二辑（社会科学文献出版社）。 （王香莲）

【十七届五中全会精神学习宣讲活动】 2010年组织党的十七届五中全会精神报告会，省委宣讲团成员、省委组织部副部长郭广银结合江苏和镇江实际，对十七届五中全会精神进行系统深入的阐述。镇江市委、市人大、市政府、市政协领导，在镇副市级以上老领导，市各部委办局副处级以上领导干部，各辖市（区）、镇江新区党工委副处级以上领导干部，驻军官兵代表1200多人参加报告会。宣传部组建市级宣讲团，集体备课、集中培训，结合基层党员干部冬训工作，到企业、农村和社区开展宣传。 （王香莲）

【党员干部“冬训”】 2010年，镇江市把城市社区、涉农社区党员全部作为冬训对象，改“农村党员干部冬训”为“党员干部冬训”。把全市冬训骨干培训班办到全国优秀村支部书记常德盛的家乡常熟蒋巷村，让培训班学员在学好理论的同时，与全国先进典型面对面学习。开展“亮出党组织作为，亮出党员身份，树起先锋标杆”主题教育活动及“远学常德盛，近学张雅琴”实践活动，提升引领科学发展的能力。 （王香莲）

【“抢抓机遇与镇江跨越发展”征文活动】 2010年，市委宣传部、市委党校和市社科联共同组织“抢抓机遇与镇江跨越发展”主题征文活动，市各有关部门、驻镇高校、市属学会、市委党校等响应参与。累计有71个单位和部门参与，150位作者提交127篇文章。经评选，评出一等奖5篇，二等奖10篇，三等奖15篇。 （王香莲）

【创业型城市宣传】 2010年1月19日，全市召开“创建创业型城市”动员大会，市委宣传部围绕“宣传月”“培训月”“招商月”等主题月活动，开展“建设国家级创业型城市宣传日”活动、“建设国家级创业型城市”活动徽标征集活动、《创业之歌》大型广场文艺演出等，在省市媒体发表文章820余篇。 （何 俊）

【“三下乡”活动】 2010年1月25日，市委宣传部牵头组织市文化局、科技局、卫生局、司法局等26个部门组成“三下乡”慰问服务团到句容市茅山镇开展新年集中服务活动。活动组成文化、科技、卫生、法律、理论、贸易等六个分团，为农民群众提供种植、养殖、法律、卫生等多

方面现场指导和咨询服务，捐赠近40万元的电脑、书籍、光盘以及医疗器械等。（何 俊）

【特色宣传系列报道】 2010年先后对丹阳市新桥镇金桥村原党总支书记张雅琴、江苏科技大学教授景荣春等一批典型人物进行宣传。在市内各媒体推出多篇人物通讯；在中央、省级重要媒体如《人民日报》《光明日报》、新华社、《新华日报》等都在重要版面刊登相关报道。《光明日报》连续三天在头版位置刊登对景荣春教授的采访报道。围绕跨越发展的主题，先后在《人民日报》《光明日报》、新华社、央视等主流媒体刊登关于大项目建设、产业转型升级、民生建设、医改、扶持中小企业发展、高效农业、全民创业、文明城市创建等方面的报道。全年在中央级主流媒体刊登重要稿件约百篇，省级主流媒体三百余篇，其中《人民日报》13篇，新华社39篇，中央电视台20篇，《经济日报》3篇，《新华日报》头版头条8篇。（高小琪）

【"跨越征程"——"十一五"成就新闻宣传】 2010年，全市各新闻单位统一开设栏目"跨越征程"，回顾总结全市"十一五"期间在科学发展观的指引下取得的成就，将总结"十一五"与谋划"十二五"结合起来、将引导当前与着眼"十二五"开局结合起来宣传。报道从11月下旬推出，延续至年底，并与市委全会、全市"两会"新闻宣传相衔接。报道突出五方面：通过一组宏观经济数据展现镇江市跨越发展态势；狠抓产业结构转型升级提升城市核心竞争能力；推进"山水花园城市"建设取得重大突破；以人为本全方位提升民生福祉；锻造"自信自强、团结拼搏、奋勇争先、埋头苦干"的新镇江精神。报道内容为：一组数字折射跨越发展强劲态势、"千百亿"工程、南城北水建设、基础设施变化、全民创业、"青山绿水"工程、"大爱镇江"活动、文化繁荣发展增强城市软实力、"效能革命"推动机关作风转变。（高小琪）

【首届长江迷笛音乐节】 2010年10月1～4日，由市委宣传部、市文广集团、丹徒区政府、北京迷笛音乐学校主办，世业洲旅游发展总公司、镇江艺术剧院、北京迷笛演出公司承办的首届长江迷笛音乐节（第12届迷笛音乐节）在丹徒世业洲举办，世界各地57支摇滚乐队、近20个国家和地区以及全国30多个省市自治区的10万多名乐迷参加，现场门票收入超过300万元。镇江铁路客运量增长13%，收入增长60%。市区酒店宾馆客房入住率91%；近2万辆自驾游车辆进入世业洲旅游度假区，世业洲旅游度假区租出露营帐篷最高日达6300顶。（朱巍巍）

【镇江市文化发展绩效考核评价综合指数位居全省第三】 2010年10月，省委宣传部和省统计局对13个省辖市2009年的文化发展绩效综合考核，镇江市的文化发展绩效考核评价综合指数为83.62，位居全省第三，列苏州、南京之后。其中文化发展指数为35.32（居全省第二），政府投入指数为8.67（居全省第六），文化服务指数为25.07（居全省第四），文化消费指数为14.56（居全省第七）。文化发展绩效评价的内容包括文化发展、政府投入、文化服务、文化消费等四个领域。2010年，全市文化产业实现营业收入311.54亿元，增长29%；实现增加值76.49亿元，增长30.8%；新增文化产业投资36.65亿元，增长102.6%。"白娘子"爱情文化园、中国镇江醋文化博物馆等一批重大文化产业载体建成并投入使用，江苏睿泰科技总部、江苏尚阳科技有限公司、江苏名通科技有限公司、江苏恒华彩印集团等一批有自主知识产权和核心技术的高新型文化企业落户镇江。镇江市基本实现"县有两馆（图书馆、文化馆）、镇有一站（文化站）、村有一室（文化室）"的基层文化设施建设目标。全市53个乡镇（街道）文化站、600个行政村和226个社区文化活动室全部建成，农家书屋在全市所有行政村实现全覆盖。（朱巍巍）

【深圳文化产业招商】 2010年10月28日，镇江市在深圳举办第二届文化产业招商，海内外文化产业投资商200多人参加。招商会发布项目34个，总投资212亿元，签约22个、引入各类资本106.95亿元，涉及文化旅游、影视娱乐、网络文化、动漫软件、出版物发行、版权产权、包装装潢印刷等多个门类。签约的22个项目中，江苏科技文化产业园一期、东方伟业综合体、金逸娱乐世界等3个项目开工建设，进度最快的可望在2011年底建成投产。（朱巍巍）

【文化体制改革】 2010年，整合市文化局、市新闻出版局、市广播电视局的行政管理职能，组建市文化广电新闻出版局，全部实现管办分离。组建市文化广电产业集团和镇江报业传媒集团，进行资产重组，推进宣传与经营"两分开"。不再保留广播电视总台，取消市级电台电视台的分设建制，组建事业性质的广播电视台。推行以人员聘用制度和岗位管理制度为重点的用人制度改革。实行岗位绩效工资制度，建立与岗位职责、工作业绩、实际贡献紧密联系和鼓励创新的分配激励机制。成立市国有文化资产监督管理办公室，制订市属国有文化资产监督管理的具体办法和制度，完善市属国有文化资产监管的各项规章制度。对广电集团、报业集团等国有文化单位的重大投融资项目、国有产权交易等实施监管。（徐红军）

【"网上居委会"建设】 2010年8月，镇江在京口、润州两区首批40个社区试点建设"网上居委会"，为每个建制社区在"镇江论坛"（http://bbs.zj3000.cn）搭建网络交流平台。要求各社区明确1名社区干部以居委会名义"实名上网"并担任网络版主，并选聘条件符合的热门业主论坛版主共同担任版主。"网上居委会"为全省首创，是镇江市推行"网络发言人"制度之后，又一项"积极用网、科学管网"的创新举措。新华社、《新华日报》《半月谈》等新闻媒体进行报道。（束剑竑）

【网络发言人工作】 2010年9月，在首批56个网络发言人部门在线网络发言的基础上，全市115个部门在"镇江论坛"（http://bbs.zj3000.cn）开设互动版块，18个重点部门设专职网络发言人，基本实现对各职能部门和重点单位全覆盖。全年网络发言人共受理各类意见投诉9580多件次，在线回复率98.8%，问题办结率94%，网络发布《热点问题半月一告》20多期。（束剑竑）

【组织镇江第三届网民节活动】 2010年10～12月，镇江市委宣传部、镇江市互联网协会联合举办历时两个月的第三届网民节活动。网民节围绕"大爱、奋进、和谐"的主题，网上网下推出10多项参与性强、影响广泛的活动，10余万人次参与。组织"点击新跨越"大型网络宣传活动；组织"幸福的饭桌"网聚大爱慈善晚宴活动、"大爱系汶川"社会儿女与绵竹板桥老人"亲情连线"活动、"千里之爱、情系港城"镇江网友捐建连云港10所爱心图书室活动等；组织首届南山帐篷大会暨"我的城市山林"户外嘉年华活动等。12月，举办"给力2010"镇江网络年度颁奖典礼，评出年度"十大最给力网帖""十大最给力网络致敬""最给力网络群体、最给力网友"以及"十佳版主""十佳网民"等。1000多名网民和40多个部门领导参加，5万多人次观看网络视频直播。（束剑竑）

【"幸福的饭桌"慈善网聚活动】 2010

年11月5日，镇江举办“万达之夜”2010慈善网聚“幸福的饭桌”爱心晚宴。网络爱心群体、受助市民，以及企业家们以聚餐形式交流。活动由市委宣传部、市慈善总会、市红十字会、市互联网协会等共同主办，网络爱心群体具体承办。活动促成爱心企业家与镇江网络爱心群体“黄丝带”志愿者、“0511爱心家园”群体、“社会儿女”群体、“社会妈妈”群体等结对。慈善晚宴将纳入每年的“慈善宣传周”活动之中。（朿剑竑）

【首届南山帐篷大会】 2010年11月6日，镇江在南山西入口举行首届南山帐篷大会暨“我的城市山林”户外嘉年华开幕式，举办“华东户外运动基地”揭牌仪式。活动为期两天，现场开展“我秀我房”帐篷比赛，户外美食比赛、亲子游戏、自行车慢速赛、帐篷晚会等。各地“驴友”展示歌舞、小品、街舞、摇滚等才艺表演。镇江各大网络团体组织骑行“穿越南山”“徒步丈量南山”等活动。市和省内宁、扬、泰、苏、锡、常、通等城市的2000多名户外运动爱好者参与活动。（参见第187页）（朿剑竑）

【“跨江爱心助学沭阳贫困学童”活动】

2010年5月，镇江在沭阳扶贫的网友“橡皮头儿”网上发帖《帮帮孤儿寡母，挽救两个家庭》，引起网友关注。0511爱心家园网友赴沭阳实地核实了解，目睹当地贫困学童现状后，决定跨江开展“镇江网友爱心助学沭阳贫困学童”活动。7月，在网上开展“爱心10元捐”、结对帮扶等活动，并引发沭阳本地义工发起“大爱沭阳”之“我要上学”公益助学活动。8月，沭阳县委宣传部率领24名贫困学子到镇江回访。活动筹集近10万元捐款，沭阳首批28名贫困学童与镇江网友结对。（朿剑竑）

【镇江网友为连云港捐建10所爱心图书室】 2010年10月，0511爱心家园网友发起“让书香飘进爱的心田”活动，为连云港贫困地区援建10座爱心图书室。活动得到市外国语学校、市中山路小学、恒顺集团、新华书店、雷锋车队等10多家单位或组织的支持，募集2万多册图书以及一批物资。11月27日，镇江与连云港互动开展“千里之爱，情系港城”镇江网友捐建连云港爱心图书室大型公益自驾活动，市50多名爱心网友自驾17辆车赴连云港，将书籍送到10所贫困小学。（朿剑竑）

【党校教育】 2010年，镇江市委党校举办各级各类培训、进修班16期，培训1171人，完成主班次11期，培训706人，比上年增长60%。紧扣市委全会主题，开展研究式专题教学。多项成果被市“十二五”规划吸收。在第25期、26期县处班分别以“坚持创新驱动，实现后发先至”“加快转变经济发展方式，开创镇江跨越发展新局面”为主题，形成19个具体调研课题，80多项研究式教学成果。建立50多位专家学者组成的全市干部培训师资专家库。先后选派校内教师62人次参加各类人才培训班；组织29人参加事业技术人员远程教育培训。在全市范围内优选涉及岸线资源、区域发展、历史文化、新农村建设、自主创新、现代物流服务、和谐社会、公共管理八大类40个现场教学（科研）基地。开发7个主题10余个成熟现场资源。“金山佛教文化”“金东循环经济”“韦岗铁矿循环经济”“焦化厂循环经济”“西津渡城市保护与开发”“行政服务中心公共行政”等现场教学资源在第25、26期县处班、徐州班、村官班等主体班以及宁波公务员培训班、秭归党务干部班上，产生良好效果。形成“专题辅导＋现场体验＋专家点评＋党性分析”的基地化党性教育模式，利用中组部“三大干部学院”等第二课堂，组织第25、26期县处班赴延安干部学院开展现场培训。

2010年形成各级各类科研成果共计152项。正式出版著作5部：《跨越发展战略的深思》（彭智勇著，中央文献出版社）、《江苏率先发展研究——镇江的实践与探索》（王华、戴子刚主编，社会科学文献出版社）、《全面突破发展的“两大瓶颈”——实施节约能源与生态环保发展路径研究》（孙忠英著，经济科学出版社）、《江苏经济转型探索》（戴子刚著，黑龙江人民出版社）、《加快转变县域经济发展方式研究》（姚永康著，江苏大学出版社）。公开发表论文107项，其中在一类重点核心期刊发表成果1项，二类重点核心期刊发表成果2项，三类重点核心期刊发表成果6项，普通核心期刊发表成果19项。与上海社科院合作的上海世博与江苏旅游课题成果被省委、省政府内参刊发。两个与中央党校报刊社合作课题（“镇江新市镇”建设及“山水花园城市”建设）形成初步成果。全校教职工参与各级各类科研调研人数占全员人数60%以上。全年下发科研业务指导性资料11项，与省委党校、市图书馆等单位数据资源共享。在省级和国家级普通期刊发表论文成果22项；在地市级报刊发表论文24项；形成立项课题结项报告35项；形成12项入选省级与地市级学术会议交流论文。全校累计获得地市级及其以上党委与政府立项课题11项（其中包括：省委党校7项、地市级4项）；校级课题立足镇江跨越发展现实问题研究，设立课题49项，一批成果被有关部门吸收采用。与市委宣传部、市社科联合作，在全市范围内组织“抢抓机遇与镇江跨越发展”征文活动和研讨会，收到论文120余篇。编辑出版《镇江党政干部论坛》6期；年初创办《决策参考》，编发5期；编发《信息快车》8期；编纂研究文集3册；编辑主体班学员调研报告20篇。

2010年，函授停止招生后，拓展网络教育，在党校设立南京大学、哈尔滨工业大学、华东师范大学、北京对外经贸大学4所网院总计招录新生417人，网大在校生达1017人。与徐州师范大学、扬州教育学院、江苏省青年管理干部学院联办成人高等教育，全年录取100人，在校生281人。在职研究生教育方面，2010级省委党校政治经济学专业报名102人，录取75人，注册73人；2010级中央党校经济学专业，注册25人。4个年级6个班在校学员共371人。新增国家心理咨询师职业资格培训班2期，新增学员36人，在校人数达到102人；与组织部联合开办南农大农业推广硕士班，组织47人参加考试面试。（张文斌）

纪检监察

【概况】 2010年，全市各级党政组织和纪检监察机关贯彻党的十七届四中、五中全会精神，务实推进全市反腐倡廉各项工作。

围绕中央和省、市委提出的“扩内需促增长、调结构促转型、惠民生促和谐”的要求，加强监督检查，保证各项重大决策部署的贯彻落实。全市扩大内需促进经济增长政策落实情况得到中央检查组肯定。围绕打造全省“收费标准最低、办事效率最高、服务态度最好”发展环境的要求，开展对政策制定情况的督查和行政行为案例的抽查。市、县两级初步建成与电子政务相匹配的电子监察系统。

围绕惩治和预防腐败中的薄弱环节，从市和辖市（区）党委到市和辖市（区）机关部门以及各基层单位三个层面，初步建成以制度建设为载体、以权力制约为核心、以解决问题为标准的惩防体系基本框架。创新建立党务公开绩效评价机制，重要权力节点监控机制，县处级领导班子、领导干部面向社会公开述职述廉制度，对司法机关党组织和党员干部的监督机制，市级招投标廉政监管机制和工作问责办法，政府采购工作的科学监管机制等一批重要制度。

学习宣传和贯彻落实《廉政准则》，邀请中纪委专家到镇江给全市县处级以上领导干部作专题辅导，编辑《廉政准则图解》，由红旗出版社出版，党员领导干部人手一册，组织知识测试。拍摄警示教育片《腐败沉沦警示录》，在全市领导干部警示教育大会和机关单位内部播放。开展廉政文化"六进"先进地区（系统）争创活动，举办反腐倡廉美术工艺作品评比等。全年全市有206名党员干部主动上交礼品礼金，折合人民币193.4万元。将"小金库"专项治理向国有及国有控股企业和社会团体延伸，重点领域和重点单位检查面超过20%。开展制止公款出国（境）旅游专项工作，实际出访人数占全年计划的59%。全年"三公"（公款出国、境，公务用车，公务接待）等开支下降15%。

2010年，全市各级纪检监察机关收到信访举报821件（次），立案299件，给予党政纪处分301人。查处县处级党员领导干部案件6件，乡科级党员干部案件45件，挽回经济损失3213.3万元，为177名党员干部澄清是非。建立信访督办"三定三促进"机制（定程序，促进信访督办的规范性；定期限，促进信访督办的时效；定责任，促进信访督办的严肃性）。加强对办案人员的集中培训，包括提高案源线索能力、初查初核能力、突破案件能力和审理案件能力。

专项治理工程建设领域突出问题，对重点案例进行梳理排查和跟踪抽查，抽查面50%。开展对教育收费、医药购销和医疗服务等领域的专项治理，省以上教育收费投诉下降20%。清理规范行业协会和各类庆典、研讨会和论坛。专项检查强农惠农补贴资金和涉农收费情况。加强监管社保基金、住房公积金、扶贫资金和救灾救济资金。开展五大服务行业民主评议活动，发挥党风党纪监督员和特邀监察员的参谋咨询和监督作用。"行风热线"被评为全省十大优秀栏目。

组织开展"模范履职、文明执纪"集中学习教育活动，针对每个纪检监察工作岗位，建立岗位责任制和岗位责任追究制。开设学习讲堂，组织境外培训。规范和加强派驻机构统一管理工作，强化对派驻干部的考核管理。针对每个纪检监察工作岗位，建立岗位责任制和岗位责任追究制。（王　勤）

【"十一五"纪检监察工作概要】 "十一五"期间，全市党风廉政建设和反腐败工作取得明显成效。加强对中央和省、市重大决策部署贯彻落实情况的监督检查。强化党内民主监督，推动党务公开工作始终走在全国前列，先后两次被评为全国党务公开工作联系点先进单位。结合镇江实际，落实《建立健全惩治和预防腐败体系2008～2012年工作规划》和省委《关于贯彻落实中共中央〈建立健全惩治和预防腐败体系2008～2012年工作规划〉的实施办法》，建成具有镇江特色的惩防体系基本框架。建立并实施党风廉政建设责任制的落实机制、政府采购工作监管机制、后备干部和拟提拔干部个人及家庭财产申报机制、县处级领导班子及领导干部面向社会公开述职述廉制度、重要权力节点监控机制、对司法机关党组织和党员干部的监督机制等一批反腐倡廉制度，先后有四项制度获得全省纪检监察工作创新奖。开展对政策制定情况的督查和行政行为案例的抽查，全市行政行为合格率98.3%，镇江市被台湾区电机电子工业同业公会（以下简称台湾电电公会）确定为投资"极力推荐"城市。坚持开展党员干部主题教育活动和警示教育活动，建立新上岗领导干部党风廉政集中教育培训制度，强化《中国共产党党员领导干部廉洁从政若干准则》的学习贯彻，培植26个廉政教育基地，创建33个省级廉政文化"六进"（进机关、进学校、进社区、进农村、进企业、进家庭）示范点和458个市级示范点。"十一五"期间，全市立案查处各类违纪违法案件1619件。开展工程建设领域突出问题专项治理、"小金库"专项治理和制止公款出国（境）旅游等专项工作。治理教育乱收费，加大医药"双纠"（纠正医药购销和医疗服务不正之风）工作力度，在全省率先开展医德医风电子档案考评，在全市推行药品采购"比价遴选"，药品采购进价与售价均低于全省平均水平。"政风行风热线"先后两次被评为江苏省十大优秀栏目。针对每个纪检监察工作岗位，建立岗位责任制和岗位责任追究制，从制度上保证纪检监察干部模范履行岗位职责。2010年，市纪委、监察局被评为全市跨越发展有功单位。（王　勤）

【全面建立重要权力节点监控机制】 2010年，按照中央提出的权力要相互制约、相互协调的要求，全市所有县处级党政机关以及城投、交投、水投、风投四大国有投资公司，围绕本单位人权、财权、物权、事权等重要权力，对梳理出的268项重要权力的关键节点建立有效监控办法，适宜公开的，通过党务政务公开，实现民主监督；暂不适宜纳入公开范围的权力节点，建立向领导书面报告和向专门监督机关报备制度，同时建立违反监控机制的处理办法，确保制度的执行力。（王　勤）

【领导班子及其成员面向社会公开述职述廉制度】 2010年，按照市委要求，不断改进社会参与评判的方式方法，提高采信度，全市抽取20个党政部门进行公开述职述廉，网络点击超过3.5万人次，收集网民意见建议320条，社会的参与度和所提意见建议的质量均有提高，强化对干部的监督约束。（王　勤）

【探索建立政府采购工作的科学监管机制】 2010年，建立政府采购绩效评估机制和政府采购权力节点的监控机制，从制度层面规范政府采购行为，用市场同期价格来衡量政府采购的绩效，提高政府采购资金效益。建立从财政局领导到分管处室、政府采购中心等各个层面的工作问责制度。全年政府采购项目抽查面超过50%，与市场价相比节约政府采购成本1400万元。这项工作获全省纪检监察创新工作二等奖。（王　勤）

【建立适应市场经济条件的中介组织新型管理机制】 2010年，全市同行业中介组织达到10家以上。建立和完善中介组织星级信用评价制度，按照1～5星级进行信用评级，评价结果向社会公开。规定凡是参与财政投资的中介组织资质要达到三星级以上才有资格参与招标。截至年底，镇江市中介组织收费标准下降40%，服务时效提高30%。（王　勤）

【问责制度的规范化建设】 2010年，全市各级各部门结合每个岗位特点，修订工作岗位责任制，并建立与之相匹配的工作责任追究制，制定违反制度的罚则、案例抽查办法、审理程序以及统计分析等一系列规范性措施。全市对党风廉政、环境保护、违法建设、拆迁安置等方面不作为、乱作为、失职渎职、造成不良后果的156名党员领导干部给予责任追究，其中县处级领导干部9名，科级干部107名，并选择典型案例向全市各部门进行通报。（王　勤）

【打造全省"三最"发展环境】 2010年，围绕打造全省"收费标准最低、办事效率最高、服务态度最好"发展环境城市的要求，开展对政策制定情况的督查和行政行为案例的抽查。会同有关部门建立涉企收费网上监控系统，年取消和减免不合理、不合法收费项目49项7318.7万元。加快行政审批制度改革，全市即办件事项增加63%，承诺件平均时限由11.5个工作日压缩到8.3个。市、县两级初步建成与电子政务相匹配的电子监察系统，坚持日常网上巡查，督办率100%，获得省考核优秀等级。年底抽查全市2116件行政案例，合格率达98.3%。（王 勤）

统战工作

【概况】 2010年，全市统一战线开展"聚力助推跨越发展、创新服务后发先至"主题活动；围绕"推进城乡统筹发展，加快推进新市镇建设""大力发展战略新兴产业，推动我市经济转型升级"和"加快推进创业型城市建设"等重点课题，组织民主党派、工商联和无党派代表人士调研，提出建设性意见和建议50多条；接待海内外知名人士13批40余人到镇江参观考察投资；组织市、县两级统战部和工商联领导班子成员，学习贯彻《中共中央国务院关于加强和改进新形势下工商联工作的意见》精神，组织集中收看"全国加强和改进工商联工作"和"引导非公有制经济人士回报社会感恩行动"电视电话会议，研究加强新形势下工商联工作的意见；做好全市非公经济组织学习实践科学发展观活动，会同组织部下发《关于在全市实施千名民营企业家后备人才计划的通知》，在非公有制经济组织中开展创先争优活动；帮助民营企业开通APEC商务卡畅通对外贸易渠道，通过在工商银行开办"银建宝"，在江苏银行开展"企业联保"和设立互助担保资金、成立投资担保公司等形式，解决民营企业融资难问题；在京口区召开全市社区商会建设现场会。

2010年召开双月座谈会3次、情况通报会4次、重要人事安排通报协商会1次，就事关"坚持科学发展、实现镇江发展新跨越"的重大问题，听取各民主党派、工商联主要负责人和无党派代表人士的意见。2009年9月～2010年2月，开展非公有制经济组织学习实践活动。全市4637个非公企业及其党组织、25240名党员参加第三批学习实践活动。向市公安局新推荐9名民主党派成员，担任"警风警纪监督员"，全市政府部门共聘请民主党派成员和无党派人士担任特约人员59人。开展树立和践行社会主义核心价值体系活动。组织召开"市各民主党派、工商联和无党派人士服务跨越发展座谈会"，在领导班子中开展年度述职和民主测评。全年各民主党派共发展新成员133人，至年底，全市共有民主党派成员2540名。

做好民族宗教工作。在丹徒区世业镇卫星民族村开展"致福工程"。组织召开纪念《宗教事务条例》颁布实施五周年座谈会。会同宗教部门帮助爱国宗教团体制定落实后备人员培养计划，加大宗教团体负责人培训力度，做好全国道协第八次代表会议镇江代表、理事、常务理事的推荐工作。协助宗教部门专门出台有关文件，规范对各类宗教房产的拆迁。协助市基督教两会做好新基督教堂筹建工作。举办"民族宗教与和谐社会建设"专题报告。贯彻落实省委统战部、省宗教局《关于评比表彰全国、全省创建和谐寺观教堂先进集体和个人的通知》精神，引导宗教界人士和信教群众开展和谐寺观教堂创建活动。

开展党外代表人士队伍建设专题调研，了解和掌握全市党外代表人物队伍的现状、特点及成长规律，提出加强党外干部工作的对策建议。配合省委统战部开展党外代表人士综合评价指标体系课题调研，提出完善党外代表人士综合评价体系的意见。制定无党派人士政治引导长效机制。规范统战系统干部人事工作，出台市各民主党派、工商联领导班子和统战系统机关干部选拔任用工作操作流程。配合市委组织部做好全市党外后备干部集中调整工作，推荐选拔一批党外后备干部，市监察局、市文广集团安排两名党外领导干部。

2010年5月19～21日，市委统战部举办全市统战系统机关干部业务培训班，主要学习机关公文的起草、办理、会议承办、机关保密、新闻宣传、调查研究、干部考察等实际工作和基础理论。各辖市（区）委统战部、市各民主党派、统战团体机关干部30多人参加培训。完善统战信息宣传工作考核办法，全年被中央和省录用信息70多条，刊登稿件被市以上采用200多篇。（於光辉）

【开展树立和践行社会主义核心价值体系活动】 2010年，全市各民主党派开展树立和践行社会主义核心价值体系是中国特色社会主义主题学习教育活动。3月19日，召开民主党派学习践行社会主义核心价值体系联合动员会。8月11日和12月14日，分别组织民主党派、工商联负责人和无党派代表人士，收听收看中央统战部召开的"社会主义核心价值体系学与行"和"身边的榜样——树立和践行社会主义核心价值体系先进人物事迹报告会"电视电话会，邀请省委党校专家作社会主义核心价值体系专题辅导报告，举办党派新成员培训班、骨干培训班、知识竞赛和开展向先进人物学习等系列活动。（於光辉）

【创办《党派建言》内刊】 2010年2月，市委统战部创办《党派建言》内刊。内刊主要征集整理民主党派、工商联和无党派人士围绕市委、市政府中心工作和社会关注的热点难点问题，提出建设性意见和建议，送市四套班子领导审阅。内刊根据工作需要，适时发行。（於光辉）

【社区商会建设现场会召开】 2010年11月23日，全市社区商会建设现场会在京口区举行。与会人员参观京口区象山镇东风社区商会创业基地、四牌楼街道香江花城社区商会以及京口区各社区商会图片展，听取京口区社区商会组建运行的做法。会议总结京口区社区商会建设的做法和经验，对全市社区商会建设进行部署。各辖（市）区委统战部和工商联负责人参加会议。（於光辉）

【举办非公有制经济人士思想政治工作经验交流会】 2010年12月16日，市委统战部、市工商联召开全市非公有制经济人士思想政治工作经验交流会。会议总结近年来开展非公有制经济人士思想政治工作的经验和做法，贯彻落实《中共中央、国务院关于加强和改进新形势下工商联工作的意见》。会议收录论文20篇，句容市委统战部、京口区工商联、润州区民发委、丹阳市云阳镇党委和镇江万新光学眼镜有限公司党委作交流发言。各辖（市）区委统战部、工商联负责人和部分民营企业及基层商会代表参加会议。（於光辉）

台湾工作

【概况】 2010年，新批台资企业27家，总投资5.53亿美元，合同利用台资3.66亿美元。单个项目平均投资规模达到2048万美元。其中，总投资在1000万美元以上的企业15家，占新批台资企业总数的55.5%。牵线台湾肥料股份有限公司等台湾地区知名企业到镇江投资，促成江苏大学汽车学院与台湾电电公会签订产、学、研合作框架协议。促成台湾奇美公司在镇江增资7个项目，总投资超过2亿美元，5个项目开工建设；推进促成台湾明景科技公司投资1亿美元的LED路灯生产项目，台湾帝宝公司一期投资1亿美元的帝宝五星级酒店项目，台湾立曜电器股份有限公司投资1亿美元生产LED汽车灯具项目，台湾柏霆光电科技有限公司与巨宝的配套项目等均在上半年开工建设；台湾巨宝三期、台泥三期各5000万美元的投资正式启动，台湾标鎷集团在丹徒区投资的2500万美元新型建材项目竣工投产；丹阳江苏天工工具有限公司出资123万美元与3家台资企业在台中市合资成立新正工股份有限公司，总投资616万美元，从事五金、建材批发和国际贸易等，成为江苏获批在台投资的唯一一家合资企业，刷新镇江市在台湾投资的零纪录。

依法保护台商合法权益，组织市台协先后与市中级人民法院、市妇联、市出入境检验检疫局、市人力资源和社会保障局、市总工会、镇江海关等多家部门举行6场业务知识和政策法规培训，台商投诉、求助案比上年同期下降44%。完成全市各辖市（区）台协联委会成立工作。全市全年接待到镇江旅游、经商、考察、探亲的台胞4010人次：其中，市台办接待到镇江考察、交流访问的团组56个1688人次。先后分别邀请中国国民党荣誉主席连战、台湾新党秘书长李胜峰等率台湾政坛上层人士到镇江访问，邀请接待重要团组12个292人次。以行业公会和知名企业的交流为主：台湾电电公会、台北商业会、新竹商会、台湾电脑同业公会、旺旺集团、都市置业、台北101金融大楼股份有限公司、新营农会以及台湾肥料股份有限公司、台湾明华园戏剧总团等知名行业公会和龙头企业先后组团到镇江考察。完成自组赴台团组93个597人次。其中，经贸团32个228人次，企业赴台培训、交流团组47个294人次，文教、卫生交流参访团组14个75人次。赴台团组数和人次双双刷新纪录。

引进人才培训合作：在2009年牵线台湾电电公会与镇江新区实施招商人才培训试点的基础上，扩大与市委组织部、商务局、丹阳市等单位和部门的合作，实施招商人才和企管人员就地培训、赴台深层考察活动，100人参训。邀请台湾屏东市市长叶寿山率屏东市乡、镇长和部分农民企业家组成的台湾中南部乡民代表团一行29人到镇江交流参访。与有关部门配合，协调处理各类涉台信访11件，接待台胞、台属来访23人次。

宣传党的对台方针政策，通过与当地报纸、电视、电台及《两岸关系》、中国台湾网、华厦经纬网、江苏与台湾等重要涉台媒体的合作，全年在各类媒体上用稿145篇次。抓住江苏台湾周、“月是故乡明”中秋晚会等重大涉台活动契机，邀请岛内东森、中天等主流媒体2批次共9名记者到镇江采访。利用赴台交流契机，会同有关部门编印宣传镇江的画册、投资指南等，进行入岛宣传。利用接待机会，精心编印接待手册，全方位介绍镇江历史、文化、经济发展及人文、旅游、交通等优势资源，大力推介宣传镇江投资环境。制作《镇台大交流》三集电视系列片和《服务台商》电视专辑，在新闻镇江栏目播放。结合两岸经济合作框架协议签订后出现的经贸交流新形势，形成《台资企业转型升级的对策研究》《镇江市承接台湾地区高效农业能力分析及对策建议》《把培训引入对台招商引资模式的尝试》《镇江市着力推进“台湾江苏周”签约项目落实》等调研、交流文章，并在省内重要涉台刊物上刊登。2010年，市台办首次跻身全市100家有功单位。（章邦勇）

2010年台湾主要团组考察访问镇江情况表

表4-3

到访月日	团组及领队	参观访问内容
1月24日	台湾电电公会副理事长郑富雄率光电商务考察团一行17人	考察镇江新区、扬中市光电产业
2月13日	台湾新党秘书长李胜峰一行3人	考察镇江城市建设
3月9日	台湾肥料股份有限公司董事长钟荣吉一行13人	考察镇江现代农业
3月24日	台湾明华园戏剧总团总团长陈胜福一行9人	洽谈文化产业合作
4月24日	台湾新竹市商业会理事长黄全财一行27人	考察镇江投资环境
4月25日	台湾职业工会联合总会理事长蔡明镇率台湾中南部乡民代一行29人	考察镇江投资环境
9月16日	中国国民党荣誉主席连战及夫人连方瑀一行29人	考察镇江历史文化
9月16日	中国国民党廉能委员会主任委员张博雅一行6人	考察镇江投资环境

（章邦勇）

“十一五”对台交流合作表

表4-4

年份	新批台资项目（家）	总投资（亿美元）	协议利用台资（亿美元）	接待台湾重要团组（个/人次）	赴台考察团组（个/人次）
2006	56	6.3	3	53/655	12/38
2007	47	4	2.47	68/475	30/103
2008	45	5.85	3.31	41/276	20/67
2009	46	9.78	5.34	32/292	49/246
2010	27	5.53	3.66	56/1688	93/597
合计	221	31.46	17.78	250/3386	204/1051

（章邦勇）

【中国国民党荣誉主席连战率团访问镇江】 2010年9月16日，中国国民党荣誉主席连战及夫人连方瑀一行29人到镇江参观访问。随同访问的有：中国国民党中央评议委员会主席团主席徐立德，中国国民党副主席林丰正，中国国民党中央评议委员会主席团主席丁懋时，中国国民党国政基金会副董事长蔡勋雄，中国国民党国政基金会执行长蔡政文等。参访团参观金山风景区、金山湖景区、镇江博物馆、西津渡历史街区和镇江规划展示馆，并观看《超炫·白蛇传》。（章邦勇）

【台湾电电公会光电商务考察团参访镇江】 2010年1月24～25日，台湾电电公会组织“光电商务考察访问团”一行17人应邀考察镇江市。考察团由公会副理事长郑富雄率领，成员大部分是光电产业的企业负责人，考察扬中辉煌硅能源公司，参加扬中市举办的光电产业推介会，提出寻求合作的意向。电电公会副理事长、顺光股份有限公司董事长林志中表示电力电器项目将再次安排到镇江进行深度考察。台湾考察团参观访问镇江新区，参加新区光伏产业推介会。（章邦勇）

【台湾新党秘书长李胜峰到镇江参访】 2010年2月13日，台湾新党秘书长李胜峰先生偕夫人一行3人在省台办联络处领导陪同下到镇江参访，重点考察镇江的城市建设情况。市委副秘书长褚祎接待并陪同。（章邦勇）

【台肥董事长钟荣吉率团考察镇江】 2010年3月9日，以台湾肥料股份有限公司董事长钟荣吉先生为团长的台湾农业考察团一行13人到镇江考察。副市长曹当凌会见考察团一行，介绍镇江农业发展情况及镇江市近年来发展高效农业取得的成绩和未来几年农业发展规划。考察团重点参访京口区共青团农场，句容龙源有机农场等，并与句容市达成生态有机肥合作意向。（章邦勇）

【明华园戏剧总团到镇江考察】 2010年3月24日，省委常委、宣传部长杨新力，市委书记许津荣会见专程到镇江考察明华园戏剧总团总团长陈胜福一行。

镇江是国家级非物质文化遗产保护项目民间传说《白蛇传》的发源地。陈胜福表示明华园希望通过与镇江在合作演出《超炫·白蛇传》的基础上，开展更为深入的文化产业合作，推动台湾与镇江在文化产业发展上的交流互动。

台湾明华园戏剧总团创立于1929

年,是台湾规模最大、最著名的歌仔戏团之一,被联合国教科文组织推荐为台湾地区“奇特家庭代表”。2003 年,明华园创作歌仔戏《白蛇传》,以空前壮观的舞台视觉景观和奇幻华丽的舞台特效,创下亚洲户外戏剧观赏人数最多的纪录和单场演出超过十万观众的纪录。2009 年 11 月,在“台湾江苏周”活动期间,镇江市主要领导和相关部门专门拜访了明华园戏剧总团,双方就合作打造大型户外剧《超炫·白蛇传》进行商谈。陈胜福除对合作演出《超炫·白蛇传》进一步推进外,还就相关延伸合作项目进行商谈。（章邦勇）

【台湾新竹市商业会交流参访团到镇江考察交流】 2010 年 4 月 24 日,由台湾新竹市商业会理事长黄全财率领的交流参访团一行 27 人到镇江市进行参观考察。参访团考察新区大学科技城、参观镇江义乌小商品城等,参加丁卯高创中心交流座谈会。新竹市商业会表示与新区大学科技城在科技、商贸等领域共同建设台湾街的合作意向。25 日,新竹参访团考察金山宝地、长江新天地等项目。此外,参访团还游览镇江南山风景区、金山风景区,参观西津古渡和博物馆等。理事长黄全财在润州考察期间,以个人的名义向润州区慈善总会捐款,表达对玉树地震灾区的捐助和慰问。

新竹市商业会成立于 1983 年,会员由成立之初的近百家,发展到 1000 多家,是新竹市重要的工商社团组织,也是镇江市与台湾新竹市开展结对交流的窗口,是镇江市与新竹科学工业园区交流合作的桥梁。此次参访团成员除包括该会重要骨干成员前理事长李武夫先生,副理事长蔡政富先生及常务理事和理监事等还有新竹市议会副议长及几位议员。参访团成员在企业任董事长的达 80%,产业涉及面宽,新兴产业和商贸服务业居多。（章邦勇）

【台湾中南部乡民代表团首次到镇江交流参访】 2010 年 4 月 25 日,以台湾职业工会联合总会理事长蔡明镇先生为团长的台湾中南部乡民代表团一行 29 人到镇江交流参访。参访团在镇江期间,游览金山、北固山景区,参观镇江市容市貌。

本次参访团成员中,大部分来自台湾屏东市,其中包括屏东市市长叶寿山先生以及屏东市相关乡、镇长和部分农民企业家。这是镇江市首次与台湾屏东市交流,拓展镇江市与台湾中南部地区交流合作的空间。（章邦勇）

【镇江台湾歌仔戏经典剧目《超炫·白蛇传》上演】 2010 年 9 月 16 日晚,有“东方戏剧传奇”之誉的台湾明华园歌仔戏《超炫·白蛇传》在镇江惠龙港上演。由江苏省文化厅、镇江市委宣传部、镇江市台办、润州区人民政府、镇江市文广集团等多家单位联合举办。明华园与镇江市联合打造的《白娘子传奇》,作为大陆唯一的定幕剧演出,落户金山湖景区。

演出历时 150 分钟,采用多银幕设置,舞台影视特技制作,百吨江水喷射而出,水幕中,白娘子和小青凌空而降,重现“水漫金山”的经典场景。中国国民党荣誉主席连战,海协会常务副会长李炳才,省委副书记、组织部长王国生,省委常委、宣传部长杨新力,市领导许津荣等与来自岛内外 1000 多名台商和各界人士约 2 万多人观看演出。（章邦勇）

【苏台(镇江)能源产业合作洽谈会】 2010 年 9 月 18 日,被列为“江苏台湾周”十一项专题活动之一的苏台(镇江)绿色能源产业合作洽谈会在镇江碧榆园开幕。活动由市政府主办,台湾电电公会协办,邀请台湾新能源、新光源、电子信息、汽车电子、节能环保等产业的知名企业,以及台湾研发机构和行业协会近 200 名客商到会,其中新客商占 85%,董事长和总经理级高层客商占 82%,有投资意向客商占 61%。到会的重要嘉宾有:国民党廉能委员会主任委员张博雅、台湾电电公会副理事长郑富雄、全国台胞投资企业联谊会常务副会长叶宏灯、中华台商协会名誉会长赖文鑫等。

洽谈会介绍镇江绿色能源产业情况和发展规划,台湾电电公会介绍台湾绿色能源企业情况及规划,部分台湾知名企业家、工业和经济研究机构专家就两地合作,发展绿色能源产业作专题讲演,镇江奇美公司代表落户企业发言。

薄膜太阳能电池、LED 太阳能路灯、碳纤维材料制造、光伏组件等 9 个绿色能源项目集中签约,总投资 5.78 亿美元。镇江市还有采购金额 1.4 亿美元的太阳能硅片对台采购等 3 个项目参加省里的集中签约仪式。洽谈会期间,达成绿色能源及新兴产业合作意向 50 多个。获取新项目信息 20 多个,包括薄膜太阳能研发中心、纳米陶瓷、LCD 驱动封装、发光二极管外延片和芯片等 10 多个新能源及高新技术产业项目,还有大型商贸中心等新兴商贸项目。（章邦勇）

【镇江市南方农业招商项目发布会】 2010 年 5 月 16～25 日,镇江市组织在厦门、深圳两地举行农业项目发布会,岛内及大陆各地的 87 名台商参加(厦门 59 人,深圳 28 人)。签订台资农业项目 8 个,总投资约 8950 万美元,其中,集中签约项目 5 个,总投资 6450 万美元,非集中签约项目 3 个,总投资 2500 万美元。集中签约的包括丹阳市天禾生态农业科技有限公司与台湾恒州实业化工有限公司合作的蝴蝶兰培育、研发、销售项目,总投资 8000 万港元;落户丹徒区的森茂(江苏)生物科技食用菌三期增资项目,新增投资 500 万美元;台湾肥料有限公司投资句容市边城镇的生物肥料生产项目,总投资 2000 万美元;台湾大甲牧业与丹阳康力乳制品有限公司合作的乳制品研发项目,总投资 2000 万美元;台湾(深圳)永旭公司在句容农业科技园投资的农产品种养、生态观光、休闲项目,总投资 6800 万元。非集中签约的项目包括台湾中兴有限公司与京口区皇中皇生态科技蜜蜂园合作的蜜蜂饲料加工项目,总投资 3000 万元;台湾立曜集团与丹阳吕城镇合作的粮油物流、仓储、加工项目,总投资 1.2 亿元;台农农业科技有限公司在句容郭庄镇设立的葡萄种植、销售、观光旅游项目,总投资 4000 万元。（章邦勇）

机构编制

【概况】 2010 年 2 月 5 日,中共镇江市委、镇江市人民政府《关于印发〈镇江市人民政府机构改革实施意见〉通知》规定,镇江市机构编制委员会办公室单独设置,仍列市委机构序列,既是市委工作机构,又是市政府工作机构。全市机构编制工作以深化行政管理体制改革、推进事业单位改革为重点,带动和促进各项工作开展。一是完成市政府机构改革任务。5 月底前,市政府 38 个部门的“三定”规定全部出台。6 月底前定员定岗全部到位。镇江市的经验做法在全省编办主任会议上作交流发言。二是完成辖市(区)政府和乡镇机构改革。10 月底前,县、乡两级机构改革完成。11 月,组织检查验收,并被省列为免予检查验收的单位。三是稳慎推进事业单位改革。结合政府机构改革,对 130 多家事业单位的隶属关系进行调整,对 28 家事业单位进行整合,开展全市城乡基层医疗机构的定编工作。四是加强机构编制管理和服务。提请市编委出台《关于进一步加强市级机关事业单位人员编制使用管理的通知》,规范和理顺市级机关事业单位申请使用编制的程序、方法。镇江实名制管理经验做法在 5 月召开的全

国机构编制实名制管理工作经验交流会上作交流发言。（吴业辉）

【行政事业管理体制改革】 2010年主要做了三方面工作：一是对公安专门机构进行清理。根据上级有关要求，撤销市公安局城管分局，组建市公安局直属分局。二是对政府驻京办进行清理。严格向省里履行报批手续，保留市本级政府驻北京联络处，对三个辖市和丹徒区的驻京机构予以撤销。三是推进公共卫生和文化服务改革。开展全市城乡基层医疗机构的定编工作，参与康复、江滨两大医疗集团以及文化广电集团、报业传媒集团的组建整合工作。（吴业辉）

【机构编制管理】 根据2010年4月23日市政府常务会议和市编委联席会议精神，提请市编委出台《关于进一步加强市级机关事业单位人员编制使用管理的通知》，对市级机关事业单位申请使用编制的程序、方法以及各相关部门的职责进行规范和理顺。开展机关事业单位编制使用计划申报工作，汇总分析后提出初步意见并报编委会审定。在日常工作中，对增设机构、增设人员编制和领导职数按要求进行认真审核，严格把关，有效遏制机关事业单位人员无序增长，确保机关事业单位人员连续多年负增长。

（吴业辉）

【事业单位登记管理和中文域名注册】 2010年，完成2009年度事业单位年检工作。全市共年检事业单位1747家，其中市直394家。结合年检，办理变更登记285家，设立登记9家，注销登记10家。推进政务和公益中文域名注册审核工作，在机构编制网站开设政务和公益域名注册管理专栏，开通政务和公益域名网上注册申报入口，编写详细的《中文域名注册操作手册》供各单位查阅。全市申报注册中文域名399个。

（吴业辉）

信访工作

【概况】 2010年，市信访局受理群众来信3624件，其中有效初信2746件，已妥善处理1152件，办结率97.4%。重复信比上年下降90%。市人民来访接待中心接待来访群众2679批13062人次，比上年批次下降12.8%，人次下降29.7%，其中集访404批10541人次，比上年批次下降29.1%，人次下降30.9%。群众信访反映的主要诉求有：旧城改造、城中村改造等城镇建设征地拆迁类矛盾；企业职工工资福利待遇和企业改制遗留问题；环境污染问题；因城际高铁建设项目引发的债权纠纷问题；因涉军、乡村医生、农村电影放映员等群体引发的特殊利益群体信访问题。

市信访局联合市国资委、住建局、国土局、交通投资公司等部门，围绕企业改制遗留问题、房屋拆迁回迁安置、临时安置补助费等问题开展专题调研，形成《当前影响全市信访稳定的几个问题》的调查报告。全市排查各类矛盾纠纷3694余件，化解2986件，化解成功率达81.3%。中央、江苏省交办的信访案件184件，按期办结率100%；市委办公室、市政府办公室4次集中向信访事项责任单位书面交办信访案件215件，承办单位按期办结率91%；通过答复、复查、复核信访三级程序终结信访事项16件，报省终结认定无理信访事项4件。处理全国信访信息系统网网上投诉信访事项134件。

2010年，继续开展以“无进京集体访和去省重复集体访、无历史遗留信访案件、无因信访问题引发的有影响事件”为目标的“三无”创建活动。1月，市信访工作领导小组表彰45个2009年度“四无”乡镇、街道、开发区和41个信访工作先进集体，以及87名信访工作先进个人。8月初，召开“四无”乡镇（街道）创建工作推进会，集中约谈10个信访量较大的乡镇（街道）领导。对应该解决而未解决到位或诉求已经处理到位但确有实际困难的上访群众，通过提供救济、纳入低保、安排岗位、走访慰问等形式，帮助他们解决实际生活困难，使他们自觉停诉息访。全年自筹信访救助资金280余万元，救助帮扶85名困难信访群众。

2010年1月，市信访工作领导小组下发《关于表彰2009年度信访工作先进集体和先进个人的决定》，表彰丹阳市云阳镇等45个“四无”乡镇、街道、开发区和41个信访工作先进集体以及张凤华等87名信访工作先进个人。8月，下发《关于依法规范新行政中心信访秩序的工作建议》，要求建立一支行政中心安全保卫大队，健全现场处置、来访接待、责任追究等三项工作机制。12月，下发《关于开展领导干部下访集中解决信访突出问题活动的意见》，在全市开展党政领导干部集中下访活动，包括指导思想、工作目标、工作步骤和工作要求四个部分。全市信访系统制定下发《镇江市信访工作目标考核办法》和《信访工作信息宣传奖励办法》等制度规定。

（谢华明）

【“十一五”信访工作概要】 2006～2010年，全市信访工作以解决群众的合理信访诉求为根本出发点，以停诉息访为落脚点，推动解决一大批社会矛盾纠纷和重点信访问题，全市信访形势总体平稳可控。2006年，结合学习宣传贯彻《江苏省信访条例》，市委、市政府印发《镇江市信访事项复查复核办法》和《关于党政干部下访工作的实施意见》。2007年，市委、市政府印发《关于进一步加强新时期信访工作的意见》，正式以文件的形式将信访工作纳入全市国民经济和社会发展以及机关作风建设目标管理的考核内容。市委组织部、市信访局印发《关于集中选派优秀年轻干部到信访部门培养锻炼的通知》。2008年，市信访工作小组办公室印发《关于开展走访慰问特困信访群众的通知》。2010年，市信访工作领导小组印发《关于依法规范新行政中心信访秩序的工作建议》和《关于开展领导干部下访集中解决信访突出问题活动的意见》。“十一五”期间，市各级社会矛盾纠纷调解组织共受理和调处各类矛盾纠纷18096件，调处成功率为85.2%；市信访局办理人民来信20081件，报结率为88%；市人民来访接待中心接待来访群众16617批77748人次，其中集访2585批58074人次，来信来访总量呈现稳中有降的趋势。通过复查复核终结信访事项105件，信访救助283个信访困难户，化解一批影响社会稳定的信访积案、老案和信访老户。2006年，开展全市党政领导下访活动；2007年，开展社会矛盾纠纷排查化解活动；2008年，开展“三无”县（市、区）和“四无”乡镇（街道）创建活动；开展矛盾纠纷排查化解和重信重访专项治理活动。2009年，配合全省开展“信访积案化解年”活动。2010年，开展全市党政领导干部下访集中解决信访突出问题活动。（谢华明）

【新的市人民来访接待中心基本建成】 2010年年初在南徐新城开工建设新的市人民来访接待中心，截至年底基本建成。该中心总投资近5000万元，占地0.6公顷，建筑面积4600余平方米，较旧的接待中心提升近4倍，增加心理疏导室、信访听证室等使用功能，将于2011年初与新的镇江市行政中心同步交付使用。（谢华明）

【上海世博会期间信访稳定】 2010年4月26日，全市召开信访稳定工作会议，研究部署上海世博会环沪“护城河”工作。成立信访工作组于4月28日至10月31日进驻昆山市，担负上海世博会期间的信访工作值班。全市交办50件重点信访事项,108件重点稳控事项;各级落实中央、省关于做好上海世博会安保工作“四个确保”(确保不发生赴沪集访,确保不发生有影响的非涉沪上访,确保不发生赴世博园等敏感地区上访滋事,确保不发生群体性事件)的“平安世博”工作目标,没有发生一件非涉沪上访,市信访局被评为上海世博会信访工作“成绩突出单位”。 (谢华明)

【开展领导干部下访集中解决信访突出问题活动】 从2010年11月15日开始,全市开展为期两个月的党政领导干部“三级联动”(市、辖市区和乡镇街道实施联动)下访解决突出信访问题活动。活动分矛盾排查、下访联动、回访督查三个阶段进行。市、辖市(区)和市直各部门在排查梳理本地区、本部门存在的信访突出问题和重点矛盾隐患的基础上,党政领导结合各自分工带案下访,听取群众意见建议,切实解决影响群众生产生活的具体问题。对下访活动中接待、处理、交办的信访事项进行跟踪回访,确保问题处理到位。全市各级党政领导共接待群众来访、带案下访700余次,处理信访事项2500余件次,90%以上的信访事项得到妥善处理。 (谢华明)

【《信访条例》实施五周年纪念活动】 2010年3月,全市信访系统开展新的《信访条例》实施五周年纪念活动。组织全市信访系统工作人员进行业务培训一个月。分期分批组织全市各辖市(区)和市直部门的信访干部业务培训,包括接访、办信、督查、办案和信访事项终结等工作内容,150余名信访干部参加学习。全市信访系统开展一系列“创先争优”主题活动。开展争创“双十佳”(十佳信访矛盾调解员、十佳人民来访接待员)活动;开展党风廉政教育活动,结合《中国共产党党员领导干部廉洁从政若干准则》(简称《廉政准则》)的颁布实施,参加全市《廉政准则》知识竞赛,获得三等奖;开展“以创先争优为动力,加强全市信访系统干部队伍能力建设”和争创“党建工作先进单位”活动。

(谢华明)

【征地拆迁专项治理工作】 2010年8月9日,全市召开征地拆迁信访事项交办会,专题部署征地拆迁专项治理工作,排查全市征地拆迁方面的矛盾隐患和信访问题,落实省"三项排查"的统一部署(集中排查解决信访热点难点问题、全面排查安全事故隐患、深入排查基层基础工作薄弱环节)。活动期间排查分析、集中交办省市交办的征地拆迁信访事项442件。9月,市纪委、市信访局等单位组成联合督查组,对交办件的领导包案处理情况、案件立卷归档情况进行督查指导。 (谢华明)

史志工作

【概况】 2010年,市史志办公室贯彻落实《中共中央关于加强和改进新形势下党史工作的意见》《中共江苏省委关于贯彻落实〈中共中央关于加强和改进新形势下党史工作的意见〉的实施意见》和中共镇江市委《关于加强和改进新形势下党史工作的意见》,研究制定镇江市史志事业“十二五”规划。编写《中国共产党镇江历史(1949～1978)》,完成对初稿的两次全面修改,经专家审读,形成征求意见稿。在党史二卷本稿件征求意见的同时,开展口述史资料征集工作,赴兄弟城市学习经验,确定采访对象,查找相关资料,拟订采访提纲,为党史三卷本的编写做好资料准备。2010年,市史志办获得市委授予的2007～2009年度党建工作先进单位称号;镇江市史志办公室和丹阳革命陈列馆馆长黄一平分别获江苏省委党史工作办公室、江苏省人力资源和社会保障厅联合表彰的先进集体和先进个人称号;镇江市史志办公室陈恒明被江苏省委党史工作办公室评为先进个人。丹阳市史志办公室李世华获中国地方志指导小组办公室表彰的全国地方志系统先进工作者称号。

严格执行国务院《地方志工作条例》,推进《镇江市志(1983～2005)》编修工作。完成二轮修志的资料收集工作,95%的承编单位完成初稿报送并陆续完成联审、送审程序,送审稿件31卷。聘请具有修志经验的老同志对送审稿进行分纂,从数据、文字、表述等方面严把质量关,完成《城乡建设和管理》《经济综情》等6卷的编辑,绘制表格20份。

加强指导,组织开展研讨活动。《镇江工商管理志》由苏州大学出版社出版,《镇江电力工业志》由中国电力出版社出版。农林、卫生、教育、金融等部门志和《镇江交通史》编纂工作有序推进。开展辖市(区)志稿研讨交流,选择《丹阳·农业卷》《丹徒·工业卷》进行讨论,研究志稿编写中遇到的问题,总结经验。召开《江苏省志·市县概况》研讨会,统一内容体例,完成《江苏省志·市县概况》市县部分工作任务。推进各辖市(区)二轮修志工作,其中作为全省第二轮修志试点的《丹阳市志(1986～2005)》完成总纂和审稿工作,并通过复审。《句容市教育志》由方志出版社出版,旧志修订和整理校注工作同步进行,《扬中县志》修订工作基本完成,《明隆庆丹阳县志校注》由江苏凤凰出版传媒集团(原江苏古籍出版社)出版发行,《清乾隆丹阳县志》整理校注完成过半。

《镇江年鉴(2009)》先后获首届江苏省年鉴奖综合奖特等奖、全国地方志系统第二届年鉴评奖特等奖。开展《镇江年鉴》优秀条目表彰活动,在2008年评选31个年鉴优秀条目、2009年评选49个优秀条目的基础上,2010年评选54个年鉴优秀条目。市史志办公室加强对6个辖市(区)出版的年鉴指导,《丹阳年鉴》《句容年鉴》《扬中年鉴》《丹徒年鉴》《京口年鉴》《润州年鉴》相继出版。12月30日,首次开展对辖市(区)年鉴的点评,促进辖市(区)年鉴工作质量的提高。

开展新一轮史志工作进广场、进社区、进军营、进学校、进乡镇活动,拓展史志工作宣传面,鼓励市民学史用志。将《中国共产党镇江史(1919～1949)》《镇江改革开放30年大事记》《京江画卷》《京江烽火》《镇江市志》《镇江指南》《镇江乡镇概览》以及《镇江年鉴》等20余种史志书籍和光盘送到京口区实验小学、73855部队、西津渡社区和有关乡镇。

镇江市史志办公室网站新增“动态信息”栏目,介绍史志工作动态;上传《镇江市志研究论文集》《镇江年鉴(2009)》《镇江大事记》等,丰富《地情书》《史志杂志》等栏目内容;增加图照20多幅,全面展现史志工作成果。编发《镇江大事记》6期。通过重要图片、镇江大事、市情动态、领导论坛、要事选登、史志简讯、文史知识等栏目,记录全市的大事要事及发展动态,供市领导和各部门参阅。 (翁红霞)

【“十一五”史志工作概要】 “十一五”期间,党史工作完成《中国共产党镇江史(1919～1949)》(45.5万字)《镇江市抗日斗争大事记》(8万字)《中国共产党镇江市历次代表大会重要文献汇编(1949～2006)》(39万字)的编纂出版。征集《中国共产党镇江历史(1949～1978)》资料,完成党史二卷本初稿32万字。

第二轮志书编修工作启动。制定《镇江市第二轮编修地方志书规划》《镇江市地方志书审查验收及出版办法》等。举办镇江市第二轮修志业务培训会,编印《修志学习交流专辑》,建立市志承编机构。“十一五”期末《镇江市志(1983～2005)》完成资料收集工作,95%的承编单位完成初稿报送并陆续完成联审、送审程序，送审稿件31卷。推进市、县(市)区二级志书编修工作，作为全省第二轮修志试点的《丹阳市志(1986～2005)》通过复审。《镇江市军事志》《镇江市财政志》等5部专业志、部门志相继出版。开展旧志整理研究、点校汇编及利用工作，《明隆庆丹阳县志校注》出版。

完成《镇江年鉴》、各类地情书出版及相关宣传调研工作。县(市)区年鉴全部出齐，开发电子版《镇江年鉴》(光盘)和网络版《镇江年鉴》。《回眸与展望》(50万字)《镇江乡镇概览》(37.4万字)《镇江指南——〈镇江年鉴〉生活版》(30万字)《茅山抗日根据地简史》。《镇江改革开放30年大事记》(30万字)《镇江市史志研究论文集》(29万字)出版。开展抗战课题调研。拍摄首部抗战电视专题片《京江烽火》。开展革命遗址普查，确认镇江市革命遗址75个。与镇江文广集团新闻频道合作录制介绍镇江历史及地方文化的电视节目——《镇江记忆》。开通镇江市史志网站。开展史志工作"五进"(进广场、进社区、进军营、进学校、进农村)活动。

"十一五"期末，市史志办出版年鉴5册、地情丛书6本，总字数785万字，图册2本。《中国共产党镇江史(1919～1949)》获镇江市第七届哲学社会科学优秀成果一等奖。《镇江年鉴》在五年一次的全国年鉴编纂出版质量评比中获特等奖。在第二次全省优秀档案编研成果评选活动中，5项成果获二等奖，3项成果获三等奖。市史志办获2008年镇江市市级机关作风建设和目标管理考核先进单位并被市委、市政府授予2005～2007年度文明机关称号。市史志系统被评为全国先进个人4人次，省级先进集体3次，省级先进个人7人次。

(翁红霞)

【革命遗址普查】 2010年3月，市史志办公室贯彻《全省革命遗址普查工作实施方案》，成立领导小组，对各辖市(区)史志普查工作人员进行业务培训。召开普查工作推进会，深入实地调查统计完成普查工作，形成8500字普查报告、280张照片、150份书面资料，经市文物部门核对，确认镇江市75个革命遗址。此次革命遗址普查，对加强镇江市革命遗址保护利用，拓展党史学习教育基地，发展红色旅游等具有推动作用。 (翁红霞)

2010年镇江市革命遗址、其他遗址普查统计表(按属地)

表4-5 单位:个

属 地	革命遗址数量	其他遗址数量
丹阳市	32	–
句容市	10	3
扬中市	9	–
丹徒区	9	1
京口区	11	4
润州区	4	4
合 计	75	12

(翁红霞)

2010年镇江市革命遗址、其他遗址普查统计表(按类别)

表4-6 单位:个

类 别	革命遗址数量	其他遗址数量
重要历史事件和重要机构旧址	13	2
重要历史事件及人物活动纪念地	11	2
革命领导人故居	2	2
烈士墓地	25	–
纪念设施	24	6
合 计	75	12

(翁红霞)

【《镇江记忆——历史上的今天》开播】 2010年7月30日，市史志办与镇江文广集团新闻频道合作录制的介绍镇江历史及地方文化的电视节目《镇江记忆——历史上的今天》开播。市史志办发挥地情资料优势作用，查阅书籍100本，运用叠加、整合、增补等方式完整地辑录条目，为节目提供近50万字的基础资料。节目以主讲人朱同的脱口秀为表现形式，配以珍贵的图片和历史镜头，解读"镇江记忆——历史上的今天"。节目每天晚上21:20首播，次日7:30和12:30重播，时长3分钟，节目收视率居各频道专题节目之首。 (翁红霞)

【《镇江年鉴》等获全国、省年鉴奖】 2010年9月，《镇江年鉴(2009)》获首届江苏省年鉴奖综合奖特等奖，《丹阳年鉴(2009)》《扬中年鉴(2009)》获市、县(市区)年鉴单项奖条目编写奖，《京口年鉴(2009)》获市、县(市区)年鉴单项奖装帧设计奖。11月，《镇江年鉴(2009)》获全国地方志系统第二届地市级(含副省级城市)地方综合年鉴特等奖。8月，《镇江年鉴(2010)》由方志出版社出版，设40个类目、230个分目、近2000个条目(图表)。新版年鉴的框架结构优化，调整部分类目名称和位置，新设学习实践科学发展观活动、应对金融危机、千亿投资、生态文明建设、新中国成立60周年庆祝活动、"大爱镇江"主题活动、西津渡历史文化街区建设、第二次全国经济普查等内容；利用彩色画页《城市名片》介绍城市特点和重要荣誉，刊登最新版《镇江市政区图》和《镇江市城区图》，彰显年度特色和地方特色。

(翁红霞)

【《明隆庆丹阳县志校注》出版】 2010年5月，丹阳市地方志编纂委员会和丹阳市史志办公室组织编纂，由中共镇江市委常委、丹阳市委书记李茂川作序，江苏凤凰出版传媒集团(原江苏古籍出版社)出版。此次出版53万余字《明隆庆丹阳县志校注》，是以441年前的《明隆庆丹阳县志》共十二卷为底本，丹阳史志办组织编审人员对其进行开发整理，经补缺、章节断句、点校勘误、附加注释、校对论证、图照收集、自审、会审、出版社审稿等，不仅维持明代丹阳县志的原味，并加注释，新附录有丹阳明代及其以前的遗址、遗存的图照116张，旧志所涉及的数百名历史人物简介、人物索引和历史纪年对照表。展示明代丹阳县的自然政治、经济、文化、社会等发展历史与现状，为补史之缺，续史之无，丰富丹阳地方史志文库。 (翁红霞)

档案工作

【概况】 2010年，市档案局按照现代公共档案馆的建设理念，推进档案新馆建设。市档案馆围绕升级标准，制订《镇江市档案馆达国家二级馆工作方案》，续编《镇江市档案馆全宗名册》。丹阳市和丹徒区档案馆分别于9月27日、12月17日通过国家二级馆测评。句容市5600平方米的档案新馆开工建设。

2010年镇江市革命遗址、其他遗址普查统计表(按被保护和利用情况)

表4-7 单位:个

被保护情况	革命遗址数量	其他遗址数量	被利用情况	革命遗址数量	其他遗址数量
有文保单位的	27	4	爱国主义教育基地	16	10
未 定	48	8	未 定	59	12

(翁红霞)

市档案局下发《关于做好政府机构改革变动部门档案工作的通知》，开展对公用事业局、住建局等22家机构变动单位档案现状的调查摸底，完成所有单位短期档案的鉴定工作。根据《江苏省机关团体企业事业单位档案工作规范》，有7家单位通过五星级测评，2家单位通过五星级复查，8家单位通过四星级的测评和复查。其中，市检察系统成为全市第一家全部通过五星级标准的系统，在全省检察系统位列第三。和市国资委联合举办《企业档案管理规范》宣贯会，共有20多家大中型企业参加培训；开展对韦岗铁矿、船山石灰石矿等国有企业和华润燃气等民营企业档案工作的调研。对水利系统、大型国有企业、机构改革单位人员、机关单位新上岗人员进行专业培训，举办7期新知识讲座，500人次参加。前期调研全市林权改革档案工作，参加由市政府等相关职能部门进行的林权改革的专项检查。12个行政村和4个乡镇达到新农村建设档案工作省级示范标准。对39家机关单位和12家下属单位进行档案工作年检。对全市收养、婚姻登记、中心血站档案工作进行执法自查。

将市援建四川绵竹地震灾区指挥部文书档案、照片档案、会计档案和工程档案接收进馆，进行分类、编号、登记，将重要档案数字化。其中文书档案569件，照片档案116张。接收7家机构改革单位档案进馆，共970卷、2427件。对馆藏档案情况进行摸底调查，列出需进一步规范的档案5300余卷、7000余件，完成馆藏资料的整理和重新登记方案。组织实施鉴定馆藏短期25个全宗文书档案4114卷、4570件，完成相应的鉴定登记、统计台账及鉴定小结，完成18个全宗上升档案121卷及57件入库上架工作。对馆藏1981年前形成的各类档案进行划控工作，涉及馆藏B全宗群53个全宗单位921卷档案，本次开放866卷，C全宗群55个全宗单位955卷档案，本次开放884卷；本次档案开放率为93%。全市接待查档利用17825人次，调阅档案36475卷，免费复印档案资料36000余张。征集到赛珍珠诞辰110周年研讨会与会人员题词两册、研讨会照片301张、研讨会光盘7张以及其他资料155册；对京儿路拟拆迁整治的民国旧居进行拍摄，照片存档。编写2001年至2010年的系统化档案利用实例。

全年数字化完成81个全宗，计150万页，累计完成馆藏档案扫描590万页。收录市领导重要活动新闻视频，录入“诗话镇江”等本地特色人文作品视频，全年3960分钟，刻录光盘51盘。与江苏大学信息研究所合作，完成省档案局立项的《电子文件中心在档案馆“五位一体”建设中的运行模式及评价体系研究》课题。新增IBM X3850高性能服务器1台、扩大存贮3TB，用“双机热备”方式增加数据库的安全性能。

全国文明城市迎检台账受测评组好评。参加市第22届科普展，以“婚姻档案利用、退伍军人档案利用、建房档案利用、工资待遇档案利用”四大板块实例为内容，展出10块展板。编印《中华人民共和国档案法》《江苏省档案管理条例》《档案馆服务指南》小册子5000份，通过“4·18”“12·4”全国法制日分发给群众。编辑《镇江档案》《镇江档案信息》9期。获2010年度全省档案宣传工作一等奖。进行中层干部职务调整、后备干部民主推荐和集中考察。组织全市档案系统乒乓球选拔赛，承办省局主办的全省档案系统乒乓球联赛。（吉星昇）

【“十一五”档案工作概要】 “十一五”期间，市档案新馆、句容新馆开工建设；丹阳、扬中、镇江市城建档案馆新馆建成使用；丹阳、扬中、丹徒档案馆通过国家二级馆测评。全市有70多家单位档案工作通过等级认定和复查，其中五星级单位13家，四星级单位12家；42家行政村进入“档案管理示范村”行列，71家行政村达到“档案管理合格村”标准。档案数字化目录输入475万条，扫描全文数据近1000万页。录制新闻视频和优秀短片56盘5000多分钟。全市各级各类档案馆征集档案资料59种766件54068卷（盘、册），接收档案24485卷，馆藏总量64万余卷，开放档案达218309卷。接待查档31342人次，提供档案7万余卷。举办50余场展览，接待参观者2万余人次。编研资料287.1万字，出版档案文化书籍40余种。（吉星昇）

【镇江市档案新馆动工】 2010年，镇江市档案新馆动工。市档案局配合进行新馆立项、方案设计和论证工作，联系规划设计院、代建中心、南徐新城建设指挥部等相关单位，研究新馆弱电系统设计方案；组织辖区档案局长、本局各处室负责人和新馆工程方面负责人参观考察徐州、南通、太仓、无锡、常州五地档案馆建设情况，完善档案新馆功能设计与装潢要求，编制完成分层设计意见书以及装潢和设备安装概算；配合新馆招标、评标工作，召开新馆工程协调会，确定工程进度安排。（吉星昇）

【《镇江古泉老井》《镇江名胜楹联精萃》出版】 2010年，《镇江古泉老井》8月由中国文史出版社出版，编著人员赴丹阳、句容等地现场采集古井资料成书。全书364千字，收录全市462口古泉老井的资料和古今文人歌咏镇江井泉文化的诗词、文章166篇（首）以及大量井铭、碑刻、井名篆刻，通过井泉文化再现镇江历史文明，是一部独特视角反映镇江地域乡情的编研成果。12月，《镇江名胜楹联精萃》由中国档案出版社出版。专门成立以专家学者为主的编纂小组，以镇江楹联文化为切入点，配以精美图片，反映镇江深厚的历史文化底蕴和山水俱佳的自然景观。（吉星昇）

表4-8 **2010年镇江市档案资料馆藏及利用情况一览表**

单位	馆藏总数（卷、件、张、册、盘）		开放档案（卷、册）	查档接待		编研（种/万字）	展览（个/参观人次）
	档案	资料		人次	卷次		
镇江市档案馆	154935卷 18854件	19275册	134642	1476	13080	2/38	2个/600
丹阳市档案馆	109633卷 47037件	20000册	56000	3002	3414	1/7.2	3个/500
扬中市档案馆	127143卷	8429册	7650	4618	8300	4/11.2	1个/5261
句容市档案馆	66872卷	9078册	9585	448	574	8/28	–
丹徒区档案馆	59644卷	3911册	9784	3526	4351	–	1个/200
京口区档案馆	52192卷	3922册	338	2335	2832	1/82	2个/450
润州区档案馆	12171卷 2297件	1794册	324	824	824	1/72.5	–
城建档案馆	107504卷	2220册	80972	960	2100	7/45	–
新区档案馆	33390卷	12册	–	636	1000	–	–
合计	723484卷 68188件	68641册	299295	17825	36475	24/283.9	9个/7011

（吉星昇）

镇江市人民代表大会

责任编校：赵茂龙

综 述

【概况】 2010年，镇江市人大常委会审议2009年财政总决算和同级审计情况、2010年计划和预算执行情况，分别作出关于批准2009年市本级财政决算的决定、批准调整2010年财政预算的决定，听取2011年财政预算初步安排的汇报，对市人大常委会同意纳入财政担保的贷款项目运行情况开展调研。听取提升外贸企业竞争力情况的汇报，督办“促进驻镇高校科技成果就地转化”“进一步加强市区职教资源整合”“加快镇江市新能源产业发展”等建议。审议生态市创建进展情况，听取第二轮“禁采”和废弃宕口整治复绿工作情况的汇报。听取2010年城建重点工程建设计划，视察城管工作和2010年城建重点工程建设成果。跟踪督办市人大常委会关于交通工作的3个方面17条评议意见；督办“加快内河航道建设，促进城市水运发展”重要建议。对拆迁安置房建设、环境突出问题和火车站南广场整治工作进行督查；认真督办“加快推进拆迁安置房建设”“加强大市口商业圈环境和交通整治”等重要建议。参与“五五”普法考核调研。听取预防职务犯罪工作情况的汇报，开展对行政审判、人民陪审员、人民监督员等工作的调研，视察法院审判工作及文化建设、检察院法律监督和公安工作。对市政府报送的10件规范性文件进行备案审查。对“十二五”规划纲要进行初审。

评议政府工作部门效能建设。探索依法监督、有效监督的新途径、新办法，组织全体市人大代表对39个市政府工作部门效能建设情况进行评议，取得成效。

推进和谐社会建设。调研村级集体经济发展、农业社会化服务体系建设、农村社区医疗卫生事业建设等情况，督办“加强农村社会保障体系建设”“被拆迁村级集体经济组织资产保值增值”“加强农产品质量安全检验检测体系建设，提高农产品质量安全监管能力”“加强镇江市农村小型泵站建设，促进农业增效、农民增收”“加快发展镇江农业高新技术企业及产品”“加快镇江市农村土地承包确权发证工作”等议案和建议。开展《中华人民共和国食品安全法》执法检查。听取《宗教事务条例》实施情况的汇报。调研督查全市集中式饮用水水源地保护工作，督办“加快推进乡镇区域供水”“加快镇江市社区卫生服务中心建设步伐”“加快建立镇江市健康管理信息平台建设”等议案和建议，视察教育事业发展、文化产业发展、医疗卫生体制改革等情况。审议人民调解和“大调解”机制建设情况。督办农村警务室建设审议意见。对人大信访工作进行专题调研，2010年处理群众来信407件，接待来访662批、1895人次，受理群众投诉、咨询电话124件次，赴相关部门、辖市（区）直接督办信访案件56件。

发挥代表作用。召开全市人大代表工作经验交流暨“三优”表彰大会，评选表彰13个市人大代表活动先进小组、55名优秀市人大代表、2件优秀议案和12件优秀建议。组织代表听取市政府政情通报、旁听法院庭审。继续办好《镇江日报·人大代表》专版、镇江电视台《代表之声》专题节目。将2009年21个代表小组形成的23篇调研报告汇编成册。2010年全市各代表小组普遍开展接待一次选民、形成一篇有质量的调研报告、提出一件闭会期间建议的“三个一”活动。通过《关于进一步加强和规范专业代表小组活动的意见》。继续加强“一个载体、两项制度”建设，2010年全市共有2280名代表参加集中接待活动，接待选民9626人次，收集选民意见2943条，形成代表建议234件；第六届人代会以来，全市有496名县级人大代表和1239名镇级人大代表向选民述职。建立代表建议办理动态管理数据库，市六届人大三次会议期间代表提出的310件建议，问题已解决和正在解决的占86.77%，代表表示满意的占84.84%。闭会期间代表提出书面建议16件，办理并答复代表12件。

改进工作，适应新形势的要求。组织《中华人民共和国食品安全法》、新修改的《中华人民共和国全国人民代表大会和地方各级人民代表大会选举法》等法律法规学习，举办全市人大知识电视竞赛活动。开展“加强人大组织制度和工作制度建设，推进人大工作制度化、法制化、规范化”课题研究，形成的调研报告在省人大组织的评比中获二等奖。开展人大“评选优秀调研报告”活动。围绕贯彻市委〔2005〕38号文件精神，对全市基层人大工作和组织建设等情况进行调研。

批准镇江市与韩国釜山广域市江西区缔结友好城市关系，接待日本福冈县、爱知县议会代表团和美国赛珍珠国际基金会总裁珍妮特等友好人士的访问。继续关心和支持人大工作理论研究会、历史文化名城研究会和赛珍珠研究会的工作。

（张 豫）

【2008～2009年市人大代表活动先进小组名单】 丹阳二组、丹阳三组、丹阳五组、句容二组、句容三组、扬中二组、丹徒一组、京口一组、京口二组、京口四组、京口五组、润州一组、润州二组。

（张 豫）

【2008～2009年优秀市人大代表名单】 卜美琴（女）、马宁一、王月芳（女）、王杏凤（女）、王国良、王金和、王禄宝、刘正才、刘希增、刘晓荣、刘海东、匡锡和、朱勤（女）、朱毅、朱富顺、江晓鹏、祁宁澄、纪桂发、吴新梅（女）、张尤嘉、张秀凤（女）、张荣连、张庶社、杨斌、杨厚谊、花新美（女）、邱萍（女）、陈闵俐（女）、陈国年、陈建平、周东明、居春霞（女）、岳燧岩、郑标、郑志伟、金夕龙、金国使、赵兰生、钟文华、闻捷、徐航（女）、徐三顺、徐建国、耿仲毅、郭卫东、常建国、傅丽莉（女）、傅菊民、傅德利、强强、董文生、翟志高、谭秋福、戴红梅（女）、戴荣林。

（张　豫）

重要会议和工作

【市六届人大四次会议】 2011年1月20～23日举行。应到代表349名，实到324名，组成7个代表团、21个代表小组。市政府组成人员和其他方面负责人、离退休老干部代表列席会议，19名市民旁听会议。会议举行3次全体会议、3次主席团会议。

会议听取和审议市人民政府市长刘捍东所作的《政府工作报告》《镇江市国民经济和社会发展第十二个五年规划纲要（草案）》和常务副市长陈照煌所作的说明、《关于镇江市2010年国民经济和社会发展计划执行情况及2011年计划（草案）的报告》（书面）、《关于镇江市2010年财政总预算执行情况和2011年财政总预算（草案）的报告》（书面）、市人大常委会常务副主任张甫雄所作的《镇江市人民代表大会常务委员会工作报告》、市中级人民法院院长帅巧芳所作的《镇江市中级人民法院工作报告》和市人民检察院检察长蒋伟亮所作的《镇江市人民检察院工作报告》，通过以上各项报告并作出相应决议。市环保局作《关于镇江市2010年环境保护工作情况和2011年主要工作计划的报告》（书面）。市委书记、市人大常委会主任许津荣要求与会者带头奋斗、带头实践、带头创业、带头创新，感召和带领全市人民群众一起再干一个新五年，建设美好幸福的新镇江。

会议增选帅巧芳为市六届人大常委会副主任，补选茅仲华为市中级人民法院院长。

会议收到代表10人以上联名提出的议案116件。史良雨等30名代表提出的《关于尽快制定和出台〈镇江市副食品生产基地建设的意见〉的议案》，交由市人大常委会审议决定。其余115件议案作建议处理。会议收到代表提出的建议150件。陈闵俐等10名代表提出的《关于必须有效控制高资化工园区水污染，保证市民饮用水安全的建议》，卢章平等13名代表提出的《关于强化政府主导责任、保障学前教育健康发展的建议》（段光霖、仲怀美、钟平等14名代表提出的3件建议内容相近，并案处理），王巧兰代表提出的《关于进一步加快城乡公交一体化步伐，化解客运市场运行矛盾的建议》（张荣连、郑宏章、祁宁澄、卜美琴、赵向阳、施文进、陈建红等56名代表提出的9件建议内容相近，并案处理），强强等10名代表提出的《关于高度重视人口老龄化，进一步完善养老保障体系的建议》（张荣连、王德标、徐建国、王杏凤、马腊花等43名代表提出的6件建议内容相近，并案处理），共4件建议作为重要建议交由市人大常委会主任会议处理。

（张　豫）

镇江市六届人大四次会议现场　（宋建设）

【市人大常委会会议】 2010年2月～2011年1月，市六届人大常委会共举行8次会议。审议和讨论镇江市政治、经济和社会发展等方面的工作情况报告14个（含书面报告1个）、议案2件，作出决议2项、决定9项，任免职务73人次。

2010年2月9日上午，召开市六届人大常委会第20次会议。听取市长刘捍东所作的关于市政府机构改革的说明，通过有关人事任免。市人大常委会党组书记、常务副主任张甫雄主持会议。市人大常委会副主任李壮云、陈苏、卢章平、王守和，秘书长蔡文俊出席会议。市政府秘书长孙晓南、市中级法院院长帅巧芳、市检察院检察长蒋伟亮列席会议。

2010年3月25日，召开市六届人大常委会第21次会议。审议关于市人大常委会评议政府工作部门效能建设的实施方案，作出相应的决定。审议关于“加强农村社会保障体系建设”“加快镇江市社区卫生服务中心建设步伐”两件议案处理意见的报告，分别作出相应的决议。审议关于表彰市人大代表活动先进小组、优秀市人大代表、优秀议案和建议的意见，分别作出相应的决定。审议关于镇江市与韩国釜山广域市江西区缔结友好城市关系的情况报告，作出相应的决定。通过有关人事任免。市委书记、市人大常委会主任许津荣主持上午的会议，就有关议题的审议提出要求。市人大常委会党组书记、常务副主任张甫雄主持下午的会议。市人大常委会副主任李壮云、陈苏、卢章平、王守和，秘书长蔡文俊出席会议。市政府副市长冯士超、秘书长孙晓南，市中级法院院长帅巧芳，市检察院检察长蒋伟亮列席会议。

2010年5月31日，召开市六届人大常委会第22次会议。审议市政府关于2009年财政总决算情况和同级审计情况的报告，通过关于批准镇江市2009年市本级财政决算的决定。审议市政府关于交通工作评议意见落实情况的报告。通过有关人事任免。市人大常委会党组书记、常务副主任张甫雄，市人大常委会副主任李壮云分别主持会议。市人大常委会副主任陈苏、卢章平、王守和，秘书长蔡文俊出席会议。市政府副市长陈建设、王萍，市中级法院院长帅巧芳，市检察院副检察长俞波涛列席会议。

2010年7月26日下午至27日，召开市六届人大常委会第23次会议。听取市长刘捍东所作的关于2010年上半年工作情况的通报。审议市政府关于

2010 年上半年国民经济和社会发展计划及财政预算执行情况的报告。审议市政府关于人民调解和“大调解”机制建设情况的报告。市人大常委会党组书记、常务副主任张甫雄要求认真贯彻落实市委五届十次全会精神，紧紧围绕转变发展方式，发挥好人大的职能作用；要进一步完善大调解工作体系，切实解决群众关心的突出问题。市人大常委会副主任李壮云、陈苏、卢章平、王守和，秘书长蔡文俊出席会议。市政府副市长陈杰、曹当凌、秘书长孙晓南，市中级法院院长帅巧芳，市检察院副检察长孙云国列席会议。

2010 年 9 月 21 日，召开市六届人大常委会第 24 次会议。审议市人大常委会副主任、执法检查组组长卢章平关于检查《中华人民共和国食品安全法》实施情况的报告。审议市政府关于生态市创建进展情况的报告。通过有关人事任免。市委书记、市人大常委会主任许津荣讲话，要求打造沪宁线上食品安全最放心的城市，确保完成生态建设目标任务。市人大常委会党组书记、常务副主任张甫雄，市人大常委会副主任李壮云分别主持会议。市人大常委会副主任陈苏、王守和，秘书长蔡文俊出席会议。市政府市长刘捍东、常务副市长陈照煌、秘书长孙晓南，市中级法院院长帅巧芳，市检察院检察长蒋伟亮列席会议。

2010 年 11 月 29 日至 12 月 1 日上午，召开市六届人大常委会第 25 次会议。审议市政府关于“十一五”规划纲要实施和“十二五”规划编制情况的报告。审议市政府关于 2010 年 1 月至 10 月财政预算执行情况及预算调整意见的报告，通过关于批准调整 2010 年财政预算的决定。审议市政府关于“加强农村社会保障体系建设”“加快镇江市社区卫生服务中心建设步伐”和“被拆迁村级集体经济组织资产保值增值问题”等 3 件议案办理情况的报告。审议关于市六届人大三次会议代表建议办理情况的报告。审议市政府相关工作部门效能建设整改落实情况的报告。通过关于召开市六届人大四次会议的决定。审议市政府关于 2009 年财政同级审计中发现问题整改情况的书面报告。通过关于任命王常生为镇江市副市长的决定和其他人事任免。市委书记、市人大常委会主任许津荣讲话，指出 2010 年人大工作坚持紧贴全局、推动大局，成效突出；对效能评议工作，要求政府部门积极参与、主动接受，端正态度、真抓真改，要求人大进一步总结完善，做好对垂直管理部门的评议准备。市人大常委会党组书记、常务副主任张甫雄，市人大常委会副主任李壮云、陈苏、王守和分别主持会议。市人大常委会副主任卢章平、秘书长蔡文俊出席会议。市政府常务副市长陈照煌，副市长陈杰、王萍，市中级法院院长帅巧芳，市检察院检察长蒋伟亮列席会议。

2011 年 1 月 6 日上午，召开市六届人大常委会第 26 次会议。讨论市人大常委会工作报告。讨论通过关于补选的市第六届人大代表的资格审查报告、关于“加强农村社会保障体系建设”等议案办理情况报告、市六届人大四次会议列席人员名单。讨论市六届人大四次会议主席团和秘书长、计划和预算审查委员会、主席团常务主席、副秘书长等建议名单和选举办法（草案），提请市六届人大四次会议审议通过。同意王常生因工作需要辞去江苏省第十一届人大代表职务的请求；补选石泰峰、杨省世为江苏省第十一届人大代表。市人大常委会内务司法、财政经济、农业经济、环境资源城乡建设、教育科学文化卫生、民族宗教侨务台湾事务、人事代表联络委员会和新区工作委员会分别书面报告 2010 年度工作。市人大常委会党组书记、常务副主任张甫雄主持会议。市人大常委会副主任李壮云、陈苏、卢章平、王守和，秘书长蔡文俊出席会议。市政府副市长夏新平，市中级法院院长帅巧芳，市检察院副检察长孙云国列席会议。

2011 年 1 月 23 日下午，召开市六届人大常委会第 27 次会议。通过市人大常委会 2011 年工作要点和历次常委会会议、主任会议主要议程初步安排；通过有关人事任免。市委书记、市人大常委会主任许津荣讲话，就做好 2011 年人大工作，要求转变观念，强化责任意识；创新举措，提高监督实效；改进作风，加强常委会自身建设。市人大常委会党组书记、常务副主任张甫雄主持会议。市人大常委会副主任李壮云、陈苏、卢章平、王守和、帅巧芳，秘书长蔡文俊出席会议。市政府常务副市长陈照煌，市中级法院院长茅仲华，市检察院检察长蒋伟亮列席会议。（张　豫）

【市人大常委会主任会议】 2010 年 2 月～2011 年 1 月，市六届人大常委会举行 14 次主任会议。

2010 年 2 月 25 日上午召开第 27 次主任会议。讨论关于市人大常委会评议政府工作部门效能建设的实施方案，讨论关于市六届人大三次会议议案、重要建议的处理意见。市人大常委会党组书记、常务副主任张甫雄主持会议。市人大常委会副主任李壮云、陈苏、卢章平、王守和，秘书长蔡文俊出席会议。

2010 年 3 月 23 日上午召开第 28 次主任会议。听取市政府关于 2010 年城建重点工程建设计划的汇报，讨论关于表彰市人大代表活动先进小组、优秀市人大代表、优秀议案和建议的意见，讨论关于召开市人大代表工作经验交流会暨“三优”表彰大会的方案。市人大常委会党组书记、常务副主任张甫雄主持会议。市人大常委会副主任李壮云、陈苏、卢章平、王守和，秘书长蔡文俊出席会议。

2010 年 4 月 15 日，市人大代表评议市政府工作部门效能建设工作（卢　军）

2010 年 4 月 23 日上午召开第 29 次主任会议。听取市政府关于《宗教事务条例》实施情况的汇报。市人大常委会党组书记、常务副主任张甫雄主持会议。市人大常委会副主任李壮云、陈苏、王守和,秘书长蔡文俊出席会议。

2010 年 5 月 25 日下午召开第 30 次主任会议。听取市政府关于"加快推进拆迁安置房建设"重要建议办理情况的汇报,讨论《中华人民共和国食品安全法》执法检查的方案,讨论通过关于进一步加强和规范专业代表小组活动的意见。市人大常委会党组书记、常务副主任张甫雄主持会议。市人大常委会副主任李壮云、陈苏、卢章平、王守和,秘书长蔡文俊出席会议。

2010 年 6 月 28 日下午召开第 31 次主任会议。听取市检察院检察长蒋伟亮关于预防职务犯罪工作情况的汇报,讨论关于召开政情通报会的方案。市人大常委会党组书记、常务副主任张甫雄主持会议。市人大常委会副主任李壮云、卢章平、王守和,秘书长蔡文俊出席会议。

2010 年 7 月 22 日下午召开第 32 次主任会议。听取市政府关于提升外贸企业竞争力情况的汇报,听取市政府关于"进一步加强市区职教资源整合"重要建议办理情况的汇报。市人大常委会党组书记、常务副主任张甫雄主持会议。市人大常委会副主任李壮云、陈苏、卢章平、王守和,秘书长蔡文俊出席会议。

2010 年 8 月 27 日召开第 33 次主任会议。听取市政府关于"促进驻镇高校科技成果就地转化"重要建议办理情况的汇报,讨论《中华人民共和国食品安全法》执法检查情况的报告,听取关于市六届人大三次会议代表建议办理情况的汇报,讨论通过关于镇江市集中式饮用水源地保护工作督查情况的报告。市委书记、市人大常委会主任许津荣讲话,就全市科技创新和食品安全工作提出要求。市人大常委会党组书记、常务副主任张甫雄主持会议。市人大常委会副主任李壮云、陈苏、卢章平、王守和,秘书长蔡文俊出席会议。

2010 年 9 月 28 日上午召开第 34 次主任会议。听取市政府关于"加快内河航道建设,促进城市水运发展"重要建议办理情况的汇报。市人大常委会党组书记、常务副主任张甫雄主持会议。市人大常委会副主任李壮云、陈苏、卢章平、王守和,秘书长蔡文俊出席会议。

2010 年 10 月 9 日下午召开第 35 次主任会议。讨论政府工作部门效能建设情况调查分析报告,传达全省人大外事工作会议精神。市人大常委会党组书记、常务副主任张甫雄主持会议。市人大常委会副主任李壮云、陈苏、卢章平、王守和,秘书长蔡文俊出席会议。

2010 年 10 月 22 日上午召开第 36 次主任会议。听取市政府关于"加强大市口商业圈环境和交通整治"重要建议办理情况的汇报。市人大常委会党组书记、常务副主任张甫雄主持会议。市人大常委会副主任李壮云、陈苏、卢章平、王守和,秘书长蔡文俊出席会议。

2010 年 11 月 26 日上午召开第 37 次主任会议。听取市政府关于"加快推进乡镇区域供水"议案办理情况的汇报,听取市政府关于市区拆迁安置房建设情况的汇报,讨论市六届人大四次会议筹备工作意见。市人大常委会党组书记、常务副主任张甫雄主持会议。市人大常委会副主任李壮云、陈苏、卢章平、王守和,秘书长蔡文俊出席会议。

2010 年 12 月 22 日上午召开第 38 次主任会议。听取市政府关于第二轮"禁采"和废弃宕口整治复绿工作情况的汇报,讨论关于开展授予荣誉称号工作的方案。市人大常委会党组书记、常务副主任张甫雄主持会议。市人大常委会副主任李壮云、卢章平、王守和,秘书长蔡文俊出席会议。

2011 年 1 月 5 日上午召开第 39 次主任会议。讨论市人大常委会工作报告(初稿)和 2011 年工作要点(初稿),讨论代表资格审查情况,讨论市六届人大四次会议主席团和秘书长等建议名单及选举办法(草案),听取关于补选江苏省十一届人大代表的情况说明。市人大常委会党组书记、常务副主任张甫雄主持会议。市人大常委会副主任李壮云、卢章平、王守和,秘书长蔡文俊出席会议。

2011 年 1 月 18 日上午召开第 40 次主任会议。听取市政府关于全市 2010 年财政预算执行情况及 2011 年财政预算安排的汇报。市人大常委会党组书记、常务副主任张甫雄主持会议。市人大常委会副主任李壮云、陈苏、卢章平、王守和,秘书长蔡文俊出席会议。

(张 豫)

【审议市"十二五"规划】 市人大常委会积极参与"十二五"规划编制工作,听取 16 个专项规划编制情况的汇报,对工业化和信息化、商务发展、重大项目、服务业等 4 个重点专项规划开展调研。11 月 29 日,市人大常委会第 25 次会议进行初审,从加快经济发展方式转变、推进二三产业发展转型升级,新农村建设和发展现代高效农业,建设山水花园城市,提升科技创新能力和大力发展文化、卫生事业,构建和谐幸福新镇江,完善社会管理,做大做强旅游业,创新型人才建设等八个方面提出修改完善意见,供市政府研究处理。

2011 年 1 月,市六届人大四次会议期间,各代表团分别围绕构建现代产业体系、发展现代农业、转型升级、城乡一体化、建设一流城区等议题进行专题审议。23 日下午,大会通过《关于政府工作报告及镇江市国民经济和社会发展第十二个五年规划纲要的决议》。

(张 豫)

【加强督促检查】 按照市委要求,对全市拆迁安置房建设、环境突出问题和火车站南广场整治工作进行督查。

2010 年 5 月 25 日市人大常委会第 30 次主任会议,听取市政府关于"加快推进拆迁安置房建设"重要建议办理情况的汇报,要求继续把适度超前建设安置房放在重要位置,在抓好竣工率的同时,抓好安置率。从 8 月起市人大每月对安置房建设情况进行督查,累计下建设工地 50 多场次;每月召开一次协调推进会,帮助解决困难和矛盾。10 月,向市委、市政府主要领导专题汇报督查情况,市人大常委会主任会议成员也听取了汇报。11 月 26 日市人大常委会第 37 次主任会议,听取市政府关于市区拆迁安置房建设情况的汇报,要求加大对安置房建设的考核,克服资金短缺矛盾,确保春节前再安置一批。从 9 月开始,全市安置房建设进度逐步加快,超过 18 个月未得到安置的群众户数有了较大幅度减少。

2010 年 11 月 3 日～4 日,市人大常委会党组书记、常务副主任张甫雄,市人大常委会副主任李壮云分别率市人大常委会督查组,分两路督查环境保护重点工作。张甫雄率督查组实地察看了丹阳市后巷镇管山村轧石厂以及江苏和盛缘电镀有限公司,李壮云率督查组赴丹徒化肥厂督查环保工作,并分别向丹阳市、丹徒区提出整改要求。丹阳后巷轧石企业关停、丹徒化肥厂化肥生产线关停等工作得到迅速推进。

2010 年 7 月 1 日,火车站南广场建成投入使用,南北广场的管理范围扩大至 7 万余平方米,给广场管理带来难度和压力,市政府及相关部门、单位对此开展专项整治。10 月 28 日,市人大常委会对火车站南广场整治情况进行现场督查,并三次召集公安、城管、交通运输等部门负责人会议,听取整治情况汇报,要求相关部门建立长效机制,完善基础设施,确保常态化管理。经过督查,火车站南广场场站配套设施不断完善,管理体制得到理顺，管理混乱的状况得到有效改善，督查成果得到市民的认可。

（张　豫）

议案和重要建议

【2008～2009 年优秀议案和建议名单】

优秀议案（2 件）：

1. 冷书成等 38 名代表提出的《关于加快推进乡镇区域供水的议案》

2. 王月芳等 10 名代表提出的《关于加强农产品质量安全检验检测体系建设，提高农产品质量安全监管能力的议案》

优秀建议（12 件）：

1. 钱永波等 12 名代表提出的《关于加快镇江主城区建设的建议》

2. 王杏凤等 10 名代表提出的《关于加快老城区危旧房改造、建设优美人居新环境的建议》和郑宏章等 22 名代表提出的《关于加快我市老城区危旧房屋改造步伐的建议》

3. 程美瑛等 10 名代表提出的《关于进一步加强对我市改制企业职工保全资产监管工作的建议》

4. 耿仲毅等 10 名代表提出的《关于做大镇江市中小企业创业风险投资基金的建议》

5. 赵常男等 10 名代表提出的《关于尽快搬迁镇江丁卯片区钢材市场的建议》

6. 张荣连等 10 名代表提出的《关于将公交优先发展战略落到实处的建议》和卞大庆等 11 名代表提出的《关于加快快速公交系统建设，推进我市大公交发展步伐的建议》

7. 李谊忠等 44 名代表提出的《关于提升农业科技创新能力，加速我市农科所新科研基地建设的建议》

8. 胡荣明等 6 名代表提出的《关于加快建立我市临时生活救助制度的建议》

9. 程红等 11 名代表提出的《关于加快镇江市中心血站建设的建议》

10. 吴建农等 3 名代表提出的《关于加强维护医疗秩序，确保诊疗有序进行的建议》

11. 朱毅提出的《关于加快修建荣炳埝坡桥的紧急建议》（闭会期间）

12. 翟志高等 16 名代表提出的《关于"两铁"拆迁中部分签约户补偿款应及时到位的建议》（闭会期间）

（张　豫）

2010 年 12 月 23 日，市人大视察公安工作　　（卢　军）

【关于制定和出台《镇江市副食品生产基地建设的意见》的议案】　2011 年 1 月召开的市六届人大四次会议期间，代表建议：制定出台《镇江市副食品生产基地建设的意见》，具体内容包括：设立永久性蔬菜基地，保有量要在 1330 公顷以上；确定每年新菜地开发计划，实现滚动发展。组建"市菜篮子工程建设领导小组"，明确市长负责制。恢复"副食品风险基金"财政预算，实行专款专用，专户管理。强化加工流通领域管理工作，辖市（区）要做好乡镇屠宰点的撤并工作，并给予资金保障；市区要充分发挥农产品批发市场的作用，建立农超对接机制；农业部门要切实做好生产源头安全管理，加大安全检测力度。加强农技推广体系建设，做好老、新菜地地区的人才对接和培养工作。

（张　豫）

【关于控制高资化工园区水污染，保证市民饮用水安全的建议】　高资化工区的化学污染源有可能严重污染全市饮用水源。为从根本上解除供水安全隐患，保证全市人民的饮水安全。2011 年 1 月召开的市六届人大四次会议期间，代表建议：政府及环保部门要责令高资化工园污染企业停产整顿，对企业排放河道的污水要采取有效措施进行处理；对所有化工企业通江、通河排口进行封堵，达到零排放；加快高资镇精细化工园区污水收集系统建设步伐，在处理系统建成之前，由环保部门对这些化工企业污水处理进行监管。

（张　豫）

【关于强化政府主导责任、保障学前教育健康发展的建议】　"十二五"期间，镇江市被确定为国家学前教育体制改革试点城市。2011 年 1 月召开的市六届人大四次会议期间，代表建议：科学规划，保障每个适龄幼儿"上得了园"；严格管理，保障区域内适龄幼儿"就近入园"；加大投入，确保适龄幼儿"上得起园"；配齐教师，确保适龄幼儿"上得了好园"。

（张　豫）

【关于加快城乡公交一体化步伐，化解客运市场运行矛盾的建议】　随着交通大部制改革的顺利推进，公交事业归并至交通条口，城乡公交一体化的步伐逐步加快，但具体方案尚未形成，造成客运市场运行矛盾多，老百姓得不到实惠。2011 年 1 月召开的市六届人大四次会议期间，代表建议：尽快出台公交城乡一体化的相关方案，理顺客运体系，优化城乡客运线路，使客运市场走上线路布局合理、客运网络畅通、群众出行便捷的健康发展之路。

（张　豫）

【关于重视人口老龄化，完善养老保障体系的建议】　人口老龄化，不仅是经济条件问题，同时涉及镇江市有限劳动力资源劳动效率的发挥，对镇江市的发展后劲影响巨大。需要制定长远规划，完善养老保障体系。2011 年 1 月召开的市六届人大四次会议期间，代表建议：把老年福利设施建设明确纳入各级市政基础设施以及土地使用规划；将养老服务经费按比例列入各级财政年度预算；完善和调整相关扶持政策，引导、鼓励和扩大民间资本更多地流向老年服务业；整合资源，大力发展居家养老服务，强化养老服务机构规范化建设和标准化管理。

（张　豫）

镇江市人民政府

责任编校：傅雪元

综述

【概况】 2010年，市委、市政府提出“跨越发展、创新驱动、绿色增长、和谐共享”的发展战略和奋斗目标，全市上下锐意创新、奋勇争先。

市政府大力推动科技创新，坚持把人才和科技作为实现跨越发展的核心驱动力，吸引高端人才到镇江发展或柔性流动。狠抓产业结构调整，推动经济发展加快由主要依靠物质资源消耗向结构优化升级转变。坚持把“大江风貌、城市山林”作为镇江最显著的特色和最具有竞争力的资源，明确建设“山水花园城市”的目标定位，“南城北水”全面推进，南徐新城初现雏形。大力改善群众生活，公共财政优先向民生倾斜。加快发展社会事业，成立两大医疗集团，推进国家公立医院改革试点工作，在全省率先实现基本药物制度全覆盖。

2010年，镇江多项工作跃居全省前列：全社会固定资产投资增幅连续24个月保持全省第一；私营企业、个体工商户和私个注册资本三项指标增幅居全省第一；在国家创业型城市中期评估中名列全省第一；发行企业债券76.3亿元，总量全省第一。GDP总量突破1900亿元，达1957亿元，人均GDP超过9000美元。城市综合竞争力位居全国第44位，跻身福布斯中国大陆最佳商业城市第33位。经济社会发展主要均量指标居全省前五位。地方财政一般预算收入增长36%，全社会固定资产投资增长28.9%，社会消费品零售总额增长19%。镇江经济技术开发区、大学科技园、京口软件园和润州特种船舶基地晋升为国家级。镇江成为“国家知识产权示范城市”和“知识产权质押融资试点城市”。市区通过国家环保模范城市省级复核，丹阳、句容、扬中和丹徒通过国家生态县省级技术评估。农村“五保”工作获全国先进市称号。 （钱　智）

【“十一五”政府工作概要】 “十一五”期间，镇江市政府全体成员认真贯彻中央和省决策部署，坚持以科学发展观统领全局，以“推进思想解放、推动科学发展”为主线，以“做人民群众喝彩的事”为己任，紧紧依靠全市人民，积极应对金融危机，攻坚克难，开拓创新，实现“跨越发展、创新驱动、绿色增长，和谐共享”工作目标。

一是全市主要经济指标实现翻番。2010年全市GDP总量达到1957亿元，人均63440元，年均分别增长14.1%和13.1%。2010年财政一般预算收入138亿元，是2005年的近三倍。全社会固定资产投资是“十五”时期3.2倍。

二是转型升级迈出大步。五年间，全市高新技术产业产值占规模以上工业产值比重每年提高2个百分点以上，2010年达到36.1%，新兴产业实现销售收入1100亿元；科技进步贡献率达到53%，科技进步综合实力列全省第五位。

三是城乡面貌变化显著。2010年全市完成城建投资375亿元，拆迁779.4万平方米。市区五年累计拆迁超1000万平方米。新行政中心建成，南徐新城初具规模；金山湖景观工程基本建成，北部滨水区初现形象；沪宁高铁镇江段建成通车，综合交通客运枢纽建成投入使用。

四是社会事业加快发展。“十一五”期间，全市实现免费九年义务教育，辖市（区）全部通过基本教育现代化省级评估。2010年，全市财政用于民生投入66.4亿元，比上年增长33%，高出一般预算支出增幅5.4个百分点。全市建成一批重大卫生基础设施，成立两大医疗集团，卫生疾病防控应急体系进一步健全。完成廉租房、公共租赁房、经济适用房、危改房和拆迁安置房等“五房”建设300万平方米。公共文明指数测评列全国第31位。

五是人民生活得到新提升。五年累计新增城镇就业人口23万人，城镇职工三大保险覆盖率稳定在98%以上，新型农村养老保险覆盖率达95%以上。2010年，城镇居民人均可支配收入23075元，年均增长13.2%；农村居民人均纯收入10800元，年均增长12.8%。（参见第42页） （钱　智）

重要会议和政务

【市政府全体（扩大）会议】 2010年4月2日在一泉宾馆金山厅，市政府召开全体（扩大）会议。会议主要任务是：认真贯彻落实市委五届九次全会精神，围绕实现新兴产业爆发式增长这一主题，凝聚共识、明确方向、落实举措，以新兴产业的大发展推动镇江的新跨越。会上市长刘捍东要求大家敢于确立新兴产业爆发式增长的奋斗目标，科学选定新兴产业爆发式增长的四大方向，准确把握新兴产业爆发式增长的政府职责。

2010年7月16日在碧榆园会议中心南徐厅，市政府召开全体（扩大）会议。会议主要任务是：认真贯彻省委、省政府有关会议和市委五届十次全会精神，总结上半年工作，分解和落实市委全会确定的各项任务，动员全市上下以创新的举措全面完成全年各项工作。会上市长刘捍东以创新引领城市跨越发展为主题，要求各级干部更加解放思想，更加开拓进取，更加尽心尽职；要在思想创新、体制机制创新、工作方法创新等方面勇于探索、大胆实践。 （钱　智）

表 6-1

2010 年镇江市人民政府常务会议情况一览表

序号	文号	主要内容	日期
1	常务会议纪要 18 号	1. 讨论关于进一步完善政府性专项资金管理使用的意见等事宜;2. 听取 2010 年全市重点项目投资计划汇报;3. 讨论镇江"城市一卡通"建设事宜;4. 听取全市安全生产情况汇报;5. 研究近期政府重点工作	01-21
2	常务会议纪要 19 号	1. 讨论《镇江市争创江苏人居环境奖实施方案》等文件;2. 讨论国家环保模范城市复查迎检工作;3. 听取市投融资平台财务分析情况汇报;4. 审议《大运河(镇江段)遗产保护规划》;5. 讨论镇江市国家安全局新技术业务大楼建设资金事宜;6. 讨论市政府全体(扩大)会议报告	04-02
3	常务会议纪要 20 号	会议对政府各部门"三定"及其实施工作提出具体要求;对一些具体机构编制事项进行明确	04-03
4	常务会议纪要 21 号	1. 讨论《关于加快全市新兴产业发展的指导意见》等文件;2. 听取中小学校舍安全工程工作情况汇报;3. 听取市交投公司官塘片区开发融资情况通报;4. 研究市公安局交通管理指挥控制中心和特警支队迁建事宜;5. 听取近期企业军转干部维稳工作汇报;6. 听取全市夏收夏种情况汇报;7. 听取 2009 年度市有突出贡献中青年专家选拔情况汇报	06-25
5	常务会议纪要 22 号	1. 讨论《关于全市主要经济指标下半年任务分解的通知》等文件;2. 听取全市安全生产工作汇报	08-02
6	常务会议纪要 23 号	1. 讨论《镇江市大型群众性活动安全管理暂行办法》等文件;2. 听取全市重点工程进展情况汇报;3. 听取全市节能减排完成情况汇报;4. 听取市级投融资平台运行情况汇报;5. 讨论提高审批效率、控减涉企收费方案;6. 讨论市人民警察培训学校新建事宜;7. 讨论市政府驻深圳办事处撤销事宜	08-26
7	常务会议纪要 24 号	1. 讨论《关于加快全市新兴产业发展的扶持激励政策》等文件;2. 审议《镇江市住房建设规划(2010-2012)》;3. 听取全市"十二五"规划编制工作进展情况汇报;4. 听取长三角城市经济协调会第十一次市长联席会议筹备情况汇报;5. 听取给予道路、张宝林开除公职处分的汇报;6. 研究全市贯彻落实全省加快现代服务业工作会议精神的意见;7. 通报市人大常委会《关于效能评议中问卷调查测评结果的处理方案》;8. 研究四季度工作安排	10-14
8	常务会议纪要 25 号	1. 讨论关于《镇江市现代服务业两年(2011-2012)跨越发展指导意见》等文件;2. 听取全市重要生态功能保护区区划调整情况说明;3. 听取关于进一步加强消防安全坚决遏制重特大火灾事故的情况汇报;4. 听取镇江市贯彻全省城市道路交通管理工作会议精神及意见建议的情况汇报	11-22
9	常务会议纪要 26 号	1. 讨论《2010 年辖市区主要经济指标目标完成考核奖惩办法》等文件;2. 讨论"十二五"规划和 2011 年国民经济计划安排;3. 讨论《镇江市 2011 年城乡建设计划》;4. 听取当前物价情况汇报;5. 讨论市政府工作报告(讨论稿);6. 讨论西津渡文化旅游有限公司有关事宜;7. 听取 2011 年市直财政总预算安排和提高政府性专项资金使用绩效情况汇报;8. 研究春节前政府工作安排	12-31

(钱　智)

【表彰市第三批有突出贡献高技能人才】 市政府决定授予谏壁发电厂电焊工、高级技师丁小明等 21 位同志为"镇江市有突出贡献高级技师"称号,并依照有关规定给予政府定期津贴。

(王　磊)

【制定鼓励培育百亿企业(集团)的意见】 为推进实施工业"千百亿工程",促进工业结构转型升级,市政府对实现年营业收入超百亿培育企业,实施以下鼓励政策:

1. 对年营业收入超 100 亿元的企业(集团),由市财政给予企业(集团)经营者一次性奖励。其中:对年营业收入已超 100 亿元且比上年稳定增长的企业(集团)奖励 6 万元;对新进入营业收入超 100 亿元的企业(集团)奖励 10 万元;对新进入营业收入超 200 亿元的企业(集团)奖励 20 万元。2. 对培育百亿企业成绩显著的辖市(区),由市财政给予辖市(区)党政主要领导、分管领导和主管部门主要负责人一次性奖励。其中:对原有年营业收入超 100 亿元企业(集团)的辖市(区),按照 1 户 2 万元、2 户 5 万元给予一次性奖励;对当年净增营业收入超 100 亿元企业(集团)的辖市(区),每净增 1 户奖励 3 万元、净增 1 户以上的每多增 1 户再奖励 5000 元;对当年净增营业收入超 200 亿元企业(集团)的辖市(区),每净增 1 户奖励 5 万元。3. 对百亿培育企业(集团)实施符合国家、省、市产业政策的项目,当年新增税收地方留成部分,给予企业适当奖励。4. 对百亿培育企业(集团)开展跨地区、跨行业、跨所有制收购兼并、资产重组项目,实行一事一议,给予一次性奖励。

(王　磊)

【制定专项奖励重大产业项目的意见】 为加快重大产业项目建设,市政府制定专项奖励重大产业项目的意见,设立重大产业项目完成奖、特别奖和创新奖:

1. 重大产业项目完成奖。对总投资 10 亿元以上、3 年内建成的工业项目;总投资 6 亿元以上、2 年内建成的现代服务业项目;总投资 1.5 亿元以上、2 年内建成的农业项目,在项目建成后,经申报评审认定,授予重大产业项目完成奖。奖励额度为工业、服务业项目每个 50 万元;农业项目每个 20 万元。2. 重大产业项目特别奖。对总投资 30 亿元以上(或 3 亿美元以上),特别重大的龙头型、基地型项目,在项目建成后,经申报评审认定,授予重大产业项目特别奖,奖励额度为每个项目 100 万元。3. 重大产业项目创新奖。对总投资 6 亿元以上、2 年内建成的新兴产业项目、传统产业高新化项目(具有自主知识产权项目或省级以上重大科技转化成果项目或建立省级以上工程研发中心的项目),在项目建成后,经申报评审认定,授予重大产业项目创新奖,奖励额度为每个项目 50 万元。奖励资金除按财政体制落实外,由市财政再承担 20%,即:市直的奖励资金全部由市财政承担,辖市的由市财政承担 20%,京口区和润州区的由市财政承担 70%,丹徒区和镇江新区的由市财政承担 40%。

(王　磊)

【制定加快林业改革和发展的意见】 为实现镇江绿色增长、跨越发展,市政府就加快林业改革和发展制定意见:

1. 稳步推进林业改革。对"三定"时期已经划定的自留山和"责任山",进一步完善权属关系,确保林农利益不受损害。对产权明晰的集体林地,要依法落实经营主体,明确经营责任,实现林业持续发展。对产权不明晰的集体林地,通过实施林业股份合作等形式,确保森林资源增加、农民群众增收、林业经济增长。2. 加快“绿色镇江”建设。加强“四沿”(沿铁路、公路、河道、村庄)绿化,建设绿色通道;实施退耕还林,推进丘陵岗地植被恢复;重点建设围庄林,提升村庄绿化水平;推进“青山绿水”行动,重点抓好垂直绿化、精细绿化和小区绿化,城市居民出行500米就有一块2000平方米以上的公共绿地。坚持谁投资、谁受益的原则,鼓励各类资本、各种形式投资发展林业,建立多元化的林业投入机制和多形式的林业经营模式。继续实施绿化造林财政奖补制度和财政补贴政策,提高各级政府、各类社会主体投资绿化造林的积极性。3. 大力发展林业产业。实施林业综合开发,积极发展林苗产业。加大扶持力度,着力培育一批名牌林木产品和木业龙头企业,大幅度增加林木业产值。充分利用森林资源,开发森林旅游产品,加快发展地方特色森林旅游产业。4. 切实加强林业管理。不断完善林木采伐管理,进一步简化审批程序,即申即批。对定向培育并达到一定规模的工业原料林,实行采伐限额单列。改革集体林育林基金征收管理办法,对征收的育林基金全额或者部分返还给林业生产经营者,返还比例原则上不得少于征收额的50%。各级林业部门因返还而减少的育林基金收入,由同级财政给予补贴。不断提高公益林补偿标准,市、县级生态公益林分别由市、县财政给予每年每亩10元和8元的补贴。

(王 磊)

【控减涉企收费】 为深入贯彻市委、市政府《关于提升行政效能、优化发展环境的若干意见》,实现在全省“办事效率最高、收费标准最低、服务态度最好”发展环境的目标,市政府决定进一步控减涉企收费。

1. 自2010年9月15日起,取消和暂停征收10项行政事业性和经营服务性收费;降低15项行政事业性收费和24项经营服务性收费标准。2. 继续执行好市政府制定的《关于加快推进省级开发园区建设发展的若干政策的通知》《关于进一步加快城市重点工程建设的若干意见》和《关于进一步优化收费环境的意见》中涉及的29项收费优惠项目。3. 有关收费单位要按新的标准及时调整收费公示内容,行政事业性单位要按规定及时到原核发《收费许可证》的政府价格主管部门办理《收费许可证》变更手续。4. 各部门要高度重视,确保优惠政策落实到位。5. 严禁行政机关和事业单位依托权力指定服务、捆绑收费;严禁经营性服务单位挂靠权力机关强行服务。 (王 磊)

【应急管理】 2010年3月,市政府成立应急管理委员会,由市长任主任,常务副市长任常务副主任,各副市长、市政府秘书长、军分区和武警支队领导为副主任。市政府办公室设立应急管理办公室。组织修订市级专项应急预案13个。建有市级应急救援队伍58支,各类应急专业和兼职人员2500人左右。各类基层应急队伍449支、13635人。各辖市(区)全部成立综合应急救援队伍;有乡镇(街道)综合应急救援队伍95支、3303人;有基层专业应急救援队伍336支、9724人。全市全年未发生较大级别以上的突发事件。 (吴丰成)

【政务督查】 2010年,市政府督查室以“内涵提升”为抓手,积极创新督查工作机制、制度和方法,全面提升督查工作水平,“大督查”氛围更加浓郁。由督查室牵头组织,对实施基本药物制度工作、谏西地区环境治理、沿江违法建设设施查处、市区黑臭河流整治、建筑工地安全施工、计划生育等项工作进行督查督办,确保各项目标的全面实现。全年共发出《督查通知》24份,编发《督查通报》79期。市委、市政府领导关于督查工作的批示达30多次,其中批示表扬督查室的有5次以上;国务院办公厅《国办通报》介绍和推广镇江依托大督查机制推进政务工作的做法和经验。2010年,督查室被市政府办公室评为创新集体。

(刘卫华)

【建议提案办理】 2010年,市政府办理人大代表建议301件、政协委员提案492件,涉及53个承办单位;政府办直接办理或协助办理112件。所有建议提案已全部办复,人大代表和政协委员均表示满意或基本满意。 (刘卫华)

【书记、市长信箱来信办理】 2010年,市委书记和市长信箱共受理来信4077件,由督查室直接处理1220件,转各地、各部门办理2857件,总办复率达98%以上。省长信箱转交106件来信,全部办复。 (刘卫华)

【“12345”服务热线】 2010年,“12345”服务热线接听市民来电180805次,日均500多次;由前台和督查室直接办理164020余件,与网络单位三方通话当场解决问题1668件,派送电子工单15117件;各网络单位处理回复14622件,办结或办复率96.73%;回访工单14451件,群众满意率99.42%。

2010年初,市政府办公室下发《关于进一步做好“12345”服务热线工作的通知》,明确5方面18条具体工作措施。召开“12345”建设推进会,将网络单位从24个扩大到60个。出台对网络单位的考核办法,从电话接通情况、三方通话情况、首接负责制执行情况、派单处理情况、群众满意程度等方面对各单位进行考核。在《京江晚报》开设“12345”专栏,定期宣传热线为民办事和各单位的工作做法。在话务班建立团支部,开展巾帼文明岗、青年文明号的创建活动。6月,“12345”热线话务班被市妇联授予“巾帼文明岗”荣誉称号;9月,被团市委授予“青年文明号”。 (刘卫华)

【政务接待工作】 2010年,市接待办全年完成接待任务397批,12167人次。其中接待党和国家领导人4批,省部级领导49批,厅局级领导73批,地市级领导42批,各类会议9个。全年接待全国各地接待同行26批,189人次。市接待办进一步制定和完善各种制度:一是《接待办内部管理制度》,共收集整理涉及机关内部各个工作环节的19项制度;二是《接待工作规范》,其中纳入与具体接待工作相关的4项制度。 (张建平)

【机关事务管理工作】 2010年,镇江市市级机关事务管理局做好机关有关部门财务决算和报销受理,完成合并单位经费的结算和划转,完成机关工作人员工资变动以及公积金、医疗保险的提取及变更等工作;保障各类会议200余场;车辆保障服务3000余台次,安全行驶30万公里;完成门诊31115人次;做好幼教工作,在校幼儿580余名;办理市级机关办公设施设备等固定资产登记工作,新增固定资产400万元,核销固定资产280万元。做好世博、国庆、元旦期间安保工作,做好上访群众的疏导、劝导等工作。局机关先后被市评为“安全生产先进集体”“综合治理先进单位”“信访先进单位”“先进机关党委”“先进工会集体”等。

2010年,市级机关事务管理局全面推进行政中心迁址工作。与代建部门沟通协调,推进新行政中心、后勤服务楼内外部装修及设施设备的安装调试等工作;多方考察调研,确立新行政中心运行管理体制和后勤生活服务保障运行模式;合理分配进驻新行政中心办公用房;制定新行政中心管理制度规定20余项,并印制1000余册发到机关各单位学习执行;规范组织办公家具、后勤服务设施设备和物业管理等招投标工作,认真做好标牌标识的设计制作和安装工作;做好进驻新行政中心各单位的国有资产管理工作,推进集中统一管理。 (胡福乾)

政府法制

【概况】 2010年,全市制定各类政府规范性文件64件,政策性文件20件,办理国务院和省政府征求意见稿20件。其中,市政府为促进房地产市场平稳健康发展,加强住宅区配套设施建设管理,保障和改善城市中等偏下收入住房困难家庭、新就业人员、外来务工人员等群体的居住条件,审核出台《关于支持自住型和改善型住房消费促进房地产市场平稳健康发展的意见》《镇江市市区居住区配套设施建设管理暂行办法》《镇江市市区集体土地拆迁安置房管理暂行办法》《镇江市市区经济适用住房管理实施细则》《镇江市市区公共租赁住房管理暂行办法》等系列文件;审核出台《关于加强市区长江河道滩地管理的通告》《镇江市市区烟花爆竹安全燃放管理暂行办法》《镇江市市民卡管理暂行办法》等一批规范性文件和政策性文件。

全市各级行政复议机关共收到行政复议申请171件,受理154件,结转25件,已审结159件。其中市政府收到申请50件,受理39件,结转9件,已审结41件。案件主要涉及劳动、公安、土地、规划、拆迁、环保、质监、交通等部门和部分辖市(区)政府。全年共办理行政诉讼案件256件。

在全市开展“依法行政配套制度建设年”活动,深化说理式行政执法文书和行政负责人出庭应诉工作。确定市烟草局、镇江工商局、市交通运输局、市食药监局为说理式行政许可文书制作使用试点单位。按照行政负责人出庭应诉率100%的要求,开展专项检查活动。句容市、扬中市、丹徒区、润州区和大部分市级部门行政负责人出庭率均达到100%。

全年组织对23个市级行政执法部门和36个辖市(区)行政执法部门的行政许可案卷进行评查;对市级行政执法部门中20个“受委托组织”的行政执法情况进行专项检查;对全市贯彻实施《食品安全法》的情况进行监督检查,确保全市不发生重大食品安全事故。

在全市确定63名法制工作人员为全市依法行政工作联络员。组织对1600余名市级机关行政执法人员和280余名行政复议应诉人员进行集中培训。全年编发《市政府公报》6期、《镇江政府法制》简报12期,在国家、省、市各类信息刊物、网站和新闻媒体上发表稿件53篇。句容市政府法制办被评为全省政府法制信息工作先进集体,全市政府法制系统有2名工作人员被评为全省政府法制信息工作先进个人。

(姚宏敏 崔扬高)

【“十一五”政府法制工作概要】 “十一五”期间,市政府法制办共审核制定各类政府规范性、政策性文件106件,办理国务院和省政府征求意见稿83件,集中清理1990年至2007年出台的市政府规范性文件。组织对全市贯彻实施《中华人民共和国城乡规划法》《中华人民共和国农产品质量安全法》《中华人民共和国食品安全法》等法律的情况进行监督检查,规范行政执法自由裁量权,建立行政权力法制监督平台。联系、指导和培育扬中市等12个省级依法行政示范点和市口港局等29个市级依法行政示范单位。全市共受理行政复议案件850件,均做到“定纷止争,案结事了”,制定并实施行政负责人出庭应诉制度。在全市深入推进“一个开展、两个深化”(开展“依法行政配套制度建设年”活动,深化说理式行政执法文书和行政负责人出庭应诉工作)工作。组织对市级机关行政执法人员和行政复议应诉人员进行集中培训4300余人次。2009年度镇江依法行政工作在全省考核排名第4位,市政府规范性文件备案工作排名全省第1位,首创的说理式行政执法文书被省授予“全省政府法制工作创新奖”,并在全省推广,连续两年获全省行政复议案例评析二等奖。 (姚宏敏 崔扬高)

【规范性文件和重大行政处罚决定备案审查工作】 2010年,市政府共审核出台规范性文件10件,均明确专人负责,在文件生效之日起15日内上报备案。全年共审查重大行政处罚决定329件、规范性文件54件,其中镇江质监局、市食药监局、市安监局、市环保局等部门的重大行政处罚决定报备率、及时率、规范率达到100%。 (姚宏敏 崔扬高)

【规范行政执法自由裁量权和行政执法行为】 2010年,市政府法制办对市级部门含有自由裁量内容的行政处罚权进行梳理,进一步细化自由裁量等次,合理界定不予处罚以及减轻、从轻、从重处罚的情形。对可选择处罚种类的,明确制定适用不同种类的具体条件,对可选择处罚幅度的,将违法行为划分为不同的具体等次,确定相应的处罚标准,使行政处罚更加公正。经审核确认的行政处罚自由裁量基准数4186个。扬中市行政执法“四化”(执法依据法定化、执法制度完备化、执法裁量尺度化、执法内容公开化)工作法被评为全省政府法制工作创新奖。丹阳市法制办、扬中市法制办被省授予“县级政府法制工作规范化建设示范单位”称号。(姚宏敏 崔扬高)

【深化行政审批制度改革】 2010年,按照市委、市政府要求镇江在全省“审批事项最少、即办件比例最高、承诺件办理时限最低”的原则,市法制办参与市监察局、优化办、行政服务中心起草《关于做好提高行政审批效率相关工作的通知》,进一步减少行政许可和审批事项,市级行政审批事项即办件由原来81个增加到132个,即办件比例达到全省最高。433个承诺件的平均承诺时限由11.5个工作日压缩为8.3个工作日;进行政服务中心事项的平均承诺时限由8.77个工作日压缩为6.18个工作日,每个承诺件办理时限达到全省最低。

(姚宏敏 崔扬高)

行政服务

【概况】 2010年,市行政服务中心(简称“中心”)开展“当服务明星,做创业保姆”活动。一是实现“创业服务再提速”。在2009年的两次行政审批提速的基础上,进一步缩短文化、环保、食药监等部门的前制审批时限,使得营业执照领取的周期再少20个工作日。二是申办材料再瘦身。工商注册阶段后置的质监、地税等7个窗口,基本建设阶段发改、国土、规划等10个窗口需要重复提交的22种不同类型的申报材料,通过“注册号”全部予以取消。三是加强中心信息化建设。加快推进新区与中心网上申报系统功能的建设,进一步缩减审批时间,为申请人提供更多便利。

中心进一步清理审批事项,提高即办件比例,压减承诺时限。截至2010年底,即办件个数由原来的112件增加到127件,承诺件平均承诺时限由平均8.77个工作日压缩为6.18个工作日,压缩比例达29.5%,做到每个承诺件的办理时限都为全省最短。

中心建立以群众满意为导向的考核评优机制,建立电信114台电话回访制度和网上办件评审会制度;完善双月讲评制度和网上绩效评估的体系;开展办件“零差错”、服务“零投诉”考核;建立窗口工作情况定期反馈制度。(陈晓荣)

【“十一五”行政服务中心工作概要】 “十一五”期间,市行政服务中心在全国率先推行“两集中两到位”工作,基本解

表 6-2 **2010 年镇江市行政服务中心各窗口办件情况一览表** 单位:件

部门名称	即办件		承诺件		联办件	上报件		汇总				办件情况			办结率
	受理	办结	受理	已办结		受理	办结	受理	不予受理	办结	不予许可	在办	超时	暂停	
国税车购办	29818	29818	0	0	0	0	0	29818	0	29818	0	0	0	0	100.00
发改委	0	0	287	282	211	0	0	287	0	282	0	2	0	4	98.26
国土局	0	0	2250	2249	75	0	0	2250	0	2249	0	62	0	8	99.96
京口国土	0	0	2239	2223	5	0	0	2239	0	2223	0	62	0	0	99.29
润州国土	0	0	1538	1568	4	0	0	1538	0	1568	0	44	0	0	100
规划局	395	395	395	395	300	0	0	790	0	790	119	15	0	9	100
住建局	534	534	986	986	667	237	234	1757	0	1754	2	8	2	0	99.83
公安局	42384	42384	1614	1613	280	0	0	43998	0	43997	1	1	0	0	100.00
消防支队	0	0	311	322	154	0	0	311	0	322	1	28	0	6	100.00
京口、润州区消防大队	0	0	336	350	139	0	0	336	0	350	0	13	0	0	100.00
环保局	104	104	608	610	253	0	0	712	0	714	2	1	0	0	100.00
京口环保局	0	0	26	26	20	0	0	26	0	26	0	0	0	0	100.00
润州环保局	0	0	23	23	14	0	0	23	0	23	0	0	0	0	100.00
民防局	106	106	44	44	139	0	0	150	0	150	0	0	0	0	100.00
社保中心	188	188	0	0	81	0	0	188	0	188	0	0	0	0	100.00
气象局	67	67	322	292	220	0	0	389	0	359	0	8	0	25	92.29
民政局	0	0	68	66	20	0	0	68	0	66	0	3	3	0	97.06
城管局	186	186	2205	2108	316	0	0	2391	0	2294	96	17	0	80	95.94
商务局	1591	1591	293	293	205	0	0	1884	0	1884	0	0	0	0	100.00
经信委	334	334	173	173	175	0	0	507	0	511	0	1	0	0	100.00
自来水公司	0	0	1746	1722	714	0	0	1746	0	1722	0	42	0	1	98.63
工商外资	0	0	291	292	172	0	0	291	0	292	0	1	0	0	100.00
工商内资	162	162	3082	3086	2268	0	0	3244	0	3248	0	9	6	0	100.00
润州工商	0	0	1298	1290	689	0	0	1298	0	1290	0	6	5	13	99.38
京口工商	0	0	1298	1320	872	0	0	1298	0	1320	0	5	0	9	100.00
文广新局	3	3	101	103	37	43	37	156	0	152	2	6	0	0	97.44
交通运输局	3193	3193	2639	2600	57	0	0	5832	0	5793	0	43	1	0	99.33
安监局	0	0	346	407	32	0	0	346	0	407	0	11	0	0	100.00
财政局	2049	2049	0	0	124	0	0	2049	0	2049	0	0	0	0	100.00
城建档案处	365	365	464	464	337	0	0	829	0	829	0	0	0	0	100.00
地震局	0	0	58	58	88	0	0	58	0	58	0	0	0	0	100.00
市政公用局	2569	2569	1376	1228	515	0	0	3945	0	3797	0	1	4	184	96.25
国税局	2871	2871	0	0	2656	0	0	2873	0	2873	0	0	0	0	100.00
地税局	9303	9303	0	0	5250	0	0	9303	0	9303	0	0	1	0	100.00
华润燃气	0	0	132	136	1	0	0	132	0	136	0	4	2	0	100.00
农委	4535	4535	48	48	11	55	55	4638	0	4638	0	0	0	0	100.00
卫生局	0	0	143	143	1	0	0	143	0	143	0	0	2	0	100.00
市卫生监督所	0	0	122	122	27	0	0	122	0	122	0	0	0	0	100.00
京口卫生监督所	0	0	384	384	158	0	0	384	0	384	0	0	0	0	100.00
润州卫生监督所	0	0	140	140	51	0	0	140	0	140	0	0	1	0	100.00
烟草专卖局	0	0	0	0	0	0	0	0	0	0	0	0	0	0	0.00
食药监局	0	0	461	447	31	0	0	461	0	447	0	17	0	5	96.96
园林局	0	0	269	271	76	0	0	269	0	271	0	0	0	0	100.00
质监局	0	0	4685	4685	2738	0	0	4685	0	4685	0	3	1	0	100.00
人行镇江支行	146	146	0	0	2	0	0	146	0	146	0	0	0	0	100.00
安全局	0	0	86	86	1	0	0	86	0	86	0	0	0	0	100.00
口港局	0	0	27	29	0	0	0	28	0	30	0	0	0	0	100.00
人社局	0	0	84	84	1	0	0	84	0	84	0	0	0	0	100.00
水利局	0	0	15	15	1	0	0	15	0	15	0	0	0	0	100.00
结算窗口	0	0	0	0	0	0	0	0	0	0	0	0	0	0	0.00
移动公司	0	0	0	0	0	0	0	0	0	0	0	0	0	0	0.00
合计	100903	100903	33013	32783	20188	335	326	134263	0	134028	223	413	28	344	99.82

说明:办结率包含统计时受理的办件,也包含统计时未办结但并未超过承诺办理时间的办件;办结件含上年结转。 (陈晓荣)

决制约行政效率的瓶颈问题，近200个省内外城市同行到镇江学习考察，推广“镇江模式”；用信息化手段来改造审批流程，实行注册号制度、“一表制审批”、网上联合审批和全程信息共享。五年共受理办件407456件，日均309件；办结407456件，办结率100％。即办项目从原来的14项提高到78项，承诺件的平均承诺时限从14.6个工作日压缩到6.18个工作日。自2007年至2010年，中心连续4次获得市委、市政府表彰的年度市级机关作风建设和目标管理十佳单位称号；2008年和2009年，中心先后获得江苏省和镇江市两级“人民满意的公务员集体”荣誉称号。 （陈晓荣）

【出台创业培训和服务创业的十项举措】 2010年初，中心根据创业型城市建设的实际需要，制定创业培训和服务创业的十项举措：1. 实行创业保姆服务卡；2. 推行个性化服务；3. 提供信息服务；4. 实行明白收费；5. 设立创业服务咨询热线；6. 建立创业服务网络；7. 清理和规范行政审批；8. 提高行政审批效率；9. 推行上报件陪同办理；10. 加强定期考核工作。 （陈晓荣）

【评选出10名优秀创业“保姆”】 2010年10月底，中心评选出10名优秀创业“保姆”：镇江工商局葛广研，京口工商分局潘浩，润州工商分局窗口首席代表虞亚军，镇江质监局李岚，市商务局窗口首席代表傅华，市地税局韩云，市卫生局窗口首席代表魏晴，市住建局窗口邹秀仙，市公安局束斌，市财政局殷勤。

（陈晓荣）

【实行第三方回访制度】 自2010年7月始，中心实行第三方（中国电信镇江公司）回访办事人制度，这是中心引入电信回访办事人，构建考核评优新体系的举措之一。该制度规定第三方每月必须回访600名当月在中心有办件的办事人，请他们对中心窗口工作人员的服务态度、办事效率、廉洁自律、一次性告知等方面进行评议，受访人名单由中心提供，月底第三方将办事人的评议原汁原味反馈中心，中心除了在内网进行公布、反馈窗口部门（单位）外，还将第三方回访结果作为考核评优的重要依据，同时分析存在问题，有针对性强化改进措施。2010年，中心共收到锦旗75面，为历年之最，第三方电话回访的群众满意率一直保持在95％以上。 （陈晓荣）

外事及港澳台事务

【概况】 2010年，全市外事系统邀请接待外宾及港澳人士96批1057人次，其中，副部级以上贵宾及党宾团4批41人次，外国记者3批27人次，领馆馆员3批9人次。办理全市因公出访团组334批902人次；办理邀请外国人来华签证函电340批479人次，代办因私签证486批1220人次；妥善处理境内外涉外事（案）件5起。镇江新增2对国际友好城市，友城总数达到12对。镇江市与法国拉罗谢尔市、匈牙利科斯克罗市和印度尼西亚巴东市建立了友好交往关系；丹阳市与美国奥本市签署建立友好交往城市关系协议书。 （奚向红）

【“十一五”外事工作概要】 “十一五”期间，全市外事系统邀请接待外宾及港澳人士654批6043人次，其中，接待沙特阿拉伯王国国家安全委员会秘书长班达尔·本·苏尔坦·本·阿卜杜勒－阿齐兹·阿勒沙特亲王，新加坡共和国副总理、内政部长黄根成，汤加王国公主萨洛特·皮洛莱乌·图伊塔，日本前首相海部俊树等重要外宾及党宾团20批222人次；办理全市因公出访团组1550批4555人次；办理邀请外国人来华签证函电2561批4213人次，代办因私签证1628批4664人次。市政府授予外国籍人士“镇江市荣誉市民”称号3名，授予外国籍人士“金山友谊奖”25名。镇江新增国际友好城市3个，分别是2007年10月镇江市与澳大利亚费尔菲尔德市、2010年10月镇江市与韩国釜山广域市江西区缔结友城关系；2010年10月扬中市与德国下萨克森州奥里希地区缔结友城关系。2007年8月，举办首届中国镇江七夕节纪念活动暨吉冈茂美音乐会，并以“情缘七夕”为主题连续举办四届活动，开创新的对外交往品牌活动。2009年，启动外事服务企业、服务发展“三送三帮”（送政策帮助企业谋发展、送信息帮助企业寻商机、送服务帮助企业解难题）主题活动；10月，举办镇江市国际友好城市交流大会，发表《国际友好城市交流与合作镇江宣言》。 （奚向红）

【首批镇江市企业家申领APEC商务旅行卡】 2010年，市外办按照外交部要求，面向重点企业人员推广旅行卡，编印《申办APEC商务旅行卡材料汇编》发送企业，在辖市（区）举办专场推介会。7月15日，镇江市境内的江苏沃得集团总裁、董事局主席王伟耀，江苏三星科技有限公司董事长刘建春，镇江市正恺电子有限公司董事长兼总经理徐正等12人获外交部颁发的首批APEC商务旅行卡。2010年度，全市共有24名企业家和高层管理人员领取APEC卡。（奚向红）

资料链接：

APEC商务旅行卡计划系亚太经济合作组织工商理事会于1996年提出的便利APEC范围内各经济体商务人员往来的计划。我国于2003年加入旅行卡计划，并从2009年起面向企业界人士发放旅行卡。持卡人凭有效护照和旅行卡在3年内可免签证自由往来于亚太经济合作组织内的15个国家（日本、韩国、澳大利亚、新西兰、巴布亚新几内亚、菲律宾、新加坡、泰国、越南、文莱、印度尼西亚、马来西亚、墨西哥、秘鲁、智利）。（奚向红）

【第17届中日友谊梅樱园活动】 2010年4月16日，以“梅樱同春 花颂友谊”为主题的中国镇江第17届中日友谊梅樱园活动在南山风景区开幕，并启动“中日友谊梅樱园南山基地”建设项目。日本津市、仓敷市、奈良市以及东京的八王子市等地的102人专程到镇和镇江市领导及千余名市民参加开幕式。市长刘捍东，日本津市市长松田直久、仓敷市市长伊东香织发表演讲。日本友人与镇江市民共赏镇江民间风情表演节目，栽种200余棵樱花树。本届梅樱园活动，津市、仓敷市、奈良市以及东京的八王子市的7个友好团体和122位市民（含在日市民），共认捐201棵樱花计60.3万日元；在镇江的日资企业KYB公司（含日本总部）和江苏苏菱公司首批捐助9万元人民币用于南山植树绿化。16日下午，市外办和江苏大学联合举办“日本津市市长话津市”座谈会。日本津市市长松田直久在江苏大学国际会议中心，与江苏大学外国语学院日语系学生进行对话，交流历史传统、教育文化以及社会热点问题。 （奚向红）

资料链接：

1993年，中日友谊梅樱园开园仪式暨首届植树活动在鼎石山（后命名为宝塔山公园）举行，至2008年，共种植了近3000棵梅花树和樱花树。2009年起，鉴于宝塔山公园种植密度饱和，中日双方决定以南山风景区为新基地，采取种（植）养（护）结合的方法，异地举办梅樱园活动。 （奚向红）

【美国坦佩市获“对华友好城市交流合作奖”】 2010年9月8日，镇江和美国坦佩市应邀出席中国人民对外友好协会和中国国际友好城市联合会主办的“2010中国国际友好城市交流大会”，10日，举行颁奖仪式，镇江市国际友城——美国坦佩市获“对华友好城市交流合作奖”，成为江苏省7个获奖国际友城之一。中国国际广播电台“国际在线”栏目独家采访镇江市与坦佩市这对中美友城，报道两市友好交流与合作成果。（奚向红）

【镇江市与韩国釜山广域市江西区缔结友好城市关系】 2010年10月18日，镇江市政府在国际饭店举行镇江市与韩国釜山广域市江西区缔结友好城市关系签字仪式，副市长陈建设代表市长刘捍东和江西区区厅长姜仁吉分别代表两市区政府签署两市区结好协议书。两市区交换结好纪念品：镇江市向江西区赠送一幅书法作品——《江流有声》；江西区回赠一对充满喜庆意味的韩国传统婚礼偶人像。（奚向红）

资料链接：

《江流有声》语出苏轼《后赤壁赋》，以此来比喻地名中各有“江”字的两市区友好关系将发展得有声有色。

江西区位于韩国釜山广域市西部洛东江下游三角洲，是韩国东南经济圈最具成长性的战略要地。该区总面积179.27平方公里，占釜山市23.42%，人口6万人。拥有釜山国家产业园、釜山产业科学园、釜山地方产业园和1600多家企业。（奚向红）

【扬中市与德国下萨克森州奥里希地区缔结国际友好城市关系】 2010年10月15日，扬中市市长孙乾贵与德国下萨克森州奥里希地区最高行政长官托伊考夫在扬中市正式签署缔结友好城市关系协议书。这是扬中市历史上首个国际友好城市。10月11日，托伊考夫率民主党议员，环保、文化等部门政府官员一行14人专程访问扬中，与扬中进行对口交流，参观宜禾职业装博览馆、新坝新治生态农业观光区、大全集团、银河竹艺、诺伊费德船用设备公司、兴隆污水处理厂、金山学院以及第一中学等地。扬中市与奥里希地区的交往始于1998年8月。奥里希主要产业有船舶制造、汽车制造、旅游等，风能发电发展迅猛，是德国新能源示范区。（奚向红）

【“情缘七夕”中日友好广场活动】 2010年8月16日，农历七月初七，镇江市政府、市友协在大市口广场举办“情缘七夕”2010中日友好广场活动。市有关领导和镇江新区白水化学、河长电子、特耐斯、凯迩必、金刚金属等7家日资企业日方代表、中方员工，润州侨联、西津渡街社区、米山人家社区等3000多名镇江市民参加活动。现场设置国家级非遗项目秦淮灯彩《牛郎织女》大型灯组，以及用荷花灯装饰的许愿树，举行体现七夕传统习俗的猜灯谜、“乞巧”和许愿祈福活动。日本七夕访华团与镇江文化馆、镇江民间文化艺术馆共同举办一台以“爱”为主题的文艺晚会。日本当红歌星演唱著名音乐家吉冈茂美为镇江创作的日语原创歌曲《星空物语》。（奚向红）

【旅法华工后裔回镇江认祖归宗】 2010年9月22日中秋之夜，镇江举办“月是故乡明——2010中国镇江北固湾中秋晚会”。晚会现场，从法国拉罗谢尔市归来替父完成认祖归宗心愿的朱桂生81岁的女儿西蒙娜和其法国丈夫，讲述以106岁高龄去世的世界上最后一位旅法华工朱桂生的思乡故事。拉罗谢尔市市长马克西姆·波诺通过视频方式，向镇江人民献上节日祝福。朱桂生的寻根故事始于2009年5月香港《凤凰卫视》的关注和报道，并因之使镇江市与拉罗谢尔市之间建立友好交往关系，并于2010年3月16日签署《镇江市与拉罗谢尔市建立友好交往城市关系意向书》。9月23日，西蒙娜夫妇与朱氏族人一起到镇江姚桥儒里朱氏宗祠祭祖，将父亲朱桂生的照片在祠堂内制牌永存。“华工后裔回镇江认祖归宗了却老父百年遗愿，镇江与拉罗谢尔市友好牵手”的新闻，随着《中央电视台》国际频道和《凤凰卫视》欧洲台、美洲台等新闻媒体的报道传遍世界。（奚向红）

【日本前首相海部俊树访问镇江】 2010年4月12日，日本前首相海部俊树夫妇访问镇江，参加南京和平友好樱花园活动的日本书法代表团一行73人随访。海部俊树1989至1991年出任日本首相，现任日本中部书道会名誉会长。海部俊树一行到焦山书法碑刻博物馆，观摩《瘗鹤铭》、米芾的《城市山林》碑刻和颜真卿等大家书法，他说：“镇江是一座很有文化底蕴的城市，对于书法爱好者而言是一座艺术宝库。”副市长陈建设代表市政府向海部俊树赠送书法家宇文家林书写的与镇江有关的八首古诗的书法长卷。海部俊树赴金山寺参观，向金山寺赠送自己的书法作品《希望》，日本中国书法学院院长刘洪友与金山江天禅寺方丈心澄大和尚签署该院与金山佛印书画院友好交流协议书。（奚向红）

【第24届全国城市外事协作会议】 2010年7月26日，以“低碳经济下地方外事服务的新领域、新优势、新作为”为主题的第24届全国城市外事协作会议在镇江召开，全国15个省（自治区、直辖市）以及省内城市外事部门的代表50余人出席会议。镇江市外办主任薛峰、徐州市外办副主任王连运、青岛市外办副主任李汝敏分别代表各自城市作交流发言，提出低碳经济时代外事工作新思路。会议期间，与会代表参观恒顺醋业博物馆、镇江规划展示馆、润扬大桥、西津渡历史文化街区等地，并赴上海世博会感受世界各国在低碳经济时代的新科技、新产业。（奚向红）

表6-3 **2010年外国重要来宾到镇江访问情况表**

到访月日	团组	访问目的	主要访问点
3月17日	瑞士驻沪总领事范维廉一行2人	考察瑞士在镇企业	镇江新区、镇江博物馆
4月12日	日本前首相海部俊树夫妇	友好访问	焦山、金山
4月26日	日本前官房长官、大藏大臣武村正义	举办环境保护演讲报告会	江苏大学
7月29日	汤加王国公主萨洛特·皮洛莱乌·图伊塔一行5人	友好访问	镇江博物馆、西津渡街
8月12日	越共中央委员、中央民运部常务副部长阮世忠为团长的越南党政干部考察团16人	考察镇江经济社会发展情况和党建工作	规划馆、金山

（奚向红）

表 6-4

2010 年外国友好城市主要团组到镇江访问情况表

到访月日	团组	访问目的	主要访问点
1 月 11 日	市长彼得·库尔茨为团长的德国曼海姆市政府代表团 15 人	签署《中国镇江市与德国曼海姆市深化友好城市关系备忘录》，商讨两市合作交流项目，在镇江一中和江苏大学开展中德文化交流活动	镇江博物馆、西津渡、第一人民医院、南城北水在建项目、规划馆，镇江新区、丹徒新区高新企业
4 月 15 日	市长松田直久为团长的日本津市政府代表团 4 人	参加第 17 届中日友谊梅樱园活动、举办“日本津市市长话津市”座谈会	南山风景区、江苏大学
4 月 15 日	市长伊东香织为团长的第 31 次仓敷市友好市民团 46 人，津市国际交流协会会长柳濑恒范 2 人，冈本佑次为团长的第 27 次津市友好市民团 42 人、儿玉晶代为团长的奈良社会福祉院友好团 6 人，东洋书道艺术学会理事长松本启佑 2 人	参加第 17 届中日友谊梅樱园活动	南山风景区
8 月 2 日	议员原田健明为团长的日本仓敷市少男少女友好之翼访华团 19 人，校长山田芳裕为团长的美作市少男少女团 17 人	青少年交流	市少年宫、京口区少年宫
9 月 3 日	美国坦佩姐妹城市协会代表拉尔夫·古埃提亚 2 人	出席上海举办的 2010 中国国际友好城市大会，领取“对华友好城市交流合作奖”	
10 月 13 日	奥里希地区最高行政长官托伊考夫为团长的德国奥里希政府代表团 14 人	正式签署扬中市与奥里希地区缔结友好城市关系协议书	宜禾职业装博览馆、新坝新治生态农业观光区、大全集团、银河竹艺、诺伊贵德船用设备公司、兴隆污水处理厂、金山学院、第一中学
10 月 13 日	会长涉谷孝之为团长的柴田町日中友好协会代表团 13 人	出席北京举办的庆祝日中友好协会创立 60 周年庆祝大会	丹阳
10 月 16 日	副市长丹尼斯为团长的澳大利亚费尔菲尔德市政府代表团 4 人	商谈两市交流计划	
10 月 17 日	区厅长姜仁吉为团长的韩国釜山江西区友好团 17 人	与镇江市正式签订建立友好城市关系协议书	镇江新区
11 月 2 日	副市长小河俊昭为团长的日本津市友好交流协议团 4 人	商谈 2011 年度两市合作交流框架	新行政中心、南山风景区
11 月 17 日	局长朱世俊为团长的韩国益山市体育交流团 19 人	参加“中国镇江——韩国益山”国际足球友谊赛	镇江新区、大港中学
12 月 10 日	课长中野达为团长的日本仓敷市交流协议团 2 人	商谈 2011 年度两市合作交流框架	

（奚向红）

表 6-5

2010 年其他重要团组到镇江访问情况表

到访月日	团组	访问目的	主要访问点
1 月 8 日	美国前驻沪总领事、安可公关顾问公司副董事长季瑞达 3 人	考察镇江城市规划，调研“绿色城市”发展模式	
3 月 17 日	中国香港贸易发展局华东、华中地区首席代表钟永喜 3 人	商务考察	恒顺集团、世业洲生态农业区、丹徒规划馆
3 月 18 日	美国红筹公司总裁戴维先生 3 人	举办“镇江民企上市美国推介说明会”	
3 月 23 日	日本上海伊藤忠商事南京分公司总经理高木章 3 人	考察访问	
4 月 6 日	马来西亚金狮亚太集团执行董事罗继文 4 人	考察镇江房地产和商业合作项目	镇江规划馆
4 月 25 日	副市长拉兹罗·拉兹托维赞为团长的匈牙利科斯克罗斯市政府代表团 6 人	签署镇江市与科斯克罗斯市缔结友好交往城市关系备忘录	镇江新区、江苏大学、镇江一中、南徐新城、韦岗温泉
4 月 26 日	日本奈良县大和郡山市议长北门路勝彦 3 人	考察联合办学和制鞋业	丹阳陵口镇、职教中心
4 月 27 日	山口外见为首的 CITEC 株式会社代表团 8 人	考察镇江数字立体自动化设计市场	丹徒、江苏申模数字化制造技术有限公司
5 月 2 日	非洲国际联合记者团 24 人	采写世博报道	米山社区、恒顺集团、博物馆
5 月 7 日	美国亚洲协会会长卜励德 2 人	友好访问	赛珍珠故居、规划馆、博物馆
6 月 2 日	非洲国际联合记者团 24 人	参加上海世博会长三角城市“友谊日”镇江活动	金山、西津渡街
6 月 5 日	美国亚利桑那州立大学 60 人	暑期实践	镇江新区大学科技园
6 月 25 日	日本小松市书法协会理事长谷村修次为团长的日本书法家代表团 13 人，韩国书艺研究会会长权永秀为团长的韩国书法家代表团 8 人	第十一届中日韩国际书画展开幕式	焦山、北固山

续表 6-5

到访月日	团　组	访　问　目　的	主要访问点
6月25日	日本静冈理工大学朱宁3人	与江苏大学洽谈赴日留学事宜	江苏大学
6月30日	荷兰海牙城市规划师艾克哈德博士	交流城市规划和古城保护工作	规划馆、西津渡街
7月17日	美国南加州大学马歇尔商学院学生20人	商务实习	镇江怀特驱动公司、普尔利斯公司
7月19日	韩国女子曲棍球青年队20人	参加全国曲棍球青少年女子曲棍球锦标赛	扬中
8月15日	巴西巴中商会副会长陈捷4人	商务考察	镇江
8月16日	著名音乐家吉冈茂美为团长的日本七夕访问团7人	参加"情缘七夕"2010中日友好广场文艺晚会	丹徒槐荫村
8月30日	瑞士中国友好协会法语区分会主席白鹤(Gerald Beroud)	交流中瑞医疗合作事项	金山、西津渡街
9月6日	美国中国人民友好协会全国委员会主席罗伯特·桑伯恩3人	友好访问	赛珍珠故居
9月12日	美国希尔高等教育基金会和哈蒙德市代表团6人	考察镇江教育事业,探讨合作办学	扬中
9月28日	日本农山渔村文化协会会长滨口义广夫妇	农业技术交流	句容农业合作基地
10月7日	市长法乌兹·巴哈为团长的印度尼西亚巴东市代表团16人	商谈建立友好交往城市事宜	韦岗铁矿
10月13日	西班牙驻沪总领馆商务领事罗施鹏6人	洽谈西资企业银峰铸造(中国)有限公司搬迁事宜	镇江新区
10月28日	伊拉克外交与国际关系研修班代表团20人	了解中国改革开放政策及社会、经济发展状况	规划馆、西津渡街、恒顺集团
12月15日	日本丰田汽车(中国)投资有限公司项目主管东和男22人	考察汽车零部件产业园及汽配产业	丹阳

(奚向红)

侨　务

【概况】 2010年,全市侨务部门以"两新"(华裔新生代和新华侨华人)和"两重"(海外重点人士和重点社团)为重点,开展侨务工作"业务提高年"活动。组团出访美、加、日、韩等国家;接待或拜访海外侨胞580人次;海外联络对象增加到11000多人,工作面拓展到110个国家和地区;承办"华侨华人专业人士创业发展镇江洽谈会";促成在日中国科学技术者联盟与镇江科技新城合作共建的"科盟园"开园;促成美国CCA政府采购团与镇江市新选择食品公司签署1200万美元的采购合同,并与市贸促会签署贸易合作伙伴协议;促成金东纸业、融锦集团、建华管桩、苏惠乳胶、环太硅、尚德集团扩建或新建(含增资扩股)项目投资总额达5.6亿美元;推进66个团队(项目)申报"331"计划第二、三批申报,其中10个团队(项目)共获得1500万元资助,高性能节能电源等11个项目已落户镇江。

组织"万侨助万村"活动,5家侨属企业、3家华资企业资助村级社会公益事业达30多万元。全年共慰问、救济、帮扶、定补困难归侨侨眷和重点侨界人士228户(人)计29.24万元,全市归侨受补面达到62%。全年受理来信来访119件(次),办结率98%以上。全年接受海外华侨华人捐赠7宗,共248.83万元人民币。 (张霖汉)

【"十一五"侨务工作概要】 五年来,全市海外侨胞联络对象从不足3000人发展到11000多人,海外工作面从近50个国家和地区发展110个国家和地区;直接引进项目15个,总投资3.75亿美元;间接引进项目13个,总投资9.77亿美元。救济困难归侨侨眷1590人次,近109万元。引导华侨华人捐赠累计达2014万元人民币,900多名学业优秀、家庭困难的中小学生获得侨胞捐赠的奖(助)学金,资助10多所中小学校新建教学楼、图书馆、电教室。全市侨务工作先后荣获"全国侨务工作先进集体""全国社区侨务工作先进单位""全国侨务系统'五五'普法侨法宣传角"荣誉称号。 (张霖汉)

【华侨华人专业人士创业发展镇江洽谈会】 2010年9月13~15日,由市侨办承办,国侨办经科司、江苏省侨办、市政府联合主办的"华侨华人专业人士创业发展镇江洽谈会"在碧榆园举行。美、加、法、澳、日等14个国家和地区共78名海外华侨华人专业人士携85项高新技术项目参会。希纳光伏产业园项目、锂离子电池及电动乘用车的应用开发等13个高新技术项目成功签约。 (张霖汉)

【镇江市首家侨资担保公司成立】 2010年4月7日,经市侨办牵线,由旅意著名侨商曾所罗、潘光春、郑宪春等人共同投资的江苏大自然投资担保有限责任公司开业典礼在碧榆园举行,这是镇江市首家侨资担保公司。公司注册资本5000万元人民币,联合上海神力投资管理有限公司、上海睿池投资管理合伙企业、上海会达丰律师事务所,以股权质押投资、贷款担保、信用担保、债务担保为特色的全新服务模式,为江苏省区域侨资企业、民营企业,特别是中小企业提供融资平台和包装上市等服务。 (张霖汉)

【海内外知名华文媒体记者团访问镇江】 2010年5月16~17日,美国中文电视、新西兰《中文先驱报》、瑞典《北欧华报》、奥地利《欧洲联合周报》、匈牙利《新导报》、芬兰大众明天radio86以及中国国际广播电台、《人民日报》(海外版)等8家海内外知名华文媒体12名记者汇聚镇江考察采访。记者团先后考察采访南山风景区、镇江博物馆、西津渡、北部滨水区、金山风景区、镇江新区、高创中心及金东纸业,多视角、多层面、全方位地感受镇江,了解镇江,推介镇江。 (张霖汉)

【4 个基层街道社区设立“侨法宣传角”】 “侨法宣传角”是国务院侨办“五五”普法期间创立的新平台。2010 年 8 月，国务院侨办批准在江苏省 27 家基层街道社区设立“全国侨务系统‘五五’普法侨法宣传角”，并提供相应的配套资金和办公设备，扬中市三茅镇大众社区、丹阳市云阳镇云阳桥社区、润州区七里甸街道金星社区、丹徒区高资镇名列其中，并被评为全省社区侨务工作示范单位。另有京口区四牌楼街道阳光世纪花园社区、句容市华阳镇甲城社区被评为全省侨务系统“五五”普法示范单位。

（张霖汉）

【镇江科技新城“科盟园”开园】 经市侨办重点引荐和赴日推进，2010 年 11 月 4 日，镇江科技新城“科盟园”开园。该园由在日中国科学技术者联盟与镇江科技新城共同建设，将根据镇江新区产业功能布局和项目特点，重点围绕物联网、节能环保、软件开发以及医疗器械等产业，开展科研开发、产品生产、政策咨询、信息服务和技术转让。在日中国科学技术者联盟会长杨克俭率代表团现场签署混合动力摩托车、制造执行系统、手执式环境沉浸的娱乐学习机等首批 3 个项目进园。（张霖汉）

资料链接：

在日中国科学技术者联盟成立于 1993 年，现有会员 1500 余名，主要分布在日本各大学、研究所及大企业，已成为几乎涵盖日本各类高科技领域的旅日华人科技社团。（张霖汉）

【全市 40 名贫困大学生获资助】 2010 年 11 月 18 日，江苏海协教育基金会江苏融锦集团助困奖学金、香港弘阳集团助困奖学金分别在江苏大学和江苏科技大学举行颁发仪式。40 名品学兼优的贫困大学生得到每人 4000 元人民币资助。

经市侨办争取，2009 年起江苏海协教育基金会将江苏融锦集团和香港弘阳集团助困奖学金分别定向资助江苏大学和江苏科技大学品学兼优的贫困大学生，帮助他们完成学业。2009 年共资助 20 名学生，每人 8000 元人民币。

（张霖汉）

表 6-6　**2010 年镇江市侨办接待海外和中国港澳台地区重点访问团组及客商情况表**

到访日期	团　组	访　问　内　容
01-08	南京融侨集团总经理桂雄飞一行 4 人	考察北部滨水区、南徐新城等地块
01-08	澳大利亚伍龙贡大学储能材料研究组组长汪国秀一行 2 人	与江苏联丰科技发展有限公司交流
01-09	加拿大留学生陈坚一行 3 人	考察新区创业园区考察智能摄像头项目
01-11~12	南京融侨集团副总裁郑长胜一行 3 人	与市城投、水投两集团交流
01-12	东方集团副总经理许顺根一行 2 人	与镇江国资委洽谈电子管厂地块
01-14	上海希纳投资公司副总经理程竹如 1 人	与水投集团洽谈土地前期开发事宜
01-15	南京融侨集团总经理桂雄飞一行 2 人	考察丹徒地块
01-15~16	上海神力投资管理公司董事长曾所罗一行 2 人	洽谈设立投资担保公司
01-15	加拿大皇家投资公司执行董事魏荣宁 1 人	考察句容宝华山地块
01-18	瑞士华人企业家协会合伙人苏尼克一行 3 人	与丹徒区洽谈水泥厂项目
01-22	新加坡三和私人有限公司总经理刘耀成一行 2 人	与市文化局洽谈文化娱乐项目，考察地块
01-26	美国 Basic Technology 顾问公司戴中南先生	考察镇江新区高创中心
03-10	上海希纳投资公司副总经理程竹如一行 2 人	与水投洽谈土地前期开发事宜
03-11	江苏大自然投资担保有限责任公司董事长曾所罗一行 5 人	洽谈投资事宜
03-15	美国德州华美演奏艺术基金会创办人汪大卫一行 3 人	友好交流
03-29	德兰集团董事长沙勇一行 2 人	推进德兰未来城
04-27	德兰集团董事长沙勇一行 2 人	推进德兰未来城
05-06	南部非洲中华福建同乡总会会长李新铸一行 4 人	考察扬中永兴集团及江苏皇冠煜华光伏公司
05-12	美国德州华美演奏艺术基金会创办人汪大卫一行 22 人	参加世博、文化交流
05-16	美国 4pixels 公司副总裁刘康一行 2 人	交流考察
05-28	荷中友好协会常务理事胡福义一行 5 人	交流考察
06-03	北美清华大学校友会联席会议副主席马喜庆全家一行 5 人	交流考察
06-10	美国百人会理事晓龙基金会董事长电脑博士曾宪章一行 5 人	考察新区项目
06-12	中国香港华东城副总裁张世杰一行 6 人	考察镇江商业地产项目
06-24	和邦通信董事长赖小荣、副总裁高级工程师赖泽文一行 5 人	交流、寻找合作机会
07-14	加拿大超杰加中科技文化中心主席夏健刚一行 2 人	寻找商业地产机会
09-13~15	14 个国家和地区海外高层次人才一行 78 人	参加镇江“华创会”
10-09	加拿大高达集团有限公司高级水资源工程师张华 1 人	友好交流
10-13	美国德州休斯敦——南京友好协会主席梁成运一行 8 人	考察交流
10-19	德国凯恩工业自动化有限公司董事长王荣虎博士一行 2 人	考察镇江科技新城
10-19	上海成功国际投资咨询有限公司执行董事藏广陵一行 3 人	考察镇江科技新城
10-25	美国 Sunsim Inc-，创始人董绍胜博士一行 4 人	商谈项目后期对接
11-01	科盟产业园一行 7 人	考察镇江新区
11-07	美国 CCA 采购考察团一行 8 人	签约镇江新选择食品公司

（张伯华）

政协镇江市委员会

责任编校：赵茂龙

综　述

【概况】 2010年，镇江市政协以科学发展观为统领，围绕中心，主动作为，建言献策，各项工作取得新进展。

服务发展大局，推动经济转型升级。年初把旅游产业发展作为重点调研题目，并向市委、市政府报送《关于倾力打造旅游强市的若干建议》，就编制高水平旅游规划、打造以金山为龙头的四大精品景区、建立多元化投入机制等提出意见和建议。六届十四次常委会议围绕推进新兴产业爆发式增长开展讨论，6名委员作专题发言，向市委、市政府报送《关于推进我市战略性新兴产业爆发式增长的七条建议》。第25次主席会议专题讨论镇江市长江岸线资源优化整合，就岸线的保护性利用、集约性利用、效益最大化利用提出建议。第26次主席会议围绕促进农业发展方式转变，推进农业产业化，提高农业现代化水平开展讨论，形成《关于加大力度推进农业产业化发展的建议》。第27次主席会议提出《关于进一步发挥驻镇高校作用、促进镇江跨越发展的几点建议》。在丹阳召开第29次主席会议，就加快县域经济发展进行视察推进。第31次主席会议就推进“千百亿”工程进行专题议政。第32次主席会议以促进文化产业发展为主题，听取市委宣传部的情况通报，对加快文化产业发展提出对策性建议。同时，集中委员智慧，积极建言“十一五”发展。

坚持以民为本，关注人民群众福祉。第28次主席会议就城乡规划建设工作进行讨论，提出要增强精品意识，提升规划建设水平；增强协调意识，提升统筹发展水平；增强法治意识，提升依法治市水平。针对镇江市生态市建设时间紧、任务重的实际，专门召开第30次主席会议视察推进，市政府分管领导还请各有关部门和辖市（区）分管领导列席会议，把政协主席会开成工作推进会。继续推进全民创业工作，9月份主席会议成员和驻镇江省政协委员视察创业型城市建设工作。第33次主席会议对社会治安综合治理和平安建设工作视察推进。主席会议成员对医疗卫生机构的情况视察调研。此外，还就市民关注的扬尘防治和渣土管理、长江取水口水源地保护、安全生产、外来务工人员服务管理等，开展调研视察活动。2010年立案提案521件，数量创历年新高，质量也有所提升。市政协6件重点提案报送市委，市委书记许津荣作出批示，要求“送分管市长、秘书长和具体部门阅研、采纳、推进”。截至2010年11月底，立案提案全部办结，收到政协委员提交的社情民意信息近百条。

突出团结民主，促进和谐稳定社会。加强各民主党派、工商联和各人民团体的团结合作，政协的界别作用和委员的主体作用得到进一步发挥，各委员活动小组全年开展各类活动80多次。加强对县市（区）政协的指导，召开辖市（区）政协主席会议就提升履职能力等开展专题研究。加强政协宣传工作，在《镇江日报》开设《委员专访》栏目，宣传委员的履职成果和先进事迹。《镇江政协》、《政协通讯》、政协网站等宣传阵地的作用得到进一步发挥。加强组织制度建设，2010年底，市委出台《关于加强人民政协政治协商制度建设的意见》，明确提出加强政协乡镇街道联络委员会建设。　（卢小芳）

重要会议和工作

【市政协六届四次会议】 2011年1月19～21日召开。会议应到委员347名，实到委员318名。会议分组学习中共镇江市委书记许津荣在市政协六届四次会议开幕式上的讲话，审议通过市政协主席郭礼荣所作的常务委员会工作报告和副主席宋敬伟所作的提案工作情况的报告。全体与会人员列席市六届人大四次会议，听取和讨论《政府工作报告》和其他有关报告。围绕《政府工作报告》，市各民主党派、工商联和政协委员先后以“增强自主创新能力，推动我市产业结构转型升级”“做大镇江文化产业，争当苏南文化强市”“深化公立医院改革，大力促进卫生事业健康发展”“大力加强我市高技能人才队伍建设的建议”“规范劳动规章制度，构建和谐劳动关系”“健康镇江，让生活更美好”“加快推进我市开发园区转型升级的建议”等为题进行大会发言。会议期间，市委书记许津荣，市长刘捍东，市委常委、市委秘书长李国忠，以及市有关部门主要负责人到会听取委员建议。委员还重点就镇江在当前宏观形势下如何加快发展现代服务业、打造山水花园城市、加强社区建设和管理等专题，展开联组讨论；就镇江经济和社会发展中的重大问题，与市委、市政府分管领导面对面开展交流互动。大会收到提案465件，立案461件。其中：市各民主党派、工商联、台联、侨联、总工会、丹徒区委员活动小组集体提案74件；委员个人和联名提案387件。按类别分：经济建设方面253件，科教文卫体方面84件，政治法律、劳动人事方面51件，政协、统战方面11件，其他方面62件。会议期间，就“加强渣土车运营监管”“建立缴纳养老和医疗保险便捷通道”等6件提案组织现场会办活动,分别邀请市城管局、市人社局等部门负责人,与提案人当面沟通、当时办理、当场答复。对4件不立案提案,提案委员会与有关委员协商并征得同意,2件作为社情民意信息转有关部门处理,2件作为委员来信转有关部门。会议审议通过六届常务委员会工作报告的决议、六届常务委员会关于提案工作情况报告的决议和政协镇江市委员会第六届委员会第四次会议决议。市各部委办局负责人和在镇江的全国政协委员及省政协委员列席大会。

(卢小芳)

【市政协常委会议】 2010年,市政协共召开4次常委会议。

1月12日召开市政协六届十一次常委会议,会议由市政协主席郭礼荣主持。会议听取市政协副秘书长陈泰龙关于《政协镇江市第六届委员会常务委员会工作报告的决议(草案)》《政协镇江市第六届委员会常务委员会关于六届二次会议以来提案工作情况的报告的决议(草案)》《政协镇江市第六届委员会第三次会议决议(草案)》起草情况的说明,听取提案委员会主任杨晓英关于提案审查情况的汇报,决定将上述三个决议草案和提案审查报告提交六届三次会议第四次全体会议审议。

4月16日召开市政协六届十二次常委会议,专题讨论加快镇江市旅游业发展,听取、学习市委书记许津荣讲话,审议通过市政协《关于倾力打造旅游强市的若干建议》。市政协主席郭礼荣主持上午的会议,市委书记许津荣、副市长冯士超出席会议并分别就旅游产业发展发表讲话,市政协副主席许能斌就《建议》的调研起草情况作说明。市旅游局、住房和城乡建设局、规划局、园林局、农委、水利局、文化广电新闻出版局、民族宗教事务局、文广集团等部门负责人参加上午的会议。市政协副主席赵腊根主持下午的会议。

7月16日召开市政协六届十三次常委会议,听取市长刘捍东关于全市上半年经济社会发展情况和下半年主要工作安排的通报,组织常委就完成市委、市政府年度工作目标献计献策,就全市各级政协组织和委员,在完成镇江市2010年工作目标任务中争做贡献提出要求。市政协主席郭礼荣就下半年全市政协工作提出要求。市政协副主席赵腊根主持会议。

10月28日召开市政协六届十四次常委会议。上午的会议围绕推动镇江市新兴产业发展进行咨政建言,6名委员作专题发言,市政协主席郭礼荣出席会议并讲话,副市长冯士超到会听取意见并讲话。下午的会议听取市政府秘书长孙晓南代表市政府所作的关于市政协六届三次会议以来提案办理情况的通报,对“我为‘十二五’献一策”的优秀奖和鼓励奖进行表彰,会议决定:谈德成兼任市政协副秘书长,尹瑞林任市政协教卫文体委员会主任,张荣军任市政协城乡建设(人口资源环境)委员会主任,免去张荣军市政协办公室副主任职务,免去邵孟大市政协城乡建设委员会主任职务,免去范然市政协教卫文体委员会主任职务。市政协副主席赵腊根主持会议。

(卢小芳)

【市政协主席会议】 2010年,市政协召开10次主席会议,就经济和社会事业发展的重大问题专题议政,邀请市委、市政府有关领导及相关部门负责人到会通报情况,听取意见。

1月22日,召开市政协六届二十四次主席会议,审议通过《镇江市政协2010年工作要点》和《镇江市政协2010年主要工作安排》。

2月26日,召开市政协六届二十五次主席会议,专题讨论长江岸线的保护利用工作和2010年度重点提案办理计划。副市长陈建设出席会议并讲话。

3月25日,召开市政协六届二十六次主席会议,就加大力度推进农业产业化发展进行咨政建言。副市长曹当凌到会听取意见并讲话。

4月20日,召开市政协六届二十七次主席会议,就发挥驻镇高校优势促进镇江跨越发展进行咨政建言。副市长王萍参加会议并讲话。

5月27日,召开市政协六届二十八次主席会议,就提升城乡规划工作进行议政建言。副市长陈杰出席会议并讲话。

6月25日,市政协六届二十九次主席会议在丹阳召开,就加快县域经济发展问题进行考察了解和专题研究。会议听取镇江市委常委、丹阳市委书记李茂川关于丹阳市经济社会发展情况的介绍。

8月3日,召开市政协六届三十次主席会议,进一步推进生态市建设。市委常委、常务副市长陈照煌在会上讲话,对进一步加强生态市建设提出要求。

8月20日,召开市政协六届三十一次主席会议,就推进“千百亿工程”进行专题视察和议政。副市长冯士超陪同视察并讲话。

10月12日,召开市政协六届三十二次主席会议,为推进镇江市文化产业跨越发展咨政建言。市委常委、市委宣传部部长张洪水通报镇江市文化产业发展情况。

12月16日,召开市政协六届三十三次主席会议,就推进社会综合治理和平安建设进行咨政建言。市委常委、市政法委书记黄宝荣和副市长、市公安局局长夏新平出席会议并讲话。

(卢小芳)

【市政府、市政协情况通报交流会】 2010年3月4日下午,市政府、市政协情况通报交流会在新落成的市规划展示馆召开。市政府、市政协领导围绕会议主题“山水花园城市建设”各抒己见,共同谋划新的一年城市建设和发展。

市长刘捍东以“从上海世博看未来城市发展”、市政协主席郭礼荣以“关于

2010年5月27日,市政协主席会议成员视察城乡规划工作 (徐炳辉)

城市建设的几个问题”、副市长陈建设以“提升交通现代化水平、加快构建山水花园城市”、市政协副主席宦祥宝以“镇江的明天呼唤支柱产业”、副市长陈杰以“建设国际著名旅游目的地城市”、市政协副主席徐平以“全力共建镇江美好家园”为题，先后作了演讲。会议由市长刘捍东和市政协主席郭礼荣共同主持。（卢小芳）

【“我为‘十二五’献一策”活动】 2010年5月14日，市政协向全体政协委员发出《关于开展“我为‘十二五’献一策”活动的意见》，提出八方面近110个选题。市各民主党派、工商联重视“献一策”活动，专门组织座谈讨论，邀请政府部门负责人作专题辅导。24个委员活动小组，发挥界别优势，开展调查研究。在近两个月的时间里，收到建议稿件292篇，内容涉及产业发展、科技创新、城乡建设、生态保护、民生保障、社会事业等方面。市政协邀请有关部门领导和专家组成3个评审小组，采取匿名投票方式，遴选出21篇具有一定参考价值的建议，以《参政议政专报》形式，分3期报送市委、市政府。将委员建议编印成册，发送党政部门和有关单位，作为编制“十二五”规划的参考意见。同时，评选出优秀建议80余篇，并编印《“我为‘十二五’献一策”》一书。（卢小芳）

2010年镇江市政协专项视察一览表

表7-1

时间	视察内容	陪同的市领导
4月2日	国有经济发展暨国有资产监管工作	陈照煌
4月13日	镇江市安全生产工作	冯士超
5月6日	市区扬尘防治和渣土管理工作	冯士超
6月28日	镇江市卫生工作	王 萍
7月23日	听取市国土资源工作情况通报	-
8月31日	镇江市司法行政工作	曹当凌
9月20日	创业型城市建设工作	陈照煌
12月24日	工会工作	陈 苏

（卢小芳）

【社情民意】 2010年，市政协办公室共收到各个方面反映的社情民意信息70多条。向市委、市政府编发、报送《社情民意》简报12期，向党政部门直接转送17件。编辑的《社情民意》简报中，市领导有批示的9期。《社情民意》简报所反映的意见和建议，由市有关部门向市政协办公室或者向反映该社情民意的政协委员进行办理情况和意见的沟通与答复，其中关于对“农工商入驻第一楼街步行街商机不宜错过”“中小学校清明期间组织学生祭扫烈士陵园的传统不能丢”“应建立城市地下管线信息和管理平台”等建议，都不同程度地得到解决，发挥了政协社情民意在为民办实事中的积极作用。（卢小芳）

【提案工作】 2010年，全体委员和政协各参加单位提交提案528件，经审查立案521件。其中，市各民主党派、工商联、有关人民团体和政协专委会集体提案62件，委员个人和联名提案459件。从办理情况看，已经解决或已被采纳的239件，列入工作计划逐步解决的250件，其他留作参考的，承办单位向提案者作了说明。521件提案办理征询意见表全部收回，提案者对办理结果表示同意的441件，表示理解的79件，表示不同意的1件。其中，冷祥生、徐斌等委员提出的“加大力度发展船舶配套产业”建议，市发改委将其融入《加快全市新兴产业发展指导意见》中，市政府已确定将船舶配套产业列入海洋工程产业发展重点。市教育局积极采纳于庆芳、郑孟亚等委员关于“中小学教师轮流执教”的提案，2010年市区安排53名教师轮岗交流，各辖市（区）的教师流动工作也逐步走上常态化、制度化轨道。毕增立委员提出的“将米芾书法公园建设列为市文化重点项目”的提案，被列为镇江市重点推进和扶持的文化产业项目之一。郭必东、王祯安、杨桦等委员提出的“提升菜市场建设管理标准”的建议，融入市政府为民办实事工作之中，完成新建和升级改造菜市场20个，面积近10万平方米，累计投资近亿元。（卢小芳）

【“提升履职能力”活动】 2010年3月17日，《人民政协报》刊登市政协主席郭礼荣《增强履职能力，提高服务发展水平》一文，拉开了市政协“提升履职能力”征文活动的序幕。

3月2日，市政协召开“提升履职能力”征文活动动员大会，郭礼荣在会上作了动员部署。征文活动得到广泛响应，在两个月时间里，共收到征文79篇，其中市级机关47篇，基本实现了“每人撰写1篇”的要求；辖市（区）政协32篇，按照“每个辖市（区）政协至少组织5篇稿件的要求”，超额完成2篇。7月15日上午，市政协召开第七次辖市（区）政协主席会议，围绕人民政协进一步提升履职能力进行专题研讨。下午，市政协举行提升履职能力演讲会，市和辖市（区）政协8名同志登台演讲。10月底，《提升履职能力》一书出版，郭礼荣在《人民政协报》的署名文章作为代序发在该书之首。2010年底，市政协机关获2010年度镇江市市级机关作风建设和目标管理“十佳单位”称号。（卢小芳）

【市政协开展“交投杯”委员专访活动】 从2010年3月初开始，市政协办公室、委工办、文史委与镇江报业传媒集团、交投公司，联合在《镇江日报》和《镇江政协》上刊登“‘交投杯’政协委员专访”内容。

“‘交投杯’政协委员专访”活动历时两年，分两批进行。2010年第一批入选的25名政协委员是在各专委会推荐的基础上，经政协党组同意后产生的。自3月22日起，每个月在《镇江日报·文化周刊》上刊登，《政协杂志》也同步刊登。截至12月31日，《镇江日报》“委员专访活动”报道19名政协委员。日期、内容、作者如下：

1. 3月22日《做人 做事——记市政协委员、句容盛业管件制品有限公司董事长杜盛钢》/沈洋

2. 4月5日《纵横正有凌云志——记镇江焦化煤气集团公司副总经理万红根》/蔡永祥

3. 4月19日《擦亮“老字号”——记市优秀政协委员、镇江宴春酒楼有限公司董事长吴荣生》/宋坤荣

4. 5月3日《征途万里创业路——记句容市茅山百事特鸭业有限公司董事长黄金利》/陆渭南

5. 5月24日《送你一片吉祥——记江大附院医务处主任、普外科副主任医师陈吉祥》/濮永顺

6. 6月7日《仰望历史的天空——记市政协委员、民盟丹阳文化支部主委贾云飞》/邹鸿喜

7. 6月21日《有这么一位女税务官——记九三学社镇江市委副主委、丹阳市地税局稽查室主任陈沛华》/陈春鸣

8. 7月5日《委员中的“提案大王”——市政协常委、市新华书店教材科主任张宁生》/陶然

9. 7月19日《前倾的身姿——市委宣传部副部长赵珏》/唐金波

10. 8月2日《他有着永远的“亮剑”精神——记市政协委员、市交通投资建设发展公司总经理李坚》/左荣

11. 8月16日《大道无形立天地——记市政协委员、江苏京河建设集团董事长周东海》/蔡永祥

12. 9月6日《一个教授级的中学老师——记市政协常委、镇江一中副校长王瑞楠》/余其瑞

13. 9月27日《学者本色——记市政协委员、江苏大学朱伟兴教授》/卢小芳

14. 10月18日《一位浙商的精彩闯荡——记江苏鹤林水泥有限公司总经理吕永忠》/濮永顺

15. 10月25日《撑起一片蔚蓝的天空——记市政协委员、红梅托老园园长石红》/柳筱苹

16. 11月8日《一个人要有点精神——记镇江百盛商城有限公司党委书记、总经理沈礼》/滕剑峰

17. 11月22日《为食品、农产品体检的拓荒者——记市政协委员、国家技术发明奖二等奖获得者赵杰文》/陆潮洪

18. 12月6日《读你,一片冰心——记市政协委员、市第一人民医院心内科主任张国辉》/尤恒

19. 12月20日《低调的高工——记市政协委员、江苏华通动力重工有限公司副总裁肖翀宇》/陶然 (卢小芳)

【出台文件】 2010年12月27日,市委颁发《中共镇江市委关于加强人民政协政治协商制度建设的意见》。文件的颁发标志着镇江市政协政治协商又有新成果。在江苏省13个地级市,市委下发这样的文件,镇江市是第二家。这个文件,以胡锦涛总书记在庆祝人民政协成立60周年大会上的讲话为指导,参照外地的经验做法,对政治协商的重要意义、总体要求、主要内容、主要形式、基本程序以及组织保障,作出详细的规定,具有很强的操作性和很高的含金量。文件提出,在镇、街道党(工)委副书记兼任联络委员会主任,职级视同同级正职,这种做法在全省乃至全国都是创新之举。

(卢小芳)

重点建议

【关于加强长江岸线保护利用的建议】

2010年2月26日,市政协就加强长江岸线的保护利用进行专题调研讨论,提出建议:1. 用全新的视角,做好长江岸线的保护和利用。要跳出岸线发展看岸线,做好镇江市长江岸线的保护利用管理这篇大文章,让长江岸线优势在跨越发展中得到充分彰显。2. 整合岸线资源,逐步解决深水浅用、占而不用、多占少用的问题。对深水浅用的码头泊位和岸线,采用异地搬迁、资产重组、有偿转让、技术改造等方式进行整合;对占用岸线过多项目,可通过岸线有偿使用,推动其提高岸线利用效率;必要时可通过布局调整,要求其在规定期限内退让出多占岸线。3. 优化功能布局,提高岸线利用效率。结合编制“十二五”规划,将沿江产业发展与港口岸线规划利用紧密衔接,做到项目成群、产业成链、要素成市。4. 创新管理机制,提高岸线的开发建设水平。要严格设立准入门槛,解决好沿岸产业布局与取水口保护调整的问题,加强境内夹江岸线开发建设,每年列出一批重大项目开工建设,提高镇江市长江岸线利用的边际效益。此建议于2010年2月26日市政协六届二十五次主席会议审议通过。 (卢小芳)

【关于推进农业产业化发展的建议】

2010年3月25日,市政协就加快推进农业产业化发展、促进农民增收提出如下建议:1. 科学合理布局,推进高效农业规模化。要立足资源优势,实行区域化布局、专业化生产;加快土地流转,促进高效农业规模化发展;加强农技队伍建设,提高农业科技服务水平;大力推广农业机械化,提高农业生产效率。2. 培育壮大龙头企业,推进规模农业产业化。对依托镇江市农业优势发展的种植业、养殖业主导产品进行深加工转化,提高知名度;与本地农民利益联结紧密、带动农民致富作用明显的农业龙头企业,要继续加大信息、金融扶持服务力度,创造良好的发展环境,帮助其做大做强。同时要改善龙头企业融资难的状况,实行农业龙头企业动态考评。3. 加快现代农业园区建设,推进城乡发展一体化。通过新市镇建设,推进高效规模农业向农业园区集中。4. 强化服务保障,推进农业产业市场化。在注重加工型农业龙头企业发展的同时,要重视市场流通型、服务组织型农业企业的建设,尤其要在提供信息服务、建立交易平台、支持品牌创建等方面下工夫,加快推进农业发展方式的转变。此建议于2010年3月25日市政协六届二十六次主席会议审议通过。 (卢小芳)

【关于打造旅游强市的建议】 2010年4月16日,市政协围绕推进旅游战略产业发展进行专题讨论,提出建议:1. 以“大旅游”理念推动旅游业大发展。把旅游业提升为战略性支柱产业,实现旅游与文化的有机融合,把旅游业办成社会化的大产业。2. 编制高水平旅游规划。要明确城市定位,坚持长短并重;注重镇江特色,提高编制水平;坚持规划先行,防止盲目开发。3. 打造以金山为龙头的四大精品景区。以金山为核心的“三山”风景区,以西津渡古街为标志的历史风貌区,以南山为重点的文化休闲旅游区,以茅山为主线的宗教、红色、民俗旅游区。4. 建立多元化旅游投入机制。开发旅游产品要有大手笔、大投入,要以政府投入为引导,以市场化投入为重点,以多渠道投入为特色,积极探索多渠道融资办法,形成多元化的投入格局。5. 完善旅游业要素配套。要在“住”上,完善旅游宾馆梯次结构;在“购”上,改变旅游商品单一状况;在“娱”上,打造特色旅游娱乐业态,延长游客逗留时间,增加游客在镇江的消费。6. 开展全方位旅游营销宣传。利用节会平台宣传促销,策划有影响的主题宣传促销活动,加强数字旅游建设,推进旅游业创新发展。7. 重视旅游人才的培养引进。实现旅游产业大发展,关键在人才,要把培育旅游人才作为建设旅游强市的基础工程来抓,重视对现有人才的培养提高和旅游高端人才的引进。8. 理顺管理体制,搞活经营机制。旅游产业的大发展,必须以先进的管理体制和灵活有效的经营机制来保障,要强化市旅游委的综合协调职能,理顺旅游管理体制,改革旅游企业内部机制。此建议于2010年4月16日市政协六届十二次常委会议审议通过。

(卢小芳)

【关于发挥驻镇高校优势 促进镇江跨越发展的建议】 2010年4月20日,市政协就发挥驻镇高校优势,促进镇江跨越发展进行专题讨论,提出建议:1. 把校地合作的机制建得更优。(1) 市政府牵头,建立高层次、制度化的镇江产学研工作联席会议。(2) 政府与驻镇高校互派科技管理干部,聘请驻镇高校专家、教授担任政府的科技顾问。(3) 加大企业和驻镇高校的双向交流力度。(4) 建立激励产学研合作的评价考核体系。(5) 加强制度建设。2. 把校地合作的项目做得更实。校地联手制订全市产学研合作项目规划,组建产业技术研发机构,建立产学研技术创新战略联盟,围绕科技成果商品化、产业化和市场化进行应用性研究开发和科技企业孵化,提高科技研发集成度和市场化的创新能力。对校企合作项目,实行优先申报、优先推荐、优先立项,帮助获得省及省以上科技成果转化资金的支持,加快培育一批具有自主知识产权的重点产品和掌握核心技术的龙头企业。3. 把校地合作的载体营造得更强。建议借鉴南京、上海等地做法,建立镇江市科技成果转化服务中心。校地联手把大学科技园建成一个产学研结合的科技创新基地、高新技术企业孵化基地、创新创业人才培养基地、高科技成果转化与辐射带动基地和大学生就业创业基地,实现地方经济发展与高校科

研教学的互利双赢。4. 把校地合作的环境做得更好。积极营造一流的政策环境,营造一流的人才环境。5. 把校地合作的成效发挥得更大。以更大力度推进校地合作,不断提高驻镇高校科技成果转化率,做强企业、做大产业,推进镇江主导产业壮大产业链,实现量的扩张和质的跃升,促进高新技术产业爆发式增长。此建议于2010年4月20日市政协六届二十七次主席会议审议通过。

(卢小芳)

【关于镇江市外来务工人员服务管理情况的调研报告】 截至2010年一季度末,全市在劳动部门就业登记的外来务工人员总量达28.5万人。2010年4~6月,市政协就市区外来务工人员服务管理进行专题调研,提出建议:1. 创新理念营造氛围,由重管理轻服务向管理服务并重的模式转变,落实外来务工人员服务管理的一系列政策和措施。2. 建立综合信息平台,研制开发全市统一的外来务工人员服务管理信息网络平台,横向连接涉及外来务工人员服务管理的各职能部门,纵向联通市、区、乡镇、村(社区)。3. 完善劳动就业服务,在工会开设“就业绿色通道”为外来务工人员免费提供职业介绍;在人力资源市场开放公益性窗口,免费提供求职登记、职业介绍、职业指导和培训等服务。4. 扩大教育培训范围,对外来务工人员开展职业技能、安全生产知识等方面的培训,提高他们的职业技能和就业竞争力。5. 解决子女教育问题,一方面充分挖掘全日制公立学校的潜力,接收外来务工人员子女入学;另一方面在外来务工人员集聚的地区,建设外来务工人员子女学校,并在硬件设施、师资力量、帮困助学等方面给予支持。6. 改善居住生活条件,鼓励外来务工人员集中的企业和社区,建设公寓或集体宿舍,解决外来务工人员住房难的问题,并且逐步完善相关生活配套。7. 优化公共卫生服务,把外来务工人员看病就医逐步纳入镇江市公共卫生服务和社区卫生服务的范围。8. 完善联席会议制度,建议由政府常务副市长牵头协调,进一步完善外来务工人员服务管理联席会议制度,研究讨论外来务工人员服务管理方面的新情况、新问题,及时调整制定具有针对性和可操作性的工作措施。 (卢小芳)

2010年10月28日,市政协常委会议专题讨论战略性新兴产业

(徐炳辉)

【关于征润洲取水口水源地保护的建议】 2010年6月,市政协就征润洲取水口水源地保护工作进行专题调研,提出建议:1. 加大对高资化工园区污水治理。环保部门要对各类污染企业进行有效彻底的清查。对没有达标排放的,要公布名单,限期整改;对污染水体严重的,要责令停产,封堵现有通江、通河排污口。2. 整治取水口周边环境。(1)加快搬迁上游砂库码头,水源地一级保护区要实行封闭管理。(2)饮用水水源一级保护区内已建的与供水设施和保护水源无关的建设项目和设施;二级保护区内已建的排放污染物的建设项目和设施;准保护区内已建的对水体污染严重的建设项目和设施,其污水不能达标排放或者不能截入污水集中处理设施的,应当立即拆除、关闭或者搬迁。(3)水源地一、二级保护区内禁止设置排污口。3. 实施保障水源安全的三项长远措施。(1)实施饮用水的深度处理。(2)筹划从长江主航道取水。(3)建立水源地水质监测预警系统。4. 加快建设应急备用水源地。为确保城市供水安全,在建设北部滨水区的同时,应及时编制金山湖作为备用水源地的规划和水源地保护措施,同步完成相关配套设施。

(卢小芳)

【关于推进镇江市战略性新兴产业爆发式增长的建议】 2010年上半年,全市五大新兴产业共实现销售收入581亿元,同比增长52.5%。10月28日,市政协就加快镇江市新兴产业发展进行专题讨论,提出建议:1. 思想观念要创新。把加快发展战略性新兴产业作为镇江市在新一轮竞争中抢占经济科技制高点的战略选择,以新兴产业的爆发式增长推动镇江跨越发展、后发先至。2. 发展策略要创新。(1)因地制宜,扬长避短。(2)培育骨干,重点突破。(3)完善载体,构建平台。3. 招商方式要创新。(1)加强产业链招商。(2)抓好新兴产业招商推介工作。(3)大力促进相关研究机构的新兴产业化项目落户。(4)积极引导镇江市传统产业向新兴产业发展转移,鼓励企业通过合股、抱团等形式进军新兴产业。4. 扶持政策要创新。在财政扶持上,利用上级的各项扶持政策,筛选上报符合国家产业政策的重大项目,争取更多项目列入国家和省项目盘子。在税收政策上,用好用足现有政策,同时研究地方政府能够掌控的税源,支持新兴产业快速发展的具体办法。在土地配置上,优先安排新兴产业重大项目。在招商工作中,对新兴项目提供优惠政策,引导外地新兴产业项目到镇江市落地发展。5. 人才激励要创新。(1)制定和完善人才激励政策。(2)引进紧缺的专业人才。(3)加强产学研合作。6. 融资手段要创新。在加大财政资金对新兴产业的支持力度的同时,探索融资的新办法、新途径。7. 行政推动要创新。健全机构,落实责任;衔接规划,分年实施;强化指导,组建联盟;严格考核,营造氛围。此建议于2010年10月28日市政协六届十四次常委会议审议通过。 (卢小芳)

民主党派·工商联

责任编校：杨正宏

综　述

【概况】 2010年，全市各民主党派、工商联履行参政议政、民主监督职能，就推进新市镇建设、发展战略新兴产业和推进创业型城市建设等课题开展调研，建言献策。市各民主党派、工商联主要负责人和无党派代表人士参加中共镇江市委组织召开的双月座谈会、情况通报会、民主协商会9次，就廉政建设工作和《中共镇江市委关于制定镇江市国民经济和社会发展第十二个五年规划的建议》等重大问题，提出意见和建议。在市政协六届二次会议上，市各民主党派、工商联提交集体提案49件、个人提案403件，并分别作《大力发展软件产业，促进我市经济整体提升和快速转型》《山水情怀，本色镇江，精心打造宜居城市》《大力推进千百亿工程，做大做强工业经济》《放大世博辐射效应，推动镇江跨越发展》和《让民间投资成为可持续跨越发展的不竭动力》等大会发言。全年民主党派成员有9名被市公安局聘请担任警风警纪监督员。

参加中共镇江市委统战部组织召开的市各民主党派、工商联和无党派人士服务跨越发展座谈会，在领导班子中开展年度述职和民主测评，增强班子成员的党派意识和责任意识。开展树立和践行社会主义核心价值体系学习教育活动，召开民主党派学习践行社会主义核心价值体系联合动员会，收听收看“社会主义核心价值体系学与行”和“身边的榜样——树立和践行社会主义核心价值体系先进人物事迹报告会”电视电话会。把好组织发展入口关，全年全市各民主党派发展新成员133人。截至年底，全市有民主党派成员2540名。

市各民主党派开展社会服务活动，受益人员达万余人次。民盟市委启动“镇江民盟烛光行动”，在省未成年人管教所建立“烛光行动”基地；民建市委全年组织向青海玉树和甘肃舟曲灾区捐款60余万元；民进市委在京口区特教中心建立“关爱残障儿童成长活动基地”；农工党市委开展“送科技、送文化、送卫生”下乡活动，组织成员赴谏壁镇和新民洲农场等地开展义诊活动；致公党市委在丹徒区世业镇卫星民族村建立全省“致福工程”首个民族村村级培训点；九三学社市委组织省内科技专家到农村开展农业科技培训、规划设计等社会服务活动，全年达70余次。

市工商联传达学习、贯彻落实《中共中央国务院关于加强和改进新形势下工商联工作的意见》精神。市工商联联合市委统战部召开全市社区商会建设现场会，推动基层工商联组织建设；联合市经信委召开全市民营企业转型升级推进会，推动民营企业转变经济发展方式；会同市委统战部召开全市非公经济人士思想政治工作经验交流会，在非公企业中开展创先争优活动。截至2010年底，全

表8-1　**2010年镇江市各民主党派组织、成员、参政情况一览表**

党派名称	组织情况（个）				成员情况（人）			参政情况（人）									
								人大代表				政协委员				任实职（处以上）数	市特邀（约）人次数
	市委会	总支部	基层委员会	支部（支社）	总数	高级职称	新成员	县（市）区	市	省	全国	县（市）区	市	省	全国		
民　革	1	2	–	13	235	85	17	2	4	–	–	14	15	2	1	3	9
民　盟	1		3	35	713	457	35	7	2	1	–	22	27	2	–	3	15
民　建	1	3	1	22	312	66	11	3	4	1	–	43	15	2	–	1	16
民　进	1	1	–	13	291	108	16	2	2	–	–	17	23	1	–	1	10
农工党	1	1	2	21	472	254	27	2	5	1	–	21	19	3	–	1	21
致公党	1	2	–	8	151	57	16	2	4	–	–	16	10	1	–	6	13
九三学社	1	–	2	18	366	269	11	4	2	–	–	27	14	2	–	1	10
合　计	7	9	8	130	2540	1296	133	22	23	3	0	160	123	13	1	16	94

说明：统计时间截至2010年12月15日。

（於光辉）

市工商联会员总数9016家，其中当年发展500家。 （於光辉）

【“十一五”期间全市多党合作事业概要】 “十一五”期间，全市多党合作事业深入发展。市委坚持双月座谈会制度，多党合作和政治协商进一步规范化、制度化和程序化。市委召开双月座谈会、情况通报会、重要人事安排通报协商会46次。市各民主党派、工商联和无党派代表人士，围绕全市中心工作建言献策，提出建设性意见和建议260多条。提出集体提案281件、个人提案1995件。民主党派、工商联成员聘用担任特邀约人员429人次，民主党派发展新成员553名。截至2010年底，全市各民主党派有成员2540名，市工商联有企业会员9016家。 （於光辉）

2010年12月23日，中共镇江市委召开“双月座谈会”

（市委统战部）

民革镇江市委员会

【概况】 2010年，民革镇江市委开展学习践行社会主义核心价值体系活动，组织支部收看历史题材电视连续剧《民主之澜》，开展征文活动，举办演讲比赛，开办专题讲座，在内刊和网站上刊登成员学习心得28篇。召开领导班子民主生活会1次。推进“机关建设年”活动，以建立现代工作伦理、倡导自我批评、提高工作品位、完善工作制度为主题，召开机关工作会议4次。

参政议政。在全国政协会议上，主委宋余庆提交《大力铲除市场垄断，促进经济良性发展》《进一步完善政府公共财政投入机制，强力推进以社区卫生为主的公共卫生服务体系建设》《坚持多元化办医疗的方向，走公益性医疗和市场化医疗并行发展之路》《关于尽快解决全国乙肝免疫球蛋白紧缺问题的建议》等4件提案。在镇江市“两会”期间，向市政协会议提交大会交流材料3件、集体提案3件，其中，主委宋余庆作《大力发展软件产业，促进我市经济整体提升和快速转型》大会发言，集体提案《大力提倡和谐理念，推动农村土地流转》被市政协定为主席督办提案。各级人大代表和政协委员提交个人议案、提案和建议50多件。史良雨等20名代表提交的《关于加强农村社会保障体系建设的议案》被作为市人大一号议案。成员中的15名市政协委员参加“我为‘十二五’献一策”专题活动，9件建议获优秀奖、7件建议获鼓励奖。参加双月座谈会、情况通报会，先后围绕新市镇建设、全民创业、新兴产业等专题开展调研，形成报告和建议。开展“一支部一调研，一党员一建议”专项活动，8个支部赴江苏省农博园调研特色农业，10个支部完成12份调研报告，成员撰写社情民意和信息达百余份。

组织建设。成立民革镇江市丹徒区总支委员会，12个民革支部完成换届；全年发展成员17人。截至年底，市民革有成员235人，其中高级职称85人，平均年龄51.9岁。2010年，江苏大学第一支部、科技支部、江苏科技大学支部、财经支部、文教支部被评为市民革先进支部；72人被评为先进党员。11月，文教支部被评为民革全国先进基层组织，陈健美被评为民革全国基层工作先进个人。3月，文教支部、医卫支部、财经支部被评为民革全省先进支部；5人被评为民革全省优秀党员，2人被评为民革全省优秀女党员，2人被评为民革全省优秀党务工作者。

思想建设和宣教活动。对台工作委员会联合市有关部门，举办《台湾政局与两岸关系》台情报告会。就编写《中山学概论》一书举行孙中山思想专题研讨会，6月承办并参加民革中央《中山学概论》编写研讨会，开展“民革党员进校园讲孙中山故事”活动2次。12月，民革上海市委到镇江交流办刊经验。4月，接待考察赵声墓和赵声故居的民革中央副主席修福金一行。5月，接待台北市国民党党部参观访问团。《镇江民革》全年发行4期，市民革网站发稿110多篇，在省级刊物发表文章9篇。

社会服务。镇江市中山业余学校增加网络远程教育办学模式。当年录取450多人，学校有自学考试、成人学历教育在校生1400多人，居镇江市同类学校之首。组织成员走进港南花苑和江滨新村社区，开展“健康宣传进社区义诊活动”。7月，镇江市中山书画社更名为镇江市中山书画院。开展2次企业家联谊交流活动。成员参加“爱在镇江，慈善一日捐”活动，开展捐款助学、为玉树地震募捐等活动，捐善款56万多元。

（陈 梅）

【提出基层公共卫生服务体系建设的建议】 针对当前我国基层公共卫生工作存在的经费供给不稳定、公共卫生支出成本混乱、公共卫生无利可图等问题，2010年3月，市民革主委宋余庆在全国政协十一届三次会议上提出建议：（1）定性，即社区卫生服务机构必须实现从医疗为主转向预防为主职能的根本转变。建议国家各级政府重视转变社区卫生服务机构职能，实现以公共卫生服务为主的功能定位。（2）定价，做好公共卫生服务成本核算。建议在全国开展公共卫生服务成本核算调研，掌握疾病预防、健康服务等公共卫生服务的成本，以确定国家公共财政的投入依据。（3）定事，做好社区医疗服务中心的工作定位。制定适合当前社会发展特点的公共卫生服务项目和内容；研究探索社区公共卫生服务考核体系，考核结果与政府经费投入挂钩。（4）定钱，政府公共财政购买公共卫生服务。建议由中央财政统一支付基层公共卫生服务经费。

（陈 梅）

【提出发展镇江市软件产业的建议】 在2010年1月市政协六届三次全会上，

民革镇江市委就推进镇江市软件产业的发展提出建议:(1)参与打造仙宝软件谷。建议镇江市成立工作班子,加强服务,促成仙宝软件谷早日完成规划和建设。(2)加快载体和平台建设速度。要迅速建设和完善软件产业公共服务平台,为整个产业发展打牢基础。(3)推进"软件千企"工程。建议从三个方面给予保障:一是加大招商工作力度和招商考核力度,二是培育软件领域的领军团队,三是做好软件企业的日常服务工作。(4)强化资金扶持和落实政策的力度。全市要在新兴产业上舍得投入。建议市政府责成相关部门,落实已经出台的鼓励软件产业发展的各项政策。

(陈　梅)

【民革镇江市丹徒区总支委员会成立】

2010年4月23日召开成立大会,贾金海当选民革丹徒区总支主委,李军、赵爱华当选副主委。丹徒区总支部有成员23人,成员中有高级职称的7人,有台湾关系的占36%。总支下设两个支部,第一支部有成员12人,第二支部有成员11人。(陈　梅)

民盟镇江市委员会

【概况】 2010年,民盟镇江市委开展学习践行社会主义核心价值体系活动,参加中共镇江市委统战部召开的市各民主党派学习践行社会主义核心价值体系动员会、报告会。举办6场社会主义核心价值体系和盟史盟章宣讲,300多名基层成员听取讲座。"社会主义核心价值体系学习活动"先进人物景荣春事迹上报民盟江苏省委,并经民盟省委推荐报至民盟中央。完成《江苏省民主党派人物录》中镇江民盟历届主委传略撰写任务,报送"江苏教育发展论坛"(高校界别)研讨论文五篇。围绕创业型城市建设,举办以"大中专院校创业教育"为主题的第二届镇江民盟教育论坛。

参政议政。在市六届三次人代会上,盟员中的人大代表提交个人建议5件;在市政协六届三次全会上,市民盟提交集体提案12件、个人提案115件。主委陈昆山作《山水情怀,本色镇江,精心打造宜居城市》大会发言。在市政协2010年8件重点督办提案中,市民盟《发挥驻镇高校优势,进一步加强产学研合作》《加强镇江湿地资源保护》提案名列其中。在江苏省人代会上李鼎如等9名成员提出《关于发展散装水泥,促进节能减排》议案,省人大据此制定《江苏省散装水泥促进条例》。在市政协开展的"我为'十二五'献一策"活动中,7篇调研报告获优秀奖。继续在全盟开展"一支部一调研、一盟员一建议"活动,征集基层支部调研文稿14篇、成员建议42条;报送民盟省委各类信息、社情民意140篇,其中《旅客列车急救管理制度亟须完善》被省政协采用;《建议火车票应加盖到站时间》《重视发展汽车零部件再制造产业》等被民盟江苏省委采用。

社会服务。全年组织盟员专家、教师赴省未成年人管教所作专题讲座7次,受众500人次。市民盟被江苏省民盟授予进监帮教工作先进集体称号,教育直属支部被评为社会服务工作先进基层组织。青海玉树发生地震后,市民盟组织成员捐款,累计个人捐款36481元。市民盟组织成员中的教师成立镇江民盟科普教育报告团,并举办专题讲座4场。

组织建设。全年发展新成员35人,全市成员总数为713人。4个基层组织获民盟江苏省委基层组织工作先进集体称号。(张苏明)

【提出加强法律援助工作的建议】

2010年1月,民盟镇江市委在市政协六届三次大会就做好新形势下的法律援助工作,提出三项建议:(1)各地要把法律援助工作作为政府的一项重要责任列入议事日程,纳入经济社会发展的总体规划,列入为民办实事项目。(2)各级司法行政机关要加强对法律援助机构和各类参与法律援助社会组织的监督管理,建立健全人员准入标准。(3)有关部门要和司法行政机关相互配合,加强协调,制定和完善加强法律援助工作的政策措施,共同做好法律援助工作。社会各界要理解、关心并支持、参与法律援助工作。(张苏明)

民建镇江市委员会

【概况】 2010年,民建镇江市委在基层组织和会员中开展学习和践行社会主义核心价值体系活动,开展争创先进集体、争当优秀会员为主要内容的"双学双争"主题教育活动。民建丹阳市基层委员会获中国民主建国会全国先进基层组织称号,强南山被中国民主建国会评为全国优秀会员,民建丹徒总支部被授予省级先进基层组织称号,三名会员被授予省级优秀会员称号,一名会员被授予民建省委专门委员会优秀委员称号。

组织建设。全年发展民建会员11名,平均年龄37.2岁,其中高级职称6人。全市现有民建会员312名。市委会组织12名支部主任,分3期赴江苏省社会主义学院参加民建全省基层组织负责人培训班学习。

参政议政。市委会围绕新市镇建设、创业型城市建设、推进生态文明建设、城乡统筹发展等专题建言献策。民建成员中市政协委员参加"我为'十二五'献一策"活动,撰写的《应把软件业和智能电网设备制造业作为发展电子信息产业的突破口》《大力发展港口物流,提升港口服务功能》被市政协编入《参政议政专报》。在2010年各级人大、政协会议上,提交集体和个人议案、提案71件,其中集体提案7件。《大力推进千百亿工程,做大做强工业经济》提案获镇江市政协优秀提案奖。

社会服务。组织开展救灾援建和扶贫助学活动,在支援西南抗旱、青海玉树抗震、甘肃舟曲救灾等工作中,全年市民建会员向灾区捐款60余万元。继续推进"思源工程——生育关怀行动",走访17户计生困难家庭,发放慰问金17000元。(夏　域)

【提出做大做强工业经济的建议】

2010年1月,民建镇江市委在市政协六届三次全会上提交《大力推进千百亿工程,做大做强工业经济》大会发言,提出如下建议:(1)突出"做强做大",培扶百亿企业。组织好培育百亿企业挂职服务工作,落实"千百亿工程"相关扶持政策。(2)加大有效投入,增强发展后劲。推进重点在建项目以及在手在谈项目。(3)创新民资招商手段,提升集聚吸纳水平。围绕"千百亿工程"开展系列招商活动。(4)提升自主创新水平,增强企业竞争能力。加快建设企业技术中心,强化产学研联合。(5)推进软件产业发展,提升经济发展动力。开展软件及服务外包业招商,并加快制定全市软件产业发展规划,加快软件业发展平台和载体建设。(6)帮助企业开拓市场,提高经济运行质量。这些建议被市政府采纳,市长刘捍东多次调研"千百亿工程"重点企业,成立镇江市"千百亿工程"推进办公室,先后制定出台多项扶持政策,根据不同企业所处不同发展阶段,分别给予相应的政策扶持。(夏　域)

【提出改进和完善社区卫生服务机构的建议】 2010年1月,民建镇江市委在市政协六届三次全会上,提交《改进和完善社区卫生服务机构的建设,以更好地方便百姓医疗保健的需求》提案,提出如下建议:(1)倡导全科团队式服务,组建由全科医师、公共卫生、全科护士组成的全科服务团队投入社区医院。(2)增大社区卫生服务中心药品存贮量和品种,满足百姓需求。(3)建立老专家定期到社区卫生服务中心坐堂巡诊制度,吸引患者到社区卫生服务机构就诊,便利百姓。这些建议被市政府吸纳,市政府据此出台《关于医疗集团社区卫生服务机构标准化建设的意见》,要求从"适应需求、方便群众"出发,合理布局卫生资源,通过重组、改造和功能转换,建设标准化的社区卫生服务中心和社区卫生服务站,满足社区群众的基本医疗卫生需求。

(夏 域)

民进镇江市委员会

【概况】 2010年,民进镇江市委开展树立和践行社会主义核心价值体系活动,组织会员收看历史题材电视连续剧《民主之澜》,下发《关于学习霍懋征同志的通知》。

参政议政。在市政协六届三次全委会上,民进市委提出集体提案8件、个人提案63件,主委徐平作《放大世博辐射效应,推动镇江跨越发展》大会发言。集体提案《关于设立"科技成果中间性试验风险资金",加快我市高校科技成果产业化步伐的建议》、个人提案《关于推进我市中小企业自主创新》被市政协确定为2010年度重点督办提案。在市政协举办的"我为'十二五'献一策"活动中,有8篇获优秀奖、26篇获鼓励奖。参与民进江苏省委调研课题招标,2009年申报的《关于鼓励中小企业自主创新的研究》课题,被民进江苏省委录用并被评为2008~2009年度省政协优秀提案。2010年民进镇江市委《关于高技能人才队伍建设》的课题中标。副主委李柏椴撰写的论文《提升民主党派参政能力的有效途径》被收入《中央社会主义学院学员论文选》。

组织宣传。7月召开骨干会员培训班,50多名骨干会员听取《做民进人,让生命更精彩》的主题报告,会上十多名会员作交流发言。8月选送2名基层组织负责人参加民进江苏省委2010年基层组织骨干培训班学习。2010年完成12个支部的换届工作。全年发展新会员16人,平均年龄35岁。其中,教育界8人,占发展总数50%;大学以上文化12人,占总数75%;中高级以上职称7人,占总数43.8%。民进丹阳总支委员会获民进全国先进基层组织称号,京口小教支部、润州小教支部获民进江苏省先进基层组织称号,6人获民进江苏省优秀会员称号。3个支部获民进镇江市2010年度先进基层组织称号,32名会员获得民进镇江市2010年度优秀会员称号。民进市委在民进中央杂志《民主》上刊登8个版面的镇江专页。向有关部门报送各类宣传稿30余篇,报送各类信息40余篇。宣传工作获镇江市2009年度统战宣传工作先进集体二等奖。

社会服务。3月,民进市委在京口区特教中心举行"关爱残障儿童成长活动基地"揭牌仪式,捐款1.2万元;5月组织部分支部到活动基地参加"感恩社会,共享蓝天"庆祝第20次全国助残日活动。11月组织会员与活动基地的残障儿童一起游南山。围绕《建议我市加快谋划"后世博"经济》的提案,组织民进市委委员、支部主委赴上海世博会参观考察。举办新会员培训班、骨干会员培训班,组织会员参与民进中央"学习贯彻科学发展观调查问卷"及"我为民进科学发展建一言"活动,征集学习霍懋征体会文章、树立和践行社会主义核心价值体系征文,刊登在《镇江民进》及民进市委网站上。

(尹红敏)

【提出放大世博会辐射效应,推动镇江发展的建议】 2010年1月,民进镇江市委在市政协六届三次全会上就放大世博会辐射效应,推动镇江跨越发展提出建议:(1)加强政府引导和统筹规划,确定工作重点,明确配套措施。(2)抓好产业接轨。在做强特种造船、重型机械、高档纸、工程电气、绿色化工等传统产业时,加快薄膜太阳能、风能、软件业、新材料、现代物流服务业等新兴产业的接轨,引入上海的资金流、信息流、人才流,发挥镇江港进入上海港协作体系的功能。依托农业的优势,把镇江打造成上海农副产品供应基地,成为上海市民的"米袋子""菜篮子""果园子""花园子""茶罐子"。抓住上海文化产权交易所成立的契机,主动对接,让镇江文化产业成为新的经济增长点。(3)开展系列宣传,营造镇江迎接世博的氛围。拓展镇江市驻沪办事处的职能,使办事处成为镇江市服务世博的"联姻人"、促进与上海接轨的经纪人。(4)打造旅游品牌。依托"水漫金山"以及"镇江香醋"等旅游老品牌,推出"城市山林、大江风貌"的旅游新品牌,以"天下第一江山——三国精华文化"北固山、"千年江南第一渡"西津渡为主题,推出北部大江风貌、南山城市山林、茅山生态人文、丹阳商务旅游以及扬中江鲜美食等特色旅游线路。着力打造世业洲国家旅游度假区、"三山"水上观光等精品项目。开展与上海等地旅行社的合作,推进世博会期间旅游一体化,开设定点旅游班车,为到镇江观光、考察的人士提供更为便利的住、行、游服务。(5)谋划"后世博"经济。根据世博会后镇江市城市功能的定位和产业布局,抓紧编制区域合作的总体规划,抓好与上海产业配套协作,充分利用其资金、人才、科技、金融、信息等生产力要素,重点在先进技术和高层次人才加强合作与交流,联合科技攻关,加强新品开发,尤其是要认真研究浙江吸纳上海资本的经验,推进实现银行业、证券业、保险业和资本市场等接轨。

(尹红敏)

农工党镇江市委员会

【概况】 2010年,农工党镇江市委开展学习和践行社会主义核心价值体系活动,召开纪念中国农工民主党成立80周年大会;举办新成员培训班,组织新成员赴南京中山陵灵谷寺晋谒农工党创始人邓演达烈士墓,参观侵华日军南京大屠杀遇难同胞纪念馆。4月组织农工党市委委员、支部主任和成员骨干等20多人赴广东惠州邓演达故居学习考察。6~7月组织成员开展纪念农工党建党80周年知识竞赛活动。9月组织机关干部赴苏中,与扬州、泰州和南通三市农工党市委开展联组活动,参观农工党中央领导人季方史料陈列馆。

参政议政。围绕战略新兴产业、全民创业、新市镇建设等课题开展调研,形成《争取后发先至,实现跨越发展,打好我市新兴产业发展的翻身仗》《关于我市新市镇、新社区建设的几点建议》等调研报告。组织农工党中的人大代表和政协委员开展医改等6项专题调研活动,取得一批调研成果。围绕"十二五"规划和全国医改试点城市工作,与深圳农工党市委对口交流医改试点工作情况,同时邀请镇江市卫生局负责人作"十二五"卫生事业发展报告,组织成员赴市卫生局、药监局等部门进行调研,共商镇江医改新路子。在市政协六届三次全委会议上,农工党市委《关于加强我市职业病防治的几点建议》作大会发言。"两会"期间,农工党市委提出集体提案2件、个人提案25件。

社会服务。6月,主委赵庆荣带领市农工党机关和教育支部、京口支部、机关支部、气象支部等近40名成员赴市特教中心走访慰问、调研考察,并向学校捐赠价值2000多元的体育活动器材。组织江苏大学附属医院、市第一人民医院、市第二人民医院、市第三人民医院、市中医院等10多名专家为江苏科技大学教师免费医疗咨询、检查、诊治。12月31日组织农工党江大委员会30名成员送医到扬中新坝镇。农工党镇江市委第二人民医院支部和江大附院刘培晶分获农工党中央表彰的社会服务先进集体、先进个人称号。

组织建设。8月，农工党江苏省委表彰镇江市先进基层组织2个、优秀基层干部2名、优秀成员4人，3人获老党员纪念章。7月，输送8名科技、教育界支部主任和成员骨干参加农工党江苏省委举办的培训班，1名成员骨干参加省社会主义学院统战理论学习。丹徒区支部委员会升格为丹徒区基层委员会，新成立市第三人民医院支部。全年发展新成员27名，平均年龄35.92岁，其中大学本科学历17名，硕士以上研究生6名，具有中级以上职称23名。

（周　萍）

【提出加强安全生产和职业病防治的建议】　在2010年1月镇江市政协六届三次会议上，农工党镇江市委就全市生产安全和职业病防治提出建议：(1) 制定规划，加强基础建设。建议市委、市政府制定2010～2015年全市安全生产和职业病防治规划，建立部门和单位的责任制，把安全生产和职业病防治工作纳入考核目标。(2) 加强协商，建立机制。建立以分管市领导挂帅、市安监局牵头，劳动、卫生、环保、工商、公安、质检和工会等部门和单位组成的联席会议制度，做到资源信息共享。把生产安全和职工健康工作深入到每一个环节。(3) 加强联动，严格执法。做到齐抓共管，加强上下联动、部门联动和地区联动，把好检查和教育关；要严格执法，坚决淘汰不符合国家产业政策的工艺、设备和材料，消除一切隐患；规范职业病诊治工作，加大投入，充实人员，完善设施，不断提高防控质量和水平。(4) 加强宣传，群防群治。普及安全生产和职业病危害防治知识，提高自我防护意识。确保劳动者知情率达100%，工伤保险覆盖率达90%以上，在危害作业场所，2010年设置职业危害警示标识率达90%以上。

（周　萍）

致公党镇江市委员会

【概况】　2010年，致公党镇江市委开展树立和践行社会主义核心价值体系、“基层组织建设年”和“小支部，大作为”等主题活动。3月开展主委走访各基层支部活动。6月组织市委委员进行履职交流，带领市委委员、基层支部负责人、机关人员赴致公党中央原主席董寅初故乡安徽三河镇考察学习；举行树立和践行社会主义核心价值体系专题辅导讲座；率领各基层支部负责人参观致公党全国先进支部——连云港海州支部；为纪念中国致公党成立85周年和致公党镇江市委成立25周年，开展“薪火相传——‘80后’与老党员亲密对话、共忆历史”活动。

参政议政。2010年，致公党镇江市委中标致公党江苏省委1个A类调研课题：《关于推动我省保障性住房建设的建议》，2个B类调研课题：《关于完善公立医院补偿机制的建议》《加强土壤污染防治和治理，促进农业可持续发展》。在2010年各级人大、政协会议上，提交集体和个人议案、提案55件，其中集体提案10件。致公党镇江市委获致公党江苏省委2008～2009年度参政议政工作一等奖，2名成员被评为全省参政议政工作先进个人，《加强农田水利设施建设，促进农业增产增效》被评为致公党江苏省委优秀调研报告，并被列为省政协、全国政协大会发言。

组织建设。全年发展成员16名，平均年龄37.3岁，其中，高级职称4人，具有硕士以上学历的4人。加强总支部建设，新任命基层班子成员5名。选荐4名骨干成员赴中央社会主义学院参加致公党省委第二期骨干成员培训班，组织8名支部负责人参加全省基层组织负责人培训班。1人获致公党中央“基层组织建设年”先进个人称号。

“致福工程”建设。在丹徒区世业镇卫星民族村建立江苏省“致福工程”首个民族村村级培训点，该培训点是全省10个村级点中规模最大的。至此，镇江市形成县（市）、镇、村“致福工程”网络体系。9月27日，致公党中央联络部副部长李万通率队到镇江考察“致福工程”示范点。

社会服务。致公党市直支部开展“爱心接力棒”系列帮扶活动，京口一支部与江大二支部联合举办“送医进社区、关爱在身边”健康知识咨询讲座；京口二支部为海外归国人员创办企业提供免费法律咨询和帮助；润州支部组织成员参加全市“倡导城市公共文明”志愿者活动；江大一支部开展为贫困学生、农民工“送温暖”公益活动。

（蒋　薇）

【提出建立健全两大医疗集团监督机制的建议】　镇江市作为全省唯一的公立医院改革试点城市，2009年11月成立江苏康复医疗集团、江苏江滨医疗集团。2010年1月在市政协六届三次会议上，致公党镇江市委针对两大医疗集团运行中存在问题提出建议：(1) 建立有效竞争机制和监督机制，让两大集团真正市场化。破除行政性的划分地盘、区域所造成的垄断，让两大集团在竞争中比医技、比服务、比价格，让老百姓得到实惠。加大打击违规转诊力度，严密监控上下级医院因转诊造成的费用流转，对医院乱收费现象露头即打，真正解决老百姓看病难、看病贵的问题。(2) 建立特色医院，避免医疗资源浪费。对二级以下医院应扶持其开展特色医疗服务，让有限的医疗资源发挥更大效能。(3) 建立医疗服务的多模式化。适应社会发展需要，发展医疗健康服务，以多模式的医疗服务奠定和谐医患关系的基础。

（蒋　薇）

【提出做强乡村旅游产业的建议】　针对近年来镇江市乡村旅游发展中存在的缺乏龙头型企业、建设水准不高、科技含量不高、服务水平不高等问题，2010年3月在市政协六届三次会议上，致公党镇江市委提出建议：(1) 尽快做好区域农庄经济发展规划，出台一系列适合本地实际、切实可行的指导性意见。政府主管部门应当组织相关力量，摸清资源家底，划定保护和开发区域，明确开发重点和主题，结合城市发展合理安排和布局，以科学规划指导开发建设实践，防止盲目开发、随意布局、竞争无序的混乱状况，通过形成片区农庄经济来打造精品板块。(2) 加强政府扶持力度，实行倾斜式发展。要因地制宜，示范带动，重点培植龙头企业。重点扶持和引导一批投资起点高、规模大、具有发展潜力的农庄，在近年内培育一定数量的具有一定规模、一定影响力的龙头企业。鼓励和引导全社会多渠道、多层次地增加对农庄经济发展的资金投入，同时政府应制定优惠政策，对农庄经济的产业投资给予贷款贴息、融资担保、减免税收等政策，为其提供政策服务。(3) 加强指导，提升农庄服务水准。做好对农庄项目立项审批、指导协调、组织验收、监督管理等工作，依法规范经营行为。成立行业协会，制定行业标准，配合有关部门做好行业自律、市场拓展、培训交流等工作，提高经营水准。要加大污染治理，切实维护乡村环境。(4) 加快建立规范的土地流转机制。提倡和允许农民在平等协商、自愿互利的前提下，根据农庄经济发展的需要，因地制宜地进行多种形式的有偿转让。加强对土地流转的规范管理，防止出现无序现象。要依法建立土地使用权转让的标准化合约，严格合同管理，维护双方权益；对耕地使用权的转让要充分尊重农民意愿，不能搞强迫命令或强行划转。在转让方式上要保留农民优先承包权。（蒋 薇）

九三学社镇江市委员会

【概况】 2010年，九三学社镇江市委探索学习与践行社会主义核心价值体系的新思路、新方法，以培训、专题辅导、相互交流、征文、开辟网站专题等方式组织学习与践行活动，6篇征文全部入选九三学社江苏省委编辑的《学习与践行社会主义核心价值体系论文集》。

参政议政。在政协六届三次全会上提出集体提案6件，大会书面发言1篇，个人(联名)提案、议案30余件。组织调研十余次，完成调研报告5件，申报11项九三学社江苏省委参政议政课题，中标2个，5篇征文被《江苏九三论坛》录用。钱伯安撰写的《关于完善参政党内部监督机制的几点思考》被九三学社中央刊物录用，并参加九三学社中央举办的加强参政党内部监督理论研讨会交流。提交信息或社情民意近30余条，录用近20条，其中两条社情民意得到三名副省长的批示。

组织建设。加强骨干培训，组织培训班两次，培训成员近百人次；规范组织发展程序，与中共党组织加强协调与沟通，加强领导班子和后备干部建设，新成立丹徒支社。全年发展新成员11人，平均年龄39.2岁，其中高级职称6人，截止到2010年底，全市成员总数366人。全年有12人次受到九三学社中央、九三学社省委的表彰，3人获九三学社中央优秀社员称号。

社会服务。继续开展“百名专家进乡村行动”，组织专家开展农业科技培训、现场指导、规划设计等社会服务活动，全年邀请专家服务达70余人次。（赵俊华）

【提出加快创意产业发展的建议】 镇江市创意产业数量偏少，无法形成产业集群或产业链，不能充分利用资源，政府部门对创意产业发展的重要性认识明显不足。2010年3月在市政协六届三次会议上，九三学社镇江市委建议：结合镇江市文化资源、人力资源和产业基础等进行科学规划，借鉴先进地区经验，明确全市创意产业发展的战略定位、政策导向、发展目标、重点发展领域及突破口，通过资金扶持、公共服务倾斜等手段，实现城市之间的错位发展；发挥政府在创意产业发展中的政策支持、指导、协调和推动作用，为创意产业营造政策环境，形成辖市(区)共同推进创意产业发展的工作机制。利用镇江博物馆、西津渡古街和三国文化、古老传说及历史文化名人，打造历史文化产业群；发挥镇江市传统剧种、地方特色剧种活跃及民间手工艺人、文化名人较多的优势，打造社会文化产业群；利用生态观光、水果采摘、农事参与、田园租赁等打造生态休闲产业群；建设长江路商业一条街，开设滨江旅游观光车，打造滨江沿线休闲娱乐旅游带。充分发挥镇江市寺庙、道观众多，佛教、道教文化底蕴丰厚的优势，打造佛、道教文化旅游专线。重点围绕造船、眼镜、化工、建材等支柱产业，实行资源互补和共享，合力打造在全国有影响的强势企业和著名品牌；依托驻镇高校优势，以汽车工业或船舶工业的创意设计为切入点，实现镇江市汽车或船舶工业的结构调整和优化；利用高校教师和学生创新、创意能力，以培养创意人才为切入点，与高校共建创意产业孵化园及学府路文化创意一条街。通过开展创意大赛、创意征文、网络论坛等活动，激发公众参与创意的热情；发挥媒体的导向作用，加强全市创意产业的宣传工作；鼓励支持和引导公众创办创意企业，鼓励非公有资本及海外资本进入创意产业，鼓励设立个人或合伙制的创作室、策划公司，允许以版权、品牌、科研成果等无形资产作价参与组建创意企业。（赵俊华）

镇江市工商业联合会

【概况】 2010年，镇江市工商业联合会注重工商联及非公经济人士队伍建设。开展《关于加强和改进新形势下工商联工作的意见》学习活动；召开非公经济人士思想政治工作会议，开展创先争优活动，推进“两个健康”(即促进非公有制经济人士健康成长和促进非公有制经济健康发展)；学习《中国共产党党员领导干部廉洁从政若干准则》，组织参加党员干部廉政文化书画展、廉政知识竞赛；参与“创业型城市”创建工作，与润州民营经济发展管理委员会及其下辖的4个社区开展结对创业服务，推动江苏科技大学与润州民营经济发展管理委员会合作，设立大学生创业见习基地。4家企业获全省首届优秀民营企业称号。7家企业名列“2010中国民营企业500家”榜单。

推动民营企业转变发展方式。联合市经济和信息化委员会召开全市民营企业转型升级推进会，鼓励全市民营企业开展战略性新兴产业；推动全市59家民营科技型企业与科研及金融机构合作，构建科技创新联盟；组织开展相关调研，提出《让民营企业成为新兴产业发展的主力军》的建议；通过成立互助基金、与银行合作等方式搭建中小企业融资平台；召开华侨华人专业人士创业发展镇江洽谈会，组织民营企业对接，引进高端人才；江苏省重点软件业企业家代表团应邀到镇江开展经贸考察；为民营企业12名企业家及高管成功申办APEC商务旅行卡；组织企业家参加省民营企业“走出去”培训班，解读境外投资政策和项目背景；组织民营企业参加第五届苏北地区投资贸易洽谈会等经贸活动并取得成果。

参政议政。在市政协六届三次全会上发表《民间投资是可持续跨越发展的不竭动力》专题发言，组织工商联界别的政协委员、民营企业家就发展产业集群、加强企业家队伍建设、推动产业升级等议题对“十二五”规划提出建议。到百余家企业和相关行业开展行业发展状况、民营企业引进涉外技术人才、上规模民营企业、高校毕业生民营企业就业情况等调查研究。行业调研成果显著，形成《镇江市行业发展报告》。

组织建设。全年新发展会员500家，新增两家行业商会，分别为市餐饮服务行业商会和市锅盖面行业商会。6月30日，镇江新区总商会成立。镇江新区有民营企业2700多家、个体工商户9200户，个私注册资金总额88亿元。在指导非公有制经济组织学习实践科学发展观活动中，大全集团推动观念、科技、营销、管理以及制度等五个方面创新的做法被中央电视台报道，华燕船舶“三三工作法”(即“三员”：当好节能降耗引导员、当好急难险重任务战斗员、当好安全生产宣传员；“三语”：张贴提示语、设计宣传语、树立党员心语牌；“三同”：栽种同心树、开展同舟活动、树立党企同理想)受到中组部表彰。中共中央非公有制经济组织指导组组长李东生认为，镇江市非公有制经济组织“第三批学习实践活动的各项措施落到了实处，取得了明显成效，非公企业党组织建设得到加强，企业科学发展水平得到提升”。召开全市工商联社区商会建设现场会，组织辖市(区)工商联负责人赴无锡考察，推进基层商会建设；增补中电电气集团董事长陆廷秀、江苏肯迪亚木业有限公司董事

长郦海星为商会副会长。截至2010年年底，有14名非公经济人士担任市工商联、商会领导职务。（奚　莹）

【搭建中小企业融资平台】 2010年，镇江市委、市政府提出创建创业型城市的号召，镇江市工商联搭建中小企业融资平台，推动创建工作。2月，促成工商银行镇江分行在市装饰建材商会推出“银建宝”融资产品，近万人咨询办理“银建宝”业务；8月，赴南通学习考察该市通过成立应急互助基金，缓解中小企业资金链断裂问题的成功经验，并形成调研报告呈市委、市政府相关部门，被市委《调查快报》刊用；协助民生银行镇江分行开展“中小企业贷款券”融资服务，截至2010年底，“中小企业贷款券”累计发券16亿元，近200家中小企业从中受益；推动江苏银行镇江分行与润州民营经济发展管理委员会建立银企合作平台，推动发放创业贷款，为创业群体提供个性化金融服务；与邮储银行镇江分行联合开展融资推介活动，为中小企业融资牵线搭桥。（奚　莹）

【一批民营企业进入全国和省排行榜】 2010年，大全集团有限公司、大亚科技集团有限公司、镇江鼎胜铝业股份有限公司、江苏沃得机电集团有限公司等4家企业获全省首届优秀民营企业称号。大全集团有限公司、江苏沃得机电集团有限公司、江苏省镇江船厂有限责任公司、江苏船山集团有限责任公司、江苏飞达控股集团有限公司、镇江焦化煤气集团有限公司、江苏鱼跃医疗设备股份有限公司、华鹏集团有限公司、镇江韦岗铁矿有限公司等9家企业名列2009年度省民营企业纳税大户排行榜。江苏沃得机电集团有限公司、大全集团有限公司、中电电气集团有限公司、江苏飞达控股集团有限公司、江苏省镇江江天汽运集团有限责任公司、华鹏集团有限公司、江苏鱼跃医疗设备股份有限公司、江苏船山集团有限责任公司、句容盛业管件制品有限公司等9家企业名列2009年度省民营企业就业先进排行榜。7家企业名列“2010中国民营企业500家”榜单：大亚科技集团有限公司（第120名）、江苏飞达工具股份有限公司（第152名）、江苏沃得机电集团有限公司（第155名）、中电电气集团有限公司（第189名）、大全集团有限公司（第195名）、江苏天工工具有限公司（第217名）、江苏省交通工程集团有限公司（第440名）。

2010年9月14日，工商联召开十届七次常委会议　（市工商联）

大亚科技集团有限公司入围“2010中国民营企业制造业100家”，名列第80位。（奚　莹）

【提出建立产业技术创新战略联盟的建议】 在2010年市政协六届三次会议上，镇江市工商业联合会为建立产业技术创新战略联盟，深化产学研合作提出建议：一要提高在全市产业集群中建立联盟的重视程度。依托全市产业集群建立联盟，有利于提高产学研结合的组织化程度，有利于整合产业技术创新资源，有利于实现创新成果的快速产业化，有利于推动产业结构优化升级，提升全市产业集群的核心竞争力。二要在产业集群中普遍建立联盟。全市要围绕工业“千百亿工程”的实施，支持重点产业、企业与科研院所、高校建立联盟；各辖市（区）要围绕本地优势产业集群，在汽车零配件、船舶、工程电气等行业推动构建区域性联盟；要鼓励各有关行业商会（协会）围绕本行业重大技术创新问题，发挥组织协调、沟通联络、咨询服务等作用，推动本行业重点领域联盟的构建。三要充分发挥联盟的作用。要组织企业、大学和科研机构等围绕产业技术创新的关键问题，开展技术合作，形成重要的产业技术标准；要建立公共技术平台，实现创新资源和知识产权共享；要加强科技人才培养，发挥高校多学科综合优势，通过合作研究、联合培养创新人才、聘任兼职教授、派遣科技特派员、企业人员培训等方式，加大高校和企业的人员交流，为产业持续创新提供人才支撑。（奚　莹）

【提出扩大民间投资的建议】 在2010年市政协六届三次会议上，镇江市工商业联合会为扩大民间投资，推动跨越发展提出建议：一要扩大民间投资领域。要抓紧研究制定鼓励政策，畅通民间资本进入城市基础设施、公用事业、金融服务、社会事业等领域的渠道，支持民间资本投向全市重点扶持的产业，激发和调动民间资本投入的积极性。二要搭建民间投资载体。要以获“中国创业之城”为契机，推进创新创业型城市建设，重点加强各类创业园、孵化器的建设，有效推进成果转化、中试基地建设，不断完善各级开发区基础设施建设，争创国家级园区，为民间投资搭建载体。三要改善民间投资环境。要以建设服务型政府为目标，营造优质高效的服务环境，帮助企业解决在发展中遇到的困难和问题，提升海内外投资者对发展镇江、投资镇江的信心。（奚　莹）

【民营企业救灾助困】 2010年，全市民营企业捐赠1500万元，救灾济贫，扶危助困。青海玉树地震发生后，宁武化工捐款50万元，盛业管件两天内赶制出100顶救灾帐篷，恒顺集团、韦岗铁矿、镇江商业城和各行业商会等也捐款捐物。在舟曲特大泥石流救灾中，省交通工程集团四昼夜赶制出两座钢桥支援灾区。京口区工商联、句容市工商联、丹徒区工商联募资捐款百余万元，先后开展济贫助困“暖冬行动”、感恩革命功臣的“慰烈工程”和支持地方公益的“援建新村镇”活动。（奚　莹）

人民团体

责任编校：傅雪元

镇江市总工会

【概况】 2010年，市总工会联合市建设局、交通局等单位，在南徐新城、北部滨水区和交通重点工程建设中，组织引导6万多名职工，以创建“工人先锋号”为载体，以“创精品、求创新，重安全、讲效率”为内容，开展劳动立功竞赛。五一前夕，开展劳模代表“庆五一、看发展、作贡献”活动，组织260名历届劳模代表参观“四大工程”等建设工地。全年涌现出泰州大桥建设指挥部、二重基地码头建设项目部等省、市工人先锋号55个，“五一文明班组”“文明职工”各50个，江苏索普集团氯碱车间电解班等49个班组荣获省、市“工人先锋号”称号，新建胡雪林、秦桂兰等劳模创新工作室12家，开展“我为企业献一策”活动，全市职工合理化建议被采纳1.26万条。

在全省率先建立职工技能提升服务中心、职工创业指导服务中心。实施“我为创业者服务”三年行动，组织职工创业意识培训9688人次，SIYB（创建与改善你的企业）创业培训1550人次，创业实用技能培训7000多人次。表彰示范基地30家，带动就业1879人。组织开展“十大行业倡文明、十万职工（公务员）当先锋”活动，定期测评并向社会各界公布。研究建立省、市劳模的后备队伍。市职工文体活动中心实现工字楼封顶。承办省十七届运动会职工部乒乓球比赛。开展首届“职工读书节”活动，建立100个市级“职工书屋”。

参与市政府有关民生文件的制定起草，推动企业参与共决劳动规章活动，838家企业通过共决修改企业劳动规章条款2195条。在全市设立20家劳动关系预警信息网点。帮助农民工清欠工资310万元，为职工追缴社会保险3149万元。推进“1+3”（1：危险源点监控法；3：危险源点监控动态管理机制、危险源点监控持续改进机制、危险源点监控系统评价机制）安全监控体系建设。市总工会及各辖市（区）工会接待职工信访302批，成功化解劳动争议461起。组织开展百企示范、千企提升、万企覆盖的“百千万”工资协商专项行动。市总工会与市城管局、京江晚报社联合开展“有难大家帮——我为环卫工送保障”活动，2824名困难职工得到重大疾病和意外伤害综合保障。

会同市委组织部开展“党工共建促和谐、互动双赢促发展”建会竞赛。全市新建独立工会293家，覆盖基层单位1637家，新发展会员4.29万人。开展“广普查、深组建、全覆盖”集中行动，突出乡镇（街道）、开发区等组建工作重点，丹徒成立全市首家开发区总工会。新建丹阳市锯片行业工会、京口区美容美发行业工会等23个区域性、行业性工会组织。撤销三个行办工会，新设工业企业和服务业工会工作委员会。

（马晓俊）

【“十一五”工会工作概要】 “十一五”期间，全市新建独立基层工会1784家，发展工会会员38.9万人，16.5万农民工加入工会。建立乡镇（街道）总工会43个，新建行业工会17个。133个基层工会被授予“模范职工之家”，64个工会被评为省级以上“模范职工之家”。全市共推举出7名全国劳动模范、46名省劳动模范评选出198名市劳动模范，90个先进集体和个人获得五一劳动奖状、奖章。全市参与劳动关系和谐企业创建达2450家，参与面达到91.8%，涌现出各级劳动关系和谐企业412家。250个省级“五一文明班组”和250个市级“五一文明班组”获得表彰。28家基层工会荣获全国、省职工书屋示范点称号。2068家企业签订工资集体合同，签订区域、行业工资集体协议349份，覆盖职工64.1万人。22个工种在全国、省技能竞赛中获奖，481名职工成为“市技术能手”“五一技术标兵”，16名职业技能竞赛尖子分别被授予“省、市五一劳动奖章”。培育“上新岗、创新业”示范基地128家，带动30250名下岗职工再就业，SIYB创业培训工作成为全国工会系统典型。走访慰问困难职工累计20.5万人次，发放慰问款4892.5万元。3078名困难职工子女得到入学资助，3605名职工享受特困帮扶。

（马晓俊）

【劳动关系和谐企业创建】 2010年，市总工会全面开展镇（街道）和行业创建工作，全市参加创建的企业从2006年的800多家上升到2450多家，建会企业创建活动参与率达91.8%、百人以上建会企业和谐企业达标率达64%，涌现出镇、行业级和谐企业179家，形成纵向到底、横向到边、梯级联创的创建格局。全市参与创建活动企业劳动合同签订率达99.67%，职代会建制率96.08%，职业卫生检测合格率达95.2%，社会保险缴纳率达99.18%。市总工会“三个有效”（有效覆盖、有效激励、有效提升）推进创建工作的做法在全省推广。5月，镇江市总应邀参加中国企业家联合会和中华全国总工会联合召开的全国第二届发展和谐劳动关系高层论坛，镇江和谐创建的理念和经验，获得中企联和全国总工会的肯定和推广。

（马晓俊）

【职工技能提升服务】 2010年，市总工会在全市开展“提升职工技能、实现创业创新”活动，推进十万职工大练兵，百个工种、万名职工大比武。成立市职工技能提升服务中心,开设技能培训、技能竞赛、技术创新、技能协作等服务窗口,为职工培训、竞赛、晋级提供一体化信息服务和实体服务。全市有12.5万职工参加154个工种的技能竞赛,共产生市级技术能手31名,破格晋升技师29名、高级工238名。有200多家单位开展"百名技师育高徒"活动,100名职工成为"五一技术标兵",4个工种在全国、省技能竞赛中获奖。组织3万名职工参加学历教育、技能提升活动,18564名职工参加继续教育,培训班组长2150人次,涌现出10名市自学成才优秀职工。

(马晓俊)

【扶贫帮困】 2010年,全市各级工会联合有关部门走访慰问困难职工、工会干部、劳动模范等41245名,发放慰问金945.6万元,其中市总工会直接慰问2018名。全年为271名职工发放特困职工证。会同市委组织部深入开展"党员进万家"结对帮扶活动,落实资金51.5万元,对1200户困难职工群众家庭进行结对帮扶。为539名困难职工及困难农民工子女提供入学资助76.2万元。与慈善总会联合开展"慈善关爱职工暖流行动",43名特困职工获得15万元慈善资金的救助。

(马晓俊)

共青团镇江市委员会

【概况】 2010年,共青团镇江市委积极响应市委"跨越发展,创新驱动,绿色增长,和谐共享"号召,动员和组织全市团员青年勇担跨越发展重任、争当全民创业先锋,开展"青春在创业中闪光"系列活动,加强未成年人思想道德教育,拓展志愿者工作领域,为镇江跨越发展作出新的贡献。全年申请入党团员人数4344人,经推优入党1034人。

(秦　镜)

【"十一五"团市委工作概要】 "十一五"期间,团市委全面启动以"青春建功新镇江 创先争优促跨越"为主题,以创建"五个好"先进团组织以及争做"五个表率"先进个人为主要内容的创先争优活动。新建"新镇江青年"团支部108家,吸收"新镇江青年"团员13120人。2家团委被评为全国"五四"红旗团委,2家团支部被评为全国"五四"红旗团支部,30家团委被评为江苏省"五四"红旗团委,30家团支部被评为江苏省"五四"红旗团支部。新创国家级青年文明号9家,省级青年文明号70家,4名青年职工获得国家级青年岗位能手荣誉称号,28名青年职工获得省级青年岗位能手荣誉称号。预防青少年违法犯罪工作连续五年在全省预防考核工作中名列前茅。

(秦　镜)

【未成年人思想道德建设】 2010年,团市委继续加强未成年人思想道德工作,开展共青团与人大、政协委员面对面活动;召开全市中职技校共青团工作会议、少工委五届三次全委会、纪念少先队建队61周年座谈会;广泛开展"红领巾寻访镇江创业创造""18岁成人仪式""做一个有道德的人""向受灾地区捐赠一瓶饮用水"等系列活动;持续开展"老少共建、双向关爱"、"手拉手"、希望工程"圆梦行动"等活动,全年筹集资金89万元,资助517人。

(秦　镜)

【分类引导青年工作】 2010年,团市委确定句容后白镇、江苏大学、谏壁电厂、镇江市第一人民医院等单位,作为全市分类引导青年工作试点,坚持理论武装、文化熏陶和典型带动,积极探索有效的引导内容、方式和机制,涌现出"青年就业创业三联模式""通过新媒体引导青年""短信团校"等一批成功做法和经验。12月,全省共青团宣传思想文化调研和团干部培训班在镇江举办,镇江作了交流发言。

(秦　镜)

【助推青年创新创业】 2010年,团市委以"勇担跨越发展重任、争当全民创业先锋"为主题,举办"转型升级与青年责任"座谈会、"青春在创业中闪光"系列报告会;以服务高层次人才、助推转型升级为主旨,实施"菁英服务行动",成立全市首家青年创新创业人才联谊会;以扶持大学生创业为目标,编印《镇江市大学生创业者成功案例汇编》,成立6家大学生"青春创业社",邀请杭州大学生企业家到镇演讲,开展优秀青年企业家创业巡讲高校行活动;与媒体联合举办"青春镇江·梦想起航——2010镇江青年创业大赛和大学生村官创业大赛",共吸引183个项目报名参赛,进入决赛的项目获最高6万元的现金奖励。继续推进"青年就业创业见习基地"建设,青年科技创业示范基地二期竣工,基地总面积达到1300多平方米,共吸收18个青年科技创业项目正式入驻,注册资本达560余万元。

(秦　镜)

【青年文明示范行动】 2010年,团市委在全市率先启动以"万名青年齐动员,全民共创文明城"为主题的青年文明创建示范行动,七大主题、30项具体工作项目持续实施。向全市人民发出"全民共创文明城"倡议,开展全市青少年对"双创"工作知晓率、满意率专题调查,持续开展"文明出行,从我做起"文明交通大劝导活动,连续19周在各旅游景点和窗口单位开展"迎世博、讲文明、树新风"文明旅游志愿服务活动,"红领巾与文明同行"活动广泛开展,青年文明号"示范在岗位、服务进社区"活动全面铺开,"解放军青年林"项目顺利通过团中央和解放军总政治部青年局的考核验收,"保护母亲河"活动助推镇江生态城市建设。全年有10多万名团员青年踊跃投身文明创建,成为推动镇江文明城市创建的重要力量。

(秦　镜)

【志愿服务工作】 2010年,镇江召开市志愿者协会一届一次理事会,开通功能"全省第一,全国领先"的注册志愿者信息管理系统;连续第八年开展镇江青年骨髓捐献志愿者行动,已成功捐献造血干细胞22例,占到全省的近1/7,位居全国地级市前列;坚持每两周组织一次生命志愿者进社区志愿服务活动;不断深化"关爱空巢老人"志愿服务行动;全省"关爱农民工子女"志愿服务行动启动仪式在镇江举行;新成立的镇江市志愿者艺术团先后赴市福利院、丹徒、京口、润州等地慰问演出。

(秦　镜)

【"新镇江青年"团建工作】 2010年8月9日,全省"创新团建推动党的工作覆盖专题推进会"在镇江召开,重点推广"新镇江青年"团建模式。截至12月底,全市共建"新镇江青年"团组织108家,"新镇江青年"团组织的长效管理、工作考核逐步规范。

(秦　镜)

镇江市妇女联合会

【概况】 2010年,全市有1个镇、7个村(社区)创成全国基层组织示范点,11个镇(街)、9个村(社区)创成省级基层组织建设示范点。

全年选派各级妇联干部8批32人次参加党校县处班、省中青班、公选能力培训班和北京大学、复旦大学、香港理工大学等高校研修班。实施"巾帼创业创新促进行动",在全省首家成立女性创业促进会,开展"巾帼淘宝网店兴业行动",助推女大学生网络创业。全市新建女大学生创业实训基地30个、巾帼示范合作组织4个、巾帼劳动力转移培训基地4个、“三八”高效农业示范基地7个、巾帼家政定点培训机构1个，举办各类培训200期，培训妇女15000人次。发放妇女创业小额担保贷款2148.5万元，推介妇女创业项目50个，对接巾帼科技创新项目20个。启动“巾帼科技创新联盟行动”，以“校企结对”活动为纽带，引导女教授、女农业专家与女企业家对接，组织女专家教授企业行活动现场推进项目，为创业女性自主创新提供技术支撑。市妇联获市政府“服务民营经济发展创新奖”。

2010年实施“巾帼家庭服务创牌行动”，在全省建立首个“好苏嫂”巾帼家庭服务连锁店；推进妇女创业小额担保贷款工作，为创业妇女破解资金瓶颈。举办“百千万文明家庭”评选、“京江明月中秋韵”家庭经典诵读大赛等活动；组织家庭“亲子林”种植活动、指导低碳家庭填报“家庭低碳生活小档案”，联合市环保局、发改委举办家庭低碳知识竞赛，倡导简约、健康的家庭生活风尚。全市共招募家庭志愿者4280名，面向家庭发放文明创建手册6万本，5万户家庭签订创建文明家庭承诺书。开展“祝福妈妈节日快乐”儿童书法、绘画义卖、“我为世博添光彩”儿童祝福语、笑脸展示等寓教于乐的活动。成立0～3岁儿童早教中心，开展“快乐父母沙龙”“快乐亲子营”等形式新颖的家庭教育实践活动。与教育机构联合举办家教讲座206场，向10万余户家庭传播科学育人的知识。联合市教育局、赛珍珠研究会开展“宝贝，我们爱你”系列活动，联手市慈善总会开展贫困、重病儿童慰问活动。成立“玫瑰心香”社会妈妈俱乐部。全市新建“儿童快乐家园”12家，为流动、留守儿童创设一个温馨、健康、安全的学习乐园和精神家园。

2010年，市妇联抓住“三八”维权周、“6·15”世界家庭日、“6·26”国际禁毒日等节点，开展“平安家庭”创建、法律法规知识、男女平等基本国策宣传活动，全年举办各类普法讲座、咨询活动50场，1万多名妇女受益。联手公安、法院启动反家暴联动快车行动，试点开展反家暴人身保护令工作。新创建1个市级“家庭暴力庇护中心”、6个“零家庭暴力示范社区”、7个“维护妇女权益权示范岗”、4个社区“家庭婚姻咨询指导站”，为妇女儿童提供了必要的救助和帮扶。新建由法官、律师、婚姻家庭指导师等组成的维权志愿服务团队，推荐54人担任法院婚姻家庭纠纷案件特邀调解员，40名维权志愿者参与妇联信访接待。妇联干部人民陪审员、特邀调解员共参与法院民事、刑事案件陪审31起，共接待来访来信来电914件，结案率达98%。（王　军）

【“十一五”妇联工作概要】 “十一五”期间，市妇联实施妇联组织建设“三级联创”，市、辖市（区）、镇（街道）、村（社区）妇联组织组建率达100%。全市有县处级女干部106人、女公务员2185人、女党员3.6万人，分别占总数的10.2%、17%和19.1%。基层社区居委会和村委会委员中，女性分别占46.3%、20.4%。全市城镇单位从业人员中女性14.64万人，占40.4%。学龄女童净入学率达100%，女大学生3.47万人，占44.9%，女专业技术人员4.94万人，占37.13%。全市共举办优秀创业女性事迹报告会103场，筹集妇女创业发展资金105万元，举办女性专场招聘会82场，帮助10351名妇女找到合适的岗位。创建27个全国巾帼文明岗、317个省级巾帼文明岗，21个巾帼现代高效农业示范基地、50个巾帼专业合作经济组织、107个巾帼示范村、35个巾帼示范培训基地，举办各类培训610期，培训妇女近50000人，转移农村妇女劳动力45634人。全市有80个社区、32150个家庭签订《家庭节能减排责任状》。“社会妈妈”帮困助学活动共募集善款、物品价值累计达320万元，资助5000多名贫困儿童。创立维权代言人制度，411名各界人士成为妇联维权代言人，50名妇联干部被聘请为人民陪审员，参与审理、调解案件302起，为414名妇女儿童提供法律援助。开设覆盖全市的12338妇女维权热线和24小时妇女维权热线，全市共举办普法宣传活动506场，培训妇女20000多人次。各级妇联共接待来信来访5300人（次），结案率98%。推进“家庭育人”工程，举办家庭教育讲座200多场，向10万户家庭传播了科学育人知识。开展“恒爱行动”，为孤残儿童编织捐赠爱心毛衣10350件。市妇联系统获得全国家庭教育工作先进集体、全国农村妇女“双学双比”竞赛活动先进集体等国家级荣誉8项、省级荣誉14项、市级荣誉26项。（王　军）

【纪念“三八”国际劳动妇女节100周年】 2010年3月2日，全市各条战线600名妇女隆重集会，举行“后发先至——我们同跨越”纪念“三八”国际劳动妇女节100周年纪念大会，大会对丁杏兰、马金芳、付玉香、左菊珍、张凤霞、张秀凤、张雅琴、贡浩凌、潘梅霞、潘晓芙等十名第三届“镇江市十大女杰”进行表彰。市委书记许津荣出席并作重要讲话。市领导与妇女代表一起观看纪念“三八”国际劳动妇女节100周年专场文艺演出。（王　军）

【启动“助学快车”行动】 2010年8月，市妇联联合京江晚报社、市教育局，在全市范围内启动开展“助学快车”促成才行动，帮助自强不息的贫困学子完成高中、大学学业。市妇联、市女性创业促进会、市巾帼文明岗、团体“社会妈妈”等共同出资5万元，资助50名学子继续完成学业。（王　军）

【开展“巾帼网店兴业行动”】 2010年市妇联启动“巾帼网店兴业行动”，借助“淘宝网”，为女大学生提供技能培训、项目推荐、政策宣传、资金支持、实战演练等服务。共举办专题培训班100期，培训女大学生2000多人，牵手100名女企业家、女教授、女专家与大学生结对，建立女大学生创业实训基地30个，开展创业实训2000人次，1000多人建立网店模型或开设网店，带动新增就业岗位3000人次，宣传创业典型200多人次，推荐网店供货项目100多个，向女大学生创业者发放贷款200万元，打造“巾帼网络创业街”。“巾帼网店兴业行动”获省妇联“创新工作特等奖”。（王　军）

【开展“冬日暖阳”慰问活动】 2010年2月2日，市妇联在丹徒区荣炳盐业资源区启动“冬日暖阳”关爱慰问贫困妇女活动，分四个慰问小组分别赴辖市（区）开展春节送温暖、献爱心、关爱慰问老“三八红旗手”、老妇女干部、贫困妇女、外来务工妇女、孤残儿童等困难群体活动。共协调各类慰问经费和物资16万元，慰问各类妇女群众和孤残儿童180户。（王　军）

【推进妇女儿童工作实事项目】 2010年全市49个镇（街道、园区）、531个村（社区）共培训妇女骨干1613人。推进“妇女儿童之家”建设，全市基本实现村、社区“妇女儿童之家”全覆盖，建成10个符合“四有”标准的“妇女儿童之家”示范点。开展困难家庭妇女妇科病免费检查工作，启动“关爱妇女健康快车”行动，全市共完成困难家庭妇女免费妇科病检查6900余人，农村妇女“两癌”筛查18.1万人。“社会妈妈”活动全年募集善款31万元，资助380名贫困儿童。（王　军）

【启动“反家庭暴力联动快车”行动】 2010年9月20日，市妇联、公安和法院三部门联合启动镇江市“反家庭暴力联动快车”行动，旨在构建婚姻家庭纠纷案件专业审判机制、婚姻家庭纠纷案件司法救助机制、婚姻家庭纠纷案件大调解机制和婚姻家庭纠纷案件宣传教育机制等四项机制，依法遏制家庭暴力的发生。启动仪式上，为54位婚姻家庭纠纷案件特邀调解员颁发聘书。（王 军）

镇江市科学技术协会

【概况】 2010年，市科协围绕“十二五”确定13个课题开展研究，形成《“十二五”建言献策研究项目汇编》。与丹阳市委、市政府联合举办“航空航天高新技术发展高层论坛”。指导与帮助企业建立“院士工作站”。开展“金桥工程”、“讲、比”活动，启动“美国2006年专利推广”工作。开展落实《全民科学素质行动计划纲要》督查。完成《镇江市全民科学素质行动计划纲要（2011～2015年）实施意见》初稿。出台第四个全民科学素质百项行动计划。组织以“科学发展，低碳生活”为主题的2010年全国科技活动周暨镇江市第22届科普宣传周活动。开展主题为“低碳生活，你我共参与”的2010年全国科普日活动。实施镇江市“科普惠农兴村计划”。实施新一轮“百千万科技兴农富民工程”。下发《关于印发2010年镇江市科协系统节能 减排科普行动计划的通知》，明确2010年度40项节能减排科普行动。利用科普宣传车开展多种主题的全民科学素质教育活动。积极参与省科技教育特色学校的评比，全市三所学校被评为“江苏省科技教育特色学校”。开展镇江市十大“科技园丁”评选，调动学校科技辅导员积极性。组织91436人参加“金钥匙”竞赛。组织市职校学生“青少年发明作品”参加第19届全国发明展览会，取得2金2银1铜和1个特别奖的好成绩。组织青少年开展“低碳在我身边”体验调查活动。开展人才和技术引进工作，成功协助牛津大学夏志道博士申报镇江市第二批“引进培育创新创业领军人才三年行动计划”。市科协副主席马鹤利被授予江苏省科协系统先进工作者称号，市青少年科技中心赵晓声等10人被评为2005～2009年度省科协系统先进个人。（罗 悦）

【“十一五”科协工作概要】 “十一五”期间，全市各级科协组织和所属学会（协会、研究会）完成“镇江市效能电厂建设的现状及其对策研究”等50多个重点建言献策研究项目；提出“关于建设镇江市科技馆的建议”等24项议案提案和建议；举办“中日现代农业论坛”等各类专题科技论坛，开展各类学术交流活动832次，交流学术论文6732篇，41800多人次参与；开展“厂会协作”100多项、金桥工程57项，创造经济效益3.2亿元；指导与协助大全集团等5家企业建立“院士工作站”；完成各类科技培训10900人次；组织实施第一轮“百千万科技兴农富民工程”（即选百名专家进百村结对，树百家示范推百项成果，帮千户万民靠科技致富工程），举办各类实用技术培训班856期，参训85100人次，推广新品种112个，主推新技术96项，直接带动农户16674户，直接带动农户纯收入增收比例达24.2%。全市实现省级科普示范市（区）“满堂红”，丹阳、扬中、丹徒获“全国科普示范市（区）”称号。（罗 悦）

【围绕“十二五”开展建言献策项目研究】 2009年年底，市科协就围绕为“十二五”开展献言献策，征集研究项目，确定13个具有相当应用价值研究项目。2010年7月市科协将建言献策项目及专家建议汇编成《“十二五”建言献策研究项目汇编》，供市委、人大、政府、政协及相关部门作决策参考。在市政协组织的“我为‘十二五’献一策”活动中，以科协界别为主的第四委员活动小组，共有16篇建议获市政协表彰。其中市政协常委、市科协副主席佘其瑞和市农科所所长、市科协副主席庄义庆的《引进吸收日本现代农业技术应作为我市“十二五”农业发展的一大举措》被市政协选为有较高参考价值的重点建议直接报送市委。（罗 悦）

【航空航天高新技术发展高层论坛】 2010年10月27～28日，丹阳市委、丹阳市人民政府、镇江市科学技术协会联合主办“航空航天高新技术发展高层论坛”。中国工程院院士、原航天科技集团总经理、航天工程专家王礼恒，中国工程院院士、中航工业科技委副主任、北京航空航天大学教授、航空发动机及动力工程专家刘大响，中国工程院院士、中科院金属研究所研究员胡壮麟分别作航天技术发展及其对相关产业带来的机遇报告和新材料技术报告。全市130多家企业参加论坛。丹阳市政府与北京航空航天大学签署产业基地规划协议，并开始筹备成立镇江航空航天产业院士（专家）服务中心，为做大做强镇江航空航天科技产业打基础。（罗 悦）

【指导帮助企业建立“院士工作站”】 2010年4月19日，市科协邀请中国工程院院士吴澄一行到镇江中煤电子有限公司实地考察并与中煤电子签订《关于合作建立院士工作站协议书》。吴澄团队将为企业提供“煤矿安全数字化集成关键技术研发”等全过程的技术支持，开发“煤矿数字化安全监控平台”等项目，研究发布国际技术标准2～3项，获国家专利20项以上，帮助企业8年内达到年销售10亿元的规模。市科协还指导扬中市科协院士专家服务中心，为扬中建成江苏锋芒复合材料科技集团有限公司院士工作站。目前镇江9个院士专家工作站中，有5个是市科协帮助建立。（罗 悦）

【《镇江市2010年度全民科学素质百项行动计划》出台】 2010年2月22日，《镇江市2010年度全民科学素质行动计划》正式出台。《行动计划》由未成年人科学素质行动，农民科学素质行动，城镇劳动人口科学素质行动，领导干部和公务员科学素质行动，科学教育与培训基础工程建设行动，科普资源开发与共享工程建设行动，大众传媒科技传播能力工程建设行动，科普基础设施工程建设行动，行政法规、队伍建设与监测评估工作，全民科学素质教育基地行动等10大类100项行动计划构成，与2009年相比，有61项创新项目。每个大类均明确主要任务和具体量化的任务，每项行动计划都列出行动内容和具体任务、牵头部门和参与部门等。行动计划突出节能减排、低碳经济和关注民生等重点，倡导大联合、大协作的行动举措。（罗 悦）

【2010年度全民科学素质教育系列讲座】 2010年3月11日，市科协会同润州区金山街道黑桥社区，请江苏科技大学心理教育中心主任、镇江市心理学会秘书长于立东博士在镇江市穆源民族学校多功能厅为包括外来务工子女、该校师生、家长代表等200多人举办题为“在健康快乐中学习成长”的心理讲座。这标志着镇江市2010年度全民科学素质教育系列讲座正式拉开帷幕。此后，市科协又陆续开展“走进低碳生活”“生活与健康”等知识讲座。据统计，2010年市科协共开展全民科学素质教育系列讲座近20场。（罗 悦）

【实施“科普惠农兴村计划”】 2010年，市科协联合市财政局开展国家、省、市“科普惠农兴村计划”项目的申报、推荐工作。润州区一品红草莓协会、句容市戴庄有机农业科普示范基地被评为

"全国科普惠农兴村先进单位"，丹阳市白龙寺生态园有限公司总经理殷益荣被评为"全国科普惠农兴村带头人"，分别获得国家20万元和5万元的经费资助。丹徒区五塘有机稻米基地、京口区新农玉米合作社窦可伟获省科协、省财政厅表彰，分别获得6万元和2万元的经费资助。扬中市柳编专业协会等4个农村专业技术协会、镇江农科所科普示范基地等7个农村科普示范基地和润州区蒋乔镇秀山村吴志坚等7名农村科普带头人被评为市2010年度"科普惠农兴村计划"先进单位和带头人，分别获得2万元和5000元的奖补资金支持。江苏天禄茶林有限公司等4家科普惠农服务站被评为省级科普惠农服务站。

自2006年"科普惠农兴村计划"实施以来，全市已有5个单位和1名个人受到全国表彰，6个单位、4名个人受到省表彰；全市累计获得国家、省"科普惠农兴村计划"奖补资金共149万元。

（罗　悦）

【实施"百千万科技兴农富民工程"】 2010年，市科协大力实施"百千万科技兴农富民工程"，组织杨金龙、糜林等专家对口深入到项目村、基地等开展技术服务，帮助解决生产中的技术难题，为广大农户举办实用技术培训班。10月，全面制作完成桃、梨、葡萄高效栽培技术3部科普片。从"科普惠农兴村计划"中筛选出3个项目，申报农业技术推广奖，其中，丹阳杏虎村农业科技示范园高效农业种植技术推广获得三等奖。

（罗　悦）

【第22届科普宣传周】 2010年5月8日，2010年全国科技活动周暨镇江市第22届科普宣传周活动在城市客厅正式启动。宣传周以"科学发展，低碳生活"为主题，集中宣传涉及市民群众工作、生活的30多项科普内容。市科协现场进行"碳足迹计算罗盘演示"、身体体能成分测试仪、"电器节能降噪现场演示""废物利用展示及现场制作""低碳建筑科普宣传""低碳家庭装饰科普宣传""室内空气检测与净化""垃圾分类与废旧手机、电池绿色处理""节电、节油、节能科普宣传""低碳科普知识有奖问答"等活动。组织自行车队、电动车队、步行队伍和大巴车队共500余人，以"低碳出行"的方式，赴江苏大学工业中心、江苏科技大学船舶模型馆、镇江博物馆、镇江消防馆、镇江气象台等8个全民科学素质教育基地进行"科普一日游，市民直通车"活动。会同市文明办通过报纸和宣传单的形式向市民发出"坚持科学发展，倡导低碳生活"的倡议书。编写出版《低碳科普读本》，免费赠阅。邀请"中国科学院老科学家科普演讲团"和"绿色北京绿色行动宣讲团"主要成员李皓博士作客市民大讲堂，作题为"低碳生活一点通"科普报告。组织全民科学素质讲师团成员到基层开展科普讲座活动。科普周期间，全市共开展200多项系列科普活动。

（罗　悦）

【全国科普日活动】 2010年9月18日，市科协在四牌楼街道文体中心举办主题为"低碳生活，你我共参与"的全国科普日活动启动仪式，向京口区社区图书馆赠送价值1万元的科普图书；在市区公共活动场所、社区等地开展"科学发展，低碳生活"科普巡回展览；在京口、润州两地相关社区举办"走近低碳生活"巡回科普讲座。科普日活动期间，各地、各级基层科普组织，因地制宜组织开展科普影视周、科普报告会、科普展览、科学体验等丰富多彩的科普活动；全民科学素质教育基地向社会免费开放，接待公众学习、参观和体验。

（罗　悦）

【科普示范社区创建活动】 2010年3月12日，市科协印发《关于开展2010年度镇江市科普示范社区评比活动的通知》。在全市科普组织网络健全、科普活动扎实有效、科普设施条件较好、科普经费充足到位、科普工作成效明显的社区中确定创建对象。经各辖市（区）、镇江新区推荐，市科协组织评审，丹阳市云阳镇兴隆苑社区等14个社区被命名为2010年度镇江市科普示范社区。

（罗　悦）

【润扬大桥桥梁展览馆暨茅以升纪念馆被命名为全国科普教育基地】 2010年，润扬大桥桥梁展览馆暨茅以升纪念馆被中国科协命名为"全国科普教育基地（2010～2014年）"，这是继镇江消防博物馆被命名为全国科普教育基地后，镇江又一家全民科学素质教育基地获此殊荣。

润扬大桥桥梁展览馆暨茅以升纪念馆自2006年被命名为首批镇江市全民科学素质教育基地以来，积极发挥其科普教育功能优势，坚持免费开放、热情接待、系统讲解，截止到2009年年底，已免费接待以青少年和各类社会团体为主要对象的16万多人次的参观者，使他们受到很好的桥梁建设方面的科普教育。

（罗　悦）

【科普宣传车启用】 2010年1月25日上午，市科协新配置的科普宣传车在镇江市2010年"三下乡"活动启动仪式上首次启用。全年科普宣传车共使用35次，其中开展科普知识竞赛5次，播放光盘70盘次，近200小时，科普展教品互动体验13次，总计受众人数25800人。

（罗　悦）

【市青少年获全国发明展览会大奖】 2010年，市教育局和市科协组织小梅山猪发酵床养殖技术等六件青少年发明作品参加第十九届全国发明展览会，获得2金2银1铜的好成绩；其中小梅山猪发酵床养殖技术获"宝钢特别奖"。此次参展作品的作者全部是市职业学校的学生。经大展主办单位对全世界专利科技查询，获奖的作品均属首创。这是镇江市青少年首次在全国性、权威性大展中获得佳绩。

（罗　悦）

【招才引智】 2010年，市科协充分利用科协"海智计划"工作平台，积极联系海外留学人才，宣传镇江引智优惠政策，促其到镇投资创业。成功协助牛津大学夏志道博士申报镇江市第二批"引进培育创新创业领军人才三年行动计划"（简称"331计划"）。这是市科协自主联系、独立推进并成功引进的第一个海外留学人才，其带来的"医用蚕丝研发及其产业化"项目，将提升镇江市生物医药产业层次。

（罗　悦）

【对日农业科技合作】 2010年，市科协积极推动日本农业技术推广工作。完成《重视日本现代农业技术研究的建议》一文，建议成立江苏日本现代农业技术研究机构，促进中日农业交流与合作，将更多的日本农业新品种新技术引入江苏。该文成为省民盟递交省政协的集体提案。为丹阳"中日现代农业科技合作实验基地"开展技术服务，先后组织日本专家永渊、省茶叶、水产学会及镇江农科所专家赴丹阳开展技术指导，推介蓝莓、猕猴桃等应时鲜果新品种及茶园修剪等技术，推广利用日本发酵床养猪技术。

（罗　悦）

【"选配创业导师，推进大学生村官创业富民"活动】 2010年4月25日，市科协与镇江市委组织部联合下发《关于开展"选配创业导师，推进大学生村官创业富民"活动的意见》。市科协根据驻镇高校、有关职能部门和市级学会（协会、研究会）推荐或自荐的学术技术带头人、高级管理人才和专家学者名单，按照所在单位、专业特长、技术优势、管理擅长等建立大学生村官创业指导专家库，由市委组织部和市科协召开"名师带高徒"创业结对会议,确定大学生村官和创业导师结对名单,颁发聘任创业导师证书,签订结对协议,明确阶段性结对目标任务及各自的职责,对结对双方和创业导师所在单位及有关创业服务单位的负责人提出相关要求。2010年,市科协共推荐86名学术技术带头人,为大学生村官提供技术指导和实际应用服务。

（罗　悦）

镇江市哲学社会科学界联合会

【概况】 2010年,镇江市社科联组织社科普及"三行"(社区行、校园行、乡镇行)活动,科普周7个科普项目得到省社科联表彰。开展首次社科应用研究课题立项工作,"镇江市创新型开发区建设对策研究""推进农业清洁生产,优化农业产业结构,实现我省太湖地区农业面源污染的源头治理"2项成果获得省社科联应用研究精品工程一等奖,5项成果获二等奖。继续推进"一台、一品、一刊、一坛"的"四个一"学会活动,在全国大中城市社科联第二十一次工作会议上,镇江市历史文化名城研究会被评为"全国标兵学会",镇江市国际税收研究会、镇江市保险学会、镇江市工商行政管理学会被评为"全国先进学会"。

（薛玉刚）

【"十一五"社科工作概要】 "十一五"期间,镇江市社科事业的学会建设、科普工作、成果转化、学术研究、咨询服务五大平台建设取得明显成效。在全国大中城市社科联工作会议上,镇江市社科联被评为"全国先进社科联",镇江市历史文化名城研究会等5个社科类学会(协会、研究会)9次获得"全国标兵学会""全国先进学会"称号,新成立6个社科类社团。每年9月举办社科知识普及宣传周活动,成立由20名专家型志愿者组成的社科普及讲师团,义务宣讲50场;设立"空中讲堂",开播25期;建成2个省级、10个市级社科普及示范基地;"市民大讲堂"共举办公益讲座29场;建立"镇江社科网"(http://www.zjskl.org.cn)。第七、八届哲学社会科学优秀成果评奖共接受申报成果689项,评出一等奖15项、二等奖35项、三等奖100项;10项成果获得江苏省哲学社会科学优秀成果评奖三等奖,在省社科联"社科应用研究精品工程"优秀成果评奖中,有5项成果获一等奖,15项成果获二等奖。完成《中国城市发展丛书·镇江》初稿,与南京社科联(院)、扬州社科联(院)联合举办4届"宁镇扬板块构建与区域共同发展"高层论坛,举办镇江市首届社科学术大会,承办"江苏省哲学社会科学界学术大会青年学者专场";开展镇江文化产业发展、"大爱镇江"现象、镇江文明城市创建理论与实践、十二五镇江市精神文明建设重大课题的研究;建立镇江市社科应用研究课题立项制度,首次立项60项。

（薛玉刚）

【首次社科应用研究课题立项】 2010年,市社科联首次开展社科应用研究课题立项,制定镇江市社科应用研究成果课题指南,成立专家鉴定委员会。共收到申报课题成果83个,立项60项,其中48项获资助,共资助25万元。在所有申报课题成果中,中青年学者的占80%以上。全年组织申报省社科联应用研究课题立项,推荐近20项。（薛玉刚）

【"抢抓机遇与镇江跨越发展"征文及研讨会】 2010年,市委宣传部、市委党校、市社科联联合举办"抢抓机遇与镇江跨越发展"征文及研讨会,共征集论文126篇,评出一等奖9项、二等奖13项、三等奖24项,精选部分论文编印同名文集。11月8日召开研讨会,进行交流和表彰。（薛玉刚）

【第七届社科普及周】 2010年9月18日~25日,市社科联组织开展以"传播生态文明理念,共建和谐美好江苏"为主题的第七届社科普及周。建立"镇江社科网";开展镇江市社科普及示范基地创建活动,对镇江市图书馆、新区大港街道、中山路小学、焦山碑刻博物馆、江苏申华置业有限公司、扬中市新闻中心、康盛剧社、镇江新华书店等8个单位进行市级社科普及基地的挂牌;利用社科联已有的科普示范基地,联合市新华书店,邀请中国科学院科普讲师团开展"科学家进校园"活动;会同江苏科技大学志愿者,采取纸质阅读和电子阅读相结合的方式,通过科普讲座、展览、阅读交流等活动,培养学生尤其是新市民子弟科学精神和科学素养,为学生开辟一个丰富多彩的绿色上网科普阅读第二课堂。市税务学会开辟网上纳税人之家;申华国学堂以公益免费的形式面向少年儿童,教授《弟子规》《唐诗宋词》等中国传统文化经典课程。社科知识空中讲堂、社科普及"三行"活动、康盛剧社地方戏曲传承工程、润州孙平义务放映千场电影、科学家进校园、申华国学堂—儿童班、润州图书馆绿色上网科普阅读第二课堂7个项目获得省社科联表彰。（薛玉刚）

【"大爱镇江"科普"三行"】 2010年,社科联利用社科专家的人才优势,开展"大爱镇江"社区行、校园行、乡镇行的科普"三行"活动。4、5月间,在新闻媒体发布信息,公开招聘有一定学术专长的志愿者,6月8日聘请首批8名志愿者并颁发聘书,成立志愿者讲师团。经过半年的运作,志愿者讲师团扩大至20多人,成立"大爱镇江"科普专家库,常年巡讲。同时在专家学者中广泛征集选题,建立丰富的题库。所有宣讲题目列成菜单动态储备,常年定期在媒体公布,由社区、学校、乡镇等根据各类人群的不同需求点选题目。"三行"所到之处都能受到热情欢迎。

为使"三行"中老师精彩的授课收到更广泛的宣传效果,社科联与文广集团健康频道合作,设立"空中讲堂",每周一课。至年底,空中讲堂连续播出25期。

（薛玉刚）

【镇江市知青文化研究会成立】 2010年4月17日,镇江市知青文化研究会成立,有会员363人。这是全省第一个知青群众团体。研究会收到全国著名老知青邢燕子、董加耕等的贺电、贺文和题词。镇江市知青文化研究会以"传承知青文化,弘扬知青精神"为宗旨,以"追溯一代知青历史,挖掘一代知青文化,发展一代知青经济,弘扬 代知青精神"为工作内容,倡导知青"要做知青文化的学者、要做知青文化的使者、要做知青文化的引领者、要做知青文化的传播者"。研究会创建会刊《镇江知青》(季刊),建立"镇江知青论坛"网站;组织"老知青红歌演唱会"庆祝国庆60周年,举办《尊重历史,热爱生活——品味知青经历的别样人生》专题讲座。（花有文）

镇江市文学艺术界联合会

【概况】 2010年,市文联积极开展文化惠民活动。"我们的节日——欢乐元宵"广场文化惠民活动成为近年来群众参与人数最多、时间跨度最长、节目内容最为丰富的大型广场文化活动;与中国摄影家协会、《中国摄影》杂志社联合举办"西津渡杯·青山绿水新镇江全国摄影大展"和散文、诗联、美术、书法等系列创作活动;首次开展以"推荐本土文艺人才、繁荣地方文艺创作、展示地域文化风采,丰富群众文化生活"为宗旨的

“2010·镇江风文艺家风采系列展示活动”;举办书法篆刻双年展、油画双年展、“春之韵”镇江市首届花鸟画展,文学创作双月擂台赛等活动,繁荣镇江文艺创作。

2010年由市文联和各协会会员组织创作的28件文艺作品在全国和省以上展赛中获奖(入选),其中市青年女摄影家严竹的摄影作品《孕》,获得第二十三届中国摄影艺术展青年组铜奖,并获得省文联的嘉奖;由市委宣传部、市文联邀请著名作家夏坚勇创作的大爱题材类报告文学《江堤下的那座小屋》获中国新闻奖副刊类一等奖;在第二届东方工艺美术之都博览会上,镇江7名民间文艺家获得江苏省民间文艺“迎春花”奖,市文联和市民间文艺家协会获活动优秀组织奖。镇江作家全年共出版中长篇小说、散文、随笔等20多部。 (殷启茹)

【“十一五”文联工作概要】 “十一五”期间,市文联举办“辉煌巨变——纪念改革开放30周年摄影图片展”、开展“爱在镇江”大型创作采风活动,举办“大爱镇江”摄影图片展和“大爱镇江”报告文学创作活动,编辑出版《大爱镇江》报告文学集,举办“青山绿水新镇江”全国摄影大展等系列活动。200多件(部)作品和40多人在国家和省以上展赛中获奖和入展。举办镇江市文艺家读书班,承办“江苏省诗歌研讨会”“江苏省民间文艺青年论坛”和“江苏省青年舞蹈家培训班”等。市级会员总数2393名,比“十五”期间增长20%;其中省级会员681名,增长36%;国家级会员102名,增长46%。精心策划文艺活动,发挥品牌效应。精心组织“文艺界元宵节联欢晚会”、“镇江风·文艺家风采”等文联品牌活动。进行两届(第五届、六届)镇江市文学艺术奖的评选,共有71件作品获得市委、市政府的嘉奖。 (殷启茹)

【市首家行业文联镇江公安文联成立】 2010年11月18日,市首家行业文联镇江市公安文学艺术联合会成立。镇江市公安文联,是公安系统全市性公安文学艺术组织和广大公安文学艺术工作者、爱好者自愿组成的全市性、非营利性社会组织,其宗旨是繁荣和发展公安文学艺术,促进公安工作和公安队伍建设。 (殷启茹)

【市首家乡镇文联珥陵镇文联成立】 2010年10月20日,市首家乡镇文联珥陵镇文学艺术界联合会成立。珥陵镇文联下设书画、音乐舞蹈、老年人文体等十个文艺家协会,会员千余人。 (殷启茹)

【市文联第三期文艺新秀工程启动】 2010年10月21日,市第三期文艺新秀工程举行启动仪式。市文联与王宏彦等23名文艺新秀签订文艺新秀培养责任书。在三年的时间内,市文联将为文艺新秀们的文艺创作活动提供学习、交流与展示的机会。 (殷启茹)

镇江市台湾同胞联谊会

【概况】 2010年,市台联通过台情报告会、《镇江台联通讯》等多种形式介绍台湾政情、民情,宣传新形势下的对台方针政策;组织全体台胞参观市规划展示馆和新农村建设;关心老台胞的身心健康,看望慰问老台胞和生病台胞,全年共发放老台胞生活补助款17600元,困难台胞生活补助款20500元。全年提出集体提案2件,个人提案12件。 (刘 迅)

【加强镇台两地农业交流合作的建议】 在2010年市政协六届三次全会上,市台联提出加强镇台两地农业交流合作的建议:1. 搭建合作平台,打造招商品牌。建立镇台农业交流合作领导小组,重点开展全市涉台农业的宏观规划、协调、决策工作。尽快筹建镇台农业合作园区,并积极申报省级、国家级。同时,筹建“镇江——台湾农业合作试验区”。2. 抓好政策落实,优化投资环境。出台进园区的台资、外资农业企业的优惠政策,吸引台资农业企业落户镇江。要依法保护台商权利,涉及台资企业的行政性收费,除政府规定的费用外,任何部门和单位不得另立收费项目、提高收费标准,不得随意罚款,台商土地使用权应予以保证,被征作他用时,应依法予以补偿。3. 加强交流合作,推动互利共赢。设立镇台农业交流合作协会,由农林、台办、在镇台资农业企业负责人和农业技术专家等组成,积极和台湾各地农会、涉农行业分会、农企财团、涉农基金会等联系、交流、合作,促进共同发展。同时,积极组织参加在各地举办的海峡两岸涉农推介会、交易会,举办农业投资合作洽谈会,进一步宣传镇江的农业投资环境,介绍镇江的各项优惠政策,推介镇江农业的新产品,增加镇江农业投资和农产品的知名度。要建立涉台农业研究中心,加强台湾农业优良品种落户镇江的可行性研究。加强与台湾相关涉台农业研究机构的沟通联系,将高效良种及时推广给镇江农户。要筹建农业科技信息交流合作中心,使之成为两岸农业科技合作的“参谋部”“后勤部”,推动镇江农业快速、高效发展。 (刘 迅)

镇江市归国华侨联合会

【概况】 2010年,全市侨联共接待来自美国、澳大利亚、马来西亚等国家和地区的13批40多名客人。参与“华侨华人专业人士创业发展镇江洽谈会”和“镇江华商会二周年庆典暨圣诞迎新年会员联谊会”,与美国、加拿大、日本等14个国家和地区的部分海外华侨华人专业人士交流。走访慰问困难归侨侨眷、生病归侨、结对帮扶对象和侨界重点人士100多户,发放慰问金、慰问品10万多元。接待侨界群众来信来访50人次,配合市有关部门妥善解决8起涉侨房屋拆迁、归侨侨眷子女工作纠纷。市侨联被评为2009年度全省侨联维护侨益工作先进单位,扬中市侨联、丹徒区侨联被评为全省县级侨联组织建设先进单位。江苏大学科学研究院常务副院长、江苏大学特聘教授张弛和江苏奇能电池有限公司总经理费扬博士荣获“中国侨界(创新人才)贡献奖”。 (印钢林)

【关于做大做精主导产业,促进全市跨越发展的建议】 2010年,市侨联就贯彻落实市委2009年出台《关于实施工业“千百亿工程”的若干意见》,提出建议:1. 整合各类市级财政相关资金,设立专项,重点扶持主导产业和新兴产业做大做强。2. 加快引进和培植新能源、新材料、新医药、新光源、电子信息等新兴产业,确立其在全市经济发展中的突出地位,推动经济转型升级,促进结构优化。3. 在装备制造业、绿色化工业、新材料业、特种金属业和造纸业等五大产业中培植龙头企业,做大做精,推动高新技术企业成长为“千亿巨人”。4. 大力实施品牌战略。5. 着力培养一支领军型企业家人才队伍。要保护好、发挥好现有的,同时要引进相关高级管理人才,建立人才梯次培育机制。 (印钢林)

镇江市残疾人联合会

【概况】 2010年,市残联认真贯彻市委、市政府《关于加快残疾人事业发展的实施意见》的文件精神,推进全市残疾人“两个体系”(社会保障和服务)建设。

市政府与6个辖市(区)政府及镇江新区分别签订责任状,全市40个部门分解落实目标和责任,通过省残工委"两个体系"建设检查验收,被省残联评为残疾人"生活保障"与"残疾人就业服务"两项先进。在全省首创残保金收缴"非诉执行";贫困残疾人住房保障工作在全省处于前列。6个辖市(区)均通过国家验收,被全国残疾人康复工作办公室命名为"白内障无障碍县(市、区)"。扬中获"全国残疾人社区康复示范县(市、区)"称号。与市教育部门配合,对53名高中阶段残疾学生实行免费就读,对市区残疾大学生补贴标准从1200元提高到2000元。

全年市残联接待残疾人来访180人次,建立市县两级残疾人法律援助中心,乡镇司法所开展"残疾人维权示范岗"活动,共向1460人提供法律咨询、援助等服务。 (孙 萍)

【"十一五"残联工作概要】 五年来,全市城镇新安排4536名残疾人就业,城镇有就业能力与需求残疾人就业率达91%。开展职业技能培训4537人次,经培训获得证书并安置就业4096人,占培训的90.27%。全市实施白内障复明手术累计9810例,其中免费手术1570例;专项救助聋儿381名,聋儿家长培训209名;智残儿童康复训练563名;肢体残疾人康复训练1115名,肢体残疾儿童矫正手术30名;贫困精神病患者免费服药8450例,免费住院61例;为贫困残疾人配发助视器1980件;为0～6岁贫困残疾儿童免费训练398名。累计救助820名残疾儿童、少年入学,53名残疾学生高中阶段免费就读。高考达线的残疾学生全部能进入高等院校学习。15个教育机构对2632人次残疾学生进行职业培训,其中获职业资格证书533人。在两届镇江"大爱之星"评选中,4名残疾人当选。扬中市江苏永兴集团董事长张红俊被评为"全国残疾人自强模范"。五年间组织近60名运动员参加省第七届、八届残运会,均取得好成绩。2008年北京残奥会上,句容市许娟获盲人门球比赛银牌。在2010年广州亚残会上,镇江选手胡鹏、徐国俊分获银牌。

(孙 萍)

【市出台助残政策】 2010年8月,市委市政府出台《关于加快残疾人事业发展的实施意见》,核心内容是加快残疾人社会保障和服务体系建设,重点加大对残疾人教育的扶持力度,将范围扩大至贫困残疾人子女,安排残疾学生高中阶段免费教育及重残家庭子女的专项救助。率先保证城市低保和低收入残疾人家庭优先获得廉租房和经适房,对无房贫困残疾人家庭采用实物配租方法解决。

(孙 萍)

【重残救助与保险】 2010年,市残联配合民政部门,将1013名重度残疾人纳入最低生活保障,9452人得到救助,总金额达2981万元。全市276个福利企业、8000余名残疾职工,全部参加4项保险。全市有2670名残疾人享受护理补贴,参加社会保险残疾人达11589人,有98%的农村残疾人进入新型农村合作医疗保险。丹阳市作为全国新型农村社会养老保险试点城市,为农村重度残疾人和贫困家庭残疾人缴纳部分或全部最低标准养老保险。 (孙 萍)

【扶贫帮困】 至2010年底,全市建扶贫基地12个,直接帮扶475人,435家单位结对帮扶1013名贫困残疾人,累计筹集650万元,结对帮扶1万余人,直接帮助2071名贫困残疾人实现致富奔小康。市区累计保障贫困残疾人住房308户,其中实物配租120户,发放租赁补贴188户。城镇危旧房改造有135户。农村改造贫困残疾人草危房218户。出台有关政策,对2670名贫困重度残疾人发放护理补贴。 (孙 萍)

【就业创业】 2010年,全市安排城镇残疾人就业543人,为省下达任务的102%;对残联系统116名服务创业工作人员进行培训,举办创业培训42次,培训928人次;成功创业项目40个、150人,并带动1161人就业;为18个项目争取各类扶持资金227万元;建成镇江润泽职业培训学校、镇江义乌小商品市场等2个创业示范基地,2个创业培训基地。残疾人创业工作获得镇江市国家级创业型城市建设工作先进集体称号。

(孙 萍)

【职业技能培训与竞赛】 2010年,全市培训城镇残疾人523人,完成年计划的153.82%。农村技术培训353人,完成年计划的196.11%。为积极备战省和全国第四届职业技能竞赛,与市人社局共同组织选拔赛,全市121名选手参加四大类18个项目的比赛,共决出前三名选手47人。 (孙 萍)

【医疗康复】 2010年,全市6个辖市(区)全部建成国家级"白内障无障碍"和省级"社区康复"示范县(市、区)。全市共建成161个康复站,为1839户贫困残疾人家庭配备了辅助器具。全年向贫困肢体残疾人捐赠轮椅550辆,假肢151例;配发助听器75例;为653名白内障患者实施复明手术,为低视力患者装配助视器201例;全市共有1800名贫困残疾人享受免费服药政策。 (孙 萍)

【无障碍建设】 2010年,市政府共投入5000多万元资金用于城市无障碍建设和改造。城区有50条道路(路段)铺设盲道,总面积达33470平方米,设置缘石坡道1682处。全市新建的各类残疾人活动中心、安养庇护机构、福利中心、特殊学校等单位,都建有无障碍设施。同时加强信息无障碍建设,市残联和移动、联通公司专为盲人和聋哑人组建"阳光通信网",大幅降低通信费用。市图书馆、特殊学校设立盲人读物阅览室。银行、车站、社区服务中心等公共场所和行政办事机构设置电子显示屏、指示牌(图)、无障碍标志2100块。 (孙 萍)

镇江市红十字会

【概况】 2010年,市红十字会先后为西南旱灾地区、青海玉树地震灾区和甘肃舟曲泥石流灾区等投入救灾款物611.75万元,受益人口30643人;投入本市特困人群救助款物116.58万元,受益人口10972人。培训救护员6798人次,救护知识普及培训11377人次。截至年底,全市有较稳定的造血干细胞捐献志愿者服务队、黄丝带网络志愿者服务队、新闻工作志愿者服务队、0511爱心家园志愿者服务队、真情车队志愿者服务队、社会儿女志愿者服务队、无偿献血志愿服务队等11支红十字志愿服务群体,拥有志愿者11000余人,登记、注册志愿者900余人。全市有10名红十字工作者荣获中国红十字会首次颁发的荣誉证章。

(吴贤当)

【"十一五"市红十字会工作概要】 "十一五"期间,市红十字会基层组织由原来195个发展到220个,会员由原来91604人发展到105402人。辖市(区)红十字会管理体制理顺。与镇江日报社联合开辟红十字运动知识宣传专栏,举办"红十字运动"有奖知识竞赛活动。在《中国红十字报》《江苏红十字报》《镇江日报》《京江晚报》等发表宣传文章350余篇,电视新闻报道200余条,广播宣传150余次,编发简报3500余份,发放各类宣传资料27万份。多次荣获江苏省红十字会宣传工作二等奖和先进奖。先后为汶川地震、南方冰雪灾害、达

表 9-1 镇江市首届中国红十字会工作者荣誉证章获得者一览表

姓 名	性别	单 位	职 务	荣誉证章
吴贤当	男	镇江市红十字会	主任科员	银质
张金榜	男	句容市红十字会	原秘书长	银质
孙洪德	男	句容市红十字会	原副会长	银质
杨宏斌	男	句容市红十字会	原副会长	银质
肖月平	男	句容市红十字会	驾驶员	银质
王荣伟	女	句容市红十字会	原会计	银质
刘 琳	女	丹徒区红十字会	秘书长	银质
周以泰	男	镇江市红十字会	秘书长	铜质
黄恩华	男	句容市红十字会	原副会长	铜质
周发华	男	扬中市红十字会	秘书长	铜质

（吴贤当）

孜雪灾、西南旱灾、玉树地震、舟曲泥石流等自然灾害募捐和投入救灾款物3833.94万元。发动社会各界青年志愿者积极参与骨髓造血干细胞捐献，共采集血样标本总数达到10373人份，有22人成功实现造血干细胞捐献。镇江市造血干细胞捐献工作走在全省前列。捐献者戚熙娟、杨荣康、葛永德、孙磊、吴正、方伟、刘吉明7人，被卫生部、中国红十字会总会、解放军总后勤部卫生部评为无偿捐献造血干细胞奉献奖。对全市双失业特困家庭、单亲、残疾、孤寡老人、白血病儿童、贫困学生等弱势群体进行救助，共计投入救助款物711.59万元，150多个社区、6994个家庭、22475人受益。召开首届红十字志愿者代表大会，加强志愿服务管理，规范志愿者队伍建设。累计对市机动车驾驶员、公安干警、导游人员、学校师生、企业员工骨干、社区居民等举办救护培训班1100期，培训救护员46424人次，复训2500人次，普及培训13077人次，组织红十字青少年参加救护知识竞赛1000人次。（吴贤当）

【社会募捐支援灾区抗灾重建】 2010年，我国先后发生西南旱灾、玉树地震、舟曲泥石流等严重自然灾害。自然灾害发生后，市红十字会募集救灾款物累计611.75万元。其中，为西南旱灾募集善款20余万元、药品折合人民币100余万元，为玉树地震募集善款441万元，为舟曲泥石流灾区募集救灾款30余万元。

（吴贤当）

【关爱弱势群体构建和谐社会】 2010年，市红十字会募集善款30余万元，用于全市特困人群爱心救助。一是参加市委宣传部、市文明委等部门联合开展的句容茅山“三下乡”慰问活动。自筹善款1万余元、20床棉被、30袋大米和20桶食用油，用于慰问老区困难群众。二是开展红十字“博爱送万家”活动，为市直34个社区街道发放救助款10余万元、大米8吨、食用油600桶，羽绒服100件，其他服装和运动鞋89箱、救助贫困家庭500户。各辖市（区）红十字会结合当地实际，也开展多种形式的救助活动。三是动员社会力量开展救助活动，发动黄丝带红十字志愿者、爱心家园志愿者募集善款30余万元，救助镇江市30名贫困初中生、宿迁市28名贫困中小学生。

（吴贤当）

【全市22人成功捐献骨髓】 2010年4月11日，市红十字会与共青团镇江市委联合开展“大爱镇江——2010镇江青年造血干细胞捐献集中采样活动”，共采集血样标本293人份。至此，全市造血干细胞捐献入库的血样标本达10373人份，累计成功实现捐献22人。另外，全市登记捐献遗体志愿者200人，已实现捐献18人。（吴贤当）

【救护培训】 2010年，市红十字会为华东石油局六普勘探大队、中国国电集团谏壁发电厂、普来克斯（镇江）工业气体有限公司等多家企业员工骨干和全市导游，镇江高等专科学校大学生，全市中小学体育教师，石马中学师生，句容基层干部等举办救护培训班，培训3500余人次，办证400多人。全年救护员培训6798人，普及培训11377人次。

（吴贤当）

国 防

责任编校：姚丽华

人民武装

【概况】 2010年，镇江军分区完成以军事斗争常态化准备为主的各项工作，军分区全面建设呈现良好发展势头。

思想政治建设。围绕巩固深化当代革命军人核心价值观主题活动，开展“使命任务”和“拒腐防变”两个专题教育，通过集中导学、网上论坛、演讲比赛等形式，兴起“学习何祥美、双应当尖兵”热潮。按照建设学习型党组织的要求，出台《党委中心组和团以上领导干部理论学习细则》，发出开展“爱读书、读好书、善读书”活动的号召，总结推广丹阳市人民武装部抓理论学习的做法，并把核心价值观培育向民兵预备役人员和老干部延伸。围绕纪念抗日战争胜利65周年，开展读书演讲等系列文化活动。参加省军区组织的政治干部比武竞赛获得团体第一名。丹徒区人民武装部、润州区人民武装部分别被省军区评为先进旅团党委和先进团级单位。军分区政治部干部倪新明被省军区评为科学文化教育先进工作者。

军事斗争常态化准备。先后完成民兵营(连)长、基层武装部长、两级机关干部和业务骨干集中训练多次，参加省军区“精确指挥、精准射击、精熟操作”比武训练取得较好成绩。按照“一队多用、一专多能”的要求，建立多支民兵应急分队，多支集抗洪抢险、防化救援、森林防火和维稳处突等职能于一体的合成化民兵应急救援连，在驻地多次抢险救灾和维稳处突中发挥作用。推进基层武装部、民兵营(连)规范化建设，润州区七里甸街道武装部、京口区四牌楼民主社区民兵连等单位的规范化建设受到好评。军地三次联合组织民兵抗洪抢险、防化分队化学品事故处置、非战争军事行动应急救援演练演习，遂行多样化军事任务能力提高。省军区先后推广了组织首长机关和专武干部集训、抗洪抢险及防化救援演练等做法。镇江市京口区人民武装部正营职参谋史新元、丹阳市人民武装部副部长兼军事科科长王正荣被省军区表彰为何祥美式爱军精武标兵。

后勤综合保障能力。制定出台《经费报销程序暂行规定》《接待费管理暂行规定》《空余房地产租赁管理暂行规定》《公寓房调整分配暂行规定》《车辆油料使用管理暂行规定》《加强职工使用管理暂行规定》和《不合理住房清理实施方案》。调整完善《军分区支援地方抗洪救灾行动后勤保障方案》等四个方案，加强对经济动员和交通战备工作的组织领导。开展岗位练兵活动，在参加省军区组织的后勤专业技能比武中取得四个单项个人名次。实施公务卡支付结算改革，完善住房档案管理信息系统，开展军服专项整治活动，组织驻镇部队1300人次献血，后勤保障效益增强。军分区后勤部被省军区评为“先进后勤部”。

安全管理工作。签订“防案件、防事故、防失泄密”和“反渗透、反策反、反心战、反窃密”工作目标责任书，围绕人、车、枪、弹、密等重点环节和部位，落实责任制。开展条令条例学、训、整活动，“战备、训练、工作、生活”秩序正规化。坚持抓枪弹防大案、抓分散保安全、抓经常除隐患，落实武器弹药请领报批、登记统计、动态管理制度，完成报废弹药的销毁任务。抓好重要目标、敏感时节和训练中的安全管理和综合治理力度，军分区连续17年保持无事故、无案件、无严重违纪问题发生，民兵武器仓库实现26个安全年。

干休所建设。开展干休所和人民武装部挂钩帮建活动，三名“部所挂钩”先进个人被省军区表彰。率先在省军区设立20万元遗孀补助基金。老干部住房、医疗保健、车辆使用等条件明显改善，干休二所被南京军区表彰为“先进干休所”。

党委班子和干部队伍建设。通过邀请专家辅导、参观驻军装备、组织集训考核等形式，开展党委班子岗位练兵活动。采取以会代训形式，召开政治工作研讨会，提高两级党委班子抓党建、统班子、促发展的能力素质。1月18日，镇江军分区党委召开十二届二次全体(扩大)会议。会议总结2009年来部队和民兵预备役建设情况，部署2010年工作任务。12月28日，镇江市委在市公安局召开辖市(区)人武部党委第一书记述职报告会。市委常委，人大、政协主要领导，市政府相关领导，军分区党委常委，听取丹阳市、丹徒区、润州区人武部党委第一书记口头述职和其他辖市(区)人武部党委第一书记的书面述职。市双拥办公室领导、各辖市(区)人武部党委第一书记和武委会主任出席会议。

军政军民关系。以“活动月”“奉献周”等为载体，推动百个连队帮创优美村、百支医疗队服务到基层、百名团以上干部结对帮贫困、百台机械参与大工程、百座营区文明当标杆的“五百行动”深入开展，协调组织驻镇部队出动官兵上千人(次)，车辆机械百余台(次)，参与驻地美化、绿化和清洁家园活动，团以上干部全部参与镇江第四轮“百户扶优”工程。军分区政治部完成市委、市政府双拥电视专题片《跨越新姿》的编导工作。军分区政治部干部陈文水被省委、省政府和省军区评为“双拥先进个人”。

宣传政工工作。宣传扬中市义务国

防教育老人鲍元瑞、镇江市民兵高炮团团长张为民、江苏科技大学为部队培养信息化人才、句容市创新全民国防教育形式等典型事迹，先后被中央电视台、《中国国防报》、军区级以上新闻媒体等选用稿件多篇，镇江军分区被省军区评为“新闻宣传先进单位”，刘晓平、宋卫东、何明星等个人分别被南京军区和省军区通报表彰。同时，围绕国防后备力量建设的热点、难点问题，调研形成理论研究成果，镇江军分区政治部被省军区评为“政工研究先进单位”。

（刘晓平　肖　军）

【市委常委议军会】 2010年12月28日，镇江市委在市公安局召开常委议军会。军分区司令员曹寅汇报镇江市2010年军事斗争准备情况和2011年军事斗争准备打算。会议还通报六创“全国双拥模范城”情况，就推动全市国防后备力量建设和双拥共建工作又好又快发展等问题研究讨论。（刘晓平）

【非战争军事行动研究性演练】 2010年9月19～21日，镇江军分区组织首长机关及国防动员委员会人民防空办公室、交通战备办公室、信息动员办公室相关负责人员参加非战争军事行动演习。演习采取理论辅导、重难点问题研讨交流、实际进程推演等方式，按照组织准备、应急处置两个阶段，重点对非战争军事行动的主要任务、组织指挥方式、应急处置方法等问题进行探索研究。通过演习论证和完善两级机关非战争军事行动应急预案，理顺军地双方应急救援行动中的指挥协同关系和方法手段，明确组织实施应急救援行动的内容和程序，确定应急救援能力建设重点，提高两级首长机关遂行非战争军事行动任务能力。

（刘晓平　檀永军）

【专业分队训练演练】 2010年，镇江军分区主动联合地方相关职能部门，组织开展抗洪抢险、防化救援、森林灭火等6次应急维稳和应急救援行动演练，军地参演人员1600人，提高镇江市后备力量遂行应急任务的能力。全年出动民兵1815人次，分别参与高速通道扫雪除冰、镇江新区圌山黄明节维稳和句容九华山森林灭火等行动。

（刘晓平　王东浩）

【征兵工作】 2010年，镇江军分区做好平时征兵准备，加大领导力度、宣传力度和廉洁征兵力度，军分区纪委与政治部联合下发《加强廉洁征兵工作意见》，完成士官招收任务和新兵征集任务。京口区征兵工作被中央电视台《新闻联播》节目报道，丹阳市征兵办被南京军区表彰为征兵工作先进单位。

（刘晓平　檀永军）

【民兵组织整顿】 2010年3月中旬至5月下旬，镇江市按照“一队多用、一专多能”要求，重点组建一个市级、三个辖市级民兵合成化应急救援连，落实队伍、调整装备，形成迅即能动的应急救援能力。全市组建四支集防化救援、维稳处突、森林防火、抗洪抢险等职能于一体的合成化民兵应急救援分队，推进重点建设型分队的建设质量，提高民兵分队完成多样化军事任务的能力。（刘晓平）

【专职人民武装干部集训】 2010年3月13～20日，按照“三年一个周期”的要求，镇江市在市国防园组织全区86名专职人民武装干部进行为期一周的封闭式集训，集训以“强化国防意识、提高能力素质、规范制度机制、严格自身要求”为主题，采取理论学习、专题辅导、观摩见学、研讨交流、考核评比等形式，重点组织常用武器的操作与使用、非战争军事行动的组织与指挥等军事技能培训，系统学习非战争军事行动、民兵组织整顿改革、基层规范化达标建设、兵员征集和廉洁征兵等法规知识，提高专职人民武装干部的军事素质和抓基层武装工作的能力。（刘晓平）

【“三实”课目训练考核】 2010年3月11～12日，镇江市组织“实弹、实爆、实投”课目训练考核和体能测试，全区67名干部完成手枪、冲锋枪操作使用、实弹射击和手榴弹投掷训练、实投4个训练课目和5项体能测试。镇江军分区、人民武装部两级首长机关参训率95%，4个训练课目考核成绩合格率100%，优良率84%。（刘晓平　王东浩）

【政治干部岗位练兵比武】 2010年12月，在江苏省军区历时半个月的政治干部岗位练兵比武竞赛中，镇江军分区6名政治干部获得团体第一名。政治部干部倪新明在政工实例分析中获得第一名，在政工理论网上考核和综合比武中分别获第二名。这是镇江军分区继2005年夺得省军区政治干部比武团体第二之后，获得的又一好名次。

（刘晓平）

武装警察

【概况】 2010年，武警镇江支队召开市委常委议警会议，迁建工程奠基，部队长远发展支撑取得突破。围绕建设现代化武警，推进部队建设发展，实现“两个确保”（确保部队内部安全稳定，确保中心任务圆满完成）。该支队被武警总部评为连续21年实现“三无”（无执勤事故、无行政责任事故、无案件）单位。提升党的建设科学化水平，开展“建设学习型党委、争当学习型领导干部”活动，开展风气建设教育整顿，七次组织党委成员基层蹲点帮建。按照“三个紧贴”（紧贴时代发展、紧贴使命任务、紧贴官兵实际）要求，开展主题教育和“深知兵、真爱兵”“三尊三爱”（尊干爱兵、尊上爱下、尊老爱新）、时事政策等经常性教育。开展赏识教育、加强人文关怀、保障官兵权益、密切内部关系。投入30余万元加强营区政治环境建设。坚持按纲施训、从严治训、以考促训，两次组织军事比武和干部全员额考核，三次组织首长机关演练和行军训练，落实训练成绩“一票否决制”，部队遂行多样化任务能力提升。落实“三员一兵一组”（作战勤务值班员、网络查勤员、领班员、哨兵、三人应急小组）组勤模式，加大勤务检查的力度和密度，整治11处执勤隐患，信息化建设和看押单位“四防一体化”（人防、物防、技防、联防，下同）建设按期完成，确保固定目标绝对安全，该支队连续27年执勤无事故。组织各类临时勤务，做好处突（处置突发事件，下同）反恐准备，全年完成108起临时勤务，扑救句容山火、增援苏州处突任务。贯彻武警总部、武警总队从严治警集训和正规化现场会精神，在丹阳中队召开正规化建设观摩会，以点带面，推进支队正规化建设。抓好新条令学习贯彻，注重作风养成训练，持续进行不打招呼突击检查，规范部队“四个秩序”（执勤、训练、工作、生活）。树立安全工作“零起点”思想，开展“治三松、严纪律、保安全”教育整顿和“隐患大排查，矛盾大化解”活动，修订完善《干部请销假规定》，突出人员和车辆管控，排查整治安全隐患102处。修订完善两大类12种应急保障预案，组织开展应急保障训练和拉动演练，组织后勤专业人员集训培训。该支队机关办公大楼实现政府代建并动工，建成后的支队营房能较好地满足现代化条件下支队担负执勤、处突和反恐任务所需；扬中中队营房迁建、五中队营房翻建、一中队营房扩建、句容中队营房出新立项。开展“一诺三评”（公开承诺、领导点评、群众评议、评选表彰）工作，落实工作例会和“双考双评”（机关、基层双向考核、讲评）制度，组织机关业务学习和基层岗位练兵。

（施伟伟）

【中共镇江市委召开常委议警会议】 2010年12月28日，中共镇江市委召开常委议警会议，专题研究加强和支持武警镇江支队建设问题。会议由市委书记许津荣主持，市委常委，市人大、市政协主要负责领导，分管副市长，各辖市（区）委书记、市（区）长，以及三个监狱的监狱长、政委，支队党委委员出席会议。会议听取近年来部队全面建设情况汇报；扬中、句容两市市委书记就关心支持武警中队建设情况作交流发言；审议通过《中共镇江市委、镇江市人民政府关于进一步加强和支持市武警支队建设的意见》；研究解决武警镇江支队加强信息化、正规化和反恐力量建设以及推进"四防一体化"建设等问题。 （施伟伟）

【扑灭山林大火】 2010年3月19日，句容市黄梅镇盘山发生重大火灾，过火面积近70公顷，火势顺风蔓延，情况危急。20时25分，武警镇江支队接到总队命令后，立即启动应急预案，第一时间开设指挥所，召开作战会议，支队长、参谋长率领162名兵力奔赴一线。转战6个火场，徒步穿行丛林达20余公里，奋战5个小时，共扑灭明火15处，清除余火1.87公顷，其余火势得到有效控制，于3月20日3时23分完成任务撤离现场。 （施伟伟）

【参与增援处置苏州群体性闹事事件】 2010年7月23日07时00分、25日00时00分，武警镇江支队奉命分两批共出动380名兵力，参与增援处置苏州高新区大规模群体性闹事事件。第一梯队80名官兵增援处置，出动4台车。期间，担负临近闹事点（文昌中学、虎丘公安分局、狮山镇培训中心）机动备勤任务4起，出动兵力311人次，动用车辆21台次。7月29日安全归建。第2梯队300名官兵增援处置，出动13台车，行程416公里。期间，主要担负驻点（新区第一中学）机动备勤任务。7月27日安全归建。第1梯队历时137个小时，第2梯队历时50小时。 （施伟伟）

军事院校和医院

【镇江船艇学院】 2010年，镇江船艇学院完成以教学训练为中心的各项工作，学院建设稳步发展。推进创新理论"三进入"（进入教材、进入课堂、进入学员头脑）工作。结合当代革命军人核心价值观主题教育，培育有学院特色的"江海精神"，开展向优秀毕业学员、见义勇为先进个人纪晓飞和身边先进典型姚冰彬、张剑锋学习活动。全新改版学院政工网，举办"青春使命"校园歌手大赛、第23届运动会、迎新年文艺晚会等，承办解放军总后勤部华东片区演讲比赛，有2人分别获得解放军总后勤部决赛二、三等奖。

教学训练工作成效显著。调研船艇部队和军地院校，制订任职教育转型整改建设实施方案。按实战标准和部队需求培养人才，课堂教学成效明显，实践性教学改革取得突破。推进教改项目建设，优化人才培养顶层设计，加强课程建设，开展信息化教学岗位练兵和青年教员教学基本功竞赛，2部电教教材获全军评比二等奖，2名同志获总部教学竞赛二、三等奖。组织科研项目研究工作，5项成果分获军队科技进步二、三等奖，1项成果获全军后勤学术研究三等奖。出版11部学术专著，全年发表学术论文373篇，其中核心期刊143篇，被SCI（科学引文索引）、EI（工程索引）、ISTP（科技会议录索引）收录26篇。

开展"迎世博、保安全、促稳定"系列安保活动，开展应急处突训练演练。新设警务站，加强院区监控系统等技防设施建设。

完成印刷厂搬迁和田径运动场改造，指挥楼维修改造完工。建立基于LED显示的教学信息网络发布系统，更新多个教室的多媒体教学设备，扩容图书馆信息资源存储设备。完成港池航道疏浚工程。完成新学员食堂主体结构工程建设。推进经费标准一体化和公务卡结算改革，开展军人保障卡推广工作。

三次协调院领导参加驻镇部队首长联席会或议军会，收集整理并转交2011年军地互办20件实事的意见。出动官兵为大中专院校和中小学开展军训和国防教育1万余人次，接待地方各类单位开展"军营一日"等活动。热心社会文化事业，参与金山旅游文化节等活动，军乐队、威风锣鼓队等文化队伍为地方各类单位义务演出10余场次。学员六队被镇江市评为第三届"大爱之星"先进集体，1人被江苏省政府评为"双拥先进个人"。 （张　伟）

【中国人民解放军第359医院】 2010年，中国人民解放军第359医院全年门急诊17.5万人次、收治8219人次、手术5427人次，医疗毛收入1.04亿元。

深化培育当代革命军人核心价值观教育，开展"学习何祥美，成才在岗位"主题实践活动，引导官兵敬业奉献、学习成才。总结宣传骨科扶残助残先进事迹，在《解放军报》头版头条、《人民前线报》先后报道，被上级表彰为新闻宣传工作先进单位。整治医德医风，安排专家到农村社区义诊。举办医疗法规知识竞赛、医德医风演讲比赛和"迎国庆"系列文体竞赛，评比"十佳医务人员"。

保障能力提升。投入90多万元改建战备车库、添置物资器材。开展以精准专业技能为重点的岗位练兵活动，抽组野战医疗队参加演习，被上级表彰为"战备训练先进单位"。完成体系部队官兵、老干部及家属年度体检任务，全年贴补军免费用940余万元。开展"健康军营行"活动，先后派出6批专家组下部队巡诊，赠送药品10多万元。对口帮带新疆巴里坤县医院，派专家代职带教，赠送18万元设备。骨科《战创伤骨组织缺损修复材料系列研究》被列为全军临床高新技术重大项目课题。口腔门诊整体搬迁，开展种植牙技术。肿瘤科引进生物治疗技术，形成新的特色。投入2000万元添置磁共振、DSA（数字减影血管造影）、数字胃肠机等设备49台（件）。

开展科室达标建设和"一诺三评"创先争优活动。牵头建立联勤部队镇江片隐蔽斗争军地协作机制。被上级表彰为保密工作先进单位和安全单位。实施门诊诊室调整装修和电梯改造，血透中心和骨科门诊整体搬迁，病人就诊环境明显改善。完成营区自来水改造和食堂改造，医疗附属楼主体封顶，基础设施和营区面貌逐步改善。

争创学习型党组织，深化岗位练兵活动。开展"增强党性观念、弘扬优良传统"教育和思想作风建设教育整顿。医院党委被上级表彰为先进党委，两名主官被评为"一对好主官"。

"十一五"期间，该院按照"三年打基础，五年一跨越"的总体目标，先后组织履行历史使命、坚定理想信念和培育当代革命军人核心价值观等主题教育，开展医德医风专项整治，总结宣传先进典型，加强以"军魂、宗旨、使命"为主题的军营文化建设，召开医院第六次党的代表大会，举办建院40周年庆典。该院党委先后被表彰为军区联勤部"先进团单位党委"、联勤第十六分部"先进党委"。一是保障力提升。野战医疗队年年参加上级系列演习，完成抗雪救灾医疗保障、"5·12"汶川大地震灾区35名后送伤员收治任务，全院官兵先后向灾区捐款42万余元。数次抢救特大交通事故伤员。对口帮带新疆巴里坤县医院，定期组织医疗队到驻地农村社区义诊，义诊人数4.1万余人次，送医送药21万余元。医院被表彰为"全军为部队服务先进医院""战备训练先进单位"。二是竞争力增强。骨科由南京军区骨科研究所升格为全军肢体伤残治疗中心，培养引进硕士以上技术骨干25人，开展新技术新项目126项，投入3000万元添置70余台件设备，获全军医疗科技成果二等奖2项、三等奖3项。副主任护师朱裕锭被解放军总后勤部授予“护理技术能手”称号。三是医疗环境改善。投入3500万元对11个病区和门诊诊室装修改造，新建医疗附属楼；投入1500万元进行变电所新建和电梯、营区自来水和食堂改造。该院被表彰为“全军文明卫生军营”、镇江市“文明单位”。该院门诊量、收治量和手术量逐年增加，收入收益显著上升。该院门诊量、收治量和手术量逐年增加，收入收益显著上升。2010年，医疗毛收入首次突破亿元大关。深化全成本核算，推开科级成本核算，加强增收节支，推行药品器械供应的计划、采购、付款、库存“四权分离”。在军区组织的绩效考评中，医院综合排名从27位上升到19位。（文建明）

人民防空

【概况】 2010年，镇江市加强民防（人防）应急指挥建设。按照民防（人防）训练纲目和考核标准，区分指挥机构、民防（人防）机关、指挥保障人员和民防专业队伍四个层次，分期分批组织指挥机构演练。镇江市民防局与镇江市地震局共同组织镇江市防灾减灾综合演练。完善信息化指挥平台和应急场所。按照“军政一体、平战结合、手段多样、统一高效”的目标要求，完善各类指挥所的设施配套，镇江市民防应急机动指挥所投入使用，与之配套的卫星站、网络电话改造、超短波集群中继站、超短波图传接收站等子项目建成，基本实现地面、地下、机动指挥平台的信息交联。人防工程建设取得较大成绩，超额完成省下达的在“十一五”期末关于“二类城市人均人防工程面积”的目标任务。拟定上报《镇江市“十二五”人防工程建设规划草案》，并纳入到《镇江市人民政府“十二五”规划》。11月18～19日，国家人防办副局长柳庆森为组长的全国人防工程防护设备质量检查组一行12人在镇江市检查指导工作。开工建设市政府城建重点工程项目大市口地下人防通道工程。完善镇江市防空防灾信息网和镇江市国防教育网民防板块的内容，镇江市民防局被授予“镇江双拥国防教育网建设先进单位”“镇江市网络发言人工作先进单位”，被国家级以上刊物采用稿件8篇，省级以上刊物上用稿32篇。2010年7月12日，中央电视台七套节目《军事报道》中播出反映镇江市民防（人防）工作的新闻。12月26日，江苏卫视以“镇江人防展新姿”为题，播放反映全市民防（人防）工作的专题片。简化、优化审批流程，降低收费标准。行政许可审批的承诺时限缩减到3天，为全省民防系统办理时限最低的城市。全年受理审批事项154件，行政许可项目集中到位率、审批职能归并率、审批权限授权率、审批人员到位率均为100%，提前办结率在98%以上，网上评议率、群众满意率均为100%。指挥通信系统信息化改造工程初步完成。2010年10月，应急机动指挥车建成并投入使用，各级指挥所之间实现信息交联共享。全市人防工程总建筑面积和使用面积创历史新高。在第六次全国人防空会议上，镇江市民防局被表彰为全国人民防空先进单位，镇江市民防局监察室主任吴仲辉被评为全国人民防空先进个人。

“十一五”期间，镇江市推进防空防灾一体化建设，提升人防指挥机构、民防机关和人防专业队伍的业务水平，将单一的战时防空体制转变为战时防空和平时防灾相结合的民防体制，利用民防资源，服务社会、服务民生，为社会稳定和人民群众的生命财产安全提供保障。推进防空防灾一体化建设，加强人防工程建设，拓宽人防发展途径。加强对人防国有资产经营活动的管理，提高使用收益。（刘　坚）

【明确“十二五”期间人防重点工程建设项目】 2010年，镇江市人防工程建设明确“十二五”期间规划总体目标：合理规划建设人员掩蔽、医疗救护、防空专业队等各类人防工程，初步构成综合配套的防护体系框架。该规划明确镇江市本级2015年前完成以下重点人防工程：一是建设防空防灾体验、公共安全知识普及的民防教育场馆，提高市民防灾减灾意识和能力；二是建设大润发、黄山路地下人行通道工程，通过地下过街道等设施的建设，实现该地区的人车分流；三是建设大市口广场地下人防工程，平时为停车场和行人过街通道，解决大市口区域“停车难”问题。另外，丹阳市、句容市将完成现代化程度较高的地下指挥所工程，为防空防灾、处置突发事件建成综合性的指挥平台；扬中市、丹徒区将各建成一个建筑面积在1万平方米以上的自建人防工程。（刘　坚）

【大市口地下人防通道工程主体完工】 2010年3月16日，镇江市大市口地下人防通道工程开工建设。该工程位于镇江市中心，总投资1.5亿元，建筑面积约14000平方米，整体深埋8.5米，层高4.5米，以中山东路与解放路交叉口为中心，呈“十字型”布局，向东80米、向南80米、向北90米、向西至市政路与中山东路交叉口东侧。为减小施工期间道路交通影响，工程施工分为南北两个半幅，分阶段实施。8月25日，南半幅主体工程完工，路面恢复及管线迁移改造结束；12月20日，北半幅主体工程封顶，管线迁移改造结束，整个工程2011年1月31日主体完工，恢复路面交通。该工程项目实施后，有助于解决市中心区域交通拥堵、车辆停放等问题。（刘　坚）

【举行首次防灾减灾综合演练】 2010年12月17日，镇江市防灾减灾综合演练在中山西路小学校区进行。该次演习以镇江市区及其周边区域发生地震灾害为背景，演练组织指挥、防灾警报试鸣、地震流动观测、人员紧急疏散、自救互救、搭建帐篷、建立临时避难场所、医疗救护、卫生防疫、防化救援、消防灭火等课目。该次演练由镇江市民防局和市地震局共同主办，人防指挥机构成员单位、地震联席会议组成单位、应急办、安监局、公安局、城管局等相关部门领导及中小学师生代表2000余人参与观摩演练活动。该次综合演练点多面广，运用技术科技含量高，推进防灾减灾宣传教育工作。（刘　坚）

【参加江苏省民防系统专业比武】 2010年9月26～30日，江苏省民防局在南京市国防园举行全省民防系统业务比武。为做好比武考核的准备工作，28名参赛队员进驻市国防园进行为期42天的封闭式训练。最终镇江市民防局代表队在9个比武课目中获得班队列团体、男子手枪射击个人全省第一名，女子自动步枪射击团体第二名、男子手枪团体第三名，取得综合团体第四名的成绩。（刘　坚）

双拥共建

【概况】 2010年，镇江市继续推进六创全国双拥模范城工作，开展“八大工程”（绿色通道工程、宣传教育工程、政策更优工程、互办实事工程、“六进”强基工程、典型示范工程、优抚慰烈工程、成果展示工程）和“五百行动”。召开军地领导参加的全市“双拥‘八大工程’推进会”。春节和建军节前市委常委、副市长普遍走访慰问联系点部队。军地领导和有关部门负责人到部队开展“军营一日”活动，市委党校县处级干部培训班安排“双拥和国防教育课”讲座，南京陆军指挥学院少将黄培义在“文心讲堂”为军地领导干部举办“信息条件下军事谋略运用”讲座，军事专家空军某部上校戴旭在“领导干部新知识讲座”上为县处级以上干部作“国防形势与周边安全”讲座。先后多次组织驻军连以上干部参观驻地重点工程和城市建设项目。参加南京军区某集团军在金华召开的三省九市（区）双拥工作联席会第七次会议，市双拥领导小组副组长、副市长曹当凌在会上作《以“八大工程”和“五百行动”为载体拓宽军地“双支双促”新路子》发言。

针对新的《全国双拥模范城（县）创建命名管理办法》和《全国双拥模范城（县）考评标准》，镇江市双拥办推进学习调研，市委、市政府召开“六创迎检交办会”，给军地多个部门、单位下达“六创”迎检目标任务。召开驻镇部队政治部（处）主任第13次双拥座谈会，部署“‘五百行动’奉献周”活动。

年初，镇江市双拥办对有驻军的乡镇、街道和行政村、社区，以及军民共建单位调研，先后两次召开基层双拥工作现场会，并组织市人大解放军代表视察扬中市、京口区两地的基层双拥；7月28日，镇江友谊手套集团成立企业双拥工作站。

2010年，随军家属安置继续实行行政调配的方式，同时在个人自愿的基础上首次辅助以货币安置，由市级财政每人补贴4万元。56名符合安置条件的随军家属全部安置到位，其中货币安置9名。

全年军地互办20件实事。地方投入经费1100多万元，为驻军修建两条“双拥路”，新建2个训练中心，完善5个“拥军学习室”；部队出动兵力2万多人次，车辆510多台次支持地方重点工程建设和公益事业，参与地方文明城市、环保模范城市创建工作。（吴　琼）

【“‘五百行动’奉献周”活动】 2010年1月，镇江市双拥领导小组与驻镇部队召开第二次驻军首长联席会议，专题研究部署“五百行动”推进工作，确定3月上旬驻镇各部队集中开展“‘五百行动’奉献周”活动。3月12日，驻镇部队政治部（处）主任第13次双拥座谈会，各部队总结汇报“‘五百行动’奉献周”活动开展情况。3月1～7日奉献周期间，驻镇部队多次出动官兵、车辆参与驻地绿化清洁、清扫道路、清理沟渠，运送树木2万多株，植树3万多株，清理沟渠2300多米，清扫道路3100余米，美化绿化近百个镇、村；驻镇部队组织近百支医疗小分队、医疗服务组到驻地福利院、敬老院、老区乡镇（村）免费送诊，到结对帮扶对象家中送医送药近10万元；驻镇部队100多名团以上干部携带近20万元慰问金、慰问品到结对帮扶的“三老”（老伤残军人、老复员军人、老烈属）对象家中送温暖、办实事；驻镇73016、73860、73018等部队出动150余台机械、车辆参与驻地风景区、开发区等重点工程建设。（吴　琼）

【大全集团被命名为优抚安置模范企业】 2010年5月7日，镇江市委、市政府、军分区命名大全集团为优抚安置模范企业。大全集团是专业从事高低压成套电气、元器件、高速铁路设备、光伏新材料等产业的国家大型企业集团、全国民营企业500强、中国电气工业领军企业、国家创新型企业，在江苏扬中、南京江宁、重庆万州、北京高新区建有四大产业基地，有子公司23家、员工7200人。多年来，一直热心优抚安置工作，支持国防建设，被省军区授予“先进基层单位”称号。自1978年成立以来，连续32年安置退役士兵640名、军人家属49名，特别是近10年来对扬中市新坝镇退役军人实行全员安置。大全集团还建立退伍军人人才库，每年专项资金实施“特别人才计划”。2009年，大全集团投资100多万元建成全市首家企业“双拥工作站”，为退伍军人学习业务技术、掌握管理知识和投人工作创造条件。（吴　琼）

【命名第七届市级双拥模范镇（街道）和村（社区）】 2010年12月28日，镇江市委、市政府、军分区授予丹徒区谷阳镇等23个镇、京口区正东路等7个街道为镇江市第七届双拥模范镇（街道）；授予扬中市万福村等62个村（社区）为市级双拥模范村（社区）。市级双拥模范镇（街道）四年命名一次。8月10日，镇江市双拥办下发通知，要求各地在10月20日前，择优推荐双拥工作全面过硬的镇、街道和村、社区。11月3～9日，镇江市双拥办、市民政局、军分区政治部组织专门人员分两个组依据《镇江市双拥模范镇、街道考核标准》，对各地上报的27个镇、街道中的14个进行抽查考核。12月2日，考核情况组对考核情况进行汇总形成文字材料上报市双拥领导小组。（吴　琼）

【镇江市2010年双拥十件大事】 经市双拥领导小组评定，镇江市2010年双拥十件大事为：（1）1月18日，市委、市政府、军分区作出决定，2010年为双拥“八大工程”推进年。（2）3月，驻镇部队整体联动开展“‘五百行动’奉献周”活动。（3）5月5日，丹徒区、句容市、京口区、扬中市、丹阳市获第九届省级双拥模范城称号，镇江市人社局、润州区双拥办、73056部队政治部获省级双拥模范单位称号，岳国锡、韦志明、徐翔、周月明、张志宏、陈文水获江苏省双拥先进个人称号。（4）5月7日、7月19日和11月29日，市委组织500多名县处级以上领导干部进行国防教育讲座。（5）5月7日，市委、市政府、军分区授予大全集团“优抚安置模范企业”称号。（6）6月13日，镇江军供站获全国军供工作先进单位称号；12月17日，镇江军粮供应站获全国军粮供应管理先进单位称号。（7）7月23～30日，市委、市政府16名常委、副市长和市人大、政协主要领导分别深入部队联系点走访慰问、现场办公。（8）7月28日，扬中市友谊集团双拥工作站成立。（9）7月28日，镇江市第15条双拥路建成通车。（10）12月27日，驻镇73016部队被表彰为“2010上海世博会先进集体”。（吴　琼）

政 法

责任编校：杨正宏

综 述

【概况】 2010年，镇江市各级政法机关以社会矛盾化解、社会管理创新、公正廉洁执法等三项工作为重点，进一步推进平安镇江建设和法治镇江建设。2010年8月，中共中央政治局委员、中央政法委副书记王乐泉到镇江视察，对镇江三项重点工作表示总体满意。2010年12月，中共镇江市委政法委获全国集中清理积案活动先进集体称号。

强化社会矛盾化解。2010年镇江市制定下发《关于进一步开展社会稳定风险评估工作的意见》，社会稳定风险评估工作在全市全面推行。全市各类调解组织受理矛盾纠纷15029起，调解成功14964起，调处率达99.6%，成功率达98.5%。出台公安调解、法院诉讼调解、检察调解等对接工作实施办法，健全社会矛盾纠纷大调解对接机制，完善人民调解、行政调解、司法调解三位一体"大调解"工作体系。首创矛盾调解"三项联保责任制"，率先探索建立公益调解人才库，投入信访救助资金280余万元，救助85名困难信访老户，解决重点信访事项。对集中交办的163件重点信访事项逐案落实包案领导和责任人，化解率91%。

强化社会管理。在全市开展"人口管控大会战"，推行"以证管人、以房管人、以业管人"新模式。全市刑释解教人员安置率94.1%，帮教率100%。1792名在册社区服刑人员连续两年无一人重新犯罪。全市技防镇（街道）建成率、规范化运行率和重点单位技防到位率均达100%，技防村（社区）建成率95%，技防一条街、技防小区建成率90%，基本实现技防设施城乡全覆盖。推广丹徒区"平安先锋工程"建设活动，总结推广创建平安建设先进党支部、先进党员的"双创"活动。党员治安巡逻员、矛盾调解员、社工服务员等"三支队伍"建设的工作经验在全省推广。

强化公正廉洁执法。确保政法干警坚持"三个至上"（党的事业至上、人民利益至上、宪法法律至上），做到"四个在心中"（党在心中、人民在心中、正义在心中、法在心中）。推行量刑规范化改革，探索建立案例指导制度，推进"阳光执法"。开展以"执法规范化建设"为主题的执法监督巡视工作，推进全市执法规范化建设。以涉法涉诉信访案件为重点，开展案件评查工作。市委政法委会同市委宣传部召开政法综治宣传工作座谈会，研究部署政法综治宣传工作。

强化服务大局意识。公安机关破获经济犯罪案件260起，挽回经济损失5935万元。检察机关立案侦查贪污贿赂案件68件73人，其中特大案件7件、要案3件3人，渎职侵权犯罪案件16件17人，为国家挽回直接经济损失1995万余元。市中级人民法院审结各类一审民商事案件29659件，各类行政一审案件368件，执结各类执行案件15156件，执结标的额18.36亿元。全市法律服务人员代理案件14963件，办理公证26186件，出具司法鉴定文书3649件，办理法律援助案件2290件。加强国家安全人民防线工作、民族宗教和反恐工作，维护各重大敏感时期的社会稳定。全市社会治安形势持续平稳，连续六年保持刑事案件和"八类"案件（杀人、纵火、投毒、抢劫、强奸、绑架、爆炸、故意伤害）发案率同比"双下降"，破案率继续保持在较高水平。打黑除恶工作绩效位居全省第一，全市命案破案率97.3%。

强化法治镇江建设。推进依法行政、公正司法和法制宣传等三大重点工作，开展法治城市和法治县（市、区）创建活动及法治镇（街道）、民主法治村（社区）创建活动，落实法治惠民举措。扬中市委政法委的"行政执法标准化体系建设"获2010年全省"政法工作创新奖"二等奖。开展民主法治示范村创建活动，全市建成国家级4个、省级77个，市级以上创建率达96.6%。开展法律进机关、进企业、进乡村、进社区、进学校、进家庭等法律"六进"活动，"五五"普法通过省级考核验收。丹阳市、扬中市获省法治县（市、区）创建工作先进单位称号。 （张 威）

【"十一五"期间全市政法工作概要】 "十一五"期间，镇江市以维护稳定、服务发展为目标，扎实推进政法各项工作，全市刑事和"八类"案件发案率连续五年保持"双下降"，破获各类刑事案件10万余起，破案率逐年上升，其中命案破案率99.2%；先后摧毁各类犯罪团伙2133个，抓获各类犯罪嫌疑人29542人；全市刑事和"八类"案件的发案率连续5年呈下降趋势，人民群众对社会治安的满意度始终保持在98%以上。镇江市连续两届获全国社会治安综合治理优秀地市称号，连续五年被省委、省政府、省综治委表彰为社会治安安全市、社会治安综合治理先进市，各辖市（区）均被省委、省政府表彰为社会治安安全县（市、区）。扬中市、丹阳市被评为全省法治创建工作先进单位，润州区被省依法治省领导小组评为全省法治建设先进区，镇江市被司法部评为"四五"普法先进市，"五五"普法中期考核被表彰为江苏省先进市。镇江市法制教育领导小组被授予全国"五五"普法中期先进集体称号。 （张 威）

社会治安综合治理和平安建设

【概况】 2010年，镇江市社会治安综合治理（以下简称“综治”）和平安建设工作规范基层综治组织建设、“大调解”组织网络和运行体系、综治经费投入保障，强化维护社会稳定工作、领导责任制、“打防”工作、基础性工作、宣传发动等，取得新成效。

社会大局持续稳定。完成上海世博会“环沪护城河”安保维稳工作，处置“世界通”特大传销案的审理及安保维稳工作，化解“世界通”传销代理商多次到镇江非法集会等不稳定情况。社会治安秩序总体平稳，全年未发生影响社会稳定的重大政治事件、严重暴力恐怖事件、大规模群体性事件和重大个人极端事件。

基层基础加强。镇（街道）政法综治工作中心建成率、集中率100%，内外部标识和规章制度全部统一。基层社会治安综合治理办公室（以下简称“综治办”）、公安派出所、司法所、人民法庭、交警中队等均达规范化建设要求，各村（社区）综治办均实现人员、场所、制度、经费“四到位”，综治干部、社区（驻村）民警和保安辅警基本配备到位。村（社区）综治办分级评定活动中，优秀、良好创成比例占20%。

防控能力提升。全市技防镇（街道）建成率、规范化运行率和重点单位技防到位率均达100%，技防村（社区）建成率95%，技防一条街、技防小区建成率90%，基本实现技防设施在城乡的全覆盖。老居民住宅小区防范设施改造完成率80%；新小区人防、物防、技防建设一次性达标率100%。市、区、镇三级建立专职保安巡防队伍，开展各类群防群治活动，城区社会面巡防人员日均3000余名次。

社会管理有序。流动人口服务管理加强，全市暂住人口登记发证率99%，私房出租户责任书签订率100%。推进预防青少年违法犯罪工作，青少年案犯占刑事案犯总数比例、未成年人犯罪比例和在校生犯罪比例三项指标处于全省较低水平。全市刑释解教人员安置率94.1%，帮教率100%。社区矫正成效突出，1792名在册社区矫正对象连续两年无一人重新犯罪。安全监管责任落实到位，全市交通事故“四项指标”（交通事故发生起数、死亡人数、受伤人数、直接财产损失）、安全生产和火灾事故发生率、人员伤亡和财产损失数均保持平稳态势。 （张 威）

【基层基础工作】 2010年，全市政法系统推进“一站式”服务接待大厅建设，全市所有镇（街道）服务大厅建成比例90%，完成标识统一工作。继续加强镇（街道）综治办建设，全部配备2名以上综治专职干部，以充实工作力量。推进村级综治服务站“一厅三室”（综治服务大厅，综治办公室、警务室、调处室）硬件建设，不断调整充实工作人员，确保驻村（社区）民警、保安辅警、人民调解员等均按要求配备到位。京口、润州、丹徒和镇江新区以“政府购买公益岗位”形式，配备专职社工。 （张 威）

【推进和落实“源头预防工程”】 2010年，全市开展“无邪教地区”创建活动，严密防范和严厉打击境内外各种敌对势力、敌对分子和邪教组织违法犯罪、渗透破坏活动。年内破获法轮功反动宣传案件6起，查处10人。在全市推行社会稳定风险评估工作，形成评估案例41个。坚持社会稳定和治安形势定期分析研判制度，市级每季度一次、辖市（区）每月一次、镇（街道）每半月一次。不和谐因素被防范在最基层、预防在第一线。增强专业性调解力量，在全省率先探索建立公益调解人才库，全市组织开展党政领导干部“带案下访”活动，集中化解一大批影响稳定的信访案件和涉法涉诉案件。 （张 威）

【构建社会管理新格局】 2010年，全市开展“人口管控大会战”，对户籍人口逐一进行入户核实和重新登记。推进流动人口信息社会化采集平台建设，在公安部门建立统一规范的数字化采集系统和人员数据库，突出加强对“三无人员”（无生活来源、无劳动能力、无法定抚养义务人的公民）、刑释解教人员、涉毒人员、社会闲散人员、问题青少年和精神病患者等六类重点群体的管控。不断加强刑释解教人员安置帮教和社区矫正工作，组织开展对监狱服刑人员的释前就业培训，规范过渡性安置帮教基地和社区矫正基地建设，继续推进平安镇（街道）、平安村（社区）等区域性创建活动，深化平安医院、平安企业等20个系列的条口性创建活动，镇江市被省护路办命名为首批“平安铁路市”，各辖市（区）全部创成“平安铁路县（市、区）”。24所学校被命名为省级平安校园，市级“平安校园”创成率100%。创成省级“平安医院”2家、“平安企业”5家，命名市级“平安企业”创建先进单位25家。“平安港口”“平安金融”创建活动分别扩大到24家港口单位和193家金融机构，覆盖率达100%。 （张 威）

公 安

【概况】 2010年，镇江市公安系统改进作风、提升效能，为全市经济社会跨越发展提供安全稳定的社会环境。润州公安分局获全国公安机关执法示范单位称号，句容市看守所被评为全国公安监管部门执法规范化建设示范单位，润州交巡警大队中山西路道口岗亭连续14年被命名为全国青年文明号，市公安局刑警支队打黑除恶工作绩效位居全省前列，水警支队主要工作绩效连续三年全省第一，市拘留所被评为全省推行拘留所管理教育新模式先进单位。市公安局组织开展服务镇江发展新跨越“十佳新人新事”“十佳勤廉民警”和“十佳民警廉内助”以及和谐警民关系建设示范点等评选表彰活动，112个集体、571名民警被记功、嘉奖。

在完成全国“两会”、上海世博会、广州亚运会期间安保任务的同时，市公安系统还确保150余场安全保卫工作万无一失。根据社会治安动态特点，不断增强驾驭治安局势的能力。2010年，全市“八类”案件破案率为95.9%，命案破案率为100%，刑事案件、“八类”案件发案比上年分别下降0.7%和0.5%，破获刑事案件1万余起。针对群众反映的治安热点问题，组织查禁打击行动。整顿和规范市场经济秩序，努力侦破各类经济犯罪案件，并成功办结公安部交办的“世界通”传销大案。

镇江市公安局加强执法规范化建设，落实党风廉政责任制，推进廉洁警队建设。加大纪检监察、督察力度，年内受理群众投诉31起，均督促相关单位限期办结。警车及涉案车辆违规行为整治、涉案人员非正常死亡问题整治取得成效。做好公安后勤保障工作，年内落实各项经费4.4亿元，保证警务运行和基础工程建设。 （王 超 杨 帆）

【“十一五”期间全市公安工作概要】 “十一五”期间，镇江市公安系统维护社会稳定的能力提高，强化情报信息工作，处置各类突发事件工作机制和反恐机制进一步健全。深化平安镇江建设，为连续获社会治安综合治理先进市称号作出贡献。完成中共中央十七大、北京奥运会、新中国成立60周年、上海世博会等期间一系列重要安保任务。破案能力增强，与2005年相比，2010年全市刑事发案率下降5.9%，破案率增加1.5%。推进“大巡防”机制建设，发挥治安防御“六大系统”（巡逻处警系统、卡口堵控系统、社区防范系统、科技防范系统、单位自防系统、意识防范系统）优势。加大虚拟社会管控力度，建设使用公安舆情引导员的做法获省公安厅认可并被推广。“十一五”期间，全市没有发生有影响的大要案件，保持社会治安局势的平稳运行。服务经济发展的能力进一步提升，与2005年比，2010年道路交通和火灾事故指标数大幅下降。五年中，未发生一起重特大火灾事故。镇江市消防博物馆被评为全国消防科普教育基地。公安行政服务效能建设取得成绩，市公安局行政服务处蝉联市优秀服务窗口称号，出入境办证大厅、办公室档案科分别被命名为全国、省巾帼文明示范岗。在全省首创打防经济违法犯罪信息共享系统，侦破中国传销第一大案“世界通”传销案。推进基层基础建设，市公安局指挥中心暨办公用房建成并投入使用。推进警务机制改革，“润州模式”被公安部、省公安厅推广，通过精简、合并，基层一线实战警力占比大幅增加。加强公安信息化建设，获公安部、科技部科技强警示范城市称号。队伍建设加强，开展“大走访”“春风行动”“万人评警”等活动，促进警民关系和谐。加强执法规范化建设，润州公安分局连续两次获全国公安机关执法示范单位称号。推动干部人事制度改革，竞争上岗成为干部选拔工作常态。“十一五”期间，全市有40余人次公安干警被公安部、省公安厅表彰。

（王 超 杨 帆）

【户政管理】 2010年，镇江市深化户籍制度改革，市委办、市政府办出台《关于加快推进新市镇建设的意见》，市公安局制定《新市镇建设户口登记管理规定》，在全市确定的11个试点镇实行户籍制度改革，鼓励农村居民和外来就业人员就近在新市镇落户，促进城乡一体化发展。加强社区警务建设，全市社区民警达582人，171个城市社区警务室和304个农村中心警务室配齐保安力量，其中财政保障的专职保安配备率达36%。完善社区警务工作保障机制，先后出台《全市公安机关在信息化条件下改进和加强城乡社区警务工作实施方案》等文件，明确派出所职能和社区民警工作职责，指导各地建立社区民警工作规范、考核奖惩等保障机制，推动社区警务专业化建设。坚持以专项攻坚为载体，核准户政源头信息，用9个月时间，在全市组织开展“人口管控会战”和“人口普查户口整顿”专项行动。基层公安民警先后入户走访101.8万户，核查常住人口信息277.3万人，重新登记暂住人口33.6万人、出租房屋6.3万户，核查纠正信息87.7万条，为全国第六次人口普查提供翔实可靠的户籍资料，为镇江市市民卡的发放提供了基础保障。

（王 超 杨 帆）

【出入境管理】 2010年，全市办理出国出境证件5.9万余份，比上年增长42.5%。至2010年底，全市有常住境外人员1932人，增长1%；临时入境镇江市境外人员23609人，增长100%。市公安局建立健全境外人员住宿登记管理工作制度。从3月起，开展为期2个月的清理“三非”（非法入境、非法居留、非法就业）外国人专项行动，查处“三非”案件28起，维护镇江市涉外领域的安全稳定。出入境管理部门进一步完善窗口硬件设施，以亮化窗口、提升窗口受理能力的有效举措推进出入境管理规范化建设；完善执法管理评估机制，在出入境接待窗口安装服务满意程度评价器，接受群众监督；执行急事急办制度，全年急办证件260余份。

（王 超 杨 帆）

【治安管理】 2010年，镇江市公安局受理查处治安案件7.3万余起，处罚1.8万余人。开展社会治安重点地区排查整治工作，排查摸底社会治安重点地区23处、突出治安问题7个，全部整治到位。持续开展禁娼禁赌和娱乐服务场所集中整治工作，检查娱乐服务场所2790余家次，整改各类安全隐患613处；查处娼赌毒案件905起、涉案人员1779名，收缴赌博游戏机891台。加大涉假案件查处打击力度，协同质监、药监、农林等行政执法部门，先后开展农资、建材、汽车配件、医药保健品等市场专项整治清理行动，联合查处案件46起，行政处罚人员39名，整治相关市场27处，捣毁涉假窝点35个，缴获涉假物品总案值350余万元。巩固完善场所行业管理制度，全市1578家旅馆全部纳入旅馆系统实施管理，单独装机率100%。不断提升安全监管水平，危险物品单位治安防范达标率100%，全市306家涉危从业单位未发生重大安全事故和危险物品被盗抢案件。做好市区烟花爆竹燃放“有限开禁”各项安保工作，市区未发生重大人员伤亡和火灾事故；加强大型活动安保工作，完成台湾明华园“超炫·白蛇传”大型演出、长江迷笛音乐节等大型庆典和文体活动警卫任务150余场（次）。

（王 超 杨 帆）

【刑侦工作】 2010年，全市公安机关破获刑事案件1万余起，打掉黑社会性质组织2个，摧毁恶势力团伙87个，抓获团伙成员348名，破获涉黑涉恶案件153起。紧扣“2010严打整治”行动，始终将影响人民群众安全感的多发性侵财犯罪作为打击重点，加大对街头“两抢”（抢夺和抢劫）、盗窃、诈骗、敲诈勒索等关乎民生案件的侦破力度。在严打整治专项行动中，全市公安机关破获系列侵财案件2876起，打击处理侵财犯罪成员1535名，追缴发还赃款赃物1000余万元。市公安局物证鉴定所通过国家实验室认可的现场评审，7家县级技术室全部达到一级或一级示范技术室标准。

（王 超 杨 帆）

【技防城市建设】 2010年，镇江市公安局推进技防城市建设，新建治安监控摄像机10660台，完成8个市际治安卡口和城市出入口治安查报站监控升级改造工程。完善技防建设机制，陆续将市区老小区的监控系统建设、改造、管理工作改为租赁模式。提升技防应用成效，通过技防措施有效预防案件411起，查破刑事案件694起，查处治安案件509起。推进校园安保工作，向全市528所中、小学校和幼儿园派驻548名警力，全市所有中、小学校和幼儿园“五小件”防卫器材（伸缩式警棍或橡皮警棍、防刺手套、灭火毯、辣椒水、灭火器）以及技防设施配备安装到位。

（王 超 杨 帆）

【开展“新镇江青年”团组织建设】 2010年，镇江市公安局参与推进以组织、引导、服务外来务工青年为主旨的“新镇江青年”团组织建设工作，协助地方团委建立“新镇江青年”团组织108家，吸纳管理外来务工团员1.3万余人，发挥“新镇江青年”团组织建设工作在加强和改进外来人口服务管理、构建和谐警民关系、深化平安建设等方面的作用，为全市公安机关创新流动人口社会管理积累了经验。2010年，全市公安机关根据“新镇江青年”团组织提供的信息线索，破获各类刑事案件13起，及时化解涉及外来务工人员矛盾纠纷40余起，超前处置、及时制止群体性事件7起，全市外来人员违法犯罪所占比例比上年下降3.1%。其间，市公安局开展市民化、亲情化、项目化服务，组织外来务工青年开展免费专项技能培训、技能比武大赛等活动，提升就业创业技能；以“春风行动”为契机，基层公安民警与120多名外来务工人员子女结对开展帮扶工作。开展文体娱乐活动和主题教育活动，会同镇（街道）团委，联合“新镇江青年”所在企业，分区域、分行业开展歌舞比赛、体育竞技、网络应用、演讲朗诵、文艺联欢、相亲交友等符合青年特点的文体活动，增强外来务工青年归属感；与团市委联合在已建“新镇江青年”团组织中，先后开展“我参与、我平安、我快乐”主题系列活动和“牵手镇江，共创未来”外来务工青年同城计划，通过举办技能培训、组织平安夜巡、开展法制宣讲等，鼓励外来务工青年群体自立自强、遵纪守法、爱岗敬业，更好地融入镇江，成为“和谐镇江、平安镇江”的参与者、促进者和建设者。　（王　超　杨　帆）

【完成上海世博会安保任务】　2010 年，镇江市公安局先后制定《全市公安机关上海世博会安保工作实施方案》等文件 10 余份，完善相关应急处置预案 34 套。上海世博会期间，强化对通往上海的水电油气管线周边区域的巡逻守卫，实行动态巡防、科技助防、社会群防。加强对涉恐人员的排查管控，逐人评估危险程度，落实管控措施。强化对涉爆涉危单位的安全检查。上海世博会期间，全市累计破获刑事案件 2768 起，其中“两抢一盗”（抢劫、抢夺、盗窃）案件 1567 起，查处娼赌毒案件 412 起，打掉恶势力团伙组织 7 个，抓获刑事作案成员 965 人；检查重点场所部位 4723 处，查处违法经营场所行业 678 家，整改各类治安隐患 1247 处。全市发放人沪车辆通行证 10173 张。提升社会面巡防等级，强化警力投入、便衣巡控、武装巡逻、卡口查缉等措施，并加大“关城门”实战演练的频率和范围，保持高压态势。其间，市公安局机要民警专程赴上海世博会安保前线指挥部协助工作，特警支队连夜远程拉动至苏州支援维稳，并派员赴上海世博会现场参与安保，一系列举措筑牢上海世博会环沪“护城河”工程。

（王　超　杨　帆）

【道路交通管理】　2010 年，镇江市发生各类道路交通事故 402 起、死亡 227 人、受伤 322 人、直接经济损失 191.5 万元，与上年相比，分别下降 27.3%、21.7%、28.6%、16.7%。事故主要特点：

从时间分布分析：19 时至 21 时事故发案 61 起，死亡 36 人，为全天事故发案、死亡最高峰。周日事故发案最多且上升幅度最大，发案 64 起，死亡 35 人，比上年分别上升 36.2%、16.7%。

从驾驶人员分析：机动车驾驶人是引发事故的主要群体，引发事故 378 起，致 218 人死亡，分别占总数的 94%、96%。6～10 年驾龄驾驶人交通肇事上升幅度大，发生交通事故 102 起，死亡 54 人，分别上升 30.8%、31.7%；3 年内驾龄驾驶人交通肇事比例最大，发生交通事故 102 起，死亡 58 人，分别占总数的 31.7%、29.9%。

表 11-1

2009 年镇江市暂住人口管理统计表

	合计	性别		暂住时间			来自地区						居住处所					
		男	女	一个月以下	一个月至一年	一年以上	省内		省外		港澳台	国外	旅店	居民家中	单位内部	工地现场	租赁房屋	其他
							市	县	市	县								
务　工	170715	114306	56409	12574	73079	85062	34475	43203	25995	64637	520	1885	3381	8323	79310	34231	42540	2930
务　农	8992	5444	3548	1002	4716	3274	1205	3132	1247	3408	0	0	0	1414	247	332	6419	580
经　商	31141	21223	9918	7415	12274	11452	6461	7481	6380	6225	1306	3288	7162	2790	4547	922	14412	1308
服　务	30748	12786	17962	4788	16069	9891	6160	9389	6012	9187	0	0	251	4097	10531	229	14538	1102
因公出差	19765	14573	5192	14722	3909	1134	4187	3885	4772	4145	1063	1713	16055	588	2169	122	565	266
借读培训	19108	11023	8085	765	11960	6383	7471	7283	1783	2451	40	80	167	1306	12099	2	975	4559
治病疗养	847	497	350	357	297	193	285	207	186	167	2	0	53	307	169	0	196	122
保　姆	1084	230	854	144	541	399	239	317	198	330	0	0	4	705	0	4	358	13
投靠亲友	5553	1971	3582	708	1624	3221	770	1154	1138	2490	0	1	186	4960	11	8	366	22
探亲访友	6654	3200	3454	5179	1011	464	1345	1666	721	1813	572	537	3460	2434	215	0	536	9
旅游观光	27621	15533	12088	25516	446	1659	10533	3520	4496	1176	2944	4952	13343	333	71	0	111	13763
其　他	6642	4010	2632	578	2854	3210	1239	1327	2626	1142	103	205	316	714	1075	769	3112	656
合　计	328870	204796	124074	73748	128780	126342	74370	82564	55554	97171	6550	12661	44378	27971	110444	36619	84128	25330

（王　超　杨　帆）

表 11-2

2010 年镇江市暂住人口管理统计表

	合计	性别		暂住时间			来自地区						居住处所					
		男	女	一个月以下	一个月至一年	一年以上	省内		省外		港澳台	国外	旅店	居民家中	单位内部	工地现场	租赁房屋	其他
							市	县	市	县								
务　工	187912	124969	62943	9567	104922	73423	43876	38319	24336	79141	895	1345	1827	11416	88806	30572	52772	2519
务　农	13081	7819	5262	482	5168	7431	1072	4024	2286	5699	0	0	27	1153	3244	136	5474	3047
经　商	28795	21512	7283	3046	16555	9194	4356	7488	4424	8031	2538	1958	3004	1837	6520	952	14775	1707
服　务	36002	17601	18401	5930	16266	13806	7168	11620	6693	10521	0	0	209	3320	11330	2931	15552	2660
因公出差	17011	13225	3786	12318	4051	642	3049	4119	3276	3929	1167	1471	14209	184	2588	0	28	2
借读培训	30202	19077	11125	549	14007	15646	13089	9870	2783	4340	0	120	103	1733	25463	350	2243	310
治病疗养	798	436	362	409	305	84	189	353	89	167	0	0	45	420	127	0	168	38
保　姆	2918	553	2365	195	1981	742	199	1340	235	1144	0	0	0	2464	0	0	454	0
投靠亲友	5018	2499	2519	397	2860	1761	619	1799	1862	738	0	0	63	4787	4	0	130	34
探亲访友	5089	2455	2634	3610	1128	351	756	1396	488	1440	553	456	2097	2355	340	0	286	11
旅游观光	21646	10995	10651	16960	4370	316	3803	5349	2352	2597	3908	3637	10421	553	160	0	370	10142
其　他	15897	10115	5782	1730	10004	4163	723	3291	1451	10066	193	173	302	1676	2262	5907	3092	2658
合　计	364369	231256	133113	55193	181617	127559	78899	88968	50275	127813	9254	9160	32307	31898	140844	40848	95344	23128

（王　超　杨　帆）

表 11-3

2009 年镇江市汽车拥有量、驾驶员数量统计表

项 目	单位	合计	丹阳市	句容市	扬中市	市区直辖	丹徒区	京口区	润州区	镇江新区
民用汽车	辆	156554	45496	15567	18162	653	14617	30461	21657	9941
载客汽车	辆	124990	37126	10143	15884	401	10145	25834	17662	7795
私人汽车	辆	109911	33770	11216	13843	194	10056	19664	14734	6434
小型汽车	辆	112246	34053	8560	14722	320	8629	22861	15961	7050
驾 驶 员	名	643505	171250	93401	59807	–	84470	164908	57732	11937

（王 超 杨 帆）

表 11-4

2010 年镇江市汽车拥有量、驾驶员数量统计表

名 称	单位	合计	丹阳市	句容市	扬中市	市区直辖	丹徒区	京口区	润州区	镇江新区
民用汽车	辆	198003	58074	18350	23093	49	18208	38265	27597	14367
载客汽车	辆	164397	49037	13034	20583	39	13798	33124	22977	11805
私人汽车	辆	147295	45224	13737	18515	42	13322	26355	19930	10170
小型汽车	辆	151028	45866	11492	19340	38	12225	29943	21162	10962
驾 驶 员	名	637227	171105	100237	63187	–	57232	160808	64466	20192

（王 超 杨 帆）

从肇事车辆分析：驾驶货车、电动自行车发生交通事故呈上升态势。驾驶货车发生交通事故 106 起，死亡 78 人，分别上升 20.5%、21.9%；驾驶电动自行车发生交通事故 16 起，死亡 3 人，分别上升 66.7%、100%。私家车与一般货运车辆发生交通事故占比大，发生交通事故 316 起，死亡 187 人，分别占总数的 78.6%、82.3%。其中，私家车发生交通事故 206 起、死亡 106 人，事故起数比上年上升 0.98%、死亡人数减少 4 人。

引发事故的主要原因集中在以下几类交通违法行为：超速行驶（发案 62 起、死亡 57 人）、未按规定让行（发案 48 起、死亡 22 人）、无证驾驶（发案 27 起、死亡 13 人）、违法占道行驶（发案 24 起、死亡 13 人）、违法会车（发案 10 起、死亡 9 人）、违反交通信号通行（发案 9 起、死亡 4 人）、违法变更车道（发案 9 起、死亡 3 人）、违法超车（发案 6 起、死亡 5 人），引发事故 195 起，致 126 人死亡，分别占总数的 48.5%、55.5%。酒后驾驶违法行为引发事故下降幅度较大，引发事故 5 起，致 3 人死亡，比上年分别下降 66.7%、78.6%。 （王 超 杨 帆）

【消防安全工作】 2010 年，全市公安消防部队努力构筑社会消防安全“防火墙”工程，加强基层应急队伍建设、公共消防基础设施和装备建设，提升消防部队灭火救援水平和战斗力。2010 年，市公安消防支队被评为江苏省文明单位，句容、丹阳、镇江新区大队分别在本地区行风民主评议活动中获得第一名，扬中市中队被评为江苏省五四红旗团支部标兵，被团中央命名为全国五四红旗团支部，全市先后有 15 名官兵荣立个人三等功。2010 年 1 月 28 日，市政府在一泉宾馆召开全市消防工作会议，副市长、市公安局局长夏新平代表市政府与各辖市（区）政府签订年度消防工作目标责任书。2010 年 5 月 21 日，市政府下发《关于构筑全市社会消防安全“防火墙”工程的实施意见》，决定从 2010 年至 2012 年，在全市实施构筑社会消防安全“防火墙”工程，力争通过三年时间的努力，使消防工作社会化水平明显提升，全社会消防安全环境明显改善，重特大火灾尤其是群死群伤火灾事故有效遏制。全年检查单位 15005 家，督促整改火灾隐患 16771 处，培训人员 37919 人次，印发消防宣传资料 41260 份，提前完成 2010 年 8 家省、市级政府挂牌督办重大火灾隐患整改工作。

加快推进综合应急救援队伍和消防部队应急处置能力建设。2010 年，镇江市政府遵循“一专多能、一队多用”的原则，决定依托市公安消防支队组建市综合应急救援支队，主要承担全市范围内灭火救援、应急抢险救灾等。各辖市（区）亦依托各地消防部队挂牌成立县（市）级综合应急救援大队。市公安消防支队部署开展“打造公安消防铁军”活动，力争用三年左右的时间，基本实现单兵技能娴熟、作战勇敢顽强，攻坚组（尖刀班）能攻善守、尖刀作用突出，辖区中队响应迅速、独立作战和初控能力强，一般火灾能及时扑灭、重特大火灾能有效控制、特殊灾害能有效处置的总体要求。2010 年 6 月 24 日，支队举办 2010 年全市消防部队打造公安消防铁军比武竞赛；10 月 10 日，支队参加全省打造公安消防铁军比武竞赛并在多个项目取得优异成绩。2010 年，全市消防部队参与处置火灾、各类抢险救援事故和社会救助 1362 起，出动警力 13749 人次、2965 车次，抢救遇险群众 262 人。

加强公共消防基础设施和装备建设。2010 年，市灭火救援应急中心暨新消防指挥中心完成主体建设，镇江新区圌山消防站建成并投入执勤。先后投入 500 余万元购置各类抢险救援器材装备，购置通信指挥车 1 辆、32 米登高平台车 1 辆、东风水罐消防车 2 辆、细水雾消防车 3 辆，五十铃消防车 1 辆。

“十一五”期间，全市火灾形势持续稳定，年均发生火灾 342 起，死 4 人，伤 2.6 人，直接财产损失 177 万元。连续 7 年未发生群死群伤和重特大火灾事故。公共基础消防设施逐年完善。市及各辖市（区）每年正常消防经费总量由 2005 年的 1000 万元增加到 2010 年的 3500 万元，逐年增加 20% 以上。投入 80 万元重新修编《镇江市城市消防规划》，先后被国家住建部、省住建厅评为优秀奖和二等奖。累计投入 3600 余万元新建、迁建、翻建公安消防站 7 个，新增消防车辆 27 辆、防护装备 8000 余台套，新增市政消火栓 979 只。全市建成乡镇消防站 10 个。 （陈 侃）

【火灾情况】 2010 年，镇江市发生火灾 184 起，死 4 人，伤 5 人，直接财产损失 176.87 万元，与上年相比，火灾起数、直接财产损失数分别上升 0.55%、11.67%，死亡人数减少 2 人，伤人数增加 1 人。

从发生火灾的场所看，居民住宅、厂房火灾起数较多，直接财产损失较大。全市住宅宿舍火灾 65 起，死 3 人，直接财产损失 17.30 万元，起数和死人数居各类场所之首；厂房火灾 37 起，伤 4 人，直接财产损失 105.27 万元，伤人数、直接财产损失数居各类场所之首。从区域火灾基本情况看，农村、集镇火灾起数居所有区域之首，县城火灾起数比上年下降。全市农村、集镇地区发生火灾 95 起，

表 11-5

2010 年镇江市火灾情况统计表

项　目		火灾基本情况				消防队出动情况				救灾情况		
		起数	死人	伤人	直接财产损失（元）	起数	出动次数	出动人次	出车辆次	抢救人员（人）	疏散人员（人）	抢救财产价值（万元）
合计		184	4	5	1768672	1362	1416	13749	2965	262	120	1628.95
一季度	小 计	30	–	1	454850	372	381	3707	815	57	34	519.3
	1 月	10	–	–	69850	123	126	1212	270	20	27	320.7
	2 月	5	–	–	16800	139	141	1378	298	21	7	112.2
	3 月	15	–	1	368200	110	114	1117	247	16	–	86.4
二季度	小 计	65	–	1	235644	311	329	3314	702	42	2	363.8
	4 月	22	–	2	74100	107	113	1183	241	17	–	135.6
	5 月	24	–	–	84594	109	117	1168	245	17	2	72.6
	6 月	19	–	–	76950	95	99	963	216	8	–	155.6
三季度	小 计	37	1	–	360918	310	324	2994	653	81	23	288.85
	7 月	15	1	–	147900	105	108	925	196	30	2	68.15
	8 月	15	–	–	171778	121	129	1258	273	30	1	143
	9 月	7	–	–	41240	84	87	811	184	21	20	77.7
四季度	小 计	52	–	–	717260	369	382	3734	795	82	61	457
	10 月	16	–	–	447160	97	104	1033	216	24	19	186.1
	11 月	17	–	–	103850	122	126	1287	268	32	27	129.8
	12 月	19	2	–	166250	150	152	1414	311	26	15	141.1

（陈　侃）

死2人，伤1人，直接财产损失88.81万元，分别占总数的51.63%、50%、20%、50.21%；全市县城火灾发生21起、直接财产损失47.88万元，分别下降12.3%、9.6%。从发生火灾的行业看，制造业火灾占第二产业火灾的比例较大；从发生火灾的经济类型看，私有经济火灾比较突出。全市制造业发生火灾52起，直接财产损失129.6万元，火灾起数、直接财产损失数分别占第二产业火灾总数的98.11%、99.99%；全市私有经济类型火灾共发生86起，直接财产损失151.80万元，火灾起数、直接财产损失分别占所有经济类型火灾总数的46.74%、85.83%。从发生火灾的原因看，因电气线路故障、电器设备故障引发的火灾起数最多，生产作业不慎火灾造成财产损失最重。电气线路故障、电器设备故障引发的火灾73起，直接财产损失49.09万元，分别占总数的39.67%、27.76%；生产作业不慎引发火灾26起，直接财产损失73.23万元，分别占总数的14.13%、41.41%。　（陈　侃）

检　察

【概况】　2010年，全市检察机关以推进社会矛盾化解、社会管理创新、公正廉洁执法等三项重点工作为载体，加大法律监督力度，推进各项工作机制创新，各项检察工作取得新进展。两级检察院有16个集体和15名个人受到省委、省政府和省检察院的表彰，有7个集体和6名个人受到市委、市政府的表彰，其中句容市、扬中市检察院分别被评为全国先进基层检察院、全省检察机关先进集体。全市有检察干警547人，具有本科以上学历的占91.2%，其中研究生比例达18.4%。镇江市检察院现有检察干警136人，具有本科以上学历的达95.4%，其中研究生比例达25.1%。

全年审查批准逮捕各类刑事犯罪嫌疑人1633人，提起公诉3389人。成功批捕、公诉香港"世界通"公司非法传销案、荆志刚等27人组织领导参加黑社会性质组织案等案件。正确实施宽严相济刑事司法政策，共不批准逮捕427人，不起诉70人。化解社会矛盾纠纷，受理群众来信来访1162件次，对重点信访案件发出预警37件，化解涉检矛盾纠纷573件，检察环节连续第八年未发生进京访。

全年立案侦查贪污贿赂犯罪案件68件73人，立案侦查渎职侵权犯罪案件16件17人。所查案件中，科局级以上干部36人，通过办案为国家挽回直接经济损失1995万余元。严肃查办群众反映强烈的职务犯罪案件，相继在征地拆迁、涉农、高校、司法等领域开展一系列专项行动，立案查办拆迁领域职务犯罪案件17件19人、涉农领域职务犯罪案件35件40人、高校系统职务犯罪案件9件10人、司法人员职务犯罪案件5件5人。查办江苏大学基建处原调研员胡建华、句容市农业资源开发局原局长展卫国等人受贿案，市轻工资产经营公司财务审计部原主任黄文亮玩忽职守造成企业改革专项资金600余万元损失案等。开展预防职务犯罪工作，全年开展警示教育活动615次，形成预防调查报告119篇，提出预防检察建议96件，先后31次获市级以上领导批示。介入22个重大工程建设项目开展职务犯罪预防，接受申请对6556家单位和5625名个人进行行贿犯罪档案查询，参与工程招投标项目职务犯罪预防监督42次，开展职务犯罪宣传警示教育615次，开展预防咨询570次。

依法监督公安机关立案73件139人，纠正不当立案47件99人；对侦查工作中的违法情况提出书面纠正意见92件次；纠正漏捕173人，纠正漏诉128人。依法提出刑事抗诉17件，提出、提请民行（民事行政检察，下同）抗诉26件，提出再审检察建议25件。开展民行督促起诉、支持起诉工作，发出督促、支持起诉意见书666件。对辖区内监管场所各类违法违规情况提出纠正意见185件次，提出不予提请呈报减刑、假释、暂予监外执行502人，均被采纳。建立介入和处置监管场所突发事件应急工作机制，协同监管单位妥善处理突发事件10件。

全市检察机关开展"另案处理"案件专项检查活动、刑事抗诉专项检查监

2010 年 11 月 25 日，全国、省、市人大代表视察镇江市检察机关涉罪外来人员管护帮教基地　（王　斌）

督活动、监管场所执法专项检查监督活动等专项活动，对相关执法工作中存在的问题进行集中监督和纠正。

全市检察机关服务和保障加快转变发展方式，市检察院于 2010 年 9 月 30 日出台《关于服务和保障全市加快转变发展方式的十条意见》，两级检察院以着力服务和保障产业结构优化升级、城乡一体化建设、自主创新、绿色增长以及社会事业协调发展为重点，发挥各项检察职能，为全市加快转变发展方式提供司法保障。　（康　珺）

【“十一五”期间全市检察机关工作概要】　“十一五”期间，全市检察机关维护社会稳定、促进社会和谐，审查批准逮捕各类刑事犯罪嫌疑人 10221 人，提起公诉 18031 人；不批准逮捕 1252 人，不起诉 322 人。加大查办和预防职务犯罪力度，立案侦查贪污贿赂犯罪案件 366 件 380 人，渎职侵权犯罪案件 58 件 61 人，其中，查处处级领导干部职务犯罪要案 19 件 19 人，通过办案为国家挽回直接经济损失 6935 万余元。介入重大工程项目开展职务犯罪预防 87 项，提出预防检察建议 306 件，对 13152 个单位、10917 名个人进行行贿犯罪档案查询。加强检察监督，依法监督侦查机关立案 211 件 393 人，纠正不当立案 166 件 370 人；对侦查工作中的违法情况提出书面纠正意见 221 件次，依法纠正漏捕（追捕）606 人、纠正漏诉（追诉）354 人，提出刑事抗诉 32 件，提请和提出民事行政抗诉 111 件、再审检察建议 71 件；对监管场所在执法中的违法情况提出纠正意见 447 件次，提出不予提请呈报减刑、假释、暂予监外执行 808 人。

服务经济发展大局，市检察院先后制定出台《关于进一步保障和改善民生的意见》《关于服务和保障全市加快转变发展方式的十条意见》等 8 个文件，指导全市检察机关严厉打击各类严重危害经济发展、侵害民生权益的犯罪，化解社会矛盾，开展社会风险排查研判。两级院相关服务举措先后 40 余次获省、市领导批示，有 12 项建议被转化为党委和政府决策。推进检察改革和创新工作，逐步构建起全省种类最齐全、信息量最大的反贪侦查基础信息库和特色鲜明的情报信息网络机制，实现全市侦查、维稳、监督等检察资源全面整合，在全省率先实现两级院人民监督员全部由人大常委会确认，在重点乡镇设立 5 个检察室、42 个检察工作站和工作联系点，以及案件监督管理机制建设、行政执法与刑事执法相衔接机制建设、职务犯罪案件审查逮捕制度改革等改革创新项目均获得成效。至 2010 年底，全市有检察干警 547 人，比 2005 年增加 7.9%。其中博士研究生 2 名，硕士研究生和本科学历比例分别达 18.4% 和 72.8%，比 2005 年分别增加 16 和 9.1 个百分点。至 2010 年底，全市检察机关办案用房和技术用房面积达 7.7 万余平方米，比 2005 年增加 75.9%。　（康　珺）

【推进三项重点工作】　2010 年，全市检察机关推进社会矛盾化解、社会管理创新、公正廉洁执法等三项重点工作。推进社会矛盾化解工作，开展涉检矛盾排查、信访积案化解、案件评查、检调对接、执法办案风险评估预警等工作，推行人民监督员、人大代表、政协委员、律师等外部力量介入涉检信访处理等举措，化解涉检矛盾纠纷 573 件。推进社会管理创新工作，结合办案向党委、政府报送风险研判报告 70 份，推动开展专项整治行动 6 次；建立涉罪外来人员管护帮教基地 7 个，对 18 名涉罪外来人员实施管护教育；在乡镇、社区建立起矫正检察机构 8 个、检察室 5 个、检察工作站 27 个，对 1918 名监外执行罪犯的矫正工作进行监督。推进公正廉洁执法工作，与全市 30 家行政执法单位建立“两法”衔接（行政执法与刑事司法相衔接工作）平台、开展“另案处理”案件专项检查等活动，加大立案监督和侦查活动监督力度；开展“恪守检察职业道德，促进公正廉洁执法”主题实践活动、“反特权思想、反霸道作风”专项教育活动、自侦部门“执法规范年”活动，建立检察人员违纪违法风险预警制度，开展检察人员执法档案的建档工作，推行“阳光检务”及“检察开放月”等活动，深化外部监督，确保检察机关自身公正廉洁执法。　（康　珺）

【建立情报信息一体化工作机制】　2010 年，镇江市检察系统推进反贪侦查信息工作机制改革，逐步形成有镇江特色的侦查信息工作模式。全市检察机关建成包含 6 大类 900 余万条信息的全省种类最齐全、信息量最大的自建基础信息库，组建“二组三中心”（情报信息收集组和技术开发组，线索管理中心、信息员管理中心和情报信息研判中心），建立起以信息快速收集为基础，以信息科学研判为核心，以《情报信息参阅》为载体的信息应用平台，并建立内、外线侦查机制；着力将情报信息工作向控申、反渎、诉讼监督等各项检察业务工作延伸，构建侦查信息一体化服务机制。最高人民检察院反贪总局局长陈连福及副局长孙忠诚、马海滨先后到镇江市检察机关调研情报信息工作。　（康　珺）

【初步形成民行申诉案件化解社会矛盾一体化工作机制】　2010 年 7 月，镇江市检察院制定《关于民行申诉案件加强协作配合工作的意见》，通过整合民行、控申力量，开展检调对接、检诉对接、检司对接等工作，形成民行部门与控申部门在化解矛盾纠纷方面的合力。加强与相关单位之间的协调沟通，并依托全市“大调解”工作体系，共同开展调解工作，促进涉检矛盾的化解。通过民行申诉案件化解社会矛盾一体化工作机制，全市检察机关成功化解各类涉检矛盾纠纷 101 件。6 月，市检察院启动该机制指导镇江经济开发区检察院支持起诉，为停产企业泛宇钛白粉有限公司235名职工争取到拖欠工资及养老保险。

（康 珺）

【推进“两法”衔接工作】 2010年5月，市检察院推进刑事执法和行政执法“两法”衔接工作，向市委、市政府专题呈报《关于进一步推进行政执法与刑事司法相衔接工作、加强信息共享平台建设的报告》，市委书记许津荣、市长刘捍东分别作出批示，要求将“两法”衔接工作纳入“数字城市”建设统筹解决。8月，市检察院邀请相关部门召开全市“两法”衔接工作会议，讨论通过《关于进一步推进行政执法与刑事司法有效衔接、相互协作的实施意见》和《镇江市行政执法与刑事司法相衔接信息共享平台运行管理暂行办法》，对全市“两法”衔接信息平台建设进行部署和规范。至年底，全市建立起“两法”衔接信息共享平台，“两法”衔接工作规范开展，为进一步强化诉讼监督工作提供了坚实的保障。

（康 珺）

【在全省率先建立检察工作创新机制】 2010年3月，市检察院在全省率先推出创新奖申报制，鼓励两级检察院提出创新项目，由市检察院评审立项后重点培育、经营，并对优秀创新成果进行评比、奖励。市检察院还邀请人民监督员、特约检察员、专家咨询委员和全省检察业务专家组成评审组，对两级检察院申报的32个创新项目予以评审立项并推进落实。其中扬中市检察院8月还应邀就检察工作如何开展创新到省检察院“学习论坛”上汇报交流。12月，经过评审组评审，全市有7项优秀创新成果分获特别奖和一、二、三等奖。 （康 珺）

【全市检察机关档案工作全部晋升省“五星级”】 2010年年初，市检察院确立全市检察机关档案工作全部晋升省“五星级”的目标，并组织、推动市检察院和句容、扬中、丹徒、京口、润州等五家基层检察院加强资金、基础、技术和人员保障，提升档案工作规范化水平、信息化水平和开发利用水平。11月，在省档案局组织开展的档案工作测评中，市检察院和上述五家基层检察院档案工作全部达到“五星级”标准，连同此前档案工作已达“五星级”的丹阳市检察院、镇江经济开发区检察院，全市检察机关在全市各系统首家、全省检察系统第三家实现档案工作全部晋升省“五星级”的目标。

（康 珺）

【岗位练兵活动】 2010年，市检察院推进岗位练兵活动，先后在全市检察机关组织开展“春训”、局域网在线练兵、“清和大讲堂”知识讲座、公文写作竞赛及各条线业务、技能竞赛等练兵活动，全市检察干警整体业务素质、技能水平有新提升。在省检察院组织的全省检察机关公文写作竞赛，省检察院、省委省级机关工委、省总工会、省人力资源和社会保障厅共同组织的全省检察机关法律文书总决赛中，镇江市检察机关代表队均获团体总分第二名和个人第二名；市检察院两名副检察长分别被评为全国、全省检察业务专家，一名干警在最高人民检察院与中央电视台联合举办的全国检察机关优秀公诉人电视论辩赛中获最佳论辩奖，两名干警分别被评为全省检察机关优秀侦查员、优秀办案能手。 （康 珺）

【接受外部监督】 2010年，全市检察机关开展“检察开放月”“代表、委员联络月”及民行检察宣传和反渎职侵权宣传等活动，拓展接受外部监督的渠道。市检察院建立精细化、互动式的代表、委员联络工作机制，邀请人大代表、政协委员视察检察工作、参与执法活动、开展交流互动，并通过互联网络、移动通信等信息手段加强沟通联络。全年两级检察院邀请人大代表、政协委员和社会各界300余人次视察检察工作、召开座谈会以及参与接待群众来访、走访案件当事人等执法活动。6月，镇江市检察院检察长蒋伟亮带领各业务部门主要负责人做客“中国镇江”网，与广大网友在线交流。9月，市检察院创新完善接受人民监督员监督的机制，将人民监督员监督范围扩大到所有检察执法办案环节。

（康 珺）

审 判

【概况】 2010年，镇江市法院系统受理各类案件57773件，办结55211件，比上年分别上升7.18%和8.39%，结案率95.57%。其中，镇江市中级人民法院受理各类案件8728件，办结8574件，比上年分别下降7.75%和7%，结案率98.24%。全市法院系统有52个集体和81名个人受到市级以上表彰。

全年受理刑事一审案件2111件，审结2084件，比上年分别下降8.26%和7.75%，判处人犯3391人。依法从重从快审结闻国平、荆志刚等人涉黑案，陈丛辉等人南门浴场门前抢劫案等一批重大恶性案件；妥善处理社会各界高度关注的从见义勇为演变为犯罪的“毛胡子”故意伤害案。依法审结侵犯人身权、财产权犯罪案件1076件1779人，邪教组织犯罪案件1件1人，涉黑案件3件41人，毒品犯罪案件126件153人。从严惩处职务犯罪和商业贿赂犯罪，审结贪污、贿赂、渎职犯罪案件81件88人，其中县处级2人。全年判处拘役、管制和适用缓刑1454人。

全年受理民商事一审案件31464件，审结29659件，比上年分别上升14.58%和15.77%。其中，审结各类经济合同纠纷案件17234件，解决争议标的20.67亿元；妥善审结企业破产案件29件，盘活企业资产1.56亿元，协助主管部门安置职工2138人。依法受理“长城”葡萄酒商标侵权巨额索赔案等知识产权案件197件，审结157件。

全年受理行政一审案件368件，审结361件，比上年分别下降7.54%和6.48%，对12件违法具体行政行为依法进行了纠正。不断完善行政诉讼协调和解工作，通过诉前沟通、诉中协调、诉外交流等途径，妥善处理了因土地承包、房屋拆迁、劳动保障等引发的大量矛盾纠纷。配合政府法制部门抓好行政执法人员的业务培训，推进行政机关首长出庭应诉活动，不断完善司法建议与信息反馈机制，促进行政审判与行政执法的良性互动。

全年受理执行案件15822件，执结15156件，执结标的18.36亿元，比上年分别上升3.63%、6.09%和2.51%。完善党委领导、人大监督、政府支持、法院主办、社会配合的综合治理执行难的格局。通过查封扣押、公开拍卖财产等强制执行方法和“放水养鱼”、执行和解等柔性执行措施，最大限度地实现债权人的合法权益。高度重视对拖欠工程款、农民工工资和涉及特困群众案件的执行，协调好保护权益与维护稳定的关系。

民商事案件调解撤诉率63.65%，比上年上升0.55个百分点。行政诉讼经协调和解，原告自愿撤诉率46.81%，上升0.11个百分点。协调司法行政机关在全市设立19个人民调解工作室，聘用专职人民调解员24名，从工会、妇联等部门聘请特邀调解员75名。全市法院全年指导诉前调解案件3552件，调解成功3053件，诉前调解成功率85.95%。全年全市168名人民陪审员参与审理案件2457件。

2010年，全市法院全年新招录公务员32名，同时面向全国选调优秀法律人才11名。组织参加和主办培训班共41期，培训法官780人次。全市法院现有法官501名，具有大学本科以上学历的占81%。

【“十一五”期间全市审判工作概要】“十一五”期间，全市法院受理各类案件222682件，办结219915件，其中，市中级法院受理各类案件41431件，办结41273件。受理刑事一审案件11127件，审结11100件，判处人犯17373人，其中，判处十年有期徒刑以上刑罚868人，拘役881人，管制201人，适用缓刑6086人。受理民商事一审案件111987件，审结110080件，其中，审结离婚案件15767件、买卖合同纠纷案件15731件、借款合同纠纷案件17994件。受理行政一审案件1558件，审结1548件，对97件违法具体行政行为依法进行纠正。受理执行案件58715件，执结57952件，执结标的82.13亿元，执行标的额到位率82.71%。办理减刑假释案件25922件。（张传军）

【保障和服务经济发展转型升级】2010年初，市中级法院出台《关于为全市经济转型升级提供司法保障的19条措施》，通过运用政策考量、利益衡平、柔性协调、和谐司法等方式履行审判职能，依法妥善审理各类投资纠纷案件，城乡一体化建设过程中房屋拆迁、土地征收等引发的民事和行政诉讼案件，破产、强制清算案件，各类知识产权案件，各类环境侵权纠纷案件，助推全市经济发展加快转型升级。全年全市法院审结各类经济合同纠纷案件17234件，解决争议标的20.67亿元，妥善审结破产案件29件，盘活企业资产1.56亿元，协助主管部门安置职工2138人；审结各类知识产权案件157件。丹阳市法院、京口法院、镇江经济开发区法院被市委、市政府命名为“2010年度跨越发展有功单位”。（张传军）

【开展和谐共建活动】 2010年，镇江市两级法院开展“和谐乡镇、和谐社区”共建活动，与辖区机关、事业单位和乡镇（街道）、村组（社区）等签订和谐共建协议，参与共建单位开展的社会管理工作，建立矛盾纠纷的预防、发现、调处、稳控等联动机制，深入基层一线开展矛盾纠纷和不稳定因素排查调处等工作，就地化解矛盾纠纷。截至年底，建立和谐共建村镇、社区87家，其他和谐共建单位28家。（张传军）

【加强司法建议工作】 2010年，镇江市中级法院制定《加强和规范全市法院司法建议工作的意见》，使全市法院司法建议工作逐步实现经常化、规范化和实效化。全市两级法院密切关注审判领域中涉及经济发展和社会管理的各类苗头性、普遍性问题，加强分析研判，及时向有关单位、部门发出消除隐患、防范风险、强化管理的司法建议。全年发出涉及社会管理的司法建议80多条。（张传军）

【推进“阳光司法”工程】 2010年，镇江市两级法院健全审判信息网上查询系统，扩大审务公开领域，增强审判、执行工作的透明度。开展“法院开放日”活动，让社会公众全面了解、理解、支持和监督法院工作。利用政府门户网站“镇江论坛”在线回复平台，加强与网民沟通交流，全年回复网民提问333个。在全市镇村和街道社区设立民意联系点和诉讼服务点，收集、梳理、分析和落实民意，使法院工作更加贴近社情民意。（张传军）

【开展涉诉信访案件集中处理活动】2010年，镇江市两级法院开展重点涉诉信访案件集中处理活动，严格执行“四定一包”（定时间、定人员、定领导、定责任，包案处理）责任制，落实领导接访、带案下访、督查督办、教育疏导、救助救济等工作制度。坚持把依法处理信访与解决当事人实际生活困难有机结合起来，最大限度做好息诉罢访工作。坚持一案一策，逐案分析原因，逐案研究方案，逐案定人跟踪，逐案落实措施，确保取得实效。全市法院纳入集中化解范围的505件涉诉信访案件基本化解。（张传军）

【完善司法为民措施】 2010年，镇江市两级法院加强和改进以立案窗口为主体的诉讼服务中心建设，为当事人提供导诉导访、法律咨询、案件受理、诉前调解、司法救助、判后答疑等“一站式”全程诉讼服务。继续推行上门立案、预约开庭、电子签章、假日法庭、夜间法庭等便民举措。不断创新巡回审判机制，完善巡回审判网络。全市法院设立交通事故、劳动争议、消费者权益保护等巡回法庭12个、巡回审判点32个。全年巡回审判2186次，审结案件2053件。推行简易案件速裁机制，全年运用速裁机制审结民商事案件24025件。（张传军）

【开展集中清理执行积案专项活动】2010年，镇江两级法院继续开展集中清理执行积案专项活动，严格落实“五定一包”（定承办人员、定督办领导、定执行措施、定执行期限、定目标责任，重点案件领导包案）清案责任制，对列入清理范围的案件摸底排查，逐案建立台账和提出解决方案，开展“百日执行会战”“执行风暴”等专项活动，完善执行威慑联动机制，健全基层协助执行网络，通过开辟执行“110”、区域会战、驻点执行、交叉执行等执行措施，确保清案效果。全市法院纳入清理范围的4664件程序终结案件全部清理完毕。（张传军）

司法行政

【概况】 2010年，全市司法行政系统发挥职能作用，开展“创先争优”“公正廉洁执法”主题实践活动，优化机关效能建设，推进律师队伍警示教育和基层法律服务工作者集中教育整顿，改进法律服务业行风建设，各项工作取得新进步。2010年7月27日，市六届人大常委会第二十三次会议审议全市人民调解和大调解机制建设情况，认为近年来人民调解工作和大调解机制建设效果明显；2010年8月31日下午，市政协视察司法行政工作后指出，近年来市司法行政部门在开展法制宣传教育、促进经济跨越发展、维护社会和谐稳定方面为全市经济社会发展作出贡献。

矛盾纠纷调解。加强辖市（区）、镇（街）两级调处中心规范化建设，在全省率先推行调解工作流程和格式文本“一本通”。召开全市人民调解暨诉调对接推进会，与市综治办、公安局、卫生局联合出台《关于进一步加强城区医患纠纷人民调解工作的意见》，促进医患纠纷调解规范化运作。与市法院、检察院规范细化对接办法，完善人民调解、司法调解与行政调解的联调对接机制，在人民法院（人民法庭）设立“人民调解室”19个，与57个公安派出所实现公调对接。集中开展化解矛盾纠纷专项攻坚活动，开展民生类、发展类社会矛盾纠纷的排查调处。全市各类调解组织共组织开展矛盾纠纷排查10260次，受理纠纷15029件，调解纠纷14969件，调解率99.6%；调解成功14731件，调解成功率98.5%。中央电视台《社会与法》栏目对镇江市律师参与社会矛盾化解工作给予专题报道。

社区矫正和安置帮教。社区矫正工作建成网络监管系统，对重点社区服刑人员实施移动定位监管，开展心理矫治，推进矫正协会建设，进一步规范社区服刑人员监督管理。2010年，全市接收社区服刑人员1273名，解矫1066名，全市在册社区服刑人员1803人，无重新犯罪。安置帮教工作加强刑释解教人员信息管理平台建设。将符合条件的刑释解教人员纳入社会保障和社会救济体系，延伸帮教，开展对服刑人员的释前就业培训。2010年,全市新接收刑释解教人员690人,安置649人,安置率达94.1%,帮教率达100%。

法制宣传。推进普法活动,发挥领导干部学法龙头作用,深化小学法制教育,开展"加强法制宣传教育,促进社会矛盾化解"主题宣传、"与法律同行,与和谐同在"普法进企业等活动,宣传宏观调控、投资开发、国际贸易、改善民生等方面的法律法规,提高法制宣传对经济社会发展的贡献份额。加强法治文化建设,与民生频道联合推出《法治进行时》栏目,命名10个市级法治文化建设示范点,打造镇江市青少年法制宣传教育基地、龙吟坊价格普法一条街、葛仙湖法治文化公园等法治文化基地。深化法治实践,推进民主法治村建设,京口区华润社区"135民主议事"模式被省推广。开展"五五"普法考核验收工作,省考核验收组认为,镇江市"五五"普法"推进有力有序,亮点品牌点面结合,实际效果精彩纷呈,保持了'四五'普法以来良好势头,始终居于全省第一方阵"。

法律服务。开展"后发先至、法律助航"专项活动,成功举办"创业·合作·发展"大型法律服务推介会,与市发改委签署《充分发挥法律服务保障职能,更好地服务大项目建设和经济转型升级合作备忘录》,联合出台《为全市重大项目建设提供法律服务的意见》。在市法律援助中心、镇江市公证处、中坚汇律师事务所、江成律师事务所、汇典律师事务所等5家单位建立镇江市大学生法律服务创业实践基地。举办"政府投资项目法律服务"报告会,开展"走进新区、牵手新企"等系列活动。律师业在全省率先出台《申请律师执业人员实习考核细则》,加大对实习律师的考核力度。律师协会实习考核委员会举办实习律师专门考核,对在律师事务所实习满一年的实习律师进行面试,严把律师入口关,完善律师行业管理机制。加强律师业党建工作,健全组织体系,强化教育管理,开展"律师党员志愿者和谐镇江服务行"活动。2010年,全市通过年检注册律师事务所41家,注册执业律师415名,全市律师担任法律顾问4190家,办理法律事务13710件。截至2010年底,全市公证机构7家,公证员40人,公证机构办理公证26186件,其中镇江市公证处办理公证15000余件。全市面向社会服务的司法鉴定机构7家,司法鉴定人员59人,全年出具鉴定文书3649份,鉴定结论采信率99%以上。组织完成2010年司法考试组织工作,有725人报名参加考试,137人通过考试,通过率18.9%。

法律援助。加强法律援助规范化建设,出台《法律援助工作站管理办法》《关于进一步加强法律援助机构窗口建设的意见》。将与困难群众生产生活密切相关的假冒农资、环境污染、征地拆迁等事项纳入法律援助范围,建立经济适用房社区法律援助工作站,开辟涉农法律援助绿色通道。开展"关爱新市民、服务零距离"法律援助活动,开展全市十大法律援助案件评选,江洲律师事务所代理的唐瑞贤道路交通事故人身损害赔偿案被评为江苏省法律援助十大优秀案件。2010年,全市法律援助专职律师23人,全年全市法律援助机构接受群众咨询10536人次,办理法律援助案件2290件,增幅达16.5%,人民群众满意率98%以上。 (王 勇)

2010年4月28日,市司法局召开法律服务推介会 (张旭峰)

【"十一五"期间全市司法行政工作概要】 "十一五"期间,全市司法行政系统受理各类矛盾纠纷54390件,调处矛盾纠纷54381件,调解成功52106件,调解成功率95.8%,其中,两级调处中心直接受理调处11582件,调解成功10424件,调解成功率90%。全市接收社区矫正对象5483名,解矫3737名,无重新犯罪。300万人次接受"五五"普法教育,普及率95%,公务员、农民、企业经营管理者和青少年学生等重点对象普及率98%。办理法律援助案件7430件,接受咨询30771人次,群众满意率95%。 (王 勇)

【开展法律助航专项活动】 2010年3月至年底,市司法局整合律师、公证、司法鉴定、基层法律服务等法律服务资源,集中开展法律助航活动。全市法律服务人员走访企业29495家,制定服务企业转型升级办法及其措施780条,向企业发送"联系卡""咨询函"14342个,为企业答疑、会诊19123人次,办理涉及企业转型升级法律事务888件,办理重大投资项目法律业务377件,针对企业开展特色业务或定制业务3172件,促进企业转型升级。公证业服务全市大项目和招投标中心建设,创新开展农村金融公证业务并被向全省推广。市政府法律顾问团提出的《关于利用私募股权基金的资金和价值创造优势,促进镇江经济跨越发展的法律建议》,得到市长刘捍东的批示肯定。 (王 勇)

【举办"创业·合作·发展"大型法律服务推介会】 2010年4月28日,市司法局整合法律服务资源在一泉宾馆举行"创业·合作·发展"大型法律服务推介会。会议就企业知识产权维权、企业融资法律服务、企业涉外贸易注意事项、中小企业"创业"升级法律服务等问题进行重点推介。江苏船山集团、大全集团、华东泰克西、现代园林建设公司等40家国企、中小企业、创新型和外资企业代表,以及来自江苏大学、江苏科技大学的50名法学、经管等专业应届毕业生参加推介会。 (王 勇)

【《法治进行时》栏目开播】 2010年11月1日,市司法局、市普法办与镇江民生频道共同打造的普法宣传电视栏目《法治进行时》开播。该节目通过发生在镇江本地案例的讲述和解析,用身边事教育身边人,向市民普及法律知识、传播法治精神。与以往同类节目相比,《法治进行时》更加突出节目的新闻性、思想性、服务性、监督性和可视性,栏目每期时长

15 分钟，分为案件回顾、市民点评、专家观点等三个环节。（王 勇）

【社区矫正网络监管系统建成】 2010 年，镇江市建成社区矫正网络监管系统，该系统具有数据录入、检索、分析功能，设置心理矫治、风险评估、审前调查等功能模块，并对全市 160 名严管对象实行实时移动定位监管，该系统建成使用标志着全市社区矫正工作信息化建设达到新水平。（王 勇）

【镇江市首个安置小区法律援助工作站成立】 2010 年 10 月 28 日，全市首个安置小区法律援助工作站在润州区凤凰家园社区成立。这是法律援助职能向安置小区延伸，推行零距离便民、利民服务的一项新举措，将有助于把事后维权转为事前预防，从源头上预防和减少侵害弱势群体、困难群众合法权益事件的发生。同日，组织法官、律师、劳动争议仲裁员、公证员举办"关爱新市民，服务零距离"法律援助专项服务活动，为社区群众提供法律咨询，发放各类宣传资料。（王 勇）

【镇江市建立首个价格普法一条街】 2010 年 6 月 5 日，全市首个价格普法主题街区在"我家山水"龙吟坊特色商业街落成。省物价局党组书记、局长周卫国，市委常委、常务副市长陈照煌参加启动仪式并为主题街区揭牌。（参见第 122 页）（王 勇）

【江苏大学司法鉴定所通过国家级资质认定】 2010 年 7 月 31 日～8 月 1 日，中国合格评定国家认可委员会（CNAS）专家评审组对照国家检查机构认可和计量认证/审查认可准则要求，对涉及法医临床、法医病理两个领域的损伤程度、伤残程度和死亡原因鉴定等 3 个项目的技术能力，对江苏大学司法鉴定所进行现场评审。8 月 1 日，江苏大学司法鉴定所顺利通过中国合格评定国家认可委员会对该所申报的国家检查机构认可和计量认证/审查认可（17020）A 类两个领域 3 个司法鉴定项目进行的"二合一"现场评审，成为江苏省首家通过这类国家检查机构"二合一"双认证的司法鉴定机构。（王 勇）

【"唐瑞贤道路交通事故人身损害赔偿案"入选江苏省法律援助十大优秀案件】 镇江市江苏江洲律师事务所律师张广武代理的"唐瑞贤道路交通事故人身损害赔偿案"入选 2009 年度江苏省法律援助十大优秀案件。该案历时 3 年，共进行 4 次诉讼。在案件审理过程中，代理援助律师尽职尽责，不辞辛劳，适时、恰当地提出缓交诉讼费、调取证据、延期举证、中止审理、查封和封存财产、先予执行等数十次申请，均得到法院支持，终于使受援人获得 160 万元经济赔偿的法院判决。这是镇江市法律援助案件首次被评为江苏省法律援助十大优秀案件。（王 勇）

【江苏省司法警官高等职业学校】 2010 年，江苏省司法警官高等职业学校有教职工 180 人，其中民警 154 名，工人 26 名，专任教师 106 名，具有硕士以上学位教师 31 名，讲师 56 名，副高级以上职称教师 17 名。有全日制五年制高职学生总数 2803 名，开办刑事执行（刑事执行方向、社区矫正方向）、法律事务（基层法律服务方向）、安全防范技术（安全防范管理）和司法信息技术（司法信息管理方向）等 4 个专业 5 个方向。2010 年，学校被评为江苏省司法行政系统先进集体，并荣立江苏省监狱系统集体三等功。2010 年，学校实际招生 515 名，毕业生就业率 95%，其中，考取监狱劳教特殊职位公务员的学生 314 名，占毕业生总数 51.4%。

2010 年，学校推进精品课程建设计划的落实，有 5 门专业课程被遴选为校级精品课程，其中"罪犯心理矫治实务"被评为江苏联合职业技术学院精品课程建设项目，获 8 万元科研经费。在精品课程建设的带动下，教学工作得到加强，通过实施学生分类教育、开展学风建设周活动以及严格学籍管理等途径促进学风好转。通过召开各专业委员会会议、校外实训基地负责人会议、修订与实施新一轮人才培养方案，落实学生见习计划和举办全校性学生职业技能大赛 13 场。加强基础设施建设，全年投入近 500 万元，建成网络综合实验室和警体搏击训练场，完成校园道路改造工程、专业科教师办公楼维修改造工程。

年内学生中获得国家励志奖学金 33 人，获得国家助学金 137 人，被评为省级优秀学生干部 1 人，被评为镇江市优秀学生（或学生干部）12 人。通过举办英语歌咏大赛、"责任担当"主题演讲比赛，组织文艺汇演，加强校园文化建设，开展"学文明礼仪，迎世博盛会"主题活动、"五四"表彰暨新团员宣誓仪式，以及创办《警苑快讯》等，发展学生个性，培养学生人文素质，增强学生对社会主义核心价值体系的认同感。

发挥全省司法行政系统民警培训基地和江苏省监狱系统监区长学校培训职能，全年承办镇江监狱民警实战技能培训班 7 期 350 名；举办警衔晋升、军队转业干部和科监区长轮训等培训班 12 期，培训民警 2163 人次；指导 25 个基层单位民警培训中心培训民警 1023 人次；承办江沪浙鲁赣皖六省市科监区长联合培训班 1 期，培训民警 110 人次。

实施"青蓝工程""名师工程"，推进教师素质能力建设和教科研能力提升。2010 年通过公务员招录途径又引进 3 名硕士研究生充实教师队伍；全年派出教师 100 余人次参加各类业务进修、省市学术研讨会、论著通稿会和课题论证会。召开全校性科研成果评审会和论文研讨会，评选出优秀科研成果 14 项，优秀论文 14 篇；编写出版校本教材 5 本，有 43 篇论文在省级以上刊物发表，有 16 人次在省级以上学术活动中获奖；完成研究课题 12 项，承担新课题 10 项，其中，首次获批国家社会科学基金青年项目 1 项，获得 10 万元科研经费。（高汝成）

【镇江监狱】 2010 年，镇江监狱推进执法规范化建设。加强民警公正文明执法教育，保障罪犯合法权益，及时转递罪犯申诉、检举信件，全年未发生罪犯向上级机关反映执法不公的诉求。落实宽严相济刑事政策，用足减刑比例，扩大假释使用范围，开展短刑期罪犯每月呈报一次减刑的工作。完善与驻监检察室联席会议制度，聘请社会人大代表担任执法监督员，强化廉政效能监察工作，加强对罪犯计分考核、狱政法律奖惩等工作的过程监督。严格罪犯饮食卫生管理，严格执行罪犯伙食实物量标准。强化罪犯内务卫生管理，加强卫生检查考核，每季度评比"文明卫生监区"，为罪犯提供健康改造环境。加强罪犯医疗管理，实行医院医生到监区巡诊制度，畅通罪犯医疗急救"绿色通道"；实施全球基金结核病项目，对全监罪犯进行摄片筛查。

教育改造。2010 年，镇江监狱贯彻落实首要标准，提升教育改造质量。推行教育管理模式，抓好教材体系、课程设置和师资建设，发挥罪犯教育网、有线电视网、广播网和《启明报》等媒体作用，开展思想、法制、形势教育，确保教育实效。推进心理健康指导中心规范化建设，规范监区心理健康辅导站工作流程，增设专家咨询室和家庭资讯室等，省司法厅两次以简报形式推介镇江监狱心理矫治做法。严格罪犯出入监评估，完善改造质量中期评估工作，重点加强落实个别化矫正方案；改进评估激励方法，规范考核程序，提高考评激励效果；召开改造质量评估矫正个案交流研讨会，化解评估难题，在全省罪犯个案矫正论文评比中，镇江监狱两篇论文分获一、二等奖。完善“三期”（适应期、强化期、巩固期）、“三级”（全训级、减训级、免训级）新犯集训模式，实施心理健康教育培训合格证、入监集训培训合格证、按期分流计分考核合格证“三证”制度。

队伍建设。镇江监狱推行支部创建工作目标责任制，建立民警廉情分析预警机制，逐级进行廉政谈话。开展“警示教育月”活动，组织警示案例剖析点评和“算账对比”座谈讨论，加强政治纪律、组织纪律、工作纪律教育，开展“执法大培训，岗位大练兵”活动，加强队伍专业化建设，推荐优秀民警报考在职硕士研究生，与扬州大学联办心理学本科班，组织全监55周岁以下民警参加擒敌技能轮训，基本达到“一对一能克敌制胜”“一对多能化险为夷”的培训目标，其做法被司法部简报转发。举办首届“新龙杯”迎新春才艺表演大赛暨新春文艺汇演。2010年，镇江监狱被评为全国监狱劳教工作先进集体、江苏省文明单位。2010年，镇江监狱连续实现第12个监管安全年，被评为全省监狱系统上海世博会安全保卫工作先进集体。（杨景旭）

仲 裁

【概况】 2010年，镇江仲裁委员会以维护市场经济秩序为立足点，提高案件质量，仲裁各项工作稳步发展。全年办理仲裁案件221件，涉案标的额1.7亿元。其中调解、和解率56%，涉案类型有建设工程施工合同纠纷29件，占受案数13%；保险合同纠纷17件，占受案数8%；租赁合同纠纷7件，占受案数3%；商品房买卖合同纠纷62件，占受案数28%；房屋拆迁纠纷34件，占受案数量的15%；其他案件72件，占受案数量的33%。全年无被法院撤销及不予执行案件。全年接待当事人咨询330余人次。全年受理案件数量和标的额都超过预定工作目标，仲裁事业呈现出良好发展态势。

强化案件审限管理，加快案件审理节奏。提高案件结案率，明确要求审限结案率达90%以上，对超期的案件逐个梳理，针对影响案件期限的问题分析对策，提出结案时间，并按照工作责任制严格考核。加强制度建设，从组庭环节、案件管理、仲裁员管理等方面规范办案流程；建立当事人意见反馈制，把案件当事人的满意度作为评价仲裁员和办案秘书工作的出发点和落脚点。继续深化仲裁网络管理，在辖市（区）以及消费者协会等设立9个仲裁办事处，在市各大中型企业聘请140名仲裁联络员，使仲裁制度深入到各个相关行业部门。推行专家咨询会商制度，以公平公正解决仲裁案件审理过程中的疑难问题，全年对9件不同类型案件组织专家咨询会商，提高办案质量。（朱 明）

【“十一五”期间镇江仲裁委工作概要】 “十一五”期间，镇江仲裁委受理案件960件，涉案标的额8.13亿元，分别是“十五”期间的17倍和8倍，无被法院撤销及不予执行案件。仲裁员素质获得新提高，至2010年底，镇江仲裁委员会有仲裁员174人，其中教授兼仲裁员25人，律师兼仲裁员48人，其他具有高级职称的仲裁员36人，外籍仲裁员2人。

“十一五”期间，仲裁体制改革形成新思路。一是以快捷处理案件为指导，坚持快立、快审、快调、快结“四快”处理仲裁争议，镇江仲裁委员会在审限内结案率达80%以上。二是以调解为突破口，力争案件在仲裁程序得到解决。不服仲裁裁决向人民法院申请撤销裁决的案件为5%，大部分案件在仲裁程序得到解决。（朱 明）

【推行仲裁解决纠纷机制】 2010年，镇江仲裁委员会针对受案集中的商品房买卖、建设工程及其他买卖合同情况，加强与房地产交易、公证、招投标、工商部门的联系与沟通。参加工商部门组织的业务会议，向各辖市（区）工商合同管理部门宣讲仲裁法，与市工商局联合起草《关于建立工商合同争议调解与仲裁对接联动机制的意见》。围绕运用仲裁手段服务金融领域，向全市各商业银行负责人做重点宣传。同时加强与法院、律师协会的联系沟通。在处理仲裁管辖、仲裁保全、仲裁执行过程中争取中级法院有关业务庭的支持。以“推行仲裁解决纠纷机制”为主题与市律师协会进行座谈交流。（朱 明）

【某投资集团公司与陈某拆迁补偿协议纠纷案】 2010年4月，申请人某投资集团公司到镇江仲裁委员会申请仲裁，因与被申请人陈某双方签订拆迁补偿协议后，被申请人陈某以种种理由拒不交付房屋，给城市改造项目的进行造成极大阻碍。镇江仲裁委员会坚持公平、公正、效率、合法的原则，在一个月内就拆迁补偿方案进行6次调解，最终促成双方达成调解协议，圆满解决本案争议。（朱 明）

典型案例

【江苏省丹阳职业高级中学原校长魏铭亚受贿案】 2009年12月30日，丹阳市人民检察院以涉嫌受贿罪对江苏省丹阳职业高级中学（丹阳市职业技术教育中心）校长魏铭亚立案侦查，2010年1月11日经镇江市人民检察院决定逮捕，4月26日向丹阳市人民法院提起公诉。经审查查明，1999年7月至2009年4月，被告人魏铭亚担任江苏省丹阳职业高级中学（丹阳市职业技术教育中心）校长、校党总支书记期间，利用职务便利，多次非法收受徐习者、江口征成（日籍华人）、江苏教育国际咨询有限公司、王木书、王金召、陈焕煊等贿赂财物计137.50万余元，并为他人谋取利益。2010年6月8日，丹阳市人民法院一审以被告人魏铭亚犯受贿罪判处有期徒刑13年，并处没收财产20万元。（康 珺）

【江苏大学基建处原调研员胡建华受贿案】 2010年6月30日，镇江市京口区人民检察院以涉嫌受贿罪对江苏大学基建处原调研员胡建华立案侦查，7月13日经镇江市人民检察院决定逮捕，8月31日向京口区人民法院提起公诉。经审查查明，2002年5月至2010年春节前，被告人胡建华利用原担任镇江医学院附属医院副院长、江苏大学附属医院副院长、江苏大学基建处副处长、调研员的职务便利，在负责工程基建等过程中，先后14次收受施工单位人员贿赂13.5万元、购物卡7000元、中石化加油卡3万元，并为他人谋取利益。10月8日，镇江市京口区人民法院一审以被告人胡建华犯受贿罪判处有期徒刑十年，并处没收财产5万元。（康 珺）

【镇江市轻工资产经营有限公司财务审计部原主任黄文亮玩忽职守案】 2010年4月23日，镇江市京口区人民检察院以涉嫌玩忽职守罪对镇江市轻工资产经营有限公司财务审计部原主任黄文亮（因犯受贿罪、挪用公款罪于2009年3月30日被判处有期徒刑9年，并处没收财产6万元，尚在服刑）立案侦查，7月16日提起公诉。经审查查明，2005年1月至2007年10月，被告人黄文亮在原担任镇江市轻工资产经营有限公司财务审计部主任、改革领导小组办公室副主任，镇江市轻工化工物资行业管理办公室改革发展处处长、改革领导小组办公室副主任期间，代表政府履行对企业改革专项资金的拨付、监督、管理等职责，将镇江市财政局拨付至镇江市轻工资产经营有限公司用于破产企业职工安置的企业改革专项资金600余万元，以转账支票及现金的方式交付给镇江市塑料五厂留守组成员杨麟，其后被告人黄文亮未履行对企业改革专项资金监督、管理的职责，致使杨麟以转账套现或直接提现的方式，将上述款项用于赌博及个人消费而未能追回，造成公共财产、国家和人民利益遭受重大损失。被告人黄文亮具有自首情节。2010年9月19日，镇江市京口区人民法院一审以被告人黄文亮犯玩忽职守罪，判处有期徒六个月，连同前罪判处的有期徒刑九年，并处没收财产6万元，决定执行有期徒刑9年2个月，并处没收财产6万元。（康 珺）

【从见义勇为演变为犯罪的“毛胡子”故意伤害案】 2010年12月9日，镇江市中级人民法院对从见义勇为演变为犯罪的“毛胡子特色排档”业主戴宏富作出一审判决，以犯故意伤害罪判处戴宏富有期徒刑3年，缓刑4年。

2010年7月24日晚11时许，被害人何乃文伙同陶某某等人至镇江新区大港镇欲与他人斗殴，后因其他原因未实施斗殴。次日凌晨1时许，何乃文、陶某某等人酒后经过大港镇赵声路时，对路过的女青年朱某某、刘某某进行追逐、调戏。后朱、刘二人进入被告人戴宏富开设的“毛胡子特色排档”躲避，何乃文等人追至该排档继续滋事，被告人戴宏富让何乃文离开，双方发生争执，陶某某即掀翻一张桌子并率先殴打戴宏富，之后双方相互扭打。在打斗过程中，何乃文用碎啤酒瓶砸伤戴宏富头部，随即逃离现场。被告人戴宏富即持刀追至排档附近“怡人宾馆”东侧路中央处，从身后搂住被害人何乃文颈部对其胸腹部各刺一刀，致何乃文经抢救无效死亡。经法医鉴定，何乃文系被他人运用单面刃锐器捅戳胸部致心脏破裂失血性休克死亡；戴宏富之损伤属轻微伤。案发后，被告人戴宏富主动打电话向公安机关报警。在法院审理期间，被告人戴宏富能积极赔偿被害人何乃文亲属的经济损失，双方就民事赔偿达成调解协议，被害人何乃文亲属也向法院出具谅解书，表示谅解被告人戴宏富，建议法院能对其减轻处罚并适用缓刑。

镇江市中级法院经审理认为，被告人戴宏富在两名女青年被他人纠缠、骚扰时，能制止对方的不法行为，该行为属见义勇为。但在双方发生争执后，特别是当被害人何乃文用碎啤酒瓶对被告人戴宏富实施侵害后已逃离现场的情况下，作为不法侵害已经结束，被告人戴宏富仍持刀追赶，并出于激愤持刀捅刺被害人何乃文胸、腹部两刀，致被害人何乃文死亡，被告人戴宏富的行为从初始的见义勇为转变成故意伤害对方的行为，故构成故意伤害罪。综合考量被告人戴宏富的犯罪事实、犯罪性质、情节、犯罪前后表现、社会危害程度等，认为适用缓刑不致再危害社会，且已落实帮教、监管等措施，对其可适用缓刑，遂依法作出上述判决。（张传军）

【陈丛辉等人南门浴场门前抢劫案】 2010年11月1日，镇江市中级法院对陈丛辉等3人抢劫案作出一审判决：以犯抢劫罪，判处被告人陈丛辉死刑，剥夺政治权利终身，并处没收个人全部财产；以犯盗窃罪判处被告人张云峰有期徒刑5年，并处罚金15000元；以犯盗窃罪判处被告人张胜柱有期徒刑5年，并处罚金15000元。

2010年4月7日，被告人陈丛辉伙同被告人张云峰、张胜柱携带二把弹簧刀等作案工具驾车从黑龙江省佳木斯市出发到南方实施盗窃。4月11日中午12时许，被告人陈丛辉、张云峰、张胜柱驾车到镇江市南门浴场附近实施盗窃，其中张胜柱负责驾车接应，张云峰负责望风，由陈丛辉打开一辆奥迪轿车副驾驶室车门，窃得车内现金10000元，皮夹2个及皮夹内现金1320元、购物卡等，当陈丛辉行窃得手正欲离开时，被南门浴场业主施玉亮发现，陈丛辉、张云峰、张胜柱即分头逃跑，在施玉亮追捕被告人陈丛辉的过程中，陈丛辉用弹簧刀对施玉亮左侧胸部猛刺一刀，施玉亮被送至医院经抢救无效死亡。经法医鉴定，被害人施玉亮系被他人运用单面刃锐器捅戳胸部致心脏破裂失血性休克而死亡。

镇江市中级法院经审理认为，被告人陈丛辉、张云峰、张胜柱以非法占有为目的，秘密窃取他人财物，数额巨大，且系流窜作案，情节严重；被告人陈丛辉又当场使用暴力抗拒抓捕，致一人死亡，被告人陈丛辉的行为已构成抢劫罪，被告人张云峰、张胜柱的行为已构成盗窃罪，遂依法作出前述判决。（张传军）

【江瑞生受贿、挪用公款、滥用职权案】

2010年7月29日，镇江市丹徒区人民法院对镇江市丹徒区粮食局原局长、镇江市丹徒化肥厂原厂长江瑞生受贿、挪用公款、滥用职权案作出一审判决：被告人江瑞生犯受贿罪，判处有期徒刑10年，并处没收财产8万元；犯挪用公款罪，判处有期徒刑5年；犯滥用职权罪，判处有期徒刑1年；决定执行有期徒刑14年，并处没收财产8万元；被告人江瑞生尚未退出的受贿赃款9.82万元，继续予以追缴。

2005年中秋节至2009年7月间，被告人江瑞生在担任镇江市丹徒区粮食局局长、镇江市丹徒化肥厂厂长期间，利用提拔干部、支付货款等便利条件，先后55次在单位办公室和自己家中非法收受他人财物29.82万元。2008年6月5日，被告人江瑞生利用担任镇江市丹徒区粮食局局长的便利条件，擅自将由镇江市丹徒区粮食局代管的下属单位丹徒区粮食干部学校的公款20万元，用于偿还其个人向黑龙江丰德经贸有限公司经理赵某某的借款。2008年10月13日已归还公款19万元，余款1万元于2009年2月13日归还。2009年4月，被告人江瑞生在担任镇江市丹徒区粮食局局长期间，主持该局工作的副局长张志俊（另案处理）就其粮食局欲为下属单位丹徒区高资粮管所借款担保一事向被告人江瑞生请示时，被告人江瑞生违反《中华人民共和国担保法》的相关规定，超越职权，同意由镇江市丹徒区粮食局为高资粮管所向个体户王某某借款400万元提供担保。因高资粮管所严重亏损，资不抵债，未能偿还到期借款，王某某要求镇江市丹徒区粮食局履行担保责任，代为偿还借款。镇江市丹徒区粮食局于2009年8月至2010年1月间，先后2次代丹徒区高资粮管所偿还向王某某的借款计270万元，从而造成镇江市丹徒区粮食局270万元的直接经济损失。

镇江市丹徒区人民法院经审理认为，被告人江瑞生身为国家工作人员，利用职务上的便利，非法收受他人财物29.82万元，并为他人谋取利益；又利用职务上的便利，挪用公款20万元归个人使用，且超过3个月未还，情节严重；期间，被告人江瑞生还违反法律规定行使职权，造成公共财产270万元的重大损失，其行为分别触犯刑法，构成受贿罪、挪用公款罪、滥用职权罪。被告人江瑞生犯数罪，应当实行数罪并罚，遂依法作出上述判决。（张传军）

综合经济管理

责任编校：毛向阳

发展规划管理

【概况】 2010年，全市经济保持“高开稳走”的良好态势，地区生产总值1956.64亿元，比上年增长13.3%；全社会固定资产投资1327.08亿元，增长31.3%，全面完成年度目标任务。

市发改委集中力量组织编制全市“十二五”总体规划纲要。规划总结“十一五”发展成就，分析“十二五”形势和阶段性特征，提出“率先迈入基本现代化，基本建成产业发达、创新创业、和谐幸福的现代化山水花园城市”的总体目标。并用“一个率先、两个翻番、三个高于、两大显著”具体勾画跨越发展蓝图。一个“率先”，即率先迈入基本现代化；两个“翻番”，即人均GDP(地区生产总值)和居民收入实现五年翻番；三个“高于”，即服务业增加值占GDP比重、城市化率和研发经费支出占GDP比重三个指标要高于全省平均水平；两大“显著”，即显著增强创新创业能力和居民幸福感。规划还从“创新引领新发展”“打造山水花园新城市”“建设幸福和谐新镇江”“构筑区域协调发展新格局”四大方面，提出“十二五”发展的十三项重点任务，紧扣“跨越发展、创新驱动、绿色增长、和谐共享”的总要求，进一步明确规划实施的保障措施和重大工程。

2010年，镇江市服务业增加值占GDP比重达39%。现代物流、金融业等9大行业实现营业收2019亿元，是2007年914亿元的2.21倍，如期实现现代服务业三年翻番目标。惠龙钢铁物流中心、丹阳眼镜城、镇江科创园、句容科创园4个省级服务业集聚区快速发展，实现营业收入150亿元。帮助西津渡文化产业园、镇江港口综合物流基地申报省级服务业集聚区，西津渡文化产业园获批。贯彻执行省政府《关于进一步加快发展现代服务业若干政策的通知》，确保政策落实到位。引导金融机构加大支持服务业力度。争取国家和省服务业专项，争取资金超过2000万元，资金数和项目数位居全省前列。

2010年，镇江市提出新兴产业爆发式增长的战略目标，把转型发展作为“十二五”规划的重要内容。研究制定全市新兴产业发展指导意见，提出镇江市新兴产业发展重点和阶段性目标。研究出台发展新兴产业的优惠政策，重点对龙头型、基地型新兴产业重点项目，在土地供应等10个方面优先给予安排和支持。围绕五大新兴产业，分解投入目标，建立统计制度，加强考核检查，确保新兴产业投资实现翻番。协调优惠政策重点向特色基地倾斜，加快基地内新兴产业项目建设，力争尽快建成一批在省内知名、特色突出、优势明显的省级特色基地。上年新增丹徒二重重型装备、丹阳碳纤维和新区飞机零部件3个特色产业基地，占全省新批基地的十分之一。建立新兴产业联席会议制度，营造新兴产业发展优良服务环境，切实推动各地区新兴产业发展。抓紧制定《镇江市新兴产业发展督查考核办法》《市新兴产业协调推进工作制度》和《镇江市省级特色产业基地建设工作制度》三项制度。

(邵　教)

【继续保持投资持续平稳增长】 一是在上年实现千亿投资的基础上，市发改委编制2010年的投资计划，确保投资增幅达30%以上，投资总量超1300亿元，产业投资超千亿元。二是为强化投资的项目支撑，对全市总投资1000万元以上项目进行摸底调研，排出投资亿元以上项目459个，总投资3050亿元，当年计划投资950亿元。三是在扩大投资规模的基础上，强化对投资质量，特别是优化投资结构的引导。对投资和项目推进月度评估办法进行完善，将“服务业产业投资”和“新兴产业投资”两项考核指标作为重要指标列入评估考核体系。四是进一步完善激励机制，对在2009年度固定资产投资和项目建设先进集体和个人进行表彰奖励。

2010年，全社会固定资产投资完成1327.1亿元，增长31.3%；规模以上投资完成1031.4亿元，增长23.6%；城镇规模投资完成749.4亿元，增长23.5%。规模投资增幅和城镇规模投资增幅连续24个月保持全省第一。在投资规模不断扩大的同时，投资促转型成效初步显现，主要表现在：新兴产业投资明显加快，2010年完成投资227.2亿元，增长106.1%。服务业投资强度加大，服务业规模投资增长37.9%，高于全市规模投资增幅14.3个百分点；服务业规模投资占全部规模投资的39.2%，比上年提高4.1个百分点。

(蒋红武)

【服务业主要指标增速位居沿江各市前列】 2010年，全市实现服务业增加值763亿元，服务业规模投资完成404亿元，增长37.9%；社会消费品零售总额559亿元，增长18.9%；服务业税收83亿元，增长39.8%。服务业税收增速、投资和社会消费品零售总额增速列沿江八市第一位和第二位、服务业占比位居全省第五位。

(陈长之)

【参与长三角区域合作】 2010年，镇江市在做好南京区域、长江沿岸城市协调会日常工作的同时，重点做好长三角区域合作。参加长三角协调会第十次市长会议。市领导发表“放大世博效应，推进跨越发展”的大会主题发言，共同签署《长三角城市合作（嘉兴）协议》。筹划承办第11次市长会议方案。为开好这次会议，并在会议内容和形式上有所创新，市领导带队赴上海与长三角协调会办公室进行沟通和磋商，多次专题研究会议筹备工作方案。协调推进城市合作专题。围绕长三角第十次市长会议确定的深化长三角金融合作、长三角医疗保险合作、长三角园区共建、长三角异地养老、长三角现代物流业整合和提升、长三角区域农业合作研究等专题，落实参加的责任部门和人员，加强督查协调。

（戴永卿）

【开展对口支援工作】 2010年，镇江市做好对口支援西藏达孜县、陕西渭南市、湖北秭归县，做好对口支援新疆建设兵团农四师的准备工作。根据省对口支援资金和任务要求，与对口地区磋商，排定援建项目，分解落实援助资金和任务，以文件形式下发到各辖市（区）和市相关部门，明确目标任务。筹措援助资金，帮助对口地区发展基础设施和社会公益项目，市本级和各辖市（区）财政出资500万元，援建西藏达孜县金虎大道、镇江公园，陕西渭南市农田灌溉、人畜饮水、奶羊养殖，湖北秭归县三峡工程希望小学等一批项目。加强与西部地区的经济合作，实现双赢发展。一是组团参加“西洽会”，完成投资、贸易、科技各类合作项目36个，项目协议总额为51.1亿元。二是组织江苏鱼跃医疗设备股份有限公司、江苏沃得机电集团、江苏中彩印务股份有限公司、江苏万泰科技股份有限公司、镇江环太硅科技有限公司、丹阳江南面粉有限公司和镇江万新光学眼镜有限公司等7家企业赴达孜县考察洽谈，分别与达孜县政府签订合作项目协议书，签约投资1.7亿元。采取挂职学习、授课和考察等方式，为农四师、秭归县分别培训教师、医生和党务干部，帮助提高技术水平，更新发展理念。选派2名医生赴达孜县医院，10名医生赴渭南潼关县医院，分别进行诊疗工作，通过传帮带，提高当地医院的医疗水平和医护人员队伍的素质。市主要领导和分管领导分别率团赴新疆建设兵团农四师、西藏达孜县考察，商谈和落实新一轮援疆援藏工作，对口地区也分别组团到镇江访问。通过交流，进一步推动对口支援工作的深入开展。组织协调渭南、秭归1000多吨水果在镇江销售，为贫困果农脱贫增收服务。

（戴永卿）

【促进新兴产业增长】 2010年12月，市政府召开新兴产业发展第二次联席会，拟出台的新兴产业发展配套政策包括：《关于加快全市新兴产业的扶持激励政策实施细则》《关于认定新兴产业科技研发类固定资产投资项目的通知》《镇江市新兴产业协调推进工作制度》《镇江市新兴产业发展督查考核办法》和《镇江市省级特色产业基地建设工作制度》等。有关新兴产业企业享受的税收、价费、用地优惠及金融扶持、人才政策等均有详细规定。

大全集团超高压输配电设备项目、乐能电池磷酸铁锂动力电池正极材料项目等获得国家资金支持，资金总额达到2710万元。与省内其他地级市相比，镇江市在项目个数、资金争取额度两方面都居首位。

（石子刚）

【上市企业再创佳绩】 2010年，全市有2家企业在境外上市，2家上市企业实现再融资，全年筹集资金16.85亿元。7月，唐邦机电在美国市场挂牌，全年募资3000万美元；10月7日，大全新能源在美国纽交所上市，募资约7600万美元。江苏鱼跃医疗设备股份有限公司成功增发838万股，再融资2.5亿元；宏达新材增发4644万股，再融资7亿元。全市共有13家上市公司，累计募集资金70.5亿元。

（张斌成）

【参加南京重洽会结硕果】 2010年4月27～29日，南京重大项目投资洽谈会举行，镇江市第七次以联办城市的身份组织参加。主要参加其中的第四届南京都市圈市长峰会、科技创新及南京都市圈城市展览、网络招商和重大项目集中签约等活动。通过这次活动，推介一批项目，结识一批新客商，从经济优势、区位优势、交通优势、环境优势、科教优势和产业优势六方面，全方位展示镇江发展的良好态势，推介城市优质资源和鲜明特色，促进优质项目落户。会议期间签署《南京都市圈农副产品产销合作框架协议》和《南京农副产品物流中心与南京都市圈农产品基地产销协议》《南京栖霞区—镇江句容市全面合作协议》《第四届南京都市圈市长峰会备忘录》等一系列合作协议，为充分利用南京都市圈的整体资源、加强区域合作迈出新一步。

（许 伟）

【镇江城市定位建设“山水花园城市”】 2010年市五届九次全委会和六届人大三次会议提出“山水花园城市”目标定位和工作要求。是对以往城市定位的继承和发展，是综合政治经济、历史文化、产业发展、城市美学、资源环境等各类要素系统集成，为新一轮城市建设和发展指明方向。近年来，市委、市政府陆续实施南山北水建设、青山绿水工程、苏南运河改造、古运河整治、污染企业搬迁、生态市创建、产业结构调整等。

（秦艳贞）

【推进现代农业园区建设】 2010年，镇江市在现代农业园区建设方面取得长足进步。一是明确现代农业园区的相关标准和优惠政策。出台《镇江市现代农业园区认定暂行办法》《镇江市现代农业园区管理办法》和《关于加快现代农业园区发展的实施意见》等一系列规范指导性文件，为镇江市现代农业园区建设奠定基础。二是认定12个市级现代农业园区，并在全市农村工作会议上予以授牌。其中特色产业园区4家，综合性园区8家；构建管委会架构的园区4家，以公司化运作的园区8家，入园涉农重点企业80余家，核心企业16家。三是指导现代农业园区编制发展规划。为高起点做好园区建设工作，指导12个市级现代农业园区编制发展规划，并准备规划编制经费。通过规划的编制，进一步明确各园区发展重点、经营模式和管理方式。

（卢耀发）

国有资产监督管理

【概况】 2010年，全市国有控股、参股企业实现营业收入142.13亿元，工业增加值16.94亿元，利润总额1.27亿元。其中，市直企业实现营业收入115.27亿元，工业增加值15.69亿元，利润1.45亿元。19家监管企业营业收入107.41亿元，工业增加值15.68亿元，利润9985万元。

加大项目推进力度，重点锁定索普醋酸三期、恒顺香醋二期、大港四期、大东二期、华通搬迁、船山物流、太白扩建、镇江宾馆改造、东方技校搬迁、正兴电摩、冷藏汽车搬迁、华联国际等12个单体投资超亿元、总投资118亿元的重点项目。截至10月底，索普醋酸三期主装置土建工程结束，关键设备材料完成采购并陆续到货；恒顺香醋二期项目中的2万吨黄酒技改工程建成投产，产酒2000多吨；醋文化博物馆已投入运营，接待游客8000余人次；12.5万吨香醋扩建项目开工；商业城购物广场于10月19日试营业。大东纸业二期市场调研、产品研发、技术交流、方案论证、设备选型、场地平整等工作全面展开，5号纸机已完成采购，新增的10号、11号纸机已完成场地平整。太白集团钛白粉前处理技改项目填平补齐完成并投产。船山物流码头、镇江宾馆改造、华通重工搬迁、冷藏汽车搬迁扩建等一批新建项目做好项目报批、方案设计等开工前的各项准备。对冶金、电子、化工三所职业技校进行合并，通过对教育资源、存量资产等方面的整合，打造新型职业教育培训基地。该项目于9月19日开工建设，总投资4.82亿元，建成后的新校区规划建筑面积13万平方米。

市国资委每月赴企业现场办公，对重点出资企业逐个摸排运行情况，共同研究应对市场变化的措施，及时协调解决发展中遇到的问题。组织对企业经营绩效的考核，报市领导审批后兑现经营者年薪。帮助企业突破融资"瓶颈"问题。到10月底，全年新增融资近40亿元。

全力推进改革遗留问题扫尾工作。基本完成汽车钢圈厂、华龙管业的破产和职工分流安置。实施金河纸业依法破产人员分流。加快焦山片区拆迁交地步伐。根据《关于对持〈独生子女父母光荣证〉的企业退休职工实施一次性奖励的实施意见》，组织整理汇总了245户改制和破产关闭企业奖励发放的信息核对。着力化解信访矛盾。对金河纸业、汽车钢圈厂、华龙管道、煤石公司等当前矛盾突出的集访问题，实行领导包案解决。严格依据相关政策，协调解决索普船厂享受事业待遇退休人员调整补发阳光工资的诉求，平息色织总厂、印染厂职工关于要求返还大病保险金，补缴企业欠缴医疗保险等问题的群访事件，有效劝解煤石公司和钢圈厂职工的多次集访事件。先后接受处理人民来信以及上级交办信访件143件，反馈办结率达95%以上。

加强企业党建和党风廉政建设。出台《企业领导人员廉情分析办法》，建立企业重要权力节点监控机制。推进"平安企业"二轮创建，江苏恒顺集团有限公司、捷诚车载电子信息工程有限公司等5家企业获省级"平安企业"称号。

（沈忠华　李昌元）

【"十一五"国有资产管理工作概要】2010年末，全市国有（控股）、国有参股企业144家，市国资委监管企业19家。国有（控股）、国有参股企业的资产总值1393.14亿元，净资产总值641.1亿元，分别比"十一五"期初净增953.01亿元，521.57亿元。其中，市国资委监管的19家企业资产总量突破千亿元大关，达到1182.77亿元，净资产553.92亿元，分别比"十一五"期初增长256%、455%。

"十一五"期间，市国资委累计组织本土国有企业实施亿元以上项目42个，总投资超260亿元。中国二重、中国建材、中国石油、中航工业等25家央企入驻镇江，已经签约和在建项目29个，投资总额872.3亿元。基本完成277家企业的改制改组及后续完善工作，其中，改制163家，破产关闭114家。2008年，市国投公司承担国企改革专项资金筹集和管理后，累计筹资39919万元，支付26286万元。在全省率先出台《企业国有资产处置暂行办法》《改制企业核销、剥离、提留、抵扣资产处置管理办法》《镇江市国有（投资）企业重大投资监督管理暂行办法》《镇江市国有生产经营性企业经营者业绩考核薪酬管理试行办法》等相关管理文件十余件。依法派出董事、监事36人次。形成《镇江市国资委党风廉政制度建设汇编》，制定《镇江市国有企业资产损失责任追究办法》。累计处理人民来信近千封，接待上访职工近万人次，化解职工集访百批次以上。成立市国有资产投资经营公司，建立国有资产运营载体和投融资平台，进行华地购物中心、大东纸业等项目的资本运作。发展企业与职工共存共荣的新型企业文化理念，每年组织全市性企业文化活动，如廉洁从业演讲比赛，企业文化研讨会、企业文化节、职工体育节、"红歌颂祖国"歌曲大赛等大型企业文化活动，不少活动规模达万人以上。全市有15家企业被评为省级文明企业，培育省级廉政文化进企业示范点1个，市级示范点5个。

（沈忠华　李昌元）

【机构改革】2010年，市委、市政府进行新一轮机构改革，市国资委由市政府特设机构变为市政府组成部门，职能由单一履行出资人职责转变为出资与监管并重。撤销机械电子建材、轻工化工物

表12-1

2010年镇江市国有及国有控股企业基本情况表

地区＼指标	企业数（家）		国有资产总量（万元）	在职人数（人）	年人均工资（元）
	合　计	其中：大中型			
市　直	48	17	5928507.95	18402	30692.86
丹阳市	5	2	22321.40	2157	24719.06
句容市	36	0	24124.06	1866	14056.26
扬中市	2	1	5123.33	537	16207.64
丹徒区	36	2	92664.51	1252	17152.86
京口区	2	0	4402.66	17	44505.47
润州区	8	2	7758.83	304	26550.33
镇江新区	7	1	71534.93	186	51925.32
合　计	144	25	6156437.67	24721	28033.77

（陈　峰　张培工）

表12-2

2010年镇江市国有及国有控股企业资产负债结构表

单位：万元

分　类	资产总计		负债合计		净资产		国有资本金	
	全　市	市　直	全　市	市　直	全　市	市　直	全　市	市　直
工业企业（17家）	2187567.10	2099122.53	1678323.42	1614757.74	509243.68	484364.79	129009.89	109703.20
投资公司（11家）	10550136.45	10306278.09	4893441.38	4686117.19	5656695.07	5620160.89	274980.28	269120.28
贸易及餐饮（21家）	218420.88	24082.55	213842.76	21516.61	4578.12	2565.94	20897.64	2647.57
房地产业（10家）	174244.69	46260.61	165678.98	36278.38	8565.71	9982.23	27748.26	10729.70
服务及其他（85家）	801091.78	251456.35	569173.32	220396.66	231918.47	31059.70	80210.07	30492.38
合　计	13931460.90	12727200.13	7520459.86	6579066.58	6411001.05	6148133.55	532846.14	422693.13

（陈　峰　张培工）

表 12-3 **2010 年镇江市国有资产监管企业经济效益指标表** 单位：万元

企业名称	资产总计	净资产	营业收入	利润总额	上缴税金	工业增加值
镇江宾馆	3920.84	-1384.57	2017.00	-220.26	130.1	0
镇江大东纸业有限公司	82958.42	43478.08	45126.52	-7770.85	326.08	-358.43
镇江港口有限责任公司	45845.46	37095.96	97.82	-811.56	88.4	0
镇江市能源开发总公司	6323.39	6317.41	15	-0.81	2.96	0
镇江市城市建设投资集团有限公司	4783686.92	2561925.05	18528.25	29722.21	3003.90	0
镇江市水利投资公司	2345921.81	1415737.50	1	-129.06	6.58	0
江苏索普(集团)有限公司	967224.97	123104.84	392596.24	-55776.82	11199.60	25668.00
镇江市自来水公司	111170.56	48823.47	13361.79	888.9	1265.23	7658.26
镇江飞驰汽车集团有限责任公司	7199.06	-1576.46	11035.15	1.09	432.84	1131.76
镇江市交通投资建设发展公司	2473025.71	1069074.16	180.31	270.2	51.53	0
江苏太白集团有限公司	52256.52	17525.34	70120.70	3068.99	3986.26	13500.00
镇江市公共交通总公司	25189.46	3770.10	13833.82	-1582.60	676.85	3713.59
镇江华润燃气有限公司	81727.96	46954.23	61772.96	10917.91	4648.92	19881.32
江苏省镇江市路桥工程总公司	80348.60	3125.68	128756.47	1148.98	3670.67	0
镇江市镇扬大桥投资经营管理有限公司	36889.02	-19062.97	21.99	-2132.16	0	0
江苏捷诚车载电子信息工程有限公司	87360.47	21621.31	50687.28	2116.26	921.76	9804.50
镇江船山石灰石矿有限公司	203713.66	115177.76	139495.55	27338.93	13529.07	54619.91
江苏恒顺集团有限公司	419312.34	37315.89	125658.68	2577.02	8363.64	21160.77
镇江市诚信担保有限责任公司	13661.68	10200.77	814.05	359.12	0	0
合计	11827736.83	5539223.53	1074120.55	9985.49	52304.37	156779.68

（沈忠华 李昌元）

表 12-4 **2010 年镇江市国有及国有控股企业经济效益指标表** 单位：万元

分类	营业收入		利润总额		上缴税金		净资产收益率(%)	
	全市	市直	全市	市直	全市	市直	全市	市直
工业企业(17 家)	982017.40	919984.55	-18073.27	-16613.71	47701.56	44710.02	-5.79	-5.77
投资公司(11 家)	19002.28	18829.37	28464.71	29099.50	3171.67	3163.03	0.6	0.62
贸易及餐饮(21 家)	109114.37	19134.81	-925.05	99.33	1179.43	366.93	-25.38	0.56
房地产业(10 家)	23589.15	2601.76	953.64	1985.22	2809.48	318.11	10.27	21.85
服务及其他(85 家)	287591.01	192116.29	2329.57	-64.48	12763.09	6197.52	0.26	1.52
合计	1421314.21	1152666.78	12749.60	14505.86	67625.23	54755.61	-0.02	0.03

（陈 峰 张培工）

资、纺织建筑煤炭三个行业管理办公室，新组建企业改革指导办公室、行业老干部管理服务办公室，为市国资委直属副处级事业单位。市国资委内设机构中，原处室不变，职责进行调整，新设董事监事工作办公室和运行监测处，央企招商办由临时机构变为常设机构，商贸企业工会变为国资委工会，机关党委专职化运作。 （沈忠华 李昌元）

【央企招商】 2010 年，市国资委先后组织 30 多批次中央企业招商活动，范围广达北京、上海、深圳、浙江、四川、吉林等地，拜会、对接央企及其二级企业 40 多家，洽谈项目近 30 多个，12 个重大项目先后签约。这些项目总投资 322.6 亿元，单位投资均超 10 亿元，其中 5 个项目超 20 亿元；8 个项目涉及新型能源、航空部件、现代物流等新兴产业，总投资达 217.6 亿元。中建材薄膜太阳能基地、中储运大港物流、中远二重重装物流等项目签约后不到一个月即进入实质性对接运作，中节能晶硅太阳能电池项目 7 月签约，9 月即开工建设。

（沈忠华 李昌元）

【大项目推进】 2010 年，市国资委确定索普醋酸三期等 10 个投资超亿元的重点项目。其中：江苏索普集团有限公司三期主装置土建工程结束，关键设备陆续到货安装；江苏恒顺集团有限公司 2 万吨黄酒技改建成投产，醋文化博物馆投入运营；商业城购物广场开始营业；完成镇江大东纸业有限公司搬迁并恢复产能，新上五号机项目；太白集团钛白粉前处理项目完成；船山物流码头、镇江宾馆改造、华通重工搬迁、冷藏汽车搬迁扩建进行项目报批、方案设计；总投资 4.8 亿元的东方技工学校开工建设。

（沈忠华 李昌元）

【金河纸业基本完成破产分流工作】金河纸业是一家具有 50 多年历史的老国有企业，为实现节能减排，环保达标，于 2007 年实施关浆转产。为满足生态环保要求，加之全球金融危机影响，原计划新上的转产项目未能如期上马，企业停产长达三年之久，严重资不抵债，资产相继被抵押查封，执行拍卖，职工工资发放依靠政府协调借款解决，只有依法破产妥善安置职工，才能从根本上解决问题。全部费用需 3.9 亿元。市国资委牵头，会同市人社局、市总工会、市公安局等部门抽调 178 名机关干部，组成工作组进驻企业开展工作，经过长达 150 多天的努力，使广大职工认清形势，理解和支持分流工作。2010 年 8 月，新区法院裁定金河纸业破产，进入还债清偿程序，通过债权债务情况登记，在法院主持下，企业大部分设备拍卖完毕，变现收益 1723 万元，并开始对土地和房产进行评估和拍卖。 （沈忠华 李昌元）

国土资源管理

【概况】 2010 年，全市共报批用地 2420 公顷，争取农转用计划 1660 公顷。保障京沪高铁站场、338 省道拓宽等重点工程和丹徒二重(二期)、镇江新区科创园等基础设施和产业项目用地。

首次在全市范围开展卫片执法，迎接国家土地督察南京局开展的驻点例行督察，查处一大批违法用地案件。通过建立违法用地风险保证指标制度等创新举措，完善国土资源执法共同责任机制，成效和经验被《国土资源报》整版报道。推进土地执法模范县创建工作，丹徒区创建为土地执法模范区，京口区被评为创建工作先进区。

市级土地规划修编成果经省政府审查通过后报国务院审批，扬中市、句容市、丹徒区、丹阳市土地利用总体规划大纲全部通过省级审查，县级基本农田保护规划全部通过省国土资源厅批准。合理布局基本农田和城乡建设用地，为全市未来15年的发展留足空间；实现土地利用总体规划和城乡建设规划的紧密衔接。

全市全年公开出让经营性用地面积645.27公顷，成交总金额136.6亿元，公开出让工业用地150宗、面积759.07公顷，成交总金额19亿元。

镇江新区、句容市、丹阳市等地"万顷良田"试点工作成效明显。镇江新区试点工程体量大、收益高、推进快，土地整理200公顷，多次在《人民日报》《新华日报》《国土资源报》等媒体显著位置大幅报道。句容市后白镇试点区总面积1120公顷，投资4.9亿元。丹阳市计划投入100亿元，界牌、云阳项目区获省国土资源厅批准。

加大矿山治理资金组织和投入力度，圌山风景区整治项目获国土资源部立项，单笔争取资金3500万元，创历史新高，市区"青山工程"争取治理资金2000万元。实施市区狮子山、合山两座山体整治。先后3次在全国性会议上交流滑坡地质灾害治理工作经验。

推进矿产资源开发整合，出台《镇江市矿产资源开发整合实施方案》，对重点地区、重要资源的开发布局进行整合。编制镇江市矿产资源总体规划。2010年，镇江市国土资源局被评为全国整顿和规范矿产资源开发秩序工作先进单位、全省矿业权实地核查工作先进集体，句容市、京口区入选全国群防群测"十有县"（指有组织、有经费、有制度等）。

开展第二次土地调查及后续跟踪管理，完成镇江市3840.32平方公里土地外业调查和内业建库工作，以此为依托的基本农田上图工作全部完成。出台《镇江市集体土地登记发证工作实施方案》，部署开展全市村庄地籍调查和农村集体土地登记发证工作。在全省率先完成基础测绘和基础地理信息系统建设、D级GPS控制网的布设和论证。

（严华万）

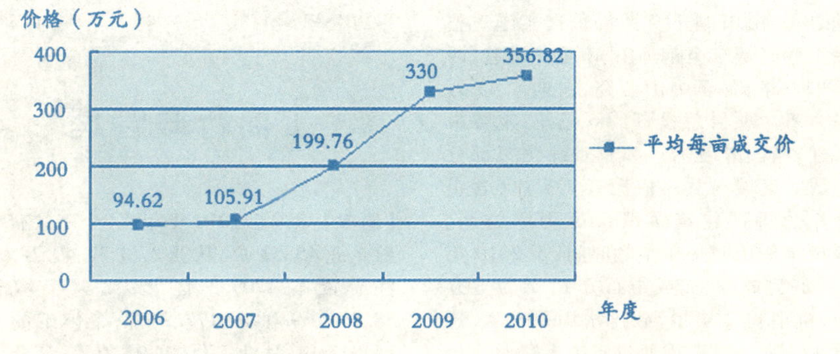

图12－1　"十一五"期间市区房地产项目用地成交价　（肖广新）

【"十一五"国土工作概要】　"十一五"期间，全市国土资源系统履行国土资源规划、管理、保护与合理利用职能。年均建设用地规模基本控制在2000公顷左右，其中实际新增建设用地（农转用）控制在866.67公顷左右。

市区开展经营性用地公开出让174宗，出让面积953.33公顷，成交总金额184.3亿元。规范土地收储融资，市土地收储中心融资规模达到31.5亿元，开展委托收储土地面积1266.67公顷。市区办理抵押登记3380件，融资总金额达668.8亿元。

控制建设占用耕地、推进土地整理复垦开发、建立耕地保护目标责任制，严守耕地"红线"。全市设立基本农田保护区68个，复垦整理土地7266.67公顷，其中补充耕地2333.33公顷。

全市关闭矿山企业143家、采石宕口278个、砖瓦窑225座，仅保留矿山企业22家、砖瓦窑企业170家，逐步形成以船山、台泥等大型矿业集团为主体的灰岩及黏土等资源集中开发利用的新格局，规模化、集约化开采成效明显。

先后开展土地市场秩序治理整顿、开发园区清理整顿、拖欠征地补偿费专项清理、土地执法百日行动、卫片执法等多项整治活动，查处未批先用、非法批地、非法占地、以租代征等各种违法用地行为。开展土地执法共同责任机制的探索。国土资源部门与公安部门建立联动执法机制，与监察部门建立联合通报制度。建立违法用地风险保证指标制度，推进土地执法模范县创建工作。

实施矿山地质环境治理项目40个，治理宕口153个，投入资金1.8亿元。全市共治理滑坡地质灾害点72处，投入资金1.3亿元。（肖广新）

【推进"万顷良田"建设工程】　镇江新区完成丁岗片二期1066.67公顷土地调查，有8个标段招标结束，完成拆迁1500户，安置房301幢中有207幢封顶，土地整理面积200公顷，工程项目通过省国土资源厅验收。丹阳市制订《万顷良田建设工程三年行动计划》，预计总投资105亿元，到2012年建成高标准农田6666.67公顷，新增耕地面积2000公顷，界牌、云阳镇项目实施方案获省国土资源厅批准。句容市《后白"万顷良田建设工程"规划方案》和《后白"万顷良田建设工程"复垦项目规划方案》通过省国土资源厅评审。12个复垦项目全部完工，面积达109.74公顷。　（肖广新）

【狮子山综合整治工程竣工】　狮子山滑坡地质灾害综合整治工程是市委、市

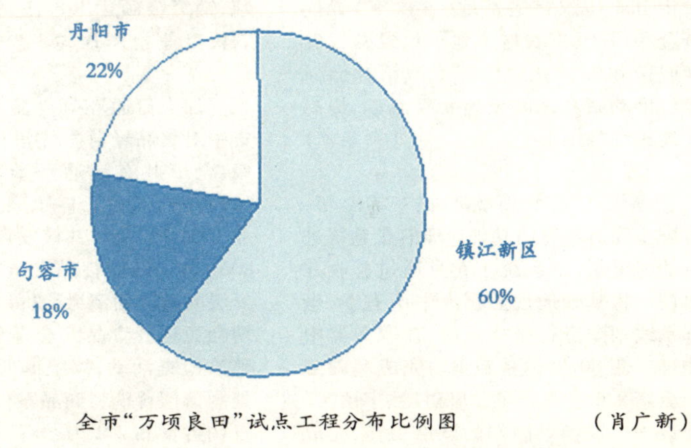

图12－2　全市"万顷良田"试点工程分布比例图　（肖广新）

政府“青山绿水两年行动方案”整治工程之一，由市国土资源局负责实施。整治工程区域东至跑马山、南至二道巷、西至朱方路、北至中山西路，占地8.43万平方米。项目总投资约6亿元，主要由拆迁安置、滑坡治理和景观绿化三部分组成。区域内共完成搬迁775户（含企业），总拆迁建筑面积6.79万平方米。该项工作历时一年半的时间，于2010年9月底完成，共完成土石方18.7万立方米，抗滑桩214根，截排水沟298米，冠梁477米。该工程通过省国土资源厅与财政厅的联合验收，被评为优质工程。新建成的狮子山公园于10月1日向市民开放，景观工程绿化面积1.1万平方米，按照开放式公园标准建设，灯光、水电、公共厕所、健身场所一应俱全。

（严华万）

【完成第二次土地大调查】 2010年，市国土局完成全市农村土地3845.4平方公里外业调查和内业建库工作，并通过省厅预检和省第二次土地大调查办公室内业检查。经过国土资源部核查，在规定时间上报所有县级土地调查地方复核成果。全市的基本农田上图成果经省土地调查办复核，按时与县级土地调查地方复核成果一同上报国家第二次土地大调查办公室。完成全市城镇土地调查总面积345平方公里。开展第二次土地大调查成果数据分析、成果资料形成和验收等准备工作，拟定《镇江市“一张图”工程建设方案》（“一张图”是遥感、土地利用现状、基本农田、遥感监测、土地变更调查以及基础地理等多源信息的集合），推进国土资源管理信息化建设。

（严华万）

【开展“双置换”工作】 2010年，市政府出台《关于开展“双置换”工作 推进新市镇建设的实施意见》，在实施新市镇建设和“万顷良田”建设工程中，在尊重农民意愿和维护农民合法权益的原则下，由农户自愿将农村宅基地（含住宅）置换资金和房产、将农村土地承包经营权置换股份和农村社会保障或城镇社会保障。推动城乡之间土地要素流动，提高土地集约利用水平。 （严华万）

【“数字镇江”工程稳步推进】 2010年，市国土局对原有的基础地理信息系统进行功能更新，新系统于5月通过验收并启用。将基础地理数据库中所有54坐标系线划图进行坐标转换，在服务器中增加一套80坐标系数据。完成基础测绘更新8.6平方公里。启动“数字镇江”建设中三维场景制作的试点工作，完成金山公园、长江路等精细化三维场景7平方公里。

（肖广新）

工商行政管理

【概况】 截至2010年年底，全市共有私营企业45853户，从业人员77.49万人，注册资本1709.3亿元，比上年增长58.5%、69.08%、177.24%；个体工商户154873户，从业人员29.91万人，从业资金276.08亿元，分别增长58.13%、84.63%、519.84%；外商投资企业2386户（其中分支机构464户），投资总额237.49亿美元，注册资本135.98亿美元，分别增长2.76%、17.46%、15.08%。

截至年底，全市共有“重合同守信用”企业1749户，其中国家级18户、省级96户、市级1335户、区（县）级300户。共办理抵押登记414件，股权出质登记71件，帮助企业融资63亿元。其中苏宁置业的股权出质金额2亿元，创全省之最。

在2009年试点开展业务条线行政指导规范基础上，梳理出具体行政指导项目30个，明确“建议、辅导、提醒、规劝、示范、公示”6类具体指导方式，规范“行政建议书”“行政提醒书”“行政规劝书”3种文书格式。全年共指导226家企业完善商标委托印制、许可使用等相关手续；发放行政规劝书528份，督促企业纠正轻微违法行为；制作登记注册提示书4000余份，及时告知企业出资和登记期限、变更或延期事项；通过手机短信方式，提醒5000多户市场主体及时办理年检、验照手续等。

指导推进农资示范店建设，完善备案登记制度。开展20余次农村经纪人、农业合同管理员培训活动，培训农民经纪人近千名。组织农资经营企业与农民对接，全年共组织场地、产地对接活动13次，帮助农户销售农副产品700余吨，销售金额达1.3亿元。全年新发展农民专业合作社383户，资金总额6.3亿元。

加大流通环节食品安全工作力度，集中对食品经营主体进行清理，2010年底，全市共有流通环节食品经营主体18896户，其中个体工商户16945户、企业1951户，全年共核发食品流通许可证8061件。开展食品安全专项整治，接连开展问题乳粉清缴、食品添加剂检查、世博会亚运会食品安全监管等11项专项整治检查活动，捣毁制假窝点23个，查处制售假冒伪劣商品案件83件，查获假冒伪劣食品2.1万公斤。推进食品安全监管信息化进程，重新搭建食品安全监管信息化软件平台，在全市确定11家大型食品流通企业作为基础信息数据备案点，进入软件平台安装调试阶段。

（黄 莉）

【“十一五”工商工作概要】 “十一五”期间，全市工商市场监管不断强化，以整治影响市场秩序的重点难点为突破口，执法行为明显规范，监管效能显著提高。“食品安全电子备案”“镇商论坛”“民企龙卡”“民企接班人培训”“廉政文化示范点创建”“说理式执法文书”“开门审案”等多项创新做法取得很好效果。5年内累计发展商标12218件，完成“十一五”目标的101.8%。其中中国驰名商标15件，江苏省著名商标160件，分别比2005年底增加11件、94件。“十一五”期间，每年度定期召开全市商标发展推进会；加大宣传培训力度，举办商标知识培训246次，参训2.6万人次。

（黄 莉）

【注册商标总数突破万件】 2010年，全市有效注册商标12218件，其中中国驰名商标33件（行政认定15件），江苏省著名商标160件，镇江市知名商标372件，企业户均商标拥有率30.5%。全市农副产品商标1823件，其中江苏省著名商标20件、镇江市知名商标72件；服务商标425件，其中省著名商标5件（包括“宴春”商标，“金钛软件”商标，中彩印务“中彩”商标，蓝舶“LANBO”商标，“鼎大祥”商标）、镇江市知名商标12件。全市注册集体商标4件，即镇江香醋、镇江陈醋（共注册2件）、句容云兔；注册地理标志商标3件，即镇江香醋、镇江陈醋（共注册2件），与南京市、常州市、淮安市总量持平。在全省首批省级品牌培育基地创建活动中，镇江品牌集聚特色较明显，镇江香醋、丹阳眼镜、扬中工程电气3个特色产业集群获得省级认定，总数高于省内其他城市。丹阳、扬中入选2009年度中国商标百强县，丹阳、扬中分别居全国第19位、34位。全市共查处商标侵权假冒案件616件，没收侵权标识209173件、侵权商品85075件。

（黄 莉）

【处理镇江香醋商标韩国抢注事件】 2010年6月，镇江醋业协会获悉“镇江香醋”商标在韩国被抢注，并进入公示阶段。如果“镇江香醋”商标在韩国注册成功，国内的镇江香醋将无法出口韩国。如果商标所有人再进行领土延伸或单一国家注册，镇江香醋业将失去国际市场。镇江工商部门主动向省工商部门请示，并赴北京国家工商总局国际合作司进行专门汇报，研究解决方案。通过政府间协作，解决抢注事件，首次打赢镇江品牌在国际市场的保卫战。 （黄 莉）

【推行开门审案】 2010年，镇江工商局实施阳光执法，在全市系统推行开门审案工作，对在辖区内有较大影响、属首次办理的新型案件以及政府、群众普遍关注的三类案件，将案件审理全过程面向社会进行公开。全年共开门审案21件，吸纳专家评审意见和建议31条，案件准确率达100%，全部案件做到无诉讼、无复议。根据社会评价和案件审理需要，向地方人大、法制办、政协、纪委和检察院等部门聘请法律专家7名，组建开门审案法律专家团，采取随机抽取方式确定专家参加审案。 （黄 莉）

【打击与防范传销工作】 2010年，全市共开展区域性传销清查行动43次，出动执法人员980人次，车辆239台次，查处传销窝点87个，解救受害群众32人，教育、遣返参与传销人员1236人次。共查破涉及传销人员寻衅滋事、故意伤害、非法限制人身自由等刑事案件28起，查获作案成员106人，刑事拘留56人，逮捕4人，劳动教养44人，查破案件数、打击、处罚人员数较上年有大幅提升。经过两年，全市建立“政府统一领导、部门指导协调、各方联合行动、集中综合治理”的打防传销工作新机制，各级工商、公安部门统一建立经济犯罪系统传销数据库，及时录入所有涉案传销组织和骨干分子信息，通过网上追踪、网上串并、网上比对等手段，保证对传销组织的高压打击态势。全市将打击和防范传销工作与“平安创建”相结合，充分发挥社区居民委员会、村民委员会和基层工商所、公安派出所等基层组织作用，通过强化协作配合和落实属地监管责任制，建立防范、控制、打击三位一体的工作机制，实现查禁传销工作进社区、进农村、进学校、进企业、进家庭，形成全社会共同防范传销、打击传销的工作新格局。 （黄 莉）

物价管理

【概况】 自2010年4月起，镇江同全国一样连续多月出现市场价格过快上涨趋势，市政府出台《稳定消费价格总水平保障群众生活》的12条工作意见，市物价局根据中央、省、市三级政府调控物价的精神制定《关于加强市场价格调控监管稳定市场价格的意见》，实施多项调控监管措施。全年市、县两级价格部门查处价格违法案件41件，实施经济制裁418.643万元。

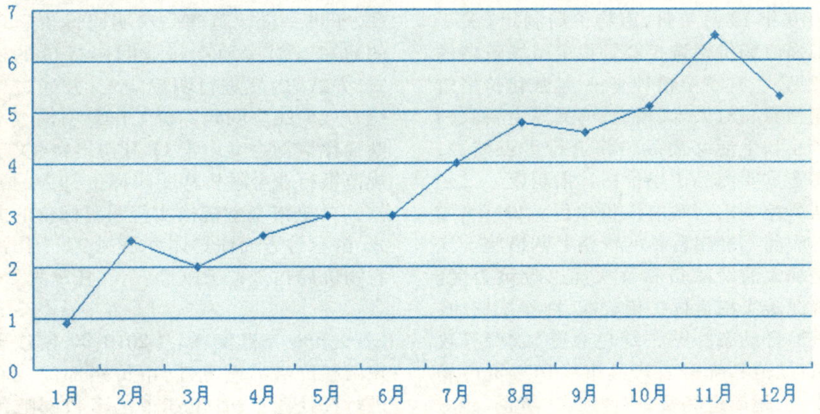

图12－3 2010年镇江市居民消费价格指数走势图 （余殿福）

市政府出台《关于进一步控减涉企收费的通知》，取消和暂停征收、降低49项行政事业性和经营性收费。实施收费准入制度，从严控制涉及新兴产业的收费，降低新兴产业收费负担。向正丹化学等10家企业派驻价格联络员，靠前解决企业在项目落户和投资建设过程中的价费矛盾。编印2000余册《镇江市收费优惠政策汇编及涉企行政事业性收费目录》，5000余册《市民缴费指南》免费发放。制定《关于强化涉企收费监管 促进创业型城市建设的实施意见》，推进创业型城市建设。出台政策促进新兴产业发展。印制镇江新区水、电、气等工程配套价格政策及周边产业集聚区价格政策专辑，免费向企业发放。

实施价格改革。一是调整谏壁地区水价。6月1日，谏壁地区居民生活用水到户价由每吨2.00元调整为2.27元。工商服务业、建筑业等用水价格同步调整。二是调整非民用天然气价格。11月1日起，工业、商业和服务业用气合并为“工商业用气”类别，基准价调整为2.98元/立方米；车用气价由3.60元/立方米调整为4.00元/立方米；其他用气基准价由2.40元/立方米调整为2.65元/立方米；取消计划外气价。三是调整成品油价格。90号汽油零售价格于4月14日、6月1日、10月26日、12月22日分别调整为每升6.16元、5.98元、6.16元、6.39元。四是出台《镇江市区中药饮片价格管理实施细则》，建立中药饮片与中药原材料价格联动机制。五是核定全市新建居住区供配电工程价格标准，规范供配电工程收费行为。六是年初适度下调热气中准价格。七是制定尾气检测收费新标准。

居民消费价格指数前低后高。涨幅连续8个月超过3.0%（含）。全年累计上涨3.7%，较全省平均水平3.8%低0.1个百分点。

2010年，市物价局在全市范围内开展评选明码实价示范单位活动。经检查考核和网上评议，镇江百盛商城有限公司等十家单位成为镇江首批明码实价示范单位。

市物价局出台《关于进一步加强网络宣传及舆情处置工作的意见》，建立网络价格舆情引导和应急处置机制。在国家、省、市主流媒体发表宣传稿件304篇次，全年形成调研文章49篇。 （余殿福）

【“十一五”物价工作概要】 “十一五”期间，全市价格调控方式不断改进。价格监测网络更加完善。环境资源价格工作体系初步形成。先后组织实施水、电、气、油、燃油税费多项价格改革。五年取消行政事业性收费321项，企业、群众年减负约58909万元。工商业水电气价格并轨，年降低商业和服务业成本1250万元。服务城市拆迁价格评估工作，五年累计完成6600户、70万平方米、26亿元拆迁评估任务。

“十一五”期间，义务教育阶段收费经历了规范、降低收费和免收学杂费三个阶段，非义务教育阶段收费也日趋规范。群众的医疗负担有所减轻。在试点的基础上在7家医院对12个病种实施单病种限价管理。改革集中招标采购药品价格监管方式，推行药品价格招标前期确认制度。价格补贴政策得到落实和完善。粮食最低收购保护价及各类农资补贴政策得到较好落实。各类价格救助政策逐步完善，价格过快上涨期间，适时对低收入群体给予价格补贴。 （余殿福）

【强化监管稳定市场价格的措施】 2010年12月7日，市物价局制定《关于加强市场价格调控监管稳定市场价格的意见》。其主要精神有：一是强化价格监测预警。对大米、猪肉、鸡蛋等主要农副产品和生活必需品价格进行重点监测，实施重要商品市场价格日报制度。二是从严控制出台政府涨价项目。2011年2月底前不准出台新的价格上调措施。三是加大清费减负和落实优惠政策力度。督促落实粮食保护价收购、种养扶持、农资综合动态补贴、"绿色通道"收费等政策；规范和降低农产品市场和集贸市场收费、超市进场费；清理涉农、涉企、涉房及农副产品流通环节收费。四是协调落实补贴联动机制。五是维护市场价格秩序。开展价格诚信活动，告诫、提醒经营户和商家诚实守信；严厉打击恶意囤积、哄抬价格、变相涨价、串通涨价等违法行为。六是完善民生价格信息发布。通过政府门户网、责任部门网和媒体公布市场价格。七是健全价格应急机制。建立由政府为主导、物价部门实际操作的多部门保供稳价协作机制。综合运用经济补助、投放储备等措施，保障市场价格稳定。八是适时引导社会价格舆论。九是开展生产经营成本调研。通过不同农产品种植收益比较，向农民推荐效益好、品种优、产量高的粮食、蔬菜种类。

（佘殿福）

【实施差别价格政策】 2010年10月1日起，市物价局对镇江新天碳素有限公司等7家碳素企业实施限制类差别电价政策，每千瓦时加价0.10元。9月1日、11月1日分别对正茂集团有限责任公司等10家企业的淘汰类设备和丹阳钢铁厂实施惩罚性电价，每千瓦时加价分别为0.30元和0.10元。到12月31日，全市正在执行限制类和淘汰类差别电价的企业分别为12家和159家。全年执行差别电价电量2225.18万千瓦时，加价总金额405万元。

（郑　丹　佘殿福）

【创建价格法制主题街区】 自2010年6月5日起，市物价局和京口区物价局在龙吟坊创建"价格普法一条街"和"明码标价示范街"。通过"价费公示"的形式将与群众生活密切相关商品或服务的价格标准进行公示宣传；通过多种形式向群众宣传价格政策；通过统一明码标价的形式和内容等对龙吟坊街区店铺的明码标价工作进行长效规范，使之成为全市明码标价的典范。（佘殿福）

【加强房地产开发和金融服务行业价格行为监管】 2010年3月，镇江市出台《关于进一步规范商品房明码标价管理的通知》，对房地产行业明码标价的格式、方式、内容进行明确规定，并通过组织开展商品房明码标价工作专项检查不断强化贯彻力度。于11月初出台《关于规范银行业金融机构明码标价行为的通知》，对全市金融机构实行明码标价的方式、内容等方面作具体要求，此项工作被省物价局在全省予以推广。（陈光宇）

【查处价格串通案件】 2010年，镇江出现两起价格串通事件，市价格部门及时进行查处。年初，镇江市区多数网吧价格明显上涨，消费者反应强烈，市价格部门及时介入调查，发现系网吧协会组织网吧统一提高上网价格及降低会员充值优惠，价格部门责令停止该行为，并要求相关网吧恢复原来价格。查处茶业协会价格串通行为。2010年新茶上市时，金山翠芽茶叶相关厂家较往年涨价幅度较大，引起消费者投诉。市价格部门调查发现该行为乃茶叶协会组织统一价格的结果，遂责令其整改，并给予3000元的行政处罚。（蒋　炎　佘殿福）

【2010年镇江市主要商品价格走势】 2010年，镇江市钢材价格跌宕起伏，总体呈上涨走势。纯碱价格累计涨幅67%。水泥价格波动频繁，前三季度价格较平稳，平均价格在280元/吨左右，第四季度开始价格暴涨，较年初上涨107%。蔬菜价格受多重因素影响呈现前期持续高位运行，后期逐步回落态势。粮食类价格总体稳步上扬，其中标一粳米和标准粉价格分别上涨21.34%和6.98%；猪肉价格前期持续低迷，后期逐步攀升，精瘦肉和去骨后腿肉由最低的11元和9元上涨至最高的13.9元和10.5元。（徐震洋　王　静）

【实施民生价格信息公布】 2010年9月，镇江市启动民生价格信息公布工作。1家农副产品批发市场、5家大型农贸市场、10家超市商场、4家家用电器大卖场和36家房地产企业确定为报价单位。物价局从报价单位聘用53位报价员，并率先在全省建立民生价格信息公布网上申报系统，于每周五上午11点前通过网络平台实时上报信息。上报数据经审核、整理和汇总后，采用"价比多家"的形式，通过新闻媒体、社区街道信息栏等载体向社会公布。（赵　飞）

【建立价格争议调解庭】 2010年3月14日，市物价局成立价格争议调解庭，免费为市民调解价格争议。辖市（区）物价局也相继成立调解庭。用最便捷高效的方式和最小的成本，处理好价格矛盾。自调解庭成立至年终，价格部门共调解价格争议9件，降低相关人员解决问题的成本。（鞠　琪　佘殿福）

【价格服务】 2010年，镇江市对天然气、民办教育、城市自来水、城市公交、内贸船舶垃圾处理费、老年公寓收费、药品价格、安全项目评价收费等9个项目的定调价成本进行监审，监审总金额43484万元，核减2727万元。出台涉税财产价格鉴证操作办法，扩大价格鉴证工作领域，全年累计完成各类价格鉴证业务1923批次，标的21.54亿元。为城市建设改造项目提供拆迁价格评估服务，全年评估3763户（含京口、润州），评估标的额28.21亿元。开展价格信息服务。编印《镇江价格监测》36期，在"新农村致福网"上发布8大类46个品种的涉农价格44期。自9月起，每周在《镇江日报》"中国·镇江"网站、镇江电视台资讯频道、部分小区、商场及农贸市场的电子屏等载体上发布民生价格信息。

（佘殿福）

质量技术监督管理

【概况】 2010年，全市质监系统引导企业参与标准化活动，指导江苏太平橡胶股份有限公司等4家企业提出《自浮式排泥橡胶管》等5项国家标准草案。不断加强标准化工作基础，指导帮助全市300多项主要工业产品采用国际标准或国外先进标准，提升"特色产业集群"的质量安全水平和突破技术贸易壁垒的能力。制定名牌培育计划，建立名牌培育梯队，组织86家企业申报江苏名牌产品，9家企业申报江苏质量奖。2010年，镇江市新增省名牌20个、省质量奖4个。全市有中国名牌产品13个、省名牌产品108个，省质量奖12个。在全省率先开展工业企业质量信用等级评价工作的基础上，围绕评价方法、评价程序和评价结果应用等方面进行探索和实践，进一步推进企业质量诚信体系建设。省经信委、省信用办和省质监局联合在镇江召开全省质量信用评价工作现场经验交流会，充分肯定镇江的成功做法，并在全省进行推广。

组织申报4个国家级农业标准化示范区、5个省级农业标准化示范区项目；新启动建立2个国家级示范区、4个镇江市农业标准化示范区，起草制定7项省级地方标准。组织"美人指葡萄"国家级示范区和“无公害金花菜”“茅山长青茶”2个省级示范区和6个市级农业标准化示范区通过验收。镇江在全省第四届农业标准化成果展示会上获二等奖。

2010年，共对食品、农资、建材、装修装饰材料、机械、纺织服装等29类1298批次产品进行省级产品质量监督抽查，合格1241批次，抽查合格率为95.61%，比上年提高1.8个百分点。

创新监管模式，组织实施食品监督、稽查执法、检验检测“三位一体”监管方式。对全市425家食品生产企业和801家特种设备使用单位实施分级分类管理，获证食品企业实现全覆盖。开展问题奶粉清缴、“地沟油”整治和食品安全整顿工作，全年食品监督抽查合格率92.1%。集中开展气瓶安全专项整治，对所有气瓶实施一瓶一码，全市送检各类气瓶13.15万只，报废气瓶1.83万只。加强特种设备安全隐患整治，组织1860家单位开展隐患自查，查出和整改隐患627条；检验检测特种设备9920台，指导整改隐患6614条；现场监察特种设备生产、使用单位513家，重大隐患整改率100%。全市未发生系统性、区域性重大质量安全事故。

组织开展农资、建材等13个重点产品专项整治，检查生产销售单位2138家，受理举报投诉238件，查办案件349起，大、要案39起，涉案货值2976万元。

按照“主动对接、提前介入、挂钩服务”的原则，对需要申领生产许可证和实行强制性认证产品的项目建立跟踪服务档案，实行一企一策，缩短企业办证时间。对名牌企业、优质产品企业实行跟踪，为企业发展营造良好的市场环境。对重大项目实行定人、定企跟踪打包式服务，开辟“绿色通道”，定期进行走访、交流和分析，帮助解决实际困难，为企业提供便携、高效的服务。行政服务中心质监窗口率先推出双休日预约服务，对因特殊原因无法在法定工作日前来办理代码证的单位，通过电话或传真将办理事项告知，由窗口工作人员做好相应准备，在周六、周日进行预约办理。

镇江质监系统通过2007~2009年度江苏省文明行业复审，实现省文明行业“六连冠”。（戴　韵）

【“十一五”质监工作概要】 2010年，全市争创“全国质量兴市先进市”通过省级验收。“十一五”期间，镇江质监局引导企业参与标准化活动，帮助3022项主要工业产品采用国际标准或国外先进标准，指导相关企事业单位主导起草6项国际标准、24项国家标准、32项行业标准；参与制定62项国家标准和44项行业标准；“桥架标准化分技术委员会”“食醋分技术委员会”和“醋酸”等5个全国标准化工作组落户镇江，带动镇江产品由“镇江制造”向“镇江创造”的跃升。研究起草143项镇江市级农业地方标准、技术规程和580项企业标准，启动建设12个全国农业标准化示范区、21个江苏省农业标准化示范区和68个镇江市级农业标准化示范区，促进现代高效农业发展。帮助全市商品零售、家庭装修、电信、旅游景区等行业起草制定100多项企业服务标准规范，以标准提升服务质量。开展地理标志产品保护。指导建材、化工、造纸等行业的耗能大户，采用先进的计量管理方法，完善计量管理体系。至2010年底，全市累计有4家企业通过计量体系确认，80家企业通过计量保证确认，1369家企业通过计量合格确认。建成1个国家级质检中心和4个省级中心。（戴　韵）

【国家中低压配电设备质量监督检验中心开工建设】 2010年5月12日，国家中低压配电设备质量监督检验中心获批筹建，11月8日开工。该中心位于镇江新区港南路工程技术创新园，规划占地4公顷，建筑面积约3.5万平方米，投资总规模4.5亿元。建成后的国家中心将为镇江、江苏乃至华东地区的风力发电装备、核电装备及配套设备、新能源产品、动力发电设备、电子起重设备、智能电网控制系统、照明系统等生产提供检验检测、产品研发、认证认可、人员培训、信息收集、产品推广等重要技术支撑和全方位的高端服务。（戴　韵）

【推进节能减排】 2010年，镇江质监局组织271家锅炉使用单位、330座锅炉房、397台锅炉参加安全与节能双达标活动；对155台燃煤锅炉进行能效测试，平均热效率提高6.6个百分点，参加双达标活动锅炉年节约标煤9123吨；完成10家重点能耗企业的能效对标活动，对12台（个）重点耗能设备或节能技改项目进行能效测试，通过能效对标、能效测试和能源计量数据分析，帮助企业节约标煤2.89万吨；严把节能减排产品企业标准备案审查关，推广节能减排地方标准，在全市10个行业培育、推进循环经济标准化示范试点，建成全省首个循环经济标准化示范（试点）项目。（戴　韵）

【推动创业型城市建设】 2010年，镇江质监局与京口区四牌楼街道结对，共同开展创业型城市建设工作。出台《关于支持促进创业型城市建设的实施意见》和6项工作制度，组织10个业务处室和直属单位与四牌楼街道10个社区结对开展工作。推出五大类18条服务举措，在四牌楼街道所属社区内的新创业人员，凭营业执照，在两年内免除除上交国家、省的涉及质量技术监督部门的所有项目收费。帮助50余家创业企业、中小企业建立和完善质量保证体系，帮助20余家不合格产品企业提高产品质量合格率；编印《创业服务宣传册》，向各社区免费发放1000余份，重点宣传市委、市政府的创业政策和质监部门的创业优惠措施；为31家私个经营户开展计量器具的免费检定和定量包装产品的免费咨询；开展“送服务标准进社区”活动，免费帮助京口区拇指乐园婴幼儿教育咨询中心制订服务标准；利用网络成立“香江花城创业帮扶群”，解答群友创业难题，对有创业意愿的网友实施帮扶。全局共深入社区100余人次，培训有意向创业人员1000余人次，服务企业100余家，四牌楼街道发展私营企业、个体工商户户数及私营个体注册资本数不断增长，街道综合排名上升。（戴　韵）

【开展免费检定活动】 2010年，镇江质监局免费为126家菜市场7872台（件）衡器、407家农村基层卫生服务站和23家计划生育指导站在用的1314台（件）计量器具进行检定，免收检定费用60多万元。对全市6家社会福利机构在用的40台（件）计量器具进行免费检定。（戴　韵）

【丹阳汽摩配件优质产品生产示范区通过省级验收】 自2008年丹阳开展汽摩配件优质产品生产示范区创建以来，丹阳市委、市政府将创建工作列入三个文明考核目标和市政府年度重点工作任务。2010年，质监等部门对企业实施四档分类监管，实施技术帮扶，区域产品质量不断提升。丹阳新桥、访仙两镇共有汽摩配件生产企业116家，参与制订国家标准1家，通过计量确认企业40家，获“江苏省名牌产品”称号6家，专利286项，省级以上高新技术产品6个，通过质量体系认证企业达总数的90%，产品质量监督抽查合格率超过省级平均水平。（戴　韵）

【建成全省首个循环经济标准化示范（试点）项目】 2010年，由江苏索普（集团）有限公司承担的“江苏省醋酸装置尾气回收循环经济标准化示范（试点）”项目通过省质监局考核验收，成为江苏省首个建成验收的循环经济标准化示范

(试点)项目。该公司按照“减量化、再利用、资源化”的原则,研究产业链中的重要节能减排节点,建立循环经济标准体系,并逐步拓展健全覆盖公司所有的产业链,共有产品、设计、工艺、检验和试验等标准300多个。通过试点项目的实施,该集团年减少焦炭用量1.1万吨,减少用煤量11600吨,降低电消耗量540万千瓦时,节约工业水22.4万吨,减少二氧化碳排放量2585万标立方米,减少二氧化硫排放量470吨,减少灰渣总量3440吨,减少粉尘排放量560吨。 (戴 韵)

【两项装置填补国内空白】 江苏省气体流量计量检测中心是在镇江市计量所的基础上建设的,省质监局批准成立的首家省级计量检测中心。2010年,其研制的高精度移动式气体流量现场与在线检测装置和流量仪表耐压安全与压力测试全自动检测装置两项科研成果通过专家组评审,一致认为该科研成果具有检测指标准确度高、服务现场能力强、能耗低、总造价低、操作灵活可靠和便于质量管理等优点,填补国内在该两类检测装置研制方面的空白,具有很好的社会经济价值和推广利用前景。 (戴 韵)

食品药品监督管理

【概况】 2010年2月,江苏省镇江食品药品监督管理局由省垂直管理机构改为市政府工作部门,并更名为镇江市食品药品监督管理局。5月27日,市政府批准该局主要职责、内设机构和人员编制,核定行政编制48名,依法负责药品、医疗器械研制、生产、流通、使用全过程监管,增加履行餐饮服务环节食品、保健食品、化妆品安全监管等新职能。同时,各辖市(区)食品药品监管部门机构改革和职能调整进展顺利。7月13日,市餐饮安全监督所组建,主要职责为:在镇江市食品药品监督管理局领导下承担餐饮服务环节食品、保健食品、化妆品安全监督管理工作。

市食品药品监管局履行餐饮环节食品、保健食品、化妆品安全监管职责后,出台《餐饮服务许可管理暂行办法》《餐饮服务环节食品安全行政处罚工作规程》和《餐饮服务环节食品安全事故应急预案》等,对餐饮服务的许可管理、行政处罚和事故应急工作的职责分工、工作流程、处理原则及责任追究等方面作明确规定。开展餐饮业“地沟油”“问题乳粉”“一次性餐盒”“餐厨废弃物”、学校食堂等专项整治。做好重大活动和节假日期间餐饮安全,实现餐饮安全“零事故”的目标。

强化药械生产企业源头监管,累计开展药品生产企业例行检查36家次;完成8家药品生产企业规范化检验室评定;组织对4家注射剂药包材企业专项检查。完成一类医疗器械生产企业登记备案5家,指导丹阳海昌隐形眼镜有限公司全省第一家通过医疗器械生产质量管理规范检查验收。加强不良反应监测,全市共上报药品不良反应报告2064份。加强药械流通使用环节监管,完成118家新开办的零售药店药品经营质量管理规范认证和235家认证满5年的零售药店复认证。加强对药械经营企业质量负责人在职在岗情况、疫苗以及冷链药品、医疗机构药房、特殊药品等监管;继续开展“清理家庭小药箱”活动,回收过期药品19箱,1600多种次。开展“星级放心药店”创建活动,175家药店被授予“星级药店”。加强医疗机构药械使用质量监管,江苏大学附属医院在全省第一家通过省级“规范药房”验收,三级医疗机构全部通过省级“规范药房”验收。强化基本药物监控,建立基本药物中标情况报备制度;实现医疗机构基本药物使用情况监督检查全覆盖。加强打假治劣,加强药品检验,全检率达96.4%。

对鱼跃、海昌、吉贝尔等总投资14.38亿元的17个重点项目开展挂钩帮扶指导。截至2010年底,17个重点项目进展顺利。 (黄良俊)

【“十一五”食品药品监管工作概要】 “十一五”时期,全市41个乡镇和619个行政村均建立食品药品安全协调机构和工作站,设立农村食品放心店810家,社区食品放心店262家,食品安全监管责任网、群众监督网、现代流通网覆盖率100%。丹阳市、扬中市、句容市、丹徒区先后通过省级食品安全示范县验收;成功处置“苏丹红”蛋品、三鹿牌污染奶粉等突发事件。镇江市连续5年被评为全省食品安全工作先进城市或食品安全工作优秀城市。

累计查处各类药品违法案件4500余起,取缔无证经营户700余个,捣毁制假窝点10余个。创建医疗机构“规范药房”20家、“合格药房”498家,药品零售市场“星级药店”175家;及时妥善处置“齐二药”假药、“欣弗”药品等突发事件;丹阳市、句容市、扬中市、丹徒区、京口区、润州区创成省级药品“两网”(药品群众监督网、流通网)建设示范县(区)。

截至2010年底,全市医药工商企业发展到近1700家,医药工业总产值、药械经营企业销售收入逐年增加,以吉贝尔药业、鱼跃医疗、江苏海昌等为代表的药械龙头企业发展良好。 (黄良俊)

【全市药品安全专项整治】 2010年,市食药监、经信委、卫生、公安、工商、物价、广电、邮政八部门在全市联合开展药品安全专项整治。整治重点品种为:注射剂、血液制品、毒性药品、麻醉药品、精神药品、放射性药品、中药饮片;一次性使用无菌器械、大型医疗器械、植入性高风险器械;重点环节为药品生产、流通和使用环节;重点问题为生产销售假劣药、虚假药品广告、非药品冒充药品、无证经营等行为。全市全年食品药品监管系统累计出动执法人员9845人次,检查涉药械单位2741家次,受理投诉举报175件,核查率100%,查处违法案件255件,结案253件,取缔无证经营户10个。监测各类药械广告291条次,移送工商查处77条。 (黄良俊)

【城市社区药品“两网”创建工作】 2010年,镇江市京口、润州两区城市社区药品“两网”建设工作被省政府列为为民办好的50件实事之一。市食品药品监管局牵头协调京口、润州区政府及相关职能部门,出台《镇江市创建城市社区药品“两网”建设示范区工作实施方案》,成立领导小组。10月13~16日,京口区、润州区通过省政府创建考核组的现场验收。 (黄良俊)

安全生产监督管理

【概况】 2010年,全市共发生各类安全生产事故713起,死亡321人,分别比上年下降6.9%和2.1%。其中,道路交通事故493起,死亡284人,分别下降10.8%和2.1%;火灾事故188起,死亡6人,分别上升2.7%和20.0%;农机事故6起,死亡2人,分别与上年持平;工矿商贸安全事故26起,死亡29人,分别下降3.7%和3.3%;全年生产安全事故起数和死亡人数均比上年同期有所下降,没有突破省下达的控制指标,实现年初制定的连续九年事故起数和死亡人数“双下降”的预期目标,连续6年被省政府评为先进。

镇江市对各辖市(区)共计11个重大事故隐患整改工作进行“挂牌”督办,其中9个隐患按照整改程序完成销案手续,丹阳眼镜市场的隐患整改期限经省安委会办公室同意延期至 2011 年 12 月 31 日，句容宁武化工有限公司的隐患在整改中。各级各部门以非煤矿山、道路和水上交通、公众聚集场所、消防等行业、领域为重点，强化监管，开展一系列有针对性的安全专项整治活动。

出台《镇江市继续深入开展“安全生产年”活动方案》，开展 18 项主题活动。每个活动都做到有组织、有口号、有主题、有方案、有检查，以主题活动带动安全宣传并贯穿于全年的始终。

2010 年，市编办下文明确，每个乡镇（街道）在经济发展办公室增挂“安全生产监督管理办公室”的牌子，在经济服务中心明确安全生产监管的职责，每个乡镇（街道）至少配备两个事业编制的专职人员负责安全生产监管工作，切实提高基层的安全监管水平。丹阳市为进一步提升安全生产管理工作力度，为每个基层安监机构配备一名行政编制的管理人员，这一做法被《中国安全生产报》报道并加以推广。

镇江市印发《镇江市 2010 年推广“1+3”安全监控体系建设工作实施意见》（“1+3”指一个方法和三种机制），成立推广“1+3”安全监控体系建设工作领导小组，全面推广“1+3”安全监控体系建设。全市 44 家先期试点单位基本完成试点任务，54 个乡镇（街道）共确定 114 个试点单位，规模以上企业 2443 家，覆盖率 91.6%；重点行业中小企业 761 家，覆盖率 31%，完成年初确定的工作目标。

吸取南京“7·28”事故应急救援工作的经验教训，镇江市对 11 个事故应急救援预案进行重新修订，采取课题论证、桌面推演、专家论证、应急演练的方式在可操作性和针对性上下工夫。危险化学品的预案修订工作完成，其他的预案也正在修订当中。

镇江市安监局开展“走进大投资、服务大项目、促进大跨越”系列活动。组织有关专家会同扬中市安监局走进镇江市荣德新能源科技有限公司，就公司边基建边生产过程中的安全生产管理工作，开展现场服务和交流活动。

2010 年，江苏船山矿业股份有限公司、句容台泥水泥有限公司和镇江韦岗铁矿有限公司分别被国家安监总局授予大中型金属非金属矿山安全标准化建设、中小型金属非金属地下矿山安全基础建设和尾矿库安全基础建设三个示范单位称号。 （夏 军）

【“十一五”安全生产工作概要】 “十一五”期间，全市安全生产事故起数和死亡人数连续五年实现“双下降”，四项相对指标全部控制在省安委会下达的指标之内。亿元地区生产总值生产安全事故死亡率由 2005 年底的 0.529 下降到 2010 年的 0.164。工矿商贸就业人员 10 万人生产安全事故死亡率由 2005 年底的 3.27 下降到 2009 年的 2.01。共关闭非煤矿山企业 156 家、采石宕口 309 个，关闭污染严重和不符合安全生产条件的化工生产企业 142 家。烟花爆竹批发企业全市严格控制在 6 家。全市各乡镇（街道）均设立安全监管机构，三级安监机构共有安全监管干部 390 人。 （夏 军）

“十一五”期间全市安全生产事故起数和死亡人数

表 12-5

年 度	2005	2006	2007	2008	2009	2010
事故起数（起）	1855	1746	985	815	766	713
死亡人数（人）	461	401	337	326	325	321

（夏 军）

【开展“安全生产年”活动】 2010 年，镇江市确定 18 项行动，分别是：万企安全责任落实行动、万人培训活动、“安全生产月”系列活动、“万企查隐患”大检查活动、“百名专家巡百企”活动、“我为安全献一策”活动、平安交通示范点创建活动、“关爱生命、文明出行”活动、“环护城河”安全系列活动、电力设施安全保卫行动、千企科技兴安行动、“让全市人民用上放心气瓶”专项行动、危化企业高危工艺安全控制全覆盖专项行动、重大危险源分级监控全覆盖行动、危险性较大建筑工程分部分项专家论证行动、非煤矿山领域的“逐企督查”活动、安全生产应急救援预案修订、“人人讲安全、家家保平安”——市民大讲堂安全文化系列讲座。 （夏 军）

【开展建筑施工“安全生产执法周”活动】 自 2010 年 6 月 7 日起，镇江在全市范围内开展为期一周的建筑施工“安全生产执法周”活动。作为“安全生产月”中的重头戏，采取“集中力量、集中时间、集中领域”的方式，主题是“纠违除患、依法监管”，重点是加强对发生安全事故和安全管理薄弱施工企业安全生产许可证的动态监管，依法查处降低安全生产条件的违法违规行为；加强对深基坑、高支模、高层脚手架和建筑起重机械设备等危险性较大部分工程的全面检查，依法查处违章指挥、违规作业等行为。 （夏 军）

【四部门联合开展粉尘与高毒物品危害治理督查活动】 2010 年 7 月 26 日，镇江市安监局、卫生局、人力资源和社会保障局、总工会召开粉尘与高毒物品危害治理专项行动会议，布置开展《粉尘与高毒物品危害治理专项行动》联合督查活动。市各辖市（区）结合本地区职业危害特点，检查出 729 家存在粉尘与高毒物品作业场所的企业，下达整改通知 61 份，发放 1100 余份职业危害警示标志。 （夏 军）

【市安监局水上解救 5 位民工】 2010 年 12 月 23 日，5 位在镇江丹徒区江心洲江滩上进行抽吸泥土作业的民工，被突如其来的潮水围困，市公安局指挥中心根据市安委会的要求启动《镇江长江水上交通重特大事故的应急预案》，由镇江市海事局搜救中心调集两艘海巡艇赶往现场营救。因冬季潮水的原因，当海巡艇行至距被困民工约 100 米处发生搁浅，无法实施救援。市安委会值班室得知意外情况后，立即调动镇江丹徒区江心洲派出所民警寻找小型船舶再次施救。分两批将被困人员营救上岸，送往江心洲医院检查救治。 （夏 军）

审 计

【概述】 2010 年，全市审计机关共完成审计和审计调查项目 308 个，查出违纪违规金额 111048 万元，损失浪费金额 3175 万元，管理不规范金额 333659 万元；应上缴财政 57399 万元，减少财政拨款或补贴 15876 万元；提出审计建议 738 条，被采纳 703 条；提交报告和信息 629 篇，被各级批示、采用 578 篇（次）；向社会公告审计结果 87 篇；移送相关部门处理事项 24 件。

全市共完成预算执行审计项目 15 个，查出预算编报不真实 390 万元，未按规定征收、缴纳预算收入 31898 万元，隐瞒转移截留预算收入 45665 万元，财政收入核算不实 3571 万元，违规改变资金用途 18018 万元。在重点审计市财政、地税、新区本级预算执行情况的同时，通过对 8 家行政事业单位部门预算审计结果的汇总、分析，针对项目预算不够规范和细化、未经批准改变项目用途、部分收支游离于部门预算之外等共性问题，提出对预算执行的各个环节进行考评、试行公开部门预算等意见。

全市共完成审计调查项目 50 个。省级重点产业调整和振兴专项引导资金绩效审计调查促进市财政改进拨付方式、减少拨付环节，保证资金及时到位。

地方政府性债务专项审计调查摸清市本级政府及相关部门、投融资平台公司等单位的显性和隐性债务，促进市财政局完善债务管理机制。主权外债专项审计调查采取“下审一级”的方法，揭示部分外债项目经济效益不佳导致偿债能力较差、个别项目单位挪用配套资金等问题。义务教育阶段教师绩效工资政策落实情况专项审计调查反映教育布局和教师结构不够合理、编制管理未能及时调整、辖市(区)财政保障较为困难等问题，推动这一政策的落实。

全市审计机关接受省审计厅授权和组织部门委托，完成经济责任审计项目93个，其中市级14个，辖市(区)79个，共查出违规违纪金额1.07亿元，管理不规范金额2.55亿元。市审计局除对丹阳市原市长等4名省管领导干部、市人口和计划生育委员会等6名部门领导、镇江港口有限责任公司等2名国有企业领导人进行任期经济责任审计外，首次对市政府侨务办公室和市物价局等部门领导进行“三责联审”。在领导干部经济责任审计中，对单位和部门管理方面存在的问题要求限期整改到位。

全市审计机关坚持将“独立型”绩效审计与“结合型”绩效审计并重，把相关机制、制度的完善与否作为审计重点。全年绩效审计(调查)工作量占全部审计工作量的80%以上。通过绩效审计(调查)，查出有问题金额26186万元，促进增收节支6011万元。

2010年，市审计局对青海玉树地震抗震救灾资金物资进行跟踪审计，镇江市共接受捐赠款物1350.55万元，全部上划汇缴。 (王利平)

【市直预算执行审计】 2010年，市审计局对参与市直2009年度预算执行的市财政局、镇江新区和市地税局进行审计，并延伸审计市教育局等8家行政事业单位的预算执行情况。在市直预算执行审计中，重点对2009年度市级政府性专项资金(基金)管理情况进行审计，通过对年初预算、调整预算、预算执行情况的检查，对资金拨付、使用和效益情况进行分析，反映资金(基金)管理中预算过粗、计划性不强、指标下拨进度不均衡、资金使用较为分散、扩大支出范围和个别资金未发挥效益等问题。通过对预算收支和执行结果的分析对比，反映市直完成市人大批准的2009年度市直预算、当年实现收支平衡等情况；通过对收入和支出的审计，对6136万元专项资金拨付不及时，对外投资、借款管理不力，国库集中收付制度执行中依然存在盲点等问题提出整改意见。各责任单位对审计查出问题进行整改，特别是对行政事业单位涉税收入税收征缴监管不到位问题，市财政局根据国家税法有关规定，结合市直财政预算管理实际，出台《关于行政事业单位涉税收入收支管理的意见》，解决市直存在多年的问题。审计整改情况在市人大六届第25次会议上作专题报告，得到市人大财经委的肯定。 (张 菁)

【地方政府性债务专项审计调查】 2010年，市审计局根据省审计厅统一部署，对截至2009年末市本级政府及其所属部门及机构、经费补助事业单位和融资平台公司等单位的政府性债务情况进行专项审计调查。发现地方融资平台注册公司货币资金未达到出资比例、项目过度融资或重复融资、融资费用种类多、融资成本高等问题。对其主要成因社会需求增长与地方财政可用资金不足、地方政府财权与事权划分不够一致进行剖析。提出确保落实存量债务的偿债资金来源，制定切实可行的偿债计划；进一步拓宽筹资渠道，降低债务风险；建立财务分析指标体系与财务预警系统；提高资金使用效率和项目管理水平等建议。

(张 菁)

【对口支援绵竹市灾后恢复重建跟踪审计】 2009年3月起，市审计局历时22

表12-6 **2010年镇江市国家审计机关审计情况统计表** 单位:万元

名称		审计单位个数	查出主要问题			应交财政资金	已交财政资金	应归还原渠道资金	应减少财政拨款资金	应调账金额	提交审计工作报告信息(篇)
			违规金额	管理不规范金额	损失浪费						提交审计工作报告信息(篇)
按区划分	合计	308	111048	333659	3175	57399	57344	203	12881	14643	738
	市局	59	70196	30321	69	54922	54922	14	8411	4851	270
	(市)区局	249	40852	303338	3106	2477	2422	189	4470	9792	468
按类分	预算执行	17	63978	124793		55517	55517	44	–	3213	78
	财政决算	7	1961	25865	–	623	623	–	–	1225	29
	专项资金	50	11220	148390	2697	104	104	115	–	–	129
	行政事业	111	9887	17418	301	125	125	44	–	5269	203
	固定资产	109	21223	1820	177	942	887	–	12881	3960	257
	企业	14	2779	15373	–	88	88	–	–	976	42
	合计	308	111048	333659	3175	57399	57344	203	12881	14643	738

(姜爱贵)

表12-7 **镇江市审计机关“十一五”审计成果统计表** 单位:万元

指标数量年度	项目数	查出违纪违规金额(万元)	应交财政金额	应减少财政拨款或补贴金额	应归还原资金渠道金额	促进增收节支金额	向司法机关移送案件(件)	被立案查处(人)	查处私存私放或“小库”		提出审计建议	
									个数	累计金额	条	被采纳
2006年	332	85334	18553	2744	1489	12037	13	1	26	1218.19	427	386
2007年	299	72000	24908	378	1666	12281	3	3	43	4889.99	587	512
2008年	331	100638	19476	3196	3541	16535	12	6	30	1937.57	646	612
2009年	285	63734	10547	566	1411	6854	8	6	32	3083	534	489
2010年	308	111048	57399	12881	203	70460	10	2	53	4491.69	738	621
合计	1555	432754	130883	19765	8310	118167	46	18	184	15620.44	2932	2620

(姜爱贵)

个月,开展对口支援绵竹市板桥镇灾后恢复重建援建项目跟踪审计。审计确认灾后恢复重建资金到位 29802.49 万元,其中:财政资金 20168.2 万元,捐赠资金 7293.29 万元,中组部直接拨入特殊党费 2341 万元。资金主要用于灾后重建补助类项目 10390 万元,灾后重建板桥镇小学、绵竹市大西街小学等 14 个建设项目 19139.52 万元。

对口支援绵竹市灾后恢复重建跟踪审计,共完成 202 个单项工程结算审计、14 个财务竣工决算审计,经审计,节约资金 4076.64 万元,有效控制援建项目的建设成本。在审计中,累计提出审计建议 21 条。 (王 冰)

【创新审计方法深化工程审计】 2009 年起,市审计局开始对垄断行业工程预算审计,在建设单位合同签订前对工程预算进行审计。两年来,共对镇江市火车站社会通道工程、健康路西延下穿铁路立交桥工程、镇大公路铁路桥工程、凤凰山道路供电工程等 8 个项目进行预算审计。通过审计,共调减预算 6599.53 万元。审计结果表明,工程预算审计与工程决算审计的结合形成完整的审计链,不仅是解决合同价虚高的有效办法,也弥补传统工程决算审计的不足。 (王 冰)

【中小学校舍安全工程跟踪审计】 2010 年,市审计局组织各辖市(区)审计局对中小学校舍安全排查、鉴定、规划、资金筹集和使用情况进行跟踪审计。全市有中小学学校 274 所,单体建筑物 2831 栋。2009 ~ 2011 年需要规划改造的有 112 所,单体建筑物 255 栋。在建和竣工项目 35 所,累计支出 23231.7 万元。主要存在四个方面的问题,一是校安工程建设任务重、时间紧,学生分流困难,影响工程施工。二是资金筹措难度大。市区 2010 年计划财政投资 1279 万元,截至 2010 年 11 月实际投入资金 500 万元,仅占当年计划投资的 39.09%。三是专项资金管理不规范。部分辖市(区)校安工程的政府投资 12863 万元未纳入专项管理。四是上报加固面积和投资金额不准确。加固面积多报 40810 平方米,政府到位资金多报 300 万元,其他到位资金少报 170 万元。市审计局针对上述问题提出加大资金筹措力度、严格执行工程建设程序、规范校安工程专项资金管理等 12 条建议。 (吴俊杰)

【主权外债专项审计调查】 2010 年,市审计局对全市截至 2009 年末的主权外债借、用、还及管理情况进行专项审计调查。截至 2009 年末,全市共签约主权外债项目 10 个,项目执行单位 27 个。累计应还主权外债本息 8017.21 万美元,累计实还主权外债本息 7938.44 万美元。全市 27 个项目执行单位中,有 11 家能够如期还贷,4 家尚未到还款期,其余 12 家不同程度地存在拖欠债务现象,累计拖欠 3094.23 万美元。针对调查中存在的问题,市审计局提出 4 条建议,有关部门按要求整改。 (吴小红)

【义务教育学校绩效工资落实情况审计调查】 2010 年,市审计局组织各辖市(区)审计局,对全市义务教育学校绩效工资政策落实情况进行专项审计调查,涉及市直和辖市(区)教育、财政、人社等部门及 29 所学校。审计调查反映 2009 年 9 月镇江市在全省首家启动绩效工资后,教师编制管理未能及时作动态调整,与绩效工资改革不配套;教师工资水平大幅提高给财政特别是区级财政带来过大压力,部分辖市(区)教师工资增长超过可用财力的增长;改制学校回归公办学校将部分影响资金保障来源等问题。从如何建立学校教职工编制管理长效机制、义务教育学校绩效工资资金保障长效机制、教师绩效考核长效机制三个方面提出审计建议。市政府办公室、市编办会同全市各级教育部门对全市中小学教师编制情况进行联合调研。 (周文华)

【新能源产业发展应用情况绩效审计调查】 2010 年,市审计局对全市 2009 年以来新能源产业发展应用情况进行绩效审计调查。2009 ~ 2010 年,全市新能源企业收到新能源补贴及配套资金共计 9300 万元,其中:财政部"江苏省 2009 年金太阳示范工程财政补助资金"1712 万元,省级专项补贴资金 6721 万元,地方配套 545 万元,地方补助资金 322 万元。财政部门对新能源项目专项资金拨付使用的监管力度加强,有效地防止弄虚作假、冒领、截留、挪用补助资金。针对新能源企业在专利申请等知识产权保护意识上有待提高、项目具体实施时间与申报材料存在偏差、太阳能产品贴近民生的推广应用很少等问题,市审计局提出建立专项补助资金长效管理机制、尽快制订镇江市新能源产业科学界定统计范围、加强对太阳能应用产品的扶持力度等建议。 (陈 晨)

【深化经济责任审计制度】 2010 年,市审计局制定《镇江市审计局 2010 年市属部门(单位)领导干部任期经济责任审计工作方案》,修订《镇江市审计局关于规范任期经济责任审计报告和审计结果报告的意见》。2010 年 7 月制定《镇江市领导干部任期经济责任审计结果整改督查及问责实施办法》,明确将市领导对审计结果报告批示的落实情况、审计决定执行情况、审计报告处理意见的落实情况以及审计建议的采纳情况、审计移送处理书的办理情况作为整改督查的必查内容,由市纪委、市委组织部、市审计局组成督查组对被审计单位进行现场督查并向联席会议报告结果,对因主观原因整改不及时或不到位的,依法依纪追究主要负责人的责任。 (王继承)

【新型农村社会养老保险基金专项审计调查】 2010 年,市审计局对丹阳市、扬中市 2009 年 1 月 ~ 2010 年 6 月新型农村社会养老保险基金进行专项审计调查。通过审计调查,反映两市由于实行参保人与子女捆绑政策,致使 8346 名 60 岁以上老人尚未享受居民养老金补贴;丹阳市财政补贴不到位资金 3515.09 万元、97632 人基础养老金发放未按要求及时发放;扬中市业务数据与财务数据不衔接、327 人在参加农村基本养老保险的同时仍参加城镇企业职工基本养老保险,202 人重复参加农村基本养老保险等问题。丹阳市、扬中市政府责成相关职能部门针对问题一一整改落实,丹阳市 3515.09 万元财政补贴到位。 (殷翠玲)

表 12-8

2010 年镇江市内部审计情况表

单位:万元

名 称	审计单位(个)							查出的损失浪费金额	促进增收节支金额
	合计	财政财务收支审计	经济效益审计	经济责任审计	基本建设审计	专项资金审计	其他		
合 计	6797	1239	428	768	3646	336	380	9003	6322
市本级	5609	759	394	429	3476	272	279	6941	4530
(市)区	1188	480	34	339	170	64	101	2062	1792

(姜爱贵)

【审计信息化建设】 2010年，市审计局制定《镇江市审计局计算机保密管理规定》《网络保密管理规定》《移动介质保密管理规定》，完善《镇江市审计机关信息化工作考核办法》《计算机及相关设备维护和耗材管理规定》，投入39万元用于审计信息化建设，并对全局计算机进行分类贴标，彻底实现内外网隔离，信息化工作的安全性和管理水平得到进一步提高。为拓展计算机审计，开展审计信息化理论研讨和人员培训。10名审计人员参加审计署计算机审计中级培训，其中8人通过考试并取得审计署颁发的合格证书。 （史　宏）

统　计

【概况】 2010年，市统计局紧扣稳增长、调结构、惠民生经济发展主题，履行统计调查、统计信息、统计咨询、统计服务等政府统计职责和义务。以提高统计数据质量为核心，提升统计数据掌控能力、经济形势研判能力、重点目标监测能力、信息咨询服务能力、效能建设创新能力；深化统计方法制度改革，统计“双基”建设、法制建设、队伍建设、业务建设取得新成绩。第六次全国人口普查初战告捷。文化产业统计工作连续两年获全省先进，文化产业发展绩效考核名列全省第三名；依法行政和社会治安综合治理工作分别获2009年度全市先进。

全市共组织635名统计人员参加统计从业资格培训考试，组织2013名统计人员参加统计继续教育培训，组织106名统计检查员参加统计法制培训。

全国第二次经济普查，镇江市被评为国家级先进集体7个，先进个人42人，获省级先进集体7个，先进个人44人，市级先进集体18个，先进个人199人。

市统计局创新宣传方式和载体，举办“世界统计日”“12·4”全国法制宣传日和“12·8”《中华人民共和国统计法》颁布纪念日统计法制宣传活动，宣传《中华人民共和国统计法》和《统计违法违纪行为处分规定》等统计法律法规。

【人口普查】 2010年，市统计局做好第六次全国人口普查工作，在全市7个县（市、区）同步开展市县级人口普查综合试点。清晰准确划分区域绘制地图。按照实地踏勘、逐级确认、电子和手工制图相结合等要求，完成普查区图和普查小区图的绘制工作，全市共划分镇级普查区70个，村级普查区779个，普查小区1.31万个。健全完善人口台账。以村居委会为单位，建立完善每月人口台账数据。如期完成户口整顿工作。组建一支1.72万人的普查指导员和普查员队伍。通过电视、报刊、网络、户外广告、手机短信等形式开展宣传动员，营造良好的普查氛围。 （陈正群）

【能源统计】 2010年，市统计局能源统计人员落实到位，深入基层对能源统计工作进行调研，每月对能源统计实施监测，并对所掌握的情况进行汇总和分析，及时发出预警信息。推动统计、监测、考核“三体系”的建立和实施，提高能源统计人员的知识水平和工作质量。 （陈正群）

【地区生产总值核算改革】 国家新的《季度地区生产总值核算方案（试行）》和《中国非经济普查年度地区生产总值核算方法（修订版）》下发后，2010年，市统计局推行新的地区生产总值核算方案，规范核算工作和评估方法；加强与专业部门的沟通协调，定期组织召开部门数据协调会议，研究分析本地区经济发展现状和趋势，全面准确地把握分季度经济发展的态势。在充分考虑各地经济发展的历史与现状的基础上，在季报上报的同时，召开各市（区）核算人员数据联审会，实现上下核算数据的衔接，以客观地反映不同地区经济发展的实际成果。 （陈正群）

【专项调查】 2010年，市统计局完成环境保护满意度调查、法治合格县调查、组织工作满意度调查、火警119接通率测试、党风廉政建设满意度调查、烟草零售客户满意度调查、老年人生活状况调查、政府机关行政效能满意度测评、公众文明指数测评（兼未成年人思想道德水平测评）、市公众安全感调查等19个专项统计调查。 （陈正群）

【市、县样本轮换】 2010年，市统计局做好以市、县为总体的抽样调查工作。利用国家统计局对农村住户、城镇住户、粮食产量、中间消耗和价格等各项抽样调查的国家调查样本点轮换契机，做好以市、县为总体的抽样调查工作。加强与国家调查队的沟通衔接，实行资料共享、样本整合，减少重复调查。完成服务业抽样调查的季报、半年报和年报任务。组织实施农村、城镇住户调查的大样本轮换工作，抽选新的记账户，搞好新户业务培训，为记账、客观分析居民生活状况打下基础。 （陈正群）

【拓展统计领域】 2010年，市统计局组织实施科学发展监测评价工作。根据江苏省科学发展评价考核综合统计报表制度的要求，会同市有关部门修订完善包括经济发展、科技创新、社会进步、生态文明、民生改善等五大类指标体系。基本完成三市四区涉及经济发展、转型升级、资源环境和民生质量方面的指标数据采集、核准、汇总工作。

探索创业型统计指标监测工作。市统计局承担全市创业型城市建设评价考核统计监测任务。与部门协作，建立健全创业型城市建设评价考核统计监测制度；强化创业工作目标的督促检查；按季度组织召开部门创业型城市统计监测数据联席会议，对全市及各辖市（区）创业型城市建设情况进行统计监测。

做好生态市创建的统计监测服务工作。实施动态监测，与验收部门的汇报和沟通，做好数据对接，加强与各部门沟通，在数据上做到条块一致。 （陈正群）

【统计监测分析】 2010年，市统计局围绕中心工作，加强统计监测。围绕科学发展、经济转型升级、节能减排、新兴产业振兴规划等工作，加强对宏观经济运行情况的监测。从数据变化中发现规律性和趋势性的问题，及时发布监测评价报告，发挥统计职能。

2010年，市统计局共编发统计分析85篇，其中10篇统计分析、13篇信息得到市主要领导的批示肯定。《江苏转变经济发展方式的关键因素分析》《镇江市战略性新兴产业发展评价研究》在全省第二次经济普查研究课题与优秀论文的评选中分获一、二等奖。

共编发各类统计资料158期。在人大、政协两会期间，连续第9年编发《国民经济和社会发展回顾》画册，适时发布《镇江市国民经济和社会发展统计公报》，以大量翔实数据反映全市经济社会发展情况。《镇江统计年鉴》连续两年在全国评比中获得二等奖。 （陈正群）

【统计执法大检查】 2010年，市统计局会同市监察局、司法局等部门，组织开展统计执法大检查。将执法大检查与统计监审相结合、与统计站（科）“双基”工作考核验收相结合、与加强基层调查单位基础工作相结合、与“五五”普法检查验收相结合。全年全市各级统计部门对统计基础薄弱地区和企业进行严格的执法检查，共检查677家单位，其中检查2个辖市（区）政府、9个镇（街道）。 （陈正群）

人力资源和社会保障

责任编校：戴 芸

综 述

【概况】 2010年，市人力资源和社会保障部门完成自身机构改革。全市推进创业型城市建设，累计设立扶持创业和中小企业发展专项资金14320万元，增加创业担保贷款基金2000万元，补充完善10条扶持创业政策，累计发放创业贴息贷款7566万元，惠及创业人员近万人。建成一批创业孵化基地、实训实验基地，基层和高校创业服务站所。8月，经人力资源和社会保障部、省人力资源和社会保障厅的中期评估，镇江市位列江苏省6个创建城市首位。保持"零就业家庭"动态为零。全市引进本科以上8500人，其中硕士研究生以上1100人。第二批"331计划"吸引46个领军人才项目落户，两年引进领军人才及团队80个，带动引进高层次人才456名，累计资助9000万元。举办第三届"中国镇江新兴产业项目与人才对接洽谈会"、第二届"中国镇江引进'双高'人才对接洽谈会"和"百家企业高校行"等招才引智活动。加快推进"千百亿工程"、信息软件业、新能源产业人才引进和培训计划。镇江市制定"十二五"人才规划；开展"人力资源服务进千企"活动，正式启用江苏省苏南人力资源市场。

成立社会保障基金征缴中心和支付中心，实施"金保工程"，推进"五险合一、并票征缴"。企业职工基本养老保险对接省级统筹，新型农村（居民）养老保险制度加快与国家和省的政策接轨，医保实现市级统筹，"老工伤"纳入工伤保险统筹。推进劳动合同充分覆盖；完善企业工资集体协商制度，促进一线职工工资稳步增长；建设劳动人事争议大调解体系，完善劳动保障监察两网化（网络化，网格化）工作。

全市仲裁机构受理各类劳动争议4073件（乡镇街道平台处理1700件），处理结案率95.7%，比上年提高1个百分点，调解结案率92%，提高11个百分点。全市各级劳动保障监察网格共检查用人单位3652户，采集用人单位基本信息11989户，监测预警单位3664户，建立定点联系和双向联络单位6110户，立案查处违法案件1319件，调处劳资纠纷1825起，责令补发工资915万元，督促补签劳动合同27952人，督促参保13792人，补缴社保费2157万元。

推进工作性津贴与考核结果挂钩，实施公务员考核联系点试点，强化公务员考核激励；规范机关公务员调任转任，开展政府机关非领导职数审批，强化"进、转、管、出"日常管理；规范政府奖励表彰，配合市委、市政府集中表彰100个"镇江市跨越发展有功单位"和100名"镇江市跨越发展突出贡献者"；组织实施公务员招录工作。推进事业单位岗位设置管理，拟定印发24条处理意见，完成全市事业单位岗位设置核准工作；推进事业单位人员聘用制，结合岗位设置推行聘用合同签订，办理500余人聘用合同鉴证手续；推行事业单位公开招聘制度，完善教育、卫生等特殊行业公开招聘办法。完善国家军转干部"指令性计划、考试考核、双向选择、保底安置"的安置办法，全市完成117名军队转业干部的安置任务；落实企业军转干部解困政策，每月提高300元地方补贴；落实维稳责任，重大节日和政治敏感时期无人赴省进京上访。

2010年4～6月，市人力资源和社会保障局开展为期三个月的"加强作风建设，打造过硬队伍"主题教育活动，组织学习讨论、分析检查、集中整改，提升干部职工队伍素质。开展"创先争优""优质服务窗口"、文明行业等创建活动。在人力资源和社会保障系统2008～2010年度优质服务窗口评比中，市就业管理中心被国家人力资源和社会保障部评为全国优质服务窗口单位，市人才中心、丹阳社会保险管理中心、句容市人力资源市场、扬中市劳动监察大队、丹徒区谷阳镇人力资源和社会保障所等五家单位被评为全省优质服务窗口单位，37个单位被评为市级优质服务窗口单位。镇江市人力资源和社会保障系统被评为省级文明行业，市就业管理中心被评为省级文明单位标兵，市人才中心、征缴中心、技师学院被评为省级精神文明建设工作先进单位。 （陈志坚）

【市人力资源和社会保障局机构改革】 2010年，镇江市人事、劳动两局合并。2月正式组建市人力资源和社会保障局；4月，市人力资源和社会保障局"三定方案"明确；5月，市人力资源和社会保障局工作人员和干部配备到位；8月，经市委同意，市人力资源和社会保障局相继成立机关党委、机关工会；10月，规范人力资源社会保障基层服务平台名称，统一职能，完善功能。结合机构改革，调整事业单位管理体制和运行机制，更名11个事业单位，重新界定22个事业单位职责，整合全市就业管理、社保经办、人力资源市场、培训等资源，机构设置、职能整合、人员划转全部到位，在全国开创人力资源和社会保障系统事业单位改革的先例。建立"大就业、大保障、大培训、大市场、大服务"的工作格局，整合全市就业管理资源，统筹城乡充分就业；整合社保经办资源。组建社保基金征缴中心和社保基金支付中心；整合人力资源市场；整合培训资源。 （陈志坚）

【重要权力节点监控全覆盖】 2010年4月14日,市人力资源和社会保障局印发人力资源社会保障重要权力节点监控实施办法,确定29项重要权力68个权力节点,涵盖人力资源和社会保障部门的人、财、物、事等主要职能和重要权力,在市级机关率先实现权力节点监控全覆盖。该工作在全市纪检监察工作暨反腐倡廉创新工作会议上作交流发言,入选2006年以来全市反腐倡廉创新成果。（陈志坚）

【"十一五"人力资源和社会保障工作概要】 "十一五"期间,原人事和劳动保障机构实现整合。统筹城乡就业比较充分。投入就业再就业资金3.64亿元,惠及9.55万人。扶持城乡劳动者和高校毕业生创业12.4万人,创业带动就业11万人,被确定为国家创业型城市建设重点联系城市;帮扶下岗失业人员再就业11.63万人,城镇登记失业率始终控制在3.5%以内,连续60个月保持城镇零就业家庭"动态为零",新增城镇就业32.68万人,新增农村劳动力转移就业26.53万人,城乡就业人员达180万人,比"十五"期末增加30万人,共转移农村劳动力70.03万人,转移率达73.03%;非国有经济从业人员占全部从业人员比重达90%。社会养老和医疗保障体系初步构建,城乡统一的失业保险制度基本建立,工伤保险拓展,生育保险制度完善。全市基本养老保险参保人数68.91万人,比"十五"期末增加19万人,覆盖率98.2%;新型农村养老保险覆盖38.53万人,覆盖率97.71%;各类社会医疗保险参保人数253万人,人口覆盖率93.7%;连续六次大幅度提高企业离退休人员养老金,全市人均月养老金1358元/月,比"十五"期末增长127.9%;居民医保住院费报销比例61%,养老保险基金累计结余23.99亿元,医疗保险风险金累计提取1.39亿元,个人账户积累6.54亿元,失业、生育、工伤保险基金累计分别结余3.43亿元、1.47亿元和0.83亿元,企业离退休人员养老金社会化发放率100%,医保定点医药机构达197个,遍布全市各个区域。全市人才总量36.83万人,比"十五"期末增长36.4%。拥有各类专家、学科带头人、高级技师共899人;举办招聘1080场,进场单位5.1万家次,提供岗位100万个次,进场人数130万人次。初步形成以"三条指导线"和集体协商制度为基础的工资宏观管理机制,全市企业职工工资集体协商签订率85%,比"十五"期末提高25个百分点;在岗职工年平均工资34209元,比"十五"期末增长71.96%。企业劳动合同覆盖率98.5%,比"十五"期末提高8.5个百分点,集体合同签订率95%,劳动关系和谐企业709家;两网化(网格化、网络化)劳动保障监察工作覆盖率100%,劳动保障监察投诉举报案件查处率和正确率100%;实体化建设率和乡镇仲裁办事机构组建率分别达100%,争议调解结案率70%,比"十五"期末提高10个百分点。

完成公务员集中登记工作,建立并施行公务员招录考试、调转任、科级职位职数、考核表彰等各项管理制度;完成事业单位行政管理类、社会公益类和生产经营类事业单位的分类定位;推行事业单位公开招聘工作人员制度,公开招聘3956人,实施聘用制单位和人数均达95%;落实"指令性计划、考试考核、双向选择、保底安置"的军队转业干部安置办法。

人力资源社会保障工作基层平台覆盖率100%;苏南人力资源市场建成启用,辖市(区)市场建设率和乡镇人力资源市场建设率100%;建设创业孵化基地20万平方米、创业就业实训基地30个;公共就业和社会保障网络延伸到社区、村,城域网覆盖率100%;全市专兼职劳动保障协理员845人,专职劳动人事争议仲裁员33人。（陈志坚）

就业创业

【概况】 2010年,全市新增城镇就业9.2万人,新增转移农村劳动力2.75万人,城镇登记失业率2.31%,控制在3.5%以内。下岗失业人员再就业2.42万人,困难人员就业0.57万人,城镇零就业家庭和农村零转移家庭实现"双清零"。全市举办各类招聘会792场,进场单位4万家次,提供岗位60万个次,涉及机械制造、精细化工、纺织服装、电子技术、宾馆餐饮、批发零售等多个行业,参会人数达85万人次,达成就业意向25万人次。

全市全年举办80场毕业生专场招聘会,组织3000家企业提供1万多个就业岗位;举办就业指导、职业生涯规划等专题讲座和未就业高校毕业生职业技能免费培训。开展"千企万岗"公益行动、就业创业能力提升行动、"千企百校"岗位对接行动、创业引领就业行动、千名毕业生就业见习行动、就业服务与援助行动等系列行动。登记未就业高校毕业生1534人,免费培训3000人次,免费测评500人次,推荐就业1368人,安置困难家庭毕业生13人。镇江籍高校毕业生19089人落实就业岗位,年终就业率94.9%。

全市组织开展各类针对农村劳动力转移就业的招聘会84场,为进城农民工免费职业介绍77458人次,返乡农民工基本实现就近就地创业就业。镇江市率先在全省开展农村劳动力充分转移镇、村创建工作,创建率分别达97%、99.6%,扬中市、京口区、润州区被分别认定为充分就业辖市(区),丹徒区被认定为省级农村劳动力转移工作示范县、全省促进农民就业创业先进县。丹阳市被人社部评为全国农村劳动力转移工作示范县。

市和辖市(区)两级设立创业指导服务中心,全市所有镇街道、村社区和驻镇高校设立创业服务站(所)。新建创业孵化基地57家,总面积122万平方米,创业实验实训基地19家,省级重点培育小企业创业基地14家以及一批创业示范街区。（陈志坚）

【就业援助常态化机制】 2010年,镇江市出台《就业困难群体就业援助管理办法》,明确就业困难群体范围,即"4050"人员、双失双下人员、零就业家庭成员、城市居民最低生活保障人员、抚养未成年子女的单亲家庭成员、特困职工、贫困家庭中大中专毕业生、残疾人员以及连续失业1年以上的其他登记失业人员。规范就业困难群体"个人申请、社区核查公示、街道初审、区就业管理部门认定"的认定程序,对审核认定的人员,录入就业援助系统。对自谋职业和自主创业的就业困难群体,提供减免税费后给予1000元~2000元就业创业补贴、创业实物补贴、创业初始补贴等。实现"审核认定、政策帮扶、跟踪服务"一条龙服务,做到就业援助。全年市区认定各类困难群体300多人,全部通过街道社区实现再就业和自主创业。（陈志坚）

【就业监测制度】 2010年,镇江市作为全省3个失业动态监测试点市,建立辖市(区)失业动态月报和企业用工需求季报制度。失业动态监测从2009年12月的30家扩大到全市各辖市(区)130家企业,覆盖采矿业、制造业、建筑业、批发和零售业、住宿和餐饮业、居民服务业和其他服务业6大行业,涉及岗位8万余个;企业用工需求调查采取随机抽样形式,分片区、分行业抽样调查130家企业。全年向省厅报送监测信息和分析报告14期。（陈志坚）

【江苏省农村公共就业服务四项制度实

施】 2010年9月，市人力资源和社会保障局、市农委、市财政局联合出台《关于贯彻江苏省农村公共就业服务四项制度的实施意见》，要求各地确保2010年底市区（含丹徒区）实现市、区、镇、村四级人力资源社会保障平台就业信息系统联网，2011年底实现市、辖市（区）、镇、村就业信息网络全覆盖、全畅通；对辖区内符合就业失业登记条件、农村困难零转移家庭进行一次调查摸底，建立数据库，动态管理；建立农民就业失业登记、求职登记、农村困难家庭就业援助、农民创业服务等制度，为农民提供均等化就业服务。全年帮扶110户农村零转移家庭实现转移就业和自主创业，为532名农村劳动力提供创业扶持，创办企业99家，带动就业1505人。 （陈志坚）

【人力资源社会保障基层平台建设】 2010年，市人力资源和社会保障局制定下发《关于全面推进全市基层人力资源社会保障平台规范化标准化建设的实施方案》，推进市、辖市（区）、乡镇、村四级创业就业服务体系建设，把就业服务和就业政策延伸到基层，将就业失业登记、求职登记、就业援助、创业服务等职能下延到基层平台，实现全市基层平台硬件标准化、业务规范化、功能全覆盖。丹阳市皇塘镇等33个街道（镇）、社区（村）被确定为全市基层人力资源社会保障服务平台和创业服务平台规范化标准化建设试点单位。11月，市区18个试点街道（乡镇）、社区（村）基层人力资源社会保障服务平台和创业服务平台的户外标牌、户外铜牌、室内标牌、文明服务监督岗、工作网络、工作职责统一制作安装到位。 （陈志坚）

【高校毕业生创业就业服务】 2010年8月8日，2010镇江市“兴创业助就业”高校毕业生创业就业服务活动启动。丹阳留学人员创业园等35家单位大学生创业园、大学生创业见习基地、大学生创业孵化基地、大学生创业培训基地和大学生就业见习基地等大学生创业载体集中授牌。举办首场创业企业专场招聘会和“SYB”（Start Your Busniss，即“创办你的企业”）、“IYB”（Improve Your Business，即“改善你的企业”）创业培训班。开展“千企百校”岗位对接行动，对接100家重点高校，组织600余家次单位赴东北、西南、合肥、武汉、西安、南京、上海、北京等地高校举办专场招聘会。建立省级高校毕业生就业见习基地52家、市级和县级基地48家，安排近千名镇江籍未就业高校毕业生上岗见习。开设苏南人力资源市场高校毕业生就业服务专区，免费提供就业指导、人才测评、职业生涯规划、就业见习登记、推荐就业服务。实施困难家庭毕业生“一对一”帮扶，确保困难家庭毕业生100%就业。为自主创业的毕业生提供小额担保贷款、税费减免、社保补贴、创业补贴等政策保障。举办“大学生创业培训月”活动，全市开展大学生创业意识培训6500人次、SYB培训26人、创业模拟实训50人。认定大学生创业载体单位35家，补办包括大学生企业在内的创业企业转场招聘会。 （陈志坚）

【创业结对帮扶】 2010年，全市开展创业结对帮扶活动，扶持创业5.26万人。市人社局明确17个处室（单位）与丹徒区上党镇的17个村（社区）结对挂钩，宣传创业政策、开展“万人创业普训”、调查各村创业情况、提供创业项目。为276人开展SYB创业培训，帮助270人创业。人社局全体干部职工先后两轮与市区创业者以及大学生共1000多人“一对一”结对挂钩，提供开业指导、创业咨询、创业扶持等服务。 （陈志坚）

社会保障

【概况】 2010年，全市基本养老保险、社会医疗保险、工伤保险、失业保险、生育保险分别参保68.91万人、253万人、52.17万人、43.27万人、34.4万人。

全市退休人员养老金人均月增资143元，达1358元。其中，市区增资147.5元，人均达1427元；市区老年居民养老补贴由50元/月提高到60元/月。全市机关事业单位养老金社会化发放率100%，企业退休人员社会化管理服务率达95%。

落实新医改任务，推动医保、医疗、医药同步改革。全社会医保人口覆盖率92.3%。居民医保与新农合并轨运行，实行门诊、住院综合保障，财政补助标准人均130元，综合补偿率65%以上。职工医保和居民医保的统筹基金最高支付限额，均提高到职工平均工资和居民人均收入的8倍。医保基金按“就诊人头”对实施基本药物进行付费。实施自费医疗补充保险政策，参保人员住院时的制度外费用报销40%，将医疗保障范围向制度外拓展。实行“基本医疗服务包”救助办法，对年满60岁以上参加居民医保的救助对象实行社区门诊免费医疗服务。实现市区范围内包括救助的各险种完全统筹。开通与上海、南京异地就医结算，实现外地驻镇江医保人员在镇江直接刷卡就医，与南京、台州实现双向实时结算。 （陈志坚）

【“金保工程”】 2010年，镇江市推进“金保工程”（人力资源社会保障系统电子政务工程）一期建设，初步实现“五险合一、并票征缴”和社会保险“同人同城同库”。计划从2010年3月开始用一年半的时间，完成一期建设任务。截至年底，完成综合布线系统改造和机房改扩建工作，基本完成基础信息比对工作，比对成功参保单位7274家、参保人员39.7万人，基本完成社保五险“并票征收”工作，转地税统一“并票征收”单位数达2671家。 （陈志坚）

【推进新型农村养老保险制度】 2010年，镇江市推行新型农村社会养老保险制度，调整基金筹集、养老金待遇、领取条件、基金管理等政策，规范缴费档次、基础养老金标准、政府补贴方式，实现与中央和省有关新农保制度衔接。全市新农保实际参保38.3万人，参保率95.48%，各级地方财政配套基础养老金补助9803.15万元，为符合条件老年农民发放每人每月60元基础养老金。 （陈志坚）

【自费补充医疗保险政策实施】 2010年1月1日，镇江市在全国率先实施自费医疗补充保险政策，将参保人员医疗保障范围由制度内向制度外拓展。全市参保人员在享受正常医保报销的基础上，减少个人住院自费费用支出2400万元。自费医疗补充保险的参保对象为：市区范围内所有参加统账结合基本医疗保险的用人单位及其职工和退休人员，以及其他参加统账结合基本医疗保险的人员（含一至六级革命伤残军人）、参加离休人员医疗统筹的离休人员。缴费标准：在职人员为年工资总额或退休人员为年退休金总额（一至六级革命伤残军人、离休人员为上年省社平工资）的0.3%，由医保经办机构每年1月1日前统一从个人账户中一次性全额代扣，个人不需要另外缴纳参保费用。统账医保退休人员在从个人账户划扣自费医疗补充保险金的同时，不再每年缴纳48元大病统筹金，但仍正常享受规定的大病统筹待遇。自费医疗补充保险金的支付范围和标准为：参保人员在住院期间使用超出《镇江市社会医疗保险药品报销目录》以外的自费药品（在国家药典所规定范围内）、采用超出《镇江市社会医疗保险诊疗项目目录》以外的自费诊疗项目、使用未纳入基本医疗保险报销范围而需参保人员自费的医用耗材、人工器官所发生的医疗费用，由自费医疗补充保险金补偿40%。参加镇江市特殊医疗保险补充保险的劳模、公务员等人员，先享受自费医疗补充保险待遇，同时享受特殊医疗补充保险待遇。（王　翔）

【医保谈判机制意见和议事规则出台】 2010年，镇江市人力资源和社会保障局出台《关于进一步完善医疗保险谈判机制的通知》《市医疗保险和医疗服务联席会议议事规则》（简称《规则》），这是全国首个医保谈判机制运用的规范性、操作性办法。谈判过程分四个阶段进行：谈判准备阶段，分析谈判环境因素及相关信息，确定谈判框架（谈判议题或内容），确立谈判目标，制定谈判计划；谈判开局阶段，创造合作型的谈判氛围；交流磋商阶段，听取医药机构对相关政策的意见，通盘考虑各方利益和可行性，争取让各方都能接受；协议签订阶段，在各方意见一致后，将谈判结果细化写入协议或形成文件。谈判重点包括：定点医疗（药）机构协议管理、医疗保险付费制度的完善、团购医药服务、其他等四个方面。可以由医保部门根据医保制度、政策完善和日常管理运行的需要，向医药机构等要约式提出；也可以由医药机构根据实际情况，主动向医保机构提出。《规则》明确，议事范围包括：研究医疗保险发展规划、医疗保险定点规划、改革方案、政策调整、年度计划和总结；研究医疗保险基金预决算方案和基金分配方式；研究审定人力资源和社会保障部门、医保经办机构和定点医疗（药）机构报送的重要请示、报告；卫生部门或定点医疗（药）机构提交研究决定的事项；以及其他需提交共同研究决定的事项。

（王　翔）

【统账医保门诊支付政策调整】 2010年，镇江市社区卫生服务机构门急诊量增幅35%，占全市门急诊总量的52%。社区卫生服务机构门诊和住院均次费用比三级医院分别低40%和50%以上。定点社区卫生机构发生的医保费用增长，占全市总费用增长额20%以上，高于全市费用平均幅增6个百分点。自2006年以来，市政府先后出台多个完善社区卫生服务医疗保险配套政策的规范性文件，主要政策有社区定点、优惠支付、提高医保待遇、服务优惠减免、社区药品“零差率”、健康管理服务，引导一般常见病多发病人由医院向社区卫生服务机构转移。

2010年，镇江市调整市区统账结合基本医疗保险社会统筹基金门诊支付政策。按照新的统账医保门诊支付政策，市区参保人员发生的门诊医疗费用，先从一级个人账户支付，用完后，进入社会统筹基金起付标准。在起付标准以内，由个人支付；超过起付标准以上的部分，由社会统筹基金和个人按比例共同支付，并采取不同等级定点医疗机构不同负担比例的办法。即在三级医院就诊的，社会统筹基金支付50%，个人支付50%；在二级医院就诊的，社会统筹基金支付70%，个人支付30%；在一级医院及除定点社区卫生服务机构外的其他定点医疗机构就诊的，社会统筹基金支付75%，个人支付25%；在本人所定点的社区卫生服务机构就诊的，社会统筹基金支付90%，个人支付10%。其余未涉及内容，仍按原规定执行。这是镇江市自2006年以来第三次降低医保社区卫生服务机构门诊个人支付比例。调整后，参保人员在定点社区就诊的门诊医疗费用，统筹基金支付由现在的85%提高到90%，个人支付比例仅为10%，而一、二、三级定点医院则分别为25%、30%和50%，两者差距将由现在的10%、15%和25%进一步拉大到15%、20%和40%。2011年1月1日，该政策正式实施。（王　翔）

【居民基本医疗保险医疗费用结算办法完善】 2010年，市人力资源和社会保障局拟规范居民基本医疗保险费用结算方式、程序和考核管理。首先，建立基金预算制度，对市区居民医保参保人员的医疗费用支出实行总额控制，即根据当年基金筹集的预算额，在测算提取4%的风险金后，全部作为当年医疗费用支出的预算总额，予以分配及控制使用。其次，对不同定点医疗机构实行不同的结算方式：定点社区卫生服务机构（含乡镇卫生院）实行以“参保定点人头”为核心的“总额预算管理”“按病种付费”和“按服务单元付费”的复合式结算方式；对定点的二级及以上医院实行“总额预算、弹性结算和部分疾病按病种付费相结合”的复合式结算方式。第三，建立居民基本医疗保险结算质量指标体系。包括特殊病种门急诊人次、出院人次（不含单独结算人次）、平均每门诊人次费用、平均每出院人次费用、门诊均次费用上下限、住院均次费用上下限、住院自费费用比例等七个指标，具体标准根据各定点医院上年的综合预算、结算数据制定，年终根据各定点医院年度预算总额指标及质量管理指标的实施情况进行决算；其中，医疗费用未超预算总额指标的按实结算，结余部分奖励40%；医疗费用超预算总额指标的合理增长部分，视有效增加工作量和均次费用指标、基金支付率等情况给予补助；住院自费费用比例超过规定的部分不予支付。2011年1月，市人力资源和社会保障局印发《镇江市居民基本医疗保险医疗费用结算办法》，并正式实施。（王　翔）

【参保病人向社区卫生服务机构转诊管理】 2010年，市人力资源和社会保障局联合市卫生局、财政局出台《镇江市区二级以上医院向社区卫生服务机构转诊管理暂行办法》，对二级以上医院住院病人下转率按年度进行考核，年终结算时完成的增加考核分数，达不到的同比例扣减出院人次指标；对社区卫生服务机构由二级以上医院按规定下转的医疗费用进行单独结算，不列入社区卫生服务机构总额预算管理；加强对二级以上医院向社区卫生服务机构的转诊监管，二级以上医院符合下转规定而未下转的参保病人所发生的医疗费用，一律不予结算。同时，调整有关社区卫生服务中心的定点类别，增加住院基金支付项目，以支撑双向转诊实现。全年定点社区卫生服务机构上转患者2848人，上级医院下转患者1749人。（王　翔）

【流动就业人员医保关系转续工作规范】 2010年，市人力资源和社会保障局出台《关于加强流动就业人员基本医疗保障关系转移接续工作的通知》，规定：流动就业人员到镇江市就业并有稳定劳动关系的，由用人单位按照《社会保险登记管理暂行办法》的规定办理参保手续，参加镇江市统账结合基本医疗保险。其他形式流动就业的，可选择以个人名义参加统账结合基本医疗保险；特殊流动性大的就业人员，按镇江市有关规定参加居民基本医疗保险。流动就业人员在外地参加城镇职工基本医疗保险的，到镇江市后如继续参加统账结合基本医疗保险，医保关系实行无障碍转接，其在转出地按规定确认的参保年限（含视同参保年限）可在镇江市连续计算；达到国家法定退休年龄办理退休手续时，符合镇江市累计参保年限要求的，可享受退休人员的基本医疗保险待遇。流动就业人员在外地参加城镇居民基本医疗保险（或“新农合”）的，到镇江市后如参加统账结合基本医疗保险的，以上年度全省在岗职工平均工资为基数，按4%的比例补缴其在外地参保期间的保费差额后，其在转出地按规定确认的实际缴费年限可在镇江市累计计算。流动就业人员凭外地医保经办机构出具的参保凭证，3个月内到镇江市按规定申请办理医保关系转移接续并连续缴费的，可视同连续参保，按规定享受基本医疗保险待遇；超过3个月后办理转移接续手续的，按市首次参保的有关待遇规定执行。央视新闻频道《焦点新闻播报》报道市医保关系转移接续"来者不拒"的做法。全市全年医保关系转移接续（包括转入和转出）人数累计超过1万人次。

（王　翔）

【市区学生医疗保险财政补助和补偿待遇提高】 自2010年9月1日起，调整市区（含京口区、润州区、丹徒区和镇江新区）在校学生参加居民基本医疗保险的有关政策规定：在校（含在托）学生每人每年筹资标准由原来的80元调整为120元，其中，政府财政补助由每人每年30元提高到70元，个人缴纳50元不变。城乡低保户、特困职工家庭的学生以及孤儿的个人缴费部分仍由社会医疗救助资金全额承担。政府财政补助仍按学校隶属关系，由原渠道给予补助。

提高白血病、先天性心脏病医疗费用补偿待遇。将先天性心脏病列为增加门诊补偿的特殊病种，参保学生患先天性心脏病、肾衰竭肾透析、恶性肿瘤、精神病、血友病、再生障碍性贫血、慢性肝炎、器官移植抗排异治疗等8种门诊特殊病种，在本人定点社区卫生服务机构（或学校医务所）、市区二级及以上定点医疗机构发生的门诊费用由医保基金补偿50%；因病情需要在原户籍地发生的符合医保规定的医疗费用视同本地二、三级医疗机构发生的费用给予补偿，不降低补偿比例；凡白血病、先天性心脏病门诊医疗费用，在原居民（学生）基本医疗保险基金补偿和享受慈善救助的基础上，另行报销应报销总费用的20%。对《基本药物目录》范围外的伏立康唑、兔抗人胸腺免疫球蛋白、头孢匹罗、二乙酰氨乙酸乙二胺、丙种球蛋白等常用治疗性药品予以报销，报销比例暂定为50%。对原政策规定的药品、诊疗项目个人先付部分的费用，个人不再先行支付。上述提高待遇的部分采取报销方式，参保人员每季度最后一个月，凭病历卡、前期结算清单、住院明细等凭证到市医保结算中心窗口报销。

提高儿童重大疾病医疗保障水平。对参加居民（学生）基本医疗保险的0～14周岁（含14周岁）儿童患有先天性房间隔缺损、先天性室间隔缺损、先天性动脉导管未闭、先天性肺动脉狭窄、急性淋巴细胞白血病、第一诊断急性早幼粒细胞白血病，选择在江苏省农村儿童重大疾病救治省级定点医院（附后）就诊治疗的，由家长（监护人）携带医保卡和县级以上医院诊断病历，向市医保结算中心提出救治申请，按照《江苏省农村儿童重大疾病救治试点病种限定费用标准》结报个人应负担的费用，其余费用由医保经办机构与省级定点医院直接结算。

2010年，市区学生医疗保险参保16万人，其中大学生5.9万人，全年筹集资金1920万元，其中政府财政补助1280万元；参保学生12.7万人次发生医疗费用2058万元，有24例儿童先心病和白血病（先心病15例，白血病9例）进行签约治疗和转诊结报。

（王　翔）

人力资源

【概况】 2010年，全市劳动力资源208.8万人，占总人口的68%，从业人员182万人。全市城镇职工372244人（《统计快报》数，下同），其中国有单位146677人，城镇集体18491人，其他单位207076人；企业单位270666人，事业单位71126人，机关单位30452人。全市人才资源总量36.83万人，比上年增长8.96%。其中，高层次人才16030人，比上年增长13.6%，占人才总量比例4.4%。每万人拥有人才1270人。全市人才总量占人口比例、本科以上人才占人才总量比例均居全省第五位。人才结构中，党政人才1.32万人，占3.58%；专业技术人才16.57万人，占45%；企业经营管理人才9.15万人，占24.8%；高技

● 地区分布（2010年全市在岗职工372244人）

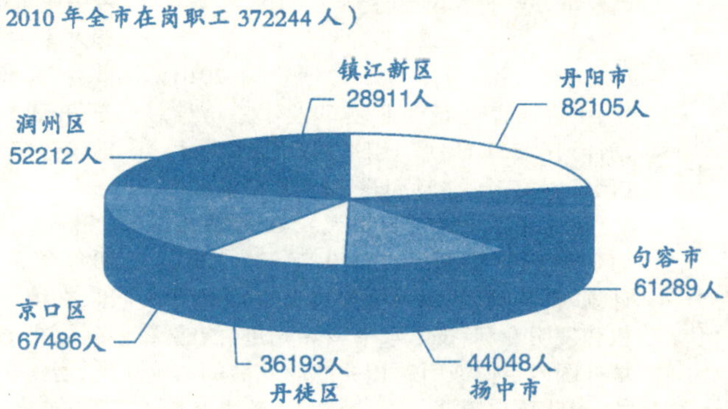

● 行业分布

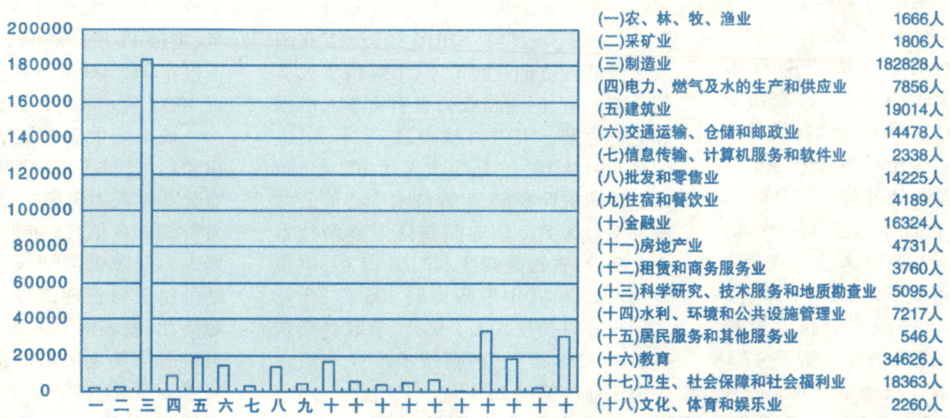

图13－1　　全市在岗职工分布图　　（江　华）

能人才 4.45 万人，占 12.1%；农村实用人才 4.71 万人，占 12.79%；其他各类人才 0.63 万人，占 1.73%。

全市选拔有突出贡献中青年专家 32 人，江苏省有突出贡献的中青年专家 4 人。首次将高技能人才纳入享受政府特殊津贴和突出贡献中青年专家选拔。全年累计为 160 多名专家和各类人才发放国务院政府特殊津贴、办理补充“三金”和“优秀人才一卡通”。全市新培养高级以上技工 9700 人，其中新增技师、高级技师 1662 人。全市一线技术职工队伍中具有高级以上技能人员 4.45 万人，占技术职工的 25%，拥有技师、高级技师 8441 人，占技术职工的 25%。高技能人才专项经费提高到 185 万元。组织开展 34 场职业技能竞赛活动，涉及 81 个职业。全市企业内高技能人才评价企业总数达 42 家。全市 8 所技工学校招生 5482 人，应届毕业生实现一次性就业率达 98% 以上。

全市组织申报人才资助项目工作，入围江苏省高层次创新创业人才引进计划 2 个、省第七批“六大人才高峰”资助项目 14 个，申报省“企业博士集聚计划”入围 9 人，申报省博士后科研资助计划项目 1 个。全市引进日本、美国、瑞士、法国、乌克兰等国专家 34 名，在生态农业、现代制造业、IT 业、新材料等领域开展 21 个引智项目的开发指导。全市有国家级印制成果示范推广基地 1 家，省级引智示范基地 3 家，省级引智示范单位 3 家，省级引智示范村 3 家。开展“百家企业”高校行活动，引进紧缺型人才 2100 多人，其中硕士 280 人。

镇江市直与 161 家单位签订人才派遣合作协议，向机关和企事业单位派遣员工 4300 余人，派遣单位净增 28 家，派遣人员净增 713 人。组织企业赴河南、安徽、江西、四川、甘肃、贵州等地开展劳动力引进活动，全市引进外来劳动力 3000 余人。

全市开展各类职业技能培训 12.9 万人次，其中农村劳动力培训 4.05 万人。就业再就业培训 4.2 万人，在岗农民工培训 2.55 万人，另有其他各类技工学校的社会培训。全市以提升公务员行政能力为主题，培训公务员 13000 余人次。全市培训专业技术人员 13486 人；培训企业中高层经营管理人员 800 余人次。全年通过评审或考试取得高级专业技术资格 1124 人，中级专业技术资格 3800 余人，认定初级专业技术资格 4700 余人。全年完成职业技能鉴定 4.2 万人次；发放国家级职业资格证书 3.2 万份；技师和高级技师鉴定 2765 人，新增技师、高级技师 1662 人。（陈志坚）

【第三届中国镇江发展新兴产业项目与人才对接洽谈会】 2010 年 4 月 2 ~ 30 日，举办中国镇江第三届发展新兴产业项目与人才对接洽谈会。采取网上对接和现场招聘形式，推介新兴产业项目 84 个、人才需求 968 个，组织 101 家单位网上招聘吸引 168 人报名，56 家单位赴哈尔滨现场招聘与 45 人签订协议、750 人达成意向，38 家企业、50 个项目与哈尔滨高校进行产学研对接。对接洽谈会连续举办三届，发布新兴产业项目 245 个、高层次人才需求 1886 个，引进硕士以上研究生 1416 余名。（陈志坚）

【第二届中国镇江引进“双高”人才交流会】 2010 年 10 月 20 日 ~ 11 月 25 日，镇江市举行 2010 年引进高层次高技能人才交流会，组织用人单位 300 余家，举办校园专场招聘会 15 场，引进“双高”人才 500 名和重点院校紧缺专业本科以上人才 2000 余名。其中，网上对接洽谈会全市参会单位 151 家，提供人才需求 2243 个，涉及生物化学、机电、IT、管理、金融财会、工程、教育等多个专业。重点围绕新能源、新材料、电子信息、航空制造、海洋工程等五大战略性新兴产业，生物医药、节能环保、物联网等其他新兴产业以及现代服务业，集中组织相关企业赴北京、上海、南京、武汉、西安、成都、东北等 7 地高校举办产业专场招聘会。（陈志坚）

【引进培育领军人才“331 计划”】 2010 年，引进培育创新创业领军人才三年行动计划（“331 计划”）引进资助领军人才（团队）135 个，带动引进高层次人才 605 名（院士 2 人、博士 308 人），市和辖市（区）两级资助累计 15340 万元。“331 计划”的实施，吸引一批拥有自主知识产权和发明专利、技术水平国际先进、能够填补国内空白或引领相关产业发展的人才、团队落户镇江。（陈志坚）

【留学人员创业园】 2010 年，全市有国家级留学人员创业园 1 家、市级留学人员创业园 3 家，创业园成为吸引留学人员创业的孵化器。引进科技项目 58 个，引进领军型团队 16 个，高层次人才 102 名，新入驻科研机构 6 家、工程技术中心等公共服务平台 5 家。创业园新认定高新技术企业 9 家，省级高新技术产品 12 项，申报专利 432 件，其中发明专利 105 件；企业实际自筹科技投入 1.1 亿元，争取各类扶持资金 4235 万元，高新技术产业产值占规模工业产值的 18%。（陈志坚）

【企业博士后工作站】 2010 年，全市新增省级企业博士后工作站 7 家，企业博士后科研工作站达 29 家（国家级 11 家、省级 18 家），设站企业涵盖全市主导产业、优势产业和特色产业。博士后工作站全年招收博士后研究人员 5 名，在站博士后研究人员 14 名，已累计吸纳博士 31 名、其他高层次人才 100 余名，参与或承担科研项目 81 个，其中国家、省级科研项目 32 项，申请专利 30 余项，出版专著 6 本，在国内外刊物上发表学术论文 100 多篇，博士后项目研究累计投入 5900 余万元，产生直接经济效益 2.97 亿元。（陈志坚）

【“人力资源服务进千企”活动】 2010 年 5 月 20 日，全市人力资源和社会保障系统启动“人力资源服务进千企”活动，走访企业 1000 家，包括 15 项服务内容：引进紧缺型人才；引进外国专家，及时办理外国专家证；申报省级、国家级引智项目；办理境外人员就业手续；解决用工难题，及时提供用工录用登记备案服务；及时为企业用工人员提供各类社会保险服务；推荐申报省级、国家级博士后科研工作站；申报省级高层次创新创业人才引进计划和“六大人才高峰”人才资助计划；评选申报市级、省级、国家级有突出贡献中青年专家和享受国务院特殊津贴人员；专业技术人员职称评定服务；技能人才培养与评价服务；为引进和录用高校毕业生提供“一站式”服务；办理“优秀人才一卡通”；培训、招聘、派遣、人才猎头、人事代理、档案托管等人力资源服务；开展“千人送法进万企”活动，指导创建劳动关系和谐企业。（陈志坚）

【江苏省苏南人力资源市场开放】 2008 年 3 月 20 日，经原江苏省人事厅批准，在镇江设立江苏省苏南人力资源市场，该市场属于省级区域性人力资源市场，当年 9 月 5 日开工。2010 年 6 月，江苏省苏南人力资源市场竣工，6 月 28 日对外开放。大楼建筑面积 18130 平方米，主楼 11 层，高 49.5 米，辅楼 5 层，地下停车场 3700 平方米，大楼东南侧建有近 4000 平方米的开放式人才广场。

该市场主要职能有：负责举办日常招聘集市，提供招聘服务；受委托承办政府公益性人力资源招聘会；收集、整理人力资源供求信息，定期发布人力资源市场人力资源供需情况；负责人才在线网站的建设与管理，组织开展网上招聘求职活动，发展网上人才市场；负责苏南人力资源市场媒体资源的运营和管理；开展求职登记、推荐就业、人才派遣、人才租赁、人才猎头、人力资源管理咨询等服务；协助有关部门做好人才引进、毕业生就业、下岗失业人员再就业等工作。

苏南人力资源市场形成现场、网络、猎头、委托、媒体、组团、张贴、信息库查询等八种招聘业态，成为人力资源配置的主渠道。现场招聘一周4场（周三、周四、周五、周六），自2010年7月起，至2010年底举办各类招聘会98场，进场单位4523家，提供岗位12.8万个次，进场人数15.8万人次。

全年苏南人力资源市场人事代理净增3139人，期末协议代理人数达39370人，人事档案净增7372份，期末库存各类人事档案达65155份，办理流动手续1247人，办理就业手续4924人次，代收代缴各类保险金额1.82亿元，互为代理外包服务合作机构达27家。（陈志坚）

和谐劳动关系构建

【概况】 2010年，镇江市以构建和发展和谐劳动关系为主线，完善企业收入分配制度，强化劳动合同管理，加强劳动争议调处和执法维权能力建设。不断提高低收入劳动者工资收入，市区执行江苏省最低工资一类标准，月最低工资标准由850元调整为960元，小时最低工资由7.20元调整为7.80元。完善工资集体协商制度，及时发布工资指导线和企业人工成本，促进职工工资正常增长。全市审核工资专项合同2363份，增长10%。实施劳动合同签订目标管理，增强企业“用工签合同、劳动缴保险”意识，规范企业裁员行为，推进劳动合同“充分覆盖”，全市各类企业劳动合同签订率达98%。

全市实施两网化“三色预警”机制，全市网格监测预警单位3664户，劳资纠纷和越级上访案件分别比上年下降11%和19%。全市对11989户用人单位劳动保障信息进行采集、更新和维护。建立“二级网格及时上报、一级网格每季分析、辖市（区）半年分析、市级全年分析”的劳动监察信息动态监测分析报告制度，加强动态监测。（陈志坚）

【劳动人事争议仲裁大调解体系】 2010年，全市开展劳动人事争议仲裁工作，有效整合人事、劳动争议仲裁工作体系，坚持“三个结合、三个为主”（事先调解与事后调解相结合，以事先调解为主；人民调解与仲裁调解相结合，以人民调解为主；解法结调解与解心结调解相结合，以解心结调解为主）的思路，加强调解组织和工作机制建设，构建由仲裁、司法、工会等多方参与的多元化调解体系，形成“大调解”工作格局。推进基层劳动人事争议调处平台的机构标识、建设标准、工作制度、办案标准、基础管理“五个统一”，全市各镇、街道全部设立劳动人事争议调处中心，调处劳动争议1700多起，为劳动者和用人单位追回经济损失1500余万元。司法部门劳动人事争议人民调解委员会和人民调解工作室全部挂牌运行。评选9家企业调解组织示范点。成立科、教、文、卫等八大行业调解组织，化解人事争议60多起。全年全市劳动人事争议仲裁机构受理各类劳动争议4073件，处理结案率95.7%，提高1个百分点，调解结案率92%，提高11个百分点。（陈志坚）

【加强两网化基础建设】 2010年被确定为劳动保障监察两网化效能年，全市投入两网化经费165万元，强化基础管理。结合全市乡镇机构改革，重新调整划分一、二级网格，统一编制网格代码，充实劳动监察协理员16名，基层网格科学调整和人员配备全部到位，专职监察员增加到68名，兼职监察员增加到127名，协理员增加到860名，建立一支较为完备的劳动保障监察队伍。全年先后召开两网化管理分析会、项目立项会、交流会、中期评估会、学习观摩会以及总结汇报会等6次会议，组织4次网格现场督查，编印两网化专报32期。（陈志坚）

【劳动保障监察宣传】 2010年，推行“五个一”为主题的“千人送法进万企”活动，即一封公开信、一本劳动保障释疑手册、一张劳动保障监察服务卡、一份劳动保障调查问卷、一系列劳动法律法规讲座。全市各级网格共对9835户用人单位开展上门送法，发放公开信11032封、劳动保障释疑手册3650本、企业和职工劳动保障调查问卷10486份、劳动保障监察服务卡7945张，开展企业劳动法律法规专题讲座55场培训3924人。开展“定点联系双向联络企业”活动，以“一走访、二帮扶、三引导”为主题，以“骨干企业、新办企业、困难企业、执行劳动法律法规不规范企业”等四类用人单位为重点对象，以“宣传政策、现场指导、解答疑难、征求意见”为主要内容，全市与1880户用人单位建立定点联系，4220户建立双向联络。开展“诚信示范和谐企业创建”等活动，建立网格内用人单位劳动保障守法诚信档案，实施A、B、C三类监管，引导用人单位创建劳动保障诚信示范企业和劳动关系和谐企业。全市620户企业申报创建劳动关系诚信示范企业。开辟两网化“网上学校”宣传专栏，广泛宣传劳动法律法规，及时发布劳动关系预警信息，受理网上投诉举报、开展业务指导和互动交流，依托网络平台建立两网化工作的知识库和宣传窗口。（陈志坚）

人事制度改革

【概况】 2010年，严格执行公务员任职晋升、绩效考核、奖励惩戒等政策，推进公务员考核结果与工作性津贴挂钩，按市（区）机关在职人员平均工作性津贴的30%每月提取年度绩效考核奖金；镇江市被省公务员局确定为省公务员考核工作联系点，其中丹阳市被确定为国家县级联系点，镇江市建立市政府办、公安局、国资委、食药监局、司法局、环保局、工商局、国税局等8个联系点，加强考核指导监督工作；规范机关公务员调任转任，开展政府机关非领导职数审批；坚持“凡进必考”和公开公平公正原则，招录党政机关（含垂直部门）公务员254人。

深化事业单位人事制度改革，推进事业单位岗位设置管理；结合岗位设置强化聘用合同签订，办理500余人的聘用合同鉴证手续。实施医疗卫生和其他事业单位绩效工资制度。（陈志坚）

【事业单位岗位设置管理】 2010年11月，全市事业单位岗位设置管理工作完成。明确岗位设置范围、岗位总量、主体岗位确定、专业技术岗位结构比例控制、人员聘用、工资兑现，基本解决事业单位岗位设置管理制度入轨过程中的一些突出问题。逐步形成以岗位设置管理为基本人事管理制度、以人员聘用为基本用人制度的事业单位新型人事管理体制。全市实施聘用制单位和人数分别达96.2%和97.5%，全年组织实施公开招聘5次，为全市48家次事业单位公开招聘工作人员135人。（陈志坚）

【人事考试】 2010年，全年全市实施人事考试1.3万余人次、2.6万余科次。实施失业单位公开招聘活动5次，为全市48家次事业单位公开招聘工作人员135人。组织实施职称计算机、职称外语等40项执业资格考试服务工作。分批对1100余名技术工人进行第五轮继续教育。市直建成20余类40个专业的人事考试题库，为20多家单位提供50余次命题服务。镇江市人事考试基地建成并投入使用，包括试卷保密仓库、53个标准化笔试教师、无纸化（计算机）考试教室、无领导小组讨论面试室和监控室，依托技师学院按现代化的标准建设。

（陈志坚）

农 业

责任编校：毛向阳

综 述

【概况】 2010年，市委、市政府顺应新农村建设的大势，呼应苏南加快城乡一体化发展的态势，发挥镇江市农村“三集中”的优势，作出推进新市镇、新社区、新园区(简称“三新”)建设的决策和战略部署，以“三新”促“三农”，开创镇江农业农村工作的新局面。全年“三新”建设完成投资超100亿元，新开工农民集中居住点76个、建成面积348万平方米；新增土地流转面积1.02万公顷、土地整理复垦面积485.47公顷；农村定报工业企业实现销售3080亿元，增长27.3%；创成一家省级现代农业产业园区，市级农业园区建成区面积6020公顷。“三新”建设促进农业生产方式、农民生活方式和农村发展方式的转变，得到全国政协副主席张梅颖、原江苏省委书记梁保华、中央党校专家组等领导的充分肯定，被称为是“镇江模式”。

新建的农民集中安置区，水、电、气、路等基础设施齐全，商贸、教育、医疗、文化等配套设施完善，搬迁农民享受和城市居民一样的生活环境。各地对照国家规定的小康标准、以人均不少于40平方米的标准进行安置，很多农户都能获得两套或两套以上安置房。农民普遍有土地流转金、合作社股金、就业薪金、物业租金和保障金等五金收入。各地都加大创业就业的扶持力度，出台扶持政策。全市农民人均纯收入首次突破万元大关，达到1.09万元。“三新”建设使居住集中、用地集约、产业集聚。

2010年，全市新增高效农业2.67万公顷，其中设施农业6467公顷，占耕地比重在全省领先；新增农业合作组织470家、入社农户数9.4万户；农业产业化龙头企业总数达到185家，其中省级以上龙头企业带动农户48.46万户，占全市农户数的54.4%；农业大项目建设势头强劲，全年共实施农业大项目63个，实现年度投资32.9亿元，17个农业重点竞争立项项目推进顺利。城市水利的经验做法得到水利部领导的肯定，成为全国典型；农村河道疏浚在全省率先以县为单位通过整体考核验收；农产品出口、农业农村政策创新、农业科技创新、为农服务体系建设等多项工作受到省及省以上表彰。“百企百村百亿”三年行动计划基本完成；全年“三资”投入农业近60亿元，财政投入农业8.6亿元，对上争取6.77亿元。农业园区带动能力明显增强，全市乡镇工业企业增加值、销售额分别达825亿元和3080亿元，分别增长26.1%、27.3%，全市百亿镇达12个。 (*石铁流*)

【“十一五”农业和农村工作概要】 “十一五”期间，全市农业农村工作保持又快又好的良好发展态势。五年来，全市累计完成“三农”财政投入48.5亿元；粮食总产连续七年丰收，保持在120万吨以上；2010年全市农民人均纯收入10874元，比2005年增长82%，年均增幅达12.8%。全市建设各类现代农业园区134个，其中省级园区1个、市级12个，面积在万亩以上的有8个；工农业生产总值超百亿元的镇有12个；全面启动11个新市镇、50个新社区、25个新园区的“三新”建设试点工作。

“十一五”期间，全市镇劳动保障服务所和村劳动保障工作站完成全覆盖，就业信息网络系统实现四级联网；全市农村劳动力转移就业26.02万人，转移率达到73%，列全省第四；丹徒区、丹阳市分别被评为全省、全国农民创业就业工作先进县、示范县。累计培训农民20余万人次。到2010年底，全市共有农业合作组织1710家，农户总数达19.5万户。全市主要农作物保险覆盖面超过95%，其中水稻承保面达98.2%。全市新型农村合作医疗覆盖率从2005年的90%扩大至2010年的99.97%；新型农村养老保险参保人数40多万人，参保率达75%。全市农产品注册商标1800多个，其中国家级、省级名牌农产品分别达到12个和41个，比2005年分别增加2个和11个，处于全省先进行列；至2010年底“三品”(无公害农产品、绿色食品、有机农产品)认证总量655个，其中，无公害农产品332个、绿色食品136个、有机食品187个，“三品”认证基地面积11.28万公顷，分别比2005年增长143.7%和29.5%。2010年全市农机总动力达到142.76万千瓦，比“十五”期末增长9.2%，主要农作物生产综合机械化水平达76%。“十一五”期间，全市秸秆综合利用率达95%，农业面源主要污染物总氮、总磷排放量削减20%以上，新增造林面积2.51万公顷，丹阳、扬中、丹徒等3个辖市(区)通过省林业局村庄绿化整体推进县建设的验收，全市森林覆盖率从2005年底的11.77%提高到2010年底的21.5%；80%的镇创成省级以上环境优美乡镇；全市建成农业旅游观光点191个，其中国家级5个、省级14个，创立出“金山翠芽”茶叶节、句容葡萄节、扬中河豚节等8个农业节庆。2010年实现农产品出口2200万美元，比2005年增长15%。

“十一五”期间先后实施“双清双美”、农村环境百日整治、“百村示范、百村帮扶”“农村环境优美乡镇创建”活动和农村实事工程；开展“百企百村百亿”、脱贫攻坚“三包两消除”等行动，促

进城乡统筹发展。 （石铁流）

【镇江农科所】 2010年，全所承担各类科研课题105项（含协作），其中新增项目50项，新增项目合同经费1616.9万元，比上年增长37%，项目经费总数列全省农科所第三，人均经费列第一。

承担的援建项目“绵竹江苏高效农业示范园”全部建成并交付给地方政府，受到江苏省委、省政府和地方党委政府的表彰。园区受到新华社、《人民日报》、中央电视台、江苏卫视等媒体的宣传报道。

先后在句容、丹阳、丹徒、京口、金坛、溧阳、宜兴等地建立科技服务点近20个，开展科技培训现场会30多场次，培训农民5000多人次。参与的省“挂县强农富民”工程、“远程教育致富新农村”工程和句容市“脱贫攻坚”等各项主题帮扶活动进展顺利。

2010年，新挂牌万山红遍园区超过666.67公顷，使万山红遍园区的总面积达到1333.33公顷，品牌覆盖到省内的宁、镇、常、锡以及扬州、宿迁等地，并扩展到四川。在做好已挂牌园区服务工作的同时，2010年，市农科所万山红遍农业园还联合全市16个农民合作社成立全市首家应时鲜果“万山红遍”合作联社，并与7家产品质量有保证的种植户达成免费贴牌销售协议，贴牌销售面积达200公顷。

全年申报专利28项，获得授权专利12项；6个新产品被认定为江苏省高新技术产品；制定地方标准2个；共获部、省、市、院各类成果奖7项，其中国家科技进步一等奖1项，教育部科技进步一等奖1项；发表论文85篇；有4个稻麦品种进行品种权使用许可协议转让，转让金额600多万元。全所实现科技开发收入9000万元，比上年增长55%。

选派多批次科技人员赴美国、加拿大、日本等国家进行研修和学术交流。先后组织职工参加各类培训近100人次。

2010年，全所有1人分别获全国优秀科技工作者和江苏省优秀科技工作者称号；3人分别获江苏省科技厅授予的特派员创业先进个人、优秀科技特派员称号；1人获镇江市目标责任制考核先进个人，1人获镇江市有突出贡献中青年专家称号；1人获省挂县强农富民工程先进个人称号；15人次获省援建指挥部、绵竹市委授予的优秀党务工作者、灾后恢复重建先进个人、绵竹市劳动模范荣誉。由镇江农科所研究员、江苏省丰源种业有限公司董事长盛生兰主持完成的《抗条纹叶枯病高产优质粳稻新品种选育及应用》获国家科技进步一等奖。另外，有2项成果分别获市农业成果推广一等奖，1项获市科技进步三等奖，1项获驻镇高校与本地企业产学研合作二等奖；2010年，市农科所先后获得国家三农科技服务金桥奖、中国国际专利与名牌博览会专利金奖、省农作物品种区域试验工作先进单位等10多项荣誉。

（王敬根）

【高效农业规模化】 2010年，全市在出台政策激励的基础上，组织实施省、市现代农业产业园区创建和农业竞争立项项目建设，推进现代高效农业发展。全年新增高效种植业面积2.67万公顷（其中设施农业面积6467公顷）、高效渔业面积2707公顷，累计总面积分别达到8.71万公顷（其中设施农业1.64万公顷）、1.05万公顷，分别比上年增长44.2%（其中设施农业65.9%）、34.6%。全市规模养殖企业（场、大户）2212个，生猪、肉禽、蛋禽、奶牛规模养殖比重分别达到70.6%、92.1%、77.2%、92.6%。 （刘常珍）

【省级现代农业产业园区创建】 2010年，镇江市出台《关于加快现代农业产业园区发展的意见》《镇江市新市镇新社区新园区建设专项引导资金管理办法》，对创成省级现代农业产业园区奖励100万元，全市共确定8个重点园区创建省级园区，分别为：丹阳市现代园艺产业园区、丹阳市香草现代农业产业园区、句容市现代农业产业园区、扬中市现代渔业产业园区、丹徒区现代茶业产业园区、镇江都市农业产业园区、镇江新民洲生态农业产业园区、镇江新区现代农业产业园区，其中句容现代农业产业园区创成镇江市首个省级现代农业产业园区。

（刘常珍）

【市重点农业项目竞争立项成效显著】 2010年，镇江市继续实施高效农业重点项目竞争立项工程。经专家组初评、复评和市竞争立项领导小组审核，网上公示，17家单位中标2010年度镇江市重点农业项目，分别为：句容市茅山镇七星苗木合作社、丹徒区富民——新顺水产养殖合作社、句容市茅山茶场、上海建毫国际货运公司（乐麦）、句容市天王镇唐陵花木市场、丰和生态农林园有限公司、句容市欢欢龙虾合作社后白基地、镇江神珠生态农业公司、绿野秧草专业合作社、镇江新区横山凹甘露茶观光园、镇江市恒伟物流公司、句容市开昌农业综合开发公司、水月情生态农业生态公司、句容市圣妙农庄、句容市后白柯佳渔业开发公司、博大生态养殖有限公司、句容市白兔创新果业合作社，总建设面积440.70公顷，总投资逾1.80亿元。截至12月底，17个项目投入建设资金1.74亿元，财政资金对社会资本的撬动比例为1:16；完成产业结构调整面积411.4公顷，共引进、示范、推广85项新品种、新技术；15个基本完成合同约定内容并逐步产生效益，预计当年新增收益9121万元，并带动周边农户7622户，培训农民10950人次，预计带动农民增收1200元。 （刘常珍）

【农业招商】 2010年，镇江市举办三场专题农业招商活动，组织企业参加海峡两岸（昆山）农产品展示展销会、第十二届江苏国际农业合作洽谈会、第八届中国国际农产品交易会、第八届江苏名特优农产品交易会等七次展销活动，共签约项目186个，全年吸引“三资”（工商资本、民间资本、外资）投入农业52.7亿元，较上年增长31.8%。2010年5月17～23日，镇江市开展为期一周的镇江农业项目南方招商周活动，举办厦门、深圳两次农业项目发布会，共推介、发布现代农业项目100个、现代农业产业园区22个，集中签约项目53个，总投资71.21亿元，其中外资3.5亿美元，总投资3.5亿元的新市镇融资担保项目是镇江市农业招商史上首次出现的金融项目。2010年9月29日，镇江市组织35家农业企业参加在无锡举办的第十二届江苏省农业国际合作洽谈会，展示200余个系列农产品，展销120多个系列农产品，2个项目参加省重大项目签约，总投资3000万美元。2010年11月27日，镇江市在上海举办2010中国镇江（上海）农业项目发布会，共签约农业投资项目25个，投资总额23.07亿元；农产品贸易项目21个，贸易总额16.39亿元；乡村游项目16个。单体最大的农业投资项目是京口区谏壁镇经济实业有限公司与江苏伊康农业开发有限公司签订的150万只日本蛋鸡养殖项目，总投资10亿元。

（刘常珍）

【全市农业龙头企业185家】 截至2010年底，镇江市经国家、省、市、县级认定的农业产业化龙头企业185家（年产值500万元以上的农业龙头企业132家），其中国家级3家、省级17家、市级75家、县级90家。2010年20家省级以上农业龙头企业实现销售收入230亿元，比上年增长13.5%，净利润16.1亿元，创造税收7.35亿元，出口创汇5.53亿美元，带动农户50.5万户。

（刘常珍）

【农产品质量建设】 2010年,全市新增无公害农产品119个、绿色食品2个、有机农产品16个,"三品"总数累计达到655个,其中无公害农产品332个、绿色食品136个、有机农产品187个。启动农产品质量平安年行动,开展"蔬菜例行监督抽检""投入品专项整治""生鲜乳及奶牛饲料质量安全监管普查"等一系列专项整治活动,全年出动执法检查4793人次,检查农资市场及企业1484家,查处违法案件22起,实行日常抽查和重点抽检相结合,共对全市各大农贸市场抽检蔬菜样品23150个,合格率99.8%;水产品抽检32批次,合格率100%;生猪"瘦肉精"抽检2400批次,合格率100%;对抽检不合格的产品及时采取措施,整顿市场,保证农产品质量安全。 (刘常珍)

【农业合作组织总数达1710家】 2010年,镇江市坚持质量和数量并重,通过拓宽涵盖范围、规范运作、提升合作层次、发展服务型合作社等措施,引导和推动农民专业合作、社区股份合作、土地股份合作"三大合作"组织的健康发展。全年新增"三大合作"经济组织470家,总数达到1710家(含农民专业合作协会),其中:农民专业合作组织新增357家,总数达1304家(含农民专业合作协会);土地股份合作组织新增91家,总数达329家;社区股份合作组织新增22家,总数达77家;新增入社农户数9.4万户,合作组织入社农户总数达19.5万户;新增农业适度规模经营面积1.11万公顷,总面积达6.13万公顷。 (刘常珍)

【农业保险实现新突破】 2010年,镇江市农业保险工作有三个明显变化:农业保险工作领导小组办公室由原来以人保公司为主体改为以农委农经部门为主体,保险品种由原来的种植业、能繁母猪两项四个品种拓展到高效设施农业等十多个品种,承保公司由原来的镇江人保公司一家增加为镇江人保公司和镇江紫金财险公司两家。全年完成主要种植业保险面积18.59万公顷,其中水稻9.16万公顷、小麦7.04万公顷、油菜2.39万公顷,承保面均达95%以上。能繁母猪承保2.67万头,做到应保尽保。参保农户44.82万户,保单总额8.59亿元,保单保费总计4323.46万元,总保费中,各级财政补贴3010.39万元,农户交保费1313.1万元;高效设施农业保险保费358.3万元,占主要种植业保费的8.16%。2010年,全市共向农户赔付345.16万元,其中:小麦132.54万元、能繁母猪212.62万元。农业保险有力增强全市农业减灾增收能力。

(刘常珍)

农业综合开发

【概 况】 2010年,全市农业综合开发完成治理面积5876.4公顷,总投资2.51亿元,财政资金8827万元,其中中央财政资金3130万元、省级财政资金4042.13万元、市级财政配套资金344.25万元、县级财政配套资金1310.62万元,自筹资金1.62亿元。

2010年国家立项开发的土地治理项目总投资7120万元,共改造中低产田4533.40公顷(丹阳市1666.70公顷、句容市866.70公顷、丹徒区1400公顷、扬中市600公顷)。其中高标准农田建设示范项目1200公顷,总投资2570万元。项目新建渠系建筑物4616座,新建中沟级以上建筑物402座,修建排灌站42座,修建机耕路105.60公里,开挖疏浚渠道48.49公里,衬砌渠道188.108公里,绿化造林76.70公顷,技术培训11561人次。通过综合治理,全市新增灌溉面积780公顷,改善灌溉面积1853公顷;新增除涝面积866.30公顷,改善除涝面积1153公顷;新增节水灌溉面积2580公顷;增加农田林网防护面积1018公顷。扶持农技服务站14个。项目区新增粮食生产能力882.20万公斤,新增油料生产能力30万公斤,新增其他农产品生产能力234.30万公斤,新增种植业总产值3538.36万元,项目区农民年收入增加总额1956.10万元。

全市2010年经国家立项开发建设的产业化经营补助项目共4个,为"丹徒区133.33公顷优质稻米工厂化育秧生产线新建项目""扬中市年产3000吨苦瓜种植基地扩建项目""丹阳市150吨小麦胚芽油、1200吨小麦胚芽蛋白加工扩建项目"和"丹阳市600吨山羊保鲜冷库流通设施新建项目"。项目总投资1848.4万元,财政资金470万元(其中:中央财政资金235万元、省级配套166.88万元、市级配套资金11.25万元、县级配套资金56.87万元),企业自筹资金1378.4万元。

全市2010年国家产业化经营贷款贴息项目4个,其中中央贴息项目单位2个,分别为"丹徒区1.50万吨米醋原料收购贴息项目"和"丹阳市8万吨食用植物油加工原料收购贴息项目",贴息资金65万元。省级贴息项目单位2个,分别为"扬中市年产300吨长江水产品扩建流动资金贷款贴息项目"和"镇江市丹阳市6万吨小麦粉加工原料收购贴息项目",贴息资金109万元。

全市经省立项的丘陵山区农业综合开发高效农业基地项目15个,项目总投资7695万元,省级财政资金1810万元、市县级配套资金713万元,自筹资金5172万元。 (范云中 洪刚俊)

【编制完成《镇江市2010~2020年高标准农田建设规划》】 根据该规划,全市2010~2020年的11年间,将投入资金13.96亿元,规划建设高标准农田4.79万公顷,其中丹阳市1.53万公顷,句容市1.92万公顷,丹徒区8000公顷,扬中市3333.4公顷,镇江新区2000公顷。2010年规划实施完成后,使全市高标准农田面积由2009年底占总耕地面积的35.7%提高到66%。 (范云中)

【"十一五"农业综合开发情况概要】 2006~2010年五年中,镇江市国家农业综合开发及省级丘陵山区开发总投资7.39亿元,其中财政资金3.12亿元,自筹资金4.21亿元,银行贷款590万元,共改造中低产田2.16万公顷,实施产业化经营项目18个(其中加工类项目12个,养殖业项目6个)。

通过"十一五"国家农业开发项目的实施,"三大效益"成效明显。一是经济效益显著。通过综合治理,全市新增和改善灌溉面积1.37万公顷,新增和改善除涝面积6520公顷,新增节水灌溉面积8633公顷,扩大良种种植面积1.35万公顷,大大提高项目区农业综合生产能力,产业化经营水平和农产品精深加工能力有长足的发展,五年来,新增粮食生产能力4100万公斤,新增油料生产能力368.3万公斤,新增种植业总产值达14100多万元。五年直接受益农户近5万户,约18.5万人,直接增加农民纯收入约20400万元。产业化经营项目增加工业总产值约37200万元,带动就业约9400人。二是生态效益明显。通过推广无害农产品栽培技术,减少农药和化肥残留,通过采用节水灌溉技术,五年节约水资源1800万立方米,增加农田林网防护面积近400公顷,通过工程和农业、林业等措施,控制水土流失面积30多平方公里,丘陵山区生态环境明显好转。三是社会效益突出。五年来,农业综合开发结合新农村建设,建设田间、村级道路331公里,农桥、塘坝等中沟级以上建筑物1800多座,这些工程的建设不仅改善项目区农民的生产生活条件,也美化农村的环境,提升农民的生活质量。

(范云中)

表 14-1

2010 年镇江市农业综合开发项目情况表

单位:公顷、万元

项目名称	总投资	财政资金						自筹	建设面积	备 注（建设地点）
		小计	中央	地方配套						
				小计	省级	市级	县级			
土地治理项目	7120	5660	2830	2830	1956.25	220.5	653.25	1460	4533.3	–
高标准农田建设示范项目	1320	1200	600	600	450	–	150	120	666.7	丹阳市
一般土地治理项目	455	350	175	175	131.25	–	43.75	105	333.3	界牌镇
一般土地治理项目	364	280	140	140	105	–	35	84	266.7	司徒镇
一般土地治理项目	455	350	175	175	131.25	–	43.75	105	333.3	延陵镇
土地治理与农民合作组织结合项目	91	70	35	35	26.25	–	8.75	21	66.7	访仙镇
高标准农田建设示范项目	1250	960	480	480	360	–	120	290	533.3	句容市郭庄镇
一般土地治理项目	455	350	175	175	148.75	–	26.25	105	333.3	白兔镇
一般土地治理项目	728	560	280	280	210	–	70	168	533.3	扬中市油坊镇
土地治理与农民合作组织结合项目	91	70	35	35	26.25	–	8.75	21	66.7	扬中市开发区
一般土地治理项目	728	560	280	280	140	84	56	168	533.3	丹徒区上党镇
一般土地治理项目	455	350	175	175	87.5	52.5	35	105	333.3	世业镇
一般土地治理项目	364	280	140	140	70	42	28	84	266.7	高资镇
一般土地治理项目	364	280	140	140	70	42	28	84	266.7	谷阳镇
丘陵项目	7695	2523	–	2523	1810	112.5	600.5	5172	1343.1	–
江苏丘陵地区农业科技示范园区	864	234	–	234	180	–	54	630	133.3	句容市华阳镇
句容市茅山镇经济林果基地项目	528	195	–	195	150	–	45	333	133.3	茅山镇
后白镇古村村经济林果高效农业基地项目	496	195	–	195	150	–	45	301	133.3	后白镇
句容天乐高效用材林及优质草坪基地	435	208	–	208	160	–	48	227	133.3	茅山风景区
句容岩藤生态农业示范园	597	156	–	156	120	–	36	441	100	后白镇
句容市郭庄镇方溪蔬菜基地建设	324	104	–	104	80	–	24	220	80	句容市郭庄镇
句容下蜀生态农业观光园	536	156	–	156	120	–	36	380	100	下蜀镇
镇江山水湾生态农业观光园	1750	525	–	525	350	87.5	87.5	1225	133.3	丹徒区宝堰镇
丹徒区辛丰镇润东食用菌生产基地	500	150	–	150	100	25	25	350	21.2	辛丰镇
丹阳市埤城镇曼地亚红豆杉基地扩建项目	403	120	–	120	80	–	40	283	66.7	丹阳市埤城镇
丹阳市瑞清观光农业科技园扩建项目	362	120	–	120	80	–	40	242	46.7	后巷镇
后巷镇管山村千亩高效花木基地扩建项目	244	120	–	120	80	–	40	124	90	后巷镇
丹阳市新科苗木基地扩建项目	240	120	–	120	80	–	40	120	72	云阳镇
金地经济林果生产基地扩建项目	416	120	–	120	80	–	40	296	100	访仙镇
产业化经营补助项目	1848.4	470	235	235	166.88	11.25	56.87	1378.4	–	–
镇江市丹徒区2000亩优质稻米工厂化育秧生产线新建项目	185	75	37.5	37.5	18.75	11.25	7.5	110	–	–
扬中市年产3000吨苦瓜种植基地扩建项目	307.99	75	37.5	37.5	28.13	–	9.37	232.99	–	–
丹阳市150吨小麦胚芽油、1200吨小麦胚芽蛋白加工扩建项目	1163	250	125	125	93.75	–	31.25	913	–	–
丹阳市600吨山羊保鲜冷库流通设施新建项目	192.41	70	35	35	26.25	–	8.75	122.41	–	–
产业化经营贷款贴息项目名称	8400	174	65	109	109	–	–	8226	–	–
镇江市丹徒区15000吨米醋原料收购贴息项目	1880	36	36	–	–	–	–	1844	–	–
镇江市丹阳市8万吨食用植物油加工原料收购贴息项目	1500	29	29	–	–	–	–	1471	–	–
镇江市扬中市年产300吨长江水产品扩建流动资金贷款贴息项目	2260	65	–	65	65	–	–	2195	–	–
镇江市丹阳市6万吨小麦粉加工原料收购贴息项目	2760	44	–	44	44	–	–	2716	–	–
合 计	25063.4	8827	3130	5697	4042.13	344.25	1310.62	16236.4	5876.4	–

（范云中）

种植业

【概况】 2010年种植粮食17.73万公顷,比上年增长0.62%;粮食平均单产6744公斤/公顷,增长0.82%;实现粮食总产119.56万吨,增长1.43%。

播种夏粮7.30万公顷,增长3.25%;单产4640公斤/公顷,下降2.48%;总产33.88万吨,增长0.71%。其中,小麦总产量33.38万吨,增长1.1%。

播种秋粮10.43万公顷,增长1.61%;单产8218公斤/公顷,增长2.92%;总产85.68万吨,增长1.70%。其中:种植水稻9.2万公顷,与上年持平;单产8805公斤/公顷,增长1.21%;总产80.7万吨,下降3.35%。

全年种植油菜2.83万公顷,减少4.07%;油菜子单产2069公斤/公顷,下降3.36%;总产5.85万吨,减少7.30%。

茶园面积4443公顷,增长1.06%;茶叶总产1345吨,增长7.14%;实现产值2.02亿元,增长6.88%。果品面积7508公顷,增长3.88%;果品总产4.88万吨,增长22.2%;实现产值2.52亿元,增长26%。受城市建设征地影响,蔬菜面积略有下降,2010年蔬菜播种面积3.41万公顷,下降1.16%;蔬菜总产93.39万吨,增长6.8%;实现产值20.56亿元,增长7.42%;其中市区常年菜地面积近1333.3公顷,蔬菜产量10万吨,蔬菜自给率50%以上。花卉苗木面积4086.7公顷,增长15.23%;实现产值3.21亿元,增长2.56%。桑园面积978.7公顷,下降8.25%;饲养蚕种1.27万张,生产蚕茧558.3吨,蚕茧总产值1689万元。 (刘常珍)

【"十一五"种植业发展概要】 "十一五"期间,全市粮食年总产保持在100万吨以上。蔬菜、茶叶、果品总产分别达到93.4万吨、1350吨、5.33万吨,分别比2005年增长30.3%、7.74%、231.1%,花卉苗木种植面积7067公顷,产值2.95亿元,较2005年分别增长53%、75%。高效种植业面积8.71万公顷,其中设施农业面积1.64万公顷,分别占耕地面积的50.6%、9.58%。建成各类园区134个,核心园区面积1.34万公顷,句容市应时鲜果产业园区被评为省级现代农业产业园区。 (刘常珍)

【粮农获得直补资金近1.8亿元】 2010年,镇江市共发放种粮农民直接补贴资金1.79亿元,较上年增长24.1%。其中:良种补贴资金3779.65万元,水稻直补资金2840.4万元,农资综合直补资金11314.1万元,受益农户达46.77万户。 (刘常珍)

2010年11月2日,市委书记许津荣(中)视察秋收秋种工作(农 委)

【"金山翠芽"获国家农产品地理标志保护】 2010年经国家农业部认定,"金山翠芽"茶的产地范围为:镇江市所属句容市、润州区、镇江新区(除东部圩区)和丹阳市(除东部平原)、丹徒区(除江心洲、世业洲、高桥镇)、京口区(除新民洲)的乡镇,总面积约2000平方公里,地理坐标为东经119°00′~119°58′,北纬31°19′~32°33′,以福鼎大毫茶、福鼎大白茶茶叶品种为原料,用江苏省地方标准DB/T700-2004加工工艺制作的扁形绿茶才能为"金山翠芽"茶。

为保护"金山翠芽"品牌,镇江市决定用"农产品地理标志+企业商标"双标志方法管理金山翠芽茶,采取以"九统一"为核心的全程质量监管措施,具体为:统一设计茶叶包装、统一印刷茶叶包装、统一授权使用金山翠芽茶农产品地理标志、统一核定茶叶面积、统一核发包装数量、统一使用技术标准、统一进行品牌宣传、统一质量监管方法(市茶业协会设置监督举报电话:(0511)88899073,接受对统一包装产品的咨询、鉴定服务)、统一销售指导价格。

经过原料产地登记、企业自主申报、市茶叶协会核实许可,2010年,镇江市南山茶林研究所、句容市下蜀茶场、镇江市五洲山茶场、镇江市五峰茶场、镇江市丹徒区春沁茶叶专业合作社5家生产企业作为试点,获准首批使用"金山翠芽"茶叶国家农产品地理标志,五家企业严格按照统一标准,以面积定数量,以数量定包装,按量领取包装,对茶叶生产的每个过程建立档案,确保市民购买到正宗的"金山翠芽"。 (刘常珍)

【"金山翠芽"品牌价值为4.43亿元】 2010年4月21日,中国农产品(茶叶)区域公用品牌价值评估课题组首次发布全国83个茶叶区域公用品牌价值。这是中国第一次对茶叶区域品牌进行比较全面、集中的价值评估,评估面涵盖绿茶、红茶、乌龙茶、黑茶、黄茶、白茶六大茶类及花茶品类。镇江市金山翠芽品牌价值为4.43亿元,是江苏省上榜的两个品牌之一。 (刘常珍)

镇江市"十一五"期间主要农产品产量变化一览表

表14-2 单位:万吨

主要农产品总产	2006年	2007年	2008年	2009年	2010年
粮 食	99.57	100.74	112.42	117.87	119.56
油菜子	7.55	5.79	6.27	6.31	5.85
茶叶(吨)	1210	1276	1226	1261	1345
果 品	2.24	2.32	3.9	4.56	4.88
蔬 菜	73.72	52.99	84.73	87.44	93.39
"五肉"	7.21	6.21	6.55	6.99	6.89
水产品	7.77	7.9	8.5	8.89	8.56

(刘常珍 尤 恒)

表 14-3

2010 年镇江市参加江苏省“陆羽杯”名特茶获奖一览表

奖项	获奖单位	品牌	茶样
特等奖(15 只)	句容市张庙茶场	华阳牌	茅山长青
	句容市龙山茶场	容华牌	茅山长青
	江苏茗苑茶叶科技开发有限公司	容宝牌	茗苑曲毫
	丹阳市后巷镇建林茶场	丁建林牌	金山翠芽
	句容市赵庄林苗场	句曲牌	茅山长青
	江苏吟春碧芽股份有限公司	吟春碧芽牌	吟春碧毫
	镇江市五洲山茶场	五洲牌	金山翠芽
	句容市下蜀茶场	金翠牌	金山翠芽
	句容市赵庄林苗场	句曲牌	金山翠芽
	句容市茅山茶场	金茅牌	茅山长青
	句容市方山茶场	翠竹牌	茅山长青
	丹阳市鑫品茶业有限公司	鑫品牌	丹峰仙茗
	镇江市丹徒区上党幸福茶场	茗海雪燕牌	金谷阳春
	江苏茗苑茶叶科技开发有限公司	容宝牌	茅山长青
	镇江市丹徒区坞庄茶叶专业合作社	上丹牌	白茶
一等奖(16 只)	镇江市丹徒区谷阳茶场	金谷阳牌	金谷阳春
	镇江市五峰茶场	彭公牌	金山翠芽
	句容市茅峰茶场	茅君牌	茅山长青
	丹徒区醉园春茶叶合作社	横峰揽翠牌	三山香茗
	镇江山水湾生态农业有限公司	山水映竹牌	山水映竹茶
	丹阳市鑫品茶业有限公司	鑫品牌	丹峰雀舌
	镇江市润州彭公山茶场	星纪牌	金山翠芽
	句容市方山茶场	翠竹牌	金山翠芽
	镇江市五峰茶场	彭公牌	白茶二号
	句容市绿润茶场	绿之润牌	茅山长青
	镇江市五洲山茶场	五洲牌	白茶
	句容市边城茶场	仓山湖牌	白茶
	句容市窑业年根茶场	雾起山牌	碧螺春
	丹徒区醉园春茶叶合作社	横峰揽翠牌	碧螺春
	句容市赵庄林苗场	句曲牌	赵庄白茶
	句容市林场	句林牌	宝华玉笋

（刘常珍）

【镇江茶叶在省第十四届“陆羽杯”茶叶评比中获奖】 2010 年 5 月 11 日，江苏省第十四届“陆羽杯”名特茶评比结果揭晓，镇江市有近 30 家茶叶生产企业的 13 个茶叶品种 36 只茶样参评，15 只茶样获特等奖，16 只获一等奖，获奖总数占全省总奖数的 34.8%，获奖率达 86.1%，均居全省各辖市之首，是历届最好水平。（刘常珍）

【“甘露翠螺”获国际名茶评比金奖】 2010 年 7 月 24 日，由世界茶联合会主办的第八届国际名茶评比在杭州农副产品物流中心开幕。国际名茶评比是由中国、日本、韩国、美国、印度等国相关茶团体联合推动的国际茶叶评比活动。此次比赛由世界茶联合会邀请各国知名茶叶专家组成评审委员会，按照国际惯例和技术准则，运用密码审评（只有编号，无产地和名称）的方法对参赛茶叶进行近 1 个月的评选，具有很强的科学性和权威性。镇江市绿茶名品“丁卯”牌“甘露翠螺”茶荣获第八届国际名茶评比金奖。（刘常珍）

【9 个果品在第五届江苏优质水果评比中获奖】 2010 年 2～10 月，江苏省农委分别举行全省早、中、晚熟优质水果评比活动，即第五届“神园杯”江苏优质水果评比活动。此次评比活动，镇江市推荐的 5 个果品获得金奖，4 个果品获得银奖。获得金奖的分别为：镇江市草莓协会生产的云兔牌红颊草莓、润州区一品红草莓合作社生产的润州红牌红颜草莓、句容市后白镇玉琴果品专业合作社生产的翠冠梨和韩蜜金水牌圆黄梨、句容市王老大葡萄园生产的世成牌巨峰葡

表 14-4 **2010 年镇江市名牌农产品名单**

企 业	产 品	品 牌
镇江丹玉食品有限公司	面粉	丹玉
句容苏润米业有限公司	大米	恒健
镇江市丹徒区上党镇里墅村茶林场	茶叶	墅山牌
江苏丹绿米业有限公司	大米	丹绿
句容市方山茶场	茶叶	翠竹
句容市林场	茶叶	句林
扬中市绿野秧草专业合作社	秧草	秧花
扬中市环岛江鲜养殖专业合作社	中华绒螯蟹	江洲
江苏天禄茶林有限公司	茶叶	齐梁
森茂(江苏)生物科技食用菌有限公司	金针菇	森茂
句容市华句农产品专业合作社	蔬菜	洪文
丹阳市司徒镇杏虎村高甸果品合作社	水蜜桃	杏虎村
丹阳市导墅镇农业服务中心	水芹	黄巷雪
镇江市丹徒区谷阳茶场	茶叶	金谷阳春
镇江市润州区一品红草莓专业合作社	草莓	润山红
镇江市丹徒区上党镇曹付茶场	茶叶	曹付

（刘常珍）

萄。获得银奖的分别为：扬中市云标果园生产的云标牌霸红枇杷、句容市边城镇天蜜果园生产的翠冠梨、句容市后白镇丰源果园生产的丰之源牌幸水梨、句容王老大葡萄园生产的世成牌魏可葡萄。（刘常珍）

【16 个产品被评为 2010 年镇江市名牌农产品】 根据《镇江市名牌农产品评选认定办法》规定的评选认定范围和程序，经过企业(协会)自愿申报、辖市(区)农委系统推荐、镇江市名牌农产品评审专家组公开评审并向社会公示，16 个农产品获得 2010 年镇江市名牌农产品，有效期为 2010 年 11 月至 2013 年 11 月。详见表 14-4。（刘常珍）

【句容建成全国首个国家级美人指葡萄标准化生产示范区】 2010 年 9 月 28 日，句容市美人指葡萄国家级农业标准化示范区建设通过国家标准委专家组验收，成为全国首个美人指葡萄标准化生产示范区。句容市有葡萄 2666.67 公顷，规模全省第一，其中美人指葡萄达 666.67 公顷，在江苏省占主导优势。句容市美人指葡萄国家级农业标准化示范区建设于 2008 年启动，三年来，示范区贯彻执行相关标准 31 项，并研究、起草制定《美人指葡萄》《美人指葡萄避雨栽培技术规程》两项省级地方标准，健全美人指葡萄标准化生产的标准体系，并利用农民创业培训工程、标准宣传贯彻会、培训班等推广标准化生产技术，累计受训人员 6000 余人次。示范区建设无公害美人指葡萄避雨栽培示范区 333.33 公顷，辐射农户 1000 户，标准覆盖率 100%。（刘常珍）

【农作物病虫草害防治】 2010 年，全市开展农作物病虫草害防治 74.70 万公顷次，分别挽回水稻损失 46.78 万吨、小麦 4.53 万吨、油菜子 0.87 万吨，分别占水稻、小麦、油菜子收成的 55.1%、12.4%、14.8%。推进病虫草害防治专业化，全市在工商部门正式登记注册的植保专业合作社 47 个，组建病虫防治专业队伍 758 个，专业防治人员 11885 人，拥有机动、电动药械 10473 台，全市 70% 乡镇开展全程承包防治示范，防治示范面积 1733.30 公顷，专业化统防统治面积 4.40 万公顷。加大对加拿大一枝黄花等外来生物的防除，春秋两季共防除面积 144.7 公顷，约占发生面积的 90.8%，有效控制加拿大一枝黄花等外来生物的扩展蔓延。（刘常珍）

养殖业

【概况】 2010 年，全市畜牧生产发展减缓，生猪、山羊出栏量继续下降，家禽生产略有增长。实现“五肉”产量 6.89 万吨，比上年下降 1.43%。出栏肉猪 54.94 万头，降低 0.45%，其中三元杂交猪 19.3 万头，占 35.13%。出栏家禽 1574.13 万羽，增长 11.75%。出栏山羊 5.5 万只，增长 23.32%。奶牛存栏 5784 头，增长 3.6%；实现牛奶总产 1.68 万吨，降低 7.7%。

渔业生产稳步发展，2010 年，省农委对全省各地渔业生产数据进行统一认定，根据省认定数据，镇江市水产养殖面积 2.18 万公顷，其中特种水产品养殖面积 1.27 万公顷；实现水产品总产 8.56 万吨，实现渔业总产值 19.98 亿元、增加值 8.68 亿元。新增渔业专业合作社 45 家，全市渔业专业合作社总数达 161 家。（刘常珍）

【“十一五”养殖业情况概要】 “十一五”期间，全市畜牧业持续健康发展，畜产品总量和产品质量有显著提高。生猪养殖逐年萎缩，2010 年出栏生猪 46.8 万头，较 2005 年下降 33.9%；家禽出栏量、奶牛存栏量分别达 3973 万羽、5784 头，分别比 2005 年增长 320.6%、22.6%；生猪、肉禽、蛋禽、奶牛规模养殖比重达到 63%、93%、76%、92%，分别比“十五”期末提高 13、15、11 和 10 个百分点。创建畜禽生态健康养殖示范场 32 个，全市建设发酵床养殖场 78 个，面积 8 万平方米。全面实施兽医体制改革，市、县、乡三级动物防疫体系逐步完善，科学的疫病防控体系基本建成。

2010 年全市实现水产品总量 8.56 万吨，比 2005 年增长 16 %；高效水产面积达 1 万公顷，占水产养殖总面积的 45.3%；发展渔业专业合作经济组织 119 家；建成省级水产良种场 2 个，市级渔业示范园区 3 个，辖市(区)级渔业示范园区 7 个。（刘常珍）

【举行长江渔业资源增殖放流活动】 2010 年 4 月 19 日，以“养护生命长江、建设生态镇江”为主题的镇江市长江渔业资源增殖放流活动在大港三期码头举行。活动共向长江放流花白鲢、草鱼、青鱼、鳊鱼“四大家鱼”，长江鳜鱼、鮰鱼、中华鲟等八大鱼类品种 130 多万尾，共计 3.2 万公斤。这项活动自 2003 年开始以来，镇江市连续组织实施 8 年，对改善长江渔业生态环境、促进长江渔业持续发展起到积极作用。（刘常珍）

【开展重大动物疫病防控】 2010 年，镇江市突出加强重大动物疫病强制免疫工作，组织实施春、夏、秋季集中防疫三大行动，全年免疫高致病性禽流感 2800 万只次、生猪口蹄疫 122 万头次、牛口蹄疫 2 万头次、羊口蹄疫 8 万头次、高致病性猪蓝耳病 100 万头次、猪瘟 100 万头次，免疫密度常年保持 100%，有效控制疫病的发生和传播。加强养殖企业防疫监管，签订免疫责任状，规范养殖生产档案，在禽流感、牛 A 型口蹄疫、甲流感防控工作中，严格监管养殖和运输环节，采取奶牛暂停调运、疫情监测和封闭管理等措施，严控疫情。开展农业血防综合治理，推进国家农业血防项目实施，共普查易感牲畜 4574 头，继续保持零阳性，治理有螺环境 300 公顷。（刘常珍）

林　业

【概况】 2010 年，镇江市继续推进绿色镇江建设，加快绿化造林步伐，重点建设沪宁城际铁路绿化工程，推进生态防护林工程、丘陵岗地森林植被恢复工程及村庄绿化达标建设，加强森林资源保护和合理利用，森林覆盖率得到进一步巩固和提高。全市共完成造林面积 3968 公顷，其中：用材林 1137 公顷、经济林 366 公顷、防护林 2465 公顷，完成 108 个村庄绿化示范村建设，扬中市和丹徒区通过省林业局村庄绿化整体推进县验收。

强化森林防火基础设施建设，健全和完善市护林防火指挥中心、指挥通讯塔、省级防火物资储备库，全市 6 个有防火任务的辖市（区）都建立较高标准的防火物质储备库，共储备风力灭火机 1022 台、油锯 182 台、水枪 1172 支、灭火弹 15516 枚、割灌机 35 台、2 号和 3 号工具 2136 把，森林火灾得到有效控减。全市共发生一般森林火灾 5 起，过火面积 23.07 公顷，受害面积 1.1 公顷，损失林木幼林 0.07 万株。办理林地征占用手续 28 起，征占用林地面积 50 多公顷。完成松材线虫病清理防治面积 2530.1 公顷，清理病死松树 6.33 万株，防治率 100%。　（刘常珍）

【"十一五"林业情况概要】 "十一五"期间，新增造林面积 2.51 万公顷，建成村庄绿化示范村 197 个，建设 2333 公顷的沪宁、宁杭、扬溧、宁常 4 条高速公路绿色通道工程，933 公顷的沪宁城际铁路绿色通道工程，1400 公顷的长江防护林工程，1000 公顷的林业血防林工程和 1 万公顷的丘陵植被恢复工程，森林覆盖率从 2005 年底的 11.77% 提高到 2010 年底的 21.45%。森林资源保护力度不断加大，松材线虫病发生面积和病死树数量连年呈现双下降趋势，没有发生较大的灾害性损失；全市建成森林防火通道 359 公里，建设市级森林防火指挥中心，组建和完善专业、半专业防火队伍 23 支，"十一五"期间未发生一起较大森林火灾。　（刘常珍）

【集体林权制度改革推进】 2010 年，镇江市成立市深化集体林权制度改革领导小组，召开专题部署会议，印发《镇江市关于加快林业改革发展的意见》，出台《镇江市集体林权制度改革指导意见》，强化督导推进。根据镇江市二类资源调查数据和省林业局的认定，镇江市森林覆盖面积为 7.97 万公顷，其中需参加林改的集体林面积为 4.65 万公顷，涉及全市 7 个辖市（区）50 余万农户。截至年底，全市已完成主体改革集体林地面积 4.65 万公顷，林权发证面积 2.81 万公顷，均股均利林地面积 1.6 万公顷，发放股权证书 9.33 万份。　（刘常珍）

农业机械

【概况】 至 2010 年底，全市农机总动力 142.76 万千瓦，比上年增加 3.35 万千瓦；拥有大中型拖拉机 3064 台，净增 462 台；稻麦联合收割机 1955 台，其中高性能联合收割机 1457 台；油菜种植和收获机械分别达到 136 和 364 台；步行式插秧机和乘坐式插秧机分别为 1840 和 334 台；农机作业总收入达到 12.05 亿元，比上年增加 5496 万元。

2010 年，各级财政用于农机化的投入大幅增长，全市共落实农机购置补贴资金 5896.01 万元，其中中央及省级财政资金 4361.5 万元，市级级财政 613.32 万元（含水稻机插先进奖励 135 万元、造粒补贴 30.16）、县、区财政 921.19 万元。全市农机购机投入超过 1.5 亿元，农民自筹 9000 万元。

2010 年共补贴农机具 14716 台（套），

表 14-5　**镇江农机"十五""十一五"情况一览表**

项　目			单　位	"十五"	"十一五"
主要农机装备	农机总动力		万千瓦	129	142.76
	农田作业大中型拖拉机		台	1489	3064
	小型拖拉机		台	15869	20000
	稻麦联合收割机		台	1999	1955
	精少量播种机		台	2277	2850
	水稻种植机械		台	1458	2349
	秸秆还田机		台	664	2219
	油菜收割机		台	100	364
	油菜种（栽）植机		台	3	136
主要农机化水平	综合机械化水平		%	67.35	74.03
	机播种				
	其中	三麦	%	96	98
		水稻	%	44.6	72
		油菜	%	0	8
	机收获				
	其中	三麦	%	94.3	98
		水稻	%	83.8	94.8
		油菜	%	2.4	8.77

（刁野军）

表 14-6

2010年镇江市农业机械化发展情况一览表

项 目	单 位	2009年	2010年	净 增
一、农机总动力	万千瓦	139.4	142.8	3.4
其中:柴油机动力	万千瓦	79.78	81.9	2.12
电动机动力	万千瓦	51.59	52.1	0.51
二、大中型拖拉机	台	2602	3064	463
小型拖拉机	台	20066	20000	-66
大中型拖拉机配套农具	部	4687	5550	863
小型拖拉机配套农具	部	40392	40443	51
三、主要农机具拥有量				
稻麦联合收割机	台	1933	1955	22
其中:自走式	台	1585	1592	7
玉米联合收割机	台	3	3	0
油菜联合收割机	台	358	364	6
机动脱粒机	台	36874	34186	-2688
专用水稻直播机	台	220	220	0
机动插秧机	台	1804	2174	370
其中:乘坐式	台	34	334	300
秸秆还田机械	台	4374	5123	749
粮食烘干机	台	36	40	4
四、农机作业水平				
农机化综合水平	%	78.00	82.00	4
1. 机耕面积	千公顷	147.2	178.13	30.93
2. 机播面积	千公顷	128.89	134.29	5.4
机种水稻面积	千公顷	72.37	68.56	-3.81
其中:机插水稻面积	千公顷	24.01	38.53	14.52
机播水稻面积	千公顷	48.36	30.03	-18.33
水稻机械种植水平	%	69.86	72	2.14
机播三麦面积	千公顷	56.48	57.03	0.55
3. 机收面积	千公顷	164.09	161.80	-2.29
机收水稻面积	千公顷	90.89	88	-2.89
机收三麦面积	千公顷	69.63	67.13	-2.5
秸秆还田面积	千公顷	121.27	145.08	23.81

(刁野军)

其中:大中型拖拉机504台,秸秆还田机915台,步进式插秧机570台,乘坐式插秧机301台,果蔬保鲜设备17台,植保机1941台,杀虫灯8713台,茶叶防霜扇163台,叶轮增氧机406台,投饵机642台,开沟机221台,高性能联合收割机29台,秸秆打捆机26台,秸秆造粒设备12台,秸秆气化炉35台(套)。

2010年全市新增各类农机服务组织52个。省农机局安排63万元专项资金,对具有一定服务规模的8个农机专业合作社场、库、棚建设给予扶持,引导农机专业合作社开展“一条龙”服务。市级财政在2009年对15个农机专业合作组织分别给予2万元的补贴基础上,2010年再拿出40万元对20个农机专业合作组织进行补贴。农机合作社由成立初期的以机收稻麦和机插水稻为主的单项作业为主,正逐步向订单式、“一条龙”“保姆式”服务发展,已涵盖稻麦耕种收全程。全市跨区作业在合作社的带领下,参加跨区作业收割机2256台(次),作业面积18.40万公顷,创收突破1个亿。

2010年全市新增各种特色农业机械装备超1.20万台(套)。水稻机械化种植水平达70%,其中机插面积3.72万公顷,比上年增长67%;年培训各类农业机械化人才8600人次,对1650多名农机操作人员开展职业技能鉴定。

市政府《关于印发2010年镇江市农作物秸秆禁烧和综合利用工作方案的通知》出台后,以机械化还田为主,工业化造粒为辅,能源化利用和生物化处理为补充的多元化秸秆利用,取得显著成效,全市秸秆综合利用率达96.4%。秸秆还田率达65%。重点推进秸秆工业化造粒,全市已组建秸秆颗粒化利用公司1家,秸秆造粒加工点24家,秸秆造粒设备达47台(套),工业化造粒2513.27吨;鼓励推进秸秆多元化利用,秸秆沼气化利用、秸秆造肥、堆沤及腐熟还田、果园覆草、秸秆养菇等多种利用形式。

全市全年农机安全隐患整改率达100%,监理规范化和信息化建设、平安农机创建都取得新的成效。新创建的平安农机示范县1个、示范乡镇4个;完成上道路拖拉机检验6646台,变拖安全检测2697台,联合收割机年检1061台,核发拖拉机、联合收割机牌照764副,驾驶人培训考试356人次。 (刁野军)

水 利

责任编校：毛向阳

综 述

【概况】 2010年，市“十二五”水利发展规划编制工作基本完成，市级水系规划通过省水利厅验收，镇扬河段三期整治工程可行性研究报告修订本编制完成，上报水利部；列入中小河流治理计划的丹徒区胜利河整治工程设计完成；2010年度竞争立项项目——扬中市扬中河段夹江马家港至思议港段整治工程可行性研究报告完成；句容市赤山湖防洪滞洪工程规划专题论证及可行性研究报告完成。谏壁站引河整治工程、镇江新区新竹河水利血防整治工程涉及的重大设计均按要求上报省水利厅事前备案或审批。组织有关辖市（区）编制《县级农田水利规划编制》和《2011～2012农村河道疏浚规划编制》，指导帮助有关辖市（区）做好水土保持小流域治理、农村饮水安全、中央财政农田水利建设等项目立项工作。（陆智国）

【“十一五”水利情况概要】 “十一五”期间，镇江水利统筹城乡发展，各项水利工作取得显著成绩。北部滨水区建设先后组织实施污染企业搬迁、渔民安置、金山湖整治工程、引航道水利枢纽工程、焦南闸建设工程、江南桥闸站工程、征润洲泵站工程、运粮河节制工程、焦南坝恢复封堵工程、内江清淤一期工程、古运河中段整治等工程项目。至2010年底，上述工程大部分完成。北部滨水区8平方公里水面实现真正意义上的“可调可控”。大力推进民生水利建设，实施以农村河道疏浚、整治饮水安全工程、丘陵山区水源工程、节水灌溉工程等为重点的农村水利工程建设，农村水利呈现快速推进的态势。其中，全市累计完成县乡河道疏浚671条，总长2186公里，土方3495万立方米，占规划任务的109%；完成规划内村庄河塘疏浚整治6448座（条），总土方2734万立方米，占规划任务的110%。农村河塘疏浚工作全部通过省级验收。做好水利前期工作，九曲河水利枢纽、长山提水站、世业洲右缘、孟家港上段、和畅洲左汊潜坝防崩层等护岸加固工程、54座小型水库除险加固工程、4座中型水库除险加固工程、赤山闸、谏壁闸长江侧引河清淤工程、丹徒区中心河区域防洪除涝工程、丹阳市鹤溪河整治工程、润州区跃进河整治工程、句容市北江河整治、二干河整治工程等重点工程相继实施。九曲河水利枢纽被认定为国家级水管单位，谏壁抽水站被复核认定为省一级水管单位，京口闸、北山水库、扬中长江堤防工程等被复核认定为省二级水管单位。城区河道长效管理工作水平在全市名列前茅，小水库管理经验在全省推广。镇江市范围内118个水功能区进行全覆盖水质监测，及时发布水功能区水质公报。完成重要水功能区纳污能力的核定。镇江市农田灌溉水利用系数提高到0.57，万元地区生产总值用水量2009年底降低到170立方米/万元，万元工业产值用水量降低到21立方米/万元，工业用水重复利用率67%。“十一五”期间，全市累计创建节水型企业（单位）21家，完成节水技术改造项目20个，实施节水减排工程7项，形成年节水能力1500万立方米。对大港四期、镇江二重、扬中中石油等重大项目跟踪服务、上门服务，镇江所有项目在长江水利委员会均顺利通过。（陆智国）

【长江整治工程】 2010年，镇扬河段世业洲左汊应急护岸工程经省水利厅批准建设，工程总投资2390万元，工程2010年9月14日开工，2011年1月13日完成。主要工程是水下块石抛护，总石方量19.21万立方米。建设单位为镇江市长江整治工程建设处。镇江市新竹河整治工程初步设计由省水利厅批准，总投资2170万元。工程自2009年3月开工建设，至2010年1月基本完成，2010年底完成通水验收。建设单位为镇江新区水利工程建设管理处。（陆智国）

【区域治理项目】 丹徒区长山提水站除险加固工程可研及初设均由省水利厅批准，批复概算，总投资2624万元。工程自2009年12月底开工建设，于2010年10月通过市水利局组织的机组启动试运行验收，工程主要功能是为丹徒区南片地区补水。建设单位为丹徒区长山提水站除险加固工程建设处。湖西引排谏壁抽水站引河整治工程由省水利厅批复概算总投资2777万元，对引河进行清淤整治，工程自2010年1月开工建设，预计2011年4月完成。建设单位为谏壁抽水站引河整治工程建设处。（陆智国）

【句容市北江河整治工程】 该工程可行性研究由省水利厅批准，初步设计由省水利厅委托镇江市水利局批准建设，建设单位为句容市北江河整治工程建设处，批复概算总投资2664万元，投资计划下达2132万元。2010年完成一标段、二标段施工，共完成投资1000万元。（陆智国）

【秦淮河流域二干河综合整治三期工程】 该工程初步设计经省发改委批准建设，批复概算总投资2824万元，投资计划全部下达。工程建设单位为句容市二干河综合整治三期工程建设处。2010年堤防加固及水工配套建筑物基本完

成，完成投资2450万元。 （陆智国）

【中央扩大内需项目】 句容、二圣桥、墓东三座中型水库及凌塘水库2008年被确定为中央扩大内需项目。句容、二圣桥、墓东三座中型水库由于多年运行，损坏严重。为充分发挥水库防洪、灌溉、养殖等效益，进行除险加固，工程于2009年1月开工建设，至2010年11月全部完成。凌塘水库除险加固工程自2008年12月底开工建设，至2010年10月全部完工，2010年12月14日通过省水利厅组织的竣工验收。四座中型水库至2010年11月投资12906万元，投资计划全部下达，资金全部到位，地方资金配套率100%。 （陆智国）

【小水库除险加固工程】 2010年，省水利厅批准丹徒区龙山和句容市五四、五里冲、金山、黄坑、大湾等共6座小水库除险加固工程，概算总投资888万元，2010年6座水库全部开工，主体工程基本完成。至2010年底，省水利厅批复镇江市60座小水库除险加固工程，其中第一轮小水库除险加固计划中的60座有54座完成竣工验收，另有1座完成水下阶段验收，完成投资1.23亿元。 （陆智国）

【九曲河枢纽管理】 2010年10月11日，丹阳市九曲河枢纽管理处以958的高分通过国家级水利工程管理单位考核验收，成为镇江市第一家国家级水利工程管理单位，同时也是全省第一家集节制闸、套闸、泵站为一体的综合性国家级水利工程管理单位。九曲河水利枢纽工程是国家治理太湖十大工程之一"湖西引排工程"的重要组成部分，是"湖西引排工程"四大枢纽之一，总投资1.55亿元，具有防洪、排涝、灌溉、供水、航运、水环境保护等多种功能。工程2005年完工后，九曲河枢纽管理处就致力于管理的现代化、规范化、科学化建设，经过5年的努力，实现区内环境园林化、工程养护社会化、内部管理制度化、工程运行规范化。九曲河枢纽管理处被授予江苏省园林式单位等荣誉称号 （陆智国）

【小水库管理】 镇江市有在册水库的6个辖市（区），按照《关于切实加强小型水库管理工作的通知》精神，逐库落实管理人员。落实管护经费，每座小一型水库管护经费1.8万元、小二型水库1.0万元，小水库规范化管理工作受到省水利厅肯定，在全省水利系统推广。 （陆智国）

农村水利

【概况】 2010年，全市水利工程完成各类土方1599万立方米，占年度计划任务的107%；完成建设各类建筑物1682座，占年度计划任务的112%；修建防渗渠道115公里，占年度计划任务的115%；新建改造塘坝360座，占年度计划任务的103%；更新改造农村小型泵站165座，完成圩堤加固17公里53万立方米，治理水土流失面积17.9平方公里，改造中低产田2800公顷。

2010年，全市唯一享受省以上补助政策的句容市农村饮水安全项目开工建设，项目概算投资5847万元，实施后可以解决当地10.58万人口的饮水安全问题；其他地区农村饮水安全工程建设任务结合当地区域供水管网延伸、镇内管网改造等已经完成。 （陆智国）

【农村河道疏浚】 2010年，全市共完成县乡河道疏浚82条，疏浚土方492万立方米，占计划任务的107%；疏浚村庄河塘809个，疏浚土方452万立方米，占计划任务的105%。累计完成规划内县乡河道疏浚土方3525万立方米，占规划任务的110%；完成规划内村庄河塘疏浚整治土方2750万立方米，占规划任务的112%。2010年全市农村河道疏浚整治规划任务全部完成，且以县为单位通过省级整体考核验收。各地在土方疏浚任务完成的基础上，根据《江苏省农村河道管护办法》，结合近几年逐步积累的河道管护经验，以县为单位制定《农村河道长效管理办法》，落实河道长效管护措施，延长清淤周期，维持河道健康生命，取得较好的成效。 （陆智国）

【小型农田水利工程】 2009年，镇江市共争取到中央财政小型农田水利建设项目4个，涉及丹阳、句容、扬中以及丹徒四市（区），项目总投资2833万元，其中省以上补助经费1350万元；争取到中央财政新增农资综合补贴资金小型农田水利项目2个，涉及丹阳、句容两市，项目总投资2050万元，其中省以上补助经费1000万元。通过项目的实施，共新增改善有效灌溉面积2333公顷，新增节水灌溉面积2133公顷，新增除涝面积867公顷，新增蓄水能力250万立方米。在完成以上6个项目建设任务的基础上，2010年，镇江市又争取到中央财政小型农田水利建设重点县项目2个（丹阳市和扬中市）、专项工程3个（句容、丹徒、润州），5个项目总投资1.02亿元，其中省以上补助经费0.51亿元。（注：中央财政小型农田水利建设项目一般是隔年实施） （陆智国）

【丘陵山区水源工程和节水灌溉】 2010年，镇江市继续以提高水资源保障和供给能力为目标，统筹考虑生产、生活、生态用水，开展以塘坝新建改造为主要内容的丘陵山区水源工程建设，提高蓄、引、提、调能力。全市共完成当家塘坝改造360座，新增蓄水能力324万立方米；同时对一些重点当家塘坝的溢洪道、灌溉涵洞等建筑物进行配套。继续开展以防渗渠道建设、骨干渠道整治达标等节水灌溉工作，全市完成防渗渠道建设115公里，新增节水灌溉面积2533公顷。培育丹阳市行宫、丹徒区宝堰2个农业节水示范区。根据省水利厅统一组织的全省农业灌溉水利用系数研究测算，镇江市综合农业灌溉水利用系数为0.572，达到生态市创建对此项指标的目标要求。 （陆智国）

【水土保持监督执法】 2010年，市水利局组织开展水土保持小流域治理工作，国家扩大内需项目——丹阳市高桥片水土保持小流域治理项目建设内容完成，该项目综合治理面积9.3平方公里。全市完成水土保持小流域治理面积17.9平方公里。2010年丹徒区民治沟水土保持小流域治理项目获得省批复立项。各级水利行政主管部门加大水土保持监督执法力度，逐步规范审批开发建设项目水土保持方案。 （陆智国）

城市水利

【概况】 2010年，镇江市城市水利两个"一号工程"（引航道水利枢纽工程、古运河综合整治工程）共同推进，引航道水利枢纽工程建成，古运河综合整治工程完成水工部分，封堵焦南坝，金山湖形成，运粮河整治工程开工；科技课题《镇江市引航道水利枢纽工程关键技术集成》获得25万元的科技经费补助。城区水情遥测遥感系统建立并有效运行。创建智慧型水环境取得初步进展。

2010年，全市城市水利完成拆迁27.4万平方米，完成土地整理108公顷；融资35.2亿元，其中发行企业债券20亿元；完成工程投资30亿元，要求年内完成的5个项目全部完成，15个跨年度项目完成序时进度。

镇江市城市水利管理处再获江苏省

文明单位、省水利系统文明标兵单位称号。引航道闸站建设处、古运河综合整治工程建设管理处被北部滨水区建设指挥部评为2010年度先进集体。 （徐雪峰 陆智国）

【引航道水利枢纽工程全面建成】 截至2010年底该工程完成投资3.8亿元。建设项目包括闸站桥主体工程、管理房及配套工程、设备生产和安装工程、过河污水管道工程、大型中心机房工程、景观工程、照明工程、围堰拆除工程等，完成土方70万立方米，砼浇筑12.5万立方米，钢筋制作安装1.2万吨，钢结构1300吨。成为北部滨水区标志性建筑。12月25日，水利部部长陈雷视察时给予充分肯定。 （徐雪峰）

【古运河中段整治工程】 古运河中段综合整治工程包括一期河道整治工程、二期景观及配套设施工程以及北侧道路工程，是市政府确定的城建重点工程。2010年完成古运河中段拆迁296户5.4万平方米，完成工程用地交地64公顷，为工程顺利实施奠定基础。先期实施的一期河道整治工程，土方外运量近250万立方米，基本完成土方施工等年度工作目标。启动古运河中段北侧道路工程和景观及配套设施工程，三项工程同步实施，古运河中段综合整治进入建设阶段。道路工程完成总工作量的25%，景观工程中的污水截流工程完成80%。 （徐雪峰）

【内江水体形成】 内江清淤工程在2009年基本完成清淤任务的基础上，2010年上半年全部结束，并完成主体工程竣工验收。其中引航道水利枢纽工程主体工程完成，运粮河闸站和管理区房建主体工程完成，开展道路管网和景观绿化等配套施工，11月4日，焦南坝缺口封堵成功，"可调可控"的内江水体形成。 （陆智国）

【滨江外环全线贯通】 滨江大外环建设包括滨江外环路和征润洲外环两部分，其中滨江外环路从润州路至引航道，全长3400米，在2009年完成一期工程的基础上，2010年二期工程建成通车。征润洲外环建设，由引航道至焦南坝，全长7800米，即2010年10月新开工建设的外江堤加高培厚工程，至12月底完成吹沙62万立方米、土方62万立方米、清淤26万立方米、深搅桩4万米，基本实现全线贯通。 （陆智国）

【北部滨水区完成安置房建设】 金泉花园和滨江花城小区是北部滨水区拆迁集中安置点。2010年完成安置房建设19.5万平方米，其中金泉花园二期6万平方米，于2010年6月竣工按期交付安置；滨江花城21栋小高层共13.5万平方米竣工交付；8栋高层8万平方米开工，桩基施工基本结束；同时，安置房三期工程前期工作启动。 （陆智国）

【内江景观工程】 金山湖景区建设在2009年全景开放的基础上，2010年完成景区内配套设施，金山湖景区建成；滨江风光带建设在2009年滨江旅游专线全线贯通的基础上，东段、西段风光带分别于5月和8月建成开放；新开工的金山湖旅游商业配套设施6月18日开工，一期工程基本封顶，东侧景观桥基本完成。 （陆智国）

引航道水利枢纽工程 （水 利）

【金山湖路网工程】 金山湖片区路网工程，包括引航道路（1894米）、芙蓉路（660米）、金水路（682米）、金塔路（722米）、菱苇路（790米）、金辉路（757米），共计5.5公里道路建设，同时配套建设市政综合管网设施。2010年12月18日，金山湖路网工程作为城建重点工程，参加全市重大项目集中开工典礼，全面开工建设。 （陆智国）

【金塔路工程】 工程属于金山湖片区路网工程之一。道路全长722米，道路红线宽24米。工程于2010年5月10日开工建设，2010年12月20日竣工。金塔路按城市支路Ⅰ级标准建设。道路起点为京江路，终点到环湖路。 （陆智国）

【大东片区旧城改造拆迁基本完成】 大东片区旧城改造项目拆迁，包括边角地拆迁在内有居民329户4万平方米，牵涉到大东纸业10万平方米、省交通工程公司4万平方米等企业的搬迁，情况复杂。京口区加强推进力度，水投、国资委等部门全力配合，2010年底基本完成大东片区拆迁，大东纸业实施搬迁、拆除、交地，与省交通工程公司的土地收储协议基本落实，为加快大东地块市场化运作、平衡北部滨水区建设资金提供净地保障。 （陆智国）

【融资工作】 2010年，市水利局完成融资35.2亿元，其中发行企业债券20亿元。超前完成项目包装，与各大国有银行、商业银行合作，在金融紧缩的不利形势下，全年新增贷款15.2亿元。成功发行20亿元企业债券，实现直接融资的重大突破，确保年度工程建设的资金需求。开拓BT（政府利用非政府资金来进行基础非经营性设施建设项目的一种融资模式）合作模式，继内江清淤项目成功引入BT合作之后，2010年又在金山湖片区路网工程、古运河中段景观和配套设施工程中采用BT模式，既解决资金需求，又确保工程进度。 （陆智国）

【运粮河整治工程启动】 运粮河是城区3条通江河道之一。2009年该项目被列入市委、市政府《镇江主城区"青山绿水"两年行动方案》。工程投资约2400万元。2010年8月以水投公司为业主，由市城市水利管理处等单位抽调人员组建工程建设管理处组织实施。工程主要是对该段440米河道进行综合整治，包括河道清淤、防洪墙工程、墙后道路工

金山湖 （水 利）

程、景观绿化工程及管理设施等。2010年11月开工，计划2011年汛前完成河道整治水下工程。 （徐雪峰）

【城区水环境面貌持续改善】 2010年，镇江市拟订城市河道长效管理考核办法，采用纵横交错、点面结合、线面结合等工作方法，落实长效管理措施。为调控水体、改善水质，全年古运河闸站共开泵2280台（时）；京口闸开闸80余次，丹徒闸更为频繁。妥善处理水体调控与沿河建设的关系。从9月起，采取水环境综合整治周考评制度，并将其长期化、制度化，取得较好的促进效果。建成闸站网络视频监控系统，通过运行水质监测分析室等途径，促进水质科学调控。还取样检测金山湖水质，对焦南坝封堵前后水质进行比对，分析水质变化（趋于好转）原因。全年纠正各类水事违法违章行为40余起。 （徐雪峰）

防汛防旱

【概况】 2010年，镇江经受连续44天长江超警戒水位和3次暴雨的袭击，全市骨干河道、水库等工程未发生重大险情，防汛防旱、防台工作取得胜利。2010年汛期，针对当年极端气候频发的现状，市防汛防旱指挥部加大防汛准备工作力度，防汛准备工作水平有新的提升。全市317公里长江江港洲堤防、64条骨干河道、在册101座中小型水库、22座不在册水库、大中型闸站等水利工程的防汛行政责任人和技术责任人全部落实。各地对防汛物资进行重点检查，共储存草包51万只、编织袋113万只、木材491立方米、土工布7.7万平方米、铁丝15吨、块石1.47万吨，确保防汛抢险需要。全市有防汛抢险队伍461个，总人数15758人，其中民兵抢险队151个，河道及管理单位抢险队88个，水库抢险队81个，专业抢险队1个，镇江军分区防汛抗洪抢险队3个。5月12日，由镇江军分区与镇江市防汛防旱指挥部联合组织防汛抢险综合演练，受到省防指的充分肯定。 （陆智国）

【城区防洪防汛】 2010年主汛期长江水位44天超警戒水位，7月15日长江最高潮位达7.84米，为1999年以来长江最高潮位。7月份因较强的集中降雨，一度造成古运河水位迅猛上涨，加上外江水位持续高位影响内河排涝，造成古运河迎江桥至解放桥段一级平台被淹长达30余日，河水倒灌入城市污水管网，给城市防汛排涝工作带来困难，也给风光带管养保洁带来挑战。市城市水利管理处应对汛情，汛前及早组织动员培训和全面细致的汛前检查，及时发现并处理工程隐患，及时维修养护与试运行，组织投放丹徒闸预备闸门等应急演练，抓好引航道水利枢纽等在建工程施工围堰的安全度汛。虹桥港泵站首次启用，排涝效果良好。中央防汛特大补助项目及2009年度省级维修项目按期完成并验收。补充修订《金山湖控制运行方案》，细化调控水运行措施。 （徐雪峰）

水政水资源管理

【概况】 2010年3月22日第18届“世界水日”及第23届“中国水周”，市水利系统开展宣传活动，部署“百湖执法大检查”活动。出台《关于严肃查处沿江违法违章设施的意见》和《关于加强市区段长江河道滩地管理的通告》。其中，《关于加强市区段长江河道滩地管理的通告》的出台，在江苏省沿江各市中属于首创。《北部滨水区管理暂行办法》完成初稿报送市政府法制办。在全市范围内先后开展“春季严打”“清江行动”“江安行动”等专项治理行动，形成“陆上治理、水上打击”的声势。开展“流域性河道管理范围内建设项目专项检查”。句容市完成省级节水型社会建设试点；完成县级以上水源地的达标任务，制定水源地“一地一策”应急预案和备用水源地达标任务；按照省下达的水功能区的水质监测任务，在镇江市实施水功能区全覆盖监测；严格执行征收标准，基本完成省、市下达的水资源费征收任务；完成省、市下达的节水型社会建设、地下水控采、水资源信息系统一期工程和太湖流域水环境综合治理年度目标任务。各地单位地区生产总值取水量较上年下降6%。 （陆智国）

镇江国际饭店晋升为五星级饭店

镇江选手徐佳（右三）获
全省导游服务技能比赛金奖

蓬勃发展的镇江旅游业

镇江市委书记许津荣、江苏省旅游局局长
周乃祥一行和国家旅游局邵琪伟局长会面

"十一五"期间，是镇江市旅游业发展的最好时期。2010年全市接待国内外游客2668.78万人次，旅游总收入323.19亿元，旅游增加值占GDP的比重达9.1%。基本实现《镇江市振兴旅游业发展三年（2008－2010年）行动纲要》目标。全市拥有A级以上景区30家(其中AAAA级景区8家)，旅行社87家，全国工农业旅游示范点8家，省四星级乡村旅游示范点3家，省精品乡村旅游示范点1家。拥有旅游星级饭店50家（其中五星级1家、四星级8家）。镇江国际饭店创建成全市首家五星级旅游饭店，全市按照五星级标准在建或改扩建的饭店达11家。"迎世博、游镇江"成效显著，成功举办上海世博"城市·人生"摄影大赛，西津渡荣获上海世博主题体验之旅"2010最受欢迎"的20个示范点之一，市旅游局荣获"2010世博旅游团队组织贡献奖"。

"十二五"期间，全市将认真实施《镇江市"十二五"旅游发展规划》，将镇江建成国内知名的旅游经济强市，为全市实现"转型升级、强市富民"目标作出贡献！

欧美等国家旅行商考察镇江西津渡

镇江首届金山湖龙舟大奖赛

省委书记罗志军到丹阳视察

省长李学勇到丹阳考察调研

跨越发展 创新驱动 绿色增长 和谐共享

——“十一五”回眸丹阳篇

丹阳市市长裔玉乾

“十一五”期间，丹阳市狠抓“六大关键环节”，使“十一五”成为丹阳改革开放以来经济社会发展速度最快、群众得实惠最多的五年。

一是狠抓目标定位。全市GDP实现翻番、人均突破1万美元，财政总收入、一般预算收入分别增长2.2倍、1.8倍。县域经济基本竞争力列全国第16位，攀升8位；全面建成更高水平的小康社会。完成全社会固定资产投资856亿元，是“九五”、“十五”期间总和的2.3倍。荣获国家卫生城市、中国城市化信息50强、全国科普示范市、全国民政工作先进市、全国人口和计划生育服务先进市等称号。

二是狠抓规划布局。累计投入城乡建设资金180亿元，城市化率提高7.7个百分点，初步形成“一主一区三组团”的城市发展新格局；成功争取高铁设站，沪宁经济圈、长三角“同城效应”凸显。

京沪高铁丹阳北站开建

全球最大的眼镜生产基地

丹阳城市客厅--人民广场

中央、省、市领导为江苏文化科技产业园奠基仪式

国家旅游局向九里景区授牌

三是狠抓载体建设。累计投入30多亿元，大力推进“四集中”和“三新”建设，实施“万顷良田”工程，建成现代农业园区1.05万公顷，农业产业化经营率达68%。开发区、云阳高新区、滨江工业区成为助推全市经济增长的主引擎、科学发展的先导区、先进产业的集聚地。

四是狠抓产业集群。累计实施各类科技项目627项，新认定省级以上品牌67个、高新技术企业43家，科技对经济增长的贡献率达56%，被评为全国科技进步先进市、国家知识产权保护示范市、省创新型城市试点市，被授予国家火炬计划新材料产业基地、科技兴贸创新基地称号。新增定报企业536家、亿元企业55家、超10亿元企业7家、营业收入超百亿元企业4家。，被评为中国眼镜产业生产基地、中国眼镜产业出口基地、中国汽摩零部件制造基地。

五是狠抓集聚吸纳。累计实际利用外资11.83亿美元，是“十五”期间的2.4倍；累计出口58亿美元，年均增长25.6%，迈入全省十强行列。创设小额贷款公司9家、村镇银行1家。新增上市企业6家，融资100亿元。创造全国知名的“金三角模式”。引进高层次海归创业创新团队55个、海归人才108名。

六是狠抓软环境优化。累计取消行政审批事项和收费项目380个，免收或降标收费项目150个，减轻企业负担近10亿元。全省首创 “一站制服务、一票制收费、一车制勘察、一表制审批”服务模式，行政审批效率提高50%，使丹阳成为沪宁线上收费项目最少、收费标准最低的投资成本洼地，被评为长三角最具投资价值城市、福布斯全国最佳商业城市。五年新批外资企业、私营企业、个体工商户分别增长63%、223.4%、150.6%。

全球最大的高速钢生产基地天工集团

亚州最大的木业生产基地大亚木业

流光溢彩——香草河之夜

跨越发展 创新驱动 绿色增长 和谐共享

——“十一五”回眸句容篇

“十一五”时期是句容激情创业、跨越奋进的五年，是创新发展、成果丰硕的五年，是城乡面貌变化最大、经济发展速度最快、经济实力提升最快、群众得实惠最多的五年。

五年中，全市强力推进“五大板块”建设，综合实力实现翻番；推进同城同建，融入南京步伐不断加快；优化经济布局，集中集约集聚成效显著；加快结构调整，产业层次明显提升；坚持创新驱动，科技研发能力增强。建成全面小康，各项社会事业协调发展，人民群众幸福指数稳步提高，全市上下发展的成就感和自信心显著增强。

市委书记童国祥在“句容市推进同城同建，打造南京副城”研讨会上讲话

市长尹卫东在第六届茅山旅游文化节暨经贸洽谈会、第六届运动会、“边城杯”足球赛开幕式上讲话

句容碧桂园凤凰城暨五星级大酒店奠基

道德之光——首届“真情感动句容”道德模范颁

现代化环保企业

句容村村通公路

句容

句容城市风光

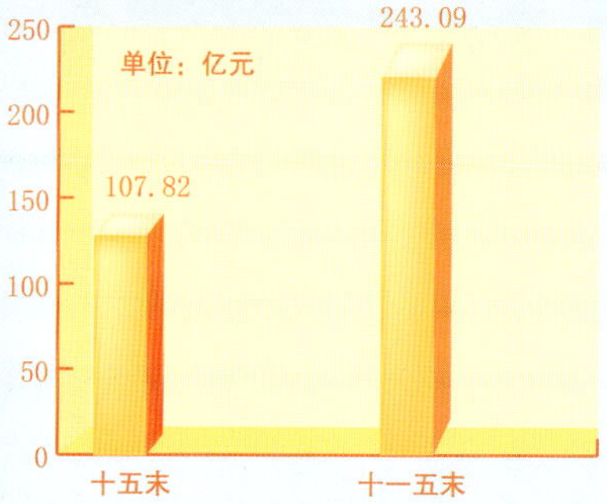

地区生产总值

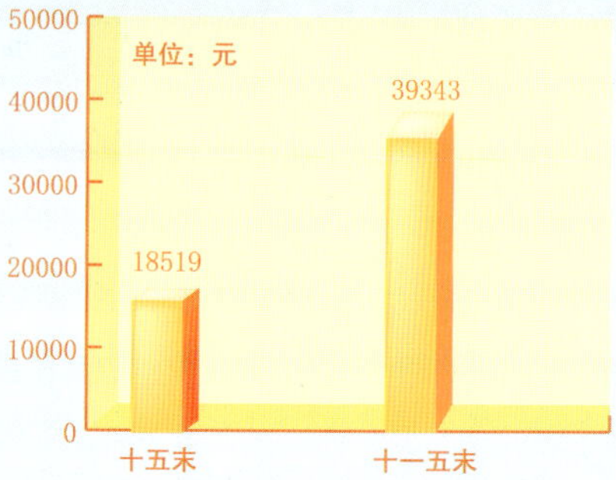

人均地区生产总值

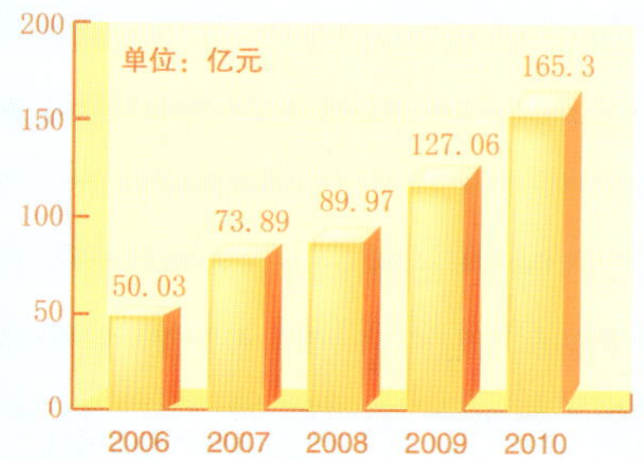

全社会固定资产投入

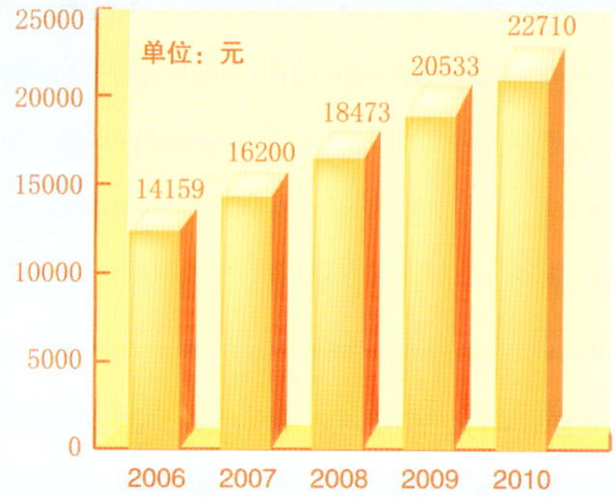

城镇居民人均可支配收入

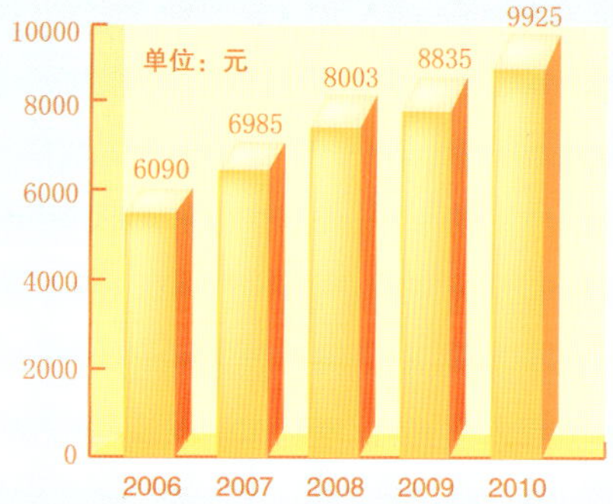

农村居民人均纯收入

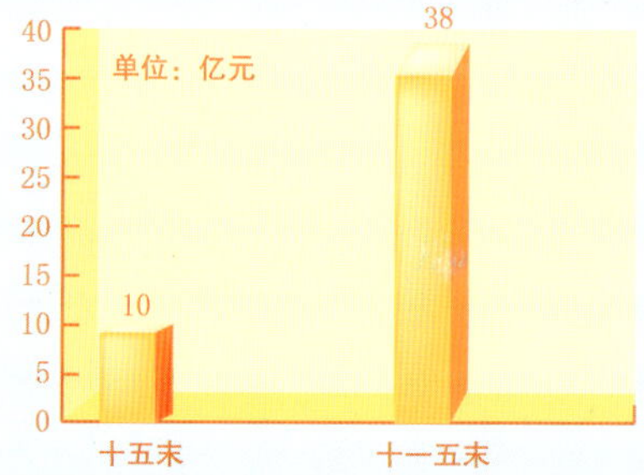

财政总收入

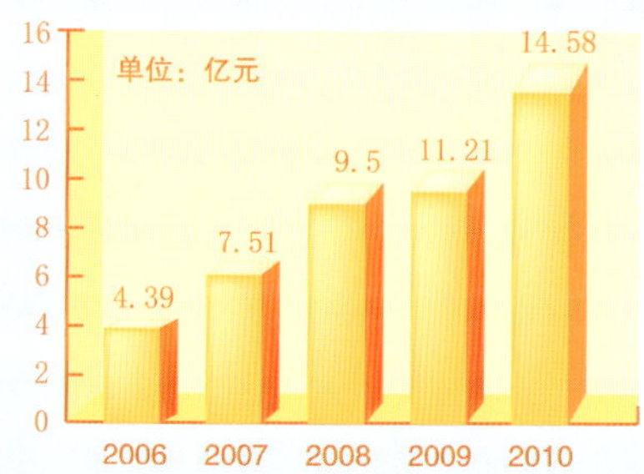

财政一般预算收入

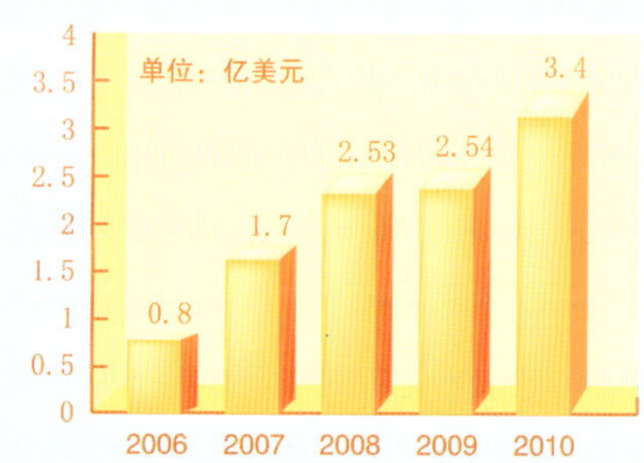

实际利用外资

黄金花园安置小区

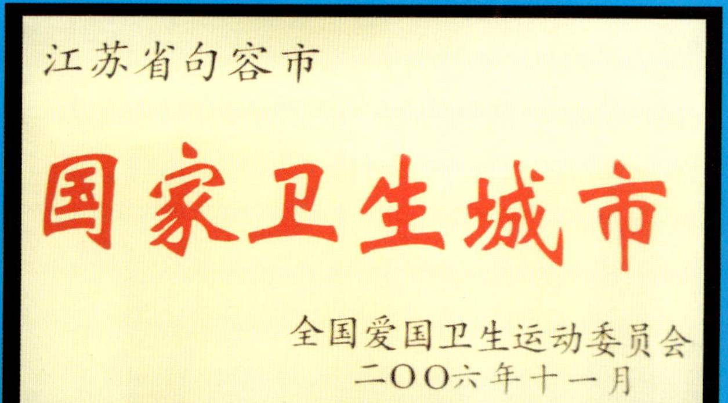

江苏省句容市

国家卫生城市

全国爱国卫生运动委员会
二〇〇六年十一月

中央政治局委员、政法委副书记王乐泉视察丹徒

市委书记许津荣视察丹徒区规划展示馆

跨越发展 创新驱动 绿

“十一五”期间，丹徒区深入落实科学发展观，全面唱响“加快调结构、加速促提升”的主旋律，创新发展路径，壮大区域经加速城市现代化和城乡一体化进程，着力构建和谐社会，继续向着富民强区的宏伟目标阔步前进。

综合实力持续增强。2010年完成地区生产总值190亿元，比上年增长14%，是“十五”期末的2.2倍；财政总收入30.06亿元，一般预算收入11.02亿元，分别增长21.1%和29.9%，分别是“十五”期末的3.75倍和2.71倍。经济结构进一步优化，三次产业由20的6.1∶60.4∶33.5调整为6.05∶57.95∶36。

新型工业增势强劲。2010年完成规模以上工业性投入90.9亿元，增长20.6%，其中新兴产业投资30.4亿元，增长189.2%。五”累计完成固定资产投资520亿元。2010年实现定报工业销售收入483亿元、利税49.1亿元、增加值117.5亿元，分别增长29.38.3%和16%。

服务业发展亮点频现。2010年实现服务业增加值68.4亿元，增长20.5%。完成现代服务业投资33.8亿元，增长40.9%，增幅全一。实现旅游总收入14.5亿元，增长35.4%。

高效农业快速发展。粮食保持六年增产，农业经济持续增效。兴农富民工程全面启动。2010年投资6.4亿元，建成21个重点高业项目，新增高效农业4400公顷、设施农业1267公顷，适度规模经营面积达6334公顷，都市农业产业带基本成型。新建农村“三作”组织112个，入社农户达3.3万户。

招商选资形成新格局。2010年全年招引亿元以上项目28个，其中10亿元以上项目11个；实到外资1.51亿美元，增长14.5%，一五”累计实到外资超过5亿美元；实际吸纳民资54亿元，增长70.5%。宝龙城市综合体、中福马机械等重大项目成功落户。

丹徒新城科创孵化中心开工

中国二重（镇江）重大技术装备制造基地

市长刘捍东视察丹徒

丹徒社会福利中心捐赠仪式

长 和谐共享

——“十一五”回眸丹徒篇

丹徒新城不夜天

重大项目取得新进展。2010年全区66个重点项目，开工51个，竣工27个，实际完成投资60.5亿元。二重二期、中靖水制氢、振光电网等一批总投资超10亿元的重大项目开工建设。

创新发展迈出新步伐。成功举办新兴产业招商和校企联盟洽谈会，签订产学研合作项目35项，转化重大科技成果25项。新立市以技项目50项，获助科技专项经费3227万元。新建科技孵化面积14万平方米，新城孵化器获得省级认定。顺利通过省知识产权示范收。

江苏中靖氢能产业园奠基

恒顺项目开工

中国米芾书法公园开工

丹徒新城广场

跨越发展 创新驱动 绿色增长 和谐共享

市委书记许津荣视察大祥时尚街创业情况

市长刘捍东视察社区建设

市委副书记张庆生视察国家综合二级档案馆创建

爱励国际 中国鼎胜铝合金板带项目签约仪式

“十一五”期间，京口区上下深入贯彻科学发展观，积极应对各种复杂变化，解放思想，开拓创新，苦干实干，争先当强，推动经济社会跨越发展，全面完成“十一五”规划确定的各项目标任务，率先实现全面小康省定目标值，为“十二五”发展奠定坚实基础。

经济实力迈上新台阶。实现地区生产总值 255 亿元，地方财政一般预算收入突破 10 亿元大关，分别年均增长 14.3% 和 16.6%，高于镇江全市平均水平；人均 GDP 达 66630 元（约合 9813 美元），年均增长 13.6%；实现定报工业销售 260 亿元、社会消费品零售总额 141 亿元，分别是 2005 年的 4.1 倍和 2.5 倍。五年累计完成固定资产投资 573 亿元，是“十五”期间的 10.6 倍；累计实际到位外资 3.7 亿美元，是“十五”期间的 2.2 倍。

结构调整取得新进展。完成服务业增加值 158 亿元，占地区生产总值 62%，三次产业占比逐步优化为 0.5：37.5：62；高新技术产业产值达 81.8 亿元，新兴产业完成投资 18 亿元，单位 GDP 能耗下降 20%。新增创新载体面积 6 万平方米，研发经费占 GDP 比重达 2.28%。

——“十一五”回眸京口篇

苏宁广场奠基仪式

五星级镇江帝宝花园酒店奠基典礼

文明城市创建启动仪式

建设创业型城市广场文艺活动

新建成的老年活动中心

整治一新的花山古城遗址公园

城乡面貌发生新变化。建成金港大道、谏辛公路等 23 条道路，全区道路里程增加 45.8 公里。整治花山古城遗址公园、整治黑臭河流 8 绿化覆盖率 43%，森林覆盖率 25%，象山镇、谏壁镇通过“全国环境优美乡镇”省级考核。五年城乡建设累计投入 86 亿元，实施拆迁 320 方米，建成安置房 41.2 万平方米。

民生水平得到新提升。民生支出 3.4 亿元，城镇居民人均可支配收入 23550 元，农民人均纯收入 11490 元。五年累计新增城镇就业 24 人，转移农村劳动力 6770 人，扶持创业 3703 人。率先实现城乡低保并轨，基本医疗保险、新型农村合作医疗保险实现全覆盖，被评全国和谐社区建设示范区”。

社会事业取得新进步。新建改造校舍 6.17 万平方米，实现省级区域教育基本现代化，建成全国社区教育实验区、省级义务教育均衡发进区、省级素质教育先进区。实现社区卫生服务网络全覆盖、社区(村)体育设施全覆盖、省社会治安安全区“六连冠”，再次荣获“省级双范区”称号。

跨越发展 创新驱动 绿色增长 和谐共享

——“十一五”回眸润州篇

市委书记许津荣调研润州教育

和平路街道创业基地授牌仪式

劳模进京

泛亚公司开业

“十一五”是润州综合实力提升最快，城乡面貌变化最大，人民群众得实惠最多的五年。全区 GDP 实现五年翻番，财政总收入和一般
算收入分别增长 1.8 倍、2 倍；累计完成全社会固定资产投资 537.61 亿元，年均增长 37.5%；累计引进投资亿元以上项目 55 个，其中
10 亿元或 1 亿美元项目 9 个，12 个国家级、省级产业集聚区（集群）挂牌润州，现代服务业基本形成四大产业，高效农业面积占比提
11.8 个百分点；在全市率先开创“依法、阳光、惠民、和谐”拆迁崭新局面，累计拆迁 2.3 万户、330 万平方米，城市管理长效机制基本建
现代化新城区面貌初显；累计投入 6.49 亿元，区域教育现代化水平位居全省前列，基层公共文化服务体系实现全覆盖，医药卫生体制改
全面推进，社会保障体系日趋完善；城镇居民人均可支配收入和农民人均纯收入年均分别增长 14% 和 13.1%，人民生活实现全面小康

沿江船舶制造工业带

锦绣家园

镇江交通枢纽中心

南徐新城一角

金山湖新貌

镇江船厂新生产线开工

亿兆软件园开工

“争做文明人争创文明城”启动仪式

镇江新区重点区域城市设计

镇江新区 ZHENJIANG XINQU

2010年5月，国家级镇江经济技术开发区暨镇江国家大学科技园揭牌仪式举行

2010年10月15日，慈爱居家养老服务中心揭牌

2010年9月9日，中节能（镇江）太阳能产业基地项目开工

银山公园夜色

2011 年 1 月 13 日，“麦道—82”
大型客机运抵镇江新区航空工业园

双子楼1号研发楼建成

科技新城西园规划图

2010年9月19日，市和新区领导为东方技工学校奠基

邻里中心透视图

2011 年 6 月 27 日,《中国共产党镇江历史》(第二卷)首发座谈会召开。市领导许津荣、李国忠、魏红军、张洪水、孙健、陈苏,省党史工办副主任赵一心出席座谈会

镇江市史志办公室

2010 年,镇江市史志办公室研究制定镇江市史志事业"十二五"规划。《中共镇江地方史(1949~1978)》(第二卷)形成征求意见稿。2010 年,镇江市史志办公室获江苏省委党史工作办公室、江苏省人力资源和社会保障厅联合表彰的先进集体和中共镇江市委授予的 2007~2009 年度党建工作先进单位等称号。

推进《镇江市志(1983 ~ 2005)》编修工作,95% 的承编单位完成初稿报送并陆续完成联审、送审程序。完成《城乡建设和管理》《经济综情》等 6 卷的编辑。《镇江工商管理志》由苏州大学出版社出版,《镇江电力工业志》由中国电力出版社出版。开展《丹阳 · 农业卷》《丹徒 · 工业卷》等辖市(区)志稿的研讨交流活动,完成《江苏省志 · 市县概况》镇江市县内容的部分工作任务。

《镇江年鉴(2009)》先后获首届江苏省年鉴奖综合奖特等奖、全国地方志系统第二届年鉴评奖特等奖。年底首次开展对辖市(区)年鉴的点评,促进辖市(区)年鉴工作质量的提高。

继续开展史志工作"五进"活动。开展新一轮史志工作进广场、进社区、进军营、进学校、进乡镇活动,将《中国共产党镇江史 (1919 ~ 1949)》(第一卷)《镇江改革开放 30 年大事记》《京江画卷》《京江烽火》《镇江市志》《镇江指南》《镇江乡镇概览》以及《镇江年鉴》等 20 余种史志书籍和光盘送到京口区实验小学、73855 部队、西津渡社区和有关乡镇。

镇江市史志办公室网站新增"动态信息"栏目,介绍史志工作动态;上传《镇江市志研究论文集》《镇江年鉴(2009)》《镇江大事记》等;增加图照 20 多幅,编发《镇江大事记》6 期。

2011 年 3 月 22 日，市史志办公室主任胡振（右一）陪同中共中央党史研究室副主任李忠杰（左三）、省委党史工作办公室主任崔广怀（左一）在丹阳调研

2010 年 4 月，中国社会科学院副院长、中国地方志指导小组常务副组长朱佳木（右三）参观西津渡街

2011 年 5 月 20 日，镇江市史志办公室参加“红歌嘹亮颂党恩——市级机关庆祝中国共产党成立 90 周年大型演唱会”

2011 年 6 月，市社科联与市委宣传部、市委组织部、市委党校、市史志办联合开展纪念中国共产党建党 90 周年和辛亥革命 100 周年征文活动

2010 年 11 月，镇江市史志办公室赴徐州交流工作

2010 年，市史志办公室开展新一轮史志工作进广场、进社区、进军营、进学校、进乡镇活动

镇　江　市　国

国土资源部副部长汪民到镇江视察

深入推进土地矿产卫片执法检查工作

“国土华章，精彩演绎”庆祝第20个全国土地日交响音乐

土　资　源　局

许津……狮子山综合整治工程

市长刘捍东视察国土资源工作

新建成的狮子山公园场景

“万顷良田”上喜收秋粮

镇江市文化广

第九届江苏省“五星工程奖”表演艺术类决赛在镇江举行

2010年“欢乐家园”文化惠民活动开幕

2010年9月28~29日举办第二届群众文艺调演

2010年5月16日，镇江博物馆邀请著名玉器鉴定专家古方到镇江讲座。图为古方为市民免费鉴宝

电新闻出版局

修葺一新的梦溪园

10月26日，镇江市首届民间艺术新人大赛举行。图为面塑比赛现场

“2010茅宝——红歌代代唱”大型广场文艺演出活动

2010年6月，焦山碑刻博物馆完成“瘗鹤铭”疑似残石的终极打捞工作。图为巨石出水

2010年全市科技创新大会

市领导考察镇江科技新城建设

镇江市科学技术局

国家知识产权示范城市评定会

江苏省高性能合金产业技术创新战略联盟成立大会在镇江市举行

镇江市大型科学仪器设备共享服务平台启动暨揭牌仪式

局长史国平（右一）赴企业开展帮扶指导

镇江市食品药品监督管理局

2010 年，镇江市食品药品监管局由省以下垂直管理机构改为市政府工作部门，依法负责药械研制、生产、流通、使用全过程监管，增加履行餐饮服务环节食品、保健食品、化妆品安全监管等新职能。全局以保障人民群众饮食用药安全为己任，努力打造“食品药品安全年”“医药产业振兴年”“体制职能调整年”“基础设施建设年”和“全员素质提升年”。

餐饮保化监管工作开端良好。组建副处级建制的镇江市餐饮安全监督所，建立起餐饮服务环节许可、处罚、应急等制度框架。相继开展餐饮业“地沟油”、学校食堂等专项整治，做好 2010 年长江迷笛音乐节等餐饮安全保障，实现餐饮安全“零事故”的目标。

部署全市药品安全专项整治工作

现场核查食品安全

药品市场秩序更加规范。强化药械生产企业源头监管，加强药械流通使用环节监管，深化基本药物质量监控，医疗机构规范化药房建设和医疗器械生产企业质量管理规范认证均在全省处于先进行列。相继开展了非药品冒充药品、甲型 H1N1 流感疫苗、中药饮片、高风险品种人血白蛋白等专项检查。

医药产业发展态势喜人。制定《2010 年振兴镇江医药产业实施方案》，着力打造医药经济发展环境优化工程、医药科技创新及产学研对接工程、服务药企招商引资与质量强基工程，对江苏鱼跃医疗设备股份有限公司、海昌隐形眼镜有限公司、江苏吉贝尔药业有限公司等总投资 14.38 亿元的 17 个重点项目开展挂钩帮扶指导。全市医药工业总产值逐年上升。

食品药品监管氛围日益浓厚。推进效能建设，开展“打造‘三型’机关、服务跨越发展”主题实践活动，组织制度汇编，获得 2007 ~ 2009 年江苏省文明行业、镇江市经济建设有功单位、学法用法先进单位、依法行政示范单位等称号。

开展食品药品安全进社区暨创业指导活动

开展主题实践活动推进机关效能建设

走进“中国镇江在线访谈”与网民互动

镇江市体育局

2010年，镇江市体育工作按照“创新、突破、提升”的工作思路，夯实基础，突出重点，打造品牌，提升影响，为加快实现体育事业的跨越发展创造良好氛围。市体育局获国家体育总局授予的全国全民健身活动优秀组织奖，被市委、市政府表彰为跨越发展有功单位。

举办全市学习贯彻《全民健身条例》培训班，出台《镇江市体育社团改革发展工作方案》和《镇江市体育协会考核奖励办法》，召开全市体育社团改革发展工作会议，组织开展体育强市创建工作，创新市级青少年年度体育竞赛。

举办迎新年万人健身长跑活动，组织“登南山，把健康带回家”为主题的江苏省第五届“沿江体育带”全民健身大联动，组织10期150天的“健身大家学”公益教学活动，组织大学生村官社会体育指导员培训班，开展健身秧歌比赛、乒乓球公开赛、家庭趣味比赛等群众体育百项竞赛活动，做好2010年中国镇江金山湖龙舟大奖赛的竞赛组织工作。

承办2010年亚洲男子俱乐部排球锦标赛，参加省十七届运动会获得金牌52枚，全省排名第八位，首次跻身金牌奖表彰榜，并获得进步奖和体育道德风尚奖，创造历史最好成绩。全年输送优秀体育后备人才8名，在省队训练的镇江籍运动员人数也保持在50人以上。

市体育会展中心建设按序时推进，综合训练馆、体育会展馆主体封顶。超前规划市体育会展中心的运营管理工作，形成《体育会展中心管理运营方案》的初稿。以“运动休闲配套服务”为主题积极推进健康路运动休闲配套服务项目，重点推进五环大楼和综合训练馆两个经营类项目的改造开发。体育彩票销售额超上年，达到4亿元。

亚洲男子排球锦标赛颁奖仪式

江苏省第十七届运动会颁奖仪式

江苏省第十七届运动会职工部乒乓球比赛现场

江苏省第五届”沿江体育带‘全民健身大联动启动仪式

“低碳生活健身行”骑行活动

庆祝“全民健身日”社会体育指导员技能展示周活动启动仪式

市长刘捍东与各辖市(区)政府主要领导签订人口计生目标管理责任状

在省对市人口计生目标管理责任制考核评估汇报会上,市长刘捍东致欢迎辞

镇江市人口和计划生育委员会

2010年,镇江市人口计生工作坚持考核评估主线,着力城乡统筹发展,突破重点难点,高水平通过"十一五"省对市人口计生目标管理责任制考核。

全系统扎实开展计划生育、优生优育、避孕节育、生殖健康保健工作,努力为广大群众提供优质服务。以《中共中央关于控制人口增长问题致全体共产党员共青团员的公开信》发表30周年为契机,开展纪念活动,倡导群众树立科学、文明、进步婚育观念。积极实施出生缺陷社会化干预工程,新生儿出生缺陷发生率降至4.71‰。加强计划生育服务体系建设,"国优""省优"创建率达90%,设立孕前指导项目点50家,服务新婚夫妇18000多对。深化"阳光计生行动",加速推进综合信息系统建设,建成一批高品位人口文化宣传教育阵地。全市人口自然增长率控制在2‰以内,计划生育率保持在99%以上,出生人口性别比始终保持正常,群众满意率90%以上,为经济社会跨越发展提供了良好的人口环境。

全市人口和计划生育年度工作会议

省人口计生委主任孙燕丽在市委常委、丹阳市委书记李茂川的陪同下视察丹阳市世代服务体系建设情况

省人口计生委主任孙燕丽、市委常委、宣传部长张洪水为人口计生先进工作者颁发水晶纪念奖杯

省人口计生委主任孙燕丽在副市长王萍陪同下参观市首家人口文化主题公园

镇江市"十一五"人口计生目标管理责任制终期评估省级检查座谈会

省人口计生委主任孙燕丽在副市长王萍的陪同下参观城区街道世代服务岗

口计生委副主任张春延视察
费优生健康检查项目点

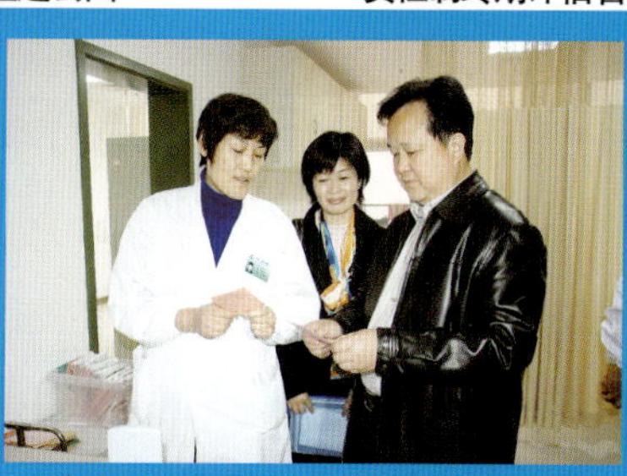

省人口计生委副主任洪浩视察市为民办实事项目——出生缺陷干预工程

镇江市人口计生"三下乡"活动

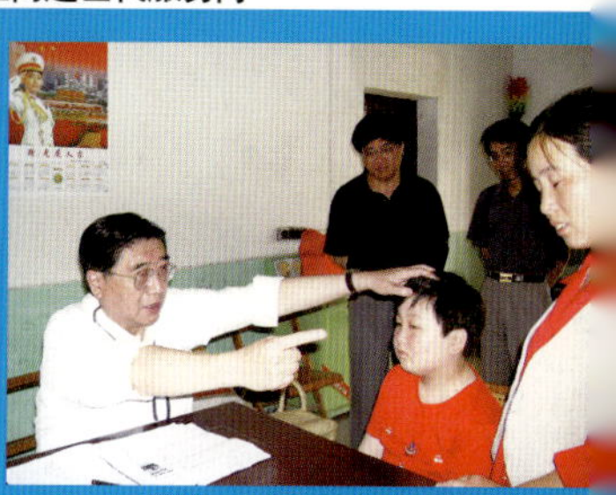

市人口计生委组织有关专家开展病残儿童医学鉴定

建立“价格普法一条街”和“明码标价一条街”

开展“打击价格欺诈，推行明码实价”活动

镇江市物价局

在辛丰镇开展创业价费政策宣传

2010年，市物价局按照全市“跨越发展、创新驱动、绿色增长、和谐共享”的总体要求，围绕“服务结构调整促转型、服务消费扩大促增长、服务民生改善促和谐”的主线，奋力推进价格工作，实现了居民消费价格总水平的基本稳定，为全市经济、社会和谐发展作出了应有的贡献。“打击价格欺诈推行明码实价”、建立价格争议调解庭免费调解价格争议、强化商品房销售明码标价、建立“价格普法一条街”及“明码标价一条街”、多渠道发布民生价格信息、推进银行等金融系统服务收费明码标价等创新工作在全市和全省都产生了明显的影响。

通过网站等多种渠道大力发布民生价格信息

深入商场超市开展蔬菜价格调研

了解企业对价费政策的需求

大力规范商品房销售明码标价行为

镇江市民防局

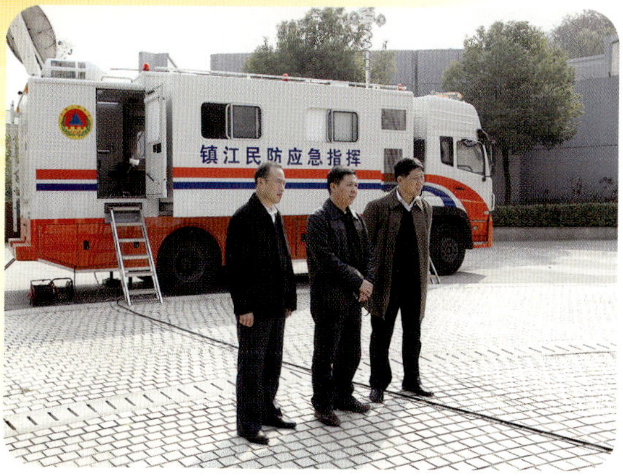

国家人防办副局长柳庆森（中）视察镇江民防工作

2010 年，镇江市民防（人防）各项建设事业快速发展。9 月，省民防系统组织业务比武，镇江市民防局代表队在全省荣获总分第五，队列团体、男子手枪射击个人获全省第一。12 月 17 日，市民防局与市地震局共同组织镇江市防灾减灾综合演练，2000 余人现场观摩并参与演练。2010 年 10 月份，镇江市民防应急机动指挥所投入使用，与之配套的卫星站、网络电话改造、超短波集群中继站、超短波图传接收站等子项目均全部建成，基本实现地面、地下、机动指挥平台的信息交联，提高民防（人防）应急指挥能力。市民防局于 2010 年 3 月 16 日开工建设大市口地下人防通道工程，总投资约 1.5 亿元。2010 年 7 月 12 日，中央电视台 7 套节目“军事报道”中播出反映镇江市民防（人防）工作。12 月 26 日，江苏卫视播放反映镇江市民防（人防）工作的专题片。市民防局会同市教育局编印《镇江市中小学生民防知识教育读本》。

市长刘捍东视察大市口地下人防通道工程建设

镇江市防灾减灾综合演练

建成的大市口地下人防通道工程

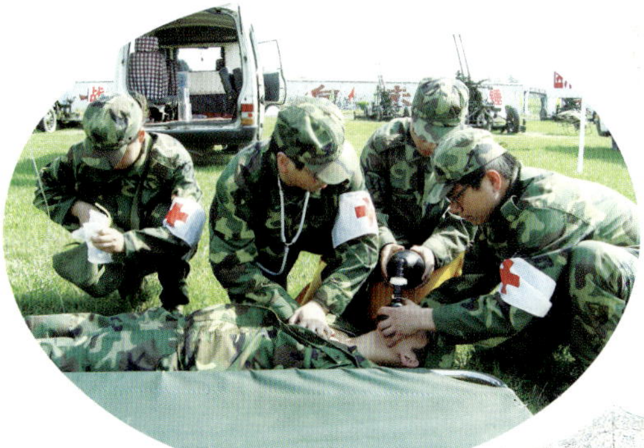

市人防医疗救护专业队演练

镇江民防军训暨志愿者成立大会

中国地震局常务副局长刘玉辰（左二）在省地震局局长丁仁杰（左一）、副市长陈杰（右二）、市地震局局长冷国桂（右一）陪同下视察镇江市地震监测台网中心

省地震局局长丁仁杰（右一）、副局长张振亚（左一）检查指导镇江市防震减灾工作

镇江市地震局

2010年，镇江市地震局坚持以科学发展观为统领，以全面提升防震减灾公共服务水平和社会综合管理能力、最大限度地减轻地震灾害损失为目标，贯彻防震减灾法律法规，落实全国、全省防震减灾工作会议精神，注重防震减灾体系建设，全面实施“十一五”防震减灾重点项目，全市防震减灾事业取得新进展，在全省2010年度市、县防震减灾工作综合评比中获得第三名，实现了新的提升。

省民防局、地震局、市政府、镇江军分区领导检查指导镇江防震减灾工作

法制宣传日活动现场，市委常委、政法委书记黄宝荣（右一）来到市地震局咨询台前慰问市地震局工作人员

发放宣传资料

演练现场主席台

新建成的镇江市地震监测台网中心外景图

镇江市地方税务局

2010年，镇江市地方税务局围绕创建“三个一流”工作目标，突出“强化能效管理，争创一流业绩”主线，以服务经济社会发展为己任，竭尽全力抓征收，组织收入实现较大幅度增长。勇于实践抓创新，在全系统实施干部人事管理制度改革和征管机构优化改革，取得丰硕成果。真心实意抓作风，加大办税服务厅标准化建设，拓展全功能办税窗口，成功上线“网上纳税人学校”“网上办税服务厅”“网上纳税人之家”等，纳税服务彰显品牌效应。围绕重点抓帮扶，全力实施二、三产业分离工作，与市创业办、润州区七里街道联合举办大型广场活动，举行“七里税校”成立仪式，成立创业服务超市，创建创业培训基地等，助推发展实现重大突破。规范执法行为，按照“完善执法制度、规范执法行为、落实执法责任、追究执法过错”的总体要求，推进依法治税工作。

2010年4月3日，举行全国第十九个税收宣传月活动暨镇江市“七里税校”揭牌仪式。副市长陈照煌、市地税局局长夏照明为税校揭牌

2010年4月16日主办第一届全国10城市纳税人权益维护“城际联动 携手维权”协作会议

2010年4月1日在镇江市实验小学成立全市首个“少年税校”，市地税干部为小学生赠《青少年税收知识读本》

2010年4月巡回举办“中国印花税票珍品展”

2010年4月15日，举办“税收维权服务牵手你我他”大型宣传活动

2010年5月19日举办“廉政歌曲大家唱 谱写发展新篇章”歌咏大赛活动

“后发先至 我们同跨越”——“三八”100 周年纪念大会

全市妇女创业担保贷款推进会

镇江市妇女联合会

2010 年是“三八”国际劳动妇女节 100 周年，也是全市妇女儿童事业发展环境空前优化的一年。在各级党委政府的重视支持下，全市各级妇联组织坚持以科学发展观为指导，以建设“坚强阵地”和“温暖之家”为目标，以党群共建创先争优为动力，服务大局争作为，开拓创新谋发展，打造品牌创特色，妇女儿童事业呈现出蓬勃发展的良好态势。

四牌楼街道江滨新村
“妇女儿童之家”挂牌

女性创业促进会成立大会

全市首个“好苏嫂”
巾帼家庭示范店挂牌

反家暴联动快车暨婚姻家庭特邀调解员聘任仪式

镇江女性周末讲坛三八专场

镇江残联创新驱动引领跨越发展

市委书记许津荣“两节”走访慰问贫困残疾人

市委常委、秘书长李国忠等领导出席“慈善健行”活动

2010年，市残联认真贯彻市委、市政府《关于加快残疾人事业发展的实施意见》，扎实推进残疾人社会保障和社会服务体系建设，残疾人生活状况明显改善，社会环境进一步优化，事业发展创新提速。在全省首创残保金收缴“非诉执行”；贫困残疾人住房保障工作在全省处于前列。全市6个辖市区全部被评为“全国白内障无障碍先进市（区）”，被省残联评为 “就业服务”及“生活保障”两项工作先进。

副市长曹当凌与各辖市区、镇江新区领导签订目标责任状

市残联领导参观市聋人摄影展

市残联召开主席团会议

市残联理事长印明率各辖市区理事长走进行风热线

九华山庄鸟瞰图

南徐新城商务办公A区

镇江市城市建设投资集团有限公司（以下简称镇江城投集团）成立于1994年，是镇江市住建局直属正处级事业单位。经过10年的发展，镇江城投集团成为拥有500亿元资产、14家子公司，集城市基础设施建设、房地产开发、公共资产运营、名城保护及现代服务业“四大产业板块”为一体的综合性、多元化的企业集群。

“十一五”期间，镇江城投集团抢抓机遇、创新发展，在民生建设、品牌建设、理念建设和名城保护方面取得显著成绩，为城市建设跨越发展作出突出贡献。截至2010年底，镇江城投集团投资项目达100多个，资金投放总额达186亿元；安置房开发总量达300万平方米；西津渡历史文化街区被评为国家AAAA级旅游风景区。2010年，镇江城投集团获得“中国人居环境范例奖”“江苏省现代服务业集聚区”“江苏省房地产五十强企业”“镇江市跨越发展有功单位”等称号。

展望“十二五”，镇江城投集团将以创新转型为引领，全力实施“千百十亿”工程：实现资产规模1000亿元，主营收入100亿元，利税10亿元，为镇江城市建设“后发先至，跨越发展”作出更大的贡献。

沿街效果图

保障性住房交付仪式

镇江市交通投资

镇江市交通投资建设发展公司成立于 2001 年 10 月，是镇江市人民政府批准建立的承担城市及交通建设市场化经营职能的特定主体，全民事业制单位。该公司注册资本为 5.1 亿元，总资产为 277 亿元，并下辖镇江红星置业有限公司、镇江市红星工程建设有限公司和镇江市红星土地整理有限公司三个全资子公司。

该公司自成立以来，全力以赴参与城市基础设施建设，累计投资 110 余亿元，先后建成了南徐大道、檀山路、润州路、金桥大道、团山路等各具特色的城市景观道路，以投资方式参与了农村公路建设、312 国道扩建、镇大公路拓宽等工程，支持和保证了京沪高铁、沪宁城际高铁征地拆迁资金需求。用一年时间建成了总投资 28 亿元、镇江市历年来投资额最高的单项交通城建工程——镇江市综合交通客运枢纽，并于 2010 年 7 月 1 日与沪宁城际高铁同步投入使用，同时在综合枢纽周围引进开发了镇江万达广场城市综合体。

市委书记许津荣、副市长陈建设视察官塘新区建设

市长刘捍东、副市长陈杰视察 338 省道镇江段拓宽改造工程进展情况

镇江市交通投资建设发展公司正在按照“二年成势、三年成名、四年成形”的开发目标和“生态、绿色、低碳、环保”建设理念，全力以赴打造总面积达 14 平方公里的“南山新城——官塘新区”。

多年来，该公司先后与万达、万科、中住、亚东、远洋等国内多家知名房地产企业成功合作，上市出让土地 200 余公顷，引进开发了天和星城、魅力之城、君临南山、亚东朴园等精品楼盘，公司承建的沪宁城际高铁拆迁安置房——红星 · 桃花源、红星 · 玫瑰苑项目也陆续对拆迁户进行安置。该公司先后获“全国五一劳动奖状”“江苏省五一劳动奖状”“镇江市有功单位”“镇江市文明单位”等称号。

官塘新区安置房及路网工程项目开工典礼

建设发展公司

官塘新区——核心区鸟瞰图

官塘新区——总体鸟瞰图

镇江市综合交通客运枢纽

江苏省镇江市公路管理处

市领导现场督查公路重点工程建设

副市长陈建设（左三）视察镇江公路重点工程建设

“十一五”期末，全市公路管养总里程达 6936 公里，比“十五”期末增长 33.9%。公路网密度达 180 公里 / 百平方公里，位列全省第二。完成干线公路建设投资 65 亿元，新建、扩建干线公路 338 公里，建成通车 142 公里，投资额和改造里程分别比“十五”期末增长 209% 和 117%。建成绿色通道 149 公里，新增省级文明样板路 143 公里，改造干线公路危桥 28 座，一、二类桥梁比例达到 98% 以上，打造出“畅、洁、绿、美、安”的公路通行环境。

全市建成“信息共享、应用集成、互动交流、使用便捷”的统一工作平台。公路网管理与应急指挥中心、养护应急处置中心、公路（桥梁）检测中心、公路数据分中心、远程视频会议系统建成并投入使用，构建了市、县、养护公司三级联动养护应急预警、处置机制，路网调度指挥管理、运行动态监控效能以及公路突发事件快速反应效率、应急处置能力全面提升。

全行业连续 9 年创建成江苏省文明行业，拥有市级文明单位 7 个，全省交通行业文明单位 6 个；建成镇江市第 11 条、15 条双拥路，荣立市双拥“五创”三等功；先后荣获全国“模范职工之家”、全国交通建设系统“工人先锋号”、全国交通行业抗灾保通先进集体称号，被省总工会授予“五一劳动奖状”“工人先锋号”等称号，荣获“市党风廉政建设宣传教育示范点”“市廉政文化建设示范点”等称号，被镇江市委、市政府授予先进基层党组织、跨越发展有功单位等荣誉。

环境优美、设施一流的办公大楼

城市快速干道第一路——金港大道

主任、书记刘英俊

服务金婚伉俪庆典活动

镇江市城市客运管理处

镇江市城市客运管理处地处林隐路1号，服务大厅实行"一站式"服务窗口。服务宗旨是：公开、规范、高效、便民。

主要职责是：

(1) 审核城市客运经营者的经营条件，核发《城市公共客运交通营运证》，培训出租汽车驾驶员，核发《出租汽车驾驶员客运服务证》

(2) 监督、检查、指导城市客运交通经营者的经营活动。

(3) 协助物价部门制定城市客运收费标准、收费办法；配合税务部门做好票据的印制、使用、管理及有关代征代扣税工作，会同标准计量部门做好计量管理工作。

(4) 协助公安部门，做好本行业的治安和交通安全管理。

(5) 受理群众投诉，协调处理经营者、驾驶员、乘客之间的纠纷，提高服务质量。

(6) 收集、提供客流信息，掌握行业动态，开展服务咨询。

(7) 开展稽查工作，查处违反城市客运交通法规、规章的行为。

(8) 打击非法经营，维护客运市场稳定。

稽查执法检查

出租汽车司机义务献血公益活动

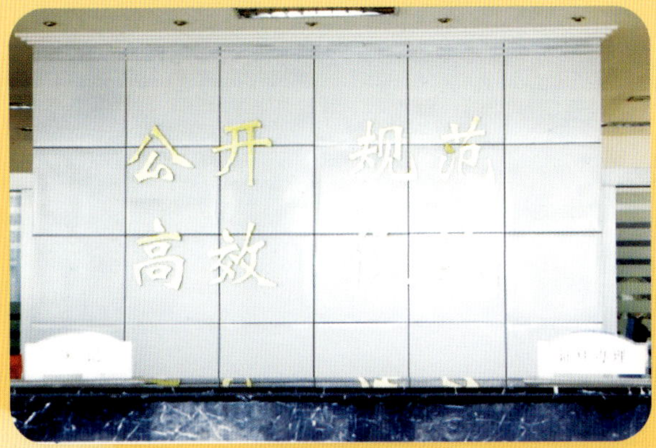

服务大厅

镇江市产权交易中心

主任 冯智皓

评标会

办公区

镇江市产权交易中心(以下简称“中心”)是江苏省国资委指定的镇江辖区内唯一的产权交易机构，是镇江市国资委直属事业单位，是中国企业国有产权交易机构协会首批会员单位。

中心为所有产权(包括物权、债权、股权、知识产权等各类财产权利)提供转让服务，依法开展政策咨询、信息发布、项目推荐、投资引导、招标竞标、评审评价、产权鉴证、股权托管、设备调剂等服务活动。

2004年以来，国务院国资委、江苏省委省纪委、省国资委、镇江市委市政府主要领导先后到中心视察、指导工作。《新华日报》、《工人日报》、《中国纪检监察报》等报刊多次刊登文章宣传报道中心的建设和发展情况。

2003年，中心通过ISO9001：2000质量管理体系认证，后又完成向ISO9001：2008版的转换工作；2004年，获“全省百强经纪企业”称号，主任冯智皓获“全省百佳经纪业带头人”称号；2005年，被市委市政府授予“全市国有企业改革工作先进集体”；2006年，产权转让服务岗获全市党员示范岗称号；2010年，被市廉政文化建设领导小组评为“市级廉政文化示范点”。

地　址：镇江市长江路33号新广电大厦裙楼4楼
电　话：(0511)84445008　84446551
传　真：(0511)84446555
网　址：www.zjcqjy.net

新建的公交南徐新城停车场

镇江市公共交通总公司

镇江市公共交通总公司紧密结合城市建设和经济发展，加快建立与城市规模、人口分布和经济发展相适应的公共交通服务体系。与“十五”末相比，营运车辆达到832辆，净增249辆；公交线路达到72条，净增28条；公交出行在城市交通总出行的比重由13%提高到17.64%；线网密度由1.53公里/平方公里提高到3.58公里/平方公里。通过改善乘车环境，优化设施条件，增强服务功能，努力为广大市民提供更加“安全、通达、方便、快捷、舒适”的出行服务。

整装待发的公交车

刘捍东市长在公交车上

朝气蓬勃的公交志愿者

广泛征求社会各界意见

镇江市人民检察院

2010年，全市检察机关审查批准逮捕各类刑事犯罪嫌疑人1633人，提起公诉3389人，立案侦查职务犯罪案件84件90人。市检察院被评为2010年度镇江市跨越发展有功单位，市检察院反渎职侵权局被最高人民检察院评为“深入查办危害能源和生态环境渎职犯罪专项工作先进集体”，句容市、扬中市人民检察院分别被评为全国先进基层检察院、全省检察机关先进集体，涌现出全国检察业务专家俞波涛、江苏省检察业务专家朱毅、全省“优秀基层检察长”毛康林、全国优秀公诉人电视论辩赛“最佳论辩奖”获得者袁媛、全省检察机关先进工作者邢华、贾永平等一批先进人物。

2010年11月，最高人民检察院副检察长孙谦（右二）在省检察院副检察长方晓林（中）的陪同下视察镇江市检察工作

2010年6月开展“举报宣传周”活动，市检察院检察长蒋伟亮现场听取群众心声

2010年6月，市检察院检察长蒋伟亮走进“中国镇江”网与网友在线交流

2010年11月，向全国、省、市人大代表通报检察工作

2010年11月，全市检察系统档案室全部通过省“五星级”测评

2010年12月，镇江市检察院干警袁媛（左一）在全国检察机关优秀公诉人电视论辩赛上获最佳论辩奖

镇江市中级人民法院

举行陈燕萍工作法报告会

2010 年，镇江市两级法院认真履行审判职责，各项工作取得新成绩。全年受理各类案件 57773 件，办结 55211 件，同比分别上升 7.18% 和 8.39%，结案率 95.57%。全市法院有 52 个集体和 81 名个人受到省、市级以上表彰，其中市中级法院被评为全省指导人民调解工作先进集体、全省集中清理执行积案活动先进集体、全省法院信息工作先进集体、全市社会治安综合治理先进单位、全市网络发言人工作十佳单位，京口法院被授予“全国维护妇女儿童权益先进集体”称号，丹阳法院连续两年被省法院荣记集体一等功，润州法院被评为全省优秀法院，涌现出“全国法院办案标兵”李守斌，“全省优秀法官”宁杰、严宏坤等一批先进典型。

法官案后回访当事人

开展“法院开放日”活动

党员法官上门慰问空巢老人

公开审判“毛胡子”故意伤害案

法官主动上门为残疾当事人释法答疑

首次应用远程视频提讯刑事被告人

武警镇江市消防支队

2010年，支队在市委、市政府和市公安局的正确领导下，紧紧围绕防灭火中心工作，主动融入镇江经济社会发展大局，按照“强基础、谋发展，创特色、争一流”工作思路，大力加强消防工作和队伍建设，全面提升消防行政执法水平和部队灭火救援实战能力，保持火灾形势和队伍管理的“双稳定”。

市委书记许津荣带队检查消防工作

市委常委、政法委书记黄宝荣检查指导城市消防规划工作

副市长夏新平慰问消防官兵

“119”消防宣传启动仪式

全市构筑社会消防安全“防火墙”工程推进会暨阳光世纪花园社区消防工作站启动仪式

镇江消防支队打造消防铁军比武竞赛

做好台湾歌仔戏消防安全保卫

6人被洪水围困，镇江消防挺身而出

长江航运公安局镇江分局

市领导检查指导

党委班子

2010 年，长航公安局镇江分局以上海世博会安保为重心，以社会矛盾化解、社会管理创新、公正廉洁执法为重点，坚持打、防、治多措并举，全力维护辖区政治治安稳定。全年接报警 3842 起，立刑事案件 49 起，破 40 起，打击处理 48 人(其中逮捕 9 人、直诉 39 人)；查处行政案件 2363 起；处置群体性事件 51 起；查纠交通违章 3070 起，处理交通事故 35 起，较好地为航运经济发展服务。

镇江分局以严打物流犯罪为突破口，全力提升驾驭长江水域治安和服务沿江经济发展的能力，打击长江水运物流领域犯罪案件已形成镇江分局自己的特色。近年来，共破获刑事案件 486 起，抓获刑事作案成员 219 人，其中破获水域物流犯罪案件 380 余起，案值上亿元，为涉水企业挽回经济损失 3000 多万元。中央电视台新闻频道《法治在线》栏目四次播放分局打击水运物流犯罪专题片，展示了长航公安民警不畏艰辛、敢打硬仗的过硬作风。分局先后被评为江苏省精神文明建设工作先进单位、江苏省口岸先进集体、镇江市文明单位；被公安部评为全国公安机关执法示范单位；被长航管理局授予文明行业先进单位等；分局刑警支队被评为全国公安优秀基层单位；先后有 60 人（次）集体和个人获三等功或部级以上表彰。

上海世博会反恐演习

镇江分局11・9演习

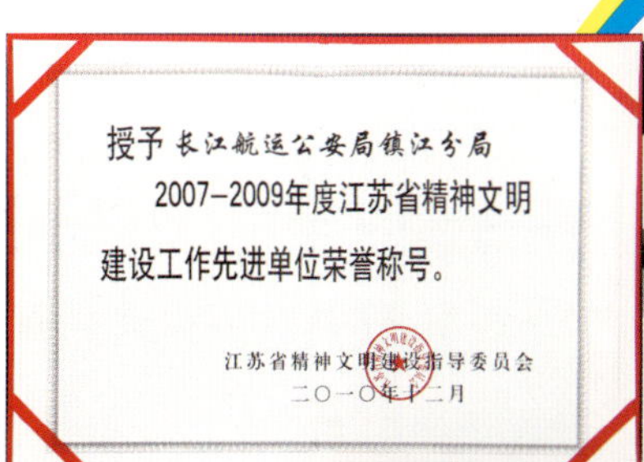

镇江分局新大楼

镇江经济开发区法院

镇江市副市长、新区党委书记李小平、镇江中院时任院长帅巧芳为“镜园”法文化中心揭牌

2010 年，开发区法院紧紧围绕“三项重点”工作，践行“为大局服务，为人民司法”工作主题，转变司法理念，能动司法，主动作为，各项工作都取得了新进展。全年共受理各类案件 4199 件，同比上升 13.8%，结案 4049 件，同比上升 15.2 %，诉讼标的额 1.8 亿元，审判绩效全面创优，其中审判人员人均结案数 506 件，继续位列全省第一。被省法院记集体二等功、授予全省信息宣传工作先进集体、评为全省司法公开示范单位、诉讼服务中心示范单位，被镇江市委、市政府评为跨越发展有功单位，被镇江新区授予服务创优先进集体、法治先进单位。并有 6 个内设机构和 12 名法官受到省市区的表彰。

高国华院长现场解释拆迁问题

党工委书记李小平、镇江市人大副主任帅巧芳等参观法院文化景观

庭所联动工作站联合调处伤害案件

老年调解员协助邻里纠纷

院领导深入丹高电器调研

法官庭院调解

全市首家网络直播庭审现场

销毁 2279 瓶假冒“海之蓝”酒保护知识产权

给矫正对象上法制课

三八妇女节开展法制宣传

警队风采

镇江市润州区人民法院

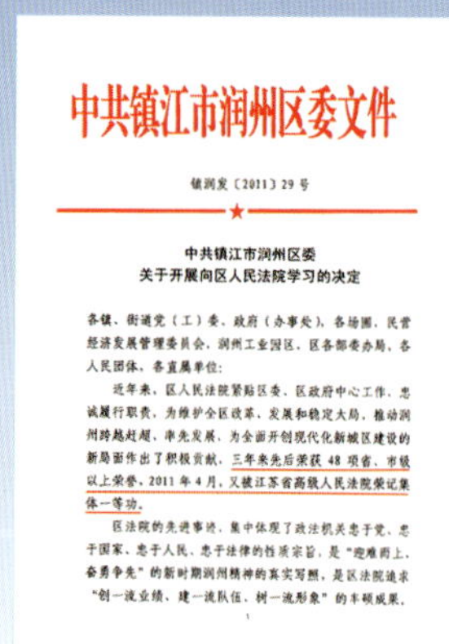

中共镇江市润州区委文件

镇润发〔2011〕29号

中共镇江市润州区委
关于开展向区人民法院学习的决定

各镇、街道党（工）委、政府（办事处），各场圃、民营经济发展管理委员会，润州工业园区，区各部委办局，各人民团体，各直属单位：

近年来，区人民法院紧贴区委、区政府中心工作，忠诚履行职责，为维护全区改革、发展和稳定大局，推动润州跨越赶超、率先发展，为全面开创现代化新城区建设的新局面作出了积极贡献，三年来先后荣获48项省、市级以上荣誉，2011年4月，又被江苏省高级人民法院荣记集体一等功。

区法院的先进事迹，集中体现了政法机关忠于党、忠于国家、忠于人民、忠于法律的性质宗旨，是“迎难而上，奋勇争先”的新时期润州精神的真实写照，是区法院追求“创一流业绩、建一流队伍、树一流形象”的丰硕成果。

1

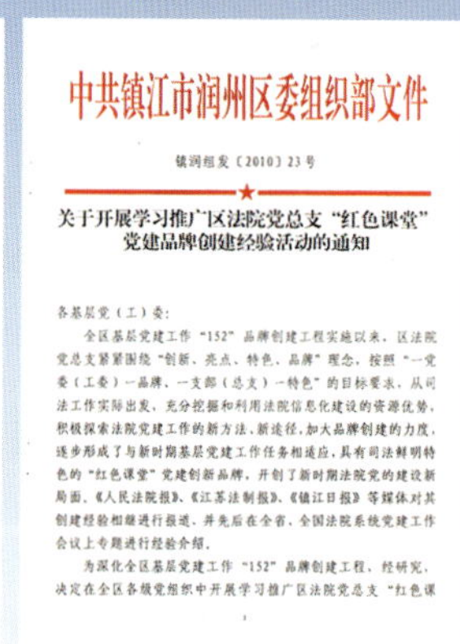

中共镇江市润州区委组织部文件

镇润组发〔2010〕23号

关于开展学习推广区法院党总支“红色课堂”党建品牌创建经验活动的通知

各基层党（工）委：

全区基层党建工作“152”品牌创建工程实施以来，区法院党总支紧紧围绕“创新、亮点、特色、品牌”理念，按照“一党委（工委）一品牌、一支部（总支）一特色”的目标要求，从司法工作实际出发，充分挖掘和利用法院信息化建设的资源优势，积极探索法院党建工作的新方法、新途径，加大品牌创建的力度，逐步形成了与新时期基层党建工作任务相适应，具有司法鲜明特色的“红色课堂”党建创新品牌，开创了新时期法院党的建设新局面，《人民法院报》、《江苏法制报》、《镇江日报》等媒体对其创建经验相继进行报道，并先后在全省、全国法院系统党建工作会议上专题进行经验介绍。

为深化全区基层党建工作“152”品牌创建工程，经研究，决定在全区各级党组织中开展学习推广区法院党总支“红色课

1

2010年以来，润州区人民法院紧紧围绕深入推进“社会矛盾化解、社会管理创新、公正廉洁执法”三项重点工作，积极开展“创先争优”活动，实现法院综合实力的整体新提升，创先争优一年一跨越，年年新提升。继被评为全省优秀法院后，2011年又被评为全省江苏省文明单位，被省高院荣记集体一等功、被评为全省法院信息化建设先进集体，全省法院文化建设示范单位和全省新闻宣传先进集体等。2010年5月，中共润州区委在该院召开党建工作现场会，区委组织部也专门下文推广该院党建品牌创建经验。2011年5月初，中共润州区委作出在全区范围开展向区法院学习活动的决定。2011年5月13日，该院作为全国四家基层法院代表之一，在全国法院党的建设理论研讨暨经验交流会上，结合该院的“红色课堂”党建品牌作理论交流。2011年5月28日，区委组织部和区法院联合成功举办“基层法院党建工作创新交流研讨会”，来自安徽、山东、黑龙江、江苏等省的基层人民法院代表与党委组织部门的代表以及高校专家学者，齐聚润州，深入研讨新形势下如何“创新发展基层人民法院党建工作”的重要课题。最高院、省高院有关领导出席会议，“红色课堂”党建品牌得到最高院宣教部领导充分肯定，被评为“全国法院党建工作先进集体”。

2011年5月13日，院长吴猛在全国法院党的建设理论研讨暨经验交流会上介绍“红色课堂”党建品牌

2011年2月，市中院院长茅仲华视察区法院诉讼服务中心工作

向全国公开选调七名优秀法官，切实解决案多人少矛盾

深入社区巡回审判、就地开庭，加大法制宣传力度

举行“法正、风清、人和”摄影创作比赛，丰富法院文化建设

来自青海、上海、江西等全国各地数百家法院、机关企事业单位来润州法院交流党建、法院文化建设工作

中国农业发展银行
镇江市分行

市分行党委书记、行长徐素荣

2010 年，市农发行紧紧围绕“调整优化、精细管理、提升质效”主题，以支持市委、市政府关注的农村基础设施建设等民生项目为重点，创新信贷支持方式，加大信贷支农力度，完善风险防控措施，优化信贷资产质量，各项工作取得了一定成效。全年累计发放各项贷款 28 亿多元，其中：累计发放粮食收购贷款 8 亿多元，支持收购粮食 6 亿多斤；累计发放新农村建设中长期项目贷款 8 亿多元，支持了丹阳市、句容市和扬中市农民集中居住区及土地整理项目以及镇江新区万顷良田建设等项目；累计发放产业化龙头企业短期贷款 12 亿元。年末，各项贷款余额达到 83 亿元，贷款总量位居全省第四，实现人均利润 158 万元。全市系统实现 1 个精品行、1 个标兵行和两个一级行，取得了骄人的成绩。

行长徐素荣陪同省行领导和新华社记者视察农发行支持的新农村建设项目

重温入党誓词

野外拓展训练

中层干部竞聘上岗

业务技术比赛

丰富多彩的企业文化

中国农业银行
AGRICULTURAL BANK OF CHINA

镇江分行

镇江农行小企业中心成立

农行支持水利建设

参加理财节

2010 年，镇江农行倾力“三农”发展，全力支持新农村建设。围绕镇江新区实施“万顷良田”项目，镇江农行成功牵头 18 亿元银团贷款，协助当地政府合理安置居民 7826 户近 5 万人。加大对农村公益事业支持。累计投放 5.06 亿元支持丹阳污水处理、句容五环路扩建等农村城镇化建设项目，支持丹阳眼镜城商品流通体系和县域重点医院、学校、旅游等公用事业发展。扬中新农保实现了全覆盖。服务农业龙头企业。对 40 家市级以上农业龙头企业授信 5.5 亿元，国家级与省级农业产业化龙头贷款覆盖率分别达 100% 和 84%。发放惠农卡 34.9 万张，实现 62% 的农户广覆盖。年末，农户小额贷款 0.93 亿元，新增 3827 万元。做好农村社会信用建设。在全省农行系统率先对 8 个信用村、1 个信用合作社进行挂牌。

惠农卡宣传

农行支持镇江新区“万顷良田”建设项目

服务农村市场

中国银行
BANK OF CHINA
投好基金，给未来开个好投
——中国银行基金定投
成长金
梦想金
置业金
养老金
中国银行基金定投：从现在开始，计划未来！
生中，每一个节点，每一个阶段，甚至每一天，都是一个新的开始。今天，为明天，未来，才精彩！好
——中国银行基金定投，依托中国银行强大的金融实力，优选丰富的强势基金，和你一起为人生中的每一个
要阶段做好准备！用点滴积累，成就美好未来！
在，就给未来开个好“投”吧！
优选基金，种类丰富 • 投资方便，变现灵活 • 平均投资，降低风险 • 长期投资，财富积累 • 小额投资，聚沙成塔
险提示：基金投资需谨慎
详情请登陆 www.boc.cn 或致电 95566

中国建设银行镇江分行

全面构建“绿色信贷”体系，为节能环保产业发展创造良好环境

建行支持建造的镇江造船史上吨位最大的散货船下水

作为国有商业银行股份制改革的排头兵，建设银行始终以支持地方经济建设为己任，贯彻“以客户为中心”的经营理念，围绕市委市政府工作重点，着力推进战略转型，加快产品和服务创新，为地方经济建设提供强有力的支持。

2010 年，实现拨备前利润 7.77 亿元；一般性存款余额突破 300 亿元，达到 325.19 亿元；各项贷款余额 238.93 亿元。围绕市委市政府千亿投资目标，集中资源优先支持城市基础设施、先进制造业、新能源、优质中小企业和“三农”建设；在信贷规模十分有限的前提下，充分运用银票、信托产品、银团贷款、外币贷款等手段，缓解人民币贷款规模控制压力，全年累计腾出 20 多亿元规模满足客户融资需求；深入开展“贷后管理年”活动，成功堵截一起 500 万元假银行承兑汇票；大力倡导“二线服务一线、全行服务客户”的经营理念，被江苏省消费者协会授予“诚信单位”荣誉称号；积极投身公益事业，开展“贫困高中生、贫困英模母亲资助成长计划”“志愿者骨髓捐献”“希望工程”“献爱心送温暖”“情系玉树，大爱无疆——抗震救灾捐款”等系列活动，树立良好社会形象。

积极为『三农』企业提供金融支持

积极参与骨髓捐献志愿者行动

组建志愿者团队参加公共环境保洁行动

开展金融服务“三下乡”活动

大力发展汽车消费金融业务

工 业

责任编校：姚丽华

综 述

【概况】 2010年，镇江市拥有规模以上工业企业3125家。从地区分布来看，丹阳市1303家，扬中市475家，句容市473家，丹徒区374家，京口区117家，润州区150家，镇江新区233家。

工业产销较快增长。全市规模以上工业实现增加值1029亿元，比上年增长16.1%，增幅列全省第七位；实现销售4009.3亿元，增长31.38%；实现利税366.9亿元，增长39.24%；实现利润228.1亿元，增长46.03%。

新兴产业增势强劲。全年五大新兴产业实现销售1058亿元，增长46.1%；实现利税125亿元，增长64%；实现利润84亿元，增长70%。三项指标增幅分别高于全市平均水平13.8个百分点、26.3个百分点和25.2个百分点。

投资结构更趋优化。全年完成全社会工业投资777.3亿元，增长24.4%，增幅列苏南第1位，全省第7位；新兴产业投入227.2亿元，增长106%。全年完成技改投资652.4亿元，增长28.9%；组织3617家企业实施技术改造项目3734个；市级百项重点技改项目完成投资117.4亿元，超额完成年度计划。中建材薄膜太阳能基地、中节能硅晶太阳能基地、哈电通用风电装备基地等重点项目落户镇江。

发展水平提升。全市新增省级以上企业技术中心4家；新增省级以上品牌68个，其中中国驰名商标4件，省著名商标27件，省名牌产品37个。

规模培育成效显著。五大主导产业实现销售3368.3亿元，增长33.93%；装备制造业销售超过千亿。全市新增百亿企业3家，总数达6家：奇美公司、金东纸业、沃得集团、大亚科技、大全集团、飞达集团。6家百亿企业实现销售750.39亿元，比上年增长29.8%。全市销售超50亿元企业8家，比上年增加1家；销售超10亿元企业55家，增加25家。

工业用电平稳增长。由于产品市场需求回升，主要工业品产销两旺，全年用电增幅呈现高开稳走态势，除2月和11月分别因春节和节能限电力度加大的因素用电量比上年同月有所下降外，其余月度均实现正增长，增幅明显高于上年。全年累计完成工业用电量131.81亿千瓦小时，比上年增长12.52%，增幅列全省第11位，增幅比上年上升8.37个百分点。

推进节能降耗。组织实施节能应急调控措施，节能降耗取得成效。2010年，全市单位地区生产总值能耗为0.779吨标准煤/万元，比上年下降3.88%。重点推进的台泥水泥余热余压利用等53个节能技改项目，竣工21个，节能17万多吨标准煤。对全市82家重点用能企业主要产品能耗情况，开展专项能源监察审计，对使用淘汰落后设备的10家企业实行惩罚性电价。淘汰小火电27.5万千瓦小时，小水泥160万吨，超额完成省下达目标任务。推进26家市级以上循环经济试点，推广应用散装水泥和新型墙材，完成清洁生产审核企业30家。 （欧旭丹 凡 浩）

表16-1

2010年镇江市工业总产值前50家企业表

序号	企业名称	所属地区	序号	企业名称	所属地区
1	镇江奇美化工有限公司	镇江新区	13	镇江江南化工有限公司	镇江新区
2	金东纸业（江苏）股份有限公司	镇江新区	14	中电电气集团有限公司（扬中）	扬中市
3	江苏沃得机电集团有限公司	丹阳市	15	江苏环太集团有限公司	扬中市
4	大亚科技集团有限公司	丹阳市	16	精功镇江汽车制造有限公司	丹徒区
5	大全集团有限公司	扬中市	17	江苏利华铜业有限公司	丹阳市
6	江苏飞达控股集团有限公司	丹阳市	18	江苏鸿泰钢铁有限公司	京口区
7	江苏天工集团有限公司	丹阳市	19	中国国电集团公司谏壁发电厂	京口区
8	镇江联成化学工业有限公司	镇江新区	20	中储粮镇江粮油有限公司	京口区
9	江苏索普（集团）有限公司	京口区	21	江苏南自通华电气集团有限公司	扬中市
10	金海宏业（镇江）石化有限公司	丹徒区	22	丹阳龙江钢铁有限公司	丹阳市
11	镇江鼎胜铝业股份有限公司	京口区	23	江苏建华管桩有限公司	句容市
12	江苏镇江发电有限公司	丹徒区	24	江苏长丰科技集团	丹阳市

续表 16-1

序号	企业名称	所属地区	序号	企业名称	所属地区
25	江苏鑫海铜业有限公司	丹阳市	38	镇江韦岗铁矿有限公司	润州区
26	巨宝精密加工(江苏)有限公司	句容市	39	国电江苏谏壁发电有限公司	京口区
27	大力神科技集团	丹阳市	40	江苏呈飞电子有限公司	丹阳市
28	江苏省镇江船厂有限责任公司	润州区	41	江苏银佳企业集团有限公司	扬中市
29	镇江荣德新能源科技有限公司	扬中市	42	镇江中船设备有限公司	润州区
30	华鹏集团有限公司	扬中市	43	江苏瑞美福实业有限公司	丹阳市
31	句容市宁武化工有限公司	句容市	44	镇江市碳素制品有限公司	镇江新区
32	江苏晶谷米机有限公司	丹阳市	45	扬中市龙源港机制造有限公司	扬中市
33	镇江强凌电子有限公司	润州区	46	句容市中容铜业有限公司	句容市
34	中化镇江焦化有限公司	丹徒区	47	镇江美驰轻型车系统(第二)有限公司	镇江新区
35	丹阳市申阳电梯部件有限公司	丹阳市	48	镇江南帝化工有限公司	镇江新区
36	沃得重工(中国)有限公司	丹徒区	49	优利德(江苏)化工有限公司	镇江新区
37	江苏苏润高碳材股份有限公司	丹徒区	50	江苏宏达新材料有限公司	扬中市

(统计局)

表 16-2

2010 年镇江市工业企业产品销售收入前 50 家企业表

序号	企业名称	所属地区	序号	企业名称	所属地区
1	镇江奇美化工有限公司	镇江新区	26	江苏鑫海铜业有限公司	丹阳市
2	金东纸业(江苏)股份有限公司	镇江新区	27	镇江荣德新能源科技有限公司	扬中市
3	江苏沃得机电集团有限公司	丹阳市	28	华鹏集团有限公司	扬中市
4	大亚科技集团有限公司	丹阳市	29	巨宝精密加工(江苏)有限公司	句容市
5	大全集团有限公司	扬中市	30	句容市宁武化工有限公司	句容市
6	江苏飞达控股集团有限公司	丹阳市	31	江苏晶谷米机有限公司	丹阳市
7	江苏天工集团有限公司	丹阳市	32	沃得重工(中国)有限公司	丹徒区
8	江苏索普(集团)有限公司	京口区	33	江苏苏润高碳材股份有限公司	丹徒区
9	金海宏业(镇江)石化有限公司	丹徒区	34	江苏银佳企业集团有限公司	扬中市
10	镇江联成化学工业有限公司	镇江新区	35	国电江苏谏壁发电有限公司	京口区
11	镇江鼎胜铝业股份有限公司	京口区	36	丹阳市申阳电梯部件有限公司	丹阳市
12	江苏镇江发电有限公司	丹徒区	37	镇江强凌电子有限公司	润州区
13	中电电气集团有限公司(扬中)	扬中市	38	镇江韦岗铁矿有限公司	润州区
14	镇江江南化工有限公司	镇江新区	39	中化镇江焦化有限公司	丹徒区
15	精功镇江汽车制造有限公司	丹徒区	40	江苏呈飞电子有限公司	丹阳市
16	江苏利华铜业有限公司	丹阳市	41	句容市中容铜业有限公司	句容市
17	中国国电集团公司谏壁发电厂	京口区	42	江苏瑞美福实业有限公司	丹阳市
18	中储粮镇江粮油有限公司	京口区	43	江苏省镇江船厂有限责任公司	润州区
19	江苏环太集团有限公司	扬中市	44	优利德(江苏)化工有限公司	镇江新区
20	江苏鸿泰钢铁有限公司	京口区	45	江苏鹤林水泥有限公司	丹徒区
21	丹阳龙江钢铁有限公司	丹阳市	46	江苏宏达新材料有限公司	扬中市
22	江苏南自通华电气集团有限公司	扬中市	47	扬中市龙源港机制造有限公司	扬中市
23	江苏长丰科技集团	丹阳市	48	江苏天舜金属制品有限公司	扬中市
24	大力神科技集团	丹阳市	49	镇江中船设备有限公司	润州区
25	江苏建华管桩有限公司	句容市	50	镇江市碳素制品有限公司	镇江新区

(统计局)

表 16-3

2010 年镇江市工业企业利税总额前 50 家企业表

序号	企业名称	所属地区	序号	企业名称	所属地区
1	金东纸业(江苏)股份有限公司	镇江新区	10	中国国电集团公司谏壁发电厂	京口区
2	镇江奇美化工有限公司	镇江新区	11	镇江联成化学工业有限公司	镇江新区
3	大全集团有限公司	扬中市	12	镇江江南化工有限公司	镇江新区
4	江苏飞达控股集团有限公司	丹阳市	13	江苏环太集团有限公司	扬中市
5	江苏镇江发电有限公司	丹徒区	14	江苏省镇江船厂有限责任公司	润州区
6	大亚科技集团有限公司	丹阳市	15	镇江荣德新能源科技有限公司	扬中市
7	江苏天工集团有限公司	丹阳市	16	江苏索普(集团)有限公司	京口区
8	江苏沃得机电集团有限公司	丹阳市	17	江苏建华管桩有限公司	句容市
9	金海宏业(镇江)石化有限公司	丹徒区	18	中电电气集团有限公司(扬中)	扬中市

续表 16-3

序号	企业名称	所属地区	序号	企业名称	所属地区
19	国电江苏谏壁发电有限公司	京口区	35	罗地亚(镇江)化学品有限公司	镇江新区
20	江苏苏润高碳材股份有限公司	丹徒区	36	镇江美驰轻型车系统(第二)有限公司	镇江新区
21	江苏鹤林水泥有限公司	丹徒区	37	阿雷蒙紧固件(镇江)有限公司	镇江新区
22	句容市宁武化工有限公司	句容市	38	镇江华润燃气有限公司	润州区
23	江苏南自通华电气集团有限公司	扬中市	39	江苏银佳企业集团有限公司	扬中市
24	华鹏集团有限公司	扬中市	40	优利德(江苏)化工有限公司	镇江新区
25	镇江中船瓦锡兰螺旋桨有限公司	润州区	41	巨宝精密加工(江苏)有限公司	句容市
26	精功镇江汽车制造有限公司	丹徒区	42	丹阳龙江钢铁有限公司	丹阳市
27	江苏利华铜业有限公司	丹阳市	43	江苏船山集团有限责任公司	润州区
28	江苏晶谷米机有限公司	丹阳市	44	海昌隐形眼镜有限公司	丹阳市
29	镇江鼎胜铝业股份有限公司	京口区	45	中化镇江焦化有限公司	丹徒区
30	中储粮镇江粮油有限公司	京口区	46	大赛璐安全系统(江苏)有限公司	丹阳市
31	沃得重工(中国)有限公司	丹徒区	47	江苏恒顺集团有限公司	丹徒区
32	大力神科技集团	丹阳市	48	镇江南帝化工有限公司	镇江新区
33	镇江中船设备有限公司	润州区	49	江苏长丰科技集团	丹阳市
34	镇江强凌电子有限公司	润州区	50	江苏宏达新材料有限公司	扬中市

(统计局)

表 16-4

2010 年镇江市工业企业利润总额前 50 家企业表

序号	企业名称	所属地区	序号	企业名称	所属地区
1	金东纸业(江苏)股份有限公司	镇江新区	26	镇江强凌电子有限公司	润州区
2	镇江奇美化工有限公司	镇江新区	27	道达尔润滑油(中国)有限公司	镇江新区
3	大全集团有限公司	扬中市	28	大力神科技集团	丹阳市
4	江苏镇江发电有限公司	丹徒区	29	精功镇江汽车制造有限公司	丹徒区
5	江苏天工集团有限公司	丹阳市	30	镇江美驰轻型车系统(第二)有限公司	镇江新区
6	江苏沃得机电集团有限公司	丹阳市	31	阿雷蒙紧固件(镇江)有限公司	镇江新区
7	镇江江南化工有限公司	镇江新区	32	华鹏集团有限公司	扬中市
8	金海宏业(镇江)石化有限公司	丹徒区	33	罗地亚(镇江)化学品有限公司	镇江新区
9	江苏飞达控股集团有限公司	丹阳市	34	镇江华润燃气有限公司	润州区
10	镇江联成化学工业有限公司	镇江新区	35	沃得重工(中国)有限公司	丹徒区
11	中国国电集团公司谏壁发电厂	京口区	36	江苏利华铜业有限公司	丹阳市
12	镇江荣德新能源科技有限公司	扬中市	37	大赛璐安全系统(江苏)有限公司	丹阳市
13	大亚科技集团有限公司	丹阳市	38	江苏宏达新材料有限公司	扬中市
14	江苏省镇江船厂有限责任公司	润州区	39	江苏天舜金属制品有限公司	扬中市
15	江苏环太集团有限公司	扬中市	40	镇江南帝化工有限公司	镇江新区
16	江苏建华管桩有限公司	句容市	41	中化镇江焦化有限公司	丹徒区
17	中电电气集团有限公司(扬中)	扬中市	42	优利德(江苏)化工有限公司	镇江新区
18	江苏鹤林水泥有限公司	丹徒区	43	镇江大成新能源有限公司	镇江新区
19	江苏苏润高碳材股份有限公司	丹徒区	44	中储粮镇江粮油有限公司	京口区
20	镇江中船瓦锡兰螺旋桨有限公司	润州区	45	海昌隐形眼镜有限公司	丹阳市
21	镇江鼎胜铝业股份有限公司	京口区	46	江苏蓝波船舶制造有限公司	润州区
22	国电江苏谏壁发电有限公司	京口区	47	句容市宁武化工有限公司	句容市
23	江苏南自通华电气集团有限公司	扬中市	48	镇江中船设备有限公司	润州区
24	江苏晶谷米机有限公司	丹阳市	49	山特维克材料科技(中国)有限公司	镇江新区
25	江苏索普(集团)有限公司	京口区	50	江苏恒顺集团有限公司	丹徒区

(统计局)

表 16-5

2010 年镇江市工业企业资产总额前 50 家企业表

序号	企业名称	所属地区	序号	企业名称	所属地区
1	金东纸业(江苏)股份有限公司	镇江新区	6	镇江奇美化工有限公司	镇江新区
2	江苏沃得机电集团有限公司	丹阳市	7	中国国电集团公司谏壁发电厂	京口区
3	大亚科技集团有限公司	丹阳市	8	江苏飞达控股集团有限公司	丹阳市
4	大全集团有限公司	扬中市	9	江苏天工集团有限公司	丹阳市
5	江苏索普(集团)有限公司	京口区	10	江苏镇江发电有限公司	丹徒区

续表 16-5

序号	企业名称	所属地区	序号	企业名称	所属地区
11	江苏环太集团有限公司	扬中市	31	江苏胜华船舶制造有限公司	润州区
12	镇江鼎胜铝业股份有限公司	京口区	32	江苏恒神纤维材料有限公司	丹阳市
13	江苏恒顺集团有限公司	丹徒区	33	江苏鹤林水泥有限公司	丹徒区
14	句容台泥水泥有限公司	句容市	34	罗地亚(镇江)化学品有限公司	镇江新区
15	江苏宏达新材料有限公司	扬中市	35	江苏长丰科技集团	丹阳市
16	金海宏业(镇江)石化有限公司	丹徒区	36	江苏天源华威电气集团有限公司	扬中市
17	巨宝精密加工(江苏)有限公司	句容市	37	中化镇江焦化有限公司	丹徒区
18	中电电气集团有限公司(扬中)	扬中市	38	江苏苏润高碳材股份有限公司	丹徒区
19	镇江中船设备有限公司	润州区	39	镇江市自来水公司	京口区
20	江苏省镇江船厂有限责任公司	润州区	40	沃得重工(中国)有限公司	丹徒区
21	镇江联成化学工业有限公司	镇江新区	41	江苏宏达新材料股份有限公司长江分公司	镇江新区
22	国电江苏谏壁发电有限公司	京口区	42	丹阳市江南面粉有限公司	丹阳市
23	华鹏集团有限公司	扬中市	43	江苏利华铜业有限公司	丹阳市
24	江苏新韩通船舶重工有限公司	扬中市	44	江苏鱼跃医疗设备股份有限公司	丹阳市
25	大力神科技集团	丹阳市	45	江苏船山集团有限责任公司	润州区
26	江苏晶谷米机有限公司	丹阳市	46	中储粮镇江粮油有限公司	京口区
27	江苏星宝钢结构有限公司	镇江新区	47	现代重工(中国)电气有限公司	扬中市
28	江苏建华管桩有限公司	句容市	48	江苏捷成车载电子信息工程有限公司	丹徒区
29	江苏天舜金属制品有限公司	扬中市	49	江苏蓝波船舶制造有限公司	润州区
30	扬中市龙源港机制造有限公司	扬中市	50	丹阳龙江钢铁有限公司	丹阳市

(统计局)

【“十一五”期间全市工业经济情况概要】 “十一五”期间,全市工业经济克服国际金融危机等不利因素,在总量保持快速增长、效益水平逐步提升的同时,产业转型升级取得进展。

经济总量快速扩张。2010 年,全市规模以上工业企业完成工业增加值 1029 亿元,比 2005 年增加 1.86 倍,年均增长 23.4%;实现销售收入 3980.4 亿元,比 2005 年增加 2.19 倍,年均增长 26.2 %。全市工业增加值占地区生产总值的比重由“十五”期末的 50.4% 提高到 52.6 %,上升 2.2 个百分点,工业经济在全市国民经济发展中发挥主导作用。

产业集聚显著提高。2010 年,全市重点培育的装备制造、绿色化工、新材料、特种金属、造纸等五个产业实现销售收入 3368.3 亿元,比上年增长 34.1%,占规模以上工业总量的 84.6%。全市销售收入超亿元的工业企业 639 家,比 2005 年增加 437 家。工业销售前 50 强企业实现销售 1799 亿元,占规模以上工业 45.2%;全市形成汽摩配件、五金工具、工程电器、眼镜等具备一定规模和特色的产业集群(园区)20 个。2010 年,营业收入超过 50 亿元的产业集群有 14 个,其中丹阳五金工具、汽摩配件、扬中工程电器、镇江新区绿色化工等 5 个产业集群年度营业收入超过 100 亿元。

新兴产业蓄势待发。2010 年,全市新能源、新材料、电子信息、航空制造、海洋工程五大新兴产业实现销售 1058 亿元。其中,新能源、新材料、电子信息、航空制造、海洋工程分别实现销售 219.2 亿元、347.6 亿元、299.5 亿元、79.6 亿元、112.4 亿元。

发展水平提升。2010 年完成工业投资 777.3 亿元,比 2005 年增长 2.29 倍;其中技改投资完成 652.4 亿元,比 2005 年增长 2.24 倍。2010 年底,全市拥有国家、省、市三级企业技术中心 121 家,其中国家级 3 家、省级 32 家、市级 86 家。有省级以上高新技术产品 1257 项,高新技术产品完成产值 1521.54 亿元,比上年增长 43.7%,占全市规模以上工业总量的 36.4%,比上年提高 3.3 个百分点。

发展方式渐趋转变。2010 年,全市单位地区生产总值能耗比上年下降 3.88%。“十一五”期间,全市单位地区生产总值能耗累计下降 23.93% 以上,单位工业增加值能耗累计下降 55%,年均下降 14.8%,实现以较低的能源消费支撑较高的经济增长速度。“十一五”期间,全市关闭化工生产企业 165 家,小电镀企业 37 家,淘汰小电力机组 42.5 万千瓦,淘汰落后炼铁、炼钢能力 20 万吨,淘汰落后设备 1500 多台套;新墙材年产量 20 亿块,新墙材建筑应用比例 100%。 (欧旭丹 凡 浩)

【8 家企业入选 2010 中国工业行业排头兵榜单】 2010 年 12 月 11 日,镇江市 8 个行业的 8 家企业入选由中国工业报社主办的 2010 中国工业行业排头兵企业榜单。分别是:大亚科技集团有限公司、大全集团有限公司、江苏沃得机电集团有限公司、江苏天工集团有限公司、中电电气集团有限公司、江苏船山集团有限责任公司、江苏建华管桩有限公司、镇江江南化工有限公司。 (欧旭丹 凡 浩)

【18 个工业产品获省优秀新产品奖】 2010 年,镇江市 18 个新产品入选由省经信委公布的“优秀新产品金奖”和“优秀新产品奖”名单。其中,在全省共表彰的 20 个优秀产品金奖中,江苏大全长江电器股份有限公司的风力发电用组合变压器、镇江默勒电器有限公司的模数化配电屏、镇江市电站辅机厂的正负压一体化多功能泵输送系统、向荣集团的空气型风电母线槽和江苏省镇江船厂的多功能海洋石油消防救生维护起锚工作船等 5 个新产品获奖。 (欧旭丹 凡 浩)

【参展长沙展销会】 在 2010 年 8 月 27～29 日举行的“江苏产品万里行”长沙展销会上,镇江市机械制造、光学、医疗、软件、食品等 5 大类别 24 家企业的 112 个产品系列参展,省级以上品牌产品占 62.5%,其中国家级品牌 18 个。参展的 15 家企业居全国同行业前三位,其中 7 家企业居全国同行业第一,6 家企业居全市 50 强,在展销会上展示“镇江制造”形象。 (欧旭丹 凡 浩)

【7 个镇成为 2010 年度镇江市新农村电

气化镇】 2010年，全市组织开展新农村电气化建设工作，增强新农村电网运行能力，提高农村供电服务水平。镇江市经信委会同镇江供电公司按照标准体系进行检查验收，句容市边城镇，京口区象山镇，润州区蒋乔镇，镇江新区大路镇，丹徒区宝堰镇、高资镇、谷阳镇7个镇达到新农村电气化乡（镇）标准，成为2010年度镇江市新农村电气化镇。

（欧旭丹　凡　浩）

【镇江香醋文化节项目集中签约】 2010年10月10日，2010中国镇江金山旅游文化节暨镇江香醋文化节期间，镇江市在新落成的镇江香醋文化博物馆旁举行项目集中签约仪式，签约项目20个，签约金额4.8亿元。镇江市内外两百余家企业和高校及科研院所的负责人面对面交流，洽谈合作项目106个，总金额12.3亿元。（欧旭丹　凡　浩）

【争取企业扶持资金】 2010年，镇江市经信委帮助企业争取或减免各级各类扶持资金16.5亿元，比上年增长50%以上。其中：帮助74个项目争取省级以上产业类扶持资金1.23亿元以上，项目总投入68亿元；帮助18个项目争取省节能降耗引导资金915万元，项目总投入7.5亿元，节能量15.7万吨标煤；帮助企业减免内外资进口设备关税和进口环节税13.7亿元；帮助资源综合利用企业减免增值税和所得税1.33亿元。

（欧旭丹　凡　浩）

【举办企业家创新大讲堂】 2010年，镇江市经信委与清华大学联合，以宏观经济形势、企业资本运作、企业纳税筹划、企业战略管理、现代市场营销为主题，为镇江市“千百亿工程”重点培育企业和部分高新技术企业负责人、高层次创新创业人才及市领军人才“331计划”资助人才举办5场企业家创新大讲堂的专题培训，培训2000多人次。

（欧旭丹　凡　浩）

【3家企业参加江苏国际服装节】 2010年9月10日，第12届江苏国际服装节在南京市开幕，镇江市宜禾股份有限公司、丹阳市古今胸罩厂、江苏婷妃时装有限公司等3家企业的22个展位参展，参展产品全部为省级以上知名品牌。宜禾股份有限公司连续12次参加江苏服装节，实施品牌战略，冲锋衣职业服装受到关注。（欧旭丹　凡　浩）

【10家企业被列入省管理创新试点企业】 2010年，镇江市10家企业入选江苏省管理创新试点企业。在全省公布的两批共138家2010年度管理创新试点企业名单中，镇江市名列第七位。其中丹阳3家（大亚集团、沃得集团、恒神纤维）、扬中2家（大全集团、南自通华）、丹徒2家（金海宏业、鹤林水泥）、京口2家（鼎胜铝业、正恺电子）、润州1家（韦岗铁矿）。（欧旭丹　凡　浩）

新兴产业

【概况】 2010年，镇江市以“结构调整定输赢”“产业兴则镇江兴”“加快实现新兴产业爆发式增长”为主题，先后三次推进产业结构调整、发展新兴产业部署，确定“5+X”新兴产业发展体系，即重点发展新能源、新材料、电子信息、航空制造、海洋工程五大新兴产业，加快培育生物医药、节能环保、物联网等其他新兴产业。全市五大新兴产业实现销售1058亿元，增长46.1%；实现利税125亿元，增长64%；实现利润84亿元，增长70%。三项指标增幅分别高于全市平均水平13.8、26.3和25.2个百分点。其中：新能源、新材料、电子信息、航空制造和海洋工程产业分别实现销售219.2亿元、347.6亿元、299.5亿元、79.6亿元和112.4亿元，分别增长40.7%、42.4%、53.5%、67.4%和42.5%。

新兴产业项目落户。7月，镇江新区与德国赛锡科技股份公司签署光伏砂浆回收项目投资协议，项目总投资6000万欧元；8月，中航西飞公司和镇江新区签署投资协议，首期投资总额为1亿欧元；9月，总投资50亿元的中节能（镇江）太阳能产业基地项目正式开工；10月，哈电集团海上及近海风电关键零部件和海上风电整机研发项目，签约并落户润州工业园；10月19日，鼎胜铝业与德国爱励国际（德铝）合作的航空专用铝材项目正式签约。

重点项目进展顺利。中国二重集团核电容器厂房直线加速器探伤室提前封顶，镇江新区圣睿太阳能科技非晶硅薄膜太阳能电池模组产品进入试生产，7月恒神碳纤维试生产，镇江中船设备总投资10.2亿元大缸径中速柴油机生产基地投产，总投资4亿元的江苏新韩通远洋船舶项目全年交付57000载重吨的远洋船舶4艘。

特色板块初步形成。新能源产业领域的薄膜太阳能、晶硅太阳能形成较为完整的产业链发展体系；新材料领域形成新型金属材料、新型化工材料、新型碳材料三大特色板块；软件技术中心和技术平台发展迅速，镇江新区与东南大学合作建立智能电网研究院，扬中市与清华大学合作建立智能电网研究中心和原始研究院，江苏瑞蚨通与清华大学、IBM中国研究院合作建立智能传感网研究工作室。（欧旭丹　凡　浩）

【率先编制新兴产业发展规划】 2010年，镇江市经信委在全省率先系统编制并组织实施《镇江市五大新兴产业发展规划纲要》（新能源、新材料、电子信息、航空制造、海洋工程）、新能源汽车规划和智能电网规划等七个规划纲要，同步编制产业发展指导目录。

（欧旭丹　凡　浩）

【开展“创新型经济网络媒体镇江行”】 2010年8月17～18日，参加“创新型经济网络媒体镇江行”的中国网络电视台、中国新闻网、中国经济网等12家网络媒体记者集聚镇江，集中采访报道镇江市新兴产业爆发式增长，相关领导接受网络媒体记者联合专访。网络媒体记者先后参观二重集团、瑞蚨通软件、中船设备、鼎胜铝业和恒神纤维公司等新兴产业企业。（欧旭丹　凡　浩）

【江苏恒神纤维材料有限公司】 江苏恒神纤维材料有限公司2007年8月成立，位于国家火炬计划丹阳新材料产业基地内，占地面积40公顷。该公司注册资金5.8亿元，总投资36亿元，是专业从事碳纤维、碳纤维织物、碳纤维预浸料及碳纤维复合材料制品的研发、设计、制造、销售、服务，具有碳纤维及其制品完整产业链的高新技术企业。碳纤维产业化项目一期总投资18亿元，于2010年7月投料试生产，应用于航空航天、轨道交通、能源建设的各个领域。该公司有一个工程中心、两个事业部（复合材料事业部、碳纤维事业部），植入自主知识产权的专利技术，推进PAN基碳纤维产业化项目。（欧旭丹　凡　浩）

【江苏豪然喷射成形合金有限公司】 江苏豪然喷射成形合金有限公司2008年6月成立，是国内首家专业从事喷射成形高性能合金研发、生产和销售的高科技企业，工业化生产航空航天、国防工业等领域的关键合金材料。有两条喷射成形铝合金生产线，可生产高强韧、耐高温、高刚度、耐磨损铝合金，为客户提供喷射成形锭坯、深加工—热处理毛坯及构件产品。江苏豪然喷射成形合金有限公司通过ISO 9001质量体系认证，产品采用航空材料标准，并制定国内首个喷射成形产品企业技术标准。

（欧旭丹 凡 浩）

【恒宝股份有限公司】 恒宝股份有限公司1996年成立，是集服务、研发、生产、销售为一体的综合性企业集团，有软件技术有限公司、信息技术有限公司、智能识别技术有限公司三个控股子公司。恒宝股份有限公司是国内金融重控票证和卡类产品种类最全、产能最大、资质最全的研发生产企业，是电子标签、读写机具、COS（片内操作系统）软件、信息处理平台的开发商和系统集成和电信增值服务提供商。由博士、硕士和研究员、高级工程师等资深专家组成研发团队，承担多个国家、省部级科研项目，是智能卡与电子标签工程技术研究中心之一。

（欧旭丹 凡 浩）

【江苏省镇江船厂有限责任公司】 江苏省镇江船厂有限责任公司1951年5月成立，是江苏省历史最久的船厂，按现代造船模式布局生产工艺流程，成为按"壳、舾、涂一体化"生产以及"设计、生产、管理"一体化运行的船舶总装厂。该公司是排名全国第一、世界第二的全回转船舶生产厂家。该公司与CCS（中国船级社）、ABS（美国船级社）、BV（法国船级社）等世界各大船级社保持着长期合作。近年来，该公司在特种工程船舶领域创造21项"中国第一"。

（欧旭丹 凡 浩）

【镇江大成新能源有限公司】 镇江大成新能源有限公司注册资本3亿元，是集光伏产品研发、生产、销售为一体的江苏省高新技术企业，产品涵盖单晶硅棒、单晶硅片、电池片、电池组件、太阳能路灯、太阳能应用领域的各环节。先后获镇江市跨越发展有功单位、工人先锋号、劳动关系和谐企业称号及江苏省厂务公开民主管理先进单位等称号。该公司通过ISO 9001国际质量体系认证和ISO 14001国际环境体系认证。该公司自主研发、生产及经销的光伏产品使用率高，安装太阳能路灯近千盏，建成1兆瓦并网发电站并实现发电。推出小型移动发电站，满足高端建筑及工地临时照明需要，在区域范围内发挥光伏产品应用示范效应。

（欧旭丹 凡 浩）

电力工业

2010年镇江市电力工业主要经济指标一览表

表16-6 单位：万元

项 目	电力、热力的生产和供应业
单位数（家）	24
从业人员平均人数（人）	6895
工业销售产值	933101
产品销售收入	944695
利税总额	193013
利润总额	134439

（统计局）

【中国国电集团公司谏壁发电厂】 2010年，中国国电集团公司谏壁发电厂制订实施2010～2012年中期发展规划，继续以经济效益为中心，安全生产为基础，主攻"煤炭、电力、资金、热力"四个市场。该厂推进100万千瓦机组建设，改进收入分配方式，推行流程管理。在入炉综合标煤单价上升126元/吨情况下，实现利税3.7亿元。发电量完成127.16亿千瓦小时，比上年超发6.18亿千瓦小时。设备可靠性、经济性和环保性增强。8号机组提前完成大修，在30万千瓦负荷工况下，供电煤耗降低5克/千瓦小时左右，厂用电率降低近0.5个百分点。全厂有两台机组连续运行超过300天，在运机组平均利用小时同比提高312小时，增幅5.65%；平均等效可用系数94.75%，脱硫投运率99.3%，脱硫效率93.3%；电除尘投运率97.1%。二氧化硫减排总量通过国家核查组的检查。

保持中国国电集团公司四星级企业称号，被中国电力企业联合会命名为全国电力行业优秀企业，获江苏省文明单位、江苏省节水型企业、镇江市2007～2009年党建工作先进单位等称号，被中华全国总工会命名为"五五"普法先进工作单位，被中国国电集团公司团委授予"五四红旗团委"称号。8号、10号、11号机组获中国电力企业联合会全国火电30万千瓦级机组竞赛三等奖，《DTM350/600钢球磨煤机降电流运行建议》获中国国电集团公司合理化建议奖，发电部化学专业QC小组获2010年全国电力行业QC小组一等奖。

（谢松山）

【国电谏壁发电厂推进100万千瓦机组扩建项目】 2010年，国电谏壁发电厂完成第一台100万千瓦机组电气倒送电、锅炉水压、汽机扣盖、锅炉酸洗、汽机投盘车、送出工程等形象节点。按照安全、质量、进度与造价"四控制"要求，坚持日碰头、周协调、月度计划总结等会议制度，坚持精细化管理和洁净化施工，解决发电机定子直流泄漏及耐压试验、测温元件O型密封圈异常等问题，工程累计核减造价5700万元、核减费用790万元。推进第二台100万千瓦机组前期准备工作，落实24.8万千瓦压小容量，准备一台33万千瓦机组的关停工作和购买其他压小容量工作。 （谢松山）

【国电谏壁发电厂降低煤炭成本】 2010年11月14日，国电谏壁发电厂煤炭库存量75万吨。该厂加大褐煤掺烧力度，同时注重回收燃烧泥煤、主动掺烧污泥，全年为企业降低成本1亿元。在煤价持续高位运行的情况下，该厂实施商业储煤，以"发电用煤保供"为原则，巩固"以下水煤为主，长江运河来煤作补充"的煤炭供应渠道，优先落实长期协议合同量，辅助拓展进口煤和信誉较好的供应商，提高重点计划兑现率。以大型海运公司为主，市场船舶运输作必要补充，完善海运网络。利用附近港口、兄弟电厂和厂内临时煤场，采取"厂内汽车驳、港口短期储、外厂长期存"的方式，实施商业储煤。 （谢松山）

【国电谏壁发电厂健全安全生产长效机制】 2010年，国电谏壁发电厂在设备管理部门推行点检定修制，配置点检人

表16-7

"十一五"期间国电谏壁发电厂主要指标情况一览表

主要指标	2006年	2007年	2008年	2009年	2010年
实现利税（万元）	72229.30	78330.60	2677.12	76617.23	36616.71
发电量（亿千瓦小时）	129.01	115.08	106.11	109.38	115.56
入炉综合标煤单价（元）	541.22	594.36	826.09	665.60	789.78
供电煤耗（克/千瓦小时）	334.7	327.3	326.5	327.7	326.6
综合厂用电率（%）	5.67	5.53	5.15	5.64	5.78
二氧化硫减排（吨）	17271	33860	55859	71578	71193

（谢松山）

员,提高设备消缺检修质量;在各检修专业推行大小修与维护分开的管理模式;试行设备检修项目责任人制度;推行检修机组隔离制度,处理检修开工与运行隔离之间的有序问题。对机组启停、重大缺陷处理,生产部门中层领导、专业技术人员保障机组启停一次成功和消缺过程安全。在发电运行部门实行值长、单元长任职资格认证制,推进NOSA(国际职业安全协会)安健环管理体系建设,开展设备寿命评估。 (谢松山)

【江苏省电力公司镇江供电公司】 2010年,全市全社会用电量完成164.22亿千瓦小时,比上年增长13.32%,增幅居全省第12位;全市最高用电负荷252.7万千瓦,增长14.64%;最高日用电量5303万千瓦小时,增长16.65%。完成供电量146.24亿千瓦小时,增长18.56%;完成售电量134.19亿千瓦小时,增长18.66%;实现连续安全生产无考核事故记录2102天。截至年底,全市拥有35千伏及以上变电站136座,其中500千伏1座、220千伏21座、110千伏62座、35千伏52座;主变压器238台,总容量1364.97万千伏安;35千伏及以上输电线路3913.16公里,其中500千伏线路324.22公里,220千伏1164.4公里,110千伏1221.5公里,35千伏1203.04公里。全市形成以500千伏为主要电源支撑、220千伏为主网架、110千伏辐射互联、10千伏"手拉手"、400伏"密布点"的电网布局。继续保持全国文明单位称号,获2007~2009年度江苏省文明行业、2008~2009年度江苏省用户满意服务明星企业、江苏省诚信单位等称号。在全市公共服务行业行风评议活动中,公众满意度指数排名第一。 (黄 冰)

【"十一五"期间全市供电情况概要】 与"十五"期间相比,"十一五"期间镇江市累计完成各类电网建设投资52.12亿元,增长85.81%;固定资产原值从42.72亿元增加到113.55亿元,增长165.81%;售电量累计完成534.56亿千瓦小时,增长98.71%;最高负荷从152万千瓦增加到252.7万千瓦,增长66.05%;营业收入从34.12亿元增加到76.83亿元,增长125.16%;全员劳动生产率从29.2万元/人·年增加到107.4万元/人·年,增长267.8%。镇江电网35千伏及以上变电站从104座增加到136座,增长30.77%;主变容量从503万千伏安增加到1364.97万千伏安,增长171.37%;输电线路从2583公里增加到3913.16公里,增长51.50%。 (黄 冰)

【新民洲共青团农场用电量纳入镇江供电公司统计范围】 2010年2月8日,江苏省电力公司批复《关于将镇江市京口区新民洲共青团农场用电量纳入镇江供电公司统计范围》。同意在扬州供电公司增加向镇江供电公司送出关口,计量点设置在扬州35千伏北洲变电所10千伏农场出线侧,镇江供电公司相应增加由扬州供电公司送进关口。新民洲共青团农场地处长江北岸,属于镇江市京口区行政区域范围,长期以来由扬州35千伏北洲变电所10千伏农场线供电。 (黄 冰)

【镇江地区沪宁城际高速铁路配套供电工程投运】 2010年5月26日,镇江地区沪宁城际高速铁路配套供电工程全部竣工投运。镇江地区沪宁城际高速铁路配套供电工程共计7个线路工程和7个变电间隔工程。7个线路工程全长102.3公里,铁塔276基,占整个沪宁城际高速铁路配套线路建设长度的50%。2009年7月,沪宁城际高速铁路配套供电工程完成可行性研究审查,2009年9月完成初步设计审查,2009年11月完成施工图设计,2009年11月中旬开工建设至竣工投运。 (黄 冰)

【启用"绿色通道集约服务大厅"】 2010年3月3日,镇江供电公司举行"绿色通道集约服务大厅"启用仪式。该服务大厅是镇江供电公司继制定"业扩报装绿色通道"服务措施后推出的又一项服务模式,即整合企业内部资源,由功能齐全的服务团队为全市重点项目开辟绿色通道。"绿色通道集约服务大厅"服务时间为每周一、四下午。大厅设置四个功能区域和一个服务室,即:客户接待区、等候休息区、业务服务区、业务接洽区和VIP客户服务室。 (黄 冰)

【220千伏全州变电站投运】 2010年12月21日,220千伏全州变电站竣工投运。该工程静态投资18420万元,项目总占地面积2.98公顷。工程远景180兆伏安主变4台,本期2台;220千伏进出线远景8回,本期5回;110千伏进出线远景12回,本期11回;10千伏出线远景30回,本期20回。 (黄 冰)

【220千伏容东变投运】 2010年12月28日,220千伏容东变建成投运。该工程位于句容市白兔镇西井村,项目总占地面积3.44公顷,静态投资9146.38万元。工程远景180兆伏安主变4台,本期1台;220千伏出线10回,本期8回;110千伏出线12回,本期8回;10千伏出线30回,本期10回。 (黄 冰)

【500千伏上党变电站扩建主变第二阶段工程建成投运】 2010年12月23日,500千伏上党变电站扩建主变工程第二阶段工程建成投运。该工程位于镇江市丹徒区谷阳镇七里山附近的丘陵地带,东临镇荣公路,南距上党镇3公里。2010年5月14日,500千伏上党开关站扩建主变第一阶段工程竣工并投入运行,镇江电网进入国家主干网。为满足镇江西部地区社会经济发展与负荷增长需要,500千伏上党开关站扩建主变第二阶段工程于2010年5月开工建设。本期工程扩建750兆伏安主变1台,新增主变进线1回和220千伏主变进线间隔1回。 (黄 冰)

【220千伏新竹输变电工程投运】 2010年7月1日,220千伏新竹输变电工程竣工投运。该工程位于大港新区甸上村,远景3台180兆伏安主变,本期新上1台180兆伏安变压器,主要解决大港新区不断落户化工企业的用电需求。该工程新建220千伏进线6条,110千伏出线4回,35千伏出线6回。新竹输变电工程的建成投运,优化了镇江新区大港片区电网结构,成为谏壁电厂、220千伏石桥变、220千伏访仙变的枢纽站。 (黄 冰)

【220千伏丹徒变扩建2号主变工程投运】 2010年6月29日,220千伏丹徒变电站扩建2号主变工程建成投运。该工程位于镇江市丹徒新区,是镇江市南部地区的枢纽变电站,静态投资1985万元,本期扩建1台180兆伏安主变,电压等级220/110/35千伏。220千伏扩建2个出线间隔(上党1回、华阳1回)1个主变间隔。 (黄 冰)

【镇江供电公司开展上海世博会保电暨迎峰度夏系统反事故演习】 2010年4月28日,该公司开展"上海世博会"保电暨迎峰度夏系统反事故演习,检验和提高在用电高峰及灾害天气等情况下,各单位、各部门之间的协调能力和应急能力。专门制定《镇江供电公司防汛抗洪应急预案》《镇江电网大面积停电事故应急预案》《镇江供电公司赴沪世博会供电保障工作方案》等,保障上海世博会期间镇江电网安全稳定运行和有序供电。该次演习实行市县联动,历时2个半小时,300多名员工参演。 (黄 冰)

【江苏省电力建设第三工程公司】 2010年,江苏省电力建设第三工程公司完成施工产值23.15亿元,全年投产移交机组容量总计430.8万千瓦。截止2010年底,先后建成火电发电厂62座(不含核电、燃机),移交机组总装机容量2692.11万千瓦。承建谏壁发电厂2×100万千瓦工程、国信淮安1×30万千瓦工程、龙华长春2×35万千瓦工程、海阳核电站AP1000机组常规岛等项目。建成大唐吕四港电厂、大唐南京电厂、福建晋江燃机电厂、彭城电厂、江苏徐矿发电厂等五个火力发电厂;投产电网项目45个。其中徐矿电厂被评为全国优秀焊接工程,200千伏南凤变获得江苏省"扬子杯"奖,220千伏天王、位庄、高新、安品街变电站工程获国家电网有限公司2010年度优质工程奖,谏壁13号机组施工工地被评为省级安全文明施工工地。9个QC成果取得省部级以上奖项。该公司获"十一五"全国建筑业科技进步与科技创新先进单位、全国用户满意企业、全国优秀施工企业、全国电力建设优秀施工企业、江苏省双文明单位、江苏省建筑业最佳企业、镇江市建筑业最佳企业等多项称号。 (沈 聪)

【镇江华东电力设备制造厂】 2010年,镇江华东电力设备制造厂实现产值1.64亿元,实现利税1336万元,全员劳动生产率44万元/人·年,固定资产5444万元,超额完成江苏省电力公司下达的承包指标和企业年度奋斗目标。该厂实行目标管理,开展科技创新工作,企业重点产品100万千瓦及以上机组强迫风冷离相封闭母线(29000A ~56000A)获2010年度国家火炬计划立项项目,高压柔性无功补偿产品获镇江市新兴产业科技专项资金补助100万元,14项专利申请被国家知识产权局受理,高压变频器能量回馈制动装置获国家发明专利。该厂以ISO 9001质量管理体系为标准建立内部管理模式,在2002年完成ISO 9001:2000质量管理体系转版工作的基础上,2010年9月通过ISO 9000:2000质量体系的复查,继续获得使用质量证书和标志。该厂曾两次获得江苏省文明单位称号,在连续14年保持江苏省电力系统双文明单位的基础上,2010年获得江苏省创新型企业和江苏省电力公司文明单位、安全生产单位称号。 (孔繁寅)

冶金建材工业

【镇江焦化煤气集团有限公司】 2010年,镇江焦化煤气集团有限公司实现销售收入33.4亿元,实现利税2.52亿元,实现进出口总额1.85亿美元。该公司以"保持市场占用率""保持与用户长期稳定合作关系"为原则,采取措施应对市场形势变化。苏润高碳材股份公司开拓国际、国内两个市场,错位发展、差异竞争,化解焦炭市场萎缩带来的危机,主要经济指标超过上年。苏菱阳极公司通过推进工艺技术改造,提升产品品质,拓展市场。物流公司降本增效,全年完成933船,计119.89万吨的码头装卸任务,完成原料和产品进出口装运量4341万吨。精工机械和贝雷钢桥公司通过整合资源、提升钢桥等生产能力,全年完成各类钢桥制作、安装52座,加工车辆支腿9000多副,并开发节能型候灯式遮阳棚等新产品,产值突破1亿元 。苏润能源贸易公司扩大焦化等传统品种销售,并对外拓展燃料石油焦等新品种。

基本完成石墨化焦二期项目的土建工程。50万吨CPC项目通过节能评估和环境评价,获立项批复。基本建成5万吨物流码头项目,将形成300多万吨的码头吞吐量和近30万平方米的仓储用地。石墨化等方焦在石墨化碳块中的应用研究取得较好成果,进入批量生产。与高校合作研发推进锂电池正负极材料工作。石墨化炉环状电极加热取得进展。粗苯罐系统完善性技术改造、罐式炉余热利用作为导热油热源泵技改和苏成型机烟气收集治理攻关,配料中控自动化操作控制系统优化改造等均取得较好成果。获得2010年度江苏省技术改造先进企业和示范企业称号。

"十一五"期间,镇江焦化煤气集团有限公司以退城进区、搬迁调整为载体,累计投资近20亿元,先后建成70万吨特种碳材、高纯石墨碳材和特种煅烧焦、12万吨优质铝用阳极、5万吨物流码头等项目。形成以碳为中心,上游特种焦炭,下游高纯石墨碳材、铝用阳极等深度加工产品的碳产业链。五年来,累计实现销售收入84.96亿元、实现利税6.8亿元。与"十五"期末相比,净资产增长2.7倍,销售收入增长2.9倍,利税增长4.5倍。净资产收入益率、资产利润率、全员劳动生产率等各项指标持续稳定增长。 (杨敬仁)

【天工国际有限公司】 2010年,天工国际有限公司实现销售收入88亿元,比上年增长35%;利润总额6.5亿元,增长11%;资产总额47亿元,增长23%;缴纳税金3.8亿元(含关税),比上年增长72.73%。该公司有近40项科研成果获得国家专利权;有集冶炼、轧钢、热处理、精密合金新型材料等领域数百名技术人才队伍和多位行业专家组成的研发团队,并与多家高校和北京钢铁研究总院组成联盟;高速钢、模具钢及高速钢切削工具产品50%出口到50多个国家和地区的160余家国际工具制造商及零售商。

2010年,该公司各项经济指标翻番增长,销售收入89亿元、出口额1.6亿美金、利税4.6亿元,尤其是纳税增幅200%;员工月平均工资2736元,增幅36%,员工人均纳税首次突破4万元。投资3.6亿元、历时3年的德国进口1300吨精锻项目投产;先后在韩国、美国和中国台湾开设销售公司;精密模具用高品质模具钢关键技术开发及产业化项目填补我国精密模具用高品质模具钢关键技术空白,拆除所有烟囱,花费近千万元将90%以上煤炉改造成用天然气;投资1千余万元建设大型污水处理工程;联合中国特钢企业协会、钢铁研究总院、中国刀具协会举办2010年高速钢发展战略研讨会。并作为应对国际金融危机典型,在中央电视台《新闻联播》报导。 (严荣华)

表16-8 **2010年镇江市冶金建材工业主要经济指标一览表** 单位:万元

行 业	单位数(家)	从业人员平均人数(人)	工业销售产值	产品销售收入	利税总额	利润总额
采矿业	30	5318	398408	401184	35423	15475
非金属矿物制品业	199	35329	2231015	2156252	225493	135366
黑色金属冶炼及压延加工业	40	12457	2048629	2041189	150922	75019
有色金属冶炼及压延加工业	77	7354	983563	987984	65925	44098
金属制品业	380	40270	2778553	2773843	233626	150613
合 计	726	100728	8440168	8360452	711389	420571

(统计局)

表 16-9 **2010 年镇江市冶金建材工业部分企业主要经济指标一览表** 单位:亿元

企业名称	销售收入	纳税总额	利润总额	净利润
中化镇江焦化有限公司	14.2	0.47	0.97	0.85
句容台泥水泥有限公司	10.1	0.3	0.2	0.2
江苏汤始建华管桩有限公司	7.2	0.3	0.71	0.63

(冯晓波)

化学医药工业

【江苏索普(集团)有限公司】 2010年,江苏索普(集团)有限公司完成工业总产值37.91亿元,实现销售收入38.58亿元,分别增长11.75%和12.38%。因受金融危机影响效益下滑,全年完成工业增加值2.57亿元,利税-4.93亿元,利润-5.58亿元。主要产品完成年度产量计划,全年生产醋酸60万吨,醋酸乙酯25万吨,甲醇40万吨,ADC发泡剂4.5万吨。项目进展总体较快,投入基建技改资金12.23亿元。

推进醋酸三期工程。到2010年底,醋酸三期工程累计完成总工程量的52%,累计完成投资10.88亿元,占总投资的71%,其中2010年完成投资9.47亿元。预计2011年一季度末安装完成,进入调试阶段,4月末具备试车投产条件。

推进醋酸乙酯三期工程安装,施工进度基本符合计划要求。到年底,该项目完成财务支出3589万元,计划2011年一季度末试车投产。

推进33万吨醋酸乙烯项目。该项目完成工艺包编制,完成财务支出7638万元,确定项目设计单位,项目环境影响报告书组织修改和评审,二氧化碳脱碳单元完成技术招标,乙烯低温储罐招标启动。 (孙汉武)

【镇江奇美化工有限公司】 2010年6月,镇江奇美化工有限公司吸收合并奇美油仓、奇美工程塑料、国亨化学、国亨油仓、国亨塑胶获得商务部批准,设立新的镇江奇美化工有限公司。合并后,该公司总投资58560万美元,注册资本28130万美元。该公司销售收入100.6亿元,全部内销,纳税总额4.38亿元,利润总额11.5亿元,净利润8.8亿元。新公司设立后,抓紧实施总投资近1亿美元的9.7万吨聚丁二烯乳胶、5万吨ABS基本粉、10万吨AS、15万吨ABS树脂四个项目,计划2011年7月建成投产。后续拟再新上7.5万吨PMMA、3万吨SA(导光板)、7.5万吨PC项目,总投资近1.5亿美元,打造国内乃至亚洲最大的工程塑料粒子基地。 (冯晓波)

【江苏太白集团有限公司】 2010年,江苏太白集团有限公司实现销售收入7.01亿元,比上年增长21.23%;利润总额3068.9万元,比上年增长12.39%;资产总额5.23亿元,比上年增长1.75%;有从业人员784人。该公司位于镇江新区大港片区国际化学工业园区,注册资本5139.9万元,实收资本5139.9万元。该公司是全国钛白粉生产骨干企业之一,旗下主要子公司江苏镇钛化工有限公司有年产8万吨高档钛白粉、5万吨聚合硫酸铁的生产能力。2005年改制为部分民营;2010年由镇江市国资委收购股权,重新回归国有;2010年4月28日,与攀钢集团签订重组协议。

(总经办)

表 16-10 **2010 年镇江市化学医药工业主要经济指标一览表** 单位:万元

行业	单位数(家)	从业人员平均人数(人)	工业销售产值	产品销售收入	利税总额	利润总额
石油加工、炼焦及核燃料加工业	9	1748	743965	771675	96897	67742
化学原料及化学制品制造业	266	36242	6763301	6532470	583103	402212
医药制造业	23	3550	165254	156607	24389	14355
化学纤维制造业	6	1528	131587	129134	12775	6318
橡胶制品业	28	3397	126697	127482	9725	5163
塑料制品业	113	9460	499750	500831	33931	16529
合计	445	55925	8430554	8218199	760820	512319

(统计局)

表 16-11 **2010 年镇江市化学医药工业部分企业主要经济指标一览表** 单位:亿元

企业名称	销售收入	纳税总额	利润总额	净利润
金海宏业(镇江)石化有限公司	53.7	1.18	2.5	2.2
镇江联成化学工业有限公司	27.1	1.5	1.9	1.7
镇江环太硅科技有限公司	23.3	2.3	5.3	4.5
镇江李长荣综合石化工业有限公司	7.2	0.3	0.39	0.29
镇江南帝化工有限公司	7.0	0.17	0.17	0.13
优利德(江苏)化工有限公司	6.5	0.7	0.87	0.64

(冯晓波)

机械工业

【中电电气集团有限责任公司】 中电电气集团有限责任公司成立于1990年，拥有电力变压器、太阳能光伏、电力电子、成套电气四大产业，下辖13家控股、全资子公司，有南京、扬中、上海、景德镇四个产业基地，员工7000多人，销售服务网点500多个。2010年，该公司实现销售收入119亿元。两大支柱产业变压器和太阳能光伏均实现持续增长。在国内率先开发出非晶合金三相三柱变压器技术，并首先采用非晶合金油变生产流水线。光伏产业实现销售收入93.6亿元，建成从硅料、拉棒到电池、组件和光伏应用系统的完整产业链，中标全球最大的单体光伏屋顶发电项目——南京南站光伏屋顶发电项目。2010年，中电电气集团首次进入中国民营企业500强，排名第189位。 （李 鹏）

【中电电气集团入选电气行业十大品牌】 2010年5月28日，以“品牌·创新·责任·影响力”为主题的“首届工业品行业具影响力品牌评选活动”颁奖盛典在北京钓鱼台国宾馆举行。中电电气集团有限责任公司与特变电工、正泰、德力西、人民电器等企业获电气行业十大最具影响力品牌。该评选活动是全国诚信兴商宣传月主题活动“首届中国电子商务文化节”的重要部分，由慧聪网联合中国电子商务协会共同主办。（李 鹏）

【中电电气扬中变压器产业基地】 2010年7月10日，中电电气扬中变压器产业基地开工仪式在扬中市举行。该产业基地建设重点是220千伏和非晶合金变压器项目。10月28日，中电电气集团扬中变压器产业基地临江工业园首期项目竣工投产庆典在扬中市举行。该次竣工投产的非晶合金油变项目采用世界首创的全自动流水生产线。2009年12月29日，中电电气扬中变压器产业基地签约仪式暨中电电气（江苏）股份有限公司成立庆典仪式在扬中市举行。中电电气扬中变压器产业基地的签约以及中电电气（江苏）股份有限公司的成立标志该集团将上马超大型变压器项目，也标志中电电气集团成为变压器行业国内首家拥有自有的码头，集研发、生产、销售、运输于一体的超大型变压器企业。 （李 鹏）

【江苏华通动力重工有限公司】 2010年，江苏华通动力重工有限公司面临国内工程机械市场井喷、国际市场受金融危机影响难以拓展的局面，发挥内销龙头作用，开拓国内市场，加强销售网络建设，完善售后服务体系，发展融资租赁业务，加大清收欠款力度，强化产销衔接进。全年完成工业产值4.12亿元，销售收入4.05亿元，利润总额1201.16万元，分别增长10%、19%、98%，主打产品摊铺机、铣刨机销量上升，市场占有率位居行业前列。

新科动力入主以来，推行一线工人的“计件工资制”、复合型人才的“首席技师制”、售后人员的“服务星级制”、技术人员的“谈判工资制”，并针对市场物价上涨、影响员工生活质量提高的因素，在年初和年中进行结构性工资调整，分别给员工增加10%和5%的基薪，还在年终发放平均三至四个月基薪的花红，全年该公司员工的平均收入达34972元。 （王晓云）

【沃得重工（中国）有限公司】 沃得重工（中国）有限公司创建于2007年，是沃得集团近年来重点投资的战略性产业。项目计划总投资100亿元，占地100公顷，一期计划投入28亿元。主要生产“沃得”牌系列装载机和系列液压挖掘机、各类起重机械。2010年计划投入15亿元，新建6万平方米厂房。预期到2018年，沃得重工各类工程机械的年产量达15万台套，成为产值500亿元的大型工程机械企业。2010年，该公司销售收入15.63亿元，国内销售15.61亿元，利润总额0.34亿元，净利润0.3亿元。 （冯晓波）

【凯迩必机械工业（镇江）有限公司】 凯迩必机械工业（镇江）有限公司位于镇江新区经十二路，是日本凯迩必工业株式会社的独资公司，2002年12月31日取得营业执照，一、二期工程投资2990万美元，主要生产汽车减震器。2010年，该公司销售收入6.5亿元，国内销售6.48亿元，纳税总额0.79亿元，利润总额－0.005亿元，净利润－0.016亿元。 （冯晓波）

【丹阳飞达重工有限公司】 丹阳飞达重工有限公司于2006年正式投产，位于丹阳高士桥工业区飞达工业城内。该公司一期工程（2500毫米中厚板）投资6.5亿元，年设计生产能力为120万吨；二期工程（2800毫米双机架厚板轧机生产线）于2009年10月竣工投产，涵盖船用板、压力容器板、设备制造板等板材，产能300万吨。公司设有八个职能部门，员工500多人。2010年，该公司销售收入5.99亿元，全部内销，纳税总额0.049亿元，利润总额0.41亿元，净利润0.36亿元。 （冯晓波）

【凯迩必液压工业（镇江）有限公司】 凯迩必液压工业（镇江）有限公司是由日本凯迩必工业株式会社于2004年2月出资建设的独资公司，于2005年10月正式投产。该公司投资总额12880万美元，其中注册资本5745万美元。主要生产工程用挖掘机高压油缸。2010年，该公司销售收入5.88亿元，国内销售5.87亿元，纳税总额0.89亿元，利润总额0.50亿元，净利润0.44亿元。 （冯晓波）

【江苏省机械工业供销储运总公司】 2010年，江苏省机械工业供销储运总公司开拓市场，创新发展，形成钢材贸易和装饰市场两大主业，全年销售收入2亿元，利润大幅增长。该公司所控股鸿鑫钢材贸易有限公司，成为武钢热轧薄卷板在镇江地区的总代理，并利用品牌和资源优势打开市场，销售规模和利润比上年同期翻番。9月，江苏省机械工业供销储运总公司自行投资、招商、管理，组建金桥墙纸布艺，进驻产品汇聚数十家国际、国内品牌，盘活资源，并优化金桥装饰城的产品结构。 （刘 洁）

表16-12 **2010年镇江市机械工业主要经济指标一览表** 单位：万元

行 业	单位数（家）	从业人员平均人数（人）	工业销售产值	产品销售收入	利税总额	利润总额
通用设备制造业	282	32678	2369116	2311461	214250	126625
专用设备制造业	93	13264	836452	839021	78960	49009
电气机械及器材制造业	284	57599	5585363	5506498	521745	309853
合 计	659	103541	8790931	8656980	814955	485487

（统计局）

船舶汽车工业

2010 年镇江市船舶汽车工业主要经济指标一览表

表 16-13　　单位:万元

项　目	船舶、汽车等交通运输设备制造业
单位数(家)	312
从业人员平均人数(人)	44254
工业销售产值	2942885
产品销售收入	2815655
利税总额	238405
利润总额	146510

(统计局)

【镇江中船设备有限公司】 2010 年,镇江中船设备有限公司完成柴油机对外交验 602 台,比上年增长 39.7%;工业总产值 12.89 亿元,增长 23.7%;主营业务收入 10.89 亿元,增长 26.4%;实现利税 1.7 亿元,下降 15.9%;利润 0.82 亿元,下降 41.4%。年末,该公司有职工 967 人;在岗职工 952 人;专业技术人员 184 人,其中高级职称 44 人,中级职称 48 人,高级技师 7 人,技师 16 人。

2010 年,该公司克服后金融危机影响,走访船厂、船东,加强与设计院(所)联系,开发澄西船厂等 22 家新客户群;与沪东重机、中船三井联手经营;在福建举办柴油机产品推介会,获得低速机新订单。新签柴油机订单 721 台,金额 13.6 亿元;年末手持订单 862 台。注重海洋工程、核电站、打包成套、陆用及海外市场等领域的开拓;时隔十年再次获得陆用机市场订单;5L23/30H 首次自行出口进入欧洲柴油机市场;从单一机械打包过渡到电气遥控打包,六条船实现打包销售。筹备中的备件分公司,实现备件销售 5234 万元,实现利润约 1500 万元。一年内生产计划调整 16 次,下达更改通知单 74 份,涉及柴油机 1656 台次;根据交货周期变化,组织机架、曲轴等主要关键部件生产加工,调整进口件、配套件、外协件配套时间。

新基地实现从建设期向试生产的功能转换。3 台 L27/38 柴油机在新基地完成用户交验;11 月 21 日,由该公司承接在沪东加工总装的 6S42MC 低速机运抵新基地,12 月 21 日对外交验;12 月 27 日,首台 7L32/40 柴油机向用户交验完毕。

技术部门克服图纸多、国产化难度大等困难,组织新机型 L32/40 主机开发,首台 CKDL32/40 主机完成交验;完成 6S35ME－B 低速机主要关键部件图纸中国化后,虚拟装置号,为提前进行零部件试制做准备;7L32/40 机架加工、6L32/40 曲轴加工等 23 项国产化达到预期进度;用 3 个月时间实现年底完成 L16/24、L28/32 Tier Ⅱ 排放测试的目标;改进 L23、L28 机曲轴、滚轮座铰制孔配铰等工艺;绘制 L32/40 主机总装配流程图和工艺过程卡片,装配工艺步入规范化管理。打包项目初见成效。735 千瓦拖轮 6L23/30 主机等项目实现打包供货。参与 AP1000 备用柴油机发电机组、东帝汶国家电站、台山核电等项目准备。

完成《新型中速柴油机国产化研制(一期)》结题验收;组织申报《船用中速柴油机低排放技术研究》《大型海洋平台电站集成技术及关键研究》等研发项目;江苏省科技成果转化项目 CM21 柴油机进入验收阶段;船舶配套产品扩能改造项目获江苏省 499 万元资金支持;船用中速柴油机扩能改造项目获 7097 万元补贴资金;基础设施改造和节能减排获 1815 万元中央财政补贴;取得柴油机气缸盖孔加工工装、活塞定位锁紧装置等 9 项发明专利和 8 项实用新型专利。

推行 PDM 应用软件在新开工项目及新产品开发上的应用,协同管理系统进入运行阶段;新基地通讯和计算机网络基础建设(一期)架构完成。15 项质量改进和攻关达到预期效果,通过武器装备科研生产许可证现场审查和质量管理体系监督审核;通过质量案例展、质量案例教材、《质量月刊》等,教育强化质量意识。全年质量损失率 0.25%,比上年下降 0.05 个百分点,主要零件一级品率 93.51%,上升 3.38 个百分点。

加大设备日常保养和维护检查考核力度,明确重点关键设备运行状况巡回检查、计划性预防检修、重点部位定时维护等措施,主要设备运转完好率 99.3%,设备大修理计划完成率 100%、二级保养计划完成率 100%,未发生重大设备事故。

新基地一期工程首批 50256 平方米钢结构厂房建筑和配套起重设备及动力站房等完工;综合楼、科技楼以及大件加工设备桩基完成施工,道路、外场综合管线、总装、试验及辅机系统设备和水油气管道完成安装,供水供电系统投入使用;重件码头港池桩基施工完成。

老厂区技术改造项目新增厂房全部竣工并交付使用,为数控曲轴磨床、数控重型卧式车床等新增设备安装、调试。利用生产间隙实施的 1 号和 2 号主机台位改造交付使用。

该公司在全市科技创新大会上第六次获得镇江市科技进步目标管理先进单位称号,第四次获得 2009 年度镇江市科技进步目标管理先进集体一等奖。副总经理吴登林获 2009 年度镇江市辖市(区)、局党政领导科技与人才工作目标责任制考核先进个人称号,同时获镇江市科技与人才工作优秀领导干部称号。该公司为青海省玉树地震灾区共计捐款近 15 万元,并参加"爱在镇江 慈善一日捐"活动,捐献 21630.4 元。开展向舟曲灾区送温暖、献爱心捐助活动,捐款共计 30615 元。

"十一五"期间,镇江中船设备有限公司利用船市高涨机遇,扩大产能,经济总量和经济效益持续高幅增长。2008 年以来,虽受全球金融风暴影响,该公司通过应对措施,经济效益稳中提升。累计完成工业总产值 51.6 亿元,销售收入 42.4 亿元,工业增加值 13.4 亿元,利润 5.0 亿元,同口径分别比"十五"期间增长 279.9%、317.3%、324.0%、961.4%。

(刘文远　朱文霞)

【镇江中船设备有限公司所属参股投资公司】 2010 年,镇江中船设备有限公司所属参股投资公司生产经营情况如下:镇江中船日立造船机械有限公司完成工业总产值 0.82 亿元,增长 1.0%;主营业务收入 0.79 亿元,增长 6.4%;实现利润 752 万元,增长 2.6%。

镇江中船现代发电设备有限公司完成工业总产值 1.83 亿元,增长 34.5%;主营业务收入 1.82 亿元,增长 33.5%;实现利润 1546 万元,下降 21.6%。

正茂集团公司完成工业总产值 4.56 亿元,下降 13.7%;主营业务收入 4.74 亿元,下降 10.0%;实现利润 5010 万元,增长 48.8%。

镇江中船瓦锡兰螺旋桨有限公司完成工业总产值 5.1 亿元,增长 1.7%;主营业务收入 5.9 亿元,增长 5.5%;实现利润 1.9 亿元,增长 24.1%。

南京中船绿洲镇江船舶辅机厂完成工业总产值 1.92 亿元,增长 9.6%;主营业务收入 1.9 亿元,增长 8.4%;实现利润 830 万元,增长 98.6%。

(刘文远　朱文霞)

【6L28/32H 柴油机组对外交验】 2010 年 3 月 10 日,镇江中船设备有限公司首套 6L28/32H 高电压大功率柴油发电机组向用户交验。该套 6L28/32H 发电机组是作为深潜水工作母船停泊发电机组原动机,发电机接线端子输出功率为 6600 伏,柴油机功率 1320 千瓦,机组功

表 16-14 **2010 年镇江市船舶汽车工业部分企业主要经济指标一览表** 单位:亿元

企业名称	销售收入	纳税总额	利润总额	净利润
大赛璐安全系统(江苏)有限公司	7.8	0.6	1.1	0.97

(冯晓波)

率 1230 千瓦。 (刘文远 朱文霞)

【7L27/38 柴油机对外交验】 2010 年 11 月 11 日,镇江中船设备有限公司新基地首台船用柴油机 7L27/38 推进型主机对外交验成功,该公司新基地步入生产阶段。该型主机功率为 2380 千瓦,转速为 800 转/分,用于上海华乐公司 3000 吨散货船主机项目。新基地中速机试车台可以试验的主机最大功率为 10800 千瓦,能满足 L27/38、L32/40、L(V)32/44CR、L48/60B、L48/60CR 等各型机的试验需要。 (刘文远 朱文霞)

【镇江均和重工有限公司】 镇江均和重工有限公司由上海均和集团有限公司和香港汇通集团有限公司共同出资 4980 万美元组建,注册资本 1294.5 万美元,主营船舶舱口盖、滚装船跳板等船舶配套设备的研发与制造。该项目位于镇江大港开发区内,占地近 20 公顷,建成后年钢构生产能力超过 15 万吨,是国内造船企业的原材料、船体分段材料供应的重要配套工程。2010 年,该公司销售收入 11.2 亿元,全部内销,纳税总额 0.018 亿元,利润总额 0.14 亿元,净利润 0.14 亿元。 (冯晓波)

【镇江飞驰汽车集团有限责任公司】 2010 年,镇江飞驰汽车集团有限责任公司获得上海世博会冷藏车项目全部订单。

上海世博会的"冷链物流"主要分两块,一块是世博园区冷链物流承运商,一块是供货企业的物流。在上海,从事冷链物流的企业很多,其中大型企业有 10 家。两年来,镇江飞驰跟踪服务上海世博会承运商的物流企业。作为全国重要的冷藏车专业生产企业,该公司全程参与上海市冷链运输的行业标准的制定,并向上海世博会筹办方推荐冷链物流承运商。通过一系列参与和努力,该公司拿下了两批共 80 多台世博园区专用冷藏车的订单,总额 3000 多万元。

2010 年 8 月 26 日,镇江飞驰汽车集团有限责任公司在 2010 年中国第五届低温冷链物流年会上,获得"2006~2010 年长三角冷链物流设备行业杰出成就品牌"称号。镇江飞驰在华东市场有 64% 的市场份额,以产品、后续服务工作等作为工作重点。2010 年中国第五届低温冷链物流年会由商务、食品药品监督、经信、交通、运管、食品协会、物流协会等相关政府职能部门领导、专家,以及品牌制造企业、第三方及食品物流企业共同参与。 (黄 俊 季向阳)

电子工业

【江苏捷诚车载电子信息工程有限公司】 2010 年,江苏捷诚车载电子信息工程有限公司营业收入 5.1 亿元,比上年增长 6.0%;利润 2116 万元,增长 12.6%;净资产收益率 8%;资金集中度 80% 以上。完成检验交验产品 970 辆,全年军检一次通过率 100%,车间工序一次交验合格率 99.05% 以上,成品一次交验合格率 98.9% 以上。研制生产过程质量处于受控状态。有设备固定资产 1 亿多元,固定资产设备 900 多台(套),其中 100 万以上固定资产设备 19 台(套),原值近 7000 万元,特种设备 50 台(套)。争取到轮式、履带式装甲类联合战术通信系统项目合同 1.35 亿元。争取到产品销售合同额 780 多万元,并与中船重工集团 719 所、722 所,四川泛华、北京长软、北京飞讯、湖南红太阳等单位建立合作关系。新安装移交各类设备 5 台(套);设备完好率 99%,设备利用率 54%,设备故障率小于 1%。各类能源消耗预计电力 360 万千瓦小时、自来水 6 万吨、天然气 26.5 万立方米、万元增加值能耗 0.118 吨标煤/万元、万元增加值用水量 32 吨/万元。对 900 台(套)固定资产设备进行完好检查,对 50 台(套)特种设备及各类压力容器进行每月 2 次例保和检查,对各类工业管道、低压线路、配电柜(箱)等进行检查,对天然气管道每季度进行一次检漏,对配电房进行预防性试验。完成产品品种近 290 项,其中新产品开发任务 80 多项,包括 XXX 工程、长空改系统、某型激光雷达发射车载系统、某型通信系统气球天线分系统、某型无人机通信系统、某型战斗指挥系统、舰队机动通信系统等。累计支出各类科技费用 1600 多万元。2010 年 9 月,经江苏省人力资源与社会保障局正式批准授牌,江苏捷诚车载电子信息工程有限公司博士后科研工作站成立。

该公司被镇江市评为全市内部单位治安保卫工作先进集体、安全诚信优秀企业。2010 年 3 月,该公司被江苏省公安厅等六部门命名表彰为首批省级"平安企业"。2010 年 12 月,该公司行政保卫部被镇江市公安局记集体三等功一次。征集合理化建议 8 项、开展技术革新项目 2 项,其中 5 项带来经济效益。为群众和社会做好事、实事 52 件,完成急、难、险、重任务 5 项。金工车间被镇江市总工会授予"工人先锋号"称号。开展"党员进万家"送温暖走访慰问活动,走访退休劳模 1 人、离休老干部 5 人、退休老干部 7 人、军转干部 16 人、老弱病残 51 人,支出慰问金 30800 元。对 2 个先进党支部和 19 名优秀共产党员进行表彰。

"十一五"以来,江苏捷诚车载电子信息工程有限公司通过强化市场运作,挖掘市场潜力,加强内部管理,走规范化管理之路,实现各项经营管理目标。2006 年,该公司与中国航天科工集团公

表 16-15 **2010 年镇江市电子工业主要经济指标一览表** 单位:万元

行业	单位数(家)	从业人员平均人数(人)	工业销售产值	产品销售收入	利税总额	利润总额
通信设备、计算机及其他电子设备制造业	150	38968	2044141	1997229	219881	144397
仪器仪表及文化、办公用机械制造业	54	21426	1710770	1709292	128173	87316
合计	204	60394	3754911	3706521	348054	231713

(统计局)

表 16-16 “十一五”期间江苏捷诚车载电子信息工程有限公司主要经济指标一览表 单位:万元

年份	工业总产值	营业收入	利润	资产总额	净资产收益率(%)	工业增加值
2006 年	35021.4	36404.3	501.2	53649.2	6.95	5311.6
2007 年	42035.9	41916.3	1388.8	59227.5	9.57	6283.2
2008 年	45075	45285.4	1662.3	68664.9	8.35	8423.4
2009 年	46020.8	48106.6	2278.2	69327.8	7.9	9434.7
2010 年	52628.9	50687.2	2116.2	87360.4	7.52	9804.4

(刘 健)

司资产重组。共投资 3.12 亿元,其中中国航天科工集团公司投资 2.075 亿元,控股 66.52%。2007 年 5 月,该公司由润州区四摆渡整体搬迁到占地 22.7 公顷的丹徒新城工业园区内。同步实施 4800 万元投入的国家高新一期工程专项改造项目,于 2008 年年底完成,形成年产 2000 辆车载移动通信系统和各类特种车的生产能力。加强科技协作,走产、学、研相结合的道路,与各大专院校、科研院所结成利益共同体,定期进行技术交流。2007 年 6 月以来,该公司与江苏大学每年签订校企产、学、研全面合作协议。双方利用新技术、新工艺和新材料,共同完成新产品开发项目 100 多项。2007 年 12 月,×××项目获国务院颁发的国家科技进步二等奖。连续两次被授予江苏省文明单位称号。研制开发以飞艇、装甲车等特种承载平台为基础的新型通信系统;开展系统集成产品的研制开发,开发以战斗指挥车为代表的具有高集成度的指控一体化产品,并为××军区、××集团军、××部队、海军等研制改造一批野战指挥、综合通信和信息保障系统。开拓东风越野车公司和海军工程大学新用户,开拓军贸市场,争取航天科工集团二院秘鲁军贸项目的研制。 (刘 健)

【江苏捷诚车载电子信息工程有限公司知识产权工作】 2010 年,江苏捷诚车载电子信息工程有限公司有 22 项实用新型专利获得授权,分别是:电磁屏蔽门、线缆随动跟线装置、卧式多门防水配电箱、电源防雷装置、双向自限位插销、扩展舱密封铝型材、扩展舱控制电路、方舱遮阳篷、一种限位铰链、配电箱箱门的锁紧装置、一种可移动的吊装装置、一种轴带电机的固定装置、舱体与车辆底盘的快速连接装置、一种抽拉式门限位装置、一种锁孔防雨装置、车载备胎自动收放装置、一种车载大型设备的装卸装置、车载设备减震器的安装结构、可调式旋锁装置、简易接地螺钉、一种双极天线、硅整流发电机安装装置等。申请并已被受理的实用新型专利 1 项。 (刘 健)

【江苏捷诚车载电子信息工程有限公司湖南分公司科研成果显著】 2010 年,江苏捷诚湖南分公司获得两个国家科研项目:总参 61 所作战值班台项目和二炮装备部弹载信息处理系统技术项目,争取到科研经费 120 万元,其中 50 万元科研经费到位。2010 年,该公司申报 7 个专利技术,有 5 项专利技术获国家授权批准。主要科研项目完成情况包括:与国防科大合作研制磁浮列车悬浮控制器,2011 年进入批量生产;自主研制出多款嵌入式计算、图形显示板卡;实现 1.8″数字像源所有核心技术自主化,2011 年批量装备直升机平显项目,完成 0.63″像源样机试制;研制完成作战值班台初样,生产交付完成总参作战部 8 套订货;完成星务计算机系统样机生产。 (刘 健)

【江苏捷诚车载电子信息工程有限公司职工代表大会】 2010 年 12 月 17 日,江苏捷诚车载电子信息工程有限公司召开第十二届二次职工(会员)代表大会,讨论表决《江苏捷诚车载电子信息工程有限公司企业年金实施细则》《江苏捷诚车载电子信息工程有限公司调整岗位技能工资的实施细则》和《江苏捷诚车载电子信息工程有限公司员工手册》,参与职工共 112 人。2010 年度员工工资调整方案根据年初该公司与工会签订的集体工资协商合同,经该公司与职工代表协商研究,从 2011 年 1 月调整岗位技能工资。职工代表全票通过以上三个方案。 (刘 健)

【镇江丹骐实业有限公司】 镇江丹骐实业有限公司由香港永峰国际有限公司 2006 年 11 月投资设立,总投资 1500 万美元,注册资本 1200 万美元。从事服装设计、生产、销售以及电子配件(液晶显示器、激光头、半导体、压缩机、安防系统)的研发、生产、销售。2010 年,该公司销售收入 23.0 亿元,全部外销,纳税总额 0.017 亿元,利润总额 0.069 亿元,净利润 0.05 亿元。 (冯晓波)

【江苏领先电子有限公司】 原名为立德电子有限公司,由台湾立德集团于 1998 年 5 月 18 日投资设立,该公司位于镇江市丹徒区谷阳镇,占地面积 54000 平方米,建筑面积 28000 平方米,投资总额 500 万美元,有员工 1500 余人。主要产品为电子变压器、整流器、转换式电源供应器等。2010 年,该公司销售收入 5.7 亿元,国内销售 1.4 亿元,纳税总额 0.12 亿元,利润总额 0.56 亿元,净利润 0.47 亿元。 (冯晓波)

轻工业

【江苏恒顺集团有限公司】 2010 年是“百年恒顺”成立 170 周年。江苏恒顺集团有限公司全年实现销售 18 亿元,实现利税 1.3 亿元。其中,主营调味品销售保持 10% 以上快速增长,年产食醋首次突破 18 万吨。

恒顺工业园一期工程投产,中山路、南徐路厂区完成搬迁。该公司在实现用人、用工、分配三项制度改革,全面推行

表 16-17 2010 年镇江市电子工业部分企业主要经济指标一览表 单位:亿元

企业名称	销售收入	纳税总额	利润总额	净利润
镇江强凌电子有限公司	8.0	0.3	0.2	0.17
镇江默勒电器有限公司	6.16	0.38	0.3	0.27

(冯晓波)

表 16-18

2010 年镇江市轻工业主要经济指标一览表

单位：万元

行 业	单位数（家）	从业人员平均人数（人）	工业销售产值	产品销售收入	利税总额	利润总额
农副食品加工业	36	3789	693875	706100	41853	23014
食品制造业	16	2504	124210	120687	13749	8175
饮料制造业	7	689	71446	63341	4250	850
皮革、毛皮、羽毛（绒）及其制品业	106	11684	355352	351573	24491	12069
木材加工及木、竹、藤、棕、草制品业	15	14778	1206900	1220444	89804	35745
家具制造业	11	1041	49621	49416	4205	2137
造纸及纸制品业	47	14372	2090251	1874957	206001	164216
印刷业和记录媒介的复制	43	3287	132824	133119	10500	5319
文教体育用品制造业	51	10166	406402	405483	32382	15210
工艺品及其他制造业	70	8991	368419	365645	28394	14549
废弃资源和废旧材料回收加工业	5	436	56064	50780	3435	1469
合 计	407	71737	5555364	5341545	459064	282753

（统计局）

制度化、流程化管理后，经营水平提升。先后获中国食品安全示范单位、中国调味品行业最具资本竞争力企业、中国质量诚信企业等称号，“恒顺”品牌被评为中国食醋产业领导品牌。江苏恒顺集团有限公司是上海世博会上中国食醋行业唯一特许生产商和零售商，新产品“世博苹果醋”获得世博会特许产品质量奖。集团房地产、商贸零售等辅业投资也实现较好回报。

“十一五”期间，恒顺集团按照“专业化为主、多元化为辅”的发展思路，着力做大做强主导产业，调整优化辅业投资，取得较好成效。集团规模和效益稳步增长，品牌知名度提升；由于恒顺工业园建成，该集团努力成为全球规模最大的食醋生产企业。（连夕仙）

【中国镇江醋文化博物馆建成开馆】 2010 年，由恒顺投资建设的中国镇江醋文化博物馆建成。中国镇江醋文化博物馆位于镇江市丹徒新城，毗邻江苏恒顺醋业股份有限公司，占地面积超 2 公顷，建筑面积 4000 多平方米，总投资超过 4500 万元。博物馆外观具有江南民居建筑特色，是一座全面展示醋文化的主题性博物馆。该馆由醋史馆、老作坊、陈列馆及购物体验馆 4 个主要展馆组成。其中，老作坊于 2008 年年底先期建成，其他展馆及设施的建设历时 5 个多月时间。该馆采用声、光、电等现代化技术，方便游客参观时增长知识、领略食醋文化。中国镇江醋文化博物馆是国内第一座由企业投资建设的主题性博物馆，也是“长三角世博体验之旅”示范点、电视剧《血色沉香》的主要拍摄地。（连夕仙）

【镇江大东纸业有限公司】 2010 年，镇江大东纸业有限公司边搬迁边生产，产品产量达到 53556 吨，其中 70% 在新厂区生产，自发电 2180 万千瓦小时，实现销售收入 45127 万元。

随着公司搬迁一期工程全面投产及二期工程开工，大东纸业的历史在镇江新区翻开了新的一页。2010 年 4 月 23 日，镇江大东纸业有限公司新厂区 4 号纸机、8 号纸机等首轮单体项目竣工投入生产。同月，大东老厂区最后 1 台纸机停产。4 月底，行政办公系统在新厂址办公。5 月 3 日，该公司原标志性建筑 45 米高烟囱被爆破拆除。8 月 28 日，该公司新厂区举行企业搬迁项目一期工程竣工投产暨二期工程开工典礼。

大东纸业新厂区位于镇江新区（大港）东方路 8 号，年产能 10 万吨，建设内容含 5 条造纸生产线，2 台循环流化床锅炉（75 吨和 50 吨）及与其配套的 2 套布袋除尘和脱硫装置等，3 台装机容量合计为 1.2 万千瓦汽轮发电机组，1 座 10 千伏输配电设施，1 座 2 万吨/日清水处理场和 1 座 1.5 万吨/日污水处理场。有 10 千米长江取水管道、10 万平方米建筑面积（含厂房、仓储、办公和员工生活设施）、5 万平方米厂区道路和 1.4 万平方米绿化等。二期工程再投资 5 亿元，达到年产能 18 万吨。（杨镇兴）

【巴斯夫造纸化学品（江苏）有限公司】 巴斯夫造纸化学品（江苏）有限公司的前身是汽巴精化（江苏）有限公司。2002 年 5 月由瑞升化学公司投资组建成立，并于 2004 年 10 月由汽巴精化收购。该公司于 2008 年 9 月转为德国巴斯夫独资企业，并于 2010 年 2 月 1 日更名为巴斯夫造纸化学品（江苏）有限公司。2010 年，该公司销售收入 7.3 亿元，国内销售 6.6 亿元，利润总额 0.46 亿元，净利润 0.40 亿元。（冯晓波）

交通·邮政

责任编校：姚丽华

交通运输综述

【概况】 2010年，镇江市完成交通投资90亿元，比上年增长20.3%。全市公路总里程6936公里，比上年增长3%。公路网密度180公里/百平方公里，比上年增长3%。其中，高速公路151.8公里、一级公路670.0公里、二级公路722.9公里、三级公路832.3公里、四级公路4558.9公里。镇江市内河航道总里程597.2公里，其中四级航道18.5公里、五级航道24.3公里、六级航道46.2公里、七级航道22.4公里、等外航道485.9公里。通航船闸1座，内河港口1个，码头泊位139个，码头总延长7544米。

镇江市交通基础设施建设快速推进。铁路：完成投资43.3亿元，为年度计划的105.6%。沪宁城际高速铁路镇江段建成通车。京沪高速铁路镇江段基本完工。公路：全市干线公路建设完成投资30.66亿元，建成通车44.07公里，122省道句容段、238省道扬中段、338省道镇江段、241省道丹阳段等续建和新开工项目全部达到和超过投资量序时进度要求，干线公路建设工程优良率95%以上，工程质量监管覆盖率100%。泰州长江公路大桥镇江段接线工程完成投资4.64亿元，占年度计划116%。航道：苏南运河镇江段累计完成投资1.6亿元，占年度计划的108%。辛丰泰山湾段航道整治工程4.134公里，完成工程投资3672.6万元，累计完成投资7800万元，完成护岸7340延米。陵口—西站备河航道整治工程6.39公里，重力式一级驳岸全部完成，进行二级护岸施工，完成工程投资8145万元，累计完成投资13600万元。九曲河口—缪马村段3.156公里完成施工、监理单位的招标工作。站场：综合客运枢纽占地18公顷、拆迁总面积26万平方米、总投资28亿元，7月1日与沪宁城际高速铁路同步投入运营。官塘新区一级开发项目全面启动，总投资160亿元，累计筹措资金60亿元。保障综合客运枢纽、京沪高铁、沪宁城铁、金港大道、338省道等项目推进。

全市农村交通事业快速发展。全年建成城乡客运一体化标准候车亭84个，其中丹徒区11个、句容市12个、丹阳市51个、扬中市10个。完成丹阳市沿江四镇二级客运站建设工程及句容市客运枢纽站的建造论证和选址工作。全市累计完成332辆市际班车、218辆县际班车，共计550辆班车的公司化改造任务，公司化经营率75%。在巩固农村客运班车通达率100%基础上，全市开通或改造城乡客运一体化线路34条，城乡客运一体化车辆361辆，通达乡镇31个(总乡镇39个，不含京口区、润州区)，城乡客运一体化覆盖率80%，比上年上升6%，其中丹阳市和句容市城乡客运一体化覆盖率100%。5月1日，投资1200余万元，购置30辆金龙空调公交大巴车投入镇江一荣炳客运班线运行。以短途道路客运"公交化"为突破口，推进城乡客运一体化工作，打造城乡客运品牌、示范线，采取公司化经营模式、公交化运营方式。

2010年，全市公路、水路交通服务业增加值52.3亿元，比上年增长15.6%。全市有客车3884辆，客运班线公司化经营率75%；货车18398辆，货运户均车辆数增长58.5%，危险货物运输车等特种车占50%。有货运船舶476艘，共209134载重吨。有客运站点39个，新增客运线路3条，总计461条，增长0.7%。2010年，全市累计完成公路旅客运输量1.53亿人次、周转量97.98亿人公里，分别比上年增长15.0%、22.2%；公路货运量0.95亿吨，货运周转量50亿吨公里，分别增长8.6%、20.1%；水路货物运输量完成742万吨，周转量完成18.5亿吨公里，分别增长11.6%、15.5%。全市内河港口(不含长江港口)完成货物吞吐量1560万吨，比上年增长9.9%。金山物流二期投入运营。有镇江宝华物流有限公司、镇江惠龙国际钢铁物流中心、丹阳市长江物流市场等一批骨干物流企业和基地，物流配送覆盖全国重点枢纽省市。

2010年，地方公交、出租汽车管理职能调整到交通部门。出台《全市公路建筑控制区管理办法》，全省首家制定《行政许可示范文本》。截至年底，梳理确认125部交通法规、558项行政执法职权，废止4个规范性文件。410项交通行政处罚全部制订自由裁量标准，轻微违法免于处罚扩大到46种。简化各类审批程序，缩短办理时间。行政许可、举报投诉办结率100%。交通工程公开招投标、质监覆盖、重点工程优良率均为100%。辖区水上交通安全监管到位，各项指标下降。公路、航道各类管养指数进入全省前位。应急处置能力增强，公路建立应急指挥中心、现代化保障队伍。水上搜救能力增强，累计救助船舶619艘次、569人次，挽回经济损失8155万元。GPS、网络、视频监控、遥控指挥等现代信息技术应用到公路、航道、工程建设、车辆运营、行政管理等多个领域。

(唐刘君)

【"十一五"期间全市交通运输情况概要】 "十一五"期间，镇江市完成交通投资270亿元，是"十五"期间的3.25倍。京沪高速铁路、沪宁城际高速铁路、宁杭城际铁路等三条高速铁路开工。开工建设泰州长江公路大桥及镇江接线，建成通车镇溧、宁常、宁杭共50公里高速公路,高速公路总里程151.8公里,形成"一横三纵"高速公路构架。完成干线公路建设投资65亿元,新建、扩建干线公路338公里,建成金港大道、241省道、243省道等干线公路148公里,二级以上公路占22%。新、改建农村公路1505公里、危桥159座。全市公路总里程达6936公里,比"十五"期间增长13.5%。公路网密度180公里/百平方公里,列全省第三。《镇江市内河航道网规划》获批准,完成谏壁三线船闸预备可行性研究和丹金溧漕河整治初步设计,苏南运河镇江段"四级改三级"整治工程启动,在全省完成5公里先导段建设。新建镇江、扬中、南门等3个一级客运站,新、改建18个乡镇客运站,全市拥有二级以上客运站9个,农村客运站31个。交通服务业增加值累计200亿元,占全市服务业总量7%,连续五年高于地区生产总值增幅。新购公交车553辆,新辟公交线路28条,新建公交站场14个。市区1253辆出租车全面更新,并配置GPS调度系统等设备。 (唐刘君)

【官塘新区安置房项目及路网工程】 2010年12月18日,官塘新区安置房项目及路网工程启动。安置房项目由镇江红星置业有限公司承建,占地86.7公顷、总建筑面积130余万平方米,以板桥路为界分两期建设:板桥路以北为一期,占地44公顷、建筑面积65万平方米;板桥路以南、谷阳路以北为二期,占地44.3公顷、建筑面积68万平方米。路网工程由上海城建(集团)公司以BT(建设-转让,下同)方式承建,由南北向的官塘桥路、周湾路、宝平路和东西向的谷阳路、四平山路、五洲山路组成"三纵三横"的城市主干路网,总里程约40公里、总投资约35亿元,在两年内全部建成。 (张晓俊)

【江苏省镇江市路桥工程总公司】 2010年,江苏省镇江市路桥工程总公司产值、利税均创历史最高水平,完成业务开发28亿元,产值12.8亿元,多项工程获得交通运输部"优质工程奖",承建工程质量优良率100%。2010年是该公司推动转型升级,走集团化发展之路的关键一年。该公司公路、市政工程并举,在BT类项目上有所突破,承接常熟三环路改造S14标、厦漳高速漳州段路基土建A5标、徐州高铁站区道路及配套市政工程、港南路及经十二路改造BT项目等大小38项工程。面对行业竞争和原材料上涨等不利因素,该公司修订发展战略,创新经营理念,优化管理制度和人才结构,并对经营管理模式调整:相继在镇江、苏州、南通、杭州、福州、江西、广西等地成立区域分公司,以分公司为"轴心"拓展周边市场;同时对下属道路养护、机械租赁、安装三家专业化分公司进行独立法人注册。

"十一五"时期,该公司由镇江市一家老牌国有施工企业逐步发展成拥有公路工程总承包和市政工程总承包双一级资质的集团化施工管理企业,工程项目遍布全国二十多个省市,同时具备海外施工经验,年施工能力超10亿元。五年来,面对多变的建设市场,该公司跟随国家重点开发建设的地域转变,施工领域由立足本市本省,向沿海发达地区和广西、内蒙古等中西部内陆地区延伸;结合行业特点和多年经验改革,经历了由项目直管到专业化分公司再到区域分公司的经营模式,保持产值、利税和职工收入增长。"十五"期末完成业务开发9.3亿元,产值4.8亿元,"十一五"期末分别增长201%和167%。 (杨 歆)

铁路运输

【概况】 2010年,镇江市铁路部门坚持安全发展理念,围绕沪宁城际高铁开通等工作,推行标准化创建。加强客货运输组织,提高市场竞争力,经营保持持续增长态势。全年完成运输收入7.6亿元,比上年增加1.5亿元,增长24.7%。 (侯晓强)

【"十一五"期间全市铁路运输情况概要】 "十一五"期间,镇江市铁路运输量显著增长,2010年客运发送量达到608.5万人,比2006年增长76.95万人,增幅14.5%;运输收入76007.68万元,比2006年增长33354.84万元,增幅78.2%。 (侯晓强)

表17-1 **2010年镇江市铁路主要运输任务和技术指标完成情况表**

项 目	单 位	计 划	实 绩	比上年(%)
旅客发送量	万人	604.0	608.5	8.1
货物发送量	万吨	202.0	198.9	-4.3
运输收入	万元	68865.0	76007.7	24.7
日均装车	车	-	92.0	-7.1
日均卸车	车	-	77.0	-12.5
货车静载重	吨/车	-	59.3	3.7
货车停留时间	时/次	-	19.0	-8.2

说明:1. 统计数据包括了镇江市行政管辖内所有车站。

2. 由于管理机制变化,装车、卸车、静载重、停时等计划指标未分劈到镇江地区各站。

(侯晓强)

表17-2 **"十一五"期间镇江市铁路主要运输情况统计表**

年 份	旅客发送量(万人)	货物发送量(万吨)	运输收入(万元)
2006	531.55	281.28	42652.84
2007	497.17	252.55	49475.35
2008	539.92	200.35	57862.56
2009	562.96	207.90	60942.62
2010	608.50	198.91	76007.68

(侯晓强)

【京沪高速铁路镇江段项目基本完工】 京沪高速铁路镇江段正线长74.74公里，其中桥梁54.36公里，隧道0.685公里，路基19.69公里，设镇江高速站和丹阳高速站。2010年完成投资12.2亿元，占年度投资计划的122.0%；镇江境内建设工程累计完成设计的95%；路基、正线桥梁及站线桥梁预制架设完成，7座公跨铁（地方道路上跨铁路桥）及人行天桥完成，隧道完成，22502块轨道板预制完成，桥面系及无砟轨道各工序展开施工。11月18日，京沪高速铁路正线全线铺轨接通，计划2011年6月建成通车。京沪高速铁路始于北京南站，终点为上海虹桥站，共设北京南、天津西、济南西、南京南、镇江、虹桥等22个车站。双线铁路全长1318公里，平均站间距66公里。设计时速350公里，全部为高速动车组，规划年输送旅客能力单向为8000万人次。 （胡文辉）

【沪宁城际高速铁路建成通车】 2010年7月1日，沪宁城际高速铁路建成通车。镇江境内总长约87公里，线路走向基本与既有沪宁线并行。镇江市境内共设4个站，自西向东分别为：宝华站、镇江站、丹徒站、丹阳站。预留4个站，分别为：下蜀站、高资站、陵口站、吕城站。镇江城际站、丹徒城际站、丹阳城际站由常州站管理。其中：镇江城际站站房总面积6000平方米，设2个岛式站台（4个站台面）、6股道、4条到发线，停靠列车上行60趟，下行56趟；丹阳城际站站房总面积4000平方米，设2个岛式站台（4个站台面）、6股道、4条到发线，停靠列车上行37趟，下行38趟；丹徒站站房总面积2000平方米，设1个基本站台、1个侧式站台、4股道，停靠列车上行1趟，下行1趟。城际列车从镇江到上海最快86分钟，到南京最快20分钟。2010年7月1日～12月31日，3个城际站共发送旅客201.57万人，日均1.1万人。 （侯晓强 汤建华）

资料链接：

沪宁城际高速铁路贯穿上海、苏州、无锡、常州、镇江和南京6个市，设计时速超过300公里，与既有沪宁铁路、京沪高速铁路、沪宁高速公路及312国道、京杭大运河共同构成上海至南京的主要交通运输通道。2008年7月，该铁路开工。2010年3月27日，沪宁高铁接触网全线送电，4月1日～6月2日进行联调联试，6月10日试运行，6月20日开始发售车票，6月21日按模拟办客运行，7月1日正式开通运营，办理客运业务。沪宁城际高速铁路自南京站经由仙林、宝华山、镇江等站经安亭北后于黄渡行至上海虹桥站，直股并行沪宁铁路经南翔北、上海西到上海站。正线全长300公里，江苏段269公里，共设车站21个，最小行车间隔时间3分钟，投资估算427.23亿元。设计能力：最大区段客流密度为近期4850万人/年，远期6700万人/年，远景6800万人/年。

（侯晓强 汤建华）

公路运输

【概况】 2010年，全市公路全年累计完成工程建设投资21.23亿元，占年度计划的170.35%，建成通车44.077公里，占计划通车里程的113.5%。推进112省道句容段、238省道扬中段、241省道丹阳段及句容段、338省道镇江段等项目建设，建成通车238省道镇江市区段、241省道大泊至河阳段、340省道丹阳段。规划和项目储备开展各项前期工作，并初步完成"十二五"期间全市公路发展规划。

2010年，镇江市公路部门提高路况质量，改善路容路貌。全市干线公路路况综合技术指标（MQI）值92.53，PCI（路面破损率指数）优良率94.33%，RQI（路面平整度指数）优良率95.36%；实施养护大中修工程22公里，改造和维修加固干线危桥6座；完成305.7公里"五项整治"（路肩、边沟、绿化、集镇段、桥头跳车整治）及17座桥头跳车整治，全市一级公路养护机械化率90%以上。全市县道技术状况指数（MQI）值85.88，优良路率81.15%，乡、村道好路率75.6%。

开展多项路域环境整治活动，保障通行环境整洁美观。继丹阳市、句容市创建成"路政示范县"，扬中市、丹徒区、镇江市区、312国道镇江段完成"路况示范"创建达标工作。从严查处车货总重55吨以上或严重超过桥梁限载车辆，超限运输率始终控制在4%以下。占地2.7公顷、建筑面积6000平方米的镇江市治超检测站及扬中市治超检测站建成并投入使用。推行使用网上制作行政执法文书、重大行政处罚案件说理式执法文书，统一行政处罚自由裁量标准。国省干线及重要县道全部制成电子影像资料，并强化日常巡查监控，公路规划控制范围内无新增违法建筑物和构筑物。3月，市公路部门委托镇江市路桥检测中心，对养护范围内的全市9条国省干线公路组织开展全面小修保养检查，这是首例将国省干线公路"体检"委托第三方实施的模式。市公路管理处在行业管理定期检查基础上，委托专业检测机构，每个月定期对全市干线公路检查。

全市各地落实农村公路管养责任。句容市召开农村公路管养专题工作布置会，下达管养考核指标，争取380万元的安保设施、600万元的中小修项目等地方配套资金。丹徒区首次由区政府同各乡镇签订管养责任状，将全区农村公路管养工作列入乡镇目标考核责任状，纳入到政府行政管理考核体系。扬中市继续落实市管养办公室同乡镇的管养责任书，同时新增加公路防护设施考核条款并争取每公里1000元的村道资金。京口区、润州区、镇江新区均与所属区交通运输局沟通，认清农村公路责任性质，落实管养工作机构，推进三个区农村公路管养体系规范化。

镇江市公路管理处推行路政回访制。镇江市运输管理处编制《绿色汽修指导书》。推广应用甩挂运输新模式，改变货车空驶率高、等待装卸货时间长的状况，降低运输企业成本、提高运输效率。确定江苏宏马物流有限公司、镇江新区兴港运输有限公司为甩挂运输试点单位，江苏宏马物流有限公司甩挂运输周转量达总周转量的65%。成立镇江市消费者协会汽车维权专业委员会。

（蒋慧 朱彤）

【镇江境内全部建成"路政示范县"】 2010年，扬中市、丹徒区、镇江市区、312国道镇江段完成"学经验、提水平"路政示范创建达标工作，镇江市境内形成以国省干线公路为主，兼顾县、乡公路路政管理，境内全部建成"路政示范县"。句容市、丹阳市在2009年建成"路政示范县"的基础上巩固提升，提高公路服务社会能力。镇江全境以集镇段为重点，实施全境路域通行环境整治、非公路标志清理及公路建筑控制区、干线公路规划控制区的管理。取缔马路市场，查处占道经营、摆摊设点、乱堆乱放、抛洒滴漏、污染路面等各类违章行为，分类整治存在安全隐患的平交道口。与地方政府、集镇签订爱路护路公约。强化考核举措，改进公路路政管理，形成路域环境由突击整治转为长效管理新机制。 （蒋慧）

【出台《镇江市干线公路建设管理考核办法》】 2010年10月，镇江市出台《镇江市干线公路建设管理考核办法》，对干线公路建设实行奖惩制度。一是设立考核基金专户管理，基金从省补资金、镇江市公路处配套省补资金和罚金三方面提取。二是采用季度考核，考核时间从干线公路建设项目开工形成实物工作量后开始,建设实体工程基本完成后终止。三是明确考核表,分为招投标管理、设计及变更管理、进度管理及质量安全管理四大部分。四是划分考核等次,总分90分以上为优秀、75分~90分为合格,75分以下为不合格,按等次给予奖励。（蒋　慧）

【镇江市消费者协会汽车维权专业委员会成立】 2010年3月15日,由镇江市运输管理处与镇江市消费者协会共同组建的镇江市消费者协会汽车维权专业委员会成立。该委员会由汽车维修纠纷涉及的各方面专家组成。在出现汽车维修质量纠纷时,由行业内技术专家组成专家组对维修质量进行技术分析,该分析将作为汽车维权专业委员会纠纷调解的依据。该汽车维权专业委员会的成立有效提升汽车维修质量纠纷调解水平,保障汽车消费者和汽车维修经营者的合法权益。（蒋　慧　朱　彤）

【句容市镇村公交基本全覆盖】 2010年2月4日,句容市运输管理处协调两家客运企业投放镇村公交车64辆,开通华阳(石狮)、天王、下蜀、黄梅、边城、白兔6个镇共25条镇村公交线路。至此,句容市共投放镇村公交车114辆,开通镇村公交线路48条,同时承担接送农村学生近6000人,接送线路169条,有495个居民点通上客车,农村居民点通达率83%,句容市镇村公交基本实现全覆盖,农村客运三级网络基本建成,实现城乡居民出行"零换乘"。（朱　彤）

【编制《绿色汽修指导书》】 2010年8月,由镇江市运输管理处与江苏省运输管理局联合编制的《绿色汽修指导书》在全国率先试行,书中倡导"规范维修,科学维修""能修则修,以修为主"的核心理念,从汽车维修的废物分类、管理要求(对节能环保设施设备的推广应用、对制度人员的规范管理)、维修作业(对汽修的预约、接待、方案、派工、机修、钣金、涂漆、车辆清洁等各环节提出具体要求)和废物处理(收集、转移、处置)四个方面指导汽车维修行业的环境保护和节能增效,实现"绿色汽修"。《绿色汽修指导书》的试行工作一年内在一类汽车维修企业和汽车信誉企业范围内试行,同时鼓励其他企业参加,之后推广到所有二类以上汽车维修企业。

（蒋　慧　朱　彤）

内河水路运输

【概况】 2010年,苏南运河镇江段累计完成投资1.6亿元,占年度计划1.5亿元的108%,超额完成目标任务。江苏省谏壁船闸管理所征收过闸费4150万元,完成全年计划的138.3%,比上年增长1834%,全年经丈量复核吨位不符修改计费基数的船舶1781条,累计增加46288总吨位。根据2010年航闸养护实施计划,承担三类15项养护工程监管任务,计划经费1327万元。9月16日,谏壁二线船闸大修工程停航大修,至10月23日完成所有修理任务,25日通过省航道局竣工验收,工程质量为优良。干线航道通航保证率90%,航闸通航保证率95%,优良闸次率99%,航标正常率99%。办结行政许可项目10起,累计行政处罚案件16440起,其中一般程序案件1起,处罚金额551.75万元,收取航道赔(补)偿费69.916万元。累计实施轻微违法行为免于处罚1844余起,免于处罚金额30万余元。

2010年,全市辖区航闸安全形势稳定,无安全事故发生。开展"平安航道"和安全管理基础年、巩固年、推进年、提高年活动,推行安全生产"一岗双责""风险抵押金"制度,实施危险源点动态管理,强化基础设施隐患排查治理。全市封闭水域安全监管的工作机制、制度建设居全省前列。完成《镇江市水上风景旅游区交通安全管理办法(暂行)》起草工作。镇江市航道处被表彰为2009年度全国"安康杯"竞赛优胜企业,被江苏省文明委表彰为"2007~2009年度江苏省文明行业";谏壁船闸被江苏省文明委表彰为"2007~2009年度江苏省文明单位"。谏壁船闸"水上雷锋服务台"被评为镇江市第三届"大爱之星"。

地方海事部门经受船舶大型化、谏壁船闸单闸运行45天、运河沿线有多处重点工程涉水项目同时施工、枯水期水位低时间长等不利因素考验,做好通航保畅工作。开展绿色航运走廊创建、通航安全专项整治、船舶吨位丈量检查、"三无"(无船舶标识、无船籍港、无船舶检证书)运输船舶整治、船舶超载运输整治等一系列专项活动。全年排除航道堵档险情87次,接处警227起,救助遇险船舶80艘、遇险人员242人(含2名投水自尽者),挽回直接经济损失约4949万元。为金山广场撞钟祈福迎新、金山湖端午龙舟赛、焦山《瘗鹤铭》碑石打捞、金山湖北固湾中秋晚会、金山湖爱情文化彩灯节等活动,提供水上交通安全保障。（袁　焰　郑　伟）

【出台《关于加快全市水运发展的实施意见》】 2010年7月1日,镇江市人民政府出台《关于加快全市水运发展的实施意见》。该意见明确全市水运建设指导思想、主要目标、主要任务、统筹协调、政策扶持以及资金筹措等内容。镇江市加大对内河水运及港口的建设扶持力度,成立由分管副市长负责,各辖市(区)分管领导及相关部门组成的水运建设指挥协调机构。筹集资金补助市级承担的航道、船闸等水运基础设施建设有关费用,市本级和辖市(区)每年用于航道建设投入不低于5000万元。（袁　焰）

【完成世博水上交通安全与保障工作】 2010年上海世博会期间,镇江市实施世博专项船舶安全检查344艘次,办理入沪船舶签证3783艘次,签到黄浦江核心区95艘次。一线人员对入沪船舶安全检查、签证和信息上报把关,对违章船舶要求现场整改,纠正各类缺陷1307项,滞留严重缺陷船舶1艘。由镇江辖区签往上海的船舶、船员,未带任何隐患和问题进入世博管控区。3月11日,被中央电视台《朝闻天下》栏目专题报道。（郑　伟）

【创建苏南运河镇江段绿色航运走廊】 2010年6月6日,镇江市举办苏南运河镇江段绿色航运走廊共建启动仪式。制定《苏南运河镇江段绿色航运走廊共建标准》,确定安全目标、畅通目标、防污染目标、文明目标等四个目标,明确地方海事监管服务标准、船舶航行停泊作业标准、港口码头与相关涉水单位创建标准三个标准。构筑由江苏、安徽、山东、上海等七省市途经辖区水域的航运企业、船员参与的"平安水域示范点"共建大安全体系,发放宣传册3000份、"告船民书"5000余份,签订共建协议60余份。（郑　伟）

【开发水上搜救移动指挥平台】 2010年12月,全天候水上搜救移动指挥平台在镇江地方海事"苏海巡L08号"指挥艇上调试成功,并投入运行。该平台主要功能有:一是装备基于3G网络的通讯系统,可实时查看辖区运河和湖区23个监控点的图像;二是安装高解析度、具备透雾功能的军事用途摄像机,大雾、大雨等恶劣天气下能清晰察看周边情况,为在恶劣环境下开展水上搜救工作提供支撑;三是与省、市内河搜救指挥中心无缝对接,搜救作战指挥平台前移,指挥长可异地实时掌控整个搜救进展情况,根据情况变化做出科学判断,进行远程决策、指挥。该系统在全省处于领先水平。（郑　伟）

【2600吨自航式双扒杆起重船开建】

2010 年 6 月，镇江市承检起重能力 2600 吨自航式双扒杆起重船。该船是全国最大起重能力的特种船舶。船长 109 米，型宽 44.6 米，型深 7.8 米，扒杆长 108 米，最大起重高度和水下起吊深度分别为 89 米、100 米。相当于 9 万吨级散货船，总造价 2.4 亿元，所需钢材 1.1 万吨。该船由位于扬中市西来桥镇的江苏柏伦宝船业有限公司建造，2010 年 6 月 11 日开工，11 月 25 日船体合拢，共有 106 拼段。镇江市船舶检验局成立专门检验技术小组，为打造全国自航起重船精品工程提供检验服务。（郑　伟）

【长江干线船型标准化船舶拆改工作启动】 2010 年 11 月 28 日，长 27.2 米、74 总吨的"苏镇江货 0055"干散货船在丹阳市航泰船舶修造有限公司拆解，是镇江市推进长江干线船型标准化工作拆解的首条船舶。长江航运已成为流域综合运输体系的重要组成部分，是沿江省市外向型经济发展重要支撑。长江航运船舶船型杂乱、技术落后、安全性能差、平均吨位小等问题突出，一定程度上制约长江航运的竞争力和长期发展。对这些问题船舶实施船型标准化，可优化船舶运力结构，降低船舶营运成本，提高航道特别通行能力，减少环境污染。2010～2013 年，镇江市列入长江干线船型标准化拆解计划的船舶共 76 条、1 万余总吨。（朱　彤）

城市公共交通

【概况】 2010 年，镇江市公共交通总公司完成客运收入 1.2 亿元、客运量 9203.19 万人次、总行驶里程 3952.15 公里。全年车次执行率 95.73%、首末班准点率 99.38%。该公司有职工 1980 人，资产总值 2.48 亿元，下辖 7 个营运公司、1 个修理厂、1 个机动车驾驶员培训中心、5 座停车场和 2 座附属加油站；营运线路 72 条（含专线），线路总长 1115 公里，日客运量 30 万人次，有公交车 832 辆，其中大运量公交车 70 辆。完成为民办实事项目，投入 7500 万元，新购环保节能公共汽车 153 辆，新辟公交线路 6 条，优化调整公交线路 16 条。配合开展"市民卡"工程，推进公交车 POS 机改造、相关业务系统改造和数据迁移。开展创建文明单位、文明示范线、文明职工和"迎世博、迎亚运、讲文明，满意在公交"优质服务竞赛等。该公司获江苏省精神文明建设工作先进单位、镇江市交通运输行业服务质量社会测评先进单位、镇江市十大行业创建文明城市示范单位、镇江市《行风热线》开播六周年先进上线单位等称号。全市出租汽车公司 8 家，出租汽车 1253 辆，从业人员 3100 人次左右，年客运总量 3515 万人次左右。全年举办培训班 38 期，培训人员 3079 人次，查处各类违章 321 起。（沈玉梅　王天顺）

【出租汽车计价调整】 2010 年 10 月 20 日至 11 月底，镇江市调整出租汽车计价。计价器实行"一元一跳"，使计价器显示金额、发票金额与乘客支付的车资保持一致。调整后的出租车计价器不显示小数点之后的"角"计价单位，而是以四舍五入的方式以"元"为单位显示。没有改变四舍五入的计价方法。避免计价器显示金额、发票金额与乘客支付车资不同的矛盾。（王天顺）

【镇江新区（大港）润港客运服务有限公司成立】 2010 年 12 月，镇江新区（大港）润港客运服务有限公司成立，统一采购 70 辆出租汽车（畅达车型），首批 30 辆出租汽车于 2011 年 2 月投入营运服务，第二批 40 辆 3 月投放。营运服务范围为镇江新区（不含丁卯片区），车身标志及颜色明显区分于市区出租车，起步价为 5 元/2 公里，车公里租价、空驶费、夜间服务费、等候费等价格标准与市区出租汽车一致。独立安装 GPS 调度监控平台，实施监管和方便乘客投诉、电话叫车。该公司为全民所有制，公车公营，管理人员 8 人。（王天顺）

表 17-3　**2010 年镇江市新开通和优化公交线路一览表**

	线路名称	开通时间	基本走向
新开通线路	D3 线	04－28	焦山公园—公交丹徒新城枢纽站米芾广场
	139 路	04－28	公交丹徒新城枢纽站米芾广场—三山南站
	K42 路	07－01	城铁镇江站—韦岗温泉
	K221 路	07－01	城铁镇江站—上党农贸市场
	100 路	11－17	彩虹城—高资中学
优化线路	线路名称	优化时间	具体优化情况
	9 路	01－08	优化经南门汽车客运站至谏壁
	K208 路	01－08	原 K8 路，更名并由原丁卯桥路优化从禹山北路运行
	20 路	01－18	停靠银山鑫城 3 个站点
	39 路	03－10	优化为白班线路
	K201 路	03－18	恢复至长岗
	138 路	04－28	优化调整经华山路运行
	6 路	04－29	延伸至公交丹徒新城枢纽站（米芾广场）
	118 路	04－29	延伸至公交丹徒新城枢纽站（米芾广场）
	丹徒新区夜班专线	04－29	优化调整至公交丹徒新城枢纽站（米芾广场）
	17 路	05－10	优化调整至南门汽车客运站
	K208 路	05－10	优化调整至禹山东路运行
	17 路	07－01	调整至黄山西路、李家山支路运行
	139 路	07－01	调整至城铁丹徒站运行，增设三山职教中心、前北村等站
	25 路	07－12	优化调整至润州民营开发区运行，增设万科魅力之城、御桥港路、凤凰家园、润旺路、交巡警支队、镇江佳峰等站
	116 路	08－26	优化从火车站发车，终点站为公交江大枢纽站
	132 路	11－19	终点站调至新区科技园

（沈玉梅）

【出租汽车行业爱心活动】 2010年,镇江市出租汽车"爱心车服务队""真情车队"等110余辆出租汽车参加"爱心送考"活动,接送考生和家长700余人次。全年出租汽车驾驶员帮助乘客找回丢失在出租车上的物品1029起,其中:手机520部、小灵通570部,现金230159元,手提电脑13台以及银行卡300张;助人为乐17起,见义勇为17起,接收到乘客感谢信12次、乘客表扬电话353次、锦旗32面。(王天顺)

邮 政

【概况】 2010年,镇江市(含辖市,下同)累计完成邮政业务总量4.14亿元,比上年增长10.39%;完成邮政业务总收入2.43亿元,增长19.33%。其中镇江邮政局累计完成邮政业务总量1.63亿元,增长7.87%;完成邮政业务总收入1.1亿元,增长16.47%。组织开展"帮企业建库"数据库建设专项活动,促进数据库商函业务的发展。数据库商函业务收入比上年增长22.93%,为12家商业银行制作、寄递银企账单21.63万件。与自来水公司合作,开发自来水费账单业务。与旅游部门合作,开发上海世博会徽邮资明信片和西津渡文化旅游明信片。成立报刊收订领导小组,做好以党报党刊为重点的各类报刊的征订发行工作。在城际站设点,提供《京江晚报》《扬子晚报》等报刊销售服务。开通中邮快购网站,在中邮快购网站开设自营店铺,扩大醋胶囊、江大蜂胶等当地特色产品影响力。利用邮政网络,为全市提供世博会门票销售服务,累计销售世博会门票25886张。在扬中市试点建立大学生村官加盟店。全市建成直营店81个、加盟店126个。弘扬地方历史文化,举办《朱熹诞辰八百八十周年》纪念邮票首发式。

改善服务条件,提升服务能力。加强信息技术的开发与应用,优化邮政信息网络。加大基础设施投入,改造营业网点33个,邮政营业网点改造率95%以上,所有营业网点均安装LED电子屏。改善投递工作条件,为全市邮政投递人员增配摩托车250辆。建成邮政金融业务库并投入使用。

加强队伍建设,提高企业管理水平。组织中高层管理人员参加江苏省邮政公司E-MBA(高级管理人员工商管理硕士)学习,与江苏大学合作举办为期两年的中高层管理人员研修班。社会招聘引进计算机应用等技术人才。规范财务管理,制定收入管理流程和核算规范。落实安全生产责任制,抓好上海世博会和广州亚运会期间的邮政安全工作。组织开展安全生产大检查活动,全市邮政营业网点检查覆盖率100%,邮件处理和速递物流邮件集散现场、金库、出租房屋、机房检查率100%。全年未发生重特大交通安全事故。

全年命名表彰"致富邮路"10条。组织开展"创新服务理念、创建示范窗口"优质服务活动。镇江邮政系统获"2007~2009年度江苏省文明行业"称号;解加平被江苏省委宣传部确定为全省重大宣传典型,并获江苏省五一劳动奖章;梦溪路支局获"江苏省工人先锋号"称号;镇江邮政创建10条"致富邮路"获全省邮政精神文明"十佳"新事;高彩文在"创新服务理念、创建示范窗口"活动中获全省邮政投递优质服务先进个人。(高向阳)

【"十一五"期间全市邮政情况概要】 "十一五"期末,全市完成邮政业务总量4.14亿元,比"十五"期末增长80%,邮政业务实现较快增长。实现邮政业务总收入2.43亿元,比"十五"期末增长72%。

邮政服务设施改善。到"十一五"期末,全市邮政营业网点改造率95%以上,所有网点统一安装LED电子显示屏,新改造的网点设立金融业务自助服务区。改善投递人员的工作环境和生产条件。对城乡邮政投递网点改造,为城乡投递员配备电动自行车和摩托车。城区报刊邮件投递实现电动自行车化、大宗邮件投递实现汽车化,农村报刊邮件投递逐步向摩托化发展。

企业管理水平提升。建成"镇江邮政综合信息管理平台",实现市县局之间办公自动化和信息传递的无纸化;建成视频会议系统,推广应用全成本损益核算系统,提升企业财务管理水平。优化并推广应用人力资源管理系统。

推进邮政体制改革。在中国邮政集团公司的统一部署下,实施邮政体制改革工作。2008年3月18日,成立中国邮政储蓄银行镇江市分行;同年12月30日,成立江苏省邮政速递物流股份有限公司镇江分公司。成立后的邮政储蓄银行和邮政速递物流公司与邮政局实行分业经营、独立核算、自负盈亏。

镇江邮政系统连续五次获得"江苏省文明行业"称号,实现"五连冠"。创建解加平式"致富邮路"11条。解加平被江苏省委宣传部确定为全省重大宣传典型,并获江苏省五一劳动奖章;梦溪路支局获"江苏省工人先锋号"称号;火车站支局继续保持"全国青年文明号"称号。镇江邮政局被授予镇江市文明行业、党建工作先进局、"五创双拥模范城"三等功、劳动关系和谐企业、消费者信得过单位、"为民办实事、为政府分忧"先进单位等称号。(高向阳)

【举行《朱熹诞生八百八十周年》纪念邮票首发式】 2010年10月22日,由镇江市人民政府和江苏省邮政公司主办,中共镇江市委宣传部、市文化广电新闻出版局、镇江邮政局共同承办,《朱熹诞生八百八十周年》纪念邮票首发仪式在镇江邮政大厦举行。镇江市委、市政府、江苏省集邮公司、镇江市集邮协会、镇江邮政局以及市民和集邮爱好者等200余人参加邮票首发活动。

《朱熹诞生八百八十周年》纪念邮票共两枚,一枚为朱子身穿儒衣长袍的画像,另一枚为朱子牵白马携书童出游的画像,每枚邮票的面值为1.2元。邮票的设计者为学者、书画家范曾。为配合《朱熹诞生八百八十周年》纪念邮票的发行,镇江邮政局专门制作发行纪念邮票首日封1000枚,以满足集邮爱好者的需求。(陆建航 高向阳)

表17-4 "十一五"期末镇江市邮政业务量一览表

邮政业务	2005年	2010年	增长(%)
函件(万件)	2195.80	2706.26	23.25
包裹(万件)	33.22	12.63	-61.98
汇票(万张)	50.13	83.83	67.23
机要(万件)	2.15	2.7	25.58
报刊(万份)	7618.51	9012.55	18.30
杂志(万份)	476.84	409.44	-14.13
特快(万件)	72.55	199.48	174.96
储蓄平均余额(万元)	487825.14	892178.01	82.89
集邮(万枚)	488.31	277.55	-43.16

(高向阳)

信息化建设

责任编校：毛向阳

综　述

【概况】 2010年3月，镇江市经济和信息化委员会成立，镇江市信息化工作领导小组成员也随之调整。同时各辖市（区）进行信息化主管部门的调整，理顺信息化工作体系，形成两级联动的信息化推进工作机制。2010年全市信息产业保持快速发展态势，电子制造业平稳较快增长，软件和信息服务业实现跨越发展。全年信息产业实现销售收入485亿元，比上年增长33.98%。其中软件和信息服务业（含软件业）实现销售收入203亿元，增长66.3%，增幅在全市11个现代服务业大类中名列第一；电子制造业实现销售收入282亿元，增长17.5%。信息产业实现增加值136.1亿元，增长39.3%。　（王爱华　欧旭丹）

【“十一五”信息化情况概要】 “十一五”期间，镇江市在信息网络基础设施建设、信息产业发展、信息技术的普及应用、信息资源的开发与利用等方面都取得较大进展，信息化整体水平显著提高。

2010年全市互联网宽带接入用户普及率为51.7%，比“十五”期末提高35.3个百分点；自然村宽带普及率达100%，比“十五”期末提高80个百分点，每百户居民计算机拥有量为60.7台，比“十五”期末增长57.7%；每百户家庭电话拥有量为340部，比“十五”期末增长70%。

全市建立起一个技术先进、覆盖面广、基本适应信息化需要的现代信息基础网络，在全国率先构建统一的社区“三网融合”光纤到户公共信息服务平台，获得全国电子信息系统推广应用项目和全国数字社区示范工程称号，创造“三网融合镇江模式”。

2010年全市信息产业实现销售收入485亿元，比“十五”期末增长417%；信息产业增加值136.1亿元，占全市地区生产总值的7.0%，比“十五”期末提高4.2个百分点。电子产品制造业实现销售282亿元，信息服务业实现营业收入203亿元，其中软件产业实现营业收入103亿元，是“十五”期末的10倍，列全省第四。建成江苏（镇江）软件园、江苏（镇江）太阳能光伏产业园、江苏（镇江）绿色照明产业园三个省级园区，软件产业载体面积增加125万平方米，组建省级软件人才培训基地等多家人才培养机构。

建立信息安全联席会议制度；相继出台《关于加快“数字镇江”建设的意见》《关于打造百亿级软件园区的实施意见》《镇江市电子信息产业发展规划纲要》等政策文件；扩大信息化建设专项资金，设立软件业扶持专项资金。

（陶迪明　欧旭丹）

【无线电管理】 截至2010年底，镇江市有6个单位新设、增设无线电台4515部。全市各类无线电发射设备总量为260.2万部，其中注册无线电台12344部。镇江无管处全年开展执法检查21次，处理违规4起，换发电台执照3502份，实施监听监测4126小时，查清不明信号10个，排除干扰8起，检测无线电发射设备72部。　（赵慕民）

【沪宁城际高铁电磁环境清频排障工作】 2010年，在沪宁城际高速铁路开通前的机电联调试验中，列车无线电测控系统受到沿线电磁环境的显著影响。接到上级部署，镇江无管处展开清查，在两个多月时间里，监测人员沿铁路镇江段组织巡回查测，登上试验列车测试。先后派出监测人员15次计42人，累计行程1100多公里。消除6个对高铁通信有显著影响的无线电辐射源，为沪宁城际高速铁路列车7月1日开通运行提供无线电支持。　（赵慕民）

【承担国家统一考试防范无线电作弊监管工作】 2010年，镇江无管处承担国家研究生入学、公务员选拔、普通高校招生、成人高考、司法、卫生等11项统一考试镇江考区的防范无线电作弊监管工作。全年出动人员63人次，动用技术设备132台（套），先后技术压制作弊发射信号6个，查获场外无线电作弊发射案情2起，涉案人员5名，截获无线电作弊工具15件，有效维护考场无线电秩序。

（赵慕民）

信息化应用

【概况】 2010年，镇江市实施“数字镇江”工程，信息化应用普及。建立起一个技术先进、覆盖面广、基本适应信息化需要的现代信息基础网络，全市企事业单位基本实现办公自动化。政府及各部门网站进行整合与外包，全市政务电子身份认证中心建立，行政权力网上公开透明运行系统建成。公共基础地理信息平台建成，卫生、交通、工商、民政、国土、规划、物价、档案、安全生产、质量监督等行业实现信息化管理，“数字城管”开通；建成对公安业务数据高度集成的警务综合信息系统，镇江市成为全国科技强警示范城市；财税库银系统升级改造，社会保障系统稳定运行并进一步按国家标准改造，社区卫生综合服务系统逐步推进；教育网络实现“校校通”，多媒体教学应用基本普及；电子口岸实现网上通关审批、物流商务服务，口岸通关效率大幅提高；全国农村信息化综合信息服务试点工作完成，全市605个行政村全部建有信息服务点。 （陶迪明 欧旭丹）

【推进信息化和工业化融合】 2010年1月，市经信委召开全市"两化"融合推进大会，组织全市企业"两化"融合情况调查，制订全市"两化"融合实施意见和"135"行动计划，建立市级"两化"融合专家库；开展"两化"融合试点、示范建设。大全集团和丹阳仪一包装设备有限公司被确定为省"两化"融合示范企业，29家企业被确定为省"两化"融合试点企业，镇江高新技术开发园被授予市级"两化"融合示范区；3个项目被确定为省"两化"融合示范项目。 （陶迪明）

【市民卡首发】 2010年1月，市政府第18次常务会议决定全面启动市民卡工程。市民卡以"便民、利民、惠民"为宗旨，提供政府公共服务、社会事业服务、商业金融服务三大类应用，具有社会保障、公交、卫生、园林、门禁、金融、电子钱包等多种功能，实现"一卡多用，一卡通用"和"记录一生、管理一生、服务一生"。2月，镇江市成立市民卡工程建设领导小组办公室，办公室设在市经信委。10月，镇江市信息资源中心成立，负责市民卡基础数据的管理；组建镇江市民卡有限公司，负责市民卡业务的运营和服务；出台《镇江市市民卡管理暂行办法》。10月29日上午，举行镇江市民卡首发仪式，10位市民代表上台领取市民卡。 （陶迪明）

【推进农村信息化建设】 2010年，镇江市新农村致福网平台全年发布信息1万多条，编辑发送"农信通"短信近2000条；信息大篷车在句容、镇江新区等4个辖市（区）10个乡镇组织培训30余场，参加体验培训近3000人次，发放《农民上网手册》等教材及宣传资料5000余份；以新农村平台为依托，建成戴庄有机农业园、老方葡萄网、青山绿壳鸡蛋网等一批具有本地农业特色的子站，全市农村网站群形成；以福农园艺生产示范基地为试点，开展智能化大棚建设。

（陶迪明）

【信息安全检查评估与等级保护工作】 2010年，市经信委结合镇江市实际探索信息安全检查评估与等级保护实施的办法和途径，制定出台《镇江市信息系统安全风险评估与等级保护实施意见（试行）》，以实用有效的管理及方法，较低的成本投入，进一步规范和改进全市信息安全检查评估与等级保护工作，提升全市网络与信息安全的水平。先后开展全市政府信息系统安全检查，网络与信息安全应急管理等。

（朱 虹 欧旭丹）

【网络与信息安全应急管理】 2010年9月25日，《镇江市网络与信息安全事件应急预案（试行）》出台。全市成立网络与信息应急处置专家组、应急技术支撑和信息安全员三支队伍。聘请江苏大学、江苏科技大学等院校和人社局等部门9位专业人员组建市网络与信息安全应急处置专家组，依托江苏科海智能、镇江新创等三家公司建成为镇江市网络与信息安全应急技术支撑队伍，在全市所有备案的信息系统都要求配备一名专职或兼职信息安全员。组织新创、科海等公司专业人员进行信息安全风险评估培训。 （朱 虹 欧旭丹）

【省检查组到镇检查政府信息系统安全】 2010年10月26日下午，江苏省网络与信息安全检查组到镇江市检查政府信息系统安全。检查组通过座谈、查看相关台账资料及现场技术测试等方式对镇江市政府办《中国镇江》门户网站、市人力资源和社会保障信息系统进行检查。检查组对镇江市政府门户网站通过网站集群的方式整合全市84家部委办局门户网站，共享网络安全资源，节约经费和运维成本，一年多来未发生网络安全事件给予高度评价。

（朱 虹 欧旭丹）

软件业

【概况】 2010年，全市大力实施"千企软件"工程，组织各地通过开展专题招商、小分队招商、网络招商等，促进软件企业快速扩张。全年软件产业实现销售103亿元，比上年增长56.5%，总量位列全省第四，继续保持超越常州的良好势头。全市新增软件类企业58家，总数达210家；新增通过省级认定软件企业35家，增长400%；通过ISO 27001认证企业32家，累计52家，增长160%；通过CMMI认证企业13家，累计45家，增长41%。新增载体面积100万平方米，总量达到125万平方米，是上年底的5倍。2010年，金舟软件公司造船成本管理系统软件荣获第八届江苏省优秀软件产品奖（金慧奖），金钛软件被评为江苏省规划布局类重点软件企业，恒宝股份有限公司连续多年被评为全省软件企业纳税十强。 （凡 浩 王爱华）

【软件产业招商引资】 2010年，全市引进一批软件大项目。上海游族信息技术有限公司主要从事网页游戏的自主研发和运营，网页游戏社区的开发、运营和建设，是一家以网页游戏为发展起点，集研发、运营、销售为一体的综合性互动娱乐企业，该公司在镇江投资的公司注册资金1500万元。此外，注册资金1500万元的用友智能健康研究院、注册资金1000万元泛亚科技等一批各具行业代表性的软件与信息服务业企业相继落户镇江市。 （王爱华）

【全国首个互联网创新应用基地落户镇江】 2010年8月28～29日，由江苏省经济和信息化委员会、镇江市人民政府共同主办，镇江市经济和信息化委员会、润州区人民政府、江苏睿泰投资有限公司承办的2010中国互联网应用创新大会暨中国互联网应用创新基地揭牌仪式举行。全国首个中国互联网创新应用基地落户五洲软件园，基地将与国内最大的数字音乐服务提供商A8音乐集团、知名网游企业上海游族信息技术有限公司等一批互联网行业龙头企业实行战略合作，打造互联网知识运营、网络游戏、网络音乐等产业发展。 （王爱华）

【软件载体建设】 2010年，全市以"特色化、功能化、集聚化"为目标，加快软件载体建设，全年新增软件载体面积10万平方米，比上年增长5倍，总量达125万平方米，为镇江市软件业跨越发展奠定坚实基础。京口区依托毗邻江大、江科大的优势集聚人才，打造学府路软件服务外包产业带、宗泽路1.5平方公里软件科技集聚区，加速推进建筑面积2万平方米的大学生软件实训基地、建筑面积1.2万平方米的京口软件园二期工程、9.5万平方米的创新创业园等6个软件孵化基地建设。润州区推进规划总面积9.8平方公里的润州凤凰智慧产业园建设，加速推进"一中心、两园区"（高创中心、创意产业园、软件园）三大载体建设。镇江新区快速推进镇江软件园二期工程，完成13万平方米研发"双子楼"工程建设，加快产业集聚区57幢独立研发楼建设进程，推进200公顷社区邻里中心和生活区建设，打造30公顷的生产服务区，将镇江软件园打造成人才汇聚的精英"高地"、技术领先的科技"高地"和配套完善的创业"高地"。 （王爱华）

【软件企业创新能力和水平提升】 2010年，镇江市软件企业加大研发投入，开展技术创新，多项产品取得突破性进展。江苏尚阳数字科技实现二维影像的三维化转换，成为国际影视科研领域最领先的技术之一；纳赛诺科技开发激光微显示引擎，生产的小型投影机填补国内空白；名通科技自主研发网络游戏《金山 Online》；凌空网络完成蕴含多项中国首创、世界领先的动感手机游戏系列软件，企业拥有专利10余项、著作权100多项；虹之谷动漫娱乐有限公司改进融合多项国际先进软件功能，研发国内首款自主原创、拥有自主知识产权、功能涵盖动画片整个生产制作流程的《虹之谷全功能动画制作软件》系统，实现国际一流技术与中国动漫实情的有机融合。 （王爱华）

信息产品制造

【概况】 2010年，全市电子信息产品制造业继续保持平稳增长，规模以上电子信息产品制造企业237家，实现销售收入282亿元，比上年增长17.5%。电子信息产品门类基本齐全，产品涵盖通信设备工业、广播电视设备工业、电子计算机工业、家电制造工业、电子测量仪器工业、电子工业专用设备工业、电子元件工业、电子器件工业、电子信息机电产品工业、电子信息专用材料工业等十大类。 （王爱华）

【睿泰投资有限公司成立】 2010年4月，江苏睿泰投资有限公司在镇江润州区成立，注册资金5000万元。公司投资2.5亿元，按照“311”（3大业务方向+1个科技园区+1个创投基金）的模式打造项目孵化平台。3大业务方向是IT教育、人才发展解决方案和互联网人才服务，1个科技园区是睿泰创新科技园，1个创投基金是睿e创新基金。（王爱华）

【纳赛诺科技（句容）有限公司成立】 2010年4月，由上海三鑫承华（集团）有限公司投资设立的纳赛诺科技（句容）有限公司落户句容光电子产业园，注册资金3亿元。主要从事微型纳米激光显示设备的研发、生产。公司以光电子产业园为载体、微型激光投影设备为龙头，带动上下游配套产业的发展，在园内构建完整的激光显示产业链，预计整个园区达产后年产值超过100亿元，上缴国家税收超过10亿元，新增就业岗位5000个。 （王爱华）

通信服务业

【概况】 2010年底，全市通信运营业务收入24.30亿元，比上年增长10%，全市固定电话总数113.20万户，移动电话总数262.10万户，百户家庭电话拥有量340部，互联网用户数51.7万户，互联网用户接入率为51.7%。 （综 合）

【电信公司】 2010年是中国电信服务提升年，该公司以“服务世博，放心消费”为主题，以“全业务服务标准，五个一服务举措”为载体，先后开展客户体验投诉流程穿越、天翼腾飞满意服务竞赛、四季度满意服务冲刺等专项活动，综合客户满意度高于全省电信公司平均水平。2010年，公司初步形成移动业务、宽带业务、固网语音、增值业务四大支柱均衡发展，非话收入占比持续提升。3G（第三代移动通信）发展全省领先。4兆及以上用户占比达到25%，列全省第5位，宽带提速目标完成进度居全省第3位。在城市12兆以上宽带网络覆盖率超过90%；乡镇和农村8兆和4兆实现全覆盖，12兆和8兆覆盖率分别达到80%以上。移动网络市、县、城区的深度覆盖水平与标杆公司相当；高速、高铁、风景区的2G（第二代移动通信）网络质量超越标杆公司。农村和郊区的2G网络质量与标杆公司可比。3G网络质量继续保持业界领先，客户网络质量满意度达到80%以上。WLAN（无线局域网）重点区域覆盖率超过60%，高校达到80%，客户异常掉线率为4%。

2010年，公司被中华总工会评为全国模范职工之家，连续三年获江苏省文明行业称号。 （丁 鹏）

【开展宽带提速活动】 截至2010年12月，电信公司实现楼宇光纤100%覆盖、市区20兆以上带宽覆盖率77.89%，12兆带宽覆盖率90.72%，8兆带宽覆盖率97.66%；乡镇12兆以上带宽覆盖率92.49%，8兆带宽覆盖率96.68%；村庄8兆以上带宽覆盖率95.51%，4兆带宽覆盖率97.52%。率先在全省启动新建住宅光纤到户配套建设，光纤到户用户数占总用户数比例位居全省第一。建成无线局域网热点371个，无线热点1129个，车站、医院、商务中心、会展中心等热点地区覆盖率100%。建设移动宏基站575个，室内分布系统211个，城乡3G信号覆盖率大于98%。

同步推出“我的e家”系列光速套餐，提供10兆、20兆、50兆直至100兆的极速宽带的接入，提供极速宽带新体验。同时针对普通客户，有条件地提供免费2兆升4兆，为广大客户提供高速便捷的上网服务。 （丁 鹏）

【做好“两会”等通信保障工作】 2010年12月，电信公司落实“两会”、上海世博会、广州亚运会及镇江迷笛音乐节期间的通信保障、信息安全和企业维稳工作。一是对以网络安全和信息安全为重点，切实做好通信要害区域的“防通信事故、防火灾、防盗窃、防破坏、防爆炸、防泄密”的“六防”工作，确保良好的通信生产秩序。二是按照相关要求做好手机淫秽色情专项治理工作，对自有网站和信息平台的信息进行全面检查，确保信息内容合法健康，加强对信息的管控、排查、监测及应急处置工作，确保网络环境健康文明。特别关注IP专线用户的使用情况，防止非法和敌对组织利用非法经营的国际电话和电信的其他业务进行违法宣传。三是对企业的维稳工作形势、不稳定因素进行全面的排查调处工作，把不稳定因素化解消除在萌芽状态。 （丁 鹏）

【移动公司】 2010年，移动镇江分公司初步实现由移动通信运营商向全业务运营商的新跨越。移动用户突破200万户。在保持传统市场优势的同时，公司推进社会信息化，拓展全业务发展新领域。近年来，镇江本地共启动14个电子政务项目，镇江分公司中标11个，在这11个项目中，有2个项目完成初验，6个项目完成终验，2个项目投入试运行。与江苏大学合作数字化校园及“一卡通”项目、句容农村信息化项目、边防“一卡通”、手机汽车票、车辆定位及监控、污水监控等项目。2010年，公司加快基础网络建设。全年新建2G基站191个，TD（指时分双功）基站204个，开展“网络感知提升”“网络扫盲”等六个专项活动，网络质量持续保持优秀，2G网络接通率99.45%、掉话率0.61%，3G网络接通率99.37%、掉话率0.23%，2G、3G切换率97.32%。在2010年镇江市公共服务行业行风民主评议活动中，取得全市通信行业排名第一、全部参评单位排名第二的成绩。

“十一五”期间，公司推进自主创新的3G标准TD-SCD M A（指时分双功——同步码分多址接入技术）建设与发展，参与物联网应用，加快探索全业务发展新模式。公司逐步实现移动通信专家—移动信息专家—移动改变生活的梯次升级转型。五年来，移动镇江分公司

的客户规模增长1.6倍,合作网点数量增加3倍。助力社会信息化和智慧城市建设。（赵　松）

【手机汽车票】 2010年,移动镇江分公司与镇江江天集团合作推广"手机汽车票"项目,实现无障碍检票一步到位。实现汽车票手机订购、汽车班时班次查询、票量数据查询、二维码发送验证、二维码换票等功能模块,并同步上马无障碍检票系统,手机用户在获取加密二维码和短信后,可直接在检票闸道相应二维码识别设备处刷手机检票上车。这种方式使客运交通完全脱离"纸质票"的模式制约,杜绝造假票、黄牛票等现象,实现交通信息化、智能化。（赵　松）

【"智慧旅游"】 2010年,移动镇江分公司以镇江市政府对接世博旅游的契机,与园林局、旅游局合作,推进"智慧旅游"项目建设。该项目包括智慧导游系统、景区内定位、景区电子商务平台、手机支付等十余项内容,实现全市景区资源的统筹调度和远程控制。景区智慧导游系统,将各景点介绍进行预录,并对游客进行定位,在游客到达相应景点附近,系统会自动通过图、文、声并茂的彩信方式下发景点介绍。景区电子商务平台,实施移动园林电子年卡项目,方便移动手机用户刷卡入园、手机扣费,并实现全市一票通园、联网售票以及网络售票模式,有效降低人力成本、提升票务管理和检票工作的效率。（赵　松）

【TD-SCDMA网络建设】 2010年,镇江移动深入开展中国自主3G制式TD-SCDMA网络建设。截至2010年底,移动3G建设室外宏站300余座,室内分布系统500余个,覆盖镇江市区绝大多数区域和三县、市的主城区,为用户提供TD无线固话、可视电话、无线高速下载、手机电视等先进业务体验,借助TD无线网络平台推出电网无线远程抄表等物联网业务。（朱　键）

【中国联通镇江市分公司】 2010年,该公司在市区、丹阳、扬中、句容开设231个营业网点,形成覆盖镇江地区的全业务经营网络。从日常评价考核、服务培训与提升、岗位技能练兵、管理制度及流程等四个方面重点开展工作,2010年故障修复及时率99.09%,客户满意度95.9%,完善应急通信预案,定期进行演练工作。完成2010年汛期及上海世博会安全保障工作。

2010年,镇江联通宽带和3G业务快速发展,成为拉动增长的主要驱动力;2G业务平衡发展,固话业务发展趋缓。移动业务、固网业务整体增长水平均高于行业的平均增长水平,联通"沃"品牌的四大内容成型,在网络建设、终端数量、3G应用、行业拓展等方面取得行业领先优势,先后推出iPhone、乐phone、普及型智能终端、中高端智能终端等20余款明星手机终端,满足市场不同人群需求;陆续开展"3·15"3G业务演示会、"5·17"城市客厅3G业务演示、校园3G业务应用演示、3G业务进社区业务演示等。截至2010年底,共发展移动电话用户32万户,互联网在网用户5万户,固定电话在网用户5万户,公司服务收入比上年增长12.6%。

公司被评为2007~2009年度江苏省精神文明建设工作先进单位。（成　玺）

广电网络

【概况】 2010年,镇江市完成主城区数字电视整转和网络双向化改造,镇江市区共有有线电视用户22万户,1466个光节点,实现市、县、镇、村四级光纤联网。互动电视、有线宽带、高清互动电视等进入到百姓家庭。

市政府"12345"服务热线建立对接平台,成立客户服务队伍,明确第一位接待客户来电或来访的为首问责任人,广电网络镇江分公司首次参加全市公共服务窗口行风评议取得第三名的成绩。

公司基础业务、增值业务、拓展业务大步发展,推出互动电视、有线宽带和高清互动业务。镇江市互动电视用户4万户,互动率25.1%,平均每4个家庭就有一户是互动用户,名列全省榜首,互动节目户均消费金额名列全省第一;有线宽带发展势头良好;高清互动电视逐渐得到用户的认可。

公司制作的礼品,成为江苏有线产品、服务和形象的宣传载体。（冯　涛）

【开展与江苏大学合作项目】 2010年12月,广电网络镇江分公司与江苏大学签约成为"青年就业创业见习基地",同时公司还与江苏大学工商管理学院签订全面合作协议。该公司将为大学生实习提供基地,为大学生勤工俭学提供平台和帮助,为大学生就业提供工作岗位;江苏大学为镇江分公司提供员工培训、输送人才、研发科研项目。（冯　涛）

【"走访千家万户,激活互动电视"主题活动】 2010年4月,广电网络镇江分公司针对互动用户不会使用互动、互动点击率不高的现象,策划"走访千家万户,激活互动电视"主题活动。上门为用户提供一对一现场服务,激活1260户互动用户,激活率达到70%。（冯　涛）

【组织参加省公司首届小学生互动电视征文活动】 在2010年9月开展的首届互动电视小学生征文活动中,广电网络镇江分公司与市电化教育馆、主城区及新区的三个教育行政主管部门联系,宣传发动数十所小学参加。镇江市囊括高年级组一、二、三等奖,获得中年级组一、二等奖以及低年级组的一等奖和最佳人气奖,组织奖、优秀辅导等大部分奖项也被镇江市小学生摘得,获奖名额占到总数的80%。（冯　涛）

【配合省公司试验SDV项目】 2010年初,广电网络镇江分公司承接省公司的SDV(交换式数字电视)试验项目,完成平台建设、功能软件测试、机顶盒的配套开发等工作,于当年底进入试用阶段,并通过省公司的验收。该项目是通过有线电视双向交互网络和互动机顶盒设备,实现用户点播哪个频道,前端机房就传送这套节目给用户收看,而没有用户点播的频道就不进行传送的功能。这样,就可以用有限的物理频道提供更多的节目给用户,今后,可传送几十套高清、几百套标清节目,满足人民群众多样化的文化需求。（冯　涛）

【宽带城域网工程起步】 2010年年初,广电网络镇江分公司开始建设宽带城域网工程,至2010年6月完成一期工程。该系统的核心层是二台华为路由器,它与省数据公司的核心路由器进行连接,形成双核双星结构;汇聚层采用华三7506交换机,分布于七个中继站点,完成数据的汇聚任务。该系统性能稳定,安全可靠,数据交换能力强,为宽带用户的发展打下良好的基础。（冯　涛）

城市建设与管理

责任编校：毛向阳

综　述

【概况】 2010年，原市建设局和原市房管局合并，新组建的市住房和城乡建设局成为承担城市建设、社会管理和民生保障职能的综合性部门。

市区完成城建投入350亿元，完成拆迁391.4万平方米。新行政中心、人民来访接待中心、后勤服务中心竣工交付，市民公园建成开放，体育会展中心"两馆"（体育会展馆、综合训练馆）和商务办公A区封顶，第二人民医院主体工程交付，高铁站场开工建设。凤凰山路、黄山中路、李家山路等及行政中心周边路网建成。禹山北路东段、第一楼街北延、江滨大道东延建成通车，京岘山南路和宗泽路二期完成路基施工。京口、谏壁污水处理厂运行，新区第二污水处理厂和高资、宝堰污水处理厂试运行。市区完成20公里雨污分流工程，金山水厂扩建土建工程完工，征润洲水源地保护工作基本完成。完成古运河、玉带河、虹桥港等7条河道、107个排水口的"黑臭河"整治任务。改造街巷道路2万平方米，整治积水区23处，完成9个老住宅片区、52万平方米改造任务，受益群众2.6万人。拆除废旧水塔4座，空斗墙房屋拆迁安置完成1.1万平方米。西津渡历史文化街区荣获中国人居环境范例奖和江苏省现代服务业集聚区称号，成功入选最受欢迎的20个世博主题体验之旅示范点。

公共服务设施加快向村镇覆盖，区域供水新增受益人口10万人。基本建成7个省级生活污水处理试点村庄和12个太湖流域农村生活污水集中处理设施项目，11个省级环境整治试点村庄通过验收，丹阳市新桥镇金桥村、延陵镇黄固庄村获得省级康居示范村称号，句容市茅山镇通过特色景观旅游示范镇省级验收。全市开工建设农民集中居住点67个，建成面积达280万平方米。

加快拆迁安置房、廉租房、公共租赁房、经济适用房（共有产权房）和成片危旧房改造（简称"五房"）。组建住房保障业务机构——住房保障中心，强化住房保障职能。全市廉租住房建设（筹集）239套，实物配租800户，发放租赁补贴2063户；公共租赁住房筹集7480套（间），为环卫工人提供公租房144套；新开工建设经济适用住房3034套；完成危旧房改造项目16个、70.07万平方米；市区开工建设拆迁安置房462万平方米、52000套。

房地产市场健康发展，市区完成房地产开发投资52.6亿元，比上年增长11.7%；住宅新开工面积193.99万平方米，比上年增长28.2%。深化物业管理重心下移工作，推行"两站一中心一联席会议"试点。建筑市场质量安全并重，建筑业全年完成总产值360亿元，比上年增长16.13%。市区工程发包率、招标率、应公开招标率保持100%。全面推进住宅工程质量分户验收工作。落实阳光拆迁，实施社会稳定风险评估和拆迁许可前听证制度。做好房改各项政策的实施工作，审批购房补贴3138万元，房改房上市交易646户、成交1.7亿元。

顺应国家宏观政策调整，加大融资力度，全年共筹措资金102亿元，其中银行贷款36.85亿元，企业债券20亿元，土地出让收入36.45亿元。创新融资平台，将原中房集团镇江公司整体改制为镇江市公共住房投资建设有限公司，作为以城市公共保障性住房开发建设为主体的融资平台。

以节约使用资源和提高利用效率为核心，开展建设科技产学研合作。建筑节能设计率达100%，建成50%节能建筑200万平方米，建成国家节能科技示范工程1个、省级节能示范工程1个，争取部、省级节能减排补助资金1350万元。以大港万顷良田、市行政中心迁建工程等示范工程为载体，推广应用先进的节能技术和产品，促进科技成果转化。2010年上半年，镇江市申报国家级节水型城市的资料通过省住建厅初审，8月底完成国家级节水型城市资料申报，12月通过国家考核组验收。　（贾泽栋）

【"十一五"住建工作概要】 "十一五"期间，镇江城市规模迅速扩大，市区城建累计投入约900亿元，是"十五"期间的2.8倍；建成区面积由86.10平方公里扩大到104.1平方公里，城市框架基本拉开，同时随着"南城北水"、大市口商贸中心建设的快速推进，城市的形态与特色更加显著。城市功能不断增强，先后新建、改造主次干道66条，总长度150.5公里，人均道路面积19.72平方米，"三横九纵、十字双环"的内部交通格局基本形成；主城区6大污水处理系统基本形成，城市污水集中处理率87.49%，比"十五"期末提高22个百分点；水源地生态保护区建成，区域供水实现镇村覆盖，供水普及率95%。城市燃气气化率98.48%。大规模实施旧城改造、老小区整治和"青山绿水"工程，市区拆迁总面积1100万平方米，整治老小区面积250万平方米，先后完成15处旧城片区改造和10个"城中村"改造，改善7.5万户、22万人的居住条件。物业管理服务小区242个、1800万平方米，覆盖率75%，受益人口约55万人。城乡统筹步伐加快，市域"1+3"四个中心城市职能得到提升，重点中心镇优先发展，一般镇快速推进，中心村优化组合；推行新市镇建设,选择11个试点新市镇和30个试点新社区重点规划建设。组建镇江城投集团,企业总资产超过500亿元,初步形成按照现代企业制度运营管理的集团化、市场化、资本化运作的城建投融资平台。（贯泽栋）

【住房保障工作】 2010年,市政府相继出台《关于加快镇江市住房保障工作的实施意见》《镇江市市区公共租赁住房管理暂行办法》《镇江市市区经济适用住房管理办法实施细则》《镇江市市区发放廉租住房购房补贴的暂行办法》《镇江市市区保障性住房资金管理办法》等一系列文件,成立市住房保障工作领导小组,同时成立市住房保障中心,具体负责住房保障实施工作。2010年市财政直接支出保障性住房资金9260万元。（贯泽栋）

【直管公房危旧房改造】 2010年市区有直管公房7763户、29万平方米,其中非居住房387户、4.96万平方米,居住房7376户、24.04万平方米,居住房中严重损坏房和危房约占40%、9.5万平方米。根据《镇江市市区住房保障发展规划(2008~2010)》,每年计划改造完成2万平方米直管公房危旧房,2010年是实施该计划的第三年,全年完成直管公房危旧房改造149处2.07万平方米,总工作量750万元,改善509户1283人的居住条件。（韩 峰）

【城市危旧房改造】 镇江城区危旧房大多集中在主城核心区域,主要有双井路、中华路、迎江路、西津渡、长江路北侧等十余处成片区域,总建筑面积约300万平方米,常住人口约10万人。2010年,完成大东厂、跑马山、狮子山等危旧房片区改造项目18个,拆迁安置居民5000户,拆除房屋建筑面积71.85万平方米,投入资金35.8亿元,中央补助镇江市2010年度棚户区改造资金220万元。（韩 峰）

【空斗墙房屋改造】 空斗墙房屋是指以空斗墙体为主要承重结构的房屋,这类房屋大多建造于20世纪70年代,一般为二到四层楼房,无独立厨房和卫生间,套型面积约35平方米。据调查,市区现存空斗墙楼房155幢2387户,总建筑面积8.80万平方米,其中直管公房住户982户3.2万平方米,单位系统房27户0.14万平方米,私房住户1378户5.46万平方米。2010年通过危旧房片区改造、城市道路拓宽改造等,空斗墙房屋拆迁安置1.10万平方米,涉及居户310户。（韩 峰）

【市城投集团有限公司】 2010年,市城投集团到位资金101.69亿元,融资净余额达到148亿元,资金投放总量104.92亿元,其中城建资金投入50亿元。开工建设11个安置房项目,新建续建安置房160.05万平方米,竣工40.23万平方米。（杜效溥）

【西津渡历史文化街区保护更新工程】 2010年,西津渡名城保护建设项目完成投资7000万元,全面完成老码头文化园保护修复工程;完成广肇公所、郭礼征故居、庐园等修缮改造工程。举办"HIFI西津渡国际音乐节"活动,通过国家AAAA级景区申报创建。引进战略合作伙伴,西津湾度假区建设项目签订合作协议。西津渡荣获中国人居环境范例奖、全国文物保护单位、江苏省现代服务业集聚区、最受欢迎的20个世博主题体验之旅示范点等多项殊荣。（杜效溥）

城市建设重点工程

【概况】 2010年,镇江城市建设以"南徐新城区、北部滨水区"建设为重点,以建设"山水花园"城市为目标,加快城市基础设施和民生工程建设。根据实施的具体情况,市委、市政府又对城建计划进行调整,城建项目调整为136项,总投资1140亿元,年度投资443亿元,重点工程28项,一般性工程108项。2010年,市区完成城建投入350亿元,完成拆迁391.4万平方米。（孙实泽）

【高资污水处理厂】 位于丹徒区高资镇勤丰村,占地2万平方米,主要承接丹徒经济开发区的工业废水和生活废水,工程总规模3万吨/日,一期工程1.5万吨/日,采用水解酸化+鼓风曝气氧化沟法,尾水达到《污水综合排放标准》的一级A标准排入马步桥港,最终流入长江。该项目2008年4月开工建设,2010年3月底建成投入试运行。（张 宁）

【宝堰污水处理厂】 位于镇荣公路与胜利河交汇的夹狭地带,主要承接宝堰地区的污水,总规模1万吨/日,一期工程0.5万吨/日,尾水达到《污水综合排放标准》的一级A标准排入胜利河。该项目于2008年6月10日开工,2010年3月底建成投入试运行。（张 宁）

【禹山东路】 从谷阳北路路口至镇大公路左湖立交桥,全长3.68公里,宽60米,按城市主干道I级标准建设,总投资约9亿元。该道路是连接大港新区与老城区的一条重要通道,建成后使大港新区与老城区的交通更加方便快捷,同时对改善江苏大学周边环境,促进老丹徒镇的建设进度有推动作用。工程于2009年5月开工建设,2010年5月竣工通车。（鄂丽琴）

【凤凰山路二期】 凤凰山路工程西起朱方路,东穿过民营开发区,跨越长山灌渠,接檀山路至九华山路,道路全长3.34公里,是南徐新城区的基础骨架,也是镇江市老城区西部连接新城区的重要城市主干道。该工程分段实施,其中凤凰山路二期从长山渠路至九华山路,长1800米,宽40米,含长山灌渠桥,工程于2009年8月开工建设,2010年8月竣工通车。（鄂丽琴）

【市行政中心迁建工程】 工程位于南徐新城南徐路和檀山路交叉口处,占地约0.6平方公里。新建建筑物分别由1栋主楼、4栋附楼、会议中心、市民大厅和后勤服务楼等8栋建筑物组成。工程于2008年10月开工建设,2010年12月竣工。（鄂丽琴）

【市人民来访接待中心】 占地5522平方米,建筑面积约4672平方米,工程位于南徐新城中心区域内,项目总投资约3000万元。为框架结构,主体5层,局部4层。工程于2008年10月开工建设,2010年12月竣工。（鄂丽琴）

【体育会展中心】 位于南徐新城中部的蛋山地块,总用地约50.66公顷,投资约16.57亿元。该项目分为体育场、体育会展馆、综合训练馆、网球中心等子项,总建筑面积约17.7万平方米。其中,体育场建筑面积5.4万平方米,可容纳26699人;体育会展馆建筑面积近8万平方米,可容纳6965人;综合训练馆建筑面积4万平方米,游泳跳水馆(设于综合训练馆内)可容纳观众933人。该项目于2009年6月开工建设,2010年底,综合训练馆、体育会展馆封顶。（鄂丽琴）

城市规划

【概况】 2010年,市规划局发挥城乡规划在统筹城乡发展的引导和调控作用,确保城乡规划的有效实施。

加强规划编制,强化完善法定规划

编制体系。2010 年重点完成《镇江市综合交通规划》《镇江市主城中小学布局规划调整》《镇江市官塘片区控规》以及丁岗、姚桥、辛丰、谷阳、上党和高资等 6 个镇控规。完成各类设计项目近 800 项，其中规划设计项目 400 余项，建筑设计项目 120 余项，市政设计项目 260 余项，完成 2010 年城建重点工程设计。

加强规划创新，强化规划引导和调控作用。在优先对生态保护、自然保护区、历史文化保护地段、重要的公共和市政设施用地等进行控制、保护基础上，严格实施“五线”（红蓝绿紫黄）的控制（道路、河湖、绿地、历史文物保护区、重要市政设施用地等），引导用地开发方向，为建设“山水花园城市”提供规划保证。

加强规划管理，强化行政许可和管理规范化。实行批、管、验分开管理，探索从“经验管理”向“规划 + 法规管理”的转变。坚持建设项目由局长办公会和局技术委员会集体研究决定制度，核发“选址意见书”142 份，“建设用地规划许可证”186 份，“建设工程规划许可证”1146 份，审查各类管线综合方案 65 项，办理市政管线建设工程项目 38 个，出具规划设计条件 91 项，审查规划方案 139 项。制定出台《镇江市高层建筑日照分析暂行规定》，配合市法制办起草《镇江市城乡规划管理规定》。

加强规划服务，强化大项目和城建项目管理。将 2010 年全市重点项目和城建重点工程中涉及规划的 216 个大项目进行汇编，下发文件，明确局责任领导、责任处室（分局）、专门联系人，在报审前后实行全过程、点对点的跟踪服务，建立健全项目服务和管理机制，为苏宁广场、财富广场、万达广场、沪宁城际枢纽、新区益华广场、丹徒冠城商业中心等大项目做好规划服务。指导帮助盐资园区开展创业创新工作，无偿为盐资园区和曙光村、曲阳村编制发展规划，谋划长远发展蓝图。完成市政府交办的沪宁城际铁路两侧环境绿化整治工作，得到省、市两级政府表彰。

加强新市镇建设，提升城市化水平。指导新坝镇、皇塘镇、下蜀镇 3 个省级重点中心镇完成近期建设用地范围控规编制；参与“新市镇、新社区、新园区”的三新建设工作，支持新市镇规划的指导编制工作；协助完成新市镇、新社区示范点选址，组织制订《镇江市新市镇规划编制导则》，完成《镇江市村镇规划管理暂行规定》起草和征求意见工作；打造 11 个新市镇、30 个新社区，形成“新市镇 + 新社区”新型城乡格局。

加强规划基础工作，推进数字化建设。重点围绕规划编制、规划管理和地形图更新开展工作，开展三维仿真规划方案辅助决策系统的研究与建立，自筹资金制作和出版《2010 镇江市影像地图集》，完成各类测绘项目 1000 余项，工程勘察项目 120 余项，为镇江市城市建设和经济发展做出应有的贡献。

审核工程档案 871 家单位，入库各类档案 12849 卷。创建成省级文明单位和省级示范档案馆，建成并启用新馆库。

全系统完成 3 个市级科技项目和 15 个局级科技项目，有 23 个项目分别获部、省、市科技进步一、二、三等奖，全年投入科技经费超过 300 万元。

完成市政府交办的援藏援疆工作，完成建设兵团农四师 6 个团场安置房和精品房规划设计工作。

2010 年，市规划局获南徐新城、北部滨水区建设工程贡献奖等 10 个奖项。（刘　俊）

【“十一五”城乡规划概要】 “十一五”期间，市规划局在城市总体规划指导下，完成百余项重要规划的编制；建设报建量超过 2000 万平方米，完成 23 项指令性勘测任务，接受城建档案 53772 卷，查处或协查违建约 12.6 万平方米，获得部、省、市各类荣誉 78 项。在城市总体规划和历史文化名城保护规划的总体框架下，先后编制近期建设规划、综合交通规划、三山风景区规划、南山风景区规划，以及水电气等市政专项规划，编制四线规划、近期建设用地范围内的控制性详细规划等，完成一批小城镇总体规划编制和修编等，初步完成法定规划体系构建。挖掘“南山北水”生态景观资源，开展“青山绿水”两年行动计划，整治 11 座山体、3 条通江河道。在旧城改造规划工作中，着眼“减量、增绿、留白、整容”的总体要求，将旧城改造与城市功能完善、环境改善结合起来，实施城市绿地建设、市民休闲广场建设、公共服务设施建设以及道路拓宽改造等工程，扩大市区绿化面积，塑造一个具有人文魅力、生机活力、特色鲜明的城市新形象。坚持环境建设与城市建设同步规划、同步实施、同步发展的原则，加强对生态环境、公共设施、历史原貌、文化遗产等资源的保护和利用。按期建成规划展示馆并向社会开放，迁建规划局、城建档案馆和规划院办公楼。城建档案馆创建省级示范馆。科技投入超 1000 万元，百余项规划、勘测成果和科研项目分别获得部、省、市级一、二、三等奖。（张炳林）

【《城市地下空间环境岩土工程勘察与评价》获国优二等奖】 该研究成果于 2010 年 8 月获全国优秀城市规划设计勘测工程二等奖，主要用于镇江市城市地下空间的开发和利用。该项目 2007 年 1 月开工，历时 7 个月完成。研究区范围涵盖总体地下空间规划的主城、东翼、西翼，面积约 360 平方公里。通过研究，划分城市地下交通及城市地下市政综合管沟各自建设适宜性分区；评价研究区范围内地下空间资源的适建性及地下空间浅层、中层工程地质环境质量；查明潜在的地下地质灾害的发育规律；阐明地下空间环境岩土工程与地下空间开发利用规划的关系；形成对地下空间环境岩土工程评价的方法体系；提出城市规划综合地质信息服务系统的建立的工作目标。该研究成果以地质学、规划学、环境学、图形学等的基本理论为依据，以计算机技术及信息技术等为手段，以系列图、图片、影像、表格等为表现形式，以量化评价为标准，把环境岩土工程学的科技成果直接服务于城市地下空间规划管理和设计，实现地质信息向规划信息的传递，使跨专业的科技成果在城市规划工作中得以应用。（于正中）

【《镇江综合交通规划》获省优二等奖】 该规划于 2009 年 10 月通过纲要论证，2010 年 7 月完成修改报批，同年 10 月通过市政府批复，12 月获省优秀设计二等奖。由东南大学与镇江市规划设计研究院联合编制，面向政府决策和城市交通建设，以适应区域发展以及城市社会经济现代化、城市化和机动化的快速发展为目标，通过分析城市交通现状问题和把握镇江城市交通发展趋势，预判未来城市交通可能面临的问题，明确城市交通发展的方向，采取有效规划措施加强控制。（解　寒）

【出版发行《2010 镇江市影像地图集》】 镇江市勘察测绘研究院于 2010 年 7 月出版发行《2010 镇江市影像地图集》。图集提供从空中俯瞰名城大地的全新视角，全面展示镇江独特的地形地貌，客观反映镇江近年来城乡面貌发生的巨大变化，使人们对这座城市的山水城林特色空间有更加深刻、直观的认识，为社会各界提供翔实的城市地理信息，以彩色航空数码影像（2009 年 10 月）为主要表现内容并辅以相关地理信息集合而成的城市地图集。由序、镇江概况、索引、分幅图四部分组成，共包含 234 个彩页，内置影像地图 111 幅（222 页），其中 1 : 6000 影像图 81 幅、1 : 18000 影像图 21 幅、1 : 24000 影像图 6 幅、专题影像图 3 幅，覆盖镇江市京口、润州、丹徒区及镇江新区，面积约 1070 平方公里。（于正中）

【镇江市城乡建设档案馆新馆库落成】 2010年12月19日，镇江市城乡建设档案馆新馆库落成。同日，该馆通过江苏省省级示范城建档案馆考评组的实地核查、综合评估，成为省辖市馆中第一家获此殊荣的城建档案馆。该馆新馆库大楼位于南徐新城中心区，地上五层，地下一层，建筑面积12088平方米。新馆库大楼于2005年立项，2008年12月开工建设，2009年5月封顶。（戴晓彤）

城建档案馆新馆库落成 （王 忠）

村镇建设

【概况】 2010年，镇江市村镇建设启动11个新市镇、50个新社区的试点建设，集镇面貌焕然一新。全市农民集中居住点开工建设76个，建成面积348万平方米，集镇新增道路面积88万平方米，人均道路面积26.4平方米，人均公共绿地5.6平方米，集镇区域供水覆盖率80%以上。全年共完成11个省级试点村庄和11个市级试点村庄的环境整治，其中2个村获省级康居示范村称号，8个村获市级康居示范村称号，完成14个农村污水处理项目和7个省级生活污水处理试点村庄项目。（马 静）

【完成村庄生活污水集中处理建设任务】 2008年，江苏省政府与镇江市政府签订目标责任书，三年建设47个镇村农村居民点生活污水处理设施。2010年，镇江市指导完成14个太湖流域农村生活污水集中处理设施建设项目和7个省级生活污水处理试点村庄项目。至此，省政府三年目标任务全部完成。（马 静）

【村镇文明创建】 2010年，镇江市村镇在环境整治的基础上，组织创建乡风文明、人居环境优良、资源土地节约、设施配套适宜、生产生活便利的康居示范村镇，其中丹阳市新桥镇金桥村和延陵镇黄固庄村被评为省级康居示范村，丹徒区谷阳镇槐荫村等8个村被评为市级康居示范村。句容市茅山镇被评为省级特色景观旅游示范镇。（马 静）

市政公用事业

【概况】 2010年，市区完成20公里雨污分流工程，金山水厂扩建土建工程完工，征润洲水源地保护工作基本完成。改造街巷道路2万平方米，整治积水区23处，进行9个老住宅片区、52万平方米改造。市区建成节水型企业（单位）43家，节水型小区26个，165家企业（单位）、7000户居民完成用水器具改造工作。基础设施逐步完善，京口、谏壁污水处理厂运行，新区第二污水处理厂和高资、宝堰污水处理厂试运行。

2010年市区道路路灯设施完好率95%以上，主干道全年平均亮灯率99.7%以上。市自来水公司完成售水量9219万立方米，水质全部达到国家新的卫生标准。城乡居民家用电器进一步普及，城乡居民生活用电比上年增长20.58%。至2010年底，全市有各类管道燃气用户近17万户。拥有天然气门站2座；天然气高、中压调压站4座；中、中压调压站2座；各类燃气调压设施近300余处；小型汽车加气站2座，母站1座；高、中、低压燃气管线1500多公里。（综 合）

【市政设施管理养护】 2010年，全市完成城建重点工程及各类配套工程总量3.22亿元。实施运河路拓宽改造、李家山路、檀山东路、新区盛港路、丁卯桥路改造等工程建设；推进街巷改造等“民心工程”建设，首批街巷改造2万平方米、9个老小区整治到位，完成蔡家小圩、南马路97号、仓巷70号1栋、桃花山庄北门西侧、光电大楼西侧（大埂街）、京砚山路52号等街巷道路的改造。发挥城市照明控制中心作用，完善智能控制系统，补充电缆防盗、视频监控节点，增加景观照明监控节点，逐步实现建成区全覆盖，提升城市照明设施的运行质量和管养水平。照明灯饰养护维修及时，全年新增路灯3768盏、控制线路15公里、总功率868千瓦。市区道路路灯设施完好率95%以上，主干道全年平均亮灯率99.7%以上，次干道和街巷全年平均亮灯率97%以上，全年节电600万千瓦小时。（戴劲松）

【实施和平路、健康路、东吴北路等道路路灯改造】 2010年，结合文明城市创建和民心工程建设，市城管局投资3.5万元完成健康路路灯改造计24套。投资32万元，改造完成东吴北路原有三叉庭院灯为7米单挑臂钢杆路灯90套（光源250瓦高压钠灯）。和平路更换安装控制箱三遥节点及部分器件、更换部分老化线缆和光源。投资近720万元完成第一楼街北段、西纬六路、经二路、东纬六路、运河路等路灯工程，投资740万元完成学府华庭、天元一品、亚东朴园等小区路灯配套建设工程。（戴劲松）

【自来水】 2010年，市自来水公司完成售水量9219万立方米，比上年增长14.76%。水质全部达到国家新的卫生标准。水费回收率99.29%。管损率实绩为20.02%，管网水水质、水压综合合格率均为100%。

2010年，自来水公司完成金西水厂自控系统的升级，对沿江、大港供水实施增容措施，配合北部滨水区建设完成金西水厂源水管线的移位。调整管网水质采样点8个，新增4个，全市采样点已达45个。水质检测中心通过省级计量认证扩项监督评审，具备满足生活饮用水102项、地表水100项的检测能力，在江苏省内供水企业水质检测系统中名列前茅。投入11019万元铺设区域供水管道

表 19-1

2010 年镇江市城乡居民用电情况统计表

	城乡居民生活用电			城市居民客户数		农村居民客户数	
	用电量（亿千瓦小时）	增长率（%）	占比（%）	数量（万个）	占比（%）	数量（万个）	占比（%）
全市	16.7	22.15	100	43.27	100	68.88	100
市区	7.51	22.14	45.07	26.78	61.89	18.04	26.18
丹阳	4.83	22.11	28.99	8.7	20.11	25.14	36.5
句容	2.52	23.31	15.15	5.15	11.89	17.2	24.98
扬中	1.8	20.69	10.79	2.64	6.11	8.5	12.34

（周 健）

320 公里。5 月 1 日接收高资水厂，实现对高资集镇的并网供水。完成高资一期 23 个自然村和辛丰镇 10 个行政村供水发展工作，高资二期工程开工建设；实现新区丁岗集镇、石桥镇区并网供水。韦岗地区完成主管道铺设，完成两座增压站土建工程。全市区域供水基本实现全覆盖，供水总面积达到 450 平方公里，新增受益人口约 34.5 万人，用水人口 110 万人，区域供水普及率 95.5%。投入 600 万元完成水源口保护区内绿化施工等工程。继续推进金山水厂扩建工程，完成取水头部、取水管道工程的施工、原水输送管线工程；土建工程于 2010 年 4 月开始施工，砂滤池、二级泵房和吸水井、高配间、综合楼和机修车间等土建工程按计划完成。结合道路建设对 61 条管道进行新建、改建。2010 年，自来水公司获得 2007～2009 年度江苏省文明单位等多项荣誉。孙建军被评为江苏省有突出贡献高级技师，唐伟被评为江苏省技术能手，陈苏士和顾玲被评为镇江市有突出贡献技师。（蒋克俭）

【天然气】 2010 年，全市销售天然气 1.97 亿立方米，比上年增长 25%，发展民用户 1.4 万余户，24 小时维修及时率 100%，民用户灶前压力合格率 100%；社会承诺服务无责任投诉；全年未发生重大安全责任事故。2010 年，镇江华润燃气公司全年投入资金 1.01 亿元，组织实施 403 个工程建设项目。公司已初步构建信息化集成应用平台，未来将对现有系统进行整合，进行资源共享，并打通市场、经营、生产和服务模块，实现信息实时管理。（姜佩娟）

房地产开发

【概况】 2010 年，镇江市房地产市场在一系列调控政策的作用下，比 2009 年更趋于理性。市区完成房地产开发投资 106.49 亿元，比上年上升 15.1%；住宅新开工面积 446.80 万平方米，上升 36.4%。

商品房建设速度放慢，造成竣工面积减少。2010 年市区累计批准预售 222.06 万平方米，比上年下降 7%。市场上中小套型、中低价位的商品房房源较少，廉租房、经济适用房、保障性住房供应较少。

加强对房地产市场监管，全面推行房地产开发（电子）项目手册管理制度，出台《镇江市市区居住区配套设施建设管理暂行办法》《关于进一步强化市区商品房预售方案管理的通知》《镇江市房地产估价行业自律公约》。组织开发企业参加由中国房地产业协会、住建部住宅产业化促进中心联合举办的建设领域最高奖项“广厦奖”的评选，镇江市申华置业获此殊荣；推荐部分企业参加由江苏省住建厅举办的优秀住宅示范工程和成品房装修示范工程的评审，镇江市万科、兴地、润达、金润等开发企业获得奖项；在全省 2009 年度房地产业综合实力 50 强企业的评选中，镇江市城投集团和丹阳天怡房屋开发公司再次蝉联，排名也有大幅提升，分列第 5 位和 27 位。（田 甜）

【镇江润南置业有限公司】 成立于 2002 年 4 月，注册资本 8000 万元，暂定二级资质。是万科集团与南都集团共同投资组建的房地产开发企业，是万科集团旗下的全资子公司。企业总资产 72418 万元，净资产 5622 万元，年利税总额 10048 万元，年度开发竣工面积 27 万平方米，资产负债率 92%，年销售收入 49683 万元。该公司在业内树立了良好的品牌形象。（田 甜）

【江苏镇江亚东置业有限公司】 是亚东建设发展集团下属子公司，以房地产开发为主业，暂定二级资质。注册资本 51000 万元。朴园是亚东在镇江投资建设的第一个住宅项目，建筑面积约 40 万平方米，2007 年至 2008 年开发面积 29500 平方米；2009 年开发面积 34193 平方米，竣工面积 29000 平方米；2010 年开发面积 17500 平方米。（田 甜）

建筑业

【概况】 2010 年全市完成建筑业总产值约 360 亿元，比上年增长 16.13%；行业增加值 68.6 亿元，增长 14.72 %；全员劳动生产率 18.9 万元/人，增长 21.15%。全市有 12 项工程获省“扬子杯”优质工程奖，52 项工程获市“金山杯”优质工程奖；创国家级优质装饰工程奖 7 项，荣获上海世博会国家装饰奖 2 项；127 项工程被评为市级优质结构工程。

转变发展模式，以集约促发展，加大对龙头骨干企业的培育扶持力度，引导龙头骨干企业建立健全母子公司组织体系，完善企业本部和区域公司组织架构，形成镇江建工建设集团有限公司、江苏镇江安装集团有限公司、江苏润祥建设集团等 10 家建筑企业集团。其中，镇江建工建设集团有限公司被评为 2009 年度全省建筑业“百强企业”综合实力（总承包类）50 强企业第 40 名，龙头企业的引领和带动效应初步显现。扬中、句容、丹阳三市有 4 家企业取得一级总承包资质，扭转县域建筑业企业竞争力弱的态势。

截至 2010 年底，全市有建筑业企业 557 家，其中，由住建部新批一级企业 3 家，由省住建厅新批专业承包一级企业 9 家，由省住建厅新批二级企业 16 家，一二级企业数量增长 11.2%。

建筑业企业在镇江市以外完成建筑业总产值 70 亿元，占全市建筑业总产值 19.4%；外向型经济不断拓展，境外完成建筑业总产值 26.8 亿元，增长 13.2%。全年完成多种经营产值 21.6 亿元，增长 10.3 %。

专业企业占全市建筑企业总数的 56.8 %，产值占全行业的 37.8 %。江苏合发集团被评为 2009 年度全省建筑业

表 19-2 **2010 年度镇江市获江苏省“扬子杯”优质工程奖一览表**

序号	工程名称	施工单位	参建单位	监理单位	项目经理
1	江苏大学图书馆	江苏南通三建集团有限公司	常州通用幕墙装饰工程有限公司、南京金鸿装饰工程有限公司	南京工大建设监理咨询有限公司	吴书明
2	江苏科技大学南校区综合楼	南通五建建设工程有限公司	江苏新源建筑工程有限公司	镇江华普建设监理有限责任公司	葛政新
3	丹阳市政府行政中心、会议中心	江苏云阳集团有限公司	–	–	王峰俊
4	镇江市汽车客运南站	镇江索普建筑安装工程有限责任公司	–	镇江江大工程建设监理有限责任公司	徐连芳
5	江苏丹阳农村合作银行营业大楼	江苏丹建集团有限公司	–	–	张文生
6	江苏省禾木研究所	华仁建设集团有限公司	–	江苏省经纬建设监理中心	张小中
7	索普60万吨/年醋酸造气工艺技改项目——气化框架	镇江建工建设集团有限公司	–	镇江华普建设监理有限责任公司	万少华
8	长江新天地6号楼	江苏福世特建设工程有限公司	–	镇江建科工程监理有限公司	戚维兴
9	学府华庭30号楼	镇江明兴建筑安装工程有限公司	–	镇江华普建设监理有限责任公司	王地明
10	江苏农林职业技术学院第二实验楼(研发楼)	南京桥新建设有限公司	–	江苏省经纬建设监理中心	梁机灵
11	江苏大学研究生公寓5号、6号楼	南通四建集团有限公司	–	镇江江大工程建设监理有限责任公司	耿裕杰
12	镇江市奥达奥迪城市展厅	镇江第二建筑工程有限公司	–	镇江方圆建设监理咨询有限公司	朱贤进

（贾泽栋）

“百强企业”建筑装饰装修类第6名。江苏华泰装饰有限公司承接世博园奥地利馆和俄罗斯馆的装饰任务。

2010年全市共创省、市级新技术应用示范工程4项，发布市级工法3项，操作技术规程4项。建筑节能设计率100%，建成国家节能科技示范工程1项、省级节能示范工程1项。

开展建筑市场综合执法检查，共检查57个标段工程，351个单体项目，总建筑面积267.44万平方米，总造价56.72亿元。完善网上远程评标系统，全市共实施远程评标工程201项，其中69项为异地工程在镇江市抽取评委。全面开展建筑企业安全生产许可证延期换证和人员安全生产考核合格证延期审核工作，提高安全生产水平；全年开展9次安全生产大检查，检查在建项目773个(次)，累计建筑面积893.43万平方米，共签发书面隐患整改通知单313份，其中责令停工通知单31份；全市共有227个项目被定为市级文明平安工地目标管理项目，78个项目被定为省级文明平安工地目标管理项目。（魏俊超）

【江苏华泰装饰工程有限公司】 2010年，公司累计完成施工产值2.59亿元，工程竣工项目交验合格率100%、优良品率75%。创全国建筑工程装饰奖2项、全国建筑装饰行业科技创新成果奖1项、省“紫金杯”优秀工程奖3项、市“金山杯”优质工程奖4项、市“北固杯”优质建筑装饰工程奖7项。公司承建的上海世博会奥地利馆工程荣获上海世博工程全国建筑工程装饰奖，该工程还荣获2009年全国建筑装饰行业科技创新成果奖；大港油田科贸中心(天城大厦)内装工程荣获2010年全国建筑工程装饰奖，公司经连续7年9次获国家级优质工程奖(包含一个“鲁班奖”)。

（曹为忠 陈 杰）

【镇江建工建设集团有限公司】 2010年，公司完成施工产值30.4亿元，比上年增长6%；实现利税9500万元，增长20%。2010年在全市首家获江苏省建筑业(总承包类)50强称号。创江苏省(外)优质工程3项，镇江市(外)优质工程5项。获国家QC优秀成果奖二等奖一项、省级一等奖一项。2010年公司承建的比较有影响的工程有：土建造价1.3亿元的伊拉克苏莱曼水泥厂后续工程，造价1.2亿元100只筒仓组成的广东东莞国丰粮油公司36万吨大型群仓，造价1.88亿元的镇江市东方技工学校工程。（魏俊超）

城市管理

【概况】 2010年，全市城市管理工作以“创新”为主旋律，以创建文明城市、生态市和“人居环境奖”为载体，强化管理提档升级，打造亮点提升品位，城市长效管理工作取得较好成绩。

全市首座生活垃圾焚烧发电厂主体工程竣工，配套的200万立方米焚烧灰渣处置场完成选址。投资1250万元的城东垃圾填埋场渗沥液预处理和提标工程竣工投入运营，投资近400万元的城东垃圾填埋场堆体加高工程正抓紧实施。城区新、改建垃圾转运站6座、公厕30座。丹阳市日中转能力400吨的垃圾转运站已开工建设，毛甲生活垃圾填埋场渗沥液处理工程竣工。句容市城北垃圾填埋场二期工程竣工使用。丹阳市投资878万元建设的数字化城管平台投入试运行，扬中市投资750万元启动数字化城管建设。

市城管局强化城乡环境卫生管理，城区14条、58万平方米的新建道路清扫保洁权实施新一轮市场化运作。全年农村环境综合整治投入1.67亿元，农村环境卫生责任区制度签订率、落实率达到95%、90%，全市1307个行政村(自然村)将环境卫生纳入文明户评比活动中。集中整治集镇88个，创建示范村630个，33个乡镇通过全国环境优美乡镇国家级考核。城乡生活垃圾分类试点工作稳步推进。京口区江科大社区、我家山水、润州区光华雅居、镇江新区吉祥苑小区以及丹阳市珥陵镇、丹徒区世业洲、荣炳镇推行生活垃圾分类试点。

市城管局强化城市容貌管理，全年共拆除火车站、沪宁高速和扬溧高速出入口等处破旧广告62块、3359平方米，店牌字招822块、3902平方米，清除市区主次干道和街巷社区乱贴乱画近91万处，出新主干道围墙44处、10730平方米。新创建无乱贴乱画社区21个，20家单位被评选为"双十佳"容貌达标单位。新增公益性广告35处，7处12块户外广告泊位实施市场化运作。投入资金3000多万元完成南徐新城、北固湾广场等48处夜景灯光建设，夜景灯光与路灯控制实现两网合一。

修编完成环境卫生设施专项规划、户外广告设置总体规划、夜景灯光设置总体规划，修订城市建筑垃圾管理办法，完善内部管理制度，出台市容、环卫、市政、执法等行业管理标准。

市城管局规范执法行为，全面提高执法水平。全年共办结简易程序案件17381宗、一般程序案件946宗，当事人申请行政诉讼和行政复议案件8起，没有一起行政处罚案件被撤销或变更。同时，开展执法队伍规范化建设，全市12支城管执法大队全部通过省级考核验收。

2011年1月30日(农历12月27日)，连续第8年召开环卫工人迎新春座谈会，许津荣、刘捍东、李国忠、冯士超等市领导详细听取环卫工人对环卫工作的建议和意见，并向广大环卫职工发放羽绒环卫作业服和慰问金。（戴劲松）

【"十一五"城市管理情况概要】 截至"十一五"期末，全市城市道路清扫保洁面积达到600万平方米，道路机械化清扫率60%以上；日处理生活垃圾近1000吨，城市生活垃圾处理率100%；新建设公共厕所227座、垃圾中转站14座、生活垃圾填埋场1个、粪便处理厂1个，在建生活垃圾焚烧发电厂1个；市政管养面积408万平方米，路灯管养44030盏、杆线1600公里；承担建城区98平方公里范围内105项行政处罚。市政府成立城市管理协调委员会，实现城市管理相对集中行政处罚权"重心下移"，构建市、区、街道、社区四级网络，建成市区两级数字化城管系统平台，实行城市长效管理综合考评机制，"大城管"格局基本形成。加大对环卫基础设施设备的投入力度，"十一五"期间总投入近3000万元，垃圾中转站、公共厕所等设施不断完善，投资4.13亿元的生活垃圾焚烧发电项目推进顺利，配套的库容量200万立方米焚烧灰渣处置场完成选址。城东垃圾填埋场二期渗沥液预处理工程投入运行。建成城市照明控制中心，对市政公用基础设施保持动态化、高水平管养。增添置换垃圾压缩车、运输车、冲洗车、扫路车60台套，30条、158万平方米的新建道路保洁权实行市场化运作。城乡环境卫生管理实现全覆盖，33个乡镇通过全国环境优美乡镇省级考核，农村垃圾处置建设有垃圾中转站58座、垃圾房29323座、垃圾桶11480只、密闭式垃圾运输车68辆、普通垃圾运输车辆224辆、保洁车3814辆、镇村专职保洁员6991人，农村垃圾处置长效管理在全省领先。城镇生活垃圾处理费征收率提高。建成2条省级市容管理示范路。以"政府引导推动、社会各界参与"的运作模式，投入6500万元完成市区200多幢楼宇亮化工程。推进户外广告泊位市场化运作，主干道基本消灭乱贴乱画。市城管局牵头开展农村垃圾、违法建设、户外广告、占道经营、还道于民、扬尘治理等专项整治行动，均取得明显的成果。创新城管科技，实施ISO 9001：2000国际质量体系贯标认证，建立GPS车载终端和远程监控平台，开发运行行政案件EAS处理系统，促进工作落实和效果反映。（戴劲松）

【环境综合整治】 2010年，市城管局联合京口、润州区政府、市住建、公安、环保等部门联合开展扬尘治理和渣土管理整治，全年共发放"整改通知书"300多份，检查渣土车辆2900多辆次，推动建设出新施工围墙14万多米，硬化道路6万平方米；开展"还路于行、还道于民"综合整治，整治道路15条，出动执法人员9000余人次，发放宣传资料5万余份，规范各类车辆停放3万余起，修复主干道破损路面近4万平方米；对11家菜市场实施环境秩序整治并设置综合监督岗亭，实行长效管理。同时，在市中心推行车巡和步巡相结合的新型执法管理方式，取得较好的效果。全年拆除违法建设1845起、10.3万平方米。公安直属分局全年接处警162起，出动警力3500多人次，治安拘留3人，治安警告4人。

（戴劲松）

【推进城市长效管理】 2010年，市城管局采取调整考评模式、完善考评网络、错时采集信息、突出整治重点、加倍扣除整改率、延伸考核范围等一系列创新措施。全年共派遣案件36371起，平均整改率93.3%，下达重点考评任务252项，平均整改率94.3%；全年管理投入1.6亿元，主动作为申报加分项目772项，解决重点难点问题302个，打造管理亮点134个。数字化城管平台受理投诉件1777起，办结率91%。受理"12345"服务平台交办单312件，办结率100%。市民对城市长效管理满意率比上年提高22.7%。（戴劲松）

【建成省首座环卫公寓】 2010年，镇江市投资2400万元在江苏省率先建成两座环卫公寓，为环卫工人提供公共租赁房144套(间)，解决镇江市600多外来一线环卫工人住房问题。环卫工人公寓坐落在镇江市象山花园和金山水城，建筑面积7065平方米。公寓建设配套设施齐全，内有卧室、盥洗室、卫生间、淋浴房、厨房等，室内预埋网络、电话、数字电视管线等辅助设施，均配备热水器。

（戴劲松）

【开展"有难大家帮慈善互济添保障"活动】 市城管局、市总工会和《京江晚报》在2009年"有难大家帮，我为环卫工送保障"活动基础上，不断完善互助保障制度。2010年又通过"职工出一点、所在单位支付一点、慈善总会救助一点"的办法为市区2842名环卫工人每人办理互助互济保障，使环卫工人在遇到重大疾病和意外伤害时能够得到及时有效救助。全年共有19名环卫工人因重大疾病获得救助金近8万元。此活动尚属全省首例，获2010年镇江"大爱之星"优秀奖。（戴劲松）

【建立"城管+民管"机制】 2010年，市城管局以"听民声、聚民意、解民难"为主题，开展"问计于民"有奖征集意见、建议活动。建立1000名热心城市长效管理工作的市民代表库，梳理出496条分别以文件形式下发责任单位落实整改，解决一批群众关注的热点难点问题。强化新闻媒体宣传，分别在日报、电台开设《百姓城管》和《还道于民》专栏。"最牛女清运工"孙玉芳被评为镇江市2010年大爱之星。全年办理人大建议和政协提案43件，行风热线投诉件10件、受理群众投诉1953件，做到事事有答复，件件有回音，满意和基本满意率100%。行政服务中心城管窗口全年受理各类办件3477件，办结3402件，办结率96%。

（戴劲松）

环境保护

责任编校：毛向阳

综　述

【概况】 2010年，镇江市生态市创建基本完成预定目标，污染物减排和太湖流域水污染治理完成“十一五”目标任务，黑臭河流整治和各项环境专项整治完成年度目标。环境信访在大幅上升的势头下，均得到妥善处置。全市环境质量整体保持在一个稳定的水平，部分环境指标进一步改善。镇江市区、丹阳市、扬中市、句容市环境空气良好以上天数百分率分别为90.4%、94.6%、93.7%、96.7%，均超过生态市建设考核要求；四个万吨级集中式饮用水源地水质达标率为100%，地表水国控断面Ⅰ~Ⅲ类比例较上年上升11.1%；2010年镇江市区区域噪声平均等效声级为54.2分贝，质量等级为较好。世博会期间市环保部门编制世博会期间环境空气应急监测预案，并建立空气质量应急小组。24小时密切监控环境空气质量变化情况，为世博会保驾护航。

镇江的城市环境综合整治定量考核位居全省省辖市第三名，丹阳市在全省县级市中列第三位，实现进档升位。环保系统机关效能建设取得新的进展，在市人大代表评议中位列第18位。在龙吟坊首创“环保一条街”创建活动并收到成效。绿色学校的覆盖面超过70%以上，在全省居于前列。 （颜正清）

【“十一五”环保工作概要】 2010年与2005年相比，镇江全市二氧化硫年均值下降25.0%，二氧化氮浓度持平，可吸入颗粒物浓度下降13.8%，空气质量明显好转；饮用水源水质达标率保持100%，地表水高锰酸盐指数平均浓度下降15.9%；各类功能区昼间、夜间噪声污染均有所改善。群众生态环保的关注程度和参与意识较高，对环境的满意率逐年提升。

2008年，全市召开创建全国文明城市和国家生态市动员大会，市政府与各辖市（区）政府及市有关责任部门签订生态市建设目标责任状。出台一系列政策措施，建立生态市联席会议等机构，大力推进生态建设和环境保护事业，使全市环保工作的认识和实践都发生很大的变化。

产业转型体现环保理念，调优产业结构，实施“千百亿工程”“千企技改工程”、新兴产业“5+X”倍增计划，高新技术产业产值占规模以上工业的33.1%。推行企业“退城进区”战略，鼓励企业按照城市规划和工业布局要求，在相应的工业园区落户发展。焦化煤气集团、太白集团、江南化工等一批重点污染源企业实施整体搬迁。关闭小化工生产企业164家，关闭生产工艺落后的小电镀企业37家，淘汰镇江发电公司小火电27.5万千瓦，淘汰金山水泥、洋光水泥、长河水泥等落后水泥产能165万吨。

对省人大、省环保厅重点挂牌督办的镇江金河纸业有限公司实行关浆减排，清除镇江市东部地区最大的污染源。将高污染燃料禁燃区整治列入为民办实事的重点工程，淘汰拆除燃煤锅炉345台。“十一五”以来镇江市累计实施化学需氧量减排项目162个，二氧化硫减排项目103个，全面完成“十一五”污染物总量减排任务。关停索普集团橡胶促进剂车间、丹徒化肥厂碳铵生产线，关闭采矿企业221家，宕口431个，实现秸秆禁烧全境覆盖。

建成污水处理厂36家，火电行业全面实施脱硫改造，日处理危险废物20吨的焚烧炉建成投运。所有省级开发区完成区域环评。 （颜正清）

【市环境保护投资近74亿元】 2010年，市财政筹资1.25亿元用于环境保护和生态市创建工作，并通过市场化运作吸纳社会资金投入，全年全市环境保护投资达73.87亿元，占地区生产总值的比重3.81%。各辖市（区）的环境保护投资占地区生产总值的比重也都超过3.5%。丹阳市政府承担6个乡镇污水处理厂和污水收集主管网的筹资任务，并对各乡镇区域供水给予扶持补贴，各乡镇投入均在1000万元以上。句容市专门设立创建专项资金，有的镇创建投入达到3000万元以上。扬中市给予每个创建镇200万元资金扶持，有效调动各镇加大投入的积极性。镇江新区投入9000余万元，用于辖区3个镇的区域供水、污水处理配套主管网、垃圾中转站等基础设施建设。 （颜正清）

【环保部门服务经济发展】 2010年，市环保局共审批环评（环境影响评价，下同）项目1675件，涉及投资1490亿元，其中书面否决和建议另行选址的项目20余件。成立大项目服务工作小组，实行挂钩结对，根据企业需要实行全程服务，帮助二重集团二期内港池项目、大全集团多晶硅项目等市重点建设项目在最短时间内完成审批程序。帮助奇美化工补充申报进口配额，解决企业燃眉之急。申报省级环境保护引导资金补助项目和节能减排专项引导资金补助项目，3个项目获得1000万元的补助。组织指导丹阳市申报农村环境连片整治示范项目并获得1400万元资金补助。

（张文辉）

【加大饮用水源保护区建设力度】 2010年，全市开展水源地保护整治工作“回头看”，重点检查限期整改措施的落实情况和一、二级保护区域内排污口取缔情况。组织市人大代表督查,巩固整治成效。逐步关闭乡镇集中式饮用水取水口,2010 年取消 10 个饮用水水源地,4 个万吨级以上饮用水源地全部实现饮用水源水质在线自动监测,监测数据实时传输到环保部门监控中心。

(刘　玲)

环境管理

【概况】 2010 年,在水环境保护上,市环委会制定下发《镇江市水功能区达标考核奖惩办法》,加大对已建成污水处理厂的监管力度。成立大气污染防治联席会议,启动"蓝天工程"。加强建筑施工噪声控制,对噪声扰民现象及时依法查处。制定《镇江市医疗废物管理办法》,推行重点产废单位网上申报制度,强化对危险废物全过程的监督管理。加大对涉源单位的监督力度,涉源单位检查率 100%,处置 67 枚废弃放射源。2010 年全市参加企业环境行为信息公开化评级的企业 890 家,其中获得绿色环境标志的企业 64 家。对 57 家重点环境信访企业进行处理。整治山门口街烧烤扰民问题。

(吴锦利)

【重点流域区域环境综合整治工作成效明显】 2010 年,市环保部门开展市区黑臭河流整治,排查沿河排污口 241 个,治理 21 家排污入河单位。组织开展京杭运河、丹金溧漕河、通济河污染来源专项调查工作。促成索普集团振邦公司关停橡胶促进剂车间,丹徒化肥厂关停碳氨生产线,督促城东垃圾填埋场有效处理垃圾渗滤液,东部地区环境空气中常规监测因子年均浓度均优于国家环境空气质量二级标准。

(吴锦利)

【打击违法环境行为】 2010 年,全市开展迎世博环保"护城河""夏日风暴""环监一号"等专项环保执法活动,使环境监管做到常年化、制度化。全年检查企业 4020 家(次),责令关停整改企业 112 家,下达"限期治理通知书"25 份,立案查处违法企业 221 家。市环保局下达行政处罚决定书 80 件,处罚种类涉及罚款、责令停产、停业,其中结案 32 件,申请人民法院强制执行 5 件。丹阳市环保局提请政府关闭 158 个电镀生产企业(生产线),立案处罚 82 家。新区分局立案处罚 30 家,罚款金额达到 130 万元,实现案件数、罚款额翻四番。(吴锦利)

【市环保部门初步建成辐射管理信息平台】 2010 年,市环保部门完成 49 家放射源单位的单位信息、辐射工作人员、放射源台账、射线装置台账等信息的录入工作,初步调试完成网络化放射源监管系统。该系统可实现放射源、射线装置、放射性场所统一管理,做到事故监察报告以及监督执法等主要管理工作的程序化和网络化,在全省具有较先进的水平。

(孙前进　邵　峰)

【推行固体废物网上申报工作】 2010 年 6 月 28 日,市环保局举办固体废物管理工作培训班,全市 70 家危险固体废物重点源企业的一线管理人员,有资质的固体废物处置单位的管理人员,各辖市(区)环保局从事固体废物管理及一线执法人员参加培训。市环保局委托专业软件公司制作固体废物网上申报平台,各相关企业从 7 月 1 日起,对固体废物产生、贮存、转移、处置及利用情况进行网上申报。

(李鼎如)

太湖流域水污染治理

【概况】 2010 年是全面落实"十一五"太湖水污染防治工作、完成国家和省《太湖流域水环境综合治理实施方案》目标任务的决战年。镇江市委、市政府把"治太"工作作为一项重要政治任务,以"削减流域污染总量、改善入太湖河流水质"为根本目标,扎实推进太湖流域各项治理工程。截至 2010 年 12 月底,市目标责任书中的 9 大类 88 项重点工程(含小流域),除丹阳陵口镇污水管网铺设工程因施工难度问题未完工,其余全部完成,完成率 98.8%。环境基础设施开始发挥减污效能,镇江市太湖考核断面水质达标率 66.7%,水体污染负荷大幅降低,流域水污染得到有效控制,总体水质稳步提升。

(汤　立)

【落实太湖流域水污染治理责任】 2010 年,镇江市委、市政府与各地、各有关部门签订目标责任书,并制定《镇江市 2010 年度太湖水污染防治重点工程计划表》,落实责任单位,明确进度要求。年初,市太湖流域水污染治理办公室组织召开镇江市太湖流域水污染治理工作推进会,对全年目标任务进行布置和落实。重点针对水功能区达标问题,6 月和 8 月,市政府专门召开两次推进会,并制定《镇江市水功能区达标考核奖惩办法》,采取严格措施狠抓水环境达标工作。平时,市太湖办定期召开市太湖水污染防治领导小组成员单位季度例会,调研掌握工程进度,协调解决问题,保障镇江市太湖治理任务的顺利推进与全面完成。

(汤　立)

【市太湖水污染防治领导小组各成员单位推进各项工作】 2010 年,市环委会下达《关于开展太湖流域大运河、丹金溧漕河、通济河水系及相关区域水污染专项整治的通知》,针对三条入太湖河流,形成完整的污染调查专项报告,并下发《关于太湖流域水环境综合整治任务交办的通知》,要求各相关辖市(区)、各有关部门采取最严厉的环境监管措施,力保入湖水质。市水利局从"水体交换"与"河道疏浚"工作入手,对水质提升各项工程进行部署与推进,落实各项整改措施。市农委召开全系统太湖流域农业面源污染防治暨生态市建设工作会议,对 2010 年全市农业面源污染防治工作进行具体部署。市经信委要求全系统明确目标任务和具体举措,做到压力传递到位、目标分解到位、责任落实到位。市政府督察处多次组织相关部门对饮用水安全、工业污染防治、农业面源治理、清洁生产审核、秸秆综合利用、水环境监测预警等具体工作进行检查与督促。

(汤　立　袁桂珍)

【实施化肥农药减控工程和氮磷拦截工程】 2010 年,全市通过推广测土配方施肥和应用商品有机肥,减少化肥使用量;通过加强病虫抗性监测,协调运用农业、物理、药剂防治等手段预防病虫害,最大限度地减少农药使用量。截至 12 月,全市化肥使用总量 62054 吨,较 2007 年削减 13.4%,化学氮肥使用总量较 2007 年削减 17.6%;化学农药使用量 3216.38 吨,比 2007 年削减 22.18%。在镇江市农业园区、主要入湖河流两侧等,实施面源氮磷流失生态拦截工程 19 处,累计建设生态沟渠塘面积 34.45 万平方米,完成年度目标的 177.5%。

(汤　立　袁桂珍)

【严格控制畜禽养殖污染】 2010 年,全市大力推广运用雨污分流、干湿分离、自动饮水、农牧结合、沼气发酵等综合治理技术,组织实施规模畜禽养殖场中小型沼气治理工程、发酵床养殖工程、标准化养殖小区建设等各类治理工程建设。全年开展畜禽养殖粪便污染治理累计 831 家,全市规模化畜禽养殖场粪便综合利用率 97.8%。

(汤　立　袁桂珍)

【全面完成太湖流域提标改造】 2010 年,镇江市有 199 家太湖流域提标(指提高太湖流域污染物排放标准要求)改造企业,通过两年多努力,投入资金2.5亿元,全部完成提标改造任务。其中,通过实施提标改造工程有157家,关闭或关闭生产线企业42家。通过实施提标改造削减化学需氧量排放1136.34吨,氨氮减排384.25吨,总磷减排19.55吨,取得较好的环境效益。(汤 立 袁桂珍)

【全市开展重金属行业专项整治】 2010年,全市开展重金属行业专项行动,共排查出涉铅、镉、汞、铬和类金属砷企业129家。已经按要求完成整改的企业53家,已关停的企业(车间)42家,正在整改中的企业34家。制定《镇江市重金属污染防治规划》,加大对重金属排放企业污染物排放现状及周边环境质量的监督性监测力度,建立重金属污染预警预报机制,全面监控重金属污染状况。(汤 立 袁桂珍)

污染控制

【概况】 2010年,制订《镇江市2010年度污染物总量减排实施方案》,全力推进污染减排工作。镇江市2010年共实施减排项目41个,其中化学需氧量减排项目38个,二氧化硫减排项目3个。至2010年年底,全市可减排化学需氧量5641吨,二氧化硫6672.63吨,按核查认可率80%计算,可完成化学需氧量减排4512.81吨,完成2010年年度任务的113.61%。化学需氧量削减完成"十一五"计划的107.9%,二氧化硫完成"十一五"计划的187.76%。全面完成"十一五"污染物总量减排任务,其中二氧化硫提前二年完成"十一五"总的减排任务。

到2010年年底,新能源、新材料、电子信息、航空制造、海洋工程五大新兴产业实现销售收入全面突破1000亿元的目标。科技服务业、信息服务业和商务服务业占服务业的比重显著提高。全年实现服务业增加值超过750亿元,占地区生产总值比重约40%。推进循环经济与清洁生产审核工作,全市循环经济建设与清洁生产审核全面完成年度目标任务。(汤 立 袁桂珍 张文辉)

【提升污染物处理能力】 2010年,镇江市把城镇污水处理厂配套管网建设和城区雨污分流作为提升城镇污水处理能力的重要内容,丹阳开发区第二污水处理厂、镇江新区第二污水处理厂、高资镇污水处理厂、宝堰镇污水处理厂相继进水试运行,城镇污水的收集面与收集量日益增加。谏壁发电厂的生活污泥焚烧项目成为全省城镇污水处理厂生活污泥处置示范工程。(汤 立 袁桂珍)

【国电谏壁发电厂脱硫技改效果明显】 国电谏壁发电厂是一家50多年的老厂,长期以来一直是镇江市二氧化硫的主要排放源。近年来,该厂投入近6亿元,完成6台燃煤发电机组脱硫工程项目,二氧化硫排放量从2006年约4万吨下降到2009年6000多吨,占全市排放总量不到10%,2010年排放量约5000吨。市区环境空气中二氧化硫年均值从2006年的0.040毫克/立方米下降到2010年上半年的0.025毫克/立方米,降幅明显。(颜正清)

【开展新一轮化工行业整治】 2010年,镇江市从严制订《全市深入开展化工生产企业专项整治工作方案》,开展新一轮化工专项整治工作。对全市化工生产企业重新进行全面调查摸底,进行严格梳理,明确关闭、淘汰、搬迁、整改方案,并依法大力整治。至年底全市已关闭化工生产企业16家。(颜正清)

环境质量

【概况】 2010年,全市环境质量稳中趋好,部分环境指标较上年明显提升。市区环境空气质量良好以上天数比例达到90.7%;长江干流水质保持在优良状态;集中式饮用水源地水质达标率100%。但全市部分水域水污染问题、部分地区大气污染问题较为突出。(胡纪全 邹云娣)

【镇江市区及主要城镇空气环境均优于国家二级标准】 2010年,镇江市区、丹阳市云阳镇、句容市华阳镇、扬中市三茅镇空气环境质量均优于国家二级标准,全市降水pH值在4.88~7.55之间,酸雨发生率为13.2%。

主要污染物年均浓度见下表:

表20-1 单位:毫克/立方米

	二氧化硫	二氧化氮	可吸入颗粒物
镇江市区	0.024	0.036	0.096
丹阳市云阳镇	0.037	0.036	0.081
句容市华阳镇	0.020	0.016	0.068
扬中市三茅镇	0.027	0.029	0.082
空气环境质量二级标准	0.06	0.08	0.10

(胡纪全 邹云娣)

【城市饮用水源水质达标率100%】 市区金山水厂和金西水厂2座集中式供水厂共用1个取水口,是镇江市的主要饮用水源地。丹阳市和扬中市的城市(镇)集中式饮用水亦取自长江,句容市集中式饮用水主要取自北山水库。2010年,全市各饮用水源地水质均满足Ⅲ类水标准。市区、丹阳市、扬中市、句容市饮用水源水质达标率均为100%。(胡纪全 邹云娣)

【主要河流水质良好】 2010年,镇江市长江外江段保持Ⅱ类水质标准,总体水质为优。镇江市入江支流水质达标率90%,水质总体良好。古运河总体水质为轻度污染,主要污染指标为氨氮、溶解氧、五日生化需氧量;大运河总体水质状况为良好。市区运粮河、丹徒区通济河水质未达到水域功能区要求,市区团结河和捆山河、丹阳市丹金溧漕河、句容市的句容河、扬中市各内港和内河等水质均满足水域功能区要求。(胡纪全 邹云娣)

【全市噪声环境均达到国家噪声标准】 2010年,镇江市区区域环境噪声平均等效声级昼间为54.2dB(A),交通干线噪声平均等效声级为67.2dB(A),声环境质量为较好。

市区4类功能区环境噪声数值见下表:

表20-2 单位:dB(A)

类 别	昼间	夜间	备注
功能区噪声1类区	53.1	42.3	满足国家1类区标准
功能区噪声2类区	55.8	46.8	满足国家2类区标准
功能区噪声3类区	58.3	49.9	满足国家3类区标准
功能区噪声4类区	68.3	56.7	满足国家4类区标准

城镇噪声情况见下表:

表20-3 单位:dB(A)

地 区	区域环境噪声(昼间)	交通干线噪声
丹阳市云阳镇	53.9	67.7
句容市华阳镇	51.3	61.9
扬中市三茅镇	52.3	66.8

资料链接:

声环境质量标准[GB3096-2008]见下表:

表 20-4　　等效声级:dB

类别	功　能		昼间	夜间
0 类	康复疗养区等特别区域		50	40
1 类	居住、文教等区域		55	45
2 类	商业贸易为主或居住、商业、工业混杂区		60	50
3 类	工业、仓储为主区域		65	55
4 类	4a 类	公路、城市主次干道、内河航道等区域	70	55
	4b 类	铁路干线两侧区域	70	60

（胡纪全　邹云娣）

【工业固体废物得到有效处置】　2010 年,全市工业固体废物产生量为 543.28 万吨,其中一般工业固废产生量 538.58 万吨,危险废物产生量 4.7 万吨。工业固废综合利用量 504.44 万吨,其中危险废物综合利用量 3.15 万吨,处置量 1.55 万吨,工业固废综合利用率 92.85%,危险废物处置利用率 100%。

（顾晓明）

【全市辐射环境保持安全】　2010 年,全市电离辐射污染源主要有放射性同位素及射线装置应用项目。到 2010 年底,涉源单位共有 42 家,放射源 253 枚;射线装置单位 138 家,射线装置 377 台(套)。全市辐射环境质量属天然本底水平,饮用水、环境土壤中天然放射性核素浓度及环境 γ 辐射水平和电磁辐射水平均在江苏省天然本底水平范围内。

（孙前进　邵　峰）

环境监测与科研

【概况】　2010 年,全市污染源在线监控网络基本形成,累计建设完成 1 个市级在线监控中心,4 个县级监控中心,237 个数据监控点,113 个视频监控点。已安装的饮用水源地、太湖流域水质自动监控站和大气自动监测子站正常稳定运行。市环境监测中心站发布水质周报 48 期,空气质量日报 334 期,自动监测系统预警监测快报 3 期,上报环境质量监测报告 17 份,编制完成 4 份环境质量简报、12 份环境状况月报和 12 份媒体报表。完成《镇江市太湖流域国控考核断面污染来源调查报告》编撰工作,为环境管理科学决策提供依据。

（邹云娣）

【“质量管理三年行动计划”专项检查】

2010 年,镇江市环境监测中心站按照《镇江市环境监测质量管理三年行动计划 2010 年实施细则》的具体要求分别对句容市和丹徒区环境监测站进行“三年行动计划”的专项检查。检查的重点内容包括国家《环境监测质量管理规定》《环境监测人员持证上岗考核制度》(环发〔2006〕114 号)、《江苏省环境监测质量管理实施细则》等文件的贯彻落实;在用环境监测实验室主要分析仪器设备和自动监测仪器设备(水质、空气)的使用、管理情况;环境监测全过程实施规范性及环境监测数据质量监督检查情况以及环境监测技术及质量管理人员培训情况。结果表明,各县(区)环境监测站的质量管理体系总体运行良好。各站对不合格项均及时采取整改措施。

（邹云娣）

【助民免费环境空气检测活动】　2010 年,市环保部门助民免费环境空气检测活动共为 78 户镇江市民进行免费室内空气质量监测并完成监测报告。根据监测结果,室内空气五个监测项目(甲醛、氨气、苯、甲苯、二甲苯)均合格者仅为 18 户,占所测试居民总数的 23.1%,不合格居民家中近 60% 的甲醛项目超标。

（邹云娣）

【加强防汛期间环境应急监测】　2010 年在镇江市汛期来临之际,市环保部门出台《关于加强防汛期间环境应急监测的通知》,要求各级监测站迅速装备、检修应急监测设备,安排应急监测人员值班,制订详细的工作方案,每日调取饮用水源水质自动站数据,对饮用水源地水质进行实时监控,及时发布预警信息。

（邹云娣）

【“镇江市太湖流域国控考核断面污染来源研究”课题通过市环保局验收】

2010 年 10 月 17 日,市环保局在市环境监测中心站组织召开“镇江市太湖流域国控考核断面污染来源研究”项目验收会议。该课题系统调研镇江市太湖流域范围,获取监测数据两万余个、形成镇江市太湖流域主要河流水质、污染源等基础数据库,得出镇江市太湖流域国控断面所在 4 条河流的主要污染构成比例和关键水质影响因子,并针对不同河流水文以及污染特征,提出多项污染防治措施,对镇江市产业结构调整和新农村建设,具有良好的社会效益。（邹云娣）

【国控废水重点污染源质控抽测同步比对监测】　2010 年 11 月 4 日,镇江市环境监测中心站与江苏省环境监测中心对镇江市大港污水处理厂所排废水进行同步监测,在线仪器通过每 4 小时一次连续 24 小时的比对,就化学需养量、溶液酸性或碱性程度的数值、流量等控制指标进行现场比对,省中心质管检查组的专家和该站技术室对比对进行全过程的质量控制。检查组详细检查监测全过程的操作规范情况、现场监测记录的填写及质控等方面工作,肯定该站的国控重点污染源质控工作。（邹云娣）

【镇江市环境监测中心站通过空气自动站全省互查工作】　2010 年 11 月,江苏省环境监测中心预警部组织 2010 年度空气自动站全省互查工作。镇江站派遣人员参加互查,交流自动站维护运行的经验和技术,同时,对各子站的防漏措施、日常运维记录和校准情况进行检查,对存在问题的自动站进行维护。互查期间,镇江市空气自动监测顺利通过专家检查,同时完成二氧化硫、二氧化氮盲样考核。通过此次互查活动,进一步规范对各空气自动站的运行管理,提高各站的管理和维护水平,增强运维人员的责任心,确保各自动站能提供及时、有效、准确的数据。（邹云娣）

【镇江市环境监测中心站加入镇江大型科学仪器设备共享服务平台】　2010 年 11 月,镇江站加入由镇江市科技局创建的镇江大型科学仪器设备共享服务平台。根据加入共享服务平台的情况,该站可在仪器分析、生物检测、辐射检测等领域实现与高校或是其他检测机构的仪器共享,降低该站因仪器突发故障导致的分析风险,实现大型仪器的开发、共享、联合的互助。（邹云娣）

【组织辖市(区)站开展应急监测演练】

2010 年 11 月 22 日上午,镇江市环境监测中心站组织丹阳市、句容市、扬中市、丹徒区环境监测站开展突发性交通环境污染事故的应急演练。演练的背景为假想辖市(区)内某路段一辆运输危险化学品的运输车发生意外,导致危险化学品泄漏流入周边农田和水渠,威胁着事故周边群众的财产和人身安全。此次演练进一步检验各县环境监测站应急小分队成员的快速响应能力和环境事故状态下的协作处置能力,达到练预案、练指挥、练队伍、练协作的目的。（邹云娣）

旅游·园林

责任编校：毛向阳

旅　游

【概况】 2010年，镇江新增A级旅游景区5家，其中西津渡为AAAA级旅游景区；全市共有A级以上旅游景区30家，其中AAAA级8家；金山景区、茅山景区分别通过ISO 9001和ISO 14001认证。新增星级旅游饭店5家，全市共有旅游星级饭店50家，其中五星级1家、四星级8家、绿色饭店5家。新增旅行社8家，全市共有旅行社87家，其中出境组团社3家，年营业收入超3000万元的旅行社3家。新增省级自驾游基地1家，省级乡村旅游精品创建试点单位1家，省四星级乡村旅游示范点3家，省二星级乡村旅游示范点7家。全市拥有全国工农业旅游示范点8家。

茅山景区创建国家级生态养生旅游示范区通过省级调研。创建全国"特色景观旅游名镇"通过省级初评，报国家住建部、国家旅游局待检。编制《江苏省工业旅游示范点创建地方标准》。镇江市选手徐佳在全省导游服务技能大赛中获金奖。镇江市旅游商品在全国旅游商品大赛上获铜奖。全市更换或新设旅游景区交通导览牌85块。新市镇建设中融入旅游元素。在全国率先提出"智慧旅游"建设，得到国家旅游局和省旅游局的肯定。抓好旅游人才"百千万"工程，举办导游考前培训、旅游救护培训、韩语培训、迎世博英语强化培训等，累计培训2451人次。2010年1月，镇江市旅游行业青年工作委员会成立。　（张仁君）

【"十一五"旅游事业概要】 2010年，全市旅游经济指标超额完成"十一五"规划目标。2010年全市接待国内外游客2668.78万人次，比2005年增长122.9%；全市旅游总收入323.19亿元，比2005年增长174.2%；旅游增加值占地区生产总值的比重9.1%，比2005年增长2.26个百分点。"十一五"期间，全市旅游综合投入300亿元，加快推进以"三山"改造工程、"南城北水"工程、"青山绿水"工程等为代表的旅游重点项目建设，以八佰伴、沃尔玛、万达广场等为代表的旅游城市综合体迅速发展，以旅游景区道路导览系统等为代表的旅游基础设施不断完善，以30家A级景区、50家星级旅游饭店、87家旅行社为代表的旅游企业市场竞争力更强，成为推动旅游发展的主力军。　（张仁君）

【"三年纲要"任务基本完成】 2008年《镇江市振兴旅游业发展三年(2008～2010年)行动纲要》(简称"三年纲要")出台，2010年基本实现"三年翻番"的发展任务，三年内旅游接待人次年均增长19.6%，占"十一五"总量的69%；三年内旅游总收入年均增长24.5%，占"十一五"总量的70%。三年内实际完成旅游投资226.1亿元，超出"三年纲要"确定的200亿元目标。列入各年度考核的58个旅游建设工程，三年累计完成投资138.1亿元。"北部大江风貌板块"将金山、焦山、北固山、西津渡与"北水"集中开发，再现"水漫金山"的意境；"南山城市山林板块"加快"南城"和景区建设；"茅山生态人文板块"突出彰显生态山水资源、宗教养生文化，茅山荣膺2009年度国际最佳休闲养生基地；"丹阳商务旅游板块"重点发展旅游商贸、休闲等产品，到丹阳"觅镜"深受游客欢迎；"扬中江鲜美食板块"发展江鲜美食、山水观光、乡村体验等。　（张仁君）

【"迎世博、游镇江"工作成效显著】 2010年3月，市政府办印发《镇江市"迎世博、游镇江"工作方案》，明确十大工作重点。举办"4·25"世博旅游大演练，组织全市5000人试游上海世博馆；召开"迎世博、游镇江"旅游饭店推进会、旅游景区周边环境综合整治会等。

4家景区入选"长三角"世博主题体验之旅示范点，5条主题旅游线路、10个景区入选"世博之旅"精品旅游线路。西津渡景区入选世博主题体验之旅"最受欢迎2010奖"20个示范点；"宁镇扬"旅游线路被评为"最受欢迎2010奖"10条精品线路之一。

镇江香醋被上海世博会指定为特许产品。世博会气象馆、尼泊尔馆等展馆都设置镇江香醋广告。镇江市在世博园区内开展"镇江香醋寻宝"系列活动。在2010上海世博会特许产品经营总结表彰大会上，镇江市的"恒顺世博苹果醋"获质量奖。

经2010上海世博主题体验之旅品牌推广系列活动组委会授权，镇江市主办"恒顺杯"2010上海世博"城市·人生"摄影作品征集、评选活动，共收到全国近千幅参赛作品。经过公众评选和专家评审，产生101幅获奖作品，分别在上海世博园和镇江市公开展出。复制一批1873年镇江市赴维也纳世博会参赛并获奖的"水漫金山"折扇，分别赠送给部分参加上海世博会的外国友人。参与"魅力东方迎世博——走进镇江"电视直播活动。

12月15日在"长三角"区域旅游合作会议上，镇江市旅游局被授予2010世博旅游团队组织贡献奖。镇江市76个世博旅游团队、75名导游分别被省旅游局、省文明办评为江苏省文明观博团队和文明观博示范导游。世博期间镇江市各大景区接待游客量比上年增长

35.2%。（张仁君）

【创新旅游宣传促销方式】 2010年，市旅游局联合财政局、统计局等部门加强对景区考核，督促景区自主营销。市园林局整合金山、焦山、北固山、南山等景区的营销力量，首次成立联合营销中心，并在上海设立旅游促销服务处，加强与上海旅游集散中心以及各大旅行社合作。

市旅游、园林等部门深入上海各大旅行社、社区、车站码头等，宣传镇江旅游产品。与江苏苏友俱乐部合作发行自驾游“护照”；与“驴妈妈”旅游网合作，实现重点旅游景区网上直销；牵头与全国百家广播电台联手，播报镇江旅游黄金周信息；与移动公司合作编制旅游彩铃，通过3000多名手机用户宣传镇江旅游，并利用手机短信、旅游简报等形式，开展旅游宣传。

巩固和拓展以上海为中心的长三角客源市场，加强联合促销、点对点促销，并赴四川、湖北、浙江、安徽等省、市宣传。举办“春风又绿江南岸”镇江旅游节、金山旅游文化节、茅山旅游文化节等节庆活动，以及迷笛音乐节、中国镇江首届金山湖爱情文化彩灯节等。

（张仁君）

【镇江金山湖龙舟大奖赛】 2010年5月25～30日，市旅委举办2010“春风又绿江南岸”镇江旅游节暨中国镇江金山湖龙舟大奖赛，由市旅游局、市水利局、市体育局承办。来自江、浙、皖的20支龙舟队参赛。5月25～29日举行初赛和复赛；30日上午在金山湖畔举行决赛暨旅游节开幕式，12支龙舟队参加决赛。江苏武进太湖湾、浙江温州秀屿和安徽马鞍山旅游局三支龙舟队分别夺得冠、亚、季军，镇江市级机关队夺得第六名。决赛期间还穿插滑水、舞龙和模特秀表演等，吸引十万余名市民和游客观看。（张仁君）

【高星级旅游饭店发展迅速】 2010年，全市按照五星级标准在建或改扩建的饭店达11家，包括金陵润扬大桥酒店、句容世贸大酒店、丹阳阅江金陵国际大酒店、京口皇冠假日酒店、万达广场酒店等。镇江国际饭店创建为镇江市第一家五星级旅游饭店。这一批高星级饭店在推动旅游发展中发挥作用。（张仁君）

【旅游项目建设加快】 2010年全市争取省级项目扶持资金810万元，比上年增长33%。全年旅游综合投入64亿元，全市28个重点旅游项目建设成果突出，其中16个竣工或营业，5个主体封顶，7个加快推进或开工建设。镇江市区14个，国际饭店创成五星级，金山白娘子爱情文化园、西津渡创意文化产业园、南山莲花洞景区、镇江规划展示馆，世业洲“开心农场”项目一期、古城公园，宜必思酒店，按照四星级标准建设的谷阳大酒店、锦绣皇宫大酒店等9个项目竣工或营业，按照五星级标准建设的皇冠假日酒店主体封顶，“金山湖”旅游区、“三山”综合改造项目、“智慧旅游”等3个项目加快推进。句容市茅山景区的新游客接待中心、大型生态停车场和环大茅峰、二茅峰生态旅游道路启用；茅山养生旅游谷、养生温泉、养生会所、德佑宫等7个项目进展顺利；九龙山旅游度假村、乡村爱情大舞台2个项目对外营业，美加东部假日酒店、世贸国际大酒店2个项目主体竣工，“乡村旅游大观园”大型参与项目启动。瑞清阳光生态园一期工程、阅江金陵国际大酒店等2个项目按计划建设；丹阳市天地石刻公园旅游项目一期主体工程、嘉山景区“三大殿”主体工程等2个项目主体竣工；九里季子庙景区二期、丹阳国际眼镜城项目等2个项目开工。扬中市西沙岛江鲜城旅游项目、旭阳大酒店等2个项目竣工。

（张仁君）

金山湖龙舟赛（旅游局）

【开展旅游“服务质量提升年”主题活动】 2010年，市旅游局围绕活动主题举办首届旅行社与导游见面会，为30多家旅行社和150多名导游“牵线搭桥”。通过举办旅游饭店服务技能大赛、导游大赛等，为企业培训人才提供服务。举办导游大赛，并在全省导游大赛中获1金1银2铜的好成绩，位列全省第三；获得金牌的选手徐佳被授予江苏省“旅游行业金牌导游”“巾帼建功标兵”“青年岗位能手”称号，作为江苏6名选手之一参加全国导游服务技能大赛。引导旅游企业加大对硬件设施的改造完善，抓好制度健全、员工培训、环境卫生、安全管理等工作。指导企业参加全省旅游行业文明创建活动，国际饭店、世业洲生态农场、镇江中国旅行社被评为江苏省旅游行业文明单位。开展放心消费活动，在“3·15”活动上向市民发放2万余份宣传资料；走进“行风热线直播室”，宣传旅游知识，引导市民文明旅游、理性消费。编发手机短信6万多条、旅游简报7000余份；在江苏省旅游信息网上的信息报送量遥居全省地级市之首，被省旅游局评为“优胜单位”。全年全市旅游市场安全有序，没有发生旅游重大事故，旅游投诉的受理率、处理率、结案率均达100%。（张仁君）

【旅游融合发展不断加强】 2010年，全市更加关注旅游发展，支持配合旅游产业；旅游部门强化自身建设，主动加强对外合作，旅游融合发展态势逐步形成。市委书记许津荣赴京拜访国家旅游局局长邵琪伟，汇报镇江旅游发展情况并争取支持；市长刘捍东指导“迎世博、游镇江”工作；市政协召开常委会专题研讨《关于倾力打造旅游强市的若干建议》；市人大开展旅游课题调研。三年来，市交通局、水利局等投入建设资金137亿元，抓好滨江旅游专线、世业洲环岛路建设；市公安局、市交通运输局在市区新增旅游道路标志标牌75块、停车泊位1450个，句容、丹阳、丹徒三地共新增旅游道路标志标牌276块；市交通运输局建成南京禄口机场镇江航站楼，开通镇江至禄口国际机场巴士专线，拥有旅游大巴185辆。市旅委各成员单位进一步密切合作，为加快旅游发展创造良好的社会环境。（张仁君）

园　林

【概况】 2010年，市园林局围绕“山水花园城市”的总体发展理念，重点推进“南山北水”的城市发展战略。

启动占地38公顷的南山莲花洞景区二期工程建设。完成西入口桃花坞、亲子乐园、花溪寻古等景点，南山西入口游客服务中心装潢及庭院景观工程竣工，并对外提供接待服务。加速推进青年大本营和昆虫标本馆工程建设。南山琴馆工程主体结束。莲花洞古人类文化展示馆项目进入深度规划设计阶段。完成南山康湾安置房建设工程前期工作。推进“三山”综合改造工程。金山重建文宗阁景点，完善镜天园景观环境，改造水族馆、御码头一线景观；焦山完成新码头和1.3公里环岛江堤建设，整治“鹤园”“桂花园”“岛中岛”等主题园区及水系，新建和改建19座园林景桥；北固山完成甘露渡码头、西餐厅、茶楼以及3.8万平方米绿化改造，北固楼落地重建开始。升级景区旅游配套设施。完成焦山生态停车场、游客服务中心、待渡码头、厕所、金山的荷花池广场、票务中心等配套服务项目。

围绕生态城市创建，结合城建重点工程，制定城市绿化重点工程项目57项，完成“南徐新城”市民公园、文化公园、滨江旅游风光带、花山、狮子山等17项，预计建成区绿地面积4258.97公顷，其中公共绿地1423.98公顷，人均公共绿地16平方米。实施“青山绿水”工程。完成象山整治工程，新建入口广场8.92万平方米，栽种各类乔、灌木95种58.3万株，新辟停车场和公交回车场4600平方米，修复性保护象山古炮台，治理南侧山体5000平方米，按照“统一规划、分步实施”的原则对黄鹤山、磨笄山进行综合整治，完成黄鹤山一期拆迁11户、磨笄山东侧52户。鼎石山（宝塔山）整治工程方案基本完成。全市新增省级园林式居住区（单位）29家。组织参加第四届中国月季花展、第十届全国菊花展、第六届省园艺博览会等并获多项荣誉。

开展“放心平安旅游景区”和“平安南山”创建工作，全年未发生一起安全事故。结合“三山”综合改造和南山开发建设，共拆除经营网点32个2337平方米，实现经营网点统一规划和合理布局。出台《园林局城市绿化长效管理考评办法》，探索解决城市绿化长效管理中难点问题，在梦溪路、长江路、朱方路等行人踩踏绿岛现象较为严重的路段，试点安装浸塑防护栏近千米。对金桥大道损坏严重的亭、廊、木栈道等园林设施进行维修。落实防违控违工作制度和工作责任。全年共拆除违章建设66起，面积3839平方米，制止违建行为127起，2342平方米，保持违章建设“零增长”。

全年游客量超590万人次，比上年增长31.2%，收费游客量128.59万人次，增长10.21%。上海世博会期间，成立上海镇江景区世博接待中心，开展有针对性的宣传营销活动。“三山”及南山入选“长三角”精品旅游推荐线路和“江苏世博之旅精品旅游线路集锦”，世博期间景区游客量增长34%。先后举办焦山“花漫浮玉”艺术展、第七届金山“金秋植物展”、第十二届焦山桂花节、第十一届南山“市花节”暨盆景展等多项传统活动，与体育局联合举办江苏省第五届“沿江体育带——登南山，把健康带回家”全民健身大联动活动；与宣传部联合举办首届“露营大会”，打造华东地区最具影响力的户外运动基地，吸引周边城市近1000顶帐篷5000余人参加。成立镇江风景园林旅游营销中心，全年走访旅行社1043家，新增签约旅行社334家，参加国内国际旅游推介展览会8次，发放景区宣传资料5万余份、旅游优惠券3万余份等。抓住沪宁城际高速铁路开通的契机，在每天200多列高速火车的“旅游坐标”视频上滚动播放景区宣传片，提升镇江景区的品牌知名度。

强化和完善社区的服务功能，全年累计发放保障金75万元、优抚金7.1万元。为12户家庭办理廉租房租金补贴和3户廉租房实物配租。完成黄鹤山生态修复项目、黄山东路5号、8号地块、林隐路6号地块、高铁公跨桥等项目拆迁164户，25825平方米。会展中心、南徐檀山地块、康湾安置点等征地87.35公顷，安置拆迁户341户，交付安置房483套，安置面积43982.3平方米。（南　山）

【“十一五”园林工作概要】 “十一五”期间，镇江园林系统累计投入景观建设资金近4.46亿元，先后完成南山西入口景观、金山文化博览园、金山荷花池广场、文宗阁景点、焦山盆景园、南山招隐景区二期工程、伯先公园整治出新等一系列精品景观工程建设，建成金山、焦山、北固山、南山4个AAAA级旅游景区。同时完成“三山”国家级风景名胜区和南山省级风景名胜区总体规划的编制，为镇江市风景名胜区的保护和发展奠定基础。五年来，全市新增绿地面积1181万平方米，新增公共绿地326万平方米，建成区绿地率、绿化覆盖率和人均公园绿地分别达到39.01%、42.15%和16平方米，全面达到小康指标和生态园林城市标准；全系统营业收入超过2亿元，年均增长19.5%以上，年均客流量超过464.33万人次；辖市（区）园林绿化水平明显提升，扬中获得省级园林城市称号，句容启动创建申报工作，丹阳实施绿化重点建设，力争2013年前完成创建目标。南山管委会自2006年12月成立以来，其辖区内连续3年无违章建设，配合市重点建设工程，完成拆迁面积16.36万平方米，拆除957户，安置500户，721套，新南山建设初步显露出“中心城市花园”的形象。（南　山）

【南山西入口安全监控系统竣工】 按照“平安旅游景区”的建设要求，于2009年10月建成南山西入口景观电子监控系统。该工程总投资约22万元，布置监控点12个，其中球机10个、枪机2个、监视器2台，并于2010年8月上旬开始运行，为南山西入口文明旅游、安全旅游提供保障。同步实施南山森林防火通道信息监控系统工程，总投资约80万元，计划预埋管道约31公里。该工程于2009年7月开工，完成管道预埋约8公里，后续工程将随南山森林防火通道管网工程同步实施，预计2011年底全面完成。（南　山）

【第三届“金山庙会”】 2010年正月初一（2月14日）至初五（2月18日）第三届“金山庙会”在金山风景区举行。庙会的主要内容有：一是民间文化艺术表演。邀请民间舞龙、舞狮、踩高跷、高台花鼓等表演团队进行民间绝技、杂耍表演活动。同时，在银鸽广场长廊开设民间技艺表演区，荟萃民间艺人现场展示手工雕刻、中国结、捏面人、吹糖人、绢人、剪纸、奇石、脸谱、以名写诗作画、扇艺、布艺、编织、粘贴画、快乐诸葛马等20多种传统民间绝活。二是猜灯谜、对春联活动。当场竞猜，当场兑奖。同时，组织对联专家对入围的春联作品进行集中评比。三是举办节庆商品展示活动，邀请市内相关商户集中展销各种新奇玩具、民俗手工艺品、干花绢花、年画、时尚饰品及金山旅游纪念品等。四是品尝地方美食小吃。设立“餐饮美食区”，集中各类富有镇江地方特色的小吃和原汁原味的农家年节饭，供市民游客在游览参观之余品尝地道的地方美食和年节大

餐。五是开展擂鼓迎春、祈福吉祥活动。设置两面吉祥战鼓，供市民游客免费擂鼓助兴，增添节日气氛。（南 山）

【南山举办牡丹花展】 2010年2月8～20日，南山举办牡丹花展。以牡丹花为媒，推出“登南山、把健康带回家，赏牡丹、把富贵带回家”的主题活动，在文苑和招隐景区的学林轩、和畅轩、映山厅、读书台、增华阁、退居寮、听鹂山房等景点布置大炼金丹、大魏紫、粉二乔、赵粉等10个品种200多盆牡丹花。让市民一饱山东菏泽牡丹的风采。聘请老师窦启荣对南山风景区内的200多块碑刻进行拓片制作，并选择具有代表性的20余幅作品在招隐景区退居寮等处进行展出。（南 山）

【镇江网友黄鹤山大型公益植树活动】 2010年3月6日上午，南山风景名胜区与市委宣传部、市民防局等单位联合开展以“青山绿水、生态镇江”为主题的2010年镇江网友大型公益植树活动在南山风景区黄鹤山景区启动，《镇江日报》、镇江电视台、人民网、新浪网、中国新闻网、中国镇江网、镇江网友之家等众多媒体及网民近千人参加此次活动，并栽植香樟、四季桂、紫薇、红叶石楠等共计600余株。（南 山）

【南山西入口桃花坞工程】 是南山西入口一处以桃花为主打的园林植物景观，占地1.2公顷。于2009年11月底开工，开挖整理水面3000平方米，栽植碧桃、垂枝桃、寿星桃等6个品种的桃花约1000株、水生植物29种、地被植物24种，建成自然滴落式滚水坝4处、杉木小桥2座、圆木草亭1座，花岗岩嵌草游步道300余米。桃花坞景观以水为体，宽窄有度，高低错落，动静有情，形态多变；以桃为魂，水中有岛，岛中有花，花影照水，桃红柳绿。水池宽处，碧波荡漾，引远山倒影于一池；小溪窄处，流水潺潺。

桃花坞在建设中注重节约型园林建设理念，就低挖池，就近取石，就地平衡土方，就池取水灌溉花草，形成节约型园林景观建设和管养的典范。特别是游步道的铺设，充分利用废弃的花岗岩边角料进行冰裂纹状自然铺设，离缝嵌草，形成曲折有致、富有野趣的林间小道。

（南 山）

【中国镇江第十七届中日友谊梅樱园活动】 2010年4月16日，活动在南山西入口花坡剧场举行。日本津市市政府、仓敷市政府、津市国际交流协会、东洋书道艺术协会等7个代表团102人参加梅樱园南山基地建设启动活动，共认养樱花201株，在镇日资企业KYB集团、江苏苏菱铝用阳极有限公司等也参与认养活动。该基地位于新建成的南山西入口花坡剧场东侧，规划面积约4500平方米。（南 山）

【南山第十一届市花（杜鹃花）节】 2010年4月28日，南山第十一届市花节开幕。此届市花节时间为4月28～5月30日，市花节期间，举办精品杜鹃花展、“我眼中的美丽南山”摄影比赛、“南山杜鹃花节”征文比赛、书画欣赏、登山比赛等系列活动。镇江市南山风景区共栽植毛鹃、春鹃、夏鹃、西洋鹃、锦绣杜鹃等10多个品种近3万多株杜鹃花，成为江苏省三大著名杜鹃花观赏地。“以花为媒、以节促游”成为南山特色旅游传统项目。（南 山）

【焦山游览索道实施保护性拆除】 焦山索道始建于1995年12月，是国内唯一一条跨江游览索道，接待游客106万人次，实现经济效益1648万元。由于镇江市与中央电视台合作将实施“瘗鹤铭再探”文物打捞工程，交通运输部上海打捞局“勇士号”大型打捞船将于2010年5月14日前后抵达焦山水域开始打捞作业，为确保打捞船安全进入该水域施工，园林部门按照“三山”综合改造规划要求对焦山索道实施保护性拆除。5月7日，山东泰安索道安装公司进场做拆除准备工作，于5月13日前将索道钢索先期予以拆除，以确保“勇士号”打捞船顺利进场作业。6月6日基本完成索道上下站设备和6个支架的拆除工作。

（南 山）

【江苏省全民健身大联动在南山举行】 2010年5月30日，江苏省第五届“沿江体育带”全民健身大联动在镇江南山风景区举行。活动由省体育局和南京、镇江、苏州、无锡、常州、扬州、南通、泰州沿江8个城市于2006年共同发起的，展示沿江各市的特色和优势，搭起全民健身大平台，每年在一个城市举办一次。2010年不仅有沿江的8市参加，还特邀其他5个省辖市参加。此届全面健身大联动活动主题为：“全面健身你我同行”“登南山，把健康带回家”。活动内容主要包括全民健身论坛、全民健身大联动启动仪式、江苏13个市的参赛家庭登南山比赛等6项内容。（参见第297页）

（南 山）

【“三国镇江”——北固山网络专题开通】 2010年6月8日，镇江风景园林旅游营销中心与镇江门户网站名城镇江网合作，开设“三国镇江”北固山网络专题，借正在热播的新《三国》东风，宣传、推广有着丰厚三国文化底蕴的北固山旅游文化资源，广大网民和游客可以在互联网世界里感受镇江三国文化和北固山的新魅力。“三国镇江”北固山网络专题（http://www.zj3000.cn/sgzj）开设视频、图片、新闻、专栏等，全方位介绍北固山以及镇江的“三国”文化元素、“三国”人物传说故事、吴文化研究论文，并邀请名家学者开辟三国话题专栏。还自发组织拍摄包含“刘备甘露寺招亲”“试剑石”“狠石”等诸题材的三国故事。专题网站还通过组织网友走访镇江的三国历史故址，围绕“三国”文化出谋划策，开展研讨交流。提高北固山风景区以及镇江名城的知名度。（南 山）

【园林行业“三比三创”主题活动】 2010年，镇江园林行业按照全市开展的“十大行业倡文明活动”要求，在园林系统组织开展“三比三创”竞赛活动。即比整洁度，创优美环境；比规范度，创优良秩序。广泛开展“放心消费在景区”活动和“诚信景区”“平安景区”创建活动，为游客提供诚信安全的旅游消费环境。比满意度，创优质服务。坚持首问负责制和服务承诺制，满足游客的合理需求，创造规范、舒适、亲和、诚信的服务环境。（南 山）

【金山举办“迎世博”荷花展】 2010年7月中旬举办，此届荷花展与世博会主题相结合，重点布置喜迎世博、荷花仙子等十余组园艺小品，每一小品独立成趣又互为联系。同时，引进并布展碗莲、睡莲、塘荷等近200个荷花新品种，布置缸荷千余缸、碗莲数百盆。荷花展期间还布置彩叶草、百日红、鸡冠花、半支莲等夏季时令花卉3万余株。（南 山）

【南山文苑古琴演艺馆开工建设】 以演艺晋代著名琴家戴颙的“游弦”“广陵”“止息”等古琴名曲的古琴演艺馆于2010年9月6日在文苑开工建设。该文化景观项目占地1200余平方米，建筑面积400余平方米，由琴房、茶室以及服务用房等组成的仿古园林建筑院落，主体建筑“琴房”为两层，面积238平方米，由东南大学教授杜顺宝设计，苏州园林发展股份有限公司中标承建，2010年年底竣工。聘请中国古琴艺术流派之一的梅庵琴派国家级传承人、镇江梦溪琴社社长刘善教组织挖掘戴颙的古曲，与市文广集团合作，开展古琴演奏表演活动，打造南山特色旅游文化品牌，使之成为广

新建的文宗阁 （南 山）

大古琴爱好者研究、交流、观摩、欣赏古琴音乐文化的活动平台。 （南 山）

【焦山举办第十二届金秋桂花节】 2010年9月20～11月20日，焦山第十二届金秋桂花节举行。经过一年多综合整治改造，焦山景区一批新文化景点、新园林景观对外开放。象山新码头、古典式的廊亭、功能齐全的待渡区、水波不兴的亲水平台、高大葱郁的水杉林……焦山鹤园、桂苑、百草园花繁枝茂，桂香袭人，小桥流水，曲径通幽。拱桥、平桥、廊桥、亭桥、曲桥等十几座造型各异的园桥因势而架，将岛内的水系融会贯通，让人仿佛进入江南水乡梦境。高高低低、大大小小的桂树无处不见，七大游赏区，品种齐全。9月20日，"新媒体畅拍新焦山"采风仪式启动，来自省内外的十余家网络媒体相聚焦山，畅拍新景。

桂花节期间，开展"百城万人畅游新焦山"百家网站镇江焦山知识有奖竞赛、"版主沙龙——走进新焦山"等活动。景区布置主题园林花卉小品，并布置3万余盆（株）秋季花卉。 （南 山）

【金山文宗阁重现历史旧观】 2010年底，金山文宗阁建筑景观、庭院假山叠石与植物配置等园林工程基本完成，一座承袭历史旧观又体现江南古典园林意境的皇家藏书楼文宗阁呈现。

文宗阁主要由门厅、御座房、藏书楼、回廊、方亭等组成的两进古典园林院落组成，坐北朝南，四面临水，景观布局颇具匠心。门厅、御座房、藏书楼等建筑沿中轴线由低到高对称布局，两侧围墙、回廊、廊亭等因势均衡布局，形成对称又不完全对称、围合又不完全围合的景观院落空间。把原有的十多棵香樟、银杏、女贞、紫薇、罗汉松等大树巧妙地布局于建筑院落的内外，阁前庭院中布置一块高4～5米的景观石，院落周边配置500余吨假山石，形成或大或小、或高或低的假山树槽，并在假山石树槽中种植海棠、红枫、白玉兰、五针松、樱花、桂花、紫薇等名贵花木，临水依围墙成片栽植刚竹。 （南 山）

【金山镜天园改造竣工】 金山镜天园改造于2009年8月开工，2010年国庆节前竣工并对外开放。以"书茶·禅境"为主题，营造参禅悟道的氛围，建筑总面积279.76平方米，完成园路及广场铺装1500平方米；种植乔灌木280余棵，草坪地被4800平方米。在入口处设"空门"，取意"遁入空门"之意，让游客在进入公园之时，就能感受禅境的空灵。在镜天园的中心位置，采用生命力强、叶色季节变化明显、开雪白花团、结火红果实的欧洲荚迷新品种植物，白细石子平铺衬底，用6500株欧洲荚迷打造出一个占地面积1350平方米的植物景观"禅"。镜天园南侧建有"偈语长廊"，与一水之隔的金山广场相呼应，东侧有江天禅寺和金山宝塔，登上慈寿塔，远处眺望，大大的"禅"字映入眼帘。茶庭内设净手钵等景观小品，并有禅茶程序的演示和说明。 （南 山）

【南山西入口举办首届南山帐篷大会】 2010年11月6日下午，由园林营销中心联合镇江市委宣传部网络中心携手举办。来自镇江和周边城市的千名户外运动爱好者参与。白天，举办"扎帐篷"比赛、最雅最酷帐篷评选、户外美食展示、喝醋饮料大赛，还有亲子游戏、对抗拔河、骑车漫游、飞镖、投篮对决和徒步穿越南山等各项活动。夜晚，举办帐篷大会文艺演出，播放露天电影。

开幕式上，进行"华东户外运动基地"揭牌仪式。（参见第52页） （南 山）

【宁镇扬游园年卡发行】 从2011年1月1日起，向宁镇扬三市市民发行宁镇扬游园年卡，每张游园年卡售价为300元，持卡人可在当年度不受次数限制游览宁镇扬三市23个核心景区、景点，其中，南京包括明孝陵景区、灵谷景区、音乐台、总统府、中山植物园、阅江楼景区、红山森林动物园、珍珠泉旅游度假区、燕子矶公园、长江观音景区等10个景区；镇江包括金山、焦山、北固山、南山、宝塔山5个景区；扬州包括瘦西湖、个园、何园、大明寺、史可法纪念馆、唐城遗址、汉陵苑、扬州八怪纪念馆8个景区。以上23个景区、景点的门票总价为975元。 （南 山）

国内贸易

责任编校：戴　芸

综　述

【概况】 2010年，省、市、辖市（区）商务主管部门先后完成机构改革，商贸管理新体制基本确立。全市社会消费品零售总额564.68亿元，比上年增长18.7%。城镇社会消费品零售总额535.82亿元，占全市社会消费品零售总额比重94.89%；农村社会消费品零售总额28.86亿元，占全市社会消费品零售总额比重5.1%。从规模看，限额以上237.72亿元，增长28.59%，占比42.1%；限额以下326.96亿元，增长14.43%，占全市社会消费品零售总额比57.9%。从行业看，批发零售业504.06亿元，增长18.43%，占全市社会消费品零售总额比89.3%；餐饮业55.60亿元，增长36.37%，占比9.8%；住宿业5.02亿元，增长20.1%，占全市社会消费品零售总额比0.9%。

市区消费增长迅速。市区全年累计实现社会消费品零售总额277.47亿元，占全市社会消费品零售总额的比重为49.14%。其中，京口区、润州区、丹徒区、镇江新区分别实现社会消费品零售总额140.51亿元、69.96亿元、32.77亿元、34.22亿元，分别增长18.36%、18.3%、14.98%、37.43%，市区平均增幅高于全市增长水平，镇江新区由于汽车消费增长实现增幅较高。丹阳市、句容市、扬中市分别实现社会消费品零售总额151.57亿元、69.28亿元、66.37亿元，分别增长17.9%、17.9%、16.1%，增幅低于主城区。

商贸投入不断加大。商贸全年投入209.3亿元，增长110%；商贸业增加值完成234.96亿元，增长26%，占国内生产总值比重12.3%，提高1.2个百分点。开展“万村千乡市场工程”和“双百市场工程”建设。全年建设“万村千乡”农家连锁店300个，累计1300个，基本实现乡镇全覆盖。镇江市农产品批发市场被列入国家“双百市场工程”扶持行列。两项工程共争取国家和省级财政支持420多万元。

消费档次逐步提升。全市商务监测样本流通企业数据显示，可选消费品增速超过必须消费品增速。全市商品销售额平均增长12.2%，食品类和服装类增长0.8%、2.3%，低于平均水平；轿车、数码相机、珠宝和家电增长39.6%、28.2%、16.3%和13.1%。餐饮业和住宿业实现社会消费品零售总额分别增长36.37%和20.1%，高于社会消费品零售总额增长平均水平，继续对全市消费起到带动作用。

镇江市商贸一主五副商业中心发展框架构筑日益明显。镇江八佰伴、欧尚超市、商业城二店等项目相继建成开业；国际饭店、镇江大酒店通过升级改造，分别升级为五星级和四星级酒店；镇江苏宁广场、东方伟业、万达广场、常发广场、九润商业广场、镇江新区商贸综合广场、丹阳金鹰国际、扬中雨润广场、句容世贸等大型综合体项目相继开工；苏宁、万达、金鹰、颐高、欧尚、沃尔玛、乐购、红星家具等一批有知名度、有运行背景的新型商业企业相继落户镇江。八佰伴全年销售额10.1亿元。商业城全年销售额11.4亿元，增长34.3%。镇江恺源旅游商贸有限责任公司通过与电子商务企业合作拓展商务卡消费和开办24小时连锁便利店，年销售增长55%。

惠龙钢铁物流开市并实现成交额118亿，成为全市首个超百亿元市场；丹阳眼镜城、丹阳汽配市场年成交额均突破50亿元；镇江农批市场加大基础设施投入。全年完成大港、九里街、跑马山、江大东风等4个菜市场新建或升级改造任务。市区菜市场累计完成19个升级改造和2个新建任务，改造新建面积总计4.11万平方米，投入建设资金9000万元。市职工学校、盛汇家政公司等4家通过省级认定的培训机构，依靠财政补贴，免费培训家政服务员800名。

委托南京规划设计院重新修编《镇江市城市商业网点规划》，制订《促进镇江市电子商务发展若干意见和实施方案》规划引导。增加商贸服务行业典型企业监测和酒类、再生资源等专项监测。完成成品油零售、仓储“十二五”规划的编制工作，办结加油站新建、迁建、变更等事项15件。完成《镇江市再生资源回收管理办法》的编制工作，办理再生资源回收企业备案登记50家。协调组织全市肉品质量安全整治行动，会同有关部门，制订《镇江市开展强化畜禽屠宰监管，确保肉品质量安全专项整治行动方案》，检查全市屠宰企业、菜市场、超市、肉品加工厂、餐饮企业。

会同市委宣传部等16个部门共同组织开展“诚信兴商宣传月”活动，先后开展广场街头宣传活动38次，参与群众1万人次，发布专题新闻10条，媒体报道46篇，制作宣传画8000余份，宣传册28300份，发送宣传短信1520条，同时开展和实施专项整治行动10余次。

（吴苏凌）

【“十一五”商贸流通概要】 2009年，全市完成社会消费品零售总额488.49亿元，提前一年完成“十一五”规划430亿元的目标。2010年，全市社会消费品零售总额559.5亿元，是2005年的2.3倍。“十一五”期间年均增长18.3%，高出规划0.3个百分点。

全市在建城市综合体项目11个,分别为:苏宁广场、万达广场、财富广场、常发广场、九润商业广场、东方伟业、大港益华、丹阳金鹰国际、扬中雨润广场、句容碧桂园、句容世贸酒店。全市立项五星级酒店项目13个,其中8个项目开工建设,国际饭店通过五星级酒店评审,成为全市首家五星级酒店。镇江大酒店升级为四星级酒店。八佰伴、商业城二店建成营业;大润发、沃尔玛、欧尚、世纪联华等大型超市建成开业;万方、旅游、苏果等连锁超市加快布点。

以惠龙港为代表的生产资料市场、以镇江农批市场为代表的农副产品批发市场,以及亿都建材、亚太五金、义乌小商品、森林家居、食品商城等专业市场相继建成。全市百亿市场1个(惠龙钢材市场),超50亿市场2个(丹阳眼镜市场、汽配灯具市场)。

实施家电下乡、家电以旧换新、汽车以旧换新扩大内需三大政策。全市家电下乡销售产品25.7万台(件),销售额6亿元;汽车以旧换新已办理补贴2921辆,其中轿车1638辆;家电以旧换新累计销售五类新家电24.5万台,销售额8.72亿元。回收旧家电24.48万件,回收额237.43万元,发放补贴6979.38万元。三大政策合计获得中央和省级财政扶持补贴1.81亿元(其中家电下乡6855万元,汽车以旧换新4240万元,家电以旧换新6979万元)。三大政策拉动城乡消费20亿元。全市家电以旧换新中标企业销售额增幅均在35%以上,五大类家电销售平均增长45%。

"十一五"期间,政府在社区商业建设上投入资金2500多万元,吸引各类资本超1.5亿元,争取上级政策支持200多万元。市区建成九州广场、红豆广场、沃得广场等社区商业中心6个,连锁超市网点160多个,完成21个菜市场的新建和升级改造,总面积41080平方米。阳光世纪、港南花苑、香江花城等6个社区获批省级社区商业示范社区。天禾早餐、广玉兰早餐在市区的网点近百个,基本实现市区各社区全覆盖。镇江盛汇家政、市职工学校等4个家政服务培训机构累计培训家政服务员1450名。"十一五"期末,社区商业实现的社会消费品零售额占市区社会消费品零售总额总额的40%以上,比"十五"期末提高近7个百分点。全市逐步形成以连锁超市和菜市场为核心,门类齐全、服务便捷、分级明确的社区商业服务网络。 (冯晓波)

惠龙户外货场 (吴苏凌)

【镇江欧尚超市学府路店获批】 2010年4月,省商务厅批准镇江欧尚超市有限公司增资及新设立学府路店的申请。镇江欧尚超市总投资由2500万美元增加到3000万美元,注册资本由1000万美元增加到1200万美元,营业面积1.01万平方米,经营商品上万种,4月正式营业。 (冯晓波)

【扬中雨润国际中央商场通过商务部备案】 2010年9月20日,扬中雨润国际中央商场通过商务部备案审核。该项目由江苏地华房地产开发公司和香港GREAT SURGE LIMITED共同投资,占地面积12621平方米,总投资和注册资本5100万美元,建设集餐饮、休闲、商贸、娱乐以及会所于一体的城市综合体。 (冯晓波)

【春节期间镇江消费市场】 2010年春节前十天,全市15家重点零售企业累计销售2.88亿元,增长13.89%,节日七天,累计销售6894.8万元,增长14.61%。6家重点餐饮住宿企业节日七天餐饮营业额323.88万元,增长13.5%,客房营业额42.62万元,增长16.8%,客房出租率53.67%,提高8.67个百分点。食品和日用消费品销售明显向大润发等少数卖场集中,大润发的增幅高于其他卖场、超市10个百分点以上。用品类节前销售9189万元,增长7.94%,节日期间销售2361万元,增长4.79%,低于食品类和穿着类。 (冯晓波)

【国庆黄金周镇江消费市场】 2010年国庆7天,全市重点零售企业销售额1.88亿元,增长26.86%;重点住宿餐饮企业实现营业额641.08万元,增长26.53%。穿着类商品实现销售额7458.89万元,增长48.87%;用品类商品销售9091.09万元,增长20.82%;食品类商品受中秋节影响,销售2257.27万元,略降1.45个百分点。各大宾馆客房出租率87%,提高11.6个百分点。节日期间,家电以旧换新销售新家电5750台,是上年的2.87倍;销售额2255.35万元,增长165%,带动重点企业家电类商品销售额增长23.48%。 (冯晓波)

【江苏省华茂贸易有限公司】 2010年,江苏省华茂贸易有限公司及其分、子公司主营食糖、名酒、烟花爆竹等,销售额2.2亿元,比上年增长22%。食糖经营是该公司的支柱业务之一。全年实现食糖经营2万余吨。在国家商务部开展的诚信经营示范创建活动中获"诚信经营示范企业"称号,同时赢得"全国酒类优秀营销商"称号。其下属镇江旗舰五粮液专卖店再度赢得全国"优秀五粮液专卖店"称号。子公司镇江华茂酒业有限公司获江苏省价格诚信单位称号。

该公司投资控股的江苏润华贸易有限公司开拓经营,从贸易型向生产型公司转变,年分装、销售食糖7000吨,进入华润苏果供应商20强之列。参股经营的江苏白玫化工有限公司,第三期工程投产,年生产、销售元明粉60万吨。 (李 建)

【镇江两家企业获"全国酒类优秀营销商"称号】 2010年12月28日,镇江市两家企业:江苏省华茂贸易有限公司、镇江天和酒业有限公司在上海获得全国酒类优秀营销商称号。这是由中国酒类流通协会在全国酒类优秀营销商代表大会上颁发的,全国338家酒类经营企业获得“全国酒类优秀营销商”称号,是全国酒类行业首次举办以优秀经销商为主体的评选活动。这两家企业还在国家商务部开展的诚信经营示范创建活动中获诚信经营示范企业称号。

(镇江酒协)

放心消费创建

【概况】 2010年是全省放心消费创建活动全面考核之年,全市大幅增加创建经费投入,市、县两级财政安排专项资金107万元,增长27.4%。全市与群众消费安全相关的企业参创率62%,三级先进示范企业20%以上;乡镇街道参创率100%,省级先进示范40%,超省指标数100%;全市创成省级先进示范行业19个,超省指标数(地级市参创行业不低于10个)90%。全市相关部门消费者申投诉处理率100%,处理满意率95%以上。全市全年涉及消费安全企业基数6087家,3774家企业参加创建,参创率62%。全市63个乡镇(街道)确定省级试点15个、市级试点17个、县级试点33个,区域创建参与率100%,10个乡镇(街道)获得省级先进示范称号。每个辖市(区)建成1个“窗口式”示范单位。

(赵　军)

【创建宣传工作】 2010年,《镇江日报》上开辟专栏,刊载8期报道。“3·15”期间,在媒体上专版宣传先进示范单位100多篇(条)。

全市设计制作融创建标识和主题口号的宣传画10万余张,印制1万份省统一标识“及时贴”,在省市级创建试点单位及市区主干道沿街店面张贴;开展“3·15”现场咨询活动、电视晚会、摄影书法大赛评选活动、《中华人民共和国消费者权益保护法》知识竞赛活动等活动;利用手机短信平台,全年发布消费警示12条,受众120多万人次;制作1万支宣传笔,印上放心消费主题口号和温馨提示语,免费向市民和中小学生发放。

(赵　军)

【为民办实事工程】 2010年,市农委开通“城乡直通车”,组织数千名网友进村,百家农户进城,延伸活动20余次,带动农产品销售额800万元。市城管局实施“放心早餐工程”;市环保局实施自来水水源地保护工程,全市水质指标位列全省前茅;质监局对全市126家菜市场在用的7872台(件)衡器、407家农村基层卫生服务站和23家计划生育指导站在用的1314台(件)血压计等计量器具进行免费检定;市教育局实施“银教联网收费”工程,杜绝学校乱收费。

(赵　军)

【市场专项执法】 2010年,工商部门围绕食品安全和消费维权打击制假售假、违法广告、商标侵权等行为,查处违反消费者权益保护法规案件50件,产品质量案件65件,罚没款入库1600.39万元;质监系统开展食品添加剂、食品包装材料、乳制品、肉制品、酒类产品、蜂产品等20余个产品30多项专项整治行动;卫生部门监督执法覆盖率100%。物价部门推出房地产价格、银行业收费明码标价制度;药监部门出动执法人员8859人(次),检查涉药械单位3227家(次),立案222件;农林部门开展农资打假行动;公安局处置涉及消费纠纷632起,联合整治市场28处,捣毁涉假窝点49处。

(赵　军)

【消费维权网络健全】 2010年,工商部门加大“一会两站”(消协基层分会、“12315”联络站、消费者投诉站)示范点建设的工作力度,建立14个市级示范点,76个县级规范点。全市市场、商场建立“12315”联络站810个,农村行政村建立“12315”网络联络点593个,城市社区190个,建站率100%,行业、大型企业维权网络覆盖率超过85%、参创单位覆盖率100%。

(赵　军)

【放心消费创建成效】 2010年,食品质量抽检合格率97.9%;省级产品质量监督抽查抽样合格率95.25%,均高于全省平均水平。市级有关部门对各大农贸市场进行抽检,蔬菜合格率99.4%,水产品合格率100%,瘦肉精合格率100%。全市社会消费品零售总额保持18%以上的增长,增幅排在全省前三位。

(赵　军)

放心工程

【概况】 2010年,全市蔬菜播种面积3.41万公顷,上市蔬菜93.39万吨,实现产值20.56亿元,分别增长0.84%、3.69%、21.8%。市区常年菜地面积近1333.33公顷,蔬菜产量10万吨,蔬菜自给率50%以上。

发展中远郊蔬菜生产基地:扩大丹徒蔬菜基地面积,新建高资20公顷蔬菜生产基地;加强新区蔬菜基地建设,新建照临20公顷高标准菜地,姚桥33.33公顷高标准菜地;新建京口区3.33公顷高标准蔬菜生产基地。丹阳重点发展国道蔬菜产业带,建设水生、绿叶、茄果类蔬菜基地533.33余公顷。句容新发展蔬菜生产基地200余公顷。落实省蔬菜基地建设项目,重点发展城市周边叶菜基地,全部项目完成后,全市将新增菜地66.67公顷以上。

全市钢管大棚、遮阳网覆盖、防虫网覆盖种植面积扩大:各辖区全年新建钢管大棚30公顷、连栋大棚1.33公顷、高架防虫网3.33公顷、高标准大棚0.67公顷。丹徒区在宝堰镇、江心洲、谷阳镇等地新增钢管大棚30公顷。京口区和润州区扩建钢管大棚6.67公顷。丹阳市全年发展设施蔬菜666.67余公顷,增长30%以上;句容市、扬中市设施栽培面积933.33公顷,增长10%以上。全市设施栽培规模与所占比例逐年提高,设施蔬菜面积5773.33公顷,占到菜地总面积三成以上。

采取优良品种,培育出更高水平的新品种,扩大繁育,提高良种自给率:润州区蔬菜研究所提纯复壮的寒青、镇研三号辣椒、早丰豇豆、元白萝卜等项目全部完成,提纯种子600多公斤;引进千禧番茄、苏迪水果黄瓜、网纹甜瓜等新品种20多个;推广镇研系列品种15个,推广面积333.33公顷;完成农业部下达的种苗繁育中心建设项目,生产种苗300多万株。京口区农经部门引进紫花菜、紫青菜等20多个,推广超优黄瓜、田宝萝卜等品种5个,推广面积共计15.33余公顷。扬中引进蔬菜新品种20多个,85%以上蔬菜品种升级换代,蔬菜良种普及率90%以上。丹徒区重点对全区600户蔬菜科技示范户进行技术指导服务,举办2场现场观摩会、6期实用技术培训班,300余人次参加。丹阳市加强蔬菜科技示范园建设。

各辖市(区)制订和申报省、市级产品和生产技术技术规程8个,申报无公害蔬菜产品81个,无公害蔬菜生产基地1200公顷。“三品”(无公害农产品、绿色食品、有机农产品)蔬菜基地面积占常年性蔬菜面积70%以上。加强《农产品质量安全法》等法律法规宣传,发放上万份《种菜卖菜十不准》《禁止和推荐的农药》等宣传资料。开展农业投入品专项整治,会同工商、质监、公安等部门,对菜区农药经营和用药情况,开展拉网式检查,各辖市(区)全年出动行政执法人员300人次，检查各类农资产品生产和经营企业100多家(次)。严格实施蔬菜产地准出检测制度，增加生产基地检测点，建立健全检测台账记录。督促农产品批发市场建立健全安全管理责任、检测检验、台账记录、不合格产品报告等制度。对于检测结果及时进行通报，实行月检月报制度，夏季实行半月检半月报制度，省例行监测继续保持名列前茅。

各级蔬菜产销主管部门帮助蔬菜生产基地与市区各商场超市签订产销协议，通过场地挂钩形式，为产销双方搭建桥梁；为蔬菜生产企业提供政策、资金、技术等方面服务，通过不断扩大企业生产规模和标准化生产水平，带动周边农户，实现企业增效、农民增收的目标。全年新发展蔬菜协会等专业经济合作组织18个。全市蔬菜协会等专业经济合作组织95个，合作组织会员4979人，会员种植面积3440公顷，销售额26.49万吨。与公安和税务部门配合，发放60多张机动车辆“绿色通道”证及1000多张农民自产自销证。委托编发《蔬菜病虫情报》，普及防病治虫知识，为菜农提供病虫害预报。利用“12316”服务热线为菜农提供咨询帮助服务。 (邱洪潜)

【“十一五”蔬菜业发展概要】 “十一五”期末，全市蔬菜播种面积、蔬菜总产量、总产值分别达到3.41万公顷、93.39万吨和20.56亿元，比“十五”期末的2.84万公顷、70.6万吨和13.56亿元分别增长21.33%、32.28%、51.62%。蔬菜基地39个，增长14.71%，通过无害论证的蔬菜基地面积3960公顷，增长4.56%。市区年上市蔬菜12.8万吨，供应“放心菜”10.2万吨，占上市总量80%左右，市区人均日吃菜水平450克以上。蔬菜产值占种植业产值28.97%，比“十五”期末增长5.73个百分点。农民来自蔬菜纯收入达到902元，增长28.57%。全市有蔬菜协会等专业经济合作组织95个，会员种植面积3440公顷，销售额26.49万吨。定期换发蔬菜运输车辆“绿色通道”证及农民自产自销证。

“十一五”期间，按照“发展远郊、提高近郊”的发展要求，结合农业结构调整，镇江市蔬菜生产布局由近郊向远郊、由郊区向农区的无污染和无公害地区转移。市政府先后投入2000多万元，在丹徒区、镇江新区等地，建设近万亩标准化叶菜生产基地。市区常年菜地1333.33公顷以上，人均拥有菜地3厘左右。全市生产布局形成以丹阳国道沿线、句容长江沿岸、丹徒生态江岛、扬中绿色蔬菜为主的产业带。

“十一五”期间，钢管大棚、遮阳网覆盖、防虫网覆盖种植面积扩大，设施栽培规模与所占比例逐年提高。全市设施蔬菜面积5773.33公顷，比“十五”期末增长15.16%。拥有钢架大棚966.67公顷，比“十五”期末增长28%。连栋大棚3.6万平方米，比“十五”期末增长10.21%。防虫网覆盖栽培面积97.33公顷，比“十五”期末增长8.75%。市区(京口区、润州区、丹徒区、新区)已发展钢管大棚464.93公顷，比“十五”期末增长16.23%，达到菜田总面积四成以上。

“十一五”期间，全市制定省级蔬菜产品生产技术规程17个，市级蔬菜产品生产技术规程54个，“三品”种植面积4906.67公顷。形成以市级农产品检测中心为龙头，区(县)站为骨干，基地检测为基础的检测体系。镇江市多年未发生一起蔬菜中毒事件。

“十一五”期间，85%以上的蔬菜品种实现升级换代，蔬菜良种普及率90%以上。建立蔬菜种植大户为科技示范户。推广无公害农药残留全程控制集成、软化栽培、穴盘育苗、频振灯杀虫等新技术。广泛应用遮阳网、防虫网等新材料。举办各类培训班200多期，8000多农技人员、农户、基地及专业合作经济组织人员参加。 (邱洪潜)

【开展猪肉质量安全专项整治】 2010年，全市生猪进点屠宰52万头，市区“放心肉”上市19万头，进点屠宰14.5万头，县城以上城市生猪屠宰进点率100%。建立健全动物防疫责任制和责任追究制，市、县、乡政府及畜牧兽医管理部门逐级签订动物防疫责任状。执行《畜禽产地检疫规范》等国家标准，凭证入场、凭证出场，全市实施生猪产地检疫47万头，屠宰检疫52万头，检出病害猪肉产品43吨，检出率0.08%，检疫不合格生猪及其产品无害化处理率100%；查验外采猪肉4.5万头，处理不合格肉品260公斤。实施瘦肉精监管，市区各屠宰场对外来生猪每天进行抽检，各农贸市场及超市每月抽检一次，抽检生猪尿样4506个批次，动物产品(肝脏、肌肉)98个批次，未发生三聚氰胺及瘦肉精等违禁药物和非法添加物。定期对生猪屠宰场、农贸市场、活畜禽批发(交易)市场进行检查，组织执法检查818人次，立案处理42起。 (刘常珍)

餐饮服务业

【概况】 2010年，全市餐饮业虽然受马路主干道改造、网点结构调整的影响，但经济效益仍有一定程度增长，营业额60.1亿元，比上年增长33.7%。市区有餐馆2135家，增加639家。国际饭店荣膺五星级饭店；镇江大酒店实现三星到四星级挂牌；观海楼通过四星级验收。4月，经中烹协专家组检查验收，毕士荣江鲜馆获“中华餐饮名店”授匾。5月，23家饭店经省烹饪协会专家组检查验收，获江苏省餐饮名店称号。许国坤、潘晓峰被中国烹饪协会授予中国烹饪大师称号。倪琦被省人社厅评为“江苏省技术能手”，被中国烹饪协会认定为中国餐饮服务大师。新华电宾馆、镇江大酒店、国际饭店在创建省级放心消费活动的检查验收中一次通过，其中新华电宾馆被评为省级放心消费示范单位，国际饭店、镇江大酒店被评为省级放心消费先进单位。11月，扬中市被中国烹饪协会命名为“中国河豚美食之乡”。9月29日，毕士荣江鲜馆金山新店正式营业。10月16日，湾仔码头(原御景湾大酒店)正式营业，该酒店是由常州乡里乡亲餐饮管理机构和镇江和记大酒店共同出资，是镇江市首家采取量贩式经营的酒店，以销量定价格。11月18日，镇江滨水路上的国色餐饮会所开业。镇江市餐饮服务行业协会、烹饪协会组织行业干部职工参加省内外各种烹饪技艺的学习交流活动；举办各种培训班和职业技能竞赛活动；组织近40家饭店为9个社区的375个贫困家庭送年夜饭。上海世博会期间，组织开展“对接上海世博、游览名城山水、品尝镇江美食”的活动，宣传镇江餐饮。组织全市餐饮行业负责人参加由北京华夏管理学院、世华智业集团讲师石俭讲授的“餐饮企业非正常增长策略研习”课。组织部分餐饮业负责人到涟水今世缘酒厂和苏州参观学习。10月13日，市餐饮协会与镇江市食品药品监督管理局召开座谈会，表示将联合开展培训、及时沟通信息、参与观摩执法、共同组织参观学习。 (市烹协 市饮协)

【“十一五”餐饮业概要】 “十一五”规划期间，餐饮销售从2006年的34.6亿元增加到2010年的60.1亿元，净增加25.5亿元，五年增长74%。餐饮业多年未发生重大食品安全事故。发展大众餐饮。城市之间经常性信息交流、坚持行业教育培训,各项烹饪赛事不断。但由于市场竞争激烈,物价持续上涨,行业从业人员严重短缺,流动率高,工资标准大幅上升等使得餐饮企业运行成本加大,餐饮企业盈利能力减弱,行业净利润下降3%~5%。 (市烹协 市饮协)

【餐饮企业贷款优惠政策】 2010年,市烹协、市饮协多次与民生银行磋商联合推出为镇江餐饮企业量身度造的贷款相关优惠政策,给企业融资提供简便快捷的途径。如贷款无需抵押,只需有信誉的企业互相担保,手续简便快捷。

(市烹协 市饮协)

【餐饮交流系列活动】 2010年4月,名厨专业委员会组织部分饭店厨师长赴泰州美丽华大酒店和惠宾楼参观学习厨房五常法管理和经营理念。8月,名厨专业委员会在宴春酒楼组织各大饭店厨师长进行夏令菜品研讨会,锦绣皇宫大酒店、天慧园宾馆、聚景园、宴春酒楼四家饭店现场操作展示8道菜肴,镇江宾馆的师傅现场制作技师考核的4道菜。市区各大饭店厨师长参加菜品研讨活动。9月,市宴春酒楼派厨师参加苏州美食节期间举行的塘鲤鱼烹饪比赛,其中“竹荪鱼茸藕”获特金奖,“金瓜菠萝球”获金奖。参加3月19日在苏州同里湖度假村召开的江苏沿江八城市协会交流和烹饪技艺交流活动,与会代表提出七个方面的建议:向政府部门建议发展餐饮业的一些相关政策;协会要争取话语权;政府要购买协会的服务;要引领消费;协会要制定行业的相关标准;打造品牌建设;培养人才。11月,八城市烹饪技艺交流在南通进行,协会和名厨委组织各大饭店厨师长和参展单位赴南通交流。6月,首届两地餐饮业企业家联谊会在镇江碧榆园召开;11月2日两地餐饮企业家交流活动在苏州石家饭店进行,苏州、镇江两地企业家代表20余人参加这两次交流活动。

(市烹协 市饮协)

【餐饮业研讨会】 2010年4月9日,市餐饮协会在味雅大酒店召开部分会员单位座谈会,就镇江餐饮业关注的五大热点进行研讨:一是地沟油问题;二是刷卡费率过高的问题;三是餐饮企业用电是否与工业用电同价问题;四是自带酒水问题;五是服务员招工难问题。新华电宾馆负责人提供的江苏省电网销售电价表显示,镇江餐饮用电已与工业用电同价,只是根据电伏的大小略有增减。

(市烹协 市饮协)

【职业技能竞赛及餐饮培训】 2010年4月18日,镇江市13名厨师报名参加中烹协、省烹协和扬中市联合举办的中国首届河豚鱼烹饪技艺大赛,7名厨师获特金奖、6名获金奖;4月27日,“国际饭店杯”女职工服务技能比赛在国际饭店五洲厅进行,37名选手报名参赛,国际饭店、碧榆园、镇江宾馆三位选手获前三名;6月19日,在省烹协和江阴市烹协联合举办的“螺蛳节”上,毕士荣江鲜鱼港代表队制作的“螺蛳一族”,东宫大酒店代表队制作的“乡村醉螺”双双获特金奖;7月26日京口区“锦绣皇宫杯”服务员技能比赛在锦绣皇宫大酒店三楼进行,锦绣皇宫大酒店、海韵大酒店、天慧园宾馆三位选手获前三名。6月30日~8月28日,由市餐饮协会承办的全市中式烹调技师培训班在大市口宴春酒楼开学,本期学员28名,来自市区各大饭店,通过近2个月理论、实践培训,经省职业技能鉴定中心,通过实践考核和理论答辩全部合格,均获得中式烹调技师证书。

(市烹协 市饮协)

烟草专卖

【概况】 2010年,市烟草公司全系统销售卷烟12.26万箱,比上年增长2.1%;不含税销售收入27.3亿元,增长9.78%;按可比口径计算,实现税利7.66亿元,增长10.07%,其中利润4.75亿元,增长11.5%;费用率4.37%,费用水平保持稳定。网上订货工作从点到面全面铺开,全市网上订货客户已达到总客户数的61%,其订货水平达到订货总量的76%。建成运行508家卷烟零售经营服务标准店。开展部门重要权力节点监控机制建设,加强内部审计监督,全年完成12项工程审计项目,审计金额总计207万元,累计核减金额50万元。2010年12月通过省文明委验收并获江苏省文明行业称号。 (宦 丽)

【“十一五”烟草专卖概要】 “十一五”时期,市烟草局卷烟销量由11.05万箱增加至12.26万箱,增长10.95%。税利由4.42亿元增加至7.66亿元,增长73.3%(剔除消费税因素增长75.14%)。三项费用率由5.45%下降到4.37%,费用水平保持稳中有降。人均销量由172箱提高到218箱,劳动生产率明显提高。2010年底,全系统资产总额由7.36亿元增加至19.49亿元,年平均增幅超过32.96%;2009年6月6日,市烟草局实现新老物流交接,新物流配送中心正式启用。卷烟订货信息化、配送集约化、物流现代化、零售终端品牌化,卷烟订货模式由电话订货逐步转变为网上订货。

市烟草局加大市场监管力度,连续五年完成打假任务,先后开展“狩猎行动”“春雷行动”“天网行动”,监管和打击假、私、乱渠道、无证运输、无证经营、“名烟”回收等违法经营行为;查处“2006.10.10”和“2007.1.15”,扬中“2008.11.8”和“丹阳2009.1.15”四起符合国标的假烟网络案件;出动打假打私人员近25万人次,查处卷烟违法案件5000起,查获违法卷烟43万条,其中假烟21.4万条,走私烟、乱渠道进货卷烟21.6万条,罚没款837万元,拘留逮捕犯罪嫌疑人91人,判刑31人。

镇江烟草完成母子公司体制改革。全系统启动以“定岗、定责、定员、定薪”为主要内容的人事用工制度改革。全系统管理类岗位共有174人,业务操作类岗位409人,解聘人员65人,服务类岗位全部实行外包。 (宦 丽)

【卷烟市场管理】 2010年,市烟草局查处各类违法卷烟案件686起,5万元以上案件21起,其中10万元以上案件11起,符合国标的假烟网络案件3起;查获各类违法卷烟14.34万条,总案值3825万元,罚没款313万元;移送公安机关案件20起,拘留25人,判刑13人。市烟草局通过“五五”普法验收工作,明确行政处罚自由裁量基准,开展行政处罚案件合法性审查。在镇江市组织的行政许可案卷评查中,市烟草局和丹徒区局、丹阳市局分获市级行政执法单位一等奖和辖市(区)行政执法单位一等奖及二等奖。市局本级和丹徒区局分别被确认为依法行政示范点。 (宦 丽)

粮 食

【概况】 2010年,市粮食局出台《镇江市市级储备粮轮换管理暂行办法》,规范储备粮管理。出台《镇江市粮食质量安全监管的实施意见》,加强粮食市场的监管检查工作。开展粮油外采工作、落实应急供应企业。制订工作方案,加强粮食市场行情的监测,加强对粮油销售市场监测和加工企业的跟踪监测。全行业未发生重大安全事故。全面开展放心粮油工程、“粮食银行”创建活动。推进粮食企业信用体系建设,各地完成所有数据库报表的输入工作。

2010年,全市收购小麦2.1亿公斤、

油菜子 0.16 亿公斤、稻谷 0.705 亿公斤。由于夏粮收购价格高于国家公布的最低收购价格，小麦、油菜子收购价格分别比上年高出 14 元/百斤、10 元/百斤，促进农民增收 6100 万元。推广“粮食订单”“一次收购，两次结算”的做法保护种粮农民利益；与农户之间形成稳定的产销合作关系；对种粮大户采取订单农业、上门收购等措施，增加粮食收购合同履约率；分析市场信息，引导农民按照市场需求进行粮食生产，帮助农民增产增收。

军粮供应、粮食流通监督检查、粮食行业安全等工作省内领先。实行政务公开，推行行政权力网上运行；开展《粮食流通管理条例》、世界粮食日等宣传活动。为城市特困家庭捐赠“爱心粮油”，为农村贫困家庭捐款、捐物。

（王志新）

【“十一五”粮食工作概要】 “十一五”期间，全市推进产销区合作，签订粮食产销合同近 3 亿公斤。引导农民调优种植结构，全市“寒优湘晴”“越光”等优质水稻、优质“低筋小麦”种植比例分别上升到 40% 和 50% 以上。制定出台《镇江市粮食收购工作规范（试行）》，规范国有粮食购销企业收购行为，做到政策公开、价格上墙、样品上台。建立 40 个农村粮食信息调查点和 20 个粮食市场价格监测点。

全市粮食行政管理部门开展国有粮食购销企业粮食库存、市级储备粮、粮食市场质量、粮食收购资格以及收购行为、全社会粮食统计等各类监督检查活动 237 次，检查企业 3437 家，案件总数 64 例，实施责令改正 56 例，罚款 7 例，取消粮食收购许可证 8 起。协同工商部门查处非法收粮案件 2 起，涉案粮食 3 万余斤。按照省、市政府的统一部署，历经六个月时间，出动人员 510 余人，清查库点 60 余个、仓廒 600 余间，清查各类粮食 40.3 万吨，完成粮食清仓查库工作。

全市粮油加工业累计完成工业总产值 187.2 亿元、销售收入 184.6 亿元、利税 10.3 亿元，分别比“十五”期间增长 1.5 倍、1.9 倍、4.1 倍。先后开发出小麦膳食纤维、生物柴油、保健果醋、大豆多肽、小麦胚芽油、稻鸭共作、“越光大米”、“7+1”营养强化面粉等 20 多个高新科技产品，形成规模型产业化生产能力。全市建成 5 家省、市级以上粮食科研机构，创建 3 个江苏名牌、2 个江苏省著名商标、1 个全国免检产品、1 个全国知名品牌、1 个中国名牌，14 个产品获得中国粮食行业协会授予的“放心面、放心米、放心油产品”称号，12 个产品通过省和国家有关部门的无公害产品、绿色食品和有机食品认定。累计投入 7000 多万元，新建标准储粮仓库 12 万多吨，维修储粮仓库 18 万吨，全市总有效仓容总量达到 70 万吨，比“十五”期末增加 32 万吨，增长率为 85%。建成 6 个中心粮库，装备环流熏蒸系统、粮情测控系统、机械通风等被广泛使用。“十一五”现代粮食物流发展规划重点工程之一的粮油批发交易中心建成运营。创建放心粮店 135 家，其中镇江市级“放心粮油示范店”34 家，国家“放心粮油示范企业”4 家，放心粮油市场占有率达 75%。建成军粮供应服务中心大楼。严格执行军粮供应政策，拓宽军粮供应服务领域，军粮供应满意率 100%。

（王志新）

【粮食市场监管检查】 2010 年，出台《镇江市粮食质量安全监管的实施意见》，开展国家政策性粮食竞价销售出库检查、夏秋两季粮食收购政策执行情况联合检查、粮食收购资格以及收购行为专项检查、粮油质量专项检查、市级储备粳稻专项突击检查等行政执法活动 177 次，检查企业 856 家（次），案件总数 26 例；实施责令改正 18 例、警告 5 例、罚款 1 例，罚款金额 1000 元，取消粮食收购许可证 8 起。全市清查实际库存 105773 吨。

（王志新）

【“五个一”工程建设】 2010 年，全市粮食行业全力推进“五个一”工程建设［新培育一个县级国有粮食企业做大做强的典型项目、培育扶持一个省级粮油科技研发中心项目、按规划建成或完善一个现代化粮食产业（物流）园项目、引进一个大型粮油企业并与之成为合作伙伴项目、新增一个省级以上粮油产品名牌项目］，完成两年计划的 80%，为推动粮食流通产业转型升级奠定基础。丹阳市西郊国家粮食储备库作为“新培育一个县级国有粮食企业做大做强的典型”项目单位，新建 1.2 万吨仓库项目即将开工，全年可完成销售收入 1.5 亿元、利税 250 万元；丹阳市正大油脂有限公司作为“培育扶持一个省级粮油科技研发中心”项目单位，被农业部授予国家农产品加工技术研发专业分中心；市粮食物流园项目作为“按规划建成或完善一个现代化粮食产业（物流）园”项目单位，获市政府批准，项目立项论证正在进行之中，项目占地 30 公顷，总投资约 2.4 亿元；市粮食中转库作为“引进一个大型粮油企业并与之成为合作伙伴”项目单位，已与中储粮镇江粮油有限公司建立 2 万吨大豆代储业务；句容市恒馨米业有限公司作为“新增一个省级以上粮油产品名牌”项目单位，“恒馨牌”大米申报“江苏名牌”的材料上报省质监局。

（王志新）

【稳价保供】 2010 年，市粮食行业出台《镇江市市级储备粮轮换管理暂行办法》，安排储备轮换吞吐。针对 2010 年以来粳稻价格上涨过快的情况，通过制订工作方案、加强对 25 个价格监测点的市场监测和 12 个重点大米加工企业的跟踪监测、把握储备稻谷轮换节奏和数量、外采东北粳稻 8 万吨、落实 81 家应急供应企业等措施，确保全市粳米市场供应和价格稳定。加强粮食产销衔接，组织粮食企业参加苏、宿、盐、镇、通、泰粮食产销对口衔接洽谈会，签订粮食购销合同及意向性协议数量 5.2 万吨，充实本地粮食库存。

（王志新）

【军粮供应工作】 2010 年，军粮供应保障有序，为部门送粮上门，并定期不定期地对军供粮油、粮源进行检查，确保军粮质量安全；建立军供站后备干部队伍，提高军粮供应队伍的综合素质；为驻镇江部队司务长及后勤管理人员举办粮油知识培训及营养膳食讲座三期，培训近 150 人次；拓宽军粮供应服务领域，军粮供应满意率 100%。市军粮供应站获得全国军粮供应管理工作先进单位称号。

（王志新）

【放心粮油工程建设】 2010 年，创建国家“放心粮油示范企业”4 家，新增市级放心粮油销售店 27 家，新增放心粮油示范店 21 家。10 家“粮食银行”开展以小麦、稻谷和油菜子三大类 20 多个品种为主的兑换业务，服务储粮农户 2.1 万户，覆盖乡镇 15 个，粮油经营量达 3.3 万吨。

（王志新）

供销合作社

【概况】 2010 年，供销合作社系统销售收入 240.88 亿元，消费品零售额 52.08 亿元，农资销售额 10.08 亿元，农副产品收购 19.51 亿元，报表利润 4959 万元，全系统销售收入超 1 亿元的企业 28 家。全系统申报成功 7 个省级项目、3 个全国项目，获得中央及省两级财政资金补贴 152 万元和 200 万元。全年发展三星级以上为农服务社（中心）47 家，其中丹阳市云阳镇留雁为农服务中心被评为省级样板为农服务社。全市有为农服务社 622 家，行政村覆盖率 100%。全市完成“三位一体”（ 自主经营的实体、为农服务的载体、合作经济组织的联合体)建设的基层社15家,占全市基层社总数的31%。成立县级"农合联"(农村合作经济组织联合体)3家,镇级"农合联"11家,全市"农合联"框架初具雏形。

2010年,第一批10个高标准为农服务中心于12月底通过验收。市财政对考核认定的为农服务中心实行"以奖代补",当年补贴资金100万元,专项用于为农服务中心的建设。

2010年,镇江供销合作社系统的农业综合开发项目连续实施三年,丹徒区李忠草莓专业合作社、丹徒区正东食用菌有限公司申报国家农业综合开发项目。市供销合作总社获2010年度全省供销合作社系统综合业绩考评一等奖。各辖市(区)供销合作社获得单项奖20个,其中丹阳、扬中市供销合作社获得"十强县级供销合作社"称号。

(庄网锁)

【"十一五"供销合作社概要】 "十一五"期间,全市供销合作社系统推进基层社、社有企业、联合社经营网络改造,实施新农村现代流通服务网络工程。改造重组基层供销合作社48家,市直社有企业11家,化解企业长期积淀下来的人员、资产、债务等问题。"十一五"期末,全系统销售总额240.88亿元,是"十五"期末的5倍;汇总实现利润4959万元,是"十五"期末的7.16倍;所有者权益26773万元,是"十五"期末的2.71倍。

从2008年开始恢复市级农资淡储旺供、救灾化肥储备制度,每年储备化肥2000吨以上。2009年率先在全省系统开展农作物病虫害统防统治工作。"十一五"期间,全市有18个农产品注册商标,省级专业合作社52家,市级28家。综合服务社总数622个,行政村全覆盖。培训农产品经纪人8080人,其中5298人获得国家人力资源和社会保障部颁发的职业资格证书。市供销合作总社连续五年被全国供销合作总社评为全国农产品经纪人培训先进单位,是江苏省唯一连续五年受全国表彰的单位。

全系统有生产、生活资料等连锁经营服务网点3022个,连锁经营额80.83亿元。获得中央财政专项资金补贴的项目3个、省级财政专项资金补贴的项目5个,获得两级专项资金补贴475万元。全系统化肥销售量约占全社会用肥量的70%。

制定社有资产监管、出资企业重大事项审批备案等管理办法。盘活存量资产约3.2亿元,化解银行债务约2.5亿元。全系统解决89644万元社员股金的兑付问题。市供销合作总社连续被省供销合作总社表彰为综合业绩考评一等奖,先后被市委市政府授予国企改革先进集体、农业和农村工作先进单位、全市信访稳定工作先进集体等称号。

(庄网锁)

【镇江市供销合作社第三次代表大会】

2010年4月9~11日召开镇江市供销合作社第三次代表大会。大会以贯彻落实国务院40号文件精神为主题,提出构建农村现代经营服务新体系的重大课题,明确今后五年的工作目标和任务。大会提出"三个全覆盖""三个翻一番""四个全面提升"的总目标,即到2014年,为农服务社实现行政村全覆盖,村级生产生活资料连锁网点实现行政村全覆盖,农产品经纪人培训实现行政村全覆盖;2014年在2009年的基础上,实现利税总额、为农服务社改造升级数量、农民专业合作社改造升级数量翻一番;全面提升为农业社会化的服务能力,全面提升组织农民走向市场的能力,全面提升在农村商品流通中的份额和市场竞争力,全面提升系统的凝聚力和社会形象。大会选举产生新一届理事会、监事会。修改通过《镇江市供销合作总社章程》。

(庄网锁)

【中国供销华东农副产品物流园】

2010年8月26日,中国供销华东农副产品物流园在丹阳开工,总投资10亿元,占地20.67公顷,总建筑面积30万平方米。功能区划分为展览展示综合服务大楼、交易区、仓储物流区、配套设施区。整个园区分为两期建设:一期建设展览展示综合服务大楼、农副产品交易区、日杂百货交易区、仓储区、配送区。二期建设水果蔬菜交易区,农资交易区。预计2013年整体建设完毕,初期实现年交易额50亿元以上,全面运营后达上百亿元。 (庄网锁)

【专业合作社建设】 2010年,全市48个基层社领办、参办175个农民专业合作,入社社员2万余人,带动农户7.1万余户。发展省级"四有"专业合作社26家,市级20家。申报农业综合开发新型合作示范项目8个。11月,赵亚夫联社升格为江苏省赵亚夫农产品专业合作联社,成员由原先的17家扩大到30家,联社囊括镇江乃至全省的所有拳头农产品,入社农户12000余户,带动周边农户近26000户。 (庄网锁)

【防病治虫工作】 2010年,全市成立农机植物保护专业合作社9个,专业化服务队214支,统防统治覆盖34个乡镇、138个行政村,累计防治面积3.4万公顷次,全年帮助农民节约农作物防治成本400多万元。统防统治工作获2010年镇江市农业技术推广奖。 (庄网锁)

【农民经纪人培训】 2010年,开设合作经济管理师职业资格培训项目,6月在句容市供销合作社举办镇江市首期合作经济管理师培训班。镇江市供销合作总社被全国供销合作总社评为"2009年度全国供销合作社农民实用技能鉴定和农产品经纪人星火科技培训工作突出贡献单位",连续五年受到全国供销合作总社表彰,并被人力资源和社会保障部批准为全国农产品经纪人星火科技培训示范站和职业技能鉴定工作示范站,成为供销合作社系统地市级供销合作社中首批职业技能鉴定站之一。 (庄网锁)

【2010海峡两岸(江苏)名优农产品展销会暨产销对接洽谈会】 2010年12月3~5日海峡两岸(江苏)名优农产品展销会暨产销对接洽谈会在南京举行,镇江市供销社系统组织三市二区(丹阳、句容、扬中、丹徒、润州)26家企业、80种商品参展,现场签约9个项目,签约额达14710万元,销售额17.86万元。市供销合作总社获农展会组织奖。 (庄网锁)

【社有资产管理】 2010年,全市供销社系统确保企业稳健发展和资产保值增值。句容、丹阳、扬中、丹徒、京口、润州市(区)社和大鹏股份公司等单位,对社属企业资产租赁合同加强监管,加大资产回购力度,盘活存量资产,开展提租增效,规避经济纠纷和经营风险发生,提高社有资产监管水平。2010年全系统共盘活存量资产约1.2亿元,化解银行债务约9050万元。 (庄网锁)

石 油

【中国石油化工股份有限公司江苏镇江石油分公司】 2010年,中国石油化工股份有限公司江苏镇江石油分公司全年销售总量37万吨,增长6.5%,其中成品油零售量27万吨,增长5个百分点。公司销售收入256287万元。非油品业务全年新开设标准便利店7家,实现营业额1700万元。润滑油实现销售量6100吨,增长30%。新增加油站点3座,2座加气站竣工并开业。苏南成品油管道和油库改造建设全部竣工。完成101公里管道建设,贯穿5个县市区、12个乡镇、48个村,新建油库综合楼,改造发货站场。油库、管线、站场均投放成品油运行。

注重加油站零售服务，设立加油IC卡客户服务。在农忙期间，与农机部门共同推出"农机双优卡"和"加油绿色通道"，服务于"三夏""三秋"大忙。在市场资源严重短缺时，保障镇江成品油市场的基本需求。非油品业务年营业额达到50万元以上的标准门店10座，百万元以上的精品门店3座。

（王　玥）

"十一五"中石化油品销售情况表

表22-1

年　份	销售油品（吨）
2006	365412
2007	367208
2008	380850
2009	386151
2010	392562

（王　玥）

【中国石油天然气股份有限公司江苏镇江销售分公司】 2010年，中国石油天然气股份有限公司江苏镇江销售分公司（以下简称中国石油镇江销售分公司）固定资产1.87亿元。公司有加油站54座，拥有2.5万吨成品油码头1座、五星级加油站1座、四星级加油站1座、三星级加油站6座、新开发投运加油站4座；10万立方米成品油储罐，陆路日发货能力1000吨，水路日发货能力8000吨。

2010年，中国石油镇江销售分公司开展以轮胎、润滑油、便利店三大支柱共同发展的非油业务，全年非油品销售收入约800万元，增幅174%。公司培训新员工64人次；组织站长、安全员参加安监、消防等部门培训68人次；组织开展加油站案例教育和应急管理培训工作。全年开展各类专项检查7次，联合市安监、消防等部门检查4次，查出问题157项，整改148项，整改率94%。针对部分较大安全隐患提前落实整改计划，对暂未能整改的，记入隐患台账，制定防范措施，落实专人跟踪检查。公司油品季度、年度抽检合格率100%，全年安全生产无重大责任事故。（高　山）

"十一五"中石油油品销售情况表

表22-2

年份	销售油品（吨）	市场占有率
2006	90075.886	16.8%
2007	103840	17.9%
2008	107249.015	18.8%
2009	132719.966	22.5%
2010	182465.18	28.7%

（高　山）

盐　业

【概况】 2010年，江苏省苏盐连锁有限公司镇江分公司（镇江市盐务管理局）全年购进各类盐产品35263.21吨，比上年增加购进1961.74吨。全年销售各类盐产品34110吨，完成计划116.82%，为上年102.07%。其中：食盐销售26380.49吨，完成计划119.91%，为上年104.19%；小包装食盐销售16599.76吨，完成计划124.81%，为上年106.01%；销售多品种营养盐1306.95吨，完成年计划186.71%，为上年189%；小额工业盐销售7729.45吨，完成计划107.35%，为上年95.45%。实现营业收入8930.75万元，完成计划指标120.69%，为上年106.66%；利润184.34万元，完成计划指标131.67%。

（胡建兵）

【"十一五"盐业专卖概要】 "十一五"期间，江苏省苏盐连锁有限公司镇江分公司（镇江市盐务管理局）共购进各类盐产品166652吨，比"十五"期间增加购进9585吨。销售各类盐产品169232吨，为"十五"同期109.68%。其中：食盐销售127699吨，为"十五"同期的110.6%；销售小包装销售74626吨，为"十五"同期106.37%；销售多品种营养盐4549吨，为"十五"同期941.82%。小额工业盐销售41533吨，为"十五"同期的106.92%。实现营业收入36794万元，为"十五"同期的178.68%。

"十一五"期间，全市碘盐"三率"水平持续保持在95%以上；查处盐业违法案件259起，为"十五"同期39.54%；没收盐产品608.78吨，为"十五"同期219.98%；罚没款81515元，为"十五"同期35.25%。

"十一五"期间，镇江城区、丹阳、句容、扬中四家单位获得"AAA"级食盐批发企业称号。推动企业由传统批发经营方式向批零结合、零售为主的连锁经营方式转型：镇江市区的朱方路直营店、大港直营店和久久酒业中心店等门店已开门营业；在城区范围实行将食盐直配直送到零售终端。（胡建兵）

【经营管理】 2010年，应对盐业体制改革变化，加快推动企业由传统批发经营方式向批零结合、零售为主的连锁经营方式转型：建成镇江市区的朱方路直营店、大港直营店和久久酒业中心店，其他门店也有序推进；在城区范围实行直配直送，乡镇范围结合门店建设有序推进；抓好调运，保障供应，稳定全市食盐市场秩序；完善预算指标体系，加强成本费用控制。（胡建兵）

【盐政执法】 2010年查处盐业违法案件32起，没收盐产品5.165吨，罚没款10486元，发放宣传资料8万余份。开展"元旦、春节市场净化行动""五一、端午市场净化行动""世博期间专项整治活动""食盐保安护考行动""国庆、中秋联合执法行动""亚运期间专项整治活动""旺季秋风"行动等活动，规范全市食盐市场秩序。在"3·15""5·15"宣传活动中，联合市工商、卫生、疾控中心、卫生监督等部门，在大市口城市客厅、北京华联超市开展"有你更有力量""全社会共同努力，持续消除碘缺乏病"等大型宣传活动。5月联合市卫生局、教育局等部门在全市组织部分小学生开展碘缺乏病防治知识普及活动，组织学生观看碘盐知识宣传片、聘请市疾病控制中心的专家讲解碘缺乏病防治知识、组织学生带家中食盐到学校进行碘盐检测。重点加强对特许经销商、碘盐零售户等经营流通环节，蔬菜腌制、卤菜、食品加工小作坊等食品加工环节，宾馆、饭店、企事业食堂等餐饮服务业及工业用盐企业的食盐检测检查。不合格食盐一律不得进入消费市场，严格落实质量召回制度。盐业公司被评为"镇江市放心消费创建活动先进单位"。

（胡建兵）

对外及对港澳台经济贸易

责任编校：姚丽华

综 述

【概况】 2010年，镇江市完成商务部确认实到外资16.15亿美元，比上年增长12.06%。货物贸易进出口总额81.54亿美元，增长35.2%；其中，出口47.51亿美元，增长34.2%。服务贸易进出口14.19亿美元，增长46.3%。服务外包合同额2.51亿美元，增长142.7%；执行额1.57亿美元，增长157.4%。其中，离岸服务外包合同额1.46亿美元，增长101.4%；执行额0.86亿美元，增长109.8%。新批境外投资项目24个，增长71.4%；中方协议投资1.98亿美元，增长443.6%；新签外经合同额3.53亿美元，增长11.5%；实现营业额3.19亿美元，增长17.9%；当年新派对外劳务5255人，增长0.7%；年末累计在外人数10313人。开发园区实到外资12.21亿美元，增长12.9%；地方财政一般预算收入52.87亿元，增长60.6%；全社会固定资产投入765.8亿元，增长74.2%；规模以上工业增加值670.1亿元，增长53.4%。

制造业实际利用外资10.4亿美元，增长22.1%；服务业实际利用外资3.3亿美元，增长72.1%，高于总体增幅40.7个百分点。制造业实到外资占比为74.0%，较上年同期下降6.2个百分点；服务业实到外资占比达23.4%，较上年同期上升5.6个百分点。新批新能源、新材料、电子信息、航空制造、海洋工程5大新兴产业项目44个，合同利用外资占全市的31.2%，比上年提高2.3个百分点。金融投资、信息咨询、酒店管理、体育服务等现代商贸业合同外资3.15亿美元，占全市的18.9%，提高4.6个百分点。句容碧桂园、扬中雨润获批并通过商务部备案。新批外资并购项目6个，并购金额5895万元。新批外资创投公司、外资投资性公司各1家，新增境外上市公司2家，境外上市公司股票增发1家。江苏润光创业投资有限公司成为全市首家外资创投公司，日本凯迩必（中国）投资公司成为第二家。江苏唐邦机电、大全新能源分别在美国纳斯达克和纽交所上市，丹阳利华国际上市后再增发3100万美元。在"江苏台湾周"期间举办苏台（镇江）绿色能源产业合作洽谈会，吸引台湾新能源、新光源、电子信息、汽车电子、节能环保等产业领域的企业、研发机构和行业协会，有300人参加，9个项目集中签约，总投资5.78亿美元。

推进中国船舶外包中心工作。聘请美国高德纳公司编制全市服务外包中长期发展规划。国内赴北京、上海、南京、杭州，国外赴美国、加拿大、法国、瑞士等地组织各类专题招商20多场次，获取惠普、美国大展、诺基亚西门子、奥博洋数据、中聘人才服务等50多个项目信息，引进注册资本千万元以上企业7家。全年建成各类国际服务外包载体110万平方米。推进润州凤凰智慧产业园、睿泰科技园、中芬丹阳数字产业园等专业型园区。江苏大学、京江软件园有限公司申报第二批省级服务外包人才培训基地。实施"品牌＋专业"人才培训战略，引进专业培训机构。

外贸总量恢复到国际金融危机前水平，进出口、出口分别比2008年增长9.3%和11.7%。全市出口超1000万美元以上企业52家，比上年增加12家。出口前20强企业平均增长43.7%，高于全市9.3个百分点。高新技术产品、船舶、汽车零部件、自行车等出口增长强劲。主销市场总体平稳，对港台出口倍增；新兴市场中，对俄罗斯、澳大利亚出口增幅高于60%。丹阳市获国家级科技兴贸创新基地称号。天工、飞达、华昌、恒神碳纤维等19家企业入选江苏省出口基地骨干企业。共组织500多家企业参加广交会、华交会、印度五金展等境内外重大展会，获得展位700多个。利用中国—东盟自由贸易区等区域合作的机遇，鼓励企业开展区域内贸易发展。抓住美国政府联合采购公司（CCA）采购机遇，组织数十家外贸企业对接，签署1200万美元采购合同。市贸促会与CCA签署贸易合作伙伴协议。加大与进出口银行、信用保险等政策性机构合作，天工、大亚和沃得植保3家企业获得进出口银行8.6亿元贷款，推进飞达、沃得机电等项目近15亿元贷款工作。

镇江安装集团、二建公司、山水建设、新世纪江南环保4家企业获得外经经营权，创当年新批经营权企业数新高，全市有权企业累计达16家。金东纸业香港公司连续两次增资，总投资9900万美元，超过其他境外投资项目总投资之和，成为上半年全省最大的境外投资项目。江苏沃得机电集团整体收购美国昂科制造有限公司获批，总投资和注册资本均为9000万美元，年销售额预计1.6亿美元以上，成为规模最大的境外并购项目。天工工具在中国台湾地区设立台湾新正工股份有限公司；恒宝股份成为首家赴新加坡投资企业；圣象集团分别在德国和俄罗斯投资；江苏省交通工程公司在印度和印尼、建工集团在越南分别设点承接国际工程。

建立并实施上报项目代办制，镇江市商务局共帮助包括巨宝科技、爱励鼎胜、金东增资、奇美六厂合并、未来航空复合材料、仁德新能源、哈电通用风能、皇冠假日酒店、凯迩必（中国）投资公司、金东香港公司、台泥投资性公司、扬中雨润国际中央商场等项目在内的57个大项目在最短时间内拿到批准证书。总投资近50亿美元,合同外资21.4亿美元,预计年新增销售收入300亿元以上,新增税收40亿元以上,吸纳就业超5万人。（冯晓波）

【“十一五”期间全市对外及对港澳台经济贸易情况概要】 “十一五”期间,镇江市实际利用外资提前一年完成14亿美元的规划目标。累计到位外资60.51亿美元,年均增长23.6%,高出规划3.6个百分点,外贸超额完成规划目标。2010年,全市货物贸易进出口81.58亿美元,增长35.2%。其中,出口47.53亿美元,超额完成“十一五”规划45亿美元的目标,“十一五”期间年均增长18.3%,高出规划0.3个百分点。境外投资超额完成规划目标。截至2010年底,全市累计批准境外投资项目79个,基本达到“十一五”规划累计80个的目标;累计中方协议投资2.95亿美元,是“十一五”规划累计8000万美元目标的3.7倍。开发园区达到或基本达到规划目标。2010年5月,镇江经济开发区升格为国家级镇江经济技术开发区,完成“十一五”规划要求。2010年,全市开发园区实际到位外资占全市比重为75.4%,高出“十一五”规划10.4个百分点;出口占比50.3%,高出“十一五”规划0.3个百分点;地方财政一般预算收入占比38.3%,略低于“十一五”规划1.7个百分点。

全市累计实际利用外资突破60亿美元,约占镇江市累计实到外资的一半。奇美国亨六厂合并,成为国内最大的工程塑料粒子生产基地。全市引进环太硅科技、巨宝科技、绿洲新能源、山特维克新型合金管材料等一批总投资5亿美元以上的重大外资项目。新能源、新材料、电子信息、航空制造、海洋工程五大新兴产业合同外资占全市比重连年提升,2010年超三成,金融、投资、商贸类现代服务业合同外资占全市比重30%。新加坡新科动力收购华晨华通股权并增资5000万美元,是镇江市近年来最大的外资并购项目。注册1亿美元的台泥投资性公司成为镇江市首家外资投资性公司。嘉新水泥、中盛粮油、沃得集团、天工集团、利华国际等7家企业分别在新加坡、美国等国和中国香港等地区上市。

全市年均新增内资外贸企业270家,新批外商投资企业180家。到2010年,全市外贸有权企业4500家左右,有进出口实绩企业1353家,当年进出口超亿美元企业10家,其中出口超亿美元企业4家。全市出口超亿美元市场11个。欧盟、美国、东盟、日韩、中国港台等主销市场占全市出口2/3强。南亚、拉美、中东、非洲、俄罗斯、澳大利亚等新兴市场年均增长30%以上,占全市出口比重超过30%。纸张、纺织品、工具、眼镜、汽车零部件、化学品、焦煤等10种商品出口超亿美元。进口商品主要为生产所需纸浆、石油衍生品(苯乙烯、制塑原料)、硅原料等。2007年,镇江市出口品牌推进委员会成立,促进地方品牌国际化。全市有1个国家级眼镜出口基地、1个国家级科技兴贸创新基地、3个国家级出口基地企业,1个省级五金工具集聚监管区、1个省级五金工具出口基地、19个出口基地骨干企业。

全市有外经有权企业17家,其中对外承包工程企业10家;累计批准境外投资企业79家,中方协议投资近3亿美元。境外投资企业70%以上设在美国、德国、日本等国家和地区。天工工具投资的台湾新正工股份有限公司成为镇江第一家、全省第三家赴台投资企业;大亚集团、飞达集团、沃得集团等本土重点企业国际化步伐加快;江苏克蒂纳日本公司成为镇江市首家“走出去”承接海外服务外包业务的企业。工程承包市场分布在欧盟、东南亚、南亚、非洲等10多个国家和地区。镇江国际公司在欧洲打响“中国园林”建筑品牌;建工集团、江苏省交通工程公司、华扬石油钻井公司发挥土建、滑模、地下顶管、石油勘探等技术特长拓展市场。镇江国际公司、江苏省交通工程公司获商务部对外援助实施企业A级资格。

对外劳务层次由建筑工、缝纫工逐步发展到计算机工程师、机械工程师、石油勘探工等工种。劳务市场遍布亚、非、欧、美和大洋洲的64个国家和地区,日本是镇江外派劳务第一大市场,约占全市外派人数的30%左右。

从2008年开始启动服务外包,连续三年实现倍增。2010年,全市有商务部管理系统登记注册服务外包企业201家。通过十一项国际认证88个,其中CMMI(能力成熟度模型集成)三级认证44个。镇江市被认定为省级国际服务外包示范城市,镇江软件园、京口区、润州区创意产业园被认定为省级国际服务外包示范区,镇江高等职业技术学校被评为首批省级国际服务外包人才培训基地。全市建成各类服务外包载体150万平方米。其中,总规划面积5.8平方公里的镇江丁卯科技城、1.58平方公里的镇江软件园二期,总投资10亿元的丹阳科技创业园、总投资4.2亿的润州亿兆软件园等科创中心和研发大楼加快建设。推进中国船舶外包中心工作,全市船舶外包领域集聚20多家企业,形成以研发为支撑,覆盖数字化造船设计、船舶生产管理、船舶控制系统集成、船舶装备保障等具有完整体系和较强核心竞争力的船舶服务外包产业链。（章存保）

对外及对港澳台贸易

【概况】 2010年,镇江市完成进出口总额81.58亿美元,比上年增长35.2%。其中,出口47.53亿美元,增长34.2%;进口34.05亿美元,增长36.6%。进出口、出口、进口全面恢复并超过2008年金融危机前水平。

进出口增幅高于全国0.5个百分点,低于全省2.3个百分点。其中,出口增幅高于全国2.9个百分点,低于全省1.6个百分点。进口增幅低于全国2.1个百分点,低于全省3.3个百分点。三项指标均超过2008年水平,其中进出口总额比2008年增长9.3%,出口增长11.8%,进口增长6.1%。

12月,全市进出口总额7.86亿美元,环比增长10.1%;其中,出口4.66亿美元,环比增长13.0%,创2008年以来新高。进口3.21亿美元,环比增长10.9%,单月进口企稳在3亿美元以上。

出口前50位企业46家保持正增长,平均增幅44.7%,高于全市10.5个百分点,占全市比重55.9%。金东、苏润高碳材、镇江船厂、天工工具四家出口超1亿美元。环太硅科技、大赛璐、罗地亚、胜华、正丹化学等7家增幅超过1倍。金东纸业出口增幅由年初最高80.35%逐渐下降到12月的9.4%。美国初裁金东纸业铜版纸反补贴税率由12.83%调高到20.07%,倾销幅度初裁30.82%。下半年,金东纸业对美出口月度不足50万美元,全年减少出口2.5亿美元左右。欧盟也启动铜版纸“双反”(反倾销、反补贴)调查,一旦初裁将影响全市对欧出口1.5亿美元。

高新技术产品出口保持倍增,纺织服装出口缓慢恢复。高新技术产品出口1.82亿美元,增长140.7%,新兴出口企业环太硅科技的光伏产品占全市高新技术产品出口的50.9%;鱼跃医疗器械出口增长近1倍,惠通电子产品出口增长35%。机电产品出口高于全市0.9个百分点,其中船舶出口1.77亿美元,汽车零部件出口7105万美元,增幅分别达809.7%和42.8%,改变过去以五金工具为主的格局;全年钢材出口1.04亿美元,增长103.7%。年初,纺织服装出口最低为-28.4%,之后不断上升,全年比上年同期增长23.4%，低于全市平均水平10.8个百分点。

主销市场中对美日出口增幅偏低，新兴市场普遍持续高增。欧盟、美国、日韩、东盟、中国香港和中国台湾7大主销市场占全市出口的63.1%，平均增长29.2%，低于全市5个百分点。其中，对中国香港、中国台湾出口分别增长78.6%和170.7%，但对美出口仅增长12.7%，对日本出口增长13.6%，分别低于全市21.5和20.6个百分点。新兴市场中，对印度出口2.4亿美元，首次超2亿美元；对澳大利亚、俄罗斯、巴西出口均突破1亿美元，全市出口超亿美元市场11个；对南非、埃及、挪威等市场出口增幅在50%以上。

一般贸易好于加工贸易，外资企业好于内资企业，生产企业好于外贸企业。一般贸易出口增长35.0%，高于全市0.8个百分点；加工贸易出口增长32.7%，低于全市1.5个百分点。镇江船厂和环太硅科技两个新增加工贸易企业拉动全市加工贸易出口增长59.9%，高于全市25.7个百分点。从企业性质看，外资企业出口增长39.9%，高于全市5.7个百分点，高于内资企业12.2个百分点。外贸公司受华星、爱迪、汉华等出口放缓影响，出口仅增长5.8%，低于全市28.4个百分点，低于外资企业36.8个百分点，低于生产企业36.7个百分点。

外贸展会及参展企业增加。2010年，镇江市组织近400家次外贸企业参加广交会、华交会、第五届跨采会、宁波消博会、无锡新能源大会和日本大阪展、美国太阳能展、哈萨克斯坦、马来西亚、沙特中国商品展等国际国内展会，参展摊位660多个。其中，第107届广交会组织179家企业参展，获得295个摊位；第108届广交会，组织178家企业参展，获得292个摊位。 （冯晓波）

【19家企业被认定为省级出口基地骨干企业】 2010年9月，江苏省商务厅根据全省出口基地建设工作意见，认定277家企业为江苏省出口基地骨干企业，镇江市有19家企业入选。分别为：江苏天工工具有限公司、江苏飞达工具有限公司、江苏晶工工具有限公司、江苏丰裕工具有限公司、江苏锋泰钻石工具制造有限公司、丹阳华昌工具制造有限公司、江苏友和工具有限公司、江苏耀锋工具有限公司、江苏丹工实业总公司、江苏沃得机电集团有限公司、江苏双仪光学器材有限公司、江苏明月光电科技有限公司、镇江万新光学眼镜有限公司、江苏恒神纤维材料有限公司、江苏文光模具技术有限公司、江苏卡威汽配有限公司、江苏超力电器有限公司、江苏圆通汽车零部件有限责任公司、大亚车轮制造有限公司。 （冯晓波）

表23-1 **2010年镇江市辖市(区)进出口商品额完成情况一览表** 单位：万美元

地区	进出口		出口		进口	
	累计数	比上年增长(%)	累计数	比上年增长(%)	累计数	比上年增长(%)
合计	815799	35.16	475340	34.16	340458	36.58
丹阳市	173565	21.57	141989	27.49	31576	-4.01
外贸企业	18334	-12.85	17090	18.81	1244	-81.30
生产企业	60418	45.80	55307	42.17	5111	98.74
三资企业	94813	17.44	69592	21.96	25221	6.56
句容市	41637	29.68	28987	47.98	12650	0.81
外贸企业	263	-38.97	211	4.34	51	-77.45
生产企业	11599	34.95	9156	66.30	2442	-20.93
三资企业	29776	28.83	19619	41.35	10157	10.02
扬中市	64894	57.27	32228	87.42	32666	39.07
外贸企业	2498	-12.48	2498	-11.37	1	-98.50
生产企业	12263	136.51	7437	102.25	4827	220.05
三资企业	50132	50.89	22294	108.35	27839	23.60
丹徒区	42577	40.06	36456	44.96	6121	16.59
外贸企业	885	77.38	885	77.37	0	247.10
生产企业	21805	59.98	20580	62.98	1224	22.20
三资企业	19887	22.23	14990	24.69	4897	15.26
京口区	48760	25.63	45178	27.29	3583	7.83
外贸企业	26062	34.81	24971	32.24	1091	142.66
生产企业	13177	17.97	11810	16.98	1368	27.27
三资企业	9521	14.57	8397	28.96	1124	-37.51
润州区	49647	20.62	36701	22.52	12945	15.53
外贸企业	33316	17.17	24670	23.91	8646	1.45
生产企业	7533	56.97	4582	56.09	2952	58.34
三资企业	8798	10.95	7450	4.77	1347	64.73
镇江新区	329951	36.01	109495	18.12	220456	47.07
外贸企业	973	-11.71	908	21.78	64	-81.92
生产企业	7966	44.94	4494	72.36	3472	20.19
三资企业	321013	36.02	104093	16.51	216920	47.91
镇江市直	64768	47.82	44306	83.25	20461	4.20
生产企业	64768	47.82	44306	83.25	20461	4.20
三资企业	0	-100.00	0	-100.00	0	-100.00

（张梅梅）

表 23-2

2010 年镇江市进出口贸易方式一览表

单位:万美元

贸易方式	出口			进口			进出口		
	累计数	比上年增长(%)	占全市(%)	累计数	比上年增长(%)	占全市(%)	累计数	比上年增长(%)	占全市(%)
贸易方式	475090	34.16	100	340302	36.58	100	815392	35.16	100
一般贸易	314378	34.07	66.17	230050	64.21	67.60	544428	45.34	66.77
加工贸易	160184	34.28	33.72	95565	14.74	28.08	255749	26.24	31.37
来料加工装配贸易	85671	9.70	18.03	49874	-8.28	14.66	135544	2.32	16.62
进料加工贸易	74513	80.86	15.68	45691	58.04	13.43	120204	71.45	14.74
其他贸易	528	60.56	0.11	14687	-43.02	4.32	15215	-41.71	1.87

(张梅梅)

表 23-3

2010 年镇江市出口商品超亿美元国家(地区)一览表

单位:万美元

国别(地区)	累计数	比上年增长(%)	占全市(%)
美国	75861	11.57	15.97
欧盟	70764	26.14	14.89
日本	47015	13.20	9.90
东盟	38617	16.29	8.13
印度	24080	26.05	5.07
韩国	23496	42.96	4.95
中国香港	22868	74.78	4.81
中国台湾	21121	170.72	4.45
澳大利亚	15944	78.04	3.36
俄罗斯	11084	89.09	2.33
巴西	10216	40.92	2.15
合　计	361066	45.91	76.00

(张梅梅)

表 23-4

2010 年镇江市进出口商品 3000 万美元以上企业一览表

单位:万美元

企业名称	出口		进出口	
	累计数	比上年增长(%)	累计数	比上年增长(%)
金东纸业(江苏)股份有限公司	79462	9.44	148371	25.32
镇江奇美化工有限公司	12	7290.64	74753	95.74
江苏省镇江船厂有限责任公司	14096	–	25552	857.15
镇江联成化学工业有限公司	1246	428.38	24007	57.03
镇江环太硅科技有限公司	9253	7755.88	21960	305.98
江苏苏润高碳材股份有限公司	14490	177.46	15306	179.10
江苏泛华进出口有限公司	8965	34.47	13941	7.21
江苏索普(集团)有限公司	9561	4.96	12759	24.69
江苏天工工具有限公司	11585	95.90	11617	93.60
大赛璐安全系统(江苏)有限公司	4227	185.96	11259	96.74
镇江国亨化学有限公司	0	–	9831	-17.24
巴斯夫造纸化学品(江苏)有限公司	141	-3.06	6728	42.08
都茂(江苏)机电科技有限公司	6471	72.87	6694	75.07
巨宝精密加工(江苏)有限公司	234	149.65	6337	5.73
道达尔润滑油(镇江)有限公司	0	–	6258	65.08
镇江美驰轻型车系统(第二)有限公司	4043	17.49	5900	19.50
江苏沃得植保机械有限公司	4435	52.03	5873	23.88
高照太阳能科技有限公司	0	–	5804	–
江苏久正光电有限公司	3357	95.21	5667	92.76
镇江原源进出口有限公司	5288	51.68	5288	51.68

续表 23-4

企业名称	出口		进出口	
	累计数	比上年增长(%)	累计数	比上年增长(%)
镇江鼎胜铝业有限公司	5067	1.77	5069	-2.84
句容市新宁武化工有限公司	3572	–	4630	–
凯迩必液压工业(镇江)有限公司	4	4593.71	4381	82.29
罗地亚(镇江)化学品有限公司	2668	128.12	3956	126.57
江苏美科硅能源有限公司	0	–	3952	–
江苏肯帝亚木业有限公司	3875	6.85	3875	6.85
镇江苏惠乳胶制品有限公司	2866	22.66	3851	27.22
镇江强灵照明有限公司	3671	92.24	3671	92.24
凯旋必机械工业(镇江)有限公司	22	125.96	3576	26.78
江苏惠通集团有限责任公司	3529	35.23	3574	29.59
江苏福荣制衣有限公司	3161	40.65	3405	36.78
现代重工(中国)电气有限公司	1477	19.23	3217	18.83
江苏瑞美福实业有限公司	0	–	3123	54.66
江苏索普化工股份有限公司	3100	27.03	3100	27.03
江苏领先电子有限公司	1484	83.05	3090	55.74

(张梅梅)

表 23-5

2010 年镇江市出口 1000 万美元以上商品一览表

单位:万美元

商品名称	累计数	比上年增长(%)	占全市(%)
纸及纸板(未切成形的)	80877	9.60	18.86
手用或机用工具	21037	26.30	4.91
服装及着衣附件	20550	23.79	4.79
船舶	17739	809.72	4.14
纺织纱线、织物及制品	15964	19.16	3.72
眼镜架及镜片	15069	9.15	3.51
塑料制品	11384	6.26	2.66
钢材	10354	103.74	2.41
汽车零件	7105	42.83	1.66
未锻造的铝及铝材	5580	4.27	1.30
鞋类	5248	5.48	1.22
电视、收音机及无线电讯设备的零附件	4246	18.08	0.99
电动机及发电机	4033	14.70	0.94
摩托车及自行车的零件	4004	35.41	0.93
自行车	3865	114.58	0.90
通断及保护电路装置及零件	3395	20.97	0.79
乳胶手套	3323	18.29	0.78
鬃刷	3266	33.71	0.76
床垫、寝具及类似品	3193	40.94	0.74
旅行用品及箱包	3137	21.18	0.73
钛白粉	3004	236.25	0.70
锚链	2530	-56.60	0.59
医疗仪器及器械	2511	27.76	0.59
灯具、照明装置及类似品	2505	13.92	0.58
锁	1939	10.65	0.45
玻璃制品	1841	52.57	0.43
医药品	1517	7.88	0.35
静止式变流器	1396	59.11	0.33
家具及其零件	1005	3.64	0.23
合计	261617	26.72	61.02

(张梅梅)

【欧盟反倾销调查涉及镇江企业】 2010年2月18日,欧盟对中国铜版纸进行反倾销立案调查案涉及镇江金东纸业等企业,涉案金额1.2亿美元。该调查应欧盟高级纸产业联合会的申诉而发起,涉及中国16个纸类产品税号,并将在15个月内对中国企业是否存在倾销行为做出最终裁决。欧盟初步选定美国作为计算中国涉案产品正常价值的替代国。 (冯晓波)

【欧盟对华铜版纸反倾销反补贴调查涉及镇江企业】 2010年4月17日,欧盟对中国铜版纸进行反补贴立案调查,涉及金东纸业等多家企业,涉案金额1.5亿美元。该调查应欧盟铜版纸生产商协会申请,是继2010年2月对中国铜版纸反倾销调查后又一起贸易摩擦。欧盟是金东纸业第二大出口市场,2009年金东对欧铜版纸出口金额1.22亿美元。 (冯晓波)

【应对美国对华新能源"301"条款调查】 2010年10月15日,美国贸易代表办公室宣布启动对华新能源有关政策和措施的"301"条款调查,主要针对我国太阳能发电、风力发电、新能源汽车等行业,这是继"轮胎特保案""钢管反倾销"之后美国发起的又一重大贸易摩擦,影响到镇江40多家新能源企业对美出口。镇江市商务部门获悉情况后启动贸易摩擦应对预案,指导企业做好应对。宣传并向全市新能源企业和进出口企业通报。会商税务、财政、外管、海关等相关部门,加强与行业协会、商会及驻外机构联系,构筑政府、协会、企业、驻外机构"四位一体"的应诉机制。并与江苏省商务厅、商务部等上级部门沟通对接。 (冯晓波)

利用外资及港澳台资

【概况】 2010年,全市完成商务部确认实到外资16.15亿美元,比上年增长12.06%;新批外商投资项目138个,下降15.9%;完成合同注册外资23.25亿美元,下降17.1%;新批工商登记注册企业138家,下降15.9%。新批项目平均合同外资1107万美元,比上年提高7万美元。新批及净增资3000万美元以上项目42个,比上年增加7个。新批新能源、新材料、航空制造、电子信息、海洋工程等五大新兴产业项目44个,合同外资7亿美元,占全市比重31.2%。其中,新批航空产业项目3个,合同外资7700万美元;新批新能源项目11个,合同外资24254万美元;新批新材料项目11个,合同外资12176万美元;新批电子信息项目19个,合同外资12779万美元。新批货运代理、金融投资、信息咨询、酒店管理等现代服务业项目28个,合同外资4.1亿美元,占全市18.6%,比上年提高2.5个百分点。新批农业项目11个,合同外资13258万美元。

新批外资并购项目6个,并购金额5895万元。江苏润光创业投资有限公司是全市首家外资创业投资公司,注册资本近3000万美元。利华国际境外上市后,上半年增发3100万美元。日本凯迩必(中国)投资公司获批。奇美六厂工程塑料粒子基地合并获得商务部批准,年内新增总投资5000万美元。欧美、东南亚、中国港台是镇江市利用外资及港澳台资三大来源地,三地合同外资分别占全市比重的61.9%、10.1%、4.2%。 (冯晓波)

2010年镇江市外商及港澳台商直接投资情况表

(商务部确认数)

表23-6 单位:万美元

辖市(区)	实际到位外资		工商登记注册企业			
			合同注册外资		新注册企业数(个)	
	实际完成	比上年增长(%)	实际完成	比上年增长(%)	实际完成	比上年增长(%)
全市合计	161462	12.06	232524	-17.09	138	-15.85
丹阳市	27379	59.83	42828	-21.44	29	-14.71
句容市	35053	37.75	25428	-46.10	24	-7.69
扬中市	14830	30.94	25605	142.01	10	11.11
丹徒区	14906	12.81	23757	-3.66	16	-30.43
京口区	8298	8.92	7555	-55.35	6	-57.14
润州区	6701	97.55	1114	-90.33	4	-76.47
镇江新区	87809	28.75	106237	-6.85	49	19.51

说明:由于外资项目有未计算市直外资等原因,各辖市(区)数据之和与全市总数有误差。 (洪 涛)

2010年镇江市实际到位外资及港澳台资1000万美元以上企业一览表

(商务部确认数)

表23-7 单位:万美元

企业名称	实到外资
金东纸业(江苏)股份有限公司	44843.11
巨宝精密加工(江苏)有限公司	4000.00
镇江仁德新能源科技有限公司	3200.00
江苏利华铜业有限公司	3100.00
镇江华威置业有限公司	2973.18
镇江华港重工科技有限公司	2819.10
江苏海清生物科技有限公司	2395.00
光大环保能源(镇江)有限公司	2315.88

续表 23-7

企业名称	实到外资
江苏恒顺达生物能源有限公司	2199.99
江苏金陵融锦饭店有限公司	2170.00
镇江汉翔房地产有限公司	2084.35
镇江奇美化工有限公司	2016.00
镇江华龙广场置业有限公司	2000.00
江苏彤景科技有限公司	1940.00
江苏汇金生态旅游发展有限公司	1930.71
镇江环太硅科技有限公司	1640.00
句容天工置业有限公司	1600.00
江苏五马商贸有限公司	1567.20
帝宝花园酒店(镇江)有限公司	1480.00
丹阳益阳国际钢贸城有限公司	1439.05
句容顺宝光电科技有限公司	1437.53
江苏百利机械有限公司	1358.99
凯迩必液压工业(镇江)有限公司	1216.00
江苏绿洲新能源有限公司	1205.00
镇江钧浩新能源科技有限公司	1200.00
丹阳奥尔帝光学眼镜有限公司	1128.73
江苏庆翔半导体有限公司	1092.00
丹阳金必顺房地产开发有限公司	1088.09
浩博国际(中国)科技有限公司	1085.52
江苏仙林百里置业有限公司	1048.81
江苏鑫翔半导体有限公司	1018.80
江苏常青树新材料科技有限公司	1012.07
江苏聚龙电力设备有限公司	1000.00
江苏信德铜业有限公司	1000.00
镇江禾裕橡塑有限公司	1000.00
江苏汤始建华管桩有限公司	1000.00

(于文红)

【苏台(镇江)绿色能源产业合作洽谈会】 2010年9月18日,"江苏台湾周"重要专题活动——苏台(镇江)绿色能源产业合作洽谈会在镇江市召开。双方就绿色能源产业发展、技术与人才交流合作、基础设施建设、市场开拓等方面沟通。

该次洽谈会吸引中国台湾新能源、新光源、电子信息、汽车电子、节能环保等产业企业,以及台湾研发机构和行业协会近200名客商到会,其中新客商占85%,董事长和总经理级高层客商占82%,有投资意向客商占61%。重要嘉宾有:国民党廉能委员会主任委员张博雅、全国台胞投资企业联谊会常务副会长叶宏灯、中华台商协会名誉会长赖文鑫等20多位。会上介绍镇江绿色能源产业情况和发展规划,电电公会介绍台湾绿色能源企业情况及规划,部分客商作太阳能工厂计划和太阳光伏产业趋势演讲,镇江奇美集团代表落户企业作发言。达成绿色能源及新兴产业合作意向50多个。其中薄膜太阳能电池、LED太阳能路灯、碳纤维材料制造、光伏组件等9个绿色能源项目在会上集中签约,总投资5.78亿美元。太阳能硅片采购等3个项目参加省里的集中签约仪式,是近年来到镇江台商最多、层次最高、合作成果最好的一次经贸合作专题活动。2010年的"江苏台湾周"是上年"台湾江苏周"的延续,更是海峡两岸经济合作框架协议(ECFA)9月12日生效后,两岸首个重大经贸交流活动。 (冯晓波)

【镇江市首家外资创业投资公司获批】 2010年1月,江苏润光创业投资有限公司获得省商务厅批准,成为镇江市首家外资创业投资公司。该公司落户镇江新区,总投资、注册资本均为2927万美元,业务范围主要是以自有资金进行股权投资,包括向新设企业、已设立企业进行投资,提供创业投资咨询等。

(冯晓波)

【奇美六厂合并获批】 参见第157页。

(冯晓波)

【日本凯迩必(中国)投资公司获批】 2010年9月,日本凯迩必(中国)投资公司获得江苏省商务厅批准,项目注册资本3050万美元,是镇江市获批的第三家外资投资公司。该公司在镇江新区投资三个项目,计划投资建设第四个项目。镇江新区成为该公司最大的海外生产基地。日本凯迩必(中国)投资有限公司的成立,标志凯迩必中国总部落户镇江新区。 (冯晓波)

国际服务外包

【概况】 2010年,全市完成服务外包合同额 2.51 亿美元，比上年增长 142.7%；执行额 1.57 亿美元，增长 157.4%。其中，离岸服务外包合同额 1.46 亿美元，增长 101.4%；离岸外包执行额 8555 万美元，增长 106.81%。截至 2010 年底，在商务部《服务外包业务管理和统计系统》中登记的服务外包企业达到 200 家，其中当年新增 91 家。引进龙头型企业 10 家，新增从业人员百人以上企业 21 家，离岸执行额百万美元以上企业 20 家。当年企业新增各类认证 76 个，累计 174 个；通过 CMMI 三级认证 44 个。

组织服务外包业务培训。开展服务外包示范区、辖市（区）商务部门、省级以上开发区工作人员的培训和新增的 80 多家服务外包企业的培训。全年建成各类国际服务外包载体面积 103 万平方米，主要集中在镇江新区、京口区和润州区。镇江软件园年内新增载体超 60 万平方米，推进润州凤凰智慧产业园、睿泰科技园、中芬丹阳数字产业园等专业型园区建设。

先后组织服务外包示范区和企业参加欧洲服务外包专题招商活动、美加服务外包对接活动。组织 3 个省级服务外包示范区和江苏尚阳、瑞蚨通、虹之谷等 13 家重点外包企业参加第三届中国国际服务外包合作大会。组织 20 多家企业参加国内外服务外包企业对接会，与来自欧美、日本知名发包商对口洽谈。

组织 8 家企业申报“江苏省高层次创新创业人才引进计划”服务外包专项，获批 2 家。推进江苏大学争创服务外包课程设置改革国家试点。实施“品牌 + 专业”人才培训策略，引进中仁科技、奥博洋、睿泰科技落户镇江。

（殷利春）

对外经济技术合作

【概况】 2010 年，全市新签外经合同额 3.53 亿美元，比上年增长 11.4%；实现营业额 3.19 亿美元，增长 18.15%；新派劳务 5255 人，增长 0.7%，期末在外人数 10313 人。

在巩固原有的亚、非、欧、美和大洋洲等 70 个国家和地区劳务市场基础上，新开辟孟加拉、安哥拉、南非等新兴劳务市场。外派劳务工种也从传统的缝纫工、建筑工，逐步拓展到电子、电焊、机械、食品加工、文员、会计、外贸跟单员、翻译、厨师、电脑工程师等较高级劳务工种。全市备案初审对外劳务 623 人次，对外劳务人员办理出境人员意外伤害保险率 100%；经营单位备案 9 家（次），市外有权企业备案 65 家（次）；登记境外雇主 121 家（次）。全年培训、考核外派劳务人员 1000 多名，召开 11 次新项目论证会，论证 43 个对外劳务新项目，并在市商务局网站上公布。制定完善《镇江市境外劳务纠纷或突发事件应急预案》，从法律依据、适用范围、工作原则、组织机制及职责、预警和预防机制、应急响应及处置程序、责任追究等方面规定，维护境外全市劳务人员和机构的生命财产安全和合法权益。

江苏镇江安装集团有限公司、镇江第二建筑工程有限公司、江苏山水建设集团有限公司、江苏新世纪江南环保有限公司、江苏三维国际经贸有限公司 5 家企业申报对外承包工程和劳务合作经营权，全市外经有权企业累计 17 家，外经工程承包队伍不断壮大。二航三公司承建越南 SP－SSA 国际集装箱码头工程，合同额 4728 万美元。镇江建工集团承建伊拉克水泥二线土建工程，合同额 1206 万美元。

（冷建蓉）

【首家环保类公司获批对外承包工程经营权】 2010 年 9 月，江苏新世纪江南环保有限公司获得商务部对外承包工程业务资格，成为镇江市首家获批的环保类工程公司，也是全市第 12 家外经有权企业。该公司为高科技环保工程公司，掌握氨法脱硫技术，拥有自主研发的脱硫核心专利 23 项，承接 20 多项国内重点烟气脱硫工程。

（冯晓波）

表 23-8

2010 年镇江市服务外包情况表

单位：万美元

辖市（区）		丹阳市	句容市	扬中市	丹徒区	京口区	润州区	镇江新区	全市合计
服务外包合同额	总金额	2441.96	1479.46	2313.32	655.35	7353.06	2781.19	8031.68	25056.02
	比上年增长（%）	468.0	–	427.7	1.0	29.3	343.8	285.11	142.7
	其中：离岸外包	1830.48	534.14	1287.88	569.03	3939.34	1523.49	4866.88	14551.24
	比上年增长（%）	553.93	–	659.5	－9.4	－2.3	580.9	172.3	101.4
服务外包执行额	总金额	1453.59	849.82	1325.52	470.90	4746.29	1513.54	5328.60	15688.26
	比上年增长（%）	292.4	–	184.7	－13.2	69.1	388.3	233.3	157.4
	其中：离岸外包	1042.35	205.19	759.46	448.99	2328.18	927.23	2843.93	8555.34
	比上年增长（%）	272.37	–	347.9	－13.9	41.7	1196.8	96.0	109.8
登记企业数（家）	当年新增	13	15	11	0	19	17	16	91
	比上年增长（%）	333.3	650.0	450.0	－100.0	－9.5	－34.6	－11.1	21.3
	累计数	16	18	14	4	49	43	56	200
培育“双百”规模企业（家）	新增从业人员百人以上企业	3	0	1	2	6	4	5	21
	新增离岸服务外包执行额百万美元以上企业	3	0	3	1	3	2	8	20
引进龙头型企业（家）		0	0	1	0	1	3	5	10
新增 CMMI 等十一项国际资质认证数（个）		3	4	4	0	13	2	12	38
通过认证数（个）	当年新增	7	7	9	0	21	7	25	76
	比上年增长（%）	16.7	600.0	800.0	–	－25.0	－36.4	25.0	13.4
	累计数	15	9	11	0	62	18	59	174

（殷利春）

表 23-9 **2010 年镇江市对外承包工程劳务合作情况一览表** 单位:万美元

地区	合同额		营业额		对外劳务人数(人)		
	累计数	比上年增长(%)	累计数	比上年增长(%)	累计数	比上年增长(%)	期末在外人数
全市合计	35285.9	11.5	31849.6	17.9	5255	0.7	10313
丹阳市	1582.8	9.1	1382.3	11.5	707	-5.6	2009
句容市	658.3	-1.8	765	15.2	432	4.1	1275
扬中市	0	0.0	0	0.0	0	0.0	0
丹徒区	750.0	-25.0	829.0	-31.8	699	79.2	678
京口区	905.0	6.1	870.0	-1.2	610	0.7	708
润州区	615.0	-35.2	470.4	-11.2	303	-13.9	638
镇江新区	0	0.0	0	0.0	0	0.0	0
市直	30774.8	15.1	27533.3	22.4	2504	-7.6	5005

(冷建蓉)

国际及港澳台贸易促进工作

【概况】 2010 年,镇江市签发出口货物原产地证 20120 份,涉及出口额 7.7 亿美元;签发国际商事证明书 1500 份,比上年增长 25%;自行签发 ATA 单证册 13 份,代办 ATA 单证册 10 份,使领馆认证 845 份;新注册企业 106 家,会员企业总数 1291 家;完成展览项目 36 个,落实摊位 206 个,增长 32%;参展企业 180 家,306 人次参展;举办业务培训 8 期,参加学习 800 人次。

与 16 家出口企业签订外贸代理服务,直接为企业寻找客户,扩大产品出口。安排专人参加德国科隆五金工具展,为箱包生产企业寻找客户,11 月引进外贸业务人才,专职从事外贸代理服务。与美国 J&J 阳光集团公司签署贸易合作伙伴协议,聘请其总裁詹姆斯为镇江市贸促会贸易顾问。12 月,首次组织 10 家企业赴南非参加中国资源采购交易会。

为企业开通法律服务"绿色通道",建立电话预约服务制度,建立贸促家园 QQ 群;与镇江移动公司共建外经贸企业信息服务平台,以短信方式向企业传递 25000 多条政策法规、外贸预警、国际展览、行业资讯等信息,印发《国际经贸资讯》专刊;帮助企业办理出国参展签证,306 人参展无一被拒签,所有展团在境外未发生任何意外事件。

与欧中友好商会、英国励展集团、中国香港贸发局、香港环球资源等展览机构联系,邀请其考察。先后组织 22 家企业参加德国法兰克福汽配展、中国香港照明展、法兰克福家纺展等展会。会展团组遍及欧、亚、美、非四大洲的国家和地区,新兴市场比例上升。

拓展民事认证领域业务,与市公证处合作,全年代理其需外交或使(领)馆认证的公证书民事类文件 13 件次。全年签发优惠制原产地证 322 份,涉及出口额 92.85 万美元。宣传推介境外商标注册、涉外专利、质量体系国际认证等代理服务,代办因私商务签证。调解句容一家制衣企业与外地企业服装加工争议案。

境外商会交流合作方面:5 月,组织部分会员企业赴美国、加拿大,与加拿大中国总商会、美国奇诺商会进行物流、培训合作等方面交流洽谈。10 月,邀请欧中友好商会会长一行专程到镇江,就展览项目、外贸代理等业务合作进行交流。10 月,邀请土耳其—中国经济文化合作协会会长到镇江洽谈合作建设国际贸易服务平台,该网站为全市 100 家企业免费宣传推介产品,帮助镇江企业拓展中亚市场。经贸合作活动方面:4 月,组织 18 家企业参加在南京举办的越南—江苏经贸合作论坛活动,镇江格瑞特泵业公司、镇江南泰公司等企业与越南的企业对接洽谈。7 月,举办中泰投资机遇研讨会,与东盟地区的企业加强经济合作,参观考察全市 12 家生产企业。11 月,接待美国 CCA 政府采购考察团,举办镇江市经济贸易情况说明会,组织 40 多家企业在方便食品、鞋类、服装、洗涤及清洁用品、纸张、电器等产品方面对接交流。12 月,与新加坡汽配协会在上海举办新加坡汽配市场说明会。 (黄 蓓)

境外及港澳台企业

【概况】 2010 年,全市新批境外投资企业 24 家,增长 71.43%。中方协议投资近 19828 万美元,增长 444%。新批项目数、中方协议投资额均超过历年累计数。境外投资形式日趋多样,除一般性生产性投资和资金投资外,境外并购、合资、换股、境外资源开发等都取得突破。投资领域从开办贸易窗口等简单方式发展到投资办厂、收购兼并、建立研发机构等跨国投资方式;投资国别新增加越南、印度、俄罗斯等国家;投资领域从生产和贸易发展到对外承包工程项目的招投标和施工等。金东香港公司增资 8400 万美元,累计境外投资近 1 亿美元;江苏沃得集团投资 9000 万美元收购美国昂科公司,中方协议投资额在江苏省排第二位;天工工具投资中国台湾新正工公司项目获批;大亚集团收购"圣象"地板,分别在美、韩、德、俄设立分支机构;飞达德国工厂成为当地最具影响的中国企业;江苏克蒂纳日本公司是全市首家"走出去"承接海外服务外包业务的企业。江苏省交通工程公司在印度和印尼、镇江建工集团在越南分别设立工程承包机构。 (章存保)

【首个赴中国台湾投资项目获批】 2010 年 4 月,江苏天工工具有限公司在中国台湾地区设立的台湾新正工股份有限公司获商务部批准,成为全市第一家、全省第三家赴台投资企业。该公司主要从事五金、建材批发、国际贸易等,投资总额 616 万美元。镇江市有 7 家企业获准在境外和中国台湾设立投资企业,累计投资总额 1818.3 万美元。 (冯晓波)

【金东贸易(香港)有限公司投资项目获批】 2010 年 8 月,为规避贸易摩擦,建立原料进口中转基地和面向东南亚市场的营销中心,在镇江市商务局协调推进下,金东纸业获江苏省商务厅正式批准,对金东贸易(香港)有限公司再次增资 8400 万美元。2007 年,金东纸业在中国香港投资 12.8 万美元成立金东贸易(香港)有限公司,2009 年增资 1487.2 万美元。该项目累计总投资 9900 万美元。

(冯晓波)

【境外并购项目获批】 2010 年 10 月,江苏沃得机电集团收购美国昂科制造有限公司获江苏省商务厅批准,成为镇江市历史上规模最大的境外并购项目。该项目总投资和注册资本均为9000万美元，由江苏沃得机电集团整体收购美国第三大园林制造企业——昂科制造有限公司，生产、销售园林机械设备，年销售额预计1.6亿美元以上。 （冯晓波）

表23-10

2010年镇江市新设境外及港澳台企业情况一览表

单位：万美元

境外及港澳台企业名称	中方企业名称	国别（地区）	经营范围	投资总额	中方协议投资	出资方式	性质	批准日期
JR收费公路私人公司	江苏省交通工程集团有限公司	印度	各类项目的工程承包或咨询服务	0.4	0.1	现汇	非贸易	2010－01
苏越建设有限责任公司	镇江建工建设集团有限公司	越南	各类房屋的建设、道路工程建设	25.0	25.0	现汇	贸易	2010－02
圣象集团欧洲有限公司	圣象集团有限公司	德国	各类实木地板和强化木地板的进出口和销售	150.0	150.0	现汇	贸易	2010－03
圣吉木业有限公司	圣象集团有限公司	俄罗斯	各类木材、木地板、家具产品的加工、销售及贸易	735.0	374.9	现汇	贸易	2010－03
美国可再生能源有限公司	镇江天朗光能光电有限公司	美国	能源的利用、研究制造及销售	62.0	40.9	现汇	贸易	2010－04
新正工股份有限公司	江苏天工工具有限公司	中国台湾	五金、建材批发，国际贸易	616.0	123.0	现汇	贸易	2010－04
中德新能源欧洲分公司	江苏中德新能源有限公司	德国	能源的生产和销售、技术服务及进出口业务	37.0	22.2	现汇	贸易	2010－04
PS收费公路私人公司	江苏省交通工程集团有限公司	印度	各类项目的工程承包或咨询服务	0.2	0.1	现汇	贸易	2010－05
赛尔尼柯欧洲有限公司	镇江赛尔尼柯自动化有限公司	丹麦	研发、服务、贸易	8.2	8.2	现汇	贸易	2010－06
盛邦贸易（美国）有限公司	江苏盛邦家俱制造有限公司	美国	研发及经营休闲、运动用品、户外用品	50.0	50.0	现汇	贸易	2010－06
可奥熙株式会社	江苏明光电科技有限公司	韩国	生产、批发、零售光学镜片、原料及辅料、胶带及化学药品	860.0	215.0	现汇	贸易	2010－06
镇江五洲公司驻日本办事处	江苏五洲对外劳务合作有限公司	日本	对研修生进行管理、维护研修生的合法权益	－	－	－	非贸易	2010－06
美杰贸易公司	丹阳银球针纺服饰有限公司	美国	各种贸易产品（国家限制的除外）	300.0	300.0	现汇	贸易	2010－07
金东贸易（香港）有限公司	金东纸业（江苏）股份有限公司	中国香港	商业代办及中介服务、贸易及管理顾问业务	8400.0	8400.0	现汇	贸易	2010－07
挪威威和船舶设备有限公司	江苏威和船舶设备有限公司	挪威	船舶甲板机械及海洋工程机械为主的设计、开发及服务	150.0	150.0	现汇	非贸易	2010－08
镇江第二建筑工程有限公司纳米比亚分公司	镇江第二建筑工程有限公司	纳米比亚	承包国外工程项目	－	－	－	非贸易	2010－09
金鹰尼日利亚有限公司	句容金猴机电公司	尼日利亚	从事工程、建筑机械和农用运输的生产和销售	186.0	150.0	现汇	非贸易	2010－09
江苏省交通工程集团有限公司驻蒙古国代表处	江苏省交通工程集团有限公司	蒙古	各类项目的工程承包或咨询服务	－	－	－	非贸易	2010－09
昂科制造有限公司	江苏沃得机电集团有限公司	美国	园林机械的生产和销售	9000.0	9000.0	现汇	非贸易	2010－10
丹阳华呈服饰有限公司日本办事处	丹阳华呈服饰有限公司	日本	外贸业务接单	－	－	－	贸易	2010－10
SB特殊钢销售公司	江苏天工工具有限公司	美国	航天航空、汽车、能源、工模具钢和不锈钢的销售	3125.0	625.0	现汇	非贸易	2010－10
恒宝股份有限公司	恒宝国际有限责任公司	新加坡	提供智能卡及相关解决方案	230.0	157.0	现汇	贸易	2010－10
美国太阳能有限公司	镇江天鸿新能源有限公司	美国	太阳能热水器、太阳能光伏组件等销售	50.0	50.0	现汇	贸易	2010－11
镇江三维公司驻毛里求斯办事处	镇江三维国际经贸有限公司	毛里求斯	对劳务人员进行管理、维护劳务人员的合法权益	－	－	－	办事处	2010－12
合计				23984.8	19841.4	－	－	－

（冷建蓉）

口岸·港口

责任编校：姚丽华

综　述

【概况】　2010年，镇江港完成货物吞吐量1.06亿吨，成为江苏省第六个亿吨大港。完成集装箱吞吐量30.26万标准箱，金属矿石和煤炭两大货种吞吐量6599万吨。全年完成建设投资8.38亿元，建成泊位4个，在建泊位14个，新增设计年通过能力388万吨。全年港口安全形势稳定，港口岸线有序开发，对外开放扩大，港口服务能力提升。《镇江港高桥港区总体规划》《镇江港总体规划环境影响评价报告》《镇江市"十二五"口岸和港口发展规划》编制完成并上报。完成41次泊位的港口岸线使用评估申报、初步设计审查上报、施工图设计批复、档案专项验收、竣工初步验收和试运行备案。10月19日，镇江港大港港区三期工程码头通过省级对外开放验收。同时，投资近亿元的口岸联检大楼交付使用，实现口岸检查机关联合办公"一站式"服务。镇江港大港港区四期工程获国家发改委核准。高资河进港航道工程、扬中夹江进港航道一期工程等公用基础设施有序推进。全年新核发港口经营许可证10家，换发港口经营许可证73家。6月9日，推出由镇江港务集团有限公司筹办的"百家企业看港口"活动，到年末丹阳外贸企业从镇江口岸进出集装箱量比上半年翻一番，达到8000标准箱。　（冯　杨　周为民）

【"十一五"期间镇江港情况概要】　"十一五"期间，《镇江市口岸和港口发展"十一五"规划》《镇江港总体规划》及扬中港区、新民洲港区总体规划先后获批并组织实施。镇江港投资累计38亿多元，新建和改扩建泊位40多个，新增码头通过能力相当于前30多年通过能力建设的总和。沿江临港集中全市75%以上的经济总量、集聚全市80%以上的外资项目、有1个国家级和4个省级经济技术开发区，形成港口型经济特色和港城一体化发展态势。到2010年底，镇江港共有生产性泊位207个，设计通过能力9484.3万吨，其中集装箱通过能力40万标准箱：从泊位等级看，万吨级以上泊位34个、设计通过能力5976.9万吨，5万吨级以上泊位10个、设计通过能力2309.5万吨，最大泊位达7万吨级；从泊位性质看，公用码头泊位83个、设计通过能力3853万吨，货主码头泊位124个、设计通过能力5631.3万吨。镇江港港口货物吞吐量递增，外贸货物吞吐量和集装箱吞吐量增长。完成货物吞吐量4.22亿吨、外贸吞吐量6579万吨、集装箱吞吐量140万标准箱，分别比"十五"期间增长224%、186%、215%。镇江港建成电子口岸系统并投入使用，实现无纸化通关，完成国际航行船舶进口岸申请、国际航行船舶电讯检疫申报、两岸直航和危险货物港口作业申请等项目的申报和审批，至"十一五"期末完成网上审批2.4万次。"十一五"期间，新增对外开放码头泊位10个。镇江口岸共有37个码头泊位对外开放，与世界上70多个国家近300个港口建立外贸运输业务。至2010年底，镇江口岸拥有出口加工区1个、直通监管点1个和保税仓库4个。累计完成征收入库关税和进口环节增值税款145亿元；检验检疫出入境货物25.0万批次、货值136亿美元；审批外贸船舶4700艘次；检查出入境船舶6642艘次，检查出入境员工、旅客11.7万人次；引领船舶23115艘次。镇江港发展港口物流，聚集大型项目。镇江惠龙长江港务有限公司通过搭建物流信息平台，将传统公用码头提升为集钢铁电子、现货交易、装卸、仓储、加工配送、信息、融资、结算和商住为一体的现代化综合性钢铁交易中心，成为江苏省重点物流基地之一。同时，镇江港加强港口型产业群培育和引进力度，中储粮镇江物流基地、中石油江苏长江物流基地、宝源煤炭物流项目等一批大型港口物流项目相继落户。镇江港危险货物港口作业共接卸船舶3.3万艘次，安全装卸危险货物3100多万吨，制订实施全港保安计划，17家码头企业的20个港口设施（37个泊位）取得保安符合证书，未发生有影响的港口设施保安事件。在全省范围内首创平安港口建设，有20多家港口企业被授予平安港口称号。先后组织调研起草和制定实施《镇江市沿江港口管理暂行办法》、促进镇江港集装箱运输和物流发展等政策措施，协调镇江口岸单位出台支持地方经济发展的优惠政策和服务措施。对12家港口企业核发危险货物港口作业许可证，对83家企业核发港口经营许可证，共办理行政许可113件，压缩办理期限60%以上。镇江市口港局先后获镇江市文明机关、市级机关作风建设和目标管理十佳单位和先进单位、省文明口岸等称号。　（冯　杨　周为民）

【市政协提出关于长江岸线规划保护利用的建议】　2010年2月26日，镇江市政协召开主席会议，专门听取和讨论镇江市长江岸线规划、保护和利用工作。《镇江港总体规划》编制出台以来，镇江市长江岸线科学利用水平提高，但仍存在港口岸线集约化程度不高、港口泊位结构不够合理、港口岸线供需矛盾比较突出等问题。（参见第79页）（冯　杨　周为民）

【宝源煤炭物流园落户镇江港扬中港区】　2010年1月26日，内蒙古富宝源煤业有限公司与镇江扬中市政府签订协议,由该公司牵头国内数家大型煤炭企业共同投资的宝源煤炭物流园落户镇江港扬中港区。这是继中国石油江苏长江基地后又一个投资规模超百亿的大型港口物流项目。宝源煤炭物流园位于扬中市八桥镇,计划利用长江主航道深水岸线建设大型煤炭码头群,同时在扬中夹江下段建设内河码头群,以满足煤炭大吞吐量的需要,建成华东地区最大规模的煤炭物流产业园。该园总投资110亿元,5年内分三期建设完成,一期工程投资38亿,设计港口吞吐量2400万吨。年内先期建设4个5万吨级码头与4个3000吨级码头。 (冯 杨 周为民)

【镇江口岸服务丹阳物流发展推进会】 2010年4月8日,为迎接上海世博会,发挥镇江口岸和港口作业收费低、服务效率高、货物进出快的优势,镇江市口岸和港口管理局召集镇江海关、镇江出入境检验检疫局、镇江海事局、镇江边防检查站、镇江港务集团和部分外贸代理企业,联合丹阳市政府召开镇江口岸服务丹阳物流发展推进会。镇江口岸检查检验单位分别介绍在世博会期间服务丹阳外贸物流的具体服务举措和优惠政策,并现场为外贸进出口企业解答在对外贸易中所能提供的便利措施。镇江港务集团有限公司围绕服务丹阳外贸物流介绍七大生产优势和五项服务承诺。江苏飞达工具集团股份有限公司、天工国际有限公司、大亚木业有限公司、江苏沃得植保机械有限公司等近30家主营外贸的大企业参加推进会。 (冯 杨 周为民)

【镇江港大港港区四期工程可行性研究通过国家审查】 2010年3月29日,经国家发改委与交通运输部两次审查,《大港四期工程可行性研究报告》通过专家和相关部门的审查。镇江港大港港区四期工程将建设两个5万吨级集装箱专用泊位,码头岸线长707米,设计年通过能力为60万标准箱。大港港区四期工程的建设将完善长江三角洲地区集装箱运输体系,适应镇江港集装箱吞吐量的增长,有利于完善港口布局,调整港口结构,实现岸线资源合理利用,发挥水运在低碳交通中的优势。 (冯 杨 周为民)

【镇江港扬中港区兴隆作业区码头通过验收】 2010年8月27日,江苏省口岸办对镇江港扬中港区兴隆作业区码头进行省级对外开放验收。该码头是镇江港扬中港区唯一通过省级开放验收的公用码头。镇江港扬中港区兴隆作业区位于扬中河段右岸,是交通运输部、江苏省及镇江市批准规划建设的新港区之一,其中一期工程建成泊位2个,包括3万吨级杂货泊位1个和3.5万吨级(兼靠5万吨级)通用散货泊位1个,投资4.2亿元。该码头占用岸线470米,占地41.6公顷,码头实体长470米,宽25米,年设计吞吐能力500万吨,主要从事机电设备、钢材、矿石原料、煤炭及制品、化工原料及制品等货物的进出口运输业务。对外开放后,该码头将成为扬中港区大型的散杂货集散基地,缓解镇江港公用码头能力不足的矛盾,促进扬中现代物流业发展。 (冯 杨 周为民)

【镇江港扬中龙源港机码头通过验收】 2010年1月7日,镇江港扬中水域首座货运码头——扬中龙源港机码头通过省级查验机关联合开放验收。扬中龙源港机码头位于扬中市西来桥镇,是该公司自备码头。总投资9901万元,吃水深度为10米,实际通过能力5000吨,有泊位数2个,泊位长268.5米、宽13.96米,码头年设计通过能力92万吨。码头对外开放后,企业生产的各类起重机将从该码头输往世界各国,降低企业出口成本。 (冯 杨 周为民)

【镇江港国电谏壁电厂码头首次靠泊5万吨级船舶】 2010年4月23日,镇江港国电谏壁电厂新改造码头首次安全停靠5.3万吨运煤船舶。经批准,国电谏壁电厂原3.5万吨级码头经过近一年改造,升级为5万吨级并投入试运行。该码头升级适应了船舶大型化发展要求,降低运煤成本,提高电厂的经济效益,发挥原有的港口岸线资源,提升码头资源的利用率和效能。 (冯 杨 周为民)

【世界航运联盟体CKYH年度峰会举行】 2010年4月14~15日,世界航运联盟体CKYH在镇江举行2010年年度峰会。会议研讨当前国际海运业发展,同时重点关注并探讨与镇江的多边合作前景。该次会议为镇江港口经济发展提供新契机。CKYH联盟由四家世界排名前20位以内的亚洲船公司组成。该次峰会由中国远洋运输(集团)总公司牵头主办,中远集团与来自日本、韩国和中国台湾地区的三家公司就海运业务进行研讨。 (胡 瑾)

港口生产经营和服务

【概况】 2010年,镇江港强化货源和生产组织,组织开展物流发展推进会、市领导和查验机关走访客户、"百家企业看港口"等推介活动,落实市政府鼓励集装箱发展优惠政策,完成货物吞吐量1.06亿吨,比上年增长22%。全年港口生产运行特点是:港口吞吐量增势强劲,月增幅均在20%以上;外贸吞吐量1546万吨,比上年增长12.8%。集装箱运输发展速度加快,年吞吐量30.26万标准箱,比上年增长7.8%;传统优势货种继续放量,金属矿石和煤炭两大货种吞吐量6599万吨;镇江港务集团有限公司生产主力军作用突出,完成货物吞吐量5483万吨、集装箱吞吐量25.78万标准箱、外贸吞吐量1252万吨,分别增长30%、30.8%、10.7%;新增产能拉动作用明显,扬中兴隆港务有限公司完成吞吐量739万吨,比上年增加639万吨;物流发展态势良好,惠龙港国际钢铁物流股份有限公司和中储粮镇江物流基地完成吞吐量345万吨,分别比上年增长51.5%和79.2%。各码头企业、船代货代、外轮理货、船舶供应、外轮及船员服务等均取得生产经营较好业绩。(冯 杨 周为民)

【镇江港口有限责任公司】 2010年,该公司履行股权管理职能,推进项目,对各控股、参股企业的银行融资、对外开放审批、机构改革、撤并加强监管、指导。港口生产经营形势好转,镇江港务集团有限公司主要生产指标创历史新高,经济效益与2009年相比有提升;镇江兴隆港务有限公司实现对外开放,实际吞吐量超设计能力的2倍以上;加强资源整合,突出主业,按照规范程序实施镇江市金龙港口物流有限公司、镇江港湾工程建设有限责任公司的股权转让工作。与镇江市城市建设投资集团有限公司合作建成九华山庄安置房与配套工程。推进镇江港大港港区四期工程:四期工程报批分别完成国土资源部建设用地预审、交通运输部审查、中咨公司评估、国家发改委核准等程序,于2010年12月9日获得国家发改委核准;水工结构、堆场工艺、供电等主要技术方案确定,初步设计文件报口港局申请交通部审查;工程拆迁完成91%,完成东片区陆域形成工程;农业银行、工商银行等进行项目贷款调研、评审。 (吴春明)

【镇江港务集团有限公司】 2010年,镇江港务集团有限公司完成港口货物吞吐量5482.8万吨,比上年增长30%;外贸量1251.6万吨,增长10.7%;集装箱量25.78万标准箱,增长30.8%。月度装卸自然吨首次突破300万吨,主要货种铁矿石、煤炭等有较大增幅,集装箱、煤炭、木薯干、硫黄、元明粉、化肥、焦炭、纸浆等骨干货种稳中有升。至2010年末,镇江港务集团有限公司码头设计通过能力2694万吨，共有生产性泊位23个（万吨级以上泊位9个），码头总延长4092米，集装箱内支线航班每周120个。该公司开展港口服务地方经济、港口与经贸合作以及“百家企业看港口”等活动，本地货源增幅达到82.67%。强化港口生产综合计划，推进产能结构调整，实行泊位相对分工。推进新老港资源整合，完成集装箱作业功能的整体搬迁和7号泊位功能置换；组建金港分公司专业化运作三期散货泊位；镇江港大港港区三期工程对外开放。更新改造实际投资总额1.15亿元，重点投资项目有：4台25吨门机及60余台流动设备；实施24.82万平方米场地完善项目、分步实施三期预留场地建设；开建第五条全回转拖轮；应用协同办公系统，推进生产经营管理系统等。完成大港1号泊位工艺线改造、集装箱2号集桥改造、龙门1525第二条出口皮带生产工艺线改造、13号泊位内档新增装船作业线等生产工艺改造项目。2010年，该公司获得全国交通运输系统先进集体、全国首批交通物流企业信用评价AAA级资质、2010年度全国交通运输行业先进物流企业等称号。

“十一五”期间，镇江港务集团有限公司货物吞吐量与营收同步逐年递增，港口货物吞吐量和集装箱量年平均增长9.4%、13.2%。镇江港大港港区三期工程经过试运行、试产、竣工验收，实现对外开放。该公司实施老港4、5号泊位加固改造、大港二期工程堆场扩建改造、海关监管场所改造、大港和龙门两大港区环保改造、铁路复线建设等，添置门机、拖轮等设备。做强做大铁矿石市场，与舟山港战略合作优化矿石中转服务质量。实行本地货与外地货并举，为镇江本地企业开辟临港工业物流通道。培育年自然吨在100万吨以上的骨干货源。参加国家“西气东输”工程二线钢管接卸工作。生产上采用直取、散进散出、散进袋出等办法，推行滑板、防尘网等新工艺。推广应用对标管理、风险管理、NOSA安健环体系等管理模式。（王超军）

【镇江中远物流有限公司】 2010年，镇江中远物流有限公司结合镇江市工业经济发展现状和新兴产业发展规划、公共码头主要客户及货主码头进出口货种，整合人才资源，按“行业线”和重点客户设立大客户营销服务团，利润突破千万元。全年代理船舶918艘次，代理船舶货运量371万吨，船代艘次市场占有率43.8%。完成散杂货代理315.4万吨，市场占有率27%。完成集装箱进出口总箱量45142标准箱，市场占有率为30.1%，其中重箱34441标准箱。（于广洲）

【江苏中外运有限公司镇江分公司】 2010年，该公司深化业务结构的调整，打造供应链物流、一体化服务平台，推广联合营销，在做好外贸代理的基础上开拓内贸新业务，注重与大项目的对接，发展和延伸质押、保险等增值服务，逐步向工程物流、合同物流等综合物流方向转型。全年共代理海运集装箱21757标准箱，海运大宗散杂货254万吨，船务代理自揽船474艘次，航空快件22654票，空运普货440吨，代理铁路集装箱134车皮，报关8503票。实现营业收入16497万元，比上年增长21.63%。（闵杏华）

【江苏远东物流有限公司镇江分公司】 2010年，该公司完成进出口集装箱16488标准箱，其中代理进口集装箱11475标准箱，出口集装箱5013标准箱。内贸集装箱222标准箱，代理进口散货约285000吨，出口散货15000吨，内贸纸浆35艘次143742吨。该公司做好进出口集装箱揽货工作，同时与南京总部航线部配合，加大承揽金东纸业进口陆路运输改为水路运输业务及出口业务，进出口集装箱业务比上年增长62%。拓展内贸集装箱业务和内贸大宗散货业务，与中粮包装有限公司保持内外贸合作关系；同时发展与江苏恒顺醋业有限公司内贸集装箱业务，内贸集装箱业务比上年增长16%，内贸大宗散货业务比上年增长20%。（唐革研）

【中石化长江燃料有限公司镇江分公司】 2010年，该公司共完成燃油经营总量134662吨，比上年增长30%，超额总公司目标计划19.5%，服务大小内外贸船舶45777艘次，其中保税油91艘次。该公司贯彻实施新的规范化管理标准，被评为“镇江市口岸港口系统先进单位”，并获得中石化长江燃料有限公司“十一五”期发展工作贡献奖，“2010年市场开拓奖”“全员销售先进单位”和会计基础工作“一级达标单位”。该公司有四星级加油站1座、三星级加油站3座、达标加油站1座，分别分布在扬中、高桥、六圩、仪征和高资，常年为过往船舶提供柴油、润滑油、燃料油和保税油等燃料的销售服务，为镇江港区内外贸船舶的燃油需求和口岸安全生产提供保证。“十一五”期间，该公司燃油经营总量481146吨，服务大小内外贸船舶206303艘次，保税油供应183艘次。（李光喜）

【镇江中联理货有限公司】 2010年，该公司完成理货船舶3560艘次，件杂货理货量54.36万吨，集装箱船舶理货量15.15万标准箱，集装箱装拆箱理货量1.95万标准箱。服务满意率、制单合格率均为100%。该公司完善内部管理，提升理货服务功能与品位，加快服务方式的转型升级，实施理货信息系统更新升级，提升理货服务功能。与海关、集装箱公司等多家单位实现数据联网，开通理货信息网上实时查询服务，让客户能较快掌握理货信息数据。（李觉民）

【镇江市外轮供应有限公司】 2010年，该公司延伸和扩展供船优质服务，依据各个港口的具体情况使用不同的经营策略和经营模式，研究船舶的来向，调整商品结构，开发免税品（除烟、酒以外的其他品种）的经营，注重在精品、洗化和船用物料上突破，丰富免税品销售种类。按照海关和总公司的免税品销售政策运作，合法经营、合理操作，保障供应渠道的稳固。全年供应船舶303艘，其中国轮119艘，外轮184艘，全年实现免税品、伙食销售额约880万元。（胡　洁）

【镇江远东国际船舶代理有限公司】 2010年，该公司继续秉承“以货养船、以船促货”的指导思想，开拓新的货主和船东。全年共代理船舶280艘次，代理货运量380万吨，其中进口货运量320万吨，出口货运量60万吨。（吴　俊）

表24-1　“十一五”期间镇江港务集团有限公司主要生产指标完成情况一览表

年份	吞吐量（万吨）	比上年增长（%）	外贸量（万吨）	比上年增长（%）	集装箱量（万标准箱）	比上年增长（%）
2006年	3500	5.9	801.2	2.50	13.9	41.3
2007年	3913.8	11.8	970	21.1	19.14	37.7
2008年	4208.2	7.6	869.6	-10.4	19.22	0.4
2009年	4218.2	0.2	1130.4	30	19.7	2.5
2010年	5482.8	30	1251.6	10.7	25.8	30.8

（王超军）

港口运行和管理

【概况】 2010年，镇江港完成建设投资8.38亿元，建成二重集团重件滚装和件杂货等泊位4个，新增设计年通过能力388万吨；在建泊位14个，均按年度计划完成序时进度要求；开展前期工作的泊位30个，镇江港大港港区四期工程获国家发改委核准。公用基础设施高资河进港航道工程、扬中夹江进港航道一期工程开工建设。《镇江港高桥港区总体规划》《镇江港总体规划环境影响评价报告》《镇江市"十二五"口岸和港口发展规划》编制完成并上报。加强港口岸线使用和港口建设程序管理，完成41次泊位的港口岸线使用评估申报、初步设计审查上报、施工图设计批复、档案专项验收、竣工初步验收和试运行备案。

开展港口安全管理提高年活动，强化安全工作措施，完善安全工作机制，落实安全工作责任。154人参加危险货物港口从业人员岗位资质培训。加强危险货物港口作业监管，全年审批危险货物港口作业船舶6351艘次，安全装卸各类危险货物624万吨，分别比上年增长6.9%、18.8%。建立安全监控工作体系，推进隐患排查治理工作，全年港辖区码头企业共查出一般隐患2275项，整改2273项，整改率99.9%。开展多种形式的安全大检查，建立动态监管长效机制。落实上海世博会、广州亚运会及亚残运会港口设施安保工作各项措施，全年未发生一起保安事件，18家港口设施符合证书通过年度核验。在24家港口企业开展"平安港口"创建活动，推进港口平安建设。实现港口无重大事故发生、死亡为零的目标。 （冯 杨 周为民）

【长江南京航道局镇江航道管理处】 2010年，该处以建设"畅通航道、文明航道、和谐航道、数字航道"为工作重心，完成各项任务。全年航标维护工作完成108893座天，占年计划的103.9%；航道测量工作完成1977.3换算平方公里，占年计划内的166.5%；航道维护尺度保证率100%；航标维护正常率1000‰；航道畅通全年安全无事故。履行"服务长江水运、服务沿江经济、服务流域百姓"方针，开展对外服务承诺活动，文明服务、依法行政，现场监督、管理沿江码头设施，上报临河建筑项目行政审批文件26份；设置桥区航标29座；设置锚地界限标志28座；为沿江单位设置各类警示标志76座，设置各类警示牌8块；落实安全保障措施，保证航道安全及施工设施安全。加强基本建设，泰州航道管理处码头通过工程可行性研究；开工建设总投资3.94亿元的长江鳗鱼沙心滩头部守护工程，确保了10.5米水深航道安全畅通，并为长江口12.5米深水航道向上延伸奠定基础；投资8000万元，打造总长74.8米、排水量2074吨，有两台功率为1230千瓦的卡特主机的现代化航标工作船，是长江下游大型航标工作船，满足长江下游数字化航道需要。

"十一五"期间，该处数字航道建设顺利。2006年，长江航道南京—浏河口段兴建数字航道，2009年试运行，2010年12月通过交通部竣工验收。改变传统巡航航道维护模式，利用监控系统，对航标位置、航标灯监控，出现异常即自动报警进行主动维护模式，在长江大桥桥区，3D飞行浏览可显示附近地面建筑、桥梁属性、桥区水深。该处完成辖区航道维护任务，航道维护正常率1000‰，水深保证率100%；无一起航道责任事故发生，安全事故为零。开展对外服务承诺活动，设置水上警示标志，为船舶航行及水上设施安全提供保障。为润扬长江公路大桥、泰州长江公路大桥（施工期）设置桥区航标29座，为江阴海轮锚地、常州港海轮锚地、常州港危险品锚地、泰州海轮锚地、镇江港危险品锚地、镇江港联检锚地、镇江港高资海轮锚地等设置锚地界限标志28座。为夏港电厂、利港电厂、泰州电厂、常州电厂、谏壁电厂、扬州二电厂、镇江电厂等电力系统单位和无锡自来水公司、常州自来水公司、泰州金港水务有限公司、亨达（扬州）水务有限公司、扬州自来水公司、镇江自来水公司、丹阳自来水公司等水厂以及其他沿江企业单位（二重集团镇江基地、江苏建华管桩有限公司、镇扬汽渡、舜天造船、双良集团等）设置各类警示标志76座，设置各类警示牌8块。

（沈彦军）

【长江引航中心镇江引航站】 2010年，该站共引领中外籍船舶8403艘次（含移泊2277艘次），引航里程136.3万公里，引航总吨8990.2万吨，净吨4780.9万吨，分别比上年增长48.5%、39%、39.4%、38.6%。其中镇江港5712艘次，引航总吨5712.7万吨，净吨3047.4万吨，分别比上年增长41%、54%、53%。全年引航申请受理率、船舶按时开航率达100%，促进口岸"大通关"。2010年，镇江引航站屡创引航纪录：引领船长225米、吃水10.5米，超大型海轮"挪威超人"夜间靠泊高资镇江电厂3号泊位，是长江尹公洲航段以上镇江港区夜间靠泊的最大吨位船舶；引领船长225米，吃水10.8米"米娜安"轮靠离泊镇江中粮码头，刷新镇江尹公洲航段内大型船舶靠离泊纪录；引领装载大型集装箱桥吊的64米宽"康宝"轮进出太平洲捷水道；引领277米长废钢船"五星锦绣"到达泰州拆船厂，是1992年以来到达泰州港最长的船舶；参加"瘗鹤铭再探"文物考古工程，安全引进"勇士号"浮吊船队。全年共安全引领"三超船"（超长、超宽、超吃水）等特殊船舶982艘次，保证船舶大进大出。全年实现安全零事故，服务零投诉，引航服务水平提升，打造镇江引航安全优质的服务品牌。该站继续保持"全国青年文明号""江苏省口岸文明单位""镇江市文明单位"等称号。

（马小聪）

【中国船级社镇江办事处】 2010年，该处加强重点船舶、重点水域及春运等重点时期的安全质量工作，加强检验业务管理工作水平，对镇江当地船公司赴欧洲、美国、日本、新加坡等地船舶加强跟踪，确保审核、监控到位，促进船公司和船舶安全管理体系得到有效运行。全年未因ISM（国际船舶安全营运和防止污染管理规则）和ISPS（国际船舶和港口设施保安规则）审核出现问题而滞留。全年安全检验无事故、无投诉、无滞留。该处业务收入1455万元。其中入级船舶检验收入43万元，非入级船舶检验收入519万元，产品检验收入893万元，超额完成年初制定的预算目标。

（王 平）

检查、检验、检疫

【概况】 2010年，镇江口岸各查验单位完成镇江港大港港区三期工程、镇江兴隆港务有限公司5个泊位的对外开放，中储粮镇江物流基地、谏壁电厂泊位对外开放市级预验收。批准临时停靠外轮56艘次，装卸外贸货物133.5万吨。

（冯 杨 周为民）

【"十一五"期间镇江市检查、检验、检疫情况概要】 "十一五"期间，镇江市受理报检231126批，货值126.95亿美元。其中出境209186批，货值69.62亿美元；入境21940批，货值57.33亿美元。签发各类原产地证书95567份，金额32.14亿美元。 （冯 杨 周为民）

【镇江出入境检验检疫局】 2010年，该局检验检疫出入境货物43604批，货值

32.04亿美元；比上年同期分别增长18.83%和26.82%；检出不合格货物139批，货值1.84亿美元；查验出入境人员29703人次；开展进出境人员健康检查7839人次，发现病例3272人次；检疫出入境船舶1471艘，集装箱92810标准箱，检出问题1245标准箱。签发原产地证书20880份，金额8.65亿美元，减免各类检验检疫费206.45万元。截获各类有害生物136种2022种次，首次从进境船舶上截获美国白蛾及检测发现15种医学媒介生物病原体。

镇江口岸核心能力建设通过国家质检总局验收，是该局2010年15项重点工作之一。根据《国际卫生条例(2005)》和《2009～2012年全国口岸卫生检疫核心能力建设方案》，该局制定《镇江口岸卫生检疫核心能力建设（内部）工作计划》和《镇江口岸卫生检疫核心能力建设（外部）工作计划》，由镇江市口港局、镇江市卫生局、镇江市环保局、镇江市公安局、镇江市疾病预防控制中心、镇江市卫生监督所、镇江市第三人民医院单位参与。

4月30日，该局与镇江质量技术监督局签署《镇江食品安全监管合作备忘录》。旨在食品安全监管方面合作，资源共享，健全和完善食品安全监管长效机制和大食品安全机制。以第二届“振兴杯”科技活动为抓手，建立以学术技术带头人培养对象为核心的6个专业科技攻关团队。实施以聚焦服务、科技振兴、核心能力建设和业务改革四项工程为主的“质量提升年”活动，获江苏省文明行业、全省系统质量提升先进集体、质量管理一等奖、镇江市跨越发展有功单位、镇江市党建工作先进单位等荣誉。获得全省系统理化岗位技能竞赛一等奖1人、三等奖1人，获得“镇江市技术能手”称号3人，获得“镇江市五一技术标兵”称号1人。1月28日，该局综合实验大楼开工。该大楼位于南徐新城商务A区，建筑面积21000平方米，共计20层，集办公、检测、实验于一体。（李千荣）

【镇江出入境检验检疫局查获外籍船员持过期证书入境】 2010年4月23日，该局港口办事处检疫人员对越南籍“VTC ACE”轮进行检验检疫，查获该轮18名越南籍船员持过期霍乱接种证书入境。“VTC ACE”轮于印度“GOPALPUR”港装载铁矿起航开往镇江港。印度是霍乱流行疫区，检验检疫人员依法详细询问船员健康状况，尤其是有无腹泻、呕吐等症状，并对所有船员逐个测量体温。结果显示船员体温测量结果均在正常范围内，且该轮离开印度已超过6天，最后判断该轮未染有霍乱，根据相关规定，对18名船员重新办理霍乱接种证书。（李千荣）

【《输非产品检验指南》】 2010年，针对出口非洲产品检验工作的特殊要求，镇江出入境检验检疫局组织人员专门为出口非洲产品企业编写《输非产品检验指南》。该指南从公告、报检要求、空白单证、案例四个方面进行阐述，对出口非洲产品报检和检验要求进行总结和归纳，便于出口非洲产品企业了解相关政策和输非产品的检验要求，指导企业开展输非产品报检业务。同时编写案例，将以前出现的问题和处理意见进行解读，帮助企业做好出口非洲产品检验检疫工作，具有一定指导作用。（李千荣）

【镇江出入境检验检疫局销毁问题奶粉】 2010年2月24日，该局销毁问题奶粉750千克及含乳问题食品1490千克。该批奶粉原料和相关食品为2008年查封，因涉及企业向奶粉供应商索赔，一直封存于企业仓库内，留作证据。2010年1月30日，全国食品安全整顿工作视频会议后，明确要将所有问题奶粉限时销毁，防止问题奶粉继续外流以确保人民群众安全健康。该局采用垃圾填埋的方式对上述产品予以销毁。（李千荣）

【镇江出入境检验检疫局控制赴非人员疟疾疫情】 2010年1月8日，该局对两家劳务公司近期归国的48名劳务人员检查发现感染疟疾13人，感染率为27.08%，感染情况严重。其中7人发病住院治疗，患病率14.58%，7人中有6人感染恶性疟，6人感染间日疟。13人血涂片镜检疟原虫和全血免疫学检测阳性。调查发现，48人中已有32人在国外患过疟疾，患病率66.67%。发现疫情后，即与劳务公司联系，对回国劳务人员进行血液检测和流行病学调查。将发现疟疾感染者信息通报当地卫生部门，并组织充足疟疾防治药物储备以供出国人员选用，疫情得到有效控制。（李千荣）

【扬中报检签证工作点成立】 2010年6月29日，扬中市政府和镇江检验检疫局在扬中市行政中心为镇江检验检疫局扬中报检签证工作点挂牌。承诺10条文明服务措施，做到24小时预约服务，对企业咨询做到“一次告清”，严格执行“首问负责制”。扬中报检签证工作点主要接受扬中地区进出口企业报检、签证及业务范围内报检单位、报检员、产地证签证单位及手签人员的日常管理等相关业务。2010年，该工作点受理报检1244批，货值3269万美元，为企业减免收费2.5万元，帮助企业减免关税71万美元。（李千荣）

【镇江出入境检验检疫局销毁进口不合格芝麻】 2010年11月15日，该局在大港销毁一批进口不合格芝麻。该批芝麻为镇江泛华进出口有限公司从孟加拉国进口，共有7个集装箱，80吨、货值4.8万美元。经派员实施现场检验，发现该批芝麻有大量的破、散、水渍、霉包。现场开包检验，芝麻具有较浓烈的霉味，芝麻粒面生霉、子叶变色，判定为不合格。为确保市民食品安全，根据食品安全法及相关规定，做销毁处理。（李千荣）

【镇江口岸截获美国白蛾】 2010年8月10日，该局港办检验检疫人员在对来自日本的韩国籍“WOO GUM”轮进行登轮检验检疫时，在船舶船舱及甲板上截获蛾类成虫3头，疑似美国白蛾。经江苏检验检疫局植检实验室进一步鉴定复核，确认为美国白蛾。美国白蛾主要对树木造成危害。（李千荣）

【镇江海事局】 2010年，该局推进货物运输总量突破亿吨，其中外贸货物1397.1万吨，危险货物652.7万吨；办理船舶进出港签证96317艘次，其中海轮9079艘次；国际航行船舶进出口岸手续2407艘次，其中外轮2303艘次；到港国际航线超大型船舶301艘次。实施船舶安全检查551艘次，其中河船安检355艘次，滞留船舶14艘次；海船安检159艘次，滞留船舶14艘次；PSC（港口国监督检查，下同）检查37艘次，滞留3艘次；未发生经开航前检查的船舶被国外PSC检查滞留的现象。办理船舶登记191次；审批各类水上水下施工作业62起；共接受船舶动态报告239513艘次，跟踪船舶78024艘次。其中接受修造船下水报备27次、试航船报备60次；监控过境试航船148艘次。组织实施维护4949艘次，处置险情和事故221起，施工水域保持安全无事故的纪录。该局被评为全国海事系统“安全畅通文明”航区。

“十一五”期间，镇江海事辖区安全形势持续稳定。2006～2010年，辖区发生一般及以上等级事故40件，死亡失踪48人；“十一五”期间辖区一般及以上等级事故和死亡失踪人数较“十五”期间同比分别下降122.5%和29.2%。相继开展“船舶防碰撞防泄漏”专项整治、“安全隐患治理年”“保护长江工程”“低质量船整治”“客汽渡专项整治”“安全生产年”“整治船舶超载运输”“大船小证”治理等专项活动，落实“风控”“雾控"工作机制。各海事处实行24小时对外窗口服务,船舶安检质量提高,滞留准确率100%,经开航前检查船舶在国外滞留率为零,海事系统八项便民措施落实率100%。加强维护泰州大桥扬中夹江桥施工、内江清淤、丹阳取水口、五峰山大桥地质勘探、中国二重码头吹填等重点工程。大楼改造、监管救助基地、交管改扩建"五站一中心建设"等工程建设取得进展,其中海事业务用房10946平方米,巡航与救助一体化基地8个,海巡艇10艘,囤船9艘,车辆24辆。镇江船舶交通服务(VTS)系统改扩建工程建成4个雷达站,实现全辖区VTS无缝覆盖。镇江段低照度工业电视监控系统(CCTV)、船舶自动识别系统(AIS)、地理信息系统(GIS系统)建成并投入使用。建成GPS-GPRS调度监控系统。辖区设置应急救助待命点8个,促成地方政府建立水上救助专项基金;辖区10家单位配备防污器材和设施,污染物接收单位9家。镇江海事局先后获全国精神文明建设先进单位、江苏省文明行业、全省口岸工作先进集体、全国海事系统"文明达标单位"、全国海事系统先进集体、镇江市安全生产先进集体等称号。辖区先后被评为全国海事系统"安全畅通文明航区"、江苏海事系统"一流平安航区"等。所属大沙海事处被授予"全国五一劳动奖状"、船舶交管中心被授予"全国青年文明号"、大港海事处政务大厅被评为"江苏省青年文明号"、高资海事处被评为"省级机关青年文明号"。（局 办）

【镇江海事局预防预控事故】 2010年,该局实行网格化动态监管,播发安全预警信息,组织交通管制,启动应急预案,与公安、水利等部门联动,打击辖区非法采砂,与相邻兄弟单位联动,消除交界水域监管盲区,与属地涉水单位联动,扩充水上搜救资源;与航道部门沟通调整多个重要航标。全年,辖区发生水上交通等级事故6件,比上年下降14.3%;死亡失踪5人,比上年下降16.7%;发生船舶污染事故2起,比上年下降50%。所有事故均得到有效处置,未造成严重社会影响,未发生有海事责任的水上交通事故和船舶污染事故。（局 办）

【镇江海事局服务地方经济】 2010年,该局规范许可受理和审核工作,受理内容、操作程序、台账登记合理规范。镇江港到港两岸直航船数量和运量增加,比上年分别增长225%和300%。对首艘万吨级散货直航船靠泊镇江港审批并提供服务。建立涉水工程安全服务例会制度,加强与施工单位沟通协调,连续10年保持施工水域安全无事故。完成北部滨水区内江清淤工程的现场监管服务,确保市政工程的安全,保障"苏华7号""蓝波48号"等大型船舶安全下水。完成"金陵"系列10艘次、"振浮10号"等超大型船舶航经镇江水域的现场交通组织。调派海巡艇对打捞船"勇士号"进行现场维护工作,帮助水下考古打捞"瘗鹤铭"残石。（局 办）

【镇江海事局水上搜寻救助】 2010年,该局拓展相邻水域联动协作方式,保持宁镇扬常泰联动机制,建立与南京、常州、泰州三地对交界水域每季度开展联动执法机制,确保交界水域安全形势稳定。整合社会搜救资源,走访属地水上搜救各成员单位,协同做好辖区水上搜救工作。全年发布航行通告86期、航行警告117期,与航道部门沟通合作。防抗"圆规""莫兰蒂"和"鲶鱼"三次对镇江辖区有影响的台风。全年协调救助行动96次,避免重特大恶性事故的发生,挽回直接经济损失1.5亿元。组织救助船舶385艘,船舶救助成功率96.9%;救助遇险人员2289人,人命救助有效率99.8%。（局 办）

【镇江海事局整治船舶超载】 2010年7月1日起,该局为遏制船舶超载自沉事故多发的势头,在长江全线开展整治船舶超载运输专项活动,启动打击船舶超载运输专项行动。截至12月26日,检查到港船舶6348艘次,检查过境船舶16162艘次,出动船艇3734航次、9353航时,出动车辆5686辆次,出动人员6076人次,发放宣传资料18649份。通过整治船舶超载专项活动,辖区安全形势好转,自整治以来,长江镇江辖区未发生因超载引发的事故。镇江港出港超载现象得到遏制,从现场巡航检查情况看,原大量运沙石船舶超载航行现象减少,超载运输得到控制。（局 办）

【镇江海事局世博安保工作】 从2010年3月1日~10月25日,该局完成世博安保船舶专项检查164艘次,指导船舶纠正缺陷项目1907项,滞留5艘次,其中途经黄浦江核心管制区船舶38艘次,指导船舶纠正缺陷项目452项,滞留1艘次。4月1日~10月25日,完成世博出港船舶专项签证和信息报送1624艘次,其中途经黄浦江核心管制区船舶122艘次。制作世博安保办事流程和宣传展板6块,发放《上海世博会水上交通管控宣传册》等宣传材料600余份。选派优秀船艇精干队伍参与世博安保太仓水上检查站工作任务,期间检查船舶543艘次,其中拟入沪船舶139艘次、通过世博会核心区59艘次,登轮检查50艘次,发现并纠正船舶违章行为57起,查扣船舶27艘次。（局 办）

【镇江边防检查站】 2010年,该站检查出入境船舶(含进出港外轮)2360艘(其中出入境外国籍船舶1368艘,出入境中国籍船舶197艘,进出港船舶795艘),比上年增长14.4%;检查出入境人员29890人次(其中出境15750人次,入境14140人次),比上年增长8.66%;监护船舶890艘次,出动警力17787人次;办理各类证件29203份;监护时间35571小时。新建5个执勤点(镇江兴隆港务公司、扬中龙源港机制造有限公司、镇江奇美化工有限公司、谏壁电厂、中储粮镇江粮油公司),创建5个"爱民固边模范码头"(镇江兴隆港务公司、扬中龙源港机制造有限公司、镇江奇美化工有限公司、谏壁电厂、镇江惠龙港务公司)。该站连续18年被评为"江苏省口岸工作先进集体",连续20年被评为"江苏省文明单位",被镇江市政府表彰为"贡献突出单位"。定期开展"外来务工子女警营欢乐行""大手拉小手、警心暖童心"等活动。照顾孤寡老人,与空巢老人结对认亲。坚持21年义务军训,开展警校联防。筹集"爱心帮扶基金",资助困难家庭和贫困学生,并向玉树地震灾区捐款。2010年,执勤业务一科被评为提高边检服务水平"十佳服务标兵科队",王刚被江苏省边防总队评为提高边检服务水平"十佳服务标兵个人",杨留永被评为"镇江市跨越发展突出贡献个人",曹钟被江苏省边防总队评为"执法标兵先进个人"。

"十一五"期间,该站检查监护来港国际航行船舶8198艘次,检查出入境员工旅客116983人次,发放各类证件170368份,出动警力81615人次,为船方和旅客员工开通"绿色通道"120次,排忧解难652件;举办边检业务法律培训班50次、培训人员3600人次,开展警民联防巡逻560次,办理违法违规案件14起,化解矛盾纠纷42起。在镇江、谏壁、大港和扬中四个边检警务和大港联检中心开通"办证专线"和"网上报检"、配备"流动警务车"。推出《服务集装箱出口贸易三项措施》和《服务外贸企业发展四项措施》。拓展爱民固边战略和提高边检服务水平活动成果,在镇江市行风评议中连续以98%以上的满意率位居各单位榜首。该站先后多次被评为江苏省口岸工作先进集体、镇江市服务外向型经济建设先进单位、镇江市目标管理和作风建设先进单位，16名官兵被评为口岸工作先进个人。该站两次被评为省级"文明单位"，一次被评为市级"文明单位"，勤务中队被表彰为"双拥工作先进单位"，监护二中队被命名为"国防教育基地"称号。开通机关办公大楼的音(视)频信息系统、机关至基层公安局域网、三级视频会议系统、"网上文化超市"网络和ID等位拨号电话，实现报检办证现场、营区重点部位、开放码头泊位视频监控覆盖率三个100%和联网运行目标。研制开发边检IC卡电子验证系统。（沈　涛）

【镇江边防检查站推出多项服务】 2010年，该站建立与新型社区管理体制相配套的"四区一点"勤务模式，在镇江、谏壁、大港、扬中四个边检警务区和大港联检中心开通"办证专线"、配备"流动警务车"，打造具有"勤务受理""亲情会客""简易医疗""便民服务"为一体的多功能服务平台。并开通绿色通道救助受伤外籍船员。兑现"网上报检、随到随检、随出随检、24小时全天候、一站式服务"等承诺，推行码头巡查人员登轮查验和联检大厅查控人员录入查控同步实施的"两点同步查验法"，实现到港即可作业、作业完即可离港。"边检服务先锋队"被媒体报道。（沈　涛）

【镇江边防检查站完成世博安保任务】 2010年，该站围绕世博安保重点，组织代理单位、码头企业、供应单位和查验单位召开4个世博安保专项会议；发放"告船长书"1200余份，宣传推行船舶诚信管理，与口岸16家码头企业、4家查验单位签订安保工作责任状和协作协议，对120余名边检协管员进行针对性教育培训，建立指挥中心、巡查分队、执勤哨兵、视频监控、群防组织和船方自查"六道防线"，实行重点国家的船舶必查、载有重点国家船员的船舶必查、初次靠泊和出口船舶必查、开往上海的船舶必查的"四必查"登轮调研制度。（沈　涛）

【长江航运公安局镇江分局】 2010年，该局坚持以世博安保为重心，以化解社会矛盾、社会管理创新、公正廉洁执法为重点，破获刑事案件40起(其中重大案件21起)，打击处理48人；查处行政案件2363起，处罚2359人；处置群体性事件51起；查纠交通违章3070起，处理交通事故35起。追缴赃款、赃物折计人民币130多万元，查处交通违法行为3070起。

6月12日，"顺通1195号"船与"银石号"轮(载重吨位4万吨)在长江常州74号红浮附近水域发生碰撞，造成"顺通1195号"船沉没，2人落水、1人失踪。接警后该局在长航公安局国保总队领导下，配合海事、地方宗教管理部门做好专项调查，制止事态发生。（张世成）

海　关

【概况】 2010年1～12月，镇江海关监管进出口货运量1522.28万吨，货值62.09亿美元，分别比上年增长13.1%、41.7%；监管进出境国际航行船舶2510艘次，比上年增长14.4%，进出境人员31538人次，比上年增长14.1%；监管进出口集装箱10.5万标准箱，比上年增长1.3%；征收入库税款41.85亿元，比上年增长30.3%，其中关税6.77亿元，进口环节税35.08亿元；加工贸易备案金额11.73亿美元，比上年增长16.9%；办理报关单3.97万份，比上年增长10.2%。

组织每月走访税源企业，巩固税基，扩大税源。实施科学征管，强化归类审价。推广区域通关、网上支付和分类通关，加强原产地证管理和贸易管制，保障通关效率和质量。推进海关大监管体系建设，制订《镇江海关大监管体系建设实施方案》，开展企业稽查、减免税核查和保税中后期核查归口管理工作，成立"三查合一"推进工作领导小组，对全关的岗位设置、人员配置、资源分布等情况进行摸底整理，实施"三查合一"。

2010年，镇江海关创新工作基础，服务地方"千百亿"工程。一是建立大项目联系人机制。采取提前介入、跟踪服务方式、宣传国家税收政策、为企业办理"项目备案—减免税审批—设备进口"服务，实现普惠性和个性化兼顾。二是建立优先服务机制。联系办理转关手续，优先安排接单审核，加快货物通关速度，帮助大项目办理项目备案和设备减免税手续。三是建立联系配合机制。对大项目在进口设备中遇到具体操作困难，同上级海关以及相关部门沟通协调。（姜　浩）

【镇江海关"十一五"期间情况概要】 "十一五"期间，镇江海关贯彻"依法行政，为国把关，服务经济，促进发展"工作方针，推行多项促进镇江外向型经济发展的措施，推广区域通关、无纸通关、网上支付等便捷通关改革，推进加工贸易联网监管等，各项业务指标较"十五"期间大幅增长。2006～2010年，镇江海关监管进出口货运量6415.48万吨，比"十五"期间增长79%；监管进出境国际航行船舶10621艘次，增长21%；征收税款155.2亿元，增长56%；加工贸易备案金额598563万美元，增长111%。（姜　浩）

【出口分类通关改革试点】 2010年3月22日，根据南京海关统一部署，出口分类通关改革在镇江海关开展试点。分类通关对诚信守法企业的低风险报关单经分拣后由计算机直接验放，无需经过人工审核。这一通关模式省却人工对低风险快速放行报关单的审核过程，提高企业出口货物的通关速度。据统计，镇江海关出口报关单整体平均海关作业时间下降到0.63小时/份，时效比上年同期提升35.71%。其中出口不涉税报关单平均海关作业时间每份仅10分钟，时效比上年同期提升76.06%；出口涉税报关单平均海关作业时间每份9.21小时，时效比上年同期提升10.15%。97.74%的出口报关单在4小时内办结海关手续。（姜　浩）

【整合窗口服务口岸通关前沿】 2010年，镇江海关在大港三期工程建成使用基础上，整合人力资源，将物流监控科、通关科两个主要一线监管部门搬迁集中至大港三期联检楼，在报关厅设立9个岗位，实现通关监管业务全流程集中服务。同时，为适应镇江新区公共保税仓库、出口加工区和港口相对集中的发展态势，将加工贸易监管部门集中搬至镇江新区直通点，紧靠远港保税物流仓库，方便企业，促进口岸保税物流业务发展。至此，镇江海关80%的业务部门搬离本部，进驻口岸服务一线。（姜　浩）

【镇江海关缉私分局】 2010年，该局立刑事案件4起，案值5200余万元，涉嫌偷逃税款1200余万元，抓获犯罪嫌疑人6人；立案40余起，案值8656万元，涉税196万元。

5月24日，该局在南京缉私局的指挥下，开展打击二手设备走私专项行动。立刑事案件4起(另有1起案件在等待总署缉私局指定管辖)。案值5200余万元，涉嫌偷逃税款1200余万元，抓获犯罪嫌疑人6人，采取强制措施14人次。

"十一五"期间，该局共调查处理行政违法案件150余起，案值5.66亿元。立案侦查走私犯罪案件17起，案值7.1亿元，破获"87·14""87·15""84·06""87·19""85·24"等重特大走私案件，包括2006年侦办的"树脂单体"走私进口案、2007年侦办的走私医疗器械案和2008年侦办的化肥出口走私案。（徐高虎）

财　政

【概况】 2010年，全市各级财政部门围绕“加强调控促发展、拓宽思路抓增收、优化支出保民生、改革创新增效益”的总体思路，创新生财、聚财、理财机制。全年完成财政总收入381.5亿元，比上年增长28.73 %，完成一般预算收入138.1亿元，增长35.97%。分别高于全省、苏南平均9.6和12.9个百分点，列全省第6、苏南首位。一般预算收入中税收占比达80.3%，列全省第5位，一般预算收入占地区生产总值(GDP)比重较上年提高1个百分点。各辖市(区)收入普遍增长较快，6个辖市(区)增幅超过30%，增幅最高的镇江新区达63.92%。

支持“调结构、促转型”成效显著。强化财税政策的导向作用，参与制定加快“五大”新兴产业发展等一系列财税政策，市级首次设立“新兴产业扶持资金”推动新兴产业爆发式增长，支持软件、信息化、服务外包等现代服务业发展，推动11家省级以上研发机构、检测中心入驻镇江，引进“331”人才130余人。加大对经济的有效投入，全年为企业申报省级以上专项326个，争取各类资金20亿元。开展“企业服务年”活动，参与推进全市二、三产分离，累计为企业和个人办理各项减免税20余亿元，减少行政事业性收费7300万元。

公共财政民生保障能力逐步提升。确保国家和省、市各项“惠民”政策落实到位，全市用于改善民生的支出达66.4亿元，增长33%，高于一般预算支出增幅5.7个百分点，占一般预算支出的比重达42.9%。其中教育、社会保障和就业、文化体育和传媒、医疗卫生、住房保障支出等重点支出分别达到26.99亿元、8.85亿元、2.25亿元、7.7亿元和3.88亿元，均高于一般预算支出平均增长水平。落实教育优先战略，实施免收义务教育课本费及发放各类助学金超过5000万元，惠及21.5万人。加大对“三农”的有效投入，推进高效农业项目竞争立项，发放各类支农直补资金1.44亿元。推动“创业型”城市建设，市区新增小额创业担保6643万元，增长181%。支持医药卫生体制改革，市级安排8100万元支持卫生事业全面发展。支持再次提高城乡低保标准，发放困难家庭补贴资金4363.5万元。建立“五房”(拆迁安置房、廉租住房、公共租赁住房、经济适用住房和成片危旧房改造)财政保障体系，累计支付保障性住房资金4488.48万元。落实好各项扩内需政策，兑付家电以旧换新等各类补贴资金2.24亿元。支持4大投资公司新增融资96.88亿元，落实资金8887万元支持老小区、积水区整治、环卫基础设施建设。累计拨付四川地震灾区对口援建资金3.3亿元，

表25-1　**2010年镇江市财政收支情况表(按项目)**　单位：万元

项　目	2010年	2009年	增长(%)	项　目	2010年	2009年	增长(%)
财政总收入	3815000	2963528	32.06	财政总支出	3011839	2342069	28.60
其中：工商税收(总额)	2047849	1587347	29.01	其中：一般公共服务	231391	206117	12.26
				公共安全	138640	106672	29.97
				教育	269899	223628	20.69
耕地占用税	33343	26064	27.93	科学技术	52399	37078	41.32
				文化体育与传媒	22551	17560	28.42
契税	88481	60296	46.74	社会保障和就业	88554	68700	28.90
				医疗卫生	77047	64819	18.86
排污水资源费收入	11531	11166	3.27	环境保护	77698	51706	50.27
				城乡社区事务	186347	131681	41.51
教育附加	28153	23340	20.62	农林水事务	133003	115328	15.33
				交通运输	59043	22302	164.74
其他收入	201	858	-76.57	工业商业金融事务	46445	109967	-57.76
				其他支出	32167	50448	-36.24
基金收入	1605442	1189467	33.96	地震灾后恢复重建支出	7871	5663	38.99
				基金支出	1421165	1128917	25.89

(林　海)

表 25-2 **2010 年镇江市财政收支情况表(按地区)** 单位:万元

地区	财政收入						财政支出					
	财政总收入			地方财政一般预算收入			财政总支出			地方财政一般预算支出		
	2010 年	2009 年	增长(%)	2010 年	2009 年	增长(%)	2010 年	2009 年	增长(%)	2010 年	2009 年	增长(%)
全市	3815000	2963528	32.06	1381012	1015693	35.97	3011839	2342069	28.60	1590674	1213152	31.12
市级	2202097	1727440	31.33	787731	560153	40.63	1774771	1358500	30.64	836504	643396	30.01
县级	1612903	1236088	33.08	593281	455540	30.24	1237068	983569	25.77	754170	569756	32.37
市本级	1537180	1188280	31.53	464109	308688	50.35	1389860	1070932	29.78	586865	439726	33.46
市直	1056635	869065	24.55	259104	183621	41.11	1122651	899016	24.88	448829	347596	29.12
新区	480545	319215	50.54	205005	125067	63.92	267209	171916	55.43	138036	92130	49.83
京口	163640	139292	28.65	100297	83468	20.16	87072	55533	56.79	63666	50872	25.15
润州	200688	151442	43.20	113116	83196	35.96	69193	55420	24.85	62174	53763	15.64
丹徒	300589	248426	24.67	110209	84800	29.96	228646	176615	29.46	123799	99035	25.01
丹阳	800536	630234	27.57	300016	230015	30.43	523913	450185	16.38	351088	247206	42.02
扬中	432211	305851	46.54	147465	113403	30.04	315989	215471	46.65	168376	129564	29.96
句容	380156	300003	30.91	145800	112122	30.04	397166	317913	24.93	234706	192986	21.62

(林 海)

完成绵竹板桥镇灾后重建工作。

财政科学化精细化管理步伐加快。深化“零基预算”改革成果，加强资金拨付和结余管理，重点规范政府性专项资金报批和审批程序。强化财政支出管理，出台《市直财政支出预算执行管理暂行办法》，对资金拨付实行“定时、定岗、定责”管理。推进绩效评价“增点扩面”，实施科技强警等16个重点评价项目，资金总量达5亿元。启动资产管理信息系统，加强行政事业性资产处置和有偿使用管理。扩大财税库行联网系统覆盖范围，市级国库集中支付总量达96.5亿元。拓宽政府采购领域，完成“市民卡”工程、新行政中心建设等重大采购项目，全年采购总量19.2亿元，节约资金3.5亿元。加强票据和土地出让收支管理，全市纳入预算管理的非税收入86.8亿元。

强化增收节支、厉行节约取得良好成效。压缩“三公”支出，建立行政事业单位因公出国(境)经费财政先行审批制度，实施党政机关公用经费和项目经费两个零增长。强化财政“大监督”职能，开展新一轮“小金库”专项治理，将治理重点向社会团体和国有及国有控股企业倾斜，收缴违纪资金1626万元，完成支农惠农专项资金检查。防范财政风险，会同审计部门开展政府性债务专项审计调查，重点规范政府投融资平台管理，降低投融资平台运行风险，同时对市国投公司和“两大医疗集团”(江苏康复医疗集团、江苏江滨医疗集团)委派财务总监，加强财政财务管理监督。强化财政权力节点监控，建立健全覆盖财政管理和资金运行全过程的权力节点监控机制。 (曹 斐)

2010 年5月，市财政局开展“稳增长、调结构、抓创新、惠民生”财政宣传月活动

(曹 斐)

【“十一五”期间财政工作概要】 “十一五”期间累计完成财政总收入1265亿元，年均增长27%。一般预算收入总量累计达465亿元，年均增长24.4%。财政总收入、一般预算收入分别比“十五”期末增长222.1%和193.2%，超额完成“十一五”规划提出的总收入300亿元、一般预算收入120亿元的目标。民生支出投入前所未有，五年来全市用于民生的支出237亿元，并以每年30%的速度快速增长，惠及城乡的财政社保、医疗、养老、教育、住房等保障体系逐步健全。财政经济实现良性互动，应对金融危机等一系列严峻挑战，五年间共争取和筹集扶持企业专项资金60余亿元，支持经济转型升级的财税政策导向更加鲜明。财政改革创新亮点频出，实施省管县和新一轮市区财政管理体制，推进以“零基预算”改革为“龙头”的支出领域各项改革，支出绩效评价、采购权力节点监控等一系列创新举措走在全省前列。

(曹 斐)

【财政收入“量质”同升】 2010年，市财政局参与研究财税扶持政策和完善税收征管政策，多措并举破解地方税收结构“实惠度”不高等顽疾。参与市政府组织的全市二、三产业分离推进工作专题调研，协助制定《关于加快推进企业二三产业业务分离工作的意见》和相关操作办法。推进零散税源委托征管。会同税务部门研究零散税源委托征管工作，制定《关于零散税收委托代征管理实施意见》，从财政体制留成上给予辖区倾斜。及时兑付各项财税优惠政策。先后制定《关于加快全市新兴产业爆发式增长的若干意见》《关于优化投资结构 加强重点项目建设 加快转变经济发展转变的若干意见》以及市政府关于扶持惠龙港百亿销售收入财政优惠政策。

（严明礼）

【实施预算执行“定时、定岗、定责”管理】 2010 年，市财政局重点解决支出预算执行时效性和均衡性问题以及资金使用效益性、效率性问题，制定《市直财政支出预算执行管理办法》，对七个关键环节明确时间节点要求。强化预算办理时点要求。在明确部门预算批复时间要求的同时，不但对部门预算基本支出、政府性专项支出区别情况提出下达时间的具体要求，同时对收到的上级补助专款指标、上年结转指标、预算调整等也分别对财政内部流转和部门执行提出具体的办理时间要求，减少资金在途时间。强化财政结余结转资金控制。细化基本支出与专项支出预算编制，加强项目滚动管理和评审，提高项目预算的准确性和可执行性。建立健全预算结余结转与预算执行相结合、预算结余结转与预算编制相结合和用款计划结余全面清理等“三项制度”，从源头上减少财政结转项目。强化预算执行进度考核。加强对市级预算单位和财政内部相关处室支出预算执行进度的考核，建立预算执行通报制度，推进财政和预算单位共同提高预算执行效率。 （朱永芳）

【加快推进保障性住房建设】 2010 年，市财政部门加大住房保障的财政投入力度，逐步建立和完善以城市中低偏下收入和低收入家庭为对象，以“五房”建设为重点的城市住房保障体系，改善城市中等偏下和低收入家庭住房条件，促进社会和谐稳定。参与制定并出台《关于加强住房保障工作的实施意见》《镇江市市区保障性住房资金管理暂行办法》《镇江市市区经济适用住房管理实施细则》《镇江市市区集体土地拆迁安置房管理暂行办法》等文件，构建完备的住房保障政策体系。截至 2010 年末，市区累计投入 11721 万元用于购建廉租房 749 套（间），实物配租 498 套，4392 户低收入家庭住房困难得到改善。累计支付保障性住房资金 9300.8 万元。 （张跃明）

【规范政府投融资平台建设】 2010 年，市财政局加大财政财务核算管理力度，指导投资公司拓宽融资渠道，规范投资公司财务管理行为。制定出台《关于市场化运作土地金分配的实施意见》和《关于进一步加强代建政府工程项目与相应委托收储土地决算管理的意见》，对投资建设公司代建政府工程项目与委托收储土地进行梳理。配合投资公司，从政策咨询到提供担保，对投资建设公司进行全程跟踪服务。2010 年，三大投资公司（市城投集团、水投公司、交投公司）成功发行企业债券 60 亿元。牵头对市投资公司及其债务进行清理，把投资公司纳入承担公益性项目建设举债、项目本身有稳定经济收入并主要依靠自身收益偿还债务的融资平台，经营收入并主要依靠自身收益偿还债务的融资平台。配合市纪委加强重要权力事项的监控工作，多次与专业财务软件公司联系，并在纪委要求财务信息联网的基础上，主动提出建立专门重要权力事项监控平台，通过网络实时监控重大财务权力事项的意见。 （张跃明）

【帮助中小企业破解融资难题】 2010 年，市财政局对市担保行业的发展进行调研，掌握担保机构的分布、经营状况、风险防范、业务拓展情况，深入被担保企业了解企业对担保机构的需求。针对担保机构发展中存在的问题，提出相应的意见和建议。坚持政府指导和市场化运作相结合，推动担保机构发展成为信用记录、信用评价、信用担保相结合的社会化信用机构，鼓励和指导担保行业协会加强行业协作和自律。鼓励民间力量兴办信用担保机构，营造社会参与、多元投入的担保业发展环境，扩大担保资金来源，利用民营企业机制上的灵活性，提高担保行业竞争力，促进担保行业规范、健康、可持续发展。加大对担保机构的财政扶持，用好中小企业信用担保专项资金，兑现奖励资金 174 万元，专项扶持信用担保机构的发展。 （徐伟忠）

【支持医药卫生体制改革】 2010 年，市财政预算内投入医疗卫生的资金总量 18814 万元，比上年增长 10.74%。探索建立以政府购买服务为主要方式的财政投入机制，财政资金除向传染病医院、中医院、精神病医院等专科医院倾斜外，对其他公立医院的补偿一律以购买服务的方式予以补偿。补偿的内容包括基本建设和设备购置补助、重点学科建设补助等 6 大项。发挥医保付费机制对公立医院改革的引领作用。完善以“人头”指标为核心的“总额预算、弹性结算和部分疾病按病种付费相结合”的综合付费办法，通过医保付费制度，对公立医院医疗费用实现科学控制与合理补偿，有效控制医疗费用的过快增长。推行全成本核算。向两大医疗集团派出理事和财务总监，对集团的财务与资产实行监管，建立财务预算决算制度和重大经济事项联合审批制度，下发《关于加强市属公立医院投融资管理的通知》，强调公立医院未经政府允许，不得擅自对外投资和融资。推进全成本核算，合理划分核算单位，精算人力成本，确定项目与病种成本对象，细分成本（支出）项目，开发全成本核算信息系统，从损益、构成、差异、保本等角度对医院经济运行全天候实时观测分析。投入 1000 万元支持市卫生局开发以医院管理和电子病历为重点的医院信息化系统建设，实现医院之间、医院与其他医疗卫生机构之间、医疗机构与医保经办机构之间的互联互通。 （孙明祥）

【促进创业、就业再就业】 2010 年，市财政局加快推进创业型城市建设，用于创业、就业的资金总量 1.08 亿元，比上年增加 1200 万元，增长 12%。安排 800 万元创业扶持专项，重点支持初始人员、特殊就业困难人员及个体工商户等自主创业，会同人社部门完善《镇江市市区创业帮扶资金管理办法》，通过政策扶持、资金引导、创业培训、创业服务等措施，重点鼓励和指导大中专毕业生、失业人员、返乡农民创业。完善并落实面向企业的税费减免、小额担保贷款及贴息、岗位补贴、社会保险补贴和培训补贴等政策，适时适度调整社会保险费率，探索扩大失业保险基金支出范围，2010 年市本级扩大失业保险支出总量 3100 万元。做好创业型城市建设挂钩结对服务工作，组织业务处室与大路镇十个行政村一一对接、结对帮扶，建立健全定点联系人机制和结对帮扶情况反馈制度。

（孙明祥）

【推进财政支出绩效评价管理】 2010 年，市财政局将绩效评价从事后监督向事中评价、事前评价等“上游”环节延伸，逐步构建“前评审、中监督、后评价”的绩效预算管理新机制，最大限度地发挥财政资金的使用效益。突出事前审核环节。重点抓好财政支出绩效目标申报、审核和批复，制定出台《镇江市 2011 年度市级财政专项资金预算绩效目标管理办法（试行）》，对于绩效目标的编审管理、绩效跟踪管理、支出绩效评价作出明确规定，并对相关资料的填制、报送方法作详细说明。实行绩效拨款跟踪管理，对项目目标完成情况、项目效益与预期目标偏差以及保证绩效目标实现的各项政策、措施落实情况不定时督查,保证项目按绩效预定目标完成。结合中评价情况,及时修正绩效目标,使财政资金的投入更加合理、规范。在年度预算执行结束后,组织部门、单位就绩效目标实现及完成情况进行自评价,并牵头选择部分项目进行再评价,把评价结果作为以后年度专项资金安排和再安排的重要依据。 （钱树平）

【拓宽权力节点监控覆盖范围】 在出台六项重要权力节点监控实施办法的基础上,2010 年,市财政局在全市率先出台《市财政局内部财务管理权力节点监控实施办法(试行)》模板,修订《关于加强干部选拔任用权力节点监控实施办法(试行)》《关于工程建设权力关键节点监控实施办法(试行)》,从而使财政全力节点监控体系覆盖到财权、人权、事权、审批权、采购权、行政执法权等六方面,实现"立体化、全覆盖、全监控",确保财政权力始终在阳光下运行。 （刘正禄）

国 税

【概况】 2010 年,全市国税组织入库税收总额 121.97 亿元,比上年增长 25.16%。一般预算收入 32 亿元,比上年增加 7.15 亿元,增长 28.8%。

一、税种情况

1. 增值税:全年入库 806457 万元,增加 131496 万元,增长 19.48%(其中办理免抵调库 79550 万元,比上年少调 10450 万元)。

2. 消费税:全年入库 18615 万元,增加 7807 万元,增长 72.23%。

3. 企业所得税:全年入库 259453 万元,增加 99381 万元,增长 62.09%。

4. 银行储蓄利息个人所得税:全年入库 883 万元,减收 4478 万元,下降 83.53%。

5. 车辆购置税:全年入库 54740 万元,增加 21429 万元,增长 64.33%。

二、国税月度收入情况

从月度看,直接收入增幅是前高后低,而增值税直接收入是先抑后扬。(见图 25-1)

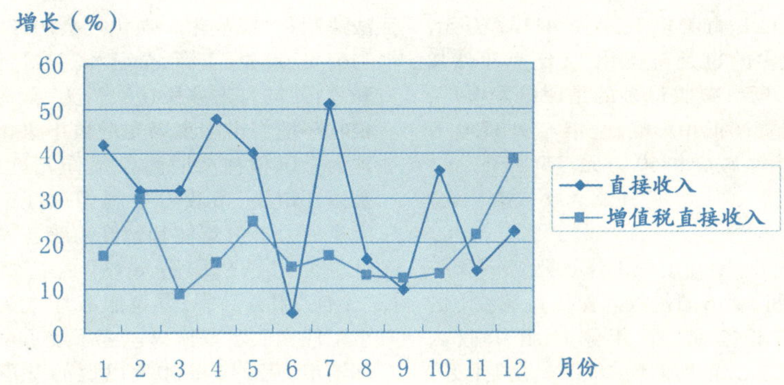

图 25-1 2010 年镇江市国税月度直接收入和增值税直接收入增长情况图

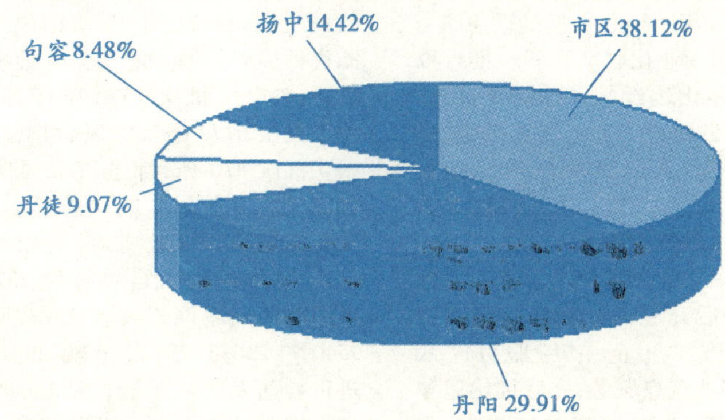

图 25-2 2010 年镇江市国税地区间税收收入比重图

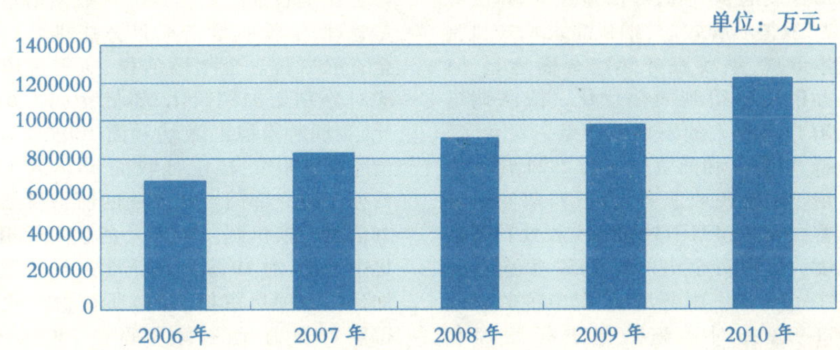

图 25-3 "十一五"期间镇江市国税税收入库情况图

三、产业税收情况

2010 年,全市二产企业入库税收 89.66 亿元(占全市 73.51%),增长 21.11%,其中化学原料及化学制品制造业增长比较明显,入库 11.8 亿元,增长 63.71%,而电力、热力的生产和供应业受谏壁发电厂等三电厂影响,仅入库 6.41 亿元,下降 7.54%。三产企业直接入库 32.25 亿元(占全市的 26.45%),增长 38%。其中批发零售业入库 21.04 亿元,增长 43.2%;房地产业入库 3.8 亿元,增长 35.83%;金融业入库 0.81 亿元,下降 45.6%。

四、地区间税收情况

2010 年三辖市合计入库税收 64.4 亿元,增长 30%,其中入库税收最多的是丹阳,入库 36.48 亿元,增长 34.78%;句容 10.34 亿元,增长 23.95%,扬中 17.59 亿元,增长 24.69%。丹徒 11.06 亿元,增长 15.73%;市区入库 46.5 亿元,增长 20.1%。(见图 25-2)

五、重点行业税收情况

全市化工、造纸等十大重点行业 2010 年合计入库税收 79.77 亿元(占全市比重 65.41%),增长 28.07%,其中入库超 10 亿元的行业有:批发业(16.97 亿元)、电气机械及器材制造业(12.14 亿元)、化学原料及化学制品制造业(11.8 亿元);增加最多的行业是批发业,增加 5.5 亿元;增长最快的行业是化学原料及化学制品制造业,增长 63.71%;税收下降的行业分别是电力、热力的生产和供应业(-7.54%)、造纸及纸制品业(-17.93%)。

六、重点税源税收情况

2010 年,全市入库超亿元的企业有金东纸业、江苏镇江发电有限公司、奇美化工和镇江环太硅科技有限公司等 14 户,比上年增加 9 户,合计入库税收 25.87 亿元,增长 52.27%。其中入库税收最多的是奇美化工,入库41137万元,增加最多的也是奇美化工,比上年增加30839万元;减收最多的是谏壁发电厂,受固定资产抵扣影响,全年入库3130万元,比上年减少9860万元。

(巫晓政　沈　婕)

【"十一五"期间国税工作概要】"十一五"期间,全市国税收入保持高基数上的平稳增长态势,五年累计组织收入466.5亿元,年均递增18.2%,是"十五"时期国税总收入205亿元的2.3倍。

"十一五"期间,办理各类减免退税179.66亿元,其中办理出口免抵退税112亿元,占五年国税收入总量近40%。

推行税源专业化联动管理。推行税源管理的实体化建设。采取辅导自查、纳税评估、税务稽查等递进征管措施,对1.88万户次纳税人开展调研评估,增加税收6.49亿元,对1322户次纳税人实施税务稽查,增加税收1.47亿元。

持续开展"四全两效一品牌"主题服务活动,先后开展税收服务调研、"国税服务千户行""一企一策"服务、"六式"服务等多项重点服务,先后推出服务"扩内需、促发展"的18条政策措施、服务跨越发展的50条服务措施、服务创业城市建设的40条服务措施。"国税服务e站"取得品牌效应,纳税需求响应机制基本形成,纳税服务热线全面运行,51条办税流程得到简化优化。依法调增1600户纳税人的发票购领量。对化工、造纸、房地产和商贸行业的2324户纳税人组织实施税收服务性调研,落实纳税人首次轻微违章不处罚和税收处罚备案制度。集中对全市八类1457家企业开展"一企一策"服务活动,提出税收建议1571条,并对实施效果进行跟踪和回访。

贯彻新《中华人民共和国企业所得税法》和增值税转型政策等改革措施,加强增值税、所得税两大税种的规范化、项目化管理。组织开展"四种票"异常户监控、纯企业所得税申报差异、固定资产进项税额抵扣核查;规范增值税即征即退、福利企业、资源综合利用政策审批管理;实施所得税分类和税种风险联动管理,加强所得税税收优惠和税前扣除项目专业化审核;细分60个行业(产品),整理总结30个行业(产品)管理思路和典型案例,对占税收70%以上的42个主要行业建立纳税评估模型,对1.88万户次纳税人开展评估调研,增加税收6.49亿元。

"十一五"期间,全市国税系统强化执法监督,推进税收执法责任制,实施执法过错追究,严格执法责任,促进税收执法法制化、规范化。强化社会协作,加强与公安、地税、工商、金融、海关等部门的联系,共同打击涉税违法行为,营造法治税收环境。市国税局先后被中央文明委评为全国精神文明建设工作先进单位,被镇江市委、市政府表彰为镇江市人民满意的公务员集体和镇江市跨越发展有功单位;"国税服务e站"入选镇江市"十佳"服务品牌;办税服务厅成为镇江市十佳文明示范窗口。全系统下属的全部辖市(区)局和90%以上的基层分局均被评为文明集体。

(巫晓政　沈　婕)

【税收征管】2010年,市国税局推行税源税种和风险管理,提升税源管理专业化水平,整合7批次1572条任务指标,识别8批次6172条等级风险指标,提供情报4批次816条,筛选五级风险纳税人1021户次,建立本地风险特征指标14个。实施有效风险应对,增加税收2.68亿元,其中纳税人自查补税7328万元。推广普通发票网络开具工作,网络开票9540户、96.3万份,金额296.3亿元。进行普通发票供票资格清理,取消1605户小规模纳税人万元供票资格。深化门临代开发票管理,代开发票风险防控的经验在全省推广。加强征管数据信息质量管理,征管质量指标月考核排名稳居全省前三位。全年增值税、所得税风险应对分别增加税收1.08亿元和1.6亿元,实现所得税汇缴辅导面100%、汇算清缴面100%、核定征收面38%的工作目标。建立部门协作层面的所得税第三方信息交换机制。全市大企业实行相对集中管理,对19家外资企业进行研发费加计扣除项目审核,调整所得税应税所得额1108万元,补缴所得税150万元。"大企业内控测试"项目在全省评选中获第四名,"关联申报专户审核"案例获第三名。全市入库非居民企业所得税1.27亿元,比上年增长62.3%。

(巫晓政　沈　婕)

【税收执法】2010年,市国税局推广使用执法管理系统,加强税收执法评议,强化执法过错追究,开展税收执法监察,落实税收执法责任制。引入"参数化",突出异常指标,开展税收执法检查,及时纠正违规违章行为,强化对税收执法权的监督和制约。组织开展对执法过错预警的有效应对,坚持人机结合强化执法考核,对112人次进行执法过错责任追究。对264户纳税人实施重点稽查,组织开展对七个行业36家企业的专项检查,联合组织开展对发票违法犯罪的专项整治,捣毁制假窝点7个,销毁假票99万份,50人被追究刑事责任。受理查结举报案件88件,组织开展专案协查。全年专业稽查补税罚款6855万元,查处大要案14件。其中市区对84家纳税人实施稽查,补税罚款2349万元。

(巫晓政　沈　婕)

【纳税服务】2010年,市国税局在全系统开展"服务跨越发展、国税励志先行"主题活动,开展"六式五十条"系列服务。向新办纳税人免费发送"金钥匙"光盘,完善服务热线运行机制,取消11项涉税审批事项的前置条件,落实"六个一律"的窗口服务要求。全市159户纳税人获得纳税信用A级,比2006年增长30%以上。扩大综合办税窗口,拓展区域办税服务功能,智能叫号评价系统促进办税秩序的优化。投身创业型城市建设,与宝塔路街道结对,派出指导团,举办创业沙龙,推出"4+1"创业模式,宝塔路街道新增注册资金19.3亿元,新增纳税人1550户。履行出口退税八项承诺,落实支持外贸出口八项措施。全年办理增值税即征即退1.82亿元,办理出口免抵退税29.5亿元,其中退税17.5亿元。市国税局获市服务民营经济发展奖,被镇江市委、市政府授予镇江市跨越发展有功单位称号。

(巫晓政　沈　婕)

地　税

【概况】2010年,全市地税系统各项收入145.48亿元,比上年增加45.11亿元,增长44.9%,其中税收收入87.8亿元,增加23亿元,增长35.5%。省级税收5.03亿元,增加7897万元,增长18.6%;市县级税收82.76亿元,增加22.21亿元,增长36.7%。一般预算收入68亿元,增加18亿元,增长36%。契税、耕地占用税入库12.19亿元,增加3.56亿元,增长41.2%。征收社会保险费38.3亿元,增加8.84亿元,增长30%,征缴率达99%。

推进二三产业分离工作,形成"政府领导、地税牵头、部门联动、企业主体、政策扶持"的工作机制,分离企业167户,新增地方税收9790万元。推动全民创业工作,开展政策宣传,全市入库私营个体经济税收31.84亿元,比上年增加12.67亿元,增长66.0%,占收入增长55.1%,私营个体税收比重由2009年末的29.6%上升到36.3%。加快推进社会综合治税,细化明确综合治税成员单位相关工作职责和具体职能,拟定具体

表 25-3

2010 年镇江市地方税主要税种收入统计表

单位：万元

税 种	合 计	市 区	丹徒区	丹阳市	句容市	扬中市
营业税	401838	212699	30524	79377	45957	33281
比上年增加	97031	50384	9729	22987	8996	4935
增长(%)	31.8	31.0	46.8	40.8	24.3	17.4
城建税	70529	27829	6849	17634	5264	12953
比上年增加	17195	6967	1113	4291	915	3909
增长(%)	32.2	33.4	19.4	32.2	21.0	43.2
企业所得税	108145	43374	21635	23630	11218	8288
比上年增加	34759	17812	1355	7769	4380	3443
增长(%)	47.4	69.7	6.7	49.0	64.1	71.1
房产税	28132	13369	1772	7573	2012	3406
比上年增加	4925	3459	-130	838	165	593
增长(%)	21.2	34.9	-6.8	12.4	8.9	21.1
土地使用税	39359	15312	3926	11309	5054	3758
比上年增加	3440	854	212	864	961	549
增长(%)	9.6	5.9	5.7	8.3	23.5	17.1
个人所得税	137898	61285	6939	44872	11586	13216
比上年增加	35224	5860	1605	23716	899	3144
增长(%)	34.3	10.6	30.1	112.1	8.4	31.2
土地增值税	63378	32871	5977	11758	9425	3347
比上年增加	29281	15458	3264	4853	5152	554
增长(%)	85.9	88.8	120.3	70.3	120.6	19.8

（袁荣林）

表 25-4

2010 年镇江市地方税分地区收入统计表

单位：万元

收入地区			合 计	市 区	丹徒区	丹阳市	句容市	扬中市
地方各税		2010 年度	877951	418000	79918	202178	94741	83114
		比上年增加	229968	103442	17569	66682	22407	19868
		比上年增长(%)	35.5	32.9	28.2	49.2	31.0	31.4
其中	市县级收入	2010 年度	827620	390883	78524	189154	90852	78207
		比上年增加	222073	99219	17453	64976	21384	19040
		比上年增长(%)	36.7	34.0	28.6	52.3	30.8	32.2
	省级收入	2010 年度	50331	27117	1394	13024	3889	4907
		比上年增加	7896	4223	116	1706	1023	828
		比上年增长(%)	18.6	18.4	9.1	15.1	35.7	20.3

（袁荣林）

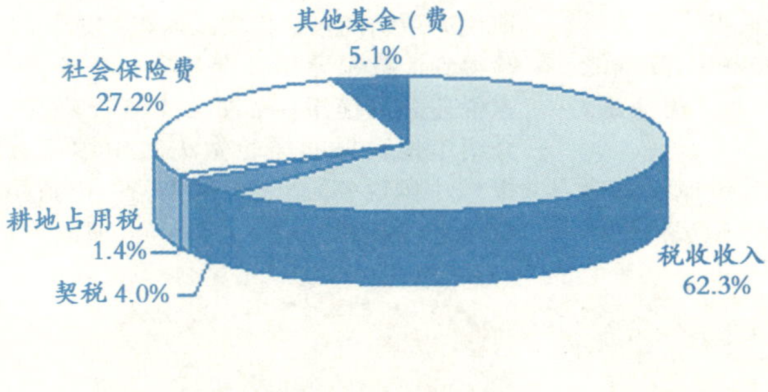

图 25-4　　2010 年镇江市地税各项收入比重图

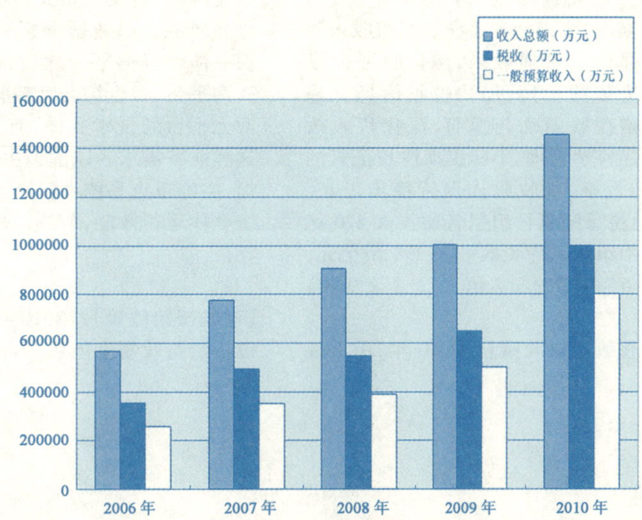

图 25-5　　镇江地税“十一五”收入情况图

表 25-5

“十一五”期间镇江市地税税种结构变动情况表

年　份	营业税增长(%)	比重(%)	企业所得税增长(%)	比重(%)	个人所得税增长(%)	比重(%)
2005	29.1	43.2	29.0	18.2	24.0	15.7
2006	23.1	42.0	52.6	22.0	8.3	13.4
2007	28.0	38.5	43.7	22.7	53.9	14.8
2008	10.8	38.4	0.9	20.7	14.1	15.2
2009	45.4	47.0	-34.9	11.3	23.3	15.8
2010	31.8	45.8	47.4	12.3	34.3	15.7

（袁荣林）

实施方案和工作计划，建立涵盖国税、工商、质监、房建、国土等14家政府部门的信息交流制度，实施常态化的信息交换与利用。推进个体零散税收委托征管，形成“政府牵头指导、财政税务联合、专职机构代征、社会协税护税”的零散税收社会化征管模式。全民创业取得成效。在市级机关部门率先制订《建设创业型城市工作实施方案》和《活动计划》，整理汇编市地税局20条惠民措施和地税政策20问。与市创业办、润州区七里甸街道联合举办大型广场活动，设立七里甸税校，成立创业服务超市，创建创业培训基地，采取多种形式和渠道开展全民创业知识和税收政策宣传。深化维权成果，打造“为纳税人维权”服务品牌。加快信息化建设步伐，推广应用虚拟机管理系统，优化信息资源配置。研发税企互动信息交流平台、网上纳税人学校等，提高纳税服务水平。全系统加强作风、行风、政风建设，市地税局被镇江市委、市政府授予2010年镇江市跨越发展有功单位；2007～2009年度江苏省创建文明行业工作先进行业称号；行风测评获垂直单位第三名；被镇江市纪委评为廉政文化进机关先进单位。（浦陆燕）

【“十一五”期间地税工作概要】　“十一五”期间，全市地税系统以组织收入为中心，强化征管抓收入，深化服务促发展，推进依法治税，加快税收信息化建设，严格税收执法与监督，深化税收改革，加强科学管理，不断提高税收征管的质量和效率，税收收入保持稳步增长。全市地税系统累计组织各项收入470亿元，其中组织入库税收收入296余亿元，是“十五”时期的3.2倍。（浦陆燕）

【落实税收优惠政策】　2010年，市地税局围绕经济转型、产业升级，落实税收政策。加大对房地产行业宏观调控政策的执行力度，开展土地增值税清算工作，入库土地增值税6.34亿元，比上年增长85.9%。在促进科技创新、推动全民创业、优化产业结构等方面，减免包括报批类、备案类等各种类型的税收3.4亿元，增强企业发展后劲。（浦陆燕）

【创新大企业征管机制】　2010年，市地税局推进重点税源管理机制改革，在市区分局成立重点税源管理科，专司大企业税收管理与服务，人力、物力保障坚持向基层一线倾斜，实行重点税源以管户为主、管事为辅的管理模式，按照人均20户的管户要求，强化专业化管理、精细化服务。规范税源管理，制定下发《纳税评估考核办法》《重点税源考核办法》《一般税源考核办法》《大企业管理工作规范》等税收管理制度，从健全完善大企业税收扁平化征管机制。（浦陆燕）

【完善信息管税机制】　2010年，市地税局开发应用门户管理系统，满足基层税务机关日常征管中数据统计查询需要。强化“以票控税”管理，开发应用网上开具发票等系统。拓展征纳双方网上信息交流沟通，研发税企互动平台，提高办税服务效能。以数据分析利用为目标，加快一体化数据平台建设，研究开发综合查询平台、税企综合管理服务平台，依托两大平台的技术支撑，有效满足信息传递和业务需求。以虚拟主机系统为突破口，实施重点系统项目开发，提升信息系统整体运行效能，节约运行费用，降低能耗。（浦陆燕）

【税收法治建设】　2010年，市地税局建设依法行政制度体系，出台《依法治税评价标准》《涉税财产价格鉴证操作办法》等制度，建立定性分析与量化打分相结合的绩效考核指标体系。以依法行政示范点为重点，全系统达到依法行政示范单位标准，其中2家单位被命名为省级依法行政示范单位。（浦陆燕）

【纳税服务】　2010年，市地税局加大标准化办税服务厅建设，配备办税服务厅办公软件，升级“同城通办”业务。整合税务登记、发票管理、申报征收、涉税审批四大窗口，实行“全功能窗口”统一对外。深化首问责任制、限时办结、午间值班、全程服务、延时服务等制度，对购领发票等大宗涉税事项，推出预约服务制。加快实施“12366”服务品牌战略，借助手机短信、电子邮件、RSS阅读器等现代信息技术，全面运行“12366”在线咨询，拓展涉税咨询渠道。成立网上纳税人学校、网上办税服务厅、网上纳税人之家等网络化载体，细化网上申报咨询模块，打造全新纳税服务搜索引擎，为纳税人提供快捷高效的纳税服务。（浦陆燕）

【维护纳税人权利品牌在全国打响】　2010年，市地税局以纳税人维权协会为载体，依托纳税人之家平台，构建全员全岗维权服务体系。2010年4月16日，市地税局牵头发起召开全国10个大中型城市“城际联动·携手维权”纳税人权益维护协作会议，深化维权“360°”服务品牌。出台《纳税人权益保护章程》等权益保障制度，实施维权实践活动。市地税局帮纳税人维权实践取得的成功经验得到上级领导和社会各界的好评，国家税务总局简报《税收经济调研》专题介绍市地税局的经验做法，《中国税务报》《中国税务》杂志等国家、省、市新闻媒体进行报道。（浦陆燕）

金 融

责任编校：翁红霞

综 述

【概况】 2010年，全市金融系统围绕市委、市政府“跨越发展、转型升级”的总体目标，顺应适度宽松货币信贷政策回归常态的转变要求，持续扩大融资总量，拓宽融资渠道，加强金融创新，改善金融服务，全市金融运行态势总体良好，各项存款较快增长，各项融资平稳增长，融资渠道趋于多元化，金融机构经营效益持续改善，为全市经济社会跨越发展和转型升级提供强有力保障。

年末，全市银行业金融机构本外币各项存款余额2242.89亿元，比年初增加428.74亿元，增长23.63%，高于全省平均水平2.61个百分点。从存款走势来看，一季度增长快速，新增295.98亿元；二季度增速回落，新增41.48亿元；三季度增速继续回落，仅新增24.21亿元；四季度增速反弹，新增66.07亿元。从存款结构看，企业存款稳步增长，增速有所放缓，全市本外币企业存款余额632.87亿元，比年初增加78.50亿元，同比少增138.3亿元；储蓄存款高开平走，存款更趋活期化，全市本外币储蓄存款余额1002.51亿元，比年初增加147.11亿元，同比少增14.89亿元；其他存款增长快速，增速逐渐减缓，全市本外币其他存款余额602.4亿元，比年初增加200.41亿元，同比多增49.89亿元。

全市各项融资平稳增长，融资渠道多元化。全年银行融资总量为2242.96亿元，比年初增加448.63亿元，增长25%，同比少增121.02亿元。融资结构：一是本外币各项贷款稳定增长，年末贷款余额1617.07亿元，比年初增加268.83亿元，增长19.94%；二是银行承兑汇票、信用证、保函三项或有资产业务高开稳走，年末余额564.38亿元，比年初增加161.57亿元，增长40.11%；三是委托贷款增长较快，年末余额61.51亿元，比年初增加18.23亿元，增长42.12%。

全市金融部门拓展融资渠道和方式，推动异地银行贷款快速增长。年末，全市异地银行业金融机构各项贷款余额456.8亿元，比年初增加127.6亿元，增长38.7%。疏通直接融资渠道，推动企业通过银行间市场发行非金融企业债务融资工具，通过短期融资券累计融资11亿元，上报中小企业集合票据8.8亿元。各金融机构通过发行信贷类信托理财产品为企业融资近20亿元。

全市本外币各项贷款均衡增长，信贷结构不断优化。年末，全市银行业金融机构本外币各项贷款余额1617.07亿元，比年初增加268.83亿元，增长19.94%，高于全省平均水平0.04个百分点。主要特点：一是信贷增速回归常态，节奏平稳。在信贷规模的刚性约束下，全年信贷投放比上年明显少增。二是中长期贷款延续强劲增势，票据融资持续下滑。全年实体经济贷款新增319.92亿元，其中中长期贷款增加177.94亿元，增长32.34%；短期贷款增加141.98亿元，增长21.42%。票据融资呈单边下滑态势，年末比年初下降56.66亿元，同比少增86.96亿元。三是新增贷款分布趋于均衡，县域贷款有所增加。镇江市区新增贷款152.72亿元，占全部新增贷款的56.81%；县域新增贷款116.11亿元，占全部新增贷款的43.19%。四是外汇资金持续紧张，外汇贷款进一步回落。年末，全市外汇贷款余额8.11亿美元，比年初减少0.91亿美元，同比少增3.39亿美元。五是中小企业贷款增长平稳，小企业贷款增速持续上升。全年新增中小企业贷款154.09亿元，增长20.55%，高于全部贷款增幅0.61个百分点。其中，小企业贷款比年初增加82.71亿元，增长24.74%，高于全部贷款增幅4.8个百分点。六是个人贷款快速增长，个人住房贷款增速有所放缓。年末，个人贷款余额312.49亿元，比年初增加80.04亿元，增长34.44%，其中个人消费贷款增加54.49亿元，增长33.94%。个人住房贷款是拉动个人贷款快速增长的主要动力，全年新增个人住房贷款47.01亿元，增20.94亿元，增长32.16%。七是政府融资平台贷款、房地产开发贷款平稳增长。年末，全市各政府融资平台本地银行贷款余额235.18亿元，比年初增加33.38亿元，增长16.54%。全市房地产开发贷款余额77.72亿元，比年初增加21.75亿元，增长38.52%。

全市银行业金融机构不良贷款余额和不良贷款率实现“双降”，经营效益明显提升。年末，全市银行业金融机构按五级分类口径，不良贷款余额比年初减少1.46亿元，不良贷款率比年初下降0.45个百分点。各银行业金融机构利润明显提升，全年实现拨备前账面利润50.01亿元，增长29.02%。

2010年，全市保费收入54.04亿元，比上年增长32.6%，其中22家财产保险公司保费收入11.38亿元，增长35.5%，22家人寿保险公司保费收入42.66亿元，增长31.8%。

股票、基金市场有所回升，但总体仍呈低迷态势。2010年国内股市走出先升后降的曲线，前三季度振荡上升，四季度以来振荡下滑，居民的投资热情较上年有所回升，但是投资行为仍然比较谨慎。全年市区各证券营业网点股票交易额1315.77亿元，比上年减少160.11亿元；股民保证金余额10.43亿元，比年初

表 26-1 **“十一五”期间镇江市金融机构本外币存贷款余额情况表** 单位:亿元

项 目		2006 年		2007 年		2008 年		2009 年		2010 年	
		余额	比年初	余额	比年初	余额	比年初	余额	比年初	余额	比年初
融资总额		899.14	110.15	1020.9	155.31	1218.72	221.22	1794.33	569.65	2242.96	448.63
其中	本外币贷款	735.85	98	833.85	131.8	965.65	145.09	1348.24	382.59	1617.07	268.83
	承兑汇票、保函等	129.47	12.2	153.28	23.81	219.6	66.32	402.81	183.21	564.38	161.57
	委托贷款	33.82	-0.05	33.77	-0.3	33.47	9.81	43.28	3.85	61.51	18.23
本外币存款		949.48	124.75	1041.92	92.19	1285.76	244.63	1814.16	528.4	2242.89	428.74

（施光群）

下降6.07亿元。基金市场较为低迷，全市各银行累计代理基金认购、申购23.07亿元，比上年减少6.54亿元；累计代理基金赎回28.86亿元，比上年减少7.09亿元。

2010年，金融危机对全市涉外经济的影响基本消除，全市外汇形势恢复至金融危机前水平，跨境外汇收支、银行结售汇增幅明显。全市涉外收入70.8亿美元，比上年增长35.5%，其中货物贸易项下收入44.9亿美元，增长29.2%；服务贸易项下收入7.99亿美元，增长55.6%；收益项下收入0.4亿美元，增长74.4%；经常转移项下收入0.8亿美元，下降39.9%；资本项下收入16.7亿美元，增长44.8%。全市涉外支出36.3亿美元，增长34.2%，其中货物贸易项下支出25.5亿美元，增长30.9%；服务贸易项下支出6.2亿美元，增长34.8%；收益项下支出0.6亿美元，同比下降22.7%；经常转移项下支出0.04亿美元，下降71.6%；资本项下支出3.9亿美元，增长97.2%。国际收支顺差34.6亿美元，增长32.9%。

2010年，全市各外汇指定银行累计结汇55.5亿美元，增长23.7%，其中货物贸易项下结汇40.7亿美元，增长30.3%；服务贸易项下结汇0.72亿美元，下降21.3%；收益和经常转移项下结汇2.3亿美元，增长45.6%；资本项下结汇11.8亿美元，增长5.6%。全市各外汇指定银行累计售汇23.5亿美元，增长41.7%，其中货物贸易项下售汇13.7亿美元，增长43.9%；服务贸易项下售汇1.8亿美元，增长21.7%；收益和经常转移项下售汇0.5亿美元，下降30.3%；资本项下售汇7.5亿美元，增长54%。结售汇顺差32.1亿美元，增长13.1%。

（施光群）

【“十一五”期间金融发展概要】 “十一五”时期，全市金融业快速发展，辖区经济金融稳健运行。全市金融总量明显扩大，金融服务功能不断完善，金融发展的质量和效益显著提升，成功抵御国际金融危机冲击，为地方经济持续快速增长提供有力支撑。“十一五”期末，全市金融机构本外币存贷款余额均比“十五”期末增长2.5倍以上。

五年来，金融改革创新有力推进。辖内大型商业银行治理结构进一步完善，股份制商业银行和外资银行入驻加快，地方法人金融机构改革稳步推进，农村信用社改革取得成效。农村金融服务体系不断完善，村镇银行、小额贷款公司等新型金融组织从无到有、快速发展。全市金融组织体系更加健全。

五年来，金融服务水平不断提升。支付清算基础设施建设取得突破性进展，大、小额支付系统上线运行。农村支付服务环境得到明显改善，非现金支付工具应用日益广泛。征信体系建设逐步完善，信用评级市场规范发展。银行卡安全管理进一步强化，金融IC卡推广运用实现重大突破。国库支持经济发展的能力不断提升，直接支付领域逐步扩大。人民币管理水平进一步提升，现金供应有效满足经济社会发展的合理需求。

（施光群）

【货币信贷管理】 2010年，人民银行镇江市中心支行顺应货币政策由适度宽松向常态回归的转变，加强货币信贷政策的疏通传导、窗口指导和宣传引导，以“保份额、调结构、优服务、防风险”为目标，落实各项金融调控措施，发挥各类政策工具作用，促进经济金融协调发展。

主动宣传，疏通政策传导机制。拓展平台，创新执行各项政策措施。以“金融服务日”为平台，突出产业结构转型升级、绿色金融、金融服务创业、金融支持农民创业、非金融企业债务融资工具专题辅导、小额贷款公司金融服务等主题，加强政银企对接，提高银企对接的深度和广度。以中小企业服务年活动为平台，引导民生银行镇江支行在全国首推中小企业贷款券业务，协调浦发银行镇江支行代理镇江市15家中小企业集合债券发行工作。推广应收账款质押融资业务，破解中小企业融资瓶颈。以创业型城市建设为平台，推进小额贷款担保业务发展，推动江苏银行镇江分行组建科技支行，推动创业就业。

用好工具，强化信贷政策的引导。用好用足再贴现资金，全年累计为金融机构办理再贴现13.9亿元，再贴现余额7.3亿元。累计为农村合作金融机构办理再贴现4.3亿元，鼓励商业承兑汇票业务，累计办理商业承兑汇票贴现5.3亿元。

（施光群）

【银行业监督管理】 2010年，镇江银监分局加强市场准入监管，全年核准各类行政许可事项138项。加强现场检查，组织开展“三个办法一个指引”（《固定资产贷款管理暂行办法》《流动资金贷款管理暂行办法》《个人贷款管理暂行办法》和《项目融资业务指引》）落实情况、融资平台贷款情况、股份制银行开业以来内控制度建立与执行情况等29项现场检查，投入工作日2869个，提出整改意见138条，责成被查机构处理责任人50人次，罚款20万元。加强非现场监管，开展监管评级，修订非现场监管管理办法，加强非现场监管信息系统的培训和运用，实行差错通报制度，对4家银行机构6次重大数据差错进行通报，开展监管统计执法检查，完善监管会谈制度，全年共组织开展监管会谈15次。加强监管调研，上报各类动态信息、监管调研176篇，被上级录用71篇。指导市银行业协会发挥自律、协调、维权、服务作用。开展“合规文化建设深化年”活动，加强信息科技风险监管，协同推进平安创建和综合治理工作，配合市政府开展处置非法集资工作，全市银行业实现“零案件”的良好局面。

强化监管引领，促进银行经营方式转变。通过组织召开监管工作会议、下发监管工作意见、签订监管工作责任书等形式，加强监管政策传导，引导信贷合理投放。严控银行机构向“两高一剩”（高耗能、高污染，产能过剩）行业新发放贷款，在促进经济结构调整中优化信贷结构。不良贷款继续实现双降，2010

年末,全市银行业金融机构不良贷款余额28.34亿元,比年初减少1.46亿元,不良贷款率1.76%,比年初下降0.45个百分点。

推进银行机构贯彻落实贷款新规。督促辖内银行业金融机构树立“实贷实付”理念,引导信贷资金进入实体经济,满足有效信贷需求。通过制订实施方案、开展新规宣讲、举办知识竞赛、编印政策汇编、组织开展检查、加强督促指导、召开专题座谈等多种形式,全方位多层次推进贷款新规的有效落实。

推动银行业支持全民创业。组织全市银行业开展“创业发展 银行相伴”主题活动,会同市总工会、团市委共同下发工会创业小额贷款和农村青年创业小额贷款实施方案,开展“送金融知识下乡”活动。年末,全市银行业金融机构新增创业型贷款客户9630户,发放创业型贷款478.81亿元。

推进实施阳光信贷工程。督促农村中小金融机构贯彻落实《江苏银监局关于加快推进农村中小金融机构阳光信贷工作的指导意见》。年末,全市农村合作金融机构共对268796户有经济活动的农户进行上门调查,对有现实或潜在贷款需求的90302户农户建立经济档案,其中对19731户农户授信275281万元,授信户数比年初增加9240户,授信金额比年初增加147795万元,分别增长88.08%和115.93%。

改进小企业金融服务。督促银行业金融机构落实《江苏省小企业金融服务推进工作意见》和《江苏省银行业金融机构小企业金融服务考核评价制度》要求,继续推进小企业金融服务专营机构和小企业贷款示范行工作,加大对小企业的信贷扶持力度。年末,全市银行业金融机构成立挂牌小企业业务中心9家,专门从事小企业金融服务的团队36个,小企业贷款余额417.01亿元,比年初增加82.68亿元,增长24.73%,高于全部贷款增幅4.79个百分点。

加强和改进农村金融服务。会同市农办出台《镇江市关于加大金融投入支持新市镇建设的实施意见》,围绕全市新市镇建设的目标任务要求,为地方新市镇建设提供金融支撑。督促银行业金融机构继续探索改进“三农”服务方式,推进农行“三农”金融事业部制改革、“惠农卡”及农户小额贷款试点工作,满足“三农”的合理资金需求。年末,全市涉农贷款余额716.37亿元,比年初增加15.78亿元,增长26.66%,高于全部贷款增幅6.72个百分点。

推进银行业改革。推动丹徒联社、句容联社和丹阳农合行组建农村商业银行工作。年末,镇江农商行已召开创立大会,句容农商行筹建申请已经银监会批准,丹阳农商行筹建申请报分局受理初审,各项组建工作进展顺利。推进村镇银行试点。句容茅山村镇银行和丹阳保得村镇银行于6月8日和6月18日先后挂牌开业。推进内蒙古银行和恒丰银行在镇江市设立村镇银行工作。做好新设立股份制银行的验收和后评价工作。配合江苏银监局做好招商银行镇江分行、中信银行镇江分行2家股份制银行开业前的筹建验收工作,对华夏银行镇江分行、浦发银行镇江支行和民生银行镇江支行开业以来内控制度建立与执行情况进行检查和评价。筹建科技支行,加强科技金融服务。起草《银行业金融机构科技支行市场准入暂行办法》,镇江首家科技支行——江苏银行镇江科技支行于12月29日正式开业。

加强风险管控。督促银行业金融机构制定不良贷款控制目标并严格按计划考核,提高贷款分类的准确性,按季监测不良贷款变化情况并分析原因,及时下发监管意见和进行监管谈话,严格责任追究。成立地方政府融资平台贷款清查工作领导小组,定期召开工作会议,督促银行业金融机构按照“逐包打开、逐笔核对、重新评估、整改保全”的步骤要求,开展解包还原、清查整改、风险评估和分类处置工作,加强政府融资平台的风险管控。关注房地产贷款风险。督促银行业金融机构严格执行差别化的个人房贷政策,加强对个人消费贷款、个人经营性贷款的管理及其用途的跟踪检测,要求银行业金融机构加强对房地产企业的资信审查和财务状况监控。加强信用卡业务和票据业务的风险管理和风险防范。

推动案件防控长效机制建设。开展“银行业内控和案防制度执行年”活动。选择辖内股份制银行开展“两坚一推”(坚持风险底线、坚持稳健经营和推进持续发展)主题系列活动。制订下发《整顿规范银行网点营销平台“三清”活动实施方案》(“三清”即清洁店面、清理产品、清除闲杂),加强对基层银行网点营销平台的管理。与市公安局配合,建立银行业金融机构自助设备和自助银行巡防制度,降低自助设备和自助银行的使用安全风险。继续推动农村中小金融机构开展“三年案件防控治理”工作,组织开展“合规文化建设深化年”活动,组织开展镇江银行业金融机构公众教育服务日活动,加强金融消费者的教育和引导。

(董振兴)

【金融生态建设】 2010年,人民银行镇江市中心支行以平安金融创建为重点,健全金融稳定工作协调机制和金融生态建设工作协调机制,建立平安金融联席会议制度,加强金融投资者教育活动,推进金融稳定工作。

以创建金融生态县为重点,深化金融生态环境建设。按照《镇江市金融生态县创建考核办法(试行)》的要求,推进辖区金融生态县创建工作,句容市被授予金融生态达标县称号,实现金融生态达标县在全市覆盖,镇江市金融稳定工作协调小组连续三年被江苏省金融稳定工作协调小组授予金融生态县创建工作先进单位称号。

健全风险监测、预警和处置机制。整合分析监测资源,利用政府经济综合部门和中心支行各业务科室的经济金融、本外币分析监测信息,加强对地方政府融资平台的潜在风险的跟踪监测,及时向所在地政府主要领导发送风险提示函。关注信贷政策变化对经济主体的影响,深入国有商业银行对新增存贷款大幅波动的深层次原因进行调查。加强对法人金融机构和小额贷款公司等新型农村金融组织的风险监测,完善监测指标体系,关注辖区金融业风险隐患。

健全金融体系,完善金融改革发展支持机制。继续做好新设银行业金融机构的管理与服务工作,确保中信银行镇江分行等新设机构的顺利开业和规范运营。推动村镇银行、小额贷款公司、农村资金互助组织的试点。加强银行业金融机构日常评价,制定《镇江市银行业金融机构执行人民银行政策情况评价办法(试行)》和内部操作规程,开发镇江市金融业考核管理系统,完善和丰富金融稳定工作手段。

加强培训检查,推进反洗钱工作。做好反洗钱培训宣传工作,全年组织15次专项培训,830余人参训,提高金融机构反洗钱人员业务素质。加大非现场监管力度,完成对29家金融机构的现场走访,对76家金融机构的非现场评估。做好反洗钱现场检查,对2家银行机构、1家保险机构、1家证券机构的8个营业网点开展现场检查。加强与海关、公安等部门的反洗钱工作协作,加强反洗钱案件的查办,配合做好世博会期间反恐维稳工作。

(施光群)

【金融服务】 2010年,人民银行镇江市中心支行加强支付结算环境建设。做好世博支付环境建设,规范银行卡机具的布放。加强银行卡安全管理,与公安部门联合实施打击银行卡犯罪专项行动,优化银行卡用卡环境。以“市民卡”工程建设为契机,推动市政府开展基于PBOC2.0标准的金融IC卡推广试点,

"市民卡"于10月29日正式发行。继续组织实施农村地区支付结算"快通工程",完善农村支付清算渠道,推广各类非现金支付工具和服务,推动农民工银行卡特色服务业务发展,促进农村支付结算服务的全覆盖。

加强金融统计研究工作。针对经济金融运行的新特点,在做好储蓄问卷调查、银行家问卷调查、企业家问卷调查的基础上,建立和完善景气企业调查走访制度、重点行业经济监测制度、政府投融资平台贷款专项统计等制度。开展经济金融运行监测和课题研究,抓住热点、重点、难点问题,结合地方产业实际,开展特色研究工作,为货币政策操作、地方政府经济决策提供信息保障和智力支持。

加强征信系统管理和建设。加强征信系统数据质量专项整治,建立现场数据核查与非现场数据监测工作机制,加大征信管理现场执法检查力度。联合团市委启动农村青年信用示范户创建及融资扶持试点工作,通过典型示范,增强农户信用意识,建立农户电子信用档案近4万户,改善农村地区信用环境。

改进国库管理与服务。加强国库集中支付建设,全市849个预算单位纳入国库集中支付体系,共办理各类国库集中支付业务11.56万笔,金额70.58亿元。拓展国库直接支付业务范围,将部分县市的五保户供养经费等政府补偿补助资金通过小额支付系统直接拨付受益人账户,提高惠民政策效率。加强经理国库成效和国债知识宣传,开展"国库就在我身边"主题宣传活动和"国债服务年"活动,提升社会公众对国库的认识。

推进人民币流通满意工程建设。加强发行基金调拨的计划性,保证辖内现金合理供应。协调公安、检察院、法院、工商、宣传、银行业机构及新闻媒体,开展人民币流通业务现场咨询、ATM机配款专项检查、残损人民币兑换、银行柜面人民币收付业务检查等活动,组织人大代表、政协委员、市民代表等视察人民币流通满意工程建设成果。做好人民币反假工作,开展反假货币宣传"进千家入万户"行动,加强反假货币培训和反假队伍建设,做好日常假币收缴、鉴定工作,全年共收缴假币9587张,金额84.14万元。（施光群）

【外汇管理】 2010年,人民银行镇江市中心支行依法做好资本项目和经常项目行政许可。全年共受理办结外商投资企业外汇登记、外汇变更364笔、投资项下账户开立、变更161笔;外资外汇登记610笔、金额16.65亿美元;预收货款、预付货款、延期付款等贸易信贷审批2794笔,外债登记、提款登记、还本付息、结汇审批475笔;各类转增资、再投资52笔;经常项下共发放出口核销单122918份;出口核销118745笔、金额51.1亿美元。

落实外汇服务各项便利化措施。促进贸易投资便利化,推进进口付汇核销制度改革试点。启动跨境贸易人民币结算试点工作。全市发生跨境贸易人民币结算业务18笔、2.68亿元。试行出口收入存放境外业务,促成辖内金东纸业正式成为全省4家试点企业之一,成功开立出口收入存放境外专用账户。实现外商投资企业无纸化年检,企业年检率99.93%,年检数据质量明显提高。完善重点涉汇企业联系制度,编制《外汇业务办理手册》,采取"一企一策",为部分涉汇企业提供个性化、专业化服务,使外汇服务有针对性和规范性。

开展外汇行政执法检查。开展应对和打击资本项目违规资金流入专项行动,综合利用国际收支申报系统、FDI系统、外债统计监测系统、贸易信贷登记等系统数据,筛选23家可疑企业作为执法对象,开展外汇检查或专案检查项目8个,涉及银行机构12家、企业19家,立案23起,涉案金额8100万美元。加强金融机构外汇业务监管,对3家银行业金融机构和1家保险业金融机构的外汇业务开展合规性专项检查,提高金融机构执行外汇政策的自觉性。（施光群）

【镇江市诚信担保有限责任公司】 2010年,镇江市诚信担保有限责任公司加强规范管理,严格风险控制,担保业绩有较大突破。全年,贷款担保总额8.11亿元,增长55.6%;担保责任余额5.15亿元,增长64.9%。公司总累计担保额24.57亿元。公司与7个合作银行密切配合,交行担保额增长70%,建行担保额增长86%。交行担保额占比55.5%,江苏银行担保额占比37.6%。公司担保履约率100%。凭着多年的经验积累、科学的决策机制和严谨的评判水平,公司承载较大的业务量和较快的扩张速度,实现银、保、企三方合作共赢。全年公司单笔贷款担保额300万元以上的项目有91笔,担保额5.86亿元,占公司担保总额的72.3%,其中单笔贷款担保额在800万元以上的项目有13笔,担保额1.71亿元。在这些项目中,有涉及民生的公共交通、节能照明、日用消费品项目;有发展新能源、新材料及其零部件项目;有为基础设施建设服务的道路材料、工程配件项目;有升级换代的新产品项目等。100万元以下的项目有51笔,担保额0.23亿元。一些小企业、小项目都难得到传统型银行的直接贷款支持,通过融资担保平台获得贷款,其中有些企业经过担保公司的几年扶持,信用等级提高,基本具备凭自身实力获得银行直接贷款的条件。2010年,经公司担保的企业销售收入50.02亿元,利润8.58亿元,安排就业5.35万人,其中当年新增销售收入5.6亿元,新增利税1.6亿元,新增就业7600余人。年末,由南京人民银行组织的全省担保机构的资信考核评级中,诚信担保公司的信用等级被评定为A+。在省经信委组织的全省担保机构星级单位评定中,公司被评为三星级。公司通过省经信委组织审查的全国融资性担保机构规范整顿的检查验收,并首批取得了全国统一的融资性担保公司经营许可证。（宋洪琪 车 宁）

银 行

【中国农业发展银行镇江市分行】 2010年末,市农发行各项贷款余额828963万元,比年初增加51971万元;全年累放各项贷款272119万元,账面利润18142.2万元,比上年增加4904.2万元,人均利润157.8万元。企事业单位存款余额84041万元,人均日均存款917.87万元。中间业务收入131.31万元,增加65.18万元。人均中间业务收入1.14万元。清收化解不良贷款13945万元,完成省行下达清降任务。

信贷支农职能注入新内涵。在继续支持粮食收购资金供应基础上,按照支持新农村建设要求,支持丹阳、句容和扬中市3个新农村建设农民集中居住区及土地整理项目,与国开行合作开办镇江新区万顷良田(一期)工程建设项目银团贷款业务。年末,商业性中长期贷款余额251433万元,比年初增加46151万元,占贷款总量30.3%。加大产业化龙头企业支持力度,业务范围涉及水利建设、面粉加工、板材加工、服装加工、食品制造、污水处理、路网改造、生物能源开发、绿色农业科技、高效园艺等10个领域。全年累计投放商业性短期流动资金贷款115761万元。

开展存款竞赛活动。制定存款专项考核办法,出台评选"揽存能手"激励措施。全行在加强贷款企业回笼货款考核基础上,组织非贷款企业开户存款,并依托政府项目贷款营销有利时机,做好项目牵头实施部门及其主管部门存款挖掘工作,动员项目承建单位在行开设账户,做好以贷引存、账户管存、服务留存工作。4月末,全行新增非贷款企业开户37家,新增非贷款企业存款3.25亿元,新增同业存款3.4亿元。

中间业务实现多元化发展。加强与代理保险公司合作,在确保原有代理业务全部到位情况下,挖掘项目贷款支持综合效益,拓展业务咨询费、银行承兑汇票等中间业务品种,开展国际业务。年末,全行中间业务收入131.31万元,比上年增加65.18万元,增长98.6%。在中间业务品种上实现新突破,银团贷款安排与承销收入达40万元,国际业务结算2537万美元。

风险防控工作取得新成效。坚持"有进有退、平稳收缩、一企一策、化解风险"的策略,转变信贷支持方式,调整信贷结构,落实还款来源,化解信贷风险。年末,现金清收存量不良贷款3000万元,完成省分行下达的年度清降任务。当年新增不良贷款10945万元及欠息452万元全部化解;清降粮油结算资金占用贷款50353.5万元;政府融资平台贷款"解包还原"工作措施有效落实,确保信贷资产质量安全。

开展"制度执行年"活动。党委书记与各党支部签订"党风廉政建设责任书"和"案件防控责任书"。全行115名员工签订"廉洁自律承诺书"。各支行与企业签订"银企廉政共建协议书"。从制度落实、监督检查、防控风险、责任追究等方面强调目标责任和工作要求。建立健全纪委书回访企业制度、党风巡察制度和案件防控季度分析例会制度,坚持大额采购公开询价、食堂福利全员评价等民主管理措施。贯彻执行《中国共产党党员领导干部廉洁从政若干准则》,增强员工遵章守纪意识,提高制度执行力和经营合规性。 (刘文周)

【中国工商银行股份有限公司镇江分行】 2010年末,镇江工行人民币各项存款余额290.17亿元,比上年增加42.69亿元,增长17.25%,其中公司存款增加26.92亿元,储蓄存款增加15.77亿元;人民币贷款余额223.46亿元,增加32.14亿元,增长14.46%;中间业务收入3.21亿元,增长33.65%;拨备前利润8.44亿元,增长6.84%。

支持产业集群和专业市场发展。根据不同区域经济、金融资源特点,利用特色产业集群政策,对丹阳眼镜市场、丹阳汽摩配件产业市场、扬中工程电器产业市场、城区钢材市场等扩大信贷授信转授权,量身定制服务方案,选择适合企业、商户交易方式及经营特点的融资产品,采取综合抵押、质押、保证等多种担保方式,有效控制风险,提高贷款审查审批工作效率。2010年,丹阳汽摩配件产业市场完成新户评级授信13户,金额1.74亿元;丹阳眼镜市场完成新户评级授信5户,金额4800万元;扬中工程电气市场完成评级授信16户,金额2.7亿元。上述三个专业市场发放贷款88户,金额11.67亿元。

成功营销全球现金管理上线客户。2010年10月18日,由镇江工行牵头营销的全球现金管理业务在丹阳隆重举行签约仪式,工行总行与江苏天工工具有限公司签订服务协议。利用银行资金管理平台,让企业及时掌握海外账户资金使用情况,并提供全球账户管理、收付款及流动性管理、相关信息查询、投资、融资等系列综合化服务。工行的现金管理服务将为"走出去"的跨国公司境外资金运作安全提供支撑,同时也能在全球范围内提高资金使用效率。

开办应收账款质押融资业务。以人行应收账款质押登记公示系统为平台,对企业所质押或转让的应收账款债权进行查询和登记。在确保所办理业务合法有效的前提下,筛选符合条件的中小企业,开办应收账款质押融资业务。打破企业融资必须以不动产、车辆、设备等资产抵押的局限,帮助企业实现融资渠道多元化,转移和分担企业风险,使企业专注于自身生产经营,最终达到银企双赢之目的。全年累计完成643笔应收账款质押融资登记,登记权利价值210.5亿元,累计发放应收账款质押融资126.56亿元。年末,应收账款质押融资余额33.09亿元,占全部贸易融资业务70.71%。此项业务的开办,得到省金融主管部门的认可和肯定,并在全省金融系统中推广。

推出"银建宝""银居宝"分期付款业务。与市建材商会、市装饰协会合作,开办"银建宝""银居宝"分期付款业务,实现以客户共享为平台,以银行、企业、消费者"三赢"为目标的银商合作新模式。客户通过牡丹贷记卡分期付款业务,购买建材商会或装饰协会指定的会员企业的家装建材,由建材商会或装饰协会的会员企业全额补贴持卡人分期付款手续费,持卡人享受零费率优惠。先后组织三场团购会暨"银建宝""银居宝"分期付款现场报名会。年末,办理银建宝分期付款195万元,手续费13万元。带动新开对公存款户31户,新增特约商户31家,增加储蓄存款150万元。

多措并举助推中间业务。继续发展顾问服务、银团贷款等业务,推进信托+理财、并购重组等纯投行业务,成功操作4个资金总额为7.3亿元的甲类信托+理财项目、3个资金总额为8.58亿元的理财委托项目,牵头组建万达广场12.4亿元的银团贷款项目,运作镇江大全集团中票8亿元、金东纸业8亿元"租赁+信托+理财"融资模式,并作为标准业务范本在全省工行系统推广。扩大资产托管、企业年金、现金管理、国内贸易融资以及银行承兑汇票、信用证、保函等表外业务,以提高收益。重点加大灵通快线、高净值理财产品、代理保险以及法人客户理财的营销。年末,保险、基金和人民币理财产品销售收入2967.06万元,其中人民币理财产品销售收入1744.78万元,比上年增加530.46万元,增长43.68%。优化信用卡发卡、消费和透支结构,持续抓好网点发卡和中高端客户配卡,新增办季子卡、茅山卡、联名卡等,举办分期付款、刷卡有礼等促销活动,进一步做大消费、收单和分期付款等盈利性业务,把卡量优势转化为收入优势。开发新的利润增长点,实施借记卡+第三方存管+电子银行+理财产品的组合,多层次、多环节获取交叉收益。拓展外汇资金新产品,营销进口付汇理财通、增强型远期结售汇和外汇掉期三种新产品,带动外汇中间业务发展。公司中间业务收入15168万元,比上年增长31.74%。

推进全功能网点试点。自2010年7月起,在镇江市城区市分行营业部营业处、中山支行营业处、城西支行营业处等7个网点试行全功能网点建设。除原有业务外,试点网点增设个人住房按揭贷款、个人经营性贷款、个人消费贷款、小企业信贷业务以及机构客户的营销和维护、法人贷款客户的营销和维护等。改变长期以来银行网点只向客户提供个人金融产品及常规结算服务、不能为客户提供个人及小企业贷款等资产业务产品的状况,避免客户办理资产业务要跑银行内部多个业务部门,为群众提供"一站式"服务。

开展"服务价值年"活动。围绕企业文化建设阶段性任务,引导员工在参与活动中领悟文化内涵,将价值理念融入到本职工作、渗透到经营管理,以提升服务品质、服务能力和服务形象。邀请苏州美兰德公司就全行网点现场检查存在的主要问题及他行优质服务的先进做法等内容进行专题培训,以赛代训举办"晨会PK赛",印制《中国工商银行营业网点服务规范指引》手册,组织规范知识测试,举办大堂协管员业务技能培训。组织青年客户体验活动,通过问卷调查、业务办理、电话咨询等多种形式对工商银行及中国银行、建设银行、交通银行、招商银行等进行体验。争创文明规范服务千佳示范网点。2010年,3个网点被评为市银行业协会组织的2008~2009年度镇江市文明规范服务示范单位;中山支行营业处、句容支行营业部被评为江苏省文明规范服务示范单位；中山支行被江苏省精神文明建设委员会授予2007～2009年度江苏省精神文明建设工作先进单位称号。

（奚彩建 杨惠民）

【中国农业银行股份有限公司镇江分行】 2010年年末，市农行各项存款余额437.9亿元，比上年增加74.9亿元，其中储蓄存款比上年增加34.3亿元，对公存款比上年增加40.6亿元。全行存款总量、增量市场份额分别达26.98%和29.15%，双居全市第一。

强化对上市与发债资金、村级合并账户、拆迁、担保（小额贷款）公司、大客户和上市公司总部等新兴存款市场营销。加强对同业新产品运作路径、存款组织技术、客户与业务介入方式的跟进，增强负债业务竞争力。全年新拓展日均存款100万元以上账户138个，日均存款6.91亿元。新拓展AA级以上客户60户，小企业客户815户，比年初增加339户。新拓展小额贷款公司6家，吸收存款1.6亿元。营销拆迁资金8亿元。年末机构存款61亿元，比年初增加16亿元。依托投行、理财、贸易融资等关联产品导入存款，突出"利付通""内保外贷"、国内信用证和渠道产品等新业务锁定存款，增强负债业务创造力。全年销售理财产品43亿元，其中年末专项理财产品销售12亿元。借记卡新增存款14亿元，转账电话新增绑定存款1.7亿元。证券保证金存款4.2亿元。强化对各类专业市场、大客户、星级客户和理财产品销售的名单制管理与跟踪监测营销。年末，156户重点客户日均存款52.3亿元，新增3.7亿元。

资产业务结构优化、均衡多元发展。2010年，镇江农行在同业（工、农、中、建四大行）贷款总量份额占25.93%，排名首位。年末各项贷款余额249.2亿元，新增26.4亿元，其中实体贷款新增59.4亿元，比上年多增42.9亿元，是上年的3.6倍，占四大行贷款增量份额39.1%，列同业首位。贴现贷款余额10.02亿元，占比4.16%。优良客户贷款187.2亿元，占比97%，分别比上年增加9.3亿元，提高0.24个百分点。贷款品种全面发展，公司类实体贷款、房地产及基础设施类贷款分别新增24.4亿元和17.7亿元。个人贷款新增16.4亿元，贷款增量份额37.4%，居全市同业首位。对1.1万户农户授信小额贷款2.8亿元。银票、保函、信用证业务分别新增6.8亿元、3.5亿元和1.98亿元。

融入地方主流经济，推动重大项目、重点企业发展。成功营销全省农行首笔10亿元金东纸业并购贷款。授信5亿元扶持二重重工、中国建筑等央企投资项目发展，支持沃得集团、大亚集团、大全集团、中电集团、宏达化工、飞达工具、鼎胜铝业等制造业做优做强。联合牵头"万达广场"银团贷款，新增中长期项目贷款31亿元，占新增实体贷款54%，项目贷款连续12个月保持全市第一。全力推动"三农"发展，助力新农村建设。牵头镇江新区万顷良田18亿元银团贷款项目。累计投放5.06亿元支持丹阳污水处理、句容五环路扩建等农村城镇化建设项目，支持丹阳眼镜城等商品流通体系和县域重点医院、学校、旅游等公用事业发展。对40家市级以上农业龙头企业授信5.5亿元，国家级与省级农业产业化龙头企业贷款覆盖率分别达100%和84%。发放惠农卡34.9万张，农户覆盖率62%。年末，农户小额贷款余额0.93亿元，新增3827万元。成功拓展扬中新农保项目。在全省农行系统率先对8个信用村、1个信用合作社进行挂牌。创新个人助业、房抵贷、联户担保、存货和应收账款质押等新品。开展三场"创业发展 农行相伴"专题服务对接活动。支持居民改善住房消费。年末，中小企业实体贷款余额121亿元，个人房贷50.33亿元，个人助业贷款2.42亿元，分别新增18.6亿元、15.94亿元和0.14亿元。推进外贸企业发展，促进经济结构优化。为进出口企业提供国际贸易融资4.39亿美元，增长155%。新增外汇贷款2500万美元，增长25%。通过国内信用证、内保外贷和海外代付等外汇理财产品，帮助外贸企业降本避险增值。突出对新兴产业集聚的各类园区、开发区市场拓展，先后支持浩博科技等13家新兴产业企业用信25亿元。优先支持中建新区BT项目、飞达与兴隆港码头、丹阳大酒店、金山湖及茅山景区等优质现代服务业发展。年末，全行服务业贷款余额40余亿元。

个人业务新增三星级以上客户3413户，新增三星级以上金融资产14.52亿元，分别超额完成目标1073户和2.52亿元。银行卡运营质态提升，全行累计发卡总量219万张，其中新增贷记卡客户2.98万户，完成省行任务114.6%；卡消费79亿元，新增卡存款22.1亿元，占储蓄存款增量的64.4%，发卡量、卡消费、卡存款均列全市同业第一。电子银行跨越发展，新增企业网银注册客户1947户、个人电子银行客户32.2万户、转账电话客户4858户，均超额完成省行任务并居全省农行系统前列。国际结算31.48亿美元，增长52%。国际贸易融资4.39亿美元，超全年任务2.16亿美元。结售汇15.6亿美元，增长48%。外资客户开户率59%。中间业务收入2879万元。投资银行业务实现银团、并购贷款、融资融券等高价值新兴领域拓展和定议价能力双突破，投资银行收入8954万元，完成省行目标的104%。

代理业务提质增效。代理新农保业务取得突破，发放新农保惠农卡2.2万户，吸收新农保存款754万元。拓展军人保障卡1280张，列全省农行系统第三。加强理财团队建设、投资市场研究和客户理财心理预期把握，销售基金6.6亿元、黄金56.8公斤、国债6854万元、"本利丰"43.5亿元；企业年金新开户7户、托管养老金规模4605万元，均超额完成年度目标。代理保险突出"优选对象、依托主体业务、银保共建、费率回报提升、规范入账管理"等重点环节，实现代理保费收入3.3亿元、手续费1377万元，同比分别增加1.4亿元和730万元。以"虎年福"活动为契机，与8家证券和2家期货公司开展资源共享、联合营销，新增第三方存管客户8529户、银期客户717户，分别完成全年目标105%和143%。在大客户中强化体验营销，成功在江苏茅迪、宏达新材上线现金管理业务。在中小企业中推出结算套餐，净增上线账户176户，完成全年目标104%。

科技创新取得突破。实施信贷业务平行作业流程，优化集中版对账操作流程、邮局第三方集中对账流程，推进网银对账签约，年末网银对账签约率56%，居全省农行系统首位。优化实物黄金集中保管调拨流程，强化结算收费流程控制，改造63个前台交易，实现联动收费。配合市人行支付清算综合业务系统改造，优化系统流程，减轻网点负担，提高同城交换业务办结效率。全年完成江苏大学校园卡等13个生产项目开发。推广财务管理（FMIS）、业绩价值管理（PVMS）和新核算与报告（IFAR）、电子商业汇票等14个新项目。建立产品信息员制度，首推全省"金宜家"信用卡分期付款业务，"月积一金""融汇通"产品获全省农行系统新产品创意大赛一、二等奖。

信贷基础管理得到提升。把好"信贷客户评级分类准入、授信核定、增量授信"三关。省市行认定AA级以上（含）法人优良客户495户（当年新拓展129户），核定法人优良客户非低险授信212亿元，授信实施率87.7%，增量贷款投向优良客户9.3亿元、制造业企业36.6亿元、政府融资平台8.3亿元。加大风险贷款"清、降、退"力度，建立八类潜在风险客户退出名录，对“两高一剩”和纺织行业实行行业授信管理，退出潜在风险客户贷款1.7亿元，完成省行退出目标113%。创新清收策略，协调清收1.7亿元，运用减免息政策清收1839万元，处置股权清收682万元，诉讼清收2011万元。强化集团客户、大客户、投融资平台与房地产行业、按揭贷款等重点风险管控。坚持每日实时预警贷款变动、按月监控到期贷款、按季预警分析资产风险状况。坚持贷后管理例会制度，强化对授信大户现场检查与风险监管。加强政府融资平台贷款“解包还原”逐笔清理，重新评估和落实整改，处置省分行预警风险信号48笔、3.98亿元。狠抓贷款期限、抵质押率、贷后管理、授信执行、审批效率、信贷管理系统群（C3）数据整改培训等重点环节管理。法人客户到期贷款现金收回率99.7%，完成省行任务101.2%，设立放款审核岗并配置20人，对辖内5个支行221个客户信贷档案上收市分行集中管理，7个县支行全面实施信贷业务和贷审会网上作业，成功实施C3上线。

风险管理得到加强。强化全面风险管理体系建设。规范风险管理委员会工作机制，严格执行风险报告制度。理顺内控合规部职能，落实县支行派驻合规经理与风险经理“一身二任”制度。实施风险合规经理派驻，在丹阳行启动全省派驻风险经理操作风险管理试点，开展风险分类、基层机构关键风险点监控、风险水平评价工作试点，在业务部门设置风险管理岗位。组织开展银行卡、电子渠道业务和信息科技专项风险评估，实施“三农”零售信贷产品停复牌管理。严格资产风险分类管理，新发生不良贷款3.7亿元。按区域、产行业、客户、产品、贷款形态等开展风险评估，有效防止不良贷款反弹。加快采集和监测应用关键风险指标，防范风险与案件发生。创新网络运行质量考核警示制度，强化日常网络运行监控管理与考核，网络运行考核得分97.98。开展信息科技风险专项评估，排查信息科技运行中存在的风险隐患，强化市行中心机房和各类电子设备管理，加大防病毒管理、完善科技应急预案。

严格诉讼案件管理，强化法律知识宣传，加强日常法律审查，严格授权管理和合同管理。全年通过诉讼、执行等法律手段收回自营资产现金340万元，委托资产1671万元。信贷法律审查1.2万笔，审查各类对外合同协议285余件，出具书面“法律意见书”153份。加大银行卡电子渠道专项风险评估检查、商户违规套现检查力度。强化银行卡、电子银行风险管理和国际业务单证管理，强化农户小额贷款贷后管理和到期收回工作，实现农户小额贷款零不良。

加强内控合规管理。做好合规管理、转授权控制、合规检查、责任审计、内控评价和反洗钱工作。对97个网点开展案件风险排查，发现并整改问题135个。突出重点业务、重点领域，统筹实施各项内控合规检查，整合条线自律监管检查。对润州支行环球分理处、京江支行南门分理处和高资分理处实施整体移位监管，重点治理员工与客户非正常资金往来，对22个责任人进行处理，开展离（责）任审计18人次。建立业务风险点提示制度，落实各类检查问题的后续整改工作，问题整改率100%。

强化安保监察管理。全年实现零案件、零事故目标。企业文化建设得到提升。开展产品和企业形象宣传。丹阳支行获省五一劳动奖状称号，丹阳、润州支行分别被省分行评为先进职工之家。镇江分行与扬中支行获全市银行系统江苏省文明单位，句容与润州支行被授予江苏省精神文明建设工作先进单位称号。

（解志忠）

【中国银行股份有限公司镇江分行】 2010年，镇江中行贯彻落实科学发展观，以发展为主线，以转型为主题，增效益、调结构、控风险、上水平，盈利能力持续增强，服务水平不断提升。

存款业务稳步发展。以行政事业单位存款为突破口，通过参加重点城建项目，加大与政府机构的合作，将对政府项目的支持转化为财政性存款增长的主要力量。发展代发薪、商户通、第三方存管等储蓄拉动型产品，提高产品覆盖率。年末，本外币各项存款余额305.93亿元，比上年增加39.3亿元，增长14.74%。其中储蓄存款余额132.33亿元，增加12.63亿元，增长10.55%；企业存款余额173.60亿元，增加26.68亿元，增长18.16%。

多渠道满足企业融资需求。面对贷款规模受限的局面，中行以产品为突破，在满足企业融资需求的同时，实现自身的发展壮大。推广贸易融资产品，全年人民币贸易融资累计发生额19.28亿元，外币贸易融资累计发生额3.34亿美元。鉴于外币规模的限制，利用海外行资源，累计叙做海外代付业务2.26亿美元。

直接融资产品成果丰硕。在信贷规模偏紧的局面下，中行创新理念，通过直接融资产品为企业拓宽融资渠道，优化银行业务结构，全年为多家企业提供直接融资服务，包括企业债、并购贷款等。先后成功归集索普集团、镇江交投公司、句容福地6.3亿元、9.82亿元、9.77亿元企业债资金，同时叙做江苏省首笔制造业并购贷款。

不良资产持续“双降”。严格执行“三个办法，一个指引”相关规定，加大对贷款项目的受理与调查、风险评审与审批、合同签订、发放与支付、贷后管理等各个环节的执行力度。强化贷后管理，实现全流程的改造，促进贷款精细化管理。加强对政府融资平台、房地产行业的风险管控。严格从借款人的经营状况、管理状况、财务状况、行业状况以及银行信用等五个方面入手，全面监控企业信用状况的变化。年末，不良资产余额2.23亿元，比上年减少0.26亿元。不良贷款率0.93%，降低0.17个百分点。

支持镇江市重点项目，加快转型发展。人民币公司贷款新增30.99亿元，信贷资金主要投向优质房地产、特色产业、支柱产业等符合地区经济发展特点的行业和市场，包括牵头爱励国际公司与镇江鼎胜铝业共同投资的国内最大的铝合金板带项目，贷款总金额2.15亿美元。与江苏银行联合牵头索普三期银团项目，总金额达9亿元。参加大港新农村建设银团贷款项目，参贷金额2.5亿元。继续支持二重集团、万达广场项目建设，贷款净投放分别为2.97、2.5亿元。

继续保持国际结算市场领先优势。国际结算业务量市场份额41.97%，连续多年保持镇江市首位。全年国际结算量34.24亿美元，比上年增长24.36%。成功叙做镇江市首笔跨境贸易人民币结算业务，开立首个NRA账户（境外机构境内外汇账户），开立首笔跨境贸易人民币信用证，开立镇江市首个境外机构人民币银行结算账户以及首个外国投资者外汇专用账户（费用类），为企业“走出去”提供服务。成功为金东纸业在卢森堡中行开立出口收汇存放境外账户，为企业避免汇差损失。为金东纸业提供内保外贷服务，开立融资性保函，为金东纸业境外子公司融资提供支持。

服务质量不断提升。以“服务领先”为目标，推进“服务战略、服务员工、促进和谐发展”工作方针的实施，全年实现“服务质量零缺陷、服务客户零投诉、服务差错零容忍”三大服务目标。组织开展“我为客户做什么”的系列活动，一线机构抓好规范化服务，二线部门做好为基层的服务。在全行领导干部中开展“亲历有为一天”活动，增加领导干部对基层情况的了解程度，提高为一线服务的意识和能力。2010年，分行获镇江市

"十佳服务明星企业"、江苏省消费者协会诚信单位、镇江市劳动关系和谐企业称号。在市政府"十大行业创文明、十万职工争先锋"测评中,分行在服务环境、服务礼仪、服务质量方面得分排名第一。分行营业部连续两年获中国银行业文明规范服务千佳示范单位称号。

渠道建设成效显著。中行提高网点效能,从机制、队伍、流程上形成突破,推进网点从硬件转型到软件转型,提高网点综合盈利能力、客户服务能力、营销和辐射能力。优化网点布局,完成 2 家网点迁址,6 家网点标准化装修改造,新建 3 家离行式自助银行。网点产能进一步提升,优先在符合条件的网点配置对公客户经理、账户经理、理财经理等专业人员。完善网点业务功能,包括国内结算、国际结算、公司授信和消费信贷发起等,全辖 4 家网点通过中国银行江苏省分行全功能型网点的验收。 (宗 琳)

【中国建设银行股份有限公司镇江分行】 2010 年,建设银行镇江分行贯彻落实中央宏观调控政策和总分行战略部署,强化管理,提升市场竞争力,各项业务又快又好发展。年末,一般性存款余额 325.19 亿元,比上年增加 46.01 亿元,其中企业存款余额 180.88 亿元,增加 29.21 亿元;储蓄存款余额 144.31 亿元,增加 16.80 亿元。各项贷款余额 238.93 亿元,增加 26.61 亿元。其中公司类贷款 191.85 亿元,增加 19.63 亿元;个人类贷款 47.08 亿元,增加 6.98 亿元。全年拨备前利润 7.77 亿元,中间业务收入 3.88 亿元。

围绕市委、市政府千亿投资目标,集中资源优先支持城市基础设施、先进制造业、新能源、优质中小企业和"三农"建设,全年制造业贷款投放占比 51%,水利、环境和公共设施管理业贷款投放占比 12%。年末,小企业信贷余额 68 亿元,比年初新增 19 亿元,其中小企业非贴现贷款增长 48%,创历年来新高。支持新市镇建设,授信总额达 19 亿元,全年投放句容市茅山风景区建设项目资金 1 亿元。

运用银票、信托产品、银团贷款、外币贷款等手段,缓解人民币贷款规模控制压力。发放全国建行系统内首笔经济适用房贷款信托产品 1.5 亿元,为新区经济开发总公司承销债券 14 亿元,牵头组建市城投集团、市交投公司、市水投公司、格林艾普和国电谏壁发电厂等银团项目 5 个,合计金额 30.5 亿元。全年累计 20 多亿元用于客户融资需求,支持地方经济建设。

开展旺季营销、企业存款突击月、"周周赢、月月赛"储蓄存款 PK 等竞赛活动,确保重点时段存款提升。出台机构业务营销指导意见,建立目标客户库,实施重点机构客户挂牌营销,拓展财政、教育等机构性龙头客户。全年新增机构存款 14 亿元,占全部企业存款新增额的 52%。开展"三百大"客户(百大信贷户、百大存款户、百大销售户)走访活动。强化公私联动,拓展中高端客户。年末,"三百大"重点客户存款余额 30 亿元,占全部公司存款余额的 25%,重点客户综合贡献度得到进一步提升。

优化完善小企业"镇江模式"品牌,推广"批量化"营销模式,成功办理大港中港国际钢材市场、丹阳产业集群联贷联保业务 2.72 亿元。拓展供应链融资产品,推进网络银行、网络速贷通和预付款保理等业务,累计营销小企业国内保理、网络银行贷款 2.39 亿元。强化与担保公司合作,合作公司达到 8 家,担保贷款余额 4.75 亿元。推进对公信贷经营职能整合,成立 7 个公司业务客户分部,转变经营模式,优化信贷流程。个贷业务实施业务挂钩联系人及服务承诺制度,开辟绿色通道,推行差别化服务,实现市区行部住房贷款资料全部集中录入。拓展信用卡分期付款业务,加大汽车卡、白金卡等高收益重点产品发行力度。全年共发行汽车卡等重点产品 7963 张,占重点产品总卡量的 16%。抢抓国际业务客户源头,资本项下资金到位列同业第一。成功办理省分行系统首笔涉外担保转开业务 1080 万美元,办理首笔跨境人民币结算业务 3300 万元。开展电子银行业务竞赛活动,开办 10 期企业网银客户学校,引导柜面业务分流。企业短信银行完成率 318%,列省分行系统首位。

出台《2010 年风险管理工作要点》,开展"贷后管理年"及"双十大"(十大不良客户、十大关注客户)不良处置活动。全年累计处置各类不良资产 1.01 亿元,不良资产现金回收 7226 万元。建立会计柜员准入退出机制,实行柜员星级管理,完成全辖 56 个营业主管的考核和聘任工作。在全市金融系统点钞技能竞赛中,获团体第二名,成为全市金融系统中唯一的现金缴款免检单位。推广电子验印,为基层机构配备二代身份证鉴别仪。自主开发的支付清算综合业务系统顺利上线,成为全市金融系统中上线业务种类最全的金融机构。成功堵截一起 500 万元假银行承兑汇票事件。全年实现无案件、无重大责任事故。

开展合规文化建设深化年及内控和案防制度执行年活动。组织"诚信敬业、廉洁合规"职业操守宣传教育、防治非法高息融资和商业贿赂案件专项活动。落实案件防控工作责任制,实行以结果约束为主的"六挂钩"考评政策。坚持案件防范联席会议制度,建立公司、个人、综合和保障四大防线,强化案件防控和从业人员行为规范的督查。实施基层机构纪检监察特派员制度。开展柜面操作风险重点整治和内外部检查审计发现问题"回头看"活动,强化整改落实、责任追究。推进安全保卫委托事务外包工作,开通运行远程监控,实现"零枪支"管理和自助设备安全巡查委托外包,首次被镇江市公安局授予集体三等功。倡导"二线服务一线、全行服务客户"的经营理念,开展"三创三比"(争创一流比服务成果、开拓创新比管理水平、创先争优比模范作用)、个人银行业务"服务质量年"活动,再次被江苏省消费者协会授予诚信单位称号。 (吴丹青 梅 涛)

【交通银行股份有限公司镇江分行】 2010 年,镇江交行应对复杂的经济形势,加快转变发展方式,经营管理和各项业务全面推进。年末,存款余额 180.11 亿元,比年初增加 36.12 亿元,增长 25%,增量列江苏省交行全辖(以下简称全辖)第二,市场占比比年初提高 0.09 个百分点,其中储蓄存款增加 8.91 亿元,增量全辖第一,市场占比提高 0.2 个百分点。贷款余额 137.48 亿元,增加 29.31 亿元,增长 27.10%,增量全辖第三,市场占比提高 0.39 个百分点。经营利润 38199 万元,拨备后利润 40237 万元,增加 7444 万元,完成计划 118.34%。二季度、三季度和全年绩效考核连续夺得全辖第一,实现"跑赢大市、争先进位"目标。

注重转变发展方式,夯实客户基础。加强对公客户的系统平台建设,全年符合系统平台要求的新开达标户为 79 户,新开结算户 205 户,客户贡献率得到提升。"三个一百"客户存款增长 40%,比年初提高 14.6 个百分点,贷款增长 23.8%,比年初提高 14.4 个百分点。对私业务实施"客户超越计划",对个人客户进行清单式管理,成功举办"王刚荐宝""易经大师荐宝"两个大型贵金属推介会。分行个金综合竞争力大幅提升。在交总行系统 FIFA 竞赛中,分行在 9 月获总行辖属行第一名。私人银行客户和沃德客户增长在全辖处于领先地位。中高端客户的储蓄存款余额比年初增加 8.99 亿元,增长 41%,超过分行储蓄增幅 18.9 个百分点。

分行以创新发展为引领,战略业务实现大跨越。企业年金账管规模、第三方存管机构户、电子票据签约客户数、企业年金新增客户、蕴通账户、银期转账机构客户等在上半年率先完成全年任务。在全辖率先开展电子票据业务，成功开办信托保理贷款、IPO（首次上市融资）资金、国内跨行信用证开证业务、出口风险参与业务、跨境人民币结算业务等9项新业务。电子银行分流率55.85%，完成省行计划的170.31%。全年自助银行交易量比年初增长132.53%。

分行贯彻执行银监会"三个办法，一个指引"的贷款新规，坚持合规经营，加大风险排查力度，先后开展镇江银行业大额授信客户风险监测预警、大额银票业务风险排查、集团客户授信业务整体风险排查、专业担保公司专项排查、贷款新规执行检查、潜在风险客户风险排查等，及时发现问题，揭示并防范风险。完成政府融资平台"解包还原"和后续清理，完成自身11家平台解包。根据省银监局的要求，完成3户重点监测企业牵头行"解包还原"的技术支撑和总结汇报。强化贷后管理和清收处置，现金收回存量监察名单贷款余额10872万元，全年清收对公不良贷款6922万元，完成年度计划102%，对私不良贷款压缩8家197万元，完成年度计划152%，清收产生回拨利润3940余万元。非信贷不良压缩444万元，完成年度计划108.3%。分行风险管理水平进一步提升，正常类贷款余额和占比持续上升，1～8级客户贷款余额和占比分别上升10.17亿元和2.44%，其中个人贷款不良率0.14%，比年初下降0.08个百分点，继续保持全辖领先水平。

加大对地方经济的支持力度。重点支持交通和港口运输、造纸、化工、电力、五大新兴产业以及园区建设。2010年新增贷款前十大户投放15.2亿元，占全行新增贷款总量的54.48%。对接镇江市新兴产业增长的需求，新兴产业的投入资金达18亿多元，对在镇央企投入资金约8亿元，支持镇江城市建设重点工程近11亿元。加大对中小企业的支持力度，将江苏省分行开展的小企业发展"百分之一"工程和银监局"建设创业型城市"、人民银行"中小企业服务年"活动紧密结合，全年提前达成省行小企业百分之一工程计划，实现新增小企业客户107户，高于计划7户，投放贷款51553万元。同时针对当地眼镜、汽配、钢材等初具规模的产业集群特点，在交行系统率先开办"八联保""五联保"的联贷联保业务。全年"展业通"贷款余额11.9亿元，计划完成率171.97%，居全辖前列。

开展以"喜迎世博盛会，展现交行风采"为主题的服务提升活动。全年完成4个网点装修改造，新投放电子自助设备25台，新增4个离行式自助银行，离行自助区新增数量列全辖第一。成功实现联行式自助设备23个网点全覆盖，提前实现总行三年规划的目标，所有网点在2010年实现功能分区、业务分层、客户分流。以世博服务为切入点，通过加强服务培训、加大服务检查和强化世博服务宣传等措施，实现世博服务零投诉，安全经营无事故。在市银行业协会的世博服务质量现场检查中，得到检查组的最高评价，5人入选省分行世博之星，9名网点员工受到总行"95559"客服中心的表扬。在2010年度中国银行业文明规范服务千佳示范单位评选活动中，分行营业部获江苏省银行业文明规范服务示范单位称号，并入选全国千佳示范候选单位。丹阳营业部被省分行推荐为总行级会计示范行。　（林　忠）

【中国邮政储蓄银行有限责任公司江苏省镇江市分行】　2010年，镇江邮政储蓄银行围绕"夯实基础、加快转型、提速增效"的工作目标，加快经营模式和业务收入增长模式的战略转型，实现规模、速度、效益同步提高。全年业务收入24141万元，比上年增长52.45%。截至年末，全行共有网点123个（含二类和代理网点），从业人员874人。各项存款余额103.19亿元，新增11亿元，增长11.93%，其中储蓄存款余额91.52亿元，对公存款余额11.67亿元。各项个人贷款余额10.5亿元，其中抵押类贷款余额8.24亿元，小额贷款余额2.26亿元。自2008年3月邮储银行镇江分行成立以来，分行通过协议存款、银团贷款等方式，投入镇江重点工程、基础建设和新农村基础设施建设等领域，累计发放银团贷款26亿元，小额贷款10亿元。

发挥邮政金融遍及城乡的网点优势，提升农村金融服务水平。123个营业网点中三分之二的网点分布在农村地区，覆盖每个乡镇，农村网点ATM自动取款机安装率达到85%以上，为农村客户提供安全、方便、优质的现代化金融服务。邮政储蓄绿卡及转账业务凭借"不收年费""资费低廉"等特点吸引越来越多的客户使用，支付结算交易量逐年递增，2010年结算总额145.7亿元，比上年增长22.58%。先后开发30多种代收代发类中间业务。全年累计代理发放各类企事业单位工资、养老金、居民养老补贴等各类资金13.32亿元，比上年增长24.09%。句容支行协助句容市政府和社保中心做好"新农保"重大惠农政策的广泛宣传，在主要营业网点设立服务专柜，成为句容地区"新农保"服务工作的主要代理金融机构。全年共开立"新农保"个人账户20.2万户，项目资金2.34亿元。

制定《加强和改善创业型企业贷款工作具体办法》，开展"扶微小、助创业"贷款专项活动，了解当地微小企业、个体工商户、农户的金融需求，提高金融服务水平，支持镇江微小企业和农村经济发展。加强宣传营销，提升创业贷款产品市场知名度。开展"春风行动进万家""送金融知识下乡"等邮储银行贷款助创业专项宣传营销活动。对现有客户和潜在客户进行走访，全年累计走访8300余人，做好"建档到铺、建铺到户"工作。

加强创新，稳步推进创业贷款项目有效实施。针对大多创业者初期规模较小，分散经营，贷款缺少抵押物，额度需求不大的特点，分行与其他商业银行展开错位竞争，在确保金融资产安全的前提下，简化贷款程序，提高放贷效率。面对一些个体工商户最低不到5000元的贷款需求同样提供快速优质的服务，有效缓解这一群体"贷款难"问题。将信贷服务"三农"与帮扶农民创业有机结合，以"信用村镇"建设为载体，争取地方政府支持，提高小额贷款服务"三农"的深度和广度，推动农民创业。截至年末，分行在全区挂牌成立的信用村51个。推进创业型城市建设工作，镇江市分行作为唯一指定合作银行，全程参与市"创业创新 网聚财富"首届电子商务创业技能大赛。年末，累计发放各类创业型贷款7800余笔，金额近6亿元，其中当年新增创业型个人经营性贷款3600户，金额3.1亿元，在全市金融系统中名列前茅。

加快推进营业网点标准化服务建设，试点推广销售管理模型，打造业务和服务"旗舰店"。建立完善的预算管理体系，实施全面成本控制与管理，推行网点损益核算，树立"投资有风险，资金有价值，投入要回报"的投入产出理念。推广KPI指标考核体系，科学评价业绩，促进重点业务、重点区域、重点项目的突破发展。坚持"内控优先"和"审慎经营"。开展业务行为规范年活动，组织专业培训、典型案例风险教育，开展风险后评估，及时揭示风险隐患。启动资产保全工作。开展"百日攻坚"专项活动，加大不良资产清收力度，提高资产效益。强化网点基础设施建设，增强服务能力。全年对全区8个一类网点进行迁址、扩建、改造，网点硬件设施和服务环境明显改善。拓展ATM、POS、商易通、电子银行业务，提高服务水平，减轻柜面压力。年末，全区共计布放ATM机145台，POS机77台，商易通1505台，发展电子银行注册客户15.86万户。

（徐丽萍 毛惠珠）

【江苏银行股份有限公司镇江分行】

2010年，江苏银行镇江分行坚持业务经营和内部管理两手抓，践行"合规、业绩、责任"的企业文化，按照"稳增长，调结构，夯基础，促转型"的工作思路，超额完成各项经营指标，效益水平超预期增长。资产业务坚持"结构调整，经营转型"，树立"存款立行"思想。严格落实"三个办法，一个指引"，进行政府融资平台解包还原。中间业务坚持打造业务品牌。牵头筹组发放索普银团贷款9亿元、惠龙港银团贷款2亿元。新兴业务突出特色，发展非金融企业债务融资、跨境贸易人民币结算等业务。年末，分行各项存款余额164.5亿元，比上年增加32.14亿元，增长24.27%；贷款余额106.9亿元，增加16.09亿元，增长17.72%；中间业务收入4927万元。不良贷款余额2.7亿元，比上年减少0.89亿元；不良贷款率2.54%，下降1.43个百分点。实现报表口径税后利润2.27亿元，增加1.26亿元。

创新管理手段，推动分层负责制管理。完善绩效考核细则，将绩效考核与分层负责制推行紧密挂钩。开展"合规年"和"内控案防执行年"活动，利用总行推广的违规积分系统，加大审计检查力度，对各种违规行为严格违规积分。年度累计积分511分，其中轻微违规积分379分，非轻微违规积分132分。内部审计检查积分174分，内部业务条线检查积分187分，管辖支行内部业务条线自查积分91分。

树立以客户和市场为中心的服务理念和服务创造价值的认识，开展文明优质服务"全明星行动"活动，从制度修订、产品创新、流程改造入手，围绕内外客户需求，学习先进同业，规范服务标准，完善服务体系，强化流动红旗管理制度和行风监督制度的执行，改善网点对外服务工作。通过全员参与、条块结合、加强文明优质服务考核评比，整体推进全行服务工作，年度评选出明星个人9人，明星团队7个。

分行筹组科技支行，12月29日开业，立足新区面向市区，服务镇江地区一个国家级开发区和5个省级开发区的科技企业的科技创新发展。将第二批风险补偿专项资金贷款扩大到新区、京口、润州、丹阳地区，年度累计发放"科技之星"贷款58笔，金额12671万元，在全省位居前列。与镇江地区60家民营企业开展银企党组织统筹共建活动，推广建设为VIP客户（金融资产30万元以上）提供尊享服务的"聚宝财富"理财中心6家。

（刘耀成）

【镇江市农村信用合作社联合社】

2010年，镇江市农村信用社系统以"创先争优，跨越发展"为主题，以农村金融市场为主阵地，开拓市场，转换经营机制，深化体制改革，加强业务管理和风险控制，提升行业核心竞争力，提高服务水平，业务发展态势良好。

年末，各项存款余额266.69亿元，比年初增加56.65亿元，增长26.97%，同比多增14.75亿元，同比增加2.05个百分点。各项贷款余额198.59亿元，增加33.12亿元，增长20.01%。其中农村工商业贷款106.18亿元，增加27.27亿元；农业贷款余额为75.23亿元，增加16.90亿元。余额存贷比74.47%。十级分类不良贷款余额5.64亿元，比年初减少1.37亿元，占比2.84 %，比年初降低1.39个百分点。抵债资产8995万元，比年初减少2165万元。实现营业收入15.20亿元，比上年增加3.24亿元；营业支出12.33亿元，增加2.1亿元；收支轧抵后利润总额2.61亿元。

推进股份制改造。丹徒联社改制成镇江农商行的工作稳步进行，12月26日召开创立大会暨第一次股东大会。12月20日，银监会批复同意句容联社筹建农商行。丹阳农合行启动股权改造工作，完成改制为农商行的法律程序、清产核资、上报筹建申请等工作。银监会批复市联社解散申请。

推广"阳光信贷"工程。围绕建设新农村战略部署，实施信贷支农向绿色农业、效益农业、科技农业倾斜。支持农业龙头企业发展，支持产业化布局、专业化生产、规模化经营的优势农产品产业建设。支持中小企业发展，依托专业市场、高新技术开发区、区域性优势等中小企业集群，推动地方经济发展方式转变和经济结构调整。主动对接农户，对农户逐一建档、逐户评议，统一授信、分步用信。开通"阳光信贷"便捷服务，推行首问负责制和限时办结制度，实行"一站式"服务，向农户推广"圆鼎易贷通"卡。

加强内控和风险管理。贯彻贷款新规，制定实施细则和操作流程。加大对外宣传力度，化解新规推行的矛盾。做好政府融资平台解包还原工作，强化管理和监测。强化信贷流程节点控制，采取设立专职信贷审查岗、分片信贷辅导、开展企业财务分析培训、强化督查职能等手段，提升信贷管理水平。强化合规管理，提高流程管理的规范性。加强对账中心建设，成立风险控制中心，引进事后监督管理系统，对会计工作进行全流程跟踪。

（倪献国）

【华夏银行股份有限公司镇江分行】

2010年，华夏银行镇江分行围绕"加快发展、抢占份额、提升形象"的总体要求，加强业务创新，强化风险管控，较好地完成年度经营计划。年末，分行一般性存款余额45.5亿元，贷款余额23.05亿元，拨备后利润5158万元。

各项业务协调发展。成功营销镇江新农发展投资有限公司"万顷良田"5亿元银团贷款项目、江苏镇江亚东置业有限公司2亿元房地产开发贷款项目及一批优质集团客户和规模企业。推广公司网银和物流金融业务，促进供应链金融业务的开展。个人业务发展活力不断提升。多次与八佰伴、苏宁电器、丽德百货

2010年12月29日，科技支行启动LED屏 （刘耀成）

等商户展开合作，现场组织"四进"（进社区、进学校、进商场、进写字楼）营销活动。全年华夏卡消费8543万元，个人中间业务收入40余万元。个人贷款稳步增长，做"大"房屋按揭业务、做"稳"综合消费贷款。开办住房公积金贷款业务，为个贷业务的发展打下良好基础。国际业务发展速度加快，客户开发力度不断加大，国际业务产品结构得到优化。2010年分行重点发展单证业务，全年实现单证国际结算量1645万美元。发展6户贸易融资授信客户。全年完成国际结算量12472万美元，中间业务收入159.83万元。

完善服务平台，服务客户的能力和质量持续提升。成功加入人行现代化支付系统，成为镇江地区唯一一家以直接参与者身份加入该系统的银行业机构，为公私客户提供安全高效的结算路径，完善分行综合业务系统功能。新核心业务系统和公积金贷款系统相继成功上线并顺畅运行，为全行业务快速发展提供有力支撑。

加强建设"合规和谐、敬业进取"的企业文化，内外部形象进一步提升。2010年，在全辖外汇指定银行执行外汇管理规定情况年度考核中被评为A类银行，分行营业部在2010年度全国银行业机构文明规范服务考评活动中获市级文明规范服务示范单位称号。

（冯 蕾）

【上海浦东发展银行镇江支行】 2010年，浦发银行镇江支行围绕市委、市政府的发展导向，贯彻落实总、分行的战略部署，主动应对经营形势的变化，立足"做大主营、优化结构、防控风险、加强管理、提高效益"的工作思路，主要经营指标大幅提升，保持良好发展态势。年末，各项存款余额37.96亿元，比上年增加14.66亿元，增长62.92%，其中储蓄存款余额4.01亿元。贷款余额38.93亿元，新增贷款11.8亿元，增长43.49%，其中个人贷款余额1.9亿元。客户结构进一步优化，公司有价值客户150余户，其中优质客户133户；个人优质客户1060户，其中白金、钻石客户近260户。中间业务收入854万元，非利息收入占比4.75%，经营利润8110万元。无不良贷款发生。

拓展优质信贷市场。根据经济金融形势的变化，及时调整经营策略，把客户结构的战略调整、贷款的有效投放作为经营重点，抓住市场热点，提升信贷业务的综合贡献度。制定2010年度信贷投向政策指导意见，实施能动营销。围绕全市龙头企业、纳税大户，选择100户目标客户，主动对接政府金融办、经贸委等部门，以"百户企业、百亿授信"银企座谈会为主题，承办镇江市金融服务日活动，增进与目标客户的关系。将客户发展目标分解到各营销团队，加大组织推动和考核力度，推进资产结构的不断优化。年末，全行授信客户总数104户，授信总量66亿元。

做好个人金融业务。克服单一网点的不利因素，做到全员营销、公私业务联动营销、优势产品综合营销、理财产品销售、储蓄存款、个人贷款业务均实现稳步增长。持续开展三方存管营销活动，与市内五家证券公司签约，通过营销竞赛活动吸引投资客户群和高端客户群。年末，第三方存管总数920户，新增250户。全年累计销售各类理财产品4.01亿元、基金3200万元。拓展优质个人信贷市场，与30个优质楼盘建立良好的合作关系，取得公积金贷款的办理资格，个人贷款比上年增加1.67亿元。在总行组织的2010个人银行十强分行营业部和百强网点竞赛活动中，营业部综合排名列第35名，其中个人金融资产比年初新增、个人贷款比年初新增、个人中间业务比年初新增、年度优质客户新增、三方存管客户新增等指标均列入百强网点。

强化各类风险控制。根据市场与区域经济的发展情况，拓展经营业绩良好、信用度较高的客户，从源头防控风险。针对不同类型的客户，授信审查人员提前介入客户营销，现场掌握客户第一手资料，为决策和营销提供更充分的依据。加强操作性风险的控制，加大对高风险环节、重点业务领域、关键岗位的检查频率和力度，确保安全无事故。

完善考核激励机制。制定《客户经理专业技术等级管理暂行办法》，按公司业务客户经理、个人业务客户经理、理财经理三个序列设置等级标准，以正激励为主、负激励为补充，打开客户经理晋升渠道，引导营销团队快速发展。年内上调4名、下调3名营销人员的等级，起到激励作用和示范效应。出台营销业绩分配意见，科学界定营销业绩，鼓励团队协调发展。完善考核体系，制定营销费用考核办法、绩效考核办法，重点产品考核办法，对不同业务品种明码标价，鼓励低成本负债业务、个人业务、中间业务加快发展，强调综合回报。

年末，1名理财经理被评为总行资产托管业务和基金销售业务的销售拉力赛年度销售明星，1名一线运营人员被评为总行先进运营服务人员，4名员工分别获南京分行年度优秀客户经理、优秀理财经理、优秀产品经理、优秀柜员。

（祝 越）

【中国民生银行股份有限公司镇江支行】 2010年年末，民生银行镇江支行各项存款余额34.43亿元，其中大公司存款余额27.40亿元，中小企业存款余额4.92亿元，储蓄存款余额2.11亿元。敞口授信余额48亿元，全年新增授信25.5亿元，增长113%。各项贷款余额25.79亿元，比年初增加12亿元，增长85%，其中大公司贷款余额15.98亿元，增加2.91亿元；中小企业贷款余额5.86亿元，增加4.91亿元；个人贷款余额3.96亿元，增加3.89亿元。

2010年，支行向156家企业发放贷款券，总额21.3亿元，并承诺在未来三年内向镇江市中小企业发放总额100亿元贷款券，支持中小企业发展。此产品得到中央电视台《经济日报》《金融时

中小企业贷款券发行仪式 （陈 亮）

报》等中央级媒体的报道和持续关注。

票据业务保持良好的发展势头，全年累计办理直接贴现76亿元。开办企业年金、融资租赁、上市资金托管、保函业务等公司特色业务。2010年支行共开展理财业务2笔，总金额8.6亿元。对公客户结构得到改善，民营企业、中小企业成为支行主要服务对象。年末，全年新增授信客户87户，其中中小企业新增76户。

推进商贷通业务，通过批量开发丹阳眼镜市场、汽车4S店、丹阳汽配产业等产业集群项目，促进地方特色经济发展。全年零售条线商贷通余额3.96亿元。

机构建设步伐加快。11月，中国民生银行镇江大市口自助银行正式对外营业。加大人才引进力度，截至年末，支行在编人员70人。（黄 乐）

【大新银行（中国）有限公司镇江分行】2010年，大新银行镇江分行本着“立足镇江、以客为本、助推发展”的经营理念，以稳健发展、合规经营统揽全局，拓展市场，各项指标超额完成总行下达的经营目标，实现“管理进轨道、业务上规模、内控保平安、盈利超预期”的目标。

服务对象全覆盖。7月，分行获准经营对境内公民的人民币零售业务，成为一家可以对各类客户经营人民币业务和外汇业务的全功能银行。

信贷投放多元化。一是投向城市基础设施和优质工程项目，通过对市城市建设投资集团有限公司、市交通建设投资发展公司的融资支持与合作，支持镇江地方城市建设的发展。二是投向现代服务业，对镇江优势区域的经营性物业进行融资授信，支持镇江第一楼街等商业圈的打造。三是投向地方支柱产业，以个性化的产品，与金东纸业、国电谏壁发电公司等大型支柱企业开展合作，支持地方支柱产业。四是投向中小企业领域。2010年大新母行和总行邀请深圳银监局领导对镇江地区开展中小企业业务进行调研，确定分行作为中小企业信贷业务试点行，支持机械、电子等行业中小企业的融资需求，支持中小企业发展。五是投向外贸企业。凭借外币业务的优势，与外贸企业开展有益合作，实现银企双赢。

重点产品特色化。以经营性物业贷款为主体，以其融资期限长、整贷分期还款、操作简便等特点，形成产品特色，赢得市场欢迎。支持商业服务、现代商贸等领域的发展，进行持续的业务拓展和储备。对商业服务、现代商贸等服务业的授信融资占全部授信融资总额的40%。

推进合规文化建设。对员工开展培训，使合规成为每一个员工的自觉行为。借助银行业内控与案防制度执行年、合规文化建设深化年等活动，进行理念宣讲、风险剖析、案例分析，推进全行各部门、各岗位的合规管理。全行上下形成“人人合规、主动合规、时时合规、事事合规”“合规创造价值”等合规文化氛围。2010年，共接受5次内外部检查和审计检查。江苏银监局对分行合规管理情况和业务经营情况给予较好评价和表扬。香港母行稽核处、总行审计部、总行法律合规部对分行经营管理和业务操作情况给予“管理满意”的评价。

（董娅玲 徐建辉）

【招商银行股份有限公司镇江分行】招商银行1987年成立于深圳经济特区，是中国第一家由法人持股的股份制商业银行，2002年和2006年分别在上海、香港成功上市。2010年末，总资产2.4万亿元，资本净额近1700亿元，机构网点800余家。

2009年10月26日，招商银行镇江分行开始筹建。2010年1月22日，通过江苏省银监局验收。1月25日，领取金融许可证。2月4日对外营业，地点位于镇江市电力路18号。3月22日，在碧榆园举行开业典礼暨银、政、企合作签约仪式，与镇江市国资委、市中小企业局、市科技局签订合作协议，在未来3年内向当地符合授信要求的大型国有企业、中小企业、高新企业提供超过50亿元的资金支持。确立“突出效益 加快转型 夯实基础 协调发展”的指导思想，大力拓展各项业务，重点抓好客户服务，突出内控管理和集约化经营，支持地方经济。

截至年末，招商银行镇江分行人民币自营存款余额15.5亿元，其中储蓄存款余额2亿元，对公存款余额13.5亿元；人民币实质性贷款余额15.1亿元，其中对公贷款余额13.9亿元，零售贷款余额1.15亿元。发行一卡通借记卡6243张，其中金葵花卡88张；信用卡2931张，理财产品累计销售17亿元，理财产品销售收入10.2万元。各项业务指标稳健均衡。

了解企业融资需求，为镇江新市镇建设项目行业内企业提供资金支持。加强资源整合，发挥产品优势，通过CB、ECD等创新金融产品，扩大基础客户群，为客户提供更优质的金融服务，为镇江的经济发展提供强有力的金融保障。以“二次转型”为目标，扶植中小企业成长。加大政府、银行、企业三方合作力度，通过完善银企对接平台，探索灵活的融资渠道，为当地企业发展提供优质金融服务。主动向符合国家产业政策、具有较好市场发展前景、经济效益好的中小企业，尤其是科技型中小企业提供授信支持。根据中小企业“信用额度小、使用频繁、反应速度快”的特点，优化审批流程，丰富金融服务方案，为中小企业融资提供便利。截至年末，镇江分行中小企业贷款金额5.4亿元，占全部贷款总金额的38.7%，中小企业客户数占对公企业总数的70%以上。重视风险管控工作。建立健全各项规章制度，做好全员的合规文化教育。把合规教育活动与业务实践和员工行为管理密切结合，务求实效。5月，中国银行业协会世博金融服务质量现场检查中，镇江分行的营业环境、服务设备、大堂经理、高低柜人员的服务等均较为优异，获得检查小组“业内领先，值得学习”的评价。

（罗 勇）

【中信银行股份有限公司镇江分行】中信银行创立于1987年，是中国改革开放中最早成立的新兴商业银行之一。2006年12月，正式更名为中信银行股份有限公司。2007年4月27日，中信银行在上海交易所和香港联合交易所同步上市，是一家快速增长并具有强大综合竞争力的全国性商业银行。中信银行业务辐射全球70多个国家和地区，全国有近700家分支机构。

中信银行股份有限公司镇江分行隶属于南京分行，位于市长江路11号。2010年8月筹建，11月15日领取营业执照，12月9日正式开业。截至年末，全行一般性存款余额5.25亿元，其中公司存款5.02亿元，储蓄存款0.23亿元；各项贷款余额6亿元。（陈成刚）

保 险

【概况】 2010年末，全市保险机构49家，其中保险公司44家，保险专业中介代理机构5家，全市辖保险专业网点556个，兼业代理网点535个。保险从业人员11891人，其中正式员工2350人，保险营销员8481人，兼业代理人员1060多人。全年保费收入54.04亿元，比上年增长32.6%，其中22家财产保险公司保费收入11.38亿元，增长35.5%，22家人寿保险公司保费收入42.66亿元，增长31.8%。

全行业通过转方式、调结构、防风险、促发展的积极应对措施，开拓创新，提升服务品质，加大市场推进力度，保证业务持续快速发展。全市财产险公司在连续多年经营效益不良,特别是机动车保险持续亏损的情况下,坚持服从社会稳定大局,继续执行按公司市场份额承保摩托车、拖拉机交强险;对风险大、赔付率高的机动车利用现有的保险条款和费率,降低公司经营风险,对服务民生的车辆给予承保上的方便。全市多家公司开通电话销售渠道,将优惠让给保户,通过经营方式的转变和结构调整,解决年初一度出现的机动车投保难的情况。全市财产保险的保费增长幅度创造近17年的新高,减亏增盈取得明显成效。随着人寿保险业务的快速增长,全行业加强行业自律,针对占保费份额50%以上的银行代理保险业务中有少数业务在展业宣传上不到位,储蓄与保险概念不清晰等问题,监管部门年内出台新的管理规定,行业组织两次专项自律检查,最大限度地降低误导客户的行为,保证寿险业务的规范经营。

全年共承保各类风险8207亿元,全市有效参保人数706万人次。全年共处理各类理赔案件16.2万件,赔付9.62亿元,其中财产险公司理赔7.9万件,赔付5.32亿元,单笔最大赔付4100多万元;人寿保险公司理赔8.3万件,付4.30亿元,单笔最大给付102万元。

（褚和平）

【“十一五”期间保险工作概要】 全行业在“十一五”期间得到飞速发展,保险公司由2005年末的16家,增加到2010年末的44家,增长175%;保费收入由2005年末的19.9亿元,增加到2010年末的54亿元,增幅172%。 （褚和平）

表26-2

2010年镇江市财产保险业务统计表

单位:万元

单位		承保金额	保费收入											同比增长(%)	赔款支出		市场份额(%)
			企财险	家财险	交强险	机车险	运输险	责任险	保证险	人意险	健康险	其他险	累计		累计	赔付率(%)	
中国人保	市区	11107259	1909	-41	2683	10074	701	593	2	243	51	1063	17278	9.2	8328	48.2	-
	丹阳	4749618	1653	9	1849	6875	157	548	0	136	27	868	12122	21.2	6186	51.0	-
	句容	1648696	175	3	472	1331	43	211	0	70	6	692	3003	-8.4	2098	69.9	-
	扬中	1604022	261	5	430	1422	124	146	88	56	7	135	2674	12.6	1033	38.6	-
	合计	19109595	3998	-24	5434	19702	1025	1498	90	505	91	2758	35077	11.4	17645	50.3	30.82
太保公司	市区	6155209	3694	11	1176	4189	500	145	-10	964	38	605	11312	68	4665	41.2	-
	丹阳	4473378	326	3	655	2673	2	50	0	997	5	0	4711	51.9	2366	50.2	-
	句容	303332	68	4	191	556	0	9	-3	408	2	12	1247	34.2	508	40.7	-
	扬中	1172697	815	30	474	1757	316	44	-	58	10	3	3507	26.2	1587	45.3	-
	合计	12104616	4903	48	2496	9175	818	248	-13	2427	55	620	20777	53.4	9126	43.9	18.26
平保公司	市区	1145981	294	-24	1236	3855	104	22	-	76	54	82	5699	24.9	2698	47.3	-
	丹阳	1204707	524	18	711	2038	46	-8	-	63	34	1267	4693	142.4	1197	25.5	-
	句容	277008	192	2	302	816	12	13	-	41	19	-	1397	105.1	690	49.4	-
	扬中	205584	89	-1	255	809	2	32	-	24	6	3	1219	77.2	597	49.0	-
	合计	2833280	1099	-5	2504	7518	164	59	0	204	113	1352	13008	65.3	5182	39.8	11.43
天安公司	市区	2022490	203	7	270	701	9	7	20	293	54	3	1567	55.5	442	28.2	-
	丹阳	243903	58	5	234	635	-	4	-5	102	1	-	1034	353.5	158	15.3	-
	句容	157971	17	0	156	344	-	7	-	58	7	-	589	139.4	206	35.0	-
	扬中	240984	53	6	106	200	9	6	-	46	3	-	429	-7.3	107	24.9	-
	合计	2665348	331	18	766	1880	18	24	15	499	65	3	3619	86.1	913	25.2	3.18
大众公司	市区	451667	188	4	124	606	16	2	-	10	-	0	950	61.8	238	25.1	-
	丹阳	98210	67	-	70	234	0	-	-	2	-	1	374	28.5	175	46.8	-
	句容	8788	0	-	16	54	0	-	-	0	-	0	70	79.5	71	101.4	-
	扬中	138791	14	-	75	247	37	1	-	2	-	11	387	32.1	130	33.6	-
	合计	697456	269	4	285	1141	53	3	0	14	0	12	1781	47.2	614	34.5	1.57
中华联合	市区	184833	35	12	369	1001	1	2	-	34	5	73	1532	-55	2983	194.7	-
	丹阳	174150	26	1	288	744	-	0	-	68	11	0	1138	-31.2	1470	129.2	-
	句容	45803	14	-3	78	145	-	1	-	10	3	0	248	-57.2	817	329.4	-
	扬中	52625	19	2	84	204	-	-	-	6	1	2	318	-50.5	440	138.4	-
	合计	457411	94	12	819	2094	1	3	0	118	20	75	3236	-48.5	5710	176.5	2.84
永安保险	市区	572027	126	58	406	1110	117	19	-	118	-	36	1990	25.2	515	25.9	-
	丹阳	48138	5	-	62	168	10	1	-	6	-	-	252	61.5	296	117.5	-
	句容	70029	7	-	101	265	-	9	-	30	-	-	412	59.1	314	76.2	-
	扬中	49170	1	-	54	153	-	11	-	26	-	-	245	56.1	151	61.6	-
	合计	739364	139	58	623	1696	127	40	0	180	0	36	2899	34.2	1276	44.0	2.55

续表 26-2

单位		承保金额	保费收入											同比增长（%）	赔款支出		市场份额（%）
			企财险	家财险	交强险	机车险	运输险	责任险	保证险	人意险	健康险	其他险	累计		累计	赔付率（%）	
太平保险	市区	636900	282	5	624	1642	70	2	0	62	0	0	2687	92.9	929	34.6	2.36
安邦保险	市区	146764	–	–1	534	1037	1	8	–	3	–	–	1582	72.9	1222	77.2	–
	丹阳	60302	–	–	206	390	–	–	–	2	–	–	598	39.1	396	66.2	–
	句容	27441	–	–	67	120	–	8	–	2	–	–	197	55.1	165	83.8	–
	扬中	101075	–	–	274	505	9	–	–	–	–	–	788	53.6	335	42.5	–
	合计	335582	0	–1	1081	2052	10	16	0	7	0	0	3165	59.4	2118	66.9	2.78
华安保险	市区	21824	1	0	85	95	18	–	–	–	–	–	199	95.1	102	51.3	0.17
都邦保险	市区	1105320	594	1	308	717	38	30	–	35	–	–	1723	42.7	637	37.0	–
	丹阳	409524	206	–	155	331	17	–	–	46	–	–	755	11.8	332	44.0	–
	合计	1514844	800	1	463	1048	55	30	0	81	0	0	2478	31.7	969	39.1	2.18
阳光保险	市区	262670	17	1	403	1420	3	23	0	8	–	–	1875	156.8	397	21.2	–
	丹阳	120958	13	–	169	542	–	–	–	–	–	–	724	200.4	297	41.0	–
	句容	72295	4	–	140	414	–	–	–	4	–	–	562	659.5	53	9.4	–
	扬中	62839	3	–	112	397	–	–	–	–	–	–	512	282.1	86	16.8	–
	合计	518762	37	1	824	2773	3	23	0	12	0	0	3673	211.5	833	22.7	3.23
大地保险	市区	292562	50	4	131	500	17	23	64	25	–	49	863	174.8	223	25.8	–
	丹阳	240086	34	–	373	1161	–	–	–	12	–	0	1580	209.2	392	24.8	–
	句容	83516	9	–	114	379	–	–	–	1	–	5	508	57.3	219	43.1	–
	扬中	39966	0	–	86	206	–	3	–	2	–	0	297	145.5	133	44.8	–
	合计	656130	93	4	704	2246	17	26	64	40	0	54	3248	155.9	967	29.8	2.85
中银保险	市区	935445	487	22	359	1586	20	6	0	472	30	25	3007	–	2573	85.6	–
	丹阳	57984	56	–	126	168	–	–	–	–	1	–	351	–	18	5.1	–
	合计	993429	543	22	485	1754	20	6	0	472	31	25	3358	–21.8	2591	77.2	2.95
华泰保险	市区	137412	15	0	49	190	18	22	0	9	0	0	303	–45.1	237	78.2	0.27
国寿财险	市区	633753	18	6	449	1282	0	61	–	15	–	53	1884	92	1055	56.0	–
	丹阳	120625	16	1	212	496	1	11	–	0	–	0	737	1.5	407	55.2	–
	句容	163855	18	22	243	671	0	0	–	4	–	0	958	29.9	456	47.6	–
	扬中	117178	15	9	180	522	7	1	–	6	–	23	763	24.1	236	30.9	–
	合计	1035411	67	38	1084	2971	8	73	0	25	0	76	4342	48.6	2154	49.6	3.82
渤海财险	市区	59327	14	0	152	147	0	0	0	84	0	8	405	84.9	330	81.5	0.36
民安财险	市区	818518	298	0	171	854	50	1	0	639	0	24	2037	66.7	320	15.7	1.79
安诚财险	市区	1015249	149	0	470	1392	23	71	–	47	–	–	2152	70.5	431	20.0	1.89
长安责任	市区	909949	52	–	429	1412	58	43	–	36	–	18	2048	–	285	13.9	–
	丹阳	61103	9	–	97	375	–	–	–	4	–	–	485	–	126	26.0	–
	合计	971052	61	0	526	1787	58	43	0	40	0	18	2533	450.7	411	16.2	2.23
永诚财险	市区	355426	5	3	513	1167	2	52	0	24	–	–	1766	129.9	325	18.4	1.55

续表 26-2

单位		承保金额	保费收入											同比增长(%)	赔款支出		市场份额(%)
			企财险	家财险	交强险	机车险	运输险	责任险	保证险	人意险	健康险	其他险	累计		累计	赔付率(%)	
紫金财险	市区	348344	58	0	267	304	2	89	1	178	0	159	1058	–	2	0.2	0.93
合计	市区	29318929	8489	68	11208	35281	1768	1221	77	3375	232	2198	63917	32.8	28937	45.3	–
	丹阳	12062686	2993	37	5207	16830	233	606	–5	1438	79	2136	29554	48.1	13816	46.7	–
	句容	2858734	504	28	1880	5095	55	258	–3	628	37	709	9191	28.9	5597	60.9	–
	扬中	3784931	1270	51	2130	6422	504	244	88	226	27	177	11139	26.7	4835	43.4	–
	合计	48025280	13256	184	20425	63628	2560	2329	157	5667	375	5220	113801	35.5	53185	46.7	100.00

（镇保协）

表 26-3

2010 年镇江市人寿保险业务统计表

单位：万元

单位		保费收入							同比增长(%)	给付金额			退保金额	承保人次	市场份额(%)
		合计	其中							理赔给付	其他给付	合计			
			首年新单	首年期缴	续收	直销	营销	代理							
中国人寿	市区	50644	26773	8497	23871	1866	26230	22548	–5.4	1917	8375	10292	5959	1371568	–
	丹阳	63247	32640	10394	30607	1419	36057	25771	10	2303	7494	9797	6328	1553681	–
	句容	29613	18143	4727	11470	1041	13412	15160	25.1	1048	3440	4488	1904	1866985	–
	扬中	30215	14620	4322	15595	1082	18121	11012	6.8	1540	3497	5037	2419	819684	–
	合计	173719	92176	27940	81543	5408	93820	74491	6.6	6808	22806	29614	16610	5611918	40.72
太保人寿	市区	12872	5104	2926	7768	824	9039	3009	12.6	492	2778	3270	3710	261735	–
	丹阳	5410	3024	952	2386	516	2897	1997	20.3	147	545	692	604	53939	–
	句容	8392	5731	569	2661	34	3126	5232	80.4	161	210	371	229	35403	–
	扬中	6013	3893	1272	2120	291	2809	2913	49.1	136	218	354	745	69561	–
	合计	32687	17752	5719	14935	1665	17871	13151	32.8	936	3751	4687	5288	420638	7.66
平安人寿	市区	17348	6929	3078	10419	1469	13453	11515	–26.1	499	910	1409	1093	8416	–
	丹阳	21396	8546	3797	12850	–	16592	–	–1.4	614	1121	1735	1347	6665	–
	句容	11566	4619	2052	6947	–	8969	–	51.6	333	606	939	728	1758	–
	扬中	7517	3002	1334	4515	–	5829	–	28.1	217	393	610	474	2812	–
	合计	57827	23096	10261	34731	1469	44843	11515	–1.5	1663	3030	4693	3642	19651	13.56
新华人寿	市区	10081	4442	2232	5639	164	4259	5658	26.4	117	1317	1434	809	17994	–
	丹阳	1607	653	653	954	–	1607	–	169.6	41	25	66	52	6239	–
	句容	1124	276	276	848	–	1124	–	44.1	41	22	63	46	4554	–
	扬中	1549	498	497	1051	–	1549	–	43.8	38	23	61	35	5692	–
	合计	14361	5869	3658	8492	164	8539	5658	37.7	237	1387	1624	942	34479	3.37
泰康人寿	市区	14316	9018	2403	5298	474	5901	7941	26.7	207	1161	1368	3280	9984	–
	丹阳	8341	7269	691	1072	–	1808	6533	72.4	22	–	22	81	4564	–
	句容	3369	2763	348	606	–	1073	2296	–5.9	12	–	12	41	1919	–
	扬中	2698	2694	203	4	–	212	2486	–12.5	11	–	11	2	1440	–
	合计	28724	21744	3645	6980	474	8994	19256	26.0	252	1161	1413	3404	17907	6.73
太平人寿	市区	5374	2025	1214	3349	278	2465	2631	–23.6	85	–	85	1005	2825	–
	丹阳	1026	479	479	547	–	1026	–	61.8	21	–	21	53	641	–
	句容	684	177	177	507	–	684	–	21.7	7	–	7	31	278	–
	扬中	–	–	–	–	–	–	–	–	–	–	0	–	–	–
	合计	7084	2681	1870	4403	278	4175	2631	–13.9	113	0	113	1089	3744	1.66
民生人寿	市区	11190	9612	2257	1578	14	1442	9734	322.7	138	60	198	200	16762	–
	丹阳	289	103	101	186	–	289	–	54.5	2	10	12	14	2084	–
	句容	185	35	35	150	–	185	–	–5.6	5	28	33	13	1598	–
	扬中	349	156	156	193	–	349	–	47.9	5	4	9	16	1894	–
	合计	12013	9906	2549	2107	14	2265	9734	267.8	150	102	252	243	22338	2.82
合众人寿	市区	507	206	112	301	–	359	148	–43.5	–	–	0	–	10025	–
	丹阳	210	70	27	140	1	170	35	–87.7	–	–	0	–	6008	–
	句容	267	80	75	187	–	271	–	–74.3	–	–	0	–	8798	–
	扬中	–	–	–	–	–	–	–	–	–	–	0	–	–	–
	合计	984	356	214	628	1	800	183	–73.8	0	0	0	0	24831	0.23

续表 26-3

单位		保费收入							同比增长（%）	给付金额			退保金额	承保人次	市场份额（%）
		合计	其中							理赔给付	其他给付	合计			
			首年新单	首年期缴	续收	直销	营销	代理							
生命人寿	市区	6062	5379	1909	683	-	1026	5036	180.9	17	5	22	156	3454	-
	丹阳	219	92	74	127	-	219	-	200	4	2	6	1	73	-
	句容	449	251	250	198	-	449	-	95.2	4	1	5	4	319	-
	扬中	463	244	244	219	-	463	-	56.9	1	-	1	12	267	-
	合计	7193	5966	2477	1227	0	2157	5036	161.0	26	8	34	173	4113	1.69
中宏人寿	市区	1390	512	508	878	0	1390	0	37.8	180	9	189	64	6279	0.33
华夏人寿	市区	2823	704	1831	2119	54	2243	526	6.3	21	-	21	828	816	-
	丹阳	1279	1279	-	-	-	1279	-	-1.5	-	-	0	-	1574	-
	句容	237	237	-	-	-	237	-	-34.3	-	-	0	-	386	-
	扬中	-	-	-	-	-	-	-	-	-	-	0	-	-	-
	合计	4339	2220	1831	2119	54	3759	526	0.6	21	0	21	828	2776	1.02
嘉禾人寿	市区	1537	1054	214	483	0	600	937	33.7	42	78	120	332	1099	0.36
海康人寿	市区	1389	908	627	481	0	0	1389	24.1	2	43	45	67	672	0.33
国泰人寿	市区	1380	1288	0	92	0	297	1083	13.8	58	-	58	21	897	0.32
正德人寿	市区	20130	19357	170	773	1	104	20025	111.3	1	10	11	634	8434	-
	丹阳	5	5	5	-	-	5	-	-92.5	-	-	0	-	24	-
	句容	-	-	-	-	-	-	-	-	-	-	0	-	-	-
	扬中	-	-	-	-	-	-	-	-	-	-	0	-	-	-
	合计	20135	19362	175	773	1	109	20025	109.9	1	10	11	634	8458	4.72
长城人寿	市区	294	156	156	138	0	294	0	36.7	-	-	0	19	327	-
	丹阳	39	39	39	0	-	39	-	-26.4	-	-	-	-	51	-
	句容	215	185	185	30	-	215	-	-	-	-	0	-	334	-
	合计	548	380	380	168	0	548	0	104.5	-	-	0	19	712	0.13
阳光人寿	市区	12119	11023	1645	1096	0	1820	10299	-	-	-	0	1240	4650	-
	丹阳	324	324	324	-	-	324	-	-	-	-	0	-	-	-
	句容	12	12	12	-	-	12	-	-	-	-	0	-	-	-
	扬中	234	234	234	-	-	234	-	-	-	-	0	-	-	-
	合计	12689	11593	2215	1096	0	2390	10299	303	0	0	0	1240	4650	2.97
华泰人寿	市区	3617	3394	798	223	10	1060	2547	499.8	30	0	30	78	4462	0.85
信泰人寿	市区	5168	4990	1755	178	0	127	5041	591.8	-	-	0	-	2723	1.21
人民人寿	市区	39292	39292	1202	0	1703	375	37214	1260.1	101	-	101	840	28164	9.21
信诚人寿	市区	504	504	114	0	0	86	418	-	-	-	0	2	1325	0.12
合计	市区	218037	152670	33648	65367	6857	72570	147699	50.6	3907	14746	18653	20337	1762611	-
	丹阳	103392	54523	17536	48869	1936	62312	34336	11.1	3154	9197	12351	8480	1635543	-
	句容	56113	32509	8706	23604	1075	29757	22688	31.3	1611	4307	5918	2996	1922332	-
	扬中	49038	25341	8262	23697	1373	29566	16411	14.1	1948	4135	6083	3703	901350	-
	合计	426580	265043	68152	161537	11241	194205	221134	31.8	10620	32385	43005	35516	6221836	100.0

（镇保协）

表 26-4　“十一五”期间镇江市保险业情况表

年　份	2005 年	2006 年	2007 年	2008 年	2009 年	2010 年
公司机构数(个)	16	21	26	35	42	44
密度(元)	744	806	965	1217	1456	1930
深度(%)	2.28	2.11	2.14	2.31	2.58	2.76
总保费(亿元)	19.9	21.65	25.94	32.85	40.76	54.04
寿险保费(亿元)	15.75	16.81	19.62	25.81	32.36	42.66
产险保费(亿元)	4.15	4.84	6.33	7.04	8.4	11.38
总赔付金额(亿元)	4.7	6.99	6.43	9.25	10.52	9.62
产险赔付(亿元)	3.02	3.54	3.25	4.38	5.64	5.32
寿险给付(亿元)	1.68	3.45	3.17	4.86	4.88	4.3

(镇保协)

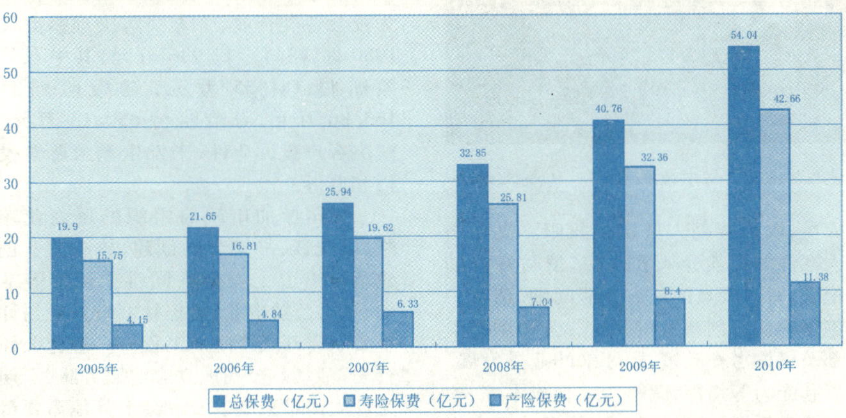

图 26－1　“十一五”期间镇江市保费收入情况图

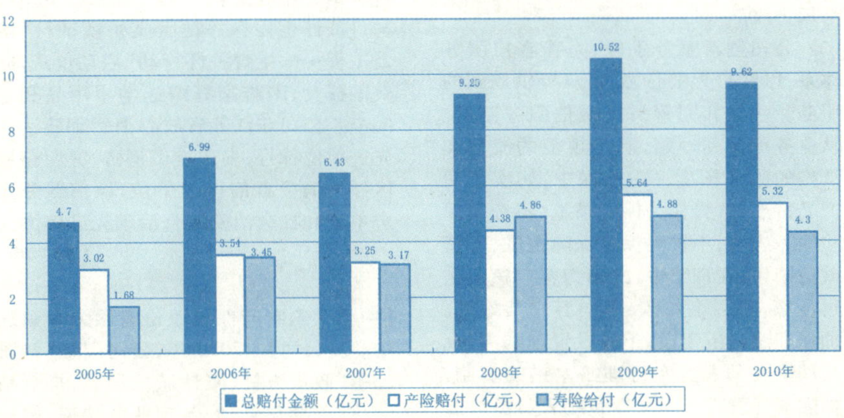

图 26－2　“十一五”期间镇江市保险赔付情况图

【中国人民财产保险股份有限公司镇江市分公司】　2010 年,公司实现保费收入35117万元,比上年增长11.4%。实收保费35077万元,增长8.6%,完成省公司保费计划的100.03%,市场份额30.82%。财产险保费收入7824万元,车险保费收入25145万元,农险保费收入2148万元。在2009年船舶建造险有所突破的基础上,2010年将润州公司定为船舶险和船舶建造险专营团队,优化资源配置,提高专业能力,取得良好的业绩。船建险保费收入300多万元,比上年增加200余万元。公司新增保费收入30万元以上的项目10余个,新增项目保费收入累计700余万元,其中新增索普集团财产险业务保费收入250万元,大港新昌源化工企业财产险业务保费收入60余万元,丹阳恒大化工财产险业务保费收入50余万元,海鑫钢铁有限公司货运险业务保费收入100余万元等。交叉销售业务保费收入1629万元。

2010年,公司为全市提供风险保障1910亿元,全年累计赔付支出17645万元,车险累计赔付支出13853万元,非车险赔付支出3792万元。及时处理丹阳皇马火灾案、江苏彤明车灯有限公司火灾案、2009年6月14日镇江正大公路风灾赔案以及镇江某劳务公司的出国人员在尼日利亚的意外险死亡案。北吉模塑的案件在出险后一个月内完成查勘、定损、赔付的全过程。

公司共为102万户次农户提供8.59亿元的农业生产风险保障。2010年4季度,公司开展高效特色农业保险业务,开办奶牛、蔬菜大棚(含棚内蔬菜、瓜果)、林木等高效设施农业保险业务。在全辖55个乡镇成立“三农”保险服务站,112个村成立“三农”保险服务点。

加强理赔工作管理。公司在2010年1～2月对原理赔中心的人员进行重新组合,引进相关的人员充实到法律、人伤、数据管理、财产险查勘岗位。组织对县支公司流程的检查,加强对4S驻店人员、各职能部门和经营团队负责人、县支公司员工的流程宣导和培训,不定期公布各部门对流程访问情况,督促各部门加强组织员工参与到流程管理的学习、反馈氛围中。2010年8月,公司顺利实现“95518”专用服务电话省集中工作。

(范安琪)

【中国人寿保险股份有限公司镇江市分公司】　2010年,中国人寿镇江市分公司贯彻落实科学发展观,把握发展机遇,拓宽人寿保险服务领域和覆盖面,经营绩效稳步提升,业务发展迈上新台阶。

年末,公司实现保费收入17.37亿元,比上年增长8.55%,市场占有率40.72%,列镇江寿险第一位。全年累计给付保险金额2.96亿元。对外发展群众需求高的养老、医疗等各项保险,对内加强财务资源管控,将有限的资源用于业务发展、员工福利和促进公司可持续发展方面,实现财务收支平衡,经营效益显著。提升客户服务时效,组织开展“2010·卓悦柜面”等系列客户服务活动,继续开展“国寿1+N”客户服务活动,提升国寿品牌形象和客户满意度。发展计生系列保险、建工险等政策性业

中国人寿镇江市分公司大学生"村官"人才招聘会　　（赵文静）

务，履行社会责任。推进保险进学校、进农村、进社区。公司推进和谐企业建设，开展"迎国庆"文艺汇演，在省分公司多项比赛中均获得优异成绩。2010年，公司获江苏省文明行业荣誉称号。

（赵文静）

【中国太平洋财产保险股份有限公司镇江中心支公司】　2010年，公司坚持推动和实现可持续价值增长的经营理念，加快业务发展，坚持风险防范和业务发展并重，转变发展方式，创新机制，又好又快地完成全年各项经营指标。

年末，公司实现保费收入20777万元，比上年增加7235万元，增长53.42%。市场份额18.26%，增加2.16个百分点。其中非车险保费收入9106万元，车险保费收入11671万元，市场份额13.88%。简单赔付率43.9%，综合成本率94.11%。

创新运行机制，转变增长方式。公司把"着力优化业务结构，促进有价值可持续增长"作为首要任务。创新渠道建设。成立中介营销业务部，落实专人负责交叉销售。公司成立车商渠道业务部，全面负责车商代理业务。开展电话销售业务，逐步完善电话销售业务流程，通过报纸、电台等广告投放，扩大公司电话销售知名度，使太保电话车险迅速进入社区。加大与银行合作的力度。拓展新项目，坚持优先发展效益产品。创新理赔服务。完善理赔岗位职责，规范操作流程。狠抓现场查勘率，确保查勘的及时性，提高查勘质量。公司车险移动视频查勘系统上线，现场查勘率达75%。把好核价关，公司配备车险核价人员，取消查勘人员定损权限。提高伤人案件的提前介入和跟踪，填写好查勘记录，对有疑点的地方查清问细，请客户签字确认。创新考核办法。公司调整本部及机构考核政策，由原来的业务发展、赢利能力等指标，调整为综合成本率、核心业务发展、市场份额、应收保费四大指标，加大对综合成本、核心业务的拓展和考核力度。

公司创新服务手段，完善客户服务体系，以客户为中心，为客户提供周到的服务。建立和完善员工诚信服务制度。从业务承保到理赔，制定规范的流程和严格的服务标准。在承保中，如实说明产品特点，解释相关保险条款，不夸大保险保障内容，不扩大保险保障范围，坚持诚信销售；在理赔中，准确为客户核定赔付金额，不弄虚作假，不向客户要好处。加强理赔队伍建设，重新设置理赔岗位。对理赔内勤人员实行理赔差错问责制，加强责任管理。与全辖查勘人员签订服务承诺书。建立客户投诉和监督机制。自觉接受社会和公众监督，公开服务承诺，公布业务流程和承诺，倡导诚信、透明服务。利用电台、报纸、广播等多种媒体公布公司服务承诺，推进柜面标准化职场建设，大厅设置展牌，员工统一着装，挂牌上岗，营造优美的服务环境。2010年，公司被评为江苏省放心消费创建活动示范单位和市消费者信得过单位。

完善内控制度，建立风险防范的预警机制，加强成本管控，开展合规检查，连续四年被总公司评为合规达标公司。公司弘扬"诚信天下、稳健一生、追求卓越"的太保核心价值观，倡导太保企业文化，参加由镇江市政府、市消费者协会举办的"3·15"大型宣传活动，树立优质服务的保险品牌。

（吴　敏）

【中国太平洋人寿保险股份有限公司镇江中心支公司】　2010年，公司坚持规范经营，诚信服务，各业务条线均取得较好的成绩。公司全年完成保费收入3.27亿元，比上年增长33%。其中，个险渠道保费收入1.79亿元，增长18%；银邮渠道保费收入1.32亿元；团险渠道保费收入1665万元，增长84%。

公司坚持一切以客户满意为标准，提高理赔服务的时效性、准确性。全年为社会各类企业、个人共解决理赔案件1980件，赔付金额936万元，其中意外险赔付141.55万元，健康险赔付165.86万元，寿险赔付630.13万元。解决客户投诉2件，未发生重大恶性投诉和群诉。

公司参加市政府组织的反商业贿赂、反洗钱、平安金融创建、放心消费创建及与街道工委会共同维护治安等活动，热心公益事业，勇担社会责任。与计生委联合开展"博爱工程——生育关怀行动"活动。公司成立志愿服务队，定期为计生困难家庭以及社会上其他需要帮助的人提供无偿服务，通过爱心大使对特殊困难家庭进行一对一帮扶。10月，与丹徒计生委在丹徒区高桥镇举行"博爱工程——生育关怀行动"启动仪式，向贫困孤女、困难家庭赠送学习用品和慰问金。公司获江苏省放心消费创建活动先进单位称号；多次被市消协、健康路社区评为消费者信得过单位、诚信服务先进单位和社会治安综合治理先进单位。

（谢　琳）

【中国平安财产保险股份有限公司镇江中心支公司】　2010年，公司围绕"健康超越"政策方针，坚持诚信经营，推行精细化、差异化管理，各项业务快速、健康发展。全年实现保费收入13008万元，比上年增长65.3%，市场份额11.43%。其中车险保费收入10022万元，占总保费77%；非车险保费收入2986万元，占总保费23%。

建立健全各项服务制度。结合公司门店标准化建设的要求，加强各项制度的落实。规范门店服务人员的服务标准。理赔升级服务承诺，由"平安车险、万元以下、资料齐全、三天赔付！"全面升级为"平安车险、万元以下、资料齐全、一天赔付！"。树立合规和诚信经营的理念，按照公司向保监会报备的各险种条款及费率规章开展各项业务经营，严格自律经营行为。正确处理各种投诉，提高服务意识，强化服务质量，按照《客户投诉管理暂行办法》要求形成一整套投诉处理流程。开展“绿色承诺、服务先行”为主题的平安产险客服节宣传，增强员工的服务意识。（信 丁）

【中国平安人寿保险股份有限公司镇江中心支公司】 2010年，公司坚持“诚信守法，简单务实，团结进取，迎难而上，追求卓越，服务领先，创造价值，回馈社会”的宗旨，拓展业务渠道。全年公司保费收入5.7亿元，各类赔付案件1898件，给付金额4693万元。经营区域覆盖镇江全辖，设有营销服务部19个，员工队伍1000余人。

公司注重合规经营，通过品质管理办法规范代理人在展业过程中侵害客户利益的各种行为。强化业务人员品质管理。细化各种侵害客户利益行为的对应处罚措施，最大程度保护客户权益，保证客户知情权。完善承保理赔制度。加强展业行为管理，提高有效承保质量。优化流程，强化管理，为客户提供申请手续简便、赔付及时合理的理赔服务。公司实现全国通赔，即客户可在全国任何有平安机构的地方办理理赔手续，在理赔申请材料齐全的情况下，公司承诺对一般理赔申请在10个工作日内确定理赔结果。理赔审核作业实现全国集中，标准化程度以及公平、公正性更高，严格按照条款的约定和法律法规的规定处理案件。

服务大厅建设注重人性化，客户服务不断创新。公司健全和完善售后服务体系，包括续期收费、保单保全、咨询投诉、保险理赔、大型服务活动、保户卡、急难援助、标准门店以及网上热线等服务项目。镇江地区设立4个服务网点，开通“一柜通”服务，便于客户在一个柜台前办完所有的手续。开通PA18网上缴费功能。妥善解决客户投诉，维护客户利益，塑造良好企业形象。建立完善的投诉处理系统（CCS），对信访投诉受处理的各个环节进行记录和管理。通过建立群体性信访投诉工作预防及处理机制、健全信访工作的分析排查和化解机制等多种途径，加强信访处理队伍建设。开展“与希望同行”“励志计划”“红十字公益”等慈善公益活动，弘扬中国平安传播健康、关爱客户、回报社会的公益理念。（狄建华）

【新华人寿保险股份有限公司镇江中心支公司】 2010年，公司在核心业务高速发展的同时，业务品质持续向好，各渠道续期指标保持高位稳定。全年实现保费收入14361万元，比上年增长38%，其中个险保费收入8539万元，超额完成分公司下达的年度目标。代理期缴、团体短险保险比重大幅提高，业务结构得到优化。

强化服务意识，提高服务水平。为客户提供快速、高效的理赔服务。有效实现效益与价值的增长，形成具有高内含价值的可持续发展的业务模式，表现在新契约期缴业务快速发展、续期业务形成良好的滚动效应。全年支付各类赔款236.73万元，件数467件，理赔时效平均3.34天。

公司加强风险管控，在完善治理结构，强化执行力，加强信息化建设，注重培育良好的合规文化，形成有利于风险管控的内部环境。

针对客户的不同需求，公司建立完善的产品体系，涵盖传统保障型产品和新型人身保险产品。在国内寿险市场率先采用“保额分红”方式，在此基础上形成独具特色的分红产品体系，年度红利保持相对平稳，满足客户相对合理的预期，在保障生命和健康的同时实现保额和财富的递增。（骆 婷）

【大众保险股份有限公司镇江中心支公司】 2010年，大众保险公司镇江中心支公司实现保费收入1781万元，比上年增长47%。

公司建立分渠道管理的业务平台。调整销售模式，强化对业务的掌控能力，渠道业务的市场成本优势初步显现。坚持效益为中心。从承保和理赔的角度进行双向管控，把好“进出口”关。强化销售工作。丹阳营销部以银保业务为重点，发展渠道团队；扬中营销部以提高人均产能为重点，内部培养，人员稳定；句容营销部以“车行”业务为重点，打造4S店营销团队。完善内控制度，树立合规理念。加强对客户服务，渠道业务的承保专员和理赔人员及时向车行通报出险信息，做好理赔过程中的信息沟通。内部的二线部门做好对一线部门的服务，互相配合，将有限的资源向一线倾斜。（沈雪暖）

【泰康人寿保险股份有限公司镇江中心支公司】 2010年，公司加大产品结构转型的力度，注重发挥保险的保障功能，推进传统险销售。全年实现保费收入28724万元，比上年增长26%，承保17907人次，全年支付各类赔款1413万元。

业务品质持续提升，十三个月继续率达88%，名列全省第二。全年在镇江市保险行业协会实现零投诉。公司被评为2010年度全省唯一的优秀中心支公司。个人保险业务提前20天完成全年任务，业务规模名列全省第5、全国第49位。市区营销服务本部和丹阳支公司连续八年和连续六年位列全省四级机构十强，其中市区营销服务本部名列第2，高资营销服务部跻身全国五级机构百强行列，名列第21位。1人参加全国世纪盛典。（张敏泉）

【永安财产保险股份有限公司镇江中心支公司】 2010年末，公司全辖签单保费2899万元，比上年增加739万元。其中车险2319万元，增加742万元；财产险400万元，增加59万元；人身险180万元，减少62万元。保费收入列镇江产险公司第11位。2010年满期赔付率54.31%，低于全省平均数3.98个百分点，比上年增加1.91个百分点。其中车险满期赔付率63.21%（商业车险39.34%，交强险128.02%），车险赔付率低于全省平均数4.41个百分点；财产险满期赔付率10.37%，低于全省平均数20.01个百分点；人意险满期赔付率27.8%，低于全省平均数23.35个百分点。经营效益明显好转。车险业务作为公司的主要业务险种，赔付率逐步下降，效益逐步提高；企财险等效益险种规模不断扩大，份额不断上升，实现规模险种出效益，效益险种上规模的目标。

贯彻执行总、分公司下发的理赔标准化操作规程和分公司关于开展理赔优质服务竞赛的通知精神，抓理赔管理和服务质量。截至年末，全年已决赔款1403万元，未决赔款1484万元；全年共接报案1629件，已决案件911起，未决案件718起。结案率82.05%，录入超时率0.57%。（冯 泉）

【安邦财产保险股份有限公司镇江中心支公司】 2010年，公司坚持以效益为中心，加强服务，巩固传统业务，开拓新渠道，提高市场占比，业务规模发展加快。全年公司保费收入3165万元，比上年增长59.4%。

快速理赔是安邦保险2010年服务的最大优势。规范员工的服务质量。第一现场查勘率、24小时资料上传率、派工受阻率、结案率等五个指标被列入安邦理赔员工的考核体系。截至年末，镇江安邦理赔的当年结案率（100.88%）和5天的结案周期双双跃居同行业领先地位。

移动出单是安邦保险2010年领先全行业的创新之举。借助GPRS网络，采用无线信号传输的方法，连接公司的核心业务系统，通过数据实时对接校验，利用打印终端出具保险单。镇江安邦配

备6台移动出单设备,此电子商务技术的创新应用,适应当前市场竞争的需要,为客户提供便捷、高效的优质服务。（徐素霞）

【民生人寿保险股份有限公司镇江中心支公司】 2010年,公司秉承“稳健经营,持续发展”的经营方针,强化合规经营,提高内控管理,强化基础管理,加强后援建设,各项工作取得新成绩。

坚持以个人期缴业务为主,多渠道发展业务。个险、银保、续期等各条线均超额完成总公司下达的全年计划。保费收入1.2亿元,其中核心业务个险保费收入839万元;续期保费收入1426万元;银保期缴保费收入1829万元;趸缴保费收入7224万元;银保续期保费收入681万元。全年受理理赔报案115件,理赔给付150万余元,理赔平均结案时间为5天。按公司“非常6+1”特色理赔服务要求送赔款上门三次。其中被保险人陈某意外车祸造成一级残疾,公司全额赔款102万元。

公司加强基础管理工作,通过管理促发展。加强员工思想政治工作和企业文化建设,参加总、分公司举办的各类演讲、PPT制作大赛、模范员工竞赛、办公软件培训等活动,丰富员工的文化生活,提高员工的集体荣誉观,增强企业凝聚力。（顾芬花）

【中宏人寿保险股份有限公司镇江营销服务部】 2010年,中宏人寿镇江营销服务部恪守“专业的精神、卓越的服务、正直的品行、健全的财务、上选的雇主”的公司价值观,坚持树立中外合资保险公司的品牌形象。全年公司保费收入1390万元,比上年增长33.4%,保险金额14810万元,新增承保件数1226件,新增承保人次4038人,全年给付金额189万元。

坚持诚信规范服务,做到每单必访,客户回访率100%,继续实现全年客户零投诉。在快速发展业务的同时,公司注重强化内部管理,提升员工素质,增强公司内涵品质。公司157名营销员全部实现持资格证和展业证上岗,10名内勤人员中有6人执有国际金融保险管理证书,其中高级3人、中级1人、初级2人。

自觉遵守行业自律的各项规定,连续四年在行业内未受到同业投诉,得到市保险行业协会的好评。在镇江市保险行业协会2010年度保险代理人资格考试组织工作评比中,获先进单位称号。（周禹岑）

【中国大地财产保险股份有限公司镇江中心支公司】 2010年,公司本着“承保有利润,发展有效益”的发展思路拓展业务,引进高标准人才,充实管理展业队伍,强化管控措施,确保发展质量,优化服务,树立公司品牌,各项工作取得明显成效。公司实现保费收入3248万元,比上年增长155.9%。其中车险2950万元,增长164.8%;非车险258万元,增长186.05%;人身险40万元,下降38.5%。已决赔款996.31万元。简单赔付率29.8%,满期赔付率56.77%,精算赔付率52.97%,保费费用率23.56%。应收管理达标,现金流充足。

规范经营,提升管理水平,突出业务重点。采用科学的管理体系,出台系列管理规章制度、考核办法。强化依法合规经营,防范和控制经营风险。加强展业承保管理,完善承保风险控制体系。加强理赔管理,以控制赔付率和提升服务品质为重点,提高理赔时效和客户满意度。加强财务预算管理,促进公司效益发展。遵循总公司“承保有利润,发展有效益”的发展思路,实行从规模型发展向效益型发展的转变,加大对赔付率和费用指标的考核,把赔付率考核与承保质量挂钩。稳固车险和企业财产保险,拓展新车市场业务。渠道建设初见成效。成功与10家4S店以合同形式建立固定的合作关系。与农行、建行签订银保合作协议。（王冬梅）

【中国人寿财产保险股份有限公司镇江中心支公司】 2010年,公司实现保费收入4342万元,比上年增长48.6%,列镇江财产险市场第四位,比上年提前两位,市场份额3.82%,增加0.32个百分点。

公司坚持贯彻“优化结构、把握节奏、依法合规、效益经营”,以效益为中心,推进品质镇江年的各项建设,采用“管理向上集中、服务向下延伸”经营管理模式,从做大做强向做久做优转变,通过一手抓销售队伍建设,一手抓管理队伍能力提高,实现调整业务结构、把握发展节奏、降低综合成本的目标。坚持依法合规经营,抵制不正当竞争,贯彻国家相关法规和行业监管规定,确保公司健康持续发展。（王映霞）

【阳光人寿保险股份有限公司镇江中心支公司】 2010年,公司不断整合发展思路,完善内控,调动各方资源,在坚持又好又快发展理念的基础上,强化服务质量和售后管理。年末,公司保费收入1.3亿元,营销保费收入2390万元。总保费收入位列全省阳光系统第四,银保保费收入10299万元,位列全省阳光系统第三。团险月度保费平稳发展。完成交叉销售保费收入45万元,年保费位列全省阳光系统第一,达成率排名第三。

机构铺设初现雏形,多元渠道共同发展。公司始终关注速度规模与质量效益的协调发展。2月和11月,扬中支公司、句容支公司分别取得营业执照。8月,大港新区支公司组建。成功开拓农行、邮储、工行、浦发银行等银行代理渠道。团险在已建立的近60家企事业单位服务平台上,执行稳定健康的发展模式,逐步拓展新的客源。

强化团队自主建设。搭建银保架

中国人寿财产保险股份有限公司镇江中心支公司现场接受市民咨询（王 佳）

构，规范团队日常管理。完善各项管理制度，推行常规化管理，建立部门经理周例会、前后线KPI指标月度分析会等。坚持规范管理，合规经营，响应金融行业反洗钱号召，在公司内部推广落实。参加市消协举办的“诚信经营、放心消费”企业联盟，获“诚信经营、放心消费”企业称号。以服务创品牌，始终以诚信关爱的服务态度服务大众，通过集中管理、服务前置，提供优质稳定的全程服务。继续推行平安金融创建，完善各项防范措施，从源头把控，降低风险的存在。成功举办第一届运营客服节。开展“WE CARE——我们关心您”等系列服务活动。 （吴启秀）

【紫金财产保险股份有限公司镇江中心支公司】 紫金财产保险股份有限公司是由江苏省国信资产管理集团有限公司等13家企业共同发起成立、首家总部设在江苏省的全国性财产保险公司。公司注册资本人民币25亿元，注册地江苏省南京市。公司总资产1000亿元。所有股东均实现连续三年盈利，具有持续出资能力和长期战略投资眼光，为公司长远可持续发展提供强大支持。2010年2月，紫金财产保险股份有限公司镇江中心支公司筹建。6月，江苏省保监局正式批复成立紫金财产保险股份有限公司镇江中心支公司。地址位于镇江市大西路120号。11月24日，紫金保险镇江中心支公司在碧榆园宾馆举行开业典礼。

完善各险种承保制度，做好日常承保基础工作。全年公司保费收入1058万元，市场份额0.93%。车险业务稳定增长，保费收入571万元；非车险业务保费收入487万元，非车险占比46%。综合成本率108%，应收率降到0.1%。当年提取未决赔款准备金净额1608万元，报表累计未决赔款准备金净额50.09万元。

2010年承保丹徒区三麦10666.67公顷，油菜4000公顷，能繁母猪240头。截至年末，承保含高效设施农业保险在内的10种农险，涵盖农险所有项目。在10个乡镇建立“三农”保险服务站，123个村建立“三农”保险服务点。完善理赔客服队伍，实施理赔服务“三快”（接报案快、查勘定损快、理赔服务快）工程。全年处理案件258件，其中机动车险192件，人险1件，企财险、机损险65件。电话回访7件，客户满意度100%，第一现场调派率95%。 （王　跃）

证　券

【华泰证券股份有限公司镇江中山东路证券营业部】 2010年，华泰镇江营业部扩宽各种渠道，加快理财转型，强化对客户的服务。按照公司组织框架和薪酬改革，将营业部分为前、中、后台，明确岗位设置、岗位职责和工作要求，将原来按照现场、非现场、基金等职能划分的团队先过渡到标准服务岗，进一步向理财师转型。结合公司紫金大讲堂活动，多次举办大型客户交流活动。3月，举行主题为携手紫金理财积分，把握虎年投资策略的理财积分俱乐部新春投资报告会和融资融券与股指期货知识讲座。8月，营业部与中行共同邀请客户举办紫金大讲堂——2010年下半年A股投资策略报告会。12月，营业部在工行财富中心举办融资融券客户沙龙活动。年末，营业部实现利润4553万元。股票和基金交易量386.4亿元，佣金收入5070.36万元，累计股基份额0.38。全年新增客户5685户，营业部总客户数54553户，有效户数24428户。

（李向荣）

【申银万国证券股份有限公司镇江营业部】 2010年，申银万国证券镇江营业部沪深交易总量247.06亿元，市场占有率0.0326%，新增开户4025户，利润总额3800万元。申银万国证券镇江营业部句容服务部正式分离升级成句容营业部，部分客户移到句容营业部，划分客户资产和交易量大约占原营业部可交易资产的20%～30%，营业部将服务部分离对营业部业绩的影响减少到最低，保持利润等主要经营指标的相对稳定，利润仍然维持在申银万国证券公司145个营业部的前40名。

通过多种方式稳定核心客户，将申万研究所的高端咨询产品推荐给客户，为客户提供增值服务。营业部完成融资融券、股指期货等新业务的筹备工作，具备2项新业务资格，新业务工作初步展开，发展3名融资融券和3名股指期货客户。做好公司申万3号理财产品销售，通过全员动员，在镇江地区以中小投资者为主的市场格局下，超额完成分公司分配的任务，实现销售920万元，在分公司排名第3，公司排名28名。基金保有量保持相对稳定，仍居公司前列。截至年末，发行5只理财产品，受到客户的一致好评。 （陆晨阳）

【南京证券有限责任公司镇江中山东路证券营业部】 2010年，南京证券镇江营业部，内抓增值服务，外拓营销渠道，注重经济效益和社会效益相结合，实现营业部“理财中心、服务中心、营销中心”的职能转变。全年完成交易量300.20亿元，比上年增长5.12%。手续费收入2831.62万元，实现利润2252.62万元，同比均有一定下降，原因是由于市场平均佣金率的不断下滑。2011年1月1日起，江苏省证券业协会颁布江苏地区最低佣金1‰，这项举措有利于稳定镇江地区市场。 （常　斌）

【光大证券股份有限公司丹阳中新路证券营业部】 2010年，丹阳证券营业部股票基金权证交易量418亿元，市场占有率0.36‰，新增开户3486户。

营业部及时根据客户资产规模、资金周转率实际情况将客户重新梳理细分，营业部对核心客户由投资顾问团队进行定向交流与服务。做好投资者宣传教育。每周六定期开办股民课堂，精心制作课件，讲解证券市场基础知识、投资理念、操盘技巧、新业务介绍以及风险揭示等。全年开课45次，参加听课的投资者达3000多人次。举办六期“阳光富尊”核心客户投资者沙龙活动，与会人数达600余人，及时推出光大证券月度十大金股等投资策略报告，投资者反响较好。

做好新业务的推介及服务工作。5月，营业部获批融资融券业务资格，营业部邀请符合条件的投资者进行座谈交流，推动新业务有序、快速发展，全年开立融资融券信用账户近50户，同时新增期货账户160户。加强营销队伍管理。在周边地区发展一批新的银行渠道，拓展保险公司、4S店、高档会所和美容店等，及时完善营销管理架构，加强营销招募力度和标准化管理，营销队伍初具规模，推动营业部各项业务的发展。加强客户资料规范管理。根据公司统一部署，营业部突击进行客户信息的补充工作，共补充客户信息1.2万户，完成率92%。7月，营业部原下属新桥服务部升级为证券营业部。 （李晓君）

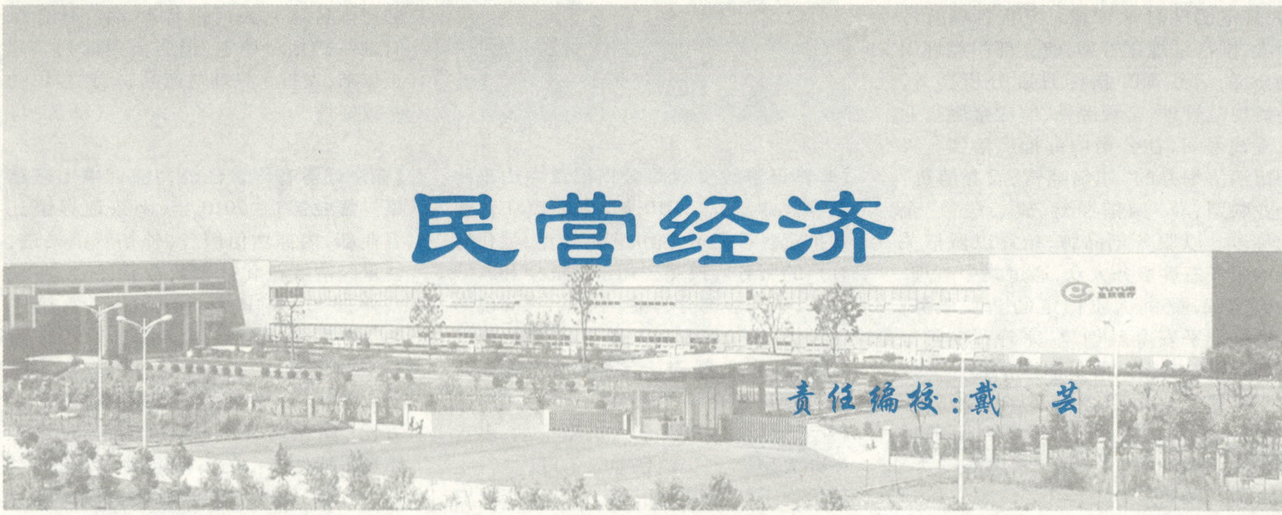

民营经济

责任编校：戴 芸

综 述

【概况】 2010年，全市私营企业和个体工商户200726户，净增73859户。其中：全市私营企业45853户，净增17564户，增长62.1%；个体工商户154873户，净增59852户，增长62.9%。私个注册资本（金）1985.38亿元，净增1033.6亿元，增长108.6%。2010年，全市私营企业吸纳从业人员77.49万人，个体工商户吸纳从业人员29.91万人，比上年分别净增25.9万人、13.9万人。2237家全市规模以上民营工业企业实现销售收入2359.9亿元，增长29.8%；利税192.7亿元，增长34.4%；利润110.8亿元，增长41.3%。全社会民营投资完成654.59亿元，增长32.1%，其中规模以上民营投资完成573.9亿元，增长28.3%。全市民营经济实现增加值1112亿元，增长13.8%，占全市地区生产总值56.8%，比上年提升1.2个百分点。 （王 飞）

【"十一五"民营经济概要】 "十一五"期间，全市私营企业和个体工商户累计达20多万户。其中全市新增私营企业16939户，累计45868户；新增个体工商户56935户，累计154873户；注册资本1333.9亿元，是"十五"期末的5.56倍。2010年，全市民营经济实现增加值1112亿元，是"十五"期末的2.3倍，占全市国内生产总值的56.8%，比"十五"期末提高4.3个百分点；全市民营经济完成投资654.59亿元，是"十五"期末的3.25倍。 （王 飞）

【镇江浙江商会】 2010年，镇江浙江商会发展会员单位4个，其中理事2名（镇江龙门矿业有限公司孙礼真、镇江山河建材物资有限公司江建国），会员3名（镇江金桥铁路开发有限公司仲素华、江苏洋河珍品酒业驻镇江直销处赖细花、江苏凯源电子商务有限公司陈勇）。商会有会长1名，执行会长1名，常务副会长3名，副会长22名，理事19名。商会参加泰州市浙江商会第三次会员大会暨成立七周年庆典、镇江东北商会新春联谊会、句容浙江商会一届三次会员大会、镇江安徽商会成立庆典、江阴温州商会

表27-1

2010年镇江市私营企业基本情况统计表

行业分类	合计				其中：本期开业			
	户数（户）	投资者人数（人）	雇工人数（人）	注册资本（万元）	户数（户）	投资者人数（人）	雇工人数（人）	注册资本（万元）
合 计	45853	77599	697333	17092959.78	17564	22224	236736	8211064.66
农、林、牧、渔业	2791	3290	44042	1218877.71	2200	2288	34119	947249.60
采矿业	29	70	510	8291.00	1	1	37	40.00
制造业	19158	31932	430875	7155465.97	6333	7774	127198	3054690.64
电力、燃气及水的生产和供应业	49	147	1313	57464.27	7	12	321	22231.00
建筑业	2277	4439	38607	755016.23	682	842	6622	119791.80
交通运输、仓储和邮政业	1021	1986	9924	309686.36	328	490	2764	162385.60
信息传输、计算机服务和软件业	870	1507	3414	154874.49	194	272	816	79681.00
批发和零售业	14459	23546	116410	4525681.42	6565	8368	52490	3008743.22
住宿和餐饮业	394	689	8502	42944.35	72	102	1848	10378.00
金融业	68	300	396	410719.00	19	80	132	118580.00
房地产业	839	1827	9489	1208457.60	166	244	1350	160902.00
租赁和商务服务业	1938	4128	13126	687005.55	518	960	3403	280354.00
#广告业	355	705	1426	29579.70	57	111	290	12525.00
科学研究、技术服务和地质勘查业	676	1566	10746	356307.10	233	465	3994	189206.80
水利、环境和公共设施管理业	95	215	1680	44762.00	18	24	341	2071.00
居民服务和其他服务业	955	1550	6836	135799.93	181	220	991	50785.00
教育	23	40	172	7411.00	8	9	24	268.00
卫生、社会保障和社会福利业	14	21	130	1500.30	–	–	–	–
文化、体育和娱乐业	196	346	1161	12665.50	39	73	286	3707.00
其他	1	–	–	30.00	–	–	–	–

注：注册资本也包括出资金额。

（朱 伟）

表27-2

2010年镇江市个体工商户基本情况统计表

行业分类	合计			其中:本期开业		
	户数(户)	从业人员(人)	资金数额(万元)	户数(户)	从业人员(人)	资金数额(万元)
合 计	154873	299144	2760812.63	59852	139494	2125317.15
农、林、牧、渔业	9083	15642	374143.82	8295	14102	358448.05
采矿业	65	402	1356.10	1	3	50.00
制造业	17123	55178	387359.01	5729	18082	219880.60
电力、燃气及水的生产和供应业	28	70	508.10	1	2	50.00
建筑业	554	1451	16113.20	205	641	10561.80
交通运输、仓储和邮政业	7744	8471	64331.49	1617	1728	25767.58
信息传输、计算机服务和软件业	273	402	1988.33	84	126	1054.00
批发和零售业	96641	172700	1675476.22	39404	94914	1405914.26
住宿和餐饮业	7801	17638	93077.65	956	2676	26510.63
金融业	2	5	210.00	–	–	–
房地产业	310	570	2796.61	117	245	2114.95
租赁和商务服务业	1179	2030	14789.14	366	675	7637.00
#广告业	97	171	1040.40	29	55	497.00
科学研究、技术服务和地质勘查业	40	79	355.18	13	27	135.00
水利、环境和公共设施管理业	13	30	190.80	2	2	65.00
居民服务和其他服务业	13125	22807	117936.23	2962	6038	64869.88
教育	18	25	117.80	9	14	60.00
卫生、社会保障和社会福利业	88	128	422.70	9	18	173.00
文化、体育和娱乐业	783	1513	9625.25	81	200	2015.40
其他	3	3	15.00	1	1	10.00

(朱 伟)

成立六周年庆典、北京企业家俱乐部成立二十五周年庆典、“2010民企投融资大会暨浙商500强”论坛、泰州市浙江商会成立八周年庆典、临沂市温州商会成立庆典、徐州浙江商会一周年庆典、扬州市温州商会成立五周年庆典活动暨创先争优推进会、江苏省浙江商会成立四周年庆典等。

商会参加镇江市城管办举行的行风监督员会议、市政府组织的民营企业家新春联谊会、纳税维权先进单位和个人的座谈会、中国税务杂志社在镇江进行的纳税维权工作座谈会、镇江市经济和信息化委员会召开的行业协会整顿会议。商会参加江苏省浙江商会组织的“郎咸平的后危机时代”的专题讲座,镇江市委宣传部举办的民营企业家“慈善晚宴”,镇江工商局组织的、由原江苏省副省长吴瑞林主讲的“高层经济论坛”,镇江安徽商会主办“营销攻略”讲座、镇江市慈善总会的“一日捐”活动。接受镇江市经信委行业管理处对商会的工作检查。组织《京江晚报》对浙商专题采访。

组织商会、浙江籍有关人员参加镇江义乌小商品城的开业仪式、江苏海清生物科技有限公司开工典礼、高资好又多超市开业庆典、江苏大自然投资担保公司成立庆典、镇江华润房地产开发公司金色阳光开盘盛典、镇江亿都家居建材城二期开业,三期奠基仪式、浙江人家开张庆典、安徽快鹿水泥有限公司开工典礼、维也纳大酒店圣诞之夜等。组织有关人员参加湖北广水市在碧榆园举行的招商引资说明会。为会员企业提供外出考察投资的信息,分别向安徽涡阳、蒙城、池州等地发出考察函。

向镇江市人代会递交关于解决在丹徒区从事房地产开发浙商历史遗留土地问题的建议,使在丹徒区从事房地产开发浙商的土地问题得到解决。沟通、协调浙商及浙江籍人士在经贸、税务、交通、土管、公安、工商、房管等方面遇到的问题。 (蒋立群)

【镇江市丹徒区华润房地产开发有限公司】 镇江市丹徒区华润房地产开发有限公司于2002年9月25日成立,注册资本2200万元,位于镇江市丹徒新城龙山商贸中心3号楼,是从事房地产开发和销售的有限公司(自然人控股)。经营项目包括:市政建设、园林绿化,房屋租赁。开发企业资质属暂二级。

公司开发的金色阳光项目占地面积12.8公顷,建筑面积25万多平方米。项目北靠千禧路、西至华山路、南面龙山路、东临金谷西路,绿化率30%,周边紧邻新城中心幼儿园、实验小学、大港中学等。项目推出几大系列产品:景观多层、花园洋房、复式住宅、高层、商铺,均采用国内先进节能建材。 (钱家华)

【镇江安徽商会】 镇江安徽商会成立于2009年12月15日,有会员单位149家,首任会长艾学平,2010年4月18日在镇江一泉礼堂召开成立大会。

2010年,镇江安徽商会与镇江市委、市政府等多个部门联系,汇报商会工作,反映会员的意见和要求,了解经济发展政策,并与安徽省市县政府部门取得广泛联系,宣传镇江,就多个项目的招商引资意向进行洽谈。5月28日,商会组织名誉会长、顾问、副会长35人考察金寨县;6月28日,会长艾学平、常务副会长曹胜辉率25家会员企业考察固镇县省级开发区和创业基地。全年商会考察各类项目十多项,接待安徽省国际徽商交流协会、六安市招商团、亳州市政府招商工作组等十余次考察招商活动。安徽省国际徽商交流协会评选艾学平、曹胜辉为“百优徽商”。

安徽商会通过《徽商》杂志、镇江当地媒体展示安徽民营企业家在镇江艰苦创业、回报社会的事迹,创办商会网站和编印《镇江安徽商会信息》简报,会员用于发布商情、寻求合作机会。

2010年,为商会会员维权8次,提供学习深造机会100多人次,利用互助基金解决会员企业资金困难7次计115万元,会员企业互助支持10余次。商会根据会员实际情况,将会员分成15个小组,每组由一名副会长担任组长,定期开展活动、交流。建立并完善会员信息资料库，到会员单位进行调研，了解会员的个人基本情况、单位情况、企业产品、企业需求。

2010年9月，安徽商会参与市政府举办的“2010中国镇江金山湖爱情文化彩灯节”赞助。多次组织慰问福利院孤残儿童和革命老区贫困家庭等活动。会员单华宣是一位高位截瘫的残疾人，在企业发展中需要资金支持，商会借给互助基金10万元帮助发展。

（商会秘书处）

【镇江金港磁性元件有限公司、江苏美佳马达有限公司】 镇江安徽商会会长单位镇江金港磁性元件有限公司集生产经营、科技开发为一体，主要生产、销售各种电机用永磁铁氧体瓦形磁体。厂区占地4万余平方米，建有12条生产线，年产1万吨磁体，拥有先进的生产设备和专用检测仪器，是国内目前规模最大的专业生产高档瓦形磁体的企业之一。产品销往世界各地，与国际著名公司建立长期合作关系。

企业法人艾学平自2007年当选润州区七届人大代表、区人大常委会委员后，相继当选润州区工商联民营经济开发区企业商会会长，镇江安徽商会会长。在发展金港磁性元件有限公司的同时，延伸产业链，加快建设江苏美佳马达有限公司二期工程设施，建成标准钢结构厂房9000平方米，扩大厨房垃圾处理器生产规模，实施扬升电机、驱动马达等新项目，为社会安置400多人就业，所有职工按规定办理养老、医疗等社会保障。2010年，两家企业销售额4.2亿元、利税7000万元、员工880人，是润州区重点骨干企业。

（商会秘书处）

【江苏力凡胶囊有限公司】 镇江安徽商会常务副会长单位江苏力凡胶囊有限公司成立于2001年11月，公司有镇江南徐新城和丹徒新城两个厂区，占地约6公顷，员工312人，专业生产00#、0#、1#、2#、3#、4#各型号空心胶囊，年产量120亿粒，产值超亿元。2010年，企业销售额1200万元、利税1800万元。企业产品远销欧美、日本及国内各大制药企业，并拥有一批长期从事空心胶囊研究、制造、管理的专家型人才。企业先后被评为“纳税十强企业”“环保达标示范企业”“省劳动保障诚信示范单位”“市劳动和谐企业”“AAA级信用企业”等。

（商会秘书处）

【江苏汇典律师事务所】 镇江安徽商会副会长单位江苏汇典律师事务所成立于2006年6月6日，由原镇江市政和律师事务所、文泰律师事务所、强生律师事务所联合创办，律师办公楼占地2000余平方米，资产1300万元。现有人员50人，其中，硕士11人、高级律师2人、税务师1人、经济师1人、市人大代表1人（全市律师界唯一一名连续三届市人大代表）、江苏省知名律师1人、江苏省优秀律师1人、镇江市十佳律师2人、省律协理事1人、市律协常务理事2人。2010年业务量保持全市第一：案件数1500件，创收1200万元。事务所为客户提供全面与综合的法律服务，所涉行业包括金融、证券、交通、外贸、房地产、商业等。

（商会秘书处）

政策与管理

【概况】 2010年，市委、市政府制定出台《关于建设创业型城市的意见》《关于2010年全市民营经济工作的意见》《镇江市加快民营经济创新发展的实施意见》《关于促进民营经济转型升级的意见》《关于提升工业集中区发展水平，推进新市镇建设的实施意见》等文件。市经信委出台《关于加快中小企业服务体系建设的指导意见》，着重于降低创业门槛、优化融资环境、建设服务体系、保障企业权益等方面。全年市、县两级财政落实中小企业专项资金超过6000万元。

2010年，全市围绕“培育创业主体、建设创业载体、完善创业服务”优化创业环境。全年接受创业意识教育培训15万人以上、SYB创业培训1万人以上，孵化基地新建面积200万平方米以上。全年私个注册资本超千亿的目标提前到5月完成。建成57家创业孵化基地、19家创业实验（训）基地、21家省级重点培育小企业创业基地，培育创业小老板3000多人，入驻企业1400家。建成丹阳眼镜、江苏汽车摩托车及零部件、扬中工程电气等10个省级科技创新公共服务平台。全市组织举办广场宣传日、全民创业报告会、大学生创业大赛、青年创业大赛、电子商务创业技能大赛等活动，开展万人创业普训，完成创业意识培训15.46万人次，其中对24893名有创业意愿者开展重点培训。全市发放《创业指南》10万余册，首次发布创业项目3000多个，组织机关部门和镇（街道）开展结对服务，推出“超市＋保姆”（创业项目超市和创业保姆服务）的服务模式。

2010年，全市以“微小企业进规模”为基础，实施“规模工业培扶计划”，全市规模以上民营工业企业2237家，占全部规模以上工业企业的75.2%。实施“千百亿工程”，对大亚集团、大全集团、天工集团、飞达集团、沃得机电等列入全市“50强”重点培育的民营企业全力扶持，推动向“百亿”冲刺。推进民企境内外上市，全市累计有8家民企在境内外上市。全年新增省级以上企业技术中心4家，新增省级以上品牌63个。定期组织企业参加中国国际中小企业博览会、APEC中小企业技术交流暨展览会、中国工业品博览会、中国（苏州）国际中小企业交易会、江苏—意大利经贸合作洽谈会等各类国际、国内大型展销活动，推动中小企业间的国内外合作与交流，帮助中小企业拓展市场。

2010年，市经信委针对企业发展融资难的瓶颈问题，组织开展“金融服务日”“百户企业，百亿授信”银企合作洽谈、“千企百亿”银企对接、“百亿再担保”等特色活动，搭建高效融资平台。与招商银行签订服务中小企业合作框架协议，招商银行承诺三年对镇江市中小企业信贷投放额度不低于15亿元，拓宽中小企业融资渠道。通过设立新担保机构，吸纳民间资本，全市全年新增注册资本亿元以上担保机构3家，比上年末新增注册资本6.4亿元，增幅33%，融资性担保机构累计达34家，注册资本25.6亿元。全年完成担保总额40亿元，累计担保总额130亿元，被担保企业突破4000家。启动中介组织信用评价，对重点行业的中介组织，走访、组织召开座谈会，在全市范围内征集对中介组织的信用评价信息。对全市会计事务所等5个行业共80家中介组织开展信用评价，评定四星级中介组织25家、三星级51家、二星级4家。举办“企业家创新大讲堂”“创新发展——企业赢家之道”等专题讲座，累计培训3000多人次。举办全省第28期民营小企业主管理研修（镇江）班，全市100名企业负责人参加。

（王　飞）

【民资招商】 2010年，全市围绕实施“千百亿工程”五大产业开展专题招商。全年吸纳民资到位260亿元。5月，组织开展民资招商月活动，招商遍布全国11个省市的20多个重点城市，累计上门走访或邀请客商1322家次；6月，举办2010中国镇江民资招商项目集中签约仪式，42个项目集中签约，投资总额301.8亿元；10月，组织开展“百强民企金秋镇江行”民资招商活动，以全国500强民营企业为重点，组织各类集中招商活动603场，累计上门走访或活动邀请客商近1.3万户次；举办“2010中国镇江香醋文化节”，洽谈合作项目106个，签约金额1.8亿元。

（王　飞）

【镇江市中小企业服务中心获国家无偿资助】 2010年,镇江市中小企业服务中心获得2010年度中小企业服务体系公共服务平台建设国家专项资金400万元,这是镇江市中小企业公共服务平台获得国家最大无偿资助。该中心作为江苏省中小企业三星级公共服务平台,为全市各类创业者和中小企业提供创业辅导、融资担保、管理咨询、技术创新、人才培训、市场拓展、信息支持、法律援助等八大服务。该中心成立以来累计为200多户中小企业办理1200多笔融资服务,融资总额13亿元;为中小企业提供产业集群、市场拓展服务100多次,为1万多人提供各类创业辅导、管理咨询和人才培训,发放资料10万余份。（王 飞）

【中小企业贷款券推出】 2010年,市经信委会同民生银行推出中小企业贷款券,其特点是利率优惠,原则上贷款利率不高于基准利率上浮15个百分点,明显低于市场平均贷款利率,同时额度有保障,民生银行计划两年在镇江发放100亿元。4月开展金融服务日活动,向50家企业发放首批中小企业贷款券,额度超过5亿元。全年集中发放贷款券16亿元,受益企业150多户,授信12亿元,贷款8亿元。（王 飞）

【中小企业信息网络建设推进】 2010年,全市推介中国移动、中国电信、中企动力等知名企业的信息化产品,引导企业加快发展电子商务,应用阿里巴巴“出口通”和“诚信通”等工具,加大市场开拓力度。开通江苏省中小企业镇江网,为全市中小企业提供综合性、专业化的信息服务,网站累计点击率超过133万次。丹阳、句容、扬中同步开通县级中小企业网,全市中小企业信息化服务网络体系逐步形成。（王 飞）

【镇江市中小企业服务联盟成立】 2010年9月15日,镇江市发起成立镇江市中小企业服务联盟,动员和集中全市各类中小企业服务机构、中介组织和行业协会(商会)力量,合力为全市中小企业提供各类社会化、专业化服务。联盟首批成员单位46家,定期召开联盟成员单位联席会议,组织、协调、带动、引导成员单位开展各类社会化、专业化服务。（王 飞）

【2个产业园区入选省第一批中小企业产业集聚示范区】 2010年,镇江市中国(丹阳)眼镜产业园、扬中市新坝科技园区入选第一批江苏省中小企业产业集聚示范区名单。两个示范区建设管理规范、集聚效应显著、产业竞争力强、创新能力强、节能减排达标、公共服务体系完善。两个产业园累计投资分别为5.1亿元和4.7亿元,实现工业增加值22.2亿元和51.5亿元。（王 飞）

【5家担保机构通过评级】 2010年,江苏省中小企业局与人民银行南京分行联合开展2010年度中小企业信用担保机构信用评级:镇江市7家担保机构评定为A-级以上。其中,镇江新区中小企业投资担保有限公司信用等级被评为AA-级,镇江市诚信担保有限责任公司、句容中小企业信用担保有限公司、扬中投资担保有限公司和丹阳市阳光投资担保有限公司评为A级。人民银行对信用等级在A级以上的担保机构扩大合作范围、新增授信额度、放大担保倍数等。（王 飞）

【8家企业参展第七届中博会】 2010年9月15~18日,在第七届中国国际中小企业博览会暨中澳中小企业博览会上,江苏丹毛纺织股份有限公司、江苏恒顺醋业股份有限公司、镇江强凌电子有限公司、江苏唐邦机电有限公司、江苏金三丫寝品有限公司、丹阳海龙纺织品有限公司、江苏友谊手套服饰有限公司、句容九州桑果酒业有限公司等8家特色企业参展。（王 飞）

【16家企业入选省高成长中小企业和创新能力建设示范企业】 2010年8月,镇江市江苏中亚新材料股份有限公司、镇江市百瑞吉混凝土外加剂有限公司、江苏银佳企业集团有限公司等3家企业入选“2010年度江苏省高成长型中小企业”名单,镇江市电站辅机厂、丹阳仅一包装设备有限公司、镇江万新光学眼镜有限公司等3家企业入选“首批江苏省中小企业创新能力建设示范企业”名单,分别占全省总名单的7.5%和6.7%。镇江康飞机器制造有限公司、江苏辉能电气有限公司、丹阳市华东工程塑料有限公司、镇江环太硅科技有限公司、江苏圣通环境工程有限公司、句容市三圆制桶有限公司等6家企业入选2010年度省高成长型中小企业重点培育企业名单。镇江大力液压马达有限责任公司、镇江金钛软件有限公司、江苏中容电气有限公司、江苏兆伏新能源有限公司等4家企业入选首批江苏省中小企业创新能力建设示范企业重点培育企业名单。（王 飞）

民营经济协会

【概况】 2010年,市民营经济协会被民政部授予先进社团组织称号、被中国个体劳动者协会评为全国个私协会系统先进单位,市民营经济协会工作经验被中国个体劳动者协会以文件和光盘形式,在全国个私协会系统进行推广。建立民营企业培训教育基地,增强民营企业家主动服务社会的意识。建立“扶贫帮困基金”,发动企业为青海玉树地震灾区奉献捐款捐物折合人民币1.41亿元。（黄 莉）

【“十一五”个私经济发展概要】 “十一五”期末,全市有私营个体企业20.07万户,注册资本1985.38亿元,分别是“十五”期末的2.2倍、8.3倍;有个体工商户15.49万户,从业资金276.08亿元,分别比“十五”期末增长106.53%、1100.3%;有规模以上私营企业发展4.59万户,注册资本1709.3亿元,分别比“十五”期末增长155%、687.7%。（黄 莉）

【为企业提供个性服务】 2010年,市民营经济协会把工作重点放在为会员企业提供周到优质的服务上:牵头并参股创办镇江市诚信担保有限公司,累计帮助企业融资20余亿元;召开中小企业金融峰会,组织企业与银行面对面洽谈,协议融资10余亿元;建立创业贷款融资专项通道,与江苏紫阳担保公司、亚太置业公司签署以“建合作新平台、助创业新跨越”为主题的服务全民创业三方合作战略协议,明确亚太五金城为全民创业孵化基地,紫阳担保公司为指定服务中小企业的担保公司;成立民营企业法律顾问团,聘请专职律师担任协会法律顾问;开通“0511-85081234”会员维权服务投诉电话,累计帮助企业维权371件,会员满意率100%;全年帮助企业维权76件,会员满意率100%。市民营经济协会通过举办“镇商论坛”,先后邀请全国著名经济学家钟朋荣、茅于轼、崔国文、保育钧,著名企业管理学家姜玉军、谢继东等,与企业共同探讨社会经济发展形势和趋势。开办民企接班人培训班、私营企业管理师培训班,培训内容包括理论教学、心理咨询、拓展训练等,累计培训民营企业家子女、准接班人300余人次,企业管理师400余人次,该活动被列入全市“千名企业家后备人才培养计划”。（黄 莉）

行业商会

【镇江市钢铁贸易行业】 20世纪90年代初,镇江市钢铁贸易行业(简称钢贸行业)在原镇江物资系统企业改制的基础上逐步形成和发展,民间资本逐步介入钢贸行业,行业内企业数量增加,规模逐渐扩大。

镇江钢贸企业原先大多集中在丁卯钢材市场,丁卯钢材市场是由原物资系统仓库改建形成的,随着钢贸行业的不断发展,丁卯钢材市场规模小,设备老化,管理落后不能适应企业快速发展和行业日益壮大的需求。2009年,镇江市建成惠龙港钢材市场,丁卯钢材市场内的多数企业搬迁入驻。

2010年,镇江钢贸企业超300家,年销售额超100亿元,其中惠龙港市场内企业年销售70多亿元,超亿元的企业20余家,超5亿元的企业近10家,如镇江市顺潮金属材料有限公司、镇江市天元钢材有限公司等,但品牌化经营的企业较少,因钢贸行业固守传统营销理念和“小码头”意识,缺乏创新意识和市场拓展能力,钢贸行业存在着量的增加与质的提升不同步的现象。 (周道琴)

【丹阳市眼镜行业】 丹阳眼镜业起源于20世纪60年代末,经过40年的发展,成为丹阳“第一特色产业”。丹阳眼镜业协作配套健全,由眼镜原料配件、镜架制造及电镀、镜片生产及加硬镀膜、眼镜机械、镜盒生产、印刷、包装等企业组成较完整的产业链条。丹阳眼镜生产企业主要集中于司徒镇和开发区,产业升级迅速,很多企业都是前店后厂,市场内有批发门市部,产品出厂直接上市。眼镜市场从原料到成镜,从零配件到加工机械,从光学镜到太阳镜,品种齐全。丹阳眼镜市场是全国最早、规模最大的眼镜市场。2006年,国家眼镜产品质量监督检验中心在丹阳设立,丹阳获得眼镜国际标准参与制定权。丹阳眼镜行业商会成立于1999年,有会员150余家,多数为眼镜业中的骨干企业。2006年,丹阳被国家相关部门授予“中国眼镜生产基地”称号;2008年被授予“中国眼镜出口基地”称号;2009年被江苏省工商局认定为“眼镜产业集群品牌培育基地”。

2010年,丹阳市从事眼镜行业及相关配套的工贸企业有1300余家,眼镜生产企业近600家,从业人员6万多人,贸易企业570家,眼镜零配企业150家,从事生产镜片、镜架的企业和贸易企业数约占总数的18%、20%和45%,零配企业和其他企业约占17%左右。全行业全年销售额80余亿元,其中超亿元企业10家。丹阳眼镜业年产光学镜架1亿多副,市场均价约15元/副,产值15亿元;隐形眼镜年产4000余万片、护理液3500余万瓶,产值12亿元;光学玻璃及树脂镜片年产3亿多副,产值20亿元,占全国生产总量的80%、世界总量的40%。眼镜行业直接或间接出口近3亿美元,产品包括光学镜架、镜盒、镜袋镜布、光学玻璃片和树脂镜片、亚克力片和PC镜片、太阳镜、老花成镜、隐形眼镜等。丹阳市眼镜行业有注册商标2000余个,中国驰名商标5个,江苏省著名商标10个;有30余家企业通过ISO国际质量体系认证;部分企业自行建立产品质量检测与研发中心。丹阳眼镜业的龙头企业海昌隐形眼镜有限公司全年国内销售总额达7亿多元。 (周道琴)

【丹阳市汽车零部件行业】 经过近30年的发展,丹阳市汽车零部件产业形成研发、生产、市场、检测、物流、培训及专业工业集中区为一体的产业体系,被列为江苏省100家重点产业群之一。2010年7月被中国汽车工业协会授予“中国汽车(摩托车)零部件制造基地”称号。

丹阳汽车零部件产业主要产品有400余种,包括摩托车消声器、轮毂、车架、灯具、油箱、车圈、汽车仪表台、保险杠、灯具、内饰件、微电机、线束、空调、散热器、安全气囊气体发生器等。其中,汽车灯具全国市场占有率21%、轮毂国内市场占有率18%、组合仪表10%、汽车微电机16%、保险杠25%、摩托车消声器35%。有2~3家企业具备整车生产能力和资质,包括年产2万辆“宏运”牌低速汽车、3000辆“圆通”牌全地形车,1万辆“小财神”微卡和第五代消防专用车生产能力等。与主机厂配套(包括二、三级配套)的汽车零部件生产企业近百家,其中,江苏超力与江苏新泉被评为全国百佳汽车零部件企业优秀供应商。

丹阳建有国家级机动车辆及零部件检测重点实验室镇江车用灯具实验室1个、省级灯具检测中心1个。在产业密集的新桥镇和界牌镇,形成华东汽车灯具城、中国汽配城两大专业性市场,年销售额分别达30亿元和20亿元,其中华东汽车灯具城属全国最大。丹阳兴建华东灯城工业集中区、新兴工业集中区、丹阳汽车零部件产业园和访仙汽车零部件产业园四个汽车零部件工业集中区。世界500强的德国汉高公司、英国吉凯恩工业集团、日商独资的大赛璐安全气囊气体发生器项目均落户丹阳。

丹阳汽车零部件企业共有注册商标500余件,其中,中国驰名商标1件、江苏省著名商标8件、镇江市知名商标14件,2家企业产品获江苏名牌称号。丹阳市汽车零部件商会成立于2005年,拥有会员单位80余家,多数是丹阳市汽车零部件行业中的骨干规模企业。

2010年,全行业销售收入达160亿元,约占丹阳工业总产值的15%,26家企业产值超亿元;实现外贸出口额1.6亿美元,其中汽车轮毂、微电机、汽车灯具等远销欧美等国。丹阳汽车零部件企业500余家,主要分布在新桥镇、界牌镇、开发区、访仙镇等,从业人员5万人;各类专业技术人员约1万人(中专以上学历),其中高级海外人才130人;获专利286项,其中发明专利8项、实用新型专利31项、外观设计专利247项;拥有省级以上高新技术产品8项;国家、省级高新技术企业8家,分别是华东工程塑料有限公司、江苏超力电器有限公司、大亚车轮制造有限公司、新通达电器有限公司、新美龙汽车软饰件厂、江苏林慧汽配有限公司、江苏文光车辆附件有限公司、镇江科发磁电元件有限公司。

(周道琴)

【丹阳市锯片行业】 五金工具是丹阳市工业经济的传统支柱产业,丹阳锯片则是五金工具的重要组成部分,丹阳锯片主要由金刚石锯片、硬质合金锯片、磨轮、打孔钻等产品构成。经过20多年的发展,已形成研发、设计、生产、销售一条龙整体的产业链及社会化分工、规模化配套、上下游衔接的产业体系,是全国锯片产品的主要生产基地,产量占全国总量的1/3,出口量占全国锯片出口总量的50%。

丹阳市现有各类锯片加工、制造、包装、贸易企业120余家,主要集中在经济开发区和后巷镇,从业人员8000人以上,销售收入在5000万元以上的企业有12家,1.5亿元以上的骨干企业有3家,分别是江苏丹阳华昌钻石工具制造有限公司、江苏锋泰钻石工具制造有限公司、江苏友和工具有限公司。丹阳锯片产品90%远销海外,90%以上的生产企业取得自营出口权。金刚石锯片主要销往美国和欧洲等西方国家,合金锯片主要销往印度、俄罗斯、中东等发展中国家。每年出口锯片在5000万片以上,出口创汇近2亿美元,成为丹阳五金工具类出口创汇较大行业。2010年,丹阳锯片总量8000万片,产值超20亿元,全行业国内销售收入突破1亿元,比上年上升50%以上。大部分锯片生产企业加大投资力度,扩大规模,销售收入每年以20%以上速度增长。

丹阳锯片业拥有16条世界先进水平的激光焊接全自动生产线，加工工艺技术水平逐年提高，兴起一批品牌化企业。绝大多数企业注册产品商标，全行业获得中国驰名商标1件，江苏省著名商标3件，镇江市知名商标8件。其中，锋泰公司的“锋矛”牌金刚石锯片为中国驰名产品，华昌公司的“华昌”牌、友和公司的“迅利达”牌金刚石锯片均为江苏省著名产品。华昌、锋泰、友和等3家企业均获得江苏省品牌出口企业称号。 （周道琴）

【句容市酒类行业】 2000～2010年，句容市酒类行业在销售规模、产品档次、产品结构和社会效应、消费层次等方面快速发展。酒类行业主要销售品牌：白酒品牌有五粮液系列、五粮春、茅台、洋河蓝色经典系列、双沟珍宝坊系列、双沟青花瓷系列、今世缘系列、国缘系列、汤沟系列、皖酒系列、口子窖、洋河大曲系列、西凤系列、宋河粮液系列以及四特酒系列；葡萄酒品牌主要有卡斯特、张裕、王朝、长城等；啤酒品牌主要有雪花、天目湖、雪津、青岛、哈尔滨啤酒等。其中一线品牌酒类占总体消费的40%左右。酒类中高端消费集中在苏酒品牌，占总体消费的65%左右。酒类品牌主要来源于各大名牌酒厂家，酒类企业通过开设专卖店、总代理、分销商等形式获得品牌销售，节约运营成本，确保产品品质。

2010年，句容市酒类消费品达1000万瓶，比上年增加100万瓶，增幅11.11%；企业户均销量8万瓶，15家企业年销量超过30万瓶。葡萄酒销量80万瓶，占句容市酒类消费品的8%，比上年增加15万瓶，增幅23.08%。啤酒销量150万瓶，占句容市酒类消费品的15%，比上年增加20万瓶，增幅15.38%。全市有120家酒类零售批发企业，增长20%，其中有一定规模的专业性销售企业15家，占酒类行业的12.5%。全年销售额在500万元以上的企业有16家，其中1000万元以上的企业有6家，3000万元以上的企业有3家。销售额1000万以上的企业集中在华阳镇，企业集中度91.6%。句容市酒类行业在企业规模、市场管理、品牌经营上有较大提高，其中凤鸣酒业、国富酒业、新天酒业、国玉香酒业、新兴酒业、博尔发酒业、银河酒业、诚信酒业、裕新酒业、安购商贸、成成酒业、印象酒业、银帝酒业均有自主代理品牌，转营销队伍和市场管理体系。酒类企业担负起社会责任，为当地解决就业人数1000人，年创税额达数百万元。 （周道琴）

【扬中市防寒服行业】 服装业是扬中的传统产业，上世纪80年代，扬中防寒服（滑雪衫）生产盛极一时，后因种种原因，发展受阻，至上世纪90年代后期，防寒服生产复苏。扬中防寒服虽然定位中低档消费层次，但款式新颖，价廉物美，成为常熟、武汉、北京等大型服装专业市场的供货基地，部分产品打入国际市场。

2010年，扬中市注册登记的防寒服个体工商户近300户，直接从业人员2万余人。由于市场行情看好，近年来经营规模几乎以每两年扩一倍的速度发展。为利于经营交易，绝大多数个体工商户都采取租赁民房的办法，相对集中到市区老车站附近，仅富民巷就有80多家，其余大都集中在中桥村。2004年成立扬中市防寒服商会，入会个体工商户154户，原辅材料供应商48家，其中大多具有一定规模，一般拥有缝纫机20～60台不等，部分年销售达300万元～800万元。

2010年，全行业生产各类防寒服1600万件，销售1000万件，销售额5亿元左右。为大力推进行业规模化、专业化发展，扬中市防寒服商会委托扬中市工商联向市政府递交《关于筹建防寒服专业市场征地的请示》和《扬中市防寒服市场项目可行性研究报告》，望在2年内建成防寒服专业生产销售市场。

（周道琴）

【丹徒区轴承行业】 丹徒区轴承起步于上世纪70年代早期的辛丰镇，经过30多年的发展，全区共有轴承生产企业110多家（其中辛丰镇有92家），轴承行业成为辛丰镇的支柱产业，辛丰镇工业产值和工业利税70%以上来自轴承行业。

丹徒区轴承的品种主要以“O”类双角接触球轴承和“6”类深沟球轴承以及特种轴承和不锈钢轴承等传统普通类轴承为主。2010年，年产值33亿元，年销售收入31亿元，出口销售收入8亿元，年利税3亿元，吸纳近万人就业。

（周道琴）

【京口区餐饮行业】 2010年，全区工商登记餐饮类私营企业126户，注册资金4500万元，安置就业人员2500人，个体工商户716户，注册资金5000万元，安置就业人员3000余人。

全区餐饮业经营主体多元，国有企业、集体、私营、股份合作、连锁店、个体经营企业共存发展；餐饮经营品种齐全，包括传统中式餐馆、饭店和酒楼、西式和融中西文化于一体的连锁经营店、高档餐饮店、便民传统饮食和小炒店等；经营业态多样，“三资”快餐企业发展连锁经营店，一些老牌的中餐店保持和发扬经营正餐传统的同时，也发展快餐、西餐经营；消费对象主要是大众化群体，以大众口味，大众消费为主，适当配备特色饮食；假日餐饮消费快速增长，全区餐饮企业在2010年“春节”“五一”黄金周期间，每天的营业收入是平时日均营业收入的3～5倍。 （周道琴）

【润州区物流行业】 截至2010年8月，润州区有私营载货汽车近500辆，吨位3000吨，从业人员近千人。办理营业执照的物流公司21家，营业面积近5000平方米，企业员工92人，营业额2932万元，上缴税金960万元，实现利润46万元。其中，21家物流企业共有配送车辆160辆，吨位共计1800吨。21家企业有15家在蒋桥镇，其余6家分布在其他街道和民发委及工业园区。大部分企业经营项目包括货运代办、货物联运、托运、信息配载、货物配载；业务采用零担快运和整车配送相结合的方式；大部分利用计算机信息服务平台等进行信息发布和业务招揽。有5家企业可提供仓储服务，仓储面积近万平方米。 （周道琴）

科学技术

责任编校：姚丽华

科技综述

【概况】 2010年，镇江市科技工作围绕“创新驱动，跨越发展”，主要呈现以下六个特点：一是高新技术产业发展再创新高。高新技术产业产值1654.37亿元，占全市规模以上工业产值的比重达到39.6%，较上年同期提高7.2个百分点；新认定国家级高新技术企业50家。二是共争取科技拨款2.19亿元。2010年，全市组织申报省级以上各类科技计划项目800多项，并在全省率先成立科技银行和科技小额贷款公司。三是创新创业载体建设取得突破。国家级“镇江特种船舶及海洋工程配套产业基地”和“镇江京口创业服务中心”获批，引进和建设11家重大研发机构与检测中心，新增5家企业院士工作站，全年新增孵化面积超100万平方米，新批7家市级农业科技示范园。四是创新战略联盟取得进展。成立江苏省航空新材料、智能化电力电器、农业收获机械等3个省产业技术创新战略联盟。五是知识产权工作成效明显。全年专利申请10406件，其中发明专利申请1966件，专利授权6562件。被授予“国家知识产权工作示范城市”称号，并被批准为“全国第三批知识产权质押融资试点城市”。六是科技创新氛围浓厚。召开全市科技创新大会，坚持党政领导科技与人才责任制和科技进步目标考核。

争创国家创新型试点城市，出台《关于加快建设创新型城市促进发展方式转变的指导意见》，编制发布科技计划指南，重点支持战略性新兴产业、低碳经济、创新载体建设等，并设立新兴产业科技专项，重点支持新能源与智能电网、战略高性能材料、高端制造以及生物医药等领域。

面对产业偏重和项目源紧缺的状况，镇江市科技局实行“点对点”式服务，开展产学研合作，组织申报省以上各类科技计划项目800多项。一是申报国家级科技项目200多项，其中2个项目获国家“863”计划立项；申报国家级工程技术研究中心3家，其中国家水泵及系统工程技术研究中心通过论证；丹阳精密合金厂有限公司申报的科技部国际科技合作计划专项，获拨款资助600万元；36个项目获得科技部创新基金资助，拨款2760万元。二是申报省级重大科技项目70多项，其中申报省重大科技成果转化专项资金项目55个，申报数为历年来最多，获拨款1.01亿元；申报省科技成果转化风险补偿资金贷款项目46个，获银行贷款1.08亿元；3家创业投资公司获省创业投资引导资金补助629万元。三是组织各类科技项目600多项，立项数和获拨款数创新高。参与国家“千人计划”、省高层次创新创业人才引进计划及科技创新团队的组织，继续开展镇江市自主创新重大成果奖和杰出人才奖评选。

出台《2010年镇江市产学研工作意见》和《驻镇高校与本地企业产学研合作项目奖励办法》，每年拿出100万元用于奖励优秀产学研合作项目。加强科技成果与技术需求的信息收集与发布，收集整理高校院所科技成果500多项。组织各类产学研活动27场，近千家企业与近5000名专家对接洽谈。在北京、上海、成都、武汉、沈阳、合肥等地开展一系列专题产学研活动。举办“百名教授进百企，百家企业进校园”活动暨科技对接会，在驻镇高校中选派108名专家教授担任企业科技特派员，强化校企联系。开展国际科技合作。组织镇江市企业参加江苏—新加坡创新合作高层论坛暨技术对接大会和江苏省第二届国际产学研合作论坛暨跨国技术转移大会，洽谈签约一批国际科技合作项目。

加强科技创新园区建设，镇江兴港科技创业园等7家科技创业中心被认定为省级高新技术创业服务中心，全年建成和在建孵化面积超过100万平方米。引进和新建江苏省高温合金研究院等11家研发机构和检测机构。争取中国物理工程研究院、中科院合肥物质科学研究院等在镇江设立研究机构，并开展专题科技合作洽谈活动。镇江市生产力中心服务科技创新能力加强，并建成大型科学仪器公共服务平台。

制定完成《镇江市知识产权战略纲要》。开展知识产权“一企一训”工作，确立150多家企业作为贯彻《江苏省企业知识产权管理规范》的重点企业。制定出台《镇江市知识产权工程师工作站（流动站）管理办法》，命名首批知识产权工程师工作站20家、首批知识产权工程师流动站5家。开展知识产权试点示范工作，创建成功“国家知识产权工作示范城市”，被国家知识产权局列为“全国知识产权质押试点城市”。开展“4·26”知识产权宣传周系列活动，发布《2009年镇江市知识产权发展与保护状况》白皮书。开展第二届镇江市优秀专利奖的评选工作。成立镇江市知识产权维权援助中心。组织医药领域知识产权执法专项行动。

建设与完善市科技计划网。加强各类科技计划的实施管理。做好在研项目的中期检查，对在研项目进行清理与结转。重视科技统计工作，完成7大类38项科技统计年报和季报工作，并再次被评为全省科技统计工作先进市。做好科技进步监测、科学发展评价、小康社会等相关指标的测算和考核。（高 广）

【"十一五"期间全市科学技术情况概要】 "十一五"期间，镇江市科技工作实施"科教兴市"战略，发挥科技引领和支撑经济社会发展的作用，自主创新能力提升，完成"十一五"规划纲要确定的主要目标和任务。连续第七次被科技部评为"全国科技进步先进市"，所辖丹阳市、扬中市、句容市也被评为"全国科技进步先进县(市)"。"十一五"期末，全市科技进步贡献率53%；城市自主创新能力综合评价跻身全国地级市第九位，全市科技进步综合实力列全省前五位。2010年，全社会科技投入60亿元以上，R&D(研究与试验发展，下同)经费支出为40亿元左右，分别为"十一五"期初的3倍和3.7倍；争取国家、省级科技拨款累计近10亿元，为"十五"期间的4倍以上。高新技术产业产值从2005年的356亿元增长到2010年的1654.37亿元，占工业产值的比重从28.2%提升到39.6%。科技企业孵化器从"十五"期间的1个增加到17个，实现辖市(区)、镇江新区的全覆盖，孵化面积从4.2万平方米增加到100万平方米以上。全市拥有省、市工程技术研究中心197家，省级企业院士工作站14家，国家、省级企业博士后科研工作站23家，国家、省部级重点实验室13家，并引进与新建11个研发与检测机构。组织重大产学研活动50多场，收集高校院所科技成果2000多项，征集企业技术需求1000多项，参与产学研活动企业4000多家，签订产学研合作项目1000多项，累计投入22.5亿元。组织实施市级以上科技计划项目5000多项，其中国家、省科技计划项目1000多项。"十一五"期间，累计申请专利36119件、授权16448件，其中发明专利申请5371件，被评为"国家知识产权工作示范城市"。 (高 广)

2010年2月3日，镇江市召开全市科技创新大会 (高 广)

科技管理

【概况】 2010年，镇江市科技管理围绕发展方式转变、产业转型升级，争创"国家创新型试点城市"。召开全市科技创新大会。开展镇江市科技目标管理和党政领导科技与人才工作目标考核工作。推进高新技术产业统计季报、专利统计月报等工作。参与全省第二次R&D资源清查工作，被评为全省科技系统R&D清查工作先进市。组织实施国家、省、市各类科技计划项目1200多项，争取上级拨款经费超2亿元，全社会R&D经费支出占地区生产总值的比例达2.01%，大中型企业R&D经费投入占企业销售收入比例达1.8%；完善科技计划"组评分离"(组织申报与专家评审分离)选拔模式。镇江市科技进步贡献率53%左右，科技进步综合实力保持江苏省前五位。 (王 强)

【科技与人才目标责任管理】 2010年，镇江市继续实施市科技进步工作目标管理和辖市(区、局)党政领导科技与人才工作目标责任考核工作。年初，市政府下发《2010年科技进步目标管理工作任务书》，在"市科技进步目标管理"考核评分体系中，增加"招所引院"、组织申报国家"千人计划"等考核内容；年中，对各地目标任务完成情况检查，发布实施情况通报；年底，对20个单位和49名领导干部(其中党政主要领导29名，行政分管领导20名)考核，评选出科技进步目标管理先进集体一等奖8个、二等奖8个，科技与人才工作优秀领导干部1名，党政领导科技与人才工作目标责任制考核先进个人16名。 (王 强)

【《镇江市2010年产学研合作工作意见》】 2010年3月31日，镇江市出台《镇江市2010年产学研合作工作意见》，确定全年产学研工作组织国内外产学研活动22场次，签订产学研合作协议200项，发布国内外科技成果2000项，企业技术需求150项。重点是新能源、新材料、新医药、新光源、电子信息、海洋工程等战略性新兴产业的部署，邀请全国相关的高校院所与企业对接交流，组织专题产学研活动。为此，镇江市落实《镇江市2010～2012年研发机构和检测机构建设意见》，开展"招所引院"工作；加强大中型企业研发机构建设和国内产学研合作；推进重大产学研活动和专题活动结合，并扩大国际产学研合作。 (陈群峰)

【软科学计划管理】 2010年，镇江市组织申报省级软科学研究计划项目7个，立项6项，争取经费12万元。市级软科学研究计划采取委托研究项目和面上研究项目两类进行组织，共立项18个项目，下达研究经费60万元。全年完成省、市软科学研究项目共20项，产生研究论文37篇，有9项研究成果被相关部门采用。 (何锦润)

【科技税收优惠政策落实】 2010年，镇江市科技部门加强与税务部门、财政部门的配合，加大创新政策宣传，落实企业研究开发费用所得税前加计扣除、高新技术企业所得税优惠、政府采购自主创新产品、创业投资企业和科技企业孵化器税收优惠等重点政策。全市经税务部门认定企业研究开发费用抵扣应纳税所得额4.83亿元，高新技术企业享受所得税减免4.7亿元。 (丁文斌)

【科技金融情况】 2010年，镇江市推进江苏银行镇江科技支行和镇江紫阳科技小额贷款有限公司的筹建工作。12月29日，两家单位同时在镇江新区科技新城开业。镇江新区是全省第一个同时拥有科技支行和科技小额贷款公司的省级高新区，全省第三个同时拥有科技支行和科技小额贷款公司的国家、省级高新区。9月，全市组织科技金融暨创业投资项目对接推进会，海龙核材科技公司、

美华机电公司等12家企业与创投机构达成投资意向。（丁文斌）

科技合作

【概况】 2010年，镇江市征集企业技术需求181项并汇编成册，举办各类产学研活动27场，777家企业与545名参会专家现场对接，展示院校科技成果1124项，发布技术需求1258项，签约科技合作协议213项。引导高校科技人员深入企业，帮助解决关键技术问题。组织各类高校院所专家“企业行”107次，深入企业405家，组织433家企业开展各类“企业院校行”162次。（陈群峰）

【镇江—同济大学科技交流对接会】 2010年1月14日，镇江—同济大学科技交流对接会召开，同济大学材料学院和机械学院的六名专家教授与镇江市国电谏壁发电厂、镇江液压件厂有限公司、江苏华通动力重工有限公司等七家企业开展科技交流对接。对接会上，同济大学机械学院机械电子研究所所长王安麟教授发布“泡沫沥青技术”的最新研究成果，与江苏华通动力重工有限公司达成初步合作意向。同济大学材料学院院长吴建国和教授蒋正武针对国电谏壁发电厂、江苏特密斯混凝土外加剂有限公司和镇江市百瑞吉混凝土外加剂有限公司的技术需求，分别介绍“新型功能建筑材料”与“粉煤灰综合利用”等项目的情况，双方开展深入讨论。（陈群峰）

【东南大学镇江“两院一站”成立】 2010年2月1日，镇江市与东南大学产学研科技合作取得成果：东南大学镇江工业技术研究院、智能电网研究院以及科技成果转化工作站三个产学研合作平台成立。镇江市与东南大学合作建立的“两院一站”是丁卯科技城的起步项目和重点扶持项目，江苏镇宝开关电器有限公司等企业作为第一批进站企业，集中与东南大学签订科技合作协议。（陈群峰）

【镇江—中国工程物理研究院新能源科技合作洽谈会】 2010年4月13～14日，镇江市在四川省绵阳市召开镇江—中国工程物理研究院新能源科技合作洽谈会。洽谈会之前，镇江市科技局针对中国工程物理研究院的科研领域，收集整理12家核电配套企业的15项技术需求，向相关企业重点推介该院的科技成果。洽谈会上，12家企业的负责人和中国工程物理研究院的20名专家对接洽谈，“核电站用仪表阀门国产化”等8个项目达成合作意向，其中“特种激光焊接设备”等2个项目签订合作协议。（陈群峰）

【南京大学镇江高新技术研究院成立】 2010年4月10日，南京大学与镇江市人民政府签署南京大学镇江高新技术研究院共建协议。南京大学镇江高新技术研究院是由镇江市政府、镇江新区管委会和南京大学三方合作建立的研发机构，该院下设三个研发中心：网络视频信息技术研发中心、声学材料及水声换能器研究中心和软件技术研究中心。（陈群峰）

【“百名教授进百企、百家企业进校园”活动】 2010年5月19日，由镇江市政府主办、镇江市科技局承办的“百名教授进百企、百家企业进校园”启动仪式在江苏大学举行，来自江苏大学、江苏科技大学、镇江市高等专科学校、江苏农林职业技术学院等4所高校的108名专家教授受聘为镇江市百家企业的科技特派员。“双百活动”贯穿全年，活动按照全市六大新兴战略性产业和镇江高校的学科特点，在全市范围内确定100～120家企业作为重点产学研服务对象，同时将江苏大学、江苏科技大学、镇江市高等专科学校、江苏农林职业技术学院等4所高校的最新科技成果推荐给企业，进行科技成果对接洽谈。（陈群峰）

【参加中国·江苏第二届国际产学研合作论坛暨跨国技术转移大会】 2010年11月12～14日，中国·江苏第二届国际产学研合作论坛暨跨国技术转移大会在南京市召开，来自世界25个国家和地区的270余名代表参加会议。镇江市组织来自美国、日本、德国、俄罗斯、乌克兰和瑞士等国家14家科研机构和国内部分企事业单位的21名专家参加大会，专业涉及新材料、生物技术和新医药、节能环保和电力电气等领域。会上，江苏宏达新材料股份有限公司与俄罗斯国家有机元素化合物化学工艺科研所合作的“六乙烯基二硅氧烷工艺技术开发”等4个项目公开签约，项目总投资2.53亿元。（陈群峰）

【两家省级产业创新国际联盟会成立】 2010年11月12日，镇江市两家省级产业创新国际联盟——江苏对俄（独联体）硅基新材料产业创新国际合作联盟和江苏省智能电力电器产业创新国际合作联盟在中国·江苏第二届国际产学研合作论坛暨跨国技术转移大会上成立，成为江苏省首批公开的10家产业创新国家联盟之一。江苏宏达新材料股份有限公司联合俄罗斯国家有机元素化合物化学工艺科研所、俄罗斯列别捷夫合成橡胶科研所、俄罗斯圣彼得堡橡胶咨询有限公司组建江苏对俄（独联体）硅基新材料产业创新国际合作联盟，通过联合国内清华大学、中科院等研究院所协作，引进国内有机硅材料生产技术，实现国内有机硅合成装置在经济组分、产能、节能环保技术等方面达到国外技术水平。大全集团有限公司联合美国伊顿电气集团、美国AZZ集团下属CALVERT公司、德国西门子（中国）有限公司、瑞士赛雪龙牵引电气有限公司组建江苏省智能电力电器产业创新国际合作联盟，通过联合清华大学、西安交通大学等，解决基于物联网技术的智能电网信息采集，城市轨道交通直流牵引供电控制和保护系统的核心算法等问题，以期达到无线传感网络信息双向交互、城市轨道交通直流牵引供电控制和保护系统的核心算法实时准确等技术突破创新。两家联盟获江苏省科技厅40万元资金扶持。（陈群峰）

【产学研合作项目奖励】 2010年11月11日，镇江市科技局对驻镇江高校与企业开展的产学研合作优秀项目进行奖励，奖励项目15个，其中一等奖5项，每项奖励10万元；二等奖10项，每项奖励5万，奖励金额共计100万元。从产业领域分布看，15个获奖项目中，除3项先进制造业项目外，其余12个项目属于重点发展的“5＋X”新兴产业范畴，其中新能源与智能电网3项、新材料1项、海洋工程3项、节能环保1项、生物技术4项。从产学研合作机制看，15个项目承担单位均与驻镇高校建立产学研合作关系，其中有7家企业与驻镇高校共建省级校企联盟，有5家企业与驻镇高校共建省级研发中心，形成较好的产学研工作机制。（陈群峰）

【加入国家火炬国际化战略联盟】 在2010年12月17～18日召开的全国火炬计划国际化工作会议上，由科技部火炬中心、深圳高新区、成都高新区、镇江市科技局等11家单位发起的火炬国际化战略联盟成立。火炬国际化战略联盟旨在推动建立内外联动、资源共享、优势互补、辐射全国的高新技术产业国际化合作网络，实现增强整合和利用技术、人才、资本等国际创新资源能力，促进跨国产学研合作，提升高新技术产业国际竞争力。镇江市将与其他盟员建立资源共

享和定期交流机制，降低科技合作工作国际化成本。 （陈群峰）

科技计划

【概况】 2010年，镇江市组织实施市级以上科技项目1200多项，其中国家和省级项目367项，争取省以上科技拨款2.41亿元。146项新能源、新材料、电子信息、船舶与海洋工程、节能环保、生物医药等新兴产业领域项目入围国家、省科技计划的项目，获拨款15339万元，占项目总数的40%，占拨款总数的65%。获得国家、省平台类立项36项，为上年的2倍；获拨款1700万元，为上年的1.7倍。高性能合金材料研究院被列为省重点平台，是全省新建的2家产业研究院之一，获1000万元支持。江苏大学、江苏科技大学2家高校技术转移中心均被列入省技术转移平台，获200万元支持。突出新兴产业培育和科技平台建设，用于新能源与智能电网、战略高性能材料、高端制造、生物医药等重大项目的科技拨款75%以上，其中支持新兴产业研发项目2925万元，支持新兴产业类平台建设项目1305万元，项目平均支持额度超过100万元，重点项目资助额度400万元。组织实施新能源与智能电网、战略高性能材料、高端制造等三大重大科技专项，24个新项目获得专项经费资助1660万元。 （王 强）

【科技投入】 2010年，镇江市用于科技的财政投入3亿元，获得上级科技拨款2.41亿元，全社会科技投入60亿元，R&D经费支出占地区生产总值的比重达2.01%，大中型企业R&D经费投入约40亿元，企业研发投入占销售收入比重1.8%。推动企业研发投入加计扣除、高新技术企业减免税收等优惠政策，鼓励企业加大研发支出。研究出台“知识产权质押贷款”政策，帮助银行争取省科技项目贷款风险补贴。 （王 强）

【10个项目列入省科技成果转化专项资金项目】 2010年，镇江市10个项目被列入江苏省科技成果转化专项资金项目，获江苏省财政专项资助1.01亿元，立项数位列全省第六，项目的平均资助金额高于全省水平。10个项目总投资额超过18亿元，拥有与核心技术相关的授权发明专利19件、授权实用新型专利21件、植物新品种权3件；另有已申请与核心技术相关发明专利30件，已申请植物新品种3件。此批项目达产后年新增销售额48.6亿元，年新增利税14.2亿元。 （徐光陆）

【57个项目获得省科技成果转化风险补偿专项资金贷款】 2010年，镇江市组织申报江苏省科技成果转化风险补偿专项资金贷款项目，有57个科技项目获得省科技成果转化风险补偿专项资金贷款1.27亿元，占全省科技成果转化风险补

表28-1

2010年镇江市获省科技成果转化专项资金项目一览表

项目编号	项目名称	承担单位	省拨经费（万元）	地区或部门
BA2010132	适用于液晶平板显示背光源的LED器件关键技术研发及产业化	江苏稳润光电有限公司	800	镇江新区
BA2010133	国家一类新药双环铂的研发及产业化	江苏索普兴大药业有限公司	800	镇江新区
BA2010134	超薄太阳能硅片多线切割设备及工艺研发与产业化	镇江市港南电子有限公司	600	镇江新区
BA2010135	第三代核电关键设备开发及产业化	二重集团（镇江）重型装备厂有限责任公司	1500	丹徒区
BA2010136	超大屏幕数字影院技术系统及其立体片源形成技术研发及产业化	江苏尚阳数字科技有限公司	600	丹阳市
BA2010137	无刷电机驱动的汽车电动助力转向系统开发与产业化	江苏超力电器有限公司	600	丹阳市
BA2010138	航空航天和电子信息用钛合金与不锈钢精密薄板成型技术研发及产业化	江苏呈飞精密合金股份有限公司	800	丹阳市
BA2010139	精密模具用高品质模具钢关键技术研发及产业化	江苏天工工具股份有限公司	800	丹阳市
BA2010140	优质、高产、多抗镇稻系列水稻新品种开发及产业化	江苏丰源种业有限公司	600	句容市
BA2010301	高温合金结构件关键技术开发与产业化	丹阳市精密合金厂有限公司	3000	丹阳市

（徐光陆）

表28-2

2010年镇江市新兴产业科技专项项目一览表

项目编号	项目名称	承担单位	市拨经费（万元）	地区或部门
CY2010014	航空航天用喷射成形高强韧铝合金的产业化	江苏豪然喷射成形合金有限公司	130	镇江新区
CY2010004	智能电网用1000千伏特高压输电线路钢管塔开发及产业化	江苏振光电力设备制造有限公司	110	丹徒区
CY2010011	高性能拉丝铝带生产技术开发与产业化	镇江龙源铝业有限公司	110	丹徒区
CY2010010	15万吨/年废弃油脂制备高品质生物柴油关键技术开发与产业化	江苏恒顺达生物能源有限公司	100	镇江新区
CY2010005	节能型大吨位耐高温永磁起重设备研发与产业化	镇江市江南矿山机电设备有限公司	100	镇江新区
CY2010008	特殊环境下风力发电专用智能化低压断路器的关键技术研发及产业化	江苏辉能电气有限公司	100	镇江新区
CY2010002	高压柔性无功补偿系统开发与产业化	镇江华东电力设备制造厂	100	润州区
CY2010006	智能电网用高速骨干通信传输智能控制模块开发及应用	江苏奥雷光电有限公司	100	镇江新区
CY2010009	通讯基站、加油站和公交站台离网式太阳能发电系统	江苏金敏能源股份有限公司	100	镇江新区
CY2010012	新型高性能耐磨铜合金材料及制品研发与产业化	镇江汇通金属成型有限公司	100	丹徒区

续表 28-2

项目编号	项目名称	承担单位	市拨经费(万元)	地区或部门
CY2010013	高性能磷酸亚铁锂动力电池正极材料及电池管理系统关键技术开发与产业化	江苏中欧材料研究院有限公司	110	镇江新区
CY2010003	面向智能电网的智能化高压开关柜的研制与产业化	镇江市诚翔电器有限责任公司	100	丹徒区
CY2010007	电子式互感器的研发及产业化	镇江市丹高电器有限公司	100	镇江新区
CY2010015	智能化大型履带式液压挖掘机的研发和产业化	江苏腾跃重型工程机械有限公司	100	丹徒区
CY2010016	智能化大型人造板备料工段工程机械研发与产业化	镇江中福马机械有限公司	100	京口区
CY2010017	嵌入式图形化电子名片盒标准化产品的研发与产业化	镇江佳得信息技术有限公司	100	京口区
CY2010018	基于分布式网络数据库的船舶自动化系统及装置关键技术开发及产业化	镇江赛尔尼柯自动化有限公司	100	镇江新区
CY2010019	高效压载水防海生物处理系统开发	镇江市金舟船舶设备有限公司	100	镇江新区
CY2010020	移动式生物安全三级检测实验车 BSL-3 的研制及产业化	镇江康飞机器制造有限公司	80	镇江新区
CY2010021	移动物联网嵌入式操作系统(LINKON-OS)	镇江凌空网络技术有限公司	80	镇江新区
CY2010022	复杂螺旋桨数字化制造关键技术和系列化软件及其产业化	镇江同舟螺旋桨有限公司	80	镇江新区
CY2010023	GAP 食用菌药用功能因子高效筛选及抗肿瘤新药开发	镇江市丹徒区正东生态农业发展中心	100	丹徒区
CY2010024	食品防腐用芽孢杆菌抗菌脂肽关键技术的开发及产业化	江苏海华生物科技有限公司	100	镇江新区
CY2010025	高效安全新型生物农药短稳杆菌制剂的开发与产业化	镇江市润宇生物科技开发有限公司	80	镇江新区

(徐光陆)

偿专项资金贷款总额的30%,解决科技型小企业融资难的问题。 (徐光陆)

【2个项目获科技部专项重点资助】 2010年4月12日,由镇江市江苏宏达科技股份有限公司承担的“甲基苯基硅橡胶制备技术”和江苏耕耘化学有限公司承担的“可用于规模化防治的新型高活性广谱生防制剂的关键技术引进”获科技部2010年国际科技合作专项的重点资助,共获得资助经费1420万元。全省仅有3个项目获得专项资助,其中江苏宏达科技股份有限公司的1个项目获资助1010万元。 (陈群峰)

【2家高校技术转移中心获专项资助】 2010年9月21日,江苏大学技术转移中心和江苏科技大学技术转移中心通过江苏省科技厅考察验收,获200万元专项资助。江苏大学技术转移中心重点围绕新能源、新材料、环保与节能、软件和服务外包、传感网等新兴产业促进科技成果转化,每年新兴产业转移成果数在成果转化总量中达到30%,争取年对接产学研项目100项,承担企业委托合作项目600项。江苏科技大学在科技服务部、科技开发中心的基础上建设江苏科技大学技术转移中心,注册资金100万元,争取建设成为江苏省船舶工业和蚕桑产业权威的技术评估机构、一流的技术咨询服务机构。江苏省共有13家高校技术转移中心获得专项资助。

(陈群峰)

高新技术产业化

【概况】 2010年,镇江市高新技术产业完成产值1654.37亿元,比上年同期增长43.22%,占全市规模工业产值的39.6%。全市高新技术产业实现销售收入1566.8亿元,比上年同期增长43.78%,占全市规模工业销售收入的39.4%;完成利税138.83亿元,比上年同期增长47.98%,占全市规模工业利税的39.5%。

组织申报省高新技术产品263项,195项产品获得认定,至此全市省级高新技术产品总数达到1310项。组织申报省科技支撑计划(工业)项目66项,14个项目获立项,争取项目经费880万元。申报省科技支撑计划(生物医药)项目25项,5个项目获立项,争取项目经费89万元。组织国家科技型中小企业创新基金项目53项,涵盖电子信息、新材料、新能源、生物医药、资源与环境、光机电一体化等多个领域,36个项目获得立项(其中重点项目1项),获国拨经费2760万元。组织申报省科技科技型中小企业创新资金项目43项,14个项目获省厅立项,省拨经费350万元。19项产品被认定为江苏省自主创新产品,至此全市省级自主创新产品总数达到43项。

有18家国家、省级科技孵化器和加速器,建成和在建孵化面积138.3万平方米。镇江科技创新园被列入首批江苏省创新型园区,镇江航空材料科技产业园、镇江光电科技产业园、丹阳高性能合金材料科技产业园、镇江软件科技园、江苏镇江船舶制造科技产业园和江苏省扬中智能化电力电器科技产业园等6个产业园被列为江苏省科技产业园,丹徒区辛丰镇和扬中市新坝镇被命名为首批江苏省创新型乡镇。镇江国家大学科技园和镇江润州高新技术创业服务中心被认定为国家大学生“双实双业”基地(高校学生科技创业实习基地)。镇江京口高新技术创业服务中心被认定为国家级科技企业孵化器,镇江兴港科技创业园、镇江鑫鼎茂科技创业园、镇江润州船舶配套科技创业园、扬中市智能电器科技创业服务中心、镇江学府科技创业园等7家科技创业服务中心被认定为省级高新技术创业服务中心,镇江新区科技企业加速器被认定为省级科技企业加速器。

镇江特种船舶及海洋工程配备产业基地被评为国家级火炬计划特色产业基地,主要产品包括海洋工程船、全回转拖船、船用动力装置和船舶电器等。全年实现工业总产值111亿元。成立江苏省电力电器产业技术创新战略联盟、江苏省高性能合金产业技术创新战略联盟和江苏省收获机械产业技术创新战略联盟。

(丁文斌)

【高新技术企业】 2010年,全市共组织62家企业申报高新技术企业,其中50家企业被江苏省高新技术认定管理工作协调领导小组办公室按照新标准认定为高新技术企业,从2010年起开始享受税收优惠政策,即按15%的税率缴纳企业

表 28-3

2010 年度按新标准认定高新技术企业一览表

序号	企业名称	所在地	序号	企业名称	所在地
1	江苏联东化工股份有限公司	丹阳市	26	江苏三泰轻工科技有限公司	句容市
2	江苏圆通汽车零部件有限责任公司	丹阳市	27	句容市科达技术开发有限公司	句容市
3	江苏吟春碧芽股份有限公司	丹阳市	28	镇江汇通金属成型有限公司	丹徒区
4	鸿运汽车有限公司	丹阳市	29	江苏富林医疗设备有限公司	丹徒区
5	江苏沃得植保机械有限公司	丹阳市	30	江苏苏润高碳材股份有限公司	丹徒区
6	江苏钟腾化工有限公司	丹阳市	31	镇江市百瑞吉混凝土外加剂有限公司	丹徒区
7	圣象实业(江苏)有限公司	丹阳市	32	镇江市正恺电子有限公司	京口区
8	丹阳市丹盛纺织有限公司	丹阳市	33	海龙核材科技(江苏)有限公司	京口区
9	江苏云阳集团药业有限公司	丹阳市	34	镇江立达纤维工业有限责任公司	京口区
10	江苏威腾母线有限公司	扬中市	35	江苏大通重工有限公司	润州区
11	江苏兆伏新能源有限公司	扬中市	36	正茂集团有限责任公司	润州区
12	江苏中能电力设备有限公司	扬中市	37	镇江华印电路板有限公司	润州区
13	现代重工(中国)电气有限公司	扬中市	38	江苏大唐机械有限公司	润州区
14	长江(扬中)电脱盐设备有限公司	扬中市	39	镇江船舶电器有限责任公司	润州区
15	江苏西门控电器有限公司	扬中市	40	镇江佳峰儿童用品有限公司	润州区
16	彤悦化工(扬中)有限公司	扬中市	41	镇江市宏业科技有限公司	润州区
17	中电电气(江苏)绝缘新材料有限公司	扬中市	42	江苏辉能电气有限公司	镇江新区
18	江苏海纳机电集团有限公司	扬中市	43	镇江华坚电子有限公司	镇江新区
19	江苏惠利特环保设备有限公司	扬中市	44	镇江市金舟船舶设备有限公司	镇江新区
20	江苏中金电器有限公司	扬中市	45	镇江通达内饰材料有限公司	镇江新区
21	句容华正电气有限公司	句容市	46	江苏中兴药业有限公司	镇江新区
22	江苏海田技术有限公司	句容市	47	镇江市永泰汽车配件制造有限公司	镇江新区
23	江苏丰源种业有限公司	句容市	48	镇江同舟螺旋桨有限公司	镇江新区
24	江苏五洲电磁线有限公司	句容市	49	镇江凌空网络技术有限公司	镇江新区
25	江苏句容联合铜材有限公司	句容市	50	江苏豪然喷射成形合金有限公司	镇江新区

（丁文斌）

所得税。《高新技术企业认定办法》等新标准从审批程序、审批办法等方面对高新技术企业标准作重新规定。（丁文斌）

【国家级重点新产品】 2010 年，江苏稳润光电科技有限公司的“适配太阳能的低电流高光效 LED 路灯”、中电电气集团有限公司的“ZQSC 环氧浇注干式牵引整流变压器”等 8 个产品被科技部认定为国家重点新产品，这 8 个产品涵盖电子信息、新材料、新能源与高效节能、环境与资源利用等多个领域，已申请专利 64 项，其中发明专利 29 项。据统计，2009 年实现销售收入 2.5 亿元。

（丁文斌）

表 28-4

2010 年镇江市国家级重点新产品项目一览表

项目编号	项目名称	承担单位
2010GRC10029	KCF－DT 大型高频臭氧发生器	江苏康尔臭氧有限公司
2010GRC10103	适配太阳能的低电流高光效 LED 路灯	江苏稳润光电科技有限公司
2010GRC10132	ZQSC 环氧浇注干式牵引整流变压器	中电电气集团有限公司
2010GRC10137	超干密集填料工业电加热器	镇江东方电热有限公司
2010GRC10152	用于防止快速积污闪络的大盘径硅橡胶伞裙	镇江江冠电力设备有限公司
2010GRC10161	基于成本控制的造船工程管理平台	镇江市金舟软件有限责任公司
2010GRC10164	多列充填包装机	丹阳仅一包装设备有限公司
2010GRC10180	4,4'-二甲基三苯胺(OLED 材料用)	镇江市海通化工有限公司

（丁文斌）

表 28-5

2010 年认定镇江市省级高新技术产品一览表

产品编号	产品名称	企业名称	所在地
101181G0054N	膨胀玻化微珠工业保温涂料	江苏华伟佳建材科技有限公司	丹阳市
101181G0055N	膨胀玻化微珠墙体自保温系统	江苏华伟佳建材科技有限公司	丹阳市
101181G0056N	W9Mo3Cr4V 高速工具钢	江苏天工工具有限公司	丹阳市
101181G0057N	生物柴油	江苏洁美生物能源有限公司	丹阳市
101181G0058N	电控空气悬架系统	丹阳市车船装饰件有限公司	丹阳市
101101G0083N	连续法生产的高选择性顺丁烯二酸酐	丹阳中超化工有限公司	丹阳市
101101G0084N	内置式双保险洗衣机加热管	江苏顺发电热材料有限公司	丹阳市

续表 28-5

产品编号	产品名称	企业名称	所在地
101101G0085N	高碳硅当量高珠光体轿车制动盘铸件	丹阳市万隆铸造有限公司	丹阳市
101101G0086N	新型 Ni－Al 合金丝新产品	江苏启迪合金有限公司	丹阳市
101101G0087N	带强制 OFF 功能防爆温控器	江苏西玛特电器有限公司	丹阳市
101101G0088N	防爆温控器	江苏西玛特电器有限公司	丹阳市
101101G0089N	双柱导电控制系统装置	丹阳市长江汽车部件有限公司	丹阳市
101181G0142N	改进式排吸泥胶管	江苏太平橡胶股份有限公司	丹阳市
101181G0143N	百万千瓦级高压发电机用云母带	江苏冰城电材股份有限公司	丹阳市
101181G0144N	带有球面的异形棱镜	丹阳丹耀光学有限公司	丹阳市
101181G0145N	外形不规则棱镜胶合组	丹阳丹耀光学有限公司	丹阳市
101181G0146N	生命探测系统圆棒透镜	丹阳丹耀光学有限公司	丹阳市
101181G0147N	涡喷消防车消防安全装备产品	江苏卡威专用汽车制造有限公司	丹阳市
101181G0189N	小型医用制氧机	江苏鱼跃医疗设备股份有限公司	丹阳市
101181G0190N	超声雾化器	江苏鱼跃医疗设备股份有限公司	丹阳市
101181G0191N	电子血压计	江苏鱼跃医疗设备股份有限公司	丹阳市
101181G0192N	血氧仪	江苏鱼跃医疗设备股份有限公司	丹阳市
101181G0193N	强风排烟消防车装备	江苏卡威专用汽车制造有限公司	丹阳市
101181G0194W	大规格高强度矿用圆环链	江苏金茂制链有限公司	丹阳市
101181G0195N	磷酸铁锂动力电池正极材料	江苏乐能电池股份有限公司	丹阳市
101182G0022N	刚性悬挂汇流排及零部件	江苏华威线路设备集团有限公司	扬中市
101182G0023N	电气化铁路隧道预埋槽型滑道	江苏华威线路设备集团有限公司	扬中市
101182G0024N	高效能节能环保液体发酵罐	江苏科海生物工程设备有限公司	扬中市
101182G0025N	DQS－24 型 SF6 全绝缘充气环网柜	江苏大全长江电器股份有限公司	扬中市
101182G0026N	xEnergy 型低压成套开关设备(抽出式－6300A)	向荣集团有限公司	扬中市
101182G0027N	MODAQO－M 模数化配电屏	镇江默勒电器有限公司	扬中市
101182G0028N	高效超强合金钢中磨砂带	扬中市江南砂布有限公司	扬中市
101182G0029N	NSG－3 千瓦光伏并网逆变器	江苏兆伏新能源有限公司	扬中市
101182G0030N	NSG－250K3 光伏并网逆变器	江苏兆伏新能源有限公司	扬中市
101182G0031N	NSC－48N200TS 太阳能光伏通信电源	江苏兆伏新能源有限公司	扬中市
101182G0032N	NSC－48N100TS 太阳能光伏通信电源	江苏兆伏新能源有限公司	扬中市
101182G0033N	NSC－24P50TS 太阳能光伏通信电源	江苏兆伏新能源有限公司	扬中市
101182G0034N	PVI－6000－OUTD－IT 光伏并网逆变器	江苏兆伏新能源有限公司	扬中市
101182G0035N	NSG－500K3 光伏并网逆变器	江苏兆伏新能源有限公司	扬中市
101182G0036N	NSC－12/24N20L2P 太阳能光伏路灯控制器	江苏兆伏新能源有限公司	扬中市
101182G0037N	NSC－12/24N20H1P 家用太阳能光伏充放电控制器	江苏兆伏新能源有限公司	扬中市
101182G0038W	TYC－0544 橡胶加工助剂	彤悦化工(扬中)有限公司	扬中市
101182G0039N	矿用隔爆兼本质安全型交流变频器	江苏通华电力设备有限公司	扬中市
101182G0040N	核电站用仪表阀门	江苏海纳机电集团有限公司	扬中市
101182G0041N	LH－I 型钢轨修磨专用砂轮	镇江市砺河磨具有限公司	扬中市
101182G0042N	节能密封防爆电加热器	镇江五四电器有限公司	扬中市
101182G0043N	CA630TG 节能型多功能示波器	万泰电子科技(扬中)有限公司	扬中市
101182G0044N	UR4－24(Z)/T2500－31.5 型户内金属铠装移开式开关设备	镇江大全伊顿电器有限公司	扬中市
101182G0045N	高效耐磨抗冲击汽车发动机专用刀具	江苏扬碟钻石工具有限公司	扬中市
101182G0046N	痕迹式高强度节能轻颖电缆桥架	扬中市高强节能桥架有限公司	扬中市
101182G0047N	LPE－500 千伏超高压特种电缆系列组合支架	江苏华彤电气集团有限公司	扬中市
101182G0048N	剩余电流式电气火灾监控探测器	江苏海航电气科技有限公司	扬中市
101101G0073N	XL－II 密集型母线槽	镇江西门子母线有限公司	扬中市
101101G0074N	全封闭环氧树脂浇注型母线槽	镇江西门子母线有限公司	扬中市
101182G0122N	低硬度抗撕裂硅橡胶混炼胶	江苏宏达新材料股份有限公司	扬中市
101182G0123N	耐高温(300℃)硅橡胶混炼胶	江苏宏达新材料股份有限公司	扬中市
101182G0124N	SCB11－315～3150/20(10)双电压环氧浇注干式电力变压器	中电电气(江苏)股份有限公司	扬中市
101182G0125N	SCLB10－315～2500/10 环氧浇注干式电力变压器	中电电气(江苏)股份有限公司	扬中市
101182G0126N	钢球膜片式节能安全联轴器	镇江市华阳机电制造有限公司	扬中市
101182G0127N	智能型反应釜、管道用远红外防爆加热装置	扬中市神洲化工电力设备有限公司	扬中市
101182G0128N	便携式多功能煤矿井下气体多参数智能测定器	扬中市南方矿用电器有限公司	扬中市
101182G0129N	KYN28－24 铠装移开式交流金属封闭开关设备	镇江市华东化工电力设备总厂	扬中市

续表 28-5

产品编号	产品名称	企业名称	所在地
101182G0166N	KYN61－40.5/T2500－31.5 型系列户内交流金属铠装移开式开关设备	向荣集团有限公司	扬中市
101182G0167N	XGN2－12/T1250－31.5 箱型固定式金属封闭开关设备	向荣集团有限公司	扬中市
101182G0168N	KYN28－24/T2500－31.5 型系列户内交流金属铠装移开式开关设备	向荣集团有限公司	扬中市
101182G0169N	WXY－V 硅酮泡沫	江苏欣安新材料技术有限公司	扬中市
101182G0170N	WXY－VII 液体硅酮	江苏欣安新材料技术有限公司	扬中市
101182G0171N	YZLD－Ⅰ低铍铜合金带材	扬中市利达合金制品有限公司	扬中市
101182G0172N	YZLD－Ⅱ低铍铜合金带材	扬中市利达合金制品有限公司	扬中市
101182G0173N	船用防爆节能型电加热器	江苏裕兴电器有限公司	扬中市
101182G0174N	GQ 型高速高精度切丝机	扬中市宏运机械制造有限公司	扬中市
101183G0049N	20% 井冈·咪鲜胺可湿性粉剂	江苏省绿盾植保农药实验有限公司	句容市
101183G0050N	42% 咪鲜·甲硫灵可湿性粉剂	江苏省绿盾植保农药实验有限公司	句容市
101183G0051N	废旧 HDPE 回收料增强增韧改性母料	江苏圣通环境工程有限公司	句容市
101183G0052N	纳米汽油深度加氢催化剂	江苏佳誉信实业有限公司	句容市
101183G0053N	纳米汽油改质催化剂	江苏佳誉信实业有限公司	句容市
101101G0075N	紫外光(UV)耐磨底漆	江苏海田技术有限公司	句容市
101101G0076N	齿轮减速可逆永磁同步电动机 60KTYZ－04	江苏唐邦普利数码科技有限公司	句容市
101101G0077N	齿轮减速可逆永磁同步电动机 60KTYZ－07	江苏唐邦普利数码科技有限公司	句容市
101101G0078N	LNG(－196°C)316L DN600 10S 自动焊接头	江苏华阳管业股份有限公司	句容市
101101G0079N	六轴货运电力机车 ZPSG－300/1.672 辅助变压器高压线圈导线	江苏五洲电磁线有限公司	句容市
101101G0080N	六轴货运电力机车 ZPSG－300/1.672 辅助变压器低压线圈导线	江苏五洲电磁线有限公司	句容市
101101G0081N	镇稻 11 号	江苏丰源种业有限公司	句容市
101101G0082N	铜芯耐热 150℃高强度薄壁型交联聚烯烃绝缘无卤低烟阻燃机车车辆用电缆	江苏巨业电缆有限公司	句容市
101183G0130N	FT125S 混凝土瓦模压生产设备	句容金猴机械研究所有限公司	句容市
101183G0131N	高性能稀土化合物制备节能修复纳米抗磨润滑油	江苏汇众石油化工有限公司	句容市
101183G0132N	自粘层单面涂漆换位导线	江苏句容联合铜材有限公司	句容市
101183G0133N	新型双复合自粘导线	江苏句容联合铜材有限公司	句容市
101183G0134N	特高压变压器用自粘层单面涂漆扁线	江苏句容联合铜材有限公司	句容市
101183G0135W	美拉德反应风味增强肽调味香精	天宁香料(江苏)有限公司	句容市
101183G0136N	镇籼优 184	江苏丰源种业有限公司	句容市
101183G0137N	镇稻 12 号	江苏丰源种业有限公司	句容市
101183G0138N	镇稻 13 号	江苏丰源种业有限公司	句容市
101183G0139N	通孔木工钻	句容市茅山工具包装有限公司	句容市
101183G0140W	高对比度光阀液晶显示器	句容骏升显示技术有限公司	句容市
101183G0141N	同向旋转重叠式双螺杆磨浆机	江苏金沃机械有限公司	句容市
101183G0175N	WABTEC653360－0012 型 VAPORID 机车用空气干燥器	江苏德厚机电有限公司	句容市
101183G0176N	景观型仿真石不锈钢包边检查井盖	句容市科达技术开发有限公司	句容市
101183G0177N	秸秆纤维－水泥基复合自保温材料	句容市科达技术开发有限公司	句容市
101183G0178N	秸秆－氯氧镁水泥隔热保温墙体材料	句容市科达技术开发有限公司	句容市
101183G0179N	分体挤压成型铜扁线	江苏中容电气有限公司	句容市
101183G0180N	海洋工程船用尾吹胶管	江苏华龙橡胶制品有限公司	句容市
101183G0181W	唐邦全自动麻将机语音系统 V1.0	江苏唐邦电子科技有限公司	句容市
101183G0182W	唐邦数控故障自动选线软件	江苏唐邦电子科技有限公司	句容市
101183G0183N	无极灯	镇江金昶坤绿色照明有限公司	句容市
101183G0184N	白蚁巢胶囊	江苏苏南药业实业有限公司	句容市
101183G0185N	肾石通颗粒	江苏苏南药业实业有限公司	句容市
101183G0186N	小儿感冒颗粒	江苏苏南药业实业有限公司	句容市
101183G0187N	大幅面视景激光裁床	句容大华激光科技开发有限公司	句容市
101183G0188N	高回弹聚醚 330N	句容市新宁武化工有限公司	句容市
101112G0007N	厌氧复合流化床	江苏江大环境工程有限责任公司	丹徒区
101112G0020N	接地极碳材	江苏苏润高碳材股份有限公司	丹徒区
101101G0064N	YBM1－24 型箱式变电站	江苏镇安电力设备有限公司	丹徒区
101101G0065N	XGN15－24 型交流高压六氟化硫环网开关设备	江苏镇安电力设备有限公司	丹徒区
101112G0096N	BMM 微型高效、高速 Gerotor 液压马达	镇江大力液压马达有限责任公司	丹徒区
101112G0097N	BME 高速配流摆线液压马达	镇江大力液压马达有限责任公司	丹徒区
101112G0098W	具有可变换方向插头的高效节能电源供应器	江苏领先电子有限公司	丹徒区

续表 28-5

产品编号	产品名称	企业名称	所在地
101112G0101N	329210A 转向节主销轴承	江苏钱潮轴承有限公司	丹徒区
101112G0118N	智能电网用 1000 千伏特高压输电线路钢管塔	江苏振光电力设备制造有限公司	丹徒区
101112G0149N	高效无堵塞潜水排污泵(110 千瓦潜污泵)	镇江江大泵业科技有限公司	丹徒区
101112G0152N	无油自润滑轴承	江苏希西维轴承有限公司	丹徒区
101112G0160N	挖泥船远程监测的 WEB 访问系统	镇江明润信息科技有限公司	丹徒区
101112G0161N	新型甲氧基丙烯酸酯类杀菌剂重要中间体	江苏耕耘化学有限公司	丹徒区
101112G0162N	羟乙基哌嗪乙磺酸钠	镇江旋光生化有限公司	丹徒区
101102G0003N	压电薄膜触摸按键	江苏惠通集团有限责任公司	京口区
101102G0004N	智能化万用学习编程遥控器	江苏惠通集团有限责任公司	京口区
101102G0005N	数字无线遥控器	江苏惠通集团有限责任公司	京口区
101102G0006N	太阳能遥控器	江苏惠通集团有限责任公司	京口区
101102G0009N	380J－3 救生艇柴油机组	镇江四洋柴油机制造有限公司	京口区
101102G0012N	车管综合收费系统软件	镇江精英软件科技有限公司	京口区
101101G0062N	船舶集成控制系统	镇江市亿华系统集成有限公司	京口区
101101G0092N	船舶集成制造管理系统	镇江市金舟软件有限责任公司	京口区
101101G0093N	导电油墨电容触摸按键	江苏惠通集团有限责任公司	京口区
101102G0091N	金舟造船工程管理系统	镇江市金舟软件有限责任公司	京口区
101102G0094N	基于 MEMS 技术的近红外光谱仪	江苏惠通集团有限责任公司	京口区
101102G0100N	节能型高性能空调箔	镇江鼎胜铝业股份有限公司	京口区
101102G0119W	FS－Z 核级耐辐射铅硼屏蔽阻火模块	海龙核材科技(江苏)有限公司	京口区
101102G0148N	金钛任务流目标管理软件	镇江金钛软件有限公司	京口区
101102G0154N	冰箱冰柜用高表面优质铝合金带材	镇江鼎胜铝业股份有限公司	京口区
101102G0156N	高纯氢气	江苏索普化工股份有限公司	京口区
101101G0060N	舰船自动电站成套设备	镇江船舶电器有限责任公司	润州区
101101G0061N	移动式负载模拟装置	镇江船舶电器有限责任公司	润州区
101111G0001N	109－1 系列全液压转向器	镇江液压件厂有限责任公司	润州区
101111G0013N	分段等厚螺旋叶片	镇江市邦禾机电装备有限公司	润州区
101111G0015N	铁路货车导电式心盘磨耗盘	镇江铁科橡塑制品有限公司	润州区
101111G0016N	缓冲器磨耗板	镇江铁科橡塑制品有限公司	润州区
101101G0068N	铜包铝镁合金同轴导线	江苏广庆电子材料有限公司	润州区
101101G0069N	铜包铝排合金导体	江苏广庆电子材料有限公司	润州区
101101G0070N	ZCQ12A 五刀切苇机	江苏大唐机械有限公司	润州区
101101G0099W	SPSE90 型多功能摊铺机	江苏华通动力重工有限公司	润州区
101111G0107N	L21/31 系列新型船用中速柴油机	镇江中船设备有限公司	润州区
101111G0107N	L27/38 系列新型船用中速柴油机	镇江中船设备有限公司	润州区
101111G0150N	大功率双驱抗摇高效拖船	江苏省镇江船厂有限责任公司	润州区
101111G0151N	四点定位大转矩舵海洋平台维修供应船	江苏省镇江船厂有限责任公司	润州区
101101G0002N	N－J－1/2 高可靠性射频同轴连接器	镇江华坚电子有限公司	镇江新区
101101G0008N	思润文档管理软件	镇江雅迅软件有限责任公司	镇江新区
101101G0010N	大型高速机内刮刀式涂布商业轮转铜版纸	金东纸业(江苏)股份有限公司	镇江新区
101101G0011N	激光彩色数码印刷专用双面铜版纸	金东纸业(江苏)股份有限公司	镇江新区
101101G0014N	喷射成形 7055 铝合金固体发动机喷管壳体	江苏豪然喷射成形合金有限公司	镇江新区
101101G0017N	高溶出度高含量水飞蓟宾葡甲胺片	江苏中兴药业有限公司	镇江新区
101101G0018N	高纯度顺气化痰颗粒	江苏中兴药业有限公司	镇江新区
101101G0019N	专属含量检测的高纯度参芪健胃颗粒	江苏中兴药业有限公司	镇江新区
101101G0021N	41%草甘膦异丙胺盐水剂	镇江江南化工有限公司	镇江新区
101101G0059N	2G/3G/WLAN/WiMax 多频段美化天线	江苏安特耐科技有限公司	镇江新区
101101G0063N	艺术亚光铜版纸	金东纸业(江苏)股份有限公司	镇江新区
101101G0066N	高清数字电子警察系统	镇江雷明特种光源有限公司	镇江新区
101101G0067W	船舶机舱智能化报警集控台	镇江赛尔尼柯电器有限公司	镇江新区
101101G0071N	57 寸轮辋	镇江科美机械制造有限公司	镇江新区
101101G0072N	63 寸轮辋	镇江科美机械制造有限公司	镇江新区
101101G0090W	加替沙星滴眼液	江苏吉贝尔药业有限公司	镇江新区
101101G0095N	思润商铺物业经营管理系统	镇江雅迅软件有限责任公司	镇江新区
101101G0102N	优化高质 95%草甘膦	镇江江南化工有限公司	镇江新区

续表 28-5

产品编号	产品名称	企业名称	所在地
101101G0103N	高效62%草甘膦异丙胺盐水剂	镇江江南化工有限公司	镇江新区
101101G0104N	新型环保75.7%草甘膦可溶性粒剂	镇江江南化工有限公司	镇江新区
101101G0105N	纳米复合结构涂层高速整体硬质合金立铣刀	江苏永伟精密工具有限公司	镇江新区
101101G0106N	智能化救生艇	镇江市金舟船舶设备有限公司	镇江新区
101101G0109N	A13 小型车专用双开中控门锁	镇江美驰轻型车系统(第二)有限公司	镇江新区
101101G0111N	C1 高安全性多功能中控门锁	镇江美驰轻型车系统(第二)有限公司	镇江新区
101101G0111N	M 超轻型多功能中控门锁	镇江美驰轻型车系统(第二)有限公司	镇江新区
101101G0112N	NAL 小型车高强度中控门锁	镇江美驰轻型车系统(第二)有限公司	镇江新区
101101G0113N	S3M 多功能一体化中控门锁	镇江美驰轻型车系统(第二)有限公司	镇江新区
101101G0114N	NGM 第二代电子模块标准马达	镇江美驰轻型车系统(第二)有限公司	镇江新区
101101G0115N	PIA 插入式电子模块防夹马达	镇江美驰轻型车系统(第二)有限公司	镇江新区
101101G0116N	视频传输用155兆单纤双向光收发一体模块	江苏奥雷光电有限公司	镇江新区
101101G0117N	1.25G 单纤双向光收发一体模块	江苏奥雷光电有限公司	镇江新区
101102G0120N	光伏接线盒 PV - ZK1001 型	镇江市正恺电子有限公司	镇江新区
101102G0121N	光伏接线盒 PV - ZK1002 型	镇江市正恺电子有限公司	镇江新区
101101G0153N	高效节能铜版纸	金东纸业(江苏)股份有限公司	镇江新区
101101G0155N	HF - YYLB - 120/380 有源电力滤波无功补偿装置	江苏华峰电器控制设备有限公司	镇江新区
101101G0157N	柴油轻型车真空伺服制动器用多叶片真空泵	镇江市永泰汽车配件制造有限公司	镇江新区
101101G0158N	远洋邮轮专用连杆式吊艇架	镇江维斯特船用设备有限公司	镇江新区
101101G0159N	大型采油工程船专用襟翼舵	镇江维斯特船用设备有限公司	镇江新区
101101G0163N	SKQ61125 数控车床	江苏齐航数控机床有限责任公司	镇江新区
101101G0164N	CJKL61125 车铣数控机床	江苏齐航数控机床有限责任公司	镇江新区
101101G0165N	CW61148 普通车床	江苏齐航数控机床有限责任公司	镇江新区

(丁文斌)

【国家火炬计划项目】 2010年,镇江康飞机器制造有限公司承担的"移动式生物安全三级实验室"项目、江苏鱼跃医疗设备股份有限公司承担的"高频数字医用诊断X射线机"项目等21个项目被科技部列为2010年度国家火炬计划项目,立项率为56.8%。其中镇江市生产力促进中心承担的"镇江光电子与通信元器件产业基地科技创新服务平台"项目获国家资助35万元;项目涵盖生物工程和新医药、新材料及应用、光机电一体化、新能源及高效节能、环境保护等多个领域。预计项目完成后,新申请知识产权86项,其中发明专利申请56项。

(丁文斌)

表 28-6

2010年镇江市国家级火炬计划项目一览表

项目编号	项目名称	承担单位	地区或部门
2010GH020361	尼群洛尔片	江苏吉贝尔药业有限公司	镇江新区
2010GH020365	生物农药井冈霉素与咪鲜胺复配杀菌剂	江苏省绿盾植保农药实验有限公司	句容市
2010GH020368	移动式生物安全三级实验室	镇江康飞机器制造有限公司	镇江新区
2010GH030438	高分子改性麻塑合金板	丹阳市新美龙汽车软饰件有限公司	丹阳市
2010GH030443	导电用高性能硅橡胶	江苏宏达新材料股份有限公司	扬中市
2010GH030459	高固体含量漆包线漆	丹阳四达化工有限公司	丹阳市
2010GH030465	轻质环保型聚丙烯发泡材料	丹阳市华东工程塑料有限公司	丹阳市
2010GH030466	铁道提速货车转向架用高分子复合材料斜楔摩擦板	镇江铁科橡塑制品有限公司	润州区
2010GH030468	新型高性能耐磨铜合金及其产品	镇江汇通金属成型有限公司	丹徒区
2010GH040540	全数字化宽幅铝箔轧机	镇江市宏业科技有限公司	润州区
2010GH040550	汽车电动助力转向装置	江苏超力电器有限公司	丹阳市
2010GH040557	DQV - X - 12/T630 - 20 DQS - 12 型 SF6 全绝缘充气环网柜(断路器方案)	江苏大全长江电器股份有限公司	扬中市
2010GH040568	SCB10 - 1600/20kV(10kV)可转换电压干式变压器	镇江天力变压器有限公司	句容市
2010GH040573	高频数字医用诊断X射线机	江苏鱼跃医疗设备股份有限公司	丹阳市
2010GH040574	100万千瓦及以上机组强迫风冷离相封闭母线(29000A~56000A)	镇江华东电力设备制造厂	润州区
2010GH040579	智能化船舶电站控制系统及成套配电装置	镇江赛尔尼柯电器有限公司	镇江新区
2010GH050585	BMS 摆线液压马达批量生产	镇江大力液压马达有限责任公司	丹徒区
2010GH050588	正负压一体化多功能泵输送系统	镇江市电站辅机厂	扬中市
2010GH050626	无导轴承无润滑水长轴液下渣液泵	江苏国泉泵业制造有限公司	镇江新区
2010GH060643	YJLX - 800 铝屑熔化炉及前处理系统	镇江市裕久精机制造有限公司	镇江新区
2010GH550651	镇江光电子与通信元器件产业基地科技创新服务平台	镇江市生产力促进中心	镇江市直

(丁文斌)

表 28-7

2010 年镇江市省科技支撑计划(工业)项目一览表

项目编号	项目名称	承担单位	省拨经费(万元)	地区或部门
BE2010152	物联网核心芯片 Zigbee Soc 芯片及其应用	江苏阿图电子有限公司	60	镇江新区
BE2010153	面向传感网络应用的脉冲超宽带短距离无线通信的关键技术研究	镇江市如意互通电气技术有限公司	60	镇江新区
BE2010154	均衡式新能源汽车动力电池管理系统的研究开发	镇江恒驰科技有限公司	80	镇江新区
BE2010155	无定形态纳米硅线动力锂电池负极材料产业化关键技术	镇江科捷锂电池有限公司	60	京口区
BE2010156	百万千瓦级核电站离心式上充泵关键技术研发及产业化	江苏国泉泵业制造有限公司	60	镇江新区
BE2010157	城市轨道车辆制动能量回收技术	江苏杰能交通科技有限公司	60	镇江新区
BE2010158	船用柴油机低排放燃烧系统关键技术研究	镇江中船设备有限公司	80	润州区
BE2010159	深水自升式海洋平台振动控制装置研究	江苏科技大学	40	江苏科技大学
BE2010160	360 度翻转救生/救助艇用柴油机组开发	镇江四洋柴油机制造有限公司	40	京口区
BE2010161	复合电渣冶金法制备纳米颗粒增强钢基复合材料技术研发及产业化	江苏新亚特钢锻造有限公司	60	丹阳市
BE2010162	工业变频器用铝电解电容器关键技术	丹阳法拉电子有限公司	80	丹阳市
BE2010163	环保、核电及船舶用高耐蚀哈氏合金管件的先进冷成形技术研究	江苏华阳金属管件有限公司	80	句容市
BE2010164	精密加工系统中的永磁直线电机研究	江苏中容电气有限公司	60	句容市
BE2010165	核电核级隔膜截止阀的研发	江苏星河集团有限公司	60	扬中市
合 计	–	–	880	–

(丁文斌)

表 28-8

2010 年镇江市省科技支撑计划(生物医药)项目一览表

项目编号	项目名称	承担单位	省拨经费(万元)	地区或部门
BE2010703	脐带间质干细胞外切体(exosome)的制备及应用研究	江苏大学	20	江苏大学
BE2010704	临床安全高效 MRI 对比剂与 MIP 诊断剂的研发	江苏大学	17	江苏大学
BE2010705	创建家蚕丝素组织工程肌腱支架新材料	江苏大学	12	江苏大学
BE2010708	一种新型垃圾除臭微生物复合菌剂的开发	丹阳市尚德生物科技有限公司	20	丹阳市
BE2010709	中药五类新药 TSWGT 胶囊的临床前研究	江苏天晟药业有限公司	20	句容市
合 计	–	–	89	–

(丁文斌)

表 28-9

2010 年镇江市科技部科技型中小企业技术创新基金项目一览表

项目编号	项目名称	承担单位	国拨经费(万元)	地区或部门
10C26213200921	全自动高速听装包装生产线设备研制及产业化	丹阳仅一包装设备有限公司	80	丹阳市
10C26213200944	节能环保高效开、闭式水循环冷却集装装置	镇江市清源科技工程有限公司	60	扬中市
10C26213200946	高清晰度视频车型实时分类系统	江苏科海智能系统有限公司	70	京口区
10C26213200954	驾驶员疲劳检测系统	丹阳兴隆车辆部件有限公司	70	丹阳市
10C26213200962	新型光扩散膜技术开发及产业化	丹阳博昱科技有限公司	80	丹阳市
10C26213200976	豆粕控制酶解-美拉德反应制备风味增强肽	天宁香料(江苏)有限公司	80	句容市
10C26213200978	整体结构散热反射形侧发光大功率 LED 路灯	江苏奥兴光电科技有限公司	60	扬中市
10C26213201000	智能型反应釜、管道用远红外防爆加热装置	扬中市神洲化工电力设备有限公司	90	扬中市
10C26213201023	正负压一体化多功能泵输送系统	镇江京华电力环保工程公司	80	扬中市
10C26213201024	基于"膜+吸附"集成分离技术的加油站油气回收技术及装置	江苏三星环境科技工程有限公司	60	扬中市
10C26213201027	高效能节能环保液体发酵罐	江苏科海生物工程设备有限公司	70	扬中市
10C26213201057	硼化物颗粒增强耐磨模具钢	江苏盘伟模具材料有限公司	90	丹阳市
10C26213201058	高效节能一体式导热油炉防爆电加热器	镇江裕太防爆电加热器有限公司	90	扬中市
10C26213201083	节能型生物质电站燃料灰智能控制回收系统	镇江飞利达电站设备有限公司	80	扬中市
10C26213201096	大吨位永磁起重专用装置	镇江市江南矿山机电设备有限公司	70	镇江新区
10C26213201102	大型船舶用高性能自动焊接材料	江苏立新合金实业总公司	90	丹阳市
10C26213201108	智能型(可通信、数字化)用户分界户外高压真空断路器成套装置	江苏宜源诺成电气有限公司	70	扬中市
10C26213201116	电气化铁路隧道预埋槽型滑道	江苏华威电气化铁路器材有限公司	80	扬中市
10C26213201141	核电蒸汽发生器用镍基合金材料及抗振条	江苏龙鑫特殊钢实业总公司	60	丹阳市
10C26213201147	起重机械回转中心智能化专用控制装置(电回转体)	丹阳市长江汽车部件有限公司	80	丹阳市
10C26213201150	膨胀系阻燃聚丙烯微发泡环保材料	丹阳市华东工程塑料有限公司	70	丹阳市
10C26213201152	喷射成形 7000 系高强高韧铝合金	江苏豪然喷射成形合金有限公司	80	镇江新区
10C26213201163	核工业用高膨胀耐核辐照防火密封胶	海龙艾默生(镇江)能源科技有限公司	60	京口区
10C26213201164	纳米离子改性 UPR 重卡面罩复合热固材料	丹阳市道亮车灯塑件有限公司	90	丹阳市

续表 28-9

项目编号	项目名称	承担单位	国拨经费（万元）	地区或部门
10C26213201192	YT-2 新型高效节能组合式折流杆旋流管换热器	扬中市腾峰换热设备制造有限公司	90	扬中市
10C26213201204	JTS 氨法湿式脱硫装置	镇江金锐环保设备有限公司	60	丹徒区
10C26213201205	蓝藻污染分析和治理专用生物反应器	江苏元洲生物工程有限公司	60	丹徒区
10C26113201248	LPE-500 千伏超高压特种电缆系列组合支架（国产化）	扬中市通华电气设备有限公司	60	扬中市
10C26113201263	重油双进油双电场深度脱盐脱水设备	镇江金门实业有限公司	80	扬中市
10C26113201264	高性能改性酚醛树脂及制品高效超强合金钢中磨砂带	扬中市江南砂布有限公司	100	扬中市
10C26113201266	压力自平衡截止阀研发及产业化	扬中市阀门厂有限公司	80	扬中市
10C26113201273	高效节能台车式燃气热处理炉	丹阳市江南工业炉有限公司	90	丹阳市
10C26213203991	海底电缆用铜镍合金钢	丹阳市协昌合金有限公司	90	丹阳市
10C26213204024	SaaS 模式的现代商贸管理行业协同管理软件	镇江金软计算机科技有限责任公司	50	京口区
10C26213204037	高性能水性无毒金属防腐纳米涂料开发与产业化	江苏荣昌化工有限公司	140	扬中市
10C26243204076	扬中电力电器产业基地专业技术服务平台	扬中市科学技术咨询服务中心	50	扬中市
合　计	-	-	2760	-

（丁文斌）

表 28-10

2010 年镇江市省级创新资金项目一览表

项目编号	项目名称	承担单位	省拨经费（万元）	地区或部门
BC2010172	SaaS 模式的现代商贸管理行业业务支撑软件的研发	镇江金软计算机科技有限责任公司	25	京口区
BC2010173	煤矿安全无线传感网络定位与监控系统	镇江安扬安全设备科技有限公司	25	京口区
BC2010174	高效低成本太阳能建筑采暖系统	镇江新梦溪能源科技有限公司	25	镇江新区
BC2010175	高度集成多功能超高清终端和应用支撑系统的研发和生产	镇江先视网络图像设备有限公司	25	镇江新区
BC2010176	多药程序性控制给药的纳/微粒给药系统	江苏昌吉永生物科技有限公司	25	镇江新区
BC2010177	LPS 拮抗剂的研究-抗毒血症药“艾瑞福”合成工艺之探讨及其第二代新药之研发	镇江市天健新特药有限公司	25	镇江新区
BC2010178	医疗保险跨区域就医结算系统	镇江瑞生康讯信息技术有限公司	25	镇江新区
BC2010179	自动化超洁净管理焊接系统研制	镇江沅净电子科技有限公司	25	镇江新区
BC2010180	高强高导铜铬锆电力滑触线材料制备的关键技术研究	江苏瑞博豪泰金属材料股份有限公司	25	镇江新区
BC2010181	加工曲面自适应型高精度高效率磨削抛一体化机器人	镇江九劲智能机械有限公司	25	镇江新区
BC2010182	大型舰船用高强度焊接材料的研制及产业化	江苏立新合金实业总公司	25	丹阳市
BC2010183	稀溶液镁钙双碱法烟气脱硫工艺的关键技术研发及推广	江苏正通宏泰股份有限公司	25	丹阳市
BC2010184	高瓦斯矿井用深孔钻车智能变频控制系统（BPJ1-75/660 矿用隔爆兼本质安全型交流变频器）	江苏通华电力设备有限公司	25	扬中市
BC2010185	积木式智能型环网设备的研发	句容富达电气有限公司	25	句容市
合　计	-	-	350	-

（丁文斌）

【省级自主创新型企业】 大亚科技股份有限公司、江苏吉贝尔药业有限公司、江苏省镇江船厂有限责任公司、江苏索普（集团）有限公司等 83 家企业被认定为江苏省第三批自主创新型企业。全市累计 88 家企业被认定为江苏省创新型企业；镇江赛尔尼柯自动化有限公司、镇江凌空网络技术有限公司等 134 家企业被认定为江苏省民营科技企业；金东纸业（江苏）股份有限公司、江苏丹毛纺织股份有限公司等 2 家企业被认定为江苏省第四批节能减排科技创新示范企业。（丁文斌）

表 28-11

2010 年镇江市省级自主创新产品一览表

产品名称	承担单位	地　区
高清晰数字式 X 射线机	江苏鱼跃医疗设备股份有限公司	丹阳市
生物柴油（脂肪酸甲酯）	江苏洁美生物能源有限公司	丹阳市
（X）QZYB 节能耐高压漆包扁线	江苏中容电气有限公司	句容市
自粘双玻璃丝包聚酰亚胺氟 46 复合薄膜绕包铜扁线	江苏五洲电磁线有限公司	句容市
HDPE 大口径双壁波纹管	江苏圣通环境工程有限公司	句容市
HDPE 实壁牵引管	江苏圣通环境工程有限公司	句容市

续表 28-11

产品名称	承担单位	地区
BMM 系列微型高效、高速 Gerotor 液压马达	镇江大力液压马达有限责任公司	丹徒区
厌氧复合流化床	江苏江大环境工程有限责任公司	丹徒区
SCDMA/WLAN/TD－SCDMA 合路器	镇江市正恺电子有限公司	京口区
JQYD 大吨位永磁起重设备	镇江市江南矿山机电设备有限公司	镇江新区
RBCDB 隔爆型悬挂式电磁除铁器	镇江市江南矿山机电设备有限公司	镇江新区
超千密集填料工业电加热器	镇江东方电热有限公司	镇江新区
高精度超低腐蚀隧道 2016 晶片	镇江市港南电子有限公司	镇江新区
塑料专用金红石型二氧化钛(ZR－960)	江苏镇钛化工有限公司	镇江新区
L 型立式离心泵	江苏国泉泵业制造有限公司	镇江新区
MW 卧式排污泵	江苏国泉泵业制造有限公司	镇江新区
QGL 型贯流泵	江苏国泉泵业制造有限公司	镇江新区
适用于液晶平板显示背光源的 LED 器件	江苏稳润光电有限公司	镇江新区
SH3.7 电阻焊机控制器	镇江市思航电子科技有限公司	镇江新区

（丁文斌）

（徐光陆）

科技成果和市场

【概况】 2010 年，全市科技成果鉴定 150 项。全年获国家科技进步一等奖 1 项。获省科学技术奖 19 项，其中一等奖 3 项、二等奖 4 项、三等奖 12 项。受理市科技进步奖申报项目 124 项，评出获奖项目 68 项，其中一等奖 5 项、二等奖 17 项、三等奖 46 项，获奖项目中农业项目 6 项、工业项目 32 项、社会发展事业项目 30 项。（徐光陆）

【"抗条纹叶枯病高产优质粳稻新品种选育及应用"获国家奖】 2010 年，由江苏丘陵地区镇江农业科学研究所与南京农业大学等单位共同完成的"抗条纹叶枯病高产优质粳稻新品种选育及应用"获得 2010 年度国家科技进步一等奖。镇江农科所开展抗水稻条纹叶枯病育种始于 20 世纪 80 年代末，育成江苏省首批抗条纹叶枯病品种镇稻 88 等多个品种，应用于大面积水稻生产。在 2003 年水稻条纹叶枯病大发生之时，对减轻条纹叶枯病灾害，确保粮食安全发挥作用。江苏省 80% 的抗条纹叶枯病品种的抗性基因均来源于镇稻 88 等品种。自 2000 年以来，该所育成的抗条纹叶枯病水稻新品种在全省及周边地区累计推广种植近 270 万公顷，创造社会经济效益 30 多亿元。（徐光陆）

【19 个项目获省科学技术奖】 2010 年，镇江市有 19 个项目获得省科学技术奖，项目数量多、层次高。其中由江苏大学、江苏省铝基复合材料工程技术研究中心共同承担的"高性能节能型铝基原位复合材料关键技术开发与应用"等 3 个项目获省科学技术一等奖，江苏大学附属医院承担的"炎症免疫机制在不稳定斑块形成及心肌缺血—损伤中的基础与临床研究"等 4 个项目获得省科学技术二等奖，恒宝股份有限公司等单位承担的 12 个项目获得省科学技术三等奖。（徐光陆）

表 28-12 **2010 年镇江市获江苏省科学技术奖项目一览表**

项目名称	完成单位	奖励等级
高性能节能型铝基原位复合材料关键技术开发与应用	江苏大学、江苏省铝基复合材料工程技术研究中心	一等奖
超深海高稳性圆筒型钻探储油平台的关键制造技术	江苏大学等	一等奖
水稻丰产精确定量栽培技术研究与应用	丹阳市农业技术推广中心等	一等奖
炎症免疫机制在不稳定斑块形成及心肌缺血——损伤中的基础与临床研究	江苏大学附属医院等	二等奖
非线性抗振动冲击防护动力学与动态设计理论技术研究	江苏大学	二等奖
高性能半喂入和全喂入稻麦联合收割机的研制	江苏大学、江苏沃得农业机械有限公司等	二等奖
化工行业清洁生产关键技术开发与应用	中化镇江焦化有限公司、丹阳中超化工有限公司等	二等奖
微处理器 IC 卡操作系统开发及产业化	恒宝股份有限公司	三等奖
高效脉冲自洁式空气过滤器研究及产业化	江苏华强电力设备有限公司等	三等奖
智能矿用隔爆移动电站关键技术研究及产品开发	中电电气集团有限公司、江苏大学	三等奖
水平连铸高品质稀土高速钢的开发及产业化	江苏天工工具有限公司等	三等奖
天然保肝药物研发关键技术研究及应用	江苏大学、江苏天晟药业有限公司等	三等奖
低排放生物柴油发展战略研究与产业化关键技术	江苏大学等	三等奖
几个与白血病细胞耐药相关基因的研究	镇江市第一人民医院	三等奖
骨髓增殖性肿瘤的临床和基础研究	镇江市第一人民医院等	三等奖
高速列车电加热玻璃	江苏大学等	三等奖
2,6－二氟苯甲酰胺产品的研制及产业化	江苏大学等	三等奖
多频段双极化移动通信智能天线设计技术	江苏大学等	三等奖
高效施药技术研发与示范	江苏大学等	三等奖

（徐光陆）

表 28-13

2010年镇江市获省高层次创新创业人才引进计划资助一览表

单位:万元

姓　名	申报单位	资助金额	姓　名	申报单位	资助金额
戴炎麟	丹阳市精密合金厂有限公司	100	谢宗翰	江苏新亚特钢锻造有限公司	50
姚　新	丹阳市精密合金厂有限公司	100	陈　欣	江苏飞格光电有限公司	50
刘　奎	丹阳市精密合金厂有限公司	100	王晓军	沃德环保科技工程(扬中)有限公司	50
司连有	丹阳市精密合金厂有限公司	100	杜竹峰	江苏弘义光电科技有限公司	50
顾兴业	丹阳市精密合金厂有限公司	100	焦文瑞	镇江市液压件厂有限责任公司	50
林　野	智比特信息技术(镇江)有限公司	100	陈　钢	镇江灵芯软件实验室有限公司	50
黄庆九	镇江九劲智能机械有限公司	100	董　昀	江苏稳润光电有限公司	50
刘伯安	镇江如意互通电气技术有限公司	100	徐友龙	丹阳法拉电子有限公司	50
符寒光	江苏盛伟模具材料有限公司	100	宋宝韫	江苏中容电气有限公司	50
黄玉明	句容智恒安全设备有限公司	100	赖小荣	镇江和邦通信技术有限公司	50
钟云波	江苏瑞博豪泰金属材料股份有限公司	100	孙明清	江苏天宇纤维有限公司	50
谭　琦	镇江市丹徒区正东生态农业发展中心	50	王　旭	江苏奥博洋信息技术有限公司	50
余　颖	江苏环能通环保科技有限公司	50	施海峰	江苏大学	50
康　慨	海龙核材科技(江苏)有限公司	50	合　计	-	1900

(徐光陆)

表 28-14

2010年镇江市"企业博士集聚计划"一览表

单位:万元

姓　名	申报单位	资助金额	姓　名	申报单位	资助金额
杜　娟	大全集团	20	刘庆华	镇江市金舟软件有限责任公司	20
李绍成	大亚科技股份有限公司	20	刘云建	江苏奇能电池有限公司	20
李亚波	江苏天工工具有限公司	20	欧阳军	江苏克蒂纳信息技术有限公司	20
夏　耐	镇江金钛软件有限公司	20	任旭东	江苏洪昌科技股份有限公司	20
白志峰	江苏兆伏新能源有限公司	20	沈智勇	镇江神鹿生物医学工程有限公司	20
蔡映杰	江苏天晟药业有限公司	20	袁　浩	江苏山水建设有限公司	20
陈　敏	镇江先视网络图像设备有限公司	20	袁志钟	镇江环太硅科技有限公司	20
陈　玉	镇江市东南电力设备有限公司	20	解东来	丹阳奥恩能源科技发展有限公司	20
丁祖军	江苏南自电效科技有限公司	20	王亚洲	江苏昌吉永生物科技有限公司	20
郝　勇	江苏恒顺醋业股份有限公司	20	徐传明	江苏天孚太阳能有限公司	20

(徐光陆)

【12名科技企业家入选江苏省首批产业教授名单】 2010年,镇江市12名科技型企业家入选江苏省首批产业教授,分别是江苏南自通华电气集团有限公司董事长、总裁倪道宏,镇江隆智半导体有限公司董事长、总经理史方,镇江恒驰科技有限公司总经理张育华,智比特技术(镇江)有限公司总裁林野,江苏奇能电池有限公司总经理费扬,江苏镇安电力设备有限公司总经理叶小松,江苏吟春碧芽股份有限公司董事长、总经理王金和,中化镇江焦化有限公司副总经理陈怡,江苏环能通环保科技有限公司总经理李溪,江苏申模数字化制造技术有限公司总经理孔啸,镇江大力液压马达有限责任公司总经理张智敏,江苏恒顺醋业股份有限公司副总经理沈志远。他们将受聘于南京大学、东南大学、南京航空航天大学、南京邮电大学、苏州大学、江苏大学、江苏科技大学、扬州大学等高校。该次选聘工作由中共江苏省委组织部、省教育厅、省科技厅联合开展,入选企业家将到具有硕士及以上学位授予权的普通本科高校担任江苏产业教授。

(徐恺良)

【自主创新重大成果奖与自主创新杰出人才奖评选】 2010年,镇江市继续开展自主创新重大成果奖与自主创新杰出人才奖评选活动,由各地科技部门初审推荐,经过专家评审、现场考察和评选委员会投票表决、公示等程序,市委、市政府研究决定,授予江苏省镇江船厂有限责任公司的"基于数字化设计的大功率多功能深海石油平台支援船"、江苏华阳金属管件有限公司的"核电用不锈钢和钛合金管件"2010年度镇江市自主创新重大成果奖,授予丹阳精密合金厂有限公司副总经理陆敏、江苏索普(集团)有限公司副总经理邵守言2010年度镇江市自主创新杰出人才奖,给予自主创新重大成果每项20万元,给予自主创新杰出人才每人10万元的,并享受镇江市劳动模范待遇。

(徐光陆)

【省科技成果转化资金项目通过验收】 2010年,镇江市4个省科技成果转化专项资金项目通过省科技厅组织的专家组验收。该批通过验收的项目分别是:大亚科技股份有限公司承担的"颗粒增强铝基原位复合材料汽车轮毂的开发与产业化"、江苏华阳金属管件有限公司承担的"核电用不锈钢和钛合金管配件冷挤压成型及产业化"、中电电气集团有限公司承担的"智能矿用防爆移动负荷中心关键技术开发及产业化"和江苏农林职业技术学院绿苑实业总公司承担的"常绿彩叶苗木新品种选育及组培快繁技术开发与推广"。通过验收的4个项目资金总投入为5.44亿元,其中省拨专项资金投入4362万元。三年实施期内,实现销售收入24亿元,利税1.81亿元;共申请专利101件,其中发明专利25件;获授权专利67件,其中发明专利10件。

(徐光陆)

【技术市场发展】 2010年,镇江市认定登记技术合同1157项,成交总金额5.57亿元,比上年增长12.1%。平均每份技术合同成交金额到48.2万元。技术开发合同成交金额4.05亿元,技术转让合同成交金额1.22亿元,技术咨询合同成交金额927万元,技术服务合同成交金额1.24亿元。在成交合同中,涉及技术秘密、专利、计算机软件著作权等知识产权的技术合同计262项,成交金额1.22

亿元。全市共有159项各级政府科技计划项目成果进入技术市场，技术合同成交金额达到2.61亿元，占全市技术合同成交总额的46.7%。（徐恺良）

【镇江市产业研究院获省立项支持】2010年，江苏省（丹阳）高性能合金材料研究院获得省立项支持，获项目经费1000万元。是全省批准立项的两个产业研究院之一。该研究院引进美国工程院院士、中国工程院外籍院士刘锦川等20多名国际人才，新建10000平方米的独立研究院大楼，逐步形成一支100人左右的高水平人才队伍，建成集材料评价与优选设计、高性能合金材料创新、新材料技术成果转化和高端人才培养为一体的新型研究机构。（王志强）

【"实验室经济"效益显现】 近年来，镇江市加大"招所引院"工作力度，研发检测机构建设工作取得进步，2010年引进和新建研发检测机构10家，其中国家级检测机构2家。随着研发检测机构建设工作的推进，"实验室经济"效益初步显现。依托国检局建设的国家食品添加剂及调味品检测实验室，从2009年开始负责全省食品添加剂品质质量检测，2010年以来共检测食品添加剂1100多批次、4200多项次，检测单位包括江苏恒顺醋业股份有限公司、苏州浩波科技股份有限公司、丹尼斯克（中国）有限公司等60家委托单位，资源集聚作用明显。在建中的国家低压电器产品质量监督检验中心计划于2012年初步建成，接受全国中低压配电设备产品生产企业或个人的质量委托检验。预计国家中心检测收入2012年达1000万元，2014年6500万元，2015年9500万元，2015年后每年检测收入约1亿元。（王志强）

【新批建设34家省级工程技术研究中心】 接江苏省科技厅文件通知，批准镇江市江苏省船用中速柴油机工程技术研究中心等34家工程技术研究中心为省级工程技术研究中心，是获得认定数量最多的一次。新批的34家省级工程技术研究中心涉及新能源、新材料、电子信息、海洋工程、生物技术等新兴产业。这批省级工程技术研究中心的建设，将提升全市企业创新能力、发展创新型经济、促进"5+X"新兴产业爆发式发展提供技术支撑。全市拥有省级工程技术研究中心85家，初步形成布局合理、遍布全市的工程化技术研发平台。（王志强）

【新增5家省企业院士工作站】 2010年，镇江市中煤电子有限公司、江苏冰城电材股份有限公司、江苏江南生物科技有限公司、句容市宁武化工有限公司、江苏锋芒复合材料科技集团有限公司等5家企业被批准建立省企业院士工作站，共获得项目经费500万元。这5家省企业院士工作站建设总投资5800万元，涉及新材料、电子信息、化工、生物技术等行业，其中新兴产业占4家；引进中国工程院吴澄、钱清泉、李玉、黄卫、唐有祺等5名院士、院士团队成员34人；将研发国际领先新技术20多项、新产品16个，申请专利40多项，其中发明专利16项，形成技术标准10项；新成果产业化后，新增销售50多亿元，新增利税近4亿元。（王志强）

【吴国青铜器的粉状锈治理与修复保护技术应用研究】 2010年8月8日，江苏省科技厅组织专家对镇江博物馆承担的省科技支撑计划项目"吴国青铜器的粉状锈治理与修复保护技术应用研究"进行验收。项目首次采用AMT新材料和ACN1新试剂，运用无铅焊接等新方法，对残破、变形青铜器进行修复，对粉状锈进行治理，对脆弱青铜器作加固和封护，青铜器整体品相有较大改观。项目研究期间修复镇江博物馆馆藏吴国青铜器211件，养护后在青铜器器表形成无色无光的保护膜，有效控制粉状锈再生。专家一致认为，镇江博物馆青铜器的粉状锈治理与修复技术达到国内先进水平。（王志强）

【研制秸秆捡拾成型打捆机】 2010年，经镇江市科技局生态循环农业重大科技专项支持，江苏美佳马达有限公司投入资金500多万元，历时一年完成秸秆捡拾成型打捆机研发。该机作业效率每小时0.5公顷～0.7公顷，一次性完成捡拾和成型打捆，每捆重量15公斤～20公斤。（靳朋勃）

【6家企业被确定为省第三批农业科技型企业】 2010年，江苏恒顺醋业有限公司、江苏省花王有限公司、丹阳市瑞青园林工程有限公司、句容市茅山百事特鸭业有限公司、江苏省绿盾植保农药实验有限公司、镇江绿色农业科技有限公司等6家企业入选省第三批农业科技型企业。为加快推进农业科技创新，建立健全以企业为主体的农业创新体系，鼓励和扶持农业科技型企业的发展，推动"校企联盟"产学研紧密结合，推进产业技术跨越和企业做大做强、培育特色产业，江苏省继2008年认定首批省级农业科技型企业之后，2010年确定91家企业为第三批江苏省农业科技型企业。（靳朋勃）

【稻蔬高效种植模式关键技术推广】 2010年6月6日，由镇江市农业技术推广站承担稻蔬高效种植模式关键技术的研究与推广项目通过科技成果鉴定。项目集成并推广以稻作为中心，适于圩区、平原和丘陵种稻区的"水稻—马铃薯""水稻—设施西瓜（秧草）""水稻—露地甘蓝"等13种生态稻蔬种植新模式，解决水稻秸秆还田、土壤肥力不足、作物土壤连作障碍等问题。项目制定13套技术规程，发表论文20余篇，申请发明专利3项，推动稻蔬高效种植模式关键技术的推广，2007～2009年累计推广4.5公顷，实现效益28.6亿元，新增效益8.8亿元。（靳朋勃）

【医疗信息管理平台系统软件开发成功】 2010年8月19日，由镇江江大科茂信息系统有限责任公司与江苏大学、江苏大学附属医院共同承担的江滨医疗集团内部协同医疗信息管理平台系统软件项目通过科技成果鉴定。该项目遵循卫生部颁布的《国家基本公共卫生服务规范》和《基于健康档案区域卫生信息化平台建设指南》等相关制度与标准，整合集团内各种应用软件，构建医疗集团内部协同医疗信息管理平台系统，实现集团内数据交换和协同医疗；项目开发的基于模型驱动架构和中间件思想，遵循HL7规范实现数据交换，运用MD5加密认证，采用三层分布式结构，由数据交换中心和应用服务平台构成。（王志强）

【全省茶叶加工技术研讨会】 2010年12月23～24日，由江苏省茶叶科技创新公共技术服务中心联合江苏省茶叶学（协）会举办的2010年江苏省茶叶加工技术研讨会暨茶叶包装展评会在江苏农林职业技术学院召开。全省茶叶生产加工企业、科研院所及茶叶包装设计公司等单位的负责人及技术人员等近70人参会。近几年江苏省茶叶加工取得成效，在全国名茶评比中，均名列前茅，茶叶附加值、茶农收入、企业效益等均大幅增长。（王志强）

知识产权工作

【概况】 2010年，全市知识产权经费投入超2000万元，并设立镇江市知识产权重点突破计划，培育31个科研团队成为发明专利申请大户。全市专利申请量为10406件，比上年增长20.89%，总量居全省第六位；其中发明专利申请1966

件，增长46.61%。专利授权6560件，增长60.86%。全市有150多家重点企业开展《江苏省企业知识产权管理规范》的贯彻实施工作，有10家企业成为省知识产权“贯标”（贯彻ISO 9001：2008关于质量管理体系的标准）绩效考核优秀单位，59家企业成为2010年度省“贯标”企业。全年争取国家和省各类知识产权项目33项，下达市级项目60项。全年走访辅导企业100多家。处理专利侵权纠纷5件，结案率100%，查处假冒专利案件10件，开展世博会知识产权保护行动，被评为世博会知识产权保护专项行动先进集体，开展“雷雨”知识产权执法专项行动和“打击侵犯专利权和假冒专利行为”专项行动，被评为全国知识产权执法保护先进集体。9月9日，江苏科技大学成为江苏省知识产权人才培训基地。丹阳市知识产权局首次调处侵权纠纷。开展专利行政执法能力培养活动，新增5名取得专利执法证人员。发布《2009年镇江市知识产权发展与保护状况》白皮书，开展“4·26”系列宣传活动。被评为江苏省知识产权工作先进集体，并创建“国家知识产权工作示范城市”。研究制定《镇江市知识产权战略纲要》，被列为全国第三批知识产权质押融资试点城市。开展《镇江市知识产权“十二五”规划》的研究，制订下发《2010年镇江市知识产权工作要点》。丹阳市通过国家知识产权试点城市验收，被批准为国家知识产权工作示范城市创建市。句容市、丹徒区通过省知识产权区域示范单位验收，京口区被批准为第七批省区域示范单位。 （何锦润）

【镇江市知识产权维权援助中心成立】

2010年5月，镇江市生产力促进中心增挂“镇江市知识产权维权援助中心”牌子，出台《镇江市知识产权维权援助工作实施办法》，完成机构设置和人员配备，完善该中心的工作机制和内部管理制度，开通“84442330”维权援助热线，接受公众各类知识产权投诉和咨询，为专利权人和相关公众维护知识产权合法权益增加新渠道。 （何锦润）

【开展药品领域“雷雨”专利执法专项行动】 2010年8月，镇江市知识产权局、卫生局和药监局联合出台《关于在全市医疗机构开展知识产权执法专项行动的通知》，启动2010年的“雷雨”知识产权执法专项行动。该次“雷雨”行动确定17家药品经销企业和医疗卫生机构为重点检查对象，分自查、核查和现场检查三个阶段进行，并在此过程中进行知识产权普法宣传教育，指导企业建立和完善药品知识产权审查准入制度。自查阶段企业共检查上报带有专利标记的药品和医疗器械112种，市知识产权局经核查发现问题专利标记商品27种，对相关企业发出整改通知，经现场检查，查处销售“505神功元气袋”“鼎祥制氧器”“薄荷膏”“光芒热水器”“德意热水器”“金嗓利咽丸”“手动吸痰器”“乌发养颜茶”等8件假冒专利行为。 （何锦润）

2010年，镇江市被授予“国家知识产权示范城市”称号 （高 广）

【镇江正丹化学工业有限公司专利获国家优秀专利奖】 2010年，镇江正丹化学工业有限公司开发的“连续法氧化法生产偏苯三酸酐”专利技术采用连续法氧化工艺，克服国内外普遍采用间歇法工艺生产中生产流程长、工艺参数不稳定、设备要求高、投资大寿命短、生产成本高、产能较小的不足，在偏苯三酸酐的生产工艺及装置等方面属重大技术并有工艺突破，被评为第十二届中国专利优秀奖。该公司采用连续法氧化工艺生产偏苯三酸酐，年产偏苯三酸酐达到7万吨，成为全球最大的偏苯三酸酐生产基地。 （何锦润）

【开展第二届优秀专利奖评选活动】

2010年，镇江市开展第二届镇江市优秀专利奖评选活动，共有来自企业、高校和自然人的39个涉及生物医药、电子信息、机械化工、农业等领域专利项目参加。经主管部门推荐、专家评审、社会公示等程序，遴选出双零铝箔大压下率轧制工艺，农用杀菌剂N-(4,6-二甲基嘧啶-2-基)苯胺的制备方法，开、闭式水循环冷却集装装置，一种尼群地平和阿替洛尔的联合测定方法，大容量汽轮发电机转子铜合金槽楔及其制备方法，一种变频控制抽真空充氮跑粉量的方法，聚氨酯泡沫用聚醚多元醇的制备方法及制得产品的应用，高压大扭矩摆线液压马达及专用滚刀，高碳硅当量高珠光体轿车制动盘和造纸工业废水的回收利用方法等10项优秀专利，对专利权人和发明人给予表彰和奖励。 （何锦润）

【开展外贸出口企业知识产权保护工作】 2010年，镇江市知识产权局、工商局、商务局和海关联合出台《关于推进企业开展知识产权海关保护备案工作的通知》，联合对市内重点外贸企业开展知识产权保护状况调查，完成《我市外贸出口企业知识产权保护现状及对策研究》调研报告供管理决策参考。在充分调研的基础上，在每个辖市（区）选择出口量较大、专利和商标拥有量较多的企业开展知识产权海关备案的试点工作，举办“知识产权保护暨海关备案”宣讲会，讲解商标注册申请和保护、专利纠纷应对和侵权预警、海关备案办理程序、要求和作用等，提高外贸出口企业知识产权保护意识，加强企业在进出口环节中的知识产权保护。 （何锦润）

【启动知识产权工程师工作站（流动站）建设】 2010年，镇江市知识产权局启动知识产权工程师工作站（流动站）建设，出台《知识产权工程师工作站（流动站）管理办法》。4月2日，在市科技大厦举行首批知识产权工程师工作站（流动站）的授牌仪式。江苏大亚科技集团有限公司等20家企业成为镇江市首批知识产权工程师工作站，镇江京科专利

商标代理有限公司等5家高校和中介服务机构成为镇江市首批知识产权工程师流动站。（方立东）

【镇江市首例商标专用权质押贷款】 2010年7月28日，江苏保得银行、江苏欧圣木业银企合作商标专用权质押签字仪式在镇江市丹阳开发区举行，江苏欧圣木业以“欧圣”商标的无形资产作质押，从银行获得600万元的发展资金，这在镇江市属首例。

镇江市是国内较早开展知识产权质押融资的城市之一，入选全国知识产权质押融资试点城市，拥有的驰名商标、著名商标数位居全省前列，而商标专用权质押贷款在促进高新技术企业，尤其是中小企业融资方面有着特殊意义。有助该市逐步建立知识产权质押融资体系和机制、知识产权评估体系、风险评估与预警体系，推动知识产权融资新模式的建立。（方立东）

防震减灾

【概况】 2010年，镇江市以提升防震减灾公共服务水平和社会综合管理能力、最大限度减轻地震灾害损失为目标，贯彻防震减灾法律法规，注重防震减灾体系建设，落实《2010年镇江市防震减灾工作目标管理责任书》。镇江市地震监测系统由地震观测系统和前兆观测系统两大部分构成，设有测震，钻孔应变观测，强震动台站观测，地下水动态、水化学及气体等主、辅测项，形成以地下水观测为特色的地震监测系统。镇江市地震局设置办公室、监测预报处、震害防御处（挂“抗震设防管理处”牌子）3个职能处室，下辖丹徒区地震局、丹阳市地震局、扬中市地震局、句容市地震局，是有镇江市地震台（挂“镇江市地震监测预报中心”牌子）、镇江市地震工程检测中心等2个下设事业单位和镇江市地震台，镇江市台网中心，镇江市钻孔应变观测井，镇江市区、丹阳、句容3个数字强震观测台站，苏句容16井，苏丹徒18井，丹阳白龙寺井等9个地震监测台（网、站）的防震减灾综合管理职能部门。全市有地震专业人员46人。

3月20日，镇江市地震局平息地震传言，及时在网站告知“句容近期并无地震发生”。并在6月初通过网络、报纸等媒体和电话等平息“句容地震”谣言。及时处置苏丹徒18井水位、气氡异常，丹徒区高资正东生态农业厂区水塘出现浑浊，句容市东昌路西侧绿化带上发生地面塌陷，5月10日丹阳市横塘、延陵等部分乡镇民居门窗摇动，丹阳市导墅、全州出现1米~20米深地陷等宏观异常现象。

强化震情监视，实行台站24小时全天候值班。制定《镇江市地震局2010年度震情监视和短临跟踪工作方案》，加强对“五一”、上海世博会等节假日和重大政治经济社会活动期间震情监视工作。根据2010年震情形势需要，全年共召开5次震情趋势会商会。组织编写的《江苏省2011年度地震趋势研究报告》在全省评比中获优秀奖第二名。

加强地震监测预报日常管理，做好各地震监测台站日常值班和数据采集、数据预处理、日报表制作、观测日志整理、系统维护等工作，完成两套测震仪器标定工作，测震仪运转率99%以上。编制完成《镇江地区地下流体前兆异常与中强地震关系研究》。重新架设苏句容16井供电线路和通信线路，改造避雷设施，升级更换水位水温仪器，防护室外地震监测设备。全年市地震监测台网处理近震及地方震29个，发送震情短信46批次，编发《月报表》12期、《震情通报》12期。

强化防震减灾社会管理职能，初步完成《镇江市“十二五”防震减灾规划》（初稿）编制任务。3月，由镇江市地震局、市发改委、市民政局、市住建局、市教育局等部门组成联合检查考核组，分别对各辖市（区）政府及镇江新区管委会2009年防震减灾工作目标管理责任书的落实情况进行专项检查考核，并进行通报。4月，签订《镇江市2010年防震减灾工作目标管理责任书》。6月，全市防震减灾工作会议召开，会议部署加强市地震监测台网中心项目配套技术系统建设、地震应急避难场所建设、中小学校舍和农居地震安全工程建设、老城区危旧房和棚户区改造以及援助四川省绵竹市灾后重建等工作。

建立应急联动机制，成立镇江市地震灾害紧急救援队，推进地震应急志愿者队伍建设，镇江市区、丹阳市、丹徒区、扬中市、句容市均建立地震应急志愿者队伍，总人数1000人。添置无线对讲系统、短波电台等应急装备器材。丹阳市新建1个可容纳10万余人的市行政中心广场应急避难场所和1个地震应急物资储备库。镇江主城区共建成3个标志明显、具有相应功能的地震应急避难场所。各辖市（区）共建成7个地震应急避难场所和1个地震应急物资储备库。9月，参加2010年苏南地震应急装备保障协作联动演练。

开展防震减灾科普示范学校创建工作，全市共有12所学校创建工作通过省级验收。在丹徒区实验学校、丹徒区上党中心小学、丹徒区荣炳中学建立3个区级地震科普教育基地。拓宽防震减灾工作宣传面，与电台、电视台合作，制作防震减灾专题栏目和专题片；运用《镇江防震减灾》《震情简报》等载体，定期向市有关部门通报本市防震减灾各项工作开展情况和有关震情；运用网络传递交流功能，发挥镇江防震减灾网作用，普及防震减灾知识；编印《回眸2009年镇江防震减灾工作》画册，在《镇江日报》开辟“防震减灾之窗”专栏，举办防空防震电视知识竞赛活动；在第七届长三角科技论坛防震减灾学术分论坛、《江苏防震减灾》上交流发表文章；全年被各种媒体及防震减灾业务报刊录用稿件70余篇。

选派2名工作人员去防灾科技学院进修学习，有2名青年骨干被聘为高级工程师，全局共有青年骨干高级工程师5名。对“台网中心”大楼作室内外装修，并完成周边绿化、道路等配套工程。2011年1月，在全省2010年度市县防震减灾工作综合评比会上获全省防震减灾工作综合评比第三名。3月，机关党支部被市委市级机关工委评为2009年度先进党支部；市地震局机关党建信息工作被市委市级机关工委评为二等奖。4月，在2007~2009年度全省强震动观测评比中，镇江强震台获强震动观测记录奖优秀奖和强震动观测运行维护奖优秀奖；句容强震台获强震动观测记录奖第三名和强震动观测运行维护奖优秀奖；丹阳强震台获强震动观测运行维护奖优秀奖。7月，市地震局获镇江市行政许可案卷评查三等奖。11月，镇江市丹徒实验学校、丹阳市第六中学等2所学校以及镇江市香江花城小学王莲、句容市崇明小学刘玉明等2名个人分别被省防震减灾科普示范学校创建工作领导小组授予全省防震减灾科普示范学校创建工作先进集体和全省防震减灾科普示范学校创建工作先进个人称号。（黎建新）

【“十一五”期间全市防震减灾情况概要】 “十一五”期间，镇江主城区建成春江潮广场、北固山绿地、镇江新区人民公园等3个标志明显、具有相应功能的地震应急避难场所，各辖市（区）建成丹阳开发区、句容葛仙湖公园、扬中城北公园、扬中城西公园、丹徒新区广场、丹徒实验学校、丹阳市市行政中心广场等7个地震应急避难场所和1个地震应急物资储备库。镇江市地震监测台网共处理近震及地方震149个，镇江境内共记录到7次小震活动，小震活动正常，共发送震情短信103批次，共速报地震9个，编发《月报表》12期、《旬报表》144期、《震情通报》46期、《震情监视报告》4期。

完成地震台宽频数字化技术改造及台网遥测系统建设。开启系统短信寻呼功能，利用短信群发功能，向市领导、市防震减灾工作联席会议成员以及市有关部门领导发送震情短信，对不同范围、不同级别的显著地震进行有选择性地通报。完成镇江市区、句容市、丹阳市3个数字强震台建设和市信息网络节点项目，并在全省率先延伸至各辖市（区），实现省、市、县三级互链。完成苏句容16井、苏丹徒18井数字化改造。添置地震流动观测设备。市和各辖市（区）建立防震减灾工作联席会议制度，加入南京都市圈防震减灾区域联防协调会和苏南地震应急协作联动区，定期对市地震局行政复议应诉人员和行政执法人员进行业务培训，制定完善《建设工程地震安全性评价有关规定》《镇江市地震局违反优化经济发展环境相关政策规定处理办法》等政府规范性文件以及《行政许可管理规定》《行政诉讼应诉制度》等23项市地震部门行政执法工作规章制度。在市行政服务中心设立市地震局服务窗口，依法对重大工程、生命线工程和可能发生严重次生灾害工程开展地震安全性评价工作。 （黎建新）

【完善地震“三网一员”体系】 2010年，镇江市新增12个宏观观测点，共有地震宏观观测点36个。制定《地震宏观观测管理办法》，规范地震宏观观测管理。对宏观观测员进行业务知识培训。推进镇江市“12322”防震减灾公益热线电话服务系统和地震灾情快速收集系统平台建设。明确各镇（区）建设助理为防震减灾助理员，确定各镇（区）灾情速报员、宏观观测员和防震减灾宣传员，基本完成217名市地震灾情速报员信息更新工作，镇江市地震灾情速报员设置到村、社区，地震宏观测报网、地震灾情速报网、防震减灾知识宣传网和乡镇防震减灾助理员“三网一员”体系逐步完善。

（黎建新）

【镇江市地震灾害紧急救援队挂牌成立】 2010年6月23日，镇江市地震灾害紧急救援队挂牌成立，是江苏省内第一支省辖市级地震专业救援队。该救援队依托镇江市消防支队特勤中队为主要力量，由镇江市区各中队专勤班、镇江市地震局技术专家、消防支队烧伤医院及有关专业指挥人员50余人组建而成。主要承担地震灾害紧急救援任务。如遇洪水、强降雨等其他灾害，致建（构）筑物倒塌、山体滑坡、造成人员被困、被堵，需要实施紧急救助的，经市抗震领导小组批准，可派遣紧急救援队到现场开展工作。该救援队部分队员曾参与2008年“5·12”汶川大地震后的救援工作，利用镇江市地震局提供的两部海事卫星电话和救援队自带的蛇眼探测仪等搜索、通讯、破拆设备，在震后废墟里开展搜救被掩埋灾民和灾区的卫生防疫等工作。2010年7月29日，丹阳市建立50余人的专业应急救援队；2010年9月17日，句容市建立综合应急救援大队；2010年11月28日，丹徒区建立综合应急救援大队；2009年5月4日，扬中市建立综合应急救援大队。 （黎建新）

【钻孔应变监测项目】 2010年4月，镇江市钻孔应变监测项目开始选址，5月进行地质勘察工作，6月30日开工打井，7月29日完成钻孔施工，8月3日通过省地震局专家组验收。该井井深75米，岩芯光滑完整，井孔倾斜小于1度，各项参数达到体应变钻孔井规范要求。该项目采用十五型号体应变数据采集器，于9月完成设备安装调试，10月正式开始观测。钻孔应变项目是镇江市“十一五”期间重点项目之一，是利用钻孔内对岩体应变状态相对变化的原理来进行观测的一种监测手段，其观测精度高、动态响应范围广。 （黎建新）

【防灾减灾综合演练】 2010年12月17日，镇江市地震局与镇江市民防局（人防办）联合组织开展大型防灾减灾综合演练。（参见第100页） （黎建新）

【开展防震减灾知识进“三区”活动】 2010年，镇江市地震局开展防震减灾知识进“三区”活动。创建防震减灾科普示范学校、举办防震减灾知识讲座、将防震减灾知识传进校区，形成“学生带家庭”“家庭带社会”氛围；利用“5·12”全国防灾减灾日、科普宣传周等把防震减灾知识送进社区；通过信息联络点、定期寄送宣传材料、指导编排橱窗板报，将防震减灾知识带进厂区。先后在镇江军分区、江苏大学、江苏科技大学、金山桃园社区等单位举办地震科普知识讲座8场。使校区师生、社区居民、厂区干部职工普遍接受防震减灾科普知识宣传教育，增长防震减灾科普常识，提高防震减灾法制意识，掌握逃生和自救互救技能。

（黎建新）

气 象

【概况】 2010年，镇江市发布《重要天气报告》41期、《专题天气情况报告》22期、《专项天气情况报告》49期、《气候评价》17期、《灾情快报》4期、《特色农业气象服务》7期、《生态与农业气象》12期、《作物产量气象预报》2期、《农业气象病虫害预测预报》2期、《农业气象灾害》6期。

公众气象服务。年内接待各媒体记者500多人次。全年发布预警信号40次，发送手机短信100万人次，通过电台、电视台、报纸、网站、声讯台和手机短信平台等媒体发布气象消息，向市民解释天气现象，发布重要天气及灾害性预警信号。

气象应急服务。2010年，镇江市印发《镇江市气象灾害应急预案》，继续开展与政府应急办、农林、国土、卫生等相关部门的应急联动，深化地质灾害气象预警和森林火险等级气象服务，构建重大安全事故气象应急服务联动机制。

人工影响天气工作。2010年出梅后一个月内，句容地区连续高温、少雨，旱情加剧，镇江市适时开展人工增雨工作。8月15日和16日成功作业3次，发射火箭4枚，涵盖句容全市。句容全市两天平均面雨量达到29.5毫米，其中作业点（宝华、白兔、郭庄）降雨量高出其他站点两倍之多。

气象科普宣传工作。3月，在句容市茅山镇新四军纪念广场举行气象科普“大篷车”下乡活动，约1000余名农民和学生参加活动，并参与气象专家提出的各类知识问答活动。首次借助科普“大篷车”这一新型传播手段普及气象科普知识，中央和省级电视媒体均给予关注。9月，开展防雷减灾实用技术进村入户，组织专家编印《农村雷电防御知识》《农村防雷实用技术》等宣传资料4000余份，在丹徒区上党镇、丹阳市大泊镇通过赶大集、进学校、到乡镇以及组织座谈等形式向农村群众普及防雷科普知识。同时防雷专业技术人员还将防雷减灾小手册发放到人，增强和提高农民合理利用气象条件进行科学生产、管理及防灾减灾的意识和能力。

为农服务“两个体系”（农业气象服务体系和农村气象灾害防御体系）建设。建成1个气象为农服务示范村和4个气象为农服务示范点，构建苏南丘陵山区经济作物气象服务平台，继续加大对气象信息员的管理，除充实信息员队伍、提高信息员素质外，还开展以“防灾减灾和高产创建”为主题的气象信息员培训班，句容市茅山镇信息员郭生林被中国气象局评为“2009年度群众满意气象信息员”。 （居小虎）

【"十一五"期间全市气象工作情况概要】 "十一五"期间,全市新建20个温雨自动气象站和3个中尺度自动气象站,DVB-S(新一代数据广播通信系统)、CMAcast(中国气象局卫星数据广播系统)等系统投入使用,省—市会商系统专线由2兆改造到10兆,镇江市气象局视频会议系统大屏改造和高清视频会议系统建设完成,建成句容白兔张小虎葡萄合作社、丹徒五塘茶场、扬中绿野秧草专业合作社、丹阳杏虎村果品专业合作社等为农服务系统工程。

除常规发布天气信息外,依托电子显示屏、手机短信和电话传真等发布气象灾害预警信息。在重要农时季节,向气象信息员和特色农业种植大户发送相关农业气象服务产品。在关键时期、重大天气过程和重要活动期间向市委市政府、市应急办、市防汛防旱指挥部、市农委、市民政局、市安监局、海事局、城管局等相关单位进行服务,在重大节假日、中高考、春运期间发布相应的专题天气情况报告。

获得厅局级以上科研立项8项,经费39.2万元;辖市(区)政府科研立项3项,经费3万元;镇江市气象局自立课题18项,经费11.6万元。获得厅局级科技成果一等奖1项、二等奖2项,市局级二等奖3项、三等奖5项。

气象事业单位岗位设置管理,遵循按需设岗、精简效能、科学合理的基本原则,分为管理岗位、专业技术岗位和工勤技能岗位三种类别,其中管理岗位为岗位总量的14%,专业技术岗位为岗位总量的83%,工勤技能岗位为岗位总量的3%。

连续获得2003~2004年度及2005~2006年度省级文明行业和镇江市级文明机关称号。2009年,获得江苏省气象局目标考核"优秀达标单位"等称号。2010年,被推荐为全国气象系统文明台站标兵单位。先后创建气象服务热线"96121"、气象电子显示屏服务和人工影响天气服务等服务品牌,其中气象声讯服务热线"96121"获得镇江市首届优质服务品牌提名奖。 (居小虎)

水 文

【概况】 2010年,江苏省水文水资源勘测局镇江分局有在职职工47人,下辖国家防汛指挥系统镇江水情分中心、江苏省水环境监测中心镇江分中心以及湖西和句容2个水文水资源监测中心,全市建有水文(位)站9个、雨量站11个、地下水位站11处、水质监测断面137处,并有多处地方管理的汛期报汛站点。技术咨询服务领域逐年扩大,包括测量、水文测验、排污口论证、水资源论证、防洪影响评价、水土保持方案编制和监测、节水规划、采砂论证和水平衡测试等。3月,镇江水环境监测分中心升级改造工程开工。

水文监测。全局完成水文监测站年数如下:降蒸19个站年、水(潮)位10个站年、流量断面4处;浅层地下水逐日水位站4个站年、五日水位站3个站年、水温站2个站年;深层地下水十五日水位站7个站年、水温站2个站年。

水环境监测。重点加强重要城市供水水源地、入河排污口和市界断面的水质监测工作。全年共设地表水质监测站点140个、排污口站点14个、地下水6个,共监测30个项目,取水样1500多个,获得水质数据22000多个。全年单月监测全市125个水功能区,有监测站点132个;双月监测全市36个重点水功能区,有监测站点39个。监测深、浅层地下水6口监测4次。进行技术咨询活动,对10个企业进行退水监测3次。开展谏壁闸邻近水域及入河排污口水质水量监测工作,设2个河流水质断面4个排污口断面,监测1次、6个项目。每月逢5三次对镇江市5个集中式饮用水水源地采样监测,监测项目10个,资料上报江苏省水环境监测中心。全年编制《水功能区水质通报》12期,《深层地下水动态监测季报》3期,编制完成《2009年度镇江市水功能区水环境质量通报》《2009年镇江市水资源公报》和《镇江市2009年深层地下水动态监测报告》。

水文情报。加强水情分析工作并将其制度化,以水情简讯、水情分析等多种形式定期或不定期向江苏省水文局、镇江市防汛防旱指挥部和各辖市(区)防指(内网)提供镇江及周边地区的水情形势,汛期向水利部、江苏省水文局、镇江市防汛防旱指挥部办公室发送水情报文3303份,接收水情报文36371份,错报率0%,迟报率0.03%,未发生报文漏报现象,水情传输连续9年无错报。通过镇江水文信息网、电话及短消息等方式为部署防汛防旱工作提供决策依据。编发水情简讯(含旱情分析)12期、水情分析11次、水情报表154份、短消息200多次(4800多条),通过电话回答有关咨询160多次。

长江潮位预报。从6月中旬到9月上旬,前后运用预报方案对镇扬汽渡高潮潮位进行45潮次预报作业,合格率100%。预见期从24小时到72小时,预报误差小于0.10米的达73.3%,其中预报误差小于0.05米的达53.3%。 (傅太生)

【"十一五"期间全市水文工作概要】 "十一五"期间,江苏省水文水资源勘测局镇江分局所有站点水位、雨量信息均实现采集自动化、传输网络化,各报汛站水情实现20分钟到江苏省水情分中心;部分站点实现遥测数据直接用于整编;各测站与分局之间实现网络互联,办公自动化雏形形成。

水文基础设施建设。争取上级财政拨款2991.3万元,是"十五"期间的2.05倍,其中水文设施建设投资1424.5万元,改造水文设施,新建旧县水位站、沿江巡测基地及分局化验室,新增建筑面积3000余平方米;初步形成布局较为合理、项目基本齐全、主要功能发挥正常,覆盖主要江、河、湖、库的基本水文站网和覆盖所有水功能区的水质站网。

水文公共服务能力建设。加大投资力度,2006年以来新增ADCP(声学多普勒流速剖面仪)、GPS(全球卫星定位系统)、流动分析仪等水质、水量和测绘、测验仪器;水文公共服务面和范围不断扩大,从地形测量、水文测验到排污口论证,水资源论证,防洪影响评价,水土保持方案编制和监测,节水规划,采砂论证和水平衡测试;在对水文原始监测资料进行分析加工的基础上,开展水文信息共享与服务。逐步开展全市水情简讯、水功能区水环境质量通报(月、年报)深层地下水动态监测季报(年报)等的编制,发布水文水资源信息,每年编制发布水资源公报。

2006年、2009年该局两次获得市级文明单位称号。2010年,首次获得省级文明单位称号,全省水文系统中共4家获得该称号。2010年,句容水文监测中心被授予省级"青年文明号"称号;持续开展"三优"评比活动,部门及7名个人受江苏省水利厅或市委、市政府的表彰,有10个单位或个人获其他有关部门表彰。五年中有6人次受上级党委表彰;2010年10月,句容水文监测中心被授予市级"党员示范岗"称号,分局水质科被确定为"党员示范科室"。到2010年末,39名在职职工中大专以上学历者由"十五"期末的67.5%上升到92.5%,本科以上学历者由"十五"期末的32.5%上升到"十一五"期末的57.5%。技术干部中有16人获得中级职称,8人获得高级职称。 (傅太生)

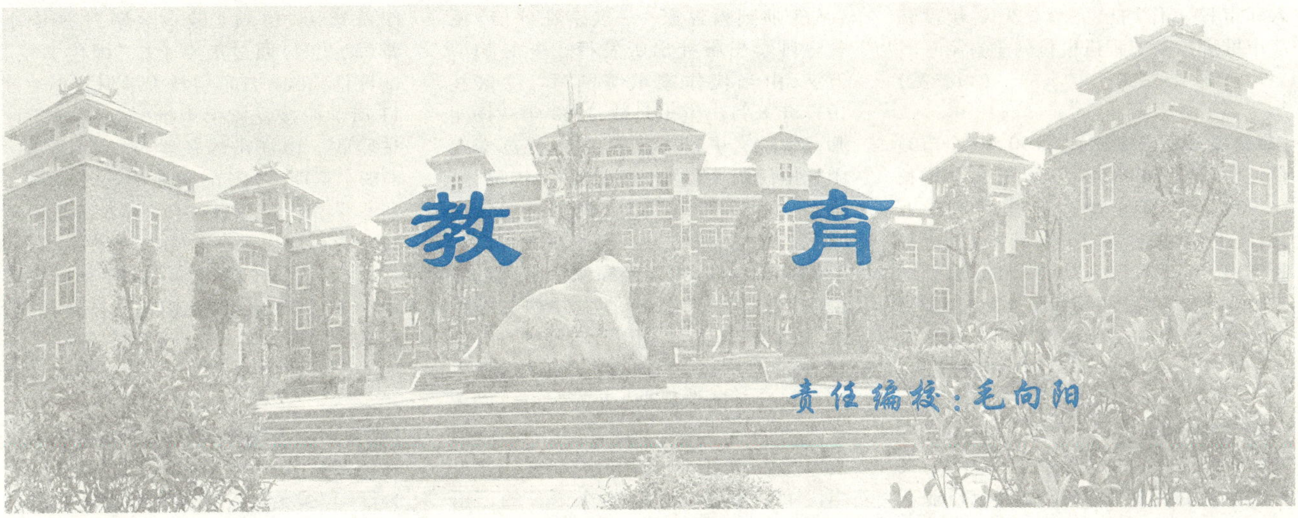

教 育

责任编校：毛向阳

综 述

【概况】 2010年，镇江市全面完成教育"十一五"规划，各项核心指标均居全省前列；所有辖市（区）均获得省教育现代化建设先进县（市、区）称号，镇江与苏州、无锡同步跃上基本实现教育现代化的新平台。全市幼儿园入园率97.5%；义务教育普及率100%，巩固率99.99%；初中毕业生升学率99.8%；高中阶段毛入学率100%；高等教育毛入学率44.59%；中职学生就业率98.4%。2010年普通高考本二以上达线人数再破5000人大关，达线率首次突破30%，超过省均增幅5个百分点。全市中考一次性合格率全面提高，各科合格率都在72%以上。职校学生参加国家、省技能大赛获奖比例列全省第一。坚持每天1小时体育活动，学生身体素质有所提高。在省十七届运动会上，镇江市体育代表团青少年部成绩进步明显。9所学校被评为省级艺术特色学校。

2010年，义务教育资助297万元，4800人受益；普通高中补助626万元，5010人受益；中职发放校内助学金和国家助学金2400万元，惠及16282人。外来民工子女100%进入公办学校就读。开通特殊教育信息资源网，开办职业高中教育，建立"慈爱职业培训中心"，满足残疾学生学习和发展需要。青少年活动中心和少年宫为200多名外来务工子女、家庭困难子女进行全免费特色培训；免费举行18场专家讲座，为1000名学生免费举办10个类别的民间工艺课程培训，开放10多个免费体验课程；举办公益赛事、论坛和演出活动50余场次。学校资源全面向社区开放。执行规范中小学办学行为专项检查。市教育信息网获全国地市级五十佳教育门户网站称号（位列第12）。校安工程项目进度列全省第一。全市有3所学校和16名教师分获"省支教先进学校""省支教先进个人"称号。镇江市再度被教育厅评为省师资建设先进市。 （裴 伟）

【"十一五"教育事业情况概要】 截至2010年底，全市人均受教育年限14.5年。各级各类学校中，普通高中均成为省三星级以上学校，中等职业学校均成为省重点以上职业学校，全市优质教育资源学生覆盖率达到70%。各项核心指标均位居全省前列，全面完成"十一五"教育发展规划。大部分指标都提前10年完成《国家中长期教育改革和发展纲要（2010－2020）》的任务。全市所有辖市（区）都率先通过省县域教育现代化水平评估，镇江与苏州、无锡两市均跻身教育现代化建设16项指标全优行列。全市共撤并小学368所、初中31所、高中17所，新建、改造校舍面积达143万多平方米。探索多渠道筹措教育经费，探索出"疏通政府投入主渠道，开辟城市配套新渠道，拓展民间投资多渠道"的全新道路。"十一五"期间，教育经费总投入144.8亿元，较"十五"期间增长94.56%。推动全市教师队伍建设走上持续发展、科学发展的轨道。先后有300多名教师受到国家、省、市级表彰，有3000多名教师成为各级学科带头人和骨干教师，全市职业学校、中学、小学、幼儿园教师学历达标率居全省第一。培养省教授级中学高级教师15名，省特级教师60名，省"333"培养对象9名，镇江市级校长18名。有3人被列为江苏省人民教育家培养对象。

开展"城乡教育手拉手，名师录像进乡村"活动，以优质公办教育资源吸纳外来民工子女入学，在全省首家推出学校资源向社区开放，并以市教育局的名义出台职业教育主动服务地方经济社会发展的六条意见，为地方经济社会发展提供范围广、质量优、渠道畅的职业教育服务。每年向社会输送1.5万名技能型新型劳动者。

"十一五"期间，镇江市先后被评为省师资建设先进市、省推进基础教育课程改革工作先进市、省规范教育收费工作先进市，并被国务院公布为学前教育体制改革国家试点地区。 （裴 伟）

【四星级高中推进素质教育督（视）导活动】 2010年，市教育局对全市10所四星级高中调查研究，查找、剖析和诊断制约四星级普高在质量提升、特色创建、品牌建设等方面存在的原因。督（视）导队伍深入课堂，听课总数超300节，参与各类教育教学活动100多课时，抽查教师教案、学生作业5000多份，排查梳理影响镇江市普高发展的问题和建议数十条，分别向被督导单位和有关处室反馈，并提出相关建议。 （赵 平）

【加强大中小学校舍安全工程】 2010年，市政府召开全市中小学校舍安全工程推进会，与各辖市（区）政府签订目标责任书。明确三年内必须完成对未按当时抗震设防标准和抗震设计规范设计建设的中小学校舍特别是教学用房、学生宿舍和食堂等进行加固改造的任务，消除不能安全使用的校舍。全年全市加固改造校舍开工1.68万平方米，竣工1.53万平方米；重建校舍开工4.33万平方米，竣工2.15万平方米；布局调整新建开工11.37万平方米，竣工9.21万平方米。其中市属学校开工9028平方米，竣工7690平方米。镇江市中小学校舍信息管理系统（网络版）学校级的信息录入和审核工作均已完成。2010 年度镇江市推进校安工程进度位列全省第一。

（田卫星）

【教育投入支出情况】 2010 年，全市教育经费总投入 380548 万元，比上年增长 14.98%。教育经费总支出 378566 万元，比上年增长 13.16%，其中：工资福利支出 197289 万元，对个人和家庭补助支出 64285 万元，商品和服务支出 50249 万元，其他资本性及基建支出 66319 万元。

（焦叶飞）

【学生资助情况】 2010 年，全市对义务教育资助资金达 297 万余元，其中：对义务教育家庭困难学生 2352 人免作业本费、社会实践活动费共计 88 万元，对贫困寄宿生 2438 人补助生活费 209 万元。另外，从 2010 年春学期开始对农村义务教育学校寄宿学生免收住宿费，全市共免除 24 万名义务教育寄宿生近 870 万元住宿费。对普通高中发放助学金 626 万元。对中职学生发放助学金 3092 万元。从 2009 年秋学期开始，镇江市对中职农村家庭经济困难和涉农专业学生免收学费，全市 1921 名中职家庭经济困难和涉农专业学生共免收学费 289 万元。

2010 年，各级各类学校 2023 名困难学生接受各类社会慈善捐助 158 万元，为 808 名高校家庭困难学生办理生源地信用助学贷款 437 万元。

（焦叶飞）

【《洪宗礼评传》出版】 2010 年 11 月，记录镇江籍教育家洪宗礼成长奋斗史的《从教师到教育家——洪宗礼评传》由教育科学出版社出版发行。全书 31.7 万字，由当代作家东缨撰写。洪宗礼 1937 年 8 月出生于丹徒，1960 年从扬州师范学院文史科毕业后，进入江苏泰州中学担任语文教师，直到 2004 年退休。洪宗礼从教 50 年，提出构建语文教育“链”的理论；总结“五说”语文教育观和“双引”教学法；主编经国家审定通过的 3 套推荐全国使用的一类初中语文教科书，在全国 26 个省、市、自治区的 600 个县市使用，历经 27 年，印行 1.4 亿册；主持全国教育科学规划“九五”“十五”重点课题，主编国家“十一五”规划出版的重点图书 10 卷本《母语教材研究》，研究当代 45 个国家、地区 26 个语种的母语教科书，出版专著 20 多部、文集 8 卷。2009 年，洪宗礼获“新中国成立 60 年课堂教学的开拓者”“新中国成立 60 年江苏教育最有影响的人物”等称号。

（裴 伟）

基础教育

【概况】 2010 年，全市幼儿园 190 所，小学 130 所，初中 87 所，普通高中 22 所，特殊教育学校 5 所。其中，完中 6 所，九年一贯制学校 14 所。

2010 年，拟订《镇江市人民政府关于进一步推进义务教育优质均衡发展的意见》（送审稿），并将责任进行预分解。镇江市省优质园的创成率高于全省 10 个百分点。恒顺实验小学等 71 所中小学（幼儿园）通过市第十批“绿色学校”的评估验收。江苏科技大学附属小学等 11 所学校接受省第十批“绿色学校”评估验收。镇江市绿色学校的创成率达 87%。4 月，丹阳市横塘中心小学等 5 所小学和镇江市第三中学等 6 所初中通过市教育现代化小学、初中的评估验收。在第二十二届国际科学与和平周全国中小学生（江苏地区）金钥匙科技竞赛中，市教育局连续第 9 次获先进集体称号。

（吴铁俊）

【镇江市成为国家学前教育体制改革试点地区】 2010 年 10 月 24 日，国务院办公厅印发《关于开展国家教育体制改革试点的通知》（国办发〔2010〕48 号），将镇江市列为“明确政府职责，完善学前教育体制机制，构建学前教育公共服务体系改革”试点地区。市教育部门起草《镇江市人民政府关于做好国家学前教育体制改革试点工作的实施意见》（送审稿）和《学前教育三年行动计划》《市有关部门贯彻实施〈镇江市人民政府关于做好国家学前教育体制改革试点工作的实施意见〉重点任务分解方案》等，为试点工作实施开好头。

（吴铁俊）

【清理规范义务教育阶段改制学校】 2010 年 6 月，市义务教育阶段改制学校清理规范工作实施方案上报省教育厅。2006 年下半年起对全市中小学改制学校进行初步清理，确定并公布基本符合“四独立（独立法人，独立经费核算和人

表 29-1

2010 年镇江市教育机构情况一览表

单位：人

	学校数（所）	班数（个）	毕业生数	招生数	在校学生数	毕业班学生数	教职工数	
							合计	其中：专任教师
合 计	461	7536	129385	129483	461545	126268	37904	28003
高等教育学校（机构）	7	–	32662	34241	114249	31291	9441	5125
研究生培养机构	2	–	1840	2564	7379	2526	–	–
普通高校	5	–	22137	21581	79134	21668	9441	5125
成人高等学校	–	–	8685	10096	27736	7097	–	–
中等职业学校	20	–	7674	12021	31759	6937	2256	1729
调整后中等职业学校	2	–	713	2109	6450	676	372	309
普通中专学校	5	–	4364	6673	17855	4037	602	492
成人中专学校	4	–	–	519	519	–	233	144
职业高中学校	9	–	2597	2720	6935	2224	1049	784
普通中学	109	2737	47539	37421	123223	44334	12149	10124
普通高中	22	960	17261	15186	48856	17043	–	3657
普通初中	87	1777	30278	22235	74367	27291	–	6467
普通小学	130	3052	22525	22576	129312	21298	9701	8179
幼儿园	190	1700	18873	23102	62038	22408	4198	2728
特殊教育学校	5	47	112	122	964	–	159	118

事管理，独立校园、校舍，独立进行教育教学）”要求的16所学校。市委、市政府成立由教育、发改、财政、物价、人事、监察等部门参加的市清理规范义务教育阶段改制学校联席会议，开展多次专题调研，反复征求各方面意见，形成全市14所义务教育阶段改制学校清理规范的定向及实施方案。其中：9所学校2010年秋季起规范为公办，即扬中市外国语学校和扬中市实验中学、句容市实验小学和句容市第二中学、镇江市实验小学（属京口区）、镇江市育才小学（属润州区）、丹阳市实验小学和丹阳市正则实验小学、镇江市江南学校。丹阳市华南实验学校、丹阳市实验学校、镇江市润欣学校（属润州区）等3所学校规范为公办但推迟1年落实到位；镇江市外国语学校于2年前规范为民营，继续运行；镇江市索普实验学校（属京口区）规范为民办学校。（裴　伟）

【普通高中尖子学生成绩优异】 2010年，镇江市在全国中学生奥林匹克数学、物理、化学、生物学科竞赛中116人次获省级一等奖。其中，镇江中学徐以阳、孙望、毛中天，镇江一中田子豪，丹阳高级中学潘天翔等5人获全国一等奖。镇中徐以阳、丹中潘天翔被清华大学预录取，毛中天在全国第二十四届高中生化学竞赛中获银牌，被复旦大学现场录取。22人次通过清华、北大自主招生考试资格审核。20余人被美国莱斯大学、美国哥伦比亚大学、南大强化班等国内外名校录取，其中市区10人。（吴铁俊）

【开展0～3岁婴幼儿早期教育工作】 2010年5月，市教育局、市卫生局、市妇联、市物价局、市计生委等联合下发《镇江市关于进一步推进0～3岁婴幼儿早期教育工作的实施意见》，于5月29日召开0～3岁早期教育工作推进会。初步构建较为完善的工作机制和体制，为0～3岁婴幼儿及其家长、看护人员提供专业指导和服务。到2010年底，镇江市受指导率达50%以上，名列全省前茅。（吴铁俊）

【规范组织普通高中招生工作】 2010年，镇江普通高中的招生工作按照江苏省的统一部署，首次实施全市统筹协调管理，由市教育局会同市发改委、市人社局共同编制招生计划，市、县两级统一招生规则、招生进程、录取监督、学籍上报等程序，体现公开、公正、公平的原则。市纪委、市政府督查室于8、9月分别组织对市属和辖市（区）普通高中招生工作的专项督查，并印发督查报告。督查结果显示具体执行均都做到严格不走样、严肃不越线，未发现违规招生问题，也未发生超“三限”、无档招生的情况。（吴铁俊）

【“世界粮食日”征文竞赛】 2010年，在上海、浙江、江苏的中小学生“世界粮食日”征文活动中，江苏省有30名学生获一等奖，其中镇江市6名学生，在省辖市中占比最高。他们除获证书外，还收到由联合国粮农组织驻华首席代表维多利亚签名的感谢信。（吴铁俊）

【《中小学生安全教育知识读本》出版】 2010年12月23日，市教育局、市民防局、安监局组织编写出版《中小学生安全教育知识读本》，分小学版、中学版两种，免费发到全市中、小学校。从2011年起，镇江市将安全知识纳入高中阶段升学考试内容，将安全管理知识纳入校长岗位培训内容，将安全管理纳入教职工绩效考核。（李　宁）

职业教育

【概况】 2010年，全市有各类职业学校21所，在校生5.5万人。职业学校专业设置实现主导产业的全覆盖，共开设10大专业群，近60个专业。学生参加2010年江苏省普通高校对口单独招生考试，其中本专科上线566人，上线率91.9%。

2010年，润州民发委、丹阳云阳镇、句容白兔镇、茅山风景区等4个社区教育中心被认定为省级社区教育中心。润州区金山街道、丹徒区谷阳镇、丹阳市珥陵镇、扬中市八桥镇和新坝镇等5个乡镇（街道）被认定为省级社区教育示范乡镇。（林雨生　蔡飞星）

【职业学校评优晋级】 2010年，镇江高等职业技术学校的医疗器械和扬中职教中心的光伏技术专业实训基地被认定为省级职业教育实训基地。镇江高职校的电子商务和应用电子技术、扬中职教中心的电气运行与控制、市第三职教中心的计算机网络技术和句容职教中心的旅游服务与管理专业被认定为省级示范专业。经教育部、人社部、财政部评审，镇江高职校被确定为首批国家中等职业教育改革发展示范学校省项目建设学校。（林雨生）

【职校师生获奖】 2010年在全国职业院校技能大赛中，镇江市代表队获4枚金牌；在省职业院校技能大赛中，镇江市代表队共获13枚金牌、31枚银牌、54枚铜牌，镇江高职校列全省各校总分第一。在全国职业院校技能作品展洽会上，镇江高职校获一等奖。在第十九届全国发明展览会上，镇江市学生创新作品获2个金奖、1个银奖、2个铜奖。在江苏省职业院校创新大赛中镇江市学生作品获5个一等奖、2个二等奖和4个三等奖。（林雨生）

【镇江先进制造业职业教育集团成立】 2010年6月10日，镇江高等职业技术学校揭牌暨先进制造业职业教育集团成立。集团涵盖辖市（区），共有25家成员企业。通过搭建信息、人才互动、技术研发、产业发展论坛等平台，开展紧密型校企合作，形成和发挥由学校、行业及重点骨干企业等参与的集团优势，为地方重点工程和大项目推进提供集约型、规模化、动态式服务。（林雨生）

高等院校

【概况】 2010年，全市有普通高校5所，其中本科院校2所，市属高校1所，民办院校1所，专业涵盖哲、经、法、教、文、史、理、工、农、医、管等学科门类。高校共有教职工9441人，专任教师5125人。高校占地6339688平方米，校舍建筑面积2381791平方米，固定资产427573.28万元。图书馆藏书764.47万册。在校生114249人（含研究生和成人高校），其中全日制本专科学生79134人，博士生734人，硕士生6645人；成人高校学生27736人。（裴　伟）

·江苏大学·

【概况】 江苏大学设有24个学院，81个本科专业。拥有8个博士后科研流动站，9个博士学位授权一级学科，42个博士点，166个硕士点，2个国家重点学科，1个国家重点（培育）学科，3个江苏省一级学科国家重点学科培育建设点，4个江苏省一级学科重点学科，13个江苏省重点学科，7个硕士专业学位类别，26个工程硕士授权领域和工商管理硕士（MBA）、临床医学硕士专业学位授予权。2010年学校有教职工4700余人，专任教师2000余人，其中教授320余人，特聘两院院士7人，教育部长江学者特聘教授1人，国家杰出青年基金获得者2人，新世纪百千万人才工程国家级人选7人，江苏省“333高层次人才培养工程”

表 29-2 **2010 年镇江市高等教育学校(普通高校)情况一览表** 单位:人

名 称	本、专科学生				教职工数		占地面积(平方米)	一般图书(万册)	学校产权建筑面积(平方米)
	毕业生数	招生数	在校生数	预计毕业生	合计	其中:专任教师			
总 计	22137	21581	79134	21668	9441	5125	6339688	764.47	2381791
江苏科技大学	3108	3874	15555	3972	2009	1115	1159228	162.30	478525
江苏大学	4616	5238	20689	4917	4816	2044	1938673	256.99	1264184
镇江市高等专科学校	3367	2334	6623	2171	614	443	440892	49.75	231952
江苏农林职业技术学院	4023	3840	10464	3532	723	517	2189385	87.20	407130
金山职业技术学院	1498	511	2334	851	189	119	–	18.00	–
*江苏大学京江学院	2639	2460	9485	2565	318	265	–	69.40	–
*南京财经大学红山学院	1719	1820	7808	2040	436	386	611510	89.95	–
*江苏科技大学南徐学院	1167	1504	6176	1620	336	236	–	30.88	–

说明:带*号的学校不计校数。

(教育局)

首席科学家 1 人,博士生指导教师 160 余人。学校有全日制在校生 42000 余人,其中研究生 7200 余人、本科生近 32000 人、外国留学生近 200 人、继续教育学生 2600 余人。

学校连续三次被省教育厅评为“江苏省师资队伍建设先进高校”。2010 年有 22 人入选各类省级人才工程。校长袁寿其获得江苏省“何梁何利基金科技创新奖”。学校全面推进国际化工作,出台推进国际化工作的系列文件。与奥地利格拉茨大学共建的孔子学院揭牌并开始运行。与英国利兹大学、德国马格德堡大学开展合作办学。

(贯敬远 卞丽华)

【加强党的建设】 2010 年 12 月,江苏大学校党委书记范明作为江苏省省属高校唯一的党委书记出席第十九次全国高等学校党的建设工作大会,校党委报送的文章入选大会经验材料汇编。理学院党委创新实施系主任“公推直选”新举措。连续四次获全省高校思想政治工作先进集体。学校的“江帆网”被评为全国高校百佳网站;省级以上媒体发稿 400 余篇,比上年增加一倍。“百名教授老区行”活动 10 年来成果显著,受到中国广播网中广新闻、《新华日报》等媒体报道。 (贯敬远 卞丽华)

【科技工作】 2010 年 6 月 22 日,国家副主席习近平在堪培拉为江苏大学与澳大利亚国立大学共建的“中澳功能分子材料联合研究中心”揭牌。国家水泵及系统工程技术研究中心通过科技部综合评审。国家自然科学基金项目获批 92 项,国家哲学社会科学基金项目获批 6 项,科研总经费突破 3 亿元,立项数和立项经费均创历史新高。2010 年 1 月建的大学科技园获批国家级大学科技园。教授张弛研究团队的研究成果发表在国际学术期刊《德国应用化学》上,并被编委会选为期刊封面文章,进行重点介绍,个人获“中国侨界创新人才贡献奖”。

(贯敬远 卞丽华)

【学科建设和研究生教育】 2010 年,江苏大学 2 个学科入选“江苏省高校优势学科”,申报的 4 个一级学科博士点通过初审,新增一级学科硕士点 16 个。获全国百篇优秀博士论文提名奖 2 篇。1 篇研究生作品在第三届全国大学生节能减排科技竞赛决赛中获一等奖。1 名研究生在第十七届世界农业与生物工程学会世界大会获青年才俊奖。

(贯敬远 卞丽华)

【教学改革】 2010 年,学校成为教育部批准的“卓越工程师教育培养计划”全国 61 所首批试点高校之一和全省 8 所教育体制改革试点高校之一。新增 2 个国家级特色专业、1 个国家级教学团队和 2 门国家级精品课程,“新能源科学与工程专业”获批教育部首批国家战略性新兴产业专业。京江学院在我国首届“教育公益盛典”评选中获“2010 年度十佳优秀独立学院”称号。

(贯敬远 卞丽华)

【基础建设】 2010 年,江苏大学 4 万多平方米的新图书馆投入使用,标志着学校文献信息服务与保障水平又上新台阶。江滨医院新门、急诊大楼、内科大楼投入使用,基本建设全面竣工。与镇江移动合作建设“一卡通”及数字化校园。吸纳社会资金 300 万元建设的“江大索普梅花园”基本竣工。

(贯敬远 卞丽华)

【学生工作】 2010 年,江苏大学出台《关于进一步加强和改进大学生思想政治教育工作的意见》等 12 个文件。第 7 次获江苏省高校毕业生就业工作先进集体称号,入围 50 所全国就业工作典型经验高校。2 件作品获得全国第七届“挑战杯”大学生创业计划竞赛金奖。代表队获 2009～2010CUVA 中国大学生排球(男子)甲级联赛冠军。

(贯敬远 卞丽华)

·江苏科技大学·

【概况】 2010 年,江苏科技大学有教职工 2000 余名,其中教授 137 名,副教授 397 名。在校研究生 2400 余人(含专业学位研究生)。

全年取得一系列新成果。学科建设实现新突破。管理科学与工程、材料科学与工程 2 个博士一级学科授权点、9 个硕士一级学科授权点通过国家和省评审。新增 2 个硕士专业学位授权点,2 个工程硕士授权领域。质量工程方面,新增国家级特色专业建设点 1 个、省品牌专业建设点 1 个、省特色专业建设点 2 个。新增省级精品课程 4 门。学校被推荐申报教育部第三批大学英语教学改革示范点项目学校。科研方面,全年实到科技经费突破 1 亿元。各级各类项目立项 96 项,其中国家自然基金 13 项。获得各类科技成果奖励 34 项。获得专利授权 84 件,其中发明专利授权 49 件。全校出版专著、编著 21 部,登记发表论文 2002 篇。建成江苏省数字化造船软件开发工程中心、江苏省产学研高校技术转移中心、江苏省知识产权人才培训基地。

2010 年 9 月学校承办语音教学前沿问题国际论坛,在江科大召开中国高校首届语音教学前沿问题国际论坛暨全国高校第二届英语语音教学与研究学术研讨会。2010 年 10 月,学院主办汽车焊接技术论坛,在江科大召开中国电工技术学会电焊技术专委会年会暨2010年汽车焊接技术论坛。11月25日，江苏科技大学有机生态立体农业种养殖研发基地在江苏省现代农业示范基地进行挂牌。同日，由江科大与加拿大麦考文大学合作办的“中加亚太经济研究院”在张家港校区揭牌成立。（张　强）

【“船舶集成制造管理系统研发与应用”成果获奖】 该项目由江苏科技大学与镇江市金舟软件有限责任公司共同研发。2010年7月17日，该项目通过专家组成的鉴定委员会鉴定，该项目的研究成果打破国外的技术垄断，在我国研发船舶集成制造管理软件领域具有开创性，促进我国船舶制造业以信息化推动造船模式的转变，也促进我国复杂产品集成制造管理软件的产业化。研究成果在造船企业模型、数据模型、造船成本、造船物流等管理领域达到国内领先水平，其中造船目标成本管理控制技术达到国际先进水平。

该项目研究成果在中国船舶工业集团公司和中国船舶重工集团公司下属的数十家企业推广应用，也在地方船舶制造企业推广，规范企业管理流程，提高作业区工作效率，在当前资源规模的基础上实现产出能力提升5%，通过材料节约、劳动率提升、资金流动加速以及软件本土化以后信息化投入成本减少等产生直接经济效益累计5亿元。2011年2月11日教育部印发《2010年度高等学校科学研究优秀成果奖（科学技术）奖励的决定》，公布“船舶集成制造管理系统研发与应用”为科技进步一等奖。

（张　强）

【获首届全国大学生基础力学实验竞赛团体二等奖】 2010年10月29～31日，首届全国大学生基础力学实验竞赛决赛在东南大学举行。此次竞赛有全国各地的96所高等院校参加，决赛为团体赛制。经过笔试与综合实验，江科大取得团体二等奖，3人获得个人二等奖，6人获得个人三等奖。（张　强）

·镇江市高等专科学校·

【概况】 2010年，镇江市高等专科学校有全日制在校生6600余人，各类成人教育学员3000多人。设有42个专业或专业方向，其中省级品牌专业1个（旅游管理）、省级特色专业建设点1个。有教职工614名，其中教授、副教授等高级职称216名，中级职称257人，已获和在读硕士以上学位256人。享受国务院特殊津贴专家1人，省“333工程”培养对象2人，省“六大人才高峰”高层次人才团队2个，省、市有突出贡献中青年专家7人，省“青蓝工程”培养对象11人。2010年6月30日，学校举行中加合作办学十周年庆祝大会暨2010届中加班毕业典礼。十年来，在校生人数从1个班27人，发展到14个班近500人。历届毕业生就业率都保持在100%。学校环保志愿者协会受邀参加由团中央、中国气象局、全国学联主办的中国大学生关注全球气候与环境变化大会，“地区特色节水”志愿者行动项目被评选为优秀项目奖，2篇论文分获优秀调研报告一等奖、三等奖。第五届全国高职高专发明杯比赛，高专获大学生创新创业大赛组织奖，3名学生作品分获“发明制作类铜奖”“管理创意类铜奖”，7名教师获优秀指导教师，1名教师获创新教育杰出贡献个人。2010年新增就业基地42家，毕业生就业率超98%。（刘　蓓）

·江苏农林职业技术学院·

【概况】 2010年，江苏农林职业技术学院形成以校本部为主体，江苏农博园（江苏农林科技示范园）、江宁校区和江苏茶博园为翼的“一主三区”的校园格局。为国家示范性高职院。至8月底，茶博园建设的重点项目——茅山校区（风景园林学院）全面建成，首批2100多名新生入住校区。2010年6月，学校通过国家示范校建设验收并获“优秀”等次。

学校设有10个教学单位，共58个专业方向，建有草业研究中心等4个科研机构，在校学生12435人。学院教职工723人，其中副高以上职称176人（教授、研究员26人），双师型教师比例达71%。2010年，学院的“品牌特色专业”和“精品课程”建设立项数跻身于全省高职院立项最多院校的行列。学院全年争取省、市级以上各类项目23项，经费1029万元。2010年，学院获得江苏省挂县强农富民工程先进单位等多项称号。

（黄云峰）

【农业技能大赛获奖】 2010年6月12日，由农业部、教育部主办的全国职业院校技能大赛首届农业技能大赛在江苏农林职业技术学院举行。此次大赛共设种子质量检测、动物外科手术、艺术插花和农机具修理四个比赛项目。有31个省（区、市）和3个计划单列市共34个代表队参加，参赛学校148所。江苏农林职业技术学院派出的5名选手参加高职组比赛全部获奖，其中4人分别以总分第一的成绩获得一等奖，占一等奖总数的11.4%；1人获得农机具维修项目二等奖。（黄云峰）

【服务“三农”再创佳绩】 2010年，江苏农林职业技术学院在对接泗洪县、句容市的基础上，又新增溧阳市为对接单位，实施苏南地区挂县强农富民工程。学院坚持技物结合助推农民致富。全年共培育138个种植示范户，举办培训班53期，培训农民4400余人次；共提供20万株脱毒草莓苗，1000盆红叶石楠球、红枫、北美枫香、观赏蒲苇等彩叶珍稀苗木，提供优质西瓜种苗20公顷、蔬菜优良品种13.33公顷；在泗洪县建立草莓和高效设施蔬菜等示范基地210公顷，在溧阳市建立林茶果示范基地200公顷、蔬菜基地233.33公顷。各示范户户均效益增长30%以上。（黄云峰）

·金山职业技术学院·

【概况】 金山职业技术学院设有机电系、建筑系、信息工程系、管理系、外语系、基础部及继续教育部，开设25个专业。2010年，学院通过省教育厅组织的2010届毕业生毕业设计（论文）抽查工作。学院通过多种渠道组织引导各系主动与行业、与省市劳动部门寻求合作，开展形式多样、内容丰富的技能训练、技能鉴定和技能大赛等活动，着力强化技能操作和实践动手能力。2010年，学院共有506人次获得国家及学院各等次奖助学金，获奖比例超过30%。多名学生被各级团组织评为优秀团干部、优秀团员等。

【就业工作成果显著】 2010年5月上旬、11月下旬，学院分别举办2010、2011届毕业生校园专场招聘会。中国传动、苏美达集团、中天钢铁、中电电气等60多家省内外知名企业走进校园招揽人才，共提供就业岗位2000余个，岗位所需人才涵盖机电、外语、经济管理、计算机、艺术、建筑等20余个专业门类，帮助2010、2011届毕业生就业。（金　山）

教师队伍

【概况】 2010年，全市中职学校教职工2256人，其中专任教师1729人。普通中学教职工12149人，其中专任教师10124人、初中专任教师6467人、高中专任教师

3657人。普通小学教职工9701人,其中专任教师8179人。幼儿园教职工4198人,其中专任教师2728人。特殊教育学校教职工159人,其中专任教师118人。

2010年,镇江市首次采取异地评审的办法,评选出220名镇江市第五批中小学学科带头人。江苏省评选产生第11批特级教师,其中镇江市12人,市幼儿教育特级教师实现零的突破。

镇江市在2008年被评为江苏省师资队伍建设先进市的基础上,2010年再度被教育厅评为江苏省师资队伍建设先进市,是全省唯一蝉联该项荣誉的省辖市。 (裴 伟 孙和平)

【支援连云港农村教育】 2010年,镇江市有56所学校和上百名教师支援连云港农村教育,其中丹阳市云阳二小、扬中市实验小学、扬中市新坝中心小学等三所学校被评为省支教先进学校,潘双国等16名教师被评为省支教先进个人。 (孙和平)

【治理在职中小学教师有偿家教】 2010年,市教育局制定《禁止中小学在职教师从事有偿家教的暂行规定》,对在职教师从事有偿家教情节严重的一律解聘、辞退,对教师有偿家教行为管理不力的校长,将按有关规定追究行政责任。召开会议,要求除国家规定的教学时间外,中小学校和教师不得以任何形式、在任何地点组织上课、补课或变相上课、补课。市教育局组织专人负责明察暗访和调查核实。教育部门全面启动举报奖励机制,对有偿家教行为经查证属实,给予举报人奖励。镇江市教育局和润州区教育局已经对从事有偿家教的个别教师进行处理,并印发通报。 (裴 伟)

语言文字工作

【国家语委调研组到镇江调研】 2010年5月19日,国家语委调研组到镇江调研普通话培训测试工作。调研专家组组长、国家语委普通话培训测试中心特聘视导员栾印华认为,镇江市普通话测试工作有特色,许多方面走在江苏省前列。截至2009年底,全市共45011人(不含高校师生)参加普通话培训测试。其中:教师22695人,播音员、主持人3人,公务员7426人,学生14277人,窗口服务人员323人,其他人员337人。在参加测试的45011人中,有一级乙等627人,二级甲等20986人,二级乙等18328人,三级甲等3999人,三级乙等824人,不入级347人。 (裴 伟)

【中华经典诵读活动】 2010年6月,由市语委、市文明办、市教育局、市妇联、市级机关工委主办以"京江明月中秋韵"为主题的家庭中华经典诵读大赛启动。9月21日举行总决赛,来自全市经初、复赛的10个家庭参加当晚的决赛。比赛设经典诵读和才艺表演两个项目。10个参赛家庭各具特色、形式多样的展示,将现场气氛一次次推向高潮。唐诗宋词吟咏明月的千古佳作,现代诗人咏唱海峡两岸血脉相连共度中秋的诗文,在诵读、弦音、笛声、歌舞、书法的自然切合中尽情演绎。最终评出一等奖2名、二等奖3名、三等奖5名。9月29日,润州区举办中小学师生中华经典诵读比赛,桃花坞小学举办"诗风雅韵"经典诵读活动,并将每年9月最后一天定为学校传统文化活动日。 (裴 伟)

【学生规范汉字书写大赛】 2010年8月,省教育厅办公室、省语委办公室主办第二届全国学生规范汉字书写大赛江苏赛区比赛,全市中小学共有5593人的作品参加初赛,110人获奖。其中7人获小学组一等奖,2人获初中组一等奖,3人获高校组一等奖;另有41人获二等奖,22人获三等奖,35人获优秀奖。市教育局获组织奖,黄立、唐戈、陈云石、吴丽明、洪薇等获指导教师奖。 (裴 伟)

【语言资源有声数据库镇江采集点】 江苏省于2010年上半年启动第三批语言资源调查,初步确定第三批语言资源调查点33个,其中镇江市4个(市区、丹阳市、句容市、扬中市)。10月中旬,市语委发布征招镇江方言和地方普通话发音人的启事,经遴选,从报名的20多名候选人中确定老年男性许金龙、老年女性盛木兰、青年男性沙跃、青年女性苏军和2名地方普通话代表。这6名发音人分别通过单字发音、地方普通话发音、规定故事讲述、个别和集体讲述等多个环节,呈现镇江方言在各个年龄段的面貌。2011年1月9日凌晨,镇江市区采集点工作结束。 (裴 伟)

中华经典诵读活动现场乐器演奏 (史 楠)

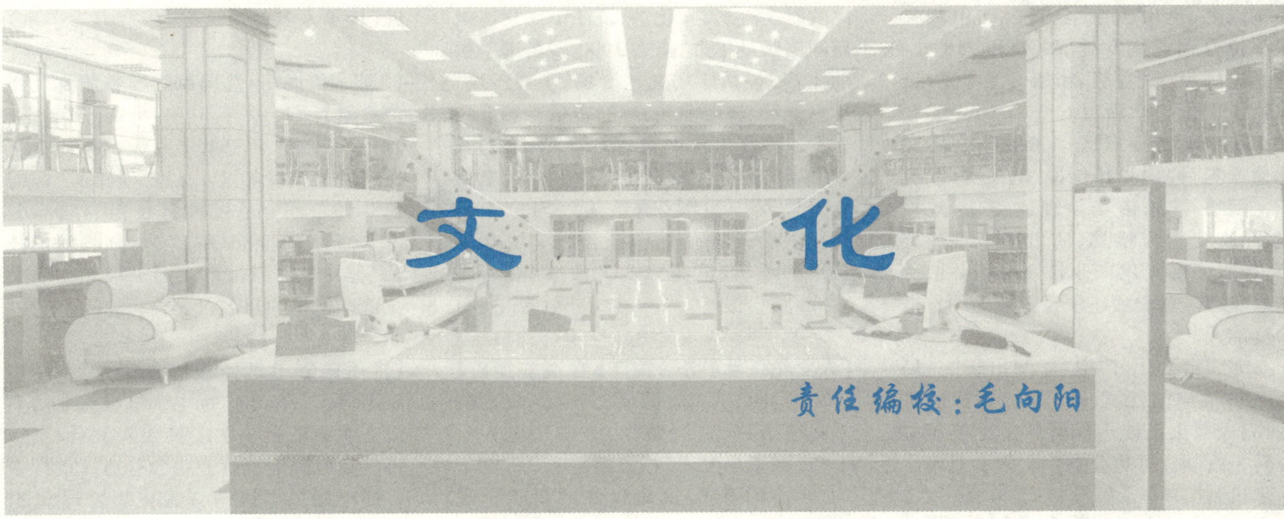

文 化

责任编校：毛向阳

综 述

【概况】 2010年，镇江市加强文化品牌建设，推进文化惠民，规范文化市场，加大文化遗产保护和利用力度。2月，市文化、广电、新闻出版三局合并成立市文化广电新闻出版局。

上半年组织“文化嘉年华”活动，举办10大主题24项活动。下半年组织“欢乐家园”文化惠民活动，举办12大项活动，包含41场演出、27堂讲座和9个展览。《中国文化报》以《构建百姓的精神乐园》为题报道镇江市的文化惠民工作。依托“农家书屋”举办农民读书讲演活动和卫生保健知识讲座。

争取省级文化产业引导资金支持重点文化产业项目发展。江苏文化科技产业园获江苏省文化产业示范基地称号。扶持连锁网吧发展，提升文化市场发展水平；引进影城项目，促进市区电影放映业发展；引导社会资本参与大市口商业文化娱乐圈建设，全年有7家文化娱乐经营场所入驻，大市口商业文化娱乐圈成为省内文化娱乐经营场所密度最高的区域。组织企业参加业务培训，为数字出版、动漫游戏等企业提供服务，全市数字出版、数字电影、网络游戏、动漫娱乐等新兴产业业态快速成长。

开展第三次全国文物普查，做好地面和地下文物保护；句容市江南土墩墓博物馆暨江南文物工作站完成主体工程建设；《镇江城市考古成果集》获省田野考古优秀成果奖；做好宋元粮仓遗址后续考古和保护方案的评审。建立古琴艺术（梅庵琴派）和“嶂山马灯”两个非物质文化遗产传习点；6件作品荣获江苏民间工艺最高奖项“迎春花奖”；3人入选省第三批非物质文化遗产传承人名单。开展第五个“文化遗产日——我们的节日”系列民俗展示活动；组织民间艺术家赴法国、德国开展文化交流活动，展示镇江民间文化风采；市民间文化艺术馆被表彰为全省非物质文化遗产保护工作先进集体。

对文化行业经营者进行法律法规培训，提高经营者守法经营的自觉性；召开全市软件正版化工作会议，推进软件正版化工作；利用“4·26”世界知识产权日《中华人民共和国文物保护法》宣传周和“5·18”国际博物馆日等开展法律法规的宣传工作。改进技术监管措施，实现对全市在线网吧的实时全程监控；联合市综治办、市公安局、市卫生局、市工商局、市环保局6部门开展镇江市“阳光娱乐场所”星级达标活动，向28家达标单位授予不同星级的标牌。全年共出动执法检查人员32115人次，检查文化市场新闻出版经营单位8671家次，收缴大批非法音像制品和书报刊，查处网吧接纳未成年人、非法“小耳朵”安装和销售、非法广告、网络侵权等违法违规行为；开展“扫黄打非”行动，集中销毁非法音像制品50万张、图书5万册。开展有线电视网传送境外卫星电视节目情况检查。

《打麦号子》《绣娘谣》等6件作品获省“五星工程奖”金奖，话剧小品《如此智慧》获全国戏剧文学奖小品类创作金奖，小品《老抠中奖》参加华东六省一市小戏小品大赛获金奖，大型音乐剧剧本《超市》获首届全国戏剧文化奖大型剧本铜奖。完成市图书馆古籍阅览室改造和“文心展厅”建设；加快文献资源共享体建设和文化信息资源共享工程建设；完成市区有线电视数字整转平移和广播电视村村通，全市所有20户以上通电自然村开通有线电视。选送精品节目赴上海世博会演出。组织“红歌代代唱”广场演出等文化活动。

（金 木）

【“十一五”期间重大文化事业概要】 “十一五”期间，镇江市文化广电新闻出版局（2010年2月前称镇江市文化局）组织实施符合镇江实际的文化发展战略，推动全市文化事业和文化产业的跨越发展。

数字电影《小城大爱》在中央电视台电影频道播出，获省“五个一”工程奖；镇江市获得省第七、八、九届五星工程奖16金23银。

基本形成覆盖城乡的公共文化设施网络体系。新广电中心竣工投入使用。“农家书屋”实现行政村100%全覆盖。至2010年12月，全市万人拥有公共文化设施面积达到724.30平方米，位列全省第四。公共图书馆、文化馆、博物馆开展讲座、展览、培训等延伸服务。各级博物馆、纪念馆免费开放；完成文化信息资源共享工程市、县级支中心和乡镇基层服务点建设；开展“文化嘉年华”等文化惠民活动；农村有线电视通达率达100%，完成城区12万户居民数字电视整转工作，至2010年年底全市有线电视用户达70.60万户。

全市文化产业占地区生产总值的比重由2008年的2.99%提高到2010年底的3.91%。2008~2010年重大文化产业项目争取省级文化产业引导资金2150万元，扶持重大项目16个，文化创意、动漫游戏、网络文化、数字出版、手机报等新兴业态崛起。引导社会资本参与“大市口文化娱乐商圈”建设，全市建成西津渡和江苏文化科技园2个省级文化产业示范基地。

市级以上文保单位完好率达到

95%以上，全市国家级、省级和市级文保单位分别达到9处、23处和218处。分别有国家级、省级、市级和县(区)级非物质文化遗产项目6个、27个、64个和208个。初步形成国家级非物质文化遗产项目"白蛇传传说"的品牌效应。

网吧、娱乐市场呈现连锁化、规模化、品牌化主流格局，演出市场日趋繁荣，新兴网络文化产业打开市场并取得良好业绩。对非法违法经营活动的打击力度加大。

完成市文化、广电、新闻出版"三局合一"，组建镇江文化市场综合执法机构；完成文化系统内经营性文化事业单位转企改制。推进公益性文化事业单位内部机制改革。（金 木）

【开展"欢乐家园"文化惠民活动】 2010年7月16日，镇江市"欢乐家园"文化惠民活动开幕式在大市口广场举行。该活动由市委宣传部、市文化广电新闻出版局主办。内容包括社区文化艺术节、少儿故事创作演讲大赛、第二届群众文艺会演、群众文化书法美术作品展、民间艺术新人大赛、乡镇文化站文艺会演、江苏省"五星工程奖"表演艺术类现场决赛、文心讲堂公益讲座、文心剧场公益演出、上海世博会精品剧目展演、文物精品系列展览、文物专家鉴定收藏讲座、送健康知识进农家讲座等活动。7～12月举办12大项活动，包含41场演出、27堂讲座和9个展览，吸引60万群众参与。（金 木）

【"欢乐家园"广场文化活动获全国"群星奖"】 2010年5月，全国第十五届"群星奖"评比活动揭晓，镇江市"欢乐家园"(文心大舞台)广场文化活动获得公共文化服务项目类"群星奖"。

"群星奖"是文化部为繁荣群众文艺创作，促进社会文化事业的繁荣与发展而设立的全国社会文化艺术政府奖，从2004年开始每三年举办一届。2010年，文化部首次在"群星奖"评比中设公共文化服务项目奖。镇江"欢乐家园"(文心大舞台)广场文化活动是全省获此殊荣的5个项目之一。该活动是镇江市首个由市委、市政府倡导主办的公益性文化活动，自2002年4月创办以来，演出200余场，观众近80万人次。（金 木）

【承办省"五星工程奖"表演艺术类决赛】 2010年11月19～22日，第九届江苏省"五星工程奖"表演艺术类现场决赛在镇江举行。此届省"五星工程奖"表演艺术类现场决赛由省文化厅、市人民政府主办，省文化馆、镇江市文化广电新闻出版局承办，全省1000多名选手参加比赛，包括广场文艺专场、小戏专场、小品专场、舞蹈曲艺专场、音乐专场五场比赛。镇江市获4项金奖、3项银奖，其中广场舞蹈《快乐皮筋123》、小品《老抠中奖》、女声组唱《绣娘谣》、男声组唱《打麦号子》摘得金奖，小品《如此智慧》、舞蹈《我能行》、少儿故事《花生米案件》获得银奖。（金 木）

【人文纪录片《诗话镇江》在央视播出】 2010年2月26～3月2日，5集高清人文纪录片《诗话镇江》在中央电视台十套《探索·发现》栏目播出。

《诗话镇江》展现镇江的自然景观和人文景观，向观众呈现一个诗化的镇江。该片经过3个多月的拍摄，制作成5集系列片，每集35分钟。第一集《千古兴亡多少事》以国事兴亡为背景，讲述镇江城市兴衰的历史命运，凸显一座江南小城的英雄气节。第二集《潮落潮生渡口风》从今朝的古渡遗址回溯昔日帝国经济命脉的依托，寻觅自古以来一个繁华重镇的由来。第三集《画出楼台云水间》细数镇江自然山水背后的人文往事。第四集《一片冰心在玉壶》讲述镇江以诗文汇集历代名家，江河山水、南山竹林中也浸染出中国文人的风骨。第五集《春风又绿江南岸》以王安石的千古一叹"春风又绿江南岸，明月何时照我还"引发古今变革的思考与对话，寓意江山如画、壮怀激烈的镇江，明月玉壶、丽质冰心的镇江，江左形胜、曾经翘楚的镇江，正在走向新的明天。该片由中央新闻纪录电影制片厂、中共镇江市委宣传部、市文化广电新闻出版局联合拍摄。(参见第287页)（金 木）

【完成"瘗鹤铭"疑似残石最终打捞】 2010年5月28日，"勇士号"大型打捞船进入焦山水域。6月4～19日分别将4块巨石打捞出水。焦山碑刻博物馆对4块巨石做相关考古工作，对巨石采取全方位清洗及拓片工作，请文物、文字及书法专家辨认，此次打捞考古结果在2011年上半年形成书面报告。（金 木）

【3人入选省级非物质文化遗产项目代表性传承人】 2010年9月25日，扬剧(金派艺术)传承人金桂芬、扬州评话传承人黄俊章、镇江恒顺香醋酿造技艺传承人乔贵清3人入选第三批省级非物质文化遗产项目代表性传承人。至此，全市累计有5人被列入国家级"非遗"代表性传承人名录，10人被列入省级"非遗"传承人名录。（金 木）

【"董永传说"入选国家级非物质文化遗产名录】 2010年5月18日，丹阳"董永传说"入选第三批国家级非物质文化遗产保护项目名录。此前，全市有"白蛇传""镇江恒顺香醋酿造技艺""古琴艺术""扬剧""秦淮灯彩""封缸酒酿造技艺"等6个项目被列入国家级非物质文化遗产保护项目名录。（金 木）

【广播电影电视行业协会成立】 2010年12月1日，市广播电影电视行业协会成立大会暨第一次会员代表大会召开。市广播电影电视行业协会有镇江市9家广播电视播出机构、1家电影公司、1家影视动漫制作公司，共11家会员单位。大会通过协会章程，选举产生第一届理事会成员，戈矛当选会长。（金 木）

文学艺术

【"我们的节日——欢乐元宵"大型广场文化活动】 2010年，市文联创新元宵节文艺界大联欢活动形式，将文艺家的联欢搬到大市口广场。联欢从元宵节下午延续到晚上，整场活动由广场民间艺术表演、镇江文艺家风采图片展、猜灯谜活动、"欢乐元宵"戏剧专场和"欢乐元宵"歌舞晚会等几个不同版块穿插组成。活动吸引数万群众观看。此次活动成为近年来全市文化惠民活动中，群众参与人数最多、时间跨度最长、节目内容最为丰富的大型广场文化活动。（殷启茹）

【"西津渡杯·青山绿水新镇江"全国摄影展】 2010年，市文联会同市委宣传部与中国摄影家协会、《中国摄影》杂志社举办"西津渡杯·青山绿水新镇江"全国摄影展，设奖项128个，其中特级收藏稿酬达3万元。11月30日截稿，共收到参展投稿作品7000余件(组)1万多张，投稿人来自全国20多个省、市、自治区。12月17日，在北京政协会议中心进行封闭式大展评选，评选出特级收藏1幅、一级收藏1幅、二级收藏5幅、优秀作品120幅，入围作品127幅。（殷启茹）

【"青山绿水新镇江"全国诗联大赛】 由市文联主办，市诗词楹联协会、多景诗社等单位协办的"青山绿水新镇江"全国诗联大赛，2010年3月初征稿，7月底截稿，收到全国28个省、市、自治区诗联应征作品3000余首(副)。评选出金奖1名、银奖2名、铜奖4名、优秀奖33名。组织省内外知名书法家将优秀诗联作品书写成书法作品,参加"青山绿水新镇江"系列文艺创作综合展示并结集出版。

(殷启茹)

【"青山绿水新镇江"散文大赛】 2010年,由市文联、镇江报业传媒集团、市作协、金山杂志社联合主办的"青山绿水新镇江"散文大赛,收到以镇江打造"南城北水"和建设"山水镇江"为主要内容的散文作品百余篇。经评选,大赛金奖空缺,刘彩霞、半丁获银奖,王晨沛等10人获铜奖,并有14人获优秀奖。

(殷启茹)

【2010镇江风·文艺家风采系列展示活动】 市文联会同市各文艺家协会和辖市(区)文联共同举办2010镇江风·文艺家风采系列展示活动。活动以"推荐本土文艺人才、繁荣地方文艺创作、展示地域文化风采,丰富群众文化生活"为宗旨。从2010年9月下旬开始至11月上旬结束,通过举办9场专题展览、7场文艺演出、4部文学作品研讨会、2场文艺讲座以及第三期文艺新秀培养工程启动仪式、第三届青年作家论坛等24项活动,集中宣传和推荐镇江文艺家,展示和汇报近年来镇江文艺的创作成果,介绍和呈现各文艺门类多元发展的态势。活动于9月26日在西津渡广场启动,市第二届书法篆刻双年展、市第二届油画双年展、市第十届摄影艺术展同时开幕。

(殷启茹)

【张晓平小说《大醋坊》研讨会】 2010年10月13日,张晓平(雨城)长篇小说《大醋坊》作品研讨会在镇江醋文化博物馆召开,上海、南京及镇江市的作家、评论家以及江苏恒顺醋业公司的领导、专家参加研讨会。对小说人物形象刻画、故事结构呈现以及语言特色和醋文化的背景等方面进行研讨,认为作品是近年来表现江苏和镇江地域文化的一部佳作。

(殷启茹)

【董新建小说《生死一线间》研讨会】 由市文联、市作协主办的该作品研讨会于2010年9月17日召开,镇江市的作家、评论家及新闻界人士30多人参加,重点围绕小说的思想、底蕴、结构、社会意义及写作手法进行探讨,与会者认为,小说基层生活丰富,是全国检察系统又一部反腐题材的力作。

(殷启茹)

【《大江东去》《雁鸣洲》首发式暨研讨会】 汪静之的长篇史诗《大江东去》和潘圣仪的长篇小说《雁鸣洲》首发式暨研讨会于2010年10月22日举行。两部作品均是以扬中为创作背景,与会的专家学者高度评价两部作品,认为作品的艺术表现力强、创作手法独特,通过运用丰富的想象,将历史与现实有机结合起来,是近几年来扬中文学创作中的精品。

(殷启茹)

【舞蹈大赛精品展演】 2010年10月15日,由市文联、市舞蹈家协会、市文化馆、市民间文化艺术馆、西津渡建设发展有限责任公司联合举办的2010镇江风·文艺家风采系列展示活动舞蹈精品专场在西津渡鉴园广场开幕。展演精选镇江市历届获奖舞蹈作品,江苏省第二届新人新作歌舞大赛优秀舞蹈奖《茉莉花》、江苏省第三届中小学生艺术展演金奖《青梅竹马》、江苏省第一届"莲花杯"青年舞蹈大赛十佳优秀青年演员奖《也许要飞翔》等10多个优秀精品舞蹈相继登场。

(殷启茹)

【"雅韵新风"进大学校园活动】 由市文联、市戏剧曲艺家协会主办的"雅韵新风"戏剧节目进校园活动于2010年10月15~20日开展,分别送戏进入江苏科技大学、江苏大学、南京财经大学红山学院,为大学校园增添别样的风景。表演中有传统京剧、扬剧选段也有现代京剧选段、话剧小品、钢琴伴唱,还有一些新的戏曲曲艺表现形式,如扬剧音乐演奏演唱、清曲自拉自唱等。

(殷启茹)

【"莲花奖"首届社会舞蹈大赛】 2010年7月26日,由市文联主办,市舞蹈家协会、市文化馆承办的江苏省"莲花奖"首届社会舞蹈大赛镇江赛区选拔赛在大市口广场举行。25个优秀节目230多人参加选拔。选拔赛精选出优秀作品作为推荐获奖节目,其中的部分作品代表镇江市参加省内选拔。市舞蹈家协会、市文化馆、市民间文化艺术馆组队演出的女子群舞《在水边》获江苏舞蹈"莲花奖"首届社会舞蹈大赛表演金奖、创作金奖;三人舞《六月茉莉》获表演银奖、创作银奖。丹徒区文化馆组队演出的群舞《双迎亲》获表演银奖、创作银奖。

(殷启茹)

【"蒋光年诗书展"在两地举行】 2010年6月4日和6月11日,由江苏省书协、镇江市文联、常州市文联和溧阳市政府共同主办的"蒋光年诗书展"分别在镇江博物馆和溧阳市文化艺术中心展出。此次展览共展出他多年来创作的书法作品50多件,是其个人创作成果的一次集中展示,作品具有诗书相融的独特个人风格。

(殷启茹)

【《江堤下的那座小屋》获奖】 在《大爱镇江》报告文学集创作活动中,由市委宣传部、市文联邀请作家夏坚勇创作的报告文学作品《江堤下的那座小屋》,经《新民晚报》整版刊载和推荐,获第二十届中国新闻奖一等奖(报纸副刊类)。

(殷启茹)

【严竹获全国影展铜奖】 2010年,镇江市青年女摄影家严竹的黑白作品《孕》获第二十三届中国摄影艺术展览青年组铜奖。这是镇江市青年摄影家的作品第一次获此类奖项,也是镇江市摄影界近十年来取得的最好成绩。

(殷启茹)

【9件作品入选"全国第八届刻字艺术展"】 2010年,镇江市共有9件作品入展"全国第八届刻字艺术展",分别为:何文祥《是诸法空相》、王春财《风过草堂》、袁茂林《我襟怀古》、曹云鹏《无量寿》、蒋加宁《万事俱备》、孙海莎《绿肥红瘦》、刘朝宽《日梦京华》、唐明觉《一尊月为朋》、柳达《天问》。

(殷启茹)

【3位书法家入选当代书坛名家精品展】 2010年,由中国书法家协会和中国文字博物馆共同举办的"当代书坛名家系统工程——五百家书法精品展",在河南安阳中国文字博物馆开展。镇江市书法家郑为人、宇文家林、阙爱萍作品入展,展览作品全部由中国文字博物馆收藏。

(殷启茹)

【唐艳参加中国文联第五届当代文艺论坛】 由中国文学艺术界联合会主办的"第七届中国文联文艺评论奖颁奖仪式暨第五届当代文艺论坛",于2010年11月1~2日在湖南长沙举办。镇江市女摄影家唐艳的论文《有内容的表达 有价值的传播》入选该论坛,并被特邀列为会议重点发言。这是镇江市文艺界第一次参与高级别学术会议。

唐艳的论文针对当前摄影"热闹"的表现及其成因,指出在当前摄影大众化、普及化的形势下,未来的摄影形态会更加开放,更加多元,有更大的包容性;也正因如此,强调摄影艺术本身的固有特征和影像中的人文关怀,就更加必要。作为摄影工作者,只要用心摄影、真爱摄影就能分辨出眼前性价值和长远性价值孰轻孰重,物质性价值和精神性价值孰先孰后。要遵循积极、健康、清新、向上的,坚持人文精神和摄影艺术内涵的价值标准。（石小刚）

【阚爱萍参展“卉之风”书法展】 2010年9月25日,“卉之风”江苏女书家钱惠芬、阚爱萍、柳正梅、王岚书法展在苏州开幕,展期三天。镇江市女书家阚爱萍30余幅作品参展,她的作品曾多次入选省展、国展。此次书法展受到省内各市的关注,苏州展览结束后赴常熟、太仓展出。（殷启茹）

【7位民间艺术家作品获省“迎春花奖”】 镇江市7位民间艺术家获“迎春花奖”。“迎春花奖”为江苏省民间工艺美术的最高奖项,此次主办单位从全省应征的3000多件(套)作品中,遴选出413件(套)参加第二届东方工艺美术之都博览会。经过角逐,江苏省有80位民间艺术家的作品获奖,其中镇江市有韩荣庆、邵同义、吕存、陈柏华、田森跃、牛瑞胜、赵斌7人的作品获奖。（殷启茹）

群众文化

【概况】 2010年,镇江市推进基层文化设施建设,组织开展群众文化活动。推进全市文化信息资源共享工程建设,丹阳市图书馆、扬中市图书馆、句容市图书馆、丹徒区图书馆等4个支中心和润州区宝塔路街道文体中心等14个乡镇(街道)基层服务点被省文化厅公布为达标文化信息资源共享工程支中心和基层服务点。开展镇江市特色文化之乡、特色文化团队、特色文化家庭、特色文化标兵的评选命名活动,共评选命名镇江市特色文化之乡3个、特色文化团队5个、特色文化家庭3个、特色文化标兵3个。丹阳市延陵镇被命名为江苏省特色文化之乡,丹阳市葆春艺术团被评为江苏省特色文化团队,丹徒世业镇扬州评话艺人施德玉被评为江苏省特色文化标兵。举办第二届戏剧小品比赛、文艺家风采精品舞蹈展演、“我们的节日·月是故乡明”经典诵读中秋赏月晚会等活动,组织开展“文心大舞台”“文心剧场”等群众性文化活动。实施“三送”工程,共组织送戏下乡402场,送书下乡86433册,送电影下乡3342场。以无伴奏民歌组合《南乡田歌》等富有镇江特色的群众文化精品节目为班底,组织两台专场演出参加上海世博会期间的“江苏活动周”广场文艺演出、上海城市广场“周周演”活动,以及吴江市第七届区域文化联动暨京杭大运河(江苏)文化艺术节。（金 木）

【乡镇文化站文艺会演】 2010年12月18~19日,镇江市乡镇文化站文艺会演举行。其中,18日是2010年镇江市乡镇文化站文艺会演开幕式暨丹阳专场,19日是京口、润州、丹徒、扬中、句容、镇江新区综合场。此次文艺会演是由市委宣传部、市文广新局主办的2010年镇江市“欢乐家园”文化惠民活动的内容之一,各辖市(区)的28个文化站为观众奉上声乐、器乐、舞蹈、曲艺、戏剧、小品等各种艺术节目。其中很多节目是乡镇文化站文艺骨干自编、自导、自演。节目贴近实际、贴近生活、贴近群众,反映全市新农村建设的新变化、新风貌。（金 木）

【世博会精品剧目展演】 2010年10月30日,印度宝莱坞表演团体ZEE宝莱坞歌舞团在镇江影剧院上演世博会展演的精品剧目——“2010印度ZEE宝莱坞炫舞之夜”。

ZEE宝莱坞歌舞团的演出体现印度舞蹈的精髓,演员们不仅表演传统的脚铃舞、宗教舞、经典肚皮舞,还展示热情奔放的印度现代舞、富有特色的瑜伽舞和含中国元素的舞蹈。演员现场演唱表演中国观众熟悉的《流浪者》和《奴里》等印度电影主题曲;还有近年国际上获得盛誉的影片《宝莱坞生死恋》和《贫民窟的百万富翁》中的精彩舞蹈。（金 木）

【首届民间艺术新人大赛】 2010年10月23日,镇江市首届民间艺术新人大赛在大市口广场举行。大赛突出“保护民间文化,培育艺术新人”的活动主题。比赛分为“舞台类”和“展示类”两种形式,“舞台类”主要是原生态的“田歌、古琴演奏、传统舞蹈”等民间文艺表演,“展示类”主要是原汁原味的“泥塑、竹编、剪贴、刻瓷”等民间文艺项目现场演示。全市的100多名参赛选手,参加14个“舞台类”节目和44个“展示类”民间文艺项目的角逐。（金 木）

【“红歌代代唱”广场演出】 2010年6月5日,纪念茅山新四军主力北上70周年——“红歌代代唱”大型广场文艺演出活动在茅山风景区苏南抗战胜利纪念碑广场举行。活动由市委宣传部、市文广新局主办,省新四军研究会、句容茅山风景区管委会、茅山新四军纪念馆承办。

演出在神奇的“军号声”中拉开序幕。北京军区老战友合唱艺术团、江苏新四军后代艺术团、华东军大老战士艺术团、福建省新四军研究会新一代艺术团等来自全国各地的多个演出艺术团体约300多人参加演出,缅怀革命先烈的丰功伟绩,歌唱祖国、歌颂中国共产党。（金 木）

文化产业

【概况】 2010年,镇江各级文化行政管理部门认真贯彻落实市政府关于加快文化产业发展的各项方针政策,研究制定《镇江市文化产业示范基地评选管理办法》,支持重点文化产业项目发展。培育文化产业示范基地。按照市委、市政府《镇江市市区文化产业重点项目三年(2008~2010年)实施意见》要求,引导社会资本参与大市口商业文化娱乐圈建设,推动传统文化产业升级,扶持动漫、网游等新兴文化产业发展。（金 木）

【获省文化产业引导资金1180万元】 2010年11月26日,江苏省文化产业引导资金签约仪式在南京举行,镇江市共有7个文化产业项目入选,分别是数字电影故事片《小城大爱》、2010长江迷笛音乐节、《金山传奇》网络游戏及网页游戏平台开发、艺术作品数字技术提升工程、中国最具特色的服饰文化创意平台建设、彩色包装盒高保真数字化局部460线加网技术印刷生产线技改项目和台湾明华园戏剧总团落户镇江等,共获得江苏省文化产业引导资金1180万元,比2009年增长76.1%。

江苏省政府2007年起设立江苏省文化产业引导资金。自2008年全省开始申报省文化产业引导资金资助项目以来,全市共有16个文化产业项目累计获2150万元的资金资助。（金 木）

【首批28家娱乐场所星级达标单位授牌】 2010年12月23日,镇江市首批“阳光娱乐场所”星级达标单位授牌仪式在市博物馆举行,镇江市京口弥图商务会所等28家娱乐场所获得星级达标单位的铜牌,其中四星级场所3家、三星级场所16家、二星级场所9家。

2010年8月6日,镇江市区“阳光娱乐场所”星级达标活动启动,由市文广新局、市综治办、市公安局、市卫生局、市工商局和市环保局等6部门联合组织开展。评定标准从低到高设一至五星五个等级，计划用两年时间，实现市区(丹徒区、京口区、润州区、镇江新区)歌舞娱乐和电子游艺经营场所全部达到星级标准。从2012年8月起，未达到标准要求的经营场所，必须限期整改，仍不达标的停止营业。（金 木）

【八佰伴大地数字影院开业】 2010年12月18日，位于八佰伴七楼的大地数字影院开业。该影院拥有6个影厅，可同时容纳近1000位观众。采用进口还原设备、功放系统、高端镜头以及整壁式清晰巨幅银幕等国际先进放映设备。（金 木）

图书馆事业

【概况】 2010年，镇江市公共图书馆拓展服务空间，延伸服务内容，提升服务水平，开展读者活动和社会教育，全市图书馆事业取得新发展。镇江市图书馆再次被江苏省委、省政府评为江苏省文明单位标兵，镇江市图书馆和丹徒区图书馆被江苏省文化厅评为江苏省文明图书馆。

古籍保护工作取得新进展。《书传大全》明刻本等26部善本古籍入选第二批《江苏省珍贵古籍名录》。10部古籍入选第三批《国家珍贵古籍名录》。截至2010年，全市累计有26部古籍入选《国家珍贵古籍名录》，84部古籍入选《江苏省珍贵古籍名录》。开展首批市级珍贵古籍名录评选工作，206部古籍入选首批市级珍贵古籍名录。镇江市图书馆建立古籍修复室，在国家古籍保护中心帮助下开展古籍修复工作，全年共修复古籍280册。（金 木）

【镇江市图书馆】 2010年接待读者80万人次，比2009年增长18%。全年分编新书32260册12013种，视听文献187张138种。

在市特教中心建设市图书馆分馆和共享工程基层点，邀请盲人读者走进图书馆，为他们提供专人服务，免费提供听书机，工作人员不定期为残障读者提供送书上门服务。全年共解答来自全国各地的参考咨询条目164条。在丹徒区图书馆建立分馆，实现市图书馆和丹徒区分馆之间的通借通还。组织开展两场“图书任我选”读者现场选书活动，将图书采选权真正交到读者手中。完成润州、句容2个文化信息资源共享工程支中心，全市13个文化信息资源共享工程基层点的建设任务。开通QQ续借、论坛续借等网络服务方式，方便读者借阅图书。

任罡的图书馆学研究专著《图书馆工作研究与案例》一书、徐苏的地方文献研究专著《京口夜话》一书出版发行，任罡、殷爱玲分别主持、参加1个省级和1个市级课题研究。

2月完成古籍阅览室改造工程，4月完成新采编部建设工程，6月完成文心展厅建设工程。10月22日，为全市老年读者设立的老年免费阅览室正式对外开放。阅览室共有座位30个，是全市首家专门为老年人提供服务的免费阅览室。市图书馆老年阅览室不定期举办书法笔会、养生保健讲座、电脑知识讲座等活动。9月27日，市图书馆未成年人公益性电子阅览室开放，该电子阅览室共有电脑26台，所有电脑全部安装“健康上网专家”等软件，屏蔽不良信息和不良网站，节假日对未成年人免费开放。

开办文心讲堂讲座，邀请吴建民、祁智、黄培义、徐雁、康震、郦波、孔庆东、乐嘉、袁岳、关秀清、刘强11位名人做客文心讲堂，讲座内容从单一的传统文化向军事、外交、教育等领域拓展。整理讲座内容，出版书籍《文心讲堂》。

在文心展厅先后举办第十一届中日韩国际书画展、第二届镇江市群文美术书法展、全国少儿摄影大赛获奖作品展和绚烂亚洲——亚洲多元文化图片展。2010年6～8月，镇江市组织开展红领巾读书征文演讲比赛，共有近70多所学校的4万多名学生及百多位教师参与，收到优秀征文1000多篇，并举行演讲比赛，评选出一等奖3名、二等奖5名和三等奖8名。推荐的3名小选手参加省级演讲比赛全部获得二等奖。镇江市图书馆被省文化厅授予红领巾读书征文演讲比赛优秀组织奖。（金 木）

【江苏大学图书馆】 2010年，该馆完成新图书馆搬迁，9月1日开放运行。全年借还图书101万余册次。原文传递量比上年增长32%；为280余个班级近8000名毕业生办理清书、退费、证件注销等离校手续；完成142个全省高校通用借书证的发放及管理工作。

开展“快速找书”活动，举办“知识夯实人生，文明秀出风采”的文明使用图书馆活动。延续品牌活动“‘书山’的问候——2010年新生大型咨询活动”，宣传图书馆资源和服务。

引进新的方正Apabi数字资源德赛加工平台，整合馆内数字资源，将购买的电子图书、电子教参与馆内自建数据库进行初步整合；完成Springer数据库工程类图书与PQDD学位论文的本地化及分类标引；完成2009年SAE纸本刊的数字化和667篇全文上载及车辆工程特色库中2001～2009年所有学术论文的全文上载。完成2009年1500册学位论文的纸质与数字编目。

全年投入文献资源经费800万元，订购中文期刊3200种3800份、外文期刊108种，10个中文数据库和21个外文数据库，分别停订、新增2个外文数据库。配合京江学院评估，集中采购5510种11965册，共45万元中文图书。

召开读者座谈会，改进咨询服务和文检课教学。开展以“遵守学术道德，提高信息素养”为主题的江苏大学研究生信息利用系列培训月活动，开设18场讲座，受众研究生2030人。

完成第四届情报学研究生的招生工作，录取11名新生，按一级学科修订培养方案和课程大纲。2010年，研究生共毕业15人，其中1名研究生论文推荐为优秀硕士论文。组织全体研究生参加第十届海峡两岸图书资讯学学术研讨会；组织09级研究生到图书馆主要业务岗位进行专业实践。

全年完成查新项目2200项，服务企业发展。完成句容、常州2家企业的专业数据库建设。完成企业专利咨询与分析报告20余份。镇江市科技信息服务平台建设项目获批，获镇江市政府项目资助经费20万元。与350余家企业建立业务合作关系，服务范围延伸到连云港和徐州等地区。（金 木）

【江苏科技大学图书馆】 2010年，该馆购进中文图书66406册254万余元，外文图书471种471册；中文现刊1300多种1973份；外文现刊132种；报纸70种138份；拥有电子数据库25个，学术搜索平台1个(读秀)。截至年底，该馆的书刊文献总量为1491524册。全年借书193300册(次)，还书192700册(次)，图书期刊阅览77525人(次)，电子文献阅览30069人(次)。

组织实施2010年图书馆研究与开发项目的申报、评审工作，共评选出2项研究课题进行立项资助，完成2009年度各立项课题的专家鉴定和结题工作。全馆在各类会议及刊物上共发表学术论文70篇。

网上原文传递28篇，完成查新课题10个，为学校查收查引34篇。完成31个专业2750名本科生、10个学院研究生547人、工程硕士5个点142人的文献检索课教学工作。（金 木）

2010 年江苏科技大学图书馆数据库使用情况统计表

表 30-1　　单位：次

数据库种类	使用量	
	下载次数	检索次数
中国知识资源总库系列	550094	1333335
万方数据系列	205651	230682
中文科技期刊数据库	260000	300000
国道外文数据	2790	3164
读秀学术搜索	30000	90352
Science Direct	41548	37516
Ei Village	284421	19660
EBSCO host	16000	130000
Springer Link（期刊）	5900	36000
合　计	1396404	2180709

（金　木）

【镇江高专图书馆】 2010 年，该馆购书 2.1 万册，阅览室每周开放 79 小时。重视对镇江地域文化及学校特色文献资源的开发研究，参加市社科联课题《城市文化建设与城市旅游产业发展研究》课题的申报及建设。开发建设镇江文化专题数据库。完善沈括研究数据库、镇江文化专题数据库和《梦溪笔谈》与沈括网页。参加江苏省高校图工委高职院校图书馆学术研讨和交流，该校图书馆员获二等奖和优秀奖，在高职院校名列前茅。

发挥图书馆资源效益和教育职能。派选熟练掌握计算机应用技术的馆员为学校各系部学生开办《学生计算机应用维护及信息检索与创新能力》提高班。建设大学生就业指导专题网站。该网站设计四个板块，从职业规划、求职心理、简历制作、面试攻略四个方面对学生进行指导。（金　木）

文博事业

【概况】 2010 年，镇江文博系统坚持“保护为主、抢救第一、合理利用、加强管理”的文物工作方针。全年参观总人数 69 万人次。推进第三次全国文物普查；完成梦溪园、杨一清墓、唐老一正斋等文物单位保护修缮方案的论证和批复；完成郭礼征旧居、广肇公所等市级文保单位修缮和第七批省级文物保护单位的申报；对万顷良田工程、九润国际地块、丹阳凤凰山遗址等项目进行考古勘探、发掘，出土文物近 300 件。组织开展全市馆藏三级文物定级工作；陆小波故居爱国主义教育基地分别与宝塔路小学和江苏省镇江第一中学签订爱国主义教育基地共建协议；组织召开东吴文化暨第二十届《三国演义》学术研讨会，出版《东吴文化暨第二十届〈三国演义〉学术研讨会论文集》。镇江市报送的 1945 年苏中版《毛泽东选集》和《镇江沦陷记》入选《江苏珍贵档案文献名录》。

镇江博物馆完成书画展厅恒温恒湿改造工程；出版《印记与重塑——镇江博物馆考古报告集（2001～2009）》；完成文化惠民各项活动，举办勾吴古韵——镇江博物馆馆藏吴国青铜器精品展等 12 个展览，用 5 块图版、80 多幅图片、近 200 件器物集中展示镇江市近年考古的新发现；组织“我们的节日”系列民族节俗、镇江人民革命斗争史展览“进学校”“进社区”“进部队”等活动；开展“告诉你一个精彩的镇江——镇江博物馆特色文物介绍”等四个文物普及专题讲座；完成镇江博物馆云峰阁艺术品公司的注册，开发古玉红木镇纸和嵌银丝佛珠手串等旅游纪念品。

茅山新四军纪念馆推进茅山爱国主义教育基地活动中心建设；征集 400 余件革命文物。全年接待国内外游客 145 万人次。

焦山碑刻博物馆继续打造焦山碑林和“瘗鹤铭”品牌，做好“百名书法家游书法之山”活动，完成焦山碑林藏品系统软件开发及网站升级，完善馆内基础设施建设，对全馆的展厅、大门及廊柱等进行改造和油漆出新。全年接待国内外游客 47 万人次。（金　木）

【启动梦溪园周边环境整治修复工程】 2010 年 6 月，梦溪园周边环境整治修复工程被列入首批江苏省大运河沿线重点文物抢救保护工程项目。11 月 5 日完成工程招投标工作，梦溪园周边环境整治工程进入全面基建施工阶段，预计 2011 年 3 月完工。整治修复后的梦溪园将以地域开阔、丘坡溪水、茅舍亭阁、风格简朴、环境优美的面貌呈现。

（金　木）

【两项目获田野考古奖】 2010 年 6 月，首届江苏省田野考古奖评比表彰活动揭晓，镇江博物馆申报的“沪宁城际铁路镇江唐宋罗城西垣遗址考古发掘”获考古技术奖；《印记与重塑——镇江博物馆考古报告集（2001～2009）》获优秀成果奖。首届江苏省田野考古工作评比表彰活动由江苏省文物局组织开展，全省共有 28 个项目获首届江苏省田野考古奖。

（金　木）

【加强汛期文物安全工作】 2010 年汛期，市文广新局强化文物安全工作，成立汛期文物安全检查组，制订《镇江地区汛期文物安全检查工作计划》，完善汛期突发事件的安全工作制度和应急机制。对重点部位和易发生山洪灾害及滑坡、泥石流的文博单位加强检查巡视，组织专人对考古发掘工地、镇江博物馆西侧、焦山碑林西侧山体情况进行检查，发现隐患及时清除。做好文物维修工程现场的文物本体防雨工作，对各文博单位的排水系统进行彻底疏通。组织人员对市区文物古建筑的排水、屋面防水等安全隐患进行排查。（金　木）

修葺一新的梦溪园内部　（文广新局）

【镇江博物馆首办鉴宝活动】 2010年7月31～8月1日，镇江博物馆举办鉴宝活动。专家有中国文物学会鉴定委员会委员、瓷器鉴定专家叶佩兰，故宫博物院研究员、文房织绣专家张淑芬，省文物学会鉴定委员会委员、镇江博物馆研究员、青铜器鉴定专家肖梦龙。活动接待来自镇江、扬州、常州等地的数百位收藏爱好者，鉴定600多件藏品，诞生6件"镇江民间收藏珍宝"，其中青铜器两件，分别是青铜兽面纹方尊、青铜提梁猪形卣；瓷器两件，分别是南宋青白瓷执壶、清顺治青花花卉香筒；杂件一件，和阗玉珪（共95枚）；书画一件，张大千雅集图。 （金 木）

【《镇江出土陶瓷器》出版】 2010年12月20日，由镇江博物馆杨正宏、肖梦龙、刘丽文主编的《镇江出土陶瓷器》一书，由文物出版社出版。该书采用图录的形式，以先秦、汉六朝、隋唐五代、宋元、明代五个时期为序，收录镇江地区出土的新石器时代至明代的陶瓷器共250件（套）。所收录的瓷器出自多个产地，且大部分年代明确。该书为考古学上陶瓷器断代分期提供科学准确的依据，为研究、探讨当时镇江地区的社会发展及与其他地区的经济文化交流提供重要资料。 （金 木）

【举办云锦艺术展】 2010年7月4～30日，"云想衣裳"——南京云锦艺术展在镇江博物馆展出。云锦是中国传统的具有地方特色的提花丝织锦缎之一，它图案精美、色彩绚丽，与四川的蜀锦、苏州的宋锦并称"三大名锦"。此次云锦艺术展展出南京云锦博物馆馆藏精美织物近50件。开展当天邀请云锦博物馆的专业织造师现场演示云锦织造过程。 （金 木）

【镇江博物馆评出"十大镇馆之宝"】 2010年5月，由市委宣传部、市文化广电新闻出版局主办，镇江博物馆承办，镇江分公司协办的甄选馆藏十宝——"荐—鉴—见"宝活动启动。活动历时两个月，共收到有效选票近万张。这是镇江博物馆建馆50多年以来首次对馆藏文物进行社会公开评选。2010年7月20日，镇江博物馆"十大镇馆之宝"揭晓：青铜凤纹尊、青铜鸟盖壶、青铜人面纹錞于、上虞窑青釉瓷扁壶、景德镇窑青花云龙纹瓷罐、金棺银椁（一套5件）、银鎏金龟负"论语玉烛"酒令筒（包括酒令筹、酒旗、酒纛）、玉雕御题金山图诗插牌、明谢廷循杏园雅集图手卷和清八大山人花鸟图手卷。 （金 木）

【举办纪念抗美援朝文物史料展】 2010年10月25日是中国人民志愿军抗美援朝作战60周年纪念日。茅山新四军纪念馆从10月15日起举办为期一个月的"纪念抗美援朝60周年文物史料展览"活动。此次专题展览展出傅秋涛、王必成、陶勇等40余位志愿军军师以上首长在朝鲜战场上的历史老照片，反映抗美援朝的物品，回忆抗美援朝战争的手稿和图书。 （金 木）

【纪念江渭清百年诞辰活动】 2010年11月16日是江渭清百年诞辰纪念日。当天上午，纪念江渭清100周年诞辰活动在茅山新四军纪念馆举行。刘伯承、粟裕、谭震林、宋任穷、叶飞、傅秋涛、钟期光和革命烈士袁国平、王若飞等人的后代，新四军老战士、原福州军区空军参谋长恽前程以及地方各界代表近100人参加纪念活动。 （金 木）

【焦山摩崖石刻防风化保护研究项目通过验收】 2010年12月17日，镇江焦山摩崖石刻防风化保护技术应用研究项目通过省专家组验收。镇江焦山摩崖石刻历史悠久，现存石刻80方，绵延约150米，面积约200多平方米。该项目主要针对历年来焦山摩崖石刻保护中存在的问题，提出从保护和修复的角度对石刻的现状进行评价，为从根本上解决焦山摩崖石刻的修复和保护问题提供新思路，达到修旧如旧的文物古迹修复和保护要求。 （金 木）

【举办"望月望乡诗碑"建立20周年纪念书道展示会】 2010年10月29日，由日本书道院、镇江市文化广电新闻出版局、镇江市书法家协会主办，镇江焦山碑刻博物馆、镇江市文化馆、镇江博物馆承办的"望月望乡诗碑"建立20周年纪念书道展示会在镇江市博物馆开幕。日本书道院访华团一行56人参加开幕式。"望月望乡诗碑"是为纪念唐代日中友好著名使者阿倍仲麻吕而建立的。展示会历时5天，展出日本书道院书法家作品58件，镇江市书法家协会书法家作品18件，共计76件书法作品。 （金 木）

【镇江宋元粮仓双井路非考古区域继续施工】 双井路棚户区改造项目自2010年7月11日因涉及宋元粮仓仓基遗址保护问题暂停施工以来，镇江市落实国家和省文物局的督查要求，做好考古发掘、遗址保护方案完善等各项工作。根据国家和省文物局的要求及专家意见，结合最新考古成果，市城投集团对保护方案进行十多次修改和完善。同时，市文物局对双井路宋元粮仓仓基遗址损毁事件中负有责任的单位和相关责任人进行行政处罚。

2009年8月至2010年1月，在市双井路片区经考古勘探发掘，先后发现宋元时期的仓储遗址、古京口河道遗址、元代石拱桥及相关道路遗址。这一成果具有较高的学术价值，被列为2009年全国十大考古新发现参选初评项目。

根据考古结论和省文物局审核的保护方案，镇江市将涉及宋元粮仓仓基遗址等区域划定为考古区域，对该区域实施隔离保护，保护工程在国家文物局审批《双井路宋元粮仓仓基遗址保护方案》后展开，不涉及的划定为非考古区域并继续施工。 （童 高）

历史文化名城研究与建设

【概况】 2010年，镇江市历史文化名城研究会在推进历史文化保护与建设的学术研究、应用研究和开展咨询服务等各方面取得进展。举办历史文化名城研究学术研讨会，看世博、学先进、论镇江——城市现代化建设与名城保护专题研讨会，六朝历史文化与镇江地域发展学术研讨会。编辑出版《民国江苏省会镇江研究》，编印《镇江市历史文化名城研究论文集（第十一辑）》，

组织专家学者完成"古运河中段（一期）保护和开发建设"的策划方案、京口宝鼎广场浮雕墙等策划和创作方案、苏南人才市场广场文化装饰的专题研究，充实花山湾古城公园历史文化内涵的方案，推进大韩民国临时政府在镇江展示馆工作，开展南山镇江莲花洞景区古人类（遗址）科普园的研究和策划工作以及国家文保单位——新河街保护和开发建设的研究。 （纪 东）

【召开第11次学术研讨会】 2010年3月，镇江市历史文化名城研究会第11次学术研讨会暨2010年年会举办，发表论文51篇39万字。内容涉及综合研究、名城保护与建设研究、生态园林与旅游研究、文史研究、人物研究等。重要论文有钱永波的《不断开拓名城研究常研常新之路》，时强的《公众充分参与是民主科学决策的保证——关于城市建设和名城保护中民主科学决策问题的实例与思辨》，王玉国的《镇江的"国保"单位》，方开鸿的《更新观念，与时俱进，保护和开发建设历史城区》，刘建国的《大江风貌名城魂——为城北内江水域正名》，高曾

伟的《镇江旅游对接上海世博会的对策研究》，罗爱红的《镇江旅游纪念品开发现状与策略探析》等。 （纪 东）

【举办看世博、学先进、论镇江——城市现代化建设与名城保护专题研讨会】 2010年9月举办，共有21篇论文参会交流研讨。在会上发言交流的有19篇：市名城研究会《世博对名城镇江城市规划与建设的几点启示》《努力实现三个“新突破”，让名城镇江更精彩》《重视现代城市建设，加强镇江城市特色塑造》，市住房和建设局《建设更加美好的城市》，市规划局《世博和镇江山水花园城市建设》《从世博看镇江名城的保护与振兴》，市水利局《发扬世博精神，打造人水和谐的北部滨水区——镇江内江水环境质量改善与保持的实践与思考》，市环保局《整治黑臭河、建设宜居城市》，市城管局《用“世博智慧”探索城市精致管理之道》，市交通运输局《统筹规划、建管并举、合力打造城市道路畅通工程——以镇江市区为例》，市文广新局《弘扬世博精神，促进名城保护》，市园林局《南山风景区可持续发展研究》，市旅游局《发展城市RBD、促进旅游新跨越》，市社科联《积聚文化资本、塑造城市性格、促进和谐发展》等。 （纪 东）

【举办六朝历史文化与镇江地域发展学术研讨会】 2010年11月，市历史文化名城研究会与江苏省六朝史研究会、丹阳市历史文化研究会联合举办六朝历史文化与镇江地域发展学术研讨会。来自省内外的专家、学者80余人参加。研讨会的主题为以新材料、新思路、新视野为追求，研讨镇江地域六朝历史文化及其现代意义，着重对镇江地域六朝时代的政治状况、军事地位、经济发展、文化成就、交通建设、旅游资源、历史人物、六朝考古及其历史学意义、六朝文化与东吴文化、六朝石刻等诸多方面展开研讨。参会论文共有41篇、30余万字，大会交流发言10篇，其余论文分小组进行研讨交流。南京大学历史系教授张学锋就《“齐梁故里”研究中的史料学问题》作大会专题发言。 （纪 东）

【《民国江苏省会镇江研究》编审出版】 该书由市历史文化名城研究会编著，2010年3月底完成编审工作，8月由江苏大学出版社出版，全书分十章、38万字。该书在占有翔实材料的基础上，如实叙述镇江成为江苏省会的历史情况，孙中山三次到镇江及其在《建国方略》中为镇江绘制的蓝图，省会镇江在城建、教育、卫生、体育、文化等社会事业方面的发展，驻军和战事，专制政治，韩国临时政府在镇江，民国文化遗产，大事记等等。 （纪 东）

赛珍珠研究与纪念活动

【概况】 2010年，镇江赛珍珠研究工作深入开展，应用工作取得新的成果，系列重要活动取得较好实效，为推动赛珍珠研究、扩大对外交往、促进镇江发展，发挥推动作用。

举办《大地三部曲》《母亲》《帝王女人》发行式。组织编撰《赛珍珠与镇江》，书稿分赛珍珠长于镇江、创作源于镇江、博爱之心萌于镇江、心系镇江、镇江人民怀念赛珍珠5部分。江苏科技大学赛珍珠研究所周卫京组织译编《赛珍珠与中国抗战》《赛珍珠与中国文化》书稿。

发挥赛珍珠纪念馆在宣传和对外交往等方面的作用。从2009年下半年起，由赛珍珠纪念馆、赛珍珠故居共同组成赛珍珠文化园，不改变原有管理体制，双方分工合作，开展赛珍珠文化园争创AA级国家旅游景区的工作。2010年5月被批准为AA级国家旅游景区。与城投公司商量在西区云台山片区改造时，建设与赛珍珠有关的纪念亭或白人公墓建筑等相关标志等。力争将赛珍珠文化园与珍珠广场、珍珠路、珍珠桥、云台山（牛皮坡）以及“三山”风景区，共同构成独具镇江特色的“赛珍珠大地之旅”旅游线路。受庐山“老别墅的故事”的启发，12月10～12日举办纪念赛珍珠获诺贝尔文学奖72周年暨赛珍珠纪念馆、故居免费开放活动，包括赠送纪念馆宣传资料、放映专题片、赛珍珠讲坛、有奖问答、老专家艺术团演唱纪念赛珍珠歌曲等，近千名市民参观，继续通过多种渠道在海内外收集资料，充实馆藏。英国作家希拉里·斯波林、美国作家闵安琪等签名寄赠新著。组织志愿者整理和翻译资料。不定期地编印研究简报。2010年1～12月，共接待6484人到馆参观。其中1月8日，美国田纳西州纳什维尔市心血管病专家克伦修及子女参观纪念馆，克伦修祖母曾设计赛珍珠与布克的镇江婚礼。5月8日，美国亚洲协会名誉主席卜励德一行到馆访问。卜励德是尼克松访问中国时的随行人员，曾和乔治·布什一起在北京代表处任职。尼克松访华前，曾通过他找来赛珍珠的有关作品了解中国。8月12日，赛兆祥同事之孙、牯岭美国学堂协会主席史蒂夫·汉斯伯格（何云龙）访问，并赠送英文版赛兆祥回忆录等资料。9月6日，美中友好协会会长罗伯特·桑伯恩（Robert Sanborn）到馆参观。罗伯特赞许研究会对赛珍珠的研究、普及、宣传、推广工作，对故居、纪念馆的建设十分满意。开发赛珍珠旅游纪念品，有茶具、茶杯、软面抄、文化衫等。

举办赛珍珠讲坛。5月9日，《大地》译者王逢振在镇江博物馆作题为“在全球化语境下阅读赛珍珠”学术演讲。5月和12月，李臻在赛珍珠纪念馆主讲“文化人桥——赛珍珠”。江科大赛珍珠研究所所长周卫京在校内举行“赛珍珠与中国文化”系列讲座。12月，赛珍珠研究会副秘书长裴伟为中华路小学部分学生作题为《大地的女儿——赛珍珠》的讲座。

利用赛珍珠纪念馆和故居，开展文化公益活动。如“宝贝，我爱你”主题系列活动。办好镇江市第二中学赛珍珠国际班，促成国际班师生与美方人士进行文化交往。安徽宿州是赛珍珠《大地》创作的主要背景地，2010年12月9日，宿州学院赛珍珠纪念馆开馆，市赛珍珠研究会、美国赛珍珠国际基金会派代表参加研讨。赛珍珠研究会申请的第16类注册和第25类商标注册获得国家工商总局批准。 （裴 伟）

【庐山获赠赛珍珠铜像】 2010年10月12日，世界名山友谊园剪彩仪式在庐山林赛公园举行，由美国和德国世界名山赠送的赛珍珠、海明威和席勒的雕像在庐山聚首，供海内外游客参观。赛珍珠的铜像是美国胡德山（地名）赠予庐山的礼物。赛珍珠的童年在庐山度过，她父亲赛兆祥是庐山早期传教士，他们在庐山的别墅至今保存完好。美国胡德山国家森林公园森林总监格雷·洛伊·拉森（Gary Lloyd Larsen）说，赛珍珠把中国介绍给美国和西方世界，把赛珍珠的铜像作为礼物赠送给庐山世界名山友谊园有特殊的意义，这象征着胡德山与庐山的友谊。 （李 震 裴 伟）

【“钟情大地，感恩母亲”新书发布会】 2010年5月9日由镇江市委宣传部、东方出版中心和人民文学出版社主办，镇江市文广新局、镇江市赛珍珠研究会承办的“钟情大地，感恩母亲”——《大地三部曲》《母亲》《帝王女人》新书发行仪式在赛珍珠纪念馆旁的博爱广场举办。这是21世纪以来中国大陆首次集中出版赛珍珠作品。东方出版中心出版的《母亲》和《帝王女人》，均是赛珍珠以中国女性为题材的小说。创作于1934年的长篇小说《母亲》，与《大地三部曲》等同为赛珍珠获得1938年诺贝尔文学奖

“钟情大地,感恩母亲”新书发布会 （纪 东）

的代表作。2010 年 5 月 9 日,《母亲》由万绮年译、夏尚澄编译、东方出版中心出版,引起国内外学者和文学爱好者的关注。新浪读书以“赛珍珠笔下的最美女性:母亲”开辟专栏选载,网民点击率高。此译本经林中明等学者推荐给中国台湾及美国各大学图书馆及学者,均获好评。9 月 30 日,美国波士顿公共图书馆举办中文读书会讨论此书。《帝王女人》是赛珍珠最长的一部小说,也是唯一描写历史人物的小说。作者向读者展现一个西方人眼中的慈禧。由王逢振、王予霞首次翻译成中文,在大陆地区出版。

2010 年 3 月,人民文学出版社修订出版《大地三部曲》中译本。镇江市赛珍珠研究会特制 1000 册,在封底印上“我的中国故乡,镇江——赛珍珠”字样。 （裴 伟）

【传记《埋骨——赛珍珠在中国》出版】 英国女传记作家、皇家文学院院士希拉里·斯波林撰写赛珍珠的传记《埋骨——赛珍珠在中国》(Burying The Bones:Pearl Buck in China)于 2010 年 3 月 25 日在英国出版。在这本传记中,作者选择赛珍珠父亲赛兆祥回忆录和经过赛珍珠本人修订、其妹格蕾丝执笔的传记以及由赛珍珠晚年舞蹈教师泰德·哈里斯署名并引起广泛争议的两卷本传记作为一手素材。在非出版的文献中,作者选取《矛盾中的女人》作者诺拉·斯特林为写书所作的大量采访以及美国赛珍珠国际基金会所保存的部分与赛氏美国生活相关的档案。作者更多地从精神层面去挖掘赛珍珠的生命轨迹、创作动机以及心路历程,力求还原一个客观真实的赛珍珠。《埋骨——赛珍珠在中国》美国版更名为《赛珍珠在中国:前往〈大地〉的旅程》(Pearl Buck in China:Journey to The Good Earth),于 6 月初在美国出版。 （裴 伟）

【小说《中国珍珠》出版】 2010 年 4 月,美籍华人女作家闵安琪(Anchee Min)的小说《中国珍珠》(Pearl of China)在美国出版。全书在与中国有着紧密联系的赛珍珠的个人经历基础上,创造一个虚构的叙事者“杨柳”(Willow),并讲述她和赛珍珠在中国战乱年代所发展出的一段珍贵友谊。作者在后记中说她中学时代正是文革时期,完全没有读过赛珍珠小说的她,被要求参加学校组织的对赛珍珠这个“文化帝国主义分子”的声讨。当自己移民美国之后,第一次阅读《大地》,被文字中的激情所感动,决定为赛珍珠写一本小说。作者表示,她现在想要沿袭赛珍珠的路,打破主流普及畅销书中那些对中国人丑陋、小气、自私和残忍的误导性刻画,因为这样的形象,会让不少读者误解甚至对中国人产生畏惧。她想要重新塑造中国人的形象,这也是新书所努力描绘的,希望让西方世界了解“中国人的人性,他们的爱,对友情的忠诚,还有他们的文化底蕴”。闵安琪为创作还到镇江考察赛珍珠文化遗存。 （裴 伟）

【《赛珍珠研究的新起点》发表】 2010 年 7 月 15 日,此文在中国社会科学院主办的《中国社会科学报》(第 16 版)发表,由中央民族大学外国语学院院长、教授郭英剑撰写。文章指出“赛珍珠这位美国作家与中国的联系,不仅体现在她众多作品中的中国题材,还在于她在中国生活过几十年——这使她与中国的联系具体而真实。”并评述“在当今中国,在赛珍珠生活过的城市中,认识并充分重视赛珍珠的文学、文化价值与社会历史意义的,无疑当属镇江市”。文章在分析 2008 年中国镇江赛珍珠国际学术研讨会学术成果和不足的基础上,提出“应该加强对赛珍珠作品的翻译”“扩大对赛珍珠研究的视野,加强对赛珍珠众多文学作品的研究”“逐步扩大对赛珍珠尚未翻译过来的文学作品的研究”“研究者应该更加注重学术规范”这 4 条建议,并指出这些“正是今后赛珍珠研究的新起点”。 （裴 伟）

【《赛珍珠专题研究》被评为特色栏目】 《镇江师专学报(社会科学版)》1991 年开设《赛珍珠专题研究》专栏,2002 年该专栏移至《江苏大学学报(社会科学版)》。截至 2010 年年初,共刊发文章 97 篇,其中有 29 篇被二次文献转载,约占刊发总量 30%。专栏作者会聚国内赛珍珠研究专家,有刘海平、郭英剑、姚君伟等教授。该栏目是国内赛珍珠研究学者、英美文学和比较文学学者必读的栏目,刊发的论文成为以赛珍珠研究为对象的硕士、博士论文参考的主要文献。2010 年,全国高等学校文科学报研究会在4 ~7 月开展第四届全国高校社科期刊评优活动,该栏目被评为特色栏目。 （张向凤 裴 伟）

新闻出版

责任编校：毛向阳

综　述

【概况】　截至2010年12月底，镇江市有1家出版社、7种报纸，14种期刊、37种连续性内部资料出版物、8个报刊社驻镇记者站、477家印刷企业、420家书报刊发行网点、159家音像制品经营单位。

-2010年，市新闻出版系统参与全省“双优诚信”印刷企业和“双优诚信”书店的评选活动，4家单位获“双优诚信”印刷企业、2家单位获“双优诚信”书店称号。开展第三批全省文化产业引导资金申报，江苏恒华彩色包装有限公司获100万元文化产业引导资金。开展全市出版、印刷、发行单位年度核验和产业调查工作，建立健全全市新闻出版产业管理台账，强化基础管理工作。

（金　木）

【“十一五”新闻出版工作概要】　“十一五”期间，全市新闻出版业稳步发展，截至2010年底，全市有书报刊发行单位420家（其中出版物批发单位10家，零售单位410家），从业人员1383人，实现销售收入2.89亿元，音像制品经营单位159家。全市共有印刷企业477家，印刷从业人员14531人，工业总产值46.43亿元。争取省级文化产业引导资金200万元，扶持重点印刷企业发展。建成615个农家书屋，实现农家书屋全市行政村全覆盖并向有条件的自然村延伸，每个农家书屋配备图书1500册左右，专兼职管理员1名。各级文化广电新闻出版部门组织捐书、捐资、捐建活动，募集图书10多万册，捐（援）建书屋16个。全市依托农家书屋先后开展农民读书征文、农民读书演讲比赛、科普知识、法律知识讲座、“送卫生保健知识进农家”和“看名著写故事”等活动，吸引广大农民和中小学生参与，增强书屋的吸引力。2位农民被省新闻出版局表彰为读书明星。2010年11月，镇江市选手朱春红在全国农家书屋阅读讲演中获国家新闻出版总署颁发的最佳口才奖。

组建市报刊审读组，对全市公开发行报刊和连续性内部资料出版物进行审读，共编印《镇江报刊审读与管理》36期。开展“扫黄打非”行动，重点开展对非法政治性出版物的查缴和封堵，加强书报刊市场、印刷复印行业日常监管，打击侵权盗版行为，查结镇江新区“2·21”侵权盗版案，实现镇江市知识产权保护工作行政执法与刑事执法相衔接的重大突破。开展“4·26”世界知识产权日系列版权保护宣传活动，推进使用正版软件工作，完成市、县两级政府部门软件正版化和48家企业软件正版化推进工作，镇江市使用正版软件工作领导小组及其办公室受到江苏省使用正版软件工作领导小组表彰。镇江市新闻出版局（版权局）被评为全省版权保护先进集体。2009年6月镇江市新闻出版局（版权局）荣获全国查处侵权盗版工作有功集体一等奖。2010年，全市33位学生分获全国青少年版权保护知识竞赛一、二、三等奖。（金　木）

【农家书屋管理】　2010年，镇江市文化广电新闻出版局依托农家书屋这一公共文化平台，整合社会资源，发挥其在新农村建设中的惠民作用。4月，举办“我的书屋我的家”镇江市农家书屋阅读讲演比赛，参赛的14位选手都是在农村务农、工作、学习、生活的人员。他们讲述自己读书用书的经历、体会和感受。推荐2名优秀选手参加全省决赛，分别获一等奖和三等奖，其中1名选手获新闻出版总署颁发的最佳口才奖。与市卫生部门联合，在半年的时间内，组织医疗专家，深入7个辖市（区）的14家农家书屋，为农民开办15场医疗卫生保健知识专题讲座，受益农村群众2000多人。讲座内容涉及环境与健康（日常卫生行为习惯）、疾病防治、心理健康教育、妇幼保健知识、中医养生等内容。10月，向市区出版物发行单位发起为农家书屋捐献图书的倡议，市区8家书店捐献图书1500余册，送到4个农家书屋。

（金　木）

出版管理

【概况】　2010年，镇江市贯彻全省报刊管理工作会议精神，加强报刊和连续性内部资料出版物的管理，发挥报刊审读工作在报刊管理中的作用，增加2名审读人员，使审读人员总数达到6人，对审读员进行广告审读业务辅导，将《镇江消费》《镇江乒坛》《镇江教育》《镇江中船》《镇江社会科学》5个连续性内部资料出版物纳入审读范围。对文学类期刊《金山》杂志和连续性内部资料出版物《镇江消费》开展集中审读。督促报刊社做好内部审读。全年共编印《镇江报刊审读与管理》20期。（金　木）

【印刷业管理】　2010年，镇江市筛选出20家规模以上印刷重点企业，建立定期联系制度，在政策引导、项目推荐、资金支持、信息交流等方面为重点联系单位提供跟踪服务。6月组织推荐16名选手参加第二届全国印刷行业职业技能大赛，2名选手进入全省决赛，1名选手进入全国总决赛。镇江报业集团选手李鸳获大赛平版制版工（职工组）一等奖，镇江日报社获印刷技能人才培育突出贡献奖单位。8月，在全市范围内开展印刷企业专项清查行动，清查出无证无照印刷单位8家，没有发现有印制、经销政治类非法出版物现象。9月组织召开镇江市区印刷业发展推进会，总结全市印刷业的现状，分析制约发展的因素并提出发展对策；传达国家、省、市各级政府支持包括印刷企业在内新闻出版产业发展的相关政策，对“十二五”期间发展项目和各项经济指标进行科学预测。在对全市印刷企业现状进行调研的基础上形成《镇江印刷业发展现状及对策思考》的会议报告。（金　木）

【发行管理】　截至2010年底，全市共有出版物发行单位420家（其中出版物批发单位10家，零售单位410家），全市出版物经营单位从业人员11383人。

年初，举办全市出版物发行单位经营能力提升培训班，邀请具有经营管理知识和实际工作经验的经营者、营业员讲授“中小书店的经营之道”“书店营业员的基本技能”。7月，分别在市区和丹阳市举办两期出版物发行员职业资格培训班，88名从业人员参加培训，75名学员通过考试取得出版物发行员资格证书，合格率87%。

1～3月，根据新闻出版总署《关于开展音像制品批发、零售、出租单位2009年审核登记换证工作的公告》（新出字〔2009〕184号）精神，采取书面审核和实地查勘的方法，对全市的159家音像制品批发、零售、出租单位进行审核登记，并报省新闻出版局审核批准后，换发新的音像制品经营许可证。（金　木）

【版权管理】　2010年，全市开展“4·26”世界知识产权日系列版权保护宣传活动，制作宣传展牌和宣传标语在市区重点地段进行宣传；参与市知识产权局联合组织的街头宣传活动，发放宣传资料300余份；分别召开市勘察设计行业和重点企业软件正版化工作会议，对企业软件正版化工作进行宣传、培训、辅导，

表31-1

2010年镇江市公开发行报纸一览表

报纸名称	刊号	刊期	地址	联系电话
镇江日报	CN32－0015	日报	镇江市中山东路4号	85010029
京江晚报	CN32－0064	日报	镇江市中山东路4号	85010029
江苏声屏·镇江广播电视	CN32－0082/04	周报	镇江市长江路33号	85222812
丹阳日报	CN32－0070	周六报	丹阳市开发区东方路报业大厦	86983009
江苏大学报	CN32－0809/G	半月报	镇江市学府路301号	88780023
江苏科技大学报	CN32－0821/(G)	旬报	江苏科技大学教三大楼606室	84401042
镇江高等专科学校报	CN32－0838－(G)	20天	镇江市学府路61号	88962919

（金　木）

表31-2

2010年镇江市公开发行期刊一览表

期刊名称	国内统一连续出版物号	刊期	地址	联系电话
金山	CN32－1035/I	月刊	镇江市正东路141号	84402821
蚕业科学	CN32－1115/S	季刊	镇江市四摆渡中国农科院蚕业研究所	85616835
中国蚕业	CN32－1421/S	季刊	镇江市四摆渡中国农科院蚕业研究所	85616593
江苏船舶	CN32－1230－U	双月刊	镇江市正东路37号	84422493
农业装备技术	CN32－1646/S	双月刊	镇江市学府路71号	84403490
排灌机械	CN32－1171－TH	季刊	镇江市学府301号	88797778
江苏实用心电学杂志	CN32－1484/R	双月刊	镇江市解放路438号	85021159
江苏大学学报(自然科学版)	32－1450－N	双月刊	镇江市梦溪园巷30号	84446934
江苏大学学报(社科版)	32－1655－C	季刊	镇江市梦溪园巷30号	84446934
江苏大学学报(医学版)	32－1434－R	季刊	镇江市梦溪园巷30号	84446934
江苏大学学报(高教版)	32－1075－G	季刊	镇江市梦溪园巷30号	84446934
江苏科技大学学报(社科版)	32－1422－U	双月刊	镇江市梦溪路2号	84401105
江苏科技大学学报(自然科学版)	32－1608－C	季刊	镇江市梦溪路2号	84401105
镇江高专学报	CN32－1511/G4	季刊	镇江市学府路61号	88962117

（金　木）

表31-3

2010年驻镇江记者站一览表

记者站名称	地址	联系电话
江苏工人报镇江记者站	镇江市梦溪路5号	84413010
江苏法制报社镇江记者站	镇江市学府路3号	84492776
新华日报社镇江记者站	镇江市政府大院	84425718
扬子晚报镇江记者站	镇江市梦溪路4号3－205室	84491110
江苏电力报镇江记者站	镇江市电力路182号	84021202
镇江日报丹阳记者站	丹阳市行政中心	86565099
镇江日报扬中记者站	扬中市政府机关大院	88327790
镇江日报句容记者站	句容市华阳镇	87272273

（金　木）

对国产浩辰设计软件和微软最新 Windows7 操作系统进行演示和推广。召开 2010 年软件正版化工作会议，下发《镇江市 2010 年推进使用正版软件工作计划》，共筹集资金 140 万元，为 7 个辖市（区）配备 1970 套办公软件、115 套操作系统、3300 点杀毒软件，完成第一轮辖市（区）政府部门软件正版化和推进 15 家企业软件正版化工作。

8 月，在全市开展打击网络侵权盗版专项治理"剑网行动"，市文广新局、公安局、经信委联合成立镇江市 2010 年打击网络侵权盗版专项治理工作领导小组，制订专项行动方案，举办镇江市互联网行业版权保护培训班，对镇江市互联网运营商、IDC 接入服务商、规模网站的负责人和技术人员进行网络版权保护的宣传教育。对全市的网络版权保护现状开展全面检查，根据权利人投诉和省版权局下转案件，全市共切断 11 个涉嫌侵权网站链接。对 12 个重点网站开展版权保护状况主动监管工作，"剑网行动"取得阶段性成果。

12 月，联合市教育局、团市委召开镇江市全国青少年版权保护知识竞赛颁奖大会暨"版权保护小卫士"教育基地授牌仪式，33 位学生获得"全国青少年版权保护知识竞赛"一、二、三等奖，3 家单位获国家版权局组织奖，17 家单位受到江苏省版权局表彰。 （金 木）

【江苏大学出版社】 成立于 2007 年 6 月 8 日，是获新闻出版总署批准设立的高校出版社，也是首批按照企业化制度设立的出版机构之一。出版社坐落在梦溪园巷，为江苏大学全额出资成立的出版企业。拥有员工 34 人，其中具有高级职称的专业人员 7 人，具有硕士学位的 19 人。业务范围主要包括出版发行各学科专业所需的教材、教辅图书及学术著作，各类科普读物和一般文化读物。

（常 钰）

【成功申报"十二五"重点出版物规划项目】 江苏大学出版社在调查研究的基础上，多次组织分析讨论，确定"十二五"发展目标，并组织申报国家"十二五"重点出版物规划项目。《当代台湾文化研究新视野丛书》入选国家"十二五"重点出版物规划项目，《先进激光制造技术》入选江苏省"十二五"重点出版物规划项目。 （常 钰）

【多部图书获省、市级奖励】 2010 年，江苏大学出版社组织出版部分国内学者的图书精品，多种图书获省、市级奖励。在省教育厅举办的"江苏省高校第七届哲学社会科学研究优秀成果奖"评选中，出版社的《特殊儿童心理健康教育》获一等奖，《高等教育课程体系理论新探》《法伦理文化视野中的和谐社会》和《学校道德生活的管理透视》获二等奖，《高职教育行动导向教学体系》《法学视野中的大学自治：以大学权力为中心的分析》和《高职院校管理新论：基于营销学范式的研究》获三等奖。在江苏省第十一届哲学社会科学优秀成果奖评选中，《学校道德生活的教育叙事》获二等奖，《流光溢彩：中国古代灯具研究》《高等教育教学理念与模式创新》和《齐梁萧氏故里研究》获三等奖。《印记与重塑：镇江博物馆考古报告集（2001～2009）》获首届江苏省田野考古奖优秀成果奖。

（常 钰）

【《杨海明词学文集》出版】 2010 年，由苏州大学文学院教授、中国韵文学会常务理事、中国宋代文学研究会副会长杨海明著述的《杨海明词学文集》出版。《杨海明词学文集》共八册、十二卷，记录杨海明 30 余年词学研究的成果，从多个方面生动反映新时期以来词学研究进程。本文集收录杨氏主要论著有：《唐宋词风格论》《张炎词研究》《唐宋词史》《唐宋词论稿》《唐宋词论稿（续编）》《唐宋词美学》《唐宋词纵横谈》《宋词趣谈》《唐宋词与人生》《宋词三百首新注》。其中，《唐宋词史》获原国家教委首届人文社科优秀成果二等奖和首届"夏承焘词学奖"一等奖。

（常 钰）

镇江日报社

【概况】 2010 年 5 月，镇江日报社适应文化体制改革的要求，组建镇江报业传媒集团。在省及全国新闻好作品评选中，共有近 50 件作品获奖，获得市慈善总会首届"慈善爱心奖"。

在新闻宣传中，突出主旋律，评论《创造新业绩开创新局面》及《人勤春早虎虎生威》《2010 继续奏响跨越之歌》等报道，以及《跨越发展在现场》《跨越发展进行时》《跨越发展在基层》《体验跨越发展市民直通车》《特别报道》等专版、专栏，系统地展现镇江市各地区、各部门在跨越发展中的新举措、新经验、新成果。城市建设突出报道"南城北水""两铁"（沪宁城际高速铁路、京沪高速铁路）、大市口地下通道等建设。突出创业型城市、文明城市和生态城市的创建报道，开设《让我们创业吧》《创业者心声》等专栏和系列报道，记录创业者的艰辛和体验、体会；通过开设《创文明城建生态市》专栏、改进《人间大爱》专版，及时反映全市在文明城市创建中所做的努力。《镇江日报》（以下简称日报）《京江晚报》（以下简称晚报）组织镇江市"十一五"发展成就报道，先后推出"跨越征程——我们经历的这五年""跨越征程'十一五'再回首"专栏及"跨越发展'十一五'深刻变化说镇江"专版和"镇江'十一五'发展述评"，产生较好的社会影响。

强化以民为本的宣传理念，对惠及民生的服务多层次多角度报道。加强舆论监督，《火车站南广场〈白天分时段混乱夜间全时段混乱〉全新的城市窗口管理不到位》等报道，引起社会的广泛重视，促进问题的解决。

全年集团在新华社《人民日报》《新华日报》《扬子晚报》等国内主要新闻媒体上发表各类稿件、文章 39 篇，通讯《镇江医改丰盈的民生追求》《不是在创业就是在创业的路上》在《新华日报》头版头条发表，展示镇江市跨越发展所取得的成就。

日报、晚报先后报道为勇救被挟持女大学生而身负重伤的王正坤、为夺回他人被盗财物遭歹徒持刀行凶壮烈牺牲的施玉亮、挺身而出保护女青年的"毛胡子"等人的事迹，弘扬见义勇为精神。对在全市开展的创先争优活动中涌现出的先进典型进行充分挖掘，通过记者的跟踪报道，理想信念坚定、充满对党始终不渝的信仰的景荣春；新时期农村支部书记的优秀代表、百姓心中的致富带头人、丹阳市新桥镇金桥村党总支书记张雅琴；省十佳师德标兵丹阳行宫中学教师唐月波等人的事迹得到广泛宣传，产生很大的社会反响。

发挥媒体作用，常年组织志愿者活动。志愿者月末公益行动、市民督查团督查行动，以及消除"绿色盲区""市民直通车""'花样年华'寻找热爱旗袍的女子""有难大家帮——我为环卫工送保障"等活动，推动良好的社会风气。此外，"增华阁"青少年作文大赛、律师志愿者、社会妈妈、社会儿女、新春心愿阳光行动、小记者、车展会、房展会等老的活动品牌也得到进一步延续和发展。

全年镇江报业传媒集团经营总收入达到 9107.36 万元，比上年增长 18.32%，其中广告收入 6375 万元，增长 17.6%。加强发行管理，日报年初发行数 4.2 万份，较上年略有增长；晚报年初发行量 6.2 万份，较上年初增长 18%，创下晚报创刊以来的最高发行量，全年日均发行量保持在 5.8 万份左右，也创下晚报常态发行量的新高。

加快文化产业发展，利用报社的平台优势与资源优势，拉长报业的产业链，2010 年，镇江报业传媒集团全额出资组建的新闻国际旅行社投入运营，筹建镇江数字文化产业园项目。

依托镇江报业信息资源，推进“镇江新闻网”新媒体建设。镇江新闻网站日均点击率为 7 万左右，比上年增长 40%，手机报平均月订数达到 6 万份。推进历史报纸数字化工程，完成 10 多万个版面历史报纸的清查，以及项目招标的先期准备工作。

开展新一轮中层干部竞争上岗和全体员工双向选择，一批年富力强的同志走上管理岗位，人力资源得到优化配置。

在新闻出版总署、人力资源和社会保障部联合举办的第二届全国印刷行业职业技能大赛中，报社获全国技能人才培育突出贡献奖单位、省印刷行业职业技能大赛人才培育突出贡献奖称号。

（邹永东）

【“十一五”镇江日报社工作概要】 “十一五”期间，镇江日报社围绕市委、市政府的中心工作，两报根据自身的特点，加强新闻策划，提升舆论引导水平，先后开展新农村建设、社会主义荣辱观、实现“全面小康”、学习实践科学发展观、跨越发展、创先争优等主题报道，结合镇江市开展的文明城市、生态市、双拥模范城市等活动，展开宣传。根据读者的需求和报业发展的要求，对两报进行多次扩改版，达到日报每周 60 版、晚报每周 152 版，两报初步形成错位竞争、定位准确的格局。

5 年来，两报先后推出连闯红灯救助重伤市民的好的哥李顺虎、传播爱心奉献乡亲的退休女教师毛芊、爱心理发师殷仁俊、卡口民警赵宇振、扎根基层文博事业的史建和、三农典型赵亚夫、爱民标兵胡雪林等在省内外都叫得响的重大典型以及感动镇江的“大爱之星”，展示人间真情，为城市文明营造氛围。

先后策划推出记者进社区活动、到基层蹲点、开设民调新闻等，践行“三贴近”，服务基层群众。先后策划并组织“爱心粮油卡情暖贫寒家”“助贫困学子回家”“大祥圆梦行动”“助贫困学子回家过年”“社会儿女助老圆梦”“志愿者月末公益行动”等品牌社会活动。

加快数字资产管理系统的建设，开通并不断完善《电子报》《手机报》，完成历史报纸数字化前期准备工作。定期发行《镇江画报》，成为宣介镇江的城市“名片”。尝试引进外来资金，扩大报业产业，传统报业过渡到集团体制，组建镇江报业传媒网络公司和镇江新闻国际旅行社有限公司。

报社经济总收入由 2005 年的 5732 万元，增长到 2010 年的 8911 万元，增幅达 55%。

两报在省级以上各级各类新闻作品评选中，共获得一等奖 31 件、二等奖 101 件、三等奖 132 件。并荣获中国报业“飞鹰奖”等荣誉称号。（邹永东）

【镇江报业传媒集团成立】 2010 年 5 月 18 日，镇江报业传媒集团挂牌成立，确定党委领导与法人治理相结合的领导体制架构。制定做强主力媒体、拓展新兴媒体、加快产业发展的发展战略，实行集团办报、采编经营统分结合的管理模式。逐步建立和完善集团与媒体、企业两级法人治理结构的运行模式，科学设置管理机构。（邹永东）

【两报再次改版】 2010 年年末对两报进行新一轮改版。日报进一步加大地方新闻报道，增强党报的吸引力；整合版面资源，增强报纸的感染力；对报纸形态进行改造，提高新闻的亲和力。晚报强化

表 31-4

2010 年镇江报业传媒集团获奖作品

获 2009 年度江苏省报纸优秀作品篇目

奖级	标题	体裁	作者
一等奖	共建平安家园的警民连心桥——记公安新区分局全省首家网上派出所（日报）	通讯	黄春林　孙志平　许益明
	的哥猝死前紧急刹车　乘客安然无恙心生感慨（晚报）	消息	徐贤礼　曹海滨　何　宜　蒋信平
二等奖	“不差钱”的真情故事延续 17 年（日报）	消息	赵月霞　余宽平
	中国远征军老战士回句容探亲（日报）	消息	花有文　王小月
	改制让剧团起死回生——丹阳市戏剧总团改革纪实（日报）	通讯	叶明旻
	关注镇江市返乡农民工节后再就业（日报）	系列	王景曙　滕庆海等
	领导述职报告挂上网开创省内先河　引发网友热议，有人“拍砖”，有人称赞这是“好的开始”（晚报）	消息	崔　骏
	亮过家底，才有可能享受低保——运河社区评议低保申请目击记（晚报）	通讯	竺　捷
	大医院与基层医疗机构“手牵手”老百姓看病将更方便更实惠（晚报））	通讯	朱　朱
	路面油污滑到众人，好市民义务站岗	图片	马　吉
	台风“莫拉克”吻你没商量	图片	王　呈
	《晚报》5 月 13 日 A1 版	版面	王坚平　胡　骏
	镇沪医保异地结算 6 月 1 日开通（日报）	消息	王　翔　姜木金
三等奖	镇江钢贸业群智群力危中寻机　（日报）	通讯	司马珂　王景曙等
	买张上海方向火车票，难！　（日报）	通讯	林　兰
	一张珍贵的照片，一段难忘的往事，一缕悠长的情愫——甲子　人虽老　情不变（晚报）	通讯	李　恒　张立华
	脑瘫大男孩告诉世界“你行我也行”（晚报）	通讯	童本宽　王爱敏
	向民众致歉体现以人为本（晚报）	评论	央　草
	有难大家帮——我为环卫工送保障（晚报）	系列	时　英　童本宽
	在时事报道中运用好新闻背景（日报社）	论文	杨　咏　张　未
	你的砖头砸中谁　（晚报）	副刊	张翀煜
	一座座古桥，一段段城市的记忆（日报）	副刊	古　瑾
	《日报》1 月 2 日一版　（日报）	版面	马　坚

续表31-4

获第24届中国地市报新闻奖作品篇目

奖级	标　　题	体裁	作者(编辑)
二等奖	镇江福利院首次“嫁女儿”　昔日遭遗弃成孤儿　如今受关爱披嫁衣　(晚报)	消息	作者:周本林　编辑:王坚平　庞　颖
	碰擦别人车　留条并致歉(晚报)	消息	作者:陶　春　编辑:李明明　胡　骏
三等奖	探寻镇江市“农民专业合作社”发展新路径(日报)	系列报道	作者:司马珂　王丽青　殷兰友 编辑:王景曙
	阔别家乡72载　流落缅甸67年　中国远征军老战士回句容探亲(日报)	消息	作者:花有文　王小月　编辑:吴　斌
	改制让剧团起死回生——丹阳市戏剧总团改革纪实(日报)	通讯	作者:叶明旻　编辑:吴　斌
	农业保险“政策雨露”能否再多一点(日报)	通讯	作者:陈志奎　编辑:周　钥
	但愿锻炼噪音不再扰民(日报)	评论	作者:姜　萍　编辑:季荣荣
	幼时父亲活活饿死　丹阳八旬翁20多年劝食客打包(晚报)	消息	作者:巴斌兵　佘记其　张　辉 编辑:邱隆洪　胡　骏
	台上大学生激情摇滚,台下老太太酣然入睡　文艺下乡遭遇“水土不服”(晚报)	通讯	旺　财　竺　捷　编辑:徐　毅　陈　融

《京江晚报》获2009年度赵超构新闻奖作品篇目

奖级	标　　题	体裁	作者(编辑)
一等奖	镇江福利院首次“嫁女儿”　昔日遭遗弃成孤儿　如今受关爱披嫁衣(晚报)	消息	作者:周本林　编辑:王坚平　庞　颖
二等奖	台上大学生激情摇滚,台下老太太酣然入睡　文艺下乡遭遇“水土不服”(晚报)	通讯	旺　财　竺　捷　编辑:徐　毅　陈　融
三等奖	幼时父亲活活饿死　丹阳八旬翁20多年劝食客打包(晚报)	消息	作者:巴斌兵　佘记其　张　辉 编辑:邱隆洪　胡　骏

获2009年全国报纸副刊作品年赛奖篇目

奖级	标　　题	作者(编辑)
一等奖	大音希声,古城镇江觅知音(日报)	作者:古　瑾　编辑:宇文家林
二等奖	十五的月亮十六圆(日报)	作者:滕建锋　编辑:景异玮
	“明清小说与镇江”(日报)	编辑:宇文家林　滕建锋
	你的砖头砸中谁(晚报)	作者:张翀煜　编辑:陆渭南　贺　莺
三等奖	2009年5月11日《文化周刊》三版版面(日报)	编辑:滕建锋
	茶香江南春(晚报)	作者:陆渭南　编辑:张翀煜　孙肖苏
	12月11日　微博版版面　(晚报)	编辑:贺　莺

获江苏省第20届报纸副刊好作品篇目

奖级	标　　题	作者(编辑)
一等奖	一座座古桥,一段段城市的记忆(日报)	作者:古　瑾　编辑:宇文家林
	你的砖头砸中谁(晚报)	作者:张翀煜　编辑:陆渭南　贺　莺
二等奖	走马坪赶场　(日报)	作者:滕建锋　编辑　宇文家林
	走进王蒙	作者:花　蕾　编辑 宇文家林
	“明清小说与镇江”(日报)	编辑:宇文家林　滕建锋
	2009年3月23日《文化周刊》一版版面(日报)	编辑　古　瑾
	唯美印度(晚报)	作者:王　川　编辑　戴蓉　陆渭南
	2009年9月1日B8版版面(晚报)	编辑　贺　莺
三等奖	《东城里究竟在哪里》(日报)	作者:乔长富　编辑:古　瑾
	汤杰元:别出心裁　创意人生　(晚报)	作者:陆渭南　沈春来
	施鸣:加油声中登顶慕峰　(晚报)	作者:翟　进　沈春来

获2009年度江苏省好新闻摄影作品篇目

奖级	标　　题	作　　者
二等奖	路面油污滑倒众人　好市民义务站岗	马　吉
	台风“莫拉克”　吻你没商量	王　呈
	危险与浪漫	宋建设
三等奖	孩子,妈妈看你来	王　呈
	江苏第一爆	宋建设
	老屋门前拍合影　难舍多年邻里情	文　雯
	孩子们的节日	季　翔
	乡村老师暑期忙“充电”	张　斌
	教师节,老师护送孩子过“老虎口”	石小刚

(邹永东)

晚报特色，贴近社会民生，加强社会活动策划和公益性资讯服务。改版后的两报社会反应良好，初步形成两报错位竞争的格局。（邹永东）

【《镇江调查》显现民调新闻特色】 日报从2010年3月15日推出第一期"镇江调查"——《毒豇豆引发的食品安全问题调查》开始，《镇江调查》专栏全年推出40余期，内容涵盖市民生活的许多方面。无论从内容还是版面包装，都形成自己的特色，既反映民众参与信息集成和观点表达的意愿，又体现报纸与读者之间的沟通和良性互动。（邹永东）

【"志愿者月末公益行动"倡导大爱精神】 从2010年2月份起，在每月最后一个星期天，日报推出"志愿者月末公益行动"，以每月行一善的方式引导更多的人日行一善。"关爱空巢老人"等公益行动，产生良好的社会反响。"关爱市慈善总会救助的人群"公益行动与"有难大家帮——我为环卫工送保障"活动，被市文明委评为年度"大爱之星"优秀活动项目。（邹永东）

【"镇江新二十四景"评选】 日报从2010年6月23日启动"镇江新二十四景"评选活动，此后又开展取名活动，历时4个多月，激发市民关心城市发展的热情。新闻报道及时跟进，《文化周刊》利用版面优势，及时推出《曾经的二十四景》《一曲古城绝唱——解读周镐〈京江二十四景〉》。（邹永东）

【"市民直通车"体验跨越发展】 从2010年3月11日起，日报推出"市民直通车"，组织市民参观中储粮镇江粮油加工及仓储物流项目、二重一期工程、沪宁城铁站、金山湖等重点工程项目，使广大市民更加直接地感受跨越发展的喜人成果。（邹永东）

广播电视

【概况】 2010年2月5日，市委、市政府整合资源、组建镇江文广集团。集团推行扁平化的管理模式，总经理室下设七个部室、九个中心、四个电视频道、六个广播频率及镇江广播电视报、镇江影剧院、市艺术剧院、市文艺学校、市文物商店等单位。

新成立的文广集团先后组建镇江文化广电产业发展有限公司（母公司）和镇江文广世纪传媒有限公司、镇江文广信息科技开发有限公司、镇江文广投资有限公司三个子公司。一年来，集团已初步形成以电视传播为主业，电影、互联网、报刊、创意产业、演艺产业、音像出版等相互支撑的多媒体宣传、广告经营和产业拓展的多元化经营格局。文广大楼办公网络项目采用神州数码全套网络解决方案，满足近500人访问互联网和网络电视台、广播电视通联、报社出版传版、电子政务和财务专网接入的需求。

围绕"文明城市创建""上海世博会""创业型城市创建""大项目建设"等宣传重点，策划组织开展专题宣传，为全市新一轮跨越发展鼓劲造势。

2010年6月4日，镇江市广播电视总台更名为镇江广播电视台，为镇江市政府直属事业单位，与镇江市文化广电产业集团是一套班子、两块牌子。

镇江广播电视台成立后，改版、推出镇江电视四个频道，黄金时段镇江台组收视率平均达5%、市场份额达20%，节目品质和广告吸纳量不断增强；推出广播六大频率（含调频、中波），策划、开展"我们声音有力量"广播节等专题活动、行动，延伸和放大品牌价值，实现广告收入大幅提升；镇江广播电视报与《上海壹周》合作推出具有时尚个性、本土特色的《镇江壹周》，发行量超5万份；开发新兴媒体，设立户外电子大屏，开通镇江网络广播电视台，推动移动手机电视、发展商用客户4000余户。

举办镇江音乐季活动，活动历时5个月，以"浪奔，浪流，激情永不休"为主题，于5~10月间举办十多项大型活动、近百场国内外演出。包括"HiFi西津渡"、第五届长三角地区青年歌手大赛、莫斯科国立模范剧院芭蕾舞团演出芭蕾舞《天鹅湖》、"民星传奇"全民歌舞大会、郑州歌舞剧院大型原创舞剧《风中少林》在镇上演、俄罗斯爱乐乐团来镇倾情演绎、2010环球国际模特儿大赛中国总决赛、台湾明华园戏剧总团歌仔戏《超炫·白蛇传》在镇江上演、迷笛音乐节等十多项活动，丰富镇江的文化市场。全年演艺经营收入达2000多万元。（孙海明）

【电视节目改版首度实行频道制】 2010年，镇江文广集团成立以后，对电视节目进行重新定位包装，推出频道制的运行模式，四个频道分别是新闻、民生、资讯、影视。新闻频道主要栏目有《新闻镇江》《今晚九点半》《镇江记忆》等，民生频道主要栏目有《看见大市口》《南南嚼趣》等，资讯频道主要栏目有《资讯女生组》《全城秀秀秀》等，影视频道主要是播放影视剧（纪录片）。（孙海明）

【广播电台改版推出六套频率】 2010年6月1日，市文广集团定位推出新闻频率（新闻994）、财经频率（调频FM104.5）、交通城市广播（交通963）、音乐频率（FM90.5）、健康生活频率、故事广播频率等六套频率，为听众提供多元化资讯娱乐服务。（孙海明）

【《江苏声屏·镇江广播电视》周刊改版为《镇江壹周》】 《镇江壹周》是和上海市著名品牌《上海壹周》合作，集生活时尚娱乐为一体的时尚周刊，2010年5月20日，第一份《镇江壹周》出版。报纸版面调整为三叠48版，按内容分为"城市·时尚""生活·便利""视听·娱乐"三大板块，并大幅增加轻涂纸页数优质印刷，突出体现报纸的时尚、娱乐特色。同时还注重本土化的内容，增加相关版面数量，围绕读者关注的本土热点新闻话题、全市和文广集团重点工作，展开大篇幅深度宣传报道，进一步增强报纸的引导功能和服务性、实用性。（葛文斌）

【《诗话镇江》在中央电视台第10套节目播出】 2010年2月26日，《诗话镇江》以全新的视角，用5集共200分钟展现一个不同寻常的镇江，借助历史曾经给予这个城市的文化制高点，品味镇江的诗情，以此体会整个镇江充满诗意的一面。该片在中央电视台第10套节目《探索发现》栏目播出，是一个集结与延展镇江这座城市所有文化与旅游资源的重要举措，有力增进全国亿万观众对于镇江的了解，提升镇江文化、旅游、经济等多方面相关联产业的发展。在两大网络搜索引擎上输入"诗话镇江"，"百度"给出的搜索结果为6000条，"谷歌"为15800条。该片在国家广播电影电视总局举办的第二届全国优秀电视文化（文艺）栏目暨大型特别节目推荐表彰活动中荣获优秀大型纪录片。（参见第274页）（孙海明）

【《血色沉香》在中央电视台第8套节目黄金时段播出】 由镇江广播电视台拍摄的30集电视连续剧《血色沉香》，以镇江"醋文化"为背景，2010年3月从央视八套送审的30多部电视剧的激烈角逐中以高分胜出，获得首轮播出权，3月16日在中央电视台第8套节目黄金档首播，每天三集，收视率位居央视前列，该剧蕴涵浓厚的地域文化特色，影视明星李亚鹏饰演男一号，是宣传江苏、宣传镇江的有效载体，荣获第26届江苏电视金

凤凰奖电视剧优秀作品奖。（孙海明）

【电台技术设备实现数字化、网络化】2010年，镇江电台总控系统采用国内一流的电台播控系统，实现播控的数字化、网络化，达省级电台水平。热线电话实现无导播功能。电台信息安全及媒资采用公安部规定的最高网络安全防护等级，确保音频工作站系统的播出安全。电台直播调音台采用国际著名品牌数字直播调音台，提高节目源处理能力，增加节目播出的安全性。电台录制及周边设备直播室和录制室的配套设备，全部采用省级电台所使用的主流设备。全固态调频发射机状态控制灵敏，发射效率高。电台调频发射天线全带宽天线。（王　波）

【电视采编播技术系统全面更新】镇江广播电视台电视采编设备采用100余台松下P2摄录编设备，价值1000余万元，实现记录媒介从磁带向半导体的跨越。电视硬盘播出系统和电视多画面分割器采用五通道全数字硬盘播出系统。总控系统、传统系统采用全套国际一流的哈里斯产品，综合指标远超国家标准。电视演播室视音频系统及总控和播出系统大屏显示器五通道全数字演播室，可实现两个演播室的高安全性、高质量的电视直播，切换台已实现高标清兼容。电视新闻制作非编网及文稿网采用38个站点的高标清兼容的非线性编辑系统。电视演播室灯光由国内一流公司设计安装，部分演播室采用进口灯具，达国内一流水准。电视新闻演播室搬迁完成原广电大楼六楼新闻演播室的整体搬迁。电视虚拟演播室采用两机位单通道三维虚拟演播室系统。电视发射机三台完成11频道、22频道、33频道全固态发射机的更新改造。（王　波）

【首辆高清数字转播车投入使用】2010年7月9日，市文广集团迎来首辆高清数字转播车。全车长12米、宽2.48米、高3.98米。该车有6个讯道，可扩展至10个讯道，车内系统选用世界上最先进的SONY高清摄像机和切换台，周边设备同样也选用高性能设备。这台高清转播车的投入使用，使得镇江的电视转播设备在国内地级电视台中达到较高的水平，能满足大型文艺演出、体育赛事等各种直播、转播任务，标志着镇江电视内容制作迈上一个新起点。（陈乐平）

【开启市首届广播节】2010年7月21日晚，市首届广播节启动仪式在文广大厦广场举行，标志着镇江文广六套频率全新起航。市首届广播节举办“您最喜爱的十佳广播节目”“十佳主持人评选”“一生有你——镇江市首届金婚庆典活动”“寻找白娘子大型评选”“故事广播戏曲票友大赛”“明星歌友会——张靓颖”“《阳光校园》校校行”“《红领巾广播台》小记者、小主持人大赛”“音乐调频‘爱听905’空气吉他、时尚舞蹈、童音代言人选拔大赛”“镇江高校联盟校园歌手大赛”“关爱未来——交通小天使”夏令营、太极拳大赛、《行风热线》6周年庆典暨2010镇江广播节闭幕式等活动。（于　勇）

【镇江艺术剧院】2010年，市艺术剧院实现体制转型，成为市文广集团产业发展的重要组成部分。配合文广集团主办的“2010镇江音乐季”系列活动，主动引进并组织策划“第五届长三角青年歌手大奖赛”及“环球国际模特大赛中国赛区总决赛”，“台湾明华园《超炫·白蛇传》”全球巡演首站镇江的大型户外实景演出，“长江迷笛音乐节”“HiFi西津渡”国际音乐节等活动。组织引进舞剧《风中少林》、芭蕾舞《天鹅之旅》等中外优秀舞台精品剧目，筹办“钟舒祺歌友会”，以行之有效的市场运作，为镇江市民提供丰盛的文化大餐。协办“民星传奇”歌手大赛、“月是故乡明”中秋文艺晚会等各类综艺演出活动。配合当地旅游文化活动的开展，在金山湖举办周末戏剧专场系列演出、西津渡小舞台假日文艺专场演出，以及城市客厅庚寅年元宵节广场文化活动、中国镇江“情缘七夕”2010中日友好广场文艺晚会、2010年中国镇江金山湖爱情文化彩灯节系列演出等。通过策划、组织排演一系列户外演艺活动，在带动旅游消费的同时，剧院获取一定经济效益。主动出击，承办当地各类庆典类演艺活动，如“百年恒顺光荣绽放”2010年恒顺集团迎春文艺晚会、欢乐和谐镇江“创业交投”首届新春拜年晚会、“消费与服务”“3·15”主题晚会、庆“八一”警民联欢会等。注重外地演出市场开拓与交流，组织承办如皋元升之夜大型文艺晚会、苍山县2010年春节文艺晚会等系列活动。（孙海明）

【举办中国镇江文物艺术品博览会】2010年9月17～19日，为期三天的中国镇江文物艺术品博览会在市凤凰岭饭店举行，全国50多家文物艺术单位，参加展卖，吸引众多文物艺术品爱好者前来“淘宝”。此次博览会，参展数量最多的是各类翡翠玉器，也有陶瓷、青铜器、书画、木雕、骨牌等艺术品。（傅伟峰）

【举办“幸福金婚伉俪”庆典】2010年12月中旬，由市文广集团组织的“幸福金婚伉俪”庆典活动在新行政中心举行。活动在市区征集50对结婚50年以上的夫妇，有相敬相爱、福难共担、热心公益等八种类型。活动走进社区，也让更多的市民感受到金婚伉俪的温暖人生，体味到“夕阳无限好，黄昏别样美”的意境。（于　勇）

【成立镇江国广文旅运营公司】2010年12月8日，市文广集团和市国资委联合成立镇江国广文旅运营公司，原镇江中国国际旅行社由市国资委授权给镇江国广文旅运营公司经营，并把控股的铁公水票务业务与其进行整合。国广文旅运营公司成立后，将整合营销资源，以此为平台培育全市旅游行业的龙头企业。（姚福军）

图书发行

【概况】2010年，镇江新华书店克服中心门店装修、市政建设封路、网点调整等多种不利因素，举办各类展销、专题书展、特惠活动，创新营销，拓展市场，全年完成销售收入7587.54万元，实现利润183.63万元，人均实现利润1.26万元，比上年增长5.8%。完成镇江新书城建设立项工作，建设用地的拆迁安置工作结束。完成中心门店——中山东路书城的装修工作，装修后的中山东路书城，书架、书柜、展台、分类标志焕然一新，营业面积比原来扩大600余平方米。做好免费教材的征订发行工作，确保第32年春季中小学课本课前到书、人手一册，满足广大中小学生的学习和学校教学需求。2010年，镇江新华书店首次邀请科学家关秀清、英国科普作家尼克、托尼，北大教授王一方走进校园，作10场科普知识系列讲座，给镇江校园带来学科学的良好气氛，受到学校和学生的欢迎。2010年，镇江新华书店被省精神文明指导委员会授予2007～2009年度江苏省文明单位称号。（王永萍）

【举办第五届镇江南山读书节】2010年10月1～30日，镇江新华书店举办以“营造书香社会，共建美好镇江”为主题的第五届镇江南山读书节，活动丰富多彩，一是开展回报社会——“新华爱心”工程活动，向七里小学“新华希望图书室”、贫困学生捐赠图书及学习用品；二是开展“第六届江苏读书节百种优秀图书”推介活动，举办各类专题图书展销，如“凤凰·秋韵”专题优惠展销、庆国庆有奖销售活动、2010秋季特价书展、2010外语类图书专题展销、购书有礼活动等；三是与市作协联合举办镇江市作家的作品展销活动，并于10月1日，邀请镇江知名作家王川、张晓平、邹鸿喜、何春华在中山东路书城开展签售活动；四是与市社科联联合举办科普知识大型公益讲座活动，邀请科学家关秀清走进“文心讲堂”作科普知识讲座；五是与江苏大学团委、学生会联合举办大学生“追寻红色足迹，践行崇高志向”读书征文活动，共收到征文500多篇。（王永萍）

【校园人文行活动再创佳绩】 2010年，镇江地区各新华书店开展校园人文行活动。镇江新华书店邀请著名儿童文学作家商晓娜、晓玲叮当、汤素兰、王一梅、祁智、韩青辰等走进校园，为同学们举办22场读书报告会及讲座，签售作品22.5万元。句容新华书店也先后策划校园人文行活动17场，签售额约32万元，其中表演艺术大师六小龄童两次受邀在句容市实验小学、华阳中心校、句容市第二中学等7所学校为师生们签售图书《六小龄童品西游》约8000册，售价约21.30万元。（王永萍）

【专题演讲受到欢迎】 2010年6月18～19日，镇江新华书店与江苏大学、市图书馆联合邀请“百家讲坛”主讲、北师大文学院副院长、博士生导师康震到镇，分别在市图书馆“文心讲堂”、江苏大学大礼堂作《诗词·人生·境界》专题讲演，受到好评。讲座结束后，康震教授还签售他的最新作品——《康震评说苏东坡》850余册。

2010年9月5日，由市委宣传部、市文化广电新闻出版局主办，镇江新华书店、镇江市图书馆、中国电信镇江分公司承办，国内综艺节目收视冠军江苏卫视《非诚勿扰》特约心理专家——乐嘉携其新书《让你的爱非诚勿扰》到镇，在“文心讲堂”演讲性格分析的“入门课”。讲演结束后进行签售活动，共签售图书400余册。乐嘉与热情的“粉丝”们合影留念。

句容新华书店邀请旅美作家汪洋，携新书《永不放弃自己》《在疼痛中奔跑》到句容监狱、边城监狱、句东女子劳教所、男子劳教所，为服刑人员做主题为“直面人生、永不放弃”的读书签售会。活动共签售图书1910本、5.10万元。会后，句容新华书店与句东女子劳教所共建“心梦图书馆”，并举行揭幕仪式。（王永萍）

【扶持农家书屋建设，做好“三下乡”服务活动】 2010年，扬中新华书店在扬中市文明办、文体局的关心支持下，对农村社区的农家书屋建设进行实地调研，帮助农村社区农家书屋整理分类，指导阅读，对不适应的图书进行清理，并为7家图书室免费提供图书1.6万册。镇江新华书店为丹徒区的10个农家书屋补配图书、音像制品和期刊9.35万元。配合市委宣传部开展的“三下乡”服务活动，向茅山镇捐赠1000余册、1万多元的图书，将适应农民科学致富奔小康，提高农民文化素质的图书送到农民手中。还主动为农村学校图书室配置图书。（王永萍）

【镇江新华书店热心公益事业】 2010年，镇江新华书店通过“希望工程”继续资助20名贫困儿童上学，向他们提供每人每学年300元的资助，直至高中毕业。在2010年全国助残日、重阳节前夕，镇江新华书店向市特教中心、市福利院智障儿童及孤寡老人捐赠近万元图书。2010年11月，镇江新华书店响应镇江网友之家“0511爱心家园”发起的“千里之爱情系港城”活动，为连云港赣榆、灌云地区10个贫困学校捐建图书室，此次活动捐书1万余元。（王永萍）

表31-5

2010年全市新华书店经营情况一览表

店名	销售总额（万元）	册数（万册）	利润总额（万元）	利税总额（万元）	劳动生产率（万元/人）	年末固定资产原值（万元）
镇江	6730.49	442.22	170.36	395.62	53.84	875.82
丹徒	857.05	113.05	12.27	42.44	42.85	572.21
丹阳	5128.41	508.31	183.15	287.79	88.42	2289.82
句容	3290.39	305.28	41.06	128.27	64.51	3770.98
扬中	1906.26	218.30	85.99	178.70	51.52	811.57
合计	17912.0	1587.16	492.83	1032.82	301.14	8320.40

（王永萍）

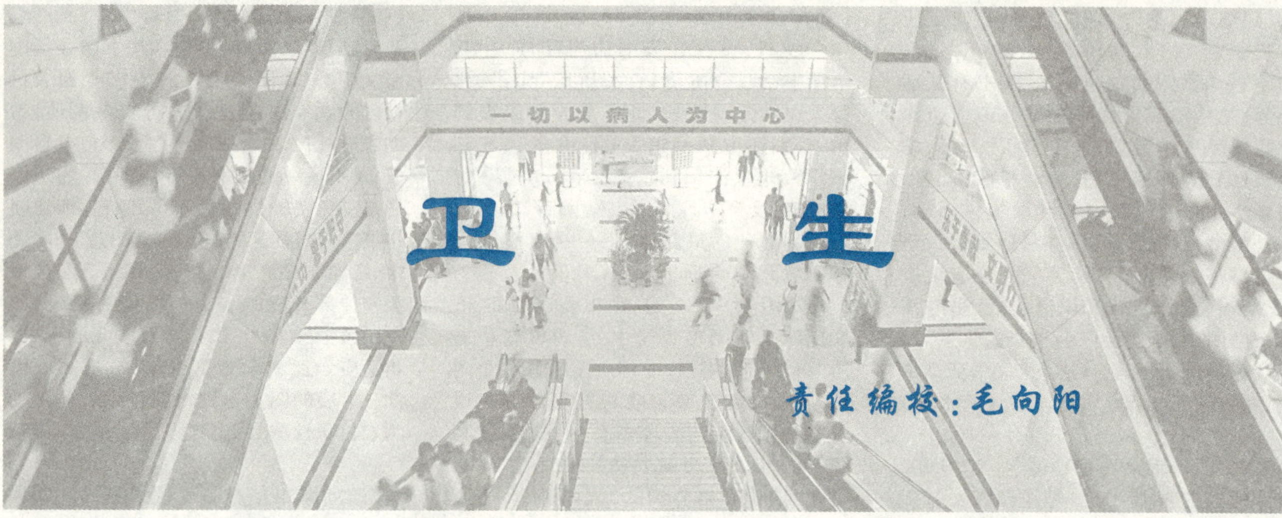

卫 生

责任编校：毛向阳

综 述

【概况】 2010年2月，镇江市被确立为全国公立医院改革试点城市。2009年9月启动国家和省部署的深化医药卫生体制改革五项重点工作，加快落实“一核心四同步”改革任务，即以公立医院改革为核心，同步推进基本医疗保障、基本药物制度、基层医疗卫生服务和基本公共卫生服务四项改革，公立医院改革建立以理事会为核心的医疗集团法人治理结构，以资产为纽带、紧密型的江苏康复医疗集团和以技术为纽带、松散型的江苏江滨医疗集团，整合市区8家二、三级医院和31个社区卫生服务机构。集团与所属社区卫生机构实现网络对接，资料共享、诊疗信息、远程会诊部分实现。

全市社保参保250万人；新农合与城镇居民基本医疗保险并轨运行，新农合参合人口159.12万人，参合率99.97%，人均筹资205元，财政补助标准人均130元，住院实际补偿比（人员费用新农合实际报销的占总费用不含自费）45.96%，县乡两级制度内结报比62.83%；实施基本药物制度，成为全省首个全部实施基本药物制度的省辖市，财政落实补助资金1.35亿元；全市基层机构药价平均降低42.11%，门急诊量增长12.5%，门诊均次费用平均下降21.56%，采购基本药物2.74亿元，销售基本药物2.44亿元，减轻群众负担1.78亿元。市、区两级政府投入社区卫生服务中心标准化建设资金1.1亿元，市区14家卫生机构硬、软件提升；通过医疗集团帮扶，社区服务能力明显增强，与上年相比，门急诊量增幅35%，门急诊量占全市总量的53.8%，位列全省前三；辖区基本公共卫生人均补助标准23元，辖市20元。全市累计建成居民健康档案231万份，建档率75.3%，计算机管理率86%。

三项重大妇幼卫生服务项目财政补助1667.8万元；农村孕产妇住院分娩补助、免费叶酸补吸、免费宫颈癌乳腺癌检查、15岁以下人群补种乙肝疫苗等新增重大公共卫生项目提前一年实现全覆盖，名列全省第一。全市甲、乙类传染病总发病率较前一年下降23.6%。

灭螺面积、查治病人数完成省下达任务的120%，扬中、丹徒、润州通过血吸虫病传播控制标准考核；启动全球基金艾滋病项目，新增艾滋病初筛实验室2个，自愿咨询检测门诊10个，国家和省级监测点2个，监测与检测网络完善，丹阳艾滋病综合示范区项目保持全国领先；结核病防治指标全面达标；免疫规划接种率保持在99.7%以上，完成麻疹疫苗强化免疫任务，获得全省免疫规划工作综合评估一等奖。

全市完成农村改厕46055户，超额完成省下达任务；建成省级健康促进金牌学校3所；新建省级卫生镇2个、市级卫生镇6个，省、市级卫生村77个；市区通过国家卫生城市省级暗访；镇江、丹阳、扬中通过省灭蟑先进城市复查；开展公共场所控烟。

完成上海世博会、广州亚运会、全国医改会、沿江体育节、中高考等重大活动卫生保障，实现重大活动食品安全零事故，全年未发生重大食物中毒事件；完成食品安全综合协调职能交接，履行食品安全办公室工作职责，建立机制、抓住重点，完成问题乳粉整治、“地沟油”专项调查和省政府食品安全专项督导。

市第一人民医院重症医学科成为镇江市首项国家临床重点专科建设项目，全市创建省级临床重点专科9个、建设单位2个，省级医学领军型人才1名、重点人才3名；国家自然资金课题立项4项、省课题6项，省卫生厅医学科研7项；获省科学技术二等奖1项、三等奖1项；获省卫生厅医学新技术引进奖一等奖2项、二等奖7项。

市中医院通过南京中医药大学附属医院评审；江大附院通过国家中医药管理局“综合性医院示范中医科”评估；丹阳市中医院通过省中医药局二级甲等中医院复核评审并入选国家中医药局农村医疗机构针灸理疗康复特色专科建设项目；句容市获江苏省农村中医工作先进市称号；句容下蜀、丹阳新桥卫生院入选江苏省有中医特色社区卫生服务中心建设单位；扬中三茅社区卫生服务中心完成江苏省有中医特色社区卫生服务中心阶段性创建目标；农村中医药适宜技术培训实现全覆盖。

江大附院完成16万平方米医疗用房改扩建工程，市一院内科医技楼完成投资1.7亿元、主体24层封顶，血站采供血大楼、新二院迁建工程大楼进入装饰阶段，市中医院门诊综合楼即将投入使用，市精神卫生中心迁建项目开工；成立镇江智慧健康研究院，卫生信息中心机房建设基本完工，健康路社区等卫生信息系统上线运行。 （滕丽平）

【“十一五”卫生情况概要】 “十一五”期间，全市居民主要健康指标完成良好。人均期望寿命76岁，婴儿死亡率控制在2.92‰以内（省标6‰），孕产妇死亡率控制在10/10万以内（省标12/10万），结核病发病率控制在72.5/10万以内（省标120/10万），计免相关疾病控制在1/10万以内（省标3/10万），肝炎发病率控制在30/10万以内（省标100/10万）。公共卫生不断加强。建成市疾控监督大楼、市急救中心，新建市中心血站；分设镇江新区疾控、监督中心，调整采供血机构；结核病、艾滋病防治居全省前列，血吸虫病防治经验在全国推广；突发公共卫生事件快速反应和应急处置能力提高，句容建成卫生应急示范县。医疗服务水平整体提升。优化资源配置，江大附院改扩建，迁建市传染病医院，搬迁市中医院、市口腔医院，异地新建市二院；市一院、妇幼保健院相继创成“三甲”（三级甲等）医院，市中医院、传染病医院建成三级专科医院，组建市儿童医院。城市社区卫生服务发展迅速。社区卫生服务中心覆盖率100%，标准化建设基本达标，服务能力进一步提高，妇幼保健、预防接种服务比例分别为86%和87.7%；京口、润州两区被省政府授予江苏省社区卫生服务先进区称号，9个社区卫生服务中心成为江苏省示范城市社区卫生服务中心。农村卫生服务能力增强。农村卫生服务机构覆盖率100%；基本设施完善，乡村卫生机构标准化建设达标，27个乡镇卫生院，214个村卫生室完成改建任务；句容被评为江苏省农民健康工程县，丹阳、句容被评为省新型农村合作医疗管理先进单位，全市建成省示范乡镇卫生院5个。（滕丽平）

【卫生机构、床位和人员】 2010年，全市有各级各类卫生机构877个，其中医院34所，卫生院64所，妇幼保健院（站、所）6个，疾病控制中心7个，卫生监督（检验）机构7个，其他卫生单位17个；其他部门诊所、医务室、卫生所和社区卫生服务站742个。

床位：全市实有病床9204张，比上年增加478张，其中医院病床6552张，增加441张，占全市病床总数的71.19%。综合医院、中医院和卫生院分别有病床4702张、699张和2129张，分别占病床总数的51.08%、7.59%和23.13%。

人员：全市有卫生人员17301人，增加1011人，其中卫生技术人员13204人，减少245人，占人员总数的82.56%，全市每千人拥有卫生技术人员4.54人。全市有执业（助理）医师5476人，注册护士4856人，每千人拥有执业（助理）医师和注册护士分别为1.76和1.56人。隶属于卫生部门的186个卫生机构有卫生人员14869人，比上年增加638人，占人员总数的85.94%。其中卫生技术人员、其他技术人员、管理人员和工勤人员分别为11945人、723人、868人、1333人，分别占人员总数的80.33%、4.86%、5.84%、8.96%。（朱月兰）

【卫生收支情况】 财政拨款：2010年，镇江市医疗卫生机构共争取到财政拨款47813.42万元，比上年增加7807.36万元，增幅19.52%。医疗机构的财政补助25613.42万元，增加3951.97万元，增幅为18.24%，其中乡镇卫生院增加8004.04万元、增幅206.79%，中医医疗机构减少1279.45万元、降幅31.7%；卫生机构的财政拨款22200万元，增加3855.39万元，增幅21.02%。筹集国债资金950万元，用于基层卫生机构改善基础设施建设。

收入情况：2010年全市医疗机构实现收入349001.48万元，增加51452.52万元，增长17.29%。其中：业务收入317039.58万元，较上年增加44955.97万元，增幅16.52%。在业务收入构成中，医疗收入166837.69万元，增长20.62%；药品收入144735.87万元，增长12%。药品收入占业务收入的比重为45.65%，比上年下降1.85个百分点，其中，城市医院的药占比最低，仅39.04%。全市卫生机构实现事业收入44792.29万元，增加5323.75万元，增幅13.49%。

支出情况：2010年全市医疗机构支出344016.58万元，增加56198.53万元，增幅19.53%，支出增幅高出收入增幅2.24个百分点。其中：工资福利支出87071.04万元，增幅18.71%；商品和服务支出228781.81万元，增幅23.62%；对个人和家庭的补助支出9451.48万元，减少1030.39万元。全市卫生机构共支出42237.8万元，增加支出4984.34万元，增幅13.38%。

工作量完成情况：全市医疗机构共完成门急诊工作量1248.15万人次，增加240.36万人次，增长23.85%。实际出院人数22.75万人次，增加1.55万人次，增长7.31%。实际开放总床日为301.05万床日，实际占用总床日数244.51万床日，病床使用率81.22%，病床周转次数27.49次。

均次费用：门诊均次收费水平124.62元，其中药品费68.02元。每床日平均收费638.13元，其中药品费244.72元。出院者平均医药费用6859.48元，其中药品费2630.6元。（吕　娟）

疾病预防控制与卫生监督

【概况】 2010年，全市完成重大传染病防治任务指标，法定甲、乙类传染病全年报告数4990例，发病率为167.01/10万，比上年下降23.6%，未发生大的传染病疫情。扬中、丹徒、润州通过国家和省级血吸虫病传播控制考核。碘盐监测覆盖率100%，通过省级碘缺乏病中期评估考核验收工作。免疫规划工作接种率保持在99%以上，镇江市获全省免疫规划工作综合评估一等奖（全省排第2位）。麻疹强化免疫接种率96.6%，超额完成省规定95%的指标。15岁以下儿童乙肝疫苗查漏补种，全市三年的总任务数为1.75万人，其中2009年完成0.67万人，2010年完成1.15万人，实现三年任务两年完成的目标。起草“健康镇江2015”行动方案，推动城市健康教育与健康促进向纵深发展。开展慢性非传染性疾病监测，在全市103家医疗机构开展死因登记，所有医疗卫生单位开展新发恶性肿瘤报告工作，报告“死亡卡”14352张、“恶性肿瘤病例报告卡”5448张。镇江市和丹阳市2010年接受江苏省卫生厅组织的绩效考核，2008年、2009年两个年度的绩效考核成绩在全省均排在前列。（邱卓君）

【手足口病防治工作】 2010年，镇江市按照卫生部电视电话会议及省、市有关工作要求，加强手足口病监测、定期分析疫情并与教育机构协调落实学校停课措施，规范开展聚集性疫情、重症病例的流行病学调查与处理，使全市的手足口病疫情未引起较大规模的暴发或流行，疫情态势相对平稳。全市累计报告发病人数4930例，比上年下降0.68%。重症病例报告28例，降低20%，未发生死亡病例，暴发疫情发生数也比上年有所下降。（邱卓君）

【艾滋病防治网络建设】 2010年，镇江市启动全球基金艾滋病项目，并申请成为江苏省第二批中盖项目点；丹阳艾滋病综合防治示范区项目保持全国领先优势；在润州区人民医院、京口区疾控中心新建艾滋病初筛实验室2个，在市三院和各级妇幼保健机构增设艾滋病门诊（总数到25个）。镇江市美沙酮门诊被卫生部评为2009～2010年度优秀门诊；同性恋人群干预工作被省列为专题调查点；免费治疗55人，救助失学及生活困难人员26人。（莫　俊）

【优化结核病防治模式】 2010年，全市完善医防合作和督导机制，巩固村、乡、县三级联动病人发现模式，落实病人发现、报告、登记、治疗和管理等各项措施，被江苏省疾控中心评为结核病控制工作优秀地区。共计发现和治管活动性肺结核病人1966例，“五率”（即医疗机构病人报告率、结核病病人转诊率、结核病防治机构追踪到位率、结核病病人系统管理率和涂阳病人家属筛查率)和 DOTS(即为现代结核病防治策略)覆盖率均100%,病人督导访视规范化水平提升,归口单位病人免费诊治政策贯彻执行到位。全球基金项目第一阶段工作通过达标验收,实施丹阳市全国第五次结核病流调点工作。 (莫 俊)

【卫生应急工作完成】 2010 年,全市科学处置各类突发事件,调查处置手足口病、水痘、甲肝、食物中毒等事件 30 余起,使各种疫情未引起较大规模的暴发或流行。以国家传染病自动监测预警系统为平台,及时处置各类预警信息 719 条,确认疫情 14 起。制定和完善《镇江市低温雨雪冰冻灾害卫生应急技术方案》等突发公共卫生事件应急技术方案 30 余个,市疾控中心投入 10 万元添置车载式喷雾器等现场疫情处置设备,完成国家领导人视察、中国台湾《超炫·白蛇传》、"迷笛音乐节"以及高考、重大节日等活动 26 次的卫生应急保障任务。组织开展水质卫生全指标应急检测,完成应急检测指标 95 项,为成功处置主城区生活饮用水异味事件提供科学依据。全市卫生应急指挥平台建设进度加快,组织网络基本健全,各种卫生应急方案不断完善。句容市成功创建成全省第三家省级卫生应急示范市。 (邱卓君)

爱国卫生

【概况】 2010 年,镇江市农村改厕步伐加快,超额完成省改厕任务;健康促进示范试点创建启动,一批健康生活方式示范社区、健康村通过市级考核,联合教育部门建成省级健康促进学校 25 所、市级 20 所;卫生系统 137 家单位展开控烟工作,80% 的单位建成无烟单位,市区公共场所控烟工作启动;镇江市通过国家卫生城市省级暗访检查,句容市国家卫生城市通过国家级暗访检查并重新确认,扬中市省级卫生城市通过省级暗访考核,全市有 2 个镇、40 个村被命名为省级卫生镇、村,6 个镇被命名为市级卫生镇,有 35 个市级卫生村通过市级考核;推进病媒生物防制,镇江市及丹阳、扬中两辖市全部通过省爱卫会组织的灭蟑先进城市复查考核。 (施泉清)

【农村改厕完成指标任务】 2010 年,全市共投入改厕资金 2602.49 万元(含上级投入资金),完成农村改厕 46055 户,提前超额完成省爱卫会下的 3.8 万户项目改厕任务。全市还组织开展"十一五"农村改厕"回头看"活动,"十一五"期间各级投入改厕资金 1.54 亿元以上(含上级资金),新增无害化卫生户厕 31 万多户,是新中国成立以来镇江市农村改厕工作推进速度最快、改厕数量最多的阶段。全市累计完成农村卫生户厕 63.31 万户、普及率为 95.84%,其中无害化卫生户厕 56.64 万户、普及率为 85.74%,较"十一五"初上升 48.39%。通过改厕农村卫生状况大为改善,粪便无害化处理效果显著,传染病特别是肠道传染病和寄生虫病得到有效控制。 (施泉清)

【农村饮用水卫生监测】 2010 年,镇江市及三个辖市财政共投入 85 万元用于卫生监测和仪器设备更新,农村饮用水卫生监测覆盖率 100%,监测管理工作在全省处于前列,丹阳市和句容市分别被授予省农村饮水监测工作先进单位称号。 (施泉清)

【病媒生物防制】 2010 年,在先后组织以灭鼠、灭蟑、灭蝇为重点的春、夏、秋季节性除害活动的基础上,全市以省灭蟑先进城市复查迎检为契机,强化组织网络、专业机构建设、工作机制、综合防制效果等,开展多次灭蟑行动,有效控制蟑螂等病媒生物密度,市及丹阳、扬中均通过省灭蟑先进城市复查考核,得到省爱卫会考核组的高度评价。 (施泉清)

【全民健康促进行动】 2010 年,镇江利用世界卫生日、爱卫宣传月和健康教育宣传月等契机,组织开展各类健康教育活动。4 月,响应世界卫生组织"千个城市、千人故事"世界卫生日全球主题活动,举行以"城市化与健康"为主题的系列活动,10 多个部门、80 多名专家、140 多名志愿者现场参与。各辖市也同步开展活动。9 月,市爱卫会响应全省联合推进城乡环境卫生整洁行动的号召,联合京口区人民政府举行系列推进活动,各辖市也同步展开。建成省级健康促进学校 25 所、市级 27 所,新增初创学校 26 所。开展健康促进示范企业、街道(乡镇)、单位等试点创建,一批健康生活方式示范社区、健康村通过市级考核;开展城乡居民健康素养项目,举办全市健康素养专家巡讲师培训及演讲比赛,"健康大讲堂"10 月开讲。"健康镇江 2015"行动方案经多轮修改,进入专家论证阶段。全市卫生系统 137 家单位控烟工作展开,80% 的单位建成无烟单位,市区公共场所控烟工作启动,市政府出台《镇江市市区公共场所控制吸烟暂行办法》,举行网上在线访谈和新闻发布会,邀请媒体和市民监督员开展多次控烟工作明察暗访督导,在各行业树立一批高标准的控(禁)烟标兵单位。 (施泉清)

基层卫生、妇幼卫生

【概况】 2010 年,镇江市基层卫生和妇幼卫生工作按照医改工作总体安排,加快推进速度。一是新农合作保障水平提高。全市新农合参合人口 159.12 万人,参合率 99.97%,人均筹资 205 元,财政补助标准人均 130 元,住院医药费用实际补偿比 45.96%,列全省第三位;县、乡两级政策范围内住院医药费用补偿比 62.83%,列全省第三位。二是基本药物制度实现全覆盖。六个辖市(区)和镇江新区实施基本药物制度,所有 531 个由政府举办的基层医疗卫生机构及村卫生室全部配备使用基本药物并实行零差率销售,成为全省首个全部实施基本药物制度的省辖市。共落实补助资金 1.35 亿元。全市基层医疗卫生机构药品价格平均降低 42.11%,门急诊人次增长 12.5%,门急诊均次费用平均下降 21.56%,采购基本药物 2.74 亿元,基本药物销售金额 2.44 亿元,减轻群众医药费用负担 1.78 亿元。三是基层医疗卫生服务体系不断健全。制定《城市社区卫生服务中心布局规划》,成为省内第一个将社区卫生服务机构纳入城市建设整体规划的城市。实施基层医疗机构标准化建设,通过两大医疗集团对社区卫生服务机构的特色帮扶,将医疗集团的技术、人才和管理优势嫁接到社区卫生服务中心,社区服务能力明显增强,社区卫生服务机构门急诊量增幅 35%,门急诊量占全市门急诊总量的 53.8%,位列全省前三。制定《社区卫生服务双向转诊和分级管理管理办法》和《镇江市区二级以上医院向社区卫生服务机构转诊管理暂行办法》。强化医保引导、完善转诊机制,探索建立公立医院与社区卫生服务机构分工协作机制,为实现医改目标奠定基础。有 2 家城市社区卫生服务中心、5 家乡镇卫生院通过省级评估分别被授予江苏省示范社区卫生服务中心和江苏省示范乡镇卫生院称号。句容市被授予"江苏省农民健康工程先进县(市)"称号。四是基本公共卫生服务均等化推进有力。辖区基本公共卫生人均补助标准 23 元,辖市 20 元;全市基本公共卫生服务项目财政补助 7276.2 万元。全市累计建成居民健康档案 231 万份,建档率75.3%,计算机管理率86%;儿童、孕产妇、老年人健康保健服务不断拓展,慢病管理进一步规范。农村孕产妇住院分娩补助、免费补服叶酸预防神经管缺陷和农村妇女宫颈癌、乳腺癌检查三项新增医改重大妇幼卫生项目进展顺利,完成农村孕产妇住院分娩补助年度任务数的101.3%、农村孕产妇免费叶酸补服人年度任务数113.1%,完成宫颈癌、乳腺癌免费检查年度任务数100%和100.5%,完成率均位居全省第一。 (徐 庆)

【实施新农合支付方式改革和儿童重大疾病医疗保障试点】 2010年,市属四区(京口区、润州区、丹徒区和镇江新区)开展提高儿童重大疾病医疗保障水平和新农合支付方式改革试点工作。市卫生局会同市人社局、市财政局制订《镇江市新农合(居民医保)综合支付方式改革和按病种付费试点方案》《镇江市新农合(居民医保)医疗费用结算办法》和《镇江市儿童重大疾病筛查工作方案》。在支付方式改革方面,对四区定点基层医疗机构实行以"参保定点人头"为核心的"总额预算管理""按病种付费"和"按服务单元付费"的复合式结算方式,对定点的二级及以上医院实行"总额预算、弹性决算和部分疾病按病种付费相结合"的复合式结算方式,提高新农合资金使用效率。在儿童重大疾病医疗保障方面,完成0~14周岁儿童先天性心脏病和白血病筛查,筛查出先天性心脏病15例,白血病9例,与省、市级定点医疗机构签订协议,进行签约治疗和转诊。开展新农合付费方式改革,选择30种临床路径明确的疾病开展按病种付费,市属区和句容市、扬中市、丹阳市开展试点。全年开展按病种结算3665例,实行平均均次费用下降1212.88元,降幅30.4%。 (徐 庆)

【推进新农合市区统筹】 市政府下发《关于推进医疗保险市区统筹的意见》,规定从2010年1月1日起,在市区(含京口区、润州区、丹徒区、镇江新区)范围内实行城乡居民统一的居民医保制度。按照"城乡一体、市级统筹、两级经办、统一运作"的思路,将新农合和居民医保两个险种合并为一个险种,统称为居民医疗保险。实行"六个统一":即统一筹资机制、统一筹资标准、统一参保对象、统一补偿待遇、统一基金管理、统一经办机构、统一管理信息系统。实行城乡居民统一的居民医保制度,实现"同城同政策同待遇",为推进市级统筹打下基础。其余各辖市也实现居民医保和新农合并轨运行。 (徐 庆)

【制定《城市社区卫生服务中心布局规划》】 2010年,市政府召开城区社区卫生服务中心配套建设专题会议,明确在新建城区建设和老城区改造中,按照社区卫生服务机构布局规划要求,预留配建的社区卫生服务机构业务用房,中心业务用房面积不低于3000平方米、站业务用房面积不低于300平方米,并为独立或相对独立的地面建筑。由市规划局、市卫生局牵头制定《镇江市社区卫生服务机构布局规划》,由市住建局牵头制定落实规划的相关配套文件。将城区社区卫生服务机构布局分近期、中期和远期三期规划,最终在全市设置19个中心和41个站,为今后十年社区卫生服务机构建设和发展奠定基础。为保证规划实施,在配套文件中规定在新建城区和老小区改造中,社区卫生服务机构业务用房由开发商代建,经卫生部门验收合格后无偿提供使用。住宅开发项目所配建的社区卫生服务中心必须与项目同步规划建设,同步交付使用。这一规划的制定和实施,使镇江市成为省内第一个将社区卫生服务机构纳入城市建设整体规划的城市。 (徐 庆)

【开展医疗集团社区卫生服务机构标准化建设】 2010年,市政府下发《关于医疗集团社区卫生服务机构标准化建设的实施意见》,明确城市社区卫生服务中心的建设主体为辖区政府;管理主体为两大医疗集团。各辖区全力加快社区卫生服务机构标准化建设步伐。市、区两级政府投入社区卫生服务中心标准化建设资金1.1亿元。两大医疗集团按照建立分级医疗和双向转诊机制的要求,通过制定统一的服务标准、服务规范、服务流程,下派管理团队和专家坐诊、开展规范化培训、实施信息联网、资源共享和设备支持等多种形式,将医疗集团的技术、人才和管理优势嫁接到社区卫生服务中心,构建公立医院与社区卫生服务机构科学合理的分工协作机制。全年集团医院共下派社区卫生服务中心坐诊的主治以上医师539人次,接受社区医务人员进修98人次,专家进社区开展知识讲座106次,教学查房501次,社区卫生服务机构门急诊量增幅35%,门急诊量占全市门急诊总量的53.8%,社区预防保健服务比例到87%,居民满意度93.6%,初步建立科学合理的分工协作机制,为实现医改目标奠定的基础。 (徐 庆)

【探索建立公立医院与社区卫生服务机构分工协作机制】 2010年,镇江市制定《社区卫生服务双向转诊和分级管理管理办法》和《镇江市区二级以上医院向社区卫生服务机构转诊管理暂行办法》。凭社区卫生服务中心开具的转诊单,对转诊病人实行"一免三优先"服务:即免挂号费、优先预约专家门诊、优先安排辅助检查、优先安排住院。对符合下转指征的患者及时下转到社区卫生服务机构,并提供患者基本信息。社区卫生服务机构对下转的病人及时提供后续康复治疗和上门服务,并更新健康档案。镇江市规定二、三级医院需向社区卫生服务机构转诊的重点病种为高血压性脑出血、脑梗死等10种疾病,二、三级医疗机构高血压性脑出血等8个病种下转的人次必须到当年8个病种出院人次的30%以上。对不到规定指标的二级以上医院,年终结算时同比例扣减参保病人出院人次指标。对于慢阻肺、股骨颈骨折等适宜制定临床路径的病种,制定包括三级医院和社区治疗两部分临床路径,医保基金根据各自临床路径发生的费用付费;对脑血管意外、肿瘤等不适合制定临床路径的病种,采取单病种付费。社区卫生服务机构对下转的病人建立家庭病床和住院康复治疗,参保患者的医疗费用进行单独核算,不列入总额预算管理。通过转变医保付费方式,引导三级医院将康复期病人下转到社区,建立科学合理的分工协作机制。全年社区卫生服务机构上转病人3678人次,上级医院下转病人1085人次。 (徐 庆)

【规范社区上门服务】 2010年,《镇江市社区卫生服务机构上门服务实施意见》出台,明确服务对象、服务内容、服务范围以及服务时间、服务方式,规范上门服务行为,将卫生上门服务与全科团队服务结合起来,主动为居民提供"全方位、近距离"的社区卫生服务,将上门服务作为绩效考核的重要内容,定期进行考核,考核结果与社区医师收入挂钩,引导社区医务人员转变服务理念和服务方式,围绕家庭主动开展公共卫生和基本医疗服务,全年开展上门服务28.74万人次。 (徐 庆)

医政管理

【概况】 2010年,全市启动公立医院改革试点工作,以集团化为载体的公立医院新管理体制和运行机制进入实质运行。推进"政事分开,管办分开",完善公立医院法人治理机制,优化资源配置,加强公立医院内涵建设,提高医疗质量和技术水平,改善医疗服务,建立便民惠民新机制,城市公立医院与社区卫生服务机构之间建立长期稳定、制度化的分工协作机制。全年门急诊 391.83 万人次,比上年增长 3.47%;出院 9.84 万人次,增长 6.45%;平均医疗成本费用率下降 2.26 个百分点;出院病人问卷调查满意率 92.5%,较上年提升 6.98 个百分点。（朱朝阳）

【医疗服务】 2010 年,镇江市深入推进"改善医疗服务,推进医德医风建设"专项行动,重点抓好服务态度、流程改进、患者分流、诊疗质量、电话随访、就医环境、投诉处理、廉洁行医等方面的工作,不断改进医疗服务。组织部分人大代表、政协委员和相关医学专家对全市 16 所二级以上医院就落实医疗护理核心制度,改善医疗服务,推进医德医风建设情况进行明察暗访,针对存在的主要问题,整改落实。

在全市二级及以上医院开展"优质护理服务示范工程"活动。制订优质护理服务示范工程活动方案,确定市第一人民医院和江大附院为省重点联系医院,市二院、丹阳市人民医院、句容市人民医院、扬中市人民医院为市重点联系医院,4 月,全市 9 所二级及以上医院 23 个病区启动优质护理服务示范病区工作。8 月下旬,江苏省优质护理服务示范工程现场推进会在镇江市召开,市卫生局在推进大会上进行交流发言,参会代表现场参观市一院、江大附院的优质护理服务示范病区。截至年底,全市优质护理服务做到二级以上医院全覆盖,优质护理服务示范病区达到 58 个,占全市二级以上医院病区总数的 35%。在全省优质护理服务工作专项检查中,市第一人民医院获得苏南片区第一名。

（朱朝阳）

【卫生对口支援】 2010 年,市卫生局落实《镇江市城市卫生对口支援城乡基层卫生工作实施方案》要求,开展城市卫生支援城乡基层卫生工作,促进分级诊疗、双向转诊医疗服务体系形成,提高城乡基层医疗卫生机构的服务能力和水平。加强对省外的卫生对口支援工作,派出 8 名临床医师对口支援西藏、新疆和四川医疗卫生工作,同时组织接待 20 名新疆农四师医务人员挂职进修培训工作,指导市区二所三级医院对口支援陕西渭南两所县级医院工作。全年二级以上医院累计下派医务人员 589 人,基本实现基层医疗卫生机构全覆盖。支援人员帮助基层医疗卫生机构开展适宜项目 55 项,举办讲座 184 次,累计培训 7789 人,累计诊疗 13387 人次,开展手术 319 例。

（朱朝阳）

【医疗质量】 2010 年,全市卫生系统继续开展以"持续改进质量,保障医疗安全"为主题医疗质量万里行活动。以规范医疗技术临床应用和落实"三合理"规范为重点,规范医疗行为,提高医疗质量。组织全市二级及以上医院 456 名医务人员参加全市"三基"(基础理论、基本知识、基本技能)理论和部分医院管理法律法规知识考试,考试合格率 73.46%。组织全市 3 所三级医院 90 名医务人员参加全省"三基"理论统一考试。组织开展全市二级及以上医院住院病历质量专项检查,抽调住院病历 600 份(西医病历 445 份,中医病历 155 份),甲级病历 391 份,占 87.9%;重度缺陷病历 41 份,占 9.3%。（朱朝阳）

【临床路径管理】 2010 年,市卫生系统开展医院临床路径管理试点工作,成立临床路径管理试点工作领导小组和专家工作组,制订《镇江市医院临床路径管理试点工作实施方案》等文件,确定江大附院等 8 所医院为镇江市临床路径管理试点医院,其中江大附院和市一院同时被选为卫生部临床路径管理试点医院。制订《镇江市医院临床路径管理试点工作评估总结方案》,并组织专家指导组成员对全市 8 所试点医院开展临床路径管理试点工作进行评估总结检查,全市 10 所医院确定的试点专业 26 个,病种 124 种,全年完成试点的病例 11369 例。在完成试点的病例中,大约 80% ~85% 的病例的医疗费用有所下降,平均住院日也有一定的缩短。通过开展临床路径管理试点工作,规范医疗行为、提高医疗质量。（朱朝阳）

【血液安全管理】 2010 年,市中心血站通过江苏省第五周期采供血机构评审,提升市中心血站科学化管理水平。加大无偿献血推进力度,开展形式多样的宣传组织活动,继续实现年度临床用血全部来自无偿献血的目标,保证医疗机构临床用血的供应。做到血液质控、检测集中化,血液系统运行一体化,血液管理规范化、标准化。加强对医疗机构输血科建设,对医疗机构输血科(血库)建设情况进行督查和通报,对加强医疗机构临床合理用血管理提供组织保证。加大对医疗机构临床合理用血的监管力度,规范临床合理用血,节约血液资源。

（朱朝阳）

【加强院内感染控制】 2010 年,镇江市组织各级医疗机构院感科专(兼)职人员参加市级以上相关部门组织的院感专题培训,以适应岗位发展的需要,提高服务能力。同时不断更新市级院感专家库成员,充分发挥市院感质量控制中心和专家的作用。结合省、市医政工作重点,市卫生局先后三次组织医院感染管理督查和专项检查。重点是院感组织建设,重点科室(供应室、ICU、重症监护病房、血液透析室)管理,手术室医护人员卫生及个人防护,重点部位感染预防等方面。在全市各级医院推行落实院感预防控制标准操作规程,并在二级以上医院开展目标性监测。全市未发生重大医院感染事件。在全省二级以下医疗机构医院感染管理专项检查中,扬中市新隆社区卫生服务中心获得基层组第一名。

（朱朝阳）

【医疗机构监管】 2010 年,镇江市加强对全市医疗机构的行业监督管理,依法规范医疗机构执业变更、校验等工作。加强对医疗机构的日常执业行为监管和校验管理工作,做到书面校验与现场校验结合,严格医疗机构的准入。组织召开全市首次医疗机构校验管理工作会议,部署全市医疗机构校验管理工作,对全市 37 所医疗机构进行现场校验,校验合格的有 33 所,基本合格的 1 所,暂缓校验 3 所,其中更正医疗机构名称 6 所,变更医疗机构类别 2 所,发出医疗机构整改通知书 5 份。建立健全医疗机构校验管理制度和医疗机构退出机制,规范医疗机构执业行为。（朱朝阳）

【推行自费医疗补充保险】 针对参保人员自费费用负担过重的实际情况,镇江市自 2010 年在参保人员中推行自费医疗补充保险。一是根据《镇江市社会医疗保险自费医疗补充保险暂行办法》的精神,对自费医疗补充保险金的支付范围进行相应的规定。二是对省医保诊疗项目和医用材料库中属于自费医疗补充保险金支付范围、自费医疗补充保险金和基本医疗均不予支付的诊疗项目和医用材料进行具体的标识,并下发给二级以上定点医疗机构参照执行。三是对定点医疗机构,尤其是对二级以上定点医疗机构的社会医疗保险自费医疗补充保险执行相关政策的落实情况进行专项督查。此项政策的实施,参保人员住院自费费用平均下降 40%。（龚舒琴）

医疗集团

【江苏康复医疗集团】 江苏康复医疗集团于 2009 年 11 月成立,由市第一人民医院、市第二人民医院、市第四人民医院组成紧密型结合，集团实行理事会领导下的院长负责制，院长对理事会负责，拥有医院的经营管理和人事管理权。取消医院行政级别，集团拥有人事任命权，实行全员聘用、岗位绩效工资。集团内实现资源共享、集约发展，优质资源向社区延伸，医院专家定期到社区坐诊，医院和社区实行双向转诊，形成小病在社区、大病到医院、大病康复进社区的就医格局。

2010 年，集团坚持公益性办医方向，不断加快改革步伐，提升医疗服务质量，基本完成年度既定的各项目标任务。初步建立现代化医院管理制度，市一院荣膺"全国百家改革创新医院"。全年共完成门急诊病人 245.15 万人次，增幅 4.94%；出院病人 64203 人次，增幅 4.55%；全年业务总收入 90142 万元，增长 15.59%。在 2010 年全省 60 家医院出院病人满意度调查中市一院排名第九，在全市 7 家医院出院病人满意度调查中市二院排名第一，市四院综合满意度 90% 以上。在集团各医院实施全员聘用制和院科两级负责制，出台集团及各医院经营管理层绩效考核方案。市一院综合 ICU 获批为"国家临床重点专科建设项目"，取得镇江医学专科建设的历史性突破。首次获得国家自然基金课题 4 项，省自然基金 2 项。市一院内科医技综合楼进入内部装潢阶段，市二院医疗综合主楼、医技综合楼及行政后勤楼如期封顶，市精神卫生中心奠基。集团与厦门大学附属厦门眼科中心合作建设镇江市眼科医院，与润州区政府、新区政府合作共建五家社区卫生服务中心，市二院与市城投集团合作办医形成基本框架。多元化探索社区卫生服务中心连锁化经营和标准化建设并取得实效。（蒋栋明）

【市第一人民医院重症医学科】 该科创建于 2003 年 1 月，2004 年被卫生局确定为市临床重点专科，2010 年创建成国家临床重点专科建设项目，拥有病床 10 张、实际开放床位 12 张，各级医护人员 37 人，其中主任医师 1 名、主治医生 5 名、医师 4 人、医学博士 1 名、医学硕士 5 名、硕士生导师 1 名。科主任金兆辰是中华医学会急诊分会委员，江苏省重症专业委员会委员、华东地区急诊和重症专业协作委员会常委、镇江市重症专业委员会主任委员。

该科室开展各种基础和临床科学研究，主持省、市级科研课题 6 项，发表中华级论著 6 篇及其他核心期刊 10 余篇。获得江苏省科技进步三等奖 1 项、镇江市科技进步二等奖和三等奖各 1 项、卫生厅新技术引进一等奖 1 项。担任江苏大学本科生和硕士生的教学工作，培养硕士研究生多名。

该科在镇江地区率先开展间断纯氧加 PEEP 促进脑功能恢复。开展 Seldinger 法气管切开、经纤支镜引导鼻气管插管，在胃镜下经皮胃造瘘术等新技术、新项目 10 余项，成立以来成功抢救各类危重病例 2000 余例，在省内具有较高的影响力和知名度。（滕丽平）

【江苏江滨医疗集团】 江苏江滨医疗集团于 2009 年 11 月成立，由江苏大学附属医院、市第三人民医院、市中医院组成松散型结合，集团实行理事会领导下的院长负责制，集团成立以来形成优势互补并向社区辐射，医院和社区实行双向转诊，形成小病在社区、大病到医院、大病康复进社区的就医格局。2010 年，江苏江滨医疗集团推进四方面医改重点工作：1. 建立一体化管理的组织结构。医疗集团建立集团院长联席会议制度和集团院长办公会议制度，医疗集团各职能部门负责履行医疗集团一体化管理的相关职能工作。2. 制定一体化管理的部分制度。医疗集团制定《江苏江滨医疗集团会议制度》《江苏江滨医疗集团疾病专家会诊制度》《江苏江滨医疗集团双向转诊制度》《江苏江滨医疗集团专家支援社区卫生服务中心坐诊的管理规定》等管理文件。3. 开展一体化管理的相关工作。开展临床路径管理和优质护理服务工作，部分专科加强横向联合和交流，提高专科技术水平，核心医院发挥人才优势，帮助和支持各医院的信息平台建设。加强对医疗集团社区卫生服务中心的帮扶力度，累计近 2000 人次的管理和专业技术人员到社区卫生服务中心建立规范化管理、坐诊、教学查房、健康教育讲座等；投入 100 余万元帮助社区卫生服务中心建设信息平台，改善医疗仪器设备和诊疗环境。建立医疗集团优势资源共享平台，利用集团内的人才资源和先进仪器设备资源成立集团疑难病专家会诊中心、集团全科医生规范化培训中心、集团临床检验中心、医学影像中心和消毒供应中心。4. 取得一体化管理的初步成果。医疗集团各成员单位都保持良好的建设和发展态势，医疗集团社区卫生服务中心共计完成门急诊病人 105 万人次，比上年增长 28%，医疗集团医院共计完成出院病人 5.1 万人次，增长 12%，医疗集团初步形成基层首诊、分级诊疗、双向转诊的服务模式。（蒋栋明）

【江苏大学附属医院心血管内科】 该科创建于 1982 年，是镇江市最早设立的心血管专科，为江苏省临床重点专科，镇江市唯一获得国家药物临床验证机构认证的心血管内科。心内科下设心血管病普通病房、冠心病监护中心（CCU）、心脏介入中心、心血管病研究中心、心功能室等。学科带头人严金川博士为江苏省医学重点人才，江苏省 333 工程高层次人才，镇江市 169 学科带头人，镇江市自主创新杰出人才，获得省、部、市级科技进步奖 10 余项。

该科共有床位 150 张，其中 CCU 监护床位 16 张。心血管内科拥有医护人员 35 人，其中博士学位 5 人、博士生导师 1 名、硕士生导师 2 人，80% 具有硕士以上学位。常规开展经桡动脉急诊介入治疗心肌梗死、自体外周血干细胞移植技术治疗晚期心力衰竭、心肌梗死、心肌病及冠心病介入治疗，射频消融术治疗室上速、室速和房扑、房颤、预激综合征等心律失常性疾病，开展房缺、室缺、动脉导管未闭等先天性心脏病的封堵术，开展各种临时及永久起搏器的安置术。心内科有国家、省市级在研科研项目 10 余项，拥有科研经费 400 余万元，每年招收 3～4 名博士及硕士研究生。近三年心内科获得国家、省部级及市级科技成果奖 8 项。（滕丽平）

体 育

责任编校：毛向阳

综 述

【概况】 2010年，全市体育工作按照“创新、突破、提升”的工作思路，加快实现体育事业的跨越发展。举办全市学习贯彻《全民健身条例》培训班，出台《镇江市体育社团改革发展工作方案》和《镇江市体育协会考核奖励办法》，召开全市体育社团改革发展工作会议，组织开展体育强市创建工作，创新市级青少年年度体育竞赛。组织10期150天的“健身大家学”公益教学活动，组织大学生村官社会体育指导员培训班，开展健身秧歌比赛、乒乓球公开赛、家庭趣味比赛等群众体育百项竞赛活动，市体育局向全市7个辖市(区)的40个优秀健身站点发放音响器材。做好2010年中国镇江金山湖龙舟大奖赛的竞赛组织工作。完成全市第三次国民体质监测工作，在全市4个监测点测试30～60周岁的2500多个样本。承办2010年亚洲男子俱乐部排球锦标赛，参加省第十七届运动会获得金牌52枚，全省排名第八位，首次跻身金牌奖表彰榜，并获得进步奖和体育道德风尚奖，创造历史最好成绩。组织教练员、体育教师参加培训，抓好基地、俱乐部创建工作。组织2010年镇江市少儿武术(套路)比赛、少儿乒乓球比赛、少儿棋类比赛和少儿田径比赛，开展篮球二级裁判员培训工作。丹阳市承办2010年WCBA全明星赛，句容市承办全国历史文化名城乒乓球赛、举办第二届“句容茅山杯”全国象棋冠军邀请赛。全年共输送优秀体育后备人才8名，在省队训练的镇江籍运动员人数保持在50人以上。市体育会展中心建设按序时推进，综合训练馆、体育会展馆主体封顶。超前谋划市体育会展中心的运营管理工作，形成《体育会展中心管理运营方案》的初稿。推进健康路运动休闲配套服务项目，重点推进五环大厦和综合训练馆两个经营类项目的改造开发。体育彩票销售额全面超2009年，全年达到4亿元。市体育局获国家体育总局颁发的全国全民健身活动优秀组织奖，被市委、市政府表彰为跨越发展有功单位。

2010年1月11日，依照《江苏省体育强县(市)创建标准和评定办法》，扬中市被省体育局命名为江苏省体育强县(市)。 (刘 剑)

【“十一五”体育工作概要】 “十一五”期间，镇江市体育事业呈现蓬勃发展的格局。群众体育方面，建成全民健身工程30个、工程点3286个，社会体育指导员数量每万人达到23名，2006年在全省率先完成农民健身工程，全市经常参加体育活动人数比例达到45%。全市全民健身月活动连续13年受到国家体育总局和省体育局表彰。竞技体育方面，向省以上单位输送优秀运动员43名，获得全国以上比赛金牌42枚。参加省第十六届、十七届运动会，均获体育道德风尚奖，第十六届金牌全省排名第九。第十七届金牌排名全省第八，创造历史最好成绩。承办国家级以上赛事28项次，省级竞赛27项次。创建1个国家级体育训练基地，2个国家级高水平体育后备人才基地。体育设施方面，建成丹阳市体育馆、句容市体育馆、扬中市体育馆、丹徒体育馆、镇江新区体育公园、网球中心等一批高水准的体育场馆，开工建设市体育会展中心。体育产业方面，全市体育产业增加值保持两位数增长，经济效益逐年提高。体育彩票销售大幅增长，“十一五”期间全市销售体育彩票14亿元，连续多年受到省体育局表彰。 (刘 剑)

【对外体育交流】 2010年5月19～27日，应友好城市德国曼海姆市政府及林登霍夫足球俱乐部的邀请，镇江市青少年足球代表团一行18人赴曼海姆参加“U-17国际青少年足球比赛”，中国、立陶宛、波兰、捷克斯洛伐克等16个国家的少年足球队参加比赛。代表团在德期间，被安排入住当地家庭，切身感受和体验欧洲不同的生活方式和地区文化，同时参观曼海姆市的州立科技博物馆、海德堡城堡、梅德赛斯·奔驰厂。通过此次参赛，不仅巩固发展两市友好城市关系，还向国外友人展示镇江市青少年良好的精神风貌。 (刘 剑)

【韩国益山足球代表团访问镇江市】 2010年11月18日，中国镇江—韩国益山“公平杯”国际足球友谊赛在镇江新区大港中学南校区体育场开赛。1998年10月，镇江市与益山市缔结为友好城市。十多年来，双方在经济、体育、文化等领域开展丰富多彩的交流活动。尤其在体育领域的足球、羽毛球、保龄球等方面交流活动，参与人员众多，涉及面广，为进一步增进两市人民之间相互了解、加深友谊作出突出贡献。

在镇江访问期间，益山市足球代表团与镇江市足球代表队进行3场足球友谊赛，还参观金山、焦山等名胜古迹。 (刘 剑)

群众体育

【概况】 2010年，镇江市群众体育工作以贯彻《全民健身条例》为契机，加快建设全民健身设施，开展各类群众体育活动，扩大全民健身品牌。新增晨、晚练点75个，新建省级健身俱乐部1个，市级健身俱乐部8个，新增和更新全民健身路径器材50多套，新建健身广场、体育公园10多处。恒美山庄、狮子山、古城公园、丹阳水晶山等场地设施建设质量和品位得到社会好评。市、县两级共投入50多万元对场地器材进行维修、保养。举办迎新年万人健身长跑活动、“全民健身你我同行”全民健身日系列活动、社会体育指导员技能表演暨全民健身项目展示周活动、“走青山看绿水”低碳生活健身行活动。8月8日免费向社会开放镇江市国家级全民健身活动中心，发放免费健身券近4000张。开展健身排舞比赛、健身秧歌比赛、乒乓球公开赛、家庭趣味比赛等百项群众体育竞赛活动。承办全省13个城市参加的江苏省第五届“沿江体育带”“登南山，把健康带回家”全民健身大联动，《中国体育报》以《健身大联动 悠然见“南山”》为题报道活动的盛况。举办学习贯彻《全民健身条例》培训班，出台《镇江市体育社团改革发展工作方案》和《镇江市体育协会考核奖励办法》，召开全市体育社团改革发展工作会议，各社团组织各类比赛百项次，代表镇江组队参加省以上比赛30余项次。连续举办太极拳、木兰操、健身气功等10期“健身大家学”大型公益教学活动，为期150天，吸引近万名体育爱好者参加，被群众称为“不关门的培训学校”。新增社会体育指导员1200名，96名社会体育指导员被省体育局授予省群众喜爱的社会体育指导员荣誉称号，其中1人被授予省十佳社会体育指导员荣誉称号，举办首期大学生村官社会体育指导员培训班，共有120名大学生村官参加培训。（刘　剑）

【举行迎新年万人健身长跑活动】 2010年1月1日上午，镇江市迎新年万人健身长跑在焦山门前广场举行。这是镇江市连续第六年举办迎新年万人健身长跑活动。市级机关、企事业单位、中小学校、部队、乡镇、街道的110余家单位近160个方阵参加长跑活动。长跑队伍从焦山公园门前广场出发，沿滨江旅游专线到达北固山，全程3000米。市委书记许津荣宣布长跑活动开始并发令。（刘　剑）

【董蓓在香港国际武术节上夺两枚金牌】 第8届香港国际武术节于2010年3月17日在香港亚洲国际博览馆结束，镇江市选手董蓓夺得陈式太极拳和陈式太极剑两枚金牌。此次比赛共有来自内地、香港、澳门和台湾的5600多名选手参赛，最小的6岁，最大的65岁。董蓓所在的F14组（55～58岁）共有42名运动员参赛。（刘　剑）

【召开老年体协第七届会员代表大会】 2010年3月26日，市老年人体育协会第七届会员代表大会在市体育局举行。全市各级老年体协会员80余人参会。大会总结市老年体协过去五年的工作，表决通过镇江市第七届老年人体育协会章程，选举产生以王厚明为主席的市老年体协第七届委员会领导班子，并分别选举市老领导姜启才和市体委原主任石承农为市老年体协第七届委员会名誉主席和顾问，完成市老年体协的换届工作。（刘　剑）

【举行镇江市网球单项赛】 2010年4月10日在镇江新区网球中心举行。此次比赛共有65名选手参加，是镇江网球比赛有史以来参赛选手最多的一次。比赛设男子单打、男子双打、混合双打及领导干部组双打等四个组别。最终，安兵获得男单决赛冠军，卞者鸿、王卫群获得男双冠军，陈腊仙、宋恒茂获得混双冠军，黄春年、王建台获得领导干部组双打冠军。（刘　剑）

【举办首期大学生村官社会体育指导员培训班】 市委组织部、市体育局于2010年4月10～11日在丹阳市举办首期大学生村官社会体育指导员培训班。来自7个辖市（区）的120余名学员参加培训班。南京体院副院长王正伦和副教授丛燕君分别作《社区体育》和《健身腰鼓项目介绍》讲座，将国家体育总局推广的健身腰鼓项目向参加学员进行专项辅导。（刘　剑）

【承办江苏省第五届“沿江体育带”全民健身大联动】 2010年5月30日在南山风景区举行。活动主题为“登南山，把健康带回家”，活动内容包括全民健身论坛、全民健身大联动启动仪式、家庭登南山比赛、镇江市户外俱乐部登山活动、镇江市全民健身展示及全市健身秧歌比赛等。

启动仪式后，进行以家庭为单位的登南山比赛和镇江市2010年第三套健身秧歌规定动作比赛。来自南通市的翟帅一家获得登山计时赛第一名，南京市的杨爱祥一家获得登山接力赛第一名，所有参加家庭都获得“健康家庭”称号。在秧歌赛中，扬中市和润州区两支代表队均获一等奖。

此次活动有48个家庭144人参加登山比赛，还有3支户外俱乐部和20多支来自各行各业的秧歌队和健身队伍参加当日活动，参与人数达1800多人，创下参与人数最多、规模最大的“沿江体育带”健身联动新纪录。

江苏省“沿江体育带”全民健身大联动活动于2006年由江苏省沿江8个城市共同发起，每年举办一届，轮流在8个城市举行。2010年的活动除沿江八市参加外，还特邀徐州、连云港、淮安、盐城和宿迁5个城市参加。活动首次走出场馆，在城市山林间进行，让大众亲近自然、热爱生活、珍爱健康。（参见第187页）（刘　剑）

【举办四城市网球赛】 2010年7月31日～8月1日，比赛在镇江新区网球中心举行。由市网球协会主办、磊式网球培训公司承办。来自南通、苏州、扬州和镇江四个城市的60余名业余网球选手参赛。其中，年龄最小的选手只有11岁，年龄最大的已有66岁。

比赛设团体、双打两个组别。团体比赛采取五盘三胜制，分别进行青年男子双打、女子双打、混合双打、中年男子双打、男子单打五盘比赛。经过54场比赛，扬州市获团体冠军，镇江市获团体亚军，苏州市、南通市并列第三名。在双打组比赛中，南通市的张俊发、庄明华获冠军，镇江市的黄春年、安兵获亚军，苏州市的张建平、谢慧新获季军。（刘　剑）

【召开市区全民健身“四级”组织网络建设大会】 2010年9月10日，市体育局和市老年体协共同召开市区全民健身“四级”组织网络建设大会。来自京口区、润州区、镇江新区全民健身各片区的片长、分片长，各健身站点站长，共计100余人参加会议。会上，宣布市老年体育指导中心新领导班子人员名单和各片片长名单，市老年体协主席王厚明为新领导班子成员颁发聘书，片长、站长和体育行政部门代表分别作交流发言。（刘　剑）

【举行斯诺克邀请赛】 2010年6月25～30日，首届中国镇江斯诺克邀请赛在市潘晓婷台球俱乐部举行，全国各地100多名斯诺克选手报名参赛。冠军奖金2万元，超过国内官方同类比赛的1.80万元，吸引国内众多斯诺克好手参赛，选手中有11名现役国家队队员，其中有在亚洲杯斯诺克比赛中荣获佳绩的陈飞龙和吕坤玮等。丁俊晖师弟13岁的高乐也赶来参赛。此次比赛共分32个组进行。国手黎亭夺得冠军，三名国

手吕坤玮、哈斯木、陈飞龙分别夺得二至四名。上海的小选手高乐与扬光幸夫进入十六强。（刘 剑）

【举行庆祝“全民健身日”“走青山看绿水”低碳生活健身骑行活动】 2010年8月7日上午，活动在江山名洲门前广场举行。

市领导方阵率先骑行出发。市级机关、京口区、润州区、市冬泳协会、行云户外俱乐部、大地单车俱乐部、单车营俱乐部、文化之旅、菜菜鸟户外俱乐部等组成的600人骑行队伍，沿着滨江路，途经北固山、春江潮广场、中山北路、跑马山路、檀山路、团山路、九华山路，最后到达终点南山西入口。（刘 剑）

【举行老年人象、围棋比赛】 2010年6月23～25日，镇江市“人社杯”老年人象、围棋比赛在市体育局举行。丹阳市、句容市、市级机关、公安局、口港局等12个单位的代表队共计45名运动员参加比赛。丹阳市获得象棋团体第一名。丹阳市的吴辉鹏获得象棋个人第一名。润州区获得围棋团体第一名。润州区的姜聿刚获得围棋个人第一名。（刘 剑）

【举办游泳救生员和游泳教员培训班】 2010年6月28～30日，全市20多个游泳场馆的90余名游泳教员和救生员参加培训。

培训分为理论和实践两大部分，理论部分包括救生员守则、教员守则和职责、溺水事故的原因及预防、急救技术，实践部分包括200米不限时游、25米限时游、20米潜泳、现场急救、运动损伤急救和教学组织等。（刘 剑）

【举行游泳教员、救生员职业资格鉴定考试】 2010年7月5日，全市分别有29人和20人参加游泳教员、救生员（初级）国家级职业资格鉴定考核，这是镇江市继2009年后组织的第二次游泳救生员（初级）国家职业资格证书培训考核，合格者获得人力资源和社会保障部印制的游泳救生员（初级）职业资格证书。（刘 剑）

【张秀英当选第十六届亚运会火炬手】 2010年8月，国家体育总局公布以全国群众体育工作者为代表的10名第十六届亚运会火炬手名单，扬中市的社会体育指导员张秀英入选，不仅成为江苏省唯一入选者，也成为全国唯一一名社会体育指导员火炬手。

张秀英家住扬中市新坝镇新宁村，是新坝镇科技广场的晨练队长。2002年退休后，张秀英在镇老年体协的帮助下，带头组建该镇第一个晨练点。这个健身点正常参加锻炼的人员发展到200多人，日常健身项目达60多个。2009年她入围“全国十大明星社会体育指导员”。2010年，张秀英作为江苏唯一一名代表参加中国社会体育指导员协会成立大会，得到国家体育总局局长刘鹏的接见，被称为“全国7亿农民的代表”。（刘 剑）

【举行家庭趣味比赛】 2010年9月24日比赛在镇江新区体育公园举行，来自全市7个辖市（区）的28个家庭参加角逐，参加比赛的家庭由父母及2001年以后出生的孩子等3人共同组成。比赛共设置夹乒乓球、定点投篮、背夹球和趣味抬轿四个竞赛项目。扬中市、镇江新区、润州区的家庭分别获得团体一、二、三名。（刘 剑）

【11家单位6名个人获省群众体育工作先进表彰】 2010年10月12日，江苏省体育局在常州召开全省群众体育先进单位和先进个人表彰大会，全省191个单位、95名个人受表彰。

丹阳市埤城镇文化体育服务中心、市第九中学、扬中市新坝镇人民政府、江苏索普（集团）有限公司等11家单位被授予江苏省群众体育先进单位称号，殷莺、王志俊等6名个人被授予江苏省群众体育先进个人称号。（刘 剑）

【朱春华获重庆长寿湖铁人三项赛女子组桂冠】 2010年10月23日，中国重庆长寿湖业余铁人三项赛在重庆长寿湖举行，来自国内外500多名运动员参与角逐。镇江女铁人朱春华获女子组冠军。镇江市冬泳协会队获得团体第二名。这是镇江市自参加全国性铁人三项大赛以来团体成绩最好的一次。（刘 剑）

【举行2010年乒乓球邀请赛】 镇江市于2010年11月27～28日在市邮政枢纽大楼鸿雁乒乓球俱乐部举行乒乓球赛，庆贺中国乒乓球队在广州亚运会上包揽七项冠军。市各部委办局和高校的16支代表队展开男子团体组的争夺，市交通局、市级机关工会、江苏大学获得团体比赛的前3名；市检察院的孙复龙、市府办的连维义、市台办的蔡文斌获得县处级干部组单打前3名。（刘 剑）

【市武术协会举行换届选举】 2010年12月26日上午，市武术协会换届选举大会在市体育局举行。大会审议通过《镇江市武术运动协会章程》，选举、通过市武术运动协会第五届常务委员会人员名单。王友照连任市武术协会第五届委员会主席。（刘 剑）

竞技体育

【概况】 2010年，镇江市竞技体育以“力争省十七届运动会成绩进档升位、承办亚洲男排俱乐部锦标赛、推进市级青少年体育竞赛改革创新”为中心工作，全年向省队输送优秀体育后备人才8人，主要涉及击剑、田径、排球、武术、散打、男足、女足等7个项目，在省队集训的镇江籍运动员人数保持在50人以上。与省体育局签订省、市联办男排项目协议；乒乓球项目省队市管点获批准。承办2010年亚洲男子俱乐部排球锦标赛，来自中国、日本、伊朗等10个国家的男排俱乐部冠军队伍参赛。赛事组织得到亚排联官员、中国排球协会代表和裁判长的一致好评。在江苏省第十七届运动会上，镇江市体育健儿获金牌52枚、银牌25枚、铜牌31枚，总分1268分，首次跻身金牌奖表彰榜。组织全市教练员和体育传统项目学校体育骨干教师参加体育科研方法和体育论文撰写培训，邀请省内知名专家授课，提升教练员、体育教师的专业技术能力。还组织全市多名教练员和基层小学体育教师参加国家体育总局、省体育局组织的教练员培训班。市运动校、乒校通过省体育局国家高水平后备人才基地检查考核，运动校名列全省第三。丹阳市体校晋升省“四星级”体校，丹徒区、句容市体校被省体育局命名为“三星级”体校。组织少儿田径、三大球、乒乓球、羽毛球等12个项目的市级竞赛。开展篮球等项目二级裁判员培训工作，培训、审批二级裁判员189人，选送44人参加省一级裁判员培训。组织镇江市青少年足球代表队赴德国曼海姆市参加U-17国际青少年足球比赛。丹阳市承办2010年WCBA全明星赛，句容市承办全国历史文化名城乒乓球赛、举办第二届“句容茅山杯”全国象棋冠军邀请赛，扬中市举办全国青少年女子曲棍球锦标赛。国际赛场上，镇江选手何琴获得2010年国际田联竞走世界杯团体冠军、个人亚军。（刘 剑）

【镇江选手夺得全国“创新杯”乒乓球赛两项冠军】 第十四届“创新杯”全国少年儿童乒乓球赛于2010年6月9日在山东滨州市体育馆收拍。来自江苏、北

表 33-1

2010 年镇江市承办各类大型比赛一览表

赛事级别	名 称	时 间	比赛结果
国际级	2010 年亚洲男子俱乐部排球锦标赛	6 月 5～13 日	伊朗、卡塔尔、日本获前三名
国家级	全国女篮联赛全明星赛	3 月 19 日	北方队 97：91 战胜南方队
国家级	2010 年全国历史文化名城乒乓球赛	5 月 13～16 日	5 个年龄段 19 个冠军被 9 个城市瓜分，其中北京(6)、上海(3)、镇江(3)、沈阳(2)、天津(1)、哈尔滨(1)、香港(1)、衢州(1)、南昌(1)
国家级	第二届"茅山杯"全国象棋冠军邀请赛	6 月 8～12 日	男子 A 组湖北洪智、广东许银川、黑龙江赵国荣获前三名；男子 B 组湖北柳大华、广东吕钦、浙江赵鑫鑫获前三名
国家级	全国青少年女子曲棍球锦标赛	7 月 15～28 日	江苏扬中队、天津队、上海队获前三名
省 级	第十四届"省长杯"女子足球甲组比赛	4 月 24～29 日	姜堰足校、南京建邺、丹阳六中获前三名
省 级	第七届省"红旗杯"三棋公开赛	5 月 7～9 日	镇江红旗俱乐部获少年甲组国际象棋、儿童乙组、幼儿乙组象棋和幼儿乙组围棋四项冠军，镇江新区美美棋社获幼儿组冠军，扬中队获儿童甲组、幼儿丙组象棋两项冠军
省 级	江苏省业余无线电通信锦标赛	7 月 24～26 日	颁发 24 个单项和团体冠、亚、季军奖
省 级	第十七届省运会职工部乒乓球赛	7 月 10～15 日	共 7 项冠军，南京夺走 4 项，苏州、常州、省电信队各获 1 项
省 级	江苏省青少年国际象棋赛	8 月 5～10 日	张潇获幼儿女子组冠军，严潇阳获幼儿男子组亚军，裴讯获儿童女子乙组亚军
省 级	第十四届"省长杯"男子足球丙组比赛	8 月 24～28 日	常州第八中学、江阴业余体校、徐州津浦西路小学分获前三名
省 级	第二届长三角中国象棋精英赛	11 月 30 日～12 月 1 日	上海队、浙江队、江苏队分获前三名
市 级	"佳峰杯"中国象棋争霸赛	7 月 26～27 日	润州区、扬中市、丹阳市分获团体前三名，中国象棋大师童本平获第一名，润州区吴文虎、扬中市叶宗保分获二、三名

（刘 剑）

京、天津、上海、安徽、河南等省、市的 28 个代表队，共计 320 多名小选手参加比赛。代表镇江市参赛的江苏恒顺集团少儿队由 9 名小运动员组成。陶奕庭、张宇、宦玺祯、衡寅号组成的男队夺得团体冠军。在单打比赛中，陶奕庭、张宇、宦玺祯、衡寅号全都闯进八强，陶奕庭获乙组男单冠军。（刘 剑）

【何琴田联竞走世界杯创佳绩】 北京时间 2010 年 5 月 17 日凌晨 2 点，2010 年国际田联竞走世界杯在墨西哥奇瓦瓦结束。镇江籍运动员何琴帮助中国队在女子青年组 10 公里比赛中获得团体冠军，同时获得个人亚军。（刘 剑）

【镇江棋手获全省少儿象棋比赛四金二银】 2010 年 7 月 17 日，江苏省少年儿童象棋比赛在淮安落幕。全省近 400 名小选手参赛，比赛分为 10 个组别。在为期 5 天的比赛中，镇江市小选手范越获儿童男子乙组金牌，巢正圣获少年男子甲组冠军，吴欣洋获儿童男子甲组冠军，方子奕获幼儿男子组冠军，吴一寒获得少年女子甲组亚军，冷易纹获得儿童甲组亚军。镇江市棋手包揽比赛五分之二的金牌，获得四金二银，取得近 10 年来的最好成绩，成为全省获得金牌总数最多的地级市。（刘 剑）

【镇江选手在全国少年击剑赛上获两金两银一铜】 2010 年 8 月 6 日，全国少年击剑比赛在南通落下帷幕。镇江选手共获得两金两银一铜。

镇江市共输送两名运动员到省击剑队，分别是女子重剑项目运动员戴莺和女子花剑运动员龚雨。在比赛中，戴莺取得女子重剑项目个人第三名，并帮助江苏队夺得团体冠军，龚雨夺得女子花剑项目个人冠军，并帮助江苏队获得团体第二名。镇江市击剑队以市中心业余体校名义自发组队参赛，以王晨雅、顾斌、施宇、印箭宇组成的团体夺得男子重剑团体第二名。（刘 剑）

【江婷获世锦赛女子 50 米步枪三姿赛青年组第四名】 2010 年 8 月 10 日，第 50 届射击世锦赛在德国慕尼黑落下帷幕，在女子青年组 50 米步枪卧、立、跪三姿比赛中，镇江市体育运动学校射击队女子步枪 17 岁的江婷，以 580 环的成绩获得个人第四名。（刘 剑）

【句容女子手球获全国锦标赛亚军、季军】 2010 年 8 月 5～12 日，2010 年全国中学生业余体校手球锦标赛在山东潍坊举行。来自上海、山东、安徽、江苏、河南等省、市的 22 支队伍参赛，在 8 天的比赛中，经过分组单循环预赛、决赛交叉赛，句容市第二中学女子手球队获得中学生组的女子 B 组第二名和女子 A 组第三名。（刘 剑）

【三所学校被命名为星级业余体校】 2010 年 11 月 16 日，丹阳市体育学校被省体育局命名为四星级业余体校，丹徒区青少年业余体校、句容市少体校被命名为三星级业余体校。

根据《省体育局关于开展星级业余体校评定工作的通知》，此次省体育局共对全省 12 个三星级业余体校申报单位和 6 个四星级业余体校申报单位进行材料审核与实地检查。被命名的各业余体校，都获得 12 万元的奖金，其中省级奖励 4 万元，市级配套 8 万元。（刘 剑）

【召开参加省第十七届运动会总结表彰大会】 2010 年 12 月 2 日，镇江市参加省第十七届运动会总结表彰大会在国际饭店举行。

10 月11～18 日，江苏省第十七届运动会在常州举行，镇江市体育代表团共组队参加田径、游泳、曲棍球、乒乓球、击剑、射击、足球、羽毛球等 18 个项目的角逐，参赛运动员 437 人，都是来自全市的在校学生。比赛获得金牌 52 枚、银牌 25 枚、铜牌 31 枚，总分 1268 分，实现金牌、奖牌、总分全面超上届，金牌全省排名位次再前移的目标，金牌数全省排名第八位。这是镇江体育代表团在省运会上取得的历史最好成绩。镇江代表团青少年部还获得进步奖和体育道德风尚奖。

市委、市政府决定，给予市体育局、市教育局、丹阳市体育局记二等功一次，给予句容市体育局等 9 个单位记三等功一次，给予付佳等 10 人记二等功一次，给予王淮东等 29 人记三等功一次。（刘 剑）

表 33-2 **江苏省第十七届运动会镇江选手获金牌一览表**

项 目	小 项	名次	运动员	金牌数
曲棍球	少年乙组女子	2	施莉等12人	2
曲棍球	少年甲组女子	3	徐慧等8人	1
艺术体操	个人全能,儿童丙组	1	欧阳宇涵	1
游 泳	12岁组100米仰泳	1	马家明	1
击 剑	少年甲组佩剑个人	1	陈启敏	1
击 剑	儿童组重剑个人	1	孙家杰	1
击 剑	少年甲组重剑团体	1	范海波等4人	1
冬季项目	短道速滑	4	武大靖等2人	1
手 球	少年乙组男子	2	庞连康等7人	2
手 球	少年甲组男子	4	刘超等7人	0.5
武术套路	套路儿童组刀	1	李亚南	1
排 球	少年甲组	3	刘经纬等10人	1
排 球	少年乙组	3	孙瑶等14人	1
排 球	少年乙组	5	董孙奇等7人	0.5
排 球	少年甲组	5	陈晓蕖等12人	0.5
足 球	少年甲组男子	5	刘飞等15人	0.5
田 径	5000米青年组	1	朴钟浩	1
田 径	青年组400米栏	1	李满媛	1
田 径	10000米竞走少年甲组	1	盛云云	1
田 径	10000米竞走青年组	1	何 琴	1
田 径	10000米竞走少年乙组	1	蒋 苏	1
田 径	青年组200米	1	李满媛	1
田 径	青年组3000米障碍	1	朴钟浩	1
田 径	5000米竞走少年乙组	1	蒋 苏	1
田 径	100米少年甲组	1	江 瑞	1
田 径	5000米竞走少年甲组	1	盛云云	1
柔 道	少年甲组62公斤级	1	熊 倩	0.5
乒乓球	少年乙组女子双打	1	刘天宇等2人	1
乒乓球	少年乙组女子团体	1	邵静怡等3人	1
乒乓球	儿童乙组男子团体	1	衡寅号等3人	1
手 球	少年乙组女子	3	李林萍等8人	1
手 球	少年甲组女子	3	朱圣佩等9人	1
足 球	少年甲组女子	2	朱尹等18人	2
足 球	少年乙组女子	1	丁婷等17人	4
武术散打	散打少年乙组70公斤级	1	赵成龙	1
十一届全运会带入	–	–	–	13.5
合 计	–	–	–	52

（刘 剑）

体育产业

【概况】 2010年年底,市体育会展中心综合训练馆、体育会展馆封顶。按照"边建设、边招商、边拓展"的要求,开展场馆运营调研论证工作,召开体育会展中心体育工艺专家评审会,形成《体育会展中心管理运营方案》初稿,参加深圳文化产业招商会。以"运动休闲配套服务"的主题打造健康路老体育中心,重点推进五环大厦和综合训练馆的改造开发等两个经营类项目,完成五环俱乐部和体育馆的资产重组,投入60多万元对五环大厦进行全面装修改造,改造后的五环俱乐部,经营性收入提高50%。全年销售体彩4亿元,销售总量全省排名第八位。贯彻省政府《关于加快发展体育产业的实施意见》,开展镇江市体育产业发展专题调研,与市统计局合作,制订全市体育产业统计调查实施方案,2010年11月~2011年3月在全市开展体育产业统计调查,为2011年镇江市制定体育产业发展意见提供真实可靠的数据资料。

（刘 剑）

【体育彩票销售额突破4亿元】 2010年,全市体育彩票销售额达到4.02亿元,比2009年增长22%。其中电脑型体育彩票2.51亿元,即开型体育彩票1.06亿元,竞猜型体育彩票0.45亿元。丹阳市全年销售额也突破1亿元,创历史新高。市体育局被表彰为江苏体彩销量"五连冠"突出贡献先进单位。

（刘 剑）

表 33-3 **2010年镇江市电脑体育彩票中大奖一览表**

时 间	销售站点	期 号	奖金(万元)	玩 法
9月8日	11806	10105	616.4	超级大乐透
9月8日	11133	–	100	即开型"大满贯"

（刘 剑）

社会生活

责任编校：戴 芸

民政工作

【概况】 2010年，全市实施民政基础设施建设项目19个，包括市级项目6个、县区级项目9个、乡镇街道级项目4个，其中新建项目13个；项目计划总投资超过5.53亿元，其中财政资金2.92亿元，社会资金2.61亿元；当年计划投资2.79亿元，其中财政投入1.67亿元，吸引社会资金1.12亿元；总建筑面积超过16万平方米，建设各类福利机构床位2720张。市烈士陵园投入500多万元，改造面积2400平方米，包括加固改造革命烈士纪念碑和警世碑、修缮改造烈士骨灰纪念堂约300平方米、改造烈士墓138座等纪念设施。市栗子山殡仪馆与丹徒区殡仪馆合并搬迁项目规划占地13.33余公顷，建筑面积1.5万平方米，计划总投资9850万元。项目分两步实施，第一步对原丹徒区殡仪馆进行扩容，市栗子山殡仪馆于6月26日停炉迁出；第二步启动新馆建设。

完善城乡社会救助体系。实施城乡低保对象适度普惠性春节慰问补助：市区按照城市低保1人户400元、2人户600元、3人及以上户800元，农村低保对象每人200元的标准，各辖市按每人不低于100元的标准于春节前发放到位。全市共发放节日慰问补助金888.96万元。继续提高城乡低保标准，从7月起，市区城市低保标准提高到每人每月380元，全市农村低保标准提高到每人每月不低于250元。京口区率先实现城乡低保标准并轨。全市全年共有城市低保家庭7131户、14822人，占非农人口的1.1%，累计发放低保金3315.96万元，人均月补差189元；全市农村低保家庭13816户、29301人，占农业人口的1.9%，累计发放低保金3438.45万元，人均月补差103.57元。及时启动价格上涨动态补贴机制。第二至四季度，为全市城乡低保对象发放物价补贴，第四季度将补贴范围扩大至重点优抚对象、城市“三无”（无子女、无自理能力、无生活来源）老人、农村五保户、孤残儿童等困难群体，具体补贴标准为季末当月各地城乡低保标准的25%。无固定收入重度残疾人救助实现应保尽保、动态管理。全市全年共有符合救助条件的重残人员13404人，累计支出救助金3606万元。推进城乡困难群众临时生活救助工作：全市全年共救助2995人次，累计发放救助资金176.1万元。做好上世纪60年代精减下放老职工救济工作。从7月起，调整生活补助费标准，城市由原来的每月568元提高到627元，农村由原来的每月464元提高到513元。4月初，市民政局与市财政局联合下发《关于对全市城乡最低生活保障对象开展复审工作的通知》，全市民政系统用两个月时间集中对辖区内2009年底前享受低保待遇的家庭进行全面复审。通过复审，取消不符合低保条件的对象718户、1529人，其中城市低保269户、538人，农村低保449户、991人；新审批纳入低保范围的对象425户、719人。

强化防灾减灾工作。将市综合减灾工作领导小组更名为市减灾委员会，增加市政府办、市城管局、市商务局、市民防局、团市委、市消防支队6家成员单位。举行抗洪抢险综合演练、防化应急疏散演练和应急技能训练，开展消防安全宣传检查，提高专业防灾减灾能力。开展“防灾减灾日”活动，完善各级灾害应急预案体系。建立和健全辖市（区）、镇（街道）和村委会（社区）的灾害应急预案，全市各辖市（区）政府、镇江新区管委会、64个镇（街道、园区）和784个村（社区）都出台本级灾害应急预案，实现村级以上应急预案全覆盖。

解决优抚对象生活难、住房难和医疗难问题。抗日战争时期、解放战争时期和新中国成立后的老复员军人年生活补助金分别增加2014元、1664元和1614元。继扬中市之后，丹阳市优抚对象的抚恤补助也实行城乡一体化发放，实施优抚医疗“一站式”结算。句容市、扬中市已实行优抚医疗“一站式”结算服务。扬中市完成优抚对象危房维修改造工作。丹阳市投入5万余元对云阳、导墅、后巷和司徒4个镇重点优抚对象危房进行改造，将重点优抚对象危房改造工作作为常态工作。各辖市（区）推进“慰烈工程”。

安置退役士兵。2010年，全市接收2009年冬季退伍士兵和转业士官1202人。以货币安置为主，加强技能培训，进行政策扶持，推荐促进就业，安置率100%，自谋职业率98%。全市发放自谋职业补助经费2622.21万元，待安置期间生活补助费29.28万元。退役士兵职业技能培训纳入常态化管理，参训人数986人，参训率86.3%。

加强中心城区社区基础设施建设。2010年6月25日，丹阳市社区综合服务中心投入使用，总投入600余万元、建筑面积1600余平方米；京口区投资6000万元建设社区邻里中心，总面积约2万平方米，并按每村3000平方米重新规划新建新村社区服务中心。润州区按5000平方米标准建设“一村一幢创业楼”，建成14个村（居），另有3个村（居）正在建设，全区将建成34幢创业楼。

强化社会组织登记管理。2010年，全市市、县两级民政部门注册登记各类社会组织1431个，其中社会团体939个（市属社会团体363个），民办非企业单位492个（市属184个）；基层社会组织登记和备案1020个；全市新增注册登记社会组织近百家（其中市属31个）；市属各种变更登记35个、注销6个。建立公益性社会组织孵化基地（服务园），在丹阳、句容和镇江新区开展试点工作，建立三个不同类型的孵化基地并正式挂牌。丹阳市为解决农民小额资金贷款的问题，拟孵化各镇农民资金互助经济合作社。句容市依托供销社拟孵化各镇农合经济组织联合会；镇江新区依托福利中心孵化养老社会服务机构。制定出台《镇江市社会组织评估管理办法》《镇江市行业性社会团体评估评分细则》《镇江市学术性社会团体评估评分细则》等有关评估文件，在5个社团（镇江市民营经济协会、镇江市注册会计师协会、镇江市副食品行业协会、镇江市工商行政学会、镇江市商业联合会）先行试点，并在全市逐步推开。

开展主动救助工作。2010年，在市区开展“寒风送温暖”“三伏送清凉”集中专项救助行动，救助流浪乞讨人员200人次。市民政、公安、城管、卫生、信访、维稳办等单位建立流浪乞讨人员联合救助机制，形成“群防、群控、群助”的救助体系。全年共接待和劝导各类社会求助人员1618次，其中，未成年人110人次，青壮年1326人次，老年人182人次。年龄最大的86岁，最小的3岁。在这些求助人员中，医疗救助141人次，护送返乡63人次，家人领回45人次，疑难对象落实34人次。

2010年，市民政局被民政部授予“全国农村五保供养工作先进单位”称号。句容市民政局局长陈雪峰被评为“全国农村五保供养工作先进个人”，扬中市三茅敬老院被命名为“全国模范敬老院”。市民政局被授予“全国婚姻登记规范化建设‘十一五’贡献突出单位”称号，市民政局徐凯被评为先进个人。

（殷建容）

【“十一五”民政工作概要】 “十一五”期间，全市现代社会救助体系基本建立。连续提高低保标准：城市低保标准从2006年230元提高到380元以上，农村低保标准从120元提高到250元以上。全市共有1.46万人和2.93万人分别享受城乡低保补贴，分别占城市人口1.1%和农村人口1.9%。五年累计发放低保资金2.37亿元。实施无固定收入重残人员生活救助制度：2008年以来，全市共有1.2万人（其中城市1395人）得到救助，累计支出资金5426万元。实施城乡困难群众临时生活救助：2008年以来，全市累计救助5697人次，发放金额200多万元。灾害救助和防灾减灾：为支援四川地震灾区抗震救灾和恢复重建，全市接受捐赠款物8895万元。全市7个城乡社区获国家和省级综合减灾示范社区称号，其中国家级4个，总数在全省位列第四。

城乡社区建设加强。2010年，全市279个社区创建市级和谐示范社区，41个社区被评为省级和谐示范社区，8家单位被评为全国和谐社区示范单位。扬中市、京口区获得全国和谐社区建设示范城区（市）称号。全市农村社区综合服务中心建成率达99.5%，建筑总面积为48.5万平方米，平均每个社区803平方米，总投入超过3亿元，基本实现农村社区服务平台全覆盖。

优抚安置和军休军供工作。优抚政策和烈士褒扬落实：按照优抚对象抚恤补助标准自然增长机制要求，全市累计为6324名各类重点优抚对象发放抚恤补助费1.98亿元。各地义务兵优待金达到或超过城镇居民可支配收入的30%。退役士兵安置和技能培训推进：推进退役士兵城乡一体化安置工作，接收退役士兵6250名，发放安置金7770万元，自谋职业率98%。从2009年起开展退役士兵职业技能培训，全市1625人参加培训，实现“双证（毕业证和职业技能证书）”获取率、推荐就业率和用人单位满意率3个100%。市军供站连续第五次成为全国军供站正规化建设先进单位。

社会福利事业发展。福彩销售和公益金筹集大幅增长。5年来，全市福利彩票销售总额达到7亿元，比“十五”期间增加5.35亿元，增长326%；筹集公益金8560万元，增加6680万元，增长率355%。全市福利企业办理变更认定1500家（次），新办80个，停办94个。5年共完成销售额350亿元，利税8亿元。随着2007年国家对福利企业优惠政策的调整，全市有福利企业264个，较“十五”期末减少14个，全市福利企业共安置残疾职工8769名。

专项社会事务管理。全市新增社会组织382个，注销登记46个，撤销登记55个。全市各类社会组织登记总数1420个，备案1055个。全市7家婚姻登记机关全部通过全国婚姻登记规范化建设合格单位验收，办理结婚登记10.96万对，离婚登记1.88万对，婚登率和婚登合格率均为100%。修订《镇江市地名管理办法》。实施全市第二次地名普查，收集地名信息23105条。2009年颁布《镇江市城市地名总体规划（2007～2020）》。出台《镇江市地名信息管理系统建设方案》，2009年1月开通镇江区划地名网。主动救助生活无着流浪乞讨人员，共救助求助人员1.27万人次。加大平坟还田和公墓清理力度，镇江新区2008年、2009年连续投资5000万元建设可容纳4万穴的北山公墓、4座安息堂及2个散坟集中点，建筑总面积8594平方米，共平迁散坟9.1万多穴。

（殷建容）

【镇江市儿童福利院新建工程投入使用】 2010年6月1日，镇江市儿童福利院新建工程竣工，10月9日正式投入使用。该项目被列入民政部、国家发改委“十一五”规划“蓝天计划”资助项目。工程总投资920万元，建筑面积4000平方米，设计床位200张。该项目的建成使用，完善儿童福利院综合服务功能，为孤残儿童提供更好的养育、预防、医疗、康复、特殊教育、心理辅导等服务，并将这些功能拓展延伸、辐射社区，为社区残疾儿童家庭提供所需服务。（殷建容）

【市救助管理站暨流浪未成年人救助保护中心落成】 2010年1月18日，市救助管理站暨流浪未成年人救助保护中心落成。该项目于2009年5月15日开工兴建，是国家“蓝天计划”资助项目，得到省、市福彩公益金支持。总投资1600万元，其中：国家资助90万元，省资助95万元，市政府配套500万元，自筹915万元。市救助管理站（未成年人救助保护中心）占地面积71722平方米，建筑面积3600平方米：其中综合楼1583平方米、救助楼1973平方米，可容纳救助床位150张。内部设有综合服务区、成年人、未成年人等相对独立的救助功能区，同时在站内设立市家庭暴力庇护中心。新的救助管理站是集救助保护、教育矫治、预防干预、服务保障等功能为一体的救助服务平台和保护教育基地。

（殷建容）

【对特殊困难残疾人实施生活救助】 2010年9月15日，市民政局、财政局、卫生局、残联等四部门联合印发《关于对市区特殊困难残疾人实施生活救助的通知》，从10月1日起，对市区范围内没有纳入城乡低保范围的一户多残、依老养残等特殊困难残疾人实施生活救助，参照当地低保标准的60%发放生活救助金。各辖市也根据各地实际情况，出台相应政策，同步实施这项制度。

（殷建容）

【全市第九届村委会和第四届社区居委会换届选举工作完成】 2010年,市民政局、市委组织部联合组织对村"两委"换届选举工作进行前期调研,对选举难点村进行深入调查,特别是对让符合条件的村党组织书记通过法定程序兼任村委会主任选举工作进行重点调研。以市委办公室、市政府办公室名义,出台《全市第九届村委会和第四届社区居委会换届选举工作实施意见》。召开全市"两委会"换届选举工作会议,召开换届选举工作业务培训班。全市共487个村和266个社区完成换届选举。

(殷建容)

【慰烈工程】 2010年,丹阳市投入400余万元,在市区、埤城、建山和司徒四个片区建设散葬烈士集中安葬点;句容市在对烈士陵园改建的同时,辟出专门地块,投入200万元对散葬烈士进行集中安葬;扬中市投入近50万元维修7座散葬烈士墓和烈士陵园;丹徒区结合各镇(园区)城镇建设、公益性公墓和安息堂等建设,对散葬烈士集中安葬达90%;镇江新区结合土地征用和散坟平迁工作,投入资金近20万元,在北山公墓辟出地块,对辖区内19座烈士墓进行集中安葬。 (殷建容)

【《镇江市地名管理办法》修订】 2010年,市民政局根据国务院《地名管理条例》、民政部《地名管理条例实施细则》和江苏省地名管理工作有关规定,对2001年颁布的《镇江市地名管理办法》进行修订,经市政府第25次常务会议讨论通过后正式印发,于2011年2月1日起正式施行。新修订的《镇江市地名管理办法》,地名体系科学、系统,规范地名管理工作体制,地名审批程序,新增"地名公共服务""地名文化保护"章节,对地名的主管部门、地名的命名、更名原则和规范及其行政许可、建设工程的地名命名时机、地名标志设置、地名冠名、法律责任等作出具体规定。

(殷建容)

【提高孤残儿童养育标准】 从2010年1月1日起,镇江市提高孤残儿童养育标准。对在政府举办福利机构养育的孤儿,养育津贴由原来的每人每月420元提高到每人每月1000元。对由民政部门监管的社会寄养散居孤儿及事实上无人抚养的未成年人按每人每月600元标准,提供养育津贴。孤儿供养福利资金由各地财政资金、福利彩票公益金和社会捐赠等多渠道筹集,市政府举办的福利机构集中供养的孤儿由市财政列入预算保障。市区(丹徒、京口、润州、镇江新区)社会寄养散居孤儿及事实上无人抚养的未成年人养育津贴,暂由市、区两级慈善机构列入慈善救助项目予以解决。

(殷建容)

【福利彩票销售增幅大】 2010年,全市福利彩票销售2.33亿元,销售总量比上年净增7200万,增幅44%。其中电脑彩票销售1.74亿元,增长21.04%;刮刮乐销售3611万元,增长109.22%;中福在线销售2271万。销售总量、电脑彩票、刮刮乐、中福在线销售均为历史新高,为全市筹集福彩公益金2764万元。各地彩票销售均创历史新高,丹阳市进入全省福彩销售10强县行列,列第8位,扬中市列第14位,扬中市市场份额突破50%,率先超越体彩。

(殷建容)

人口和计划生育工作

【概况】 2010年,全市人口自然增长率2‰以内,计划生育率99%以上,新生儿出生缺陷发生率降至4.71‰,出生人口性别比保持正常,群众满意率90%以上。市人口计生委获全国军民共建人口计生工作先进集体、全省计生协会工作先进集体称号,并获得省人口计生综合改革创新奖2项,在市人大效能评议中,人口计生委位居前10位。

新建一大批人口文化宣传点,人口文化园覆盖全市所有建制村,基本形成村有栏、街(乡)有廊、县(区)有场的人口文化宣传工作格局。丹阳、扬中、句容、丹徒被评为国家级优质服务先进县(市、区),京口区、润州区被评为省优质服务先进单位,扬中市指导站被评为国家级优质服务示范站。全市建立孕前指导项目点50家,累计服务新婚夫妇6.9万多对,新生儿出生缺陷发生率从高峰期的13.14‰下降至4.71‰。严格兑现落实农村部分计划生育家庭奖励扶助和独生子女伤残死亡家庭特别扶助制度,全年通过公益金救助计划生育困难家庭291户,确认农村奖扶对象17529名、特扶对象1774名,"两项制度"兑现率100%。开展以完善人口计生政务公开、民主评议、社会监督为重点的基层文明执法专项行动,规范推动市、县、乡政务、事务两公开,实施计划生育行政权力网上公开运行。运行市级"12356"人口和计划生育咨询服务热线。形成一大批示范典型,丹阳市、句容市、扬中市、丹徒区为省级项目县,4个镇、40个村、400户家庭被命名为省级新农村新家庭建设示范镇(村、户)。建成人口计生综合信息平台、人口信息管理、流动人口信息管理三大业务系统,全市户籍人口入库率97.36%。市及扬中市、丹阳市、句容市基本实现部门间人口信息共享。1月6日,镇江市举办第二届计划生育宣传品交流展示会,集中展示"十一五"以来各地策划、设计、创作的图书画册、实物宣传品、平面展板、音像制品、手工艺品等宣传品八大类共160余件。

(王玉明 高 翔)

【"十一五"人口和计划生育工作概要】

"十一五"期间,全市计划生育率99.8%,依法管理、优质服务和群众满意率98%,出生人口性别比107: 100,计划生育奖励优惠政策兑现率100%。全市免费或低偿为城乡育龄妇女服务累计逾69万人次,对发现的814例宫颈癌及癌前病变、50例乳腺癌及癌前病变、5例肝癌和子宫内膜癌病例给予转诊治疗与干预。通过施行《镇江市新市民计划生育免费服务一卡通》,3000名"新镇江人"享受免费计划生育手术、8万余人享受免费的体检和孕(环)情检查服务,流动人口管理和服务率达到90%以上。建成人口计生综合信息平台、全员人口、全员流动人口信息管理三大业务系统,户籍人口入库率97.36%。全市兑现企业退休职工一次性奖励2万余人。全市设立市、县、乡生育关怀项目点599个,建立帮扶基地513个,筹集生育关怀资金98.8万元。建成农村人口文化大院462个,婚育新风一条街90个,人口文化广场59个,生育文化园区10个。

(王玉明)

【纪念《中共中央关于控制人口增长问题致全体共产党员共青团员的公开信》发表30周年】 2010年9月25日,镇江市在全省率先举办"甜蜜事业·情系你我"——《公开信》发表30周年纪念大会。各辖市(区)召开座谈会、举行文艺汇演、宣传典型人物,开展省人口计知识竞赛、图片展等,推出"阳光家庭"评选活动,组织开展"和谐计生、文化共建"巡演,"共享改革发展成果、共建美满幸福家庭"等一系列宣传活动。

(高 翔)

【"十一五"人口计生目标管理责任制考核完成】 2010年7~11月,各县(市、区)针对"十一五"人口计生目标管理责任制执行情况进行自查,市人口计生领导小组组成复核组对各地"十一五"人口和计划生育目标管理责任制及人口协调发展先进县(市、区)进行市级复核。11月,省人口计生领导小组围绕8项考核指标、参考指标,抽查市及润州区、句容市、扬中市、丹阳市"十一五"人口计生目标管理责任制执行情况,全市人口计生目标任务全面完成。计划生育率始终稳定在99%以上,出生人口性别比保持在正常值以内,优质服务和群众满意率95%以上,政策兑现率100%。(王玉明)

【企业退休职工一次性奖励政策落实】 2010年,根据《镇江市关于对持〈独生子女父母光荣证〉的企业退休职工实行一次性奖励的实施意见》,经集中登记统计、人社部门资格审核,首批21167名市属企业退休职工符合发放政策领取到一次性奖励金,其中由财政支付退休职工12428名,由企业支付退休职工8739名,2552名企业退休职工不符合一次性奖励金发放政策。(龚璐)

老龄工作

【概况】 2010年,全市60岁以上老年人口达52.28万人,占总人口的19.4%。其中80岁以上老年人口7.78万人,占老年总人口的14.9%。100岁以上老年人119人。

2010年8月16日,市委、市政府出台《关于加快我市老龄事业发展的意见》,从老年保障、老年福利和优待工作、养老服务体系建设、尊老敬老、老年维权等方面推进老龄工作。市慈善总会、市老龄办联合启动第二轮慈善助老活动,并将助老列入慈善常年资助项目。市区投入慈善资金近100万元,为500多名困难老人提供居家养老服务。12月,市慈善总会、市老龄办委托市慈善义工团队——"黄丝带网络志愿者"对市区100名慈善助老对象服务情况进行上门调查,并形成专题调查报告。全市新建社区居家养老服务中心73家,其中省级示范性服务中心4家,市财政对市区养老服务中心每建成1家给予3万元补助。丹阳、扬中、京口和镇江新区累计投入资金200多万元,建成"智能养老院"覆盖110个城乡社区。市财政投入专项资金5万元,举办二期培训班,培训养老护理员150余人,全部通过考试,取得专业资格证书。市财政安排专项资金5万元用于困难老人的冬季助浴工作,其中京口区和润州区各2万元,镇江新区1万元。

2010年10月19日,市政府召开全市老龄工作会议,总结近年全市老龄工作情况,部署下一阶段老龄工作;就贯彻落实市委、市政府《关于加快我市老龄事业发展的意见》精神,研究部署全市老龄事业发展措施。12月,扬中市获得"全国老龄工作先进单位"称号;镇江新区社会发展局副局长席宏荣、丹阳市陵口镇乐善村老年协会会长张锁林分别获得"全国老龄工作先进个人"称号。(陈信)

【"十一五"老龄工作概要】 "十一五"期间,实施《镇江市老龄事业发展规划(2007~2010年)》,老年经济供养保障体系完善,企业职工基本养老保险覆盖率98%;新型农村社会养老保险覆盖率99%。企业退休人员基本养老金逐年提高:月人均养老水平从"十五"期末的596元提高到1427元;城市低保标准从2006年的230元提高到380元;农村低保标准从120元提高到不低于250元。建立城乡最低生活保障制度,保障水平逐年提高,2010年,12113名特困老年人纳入低保生活补助范围。完善城市"三无"和农村"五保"供养制度,供养对象基本生活保障水平逐步提高:2010年,全市有"三无"对象369人,"五保"对象5082人。"五保"对象集中供养标准从"十五"期末的每人每年2705元提高到4506元;集中供养率从29.6%提高到71.3%;分散供养标准从"十五"期末的1465元提高到3551元。老年医疗保障体系逐步健全,全市各类医疗保险参保人数253万人,各类医疗保险参保覆盖率93.7%,新型农村合作医疗保险实现全覆盖。老年人社会福利和优待水平提高,建立政府"尊老金"制度,做好老年人出行优待服务。"十一五"期间,全市新增床位6353张,全市养老机构总床位数10165张,每千名户籍老人养老床位拥有数从"十五"期末的9.3张增长到19.46张。社区老年活动场所设施不断改善,基层老年人协会发挥作用。开展老年维权工作,维护老年人合法权益。(陈信)

【"十二五"全市基本养老服务体系建设规划征求意见稿完成】 2010年完成《镇江市基本养老服务体系建设"十二五"规划》征求意见稿的编制工作,明确到2015年底,按照城乡一体化和区域统筹发展的要求,建立全面保障困难老年人基本生活服务和逐步满足老年人提高生活质量需求的各类养老服务机构协调发展的基本养老服务体系。重点实现居家养老服务网络覆盖城市所有社区和农村40%以上的村,全市各类养老机构床位总数达到老年人口的3%。(陈信)

【开展老年人生活状况与养老服务需求调查】 2010年4~5月,市民政局投入5万元专项经费,老龄办与国家统计局调查队联合开展老年人生活状况与养老服务需求抽样调查,调查样本1000人,其中城市家庭550人,农村家庭450人,调查问卷的有效率100%。形成《镇江市老年人生活状况与养老服务需求的调查报告》。12月,"镇江市老年人生活状况与养老服务需求调研课题组"被江苏省老年学学会授予"老年学研究先进集体"称号。(陈信)

【"尊老金"发放】 从2010年起,尊老金发放范围从90岁以上老年人扩大到80岁以上老年人,且发放标准进一步提高,具体标准为:80~89岁年龄段的老人发给"尊老金"每人每年200元,90岁及以上老人发给"尊老金"每人每年600元,100岁及以上老人另外发给长寿补贴每人每月300元。当年市区(京口、润州、镇江新区和南山联合社区)共有19898名符合条件的老年人享受"尊老金"待遇,市、区两级财政共支出520多万元。(陈信)

【开展老年文化体育活动】 2010年,全市开展一系列老年文化体育活动:市老龄办与有关部门和老年团体联合举办第六届全市老年文艺汇演(部分优秀节目还在金山湖露天音乐广场进行演出)、各辖市(区)、市各有关团体、企事业单位的500多名老年人表演50多个节目。组织"运管杯记住镇江——2010"摄影采风活动、"镇江市重阳耄耋书画"作品展、"'水投杯'满眼风光新镇江"老年书画作品展、"宁镇六会"老年书画作品展和全市老年人乒乓球比赛等。(陈信)

【"敬老月"活动】 2010年10月16日是重阳节,也是镇江市第23个敬老节,全市继续开展"敬老月"活动。副市长、市老龄委执行主任曹当凌发表《2010年重阳节致全市老年人的公开信》,阐述近年全市出台的一系列惠老举措。"敬老月"期间,全市开展走访慰问高龄、空巢、特困老人,五保及"三无"对象,养老机构和老年社团活动,发放"尊老金"。实施"大爱有行——镇江市关爱空巢老人志愿服务行动",发动为老服务组织走进福利院、敬老院、光荣院、老年公寓和老年人家中,开展家政、照料、护理、信息咨询、心理疏导、法律维权等志愿服务活动。开展“我们的节日·重阳——敬老爱老志愿服务”活动,为孤寡、空巢老人集中开展“一次家政服务、一次医疗义诊、一次心理辅导、一次节日慰问、一次游园健身、一次文娱活动”为主要内容的“六个一”志愿服务活动。举办第六届全市老年文艺会演、“镇江市重阳耄耋书画”作品展、“‘水投杯’满眼风光新镇江”老年书画作品展及全市老年人乒乓球比赛。扬中市为空巢老人发放关爱空巢老人志愿服务卡,提供家政、医疗保健、义务理发、心理抚慰等服务。丹阳和扬中市联合举办老年书画作品展。句容市组织百名老年人登茅山。扬中市组织开展“金苇杯”钓鱼活动,近百名老年钓鱼爱好者参加。京口区老年大学举办文艺晚会。润州区组织近300名老年人赴浙江开展动态养老服务活动。三茅镇、四牌楼街道等镇(街)举行敬老文艺演出。市各主要新闻媒体多次报道“敬老月”活动。 (陈 信)

民族工作

【概况】 镇江市是少数民族人口散杂居地区。有回、蒙古等41个少数民族,居民1.62万人,约占全市总人口0.57%,人口比例列全省第二位。全市有清真饮食习惯的回、维吾尔、撒拉、塔吉克、东乡等10个少数民族的人口近万人。全市少数民族中共党员954名,占全市中共党员总数的5.05%。2010年,组织指导全市开展民族团结创建宣传活动,评比推荐镇江市模范个人和模范集体,市民族团结促进会会长谈大洋当选江苏省民族团结促进会第一届常委理事,全市17个相关民族工作部门为会员单位;调研城市民族工作,探求少数民族流动人口的服务管理新方法;推进民族村(组)建设新农村取得新发展,做好民族村扶贫项目立项,动员社会力量支持民族村经济发展和基础设施建设;帮扶资助少数民族贫困家庭、学生。

(曹祥清)

【“民族团结进步宣传文化月”活动】 2010年9月,镇江市开展第七个“民族团结进步宣传文化月”活动,至11月结束,文化月主题是:以创建民族工作示范社区为重点;以创建民族团结和谐小康村为依托,促进民族村组社会主义新农村建设;以创建清真拉面示范店为载体,做好少数民族流动人员服务管理工作;以创建民族团结宣传教育示范单位为契机,宣传民族团结;以创建民族团结示范社团为平台,推进民族工作社会化进程。各辖市(区)建立组织领导机制,采取开座谈会、发放宣传册、民族政策咨询、开设专家讲座、设立民族政策宣传栏、广场文艺演出等形式宣传。

(曹祥清)

【镇江穆源民族饭店揭牌】 2010年6月26日,镇江穆源民族饭店举行揭牌庆典活动。梦溪路原北京东来顺镇江清真饭庄更名为镇江穆源民族饭店,有关单位负责人及穆斯林群众代表30余人出席揭牌仪式。穆源民族饭店坚持“穆如清风,源自真情”的服务理念。

(曹祥清)

【润州区杨家门社区少数民族服务中心揭牌】 2010年1月8日,润州区金山街道在省级民族工作示范社区——杨家门社区举行少数民族服务中心成立揭牌仪式。金山街道的少数民族服务中心依托街道的相关部门,为少数民族提供劳动就业培训、健康咨询和康复、文化娱乐活动、法律咨询、计划生育政策、民乐培训等十二项服务。

(曹祥清)

【民族学校推进传统民族文化体育运动进校园】 2010年6月1日,镇江市穆源民族学校师生和22名优秀学生家长代表举行“民族文化艺术节颁奖典礼暨艺术嘉年华”展览,展出学生们的参赛作品1000余幅,包括绘画、摄影、剪纸、十字绣、手工制作、软硬笔书法等。镇江市民族实验小学在学生课间活动中融入传统民族体育运动内容。学校根据各年级特点,推广抖空竹、滚铁环等活动。

(曹祥清)

【丹阳六中新疆班师生向新疆灾区献爱心】 2010年,新疆塔城、阿勒泰遭受重特大雪灾,丹阳六中新疆班的师生立即组织开展“心系雪灾献我爱心”捐款活动,捐款12000多元。 (曹祥清)

【全省民族工作现场观摩会在镇江召开】 2011年12月9日,全省城市民族工作现场观摩会在镇江召开。省民委副主任王在郑,13个省辖市民宗局的分管局长、民族处长,部分县、区民宗局局长以及社区主任等60余人参加观摩会议,观摩镇江市杨家门民族工作示范社区和穆源民族学校。 (曹祥清)

【省民委领导为丹徒卫星民族村致福工程培训点揭牌】 2011年4月8日,镇江市丹徒区世业镇卫星民族村“致福工程”培训点举行揭牌仪式。镇江市人大副主任、致公党主委卢章平致词。省民委副主任王在郑,镇江市副市长曹当凌,市政协副主席、市委统战部长宦祥宝共同为民族村“致福工程”培训点揭牌。

(曹祥清)

宗教工作

【概况】 2010年,全市宗教工作组织召开纪念《宗教事务条例》颁布实施五周年座谈会,总结五年取得的成绩,探讨新时期加强和改进宗教工作办法和思路。开展宗教活动场所财务管理试点工作,建立健全宗教活动场所财务制度;指导各爱国宗教团体学习《宗教教职人员认定备案办法》,开展宗教教职人员认定。开展基督教私设聚会点专项调研,召开全市基督教私设聚会点治理工作会议。确定一批省、市两级和谐寺观教堂示范场所。做好世博会期间全市宗教领域安全稳定工作。8月6日,市道协常设机构迁至润州道院。

(丁开明)

【《镇江市城市房屋拆迁中宗教房产补偿安置实施意见》颁布】 2010年1月,市民宗局联合市拆迁办,正式颁布《关于镇江市城市房屋拆迁中宗教房产补偿安置的实施意见》。规定拆迁各类宗教房产均要按市场评估价,给予宗教单位100%补偿,然后再根据各自情况具体处理。拆迁合法宗教活动场所,一律由宗教事务部门牵头,按照方便群众宗教生活的原则安置。 (丁开明)

【日本前首相海部俊树参访金山江天禅寺】 2010年4月12日,日本前首相海部俊树到金山江天禅寺参访,拜会中国佛教协会副会长、金山江天禅寺方丈心澄法师。海部俊树向金山寺赠送自己的书法作品“希望”,心澄法师向海部俊树赠送手书“春和景明”紫檀工艺品;双方签订金山佛印书画院与日本中国书法学院友好交流协议书。在金山寺观音广场,宾主双方挥锹填土,栽下象征友谊的金桂树。 (丁开明)

【山巷清真寺大殿开工维修】 2010年9月1日,市级文物保护单位、全国模范清真寺——山巷清真寺大殿维修工程启动。此次大修工程历时5个月,耗资150万元,修旧如旧,并将恢复大门前大小照壁的汉语、阿拉伯语砖雕以及部分匾额和楹联，凸显伊斯兰教文化风格。

（丁开明）

【宗教活动场所财务管理工作现场会】 2010年9月26日，市民宗局在润州区圆通寺召开宗教活动场所财务管理工作现场会，推进宗教活动场所财务监督管理工作。现场观摩圆通寺的会计账册、财务报表，圆通寺负责人作经验介绍，市佛教、道教、伊斯兰教协会和市基督教两会负责人进行交流发言。

（丁开明）

【焦山定慧寺承办2010年秋传授三坛大戒活动】 经中国佛教协会批准，由江苏省佛教协会主办，焦山定慧寺承办的2010年秋传授三坛大戒活动于2010年10月2～29日举行。该项法事在定慧寺已中断120多年。中国佛教协会副会长、焦山定慧寺方丈心澄法师为此次传戒得戒和尚。全国300余位新戒弟子参加正戒登坛典礼。

（丁开明）

【市基督教宣德堂奠基开工典礼】 2010年10月26日，市基督教两会在丹徒新城九华山路以西、312国道以南，距京沪高铁站300米黄金地段上举行市基督教宣德堂奠基开工典礼。基督教教牧人员和信徒代表1000余人参加奠基仪式。宣德堂占地面积1.33公顷，总建筑面积14820平方米，总投资约4500万元。教堂由主体建筑、敬老院和综合楼三个部分组成，可容纳2000人同时聚会。（丁开明）

【省伊斯兰教第五届"卧尔兹"演讲比赛举行】 2010年12月13日～14日，省伊斯兰教第五届"卧尔兹"（伊斯兰教宣教的一种方式，意为"劝导""训诫""教诲""讲道""说教"）演讲比赛在市古润礼拜寺举行。全省各地清真寺参赛选手、伊斯兰教协会负责人和观摩代表70人参加活动。本次"卧尔兹"演讲主题是"伊斯兰教与和谐社会"。镇江市阿訇薛龙和、郭惠民分别获二、三等奖。

（丁开明）

关心下一代工作

【概况】 2010年9月，市关工委与市综治办、预防办联合召开全市未成年人零犯罪社区（村）创建工作推进会，联合制定下发《关于推进未成年人零犯罪社区（村）创建活动的意见》。全市372个法制教育报告团的1030名报告员全年宣讲1581场，参加青少年38.52万人次。全市基层关工委组建帮教小组611个，参加帮教小组的2985名"五老"结对帮教失足青少年2287人，1515人经过帮教转化，转化率66.24%。各级关工委组织1121名"五老"配合有关部门对全市网吧进行义务监督；筹集扶助青少年中弱势群体资金360余万元，资助贫困学生4481名和孤残弃青少年儿童841名。

镇江市农委及句容、扬中、京口、润州等辖市（区）农委相继建立关工委。市、辖市（区）两级建立"老专家"人才库，拥有各类农科专家492名，并在市及部分农业比重较大的辖市（区）、镇、村4级建立科技指导组，参与指导的老专家462名。全市建立农业科技示范基地175个，举办科技培训班245期，接受培训和指导服务的农村青年27015人，提供科技信息1312项，解决科技难题448个，印发科普资料398449份。

2010年1月22日，镇江市关心下一代工作第五次表彰大会召开，对2005年以来涌现的句容市关工委等44个全市关心下一代工作先进集体和杨楠等152名全市关心下一代工作优秀工作者进行表彰。

2010年，丹徒区关工委和丹阳市关工委主任曾义海、扬中市关工委常务副主任施韶贵、镇江新区关工委常务副主任赵恩宏被中国关工委和中央文明办分别授予全国关心下一代工作先进集体和全国关心下一代工作先进工作者称号。镇江市关工委和扬中市、丹徒区关工委被省文明办、省关工委授予全省城乡社区校外教育辅导站工作先进集体称号，市5个优秀校外辅导站和12名先进个人分别被授予全省城乡社区优秀辅导站和全省城乡社区校外教育辅导站工作先进个人称号。丹徒区上党镇其益村校外教育中心辅导站被市文明委授予市第三届"大爱之星"称号。镇江市关工委及镇江新区、丹阳市、句容市、扬中市关工委等6个单位和京口区关工委常务副主任钟程发等5人分别获得全市未成年人思想道德建设工作先进集体和全市未成年人思想道德建设工作先进个人称号。

（莫仲钧）

【"十一五"关工委工作概要】 "十一五"期间，全市关工委组织由1527个增至2736个，增加79%；参加关心下一代工作的"五老"及其他志愿者由22599人增至79670人（其中离退休老教师7308名，占全市老教师总数74%），增加3.52倍。市和辖市（区）及部分镇、街道建立健全在同级党委领导下的有关部门参加的关心下一代工作协调机制。各地先后开展近10项主题教育活动，由各级关工委组建的250余个报告团近千名报告员宣讲近万场次，听讲青少年达209.65万人次。开展增强针对性、实效性的实践教育、体验教育等其他活动，受教育青少年共20.35万人次。全市300余个法制教育报告团的4696名报告员宣讲4976场次，听讲青少年122.9万人次。截至2010年底，全市有769个社区、村实现未成年人零犯罪，占社区、村总数95.65%。推进全市校外教育辅导站建设。开展创建标兵村的活动：丹徒区创标兵村50个，占全区行政村总数的56.8%。

（莫仲钧）

【开展"学双百、争三好"主题教育活动】 2010年3月，市关工委下发《关于贯彻省关工委〔2010〕10号文件的实施意见》，将"迎世博、迎亚运、讲文明、树新风"志愿服务活动和"我是90后"等活动有机融入到学"双百（100位为新中国成立做出突出贡献的英雄模范人物和100位新中国成立以来感动中国人物）"和江苏省"双50（50位为新中国成立作出突出贡献的江苏英雄模范人物和50位新中国成立以来感动江苏人物）"人物主题教育活动之中。6月和8月，先后两次召开专题会议，检查交流"学双百、争三好"主题教育活动的情况和做法，并增设镇江烈士陵园为市青少年思想道德教育基地、润州区人民法院为市青少年道德法制教育基地，增设润州区蒋乔镇嶂山村、京口区瑞京农业示范园为市青少年科普教育基地。全市以"五老"为主体的1269名宣讲员编写讲稿733篇，听讲青少年达29.62万人次。全市组织演讲比赛、图片展览和文艺演出983场，参加活动的青少年达44.77万人次。全市有20万名中小学生参加"我是90后"读书征文活动，收到征文57319篇，报市优秀征文1272篇，获教育部关工委全国读书活动组委会评颁的特等奖中学组12名、小学组3名。

（莫仲钧）

【加强校外教育辅导站建设】 2010年，全市增办校外教育辅导站40个，至此全市辅导站增至1257个，对社区和村（包括已撤并的原建制村和社区）全覆盖。举办全市第二期辅导站工作研讨班，部分社区、村辅导站负责人和"五老"辅导员50余人参加。市关工委制订下发《关于村、社区校外教育中心辅导站建设的目标》（以下简称《目标》），提出新一轮辅导站建设的目标。市关工委通过召开辖市(区)关工委主任会议和校外辅导员座谈会,推动各地贯彻实施《目标》。市关工委对基本硬件设施完善、辅导员中老教师比例高而辅导活动有所创新的13个社区、村中心辅导站进行物质奖励。全市参加校外辅导的"五老"有7898人,全年辅导学生达26.84万人次。 (莫仲钧)

【民营企业关工委工作】 2010年,市民企关工委协调有关部门在以省定规模以上民营企业(简称规模民企)为主的民企中组建关工委组织。全市新建民企关工委1209个,较上年增加7.4倍。其中1069家规模民企已有1006家建立关工委,占94.1%;25家规模市场全部建立关工委;369家中小型民企建立关工委,形成市和辖市(区)民营经济关工委、基层工商所关工站和民企关工委4级工作网络,并落实人员、经费、场所。以结对共建方法支持11个校外教育辅导站建设。市民营经济关工委牵头召开民企关爱贫困大学生协调会,筹集资金达到每年安排10万元,江苏大学等40名大学生和新区10名高中生首获资助。 (莫仲钧)

【未成年人思想道德建设专题调研】 2010年4~6月,市关工委组织协调各辖市(区)关工委和有关高校分3条线开展未成年人成长基本状况和如何创新未成年人思想道德教育工作调研活动,直接参与调研的有850人,其中,辖市(区)关工委55人、"五老"514人、在职教师281人,被调查对象13090人,其中学生11127人、教师934人、家长736人。采用问卷调查,召开学生、教师和家长座谈会,日常随机观察、个别谈话以及查阅相关资料,典型解剖等方法调研,形成调研报告、研讨论文及其他调研文章157篇。市关工委《关于当前我市未成年人成长状况的调查报告》,提出从4个方面改进和创新未成年人思想道德建设的思考与建议。省关工委在当年第13期《关心下一代工作简讯》上摘发《调查报告》主要内容。

(莫仲钧)

【镇江高校第10次"百名教授老区行"活动】 2010年12月18日,由镇江市关工委、市老区开发促进会、市总工会主办,句容市委、市政府协办,江苏大学、江苏科技大学、镇江高等专科学校和江苏农林职业技术学院4校关工委承办的镇江高校第10次"百名教授老区行"系列活动在句容市茅山镇春城举行。4所高校的171名党政领导及关工委领导、老教授、老专家、老干部和部分师生参加活动,向该镇100名特困学生每人发放300元助学款,向镇校外教育中心辅导站捐赠2000余册(件)科技、人文类图书资料,为老区人民提供科技、法律、医疗、保健等现场咨询服务651人次、书写春联4370余副。 (莫仲钧)

慈善工作

【概况】 2010年,市慈善总会本级全年各项慈善资金收入1608.46万元,慈善救助支出1060.87万元,首次突破1000万元,救助2.28万人次。市慈善总会本级资金总规模为17741.77万元,其中合同认捐10480万元,账面实际结存资金7261.77万元。全市(含辖市、区)慈善资金总规模为87339.78万元,其中合同认捐68146万元,账面实际结存资金19193.78万元;当年慈善资金收入6656.61万元,慈善救助支出3476.56万元,救助3.91万人次。市区重点骨干企业认捐慈善资金1.23亿元,当年应捐资金615万元,年度实捐资金到位率100%。全年实现增值收入540万元。玉树地震和西南旱灾发生后,全市向地震和干旱灾区捐款926.9万元(含辖市、区)。市慈善总会被民政部授予全国先进社会组织称号。

(甘培华 朱秋所)

【"十一五"市慈善工作概要】 市慈善总会一届理事会2005年4月成立。连续五年开展"慈善一日捐"活动,市区募集慈善资金4797.1万元,其中市本级1713.76万元。在重点骨干企业中开展慈善认捐活动。总会积存资金累计增值1154万元。2008年,"5·12"汶川特大地震发生后,市慈善总会从市慈善资金中向地震灾区捐款20万元;全市慈善机构会同民政部门募集捐款7159.77万元,物折款1067.76万元;其中市慈善总会单独接收捐款472.72万元。2009年向台湾"8·8"风灾地区捐款20万元。2010年向玉树地震和西南旱灾捐款926.9万元(含辖市、区)。

"十一五"期间,实施慈善助医、助学、助残、助老、助困、助孤等系列慈善救助项目。2008年出台《镇江市慈善资金助医办法(试行)》,2009年出台《青少年儿童白血病救助资金管理和实施办法(试行)》,2010年出台《市区贫困家庭儿童大病救助资金办法(试行)》等相关救助办法。全市慈善救助共支出资金5483.96万元,救助41618人次;市本级慈善救助共支出资金1850.27万元,救助11042人次。

(甘培华 朱秋所)

【慈善资金救助】 2010年,慈善总会实施慈善助医、慈善助学、慈善助残、慈善助老、慈善助孤、慈善助困等九大救助项目。

全年慈善助医4621人次,支出93.46万元;救助青少年儿童白血病28人,支出94.86万元;救助贫困家庭大学和高中、职高新生381名,支出42.82万元;慈善助老服务3212人次,支出94.56万元;援助京口区、镇江新区慈爱居家养老服务中心,支出60万元;慈善助孤51人,支出28.41万元;临时性应急救助97人次,支出25.82万元;捐赠市儿童康复中心语音助听设备25万元;向市特教中心捐赠价值30万元的职业培训设备;援助新建的市儿童福利院建立"慈爱游乐场""慈爱图书室""慈爱手工室""慈爱电脑室""慈爱舞蹈室"等支出50.07万元;慈善健行行动为106名贫困残疾人安装假肢,支出40.65万元;慈善复明行动为110名贫困残疾人施行白内障复明手术,支出27.5万元;慈善"暖流行动"首次面向43家企业特困和重病职工实施救助,支出12万元。慈善"温暖行动"救助重病特困家庭1206户,支出258.8万元,为近几年来救助人数最多、救助力度最大、支出金额最高的一次温暖行动。支持京口区、润州区、丹徒区、镇江新区慈善超市建设共10万元。

4月,市慈善总会出台《儿童大病医疗慈善救助资金和管理实施办法(试行)》,规定对市区贫困家庭儿童大病医疗实施慈善资金救助,对慢性肾衰竭肾透析、再生障碍性贫血、恶性肿瘤、精神病、血友病、慢性肝炎、器官移植抗排异治疗、脑瘫、疗毒症、先天性等10种贫困家庭儿童大病实施重点救助,按家庭类别给予不同比例慈善救助。救助费用将由定点医院从患者总费用中按规定比例扣除。该项目全年救助儿童大病患者93人,救助金额超过100万元。

联合市卫生局开展慈善助医强基行动,向老区和经济薄弱村卫生室捐赠医疗设备,给市区68个村卫生室捐赠医疗设备204套,价值142.8万元。争取到中华慈善总会的支持,无偿提供总价值120万元的儿童视敏检测设备,在市区12所小学设立儿童视敏检测室,加强儿童早期弱视的预测预防。协助市老促会,为茅山老区丹徒五塘村和句容戴庄村向省慈善总会争取到各10万元的村卫生室医疗设备援助资金，帮助两村改造升级卫生室。

（甘培华 朱秋所）

【慈善文化宣传】 2010年，全年市级以上媒体采用各类慈善稿件145篇，其中整版报道16篇。市电视台拍摄22分钟的大型慈善电视宣传片《爱心家园》。13家单位和22名个人获首届“慈善爱心奖”称号。慈善总会和市文联联合制作140多幅作品的《爱的奉献》大型图片展，印制会刊300套，市城管部门配合在城区竖起多块大型慈善广告标语牌。各新闻单位把慈善事业发展情况列入“十一五”成就和“十二五”展望的内容着重宣传报道。镇江电视新闻台在“跨越征程”栏目中，把慈善事业发展作为头条新闻播出。市文明办、市文广集团、市慈善总会联合开展“大爱镇江爱之行”活动。

（甘培华 朱秋所）

【“慈善一日捐”】 2010年4月，以“关爱儿童的生命和健康，募集儿童大病医疗慈善救助资金”为主题，镇江市连续第五次开展“慈善一日捐”活动，募集善款1315.4万元，其中市本级520万元。浦发银行、中信银行、大新银行镇江分行新开业之际向市慈善总会捐款20万元，镇江百盛有限公司连续第四年向市慈善总会捐款10万元。

（甘培华 朱秋所）

【民间慈善团体和义工队伍管理】 2010年，贯彻《江苏省慈善事业促进条例》有关精神，开展民间慈善组织状况调研，引导规范民间慈善行为，在市区组建16支慈善义工团队和6家慈善义工服务基地，注册慈善义工1640人。0511·爱心家园、黄丝带等爱心团体开展爱心活动。 （甘培华 朱秋所）

人民生活

【概况】 2010年，全市城镇（非私营）单位在岗职工年平均工资37675元，比上年增加3466元，增长10.1%，其中：市区41485元，增长8.1%；丹阳市34710元，增长14.0%；扬中市35174元，增长15.2%；句容市31967元，增长14.5%。在全市城镇（非私营）单位在岗职工平均工资中：企业单位31042元，增长10.1%；事业单位51517元，增长13.8%；机关单位65695元，增长7.8%。

据200户城市家庭抽样调查显示：2010年，城市居民年人均可支配收入23075元，增长10.1%；年人均消费性支出为14080元，比上年增长8.0%。其中：食品类支出5995元，增长15.4%；衣着类支出1563元，增长6.1%；娱乐教育文化服务类支出1579元，下降15.1%；家庭设备用品及服务类支出981元，下降8.5%；医疗保健类支出995元，增长36.9%；交通和通讯类支出1486元，增长65.0%；居住类支出940元，下降24.8%；其他商品和服务类支出542元，下降2.8%。

据580户农村家庭抽样调查显示：2010年，农民年人均年末住房面积49.5平方米；农民年人均纯收入10874元，增长12.8%；农民年人均生活消费支出7848元，增长11.2%。其中：食品类支出3076元，增长12.6%；衣着类支出543元，增长17.6%；居住类支出1193元，增长19.7%；家庭设备用品及服务类支出457元，增长6.2% ；交通通讯类支出826元，增长1.3%；娱乐教育文化服务类支出1054元，增长3.7%；医疗保健类支出491元，增长17.3%；其他商品和服务类支出208元，增长11.8%。

（陈正群）

2010年城市每百户居民家庭耐用消费品拥有量一览表

表34-1 单位：每百户拥有量

品　名	单位	年末拥有量
家用汽车	辆	6
摩托车	辆	19
助力车	辆	79
洗衣机	台	103
电冰箱	台	103
彩色电视机	台	185
家用电脑	台	85
组合音响	套	29
摄像机	架	9
照相机	架	53
钢琴	架	3
其他中高档乐器	件	11
微波炉	台	97

续表34-1

品　名	单位	年末拥有量
空调器	台	187
淋浴热水器	台	101
消毒碗柜	台	9
健身器材	套	3
移动电话	部	182

注：本表根据对200户家庭抽样调查资料统计 （陈正群）

2010年农村每百户居民家庭耐用消费品拥有量一览表

表34-2 单位：每百户拥有量

品　名	单位	年末拥有量
洗衣机	台	93
电冰箱	台	89
空调机	台	106
抽油烟机	台	34
吸尘器	台	4
微波炉	台	51
热水器	台	88
自行车	辆	179
摩托车	辆	73
汽车（生活用）	辆	5
固定电话机	部	99
移动电话	部	188
彩色电视机	台	161
黑白电视机	台	8
摄像机	架	4
影碟机	台	53
照相机	架	17
家用电脑	台	37

注：本表根据对580户家庭抽样调查资料统计 （陈正群）

【城市居民家庭居住条件状况】 2010年，据200户城市家庭抽样调查显示：居民住房成套率达85.5%，人均住房建筑面积35.01平方米。按建筑面积分：人均8～12平方米1户，人均12～16平方米6户，人均16～20平方米9户，人均20～24平方米19户，人均24～28平方米20户，人均28～30平方米8户，人均30～35平方米40户，人均35平方米以上家庭97户。按房屋产权分：租赁公房和租赁私房、自有房分别占6.5%和93.5%。居民无卫生设备户数与有厕所无浴室户数占6.5%，浴室与厕所齐全户数占93.5%。家庭拥有空调设备户数占91%，使用管道天然气户数占74.5%。 （陈正群）

交通银行 镇江分行
BANK OF COMMUNICATIONS ZHENJIANG BRANCH

领导视察交行

金融服务深入社区

2010年，镇江交行积极应对复杂的经济形势，坚持“责任立业，创新超越”的发展理念，加快转变发展方式，各项业务全面推进。年末，存款余额180.11亿元，比年初增加36.12亿元，增长25%，增量列江苏省交行全辖第二，市场占比比年初增加0.09个百分点，其中储蓄存款比年初增加8.91亿元，增量全辖第一，市场占比增加0.2个百分点。贷款余额137.48亿元，比上年增加29.31亿元，增长27.10%，增量全辖第三，市场占比增加0.39个百分点。实现经营利润38199万元，拨备后利润40237万元，同比增加7444万元，完成计划118.34%。二季度、三季度和全年绩效考核连续夺得全辖第一，实现“跑赢大市、争先进位”目标。在镇江市银行金融机构开展的迎世博金融服务系列活动中，镇江交行以向世界展示一流的金融服务水平为目标，践行服务世博的各项承诺，提供全面、创新和精准的金融产品，营造优质、安全和便捷的金融服务环境，用心从细节做起，围绕服务标准、岗位技能、文明礼仪、世博知识、普通话、英语等内容，分期、分批对窗口服务员工开展迎世博的教育培训、技能竞赛，实施文明规范服务和技能达标工程，全面提升营业网点、自助设备等硬件设施，满足世博会组织者、参展者及参观者的金融需求，展示镇江交行一流的服务形象。

一流的服务柜台

业务办理

客户答谢晚会

世博服务日

王刚签售会

浦发银行 SPD BANK 上海浦东发展银行镇江支行

市委书记许津荣、浦发银行总行行长傅建华揭牌

镇江支行行长缪志林致辞

镇江支行作为新区万顷良田银团贷款的参贷行，参加镇江新区管委会主办的签约仪式

浦发银行镇江支行贯彻落实总、分行的战略部署，主动应对经营形势的变化，立足“做大主营、优化结构、防控风险、加强管理、提高效益”的工作思路，主要经营指标大幅提升。年末，各项存款余额37.96亿元，比上年增长62.92%，其中储蓄存款余额4.01亿元。贷款余额38.93亿元，增长43.49%，其中个人贷款余额1.9亿元。拓展优质信贷市场。实施能动营销。围绕全市龙头企业、纳税大户，以“百户企业、百亿授信”银企座谈会为主题，承办镇江市“金融服务日”活动。持续开展三方存管营销活动，与市内五家证券公司签约，通过营销竞赛活动吸引投资客户群和高端客户群。全年累计销售各类理财产品4.01亿元，基金3200万元。在总行组织的2010个人银行十强分行营业部和百强网点竞赛活动中，营业部综合排名列第35名，其中个人金融资产、个人贷款、个人中间业务、年度优质客户、三方存管客户比年初新增等指标均列入百强网点。

市公安局副局长石重光对做好安全保卫工作提出要求

“金融服务日”活动

客户经理走进丹阳，开发中小企业信贷市场

中信银行股份有限公司镇江分行

市委书记许津荣和总行副行长曹彤亲切交谈

南京分行行长焦世经致欢迎词

中信银行股份有限公司成立于 1987 年，是中国改革开放中最早成立的新兴商业银行之一。2006 年 12 月，正式更名为“中信银行股份有限公司”（简称中信银行）。2007 年 4 月 27 日，中信银行在上海交易所和香港联合交易所成功同步上市。中信银行经过二十多年的发展，成为国内资本实力最雄厚的商业银行之一，是一家快速增长并具有强大综合竞争力的全国性商业银行。中信银行的业务辐射全球 70 多个国家和地区，全国近 700 家分支机构战略性的分布在经济发展迅速的中国东部、沿海地区及内陆的经济中心城市。

中信银行股份有限公司镇江分行隶属于南京分行，位于镇江市长江路 11 号。中信银行镇江分行于 2010 年 8 月开始筹建，11 月 15 日领取营业执照，12 月 9 日正式开业。截至年末，全行一般性存款余额 5.25 亿元，其中：公司存款 5.02 亿元，储蓄存款 0.23 亿元；各项贷款余额 6 亿元。中信银行将依托镇江良好的政治、经济、文化环境，秉承“诚信为本、稳健经营”的理念和“学习创新、团队成长”的价值观，发挥集团特有优势，为客户提供解决方案，为员工提供成长空间，为地方经济发展融资融智贡献力量。

镇江分行工作会议

中信银行镇江分行开业庆典剪彩仪式

宽敞明亮的营业大厅

行长许良大向镇江市慈善总会捐赠善款20万元

朝气蓬勃的业务团队

PICC 中国人保财险

买人保电话车险 价格省·服务多·理赔快

私家车商业险最多再省15%

人保电话车险 ☎ 4001234567

公司介绍

中国人民财产保险股份有限公司（简称“中国人保财险”）是中国人民保险集团公司（PICC）旗下标志性主业，有着50多年辉煌历史，几经变迁，已成为全国最大的国有财产保险公司，在国内外同业市场享有卓著声誉。公司实力雄厚、人才济济、网点众多、服务一流，PICC的品牌标志早已深入人心。2003年11月6日，作为中国保险第一股，人保财险在香港联交所成功挂牌上市，成为中国内地大型国有金融企业海外上市“第一股”。凭借综合实力，公司相继成为北京2008年奥运会、2010年上海世博会、广州亚运会保险合作伙伴。2008年6月26日，国际权威评级机构穆迪公司授予公司中国内地企业最高信用评级A1级。 在2008年亚洲保险业竞争力排名中，公司被评为“亚洲最具竞争力非寿险公司”。

中国人保财险镇江市分公司经营除人寿保险以外的一切保险业务，承担着全市企业财产、家庭财产、运输工具等近2000亿元的巨额风险，尽心尽力为全市国民经济发展和人民生活安定保驾护航。公司现有一批长期从事保险业务经营的各类人才，为保户提供险种设计、防灾防损等各种保险专业化的服务。

同样优惠15% 为何不选择最大的非寿险公司

人保官网 管家式理赔服务
免费车险报价 试试可以省多少

中国人保财险 爱车保险专家

- 保险顾问，全流程电话咨询服务。
- 免费送单上门，支持刷卡缴费。
- 万元以下车险案件，1小时通知赔付。
- 全国联网免费救援。
- 四海通行，全国通赔。
- 车险查勘“四个一”服务
- 人伤案件全程电话导航服务
- 盗抢车上门服务
- 上门收取理赔单证服务

PICC 中国人民财产保险股份有限公司 镇江市分公司
PICC PROPERTY AND CASUALTY COMPANY LIMITED

投保专线：4001234567 全国统一服务热线：95518

电子商务网站：www.e-picc.com.cn

中国人寿保险股份有限公司
China Life Insurance Company Limited
镇江市分公司

党委书记、总经理 周鸿

领导成员会议

中国人寿保险股份有限公司是国内最大的专业寿险公司。分别在纽约、香港和上海三地上市，成为国内首家“三地上市”的金融保险企业。公司连续九年入选《财富》“全球500强”(2010年列第113位)。公司遍布全国3600多个分支机构，为广大客户提供个人寿险、团体人寿保险、年金、意外险、健康险等产品和服务。经验丰富的管理团队、遍布全国的服务网点、专业高效的员工队伍、规模庞大的销售队伍、先进规范的投资管理体系、完备严格的内部控制与风险管理体系、健全完善的客户服务体系，形成强大的综合优势和竞争实力。

2010年，中国人寿镇江市分公司市场占有率为40.72%，列全市第一位。作为镇江寿险市场最大的寿险公司，中国人寿镇江市分公司勇担社会责任，积极服务民生，再次蝉联“江苏省文明行业”称号，被江苏省计生委、计生协会和江苏保监局联合评为“全省计划生育系列保险”先进集体称号，公司改革发展成果得到了上级公司、地方政府和社会各界的肯定和赞誉。

“中国人寿杯”宣传活动

“国寿客户节”活动

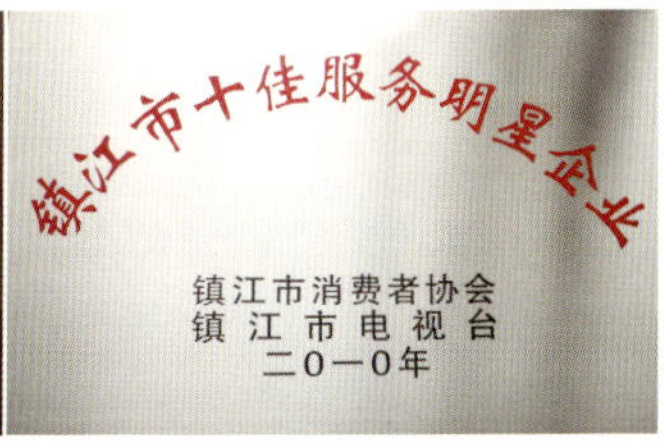

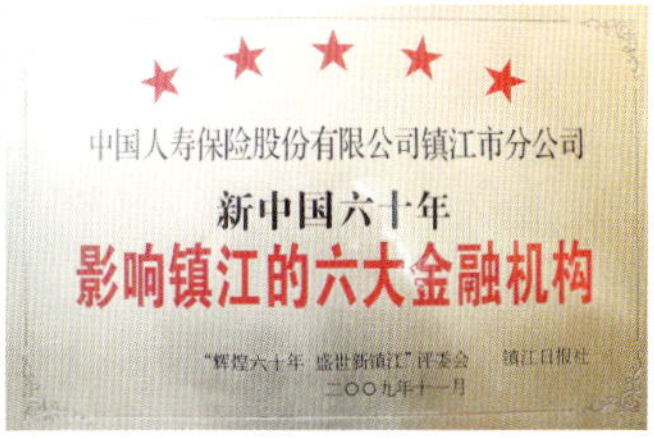

95519 客户服务专线

www.e-chinalife.com

中国人寿 CHINA LIFE

中国人民解放军第三五九医院

中国人民解放军第三五九医院是一所集医疗、教学、科研、预防、保健为一体的三级乙等医院，拥有伽玛刀、磁共振、螺旋 CT、DSA、DR、口腔种植机等大中型医疗设备 800 多台件，总价值 6000 余万元。医院拥有全军及军区专科治疗中心 3 个，9 名专家担任全国、全军和军区专业学术组织领导职务。

骨科为全军肢体伤残中心和军区骨科研究所，在重症小儿麻痹症矫治、关节置换、创伤救治、断指(肢)再植、脊柱外科、显微外科、支具制作、脑瘫诊治等方面在国内有较高的知名度。口腔科为军区颌面外科专科中心，在种植牙、颌面部创伤、老年牙病诊治与修复正畸方面优势明显。肿瘤科开展的小肝癌介入治疗和生物治疗新技术，形成新的技术特色。五官科开展的鼾症治疗效果明显，并获得国家自然科学基金资助。急救中心多次成功抢救沪宁高速公路特大交通事故伤员，受到省市领导充分肯定。药械科研制生产的肺乐片、舒乐感冒片等中药制剂，深受军地患者欢迎。

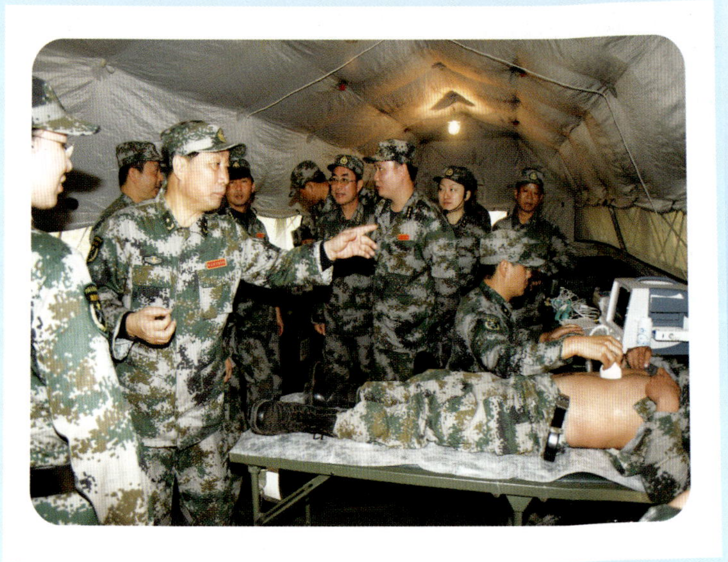

野外驻训

建院以来共获各种成果奖励 83 项、国家专利 18 项。其中，国家科技进步三等奖 1 项、军队科技进步二等奖 3 项、军队医疗成果二等奖 4 项。医院先后三次被国家表彰为“全国扶残助残先进单位”，被总部表彰为“为部队服务先进医院”“文明卫生军营”，被军区表彰为“为部队服务先进医院”，被江苏省表彰为“拥政爱民、抗洪抢险先进单位”，被联勤部表彰为“先进团单位党委”“新闻报道先进单位”。

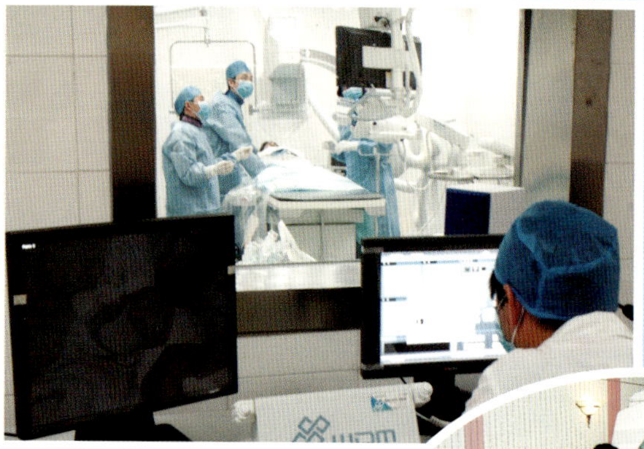

DSA 介入治疗

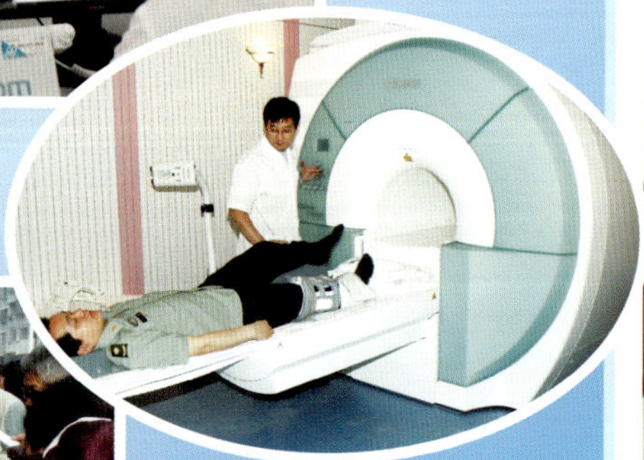

新型核磁共振

开展爱民义诊

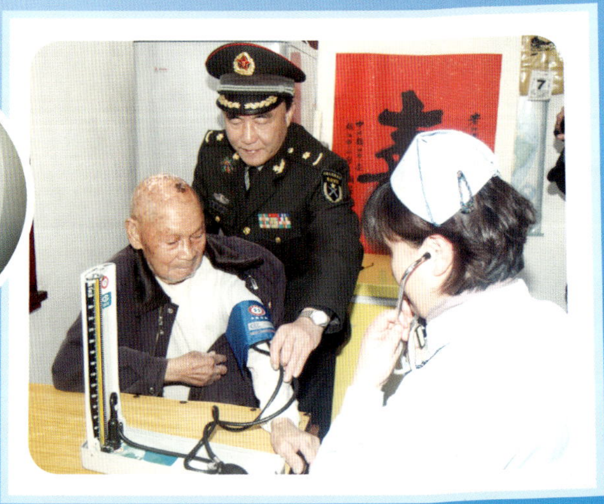

为百岁老红军做健康检查

丹阳市财政局

市财政局党组书记、局长　金夕龙

2010 年，丹阳市财政部门在市委市政府的正确领导下，认真学习实践科学发展观，紧紧围绕“双突破、双超越”目标，团结拼搏，锐意进取，取得骄人业绩，财政总收入和地方一般预算收入分别跃上新台阶。全年完成财政总收入 80.05 亿元，完成地方一般预算收入 30 亿元。市财政局获党建创新工作先进单位；被评为先进党组织、服务环境建设先进集体和市级机关目标责任制考核先进单位；被江苏省人民政府授予“财政收入新增贡献先进单位”称号；获得“镇江市财政收入优胜奖”。司徒镇财政所被评为“全省财政系统先进集体”；开发区、云阳镇分别列“镇江市财政收入十强乡镇”第一、第二名。

市财政局被江苏省财政厅厅长潘永和定为创先争优活动联系点，图为潘永和在丹阳调研工作

积极开展联户帮扶活动

召开局效能革命暨“三争一创”动员会

开展“三走进、三服务”活动，工作人员在丹阳人民广场进行财政宣传

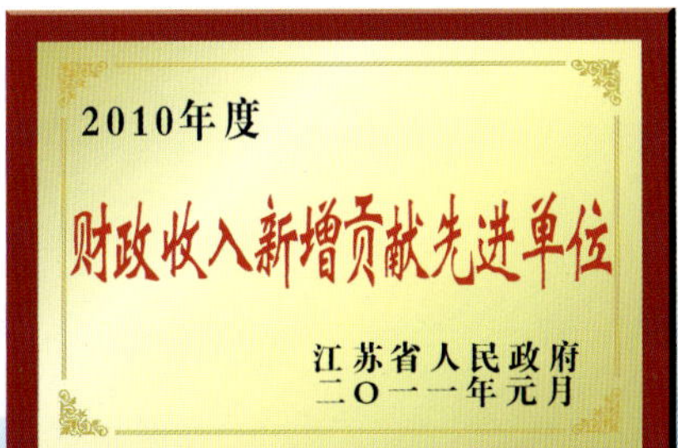

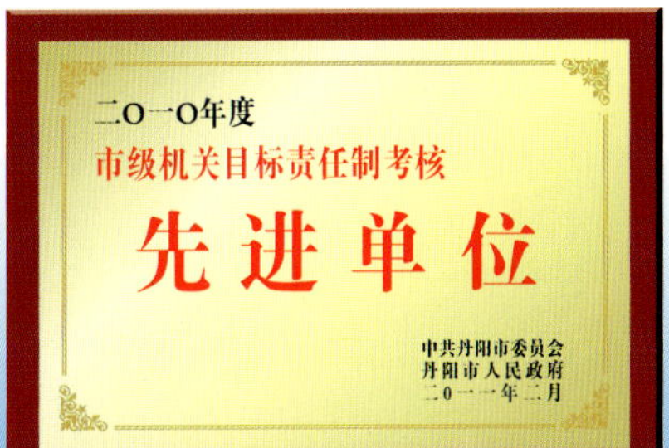

江苏省委书记罗志军视察江苏恒神股份有限公司

江苏省委常委、副省长黄莉新出席园区项目开工仪式

江苏省丹阳经济开发区

江苏肯帝亚木业有限公司

丹阳经济开发区于 1993 年被批准为首批省级经济开发区，全区总面积 168 平方公里，户籍总人口 12 万人，下辖有 39 个行政村(社区),是丹阳市新的政治、经济和文化中心。

2010 年，开发区实现地区生产总值 176.9 亿元，业务总收入 852.9 亿元，地方一般预算收入 8.01 亿元，完成全社会固定资产投资 79.88 亿元，实际利用外资 8127 万美元，实现进出口总额 4.71 亿美元，完成财政总收入 18.73 亿元。综合经济实力全面提升，区域经济实现持续稳定快速增长。

2011 年，开发区强化发展举措，加速推进转型升级，集全区之力打造——“新材料、新能源、新医药，精密制造”四大产业板块，主要包括恒神碳纤维、大力神合金铝、深迪亚微电子、万得新能源汽车、宏福物流等国际一流、国内领先的新兴产业项目，为千亿板块开发区的打造奠定基础。

大力神集团

沪宁城际高铁丹阳站

玉泉路夜景

在建中国丹阳眼镜城效果图

天波城一景

中国工程院院士、高梳棉理论创始人梅自强（右三）到镇指导工作

镇江市委书记许津荣（中）在吕城镇指导工作

丹阳市吕城镇

吕城镇地处丹阳市东南部，与常州市接壤。因三国时东吴大将吕蒙（公元 230 年），在此屯兵筑城而得名，距今已有 1700 多年历史。沪宁高速公路、312 国道、沪宁铁路和京杭大运河穿境而过，境内有吕城火车站，距沪宁高速公路出口 10 分钟车程，交通优势明显。全镇总面积 68 平方公里，总人口 5.2 万人，辖 11 个行政村、2 个社区居委会。工业以合金电热、纺织服装、粮油加工、机械制造、化工涂料五个行业为主，每个行业均有代表性龙头企业。镇内正在建设的航天航空高性能合金产业园是江苏省首批科技特色产业园区，园区研发和生产国内外高性能合金材料。高效农业以花卉苗木、生态观光农业为主，以粮油加工为基础的农业产业化带动辐射能力强，由省发改委农村经济产业指导服务中心规划设计的粮油加工贸易集中区沿大运河两岸为主体区域，有国家级 3 万吨食用油储备库，在建大型粮食码头 1 座和省级粮食储备库。吕城镇是全国“千强镇”“江苏省文明镇”“江苏省重点中心镇”“江苏省特色文化镇”。

镇江市委常委、丹阳市委书记李茂川（右一）视察吕城镇

召开中共吕城镇第十六次代表大会

水月情生态园

蔡塔村建身广场

经济强镇 生态名镇 和谐新镇
全国环境优美乡镇

丹阳市埤城镇

副省长徐鸣(右三)到埤城视察生态镇创建工作

埤城镇位于丹阳市东北郊，东与后巷镇毗邻，南与丹阳经济开发区接壤，北与镇江新区相接。水、陆、空交通十分便捷，丹界线、常泰高速连接线穿镇而过，素有“新型机械之乡”之称，主导产品有联合收割机、曲轴、锻压机械、米机、工具等，并配有灯具、电子、印刷等轻工行业。2010年，经过村镇区划调整后，合并成新的埤城镇。现镇域总面积40.08平方公里，其中丘陵3.61平方公里，占9%，耕地面积1806.36公顷。辖6个行政村，1个居委会，总人口2.3万余人。境内有南齐帝王陵墓3座，陵墓石刻1处，有辟邪2尊，属国家级重点文物保护单位；境内镇江市级文物保护单位有务本堂1处，丹阳市级文物保护单位有白龙池、培远堂2处。建有水晶山体育森林公园，重建白龙寺寺庙，着力打造白龙寺农业生态观光园，区域旅游资源丰厚，前景发展广阔。近年来，先后获得“江苏省体育强镇”“江苏省农村集体财务规范化管理示范乡镇”“镇江市新型示范小城镇”“镇江市经济发展与高效规模农业发展双‘十强’乡镇”“镇江市特色文化之乡”“全国环境优美乡镇”“江苏省卫生镇”“江苏省群众体育先进集体”“镇江市双拥模范镇”等荣誉。

成功争创镇江市“双拥模范镇”

江苏省老年体协领导到埤城参观新农村建设

埤城镇启动第二届文化艺术节活动

农民集中居住点一角

埤城镇新建的风光绿化带广场

埤城新建的基督福音堂

江苏沃得机电集团有限公司

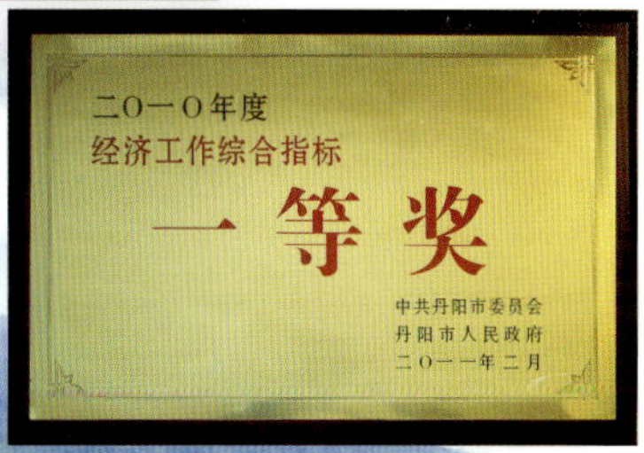

江苏晶工工具有限公司

水晶山全貌

江苏华宇灯具有限公司

江苏唯益炉料有限公司

丹阳市访仙镇

访仙综合市场

工业集中区

省康居示范村——草塘村

访仙镇位于丹阳市东郊，是丹阳市的四大古镇之一。区域面积 79 平方公里，耕地 4285 公顷，辖有 11 个行政村、2 个居委会，年末总户数 17920 户，总人口 51608 人。

访仙镇是工贸型乡镇，已形成以汽车零部件、纺织织造、光学镜片、五金制锁、医药包装等产业为主要特色、种类比较齐全的工业经济体系。122 省道旁 3.8 平方公里的工业集中区，区位得天独厚、交通便捷，是投资创业的理想场所。

2010 年，全镇实现地区生产总值 17.9 亿元，完成工业销售 36.8 亿元，财政总收入 1.3 亿元，农民人均纯收入 11960 元。

圆通公司汽车轮毂生产车间

圣豪生态园一角

超力公司流水线

杨城居民点

文光公司 50 万套灯具新厂

界牌鸟瞰图

丹阳市界牌镇

江苏省省委书记罗志军视察界牌

界牌镇位于丹阳市东北部，东临长江，122 省道穿镇而过，全镇总面积 23.5 平方公里、耕地面积 990 公顷。辖 5 个行政村、3 个社区居委会。年末总户数 6959 户、总人口 21856 人。界牌镇先后被评为全国农村教育综合改革先进镇、全国小城镇建设试点镇、江苏省新型示范小城镇、江苏省环境与经济协调发展示范镇、江苏省农村现代化示范镇、省级文明镇、镇江市首富镇、全国千强镇。有全国最大的汽车灯具、摩托车配件市场。

镇江市市委书记许津荣视察界牌

新村入口

小区在建工程

第二届文化艺术节

江苏卡威集团

江苏五洲塑件

江苏新华美公司

产业岛 生态镇 幸福城

扬中市西来桥镇

临港产业蓬勃发展

国家级生态镇创建工作汇报会

西来桥镇位于扬中市东南部，总面积 16.1 平方公里，辖 5 个行政村、1 个社区，总人口 18000 人。“产业岛”建设成功起步，2010 年全镇实现地区生产总值 8.25 亿元，实现工业产值 30.3 亿元，2 个总投资 50 亿元的重大项目成功签约落户；“生态镇”建设成效明显，建成污水处理厂、压缩式垃圾中转站，创建成国家级生态乡镇，人居环境明显提升；“幸福城”建设强势推进，全镇养老保险参保率达到 96%，人均纯收入达到 10017 元；“平安西来桥”建设卓有成效，群众幸福指数不断提升。

广场文艺演出

幸福花苑小区

新农村建设示范点

新社区建设效果图

富民工业园效果图

良好的生态湿地环境

丹徒新城管委会

丹徒区委常委、新城党工委书记、管委会主任
凌荣春在驸马山地热温泉成井出水竣工典礼上致辞

国家模具CAD工程研究中心丹徒中心建成投产

区委常委、新城党工委书记、管委会
主任凌荣春（中）走访慰问群众

丹徒新城加速城市化
先行现代化誓师大会

丹徒新城科创孵化
中心开工仪式

丹徒新城纪念建党九十周年
暨“唱红歌颂党恩”歌咏大会

丹徒区住房和城乡建设局

2010 年建设工作会议

2010 年，丹徒区住建局在区委、区政府的领导下，坚持以科学发展观为统领，高扬“加快调结构、加速促提升”的主旋律，全区城乡建设实现跨越发展。村镇规划指导有力，创建了 14 个省、市级新农村示范点和特色村，村镇基础设施逐步完善；民生工程全面推进，区域供水和污水处理全覆盖目标基本实现，群众的满意度不断提高；拆迁总量再创历史新高，安置小区同步建设，社会和谐稳定；行业监管成效显著，重大质量安全事故有效遏制；违法违章建设得到控制，大城管机制有效建立；党建工作全面加强，深入开展“五型机关”创建、“双加双比”等活动，狠抓党风廉政建设，干部职工精神面貌焕然一新，工作成效大幅提升，“十一五”期间各项目标任务顺利实现。住建局被镇江市委、市政府授予全市跨越发展有功单位，被省住建厅评为省招标投标工作先进集体。

丹徒区住房和城乡建设局揭牌

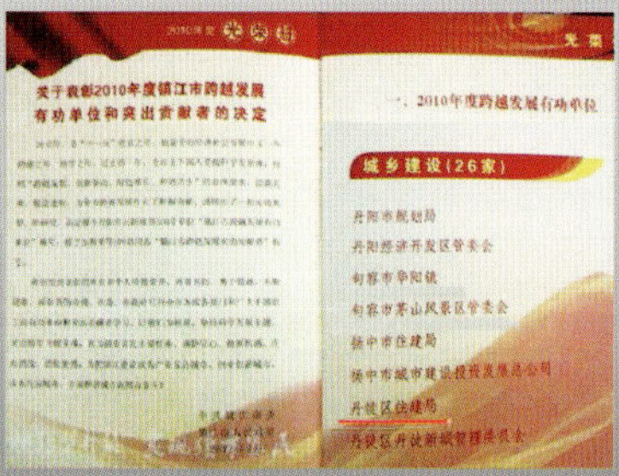

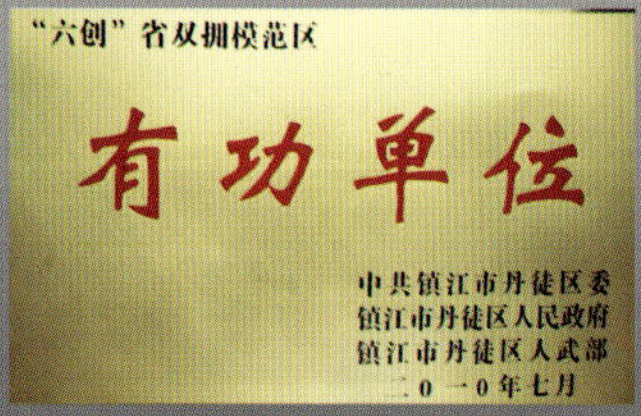

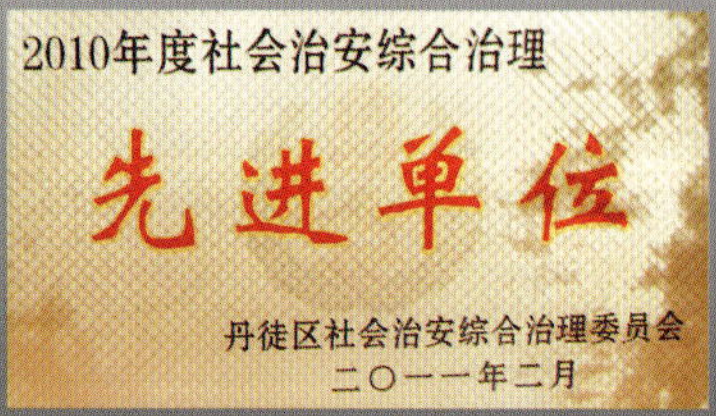

省建设系统行政执法队伍规范化星级单位创建现场考核会

“加快调结构比奉献、加速促提升比作为”演讲比赛

法制宣传

丹徒质量技术监督局

2010年，镇江市丹徒质量技术监督局（以下简称丹徒质监局），开展标准化、计量、质量、食品安全、特种设备安全监察等综合管理和行政执法工作。按照法制惠农工作要求，积极推行农业标准化工作，组织申报省级农业标准化示范区1项，市级农业标准化示范区3项。帮助企业制（修）订企业产品标准26个，备案企业标准26个。办理组织机构代码证1670家，代码IC卡800份。开展重点用能企业监督检查工作，推动重点耗能企业能效达标，帮助江苏鹤林水泥有限公司进行能效计量评估试点。丹徒质监局被授予“江苏省文明行业”称号，稽查大队被评为市质量技术监督系统先进集体，3人受市局表彰。

丹徒区宝堰镇

市委书记许津荣（中）调研新市镇建设

市长刘捍东（中）视察宝堰蔬菜基地

2010年，宝堰镇以“加速转型升级，奋力跨越争先”为总要求，全力抓经济、重点抓项目、着力抓投入，各项指标保持高位增长，利用外资取得历史性突破，金属制品、科技孵化器等重要项目顺利开工，五金工具产业园、汽车配件等大项目顺利签约，徐巷特种水产养殖项目，被农业部批准为“健康养殖示范场”，污水处理厂等一批民生工程顺利实施，省环境优美乡镇、国家级生态镇通过省级验收，被评为市跨越发展有功单位，社会稳定工作连续五年获得市“四无”乡镇称号，有效提升区域综合竞争力，跨越发展的态势更加明显。

区委书记丁憬（中）在宝堰镇调研

区长陈琳（中）到纪念馆进行考察调研

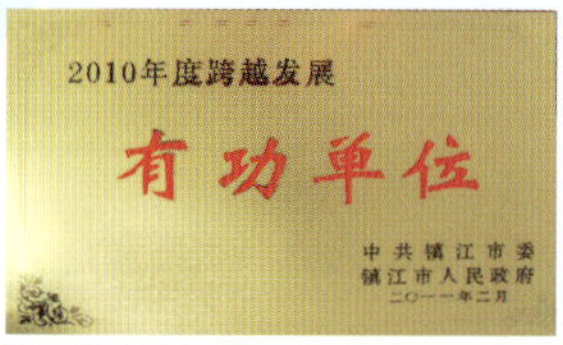

污水处理厂

镇重点企业

丹徒区高资镇

党委书记 徐申峰

镇长 陈波涛

高资镇位于镇江市西郊，南靠上党镇，东临润州区蒋乔镇，西接句容市下蜀镇，北倚长江，总面积100.52平方公里，耕地1680.7公顷，集镇面积6.34平方公里，辖12个行政村、1个居委会，年末总人口42053人，总户数15050户，有少数民族12个、130人。人口出生率4.06‰，自然增长率-1.94‰，计划生育率100%。

创建全国环境优美乡镇决战动员大会

评选省级优美乡镇

开发区安置房开工典礼

军民共建全国环境优美乡镇

镇江市丹徒区正东生态农业发展中心外景

镇江市丹徒区高资中心小学外景

丹徒区谷阳镇 槐荫村

村党总支书记　姜斗珠

副省长何权到村视察工作

槐荫村位于镇江市南郊 12 公里处，区位、交通优势非常优越，北距 312 国道 5 公里；南距沪宁高速 3 公里；扬溧高速、镇荣公路穿村而过。全村有四个自然村，辖 17 个村民小组，常住人口 552 户，2108 人。全村占地面积 3.48 平方公里，村属企业 5 家，私营企业 18 家。2010 年人均收入 11500 元，村级一般性经济收入 83 万元。槐荫村是省级社会主义新农村建设试点村。连续两年被镇江市评为“双清双美先进村”和“农村环境整治先进村”“双拥模范村”“平安创建示范村”“文明村”“双拥模范村”，被江苏省评为“卫生村”“生态村”“民主法制示范村”，获得省、市级非物质文化遗产保护单位等荣誉称号。

七夕活动现场

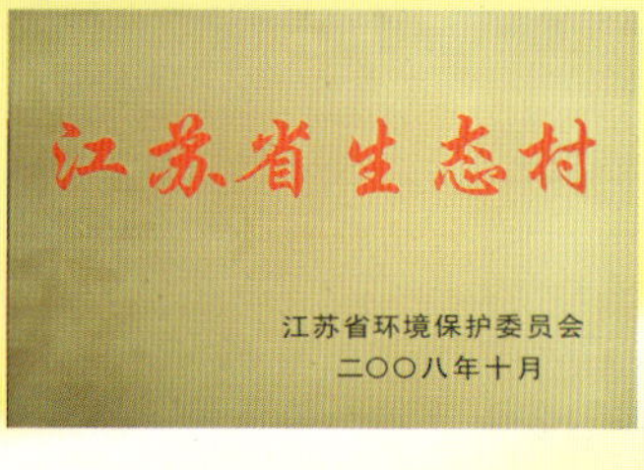

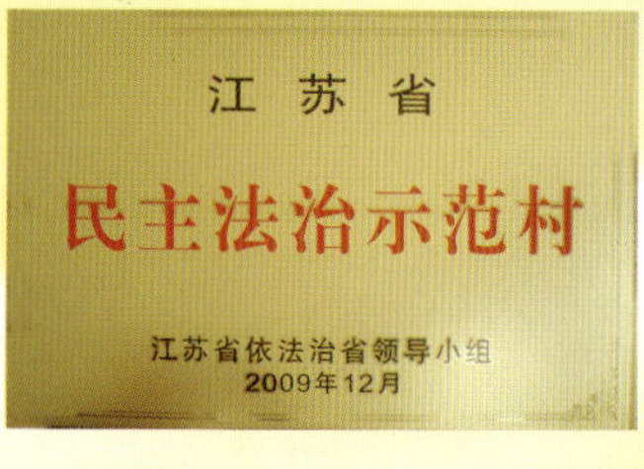

丹徒区上党镇五塘村

村党总支书记　郑根宝

五塘村位于上党镇西边，与句容边城镇交界，地域面积6平方公里，7个自然村，17个村民小组，482户，人口1520人。上青公路穿村而过，交通便利。

村党总支成立于2008年5月(此前为支部)，下设3个支部，党员54名，自镇党委、镇政府推进社区建设工作以来，社区党总支凝心聚力，抢抓机遇，大力发展有机"阳光"水稻，蒸汽茶等高效农业，带领群众不断实现跨越发展，先后获得镇江市新农村建设"双百工程"先进村，镇江市第八届村委会换届选举工作先进村，丹徒区"五好基层党组织""社区治安综合治理平安村"等称号。2009年被市环保局命名为"镇江市生态村"，被镇江市政府评为2006~2008市级文明村。

市农业专家赵亚夫（左）与五塘村支书郑根宝在田头共商"阳光"有机水稻的栽培管理措施

市、区老促会开展送医送科技进村活动

社区健身广场

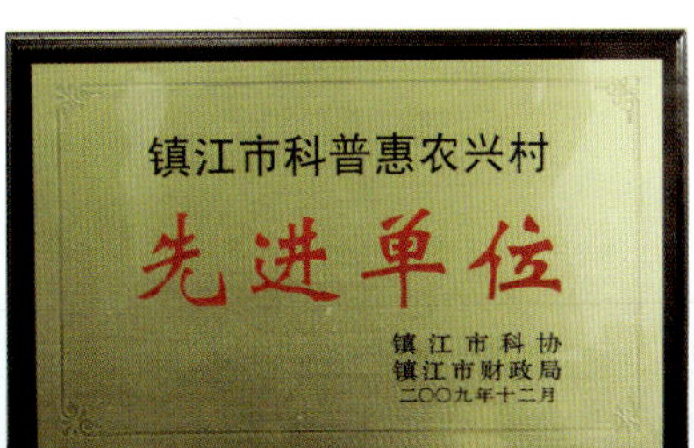

京口工业园区

副省长史和平在爱励鼎胜铝业航空航天及交通运输用大规格高强度铝合金板项目奠基仪式上讲话

市委书记许津荣视察恒伟物流项目

市委书记许津荣（右）现场推进鼎胜铝业技改项目

2010 年，园区被市政府确定为“高性能特种航空航天材加工”国家级基地培育，被授予省级“小企业创业示范基地”省级生态工业园区正在创建，镇江市航空航天高性能铝材特产业基地被批准为“镇江市首批市级特色产业基地”，正在申省级特色产业基地和园区高创中心申报省级高创中心。实现区生产总值 48.9 亿元，同比增长 124.3%；地方一般预算收 3.45 亿元，同比增长 296.55%；全社会固定资产投资 82.16 元，同比增长 144.16%；实际利用外资 0.59 亿美元，同比增 20.77%。经济和社会事业均取得长足进步。

区委常委、常务副区长徐建锋（中）推进正恺电子技改项目

市委常委、组织部长魏红军（左二）督查“331 计划”落

人大代表视察园区项目建设现场

中国商用飞机有限责任公司副总经理、C919 大型客机总设计师吴光辉出席爱励鼎胜铝业航空航天及交通运输用大规格高强度铝合金板项目奠基仪式

政府特别奖颁发仪式

京口区谏壁镇

市委书记许津荣（中）视察中储粮项目

市委常委、常务副市长陈照煌调研谏壁镇环境优美乡镇创建

镇党委书记朱定明（右）慰问消防官兵

2010年，谏壁镇在区委、区政府的正确领导下，深入贯彻落
学发展观，紧紧围绕“加快转型升级、加速城乡一体”的工作主题
初确定的“三个高于”奋斗目标，突出“强投入快增长、调结构促转
抓统筹惠民生”的工作重点，苦干实干，争先争强，经济社会发展
了新的业绩。先后取得了江苏省创建文明乡镇工作先进乡镇、江
妇联基层组织建设示范乡镇、江苏省双拥模范区争创嘉奖单位、
省“五四红旗团委”创建单位、镇江市农村垃圾处置长效管理工
进乡镇、京口区人民武装工作先进单位等荣誉，顺利通过了省级
优美乡镇考核验收。

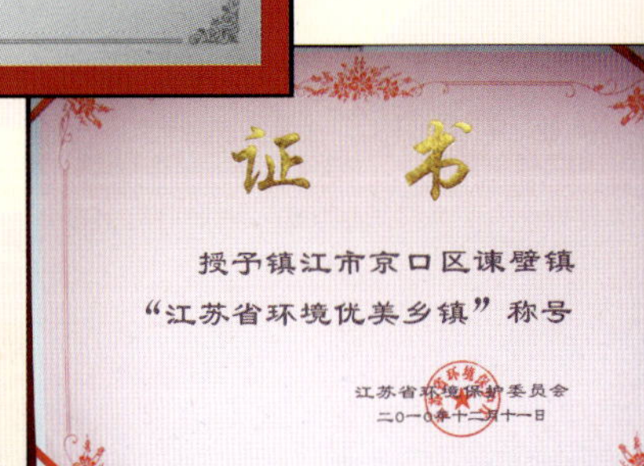

镇长戎国平（中）深入车间安全检查

团省委领导检查指导工作

开展创先争优活动

金港大道

开办“做健康美丽女人”培训班

谏壁青少年为敬老院老人送欢乐

全民健身

文化三下乡

翻水河

谏壁污水处理厂效果图鸟瞰

谏壁公园一角

莺歌桥

物华业茂 诚信铸造

——江苏省华茂贸易有限公司

JSHM

公司地址：镇江市解放路 357 号
联系电话：0511-85018653
传真电话：0511-85023130
邮政编码：212001
企业网址：www.jshm-cn.com，www.05119.cn
电子信箱：jshm@jshm-cn.com

酒业公司

酒类卖场一角

仓库一角

投资江苏白玫化工

江苏省华茂贸易有限公司（简称“江苏华茂”）是改制后的民营企业，主营酒类、食糖、生活用品、烟花爆竹等批发，同时投资矿产开发、食糖分装业务。主营业务批发额近 3 亿元。

该公司坚持“物华业茂、诚信铸造”的经营理念，弘扬“开拓创新、超越发展”的企业精神，在名酒、食糖的经营上做好文章，先后与五粮液集团等国内知名企业合作，分别在镇江市开设“五粮液旗舰店”“名酒总汇”等，拥有 800 平方米专业酒类卖场，是镇江市最大的酒类专营场所之一，以诚信经营、优质服务受到消费者的好评。该公司在南京、淮安等地投资设立控股、参股公司；在食糖产区与糖厂合作、与国内较大的食糖交易市场合作进行期货与现货贸易，近年来取得良好效益。

该公司连续被省酒类流通协会、省质量协会评为“江苏省放心酒销售诚信单位”，2010 年度被全国酒类流通协会授予“全国优秀酒类运营商”称号，在商务部开展的诚信经营示范创建活动中获“诚信经营示范企业”称号。“五粮液旗舰店”获得全国“模范五粮液专卖店”称号。并被江苏省酒类流通协会推选为副会长单位，被镇江市酒类协会推选为会长单位，是银行的“AAA 级资信”客户，获镇江市优秀商贸企业、镇江市工商免检企业称号，在省内外享有一定的知名度和良好的商誉。

江苏华茂积极推行“名商名厂推名牌，名优精品献名城”的发展战略，不断营造公司新的优势，致力追求“更新、更高、更强”的企业新境界，为繁荣市场、造福社会作出新的贡献！

分支机构：江苏华茂食糖分公司　江苏华茂仓储分公司　江苏华茂五粮液旗舰店　江苏华茂康体会所　江苏华茂滨江酒类总汇　江苏华茂金山酒城

控股实体：江苏华茂进出口贸易有限公司　江苏润华贸易有限公司　镇江市华茂烟花爆竹有限公司　镇江华茂酒业有限公司　镇江苏客隆饭店有限公司

公司参股经营：江苏白玫化工有限公司

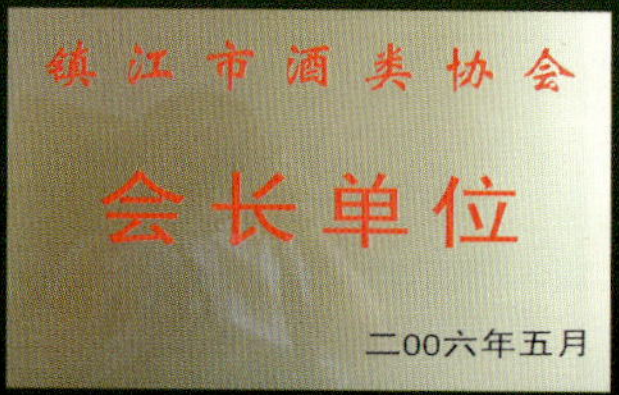

公司大门

镇江大东纸业有限公司

大东纸业是具有悠久历史的大中型骨干造纸企业，主要产品有食品包装纸、水印和彩纤防伪纸、各类高档文化用纸、其它特种纸等四大系列近 40 个品种。该公司被国家税务部门指定为水印防伪税票纸的专业生产厂家，拥有国家颁发的防伪纸、食品包装纸生产许可证并通过 ISO 质量管理体系认证。“幸运鸟” 品牌为江苏省著名商标。2010 年 4 月，该公司遵照市委、市政府的部署，配合市政建设，谋求更大发展，投资 7.11 亿元，完成了“退城进区”，整体搬迁到镇江新区。同时，二期工程将再投资 5 亿元，实现产能翻番，达到年产能 18 万吨，为打造全国最大的特种纸生产基地迈出坚实的一步。随着大东搬迁一期工程全面投产及二期工程开工，大东纸业的历史在镇江新区翻开了新的一页。

2009年4月大东新厂开工庆典

镇江市党政领导视察新厂建设

老厂烟囱爆破现场

新厂汽电厂

新厂8号纸机生产线

中国二重镇江重大技术装备制造基地

2009年11月，江苏省省长罗志军视察二重

2010年7月19日，江苏省常务副省长赵克志到镇江重装基地现场视察

2010年5月5日，二重集团与中远集团签订战略合作协议

中国二重镇江重大技术装备制造基地是中国二重“一个中心，两个基地”战略布局的重要组成部分，肩负支撑我国核电、风电、石化、海洋工程等重大技术装备国产化的神圣使命，在国民经济发展中具有极其重要的战略意义。

中国二重镇江重大技术装备制造基地位于长江三角洲的江苏省镇江市。这里长江与京杭大运河交汇，润扬大桥贯通南北，京沪铁路、沪宁高速公路和312国道穿越其间，西距南京67公里，东距长江入海口约300公里，交通十分便利。

中国二重镇江重大技术装备制造基地占地200公顷，共分三期工程建设。

2008年12月28日，中国二重镇江重大技术装备制造基地一期工程正式开工建设。2009年6月启动二期工程建设。

建成后的中国二重镇江重大技术装备制造基地不仅拥有超大型石化容器设备、核电设备、风电设备、重大成套装备、海洋资源开发设备、船机设备的超强制造能力，而且中国二重已与中远集团建立战略合作关系，拟在镇江基地打造具有国际一流水平，年吞吐量5000万吨以上物流运输能力的重大件江海联运现代物流中心。

中国二重镇江重大技术装备制造基地建成后必将带动和提升江苏省重型装备制造业水平，促进工业与服务业联动发展，进一步促进长三角地区的工业结构优化和产业升级，为推动地区工业产业发展，繁荣经济起到积极作用。

二重镇江基地一期工程

重件泊位首次重件吊装

窄间隙埋弧焊机装置工作现场

二重镇江基地效果图

辖市(区)

责任编校:傅雪元

丹阳市

【概况】 全市总面积1047.44平方公里,耕地面积5.31万公顷,城市建成区面积23.87平方公里。辖13个镇、1个开发区,有54个居民委员会和165个村民委员会。年末总户数286499户,总人口808757人(男401931人,女406826人),其中非农业人口215820人。全年共完成地区生产总值607.67亿元、财政总收入80.05亿元、地方财政一般预算收入30亿元、社会固定资产投资260.94亿元,分别比上年增长21%、27%、30.43%、31.3%。城镇居民年人均可支配收入23015元、农民年人均纯收入11447元,分别比上年增长10.65%、13.8%。县域经济基本竞争力列全国第16位。获国家卫生城市、中国城市信息化50强、全国科普示范市、全国民政工作先进市、全国人口和计划生育服务先进市、全国妇女儿童发展纲要示范市、省教育现代化建设先进市、省社会治安安全市、省双拥模范城市等称号。 (史志办)

【"十一五"期间丹阳市情况概要】 "十一五"期间,全市共完成地区生产总值2192.35亿元、财政总收入271.89亿元、地方财政一般预算收入103亿元,比"十五"期间分别增长119%、222.7%、198.6%。全社会固定资产投资817.05亿元、工业总产值5220.7亿元、工业销售收入4561.95亿元、工业利税总额347.98亿元,比"十五"期间分别增长213.1%、143.3%、198.6%、242.5%。实现农业总产值183.6亿元。合同利用外资218924万美元,实际利用外资102760万美元,进出口总额703681万美元,比"十五"期间分别增长4.7%、49.2%、251.5%。2010年,全市社会消费品零售总额551.58亿元,比"十五"期间增长123.8%。2010年,城镇居民年可支配收入23015元,农民年人均纯收入11447元,分别比2005年增长87.89%和82.92%。 (史志办)

【农业经济】 2010年,丹阳市完成农林牧渔业现价总产值45.51亿元,比上年增长8.4%。全年粮食种植面积7.06万公顷,比上年下降0.3%;油料种植面积0.5万公顷,比上年下降3.9%。全年粮食总产量49.11万吨,增长2.9%;油料总产量1.09万吨,下降9.3%;蔬菜总产量22.50万吨,增长3.0%。全年生猪出栏20.20万头,下降3.8%;羊出栏1.30万只,下降1.1%;家禽出栏430万羽,增长3.8%。全年肉类总产量2.25万吨,下降2.7%;禽蛋产量8000吨,增长2.5%。全年水产品产量3.69万吨,增长0.9%。全年建设高标准农田667公顷,改造中低产田1333公顷,新增农业适度规模经营面积3333公顷,新增高效农业面积0.87万公顷。年末农业机械总动力达48.09万千瓦,比上年增长2.1%。 (史志办)

【工业经济】 2010年,丹阳市实现工业总产值1548.09亿元,比上年增长31.0%。年末全市拥有规模以上工业企业1303家,比上年增加168家;完成工业增加值329.92亿元,比上年增长16.3%,其中国有企业工业增加值1.41亿元,集体企业工业增加值4.44亿元,有限责任公司工业增加值47.98亿元,股份有限公司工业增加值35.07亿元,外商及港澳台企业工业增加值82.36亿元,私营企业工业增加值158.66亿元。在规模以上工业中:重工业增加值259.23亿元,轻工业增加值70.87亿元,轻重工业比重由上年的20.7∶79.3变化为21.5∶78.5。全年工业用电量42.68亿千瓦小时,增长17.3%。全年工业企业实现销售收入1386.73亿元,增长33.3%;实现利税总额106.41亿元,增长35.2%。其中规模以上工业企业实现销售收入1264.49亿元,比上年增长32.3%;工业产品产销率为97.6%;实现利税82.51亿元,增长33.2%;实现利润总额47.07亿元,增长38.4%。 (史志办)

【建筑业】 2010年,丹阳市拥有建筑资质企业88家,其中一级资质企业2家、二级资质企业21家。全年完成建筑业增加值14.05亿元,按可比价比上年增长15.8%。全年建筑施工面积455.23万平方米,增长19.6%;竣工面积188.10万平方米,下降10.1%。全年完成房地产投资16.33亿元,增长4.6%;完成商品房施工面积206.94万平方米,增长6.4%,其中住宅面积165.39万平方米,增长6.5%;完成商品房竣工面积52.87万平方米,下降17.2%,其中住宅面积41.91万平方米,下降18.3%;实现商品房销售面积86.46万平方米,增长4.3%,其中住宅面积70.31万平方米,增长0.3%;实现商品房销售额39.69亿元,增长29.0%,其中住宅销售额31.84亿元,增长22.7%。 (史志办)

【固定资产投资】 2010年,丹阳市完成全社会固定资产投资260.94亿元,增长31.3%,其中完成工业性投资186.37亿元,增长22.3%。全年完成规模以上固定资产投资194.83亿元,增长23.7%,其中完成工业性投资152.25亿元,增长22.0%。在规模以上投资中:国有经济投资20.65亿元,增长53.6%;集体经济投资6.47亿元,增长72.3%;私营个体经济投资127.48亿元,增长14.9%。投资结构继续调整,在规模以上固定资产投资中,第一产业完成投资1.92亿元,增长17.8%;第二产业完成投资152.51亿元,增长21.2%;第三产业完成投资40.40亿元,增长34.4%。 (史志办)

【国内贸易】 2010年,丹阳市实现社会消费品零售总额147.82亿元,比上年增长18.1%。其中:城区实现消费品零售额91.44亿元,增长15.3%;农村实现消费品零售额56.38亿元,增长22.8%。按行业分,批发业实现零售额5.32亿元,零售业实现零售额127.27亿元,餐饮业实现零售额14.75亿元,住宿业实现零售额0.48亿元。年末全市拥有各类消费品市场48个,实现成交额123.76亿元,其中亿元市场7个,实现成交额50.53亿元。 (史志办)

【对外及对港澳台贸易】 2010年,丹阳市实现进出口总额18.08亿美元,比上年增长21.1%,其中出口总额14.89亿美元,增长30.3%;进口总额3.19亿美元,下降8.9%。按贸易方式分,一般贸易出口12.70亿美元,增长30.8%;加工贸易出口2.19亿美元,增长27.1%。按企业性质分,"三资"企业完成出口8.23亿美元,增长29.2%;私营企业完成出口5.95亿美元,增长29.2%。按出口地区分,对美国出口3.82亿美元,增长28.7%,位居第一;对欧盟组织出口2.78亿美元,增长55.3%,位居第二;其余依次为日本、东盟组织、韩国、印度、中国台湾、中国香港等。全年新批外商投资项目31个,比上年减少5个;注册合同外资4.23亿美元,比上年下降22.5%;实际利用外资2.20亿美元,比上年增长28.5%。全年共完成劳务合作合同额1583万美元,比上年增长9.1%;完成承包劳务合作营业额1382万美元,增长11.5%;当年新派劳务707人,下降5.6%;年末累计在外人数2009人,下降2.1%。 (史志办)

【交通邮电】 2010年,丹阳市完成客运量3409万人次,比上年增长14.6%;客运周转量20.87亿人公里,增长16.2%;完成货运量3943万吨,增长90.4%;货运周转量12.66亿吨公里,增长19.6%;港口吞吐量552万吨,增长8.0%。年末全市公路总里程2084公里,其中高速公路34公里,一级公路274公里,二级公路244公里。全市民用汽车保有量5.83万辆,比上年增长26.5%,其中私人汽车保有量4.08万辆,比上年增长26.5%。全年实现邮政业务总量1.32亿元,比上年增长14.9%。全年实现电信业务总量8.46亿元,比上年增长27.5%;实现电信业务收入6.58亿元,比上年增长8.3%。年末拥有电话用户32.78万户,其中固定电话用户30.46万户,移动市话用户2.32万户;年末移动电话用户88.32万户;国际互联网用户13.96万户。 (史志办)

【金融保险】 2010年,丹阳市金融机构各项存款余额(本外币)552.98亿元,增长20.9%,其中城乡居民储蓄存款余额284.24亿元,增长14.9%。年末金融机构各项贷款余额419.25亿元,增长18.2%,其中短期贷款280.50亿元,增长20.1%;中长期贷款119.33亿元,增长23.2%。个人住房、汽车、教育等消费贷款达44.77亿元,增长34.8%。全年保费收入13.29亿元,增长17.6%,其中财产保险保费收入2.96亿元,增长48.0%;人寿保险保费收入10.33亿元,增长11.1%。保险业务赔款和给付2.62亿元,下降0.8%,其中财产保险赔付1.38亿元,增长7.0%;人寿保险赔付1.24亿元,下降7.5%。 (史志办)

【科技工作】 2010年,丹阳市实施各类科技计划项目111项,其中科技部40项,省科技厅31项,获镇江市以上科技进步奖7项。新增省级以上高新技术企业6家,累计达97家;新创高新技术产品25个,累计达154个。全年高新技术产业产值达362.92亿元,占规模工业总产值比重达28.0%。全年专利申请量2806件,增长21.2%;其中发明专利302件,增长36.7%;授权专利1178件,增长21.8%。 (史志办)

【教育工作】 2010年,丹阳市拥有普通中学35所,高中在校学生16855人,初中在校学生25336人;拥有小学30所,在校学生44719人;职业中学2所,在校学生6730人。全市各类学校教职员工9081人,其中专任教师7913人。小学入学率、巩固率、毕业率、升学率均为100%;初中入学率、巩固率、毕业率、升学率分别达100%、99.8%、99.8%、98.0%。高考本科录取人数占全市人口的比例为4.1‰,职校学生对口高考本科达线率19.3%。 (史志办)

【文化卫生体育】 2010年,丹阳市共有文化馆(站)共15个,公共图书馆1个、藏书25.23万册。有业余文艺队213个,演出场数215场次,观众达67万人次。有文物保护单位108个,其中国家级10个、省级6个、镇江市级12个。数字有线电视用户达25万户;《丹阳日报》年发行量3万份。有卫生机构135个,其中医院、卫生院28个,疾病预防控制中心、妇幼保健站各1个,卫生防疫机构1个。有卫生技术人员2793人,其中执业医师和执业助理医师1469人、注册护士1310人。有医疗标准床位2092张。有体育场8个、体育馆10个、标准足球场17个、400米跑道18个、游泳池7个、乒乓球房92个、篮球场830个、排球场23个。 (史志办)

【城市建设】 2010年,丹阳市城市维护建设资金支出6.99亿元。城市建成区面积23.87平方公里。人均拥有道路面积达17.19平方米,人均公园绿地面积9.05平方米,建成区绿化覆盖率达40.1%;污水日处理能力保持在7万吨,年污水处理总量达2116万吨;市区道路总长度380公里,道路面积564万平方米,拥有路灯2.11万盏。年末供水管道长度437公里,全年供水总量达5092万立方米;全市天然气供气管道370公里,供气总量3510万立方米,天然气用气人口达13万人。全市城乡居民生活用电量4.83亿千瓦小时,比上年增长22.1%,其中城镇居民生活用电1.38亿千瓦小时,增长23.2%。 (史志办)

【环境保护】 2010年,丹阳市以创建国家生态市为总抓手,加大环保投入,加强生态保护,年环保投入占地区生产总值的比重3.72%,全市所有镇均通过了生态镇的验收。全年二级以上空气质量天数达346天,工业废水排放达标率100%,工业废水重复利用率89.7%,工业固体废物综合利用率99.7%。城镇污水集中处理率81.8%,生活垃圾无害化处理率100%。 (史志办)

【人民生活】 2010年,丹阳市城乡从业人员58.49万人,其中第一产业从业人员9.76万人、第二产业从业人员34.14万人、第三产业从业人员14.59万人。城镇登记失业率为2.7%。截至年末,全市城镇企业职工基本养老保险参保人数19.01万人,覆盖面达98.6%;基本医疗保险参保人数15.10万人,覆盖面98.5%;失业保险人员参保人数7.71万人,覆盖面97.0%。新农保参保人数16.41万人,参加农村合作医疗的人数60.66万人。共确定低保对象10707人,其中城市1676人,农村9031人。全市城镇在岗职工年平均工资34710元,增长13.9%。城镇居民人均可支配收入23015元,增长10.7%;人均生活消费支出12056元,增长11.3%。农民年人均纯收入11447元,增长13.8%;年人均生活消费支出8802元,增长9.6%。城市居民住宅人均建筑面积41.4平方米,农村居民人均住房使用面积50.9平方米。

(史志办)

【丹阳列全国百强县第十六位】 2010全国县域经济科学发展交流年会发布第十届全国县域经济基本竞争力百强县(市)名单,丹阳市在排行榜上名列第16位,比上届前移2位。全国县域经济基本竞争力评价以2009年各县域经济指标为主要标准,同时评价县域经济的科学发展能力。其中经济指标包括当地的地区生产总值、人均地区生产总值、地方一般预算收入、城镇居民人均可支配收入、农民人均纯收入等。县域科学发展评价包括“县域相对富裕程度”“县域相对绿色指数”“以幸福指数为主要内容的县域科学发展人文环境”三方面。丹阳市在历届全国百强县(市)评比中,位次逐步前移,2007 ~2009年连续三届稳定在第18位。

(史志办)

【丹阳成为中国汽摩零部件制造基地】 2010年10月16日,丹阳市举行中国汽车(摩托车)零部件制造基地授牌仪式暨产业提升发展讲座。丹阳市推动汽车产业朝国际化、高新化和规模化发展,打造华东乃至全国汽摩零部件产业的制造中心、集散中心和研发中心。汽摩零部件产业的集聚效应日益显现。全市有包括整车生产在内的各类汽车零部件企业800余家,生产各类产品400余种,与一汽、东风等整车企业建立配套协作关系,形成配套完善、功能齐全的产销体系。2009年,全行业实现销售150亿元,占全市工业总销售的15.8%。

(史志办)

【国家纺织品质检中心丹阳办事处成立】 2010年7月30日,国家纺织产品质量监督检验中心丹阳办事处正式成立。办事处将为丹阳家纺产业提供检验检测、产品研发、科研攻关、人员培训等服务。家纺产业是丹阳的传统产业,形成“养蚕—纺织—织造—印染—服装”的一条龙配套生产。全市生产的纱、布、真丝绸、仿真丝绸、服装、床上用品等产品,在国内市场具有较强的竞争力,年出口创汇超3亿美元,其中床上用品属全国最大的生产基地,产量占全国的1/3。国家纺织产品质量监督检验中心经国家质检总局授权成立,是独立的第三方实验室。办事处有棉花检验、纤维纱线检验、纺织品检验、静电检验等四个专用检验室,还设置有水洗色牢度、日晒色牢度、干洗试验、织物阻燃、织物功能性、安全性能检验等12个试验室。

(卢坚峰)

【导墅、皇塘两镇获“中国家纺名镇”称号】 2010年11月,中国纺织工业协会在北京人民大会堂召开全国纺织产业集群工作会议,丹阳市导墅、皇塘两镇被中国纺织工业协会授予“中国家纺名镇”称号,成为第十批纺织产业集群试点地区。导墅和皇塘是丹阳市家纺产业相对集中的特色地区,素有“家纺基地”“家纺之乡”之称。导墅镇共有家纺企业103家,家纺业的产值和利税分别占全镇工业产值、利税的40%左右。成为丹阳最大的家纺产业集聚基地之一。皇塘镇家纺产业通过走“品牌产品—品牌产业—品牌经济—品牌乡镇”的发展之路,基本实现现代化生产,产品延伸到寝品系列、家居服等,其中专利产品600余个,出现堂皇集团、澳丹奴家纺等全国知名企业,拥有“堂皇”“澳丹奴”等中国名牌和中国驰名商标。该镇以家纺生产企业为主,并辅以上下游配套企业300余家,初步形成家纺产业集群,2008年被评为江苏省家纺产业集聚区。

(张娟 王辉)

【联合惠农食用菌专业合作联社成立】 2010年,江苏省首个农民专业合作联社——江苏省联合惠农食用菌专业合作联社在丹阳成立。该联社由市供销合作总社、江苏江南生物科技有限公司和江南草菇专业合作社牵头,苏南、苏中、苏北等11个食用菌专业合作经济组织与涉农单位共同组建。以上食用菌专业合作组织的社员人数均在100名以上,食用菌栽培面积均在300平方米以上,年产量在1000吨以上。丹阳市食用菌年产量在5万余吨,产值2.5亿元,占全市农业总产值的15%,尤其是草菇产业被列入省百项高效农业项目。自《中华人民共和国农民专业合作社法》正式颁布实施以来,丹阳市成立农民专业合作社225个。

(史志办)

【丹阳市20个农产品通过国家有机食品认证】 2010年11月,丹阳市天禾生态、江苏希旺两大农业科技有限公司基地生产的青菜、香菜、番茄、黄瓜、茄子、白菜等20个农产品通过国家有机食品认证。至此,丹阳市累计有24个农产品获得国家有机食品证书。近年来,丹阳市培育本地特色优势农产品,提升农产品市场竞争力,引导和组织各类农业龙头企业、专业合作组织和种养大户开展

表35-1

2010年丹阳市各镇经济社会发展基本情况一览表

镇(区)名称	土地面积(平方公里)	耕地面积(公顷)	户籍总人口(人)	地区生产总值(亿元)	财政收入(万元)	到账外资及港澳台资(万美元)	外贸进出口总额(万美元)	农民人均纯收入(元)	参加农村社会养老保险(人)
司徒镇	101.77	5502.7	51034	26.47	25620.1	2100.9	12563.1	10440	14455
延陵镇	115.52	6276.5	66180	22.65	12260.7	845.3	5272.6	10430	20107
珥陵镇	83.67	4613.2	51481	15.67	5870.1	83.0	2536.5	10450	15699
导墅镇	80.6	4854.1	50511	24.59	11809.1	743.0	2321	11800	12110
皇塘镇	80.44	4208.1	51491	35.35	16520.1	175.9	6359.8	12747	10601
吕城镇	67.99	4016.1	51237	28.64	22826.3	183.0	5259.2	13078	10915
陵口镇	64.4	3802.1	44542	16.35	6820.3	42.5	1422.2	12083	12646
访仙镇	73.79	4263.5	51608	17.94	11936.9	100.0	4591.2	11962	14147
界牌镇	23.63	948.0	21884	36.99	32291.2	1213.7	10142.7	20917	5643
新桥镇	26.18	1149.5	22663	31.81	33650.9	1276.3	3793.4	20111	5311
后巷镇	49.65	1891.3	30872	77.14	49710.8	4095.9	32914.5	15480	8795
埤城镇	39.29	1661.1	23110	28.73	19223.3	800.0	9650.8	11731	4654
云阳镇	72.01	3512.0	171902	100.61	137985.4	1845.7	23467.9	11607	13542

(史志办)

无公害农产品、绿色食品和有机食品的申报认证和农产品标准化产地认定工作。全市包括水产品在内通过无公害农产品产地检测认定的面积5.66万公顷,绿色食品产地认定面积0.56万公顷,有机食品产地认定面积72公顷。

(束蓓玲)

【九曲河枢纽创建国家级水管单位】 2010年10月10日,国家级水利工程管理单位考核专家组考核验收丹阳市九曲河枢纽管理处申报国家级水利工程管理单位。九曲河枢纽管理处以958分的高分通过验收。该枢纽是国家太湖治理十大工程之一"湖西引排工程"的重要组成部分。工程于2002年1月开工建设,总投资1.56亿元,2007年8月通过水利部太湖流域管理局及省水利厅组织的竣工验收。由节制闸、抽水站和套闸三座主要水工建筑物及相应的配套工程组成。该枢纽建成使湖西太湖流地区的防洪除涝能力由原有的5 ~10年一遇提高到20年一遇,还增加供水保证、改善水质,促进航运发展。套闸建成后,年货物通过能力由建成前最高750万吨提高到1350万吨,最大年货物吞吐量可达2100万吨。

(张俊辉)

【《明隆庆丹阳县志校注》出版】 2010年8月5日,由丹阳市地方志编纂委员会和丹阳市史志办组织编纂的《明隆庆丹阳县志校注》由江苏凤凰出版传媒集团(原江苏古籍出版社)出版,镇江市委常委、丹阳市委书记李茂川为该书作序。《明隆庆丹阳县志校注》共53万余字,它以441年前的十二卷本《明隆庆丹阳县志》为底本,经编审人员对其进行补缺、附加注释、校对论证、图照收集、会审及出版社审稿而完成。《明隆庆丹阳县志校注》维持明代丹阳县志的原味,在此基础上添加注释,附有明代及以前的遗址、遗存的图照116张,翔实地展示明代丹阳县的政治、经济、文化、社会等方面的情况,具有较强的文史研究和服务当代经济、社会发展的独特作用。(史志办)

【镇江、丹阳民间艺术传承基地挂牌】 2010年6月11日,镇江、丹阳民间艺术传承基地在丹阳市特殊教育学校和云阳第二中心小学挂牌成立,镇江市和丹阳市民间文艺家协会主席向两校负责人授牌。丹阳市民间艺术历史悠久,门类众多,人才辈出,有一批工艺美术大师、工艺美术名人和民间工艺美术家,多次在全国民间艺术大赛中获得大奖。市特殊教育学校和云阳第二中心小学是民间艺术特色学校。市特殊教育学校的烙铁画、乱针绣教学在"江苏省特殊教育学校学生艺术作品"大赛中获得佳绩,是江苏省民间艺术青少年培训中心丹阳实验基地。云阳第二中心小学有20多年民间艺术教育历史,该校的舞龙、舞狮、荡湖船、踩高跷等民间艺术较为知名。

(殷 农)

【董永传说入选国家级"非遗"保护名录】 江苏丹阳是董永传说的主要流传地之一,丹阳延陵一带留有"董甲村""望仙桥""董永墓"等遗迹。在对董永传说保护、传承中,先后建起"董永与七仙女"广场、雕塑、浮雕装饰柱和"望仙盼母"浮雕,编写董永传说故事集等。经过五年努力,2010年,国家级非物质文化遗产保护名录丹阳民间神话故事董永传说申报成功。 (刘志彩 孙 芳)

【丹阳市红叶颐馨园(老年公寓)奠基】 2010年9月18日,江苏省规模最大的民间养老福利机构丹阳市红叶颐馨园(老年公寓)开工建设。老年公寓位于延陵镇蒯庄村,由丹阳红叶石油制品有限公司和南京红叶石化有限公司联合出资兴建,总投资1.08亿元,征地6.67公顷,设计总床位数1300余张。其中一期工程投资6600万元,征地3.33公顷,设计床位630张。老年公寓内部将建设生活住宿区、文化娱乐区、休闲健身区、医疗保健区等功能区域。

(贡东方 郦吉明 杨永久)

句容市

【概况】 句容市总面积1385平方公里,其中耕地面积46985公顷。2010年年末常住人口61.77万人,比上年末增加0.06万人;户籍总人口58.48万人,比上年末增加0.53万人;人口出生率8.97‰,人口死亡率10.3‰,人口自然增长率下降1.33个千分点。全市有31个少数民族。2010年3月11日,撤销华阳镇和黄梅镇,以原两镇所辖区域设立新的华阳镇。同时,将原黄梅镇区域委托句容经济开发区管委会管理。截至2010年12月底,全市辖9个镇(华阳、下蜀、白兔、茅山、后白、郭庄、天王、宝华、边城),5个管委会(江苏省句容经济开发区管委会、茅山风景区管委会、赤山湖管委会、宝华山国家森林公园管委会、江苏省句容现代农业产业园区管委会),1个社区办,46个社区居委会、153个建制村。 (丁 阁)

【"十一五"期间句容市情况概要】 2010年,句容市共完成地区生产总值251.3亿元、财政总收入38亿元、地方财政一般预算收入14.6亿元,是2005年的2.3倍、3.8倍和3.5倍。全社会固定资产投资165.3亿元,是"十五"期末的3.2倍。工业投资104.3亿元,是"十五"期末的3.6倍。实际利用外资3.4亿美元,连续四年跻身全省20强。城镇居民年人均可支配收入22710元,比"十五"期末增长87%;农村居民人均纯收入达9925元,比"十五"期末增长84%。实现社会消费品零售总额68.94亿元,比"十五"期末增长122%。农村消费品市场实现零售额12.86亿元,比上年增长1.5%。年末民用汽车拥有量18350辆,比上年净增2783辆,其中,私人汽车拥有量13737辆,比上年净增2521辆,分别增长17.9%、22.5%(不含本地车辆在句容以外领取牌照的车辆)。

(丁 阁)

【农业经济】 2010年,句容市农业实现增加值23.6亿元,比上年增长5%。粮食连续七年增收。粮食总产量达32.63万吨,比上年增加0.18万吨,增长0.6%。粮食面积4.99万公顷,比上年增加0.13万公顷;棉花面积0.16万公顷,与上年持平;油料面积1.60万公顷,减少0.11万公顷;蔬菜面积0.62万公顷,增长26.5%。白兔应时鲜果生产基地跻身全省首批现代农业产业园。新增高效农业面积4800公顷,其中设施农业面积1687公顷,效益提高13.7%。新认定市级农业龙头企业11家,新增无公害农产品、绿色食品、有机食品25个,创成"中国名茶之乡"。新增"三大合作"组织114家、成员19200人,带动农户9.8万户。实施赤山湖退渔还湖、二干河综合整治、农村饮用水安全等工程,全面完成3座中型水库、31座小水库除险加固任务,疏浚县乡河道151.5公里、村庄河塘212座,改造塘坝224座。 (丁 阁)

【工业经济】 2010年,句容市实现规模以上工业增加值122.68亿元、销售收入562.3亿元、利税45.5亿元,分别比上年增长16.0%、27.7%和37.9%。完成规模以上工业固定资产投资105亿元,增长26%。全市四大主导产业实现产值232.8亿元,增长33.5%;10家外资企业增资8220万美元,30强工业企业开票销售同比增长58.5%;华龙橡胶、三圆制桶实施上市股改,唐邦集团海外上市。巨宝二期、天洋工程车、港峰高铁新材料等重大项目顺利推进,华电句容电厂进入项目核准程序,2011 年开工。
(丁　阁)

【建筑和房地产】 2010 年,在扩大内需尤其是投资的强劲推动下,句容建筑业产效呈现快速增长。年末拥有资质建筑企业 69 家,比上年增加 4 家。完成建筑业总产值 42.10 亿元,增长 17.14%;房屋竣工面积 111.8 万平方米,竣工率为 64.1%。全年房屋施工面积 204.2 平方米,增长 46.8%;其中住宅施工面积 181.1 万平方米,增长 50.8%。全年商品房销售面积 49.8 万平方米,同上年比下降 35.6%;其中住宅销售面积 44.8 万平方米,下降 36%。商品房销售总额 26.4 亿元,下降 7.1%;其中住宅销售额 23.9 亿元,同上年比下降 5.7%。全年商品房销售均价 5300 元/平方米,其中住宅销售均价 5335 元/平方米。
(丁　阁)

【固定资产投资】 2010 年,全市完成全社会固定资产投资 165.3 亿元,比上年增长 30.8%;全社会工业投资完成 104.3 亿元,增长 24.8%。全部规模投资完成 119.4 亿元,增长 23.4%,其中,规模工业投资完成 71.7 亿元,增长 23.1%;三产投资完成 46.3 亿元,增长 25.6%,其中房地产投资完成 15.6 亿元,增长 14.5%。在建亿元项目 29 个,计划总投资 99.6 亿元,累计完成投资 46.1 亿元,增长 68.9%,亿元项目完成投资额占规模以上项目投资的比重为 38.6%,上升 10.4 个百分点。工业性投资累计完成 104.3 亿元,增长 24.8%,占全社会固定资产投资的比重为 63.1%。其中规模以上工业投资完成 71.7 亿元,增长 23.1%,占全部规模投资的比重为 60.0%。
(丁　阁)

【旅游与现代服务业】 2010 年,句容市实现第三产业增加值 90.5 亿元,比上年增长 15.7%。茅山风景区获"国际最佳休闲养生基地"称号;成功举办第十届茅山旅游文化节、第四届宝华山泡山节、首届句容葡萄节活动。全年接待游客 1000 万人次,比上年增长 21%。完成茅山 50 公里道路绿化、亮化工程,建成新游客服务中心、生态停车场、入口休闲广场及购物街,启动红庙楚王涧景区建设,土墩墓博物馆主体封顶。2.6 万平方米大润发商业中心正式开业。新引进软件企业 12 家,2 家企业通过"双软"认证;注册服务外包企业 18 家,完成服务外包合同额 1756 万美元,实现服务外包"零的突破"。创成"省金融生态达标县",成立茅山村镇银行、茅迪小额贷款公司,全市金融机构本外币存贷款增幅首次列镇江辖市区第一。
(丁　阁)

【开放型经济】 2010 年,句容市新批外资项目 30 个,注册利用外资 3.59 亿美元,实际利用外资 3.4 亿美元,增长 33.9%,总量和增幅均列镇江辖市第一。设立镇江市级运动器材产业监管示范区。实现外贸进出口总额 4.3 亿美元,增长 34.7%,创历史新高。10 家外资企业增资 8220 万美元,唐邦集团海外上市。巨宝二期、天洋工程车、港峰高铁新材料等重大项目顺利推进。全年新签劳务合同额 620 万美元,完成营业额 683 万美元,新派劳务 435 人,期末在外人数 1275 人。输出区域拓展到韩国、日本、俄罗斯、新加坡、阿曼、安哥拉、特立尼达和多巴哥、毛里求斯、沙特等 10 多个国家和地区,行业涉及建筑、电焊、缝纫、木工、食品、机械、后勤等十几个门类。
(丁　阁)

【交通建设】 2010 年末,句容市公路总里程达 2326 公里,其中,高速公路 52 公里。全年实现公路客运 2720 万人次、公路货运 1421 万吨、水上货运 171 万吨,分别增长 15.0% 和 8.6%、11.8%。104 国道、122 省道改造工程全面推进,340 省道先导段、疏港公路一期工程基本建成。启动市客运枢纽工程建设,开通马群至句容城际快客。高标准建成沪宁城际高铁宝华山站,开工建设宁杭城际高铁句容西站站房及配套工程。全面开展沿江城际(H3 线)、南京地铁 16 号线东延(S6 线)、沪宁二通道等重大交通基础设施研究对接工作,编制完成句容市综合交通规划、宁杭城际高铁句容西站周边区域规划。建成农村公路 200 公里,改造村道 190 公里、危桥 13 座,投放镇村公交车 64 辆,开通 25 条镇村公交线路,建成茅山、郭庄客运站,在全省率先实现镇村公交全覆盖。
(丁　阁)

【城市建设】 2010 年,句容市新改扩建高骊山路、文昌东路等 10 多条城市道路;实施四个城市出入口和东西大街、东门桥改造提升工程,推进原化肥厂、原商业局宿舍楼等片区改造,基本完成房家坝片区"四路三桥"建设。建成二水厂清水池扩容工程,宝华 3 万吨自来水增压站投入使用,铺设区域供水农村支管网 600 公里。拆除违法建设 7 万多平方米。世茂五星级酒店加快推进,碧桂园凤凰城大酒店开工建设,全市在建和建成十层以上高层建筑 61 幢。启动新一轮城市总体规划修编,完成宝华、天王、茅山风景区 3 个新市镇建设规划。"万顷良田"工程有序推进,开工建设黄梅新村、后白福源小区、下蜀长江花园、宝华花园等 15 个安置小区,安置房面积超过 200 万平方米。
(丁　阁)

【生态建设】 2010 年,句容市关停转产化工企业 7 家,对 41 家污染企业实施专项治理,完成 33 家重点污染企业自动监控系统升级改造,建成 4 个太湖河道水质自动检测站。铺设农村污水处理支管网 80 公里,完成农村改厕 1.8 万户,生活垃圾无害化处置率达 94.9%。完成沪宁城际铁路绿化带、32 个行政村村庄绿化,完成华阳四路绿化改造,建设肖杆河风光带,成片造林 0.11 万公顷,城市人均公共绿地面积达 18.3 平方米。实施 8 处地质灾害隐患点消除工程,整治复绿废弃宕口 13 个。万元 GDP 能耗下降 4.4 %,化学需氧量削减 915 吨,跻身首批"国家绿色能源示范县"行列。通过国家卫生城市复检、国家环保模范城市和国家生态市省级评估,创成 3 个全国生态镇、5 个全国环境优美乡镇。
(丁　阁)

【科技工作】 2010 年,句容市高新技术产业产值占规模以上工业产值比重 26.7%,高效农业种植面积占比达 32.3%。新兴产业实现产值 140 亿元,增长 112%。全社会研发投入占 GDP 比重 1.55%。新认定国家高新技术企业 4 家、省级高新技术产品 15 个,设立省级以上院士工作站 1 个、博士后科研工作站 2 个、工程技术研究中心 8 家、企业技术中心 4 家。新增博士团队 3 个,9 名高层次创新创业领军人才获得项目资助。获得专利授权 890 件,其中发明专利 130 件,成功晋级"省知识产权示范市"。
(丁　阁)

【教育工作】 2010 年,句容市学校在校中小学生 5.11 万人,毕业生 1.55 万人,幼儿园在园幼儿 1.10 万人。创成"省级教育现代化先进市",职教中心创成省四星级中等职校,崇明小学、崇明幼托中心投入使用,第二中学、实验小学平稳回归公办。义务教育学校教师绩效工资改革实施到位。
(丁　阁)

【文化卫生】 2010 年,句容市新增数字电视用户 2.5 万户;通过"省体育强市"验收,成功举办历史文化名城乒乓球赛、第二届"茅山杯"全国象棋冠军邀请赛和市第七届运动会;"秦淮彩灯"代表大陆参加台湾春节灯会,神牛红木艺术品参展纽约国际艺术博览会。年末拥有卫

表 35-2 **2010 年句容市各镇经济社会发展基本情况一览表**

镇(区)名称	土地面积(平方公里)	耕地面积(公顷)	户籍总人口(人)	地区生产总值(万元)	财政收入(万元)	到账外资及港澳台资(万美元)	出口总额(万元人民币)	农民年人均纯收入(元)	参加农村社会养老保险(人)
华阳镇	116	3452	44030	220100	40870	2236.44	39386	10100	12292
宝华镇	100	835	23650	85000	19023	1788.71	6104	10130	19391
下蜀镇	122	2341	39001	226000	35000	3000.00	9100	10080	32763
边城镇	109	2963	34998	142876	14196	501.80	43810	9950	9590
白兔镇	115	4442	40741	159261	9145	1001.91	138426	9965	–
郭庄镇	117	4598	53535	198184	8447	2416.82	143184	9860	15934
后白镇	143.28	4766	51050	200272	11945	74.21	163900	9830	49008
天王镇	131.54	4704	55303	196993	7222	1306.63	9535	9860	44878
茅山镇	81	3007	29068	81866	4142	1013.98	3326	9740	–

(丁　阁)

生机构 183 个,卫生人员 2453 人,医院床位数 1192 张。组建市医疗集团,在镇江市率先实行基本药物零差价销售,直接减轻群众负担 3200 万元。建成市社区卫生服务中心,完成天王、下蜀卫生院扩建工程,基本完成白兔卫生院改扩建。创成省卫生应急示范市、省农村中医工作先进市。城镇养老、医疗、失业等各类保险参保率均达 96% 以上,新型农村社会养老保险参保率 100%,新型农村合作医疗保险人均筹资标准上调至 180 元、参保率 99.9%,城乡社保基本实现全覆盖。(丁　阁)

【优抚工作】 2010 年,句容市发放重残人员生活救助费 780 万元,重点优抚对象、老复人员遗属生活补助 214 万元,60 岁以上收入无保障老人定额补贴 5735 万元,城乡低保金 1371 万元,物价临时补贴 213 万元。"五保"户集中供养率达 70%。建成经济适用房 500 套、公共租赁房 500 套、廉租房 24 套,发放廉租住房租赁补贴 49 万元。(丁　阁)

【民主法制】 2010 年,句容市成立公共资源交易中心,将行政权力网上公开运行,对重要权力节点监控。全年完成审计项目 280 项,核减各类工程造价 5.2 亿元。办理人大代表建议、政协委员提案 309 件,办复率 100%。(丁　阁)

【碧桂园项目落户句容】 2010 年 1 月 23 日,碧桂园(江苏·句容)建设项目举行签字仪式,8 月 8 日在开发区开工建设。该项目位于句容西部,紧邻南京东郊和 S122 快速通道。项目总投资超 400 亿元,占地面积 667 公顷,总建筑面积 1500 万平方米,融酒店、公寓、住宅及配套物业为一体,建成后将成为南京周边地区规模最大、适合都市精英阶层生活的综合性社区。(丁　阁)

【茅山风景区获国际最佳休闲养生基地称号】 2010 年 1 月 28 日,由国际休闲产业协会联合中国人民大学休闲经济研究中心、中国青年报社在北京举办 2010 年国际休闲产业论坛,200 多名国内外休闲产业界代表出席会议。句容市茅山风景区被授予"2009 年度国际最佳休闲养生基地"。7 月,句容市又被授予"2010 年度最具影响力中国十大休闲城市"称号。(丁　阁)

【赤山湖启动基础建设和退渔还湖】 2010 年 3 月 16 日,句容市赤山湖基础设施建设暨退渔还湖工程启动。自 2007 年以来,句容市将赤山湖作为南部旅游板块的重要组成部分,先后完成渔场鱼池清退、红砂宕口关闭、化工企业搬迁等前期工作。赤山湖基础设施建设和退渔还湖工程总投资约 2.45 亿元。赤山湖退渔还湖工程包括将赤山湖鱼池进行退渔还湖填筑堆土区,以及赤山湖 10.7 公里环河内侧堤防加固等两项内容,设计防洪标准为 50 年一遇。总土方量近 1100 万立方米,2011 年 3 月竣工。(丁　阁)

【后白万顷良田和新社区建设启动】 2010 年 5 月 8 日,句容市委、市政府召开后白镇万顷良田和新社区建设动员暨培训会议,启动后白万顷良田和新社区建设。该次村庄整理范围共涉及后白镇夏王村、东湾村、延福村、王庄村、东风村、古村村和后白良种场 6 个行政村 15 个自然村和 1 个良种场,需拆迁房屋建筑面积约 22 万平方米,流转土地 1067 公顷。市、镇、村、社集中抽调近千名干部,用 40 天时间实现签约、拆房"双归零"目标,共搬迁农户 1700 户;抽调 120 人组成 5 支工作组深入工程区域开展土地流转工作,40 天完成土地丈量 827 公顷,与 1600 多户农户签订土地承包经营权转出委托书;60 天时间内完成复垦土地面积 1067 公顷,投入资金 1600 多万元,工程区内新增耕地面积 1333 公顷。(丁　阁)

【中国·句容首届葡萄节】 2010 年 9 月 10 日,"2010 中国·句容首届葡萄节"开幕。葡萄节从 9 月份持续到 11 月上旬。句容市葡萄种植面积 2667 公顷,年产量达 30000 吨,种植户达 6000 户,是华东地区最大的鲜食葡萄基地。开幕式上,市长尹卫东向中国自驾游联盟授旗;100 家葡萄种植大户共同倡议承诺,经纪人与种植大户签订产销合作协议,部分葡萄合作社与南京旅行社签订乡村旅游战略合作协议;还举行葡萄金牌户评比和葡萄采摘活动。(丁　阁)

【首届"真情感动句容"道德模范评选】 2010 年 4 月,句容市文明委组织开展首届"真情感动句容"道德模范评选活动。杨俊霞等 13 人当选"句容市道德模范"。9 月 26 日,在市广播电视台演播大厅举行"道德之光"——首届"真情感动句容"道德模范颁奖典礼。同时,编辑出版《道德先锋·感动句容——首届句容市道德模范先进事迹汇编》一书。邀请模范人物杜盛钢、李巧生先后到市民政系统、建设系统、地税系统进行宣讲,产生良好的社会反响。(丁　阁)

【句容市建成全国首个国家级美人指葡萄标准化示范区】 2010 年 9 月 28 日,句容市美人指葡萄国家级农业标准化示范区建设通过国家标准委的验收,成为全国首个美人指葡萄标准化生产示范区。句容市现有葡萄 2667 公顷,其中美人指葡萄达 667 公顷。该示范区 2008 年启动,句容有关部门收集美人指葡萄种苗、产品和产地标准及产地环境、技术规程、标志、包装、运输、贮运等标准 31 项,其中国家标准 17 项,行业标准 10 项,地方标准 4 项,起草相关标准和规程,并按要求定期对示范区负责人、技术人员、农户进行培训,强化标准化生产知识。示范区建设无公害美人指葡萄避雨栽培示范区333公顷，辐射农户1000户，标准覆盖率达100%，示范区葡萄平均产量每亩达1300公斤，亩增鲜果200公斤左右，示范区总产增加100万公斤，亩增效益3000元，增加农民收入1500万元。（丁　阁）

【句容市荣获“中国名茶之乡”称号】2010年10月22日，句容市被中国茶叶学会命名为“中国名茶之乡”，也是镇江市唯一获得“中国茶叶之乡”命名的市（区）。句容市现有茶叶面积3330公顷，有茅山长青、茅山绿茶、宝华玉笋等名特优茶品牌，历年来在全国性的“中茶杯”评比中，夺得47个特等奖、16个金奖；在全省“陆羽杯”茶叶评比中，夺得80个特等奖、37个金奖。其中“茅山长青”茶2007年被评为江苏省名牌产品，2008年获江苏省著名商标。（丁　阁）

扬中市

【概况】　扬中市辖5个镇、1个省级开发区，总面积331平方公里。2010年年末全市户籍人口27.82万人，比上年末增加0.16万人，其中男性人口13.71万人、女性人口14.11万人。全年人口出生率8.19‰，比上年上升2.47个千分点；死亡率8.16‰，上升0.21个千分点；人口自然增长率0.03‰。全年实现地区生产总值246.98亿元，按可比价计算，增长14.0%。其中，第一产业增加值8.20亿元，增长4.4%；第二产业增加值145.23亿元，增长14.7%；第三产业增加值93.55亿元，增长13.8%。实现人均地区生产总值7.45万元(按常住人口计算)，增长13.8%。三次产业构成由2009年的3.5∶59.0∶37.5调整为2010年的3.3∶58.8∶37.9。全年完成财政总收入43.22亿元，增长41.31%，地方财政一般预算收入14.75亿元，增长30.04%。在地方财政一般预算收入中，国税收入4.75亿元，增长28.86%；地税收入7.36亿元，增长25.17%。全年财政支出31.68亿元，增长47.02%，其中地方一般预算支出16.84亿元，增长29.96%。地方一般预算收入占地区生产总值比重为6.0%。（李冬冬）

【“十一五”期间扬中市情况概要】“十一五”期间，全市实现地区生产总值246亿元，人均地区生产总值达到7.45万元，分别是2005年的2.2倍和2.1倍，年均增长17.8%、16.2%。财政总收入和地方一般预算收入分别完成43.2亿元、14.7亿元，是2005年的3.6倍和3.2倍，年均增长29.2%、26.2%。全社会固定资产投资累计达390亿元，年均增长28.5%。万人拥有民营经济注册资本达8.27亿元，民营经济注册资本总量达234亿元。服务业增加值占地区生产总值比重达到39%。高新技术产业产值338亿元，占规模工业比重提高到65%。科技进步对经济增长的贡献率达53.5%，连续六次被评为全国科技进步先进市。高效农业比重和高效渔业比重分别达38%、82%。农业机械化水平达到85%。财政累计民生投入超过15亿元，年均增长50%以上；城镇居民人均可支配收入、农民人均纯收入保持两位数增长，分别是“十五”期末的1.76倍和1.81倍。累计兴办三资企业85家，实现合同利用外资8.24亿美元，实现实际利用外资6.19亿美。累计完成进出口总额15亿美元，其中出口7亿美元；劳务合同额2200万美元，营业额2320万美元。万元地区生产总值综合能耗下降4.2%，化学需氧量减排206吨，超额完成“十一五”节能减排任务。2006年，扬中市率先实现全面小康，2010年列中国中小城市科学发展百强第29位、中国十佳资源节约型环境友好型城市第2位、中国最具投资潜力中小城市百强县（市）第38位，入选“中国民生建设百强县”。（李冬冬）

【农业经济】　2010年，扬中市粮食生产连续7年实现丰产丰收，总产量达10.78万吨。全年新增高效农业面积1730余公顷、土地流转面积730余公顷、专业合作社57家。完成农、林、牧、渔业总产值13.3亿元，比上年增长8.1%。其中种植业产值6.24亿元，增长12.6%；林业产值0.52亿元，增长4.2%；牧业产值1.97亿元，下降1.5%；渔业产值1.60亿元，增长6.7%。粮食种植面积14.95万公顷，下降0.3%；粮食总产量10.78万吨，增长0.9%，其中秋粮产量7.06万吨，增长0.4%。油料种植面积660公顷，比上年增长3.1%，油料总产量0.14万吨，下降6.7%。蔬菜面积3050公顷，增加49公顷。在主要农产品中，肉类产量9010吨，下降3.0%；出栏家禽95.5万羽，增长1.1%；蛋类产量2915吨，增长2.5%；水产品总产量6553吨，下降5.9%。（李冬冬）

【工业经济】　2010年，扬中市工业企业实现产值654.62亿元，比上年增长32.5%，其中定报工业实现产值562.46亿元，增长30.25%；完成工业增加值179.39亿元，比上年增长33.73%，其中定报工业完成增加值144.71亿元，增长16.7%。全年全社会用电量10.5亿千瓦小时，增长21.23%，其中工业用电量7.57亿千瓦小时，增长23.78%。全市工业企业实现销售收入593.35亿元，比上年增长32.52%，其中定报工业实现销售收入534.09亿元，增长33.29%；实现利税65.81亿元，增长35.53%，其中定报工业实现利税60.21亿元，增长47.24%。全年销售亿元以上工业企业77家，10亿元以上企业10家，大全集团成为扬中第一个销售超百亿企业。全年“三十强”企业实现销售356.8亿元，占规模工业比重63.4%。全年高新技术产业规模为350亿元，占规模工业比重62.3%。工程电器、新能源、装备制造三大主导产业规模达486亿元，占全部工业比重的74.2%。全年完成工业性投入100亿元，增长38.9%，新批亿元以上项目35个。扬中市电力电器产业被命名为首批“江苏省新型工业化产业示范基地”。（李冬冬）

【固定资产投资】　2010年，扬中市完成固定资产投资122.54亿元，比上年增长31.1%，其中工业性投资90.00亿元，增长25.0%。在全部投资中，规模以上投资101.47亿元，增长23.5%；规模以下投资21.07亿元，增长77.4%。在规模以上投资中，工业性投资82.04亿元，增长21.5%；城镇规模投资53.09亿元，增长36.2%；房地产投资9.57亿元，增长9.9%。在固定资产投资中，第一产业投资0.17亿元，下降89.6%；第二产业投资82.25亿元，增长12.6%；第三产业投资19.05亿元，下降1.7%。（李冬冬）

【外向型经济】　2010年，扬中市兴隆码头、龙源港机码头对外开放，镇江国检扬中报检签证点挂牌运营。全年完成进出口总额6.49亿美元，比上年增长57.27%，其中出口3.22亿美元，增长87.42%；进口3.27亿美元，增长35.12%。在出口总额中，外贸企业出口0.25亿美元，下降11.3%；生产企业出口0.74亿美元，增长102.3%；三资企业出口2.23亿美元，增长108.4%；实际利用外资1.48亿美元，增长30.9%；服务外包合同额0.23亿美元，完成年计划的116%，其中离岸额0.13亿美元，完成年计划的107%。（李冬冬）

【科技工作】　2010年，扬中市全年申报实施各级各类科技计划项目100余项，获资助资金2090万元。全年申请专利

1440件，其中发明专利195件，专利授权875件，百亿元地区生产总值专利授权数列镇江市第一。新认定高新技术企业10家，省民营科技企业10家，新认定省级高新技术产品29个，新批省级工程技术中心3家，新建院士工作站1家，博士后科研工作站1家，引进创新创业人才(团队)6个，与清华大学共建"智能电网研发平台"。扬中科技创业服务中心、新坝智能电气科技创业中心被认定为省级科技孵化器。（李冬冬）

【城市建设和管理】 2010年，泰州长江公路大桥南塔顺利封顶，南锚碇主体工程完工，南引桥标段完成全部承台、墩身盖梁、T梁预制施工；实施238省道改线三茅段及永胜八桥段，全长15.3公里；区域供水工程主干管网铺设完毕，中途增压泵投入运行，第二水厂扩容工程竣工；扬子城市广场工程完成40%的工程进度；完成9个城中村、12个老住宅小区及建宁、南园等农贸市场改造。完成拆迁38万平方米，拆除违法建设2万平方米。新增城市绿化面积9.5万平方米，森林覆盖率、城市绿化覆盖率分别达18.47%、43.5%，创成"省园林城市"。全市5个镇全面通过"全国环境优美乡镇"省级考核。（李冬冬）

【环境保护】 2010年，扬中市"国家生态市"创建通过省级技术评估。新建、改造泵站66座，全市污水日处理能力超过4万吨。依法关停化工企业2家、整改提升32家，整治燃煤锅炉47台，基本实现秸秆零焚烧。全市设环境检测站1个，大气环境质量优良率达到97%。全年疏浚整治骨干河港、一级河、内外河沟776条，长298公里。农业节能减排工作成绩显著，农用化肥施用量5225吨，比上年下降5.2%；农膜使用量135吨，下降0.7%；农药使用量350吨，下降4.6%；农用柴油使用量520吨，下降0.4%。（李冬冬）

【第三产业】 2010年，扬中市实现第三产业增加值93.55亿元、社会消费品零售总额65.93亿元，分别比上年增长13.8%和15.9%。联统金属物流、四通物流投入运营，省配电设备产品质量监督检验中心基本建成，东泰家居广场、太平广场、明珠农商城、扬中港区长旺作业区等项目有序推进，引进雨润中央商场项目。举办第七届"扬中江鲜美食节"，美食节期间全市河豚平均每天销售达5吨以上，其中60%销往全国各地。新增农村小额贷款公司2家。（李冬冬）

【民营经济】 2010年，扬中市新办民营企业984家，新办个体工商户3613户，新增注册资本91.89亿元，累计吸纳民资90.62亿元。全年民营企业实现产值541.45亿元，利税60.99亿元，分别比上年增长37.22%、41.68%。（李冬冬）

【社区建设】 2010年，扬中市制定《深化特色社区创建活动实施方案》，修订《扬中市特色社区创建标准》，巩固"全国和谐社区示范市"建设成果。全年建成健康型、惠农型、保障型、文化型、平安型、敬老型等有特色典型社区。6月28日～7月20日，扬中市对建制村进行合并，将原来的85个合并成58个，完成"大村建设"战略计划的第一步。合并前村均人口2496人，合并后村均人口达3061人。（李冬冬）

【教育工作】 2010年，扬中市出台《关于进一步强化初中课程改革，努力提高教育教学质量的实施方案(试行)》，《关于进一步完善小学课程改革方案的实施意见(试行)》，《关于开展扬中市特色幼儿园创建工作的意见》，推进教育教学改革步伐。完成义务教育阶段改制学校清理规范工作，城区初中实现免试就近入学。学前教育毛入学率97%；九年义务教育人口覆盖率为100%；高中阶段教育全面普及，初中毕业生升学率达94.7%以上；职业教育发展迅速，中等专业学校创建成为江苏省四星级中等职业学校。高等教育进入大众化阶段，19周岁人口高等教育入学率为60.1%。全市有小学11所，教学点2个(外来民工子弟学校)，在校学生1.33万人；有中学10所，初中在校学生7019人，高中在校学生5264人。（李冬冬）

【文化卫生】 2010年，扬中市按照建设"文化扬中"的总体要求。举办第四届元宵灯会、央视激情广场"爱国歌曲大家唱大型演唱会"等大型文化活动。全年组织下乡演出48场，送电影进村、进社区1000场。小品《老抠中奖》获省群文创作政府最高奖"五星工程奖"金奖和华东六省一市小戏小品大赛金奖。

全市拥有各类卫生机构90个，卫生机构床位数600张。卫生技术人员1280人，其中医生640人，注册护士404人。全年医疗机构完成业务收入2.72亿元，比上年增长13.7%。建立居民健康档案22.5万份，其中60岁以上老人建档4.56万人；结核病防治五率均达100%；艾滋病全球基金项目全面启动；完成乙肝疫苗补种工作，开展麻疹疫苗、脊灰疫苗强化免疫活动；全年孕产妇死亡率为零，婴儿死亡率2.0‰，5岁以下儿童死亡率2.0‰。完成农村改厕任务和卫生村创建工作。中医院病房楼基本建成，全民健身中心完成改造。（李冬冬）

【民主法制】 2010年，扬中市推进法治扬中十件实事建设活动，加强依法执政理念培育，规范行政执法行为，提升司法公信力，夯实基层民主法治基础，民主法治工作卓有成效，被授予"全国法治县(市、区)创建活动先进单位"称号。

全市人民群众对社会治安满意和基本满意率继续保持98%以上，位列全省县(市、区)第一，获"全省社会治安综合治理基层基础建设示范市"称号，并被确定为"全省社会管理创新综合试点区"。全市依法开展第九届村委会和第四届居委会换届选举，全市所有村委会和居委会换届。其中有10个村实行"无候选人一次性直选"，全部成功。

全市开展依法行政配套制度建设年活动，制定和汇总36项依法行政工作配套制度，并编印《扬中市依法行政制度汇编》；出台《扬中市人民政府重大行政决策程序规定》。建立重大决策合法性审查制度、重大决策实施情况后评价制度和重大决策责任追究制度。推行行政权力网上公开透明运行，全市所有权力事项均通过政府门户网站向社会公示。全年收到行政复议申请13件，受理9件、不予受理4件。受理的案件中维持1件，终止审理6件，驳回复议申请2件。（李冬冬）

【精神文明】 2010年，扬中市以"扬公德、展风采、树形象"为主题，开展"社会公德建设年"主题活动；组织"万名市民学礼仪"活动；开展"与创卫同行，建美好家园"主题实践活动；开展"大爱镇江"活动项目策划征集活动，其中"爱心慈善工程"、农村合作银行"爱心基金""乡村行艺术团"、格桑花西部助学等项目入选2010年"大爱镇江"活动项目手册。（李冬冬）

【党建工作】 2010年，扬中市在全市基层党组织和党员中部署开展创先争优活动。推行"先锋承诺"工程，采取"三评"(党员大会集中评、领导干部赴联系点指导评、不同党员分类评)、"三看"(看三类承诺是否全部实施、看承诺内容是否具体实在、看承诺形式是否公开公示)的形式，开展领导点评工作。全市681个党组织、1.94万名党员按照"常态化、个性化、具体化、成效化"的要求，作出承诺4.12万项。扬中市7个(类)先进典型

表 35-3

2010 年扬中市各镇(区)经济社会发展基本情况一览表

镇(区)名称	土地面积(平方公里)	耕地面积(公顷)	户籍总人口(人)	地区生产总值(万元)	财政收入(万元)	到账外资及港澳台资(万美元)	外贸进出口总额(万美元)	出口总额(万元人民币)	农民年人均纯收入(元)	参加农村社会养老保险(人)
新坝	4920	1997	47160	668603	84433	3029	15949	10055	16241	11003
三茅	7716	2234	106934	469520	91818	2828.34	7320	6954	12360	19606
油坊	4593	2208	41993	275828	28814	5398.4	33511	10679	12766	19606
八桥	3458	1582	33439	159500	17000	200	1184	1137	11329	13118
西来桥	1950	852	17576	82452	8172	–	230	230	10017	5610
开发区	1759	1162	29469	200915	12201	3200	4549	1080	12727	8960

(李冬冬)

作为镇江市创先争优活动典型被推介;“以三增活动推动农村发展”的做法在中央创先争优活动简报上宣传。通过镇江市第五轮“争创”活动三年总评检查,被镇江市授予 2007 ~ 2009 年度党建工作先进单位称号。 (李冬冬)

【民生事业】 2010 年,扬中市中小学校舍安全工程累计投入 2200 万元;建成第二水厂扩容工程,自来水内网改造基本完成,主岛全面实现区域供水;建成经济适用房 100 套;《扬中市老年居民养老补贴暂行办法》全面落实到位,3.1 万人领取到居民养老补贴;居民基本养老保险、医疗保险实现城乡并轨运行,参保率分别达97.2%、99%,居民基本医疗保险财政补贴标准提高到每人每年 120 元。

2010 年,扬中市新增城镇就业 7581 人,新转移农村劳动力 1539 人,城镇登记失业率控制在 1.39%。城镇居民人均可支配收入 25579 元,农民人均纯收入 12515 元,分别比上年增长 10.1% 和 11.6%。2.4 万名历史被征地农民纳入社会保障体系。新建农村社区养老服务站 26 家,城区虚拟养老服务实现全覆盖。 (李冬冬)

【扬中名列“中国中小城市科学发展百强”第 29 位】 2010 年 10 月 25 日,中国中小城市科学发展评价体系研究成果发布暨第七届中国中小城市科学发展高峰论坛在湖南省长沙县召开。根据论坛发布的研究成果,扬中市位列 2010 年度中国中小城市科学发展百强县市第 29 名、中国十佳资源节约型和环境友好型中小城市第 2 名、中国最具投资潜力中小城市百强县市第 38 名。 (李冬冬)

【扬中第六次蝉联“全国科技进步先进市”】 2010 年 1 月 20 日,扬中市被科技部评为“全国科技进步先进市”,这是扬中市第六次获该称号。2010 年,扬中市高新技术产业投入占工业性投入的比重超过 80%,产出占规模工业的比重达到 65%;科技研发经费占地区生产总值比重达 2.5%,比“十五”期末提高近 1 个百分点。 (李冬冬)

【扬中与清华大学签署智能电网研发合作协议】 2010 年 6 月 30 日,扬中市与清华大学签署智能电网新技术研发合作协议。工程电器是扬中的传统主导产业,具有较强的竞争优势和规模优势。随着国家智能电网计划的启动,扬中市工程电器产业加快由“扬中制造”向“扬中创造”转型,由“工程电器”向“智能电气”升级。该协议的签约促成扬中市与清华大学优势互补、互惠互利,并为扬中抓住国家智能电网建设契机,抢先占领智能电气发展的制高点奠定基础。 (李冬冬)

【扬中滨江新城规划出台】 2010 年 7 月 12 日,《扬中市滨江新城控制性详细规划文本》颁布。根据该规划,扬中市计划利用 20 年时间,投资 966.3 亿元,在老城区南部打造一座生态宜居的水上花园式滨江新城。新城规划范围位于市老城区的南部延伸地带,东至泰州过江高速,南至长江支流——夹江,西至新城南路,北至长江路,用地规模为 6.78 平方公里。全部建成后的滨江新城将融娱乐、商贸、商务、酒店、会展、产业研发、高档居住等功能于一体。滨江新城规划分三期建设完成。12 月 29 日,一期投资约 1.2 亿元的滨江生态湿地公园开工建设。 (李冬冬)

【大全新能源在美国纽交所上市】 北京时间 2010 年 10 月 7 日 21 时 30 分,大全集团董事长徐广福在美国纽约证券交易所敲响开盘钟,这标志着大全新能源有限公司在纽交所上市,成为镇江首家在纽交所上市的企业。大全新能源有限公司(该公司设在重庆,为扬中市大全集团下属企业)成立于 2007 年,主要从事电子级、太阳能级高纯多晶硅研发、生产、制造与销售。公司成立 3 年,即成为中国最大的多晶硅生产商之一。 (李冬冬)

【扬中市与德国奥里希地区缔结友好城市】 2010 年 10 月 15 日,扬中市与德国奥里希地区缔结友好城市。德国奥里希地区位于德国下萨克森州西北部的最外沿,坐落于历史景区东弗里斯兰的中心,地区总面积约为 1200 多平方公里,人口 19 万,主要产业有船舶制造、汽车制造、旅游等。奥里希地区与扬中市在地缘特征、城市形态以及产业特色等方面有很多相似之处。缔结友好城市后,双方将在人民友好往来以及新能源、机械制造、船舶工程、海洋工程等领域开展良好合作。 (李冬冬)

【扬中获“中国河豚美食之乡”称号】 2010 年 11 月 20 日,中国烹饪协会发文批准授予扬中市“中国河豚美食之乡”称号。扬中市是全国首批获该称号的城市。自 2004 年起,扬中市连续举办七届江鲜美食文化节,并在全国率先举办中国河豚美食节和中国河豚烹饪大赛,扬中河豚品牌在海内外影响力日渐突出。在中国第二届长江江鲜·河豚美食节暨扬中第七届江鲜美食节期间,扬中市河豚平均每天销售达 5 吨以上,其中 60% 销往全国各地。 (李冬冬)

【扬中发放历史被征地农民基本生活保障金】 2010 年 12 月 28 日,扬中市历史被征地农民基本生活保障金首发仪式在三茅镇广宁社区举行。春节前,全市 2.39 万名历史被征地农民陆续领到政府补贴的总额 1300 多万元保障金。自此,扬中市失地农民全部享有基本生活保障。 (李冬冬)

丹徒区

【概况】 丹徒区总面积 617.08 平方公里,其中耕地面积 2.73 万公顷,水面 70.5 平方公里。土地总面积 430.35 平方公里,其中耕地面积占 45.2%,林地、园地面积占 30.8%,水域面积占 24%。

辖7个镇、2个园区和丹徒新城管委会，计83个村民委员会、5个社区居委会和13个集镇居民委员会，共1864个村民小组。另设有江苏省丹徒经济开发区1个、农林场圃7个。2010年年末，全区总户数9.01万户，总人口28.40万人，其中男13.99万人、女14.41万人；全区出生人口2113人，出生率7.47‰，死亡人口2442人，死亡率8.64‰；人口自然增长率1.17‰。2010年完成地区生产总值190.58亿元，比上年增长13.5%。财政总收入30.06亿元，地方一般预算收入11.02亿元，分别增长4.2%和30%；税收占比90.8%，比上年提高2.6个百分点。完成规模以上工业性投入90.9亿元，增长20.6%，其中新兴产业投入30.4亿元，增长189.2%。全年城镇居民年人均可支配收入22771元，农民年人均纯收入10000元，分别比上年增长10.5%和12.8%。新增城乡就业8540人，“双零”家庭就业实现“动态清零”。城镇登记失业率为2.3%。企业职工养老、医疗、失业三大保险覆盖面均达到98%以上，新农保基本实现全覆盖。（刘　芳）

【“十一五”期间丹徒区情况概要】 “十一五”期末，丹徒区生产总值、财政收入、一般预算收入分别是“十五”末的2.2倍、3.75倍和2.71倍；2010年，人均GDP突破9000美元，年均增长16%，超过全市平均水平。三次产业由2005年的6.1∶60.4∶33.5调整为6.05∶57.95∶36。累计完成固定资产投资520亿元，是“十五”的3.5倍。实到外资超过5亿美元。落户10亿元以上重大项目15个，实施亿元以上项目170个。全区销售超亿元企业净增72家，达到95家。城镇居民年人均可支配收入、农民年人均纯收入年均分别增长14%和13%。区财政累计投入资金12亿元用于民生工程和社会保障，为老百姓办成48件实事。完成各类城市建设投入150亿元，城市建成区面积从4.5平方公里扩大到12平方公里。（刘　芳）

【农业经济】 2010年，丹徒区粮食总产18.75万吨，比上年增长1.2%，实现粮食连续六年增产。全年农业总产值18.8亿元，比上年增长8.1%。投资6.45亿元，建成21个重点高效农业项目，新增高效农业4400公顷、设施农业1267公顷，适度规模经营面积达6333公顷，都市农业产业带基本成型。新建农村“三大合作”组织116个，入社农户3.3万户。全区林木覆盖率25%，农作物秸秆综合利用率97%，畜禽粪便综合治理率达96.1%。“三资”（民间资本、工商资本、外来资本）投入农业9.2亿元，比上年增长71.32%，其中外资2873万美元，增长43%。完成农业综合开发投入4400万元，治理面积1687公顷。投入水利建设资金4730万元，实施水库除险加固工程6座，清淤河道15条、43公里，改造泵站19座。（刘　芳）

【农村工作】 2010年，丹徒区农民人均纯收入10000元，比上年增长12.8%。新增市级现代农业园区1353.33公顷，农业龙头企业项目投入资金6.45亿元；新增农村“三大合作”组织116个，入社农户3.3万户。城乡最低生活保障、失地农民保障、新型农村社会养老保险、新型农村社会医疗保险实现“全覆盖”。新型农村合作医疗保险人均筹资250元，农民基本医保实现“同城同待遇”。全年新增绿化980公顷，疏浚河道累计土方133万立方米，延伸乡镇污水管网50公里，7个镇全部通过全国环境优美镇省级考评，其中，世业镇被授予“全国环境优美镇”称号，61个村被评为省市级生态村。基本完成集体林权制度改革，土地流转机制更加健全合理。高资镇高资村、丹徒新城西麓村被评为江苏省社会主义新农村建设示范村。（刘　芳）

【工业经济】 2010年，丹徒区定报工业产值499.15亿元，销售483亿元，增加值117.7亿元，利税50.7亿元，分别比上年增长32.6%、29.8%、16%、32.8%。全区66个重点项目，开工51个，竣工27个，实际完成投资60.5亿元。“二重”项目一期基本竣工投产，二期正在抓紧建设，三期规划报批工作有序开展。CAD模具、崇佑建材、电磁设备等重点项目竣工投产，中靖水制氢、振光智能电网、白鹭岛综合开发等一批总投资超10亿元的重大项目开工建设，新科动力、三维创业园、福马机械等优质项目签约落户。（刘　芳）

【第三产业】 2010年，丹徒区实现服务业增加值68.6亿元，社会消费品零售总额32.77亿元，分别比上年增长16%、15%。完成现代服务业投资33.8亿元，增长40.9%，增幅列全市第一。新组建农村商业银行1家，新开业农村小额贷款公司1家。工商银行等分支机构落户丹徒。26家城市品牌连锁店相继开业，冠城商业中心、新加州五星级酒店等城市商业综合体开工建设。以二重、船港、苏润等物流基地为主体的临港物流园和世业洲“开心农场”等项目加快发展，成功举办长江迷笛音乐节。全年实现旅游总收入14.5亿元，比上年增长35.4%。（刘　芳）

【外向型经济】 2010年，丹徒区招商引资亿元以上项目28个，其中10亿元以上项目11个；新批注册1000万美元以上外资项目7个，完成注册合同外资2.88亿美元，比上年增长20%；实到外资1.51亿美元，增长14.4%；实现外贸进出口4.2亿美元，完成外经合同额1000万美元，营业额1600万美元，分别增长20%、11.1%和6.67%。（刘　芳）

【园区建设】 2010年，丹徒经济开发区重装产业园配套工程、物流码头、安置房建设、世业洲内环北路等基础设施工程加快推进，承载功能明显增强。高新园产业发展规划进一步完善，千里路、谷阳大道东延工程、靖康路、马迹路等骨干道路相继完工；以中科广场、高创中心等项目建设为标志，要素集聚的良好势头正加速显现。（刘　芳）

【城乡建设】 2010年，丹徒新城冷遹路、湖滨路、金谷西路等城市道路竣工通车，338省道拓宽改造、谷阳大道东延等重大交通工程开工建设。冠城商业中心、新加州五星级酒店全面开工，总投资20亿元的宝龙城市广场、总投资10亿元的温泉度假酒店、总投资10亿元的新城万博城市综合体项目签约落户，驸马山庄国际幼儿园、社会福利中心相继建成，中国米芾书法公园、基督教堂抓紧建设。全年完成拆迁面积70万平方米，新城内5个“城中村”拆迁工作取得重大进展。大运量公交3号线正式开通，城市公交枢纽站和一批公交站台建成启用，6条公交线路得到调整和优化。长山综合开发有序推进，中国米芾书法公园800米长廊基本建成。新开工农民集中居住点12个，新建安置房40万平方米，竣工交付20万平方米。（刘　芳）

【环境保护】 2010年，丹徒区7个镇全部通过全国环境优美镇省级考评；世业镇率先获得环保部命名；61个村创成省、市生态村。全区延伸污水管网50公里，高资、宝堰污水处理厂相继建成。对所有排污企业按“一企一档”建立档案，进行分类管理，全年现场监察4200人次，开展重金属企业专项整治，整改废物存储和污水处理设施；开展区域重点河流水质状况调查行动，圆满完成地表水例行监测、小康社会地表水水质监测、农村地表水环境质量监测和太湖流域水质监测。万元GDP能耗下降4.7%，化学需氧量、二氧化硫减排任务超额完成。

表 35-4 **2010 年丹徒区各镇(区)经济社会发展基本情况一览表**

镇(街道、场圃)	土地面积(平方公里)	耕地面积(公顷)	户籍总人口(人)	地区生产总值(亿元)	财政收入(万元)	到账外资及港澳台资(万元)	农民人均纯收入(元)	城镇居民人均可支配收入(元)	参加农村社会养老保险(人)
高桥镇	40.2	1279	20027	6.82	5318	615	10143	10143	7950
辛丰镇	74.9	2700	48892	26.67	15600	1601	11882	11882	17946
谷阳镇	46.75	1912.7	30042	12.52	13800	1605	12182	10182	7500
上党镇	128	4065	46390	22.7	11800	901	10579	11256	1092
宝堰镇	40.19	1662	22680	7.25	5280	600	10414	10414	6708
高资镇	100.52	1680.7	42053	43.287	46800	6523	12795	12795	2836
世业镇	44	1504.4	14268	4.27	5222	1661	10705	10705	3357
江心洲生态农业园区	13.46	411	6229	2.15	3692	279	10053	10053	2880
荣炳盐资源区	45	1627	20352	6.59	4258	240	9800	9800	5258

(刘　芳)

新增绿化面积980公顷。沪宁高铁丹徒站站前广场、道路等配套设施相继建成,绿化、美化、亮化工程同步到位。 (刘　芳)

【民营经济】 2010年,丹徒区新增私营企业1642家,完成年计划412.56%,比上年增长645.76%;累计新发展个体工商户5283户,完成年计划184.72%,增长416.97%;累计新发展净增私营个体注册资本118.63亿元,完成年计划506.61%,增长1528.73%。吸纳民资到位数54亿元,完成年计划120.15%,增长70.54%;截至年末,全区有民营企业3949户,个体工商户14424户,注册资本总额达159.71亿元。全年民资招商在手项目123个,总投资198.4亿元,其中新兴产业项目24个,正式签约和开工项目57个。民营经济指标在全市7个辖市区综合排名第二。 (刘　芳)

【科技工作】 2010年,丹徒区成功举办新兴产业招商和校企联盟洽谈会,签订产学研合作项目35项,转化重大科技成果25项。引进高层次博士创业团队10个。新立市以上科技项目50项,获助科技专项经费3227万元。新建科技孵化面积14万平方米,新城孵化器获得省级认定。通过省知识产权示范区验收。全年实现高新技术产业产值102.3亿元,占规模以上工业产值的比重比上年提高1.7个百分点。 (刘　芳)

【教育工作】 2010年,丹徒区幼儿入园率98%,巩固率100%,义务教育入学率100%,巩固率99.9%。初中毕业生升学率96%,高中升学率88.2%。占地1.1公顷、建筑面积6200平方米的丹徒新城驸马山庄国际幼儿园竣工使用;辛丰幼儿园主体工程完工;丹徒高级中学实施二期扩建工程,新建食堂和学生宿舍7500平方米;区实验小学实施校园整体改造,新建综合楼4100平方米。全区投入237万多元改造校园技防设施,各校配齐保安护卫装备"5小件",视频监控、报警系统进一步完善。上会中学、上党小学、宝堰中学3所学校顺利通过省"健康促进学校"验收。丹徒中等专业学校创成"江苏省四星级中等职业学校"。谷阳镇创成省级社区教育示范镇。2011年1月,丹徒区被评为"江苏省义务教育均衡发展先进县(市、区)"。 (刘　芳)

【文化体育】 2010年,丹徒区组织大型文艺演出10余场次,观众人数达3万人。《丹徒田歌》获第十二届中国上海国际艺术节原生态民歌银奖,《南乡田歌》被认定为国家级非物质文化遗产,唱进上海世博会。赵建平的美术作品《南乡田歌》获"省五星工程奖"金奖。建成各类"农家书屋"89家,新添3000册图书、100盘光碟。放映电影1000余场次。新增有线电视用户4000余户,15个行政村有线电视"户户通"。承办第11届"无管杯"江苏省业余无线电通信锦标赛。全区建成农村文体健身广场25个。区散打队在江苏省第17届运动会上获1金1铜好成绩。 (刘　芳)

【卫生工作】 2010年,丹徒区有医疗卫生机构19个,其中区级医疗卫生机构9个。镇级医疗机构(社区卫生服务中心)10个。全区实有床位601张,卫生人员827人,其中卫生技术人员702人。每千人拥有床位2.02张,每千人拥有卫生技术人员2.36人。全区有标准化社区卫生服务站54个,乡村医生240人,用房建筑总面积5700平方米。区、镇医院门急诊69.73万人次,比上年增加27.9%;住院病人12061人次,增加44.7%;实际占用床日共计122278床日,增加17.4%;业务总收入1.52亿元,增加26.7%。丹徒医疗集团正式组建,零差价的基本药物制度全面实施。 (刘　芳)

【民主法制】 2010年,丹徒区"五五"普法通过省级考核,"法治丹徒"建设通过市级考核,平安建设通过省级考核,"平安先锋工程"创建活动在全市推广,在全省综治成员单位挂钩共建工作会议上介绍经验做法,受到中共中央政治局委员、中央政法委副书记王乐泉的高度评价。全年刑事发案比上年下降1.3%;审结各类刑事案件203起,结案率100%;到省、市上访分别下降70%、16%;成功调解各类纠纷2201件。办结人大代表建议、意见88件,政协提案120件。87个村通过市级"民主法治村(居)"考核验收,9个村(居委会)获省级"民主法治村(居)"称号。 (刘　芳)

【精神文明】 2010年,丹徒区出台《关于在全区开展文明行业、单位与村企文明结对共建活动的实施意见》,明确共建的目标、任务、形式和保障措施;实施"六大工程"(全民共创工程、素质提升工程、美化家园工程、市场净化工程、交通文明工程、微笑服务工程),并取得阶段性成果;开展文明志愿者春风行活动,扩展志愿者服务的范围和对象。全区创成2007～2009年度江苏省文明村2个、江苏省文明镇1个、江苏省文明单位2个、江苏省文明行业9个、江苏省创建文明村先进村6个、江苏省创建文明乡镇工作先进乡镇4个、江苏省精神文明建设工作先进单位9个、江苏省创建文明行业工作先进行业1个。 (刘　芳)

【丹徒区社会福利中心开建】 2010年3月23日上午,丹徒区社会福利中心举行奠基仪式。该中心由江苏申华置业投入1500万元捐建。该中心地处十里长山生态农业示范园,占地3.3公顷,首期规划建设面积4800平方米,床位150张,按照“普通老人寄养区、医护式养老区、多功能区、康复医疗区、动态养老区以及室外休闲区”六大功能区进行规划布局。建成后的社会福利中心将成为一所集养护、康复、托管为一体,以提供养老服务为重点,兼顾为孤儿、精神病人、流浪乞讨人员等特殊困难群体提供服务的综合性福利机构。（刘　芳）

【二重项目首个产品成功起吊】 2010年8月22日上午,由厦门腾龙项目订制的750吨加氢反应器被850吨行车首次满负荷起吊成功,标志着二重项目正式进入边建设、边投产阶段,为完成中石化4台重型容器的生产吊装奠定基础。（刘　芳）

【王乐泉视察世业镇】 2010年9月11日下午,中共中央政治局委员、中央政法委副书记王乐泉到丹徒区世业镇视察“平安先锋工程”建设工作。省委副书记、组织部长王国生,省委常委、政法委书记林祥国,市、区领导许津荣、黄宝荣、丁憬、张国金等陪同视察。在世业镇世业村,王乐泉视察“平安先锋工程”建设情况,与党员矛盾纠纷调解员座谈,并详细听取世业村发挥党员矛盾纠纷调解员、党员社工服务员等队伍作用的情况介绍。王乐泉对丹徒区开展“平安先锋工程”工作予以充分肯定,同时希望丹徒在“平安先锋工程”建设中多出好的经验,探索更多、更好的路子。（刘　芳）

【新兴产业(外商及台商)投资洽谈会】 2010年9月19日,丹徒区举行新兴产业(外商)投资洽谈会。区领导与来自美国、德国、法国、加拿大、新加坡、中国台湾等国家和地区的100多位中外客商共同进行洽谈,共有15个项目在该次洽谈会上进行集中签约。（刘　芳）

【2010长江迷笛音乐节】 2010年10月1~4日,2010长江迷笛音乐节在世业洲成功举办。音乐节以“集结真爱、集结欢乐、集结梦想”为主题,吸引来自全国31个省、市及全球20个国家和地区的乐迷和游客13.5万人,其中境外游客达9600多人。活动期间,世业洲日车流量达2000辆,日接待游客3.2万人,日出租露营帐篷6300余顶。音乐节引爆镇江秋季黄金旅游市场,市区酒店入住率100%。世业洲以“服务音乐节、当好东道主”为口号,动员数百农户以“农家乐”形式参与接待服务,打响文化旅游品牌,着力拉动地方经济。音乐节的成功举办,使世业洲在国内外的知名度得到大幅提升。（刘　芳）

【宝龙集团20亿元项目入驻丹徒新城】 2010年12月16日上午,宝龙城市综合体项目在丹徒区正式签约,项目用地面积22.5公顷、总投资20亿元。城市综合体项目开发面积达20万平方米,位于谷阳大道附近,是集大型购物广场、餐饮美食中心、休闲娱乐中心、文化运动中心、酒店式公寓、SOHO办公等多种业态为一体的城市地标性建筑。（刘　芳）

【央企中国福马集团项目落户丹徒区】 2010年12月25日上午,中国福马集团与丹徒新城举行“人造板机械产品升级及产业化项目”落户签约仪式,项目总投资10.6亿元,预计可实现年销售6亿元,年上缴税收2000万元以上。中国福马集团是中国林业机械和人造板领域唯一的中央企业,集团主打产品——人造板连续压机,目前处于世界领先水平。（刘　芳）

京口区

【概况】 京口区总面积124.69平方公里,耕地面积1568.85公顷。辖2个镇、4个街道、2个场圃、1个省级工业园区,共10个行政村、67个社区。2010年末总人口33.03万人,12.7万户。实现地区生产总值260.46亿元,比上年增长13.6%,人均地区生产总值6.7万元。地方财政一般预算收入突破10亿元,比上年增长20.2%。城镇居民年人均可支配收入23767元,比上年增长10.1%。农民年人均纯收入11498元,比上年增长12.1%。（罗其富）

【“十一五”期间京口区情况概要】 “十一五”期间,全区地区生产总值年均增长14.2%,财政总收入、地方财政一般预算收入分别是“十五”期末的1.6倍和2倍。服务业占地区生产总值比“十五”期末提高14.4个百分点。区财政民生类投入累计9.45亿元,年均增长23.9%,城乡居民收入比“十五”期末分别增长86%和80%。累计完成全社会固定资产投资561亿元,是“十五”期间的10.1倍,年均增长57.4%。实际到位外资累计完成3.7亿美元,是“十五”期间的2.2倍。累计拆迁320多万平方米,融资18.4亿元。（罗其富）

【农业经济】 2010年,京口区投资10亿元的伊势蛋鸡项目成功签约,新民洲现代农业产业园加快推进,新增农村合作经济组织12个,入社农户705户。（罗其富）

【工业经济】 2010年,全区规模以上工业增长值、销售和利税分别增长15%、29%和39%。工业技改投入80亿元。鸿泰技改竣工投产。中储粮百万吨大豆压榨项目投料试产。绿洲新能源、科捷锂电池项目加快推进,海龙核材项目开工。投资3亿元美元的爱励—鼎胜铝业合作项目签约,并开工建设。（罗其富）

【第三产业】 2010年,全区实现社会消费品零售总额140亿元,比上年增长18.6%。八佰伴购物中心、镇江商业城购物广场开业。苏宁广场、财富广场城市综合体建设进展顺利。国际饭店改造升格为五星级酒店。宜必思酒店开业。皇冠假日酒店封顶装潢。欧尚超市繁荣兴旺。大润发京口店加快建设。信息服务业营业收入56.5亿元,服务外包执行额4961万美元,分别增长47.2%和68%。（罗其富）

【园区建设】 2010年,京口工业园区高创中心主体封顶,蔡家路开工建设。新民洲被列入全市海洋工程装备制造基地,新民洲港务公司五万吨公用码头开工建设,农民新社区、园区综合服务中心建设完成90%实物工作量。（罗其富）

【招商引资】 2010年实现全社会固定资产投资186.84亿元,比上年增长31.6%,增幅全市领先。实际到位外资8300万美元。新兴产业投资17亿元,比上年增长11倍;规模服务业投资96.6亿元,比上年增长42.9%。（罗其富）

【科技工作】 2010年,全社会研发投入占地区生产总值比重2.28%。完成大禹创意新社区规划编制,建成创新创业载体4.3万平方米,京口高创中心升格为国家科技企业孵化器,新增学府科技园省级高创中心。中煤电子建成全区第一家企业院士工作站;惠通集团、中福马机械、鼎胜铝业等3家企业建成省级工程技术研究中心。新增高新技术企业4家。完成高新技术产业产值81.8亿元,占规模以上工业比重31%。申请专利950件,争取上级科技扶持资金2200万元。李溪博士入选国家“千人计划”,申报新一轮国家“千人计划”2人、省“双创计划”14人、省“科技创新团队”3人。（罗其富）

【城市建设和管理】 2010年完成拆迁101万平方米,建设安置房40多万平方米，回迁安置1087户。服务北部滨水区建设，保证江滨大道东延、象山路、象山花园、御带河花园等市重点工程顺利实施。融资6亿元实施戴家湾、新生村、新华砖瓦厂、前官庄等城中村拆迁改造。拓宽改造零龙公路、莺歌桥工程。开工建设商品房145.8万平方米。（罗其富）

【环境保护】 2010年综合整治弥陀寺巷、花山湾八区等30万平方米老小区。大城管考核始终保持优秀等级。新建改造公厕13座、垃圾中转站4座。完成九里街、学府路菜市场升级改造。拆除违法建设4.4万平方米。建成斜桥街等3条市容示范和香江花城、双井路等9个无乱涂乱画小广告社区。谏壁镇通过省环境优美乡镇考核。完成绿化造林203.67公顷，建成索普生态绿化带4.5万平方米。连续两年实现全区范围秸秆零焚烧。建成花山古城遗址公园。获全国地质灾害防治十有区和省土地执法先进区称号。（罗其富）

【创业就业】 2010年建成创业孵化基地8个，面积3.6万平方米。扶持创业9774人。新增城镇就业10852人。转移农村劳动力733人。新增注册资本216.6亿元。私营企业2994户，个体工商户6647户。（罗其富）

【文教卫生】 2010年新建改造校舍2.53万平方米。加强校园安全防控，清理整顿无证幼儿园。完成新河街历史文化街区保护性开发规划编制，实现基层文化信息资源共享工程服务点全覆盖；剧本《如此智慧》获首届国家戏剧文化奖小型剧本类一等奖。社区卫生服务中心全部加入市康复、江滨两大医疗集团。（罗其富）

【京口区被评为“中国民生建设百强县（市、区）”】 2010年7月22日，在北京举行的首届中国城市民生建设调研成果发布会上，京口区被评为“中国民生建设百强县（市、区）”，位居第33位。全区将4000名无养老保险的居民全部纳入养老保障体系，共发放低保户生活补贴658万元，在全省率先实现农村低保金与城市低保金并轨。投入50余万元将特困残疾人列入重点帮扶对象，启动助明、助行、助听“三助”行动。全区542名家庭经济困难学生无一失学。扶持创业1654人，创业带动就业7588人。投入30余万元建设四大公共卫生服务项目，受益居民超5000人。全区累计完成老小区整治26个，整治面积190万平方米，受益群众达8万人。（罗其富）

【国内最大铝合金板带项目落户京口】
2010年10月19日，京口区举行爱励国际与鼎胜铝业合作签约仪式，双方共同投资3亿美元，在京口工业园建设国家级“高性能高强度大规格铝合金板带”特色产业基地，建设交通运输用高强度大规格铝合金板带项目，其产品将填补国内在高端交通用铝合金材料上的空白。项目设计年产铝合金板带15万吨，建成达产后可实现年销售收入超200亿元，其中一期投资2亿美元，实际年产10万吨铝合金板带，计划2010年开工建设，建设周期为两年。爱励—鼎胜合作项目签约，这是第37家世界500强企业落户镇江，也是2010年第3个投向新兴产业、投资超20亿元的大项目。

（罗其富）

资料链接：

爱励国际是世界500强企业，也是全球第三大航空板材生产商、第四大铝压延产品生产商和世界上5家经适航认证的民用航空材料指定供应商之一。

鼎胜铝业是中国民营企业500强，全球空调铝箔最大的生产商和国内产量最大的铝箔生产企业，也是国家级高新技术企业，产品出口占总销量的30%以上。（罗其富）

【150万只蛋鸡项目落户京口】 2010年10月22日，日本伊势食品株式会社、江苏伊康农业发展有限公司和京口区谏壁镇签署协议，联合投资10亿元在谏壁镇东京村建设“伊势150万只蛋鸡生产基地及配套产业项目”。该项目分三期建设，占地32.2公顷。首期投资建设50万只蛋鸡的饲养规模及配套的包装厂和养小鸡厂，工期为1年至1年半，二、三期工程计划在3年内全部完成。该项目是2010年全市投资最大的农业项目，建成后将成为国内规模最大、设施最先进、自动化程度最高的数字化家禽养殖基地之一。（罗其富）

【大市口苏宁广场和财富广场举行奠基仪式】 2010年3月16日，镇江苏宁广场和财富广场举行奠基仪式。镇江苏宁广场位于解放路、中山东路交汇处，居市中心位置。该项目占地面积3万平方米，规划总建设面积40万平方米，建筑高度338米，成为镇江新地标。该项目融商业购物中心、超五星级酒店、甲级写字楼、顶级酒店式公寓、大型电器旗舰店、高档SOHO办公于一体的大规模城市综合体，计划于2013年上半年实现裙房开业，2014年实现项目全面交付。财富广场东至解放路，西至经折巷，北至水陆寺巷，南至健康路，计划总投资15亿元。该项目占地3.3公顷，总建筑面积20万平方米，建筑包括5栋33层的百米高楼。财富广场计划于2012年国庆交付。（罗其富）

【施玉亮被追认为革命烈士】 2010年4月11日中午，位于市区贺家弄南门浴场个体业主施玉亮，发现一男子撬开停在浴室门口的一辆轿车盗取财物，迅速冲上去，将浴客财物夺回。该男子掏出随身刀具，直刺其胸口，施玉亮当即血喷如注，但仍捂着胸口试图追贼。重伤的施玉亮被群众迅速送至医院抢救，终因伤势过重，抢救无效牺牲。4月26日，施

表35-5 **2010年京口区各镇（街道、场圃）经济社会发展基本情况一览表**

镇（街道、场圃）名称	土地面积（平方公里）	耕地面积（公顷）	户籍总人口（人）	地区生产总值（亿元）	财政收入（万元）	到账外资及港澳台资（万元）	农民年人均纯收入（元）	城镇居民年人均可支配收入（元）	参加农村社会养老保险（人）
象山镇	43.50	124.55	52789	43.00	25000.00	2580.10	11935	24402	新增2600
谏壁镇	32	636.00	32039	17.60	24300.00	2000万美元	14061	–	748
正东路街道	5.77	10.67	44821	–	11628.00	200万美元	13000	23316	1700
健康路街道	5.40	–	85710	–	19985	–	–	23400	4300（城镇）
大市口街道	4	–	60797	–	9500	196万美元	–	21600	–
四牌楼街道	3.50	–	53548	4.44	10345.45	1250.00	–	15000	–
共青团农场	22.50	446.40	1254	0.86	1240（税收）	1.29万美元	6140	–	100

（罗其富）

玉亮被市政府追授“见义勇为先进分子”称号。在首届“江苏见义勇为新市民”评选中,施玉亮被评为唯一的特别奖,奖金10万元。8月5日,江苏省政府追认施玉亮为革命烈士。 (罗其富)

【五星级镇江帝宝花园酒店奠基】 2010年5月10日,镇江帝宝花园酒店举行奠基庆典仪式。该酒店位于京口广场商业副中心,由福建良奕房地产开发有限公司、台湾帝宝工业股份有限公司及元鼎饰材实业(镇江)有限公司共同合资筹建。总投资3亿元,占地3.33公顷,总建筑面积5.5万平方米,设计26层塔楼及5层裙楼,拥有豪华标准间和套房300余间及大型国际会务中心等,计划2013年建成营业。 (罗其富)

【《瘗鹤铭》坠江残石打捞出水】 2010年5月28日~6月22日,受镇江市文广新局委托,上海救助打捞局“勇士”号大型浮吊船在焦山南麓水域作业,打捞《瘗鹤铭》坠江残石。此次是第四次打捞,也是终结性打捞,对象是四块疑载有《瘗鹤铭》碑文巨石。四块巨石全部被打捞出水并安放在平台,最重的近500吨,最轻的近90吨。相关专家将对四块巨大逐一专业地清洗、清理、拓片和考究。中央电视台、镇江电视台对打捞进行直况转播。 (罗其富)

资料链接:

《瘗鹤铭》原刻于镇江焦山西麓临江崖壁之上,原文应在180字左右,大约在唐代后期或稍晚坠落江中。现存世《瘗鹤铭》仅有90多字。2009年第三次打捞出四块残石共5个字。 (罗其富)

【京口宝鼎就位】 2010年6月21日,京口宝鼎安装就位。该鼎坐落在市滨江风光带,宝鼎西距北固山约200余米。宝鼎为圆,基座为方,象征天圆地方,广场分高低3层,由台阶连贯,其底部广场半径接近40米。宝鼎口径4米,鼎腹直径约4.62米,通高5.03米。以三国时期的度量换算,通高20.8尺,借此纪念公元208年镇江成为东吴政权中心。鼎用铜量18.02吨,以纪念公元208年镇江成为东吴政治中心至今1802年的历史。该鼎有“华东地区第一鼎”之誉。设计者为我国著名设计大师宋金生,由上海船厂青铜公司采用一次成型浇铸。 (罗其富)

【镇江宜必思酒店开业】 镇江宜必思酒店位于中山东路80号,总投资600万美元,建筑面积6000平方米,楼高8层,拥有客房168间,地下停车位33个。该酒店于2008年4月开工建设,2010年6月28日建成开业。镇江宜必思酒店是法国雅高集团在中国运营的第40家,是全市首家外资酒店。 (罗其富)

润州区

【概况】 润州区土地总面积132.68平方公里,其中耕地面积1489公顷,茶园面积222公顷,果园面积200公顷,另有淡水养殖面积766.7公顷。辖蒋乔镇1个镇,七里甸街道、宝塔路街道、和平路街道、金山街道4个街道,镇江市黄山园艺良种场、镇江市水产养殖试验场、润州茶场3个场圃,江苏镇江润州工业园区及镇江润州民营经济发展管理委员会,共有15个行政村、51个社区。2010年末,全区总户数为10.09万户,户籍总人口为24.51万人,人口自然增长率为1.31‰。2010年财政总收入20亿元,地方一般预算收入11.3亿元,完成地区生产总值183.3亿元,增长14.5%;规模以上固定资产投资147亿元,增长26.3%。 (谢竞美)

【“十一五”期间润州区情况概要】 “十一五”期间,润州区地区生产总值年均增长14.4%,财政总收入、地方财政一般预算收入分别是“十五”期末的2.73倍和3.07倍。

城乡居民收入比“十五”期末分别增长91.9%和83.3%。累计完成全社会固定资产投资536.04亿元,是“十五”期间的12.34倍,年均增长63.8%。 (区统计局)

【农业经济】 2010年,润州区新增高效农业141公顷,其中设施农业71公顷;新增高效渔业80公顷、省级农业龙头企业1家、市知名品牌1个,蝴蝶兰组培研发中心项目落户。“三资”投入2.86亿元,开发项目12个。现代农业产业园区规划通过市级专家评审。新增农村三大合作组织8家,累计达37家,新增省级“四有”农民专业合作社2家、市级“五好示范社”1家。改造塘坝10座,疏浚河道15条、土方26.2万立方米。争取项目用地63公顷,查处违法用地19宗20.5公顷。 (谢竞美)

【工业经济】 2010年,润州区实现定报工业销售174亿元、利税18.94亿元,分

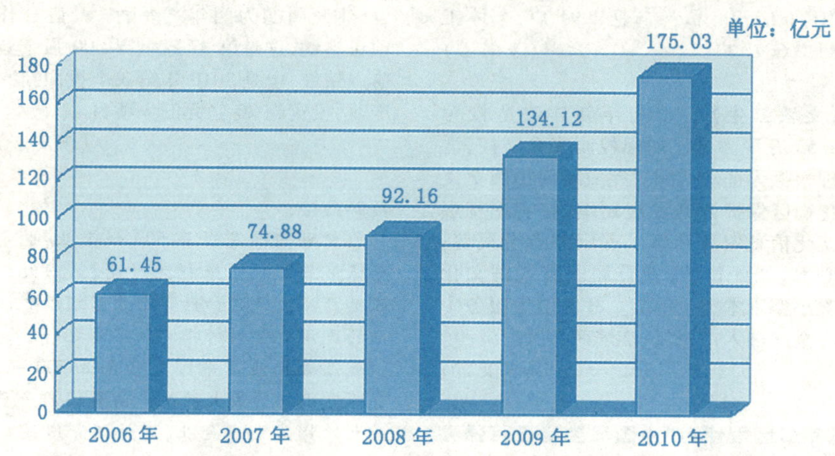

图35-1 “十一五”期间润州区全社会固定资产投资 (区统计局)

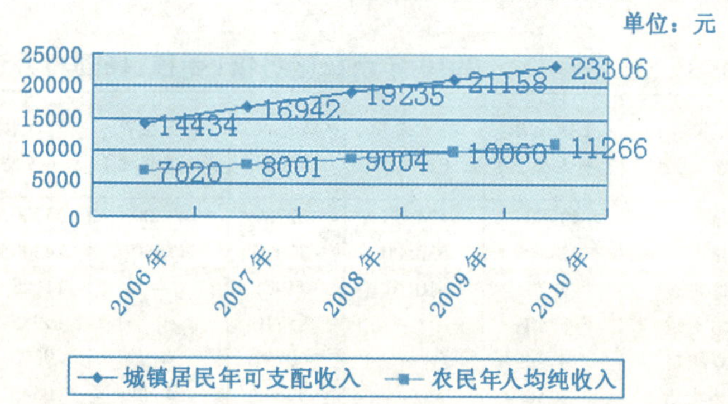

图35-2 “十一五”期间润州区居民收入 (区统计局)

别增长24.1%、28.9%，其中亿元企业销售、利税占比达65%、82.6%，三大主导产业销售、利税占比达59.3%、67.4%。16个项目列入市百项重点技改项目，其中中船大功率柴油机、液压件厂技改项目列入省重点工业投资项目。

（谢竞美）

【第三产业】 2010年，润州区实现规模以上服务业投资128亿元，占全市总量1/3，增长58%；服务业产业投资31亿元，增长148%。建成市级以上服务业集聚区5个，西津渡文化创意产业园新批为省级集聚区，惠龙港国际入驻企业150多家，交易额突破100亿元；二航三公司等总部项目开工。7个城市综合体项目总投资85亿元、总建筑面积超100万平方米；沪宁城际高速铁路广场中央商务区雏形展现。 （谢竞美）

【招商引资】 2010年，润州区组团开展挪威海洋工程、北京服务外包等5场国内外专题招商，参加2010美国APBO年会。中船西门子、风电电机等一批重要项目有望落户。全年到位外资6700万美元、自营出口3.75亿美元。

（谢竞美）

【科技工作】 2010年，润州区成功创建"省知识产权试点区"，新获批七〇七制药、镇江船厂、液压件厂、中船设备有限公司等7家省级工程技术中心，润州船舶配套科技创业园成为省级高创中心；组织申报市级以上科技项目116项，完成专利申请750件、专利授权600件，申请数、授权数均创历史新高；新认定省级高新技术产品9项、省级高新技术企业5家，形成科技创新联盟5个。建成村居创业楼18幢、8万平方米，在建8幢、7.1万平方米；建成市级创业孵化基地8个，面积15万平方米；新引进市"331"人才计划3人，1人进入省"双创"人才计划。高新技术产业产值占定报工业比重提高5个百分点，科技进步贡献率达50.2%；专利申请750件，"省知识产权试点区"通过验收；一品红草莓协会获得"全国科普惠农兴村先进单位"称号。 （谢竞美）

【城市建设和管理】 2010年，润州区新开工安置房95万平方米，竣工52万平方米，安置被拆迁户3141户、36.6万平方米，其中属区安置房开工32万平方米，竣工19万平方米，安置602户、7.02万平方米。开展菜市场、花鸟市场等整治行动，解决大西路占道经营顽症。拆除违法建设3.89万平方米。综合改造王家巷等5个老小区21.2万平方米，加快推进何家湾等城中村、老城区改造。完成李家大山片区屋顶节能改造，创成3个城市节水型示范小区。 （谢竞美）

【文教卫生】 2010年，润州区承办全国基础教育改革发展论坛、全省幼教科研协进会等重大活动，建成省级社区教育示范街道、社区教育中心各1个，七里甸街道获"全国群众体育先进街道"称号。建成人口计生优质服务体系。建成区疾控监督大楼和3家社区卫生服务中心称号，4家社区卫生服务中心被授予省示范中心，七里甸社区卫生服务中心（区人民医院）大楼开工建设，通过省药品"两网"建设示范区创建。 （谢竞美）

【精神文明】 2010年，润州区开展"争做文明人、争创文明城"市民素质提升年活动，实施"三无三有""三认三助"文明社区创建等实践活动；确立"润州区公民道德实践日"；成立区志愿者服务总站；创建"雷锋街""家捷帮"等志愿服务品牌。综合文明指数测评得分辖区最高。

（谢竞美）

【党建工作】 2010年，润州区继续开展党建"152"品牌创建工程，形成以区委"新城先锋"为引领的党建品牌综合体系。全区66个村（社区）党组织换届普遍推行"公推直选"模式，其中15个村党组织采取"全程差额"的"公推直选"模式，并在2个村、13个社区探索实施无候选人直接选举模式。 （谢竞美）

【大功率海上风机项目落户润州】 2010年10月9日，全国最大的发电设备制造企业——哈电集团与世界第一大发电设备制造企业——美国通用电气合资设立的大功率海上风机研发、制造基地项目正式签约落户润州。该项目总投资10.8亿元，预计正式投产第一年销售将超25亿元，第三年将超50亿元，五年内将形成百亿元销售，成为镇江市新能源产业的又一龙头企业。 （谢竞美）

【润州高创服务中心被认定为国家高新技术创业服务中心】 2010年1月，该中心被科技部认定为国家高新技术创业服务中心。润州高新技术创业服务中心于2004年9月正式投入运营，2008年2月被江苏省科技厅认定为省级科技孵化器，成为镇江各辖市（区）首家省级科技孵化器。近年来，建成3座总面积为15817平方米的楼宇，其内部拥有"一站式"行政大厅、新品展示厅、人力资源市场、技术培训中心、科技文化中心、专家公寓，领军人才俱乐部，并设立创业服务办公区、商务洽谈接待区、技术检测中心、科技孵化项目研发等共享区间和公共服务配套设施。2009年，市"331计划"首批引进的领军人才中，有3名落户该中心。 （谢竞美）

【全市首个少数民族法律服务站成立】

2010年1月8日，润州区金山街道杨家门社区与润州区法院联合成立镇江市首个少数民族法律服务站。杨家门是润州区少数民族最为集中的居住区域，有回族、蒙古族、满族、高山族和达斡尔族五个少数民族236户家庭663名居民，占金山街道少数民族居民总数的一半以上。社区先后设立民族之家、少数民族慈善超市、少数民族党员服务中心、少数民族法律咨询室等服务机构。近两年，

表35-6 **2010年润州区各镇（街道、管委会）经济社会发展基本情况一览表**

镇（街道、管理委会）名称	土地面积（平方公里）	户籍总人口（人）	财政收入（万元）	到账外资及港澳台资（万美元）	农民年人均纯收入（元）
蒋乔镇	38.2	22781	46622	293	11509
七里甸街道	20.42	47341	30730	928	12537
宝塔路街道	7.63	75004	47508	31.8	–
和平路街道	26	55050	16584	1216	–
金山街道	6	57747	9416	500	–
民营经济管委会	3.4	5941	14528	196.2	–

（谢竞美）

当地居民在拆迁、遗产继承等方面遇到一系列问题。杨家门社区与润州法院决定共同成立少数民族法律服务站。挂牌当天，润州区法院法官等开展首次法律咨询。（谢竞美）

【润州区律师徐祥被评为“中国法律援助志愿者行动优秀律师”】 2010年8月，团中央、中国法律援助基金会、司法部以及中华全国律师协会共同举行的首批“1+1”中国法律援助志愿者行动。江苏金银河律师事务所律师徐祥报名参加并到四川省金堂县从事法律援助志愿服务工作，因工作出色得到当地党委、政府和各族群众好评，受到中央电视台、《法制日报》、中国律师网等媒体的关注和采访。2010年8月被团中央、司法部、中国法律援助基金会以及中华全国律师协会联合表彰为全国28名“中国法律援助志愿者行动优秀律师”之一，并作为志愿律师代表在会上作交流发言。（司法局）

润州区律师徐祥（右一）参加由团中央、中国法律援助基金会、司法部以及中华全国律师协会共同举行的首批“1+1”中国法律援助志愿者行动（润 志）

【狮子山公园建成】 2010年10月1日，狮子山公园正式向市民开放。狮子山位于中山西路牌湾路口南侧。2009年，市政府把狮子山滑坡地质灾害综合整治列入“青山绿水”工程。整治工程区域东至跑马山、南至二道巷、西至朱方路、北至中山西路，占地8.43万平方米，总投资4.89亿元。共完成搬迁775户（含企业），拆迁面积6.79万平方米。滑坡治理总投资983.06万元，其中特大型地质灾害项目中央财政专向补助资金521万元，滑坡治理通过省国土资源厅与财政厅的联合验收，被评为优质工程。景观工程按照开放式公园标准建设，完成绿化面积1.1万平方米，建设灯光、水电、公共厕所、健身场所等设施。全山大小共计有271只石刻狮子雕塑，浮雕活灵活现，传统狮与现代狮结合，坐、立、蹲、卧形态各异，单体巨狮全部现场雕刻完成。（区建设局）

【《中国教育学刊》创刊30周年纪念会暨新起点基础教育改革发展论坛】 2010年7月16～18日，由中国教育学会主办，江苏省教育学会承办，《中国教育学刊杂志社》、镇江市教育局、润州区教育局协办的《中国教育学刊》创刊30周年纪念会暨新起点基础教育改革发展论坛在润州区举行。教育部和省、市领导以及全国各地教育学会、高师院校、教育科研机构、基础教育界代表400余人出席会议。全国人大常委会原副委员长许嘉璐，全国政协原副主席张怀西，新闻出版总署署长柳斌杰和著名教育家、北京师范大学教授黄济给大会题词，教育部部长袁贵仁发贺信。润州区政府、润州区教育局以及镇江实验学校分别作典型经验交流；同时，举行《中国教育学刊》创刊30周年大型庆典活动，与会人员参观考察镇江实验学校和镇江实验学校魅力之城分校，并考察润州区的社区教育现场。（谢竞美）

【润州区成立未成年社区矫正对象工作坊】 2010年5月29日，润州区司法局成立未成年社区矫正对象工作坊——“展翅新飞”工作坊，为全市首例。工作坊宗旨是“接纳自我、改善交往、健康成长”；活动一般分制定规则、个人探索、个人反省、自己评估等4个阶段进行，每期组织活动8～12次，时间跨度2～3个月。活动结束后相隔2个月进行一次跟踪聚会，检验工作坊活动效果。工作坊首期接受9名学员，开展工作坊活动4次，时间跨度1个月。2个月后进行跟踪走访。工作坊坚持每月一次活动，并采取场所不定的形式，将工作坊的活动推广到法院、乡镇、街道等。省司法部门将工作坊内容编入讲课教材，以授课形式将润州经验向全省进行推广。（区司法局）

【新金江社区联合党委成立】 2010年8月31日，润州区和平路街道新金江社区联合党委正式挂牌成立。这是镇江市成立的第一个基层联合党委，该联合党委由立新社区、金江村、长江村三个党支部组成。立新社区、金江村、长江村是由渔民组成的村居，散居在从高资到姚桥的长江水面上。随着社会的发展和渔民安置工作的推进，村民的生产生活发生变化，联合党委以组织共建、资源共享、优势互补、统筹发展方式帮助村民致富和实现集体资产保值增值。（谢竞美）

【蒋乔农民自办春晚】 2010年2月9日由润州区蒋乔镇党委主办，镇江电视台《新大地》栏目承办的“印象蒋乔，乡村电视，喝彩世博，放歌虎年——首届农民春节联欢晚会”在嶂山村蝴蝶兰基地开演。晚会由民歌表演《探梅到蒋乔》、表演唱《乘凉絮语》、秀山号子（稿草号子《樱桃好吃树难栽》、打麦号子《田歌唱响秀山村》、扬剧清唱《谁不说咱嶂山美》、燕子窝山歌——船歌《十字歌》、歌伴舞《五更相思》、嶂山马灯——燕子窝狮舞《狮马闹新春》等组成，紧扣农民主题，展示镇江乡土文化，讴歌党的惠农政策，引导社会各界参与农村建设，晚会历时近两个小时，在“非遗”嶂山马灯——燕子窝狮舞《狮马闹新春》中落幕。（蒋乔镇）

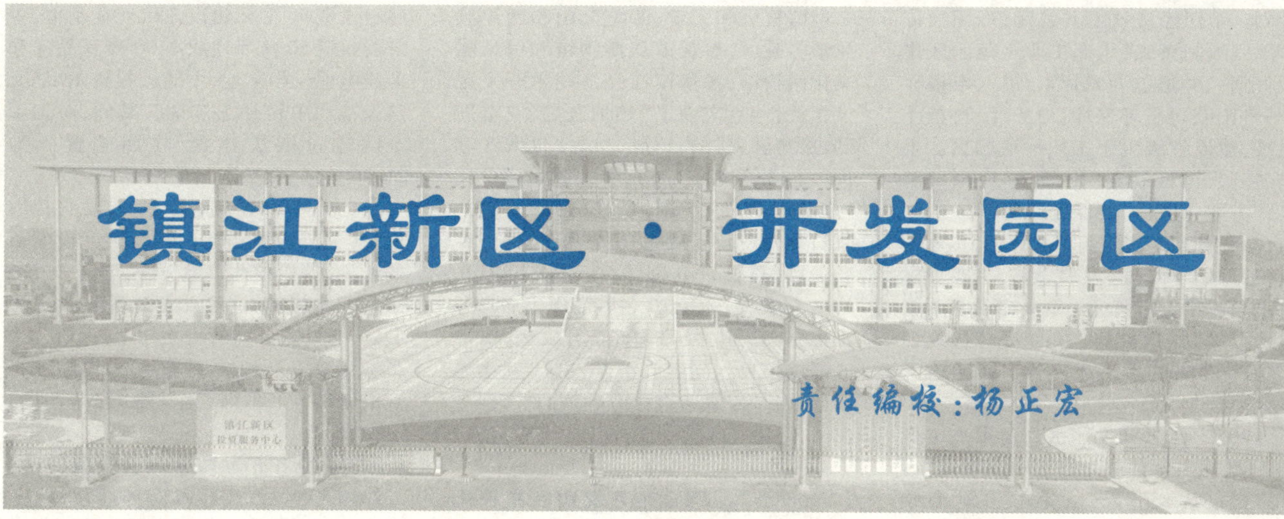

镇江新区 · 开发园区

责任编校：杨正宏

综　述

【概况】 2010年，镇江市7家省级以上开发园区完成实际到账外资12.21亿美元，比上年增长12.9%，占全市比重75.4%。其中，镇江经济技术开发区实际到账外资8.5亿美元，增长12.9%，居全省130家省级以上开发园区第三位，前移2位。各开发园区贯彻执行市委、市政府“1＋5”文件〔参见《镇江年鉴（2009）》第300页〕，按时完成30项目标。2010年4月，经国务院批准，“镇江经济技术开发区”正式挂牌。各开发园区提升建设发展水平，综合评价位次前移。根据2009年度江苏省123家经济开发区建设发展评价情况通报。全市7个开发区园区建设水平综合得分由2008年度排名19～103名，提升到2009年度15～76名，其中经济实力、产业结构、科技能力、开放水平等单项指标排名均有大幅度提升。

全年全市各开发园区推进大项目75个，其中，外资项目23个，项目总投资19.3亿美元；内资项目6个，项目总投资43.9亿元；民资46个，项目总投资615.9亿元。

推进生态工业园创建，编制“十二五”

表36-1　**2010年镇江市省级以上开发园区情况统计表**

开发园区名称	实际到账外资（万美元）					地方一般预算收入（万元）					全社会固定资产投入（亿元）			
	当年数	增长率（%）	占当地比重（%）	全省排位2009年	全省排位2010年	当年数	增长率（%）	占当地比重（%）	全省排位2009年	全省排位2010年	当年数	增长率（%）	占当地比重（%）	全省排位
合　计	122080	12.9	75.4	6	7	528749	60.6	38.3	11	10	765.8	74.2	57.7	9
镇江经济技术开发区	85000	12.9	－	5	3	205005	49.6	－	26	25	323.0	61.1	－	4
丹阳经济开发区	8127	53.1	30.1	75	64	80136	43.0	26.7	59	56	79.9	67.3	30.6	62
句容经济开发区	11119	－24.5	31.8	34	50	53602	52.2	36.8	82	87	65.9	77.2	39.8	86
扬中经济开发区	7842	21.3	52.3	68	66	58483	63.3	39.7	81	79	62.3	71.7	58.5	90
丹徒经济开发区	1947	－69.6	13.0	66	118	67892	70.0	61.6	72	77	97.0	77.4	58.7	52
京口工业园区	4435	－20.4	55.4	74	95	34538	199.8	34.4	120	107	82.2	144.2	44.0	56
润州工业园区	3610	46.2	51.6	95	108	29093	114.1	25.7	119	111	55.6	86.8	31.8	101

开发园区名称	进出口总额（万美元）					出口额（万美元）					工业产品销售收入（亿元）			规模以上工业增加值（亿元）			
	当年数	增长率（%）	占当地比重（%）	全省排位2009年	全省排位2010年	当年数	增长率（%）	占当地比重（%）	全省排位2009年	全省排位2010年	当年数	增长率（%）	全省排位	当年数	增长率（%）	占当地比重（%）	全省排位
合　计	517160	36.9	63.4	8	8	238756	30.3	50.3	8	8	2783.6	48.1	10	670.1	53.4	65.1	8
镇江经济技术开发区	325613	40.0	－	16	18	108181	16.8	－	22	28	1265.8	41.9	12	273.5	37.8	－	11
丹阳经济开发区	47125	15.1	27.2	48	52	38612	17.6	27.2	46	49	465.1	35.3	44	115.4	50.4	35.4	39
句容经济开发区	23447	41.1	56.3	66	69	14143	69.7	48.8	85	79	203.7	61.4	85	54.8	81.1	36.2	65
扬中经济开发区	32469	17.4	50.0	54	61	15071	148.6	46.8	96	74	268.6	60.6	60	68.3	64.8	48.2	56
丹徒经济开发区	31254	98	73.4	73	58	23376	103.2	64.1	68	61	282.7	61.1	57	73.8	81.3	63.0	55
京口工业园区	21704	15.6	44.5	64	75	18499	6.3	40.9	57	67	149.4	73.6	107	42.0	71.3	64.8	83
润州工业园区	35548	40	71.6	57	59	20874	44.5	56.9	61	64	148.3	67.2	108	42.3	71.4	91.6	82

（冯晓波）

规划。镇江经济技术开发区、丹阳经济开发区编制完成《生态工业示范园区建设规划》，并通过专家评审，进入申报程序；丹阳获得省环保厅、商务厅、科技厅批准，建设省级生态工业示范园区。全市各开发园区制定"十二五"规划编制工作方案，进行前期课题调研，对"十一五"规划执行情况进行科学评估，拟定各开发园区"十二五"发展思路、主要目标和创新举措。市商务局牵头完成为西藏达孜县编制《达孜县工业园区总体规划（2010～2020）》和《达孜县工业园区产业发展规划》。

2010年，各开发园区确定重点工作120项，提出各自奋斗目标和发展定位：镇江经济技术开发区以"科技引领、低碳增长、民生优先、环境支撑、效能保障"为工作重点，发展"两城五区十园"（"两城"即镇江科技城和滨江产业新城，"五区"即科技创新核心区、低碳经济示范区、特色产业集聚区、生态和谐样板区和效能建设先行区，"十园"即大学科技园、光伏产业园、航空产业园等10个专业园区）；丹阳经济开发区提出"大规划、大拆迁、大平台、大项目、大提升"五项工作要求；句容经济开发区确定"呼应句容同城同建、融入南京副城战略"的发展定位；丹徒经济开发区致力于"提升区域投资环境、狠抓项目推进力度、优化招商质量层次"，推进重装产业园和循环经济建设；京口工业园区确立"环境优美、产业提升、进位争先"的发展目标；润州工业园区重点建设具有国际竞争力的先进制造业生产基地和高技术船舶产业化基地。全市各开发园区主要经济指标增幅在13.3%～85%之间。

做好"世博"宣传发动，开展园区专题招商。举办"上海世博会镇江宣传周"活动，世博图片展、世博专题讲座进社区、《百年世博梦》电视片播映、投放世博宣传品、开辟世博网络宣传窗口、举办世博知识竞赛等系列活动；组织世博镇江"友谊日"活动，接待44名外宾、21名世博官员和记者，游览金山和西津渡风景名胜区，参观镇江博物馆和恒顺醋文化博物馆，考察镇江经济技术开发区及相关企业，实现了"热情友好、安全周到，嘉宾满意"的目标。参与"世博江苏周""江苏开发区招商引智推介会"和"江苏台湾周"活动，镇江、丹阳、句容、京口等开发园区筛选16个内资、外资签约项目，总投资分别为93亿人民币和10.5亿美元，邀请10名客商作为嘉宾参加推介会。其中：丹阳经济开发区"恒神碳纤维项目"、句容经济开发区"三鑫显示屏项目"正式与合作方签约。

（陈　达）

【"十一五"期间全市开发园区发展概要】 "十一五"期间，镇江市开发园区各项经济指标增幅均在20%以上，最高年增幅达45%。完成基础设施投入386亿元，完成全社会固定资产投资3516亿元；业务总收入10070亿元，一般财政收入270.9亿元；累计实际开发面积178.6平方公里；累计建成投产企业8100家，其中高新技术企业349家；研发中心51个，总面积30.5万平方米；科技孵化器17个，总面积10.5万平方米；累计实际利用外资43.6亿美元，注册内资644.5亿元，就业人数20万人。镇江经济开发区升格为国家级经济技术开发区，镇江大学科技园被认定为国家级。全市7个省级以上开发园区创建国家级特色园区6个、省级特色园区14个。

"十一五"期间，全市开发园区引进总投资净增资5000万美元以上外资项目71个，累计投资总额61.4亿美元，累计注册资本28.5亿美元，其中有总投资6亿美元的巨宝科技、5亿美元的太阳能多晶硅、4.7亿欧元的罗地亚二期、4亿美元的山特维克新型合金材料、2.9亿美元的爱励鼎盛高强度大规格铝板等重点项目。同时，引进一批国资、民资大项目。中国二重投资85亿元建设重型装备、核电部件、海工产品等制造基地，中建材投资80亿元建设光伏产业基地，中节能投资50亿元建成1400兆瓦晶硅和薄膜电池生产基地，中储粮投资13亿元建设粮油中转加工基地。其间，对闲置土地进行依法处置，收回闲置土地71.46公顷，司法查封7.13公顷。

"十一五"期间，市委、市政府相继颁发《关于加快和促进开发区建设发展的意见》等指导性政策文件，创新开发园区管理体制，推进各开发园区人员身份确定、开发总公司的成立与运行、机构改革和绩效工资考核、主要领导风险抵押金的缴纳等一系列工作。（陈　达）

【全市各经济开发园区建设发展评价】 2010年6月，江苏省商务厅下发《关于2009年度江苏省经济开发区建设发展评价情况的通报》，对全省123家开发区2009年度建设发展情况进行打分和评价，并根据综合得分情况将参评开发区由高到低划分为四个板块，300分以上为第一板块（共22家），230～299分为第二板块（共23家），170～229分为第三板块（共55家），170分以下为第四板块（23家）。2009年度全市各开发园区开发建设水平比2008年度有所进步，镇江经济技术开发区保持第一板块，丹阳经济开发区由第三板块升入第二板块，句容经济开发区、扬中经济开发区、丹徒经济开发区、京口工业园区保持第三板块，润州工业园区由第四板块升入第三板块。（冯晓波）

【完成援助西藏达孜县工业园规划编制任务】 2010年8月，由镇江市商务局牵头编制的西藏达孜县工业园两个规划——《达孜县工业园区总体规划（2010～2020）》和《达孜县工业园区产业发展规划》完成。《总体规划》分为总则、规划原则、园区定位、发展规模、园区布局等11个部分，园区总规划面积6.02平方公里，按照"一核、一轴、四中心、五组团"（湿地公园生态绿核，沿318国道发展

表36-2 **2009年镇江市各经济开发园区建设发展评价一览表**

开发区名称	一级指标（主指标）			二级指标（辅指标）							
	建设水平			经济实力	产业结构	科技能力	开放水平	集约程度	环境保护	社会贡献	管理状况
	得分	排名	板块	排名	排名	排名	排名	排名	排名	排名	排名
镇江经济技术开发区	320.07	15	一	17	18	18	8	38	67	28	11
丹阳经济开发区	230.83	45	二	44	49	77	54	50	37	80	34
句容经济开发区	203.43	62	三	90	81	79	24	56	42	102	95
扬中经济开发区	217.62	54	三	73	60	48	22	49	61	92	53
丹徒经济开发区	198.83	67	三	79	2	70	49	65	118	73	55
京口工业园区	202.88	63	三	116	19	74	63	64	14	99	92
润州工业园区	188.66	76	三	109	40	38	76	92	34	87	102

（冯晓波）

轴，公务服务中心、企业服务中心、旅游会展中心、科研孵化中心，高原特色生物及藏医药产业区、民族手工业产业区、新能源制造产业区、科技研发孵化区、桑珠林居住社区）进行总体架构和布局。《产业发展规划》结合达孜县自身资源和特点，对园区产业进行统一规划和定位，重点发展高原特色生物、藏医药、民族手工业、新能源制造等主导产业。规划到2020年，达孜工业园将实现销售收入30亿元，财政收入3亿元，解决就业1万人，增加农牧民收入1亿元以上，成为西藏自治区一流、全国有特色的高原特色产业示范区。（冯晓波）

【举办招商人员培训班】 2010年9月21日至28日，市商务局会同市委组织部、市台办，与台湾电机电子同业公会合作，在台湾举办全市开发园区招商人员培训班，市相关部门、各辖市（区）商务局和开发园区负责招商工作的骨干18人参加培训。培训班聘请台湾工业研究院教授和台湾知名企业总裁授课，先后安排绿色产业、新材料产业、光电产业、环保产业、物联网、LFD光学设计与应用、台资企业管理文化和汽摩零配件产业等8门专业知识讲座，参观台湾新竹科学园区、台北内瑚软体园区等5家园区和公司，拜访台湾电电公会总部和了鑫源盛集团。（陈 达）

镇江新区

【概况】 镇江新区总面积218.9平方公里，人口21.3万人，下辖3个镇和2个街道。2010年，镇江新区完成地区生产总值254.69亿元，按照可比价计算，增幅达到14.5%（镇江新区口径，下同）。

2010年，镇江新区工业企业实现工业总产值890亿元，比上年增长33.62%；实现销售收入805.56亿元，增长36.64%；实现利税76.67亿元，增长41.59%，其中定报工业企业实现销售收入712.05亿元，增长41.51%；实现利税73.21亿元，增长45.13%。全年新增规模以上工业企业33家。

2010年，镇江新区引进外资项目78个，其中增资项目12个；引进总投资1亿美元以上和近亿美元内外资项目（含增资）19个，其中9个领取营业执照。实际到账外资8.78亿美元（商务部确认数），比上年增长28.7%；进出口总额33.76亿美元，增长36.01%，其中出口额11.33亿美元，增长18.12%；实际利用内资93.7亿元。引进中节能、中建材、西飞FACC、航天三院产业基地等一批具有带动性的项目。现代服务业发展势头良好，引进了国家中低压配电设备监督检验中心、中传媒文化传媒产业园、中国台湾中华电信物联网应用、中聘人力资源服务外包区域总部等项目，成功申报为省级现代服务业集聚区。

截至2010年年底，镇江新区在建项目78个（总投资500万美元或5000万人民币以上），总投资239.18亿元。其中外资项目31个，总投资131.54亿美元；内资项目47个，总投资107.57亿元。2010年新开工项目72个，总投资225.32亿元；新竣工项目47个，总投资101.68亿元。

2010年，镇江新区新开工城建项目128项，单位工程778个，工程造价58.8亿元，建筑面积412万平方米。全年在市招标办办理公开招标的项目103项，工程总造价20.13亿元；在镇江新区办理小型工程招投标手续156项，工程总造价2.6亿元；直接发包102项，工程总造价27.17亿元；合同鉴证462项，工程总造价69.21亿元；发放施工许可证83本。有1项被评为市优质结构工程，3项获“金山杯”奖。

全年完成国有土地登记发证3200份、抵押1549份，房产抵押金额12.45亿元，面积104.9万平方米；配合镇江新区拆迁工作，紧缩农村集体土地登记发证，全年发证12份，比2009年减少91份；牵头小区综合验收工作，对海德公园、逸翠园翠竹苑、霞飞坊等3个小区进行综合验收，验收面积为40万平方米。

全年办理建设项目选址意见（书）94项、建设用地规划许可证97项、建设工程规划许可证副证292项、规划竣工验收154项，比2009年分别增长100%、80%、74%、105%。完成137个上市地块规划设计条件编制。丁卯片区完成镇江科技新城发展规划、镇江科技新城核心区控制性详细规划、科技西园城市设计、2.5次产业园布局规划、“退二进三”地块控制性详细规划及城市设计国内招标、星宝汽车广场修建性详细规划、镇江汽车城规划、科隆数码详细规划、首创详细规划等9个规划。大港片区完成丁岗新市镇建设及三年行动计划、工程技术创新园路网整体规划、瑞湖景观设计、中心商贸区“五路一湖”规划设计、静脉产业园规划、中小企业园规划和丁岗、姚桥、大路等三镇总体规划并上报市政府批准。（新区办）

【“十一五”时期镇江新区发展概要】“十一五”时期，镇江新区地区生产总值由2005年的99.5亿元增加到2010年的251亿元，年均增长20.3%；人均地区生产总值由2005年的51236元增加到115000元（合17000美元），年均增长17.6%；规模以上工业总产值由2005年的111.9亿元增加到800亿元，年均增长48.2%；财政总收入由2005年的12.5亿元增加到49.7亿元，年均增长31.8%；地方一般预算收入由2005年的4.78亿元增加到20.5亿元，年均增长33.8%；财政总收入占地区生产总值比重由2005年的12.6%增加到19.8%。经济总量对全市贡献份额不断提升，地区生产总值占全市比重由2005年的11.4%增加到13.2%，一般预算收入占全市比重由2005年的10.1%增加到14.8%，服务业增加值占地区生产总值比重由2005年的11.46%增加到20%，高新技术产业产值占规模以上工业总产值的比重由2005年的40.9%提高到54.8%。集约节约发展迈出新步伐，新引进工业项目的投资强度达6825万元/公顷，年均增长78.2%，万元地区生产总值综合能耗5年下降20个百分点。（郑慧芳）

【成功创建国家级开发区】 镇江经济开发区是1993年经省政府批准设立的省级开发区，经过多年的艰苦努力，全区发展取得明显成绩，2010年，全区实现地区生产总值254.69亿元；全社会固定资产投资323亿元，在全省省级以上开发区中名列第四位；工商注册实际到位外资8.78亿美元，在全省省级以上开发区排名第三位，于2010年4月25日得到国务院批准，升级为国家级经济技术开发区。（王 琦）

【首届长三角绿色经济金山峰会】 2010年7月5日至7日在市碧榆园国际会议中心举行，会议由镇江市人民政府和江苏省商务厅主办，镇江新区管委会和国际生态发展联盟承办，北京大学国家发展研究院、上海社会科学院、浦东改革与发展研究院、南京大学长三角经济社会发展研究中心、北京交通大学长三角研究院等研究院所协办。到会嘉宾近200名，其中100多名为来自联合国环境规划署，国家发改委、交通运输部、环境保护部、国土资源部、住房和城乡建设部，中国社会科学院、中国科学院、清华大学、北京大学、中国人民大学、北京工业大学、同济大学、东南大学、中国环境科学学会的官员和专家学者，以及致力于绿色经济发展的企业家代表。

峰会由长三角绿色经济金山峰会主论坛和三个分论坛组成，以“绿色经济——长三角新兴城市转型发展之路”

为主题，由镇江市人民政府副市长、镇江新区党工委书记李小平主持，江苏省人大常委会副主任李全林、镇江市人民政府市长刘捍东和江苏省商务厅副厅长笪家祥致辞。全国人大常委会副委员长、民建中央主席陈昌智给峰会发来贺信。会议代表分别围绕中美环境领域合作、培育绿色产业创造经济增长点、台湾节能减碳政策及产业发展、“十二五”期间长三角地区生态环境建设总体思路、21世纪全球合作新概念等主题发表演讲。主论坛结束后，召开三场平行分论坛，分别以“绿色新城市，低碳新生活”“绿色新产业，转型新动力”“绿色新农村，现代新市镇”为议题，国内外专家学者专题演讲、讨论和交流。

会议认为，长三角地区成为提升国家综合实力和国际竞争力、带动中国经济社会又好又快发展的重要引擎，但同时正面临着前所未有的资源环境压力和可持续发展挑战。因此，长三角地区应科学谋划、合理分工、务实合作、携手共进，致力绿色发展，勇担绿色责任。会议在回顾国际社会关于绿色经济研究最新成果的基础上，以“加强绿色经济创新，探索低碳发展之路，推动生态文明和谐”为宗旨，针对低碳经济、循环经济与资源、能源之间的关系，探讨区域的生态发展效率，提出长三角区域以镇江为试点、加快转型升级、发展绿色经济的新思路和新战略，通过国家级开发区镇江新区的先行先试向全球展示中国绿色经济的最新进展与成果。

峰会发表《长三角绿色发展镇江宣言》，号召长三角地区各级政府、学界、企业和公民共同行动起来，实施“绿色新政”、创新“绿色思维”、履行“绿色责任”、树立“绿色理念”，为中国新一轮科学发展和全人类和谐发展作出贡献。

峰会期间还举行镇江新区科学发展研究院暨绿色经济研究中心、中建材集团公司（镇江）太阳能技术应用研究院成立仪式。（王　芸）

【农村工作】 2010年，镇江新区农民年人均纯收入10602元，比上年增长11.6%；申报各类农业项目20余个，争取各类扶持资金800万元；成立社区股份合作社1家；发放粮食直补和综合直补、水稻良种和油菜种植补贴、农机购置补贴等财政支农资金3800万元；对915户城乡低保户发放救助资金112.06万元；投入3300余万元，加大水利基础设施的建设力度，其中投入2500万元，主要实施黑臭河流整治、坍江治理、长江堤顶公路维修和小水库除险加固工程；兑付粮食直补、良种补贴和农业保险补贴1115.27万元；发放家电、汽车、摩托车等下乡补贴492.67万元；新农合覆盖率从2009年的95%提高到2010年的97%；发展“三大合作”组织（农民专业合作组织、农村土地股份合作组织、农村社区股份合作组织）30家，新增合作组织成员6000余人；新增民营企业、个体工商户近5200家，个私注册资本43.1亿元。对丁岗、大路、姚桥等三镇815个村民小组2.73万户农户进行土地承包经营权证确权换证，完成率99%以上；新增土地股份合作10余家；新增规模流转面积1330公顷，累计发展农业适度规模经营面积4000公顷，规模农业比重35%以上；开展创业培训7045人，就业再就业培训6530人，扶持创业2371人，创业带动就业9712人；新增农村劳动力转移6530人，城镇新增就业7957人，城镇失业登记率始终保持在3%以下。建立群体性劳动争议应急预案等9项制度；受理劳动争议案件451件，结案414件，接访2000余人次，挽回经济损失415.2万元；安置被征地农民14509人，7800余人完成被征地农民基本生活保障转企业职工养老保险。全区完成造林面积608公顷，8个村达到新农村建设村庄绿化合格村标准，全区森林覆盖率20.12%。（王　芸）

【现代高效农业项目建设】 2010年，全区农作物播种面积、粮油总产和农业总产值分别达到1.33万公顷、7.87万吨和4.27亿元。发展高效农业0.55万公顷，高效农业比重达56.9%。完成省级现代农业园区核心区的建设规划，全年全区推广优质新品种15个。推广测土配方和节水灌溉等新技术12项，完善病虫测报网络，测土配方施肥面积1.2万公顷。建成丰和生态现代农业园和中华鲟养殖等两个市级农业园区，创建全市首家省级农业研发中心——江苏省鲟鱼养殖研发中心。建成省级“五好”示范合作社2家、市级“十佳渔业专业合作社”1家，新增农业龙头企业1家，申报农业类专利6项，新引进新农基、海清生物、重庆啤酒等现代科技性农业企业3家。通过无公害、绿色、有机农产品认证基地9个，认证面积近4700公顷，3个企业通过“三品”（无公害农产品、绿色食品、有机食品）认证，有名牌产品3个。组织参加上海等地农展会5个，邀请客商60余人，完成“三资”协议投农资金6亿元，其中协议外资1.59亿美元，实际到位外资2200万美元，到位外资比上年增加47%。重大“三农”项目投资额48.7亿元、重大项目资金到位率67.11%、投资额超亿元项目数9个。（朱　璟）

【社会事业】 2010年，镇江新区撤并姚桥中学、儒里中学，投资2亿多元兴建大港中学南校区并如期投入使用。扩建丁卯小学两轨教学设施，新建平昌新城八轨配套小学和18个班级的幼儿园。全区中小学达到省教育现代化标准。投资4.8亿元在工程技术创新园区开工建设镇江市东方技工职业学校。完成社区卫生服务规划，将镇江新区6个卫生服务中心调整为3个，32个卫生服务站调整为17个。在全市率先实现社区卫生医疗机构紧密型托管，将区内4个政府办社区卫生服务中心和2所其他形式举办的社区卫生服务中心，委托江苏省康复医疗集团进行经营管理。按省级社区卫生服务中心设置标准新建平昌新城社区卫生服务中心，规划面积1万平方米，开展平昌新城中心社区管理试点，探索“社会事务管理社区化，村委会组织虚拟化，农村集体资产股份化”的新型农村社区管理模式。全年新增社区管理用房1.2万平方米，累计与开发商签订社区用房2.5万平方米。实施社区文体设施规划布点、社区卫生服务中心、五个配套卫生服务站、配套小学、配套幼儿园和三级文化馆建设。出台镇江新区基本药物制度实施意见，所有农村卫生服务机构在3月实施基本药物制度，使药品销售利率下降98%。实施镇江市居民基本医疗保险“同城统筹”计划，参加统账结合医疗保险和居民基本医疗保险18万人，参加合作医疗保险100434人，实际参加合作医疗保险105797人，参保率105%。3个镇（街道）综合文化站建成开放，全年开展群众文化活动26场次，送电影下乡300场次，送图书下乡3200余册；组织“秀百姓才艺、展新区活力”大型活动，银山艺术团承办“欢乐银山夜”品牌系列活动、计划生育国策颂、全市社区文化艺术节等活动。江苏省第17届运动会镇江新区网球队获得1个第四名和1个第五名。大港街道通过“全国环境优美乡镇”国家级验收，丁岗、大路、姚桥等三镇通过省级考核。完成三镇垃圾中转站建设，完善农村垃圾处置收运体系建设，争取省级配套资金75万元。出台《关于建立镇江新区快速查处违法建设工作机制的意见》，全年依法拆除各类违法建设308户，面积4.24平方米。港南花苑吉祥苑作为镇江市生活垃圾分类收集首批试点小区，启动生活垃圾分类收集工作。（王　芸）

【财政收支】 2010年，镇江新区完成财政总收入48.05亿元，增长50.54%；一般预算收入20.5亿元，增长49.6%，其中税收占一般预算收入比重为88.71%，增幅列全市各辖市(区)第一。财政总支出为26.72亿元,增长55.44%;财政一般预算支出为13.8亿元,增长49.83%。 (王 芸)

【固定资产投资】 2010年,镇江新区完成全社会固定资产投资323.0亿元,比上年增长61.1%,其中,全社会工业性投入192.2亿元,增长44.8%;全社会技改投资84.9亿元,增长26.7%。完成规模固定资产投资292.9亿元,增长68.9%,其中,规模工业172.1亿元,增长42.8%;基础设施127.7亿元,增长249.9%;新兴产业60.1亿元,增长70.7%;服务业产业24.6亿元,增长75.3%。全区新兴产业投入占规模工业投入的比重为39.2%,比上年提高10个百分点,完成量列全市第一,在新兴产业投入推动下,镇江新区规模固定资产投资连续25个月位列全市第一。全社会固定资产投资在全省开发区中排名第四。 (王 芸)

【筹融资突破百亿元】 2010年,镇江新区经济开发总公司加强银企合作,多方拓展融资渠道,金融及非金融机构通过审批106.76亿元,实际到位91.86亿元,土地收入13.6亿元,财政拨款7.4亿元。全年实现新增融资112.86亿元,是2009年筹融资到位72.88亿元的1.55倍。 (王 芸)

【利用外资】 2010年,全区完成实际到位外资商务部确认数8.78亿美元,比上年增长28.7%,位居全省省级以上开发区第三位,其中新兴产业实际利用外资1.2亿美元;增资扩股5.23亿美元,比上年增长22%。2010年,全区完成签约项目78个,其中内资项目39个,总投资180亿元;外资项目39个,总投资34亿美元。全年引进重大节点项目18个(外资以领照为准、内资以发改委备案为准),其中外资项目12个,内资项目6个,8个项目属于新兴产业节点项目。全年完成报批项目90个。新开工项目57个,总投资200亿元,新竣工项目39个,总投资95亿元。 (陈 嘉)

【组织人事】 2010年,镇江新区开展创先争优活动,组织全区党员开展公开承诺,征集合理化建议837条。培育19个区级"三为"(为发展所需要、为党员所欢迎、为群众所拥护)党建品牌,20个区级、4个市级党员示范岗,20个区级、3个市级创先争优先进典型。深化机构人事制度改革,成立科技新城管委会、企业科技创新服务中心、新区新闻中心、平昌新城中心社区管委会、绿色化工新材料产业园管委会等5家机构和单位。建立薪酬管理制度和绩效考核体系,推行全员绩效管理;推进乡镇机构改革,精简行政、事业编制170名。实施村级换届夯实基础,完成29个村、7个社区的换届工作,选举后,"双强型"(政治素质强、发展能力强)干部达125人,比上届增加105%;女性36名,比上届翻一番;大学生村干部11人竞选成功,其中3人当选为副书记。加强干部队伍素质提升。组织干部100余人参与省内外培训、20余人赴境外研修;8期"新视野讲坛"共培训2000余人次;选拔43名干部交流锻炼,抽调17名机关干部到拆迁一线实践锻炼,选派5名干部挂职学习。全区进入"千人计划"面试2人,入选省"双创计划"6人,市第二批"331计划"中17个落户新区,申报省企业博士集聚项目19项、省科技创新团队2项、省"六大人才高峰"7项、市杰出人才奖项目2项、市"169"工程第五批项目资助经费9家。助推载体建设转型,引进北京交通大学长三角研究院、南京大学镇江高新技术研究院、东南大学镇江工业技术研究院等科研院所5家,省级工程技术中心2家,省级重点实验室1家;成立镇江新区领军人才联谊会,吸纳高层次人才103人。 (吴 劲)

【镇江出口加工区】 2010年,镇江出口加工区实现进出口额5749万美元,比上年增长60%;实现工商税收、海关税收及代征税3388万元。全年实现工业产值2.86亿元,增长89%;实现保税物流业务进出区货值1.88亿美元,增长78%,涉及区内外企业46家。保税物流货物主要有15类产品,行业涉及造船、化工、造纸、金属材料、机械、电子、新材料、新能源等。其中:"一日游"业务继续保持良好发展态势,进出区货值1.2亿美元,比上年增长20%,占全区保税物流业务货值的63.83%。"保税仓储、分拨配送""转关"等业务也有一定幅度增长,"转关"业务进出区货值0.63亿美元,占全区保税物流业务货值的33.51%;"保税仓储、分拨配送"业务进出区金额为493万美元,占全区保税物流业务货值的2.62%。保税物流货运量达11万吨,增长3.4倍;销售额2.3亿元,增长51%,其中圣睿太阳能科技(镇江)有限公司于5月试产,7月获得欧盟TUV认证,实现12兆瓦双结非晶硅薄膜电池模组产能。 (任晓峰)

【江苏镇江科技新城管理委员会】 2010年,科技新城载体突破50万平方米。引进科技型项目58个,其中,引进第二批331人才团队17个;新批省双创人才6名,高层次人才102名;引进东南大学、南京大学、北京交通大学、常州大学、日本会津大学、北京海淀中科计算技术转移中心等科研机构6家;引进、筹建光宁航海、豪然、中兴药业、亿海、赛尔尼柯自动化等公共服务平台5家。镇江科技新城内企业高新技术产业产值占全区规模工业产值的18%,对上争取各类扶持资金4235万元,新认定高新技术企业省级9家、省级高新技术产品12项。企业完成实际到位自筹科技投入1.1亿元。申报专利432件,其中发明专利105件。完成规模以上固定资产投资40.1亿元,其中规模以上工业投入16亿元。完成规模以上工业销售收入104.3亿元,实现利税10.5亿元。完成软件销售收入10.8亿元;完成一般预算收入840万元。实现软件服务外包合同金额2800万美元,完成服务业增加值8亿元、服务业规模以上固定资产投资16亿元。规模以上工业增加值能耗下降15%。 (朱 敏)

【镇江新区中小企业担保公司】 2010年,该公司为155户企业提供385笔总额11.14亿元的融资担保,期末担保余额8.34亿元。公司成立6年来,累计为299户中小企业提供1196笔总额33.09亿元融资担保。2010年,该公司被评定为全市首家江苏省四星级融资性担保机构;经省经信委、人民银行组织的信用等级评定,公司信用等级为AA-级。 (张建宪)

【中节能晶硅太阳能电池生产项目】 该项目总投资123920万元,占地20公顷,2010年9月开工建设,预计2011年6月投产。投产后可形成年产规模300兆瓦。 (葛小梅)

【大东纸业搬迁项目试生产】 大东纸业整体搬迁项目是市委、市政府确定的重点项目,该项目于2009年7月2日开工后,完成20个大项目、45个小项目的施工建设,2010年4月23日开始试生产。项目总投资12.09亿元,位于东方路以北,横山路以东,圌山路以西,占地23.33公顷,分两期进行,一期投资7.11亿元,为原企业整体搬迁,可形成年产7.5万吨特种纸、文化纸的生产能力,实现年销售收入6亿元,利税约6000万元。在此基础上,实施二期工程投入,三年内使产能提高到15万吨以上,实现销售收入10.02亿元,利税1.77亿元。 (葛小梅)

【耐丝新型合金材料项目】 该项目由上海奇致公司投资建设，总投资10亿元，占地2公顷，其中一期为年产5000吨切割太阳能光伏硅片超高强度精密钢丝，预计年销售额10亿元，为新兴产业项目。2010年4月开工建设，一期2010年底竣工，二期预计于2011年底竣工。全部达产后，可年产5000吨太阳能光伏硅片切割耗材超高强度精密钢丝。 （葛小梅）

【航空部件项目】 该项目总投资9800万美元，注册资本3300万美元。用地12公顷，位于镇江新区航空工业园内。由丹阳市新美龙汽车软饰件有限公司与香港捷科投资有限公司合资兴建，其中美龙公司占股51%，捷科公司占股49%。2009年7月项目签约，2009年12月开工建设，预计于2011年2月投产，达产后，可年产500套民用飞机机舱内饰件及航空精密机械加工件。 （葛小梅）

【光伏硅片切割砂浆回收项目】 该项目由德国SiC Processing AG公司独资设立，主要从事半导体和太阳能硅片制造行业化工废液、废渣的综合利用、处理和处置及技术开发，年处理9万吨砂浆。该项目总投资6000万欧元，注册资本2000万欧元，占地6.67公顷，位于光伏产业园内，金港大道南侧，大山路东侧。该项目于2010年7月9日签订投资协议，9月13日进场桩基施工，预计2011年7月投产。项目投产后，可形成5亿元销售收入，利税超1亿元。 （葛小梅）

【正壹TCO导电玻璃项目】 该项目总投资1500万美元，注册资本750万美元，用地31383平方米。由英属维尔京群岛ALPHA HARVEST LIMITED和镇江新区高新技术产业投资有限公司共同出资兴建，分别占股60%和40%。该项目选址于金港大道以南、大山路以东。2010年5月开工建设，预计2011年4月竣工投产，达产后，可年产26.4万平方米的高性能TCO导电玻璃。

（葛小梅）

【高性能碳纤维项目】 该项目总投资6亿元，首期注册资本5500万元，占地4公顷，由四方共同出资组建，其中镇江新区高新技术产业投资有限公司以现金投资3500万元，占股30%；镇江奥立特机械制造有限公司以固定资产作价投资，占股15%；中国科学院西安光学精密机械研究所和王浩静及其团队以科技成果出资，分别占股15%和40%。2010年5月开工建设，预计2011年4月竣工投产，达产后可年产10吨高技术纤维。

（葛小梅）

【益华综合商贸广场项目】 该项目总投资12580万美元，注册资本7400万美元。镇江益华广场第一期项目位于镇江新区新规划的城市核心商贸中心中轴线以东，紧邻在建的人工湖。项目东至港中路，西至银山南路，北至港南路，南至北湖路，由广东益华集团投资有限公司投资兴建。一期于2010年9月正式开工，建设面积20万平方米，主要为酒店和裙楼的商业部分，预计于2012年年底建成。 （葛小梅）

【镇江新区国际商贸物流大厦开工建设】 2010年3月开工建设。镇江新区国际商贸物流大厦为物流园建设的配套项目之一，用地面积为33793平方米，规划建筑面积为80483平方米。建筑体态采用南低北高、小围合形式，能充分利用日照面以提高空间使用率和节能效益。大厦建成后主要以办公管理、商贸服务为主，引进海关、国检等相关行政单位以及物流公司、外贸公司等企业入驻，为镇江市范围内的区域报关中心，并将建立与之配套的现代化电子信息交易平台和发布系统、"一站式"通关服务系统，为货主企业和物流企业服务。 （杨 路）

【金融大厦开工建设】 2010年5月28日开工建设，该工程为镇江新区2010年28项重点工程项目之一。金融大厦位于镇江新区核心城区中心位置，用地面积1.06公顷，总建筑面积7.8万平方米，为办公、金融和配套设施为一体的综合性大厦。大厦地上6万平方米、地下1.8万平方米；建筑总高度100米，地上由一幢24层的高层写字楼和三组3层的金融、办公裙楼组成，项目总投资3.5亿元，由镇江新区城市建设投资有限公司下属镇江瑞城房地产开发有限公司开发，中国建筑设计研究院设计，中国五冶集团承建。 （杨 路）

【锦绣银山项目】 该项目总投资2980万美元，由明发集团（香港）有限公司投资兴建，占地29公顷，南至银环路，北至银河路，东至港中路，西至赵声路，与海德公园隔路相望。总建筑面积47.78万平方米，包括酒店、电影院、超市、幼儿园、别墅、花园洋房等。于2010年7月开工兴建，预计2013年完工。

（葛小梅）

【大港中学南校区及体育馆工程】 新区大港中学南校区及体育馆是镇江新区2010年社会事业建设重点工程，总投资2.5亿元，占地面积12公顷，其中有行政楼（图书馆）、实验楼、教学楼、食堂、学生公寓等5个单体项目，总建筑面积5万平方米，于2010年8月31日交付使用，完成投资1.3亿元。6000座的体育馆项目总面积2.2万平方米，投资1.2亿元，计划于2011年1月开工建设。

（杨 路）

【238省道建设】 238省道于2009年3月1日正式开工，道路全长7.3公里，双向6车道，两侧辅道、人行道、绿化高标准设计，总投资约5.5亿元，2010年实现主线通车。该项目建成将完善镇江新区至扬中段的交通网络，带动沿线村镇的发展。 （杨 路）

【港南路拓宽改造】 2010年10月开工，镇江新区港南路拓宽改造工程（通港路—滨江路）全长11公里，总宽63米，总投资约5亿元，道路两边规划设置20米的景观带，按照城市景观快速通道断面形式进行，计划于2011年12月完工。港南路建成后，与沿线即将开发的中心商贸区形成呼应，打通中心商贸区与大港老城区的联系，对大港经济发展起到积极作用。 （杨 路）

【圌山地热资源勘查】 2009年4月，镇江市国土资源局新区分局委托江苏省地质调查研究院对圌山地区进行地热资源勘查，2010年5月18日正式开钻，9月全部完工。2010年10月26日，圌山地热井工程竣工。镇江新区旅游投资发展有限公司总投资约400万元，实际钻井深度达1239.5米，自喷水高度4.6米，是省内罕见自流井。经检测，井底温度46℃，井口水温45℃，单井日涌水量超过2880吨，是长三角地区单井涌水量最大的地热井。该井地热水中富含锶、氟、偏硅酸等多种对人体有益的矿物元素，达到医疗矿水浓度。圌山地热井的成功出水，将推动镇江地区清洁高效可再生能源的利用及高层次旅游、休闲度假业的发展。 （杨 路）

【镇江科技新城生产服务区】 镇江科技新城是镇江新区为进一步提升全区科技研发水平以及为科技型企业提供更新、更好的研发平台打造的新城区。镇江科技新城生产服务区建设项目工程总投资1.8亿元。一期3.2万平方米标准厂房于2010年3月开工，至2010年底完工；二期2.8万平方米标准厂房2010年10月开工建设，计划于2011年6月

完工;生产服务中心2010年9月开工,计划于2011年5月完工。（杨　路）

【丁岗中心小学及卫生院项目】 为配合“万顷良田”工程建设,解决居民集中居住区教育设施及医疗卫生服务的需要,镇江新区分别于2010年1月和3月开工建设丁岗小学和丁岗卫生院。项目总投资1.2亿元,占地面积7.5公顷,总建筑面积3.6万平方米,其中小学教学楼、宿舍楼、食堂、科技楼、报告厅、行政楼、风雨操场、看台等8个单体项目2.4万平方米,卫生院主楼、辅楼、发热病房等3个单体项目1.2万平方米。2010年12月丁岗小学项目完工。（杨　路）

【首家物业管理“211”工程】 2010年12月28日,镇江新区举行大港街道物业管理“211”工程启动仪式。物业管理“211”工程,即建立物业管理“两站一中心一平台”,即:在街道设立物业设施应急维修服务站、物业管理投诉调解工作站(与司法所合署)和物业管理服务中心(与城管、环卫部门相结合)。社区居委会在街道实施物业管理“211”工程的框架下,由社区居委会主任总领负责,协助做好物业管理相关工作,构建物业服务和社区建设结合平台。（曹建霞）

【丁岗镇试点新市镇建设】 镇江新区以丁岗镇新市镇试点镇建设为示范,把新市镇作为农民变市民的主要载体,规划建设平昌安居工程、新街惠民工程和葛村康居工程等“三大工程”;在全市率先完成农业承包土地确权发放工作;建立农村承包土地管理信息系统,开展农户承包土地数据收集录入,实施测土配方施肥,推动数字农业建设;高标准建设丁岗新街菜场和邻里中心农贸市场,探索建立平价菜供应机制,实现农户与市场对接;葛村康居工程结合现有解氏宗祠、解朝东故居为代表的76处1.13万平方米古建筑群,打造具有浓郁历史风情和地域特色的文化新村。（朱　璟）

【“镇江新区慈爱居家养老服务中心”暨“镇江新区嘉和养老服务信息中心”建成运营】 2010年10月15日上午,镇江市首家居家养老服务中心——“镇江新区慈爱居家养老服务中心”暨“镇江新区嘉和养老服务信息中心”正式建成投入运营。中心系统开通后,可满足全区5万多户家庭居家养老服务需求。居家养老服务中心为全区60周岁以上老年人建立服务信息数据库,并对全区305名慈善助老服务对象开展即时服务,即由市、区两级慈善总会提供资金,为城镇助老服务对象每月提供20小时、为农村助老服务对象每月提供10小时的家庭保洁、帮厨做饭、助老洗澡、上门理发、清洗衣被、陪同就医、代购物品、代缴费用、居家维修等上门助老服务。（朱　璟）

辖市(区)经济开发园区

【丹阳经济开发区】 2010年,丹阳经济开发区按照“工业集聚区、商贸物流区、科技先导区和丹阳新城区”的总体发展要求,谋划开发区蓝图:一座现代新城——初步建设成为在沪宁线上有一定影响力的特色园区、工业重镇、商贸中心和丹阳新城区;两大经济区域——以高速公路为分界线,在路南高标准建成15平方公里新城区,在路北建设30平方公里的工业集聚区;四大发展板块——构建高新材料、先进制造、站前商贸和现代化新城区四大发展板块。

项目建设和招商引资。以恒神碳纤维、大力神合金为龙头的新材料产业初步建成投产。全年引进5个海归博士团队,培育高科技推进项目5个,推动新产业形成和产业国际化;获得国家专利301件,申报并立项省高新企业2家、省高新技术产品3个,申报省成果转化基金项目3个;申报省工程技术2个。投资1.2亿元建设科技研发中心,投资1.1亿元建设国家级车灯实验室。新办外资企业13家,完成企业增资扩股12家;新注册民营企业776家,新增私营企业注册资本66.8亿元。

园区建设。通过加大建设投入,构建起三大发展平台,新区城市建设平台,建设沪宁高速公路以南新城区,城市人口达9.5万人,成为丹阳新的行政、文体、经贸中心;新型产业培育平台,完成15平方公里工业启动区建设,培育以恒神碳纤维为龙头的新材料、以万得汽车为核心的新能源、以生命科学产业园为主的新医药、以彤明高科为代表的精密制造等四大新兴产业;现代服务业发展平台,建成汽车贸易城,引进各类汽车4S店达12家,建成总投资5.6亿元的森林家居博览中心,开工建设总投资13.6亿元的中国眼镜城。

城市建设。基础设施建设总投资达35亿元,新建、改建道路6条,实施路灯、绿化、污水处理、截流分洪等工程,完成多个街区景观建设。完成拆迁总面积40万平方米,总拆迁户数654户。加快安置小区建设,完成东南新城、嘉荟新城等集中居住区的二期建设,总建筑面积8.3万平方米,安置房750套,安置拆迁农户410户。（冯晓波）

【句容经济开发区】 招商引资。2010年,句容经济开发区新注册1亿元以上内外资大项目6个,分别为总投资50亿元的纳赛诺科技、总投资6亿元的赛纳美克特种材料、总投资10亿元的智达高压电气、总投资1亿元的金陵石化高分子材料、一期投资1.6亿美元的LED用蓝宝石衬底项目和中国钢铁集团钢渣研发中心项目。

项目建设。巨宝二期、百利机械、柏霆光电、天力电气、盛迈集团、碧桂园城市综合体、赛纳美克特种材料、智达高压电气、LED用蓝宝石衬底等23个重点项目相继开工建设。截至年底,巨宝二期(巨宝厂、宁杭厂)、柏霆光电、中容科技竣工投产。

表36-3 **2010年镇江新区各镇(街道)经济社会发展基本情况一览表**

镇(街道)名称	土地面积(平方公里)	耕地面积(公顷)	户籍总人口(人)	地区生产总值(亿元)	财政收入(万元)	到账外资及港澳台资(万美元)	外贸进出口总额(万美元)	农民年人均纯收入(元)	参加农村社会养老保险(人)
丁岗镇	35.36	1061.85	21357	3.62	3410	800	3000	11186	5375
大路镇	41.67	1334	29131	4.25	3836	–	–	10719	1200
姚桥镇	55.88	2580.63	40273	6	4500	177	–	10092	508
大港街道	68.3	474.59	53033	31.76	44500	1110	4258	11840	2485
丁卯街道	20	–	80000	–	50000	5544.3	–	11980	–

（新区办）

园区建设。全年完成基础设施投入16.58亿元，完成近14公里的道路绿化工程和3.7公里的路灯配套，近10条供电线路相继建设，架设各类高压供电线路近20公里。全年建道路8条，4条道路竣工，村庄拆迁整理75万平方米，10万平方米安置小区交付使用，新建安置小区115万平方米。启动世茂文化公园和黄金湖风光带规划建设。

（冯晓波）

【扬中经济开发区】 经济发展。2010年，扬中经济开发区总投资37亿元的29个千万元以上项目中，有20个开工建设，11个项目竣工投产，全社会固定资产投资、工业性投入分别增长78.4%、75.3%。仁德新能源科技有限公司实到注册外资3200万美元，二期工程启动，年产400兆瓦多晶硅片，可新增年销售收入50亿元，利税10亿元。宝源物流、曙光海底电缆、润榕鑫大酒店等项目签约。兆伏集团、长江电器、常新新材料等项目竣工投产。兴隆码头一期工程通过省级验收，靠岸海轮300余艘，完成吞吐量800余万吨；联统钢市吸纳入驻市外钢材企业130家，销售收入达2亿元。全年新办民营企业141家、个体工商户448户，吸纳民资30.97亿元。开发工业用地产出效益年增长率46.6%，高新技术产业产值年增长率36.5%，科技孵化器面积达5万平方米，当年新增研发中心5家，申请专利210件，万元地区生产总值综合能耗年均下降率为8.1%，化学需氧量/二氧化硫排放总量控制在省市下达的目标值以内。

基础设施建设。2010年，基础设施投入突破10亿元。港兴路、港隆路管网形成，三号线、四号线开工建设，三跃港风光带、长新路开工建设。全年拆迁安置520户，腾地267公顷。推进安置小区建设，红专、双跃两个安置小区安排拆迁户900余户。修编完善控制性详规，扬中光伏产业园被认定为省知识产权重点联络点。省级生态工业园区规划通过省环保厅、科技厅、商务厅联合审批。科技创业中心投入运营，并被认定为省级高新技术创业服务中心，有13家企业进驻。

（冯晓波）

【丹徒经济开发区】 项目建设。2010年，丹徒经济开发区总投资30亿元的二重集团（镇江）重型装备厂有限责任公司一期工程核电容器厂房竣工并开始设备安装和验收，总投资21.8亿元的二重二期工程6月开工建设；总投资5亿元的中盐镇江盐化有限公司60万吨真空制盐及配套工程建设顺利推进，计划2011年6月投产；总投资4.1亿元的苏润高碳材4万吨高纯石墨碳材项目预计2011年上半年竣工投产；总投资2亿元的建科科技园一期干拌商品砂浆项目投入试生产；总投资4780万美元的金海宏业氧化沥青及20万立方米仓储项目12月开工建设；总投资2800万美元的江苏长三角精细化工有限公司二期3万吨/年顺酐主体工程9月竣工。

基础设施建设。总投资5.3亿元的二重集团重装物流码头主体工程竣工并投入试运行；总投资1.8亿元的江苏苏润物流有限公司3.5万吨级公共码头项目3月开工，完成码头主体工程及设备安装；总投资2亿元的二重集团8座千吨级内河码头建设启动；总投资5亿元的镇江宝龙港务物流有限公司公共码头项目内河码头10月开工建设，外江码头7个专项通过行政许可；总投资5亿元的镇江船港物流有限公司5万吨码头及皮带廊项目拆迁工作全部完成，7个专项报告完成并通过专家审查。

生态园区和特色园区建设。2010年7月启动省级生态工业园的创建，委托环保部南京环科所编制《江苏省丹徒经济开发区生态工业园规划》，并于12月通过专家评审会评审。（冯晓波）

【京口工业园区】 2010年，京口工业园区引进大集团的地区总部、区域采购中心、结算中心、销售中心落户数3个，分别是：爱励鼎胜铝业（镇江）有限公司，美国百事集团华东地区农副产品采购、分销中心和中国核动力研究设计院产业转移基地。服务外包业务收入367.12万美元，比上年增长134.86%；工业增加值41.99亿元，开发工业用地245.46公顷，每公顷工业增加值1710.45万元，增长31.44%；税收收入5.45亿元，开发面积285.73公顷，每公顷面积税收191.25万元，增长178.84%；高新技术产业产值48.17亿元，增长32.65%；建成科技孵化器面积36059.9平方米。当年申请发明、实用新型、外观设计专利数56件；万元地区生产总值综合能耗为0.96吨标煤，下降8.33%；化学需氧量/二氧化硫排放总量控制在市下达目标值内，全年无重大污染事故和生态破坏事件。新获批省级以上特色产业园区、服务外包示范区6个，全年引进大项目4个；爱励鼎胜铝业（镇江）有限公司总投资2.93亿美元、注册资本1.08亿美元的航空航天及交通运输用大规格高强度铝合金板项目，镇江鼎胜铝业股份有限公司总投资12亿元的年产25万吨铝板带箔技改项目以及总投资10亿元的35万吨/年连铸连轧高精度铝板带技改项目，江苏绿洲新能源有限公司总投资9800万美元、注册资本7000万元的年产40兆瓦非晶硅薄膜太阳能电池项目。申报并通过评审“千人计划”2个，申报并获得省高层次创新创业人才项目批复4个，申报并获得市“331”人才引进项目4个。新注册服务外包企业5家。（冯晓波）

【润州工业园区】 园区建设。2010年，润州工业园区实现工业区域4.02平方公里范围预征预拆。完成富润华庭三期和四期、留脉湾三期、中船西门子、中远川崎、惠龙三期、船厂三期、武钢码头等11个项目、1300多户、23万平方米的拆迁，平整土地近200公顷。完成沿江高等级公路两侧20千伏配电工程，实施南徐路西延遗留的近200米道路、留脉湾北路、强凌北路建设。富润华庭二期13栋462套约4万平方米安置房实现回迁安置，富润华庭三期、四期15万平方米和东篱春晓二期11万平方米安置房开工建设。产业集聚不断增强。围绕船舶及海工配套、港口物流现代服务业、电子信息及新能源产业三个主导产业，形成以镇江船厂、蓝波造船为龙头的船舶制造基地，以中船设备为龙头的船用动力制造企业、以江苏康士伯为龙头的船舶控制系统制造等一批特色鲜明、科技含量高、市场前景广阔的企业。以惠龙港国际一级对外开放港口为龙头的港口物流现代服务业顺利推进。入驻企业158家，以陆路散货为主的金山物流项目投产运营，入驻企业50多家，其中德邦、华宇、盛辉三家上市物流公司入驻；二、三产剥离的长和物流、兴龙物流两个新项目加快推进，园区以金山物流、惠龙、港龙、兴龙为主体的江苏省港口物流现代服务业集聚区格局基本形成。产业提升不断加快。华印电路板公司获批为国家级高新技术企业；中船、镇江康士伯船电、华印电路板、七零七制药等4家企业被省科技厅认定为省级工程技术中心。国家火炬计划镇江特种船舶及海洋工程装备特色产业基地获得国家科技部批准，镇江润州船舶配套科技创业园被省科技厅认定为省级高创中心；2010年11月10日，总投资2.13亿元的镇江高技术船舶及海洋工程装备科技产业园开工建设。招商引资。全年签约的有：总投资10.8亿元的船厂三期项目，总投资10.8亿元的哈电风电整机项目，总投资3000万美元、注册资本1266万美元（其中外资620万美元）的镇港合资兴龙物流项目以及中驰新材料、港龙交通项目。

（冯晓波）

市级新任党政军领导

杨省世

2010年11月任镇江市委委员、市委常委、市委副书记（正市级）。

1965年1月生，陕西户县人。1985年1月加入中国共产党，工学博士。1983年9月至1987年7月在西安公路学院经济系财务会计专业学习。1987年7月起在交通部见习，历任科员、副主任科员。1993年8月起任交通部财务会计司主任科员。1995年2月起任交通部财务会计司企业财务处副处长，其间1996年10月至1997年7月公派到比利时安特卫普大学学习港口管理专业，获工学硕士学位。1997年10月起任交通部财务会计司事业财务处处长（正处级）。1998年7月起任交通部财务会计司司长助理（正处级）。2000年12月起任交通部财务司副司长，其间2005年3月至2005年7月在中央党校中青班学习，2006年9月至2006年12月参加外专局组织的美国杜克大学培训。2006年12月起任交通部海事局副局长（副局级）、党委委员。2009年3月起任交通运输部财务司司长，其间2006年3月至2009年6月在长安大学交通规划与管理专业学习，获工学博士学位。

（胡　瑾）

王树均

2010年7月任镇江市委常委。简介参见《镇江年鉴（2009）》第307页。

（刘晓平）

帅巧芳

2011年1月当选镇江市人大常委会副主任。

女，1953年3月生，上海人。1973年4月加入中国共产党，大学普通班学历。1970年4月参加工作。1978年7月毕业于扬州师范学院中文系。1978年8月起在扬州师范学校任教。1981年4月起任扬州市中级人民法院书记员、审判员。1984年6月起，历任扬州市郊区法院审判员、副院长，郊区区委组织部副部长，郊区法院院长、党组书记。1994年6月起，历任扬州市中级人民法院副院长、党组副书记（正处级）、院长、党组书记。其中，1997年9月至1999年7月，在南京大学科学技术哲学专业研究生课程进修班学习。2002年12月起，历任镇江市中级人民法院代院长、党组副书记、院长、党组书记。镇江市第五届党代表，镇江市第五届、第六届人大代表。

（张　豫）

王常生　2010年11月任镇江市副市长。

1959年9月生，江苏扬州人。1982年7月加入中国共产党，党校本科学历。1976年12月起，在句容县电子应用厂工作。1979年1月起在部队服役。1982年11月起历任句容县农业银行天王营业所信贷员、农业银行镇江分行办公室秘书。1984年12月起，在镇江市政府办公室历任秘书、副科级秘书、正科级秘书、综合一科科长。1994年10月起任镇江市财贸办公室副主任、党组成员。1996年9月起任丹徒县副县长。1997年11月起任丹徒县委常委、副县长。1998年11月起任镇江市贸易局党委书记、局长。2001年5月起任镇江市贸易局党委书记、局长兼市经贸委副主任。2002年1月起历任润州区委副书记、代区长、区长兼镇江市经贸委副主任（2002年4月免市经贸委副主任职务）。2004年8月起任丹阳市委副书记、代市长。2005年1月起任丹阳市委副书记、市长。2009年9月，任镇江市副市级干部、丹阳市委副书记，拉萨市副市长。

（李映虹）

曹　寅　2010年2月任江苏省镇江军分区司令员，大校军衔。

1962年12月生，江苏南京人。1983年6月加入中国共产党，研究生学历。1979年12月入伍，历任战士、学员、司务长、保密员、干事、参谋、秘书等职。1997年2月任江苏省军区司令部动员处副处长，2000年2月任江苏省军区司令部军务处处长，2001年3月任江

苏省国防动员委员会综合办公室正团职专职副主任，2005年1月任江苏省国防动员委员会综合办公室副师职专职副主任。先后立三等功2次。

（刘晓平）

姜海岩

2010年12月任江苏省镇江军分区副司令员，大校军衔。

1961年12月生，安徽明光人。1984年4月加入中国共产党，大学学历。1979年12月入伍，历任战士、学员、枪械技师、军械仓库主任、军械科助理员、军械股股长等职。1990年调南京军区机关工作后，历任后勤部军械部助理员，司令部兵种部、技术部参谋，装备部军械装甲部助理员、副处长。2003年2月任江苏省常州市武进区人民武装部部长，2004年10月任江苏省军区装备部战技勤务处处长，2008年11月任江苏省南通军分区副司令员，2009年12月任江苏省连云港警备区副司令员。立三等功1次。

（刘晓平）

蒋伟亮

2008年1月当选镇江市人民检察院检察长。

1955年6月生，江苏无锡人。中共党员，大学文化。镇江市人民检察院党组书记、二级高级检察官，江苏大学兼职教授。1970年8月起在江苏省无锡粮食机械厂工作，历任工人、车间副主任、团支部书记；1974年3月加入中国共产党。1979年9月起在无锡缝纫机总厂任政工科干事；1980年2月起，在无锡市崇安区人民检察院工作，历任助理检察员、检察员、副检察长、检察长、党组书记；1996年5月起任无锡市人民检察院副检察长。其中，1998年9月～2000年6月在苏州大学法学院进修研究生课程。2002年12月起任镇江市人民检察院代检察长。2003年1月起任镇江市人民检察院党组书记、检察长。

（康 珺）

茅仲华

2011年1月当选镇江市中级人民法院院长。

1965年11月生，江苏兴化人。中共党员，法学博士，南京师范大学法学院兼职教授，南京大学法律硕士研究生导师。1987年7月加入中国共产党。1988年7月毕业于华东政法学院，获法学学士学位。1988年8月分配至江苏省高级人民法院工作，历任刑一庭书记员，刑二庭助审员、审判员、审判长、副庭长、庭长、审判委员会委员。其间，1998年9月～2001年6月在华东政法学院攻读在职法律硕士，获法律硕士学位；2002年8月～2003年9月在江苏省淮安市中级人民法院挂职，任党组成员、副院长、审判委员会委员；2003年8月～2004年2月参加江苏省第三期领导干部国际知识培训班，获全国出国培训备选人员外语水平等级高级证书；2004年9月～2007年7月在南京师范大学法学院学习，获法学博士学位；2008年11月～2008年12月参加江苏省高级法律人才赴美国康州纽海文大学刑事司法培训。

（张传军）

镇江名人

于 漪

上海市杨浦高级中学名誉校长、特级教师，2010年9月获“全国教书育人楷模”称号。

女，1929年2月生，江苏镇江人，中共党员。1951年7月，毕业于复旦大学教育系。1965年加入中国共产党，1978年被评为语文特级教师。长期从事中学语文教学，形成独特的教学风格。她执教59年，从经验与感悟走向理性与科学，着力提高学生语文素养、立体化施教、全方位育人。注重培养青年教师，做好传帮带。她的教育理念、教育实践、教学改革等在全国产生重大影响，并推动教育教学改革。主要著作有《于漪语文教育论集》《语文教苑耕耘录》《语文园地拾穗集》《学海探珠》《教你学作文》《语文教学谈艺录》等十多本。音像辅导材料有《于漪语文教学课堂结构精析》《妙笔生辉》等数十盒。先后获上海市中小学优秀校长、上海市优秀共产党员、上海市优秀教育工作者、上海市教育战线先进工作者、教育督导先进工作者、全国“三八”红旗手、“五讲四美为人师表”优秀教师、全国先进工作者、2009中国教育年度新闻人物，两次被评为上海市教育战线先进工作者、四次获上海市劳动模范称号、五次获上海市“三八”红旗手称号，首批享受国务院政府特殊津贴专家。任全国语言学会理事、全国中学语文教学研究会副理事长、上海市教师学研究会会长等。历任第七、八、九届上海市人大常委，教育科学文化卫生委员会委员、副主任委员。

（丽 书）

模范人物

徐深海

镇江市润州区环境卫生管理所清粪队队长，2010年获全国劳动模范称号。

1968年7月生，河南人。高中学历，中共党员。他所在清粪队负责润州区119座公厕、1000多幢楼房的1000多套化粪池的日常保洁、消杀、清渣工作。近年来，先后出动吸粪车近500车次，清理化粪池200多套，解决管道不畅、经常漫溢点40多处，改善老小区的人居环境。他长期从事清粪工作，衣服上的异味无法去掉，洗衣服时必须要将衣服分开洗，双手清洗后也难以祛除气味，生活受到影响。但他没有因为困难而退缩，也没有在“下海”单干的诱惑下另觅出路。他始终坚持共产党员的优良品质，作为清粪队的普通一员，做好本职工作，为镇江市创造良好的清洁、卫生的环境。曾获2008年全国建设系统劳动模范、镇江市百佳文明市民、镇江市城管系统先进工作者、镇江市城管系统优质服务明星、2007年镇江市劳动模范等称号。

（叶兆国）

张国兴

镇江港务集团有限公司修理班班长，2010年获全国劳动模范称号。简介参见《镇江年鉴（2007）》第377页、《镇江年鉴（2009）》第307页。

（叶兆国）

朱国平

江苏飞达工具股份有限公司董事长，2010年获全国劳动模范称号。

他自1992年创办飞达集团以来，经过17年的发展历程，使其成为销售产值74亿元的跨国集团。他关心公益事业，投资2000余万元，先后为飞达村铺设自来水管道，开通有线电视，添置数十台手扶拖拉机、大型联合收割机等农业机械；累计投资1208万元，为村里修建飞达大道、幸福大道和飞达工业城；投资380万元兴建飞达露天广场和市民灯光球场；投资200万建立飞达公交汽车站；为全村340位老人购买养老保险；筹资350万元，兴建江苏省首家民工子女学校——飞达光彩小学。简介参见《镇江年鉴（2007）》第371页、《镇江年鉴（2010）》第322页。

（叶兆国）

姜小红

丹阳市皇塘镇鹤溪村食用菌种植户，2010年获全国劳动模范称号。简介参见《镇江年鉴（2007）》第379页。

（叶兆国）

胡雪林 镇江市公安局公交分局副局长兼反扒大队大队长，2010年获全国先进工作者称号。

1960年11月生，江苏泰兴人。中共党员，大专学历，一级警督警衔。1979年5月参加工作，1989年1月参加公安工作。自1988年以来，他始终工作在反扒斗争第一线，敬业奉献、勤学苦练，是远近闻名的“反扒能手”。在他带领下，扒窃、拎包案件下降，成为“平安镇江”建设品牌。从事“反扒”工作21年来，先后抓获违法犯罪嫌疑人4500余名，破获刑事案件3600余起，为群众挽回经济损失900余万元。先后立个人一等功、二等功各1次，三等功2次。1995年，被镇江市人大常委会授予“优秀警官”称号；1999年，被评为全国优秀人民警察；2000年，被评为全国特级优秀人民警察（享受省劳模待遇）；2007年，被评为江苏省十大爱民标兵；2008年，被授予全国公安系统二级英雄模范称号和首届“大爱镇江”新闻人物；2010年，被评为江苏省十大爱民警察、江苏省优秀人民警察。简介参见《镇江年鉴（2009）》第308页。

（叶兆国）

钱志平

镇江市丹徒区教育局教研室教研员，2010年获全国先进工作者称号。

女，1975年11月生，江苏丹徒人。大专文化，中共党员。她担任数学教师兼珠心算实验班教练以来，放弃原来的“大九九”训练，采用高难度的“一口清”训练，取得较好成果。和学生四次代表江苏省参加全国“珠心算”大赛，四次获得团体一等奖，9人获得单项一等奖；七次代表镇江市参加江苏省“珠心算”大赛，五次获得团体冠军，两次获得团体亚军，有40多人次获得单项一等奖，打破36项江苏省纪录。曾在全国桂林珠心算邀请赛中包揽三个奖项。在首届史丰收速算大赛中夺得三枚金牌。并多次谢绝经济发达地区的高薪聘请，立志为家乡教育事业服务。担任教研员以来，先后有数十篇论文在省、市、县级比赛中获一、二、三等奖，并获得县、市青年教师评优课一、二等奖。《中国财经报》《中国教育报》、中央电视台等媒体都曾先后报道。曾获全国模范教师、全国优秀教师、全国优秀珠算教师、江苏省新长征突击手、镇江市骨干教师、2001年江苏省劳动模范、2006年江苏省优秀共产党员等称号。

（叶兆国）

赵亚夫

四川省绵竹市江苏高效农业示范园援建项目负责人，2010年获全国先进工作者称号。

他在“5·12”汶川大地震发生后，八次赴灾区。包括他在内的15人援建团队，在四川省绵竹市因地制宜，建立高效农业示范园，帮助当地农民养猪，种植草莓、李树。担任中共十四大代表、中国作物学会委员。简介参见《镇江年鉴（2008）》第314页、《镇江年鉴（2010）》第322页。

（叶兆国）

强南山

中国民主建国会镇江市委员会主委、镇江市住房和城乡建设局副局长。2010年获中国民主建国会全国优秀会员称号。

2009年5月12日，镇江市接受重建绵竹大西街小学任务，并由他主要负责。他是江苏援建四川绵竹指挥长中唯一一位民主党派人士。2010年1月22日，大西街小学工程竣工验收，是绵竹市特殊党费项目中第一个完成交付使用的。该工程获四川省优质工程奖。他在四川绵竹主编《共建美好新家园》，向灾区人民普及抗震救灾知识和抗震建筑技能。担任建设镇江体育会展中心工程，在节地、节能、节水、节材、室内环境质量和运营管理六个方面表现突出。该工程被国家住房和城乡建设部列为国家绿色建筑示范工程和科技示范工程。并受命奔赴援疆一线调研，开始对接援疆建设任务。简介参见《镇江年鉴（2008）》第313页。

（夏　域）

张　标 中国致公党镇江市委员会

组织处主任科员、副处长，兼任致公党镇江市委市直支部主委。2010年被致公党中央评为基层组织建设先进个人。

1967年9月生，江苏丹徒人。致公党员，大学文化。2002年进入致公党镇江市委工作。近三年来，主持参与10个省级调研课题，所提交的调研报告被致公党中央、省委采用为政协大会发言、提案或建议案，其中《关于加强农田水利设施建设的建议》被致公党中央采用为全国政协大会发言、提案，有6篇调研报告被致公党省委评为优秀调研报告。同时，推行完善市级基层支部调研课题申报制度，在镇江市民主党派参政议政工作中形成特色。他还承担“致福工程”试点的具体实施工作并取得成果。他团结支委一班人，发扬民主、团结作风，把建设富有特色的支部文化作为支部工作的长远目标，先后筹划开展“爱心接力棒”系列活动，资助帮扶贫困学生、为革命老区村级集体捐赠图书500多册等各项公益活动。曾两次被致公党省委评为参政议政先进个人，一次被评为江苏省“致福工程”先进工作者。

（蒋　薇）

施卫东

江苏大学研究生处处长、江苏省流体机械工程技术研究中心主任，2010年获九三学社中央优秀社员称号。

1964年2月生，江苏南通人。九三学社成员，博士，研究员，博士生导师。任九三学社镇江市委委员，九三学社江苏大学委员会主委，江苏省政协委员，中国农机学会排灌机械分会副理事长。他在政治协商、民主监督、参政议政的各项活动中建言献策，成效显著。在理论研究、产品开发、人才培养等方面作出成绩。近五年来，先后主持国家“863”计划等20余项课题，获国家科技进步二等奖1项、省部级科技进步奖16项，国家教学成果二等奖1项，授权、申请发明专利等14项。出版著作及标准10部，发表论文60余篇，SCI（科学引文索引）、EI（工程索引）、ISTP（科技会议录索引）收录30余篇。培养博士、硕士20余名，为行业培养专业人才500余名。研究成果被南京蓝深集团等100余家企业转化，在南水北调等工程上应用，取得较好经济和社会效益。被评为“新世纪百千万人才工程”国家级人选、全国化工优秀科技工作者、江苏省有突出贡献的中青年专家、江苏省“333工程”中青年科技领军人才、江苏高校优秀科技创新团队带头人等，并担任流体机械及工程国家重点学科学术带头人。在他带领下，江苏省流体机械工程技术研究中心连续三次获江苏省优秀工程中心，成为我国流体机械及工程行业人才培养、科学研究和工程化辐射的重要基地。九三学社江苏大学委员会被评为2008年度省先进集体，个人被评为2009年度省先进个人。

（赵俊华）

陈沛华

丹阳市地方税务局执法检查办公室主任，2010年获九三学社中央优秀社员称号。

女，1963年5月生，江苏无锡人。九三学社成员，本科学历，经济师。任九三学社镇江市委副主委，九三学社丹阳委员会主委，镇江市政协委员，丹阳政协常委，丹阳政协经科委副主任。她注重岗位业务学习，并善于结合岗位业务开展参政议政工作；注重在调研中学习，在调研中挖掘和积累参政议政素材。连续多年在县、市两级政协全委会上获得优先提案奖、优秀政协委员荣誉。连续三年参加九三学社江苏省委课题招标并中标，其中一份被九三学社中央录用为全国政协提案，曾被九三学社省委评为参政议政先进个人。她作为市委会领导班子成员及基层委员会的负责人，先后组织开展树立和践行社会主义核心价值体系等政治思想教育、参政议政能力建设教育与课题调研实践活动、走进企业（社区、敬老院）等社会服务活动和专题性报告会、交流会、友好社际联谊、与政府部门结对交流等社务活动。具有较强的协调意识，注重与地方统战部门、政协等机构、骨干社员所在单位中共党组织、党派内部班子成员之间的协调、配合。

（赵俊华）

王学剑

江苏王学剑律师事务所主任，2010年获九三学社中央优秀社员称号。

1965年12月生，广西桂林人。九三学社成员，本科学历，法学学士，一级律师。任九三学社镇江市委委员，九三学社镇江市委经济与科技专门工作委员会主任，九三学社镇江市综合二支社主委，镇江市政协委员。他团结社员开展履职建言活动，并在本职岗位上作出优异成绩。有计划地组织和开展各项社务活动，参政议政，关心地方经济和社会发展。曾针对城市拆迁问题，撰写《关于尽快修改我市房屋拆迁管理规定的建议》；为增进政府和群众的沟通，建议《建立市政府新闻发布会制度》；为避免校园意外和纠纷，建议《建立学校事故责任认定委员会》等。关注民生，协助地方党委政府处理地方矛盾。是镇江市政府法律顾问团的成员，多次陪同市委、市政府领导接待群众来访。他参加三届江苏省律师辩论赛，担任过两届律师代表队的教练。撰写论文《律师参加辩论赛的一些技巧》，入选参加第八届中国律师论坛；《辩论赛陪伴我们一路走来》入选江苏省恢复律师制度三十周年论文集；《房产新政对商品房买卖合同的影响》被《中国律师》杂志刊登。曾被评为镇江市科技骨干、江苏省首届优秀辩手、镇江市首届优秀辩手、镇江市第二届优秀律师、镇江市第三届十佳律师等，曾获市司法行政先进个人、九三学社镇江市委优秀社务工作者等称号。

（赵俊华）

吴仲辉

镇江市民防局监察室主任，2010年被评为“十一五”全国人民防空先进个人。

1955年5月生，江苏南通人，中共党员，本科学历。1974年12月入伍，1995年转业分配到镇江市人防办工作至今。他除了从事人防宣传教育、政策法规、纪检监察工作外，还监管工会、机关党建以及其他事务性工作。爱岗敬业、任劳任怨，经常利用休息时间加班工作，多次被评为镇江市优秀公务员、镇江市优秀党员、江苏省人防系统先进个人。协调媒体加大人防工作宣传力度，组织开展人防宣传教育进学校、进机关、进社区、进企业活动，组织全市人防系统做好宣传报道工作，提高镇江人防工作的社会知晓度。加大人防法规的宣传力度，结合实际提出加快人防发展的政策措施建议，制定完善依法行政和人防行政执法制度规定。组织开展反腐倡廉教育，制定完善党风廉政建设制度规定、加强对人防工程建设项目的监督力度。近10年来，镇江市民防局先后投资人防工程建设近4亿元，未发生一起违纪问题。

（刘　坚）

俞波涛

镇江市人民检察院党组副书记、副检察长，2010年11月被评为全国检察业务专家。

1968年5月生，江苏建湖人。中共党员，博士学历，任江苏省青年联合会常委兼军警政法界别委员会主任。1991年在江苏省人民检察院参加工作，2009年2月调任镇江市人民检察院党组副书记、副检察长。他从事反贪侦查工作近10年来，直接组织查办江苏省体制改革委员会原副主任阎怀民（正厅）贪污、受贿案，中国医学科学院皮肤病医院（研究所）原院（所）长陈志强（副厅）受贿案等职务犯罪要案。著有《贪污贿赂案件侦查机理探索与适用》《贪污罪的认定与处罚》《受贿罪的认定与处罚》《秘密侦查问题研究》等，在《江苏社会科学》《人民检察》等刊物上发表论文十余篇。曾被评为省级机关优秀青年公仆、江苏省首届检察业务专家。立二等功两次、三等功一次。

（康　珺）

李守斌

镇江市中级人民法院民一庭审判员，2010年获全国法院办案标兵称号。

1965年12月生，江苏铜山人。中共党员，本科文化。他从事民事审判工作以来，办案数量始终居首位。2008年和2009年在镇江市中级人民法院民一庭审判员中办案数量最多，其中2008年办案210件、2009年办案199件，调撤率50%以上，平均审理天数32.59天。他在办案中，工作耐心细致，重证据、重调查研究，不办关系案、人情案，严格执行最高法院"五个严禁"（严禁接受案件当事人及相关人员的请客送礼，严禁违反规定与律师进行不正当交往，严禁插手过问他人办理的案件，严禁在委托评估、拍卖等活动中徇私舞弊，严禁泄露审判工作秘密）和党风廉政建设的有关规定。多次被评为该院先进工作者，2007年被评为全省"诉调对接"先进个人，2008年立个人三等功。

（张传军）

吉沐祥

江苏省绿盾植保农药实验有限公司董事长，2010年12月获全国优秀科技工作者称号。

1963年4月生，江苏宝应人。中共党员，本科学历，副研究员。1991年7月毕业于原江苏省句容农校，同年分配到镇江农科所工作。先后担任中国园艺学会草莓分会理事、江苏省教育厅职业教育教研中心组农学专业教研组成员、江苏农林职业技术学院农学专业兼职教师和园艺专业指导委员会委员。他把握植保农药产业发展方向，研制开发科研专利新产品。近五年来，先后主持申请国家专利13项，其中第一主持申报9项；获国家发明专利授权3项；获农业部登记和工信部批准生产的农药新产品5个，获得农业部药效试验产品2个；有4个新产品获省高新技术产品，2个新产品获省自主创新产品。主持有关植保农药科研与开发项目7项，发表论文20多篇，其中第一完成人16篇，获优秀论文奖2篇。打造高科技企业，加快新产品新成果产业化。经过几年的努力，使江苏省绿盾植保农药实验有限公司发展成为国家高新技术企业。2005年，参与的《水稻小穗头成因与控制技术研究开发》获江苏省科技进步三等奖；由他共同参与成果转化的浸种剂"恶线清"和"菌虫清"对干尖线虫病引发的小穗头有优良防效，累计推广应用133多万公顷，挽回稻谷损失约5亿公斤。承担草莓相关科技服务工作，为莓农提供科技指导。指导建立以茅山老区为中心的草莓生产基地8个，面积333多公顷，科技服务点15个，草莓新品种和优质高效栽培技术在省内外累计推广种植面积50多万亩次，为农民直接增收5000多万元。2010年11月被江苏省科技厅评为科技特派员创业先进个人。

（王敬根）

丁杏兰

镇江市大众汽车出租有限公司出租汽车驾驶员，2010年9月被授予2008～2009年度全国交通运输行业文明职工标兵称号。

女，1968年2月生，江苏镇江人。中共党员，大专文化。1996年起，她在镇江市大众汽车出租有限公司工作，并担任爱心车队队长。14年来，她安全行车160多万公里；在营运过程中坚守职业情操、职业道德，为乘客提供服务；在做好本职工作同时，还义务帮助孤寡老人，爱心帮扶困难家庭，不计报酬献爱心，先后捐款捐物累计1万多元。2003年分别被市政府授予百佳文明市民、镇江市劳动模范称号，2004年获得江苏省首届"十佳客运之星"提名奖，2005年被江苏省授予五一劳动奖章，2008年被选举为镇江市人大代表，2010年3月被授予第三届镇江市"十大女杰"称号。

（王天顺）

李世华

丹阳市史志办公室党支部书记、主任，2010年11月获中国地方志指导小组表彰的全国地方志系统先进工作者称号。

1956年11月生，江苏丹阳人。中共党员，本科文化。2004年11月调入丹阳市史志办公室任职至今。多年来，他履行领导职责，开拓创新，推动丹阳市史志工作发展，该部门各项工作在同行业中处于领先。丹阳市二轮修志工作被列为江苏省二轮修志试点县市，完成250余万字的市志编纂的总纂任务；"十一五"期间丹阳地区18部部门志、专业志、镇志、村志编撰并陆续出版；编纂发行《丹阳年鉴》6卷，地情资料存史400余万字，图照存史资料4000余张；编纂出版《中共丹阳党史大事记(1949.4～2009.4)》；旧志开发利用成效明显，《明隆庆丹阳县志校注》编纂出版，《清乾隆丹阳县志校注》进入送审阶段。丹阳市地方志工作先后获全国年鉴评比特等奖、一等奖、二等奖、三等奖；2006年1月获江苏省第四次地方志系统优秀成果评比一等奖，同年11月获省方志系统先进集体称号；连续8年获省党史系统先进集体称号；连续5年被评为丹阳市级机关党工委表彰的先进党支部。2007年12月，该办所辖的丹阳革命陈列馆创建成省爱国主义教育基地，连续三年被镇江市史志办表彰为先进集体。个人获省史志系统先进工作者一次，获丹阳市委表彰的优秀党务工作者、丹阳市级机关十佳支部书记各一次。

（史志办）

曾义海 丹阳市关心下一代工作委员会主任。2010年6月被评为全国关心下一代先进工作者。

1944年1月生，江苏丹阳人，共产党员。2003年，他退休后投身关心下一代工作，争取到市委、市政府的支持，解决关工委工作用车、活动经费、生活补贴等实际困难，促进关心下一代工作开展。深入基层，抓组织网络的建设，使丹阳市15个镇区、278个村(社区)、128所学校、108所民营企业均建立关工委。搞好校外教育辅导站全覆盖试点工作，推动309个校外教育辅导站建设。关心帮助1.2万名留守儿童，推行“代管家长制”。帮助1624名孤困学生解决入学困难，组织老同志为四川灾区捐款45万多元，学校师生献爱心捐款450万元，个人交特殊党费1000元。组织360名老同志做好网吧义务监督，“五老”(老干部、老战士、老专家、老教师、老模范等，下同)网吧义务监督工作，丹阳市关工委被江苏省评为先进集体。曾获江苏省交通系统先进工作者(享受镇江市级劳动模范待遇)、镇江市优秀共产党员、镇江军分区优秀人武干部称号。

（杨 楠 臧辉南）

施韶贵 扬中市关工委常务副主任。2010年6月被评为全国关心下一代工作先进工作者。

1935年10月生，江苏扬中人，中共党员。从事关心下一代工作10多年来，每年组织安排老干部报告团、法制报告团在各学校开展主题教育和法制教育活动，受教育学生人数十万人次。推广、指导创办学生小书房27000余个。组织、带领36名“五老”网吧义务监督员，常年对38家网吧进行检查、监督。任扬中市“关爱工作团”的主要领导，帮助解决外来务工人员子女就读问题，帮扶贫困生入学，帮教失足、失管青少年。担任扬中市人民法院人民陪审员后，在参与对未成年人犯罪案件的圆桌审理中，教育挽救未成年人。推进江洲路社区家庭、社会、学校三位一体教育试点工作。

（朱 斌）

赵恩宏 镇江新区关工委常务副主任。2010年6月被评为全国关心下一代工作先进工作者。

1948年3月生，江苏镇江人，中共党员。2006年以来，他退而不休，牢记党的宗旨，保持共产党员的本色，为关心下一代工作作奉献。带头学习党的方针政策，用科学发展观指导镇江新区关心下一代工作。发挥自身优势，镇江新区关心下一代工作提升迅速，多次受到江苏省、镇江市表彰。曾获“镇江市保持党员先进性教育先进个人”称号。

（赵师璧）

曹雪林 镇江大照集团有限公司供电工程分公司变电一班班长，2010年获江苏省五一劳动奖章。

1972年4月生，江苏吴县人。大学文化，中共党员，高级技师。1994年5月参加工作，担任班组长后带领班组全体成员在生产一线奋战。2009年，在220千伏圌山变电站一次设备安装工程中，克服工期紧、工程难度大、气温高等困难，安全优质完成施工任务。先后撰写《SFM断路器防凝露措施》《SFM断路器大修方案改进》等科技论文，并在立杆施工、110千伏隔离开关安装中采用新方法，保证工程质量，并提高工效。2004年，他作为江苏省电力公司代表队成员，获全国电力行业变电检修专业技能大赛团体第一名、个人第三名，先后被评为江苏省电力行业技术能手、全国电力行业技术能手、全国技术能手。2008年获国家电网公司生产技能专家、镇江市有突出贡献技师、镇江市五一劳动奖章等称号。

（叶兆国）

李 峻 中国电信股份有限公司镇江分公司职员，2010年获江苏省五一劳动奖章。

1972年4月生，江苏镇江人。大学文化，中共党员，工程师。1995年从部队转业，在镇江电信分公司从事线路安装工作。在做好本职工作之余，自学计算机网络知识。2001年镇江电信开始宽带城域网建设，他被调入宽带安装维护队专门负责宽带安装维护管理工作，承担镇江市区和丹徒区范围内所有电信数据业务的线路及终端设备安装、维护和管理。作为一名党员和队伍的带头人，他带出一支技术过硬、服务规范的队伍，在“数字镇江”建设过程中作出贡献。在政企客户支撑中心的工作中，他能发挥党员的先锋模范作用，刻苦学习专业知识，技术上精益求精，对新员工培训耐心细致，工作中任劳任怨，赢得客户称赞和同事尊敬。2004年获得镇江市优秀共产党员称号，2005年被评为电信公司优秀共产党员。

（叶兆国）

叶 欣 镇江华润燃气有限公司工人，2010年获江苏省五一劳动奖章。

1971年11月生，江苏镇江人。大专文化，技师。1994年他加入燃气行业，先后在管道维修、燃气具维修等岗位工作。十六年来，他熟练掌握岗位的各个技术环节，由普通维修人员成

长为维修技师。他提高服务意识、服务技能、服务水平，对老弱病残的特殊用户奉献爱心；做好安装、维修工作后，向用户宣传安全使用常识。2007年、2008年先后在江苏省燃气行业职业技能竞赛中获得第六名、第一名的好成绩，先后获江苏省技术能手、江苏省五一创新能手、江苏省建设系统杰出技能标兵、镇江市五一劳动奖章等称号。2010年获得全国燃气行业职业技能竞赛第一名，并获“全国燃气行业技术能手”称号。

（叶兆国）

马爱明

镇江市京口区环境卫生管理所清洁一队队长，2010年获江苏省五一劳动奖章。

1966年4月生，淮安涟水人。1996年起在京口区环境卫生管理所工作，作为外来务工人员在该所辛勤工作15年，先后干过道路清扫、垃圾清运等工作。每天清晨3点开始工作，经常加班加点，超额完成清运任务。担任队长以来，他所管辖的保洁路段人流量多、工作量大、任务重，每天清扫道路面积12万平方米，清运中转垃圾50余吨。他每天早晨4点上路督查，发现问题及时解决。他既当指挥员，又当战斗员，有时每天工作20多个小时。他所管辖的区域环境卫生质量在历次城管考核中处于领先水平。他所管辖的解放路、正东路、南门大街多次被评为清扫保洁示范路。在他的带领下，全队拓宽创收渠道，开展有偿服务，通过优质服务和辛勤劳动，每年创造经济效益25万元，多次被评为全所的“先进班组”，多次受到居委会和正东路街道办的好评。2004年，该队被镇江市总工会评为“五一文明岗”。2005年，个人获京口区十佳外来务工人员称号。2007年被授予镇江市劳动模范称号。

（叶兆国）

解加平 镇江邮政局丁岗支局乡邮员、投递班班长，2010年获江苏省五一

劳动奖章。简介参见《镇江年鉴（2010）》第325页。

（叶兆国）

陈淑媛

镇江市第六中学年级组长，2010年获江苏省五一劳动奖章。

女，1963年10月生，浙江金华人。大学文化，中共党员。镇江市十三届妇代会代表。她在工作中坚持全面贯彻党的教育方针，有事业心和责任感。以“教书育人”为己任，以“淡泊明志、宁静致远”为自己的师德格言，以“亲切细腻、博精结合”为教学风范，以“踏实、认真”为工作作风。她帮助家庭离异的孩子，使其重新感受家庭般的温暖；帮助经济困难的孩子，使其顺利完成学业。她所带班级每年都被评为校文明班级。2004年，她所带班级团支部被评为镇江市优秀团组织。个人获镇江市教育局嘉奖三次，并记三等功一次；2006年，在全市党员会议上作事迹介绍，曾获镇江市百佳市民、镇江市骨干教师等称号。

（叶兆国）

杨宝林

江苏华通动力重工有限公司技术中心副主任，2010年获江苏省五一劳动奖章。

1963年6月生，陕西人。硕士学历，中共党员，研究员。他钻研专业知识，掌握高新技术并不断创新，具有较强工作能力和较高学识水平。近年来，主持完成大型搅拌设备的研制与开发并参与实施江苏省科技成果转化《高效环保智能化热再生养护机械关键技术开发与产业化》（项目编号：BA2006068）。主持开发的沥青搅拌设备成为该公司重要经济支柱。2006年至今，在同行业销售量中居前列，出口量第一。曾获中国机械工业科学技术二等奖1项、三等奖2项，江苏省科技进步三等奖2项，江苏省优秀新产品奖1项，镇江市科技进步一等奖2项、二等奖2项、三等奖1项，获国家专利16项；参与制订国家、行业产品标准2项，参加编写国家职业技能鉴定培训教材1套。曾获镇江市有突出贡献中青年专家、镇江市学术技术带头人、江苏省“333高层次人才培养工程”中青年科学技术带头人等称号。

（叶兆国）

徐广福

大全集团有限公司党委书记、董事长，2010年获江苏省五一劳动奖章。

1942年11月生，江苏扬中人。高中文化，中共党员，高级经济师。他从创办原新坝综合厂起家，将该乡办企业发展成为产业领域涉及电气、交通技术、新能源、环保的跨行业、跨地区经营的大全集团。该集团有员工7000多名，年产值80亿元。多年来，他注重人才培养、新品开发、技术创新、企业内部管理以及企业的和谐创建。关爱员工，逐步提高员工的工资报酬，调动和挖掘员工生产积极性和创造性，使该集团成为扬中三十强企业之一。曾获江苏省优秀乡镇企业家、镇江市优秀乡镇企业家等称号。

（叶兆国）

张雅琴

生前为丹阳市新桥镇金桥村党总支书记，2010年获江苏省五一劳动奖章。

曾获丹阳市保持党员先进性教育先进个人、镇江市劳动模范等称号。简介参见《镇江年鉴（2010）》第326页。

（叶兆国）

费　扬 江苏奇能电池有限公司总经理，2010年获江苏省五一劳动荣誉奖章。

1960年6月生，澳大利亚人。博士学历，高级工程师。他致力于新能源汽车电源产品的自主研究和关键核心技

术的创新。模块化电池产品在电池快速充放电、比功率、一致性、循环寿命等重要指标方面取得进展，该项成果填补国内空白，促进国家新时期能源计划和中长期科技发展规划的实施。2007年，他领导的动力镍氢电池项目被列入镇江市重大项目投资计划；2009年，“混合动力车用内联模块型高功率镍氢电池系统”获得江苏省重大科技成果转化项目立项。简介参见《镇江年鉴(2010)》第320页。（叶兆国）

刘嘉桢

江苏绿洲新能源有限公司副总经理，2010年获江苏省五一劳动荣誉奖章。

1961年7月生，新西兰人。博士学历，高级工程师。1986年，他在东南大学机械工程硕士毕业，并留校任副教授一职。先后完成国家“七五”攻关项目3个，企业项目12个，发表论文17篇，并获国家科技进步三等奖2次。1995年，赴新西兰飞利浦灯具制造公司担任线长职务，负责生产线的生产管理，获1996年度最佳线长称号。1997～2000年，在新西兰坎特伯雷大学进修并获得制造系统工程博士学位。毕业后被新西兰皇家科学院聘任为科学家，完成现代快速反应制造系统研究项目3个，发表论文6篇。2001年，任职美国洛克希德马丁公司和新西兰空管部高级系统工程师，先后完成新西兰综合航空系统工程、中国空军海军七套航空系统工程；参与欧洲共同体航空系统工程的设计和规划。2006～2009年，分别在澳大利亚控制工程公司和美国卡特彼勒公司控制系统中心作为高级工程系统专家完成澳大利亚墨尔本、新西兰奥克兰和法国法兰克福道路系统工程项目以及卡特彼勒公司道路运作工程控制系统的系统工程项目。2009年5月，在江苏绿洲新能源有限公司负责公司项目的工程建设工作。公司一期注册资本为7000万美元，项目三期总投资为6亿美元，计划建立一个年产20万千瓦的非晶硅薄膜太阳能光伏电池组件工厂。

（叶兆国）

斯约翰

美驰轻型车系统有限公司车门系统中国区总经理，2010年获江苏省五一劳动荣誉奖章。

1963年10月生，美国人，硕士学历。他先后在数家世界知名汽车及零部件制造厂担任工厂厂长、运营经理等职务。担任阿文美驰公司中国区总经理以来，面对世界金融危机，克服原材料的涨价、美元贬值等不利因素，控制生产和销售在年度预算之内。在工厂运行中，为该厂拓展新客户，改良物流和采购方案，成立CI（企业形象识别系统）小组；注重员工业务和素质教育，形成高效、文明作风。并关注社会福利事业，慰问福利院老人和小孩，资助特困生，帮助安排实习和就业。“5·12”汶川大地震后，他以公司名义捐出一万元，并号召所有员工为灾区捐款。

（叶兆国）

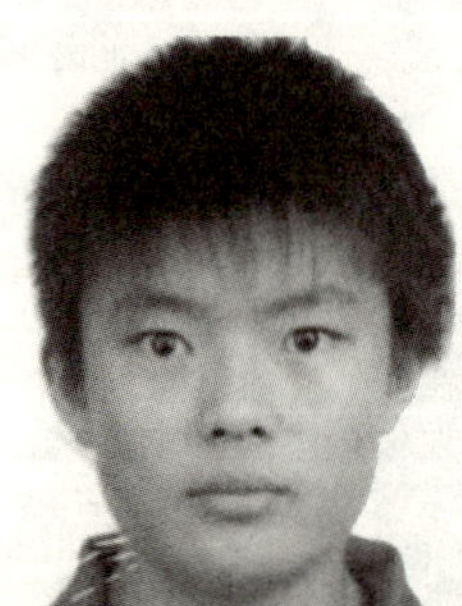

薛 飞

田径运动员，2010年全国田径锦标赛女子5000米冠军。

女，1989年8月生，江苏镇江人。2010年8月6日，在全国田径锦标赛女子5000米比赛上，她以15分41秒60的成绩夺得冠军。

（刘 剑）

何 琴

田径运动员，2010年国际田联竞走世界杯团体冠军、个人亚军。

女，1992年3月生，江苏丹阳人。2009年，进入国家队。2010年5月17日，她在墨西哥奇瓦瓦市参加2010年国际田联竞走世界杯，与队友一起在女子青年组10公里比赛中获得团体冠军，同时获得个人亚军。

（刘 剑）

荣誉市民

吉冈茂美（吉岡しげ美/Yoshioka shigemi）

日本音乐家，2010年8月被镇江市政府授予镇江市荣誉市民称号。

女，1949年9月生，日本籍。毕业于日本武藏野音乐大学、日本女子大学研究生院、美国加利佛尼亚大学等校，后任日本西武文理大学教授至今。2006年，经日本前政要官房长官武村正义介绍，吉冈茂美多次到镇江市采风，并以镇江七夕传说故事为主题为镇江创作歌曲。2007年，首次在镇江市举办七夕纪念音乐会，首发日语原创歌曲——《望仙桥恋歌～镇江星空物语》（2010年更名为《星空物语》），此后连续四年到镇江市举办音乐会。她通过在日本举办音乐会，在日本朝日新闻、NHK放送局、广播电台等传媒制作宣传栏目，邀请日本歌星在日本全国各地巡回演唱《星空物语》等形式宣传镇江市。该歌曲CD唱片在日本上市销售。

（外 办）

人物表录

表 37-1

2010 年度镇江市获省系统以上荣誉人物表

姓　名	性别	单位职务(职称)	授予单位	荣誉称号	获奖时间
孙继生	男	镇江市农委生态处处长	国务院第一次全国污染源普查领导小组、中国环境保护部、国家统计局、中国农业部	全国污染源普查工作先进个人	2010－03
姚彩媛	女	镇江市农委渔业渔政处高级工程师	国务院第一次全国污染源普查领导小组、中国环境保护部、国家统计局、中国农业部	全国污染源普查工作先进个人	2010－03
王　阆	男	丹阳市农委生态科科长、高级农艺师	国务院第一次全国污染源普查领导小组、中国环境保护部、国家统计局、中国农业部	全国污染源普查工作先进个人	2010－03
杨国新	男	丹阳市农委水产站水产工程师	国务院第一次全国污染源普查领导小组、中国环境保护部、国家统计局、中国农业部	全国污染源普查工作先进个人	2010－03
许国坤	男	镇江锦绣皇宫大酒店副总经理、国家高级烹饪技师	中国烹饪协会	中国烹饪大师	2010－03
潘小峰	男	镇江聚景缘大酒店总经理、国家高级烹饪技师	中国烹饪协会	中国烹饪大师	2010－03
倪　琦	女	镇江宴春酒楼副总经理、国家服务技师	中国烹饪协会	中国餐饮服务大师	2010－03
史新元	男	军分区司令部正营职参谋	江苏省军区	何祥美式爱军精武标兵	2010－12
王正荣	男	丹阳市人民武装部军事科科长	江苏省军区	何祥美式爱军精武标兵	2010－12
岳国锡	男	丹阳市民政局副局长、双拥办副主任	中共江苏省委、江苏省人民政府、江苏省军区	江苏省双拥先进个人	2010－05
韦志明	男	镇江市京口区双拥办主任	中共江苏省委、江苏省人民政府、江苏省军区	江苏省双拥先进个人	2010－05
徐　翔	男	江苏大全集团总裁	中共江苏省委、江苏省人民政府、江苏省军区	江苏省双拥先进个人	2010－05
周月明	男	镇江新区大港街道大港村党支部书记	中共江苏省委、江苏省人民政府、江苏省军区	江苏省双拥先进个人	2010－05
张志宏	男	镇江船艇学院政治部副主任	中共江苏省委、江苏省人民政府、江苏省军区	江苏省双拥先进个人	2010－05
陈文水	男	镇江军分区政治部宣保科科长	中共江苏省委、江苏省人民政府、江苏省军区	江苏省双拥先进个人	2010－05
倪新明	男	军分区政治部正营职干事	江苏省军区	科学文化教育先进工作者	2010－12
朱冬生	男	镇江市民防局(人防办)局长(主任)	南京军区国防动员委员会	人防工作成绩突出好主任	2010－11
朱　毅	男	镇江市人民检察院党组成员、反贪局局长、检察委员会委员	江苏省人民检察院	江苏省检察业务专家	2010－01
毛康林	男	句容市人民检察院党组书记、检察长	江苏省人民检察院	江苏省优秀基层检察长	2010－02
邢　华	女	镇江市人民检察院职务犯罪预防处处长、检察员	江苏省人民检察院、省人力资源与社会保障厅	全省检察机关先进工作者	2010－06
贾永平	男	镇江市京口区人民检察院公诉科科长、检察员	江苏省人民检察院、省人力资源与社会保障厅	全省检察机关先进工作者	2010－06
陈东旭	男	镇江市人民检察院反贪局侦查指挥中心办公室副主任、检察员	江苏省人民检察院	全省检察机关反贪部门“优秀侦查员”	2010－12
束利云	男	丹阳市人民检察院助理检察员	江苏省人民检察院	全省检察机关民行检察“优秀办案能手”	2010－12
宁　杰	男	镇江市中级法院行政庭庭长	江苏省高级人民法院	江苏省优秀法官	2010－12
严宏坤	男	丹阳法院副院长	江苏省高级人民法院	江苏省优秀法官	2010－12
杨宝林	男	江苏华通动力重工有限公司技术中心副主任	江苏省人民政府	江苏省有突出贡献中青年专家	2010－08
张智敏	男	镇江液压件厂有限责任公司副总经理	江苏省人民政府	江苏省有突出贡献中青年专家	2010－08
崔飞伦	男	镇江市第一人民医院泌尿外科主任	江苏省人民政府	江苏省有突出贡献中青年专家	2010－08
毛芝旺	男	江苏索普(集团)有限公司高级技师	江苏省人民政府	江苏省有突出贡献中青年专家	2010－08
梅　强	男	江苏大学工商管理学院院长、博士生导师	江苏省人民政府	江苏省有突出贡献中青年专家	2010－08
陈恒明	男	镇江市史志办公室副主任	中共江苏省委党史工作办公室	全省党史系统先进工作者	2010－09

续表 37-1

姓 名	性别	单位职务(职称)	授予单位	荣誉称号	获奖时间
黄一平	男	丹阳市史志办副主任科员、丹阳市革命陈列馆馆长	中共江苏省委党史工作办公室、江苏省人力资源与社会保障厅	江苏省党史系统先进工作者	2010-09
唐 伟	男	镇江市自来水公司给排水工程公司项目二部维修电工	江苏省人力资源和社会保障厅	2009~2010 年度江苏省技术能手	2010-07
倪 琦	女	镇江宴春酒楼副总经理、国家服务技师	江苏省人力资源和社会保障厅	2009~2010 年度江苏省技术能手	2010-07
孙建军	男	镇江市自来水公司给排水工程公司副经理	江苏省人民政府	江苏省有突出贡献高级技师	2010-09
徐 佳	女	镇江市博物馆讲解员	江苏省旅游局、共青团江苏省委、江苏省妇联	江苏省旅游行业金牌导游、江苏省青年岗位能手、江苏省巾帼建功标兵	2010-10
余雍军	男	镇江市天歌旅行社总经理、导游	江苏省旅游局	江苏省旅游行业优秀导游	2010-10
蔡 璐	女	镇江市润扬旅游服务有限公司导游	江苏省旅游局	江苏省旅游行业优秀导游	2010-10
苗 卉	女	镇江市润扬旅游服务有限公司导游	江苏省旅游局	江苏省旅游行业优秀导游	2010-10
马鹤利	男	镇江市科协副主席	江苏省科学技术协会、江苏省人力资源和社会保障厅	全省科协系统先进工作者	2010-06
吉沐祥	男	江苏省绿盾植保农药实验有限公司董事长	江苏省科技厅	特派员创业先进个人	2010-11
刘照亭	男	万山红遍农业园总经理	江苏省科技厅	特派员创业先进个人	2010-11
傅反生	男	镇江农科所办公室主任	江苏省科技厅	特派员创业先进个人	2010-11

（丽 书）

表 37-2

2010 年镇江市第三届“大爱之星”情况表

姓名(团体名称)	性别	单位、职务
徐广福	男	大全集团董事长
张雅琴	女	生前为丹阳市新桥镇金桥村党总支书记
孙玉芳	女	镇江市润州区环境卫生管理所职工
景荣春	男	生前为江苏科技大学教授
叶有伟	男	江苏恒顺集团有限公司董事长
施玉亮	男	生前为镇江市京口区贺家弄南门浴场业主
宋 强	男	镇江市恒达塑料包装有限责任公司职工
刘 健	男	镇江市第一人民医院团委书记
薛秋妮	女	镇江市肿瘤防治与康复协会会员
朱晔斌	男	镇江供电公司职工
叶 欣	男	镇江华润燃气有限公司职工
王 刚	男	生前为镇江市京口区交巡警大队谏壁中队民警
王正坤	男	句容市后白镇林梅村村民
吴华芳	女	镇江市志愿者协会专职秘书
戴网成	男	镇江市丹徒区天成富禽生态养殖场经理
朱小坤	男	天工国际有限公司董事局主席
张梅芳	女	镇江市京口区特殊教育中心教师
赵仁义	男	镇江新区仁义工具制造厂厂长
金东纸业义工群体	-	-
文明城市创建市民督察团	-	-
镇江市无偿献血志愿者服务队	-	-
镇江船艇学院学员六队	-	-
谏壁船闸“水上雷锋服务台”	-	-
丹徒区上党镇其一村校外儿童辅导站	-	-

（丽 书）

2010 年镇江市五一劳动奖章名录

杜云龙 蔡苏蘅 彭红平 眭燕芬(女) 李 斌 张 中 孙志刚 杨松林 王小平 王建华 刘宽心 朱爱萍(女) 王和林 吴兴春

（叶兆国）

2010 年镇江市五一劳动荣誉奖章名录

布什甘良·费朗西斯科(Buscaglia francesco)　林后植

（叶兆国）

2009 年度镇江市有突出贡献中青年专家名录

刘金龙　万柏方　丁为平　张言才　张志伟　沈锦桃　顾建武　许其民　张　豪　孔　啸　丛小青(女)　胡宗贵　席明军　严金川　焦志军　陈柏华　李　平　王跃进　庄道静(女)　史亚祥　李耀明　曹　慧(女)　江浩斌　丁　钢　刘维亭　芮东明　史健洁(女)　施正学　陆小军　王福银　赵宝康　闻　捷

（戴　钢）

第三批镇江市有突出贡献技师高级技师名录

丁小明　马淳沂　孔庆璞　王明华(女)　王　晖(女)　王耀伟　许田忠　华　伟　仲晓银　任满凤(女)　张　旭　陈苏士　严　俊　陈春祥　完　琪(女)　祝小三(女)　夏长建　高华明　顾　玲(女)　高　峰　曹　兴　韩成发

（丽　书）

全省第一次农业污染源普查工作先进个人

陈　强　张锁兵　陈为民　武秀凤(女)

（刘常珍）

表 37-3

2010 年镇江市获正高级专业技术资格人员情况表

姓　名	性别	出生年月	工作单位	专　业	资格名称
庄道静	女	1963－07	镇江画院	美术	一级美术师
吴行国	男	1958－05	句容市农业技术推广中心	土肥	农业技术推广研究员
李苏勤	男	1959－08	镇江市排水管理处	政工	研究员级高级政工师
曹世荣	男	1953－11	镇江市句容卫生局	政工	研究员级高级政工师
陈　波	男	1964－04	镇江药品检验所	药品检验	主任药师
高　红	男	1950－02	镇江市工程勘测设计研究院	规划设计	研究员级高级工程师
王学剑	男	1965－12	江苏王学剑律师事务所	律师	一级律师
刘艳云	女	1962－09	丹阳市第二人民医院	小儿内科	主任医师
林翼金	男	1963－01	丹阳市人民医院	肾内科	主任医师
任金华	女	1965－09	丹阳市人民医院	传染病	主任医师
吴耀俊	男	1966－04	丹阳市人民医院	肾内科	主任医师
姜春南	男	1964－04	丹阳市人民医院	麻醉	主任医师
樊永忠	男	1968－10	丹阳市人民医院	神经外科	主任医师
梁本初	男	1965－12	句容市人民医院	麻醉	主任医师
吴在荣	男	1966－05	句容市人民医院	临床医学检验临床化学	主任技师
何明才	男	1965－05	扬中市八桥中心卫生院	普通外科	主任医师
鄂有国	男	1963－09	扬中市人民医院	放射肿瘤治疗学	主任医师
陈爱芳	女	1968－07	扬中市人民医院	超声医学	主任医师
王国正	男	1965－11	扬中市新坝中心卫生院	社区中医	社区主任中医师
张翠英	女	1962－04	镇江市丹徒区人民医院	普通内科	主任医师
陈一芬	女	1959－11	镇江市第二人民医院	护理学	主任护师
周学禄	男	1962－04	镇江市第二人民医院	心血管内科(心电诊断)	主任医师
沈丽萍	女	1968－11	镇江市第二人民医院	妇产科	主任医师
杨利君	女	1965－04	镇江市第三人民医院	传染病	主任医师
张红光	男	1965－07	镇江市第三人民医院	消化内科	主任医师
严金二	男	1965－12	镇江市第三人民医院	结核病	主任医师
汤建高	男	1962－01	镇江市第四人民医院	麻醉	主任医师
陈小芳	女	1966－08	镇江市第四人民医院	妇产科	主任医师
吴颉言	男	1960－05	镇江市第四人民医院	神经内科(脑电诊断)	主任医师
单秀红	女	1967－08	镇江市第一人民医院	医学影像(放射医学)	主任医师
刘晓宁	女	1959－10	镇江市第一人民医院	眼科	主任医师
季海娟	女	1965－03	镇江市第一人民医院	小儿内科	主任医师
陈建国	男	1966－10	镇江市第一人民医院	临床医学检验临床微生物技术(技)	主任技师
陈志红	男	1965－04	镇江市第一人民医院	普通外科	主任医师
鲍中华	男	1962－05	镇江市第一人民医院	心血管内科(心电诊断)	主任医师

续表 37-3

姓 名	性别	出生年月	工作单位	专 业	资格名称
邵维斌	男	1967－01	镇江市第一人民医院	肾内科	主任医师
朱朝阳	男	1966－12	镇江市医学会	卫生管理	研究员
王爱民	女	1968－09	镇江市中医院	中药学	主任中药师
秦玉成	男	1966－10	镇江市中医院	消化内科	主任医师
孙菱娟	女	1964－09	镇江市中医院	中医内科	主任中医师
蔡可训	男	1968－07	市价格监测中心	电子信息工程	研究员级高级工程师
刘耀光	男	1966－12	江苏华通动力重工机械有限公司	机械工程	研究员级高级工程师
黄顺道	男	1965－09	江苏荣昌机械制造有限公司	石化工程	研究员级高级工程师
徐桂芳	女	1966－08	江苏大学材料学院	材料加工	教授
和卫星	男	1957－11	江苏大学电气学院	控制工程	教授
任晓霏	女	1968－08	江苏大学外国语学院	英语	教授
陆荣柱	男	1967－10	江苏大学基医学院	劳动卫生与环境卫生学	教授
郑 宏	男	1965－10	江苏大学电气学院	电力电子	教授
晏 立	男	1951－07	江苏大学计算机学院	计算机	教授
华希俊	男	1966－01	江苏大学机械学院	机械设计及理论	教授
张 洁	男	1964－03	江苏大学机械学院	机械工程	教授
江浩斌	男	1969－10	江苏大学汽车学院	车辆工程	教授
汤 东	男	1969－11	江苏大学汽车学院	动力机械及工程	教授
陈志刚	男	1963－08	江苏大学环境学院	农业环境工程	教授
王新坤	男	1966－12	江苏大学流体中心	农业水土工程	研究员
王 洋	男	1955－03	江苏大学流体中心	流体机械及工程	研究员
王文兵	男	1966－12	江苏大学生命科学研究院	分子生物学	研究员
张永忠	男	1968－01	江苏大学财经学院	经济学	教授
史挥戈	女	1963－09	江苏大学人文与社会科学学院	汉语言文学	教授
陆益龙	男	1964－09	江苏大学附属医院	血液科	主任医师
过红明	男	1962－11	江苏大学附属医院	神经内科	主任医师
任国庆	男	1964－10	江苏大学附属医院	急诊内科	主任医师
郭建伟	男	1963－10	江苏大学附属医院	化疗科	主任医师
黄永辉	男	1966－07	江苏大学附属医院	骨外科	主任医师
甘 泉	男	1957－06	江苏大学附属医院	放射医学技术	主任技师
阴 晴	女	1966－08	江苏大学附属医院	临床检验	主任技师
梁月香	女	1959－05	江苏大学附属医院	护理	主任护师
史爱珍	女	1958－10	江苏大学附属医院	护理	主任护师
蒋正明	女	1966－07	江苏科技大学	马列主义公共课	教授
周卫京	女	1965－05	江苏科技大学	英语	教授
窦培林	男	1964－02	江苏科技大学	力学	教授
谢成祥	男	1970－10	江苏科技大学	控制工程	教授
韩 斌	男	1968－11	江苏科技大学	计算机	教授
张晓如	女	1963－06	江苏科技大学	计算机	教授
汪 宏	男	1960－03	江苏科技大学	土建	教授
吴 洁	女	1968－02	江苏科技大学	管理工程	教授
徐玉松	男	1960－03	江苏科技大学	材料工程	教授
龚利华	女	1967－09	江苏科技大学	材料工程	教授
谢云平	男	1964－07	江苏科技大学	力学	研究员
李木旺	男	1972－08	江苏科技大学	农林畜牧	研究员
窦培林	男	1964－02	江苏科技大学	力学	教授
颜 惠	女	1963－06	江苏科技大学	图书资料	研究馆员
马爱军	女	1969－10	江苏农林职业技术学院	土壤污染化学	教授
王永平	男	1961－04	江苏农林职业技术学院	作物育种与栽培	教授
杨国林	男	1957－08	江苏农林职业技术学院	兽医中兽医药	教授
丁 鸿	男	1967－06	江苏农林职业技术学院	经济学、农业经济	教授
王福银	男	1962－03	江苏农林职业技术学院	园林园艺	研究员
杨士虎	男	1961－09	江苏农林职业技术学院	茶业	高级实验师

（马 原 裴 伟）

逝世人物

范　用

原名范鹤镛，曾用名范大用，笔名叶雨。出版家、编辑家、书籍装帧艺术家，2010年9月逝世，享年87岁。

1923年7月生，江苏镇江人。中国共产党优秀党员，国务院政府特殊津贴获得者，人民出版社原副社长、副总编辑，三联书店原总经理，人民出版社离休干部、资深编审（享受副部长级医疗待遇）。1938年在汉口经黄洛峰介绍在读书生活出版社参加革命工作，并加入青年救国团等进步团体。1939年随读书出版社到重庆，同年加入中国共产党。1941～1944年在桂林任读书生活出版社经理，1944年调任重庆读书出版社经理。1946年调上海读书出版社工作，并参加救国会活动。1947年7月因受“文萃”案牵连被捕，经党组织营救出狱。1949年5～8月，任上海军管会新闻出版处联络员。1949年8月调北京工作，先后任中宣部出版委员会科长、新闻出版总署出版局科长、新华书店总管理处出版部出版处副主任。1950年12月调人民出版社工作，历任期刊出版部主任、秘书室主任、总编办公室主任；1960年4月任人民出版社副总编辑，后兼任副社长；1983年兼任三联书店总经理。中国出版工作者协会第一、二届理事。1985年12月离休。1988年获“老出版工作者”称号。2009年9月经中共中央组织部批准，享受副部长级医疗待遇。

他策划编辑出版了巴金的《随想录》、陈白尘的《牛棚日记》、杨绛的《干校六记》、夏衍的《懒寻旧梦录》、郑振铎的《西谛书话》、叶灵凤的《读书随笔》、朱光潜的《诗论》及《傅雷家书》等优秀图书，并主持创办了《读书》杂志和《新华文摘》。著有《我爱穆源》《泥土脚印》《泥土 脚印（续编）》《叶雨书衣》等，编有《爱看书的广告》《买书琐记》《买书琐记续编》《文人饮食谭》等，设计书衣《随想录》《宽容》、“读书文丛”等七十余种。

（丽　书）

王克非

原镇江军分区司令员，2010年9月28日逝世，享年93岁。

1918年11月生，河北满城人。1968～1975年任镇江地区革委会副主任、主任，1971～1975年任中共镇江地委书记，中共江苏省第五、六届委员会委员，江苏省第五届人大代表。1938年参加革命工作，1939年4月入伍，1942年3月加入中国共产党，历任晋察冀军区教导团干部训练班学员、抗大二分校区队长、四分区司令部参谋、独立旅副科长，六四军一九二师司令部科长、五七五团副团长，二十七军二八四团团长、二八六团团长、装甲兵处主任、处长、八十师副师长，镇江军分区司令员、顾问。他参加抗日战争、解放战争和抗美援朝战争。战斗中，他英勇顽强、身先士卒、出生入死、沉着指挥，多次负伤却率领部队屡建奇功。以身作则、刻苦学习、辛勤工作，带领所属人员完成各项任务。1982年6月离职休养后，保持革命晚节，注重理论学习，继续为党的事业奉献余热，始终保持一名老共产党员的革命本色。1963年被授予上校军衔，获中华人民共和国三级自由独立勋章、三级解放勋章和朝鲜民主主义人民共和国三级国旗勋章，1988年被授予中国人民解放军独立功勋荣誉章。

（刘晓平　罗　优）

施玉亮

镇江市京口区贺家弄南门浴场业主，2010年4月11日牺牲，去世时37岁。

1974年8月生，江苏扬州人。他出生农家，幼年家境贫寒，16岁时到镇江学徒，经过10多年的奋斗，2005年在贺家弄开办南门浴场。2010年4月11日中午12时30分左右，他在经营时发现浴室对面不远处有一名男子撬开汽车，从车内盗窃两只皮包正欲离开。他立即放下手中的工作，冲出浴室抓住该男子并夺下其手中的包。歹徒拼命反抗后逃脱，施玉亮追了约30米后，再次抓住歹徒。歹徒见无法脱身，便刺伤施玉亮。但他仍不放弃，继续追赶歹徒，后终因伤势较重倒地，歹徒趁机逃脱。随后施玉亮被送往医院抢救，终因失血性休克，经抢救无效不幸牺牲。施玉亮为保护群众财产献出生命的事迹在全市传颂，为弘扬烈士的精神，镇江市相继追授其“见义勇为好市民”和“见义勇为先进分子”等称号。2010年7月30日经江苏省人民政府批准，追认施玉亮为革命烈士。

2010年4月19日，镇江市公安部门成功侦破4·11抢劫案。同年11月3日，杀害施玉亮的凶手陈丛辉被判处死刑，同案犯张云峰、张胜柱被判处有期徒刑5年。

（吴晓霞）

大 事 记

责任编校：姚丽华

1 月

1 日 镇江市基层医疗服务机构全面实施基本药物制度，成为全省唯一一个全面实施国家基本药物制度的省辖市。

△ 第二届“大爱镇江”新闻人物颁奖典礼举行。18 名个人、6 个群体当选为镇江市第二届“大爱之星”，另有 16 人、6 个群体获入围奖。

3 日 “善建者行”镇江市 2010 年新年音乐会在镇江影剧院举行。

4 日 华地国际商业连锁、金山物流中心、宝华危化品运输物流、扬中宜禾职业装展销中心、丹阳眼镜城扩建和滨江物流中心建设等被列入 2009 年度省级现代服务业（金融业）发展专项引导资金投资计划，获 598 万元贴息补助。

7 日 镇江港扬中水域首座货运码头——扬中龙源港机码头通过省级查验机关联合开放验收。

11～13 日 市政协六届三次会议召开，会议听取并通过市政协六届三次会议提案审查情况的报告；通过关于《政协镇江市第六届委员会常务委员会工作报告》《政协镇江市第六届委员会常务委员会关于提案工作情况报告》《政协镇江市第六届委员会第三次会议决议》等文件。

12 日 丹阳市被认定为国家级科技兴贸创新基地。

12～15 日 市六届人大三次会议召开。会议听取和审议镇江市人民政府工作报告，审查和批准镇江市 2009 年国民经济和社会发展计划执行情况及 2010 年国民经济和社会发展计划的报告，审查镇江市 2009 年财政总预算执行情况和 2010 年财政总预算草案的报告，批准镇江市 2009 年市本级财政预算执行情况和 2010 年市本级财政预算的报告，听取和审议镇江市人大常委会工作报告，听取和审议镇江市中级人民法院及镇江市人民检察院工作报告以及进行选举。

14 日 镇江华润燃气“川气东送”门户站置换投产，镇江华润燃气“川气接收”工程竣工投产。

15 日 镇江市大学科技园被国家科技部和教育部联合发文认定为镇江国家大学科技园。

18 日 镇江军分区召开十二届二次全体（扩大）会议。

26 日 宝源煤炭物流园落户镇江港扬中港区。

△ 江苏润光创业投资有限公司成为镇江市首家外资创业投资公司。

28 日 镇江市政府在上海西郊宾馆举办“同享世博、相约镇江”驻沪领馆官员迎春联谊会，16 个国家的 27 位驻沪总领馆官员出席联谊会。

2 月

1 日 镇江市区（含京口区、润州区、丹徒区、镇江新区）执行江苏省最低工资一类标准，月最低工资标准由原 850 元调整为 960 元，小时最低工资由原每小时 7.20 元调整为每小时 7.80 元；丹阳市、扬中市、句容市执行江苏省最低工资二类标准，月最低工资标准由原 700 元调整为 790 元，小时最低工资标准从 5.90 元调整到 6.40 元。

△ 东南大学镇江“两院一站”（工业技术研究院、智能电网研究院、科技成果转化工作站）成立。

3 日 全市科技创新大会召开。

4 日 句容市镇村公交基本实现全覆盖，农村客运三级网络基本建成，实现城乡居民出行“零换乘”。

7 日 省委常委、常务副省长赵克志到镇江察看沪宁城际高速铁路镇江段建设。

8 日 新民洲共青团农场用电量纳入镇江供电公司统计范围。

9 日 镇江市政府机构改革动员大会召开，市政府机构改革后设置 39 个工作部门。

20 日 镇江市召开跨越发展动员大会，市委书记许津荣向全市发出跨越发展的“动员令”，市长刘捍东在会上致辞，市领导为有功单位和突出贡献者颁奖。

22 日 上海世博会与恒顺醋业签订特许产品生产许可协议。

28 日 镇江市西津渡历史文化街区保护与更新项目获“2009 年中国人居环境范例奖”。

3 月

1 日 全市 48 个大项目集中开工，总投资 139 亿元。其中，1 亿元以上的 42 个，占项目总数的 87.5%。

△ 100 万平方米安居房项目开工，总建筑面积约 100 万

平方米,预计总投资24亿元。

7日 镇江市慈善总会被民政部授予“全国先进社会组织”称号。

9日 江苏省副省长徐鸣视察丹阳埤城镇常兴村、新桥镇群楼村、扬中现代重工、新坝镇治安村及华威村的生态市建设情况,并听取镇江市生态市建设情况汇报。

15日 镇江市消费者协会汽车维权专业委员会成立。

16日 苏宁广场和财富广场开工。苏宁广场新地标高338米,财富广场占地20万平方米。

△ 中国电科院江苏振光电力设备制造有限公司1000千伏特高压钢管塔及智能电网设备生产基地开工建设。

17日 镇江市甘露茶园马淳沂、蒋向东的“甘露翠螺”的茶叶加工方式发明专利获授权。

18日 中国银行、农业银行、浦发银行以及华夏银行以组团形式与镇江新区签署贷款协议,共同放贷18亿元,期限为10年,贷款利率为6.5%,支持新区“万顷良田”工程建设。

19日 江苏省副省长史和平视察沪宁城际高速铁路镇江段沿线绿化和环境整治情况。

21日 江苏省委常委、省纪委书记弘强到镇江调研全市经济社会发展和反腐倡廉工作。

22日 招商银行镇江分行开业,并签订投放金额50多亿元的战略合作协议,与企业签订总额7亿元的授信意向协议。

△ 出口分类通关改革在镇江海关开展试点。

23日 市六届人大常委会召开第二十八次主任会议,听取市政府关于2010年城建重点工程建设计划的汇报。

25日 江苏省委常委、宣传部长杨新力到镇江调研文化产业发展,并赴世业洲考察世业洲文化创意产业园规划建设现场。

△ 市六届人大常委会举行第二十一次会议,表决通过《关于组织市人大代表评议市政府工作部门效能建设的决定》《关于加强农村社会保障体系建设议案的决议》《关于加快镇江市社区卫生服务中心建设步伐议案的决议》《关于表彰镇江市人大代表活动先进小组和优秀市人大代表的决定》《关于表彰优秀议案和建议的决定》《关于镇江市与韩国釜山广域市江西区缔结友好城市关系的决定》,并通过有关人事任免。

△ 市政协召开六届二十六次主席会议,讨论加大力度推进全市农业产业化发展。

30日 原国务委员、全国政协副主席宋健考察镇江市科技创新工作情况,并参观金山风景区、西津渡历史文化街区和市规划展览馆等地。

4 月

2日 2010中国镇江第三届发展新兴产业项目与人才对接洽谈会启动。

△ 江苏天工工具有限公司在中国台湾省设立的台湾新正工股份有限公司获商务部批准,成为全市第一家、全省第三家赴台投资企业。

3日 江苏省委常委、副省长黄莉新到镇江调研农业农村工作。

6日 镇江港务集团公司被国家人力资源和社会保障部、交通运输部联合授予“全国交通运输系统先进集体”称号。

△ 镇江市与法国拉罗谢尔市共同签署《关于中华人民共和国镇江市与法国拉罗谢尔市建立友好交往城市关系意向书》。

10日 南京大学镇江高新技术研究院成立。

12日 日本前首相海部俊树一行约80人到镇江市访问。

13日 2010年文化嘉年华新闻发布会召开。

14日 江苏省收获机械产业技术创新战略联盟成立。

14~15日 世界航运联盟体CKYH年度峰会在镇江市举行。

20日 “文明出行,从我做起”主题行动启动仪式举行。

23日 市六届人大常委会召开第二十九次主任会议,听取市政府关于《宗教事务条例》实施情况的汇报。

25日 镇江与匈牙利科斯克罗市缔结友好城市。

29日 民革中央副主席修福金一行到镇江考察,围绕筹备纪念辛亥革命暨赵声逝世100周年主题,先后考察伯先公园、赵声墓、赵声故居、西津渡等地。

5 月

3日 镇江市在2010年南京市重大项目投资洽谈会上发布110个招商项目,合计总投资98.3亿美元。

4日 镇江市城镇污水管网获2009年中央财政城镇污水处理设施配套管网建设以奖代补专项资金584万元。

5日 中国远洋集团与中国二重集团在北京签约实施战略合作,联合在镇江打造全球重装物流基地。

9日 镇江京杭运河特大桥180米现浇钢筋混凝土梁拱桥主跨合龙,京沪高铁镇江段全线贯通,全长1318公里的京沪高铁土建工程结束。

△ 赛珍珠作品《帝王女人》中文译本图书在镇江赛珍珠纪念馆旁博爱广场举行首发式。

10日 “中国移动·2010镇江音乐季”新闻发布会召开。

△ 镇江市水利投资公司企业债券发行,总额20亿元。

△ 句容抽水蓄能电站项目启动,总投资约70亿元。

13日 镇江市知识产权维权援助中心成立。

15日 国家级镇江经济技术开发区和镇江国家大学科技园举行揭牌仪式。

19日 “百名教授进百企、百家企业进校园”活动在江苏大学启动。

20日 全省培育大企业(集团)现场推进会在镇江召开。

23日 镇江农业项目发布会暨签约仪式在深圳举行。

29日 镇江韦岗铁矿有限公司与伊朗伊斯兰共和国ONT公司签署合作开采伊朗伊斯法罕省铁矿项目协议,这是首例江苏省内矿业企业进军海外市场建立矿产品开采加工基地。

△ 丹阳“董永传说”入选文化部在网上公示的第三批国家级非物质文化遗产保护项目名录。

30日 镇江市“全民共创文明城”行动启动仪式举行。

△ 金山湖龙舟大奖赛举行。

6 月

2日 2010中国镇江民资(内资)招商项目集中签约仪式举行。42个民资(内资)项目集中签约,投资总额达301.8亿元。

4日 全省宣传部长座谈会在镇江市召开,会议就推进文化体制改革发展作部署。

6日　镇江市举办苏南运河镇江段绿色航运走廊共建启动仪式。

8日　全国政协副主席、民盟中央第一副主席张梅颖带领全国政协调研组到镇江，就不同地区如何推动城镇化和新农村建设进行专题调研。

12日　全国职业院校职业技能大赛农业技能大赛在江苏省农林学院举办。

14日　大亚科技集团有限公司、江苏飞达工具股份有限公司、大全集团有限公司、江苏天工集团有限公司、江苏沃得机电集团有限公司、江苏省交通工程集团有限公司等6家民营企业（集团）入选2009年江苏百强民营企业（集团）榜单，奇美化工有限公司、金东纸业（江苏）股份有限公司、大亚科技集团等3家企业成为2009年江苏省百强企业（集团）。

21日　镇江市开展“十百千万”（十大行业倡文明、百个社区传文明、千家单位促文明、万户家庭赛文明）系列创建活动。

22日　市政府常务会议召开，研究部署新兴产业爆发式增长等工作。会议原则通过《关于加快全市新兴产业发展的指导意见》《镇江市五大新兴产业发展规划纲要》。

△　镇江奇美化工有限公司吸收合并奇美油仓、奇美工程塑料、国亨化学、国亨油仓、国亨塑胶等六厂获得商务部批准，设立新的镇江奇美化工有限公司。

23日　镇江市地震灾害紧急救援队挂牌成立。

24日　江苏省委书记梁保华到丹阳市专题调研新兴产业发展和新农村建设。

25日　市政协召开六届二十九次主席会议，会议主要议题是加快县域经济发展。

26日　丹阳市举行丹阳（国际）汽车城项目及江苏宏福物流园项目开工奠基仪式。

29日　镇江检验检疫局扬中报检签证工作点挂牌成立。

30日　江苏·光电子产业园在句容开发区工业园区新厂区内开工，产业园总投资约50亿元，项目产能1000万台。

7　月

1日　沪宁城际高速铁路建成通车。

△　镇江市综合交通客运枢纽投入运营。

△　镇江市出台《关于加快全市水运发展的实施意见》。

3日　中联部副部长、机关党委书记陈凤翔率考察组到镇江考察全市基层党建工作。

△　苏南人力资源市场举行首场综合性招聘会。

5日　中国共产党镇江市第五届委员会第十次全体会议举行。会议的主要任务是：深入贯彻中央和省关于加快转变经济发展方式的部署要求，在总结上半年工作的基础上，动员全市上下进一步统一认识、明确重点，全力打好转变发展方式这场硬仗，开创跨越发展新局面。

7日　2009年度江苏省镇江社会发展水平综合综合评价指数115.63，列第5位。

11日　江苏唐邦机电有限公司在美国纳斯达克上市。首期上市1亿股，成交2500万股，到账600万美元。

13日　镇江市被列为全国知识产权质押融资试点市。

16日　市政府全体（扩大）会议召开，会议简要通报上半年全市经济和社会发展主要情况，对下半年主要经济指标调整情况作分析。

△　市政协六届十三次常委会议举行，会议主要听取市长刘捍东关于2010年全市上半年经济社会发展情况和下半年工作安排的通报。

17日　镇江市入选全国知识产权质押融资试点地区。

△　万城国际长三角总部经济园落户句容市宝华镇。

19日　江苏省委常委、常务副省长赵克志到镇江考察二重（镇江）重大技术装备制造基地、镇江船厂和恒神纤维材料有限公司等三家工业企业。

23日　国家文物局下发《关于加强镇江双井路运河遗迹保护的函》。

△　国家能源新能源接入设备研发（实验）中心成立，由大全集团与海军工程大学投资2亿元共同建设。

26日　新疆生产建设兵团农四师代表团到镇江商谈对口支援事宜。

△　市六届人大常委会第二十三次会议举行，会议听取和审议市政府关于2010年上半年国民经济和社会发展计划及财政预算执行情况的报告、关于人民调解和大调解机制建设情况的报告。

27日　市政府第二十二次常务会议召开，研究加快推进“五房”建设等工作。

28日　起重能力2600吨自航式双扒杆起重船开工，该船是全国最大起重能力的特种船舶，由江苏柏伦宝船业有限公司建造。

△　镇江市首例商标专用权质押贷款签字。

29日　江苏省副省长李小敏到句容市走访慰问驻镇江73045部队。

△　汤加王国公主萨洛特·皮洛莱乌·图伊塔访问镇江。

30日　施玉亮被江苏省政府批准为革命烈士。

8　月

3日　王树均任中共镇江市委委员、常委。

△　市政协召开六届三十次主席会议，会议主要内容是进一步推进生态市建设。

△　21时20分，镇江市最高用电负荷272.7万千瓦。

4日　镇江市政府召开“菜篮子”工程建设现场推进会，投入800万元财政资金从三个方面进行扶持“菜篮子”工程建设。

5日　广西壮族自治区政府主席马飚率自治区党政考察团一行到镇江考察。

△　镇江特种船舶及海洋工程配套产业基地获科技部批准。

6日　中国商用飞机有限责任公司、香港未来国际航空投资股份有限公司、FACC公司和镇江新美龙汽车饰件有限公司共同签署C919大型客机项目内饰系统合作意向书。

△　江苏省委常委、副省长黄莉新考察镇江市水利建设工程。

8日　江苏省电力电器产业技术创新战略联盟成立。

△　“镇麦168”成为江苏省唯一通过国审和省审的优质强筋红皮小麦新品种。

12日　江苏省副省长何权率领省卫生厅、发改委、财政厅、南水北调公司、农委、海洋渔业局、林业局等部门相关领导到镇江考察血防工作情况。

13日　镇江市达到全年最大日供电量5327千瓦小时。

16日　丹阳市私营企业11720家，个体工商户50972家，个私注册资本超400亿元。

18 日 镇江兴隆港现代物流项目获国家物流调整和振兴专项资金 450 万元。

20 日 市政协召开六届三十一次主席会议，会议主要围绕如何推进"千百亿工程"进行专题讨论。

24 日 镇江市政府常务会议召开，研究加快推进全市重点工程等工作。

△ 镇江市委机关刊物《创新》杂志被评为"全国十佳党刊"。

25～26 日 驻苏全国政协委员座谈会在镇江市召开，省政协主席张连珍主持会议，市委书记许津荣在座谈会上介绍镇江经济社会发展情况。

26 日 中国供销华东农副产品物流园在丹阳市开工。

27 日 市六届人大常委会召开第三十三次主任会议。会议听取市政府关于"促进驻镇高校科技成果就地转化及平台建设"重要建议办理情况的汇报；讨论《中华人民共和国食品安全法》执法检查情况的报告，要求对执法检查报告作进一步修改，提请市六届人大常委会第二十四次会议审议；讨论通过关于镇江市集中式饮用水源地保护工作督查情况的报告，决定交政府及相关部门研究处理，年底人大组织现场督办；听取市六届人大三次会议代表建议办理情况的汇报。

△ 镇江市 2010 年度社会保险有关基数公布，市城镇非私营单位在岗职工年平均工资为 34209 元，市区城镇非私营单位在岗职工年平均工资为 38394 元。

△ 镇江港扬中港区兴隆作业区码头通过省级开放验收。

29 日 丹阳市万顷良田建设工程试点规划方案通过省专家组的审查论证。

△ 大亚科技集团有限公司（第 120 名）、江苏飞达工具股份有限公司（第 152 名）、江苏沃得机电集团有限公司（第 195 名）、大全集团有限公司（第 195 名）、江苏天工工具有限公司（第 217 名）、江苏省交通工程集团有限公司（第 440 名）等 6 家企业入选"中国民营企业 500 家"名录。

31 日 镇江市被授予"国家知识产权工作示范城市"称号。

9 月

1 日 镇江市调整市区（含京口区、润州区、丹徒区和镇江新区）在校学生参加居民基本医疗保险的有关政策规定，财政补助标准由原每人每年 30 元提高到 70 元，提高白血病、先天性心脏病医疗费用补偿待遇，提高儿童重大疾病医疗保障水平。

△ 《关于加快我市住房保障工作的实施意见》《镇江市市区集体土地拆迁安置房管理暂行办法》《镇江市市区公共租赁住房管理暂行办法》《镇江市市区经济适用住房管理实施细则》等文件实施。

6 日 润州区和平路街道金江村党支部在镇江市率先公推直选村党支部书记。

6～9 日 市委副书记、市长刘捍东率市党政代表团赴新疆落实镇江对口支援新疆生产建设兵团农四师相关工作。

9 日 镇江市成为国家知识产权示范市，江苏科技大学成为江苏省知识产权人才培训基地。

△ 中节能（镇江）太阳能产业基地项目开工，由中节能太阳能科技有限公司和江苏大港股份有限公司共同投资设立。

△ 19 家企业被认定为省级出口基地骨干企业。

11 日 中共中央政治局委员、中央政法委副书记王乐泉到镇江视察。

13 日 镇江国际饭店成为镇江市首家五星级旅游饭店。

16 日 台湾歌仔戏《超炫・白蛇传》在镇江惠龙港码头演出。

16～17 日 中国国民党荣誉主席连战率代表团到镇江市访问参观。海协会常务副会长李炳才，省委副书记、组织部长王国生，市领导许津荣、刘捍东、张庆生、陈建设等陪同参观活动。

17 日 镇江市 2010 年企业工资指导线公布：工资增长基准线为 10%，下线为 5%，不设上线。

18 日 "江苏台湾周"重要专题活动——苏台（镇江）绿色能源产业合作洽谈会召开。

21 日 市六届人大常委会第二十四次会议举行。会议听取关于检查《食品安全法》实施情况和生态市创建进展情况的报告，并表决通过人事任免。

22 日 月是故乡明——2010 中国镇江北固湾中秋晚会暨京口宝鼎亮灯仪式举行。

24 日 镇江农副产品批发市场通过国家商务部的"双百市场"验收，获商务部、财政部 200 万元资金支持。

26 日 江苏省文物局组织国家、省、市三级专家在镇江市召开双井路宋元粮仓仓基遗址保护方案专家论证会。

28 日 句容市美人指葡萄国家级农业标准化示范区成为全国首个美人指葡萄标准化生产示范区。

△ 中国镇江醋文化博物馆、恒顺万吨黄酒工程竣工暨恒顺香醋扩产续建项目开工仪式在恒顺工业园举行。

△ 市文联举行四届十四次全委会，王红卫当选市文联主席。

10 月

1～4 日 首届长江迷笛音乐节（第 12 届迷笛音乐节）在镇江世业洲举行。

7 日 大全新能源有限公司在美国纽约证券交易所上市，成为镇江首家在纽交所上市企业。

9 日 中国航天镇江产业园投资协议、中国航天三院与镇江市人民政府战略合作协议和复合管道投资协议签订。

△ 大功率海上风机研发、制造基地项目签约落户润州区，项目总投资 10.8 亿元。

10 日 "2010 中国镇江金山旅游文化节暨香醋文化节"在焦山新渡口开幕。

11 日 江苏沃得机电集团收购美国昂科制造有限公司获江苏省商务厅批准，成为镇江市历史上规模最大的境外并购项目。

12 日 市政协召开六届三十二次主席会议，会议围绕全市文化产业发展咨政建言。

△ 镇江市方言有声数据库开始筹建。

13 日 新疆维吾尔自治区政协副主席、全国妇联副主席热孜万・艾拜率领新疆政协考察团到镇江考察。

18 日 镇江市与韩国釜山江西区缔结为国际友好城市，这是镇江第 10 个国际友好城市。

19 日 爱励国际与鼎胜铝业合作双方共同投资 3 亿美元建设的交通运输用高强度大规格铝合金板带项目签约。

22 日 市六届人大常委会召开第三十六次主任会议，听取市政府关于"加强大市口商业圈环境和交通整治"重要建议办理情况的汇报。

△ 《朱熹诞生八百八十周年》纪念邮票首发仪式举行。

24 日 新疆生产建设兵团党委常委、副司令员于秀栋、哈尼巴提·沙布开率团到镇江市考察。

28 日 市政协六届十四次常委会议召开。会议围绕全市新兴产业爆发式增长的战略目标进行专题讨论;听取市政府关于市政协六届三次会议提案办理情况的通报;表彰"我为'十二五'献一策"建议稿的优秀奖和鼓励奖。

△ 镇江市在深圳举办文化产业招商会,22 个项目正式签订,合同投资金额达 106.95 亿元。

29 日 镇江市发放首批市民卡 2000 张。

11 月

3 日 新疆阜康市市委书记曹志文率阜康市党政代表团到镇江参观考察。

△ 日本津市副市长小河俊昭率津市友好交流协议团到镇江访问。

4 日 2010 中国镇江官塘新区开发及大港四期投资推介会在香港举行。

△ 13 时 58 分,焦南坝坝体合龙。

6 日 江苏省委常委、组织部长石泰峰到镇江市调研。

12 日 镇江市两家省级产业创新国际联盟——江苏对俄(独联体)硅基新材料产业创新国际合作联盟和江苏省智能电力电器产业创新国际合作联盟成立。

△ 镇江大型科学仪器设备共享服务平台启动。

16 日 工业和信息化部副部长苗圩考察镇江市大全集团、中电电气、金东纸业三家企业。

18～19 日 国家人防办副局长柳庆森为组长的全国人防工程防护设备质量检查组一行 12 人在镇江市检查指导工作。

19 日 杨省世任中共镇江市委委员、常委、副书记(正市级)。

23 日 江苏省委副书记王国生到扬中市专题调研新兴产业发展和农村"三增"活动开展情况。

△ 扬中市被授予"中国河豚美食之乡"称号。

26 日 市六届人大常委会召开第三十七次主任会议。会议听取市政府关于市区拆迁安置房建设情况的汇报。

△ 镇江市 2009 年度的文化发展综合指数为 83.62,位居全省第三。

28 日 镇江市长江干线船型标准化船舶拆改工作启动。

11 月 29 日～12 月 1 日 市六届人大常委会第二十五次会议举行。会议审议通过《关于批准调整 2010 年财政预算的决定》和《关于召开镇江市第六届人民代表大会第四次会议的决定》;表决通过有关人事任免。

12 月

1 日 镇江市第六届人民代表大会常务委员会第二十五次会议任命王常生为镇江市副市长。

5 日 江苏省高性能合金产业技术创新战略联盟成立。

9 日 中信银行镇江分行开业。

10 日 教育部副部长陈小娅考察镇江市基础教育。

△ 交通运输部副部长冯正霖到镇江考察。

10～11 日 镇江市委、市政府召开 2011 年工作研讨会,进一步理清工作思路,为 2011 年以及"十二五"镇江发展谋篇布局。

11 日 镇江市 8 家企业入选 2010 中国工业行业排头兵榜单。

16 日 市政协召开六届三十三次主席会议,围绕社会治安综合治理和平安建设工作咨政建言、视察推进。

△ 镇江港港口货物吞吐量突破 1 亿吨。

17 日 镇江市举行首次防灾减灾综合演练。

18 日 镇江市获"中国十佳和谐可持续发展城市"称号。

△ 官塘新区安置房项目及路网工程启动。

22 日 江苏省委常委、组织部长石泰峰到丹阳市视察创先争优活动情况,慰问张雅琴的亲属。

△市六届人大常委会第三十八次主任会议召开,会议听取市政府关于第二轮"禁采"和废弃宕口整治复绿工作情况的汇报。

23 日 镇江新区(大港)润港客运服务有限公司成立。

24 日 镇江市召开差额选任县处职领导干部工作动员部署会,5 个正处职岗位、24 个副处职级岗位进行"差额选拔"。

25 日 水利部部长陈雷到镇江考察城市水利建设,参观引航道水利枢纽、金山湖景区以及北固湾广场。

26 日 镇江农村商业银行股份有限公司成立。

27 日 中国共产党镇江市第五届委员会举行第十一次全体会议。会议的主要任务是:认真贯彻中央和省委近期召开的一系列重要会议精神,总结全年和"十一五"工作,研究部署明年以及"十二五"发展,动员全市进一步坚定跨越信心,加快转型升级,实现强市富民,为"十二五"与苏南其他城市同步迈入基本现代化打下坚实基础、创造良好开局。

28 日 镇江市委在市公安局召开常委议军会议。

△ 镇江市委召开常委议警会议,专题研究加强和支持武警镇江支队建设问题。

△ 镇江市委、市政府、军分区授予丹徒区谷阳镇等 23 个镇、京口区正东路等 7 个街道为镇江市第七届双拥模范镇(街道);授予扬中市万福村等 62 个村(社区)为市级双拥模范村(社区)。

31 日 2011 金山寺迎新祈福撞钟活动在金山广场举行。

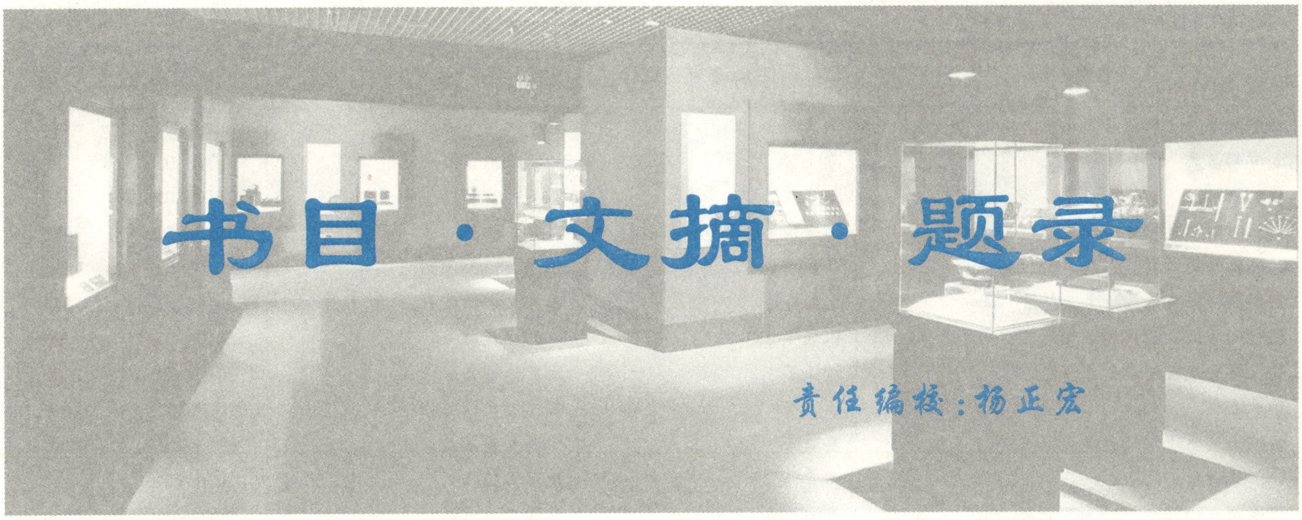

书　目

表 39-1

2010 年镇江市部分作者著作书目一览表

书　名	编著者	出版者	出版年月	字数（千字）
焦国英盆景艺术作品集	焦国英	中国文化出版社	2009-01	200
七个寂寞的日子	饶雪漫	万卷出版公司	2009-02	158
屠龙续集	周志龙	现代出版社	2009-04	135
镇江表情:1978~2008	镇江市文化局	江苏美术出版社	2009-04	-
清水集	陈敦平、陈寒鸣	中国文史出版社	2009-06	240
流行美语轻松学	陶增珊	上海辞书出版社	2009-08	128
临床生物化学实验诊断与病例分析	郑铁生、徐顺高、姜旭淦、周丽萍	中国医药科技出版社	2010-01	582
大学语文	李影秋、黄云峰	上海交通大学出版社	2010-01	555
湖泊流域水环境污染治理的创新思路与关键对策研究	李萍萍	科学出版社	2010-01	510
柴油机燃料供给与调节	高宗英	机械工业出版社	2010-01	460
机械设计综合训练(第二版)	王明强	兵器工业出版社	2010-01	435
医学节肢动物学	仇锦波、陈盛霞	人民卫生出版社	2010-01	353
设备管理与维修	赵艳萍	化学工业出版社	2010-01	346
《诗经》中物类事象的礼俗化研究	吴晓峰	武汉出版社	2010-01	310
微灌系统遗传算法优化设计理论与应用	王新坤	中国水利水电出版社	2010-01	299
教师职业道德规范与专业发展	曹　辉	天津教育出版社	2010-01	298
江苏区域经济发展研究	赵喜仓	江苏人民出版社	2010-01	290
历代名著精选集——三国志	倪永明注评	凤凰出版社	2010-01	260
时代焦虑的哲学转向	吕国忱	江苏人民出版社	2010-01	230
人猿泰山	冯瑞贞	四川文艺出版社	2010-01	215
数学课堂学习动力论	宋晓平	南京师范大学出版社	2010-01	210
淡紫色童话书	张　璘、杨胜华译	四川文艺出版社	2010-01	202
中文信息抽取原理及应用	朱　倩	科学出版社	2010-01	200
深红色童话书	冯瑞贞	四川文艺出版社	2010-01	190
褐色童话书	张　杰	四川文艺出版社	2010-01	184
太阳溪农场的丽贝卡	冯瑞贞	四川文艺出版社	2010-01	175
离家出走的少年	张　璘、张　杰	中国广播电视出版社	2010-01	175
培根论人生	张　璘	四川文艺出版社	2010-01	135
体育的追求与文化的使命	曾春慧	西安地图出版社	2010-01	100

续表 39-1

书　　名	编著者	出版者	出版年月	字数（千字）
形体训练科学理论与实践方法	马文锋	哈尔滨地图出版社	2010－01	84
麦肯锡工具	季　莹	机械工业出版社	2010－01	80
篮球手册	王武年	人民体育出版社	2010－01	60
企业管理信息系统——理论、方法、模型	葛世伦	科学出版社	2010－02	480
计算机绘图教程	吴巨龙	上海交通大学出版社	2010－02	465
实用科技信息资源检索与利用	袁丽芬等	南京大学出版社	2010－02	378
陶行知师德理论及其当代价值	张炳生	人民出版社	2010－02	300
高校学生主流健身项目精选	于亚军	人民体育出版社	2010－02	80
乐非书画	乐　非	苏州大学出版社	2010－02	－
西方工商管理学经典命题	吴梦云	江西人民出版社	2010－03	200
镇江旅游	高曾伟	凤凰出版社	2010－04	321
海藻糖——21 世纪的新型糖类	齐向辉	化学工业出版社	2010－04	250
江苏省科技服务业发展现状与对策研究	梅　强	经济科学出版社	2010－04	200
感染病学	陈盛霞	江苏科学技术出版社	2010－04	160
社会科学研究中的叙事	王佳佳	北京师范大学出版社	2010－04	120
果树生产技术	郭正兵	中国农业出版社	2010－04	100
明隆庆丹阳县志校注	丹阳市地方志编纂委员会	凤凰出版社	2010－05	532
润州文学作品选	董和建、何春华	内蒙古人民出版社	2010－05	480
世界——一部历史	吴庆宏	北京大学出版社	2010－05	172
金融诈骗罪立案追诉标准与司法认定实务	姜　涛、周国强	中国人民公安大学出版社	2010－05	150
低碳科普读本	赵振祥	江苏科学技术出版社	2010－05	100
旅游线路设计（第二版）	陈启跃	上海交通大学出版社	2010－05	－
理论力学辅导与题解	景荣春等	清华大学出版社	2010－06	837
动物遗传繁育	丁　威	中国农业出版社	2010－06	424
图解电子技术速学速用	门　宏	人民邮电出版社	2010－06	363
我的大学我的梦:新生第一课	刘　燕、李晓波	南京大学出版社	2010－06	357
机械设计学习与考试指导	王明强	哈尔滨工程大学出版社	2010－06	329
怎样识读电子电路图	门　宏	人民邮电出版社	2010－06	311
跨越发展战略的深思	彭智勇、王文龙	中央文献出版社	2010－06	220
数据库技术原理与应用教程学习与实验指导	常本勤	机械工业出版社	2010－06	－
2010 镇江市影像地图集	镇江市勘察测绘研究院	哈尔滨地图出版社	2010－06	－
园艺技术专业技能包	王永平、郭正兵	中国农业出版社	2010－07	477
大学计算机信息技术习题集	李汝光	南京大学出版社	2010－07	401
大学生心理健康教育	于立东	南京大学出版社	2010－07	323
园艺植物组织培养	王永平、史　俊	中国农业出版社	2010－07	278
快速学会用万用表	门　宏	人民邮电出版社	2010－07	225
图解电工技术快速入门（第二版）	门　宏	人民邮电出版社	2010－07	－
镇江年鉴 2010	镇江市史志办公室	方志出版社	2010－08	1292
镇江统计年鉴 2010	镇江市统计局、国家统计局镇江调查队	中国统计出版社	2010－08	1260
京口年鉴 2010	京口区史志档案办公室	方志出版社	2010－08	826
丹阳年鉴 2010	丹阳市史志办公室	方志出版社	2010－08	776
丹徒年鉴 2010	《丹徒年鉴》编辑部	方志出版社	2010－08	732
现代科技概览	蔡志东	东南大学出版社	2010－08	690
德育基本理论研究三十年（1978～2008）	张忠华	黑龙江人民出版社	2010－08	550
外贸函电	季　莹	机械工业出版社	2010－08	420
现代工程图学习题与解答	梁培生	上海交通大学出版社	2010－08	419
镇江古泉老井	王　欣、马阿林	中国文史出版社	2010－08	364
大学应用语文	杜　苏	苏州大学出版社	2010－08	355
应用物理实验指导	张田林	南京大学出版社	2010－08	335

续表 39-1

书　　名	编 著 者	出 版 者	出版年月	字数（千字）
敬畏教育	王长乐	吉林人民出版社	2010－08	330
民国省会那些年	陆潮洪	中国文史出版社	2010－08	310
功能性食品活性成分与加工技术	刘杏荣	中国轻工业出版社	2010－08	235
船舶电力系统设计	庞科旺	机械工业出版社	2010－08	172
昆虫学研究进展：从分子生物学到害虫综合治理	孙建中	高等教育出版社	2010－08	20
科学技术哲学新论	邓周平	商务印书馆	2010－08	－
色彩构成	蒋纯利	东方出版中心	2010－08	－
国际贸易概论与实务	孙艳平、陶　薇	合肥工业大学出版社	2010－09	430
现代广告理论与策划	姚慧丽	哈尔滨工程大学出版社	2010－09	326
江州如画	杨祥生	台海出版社	2010－09	160
美育杂谈	贾叙伦	台海出版社	2010－09	160
书元杂文	道书元	台海出版社	2010－09	160
奇天乐·茅山春	吴守恒	台海出版社	2010－09	160
快乐之旅	奚华林	台海出版社	2010－09	160
张斋夜谭	张凤雷	台海出版社	2010－09	160
太阳风	唐金波	台海出版社	2010－09	160
吕萍	严建兰	台海出版社	2010－09	160
狼的诺言	徐长顺	大众文艺出版社	2010－09	120
普及与提高——中国初等教育60年	钟勇为	浙江大学出版社	2010－09	100
奥巴马的教育蓝图	王佳佳	教育科学出版社	2010－09	50
精英与大众——中国高等教育60年	钟勇为	浙江大学出版社	2010－09	23
句容年鉴2010	句容市史志办公室	方志出版社	2010－10	777
广告学	徐　艟	合肥工业大学出版社	2010－10	685
润州年鉴2010	润州区史志档案办公室	方志出版社	2010－10	630
会计学：企业决策的基础	张　华	机械工业出版社	2010－10	400
荷电多相流理论及应用	王贞涛	机械工业出版社	2010－10	230
江洲风情	倪志民等	台海出版社	2010－10	160
艺海一叶	陈达夫	中国文史出版社	2010－10	80
从教师到教育家——洪宗礼评传	东　缨	教育科学出版社	2010－11	317
文本挖掘原理	朱　倩	科学出版社	2010－11	300
追求梦想的童话作家宫泽贤治	曹雅洁	南京大学出版社	2010－11	204
安全教育知识读本（中学卷）	本书编写组	江苏人民出版社	2010－11	100
安全教育知识读本（小学卷）	本书编写组	江苏人民出版社	2010－11	80
中国电影名家丛书——张骏祥传	吕晓明	上海人民出版社	2010－11	－
镇江出土陶瓷器	杨正宏、肖梦龙、刘丽文	文物出版社	2010－11	－
扬中年鉴2010	《扬中年鉴》编辑部	广陵书社	2010－12	750
江苏率先发展研究——镇江的实践与探索	王　华、戴子刚	社会科学文献出版社	2010－12	630
认知量刑规范化	姜　涛	中国检察出版社	2010－12	362
突破发展的"两大瓶颈"——实施节约能源与生态环保发展路径研究	孙忠英	经济科学出版社	2010－12	320
镇江名胜楹联精萃	王　欣、蒋光年	中国档案出版社	2010－12	314
基于网络的设计制造及智能集成	顾寄南	科学出版社	2010－12	301
教育目的的转型：从终极者到普通人	于忠海	中央编译出版社	2010－12	301
清末民初旗民生存状态研究	戴迎华	人民出版社	2010－12	300
制度创新论——江苏经济转型研究	戴子刚	黑龙江人民出版社	2010－12	280
品牌创新与企业知识产权协同战略	李明星	知识产权出版社	2010－12	230
构建区域一体化社会信用体系研究——以长三角为例	马国建	上海三联书店	2010－12	200
镇江童谣	贾叙伦、刘同祥	华文出版社	2010－12	160
国家创新战略研究	王长乐	科学出版社	2010－12	80
诗情画意写镇江	镇江市委、市政府	广陵书社	2010－12	－

说明：1. 本表补录了往年出版的部分书目。

2. 按出版年月排列，出版年月相同者按出版字数（降序）排列。下表同此。

（史　图　尚　恪　叶　卜）

表 39-2

2010 年江苏大学出版社出版图书书目一览表

书　　名	编著者	出版年月	字数(千字)
想象科学	陆苏拉德	2010-02	291
一天一点中国史	张金桂	2010-03	350
血色沉香	泽文艳、张　强著,张卜予改编	2010-03	316
高中英语词汇全解	张玉让	2010-04	1210
基于中国哲学思想的汉语研究	李华倬	2010-04	270
悠悠未了长江情	林维良	2010-05	305
冲突的文学	南　帆	2010-05	277
风雨彩虹:宜兴市职业学校优秀毕业生风采录	宜兴市教育局	2010-05	235
印记与重塑:镇江博物馆考古报告集(2001~2009)	镇江博物馆	2010-06	440
中医中老年养生保健	罗卓洲	2010-06	410
民国江苏省会镇江研究	镇江市历史文化名城研究会	2010-06	380
工程图学习题集	江苏大学工程图学课程组	2010-06	350
无人喝彩	阿　明	2010-06	300
学校道德生活教育模式的探寻与思考	班　华	2010-06	275
化学教学研究	沈理明	2010-06	267
2010·文化嘉年华:镇江画派暨江苏中国画名家邀请展作品集	杨　雷	2010-06	250
《中国共产党党员领导干部廉洁从政若干准则》图解	中共镇江市纪律检查委员会、镇江市监察局	2010-06	134
星辰集	陈耀群	2010-07	430
农村医疗卫生事业的发展	肖爱树	2010-07	280
医学影像诊断报告集	崔恒武、李开信、朱海云	2010-07	220
护理学基础	罗彩凤	2010-08	638
教育原理与策略	薛晓阳、蔡　澄、马兰芳	2010-08	443
研究生英语综合教程	任晓霏、李崇月、何明丽	2010-08	350
多媒体 CAI 课件设计与制作	冷国华	2010-08	323
小学综合实践活动指导	潘洪建	2010-08	270
高考高分作文创意构思组合比较	施清杯	2010-08	259
大学生安全教育	曹广龙	2010-08	210
流体力学实验	闻建龙	2010-08	210
西方经济学教学题库	《西方经济学教学题库》编写组	2010-08	181
少儿快速心算	刘永年、管　青	2010-08	180
少儿快速心算配套练习	刘永年、管　青	2010-08	180
古诗文诵读选本(一年级)	刘正才、张晨晖	2010-08	84
古诗文诵读选本(二年级)	刘正才、张晨晖	2010-08	103
古诗文诵读选本(三年级)	刘正才、张晨晖	2010-08	73
古诗文诵读选本(四年级)	刘正才、张晨晖	2010-08	92
古诗文诵读选本(五年级)	刘正才、张晨晖	2010-08	78
古诗文诵读选本(六年级)	刘正才、张晨晖	2010-08	78
印痕	高　鸣	2010-09	500
公关营销心理案例分析	高有华	2010-09	433
让梦飞翔:携手镇江高专,塑造完美人生	杨国祥、徐　铭	2010-09	228
科学发展观统领下的高等教育管理	中国高教学会高教管理研究会秘书处	2010-10	550
杨海明先生七十华诞纪念集	钱锡生、薛玉坤	2010-10	480
唐宋词史	杨海明	2010-10	522
宋词三百首新注	杨海明	2010-10	453
唐宋词风格论·张炎词研究	杨海明	2010-10	440
唐宋词美学	杨海明	2010-10	440
唐宋词纵横谈	杨海明	2010-10	420
唐宋词与人生	杨海明	2010-10	405
唐宋词论稿(续编)	杨海明	2010-10	393
唐宋词论稿	杨海明	2010-10	320
成本会计模拟实训教程	束必琪、赵　宇	2010-10	300
经济学视角下的中国农民城镇迁移	陈广桂	2010-10	260
高考一招鲜(英语)	焦　健	2010-10	224
高考一招鲜(数学)	焦　健	2010-10	204

续表 39-2

书 名	编著者	出版时间	字数(千字)
高考一招鲜(语文)	焦 健	2010－10	192
小鬼游天下	陈旻茜	2010－10	195
乡音未改:著名旅日爱国侨领许朝坤先生记事	镇江市政协港澳台侨委员会、镇江市政协文史资料委员会	2010－10	93
渚上吟稿	张君宏	2010－10	87
大学课程基本问题研究	高有华	2010－11	466
京口夜话	徐 苏	2010－11	340
认知语法批判	何南林、范 锋、孙 峰	2010－11	279
学思·知行	郭礼荣	2010－11	270
杏坛守望	马伯成	2010－11	240
六朝画像砖研究	姚义斌	2010－11	240
中国风电产业的演化与发展	王正明	2010－11	188
企业后勤服务外包的理论与实践	刘国红	2010－11	170
江苏省专转本考试大学英语核心模拟试卷及答案精解	江苏省专转本考试命题研究组	2010－12	353
我国农村义务教育财政政策:现状与思考	马国贤、赵宏斌	2010－12	340
当代农村变迁中的标兵与典型	叶扬兵	2010－12	325
文心讲堂(第1辑)	镇江市图书馆	2010－12	300
加快县域转变经济发展方式研究	姚永康	2010－12	300
图书馆馆长的素质与管理艺术	郭绍全	2010－12	255
传媒时代的文学书写	管 宁	2010－12	250
权利视野下的基层司法实践:刑事被害人救助制度研究	柳建华、李炳烁	2010－12	220
佛禅与金朝文学	刘达科	2010－12	220
社会性别视角下的劳动法律制度	魏 敏	2010－12	205
中国能源消费及其区域差异对经济增长影响研究	张珍花	2010－12	205
图书馆工作研究与案例	任 罡	2010－12	170

(常 钰)

文 摘

镇江"山水花园城市"建设战略思考

镇江市发改委城市研究课题组

天造地设的山水资源,丰厚的文化底蕴,舒适宜人的气候,优良的区位优势,使镇江具备建设山水花园城市的最好资源禀赋和现实基础。如何建设创新创业、幸福和谐的山水花园城市?如何演绎充满活力、古代文明与现代文明交相辉映、山水城林融为一体、人与自然和谐共生的城市智慧?

一、以规划引领山水花园城市发展方向。一是规划要有前瞻性、系统性,确保城市规划几十年不落后,防止短视和局限性。根据资源环境承载能力、现有发展基础和未来发展潜力,将市区空间划分为优化开发区、重点开发区、限制开发区和禁止开发区。二是规划要彰显特色,围绕山水花园城市目标定位,视地形因素,因地制宜,做足山水文章;积极保护,整体创造,做特文化魅力,把文化个性充分展示出来。科学划定历史文化展现区、自然山水展现区和现代风貌展现区。三是规划要有权威性、严肃性。规划要进行严格、科学的权威性论证,一旦确定,就坚持规划的延续性、统一性和权威性,防止随意性。

二、以重大工程完善山水花园城市功能。实施青山绿水工程、现代综合交通工程、生态景观工程、中心商务区工程、旅游风景工程、名城保护工程、低碳节能精品社区工程、地下管网工程、数字信息管理工程和素养提升工程等十大工程。其中有:(1)青山绿水工程。启动"大江风貌、城市山林"复兴计划,加强长江、古运河、市区20多座山体和通江河道的环境整治和更新,让市区内的每座山、每条河都成为开放的休闲地。(2)现代综合交通工程。把交通发展规划与城市总体规划有机结合起来,建设完善的道路交通网络及配套的基础设施。对内打造网络化便捷化、对外构建立体化现代化的铁、公、水、空一体化综合交通体系。(3)生态景观工程。以建设生态绿地为重点,围绕点为绿色公园、线为绿色长廊、面为绿色板块的立体布局,实施通道绿化、山体绿化、社区绿化、企业绿化、工业园区绿化。实施退房还绿、封山育林,以植物创造景观。打造南山休闲度假公园、世业洲郁金香主题公园、大型花卉苗圃基地、大型花鸟交易市场等工程。将市花杜鹃花和宝华玉兰与市树广玉兰在全市推广种植,做到没有裸露的土地,四季花香满镇江。(4)旅游风景工程。推进旅游资源整合,培育市场主体,构筑风景名胜、历史文化、宗教等具有镇江特色的旅游精品。打造长江—古运河、"三山"风景名胜旅游工程,西津渡—镇江博物馆、铁瓮城—北固山三国文化寻踪、南山文化探寻等历史文化寻踪旅游工程,润扬大桥—世业洲—十里长山生态休闲旅游工程;把佛骨舍利子放回北固山,联合"律宗第一名山"宝华山,打造宗教旅游工程。放大诗词歌赋、民间传说效应,把文化融入旅游。(5)地下管网工程。实行"先地下后地上"原则,尽可能将城市排水、煤气、通讯、供电、雨污分流等各类市政地下管网基础设施统筹铺设,一次到位。建立"地下城市管道综合走廊",并建立地下管网信息库,实现资源共享。

三、以产业转型提升山水花园城市

竞争力。一是主城区大力发展服务业和城市经济。在主城区整合资本、技术、劳动力、信息等生产要素，发展城市经济。力争2015年建成以服务经济为主体的产业体系，把现代旅游、现代金融、现代物流、现代商贸打造成国民经济的支柱产业，加快科技、文化、软件、社区等服务业发展。二是东部地区打造先进制造业基地。要坚持走新型工业化道路，加快工业化与信息化融合步伐。尤其要抢抓镇江经济技术开发区升格为国家级开发区的机遇，重点发展新能源、新材料、电子信息、航空航天和海洋工程等战略性新兴产业，加快形成先导型、支柱型产业，提高产业核心竞争力和经济效益。要用新技术、新工艺加快传统产业升级改造，打造具有自主知识产权的知名品牌，实现企业做大做强、自主创新能力、国际竞争力和可持续发展能力的同步提升。三是在更高层次、更宽领域、更大范围扩大对外开放。加快"走出去"步伐，参与世界竞争。把引进科技人才和调整对外贸易结构作为进一步扩大开放的重点。

四、以历史文化彰显山水花园城市个性魅力，展示铁瓮城三国文化、"三山"旅游文化、西津渡古渡商埠文化、长江—运河文化等经典地方文化，还要进一步组织开展全市文物普查，摸清文物家底，并通过相应的项目把历史文化资源"保下来、亮出来、用开来、串起来"。

五、以低碳理念引导人与自然和谐共生。一是倡导低碳理念。政府推行"绿色新政"，企业履行"绿色职责"。推进低碳出行、绿色交通、低碳建筑等低碳实践。二是加强节能减排和污染治理。加快淘汰落后产能，铁腕治污，在生产、流通和消费等各个领域严格控制污染，实现节能减排。加强水环境、大气环境治理，加强工业废气、机动车尾气、扬尘和城市噪音污染治理。三是加强生态保护。对重要生态功能保护区、区域生态走廊，实施限制性保护；对自然保护区、风景名胜区、森林公园、沿江湿地、重要集中式饮用水水源地、重要水源涵养区和生态脆弱区等特殊生态区域实施严格保护。开展植树造林，在城市周围、功能分区交界处和东部化工区建设绿化隔离带。确保空气质量、各类功能区水环境质量达到国家标准，环境质量综合指数显著提高。

六、以城市管理保障城市高效运行。一是加强市容市貌管理，按照"美化、清洁、干净、无视觉污染"的要求，杜绝脏、乱、差、堵等城管老大难问题，理顺城市管理体制，科学界定市、区、街道、社区的管理范围和职责权限，做好山水养护、花园养护、市政养护和环卫保洁等方面职责分工，杜绝推诿扯皮。二是推行数字化管理，加快完善城市地理信息、智能交通、社会治安、市容管理、应急处置等智能化信息系统。三是加强法制管理，对违法抢建改建、交通违章、破坏市容市貌、占道经营、阻碍交通、废弃物乱扔乱倒等问题加强专项治理，制定相关制度。对偷排污水废水、超标排放、破坏环境和生态等严重违法行为，要及时依法严肃查处。

（摘自《镇江日报》2010－12－22）

"齐梁故里"在丹阳

张学锋

编者按：六朝时期建立齐（479～502）、梁（502～557）两朝的萧氏家族都是南渡北人。史书记载，渡江南下后，萧氏家族卜居"晋陵武进县之东城里"（萧梁时期隶属南兰陵郡兰陵县）。在"文化搭台，经济唱戏"的当下，名人故里之争日盛一日，齐梁两朝帝王故里"晋陵武进县之东城里"的所属问题也随即浮出水面，引起"齐梁故里"之争。先是常州市成立齐梁文化研究课题组，专门编写了《南兰陵桑梓本乡武进 王业所基——齐梁故里考》，认定今常州市新北区孟河镇万绥村是齐梁帝王的故里所在（简称"常州说"）；接着，镇江方面也成立专题研究组，由镇江市历史文化名城研究会和丹阳市历史文化研究会主编了《齐梁萧氏故里研究》一书，提出今丹阳市区东偏北三城巷才是南朝齐梁帝王的故里（简称"丹阳说"）。

其实，"齐梁故里"的争论，归根结底是历史学的研究。历史学研究的基本素材是历史文献。在"齐梁故里"之争所涉及的众多文献中，按照史料学的一般理解，可以分成五个等级。第一级：《宋书》《南齐书》《梁书》《陈书》《隋书》《晋书》《南史》。其中又可以分成两个层次，一是《宋书》《南齐书》，这两种基本史料是同时代人编同时代史，在与"齐梁故里"研究有关的籍贯、世系、地理等基本内容上最接近史实。二是《梁书》《陈书》《隋书》《晋书》《南史》等五种，均编定于唐初，距南朝灭亡仅半个世纪左右，也是探讨"齐梁故里"问题的关键史料。第二级：《元和郡县图志》《旧唐书》《新唐书》。这三种文献成书于中唐及五代北宋，保存了丰富的唐代史料，是厘清武则天垂拱二年（686年）分晋陵县重置武进县的重要文献。第三级：《太平寰宇记》《元丰九域志》《舆地纪胜》《方舆胜览》《嘉定镇江志》《咸淳毗陵志》《大德毗陵志》《至顺镇江志》等宋元时期编纂的全国性志书及各地方志。第四级：明清以降全国性地理总志、相关地方志、舆地图、学者著述。第五级：当代编撰物及言论。

对"齐梁故里"这个研究课题来说，第一、二级文献无疑是最重要的，主要的问题都应该在这两个等级的史料中解决。第三、四级文献虽然也保存了部分"齐梁故里"的相关资料，在保留地方历史文化上具有重要意义，但由于编撰时代较晚，距离六朝时代久远，加之参编人员较杂，穿凿附会的现象比较严重，因此，在谨慎使用的同时要避免据以断事。在经过严密的史料批判后，一些史料可以作为前者的补充和辅证，但很难作为唯一的证据。第五级文献只能用作学术史的整理和回顾，根本就不在史料的范畴之内，引以为据，尤不可取。通过对"齐梁故里"研究所涉及的重要史料进行批判和分析，我们不难发现，"丹阳说"是站得住脚的，或者说，"齐梁故里"在今丹阳境内，是不容置疑的。理由

春江潮广场　（魏　兢）

有三：

其一，唐以后沿袭至当代的武进县与南朝时的武进县辖境不同。历史上存在三个武进县，它们的沿革因史料清晰，分辨并不困难。一是“丹徒武进”：三国孙吴将丹徒县改称武进县；二是“曲阿武进”，西晋分丹徒、曲阿二县地新置；三是“晋陵武进”，唐武德三年(620年)设置，武德八年(625年)被并入晋陵县，垂拱二年(686年)再次从晋陵县中分出，沿袭至当代。通过对大量相关史料的梳理、比较、辨伪，我们可以推断出，唐武德三年以旧兰陵县地(萧梁建国后，改武进县为兰陵县)设置的武进县，并没有包括旧兰陵县的全部属地，只是辖有旧兰陵县的东部地区，而旧兰陵县的西部地区依然留在曲阿县(即今丹阳市)境内。如果不承认这一点，就很难解释，位于六朝武进(兰陵)县境内的齐梁帝陵，如今怎么会在曲阿(今丹阳)县境内，而不在唐以后的武进县境内。

其二，史书记载齐梁帝陵方位与现今遗迹所在地相吻合。《梁书》卷三《武帝纪》载，建陵(梁武帝父亲萧顺之与其妻张氏的合葬墓)在曲阿县。今丹阳市东三城巷东北的建陵神道柱上“太祖文皇帝之神道”的横额尚存，与史书记载完全吻合。个别学者无端怀疑丹阳境内齐梁陵墓的真实性和可信性，这是不可取的，也是非常不理智的。

其三，史志明载，东城里在今丹阳境内，不可能在常州万绥。据《梁书》记载，梁武帝前往兰陵参谒建陵，见故乡老小，因感而作《还旧乡》诗，足以证明建陵所在的东城里山附近就是萧氏家族迁居的“晋陵郡武进县之东城里”。南宋编纂的《咸淳毗陵志》的记载可以作为旁证，该志卷二七《古迹》中称：“按万岁寺旧有伪吴天祚间石刻，云寺西去萧梁帝祖宅三十里东城村……”明确记载萧梁帝祖宅在万岁寺西三十里东城村，万岁寺所在的万岁镇(即今万绥)不是东城里(村)，已无需再辨。万绥“西三十里”，毫无疑问是在今丹阳境内。

在“齐梁故里”研究中，需要辨析的史料和解决的问题很多，但关键问题应该是这么一些：武进(兰陵)县的地理沿革问题、武进(兰陵)县的治所问题、“东城里”的性质问题、“千秋乡万岁镇”的来历问题、“圆丘方泽”的传说问题。这些问题，因为“丹阳说”“常州说”支持者对史料的释读各自不同，从而成为聚讼之府。从史料学的视角对这些问题进行考察就不难发现，“常州说”支持者至少存在三大认识误区。

误区之一：将东城里当做武进(兰陵)县治所。“常州说”的一大论点就是，西晋末年萧整带领萧氏家族成员渡江南下后的始居地“晋陵武进县之东城里”，是后来的南兰陵郡的治所，同时也是兰陵县的治所。其实，里是秦汉以来的基层单位，城邑和乡鄙的基层单位都称里，“东城里”与“东城”不是同一个概念，单凭“晋陵武进县之东城里”一句，无法判断东城里是在武进县的城里还是在乡野。既非豪门望族，又无徒附部曲的“布衣素族”萧氏，过江以后只能在乡野的空闲之地从事农业生产。同样的事例还见于宋武帝刘裕。刘裕的曾祖父刘混“始过江，居晋陵郡丹徒县之京口里”，京口里同样地处乡野，同样是布衣素族的刘氏也只能在这样的乡野闲地从事农耕。初唐人李延寿称东城里为“东城村”，也说明“晋陵武进县之东城里”处在乡野，而不是武进县的东城。

误区之二：将万岁镇当做萧道成、萧衍的出生地。这一说法见诸《中华人民共和国地名词典》《中国古今地名大辞典》等权威性工具书。“千秋”和“万岁”在古代往往是连用的，“千秋万岁”的基本词义是生命永续无疆，俗称千秋万代，长生不死，万寿无疆，是一个寓意非常吉祥的词语，使用非常普遍，可以用作人名，也可以用作楼馆津桥的名称，用作地名则更加常见，万绥镇在宋代属“千秋乡万岁镇”，与萧道成、萧衍的建邦立国，与“齐梁故里”之间毫无关系，除了附会、臆断之外什么都不是。

误区之三：将“圆丘方泽”的传说当做史实。今常州新北区青城村附近有所谓的“圆丘方泽”，即传说中的齐梁祭祀天帝神、土地神的场所，这一“旧传”源自南宋晚期的常州地方志《咸淳毗陵志》。比照一下《南齐书》《梁书》《隋书》有关郊祀的史料，我们就会发现，青城村所谓“圆丘”及其西部的“方泽”，无论是从国家设置南北郊坛的目的、地点、方位来看，还是从形制规模来看，都与史书所载的南北郊坛的规制相距甚远。更何况南郊、北郊通常每隔一年祭祀一次，而据史书记载，萧齐皇帝只有在送葬和谒陵时才回一趟故里，梁武帝更是时隔50年才回了一趟故里，显然不可能在此祭天祀地。其实，《咸淳毗陵志》的编纂者还是保持着比较严谨的态度，仅仅是将之作为“旧传”处理，但后世学者包括顾祖禹，却将之当做史实，这样的现象，在史料的传承过程中并不鲜见。今天的“常州说”支持者，不加考证地将之作为“齐梁故里”在常州万绥的重要证据，这正是研究中缺乏史料批判所造成的结果。(摘自南京大学历史系张学锋《“齐梁故里”研究中的史料学问题——兼论“晋陵武进县之东城里”的地望》，文摘整理为邱隆洪，标题系整理者所拟)

镇江六朝文化研究提要

徐 苏

在镇江历史文化的发展轨迹中，六朝时期是最辉煌的一段。六朝以前，江南地区的自然与人文的互生互根，奠定了这里丰富优雅的文化元素；进入六朝后，北方兵荒马乱，杀伐频仍，而长江以南相对安定，北方士族和平民为躲避战乱，大举南迁，其中大量的移民集中在镇江一带，中原文化与江南文化在这里发生了大规模的融合，促进了镇江政治、经济、文化的发展，当时镇江六朝文化在经史、宗教、文学艺术等方面都有不俗的表现。

一、经学、史学

东晋的著名学者徐邈，随祖辈南迁渡江，定居京口，著有《五经音训》《谷梁传》。梁武帝萧衍在经学方面的造诣深厚，著有《乐社义》《毛诗答问》《春秋答问》《尚书大义》《中庸讲疏》《孔子正言》《老子讲疏》，凡200余卷，还写过《毛诗答问》《春秋答问》《尚书大义》等文章，“涉及众经，多有阐述”。梁元帝萧绎在经学方面也有研究，《梁书·元帝纪》载：“世祖……所著《孝德传》三十卷，《忠臣传》三十卷，《丹阳尹传》十卷。《注汉书》一百一十五卷，《周易讲疏》十卷，《内典博要》一百卷，《连山》三十卷，《洞林》三卷，《玉韬》十卷，《补阙子》十卷，《老子讲疏》四卷，《全德志》《怀旧志》《荆南志》《江州记》《贡职图》和《古今同姓名录》一卷，《筮经》十二卷，《式赞》三卷，文集五十卷。”

东吴韦昭任太史令主持编撰《吴书》，又撰著《国语解》。《国语解》是一部著名的史注之作，作为汉魏史注的完整范例，基本上体现了当时传统史注的面貌。另一位史学家臧荣绪在京口完成《晋书》的撰写。《晋书》是一部总括两晋历史的纪撰体史书，计110卷，约成书于刘宋末期。书中保存详尽的反映两晋时代面貌的资料，在我国史学上有极高的价值。徐广是东晋史学家，东晋义熙十二年(416年)撰成《晋纪》46卷。梁武帝也重视史学，他曾“造《通史》，躬制赞序，凡六百卷”，是继司马迁《史记》之后一部重要的通史著作。

二、宗教

六朝时期，社会上掀起了崇佛之风。梁武帝萧衍倡导三教同源说，把老子、周公、孔子都说成是“如来弟子”。刘宋时江南有寺院1930所，萧齐时有寺院2015所，萧梁时达到鼎盛，有寺院2846所，陈朝有寺院1232所。“南朝四百八十寺，多少楼台烟雨中”，是对当时情景的真实写照。镇江历史上名气最大的金山寺始建于东晋，初名泽心寺，在寺僧人最多时超过3000人。从金山第一代禅宗祖师灵坦，到后来的法海、了元、克勤、长在、隐儒、宗仰、太虚、慈舟等，都是有名的高僧。金山寺是最早举办水陆法会的场所。梁天监时梁武帝下诏请金山的宝志禅师等编阅藏经，编纂水陆仪轨，又在金山泽心寺启建水陆普度大斋胜会，做道场49天。天监四年(505年)，梁武帝到泽心寺主持水陆法会。自此以后，水陆法会受历代朝野重视。焦山定慧寺是一座千年古寺，在东汉末年就已经成了气候，由天王殿、大雄宝殿、藏经楼等一系列建筑组成，规模庞大。竹林寺，原建于夹山山麓，又名夹山禅院，初创于东晋时期，出过法安、善会等高僧。招隐寺最初建于招隐山巅，以刘宋高士戴颙的故宅改建而成，佛寺的改建时间大约在刘宋景平元年，由僧人昙度主持其事。鹤林寺，初名竹林寺，俗称古竹林，创建于晋元帝大兴年间，是南山景区最古老的寺院之一。古代鹤林寺的规模很大，东至鸿鹤坊、天福山、菊花山，南至石人桥、招隐山、小九华山、黄山，西至龙目湖、黄峰岭，北至唐墒山、鹤林门。

东晋南朝是茅山道教发展完善的时期。茅山是我国道教圣地，有“第一福地”“第八洞天”之称。茅山道教历史悠久，早在西晋就有多处道馆，至齐梁之际，有名的道馆就有50余所、精舍10余所。自东晋到南朝初的宗教改革中，茅山成为南方道教的中心。茅山道教名人辈出，东晋时葛洪曾在此炼丹修道，他的神仙道教理论为道教的发展指引了方向；陆修静灵保精法规范了道教科仪；梁代陶弘景隐居茅山，创建了道教的茅山宗，他开创的茅山宗将道教带入宫观制阶段，为隋唐乃至宋元道教的发展开辟了广阔的途径，在道教史上起着承上启下的作用。

三、书法

1965年在句容城西发现的三国东吴葛府君碑额，碑高一尺八寸五分，三行，行四字，形状好像旧式的钥匙，是我国发现早期的用楷体书写的碑。三国时期，隶书加快向楷书的演变，葛府君碑额是一个有力的实证。刘岱墓志铭碑于1969年在句容袁巷乡小龙口出土，质地为青石，高55厘米，宽65厘米，厚7厘米。志文共分23行，计361字，是一块完整的、文字清楚的南齐墓碑。刘岱墓志铭碑书体证明楷书在南齐时已经发展到成熟的阶段。

镇江焦山的《瘗鹤铭》笔势开张、点书飞动、天然错落、潇洒纵横和同兼篆、隶、草三体书法之长。瘗鹤铭的铭文中仅记干支，没有年号，又有“华阳真逸”“上皇山樵”“丹阳仙尉”“江阴真宰”之类的别号，大多数人认为是王羲之所书，有人认为是顾况所书，还有人认为是陶弘景或皮日休所书。宋朝书法家曹士冕认为其“笔法之妙，为书家冠冕”，宋代书画家黄庭坚认为其“结密而无间，惟瘗鹤铭足以当之”“瘗鹤铭者，大字之祖也”。历代临写《瘗鹤铭》者不乏其人，颜真卿《八关斋会报德记》，黄庭坚《松风阁诗》全从此铭脱出。

四、雕刻

杰出的雕塑大师戴逵及其子戴颙擅长于雕佛像，虽然现在戴逵和戴颙的作品真迹无从考证，但从丹阳陵墓石刻和佛寺石刻足以看出六朝镇江雕塑艺术的不凡。丹阳六朝陵墓的“石辟邪”是闻名的雕塑杰作。所谓“辟邪”，是雕塑家归集了巨禽猛兽的特征，创构的“以形写神”的最高境界，雕刻手法则完全显示了“既雕既琢，复归于朴”的老庄思想的追求。这种石辟邪在镇江丹阳的六朝帝王陵墓遗址尚有不少遗存，堪为六朝文化的典型文物。

五、绘画

六朝砖印壁画如竹林七贤、羽人戏虎等，填补了魏晋南北朝的绘画空白。1965年和1968年，江苏省考古工作者先后在丹阳胡桥齐景帝萧道生修安陵和丹阳金家村陵墓的墓内砖壁上发现砖印画像，有天文星宿、神仙灵异、历史故事、百戏乐舞等。这些画像都是一幅左右两壁各半幅的《竹林七贤与荣启期图》，取放浪形骸、不拘礼法的“高士”为题材，直接反映了这个时代清谈玄学的风气。这些画像砖是六朝时期浮雕艺术的代表。在南齐帝墓壁画中的《竹林七贤图》，画高75厘米，长410厘米左右。用250余块砖拼砌而成，把人物外观形象的完美、内在气质的刻画、用笔技巧的成熟、工艺制作的精湛有机地融为一体，达到思想意蕴与艺术效果的和谐统一。

壁画中的《步马仪仗图》长4米多，高45厘米，描绘了仪仗队的送葬情形。画面构图紧凑，人物动作各异。勾线隽长流畅，层次分明，三马行进的动势如生，反映了权势者崇尚宗教的心态，表达逝后成仙、永世长存的欲念。在表现手法上它是我国古代现实主义与浪漫主义相结合创作风格的范例。南朝陵墓砖画中《飞天仙子图》的艺术魅力可与敦煌壁画中的“飞天”相媲美，它完全摆脱了秦汉壁画中用线的粗拙，把南朝壁画与楚国帛画、西汉帛画及汉墓壁画联系起来，可以看到中国绘画“用线造型”的历史演进。

六、文学

六朝时镇江出现许多著名的文学家和艺术家，《文心雕龙》《昭明文选》《诗品》等就是这一时期文学的代表作。萧衍称帝前与沈约、谢朓、任昉等齐名，与萧子良等名士同称“竟陵八友”。他收在《玉台新咏》中诗歌多达40余首，还有一些收录在《文苑英华》《乐府诗集》等总集中。梁萧统“所著文集二十卷；又撰古今者，为《文章英华》二十卷，《文选》三十卷”。其中《文选》选集了我国周秦以来各种不同文体的文学作品，是一部上起周秦下迄齐梁的文学总集，在中国文学史乃至整个文化史上产生了深远的影响。徐陵善于作骈体文，收录从汉到梁时期涉及女性的诗篇，编成诗集《玉台

丹阳南朝陵墓石刻　（赵卫宁）

新咏》。学者刘勰30多岁写成文学批评专著《文心雕龙》。《文心雕龙》对创作的各个环节进行了总结,从构思过程、写作技巧、篇章剪裁、声律安排、字句锤炼乃至比兴夸张等修辞手法,都作了精辟的阐述,是一部体大思精的文学批评巨著,代表着六朝时期文学理论的最高成就。刘义庆迁居京口后,继续他的写作生涯,与其门人编撰的《世说新语》是志人小说的代表作,文笔简洁,被称为笔记小说的先驱。诗人鲍照在京口长大,他的诗、赋、骈文都有名作,其中数量最多的是诗歌。他与谢灵运和侨居句容的颜延之并列为"元嘉三大家"。另一位侨居京口的诗人何逊,以创作离情诗而著称,通过对景物的描写来刻画人物的心理,语言明净;他写自然景物的诗贴切细微,绘声绘色。(摘自《六朝历史文化与镇江地域发展学术研讨会论文集》)

赛珍珠研究的新起点

郭英剑

2008年赛珍珠国际学术研讨会收到论文70余篇,包括来自美国、菲律宾、韩国、印度的论文10篇。论文大体分为总论性质、理论探究、文本研究、翻译研究、史实考辨等几类,基本上体现了学术界对赛珍珠所作的最新研究成果。这辑论文中,有这样几个特点值得学术界和阅读者的关注。

对赛珍珠作为作家、社会活动家的现实关注和研究更趋深入。其中,旅美学者映碧所写的《赛珍珠的中国脐带》,谈到对赛珍珠某些生活、写作和社会活动的理解,侧重于对这位传奇作家如何在美国土地上继续着她中国情结的理解;郭永江、姚锡佩合作的《浅说赛珍珠小说折射的中国三农问题》与丁亚明的《赛珍珠作品对三农问题的观照意义》,都是从赛珍珠的创作探寻三农问题的历史,反思新中国成立后的农村政策,包括农村体制、土地权、合作化、农业科学等。

对赛珍珠的文学创作进行了更加广泛深入的研究。出现了赛珍珠与老舍、萧红、陈忠实等作家的比较研究,其中有朱坤领《中国女性的悲歌与颂歌——论赛珍珠与萧红女性题材创作的差异》等。张正欣《他者与自我:认同的空间——有关赛珍珠传记作品中家的象征意义》对于赛珍珠传记作品中"家"的意象作了深入的分析。而裴伟对最早批评《大地》的朝鲜文人做了进一步的事实考证。

人们开始关注赛珍珠作品的翻译问题。其中香港浸会大学梁志芳在其《"杂合"视角下〈大地〉的中译》一文中,对《大地》在中国内地的翻译做初步研究,分析了为何中译是一种"特殊类型"的翻译,它的特殊性表现在哪些方面,并简要阐释了《大地》在中国大陆接受过程中所涉及的翻译问题。

分工非常必要,也十分重要。其中,魏群《赛珍珠到底在宿州生活了多少年》,对赛珍珠究竟在宿州生活了几年做了考证。而张宇《金陵觅珍珠——赛珍珠在南京大学的思想发展脉络》则通过赛珍珠在南京期间的文学作品以及关于她的各类史料,探讨了赛珍珠在金陵大学时期的思想发展脉络。

在我们看到最新研究成果的同时,也应该发现不足,而这也正是我们今后赛珍珠研究的新起点。

首先,应该加强对赛珍珠作品的翻译。此次未能参加会议的张子清《永恒的赛珍珠——对一个伟大作家褒贬不一的初探》提出,要在反思赛珍珠研究的同时,直面现实,敢于承担,把赛珍珠没有译成中文的著作逐步翻译成中文,这样才能全面、准确和公正地评价赛珍珠,还其历史真面貌。

其次,扩大对赛珍珠研究的视野,加强对赛珍珠众多文学作品的研究。此次会议提交的70篇论文中,仅论述《大地》的就占了16篇。这一方面说明,《大地》作为赛珍珠的经典作品为学者所公认;但另一方面也不能不让人想到,或许我们的阅读视野还不够开阔。赛珍珠的优秀作品绝不只有《大地》三部曲,《龙子》《同胞》都是经典之作。这类作品应该得到学术界更多的关注。

再次,逐步扩大对赛珍珠尚未翻译过来的文学作品的研究。对于外语院系的赛珍珠研究者以及懂英文的研究者而言,应该扩展赛珍珠作品研究的领域,特别是重视那些还没有翻译过来的重要作品。

最后,研究者应该更加注重学术规范。从现有很多有关赛珍珠的学术论文中,我们看不到对同一论题的前人研究成果的论述或引用,这就不可避免地出现,要么自觉或不自觉地在重复前人已经说过的话甚至是重复论述问题,要么给人自说自话的感觉。

(《中国社会科学报》2010-07-15)

赛珍珠故居 (纪 东)

大韩民国临时政府在镇江

李 臻

韩国独立运动是韩国人民争取民族独立的抗日斗争,大韩民国临时政府(以下简称"临政")是韩国独立运动的领导核心,自1919年到1945年,在中国英勇奋战了近26年之久。

一、"临政"移驻镇江的年代

对于"临政"移驻镇江的年代,曾经有过三种观点:一是1935年10月迁到镇江,1936年2月迁往南京;二是1935年10月迁到镇江,1937年11月迁往长沙;三是1934年1月迁到镇江,1935年迁往嘉兴,1937年春再次迁到镇江。

由韩国国史编纂委员会编印的《韩国独立运动史》第四章"镇江时期的临时政府"和《白凡逸志》(金九回忆录)对"临政"移驻镇江的年代给予了确切的描述。《运动史》中写道:"因为中日战争不利于中国,南京大战迫在眉睫,于是11月16日中国政府迁都重庆,政府办公地点所在地镇江也处于战争边缘,所以停留整整两年后,临时政府决定把办公地点转移到湖南省长沙市。"

1932年4月29日,在国民革命军第19路军支持下,经时任"临政"国务委员的金九一手策划,由韩国爱国志士尹奉吉具体执行，在侵华日军举行“淞沪战争祝捷大会”期间，制造了震惊世界的上海虹口公园爆炸案，炸死了日本驻沪派遣军司令白川大将等一干日本军政要人。随后，日寇在上海对韩国人进行了大肆追捕，“临政”及其要员不得不离开上海，经过数年的颠沛流离后，于1935年11月在镇江扎下营盘，直至1937年11月移驻长沙。

二、“临政”移驻镇江的原因

“临政”内部派系斗争一直很激烈，对于这一点《白凡逸志》和《运动史》二书中多有记述。在杭州时，被“金九派”排挤在“临政”之外的临时议政院常任委员赵素昂就曾指使属下对金九、宋秉祚（“临政”财务部长）等人施以暴力。赵素昂还指使杭州警察局中的韩人警察李世昌同中国警察一道限制“临政”的活动，以至“临政”无法在杭州开展工作。1937年11月之前，“临政”在华主要活动范围就是江、浙、沪一带，“临政”在杭州无法立足，上海又不能去，因此只能向江苏迁移。

国民党政府对“临政”的支持在“七七事变”之前处于秘密状态，“临政”若在蒋介石下定抗日决心之前迁往南京反而会使国民党政府感到为难。镇江是江苏省距南京最近的城市，“临政”将办公地设在镇江，既方便与南京联系以观形势变化，又回避国民党南京政府的不便。因此，“临政”迁移镇江虽属权宜之计，却是一个两全其美的选择。

“临政”迁移的过程表明，迁移地点的选择多以与当时中国地方行政长官的关系深浅作为考虑，以寻求安全保护，为“临政”生存和发展创造条件。随着日本侵华规模的不断升级，在国民党政府中渐渐形成了以陈果夫、陈立夫为首的“CC派”专门援助“临政”的联系渠道。1933年到1937年，陈果夫任国民党江苏省政府主席，省政府办公地设在镇江，因此“临政”迁到镇江也是期待陈果夫的支持。

“临政”成立后，一直将开展外交斗争作为其首要工作，在“临政”移驻镇江后召开国务会议的公告中一再强调了开展外交斗争的重要性。“临政”试图通过外交途径扩大国际舆论，取得国际社会的同情，尤其希望能得到中、美、英、法、苏等日本敌对国、大国的援助和承认，所以“临政”自成立当初就一直保持着与国际社会的联系，努力争取外交上的支持。镇江距离南京最近，便于与驻南京的各国使节开展外交活动。

此外，“临政”在江苏开展活动大都在镇江和南京一带，从1913年到1935年，镇江一直是韩国爱国志士开展独立运动活动的基地之一，“临政”在镇江举行过多次会议，“临政”成员也在镇江举办过演讲，因此对镇江的安全状况心中有底；“临政”成员中大都为中国通，他们熟知镇江人民具有反抗外来侵略的优良传统。这种人文环境对处于秘密活动和被追杀状态下的“临政”是非常重要的；在地理上，镇江是南北交通要道，进可迅速到达南京、上海，一旦有事也可迅速疏散转移。

三、“临政”在镇江的驻所

由于当时“临政”移驻镇江是在绝密状态下进行的，所以镇江的地方文献、报纸杂志等均未能留下任何记录。但经市文史学者杨瑞彬、李植中、冯鸣仪等人数年的考证和综合分析研究〔《镇江年鉴(1996)》第52页〕，“临政”在镇江的驻所及活动场所共有五处：

一是水陆寺巷公益里。公益里内仅此一户，其时门牌号码为水陆寺巷17号，与江苏省政府相距仅百米，易受庇护并易于联系。公益里有房四进两厢计11间，当时移驻镇江的“临政”成员有金九、李东宁、李始荣、曹成焕、宋秉祚、赵琬九、车利锡等人，人数不是太多，因此能满足办公和住宿的需要。当年国民党第19路军军官蒋本志曾奉命护送“临政”成员抵镇江，当年江苏省政府保安处处长项致庄还密派6名带枪便衣同住公益里任警卫，当时警卫得到的指示是：“一切不要声张。”

二是水陆寺巷江苏旅社。江苏旅社当时是政府接洽公务的场所，“临政”成员曾住该处。当年的镇江抗日救亡演出队队员刘志奇回忆，曾在江苏旅社内看到金九住在里面。

三是大爸爸巷1号。此处为一座二层楼建筑，单门独户，房屋宽敞。杨瑞彬之兄杨瑞麟当年为县长张鹏开车。一次杨瑞麟奉命到大爸爸巷1号送东西时，该处大门紧闭，警卫森严。杨瑞麟听县政府政务警长透露，此处住的是高丽人，与外界不甚交往。政务警长一再叮嘱：此情不准透露。

四是马家巷15号。马家巷与大爸爸巷相毗邻，韩国独立党（“临政”的基础党派）理事姜昌济住此处。

五是穆源小学。“临政”抗日宣传活动场所，1937年11月27日遭日机轰炸，校舍损坏较多，但今学校尚在，遗址尚存。

四、“临政”在镇江的活动

镇江时期的“临政”活动正处于由秘密到公开的转折时期。在移驻镇江的两年中，依仗国民党江苏省省政府的有效庇护、镇江有利的区位条件、国民政府对“临政”经济援助的正常化和国民政府日益坚定的抗日决心，“临政”在开展外交斡旋、履行政府职能、加强内政建设、进行抗日斗争等方面活动亦比较频繁。由于当时韩国独立运动正处于黎明前的最黑暗时期，“临政”的所有活动均处在绝密状态，资料的收集工作非常困难，正如《运动史》所言：“临时政府办公地点移到镇江后，政府的活动记录几乎无处可寻。”但在镇江学者的努力下，仍然掌握了“临政”在镇江地区活动的基本情况：召开了定期的国务会议，整理光复战线，规定特务权利和制定军事计划，确立“临政”的战时体制，召开临时议政院议政员会议，进行抗日演讲等。

1937年春，镇江抗日宣传救亡演出队邀请“临政”负责人金九到穆源小学演讲。演讲在该校大礼堂举行，杨公崖、刘志奇等演出队全体成员，还有部分教师、学生及商界进步人士近400人参加，其时座无虚席，连室外都站满了人。演讲后，金九坐人力车而去。当年在该校读五年级的李植中记得当时金九穿的是青灰色中山装，讲一口流利的汉语，演讲的题目是《朝鲜亡国惨状》。

早在1925年冬，韩国爱国志士安冬晚、朴炳彊就到镇江进行抗日活动。时任镇江抗日救援会负责人、穆源小学董事长的杨公崖安排他们住在该校，并在该校举办抗日演讲会，请他们发表演讲。朴炳彊临别时还书写“革命尚未成功，同志仍须努力”对联一副，现收藏在镇江博物馆。

（摘自《镇江日报》2010－09－13）

白蛇传传说和戏曲家的创造

康新民

2010年9月16日，台湾明华园戏剧总团在白蛇传故乡镇江绚丽上演《超炫·白蛇传》，不禁使人想到戏剧家对白蛇传故事发展的贡献。白蛇传传说作为我国优秀的民间文化瑰宝，它所包含的多方面信息价值，一直是人们探讨研究的话题。

除了散文体的故事、话本以外，白蛇传故事和我国的戏曲关系显得最为密切。据1959年统计，我国各民族、各地区360多个戏曲剧种和300多个曲艺曲种，大都有白蛇传改编的传统剧目和曲目，可见白蛇传故事和我国戏曲关系之密切。

戏曲的传播，对白蛇传故事的形成、发展功不可没。许多戏曲原来就是民间文艺的一部分。如：流传镇江、扬州的扬剧，原本是流传民间的扬州清曲和民间香火戏逐渐加工而成。扬剧中特有的白蛇传折子戏就有《上金山》《放许仙》和《断桥会》三折，扬州清曲就有《水漫金山寺》等。这些折子戏，都与镇江金山寺的自然景观有关，他们的创作不能说没受到自然环境的启发和影响。如今，台湾《超炫·白蛇传》到白蛇传故乡演出，也必将推动白蛇传故事的发展。文人创作的加盟，使得白蛇传故事在戏曲中得到淋漓尽致的表现，舞台成了"试验场"。戏曲白蛇传创作中，舞蹈的虚拟性，空间的随意性，在白蛇传中都有充分的演示。如《水漫》中的舞蹈动作，《盗仙草》的场景转换等。又如通过特技表现白娘子、小青、法海及神灵鬼怪等形象，在京剧、昆剧、越剧、川剧等剧种中的《游湖》《盗仙草》《水斗》等都有出神入化的表演，并形成了剧种的特色保留剧目。

从白蛇传故事形成来看，它和一般民间文学作品的形成不同，由于戏曲家的参与，故事在口头文学和戏曲之间，辗转相传，交叉影响，使这则优美的民间传说大大缩短形成时间，也使它比其他故事的情节丰富多彩，人物更丰满，主题更深刻。我们从历史记载的冯梦龙、方成培、黄图珌与白蛇传的关系中，可以找到他们耕耘的笔迹，有成功的妙笔生花，也有遗憾的笔误之处，但这并不影响他们创作的加盟而推动了白蛇传故事的发展。这种创作现象，很值得今天戏剧作者玩味和思考。

我国许多戏剧大师和艺术家都曾演过白蛇传，梅兰芳在白蛇传《祭塔》中扮演了白娘子，他唱的反二黄慢板"未开言不由娘珠泪双流……"人物刻画入微，唱腔富有音乐感，给人们留下深刻印象。著名的京剧艺术家张君秋、尚小云、杜近芳、赵燕侠、叶盛兰、关肃霜等都曾扮演过白素贞和许仙。我国各个剧种的著名艺术家，几乎没有没扮过白素贞和许仙的，豫剧常香玉、赵义庭，越剧戚雅仙、毕春芳，楚剧沈云陔、黄楚才，蒲剧杨翠花、王迎山，粤剧郎筠玉、关国华，扬剧金运贵、高秀英、筱荣贵，淮剧李少林、蒯云霞、王凤仙，台湾歌仔剧孙翠凤等著名演员都曾创造了白娘子、小青青、许仙、许仕林等性格各异的角色，大大丰富了白蛇传人物塑造，使得我国古代爱情故事白蛇传在戏剧舞台上经久不衰。对白蛇传的传播，民间曲艺也功不可没。早在清乾隆三十七年嘉一堂本南词曲目中即记载白蛇传，即后来《义妖传》的祖本。苏州弹词、河南坠子、西河大鼓、犁铧大鼓、北方鼓词、扬州清曲等曲种，都流传着白蛇传的精彩保留曲目，其中有"义妖传""端阳""祭塔""断桥相会"等。

如今，现代传播工具也加入白蛇传

2010 年 9 月 16 日晚，《超炫·白蛇传》在镇江绚丽上演　（吴　俊）

传承，由越剧演员戚雅仙、毕春芳演唱的越剧《白蛇传》已制成磁带正式出版；评弹演员蒋月泉、徐丽仙、王柏荫、秦建国、张如君和淮剧演员秦玉莲、戴建民等，演唱的评弹《投书》《大生堂》和淮剧《白蛇后传》等也都制成磁带、碟片、唱片出版。影视连续剧《新白娘子传奇》《青蛇传》和央视版的《白蛇传》也都投入白蛇传传说的传播。

（摘自《镇江日报》2010－09－20）

题　录

经济和政治

长三角地区固定资产投资与经济增长的关系/侯祥鹏/江苏大学学报（社会科学版）2010－04

镇江发展节庆旅游的 SWOT 分析及对策研究/于萍/江苏科技大学学报（社会科学版）2010－01

基于钻石模型的镇江市信息技术外包产业竞争力分析/田剑、洪军/江苏科技大学学报（社会科学版）2010－02

对镇江旅游商品开发的研究/吴丹/江苏科技大学学报（社会科学版）2010－03

镇江旅游纪念品开发现状与策略探析/罗爱红、朱珠/江苏科技大学学报（社会科学版）2010－04

镇江旅游对接上海世博会的策略研究/高曾伟、易向阳/镇江高专学报 2010－01

从客源市场定位谈镇江南山风景区旅游资源的开发/李文文/镇江高专学报 2010－03

对地方工业文化遗存保护及改造的思考与实践——以镇江西津渡锅盖面品鉴馆规划与改造工程为例/曹屹/镇江高专学报 2010－04

关于句容发展的若干断想/尹卫东/创新 2010－02

实现新兴产业爆发式增长/刘捍东/创新 2010－04

镇江、常州、扬州创业比较，我市后发先至还需出实招/张立华/镇江日报 2010－01－18

镇江专业市场建设发展现状观察/殷友兰/镇江日报 2010－04－02

跨越发展，后发先至——关于镇江经济社会发展的理性思考/张雯/镇江日报 2010－04－20

镇江光伏产业发展面临的形势/张敏、王红卫/镇江日报 2010－05－11

科学，转型，跨越——镇江"十二五"发展战略思考/尹名年/镇江日报2010－12－27

数字"十一五"——全市社会保险参保人数情况一览表/竺捷/京江晚报 2010－12－09

（叶　卜）

社　会

高校图书馆特色数据库建设实践——以镇江高等专科学校"沈括研究特色数据库"建设为例/毛倩/镇江高专学报 2010－01

谈镇江烈士陵园的文化建设/杨洋/镇江高专学报 2010－01

《国家学生体质健康标准》实施情况剖析/李苏/镇江高专学报 2010－02

我市民办职业培训机构的现状分析与发展对策/陈建萍/镇江高专学报

2010－02

埃格尔与德国的中国园/刘志强/江苏外事 2010－04

《星空物语》——奏响爱与和平的旋律/奚向红/友声 2010－12

以新市镇建设带动城乡一体化/许津荣/创新 2010－04

我市公布 2010 年市本级医疗保险有关数据/镇江日报 2010－01－15

2009，镇江文化记忆/古瑾/镇江日报 2010－01－18

今年起四项医保新政策提高报销待遇/镇江日报 2010－02－26

打造"民生财政"，抒写和谐篇章——2009 年财政支持民生盘点/郭奇志/镇江日报 2010－04－06、04－13

全面推进住房公积金科学化精细化管理/王捷/镇江日报 2010－04－20

解读"镇江新二十四景"/毛小平、习斌/镇江日报 2010－10－18

镇江市征地补偿和被征地农民基本生活保障办法/镇江市人民政府/京江晚报 2010－02－05

沃土、耕耘、收获——2010·镇江文学回眸/洪琦/京江晚报 2010－11－26

（叶 卜）

文 史

三问《瘗鹤铭》之打捞/李韵/光明日报 2010－06－08

论清末民初苏中地区报刊事业的起步与发展/朱季康/江苏科技大学学报（社会科学版）2010－01

东城里今地考辨——兼说齐梁帝王萧氏"籍贯"今地的表述问题/乔长富/镇江高专学报 2010－01

孙钟事迹与传说考析/严其林/镇江高专学报 2010－02

"孙钟种瓜"传说刍议/杨再年/镇江高专学报 2010－02

丹阳秦安陵及佚名皇（王）陵的调查研究/邵国平、肖梦龙/镇江高专学报 2010－03

《血色沉香》：从独特视角诠释镇江地域文化/成秀萍/镇江高专学报 2010－03

镇江铁翁城南门遗址发掘报告/镇江古城考古所、镇江博物馆/考古学报 2010－04

镇江文宗阁溯源/徐苏/镇江高专学报 2010－04

一份《前进日报》的品读/滕建峰/镇江日报 2010－01－04

金山唐僧传鹤铭/潘美云/镇江日报 2010－01－04

晚清《申报》镇江拾趣（八）/陈静/镇江日报 2010－01－11

镇江孙氏太极拳/董洪林/镇江日报 2010－01－18

基督宗教在镇江的历史记忆/张大华/镇江日报 2010－01－18

镇江江山形胜与人文神韵/李金坤/镇江日报 2010－02－01

焦山的两块牡丹碑/彭睿/镇江日报 2010－02－01

细说镇江孙氏太极拳/初雪/镇江日报 2010－02－08

透过年画看镇江春节习俗/陈静/镇江日报 2010－02－08

南朝文化，镇江独特的文化品牌/张大华/镇江日报 2010－02－22

晚清《申报》镇江拾趣（九）/陈静/镇江日报 2010－03－1

旧时镇江筷俗拾趣/潘春华/镇江日报 2010－03－15

镇江与地震/何菁/镇江日报 2010－03－17

镇江"二月八"与江南风俗变迁/裴伟/镇江日报 2010－03－22

晚清《申报》镇江拾趣（十）/陈静/镇江日报 2010－03－22

记住这些即将注销的老地名吧/何菁/镇江日报 2010－03－24

保护历史地名，复活城市记忆/何菁/镇江日报 2010－03－24

西津古渡的"观音文化"/余耀中/镇江日报 2010－04－19

晚清《申报》镇江拾趣（十一）/陈静/镇江日报 2010－04－19

扬中新坝观音会旧案始末/周宗尧/镇江日报 2010－04－26

南徐大道文脉章痕/袁茂林/镇江日报 2010－04－26

晚清《申报》镇江拾趣（十二）/陈静/镇江日报 2010－05－03

镇江雕版印刷的缘起——镇江雕版印刷漫谈（一）/徐苏/镇江日报 2010－05－10

70 年前苏南新四军的那次渡江北上/宋亚欣、莫仲钧/镇江日报 2010－05－31

龙舟自古看镇江/沈伯素/镇江日报 2010－06－07

《扬子江白话报》的几桩历史"公案"/习斌/镇江日报 2010－06－07

镇江古代隐士文化/余耀中/镇江日报 2010－06－14

宋代镇江的官府刻书——镇江雕版印刷漫谈（二）/徐苏/镇江日报 2010－06－14

端午节风情小录/陈静/镇江日报 2010－06－14

《扬子江白话报》主编杜课园冤狱始末/习斌/镇江日报 2010－06－21

三国鼎立，京口肇基/乔长富/镇江日报 2010－06－28

宋代镇江的官府刻书——镇江雕版印刷漫谈（三）/徐苏/镇江日报 2010－06－29

一曲古城绝唱——解读周镐《京江二十四景》/刘建国、潘美云/镇江日报 2010－07－12

句容胡氏族谱/李锋、孙然/镇江日报 2010－07－12

现存宋代镇江府学珍本——镇江雕版印刷漫谈（四）/徐苏/镇江日报 2010－07－19

镇江宋刻类书和元代刻书——镇江雕版印刷漫谈（五）/徐苏/镇江日报2010－08－02

古城上空，那些历史的回音——走近镇江博物馆"馆藏十宝"/古瑾/镇江日报 2010－08－02

"八风吹不动"是苏东坡诗吗？/裴伟/镇江日报 2010－08－02

方回笔下的"白土市"/裴伟/镇江日报 2010－08－09

明代镇江的官刻方志——镇江雕版印刷漫谈（六）/徐苏/镇江日报 2010－08－16

"请问，您贵姓？"——镇江姓氏调查之一/宇文家林、古瑾/镇江日报 2010－08－16

你从哪里来？——镇江姓氏调查之二/宇文家林、古瑾/镇江日报 2010－08－23

金山宝塔故事三则/康新民/镇江日报 2010－08－23

东吴铸币赤山湖/杨莹/镇江日报 2010－08－23

镇江文化馆忆旧/于锡强/镇江日报 2010－08－30

明代镇江的官府刻书——镇江雕版印刷漫谈（七）/徐苏/镇江日报 2010－08－30

晚清《申报》镇江拾趣（十三）/陈静/镇江日报 2010－09－06

青缃黄卷上，那些保存至今的瑰宝/文开/镇江日报 2010－09－06

青冢几时埋艳骨，红楼何处续相思——关于《红楼复梦》的作者小和山樵/习斌/镇江日报 2010－09－13

黄梅河畔的文物古迹/陶正玉/镇江日报 2010－09－13

陈葑池与《重修关帝庙碑记》/羽白/镇江日报 2010－09－13

姓氏、谱牒与丹徒/肖伟敏/镇江日报 2010－09－20

清代官刻的镇江府志和丹徒县志——镇江雕版印刷漫谈（八）/徐苏/镇江日报 2010－09－27

朱元璋祖籍地遗址琐谈/陶正玉/镇江日报 2010－10－11

句容古井行/王学英、马阿林/镇江日报 2010-10-18
"人间已换嘉平帝"句及其他/裴伟/镇江日报 2010-10-18
清代镇江的私家刻书——镇江雕版印刷漫谈(九)/徐苏/镇江日报 2010-10-25
耶律楚材诗写的是镇江吗?/乔长富/镇江日报 2010-11-01
晚清《申报》镇江拾趣(十四)/陈静/镇江日报 2010-11-01
北固楼与多景楼/乔长富/镇江日报 2010-11-01
清代官刻丹阳县志和句容县志——镇江雕版印刷漫谈(十)/徐苏/镇江日报 2010-11-08
明代镇江自然灾异述略——《明实录》史料摭拾/羽白/镇江日报 2010-11-08
老井清泉润古城/古瑾/镇江日报 2010-11-08
鸡蛋里挑骨头的事——从一篇课文的取舍看教材选文/何菁/镇江日报 2010-11-10
清代镇江的官刻书和坊刻书——镇江雕版印刷漫谈(十一)/徐苏/镇江日报 2010-11-22
句容姓氏分布略谈/陶正玉/镇江日报 2010-11-22
从句容方言看李敖解读"莫须有"/夏修道/镇江日报 2010-11-29
清代镇江的伊斯兰教雕版刻经——镇江雕版印刷漫谈(十二)/徐苏/镇江日报 2010-12-06
大兴寺碑与元代镇江基督教/朱开荣/镇江日报 2010-12-06
百年中湮灭的丹阳十大古迹/符志成/镇江日报 2010-12-06
闲话镇江的山水地名/陶正玉/镇江日报 2010-12-13

(叶 卜)

镇江人物研究

沈括的卓越成就:社会环境和个人因素/李冬梅/江苏大学学报(社会科学版) 2010-04
给木头赋予生命的人——记我国著名版画家沙清泉/冯爱民/镇江高专学报 2010-02
柳永墓址究竟在哪里?/沈伯素/镇江日报 2010-01-11
晚唐著名诗人许浑/许进/镇江日报 2010-01-25
米芾的"颠"与其创造性/吴宗海/镇江日报 2010-03-01
米氏云山寄情地,翰墨飘香书法园/董帅、滕剑锋/镇江日报 2010-03-15
《柳永墓址究竟在哪里》补正/裴伟/镇江日报 2010-03-15
名人墓葬,延续镇江千年文脉/滕剑锋、习斌/镇江日报 2010-04-02
镇江人马建忠和巴黎世博会/尤建非/镇江日报 2010-04-12
死葬润州的苏舜钦/许进/镇江日报 2010-05-10
飞出纸上米元章/吴宗海/镇江日报 2010-09-06
范用先生,一路走好/田志凌、李昶伟/镇江日报 2010-09-20
为书籍的一生——范用先生与书籍装帧/龙美光/镇江日报 2010-10-11
遗憾何堪说蜡鹅——琐议昭明太子之死/裴伟/镇江日报 2010-11-15
唐代神邕不是润州焦山的高僧/乔长富/镇江日报 2010-11-15
唐伯虎在丹阳严庄/符志成/镇江日报 2010-11-15
以出世精神做入世事业——记辛亥革命的功勋、金山寺第44代法子宗仰//镇江日报 2010-11-22
雪舟与镇江/李臻/镇江日报 2010-11-29
记铁流/欣士敬/镇江日报 2010-11-29
范仲淹的镇江情结/沈伯素/镇江日报 2010-12-13
檀道济与檀王庙/刘建国/镇江日报 2010-12-20
南朝京口女诗人鲍令晖/乔长富/镇江日报 2010-12-31

(沙 跃)

赛珍珠研究

赛珍珠《闺阁》食事之中国食文化解读/叶旭军/译林 2010-05
后殖民翻译理论观照下的赛珍珠《水浒传》译本/张志强/中国翻译 2010-02
赛珍珠以汉语为基础的思维模式——谈赛译《水浒传》/董琇/中国翻译 2010-02
赛珍珠系列作品母亲节首发/裴伟/外国文学动态 2010-03
为弃儿寻找归宿——评赛珍珠新传《埋骨》/姚君伟/外国文学动态 2010-06
浅谈扬州评话对赛珍珠文学创作的影响/白念文/作家 2010-24
赛珍珠的《水浒传》翻译及其对西方的叛逆/庄华萍/浙江大学学报(人文社会科学版) 2010-06
中国传统哲学对赛珍珠翻译的影响/董琇/同济大学学报(社会科学版) 2010-04
苦难家运的深沉描摹,顽强民族的生存史诗——赛珍珠《母亲》与余华《活着》的平行比较/朱希祥、李小玲/江苏大学学报(社会科学版) 2010-05
赛珍珠悲悯情怀——女性生命形态的诗性守望/叶旭军/江苏大学学报(社会科学版) 2010-05
通往《大地》的精神之旅——赛珍珠新传《埋骨》简介/王怡、张宇/江苏大学学报(社会科学版) 2010-05
赛珍珠《龙子》中的乡土中国/徐清/南开学报(哲学社会科学版) 2010-03
赛珍珠跨文化视角下的中国——兼论小说《大地》对中国农民的解读/姜春香/河南师范大学学报(哲学社会科学版) 2010-05
闪光的人性/尤志心/江苏教育学院学报 2010-07
后殖民语境下的女性关怀——以赛珍珠、杜拉斯为例/晏亮、陈炽/湖北师范学院学报(哲学社会科学版) 2010-01
论赛珍珠与汤婷婷创作背景之不同/罗海锋/湖南工业职业技术学院学报 2010-03
赛珍珠《大地》——透过形象学外部研究的分析/吴小鹏/四川教育学院学报 2010-11
20世纪早期中国农村妇女的真实写照——评析赛珍珠《大地》中的阿兰形象/贺莉莉/重庆交通大学学报(社会科学版) 2010-02
谈儒家思想对赛珍珠作品《大地》的影响/吕馨/重庆科技学院学报(社会科学版) 2010-20
赛珍珠《大地》的形象学浅析/吴小鹏/重庆科技学院学报(社会科学版) 2010-23
探寻经典中的时代意义——基于《吾国与吾民》序言的赛珍珠研究/刘勇/青岛农业大学学报(社会科学版) 2010-04
赛珍珠小说《大地》成为经典的原因及其现实意义/邓伟英/辽宁教育行政学院学报 2010-06
论《龙子》中的乌托邦中国他者形象/周子玉/温州大学学报(社会科学版) 2010-06
不一样的救赎:宗教救赎与人性救赎——赛珍珠的《群芳亭》与多丽丝·莱辛的《野草在歌唱》比较分析/梁香伟、姚慧卿/宿州学院学报 2010-03
赛珍珠与宿州文化/鄢化志、陈艳梅/宿州学院学报 2010-06
论赛珍珠《大地》三部曲中的"中国形象"/周小英/宿州学院学报 2010-07
论赛珍珠小说《大地》的跨时代性/赵东、姚慧卿/宿州学院学报 2010-09
赛珍珠的《母亲》与萧红的《生死场》中中国农村形象比较/周小英/宿州学院学报 2010-10

布克与赛珍珠视域中的宿州古城与“大地”——对布克1916年摄《宿州城墙、护城河与守望塔楼》照片的考释与解读/鄢化志、陈艳梅/宿州学院学报 2010－12

一部中西文化交融之作——赛珍珠的《帝国女人》/吕冬梅/镇江高专学报 2010－02

从《群芳亭》看赛珍珠的女性观/丁琳/传奇·传记文学选刊(理论研究) 2010－01

中国集体想象与美国自我幻想——论赛珍珠作品中的救赎情结/周子玉/船山学刊 2010－04

赛珍珠的江苏情结/刘心媛、昭质/档案与建设 2010－04

殊途同归:异质文化之思考——赛珍珠的《东风·西风》与多丽丝·莱辛的《野草在歌唱》比较分析/梁香伟、黄斐、李荣/电影评介 2010－13

中国的事情,总是中国人做来,才可以见真相——兼论赛珍珠与中国文化精神的隔膜/姚慧卿、梁香伟、陈艳梅/电影评介 2010－18

好莱坞视野中的赛珍珠:《大地》的跨文化演变/李青霜、王巍/电影文学 2010－11

论赛珍珠英译《水浒传》中的“第三类语言”/戴淑云/海外英语 2010－10

生活在中西冲突之中的美国作家——赛珍珠/臧杨柳/黑龙江科技信息 2010－32

解读赛珍珠的文学创作中的民族性/臧杨柳/黑龙江科技信息 2010－34

浅谈赛珍珠之《大地》/邓剑波/价值工程 2010－19

论美国作家赛珍珠作品的中国文化渊源/臧杨柳/考试周刊 2010－42

天下有治:和而不同,生而统一——解读美国作家赛珍珠的儒家“政”观/赵岚/孔子研究 2010－02

从跨文化视角解读诺贝尔文学奖女作家——以赛珍珠、多丽丝·莱辛、赫塔·穆勒为中心/刘雪梅/名作欣赏 2010－30

论赛珍珠《大地》中的中国农民形象/倪筱燕/农业考古 2010－06

文学与他者:赛珍珠的两个世界和双重文化视角/姜德成、仪爱松/前沿 2010－16

人与土地的亲合与疏离——生态文学解析赛珍珠的《大地》/蔡宁、刘玲玲、刘明、田树耀/山花 2010－20

王龙和白嘉轩:中华农业文明的最后一代精英——赛珍珠和陈忠实文化观念同质性研究/贾俊民/时代文学(下半月) 2010－01

创伤记忆与赛珍珠的文学创作/白艳红/时代文学(下半月) 2010－02

论赛珍珠其人其文对大学生人文精神培养的作用/张桂玲/文学教育(上) 2010－09

东西方文化碰撞与交汇的见证者——赛珍珠/柯明星、罗先俊/文学界(理论版) 2010－08

西方文化的培养:赛珍珠如何从“中国人”变成美国人?/臧杨柳/现代企业教育 2010－24

东西方文化交流使者:赛珍珠的中国情结/夏蓓/中国档案报 2010－06－14

赛珍珠:首部孙中山电影的策划者/雷克昌/团结报 2010－03－11

还原赛珍珠自传中的“张太太”/徐子健/合肥晚报 2010－08－31

赛珍珠将“南京的痛”写入《龙子》/丁曰良/金陵晚报 2010－07－23

赛珍珠研究二则/挚衷/镇江日报 2010－01－11

赛珍珠研究五则/挚衷/镇江日报 2010－02－01

赛珍珠研究拾穗/挚衷/镇江日报 2010－03－01

赛家何人留镇江/丁亚明/镇江日报 2010－05－31

附:赛珍珠研究部分博士、硕士论文

赛珍珠中国题材小说的电影改编研究/李青霜/苏州大学

赛珍珠与何巴特的中美跨国写作/朱骅/复旦大学

从沉默顺从走向觉醒成熟/封敏/西北大学

从文化交流的角度探讨归化异化在文学翻译中的地位/程令花/山东大学

跨文化视阈下不同的女性书写——张爱玲、赛珍珠小说比较论/周媛/湖南师范大学

一位西方作家视阈中之中国/梁雅玲/北京交通大学

赛珍珠三部作品中的中国他者形象之演变/潘俊梅/安徽大学

从后殖民主义角度研究赛珍珠《群芳庭》中的女性主义/王萌/西北大学

(沙　跃)

外地媒体报道

基础设施投入增加,结构调整效果显现/中央电视台《新闻联播》2010－01－05

镇江公立医院改革进入实质性运行阶段/朱旭东/新华社 2010－01－25

镇江市民大讲堂:没有围墙的城市大学/曹永忠/光明日报 2010－01－27

江苏:小城新医改,破解看病难/中央电视台《新闻联播》2010－02－02

满眼风光新镇江/王磊、徐卫/人民画报 2010－03

镇江同时推进两种医改模式/李润文、杨蕾/中国青年报 2010－03－15

植根本土历史文化中开掘新泉,镇江做足特色文章/张粉琴/新华日报 2010－04－09

百亿铺路三轮齐驱,镇江文化产业发展驶入快车道/张粉琴/新华日报 2010－04－10

“5＋X”:镇江跨越发展重头戏/郦卫星、晏培娟/新华日报 2010－04－11

她为村里架金桥——访丹阳市新桥镇金桥村党支部书记张雅琴/聂伟、周小潭/新华日报 2010－05－20

镇江:“集团化”求解“公益性”/石永红/瞭望 2010－05－31

千年文化巨石打捞/沈文敏、赵国财/人民日报 2010－06－03

镇江:推出“超市＋保姆”服务创业新模式/李玥/经济日报 2010－06－09

镇江:“融和”外来务工青年有门路/王烨捷/中国青年报 2010－07－05

和谐城市,共建共享/许津荣/人民日报 2010－07－17

一生只为一件事——江苏科技大学教授景荣春的尊严人生/郑晋鸣、陆金玉/光明日报 2010－07－17

苏南土地整治破“三难”,让农民一步到位进城/夏珺、秦晓燕、张晏/人民日报 2010－07－25

借力央企,镇江谋求转型升级撑竿跳/晏培娟、钱丽萍/新华日报 2010－10－18

政府搭台银行放贷,镇江“贷款券”慎言模式/周静雅/第一财经日报 2010－10－26

创新银政合作模式,支持中小企业发展/王信川/经济日报 2010－10－29

镇江文化产业:小码头驶出“大游轮”/晏培娟、王晓映/新华日报 2010－10－29

镇江“四差额”选任干部探新路/翟慎良、李扬/新华日报 2010－11－04

镇江首推中小企业贷款券/姜瑜/上海金融报 2010－11－16

江苏镇江:医保做杠杆,撬动诊疗新秩序/中央电视台《新闻联播》2010－11－26

景荣春,扩展三尺讲台的宽度/申琳/人民日报 2010－12－17

(郦卫星)

综　合

表 40-1

2010 年镇江市行政区划、土地面积及人口概况

项　目	单　位	全　市	市　区				丹阳市	扬中市	句容市
				京口区	润州区	丹徒区			
街道办事处	个	10	10	4	4	-	-	-	-
居民委员会	个	298	172	67	61	13	57	23	46
镇政府	个	40	13	2	1	7	13	5	9
村民委员会	个	504	139	10	13	83	154	58	153
土地面积	平方公里	3847	1082	118	130	611	1047	331	1387
#建成区土地面积	平方公里	162.96	108.60	-	-	-	23.87	10.86	19.63
总户数	万户	102.23	40.22	12.70	10.04	10.48	28.65	10.99	22.37
总人口	万人	270.71	103.53	33.01	24.37	28.54	80.88	27.82	58.48
#女	万人	135.55	51.47	16.03	11.99	14.48	40.68	14.11	29.29
人口自然增长率	‰	0.07	1.23	2.24	1.34	-1.19	-0.40	0.03	-1.30
乡村人口	万人	118.48	25.02	1.20	1.75	15.60	46.02	15.53	31.90

表 40-2

2010 年镇江市经济社会主要指标

项 目	单 位	全 市	市 区	项 目	单 位	全 市	市 区
从业人员	万人	182.14	68.63	赔款和给付	亿元	9.62	4.76
地区生产总值	亿元	1987.64	844.87	财产险	亿元	5.32	2.89
第一产业	亿元	81.53	17.79	人寿险	亿元	4.30	1.87
第二产业	亿元	1120.63	486.97	社会消费品零售总额	亿元	564.68	277.47
#工业	亿元	1039.78	433.72	居民消费价格总指数	%	—	103.7
第三产业	亿元	785.48	340.11	国内旅游人数	万人	2607	1221
人均地区生产总值	元	64281	71116	货运量	万吨	10435	5993
农林牧渔业总产值	亿元	122.72	27.61	客运量	万人	15869	8203
规模工业总产值	亿元	4190.42	1724.74	港口货物吞吐量	万吨	12054	8990
规模工业销售收入	亿元	4009.31	1624.27	邮电业务总量	亿元	382142.00	198279.00
全社会固定资产投资	亿元	1327.08	778.29	全社会用电量	万千瓦时	1642246	848956
#城镇固定资产投资	亿元	749.35	510.41	#工业用电	万千瓦时	1318117	689165
#工业性投资	亿元	777.28	396.60	城乡居民生活用电	万千瓦时	166499	75045
#房地产开发投资	亿元	114.88	73.41	在岗职工平均工资	元	37675	41485
进出口总额	万美元	815395	525439	城市居民人均可支配收入	元	—	23075
#出口总额	万美元	475090	263481	城市居民人均生活消费支出	元	—	14080
协议利用外资金额	万美元	232524	138663	农民人均纯收入	元	10874	—
实际利用外资金额	万美元	161462	107354	农民人均生活消费支出	元	7848	—
财政收入	亿元	381.50	220.21	高等学校在校学生数	万人	8.65	8.65
#地方财政一般预算收入	亿元	138.10	78.77	中等专业学校在校学生数	万人	2.43	1.20
财政支出	亿元	303.38	174.11	普通中学在校学生数	万人	12.34	4.40
金融机构年末存款余额	亿元	2203.22	1170.56	小学在校学生数	万人	12.93	4.86
#居民储蓄存款余额	亿元	993.57	437.93	幼儿园在园幼儿数	万人	6.20	2.44
金融机构年末贷款余额	亿元	1563.34	845.40	卫生机构数	个	877	370
保费收入	亿元	54.04	28.20	卫生机构床位数	张	9204	5224
财产险	亿元	11.38	6.39	医院、卫生院技术人员	人	10269	5513
人寿险	亿元	42.66	21.80				

表 40-3

2010 年镇江市主要统计指标占江苏省的比重

项　　目	单　位	江苏省	镇江市	镇江占全省比重(%)
土地面积	万平方公里	10.26	0.38	3.7
年末人口	万人	7466.59	270.71	3.6
地区生产总值	亿元	41425.48	1987.64	4.8
第一产业	亿元	2540.10	81.53	3.2
第二产业	亿元	21753.93	1120.63	5.2
#工业	亿元	19277.65	1039.78	5.4
第三产业	亿元	17131.45	785.48	4.6
人均地区生产总值	元	52840	64281	—
全社会固定资产投资完成额	亿元	23184.30	1327.08	5.7
#城镇固定资产投资	亿元	17416.47	749.35	4.3
#房地产开发	亿元	4299.38	114.88	2.7
财政收入	亿元	11743.22	381.50	3.2
#一般预算内财政收入	亿元	4079.86	138.10	3.4
地方财政一般预算支出	亿元	4914.06	159.07	3.2
金融机构年末存款余额	亿元	58984.14	2203.22	3.7
金融机构年末贷款余额	亿元	42121.04	1563.34	3.7
农林牧渔业总产值	亿元	4297.14	122.72	2.9
粮食产量	万吨	3235.10	119.56	3.7
油料产量	万吨	151.97	5.85	3.8
肉类产量	万吨	366.64	6.89	1.9
水产品产量	万吨	460.44	8.56	1.9
规模工业总产值	亿元	92056.48	4190.42	4.6
社会消费品零售总额	亿元	13606.80	564.68	4.1
进出口总额	亿美元	4657.93	81.54	1.8
#出口总额	亿美元	2705.50	47.51	1.8
协议利用外资金额	亿美元	568.33	23.25	4.1
实际利用外资金额	亿美元	284.98	16.15	5.7
在岗职工平均工资	元	40505	37675	—
城市居民人均可支配收入	元	22944	23075	—
农民人均纯收入	元	9118	10874	—
居民储蓄存款余额	亿元	23334.48	993.57	4.3
居民消费价格总指数	%	103.60	103.7	—

表 40-4

2010 年镇江的一天

项　　目	单　位	2010 年	2009 年	项　　目	单　位	2010 年	2009 年
地区生产总值	万元	54456	45810	市区公共汽车乘客人数	万人次	25	26.0
第一产业	万元	2234	2056	居民储蓄存款余额	万元	27221	23223
第二产业	万元	30702	26660	全社会用电量	万千瓦小时	4499	3970.4
第三产业	万元	21520	17094	能源消费量	吨标准煤	27233	38074.3
农业总产值	万元	3362	3102	邮电业务总量	万元	1047	829
财政收入	万元	10452	8119	出生人数	人	58	56.1
财政支出	万元	8312	6417	死亡人数	人	58	49.6
社会消费品零售总额	万元	15471	13034	粮食产量	吨	3275.6	3229.4
进出口总额	万美元	2234	1653	油料产量	吨	160.2	173.0
实际利用外资	万美元	442	395	肉类产量	吨	188.8	191.5
全社会固定资产投资	万元	36358	27687	水产品产量	吨	234.6	232.1
新增固定资产	万元	18403	14089	发电量	万千瓦小时	6566.0	6453.2
施工房屋建筑面积	万平方米	5	4	水泥产量	万吨	3.0	2.7
货物运输量	万吨	29	26.3	彩色电视机产量	台	584.4	178.4
旅客客运量	万人	43	37.9	食醋产量	吨	418.1	250.1
接待旅游者人数	万人	7.3	6.3	机制纸及纸板	吨	7909.6	7365.2

工 农 业

表 40-5

2010 年镇江市农林牧业生产情况

项　目	单　位	全　市	市　区	丹阳市	扬中市	句容市
一、粮食作物						
面积	千公顷	177.28	41.76	70.63	14.95	49.94
单产	公斤/公顷	6744	6477	6952	7210	6533
总产	吨	1195578	270459	491062	107791	326267
二、油料						
面积	千公顷	28.26	6.62	5.00	0.66	15.98
单产	公斤/公顷	2069	1938	2176	2183	2085
总产	吨	58474	12829	10882	1441	33322
二、棉花(皮棉)						
面积	千公顷	1.63	0.02	0.01	–	1.60
单产	公斤/公顷	925	2000	1500	–	908
总产	吨	1508	40	15	–	1453
三、林业						
1. 当年造林面积合计	公顷	3968	1529	1004	355	1080
(1) 用材林	公顷	1137	274	435	176	252
(2) 经济林	公顷	366	160	36	9	161
(3) 防护林	公顷	2465	1095	533	170	667
2. 零星(四旁)植树	万株	510	228	152	–	130
3. 育苗面积	公顷	2987	35	782	70	2100
4. 当年苗木产量	万株	987	505	32	200.00	250
四、牧业						
肉类总产量	万吨	6.89	2.23	2.29	0.90	1.46
生猪年内出栏数	万头	54.94	15.04	20.20	8.10	11.60
生猪年末存栏数	万头	41.39	10.34	17.00	7.85	6.20
羊年内出栏数	万只	5.50	1.90	1.30	1.40	0.90
羊年末存栏数	万只	4.11	1.21	1.55	0.85	0.50
家禽年内出栏数	万只	1574.13	753.33	430.00	95.50	295.30
家禽年末存栏数	万只	612.74	309.24	156.00	53.80	93.70
五、桑、茶、果						
茶园面积	公顷	4443	1096	831	–	2516
茶叶产量	吨	1345	369	422	–	554
果园面积	公顷	7508	1006	489	290	5723
水果产量	吨	48815	7046	5030	3980	32759
桑园面积	公顷	979	144	500	–	335

表 40-6

2010 年镇江市农业现代化基本情况

项目	单位	全市	市区					丹阳市	扬中市	句容市
				京口区	润州区	丹徒区	新区			
农用化肥施用量(折纯)	吨	69806	17511	807	1988	11239	3477	21486	5225	25584
氮肥	吨	32003	7993	325	720	5328	1620	10660	3264	10086
磷肥	吨	6555	529	98	115	292	24	436	522	5068
钾肥	吨	3493	606	76	100	361	69	1360	535	992
复合肥	吨	27755	8383	308	1053	5258	1764	9030	904	9438
农用薄膜使用量	吨	2757	689	48	57	209	375	1080	135	853
#地膜使用量	吨	1427	192	16	15	139	22	650	115	470
农用薄膜覆盖面积	公顷	6517	1724	135	162	1354	73	1800	290	2703
农用柴油使用量	吨	21517	4534	229	24	3696	585	7480	520	8983
农药使用量	吨	3184	565	29	35	316	185	1135	350	1134
农业机械总动力	千瓦	1427661	344785	57151	23326	196108	68200	480899	122877	479100
柴油机	千瓦	819298	199294	32267	7073	118454	41500	215880	63424	340700
汽油机	千瓦	87576	24497	6629	8370	4898	4600	50467	4837	7775
电动机	千瓦	520787	120994	18255	7883	72756	22100	214552	54616	130625
农业机械年末拥有量										
大中型拖拉机	台	3064	759	95	31	422	211	1349	427	529
小型拖拉机	台	20000	4638	50	68	3899	621	4529	800	10033
水泵	台	32191	12172	1326	977	6635	3234	6058	5973	7988
联合收割机	台	1958	454	29	0	221	204	1044	148	312
机动脱粒机	台	34186	1065	390	15	0	660	32210	740	171
机动喷雾(粉)机	台	8303	1536	60	24	415	1037	3112	993	2662
饲料粉碎机	台	1814	420	33	56	216	115	886	64	444
农用运输车	辆	6510	1466	122	14	862	468	1187	664	3193

表 40-7

2010 年镇江市规模以上工业企业主要经济指标

单位:万元

项目	计量单位	镇江市					丹阳市	扬中市	句容市
			市区	京口区	润州区	丹徒区			
规模以上工业企业单位数	个	3125	874	117	150	374	1303	475	473
#亏损企业	个	277	62	14	13	14	169	37	9
工业总产值	万元	41904178	17247404	2574206	1914455	5020575	12992886	5667941	5995947
工业增加值	万元	10290489	4102694	647823	461569	1177342	3254182	1417723	1515890
资产合计	万元	32471298	15207552	3048290	1652429	3097505	9417831	5299138	2546776
#应收账款净额	万元	4259783	1237423	205152	254229	297910	1486314	1164372	371674
负债合计	万元	18087239	8496012	2147474	1025306	1817761	5433762	2731595	1425870
所有者权益合计	万元	14384058	6711540	900815	627123	1279744	3984069	2567544	1120906
产品销售收入	万元	40093085	16242729	2560590	1775196	4890583	12644902	5400648	5804806
利税总额	万元	3669169	1755885	226556	219062	532000	845125	592466	475693
利润总额	万元	2280834	1226138	129613	149619	333772	470721	362688	221288
全部从业人员年平均人数	人	498102	145720	23458	27718	52770	186959	72085	93338

表40-8

2010年镇江市主要工业产品产量

产品名称	单位	实绩	产品名称	单位	实绩
一、冶金工业产品			六、建材工业产品		
铁矿石(原矿)	万吨	40.00	水泥熟料	万吨	888.21
生铁	万吨	8.57	水泥	万吨	1096.39
成品钢材	万吨	376.15	加气混凝土	万立方米	15.61
铜材	万吨	7.33	商品混凝土	万立方米	202.06
铝材	万吨	22.35	水泥电杆	根	1969
二、电力工业产品			水泥管桩	万米	2222.73
发电量	亿千瓦小时	239.66	玻璃纤维纱	万吨	1.24
#镇江发电公司	亿千瓦小时	101.25	石墨及碳素制品	万吨	68.13
谏壁发电厂	亿千瓦小时	74.86	七、纺织工业产品		
三、炼焦工业产品			纱	万吨	3.27
焦炭	万吨	62.51	布	万米	7867
煤气生产量	万立方米	7658	纯棉布	万米	5289
四、化学工业产品			棉混纺布	万米	2244
硫酸(折100%)	万吨	59.43	纯化纤布	万米	334
盐酸(含量31%以上)	万吨	0.86	印染布	万米	7648
醋酸	万吨	60.03	丝织品	万米	1764
烧碱(折100%)	万吨	11.54	服装	万件	16270
合成氨	万吨	0.63	皮革服装	万件	4.87
农用化肥(折100%)	万吨	0.34	化学纤维	吨	7584
化学农药(原药)	万吨	7.28	八、其他产品		
涂料	吨	30202	机制纸及纸板	万吨	288.70
颜料	吨	64999	日用玻璃制品	万吨	27.68
纯苯	吨	19945	塑料制品	万吨	13.59
甲醛	万吨	19.06	电光源(灯泡)	万只	47520
商品液氯	吨	18141	自行车	万辆	84.07
中成药	吨	2072	彩色电视机	万台	21.33
塑料树脂及共聚物	万吨	113.16	家用电冰箱	万台	2.75
塑料助剂	吨	45028	电子元件	亿只	11.74
橡胶助剂	吨	22663	饮料酒	千升	33592
五、机械工业产品			#啤酒	千升	17437
电力电缆	公里	21978	黄酒	千升	9789
电线	万公里	14.47	软饮料	万吨	7.73
泵	台	572	皮鞋	万双	686.96
金属切削机床	台	1800	布鞋	万双	5158.37
金属成型机床	台	21950	配混合饲料	万吨	14.20
民用钢质船舶	总吨	136304	人造板	万立方米	215.43
汽车(改装汽车)	辆	11622	复合地板	万平方米	3278.15
液压元件	万件	107.02	原盐	万吨	40.41
收获机械	台	28410	方便面	吨	17951
粮食加工机械	台	9909	食用植物油	吨	1723
轴承	亿套	20.91	大米	万吨	6.17
阀门	吨	7356	面粉	万吨	76.13
工业锅炉	蒸发量吨	2791	酱油	万吨	0.46
变压器	万千伏安	1022.62	食醋	万吨	15.26
金属切削工具	亿件	22.62	眼镜成镜	万副	245.12
铸件	万吨	19.81			
锻件	万吨	2.42			
锁具	万把	510.90			
高低压开关板	万面	18.84			
桥架	万吨	30.63			
母线	万米	119.45			

基础建设

表 40-9

2010 年镇江市全社会固定资产投资完成情况

单位:万元

项　目	全　市	市　区					丹阳市	扬中市	句容市
			京口区	润州区	丹徒区	新　区			
全社会投资	13270816	7782949	1868433	1750298	1651302	2512916	2609420	1225441	1653006
#第一产业	219860	111062	12397	14235	65761	18669	47997	19566	41235
第二产业	7929316	4076174	756359	490188	1112954	1716673	1880668	910061	1062413
#工业	7772836	3965984	731258	420964	1103129	1710633	1863677	900059	1043116
第三产业	5121640	3595713	1099677	1245875	472587	777574	680755	295814	549358
#民营投资	6545852	3015795	770682	630373	728851	885889	1757700	925208	847149
规模以上投资	10314344	6156978	1491841	1440682	1247645	1976810	1948262	1014703	1194401
#第一产业	53430	18904	560	2850	15494	–	19225	1651	13650
第二产业	6218217	3152738	525357	203666	890293	1533422	1525065	822532	717882
#工业	6202266	3142326	524857	203666	880381	1533422	1522495	820363	717082
第三产业	4042697	2985336	965924	1234166	341858	443388	403972	190520	462869
#内资	8383997	4757431	1410170	1332939	1024732	989590	1771356	913208	942002
#国有	2533541	2043352	618264	793132	397524	234432	206534	51221	232434
民营投资	5768914	2638006	767705	507489	607754	755058	1559353	861987	709568
#私营	3014044	1290575	351352	144530	473135	321558	1029599	360700	333170
港澳台投资	1031313	723019	5221	60726	158356	498716	83959	89456	134879
外商投资	899034	676528	76450	47017	64557	488504	92947	12039	117520
#城镇规模投资	7493521	5104125	1306064	1312399	835783	1649879	1185211	530887	673298
#房地产投资	1148781	734119	183658	250154	147407	152900	163266	95756	155640
农村规模投资	2820823	1052853	185777	128283	411862	326931	763051	483816	521103

国内贸易、外向型经济

表 40-10

2010 年镇江市社会消费品零售总额

单位:万元

项目	全市	市区					丹阳市	扬中市	句容市
			京口区	润州区	丹徒区	新区			
合计	5646808	2774669	1405122	699645	327718	342184	1515680	663703	692756
一、按所在地分(不含其他类)									
城镇	5358222	2774669	1405122	699645	327718	342184	1434751	598568	550234
乡村	288586	–	–	–	–	–	80929	65135	142522
二、按行业分									
批发企业	417693	236639	91032	116449	26826	2333	54663	71854	54537
零售企业	4622922	2232243	1112746	507726	274557	337214	1307296	518649	564735
住宿企业	50224	28502	10974	10055	7412	61	4888	11188	5647
餐饮企业	555968	277285	190371	65416	18923	2576	148833	62013	67837
三、按规模分(不含其他类)									
限额以上	2377178	1536997	813648	351287	37361	334701	315473	201278	323430
批发企业	159220	134247	22978	101582	7924	1762	3085	20141	1748
零售企业	2045506	1295346	725984	217405	20359	331597	281944	160076	308141
住宿企业	34594	16851	6044	9215	1567	26	3771	9549	4423
餐饮企业	137858	90553	58641	23085	7511	1316	26674	11513	9118
限额以下	3269630	1237672	591475	348358	290357	7483	1200207	462425	369325
批发企业	258473	102393	68054	14867	18901	571	51577	51713	52789
零售企业	2577416	936897	386761	290321	254198	5617	1025352	358573	256593
住宿企业	15631	11650	4930	840	5846	35	1118	1639	1223
餐饮企业	418110	186732	131730	42331	11411	1260	122160	50500	58719

表 40-11

2010 年镇江市外向型经济主要指标

项目	单位	全市	市区					丹阳市	扬中市	句容市
				京口区	润州区	丹徒区	新区			
一、新注册企业数	个	138	75	6	4	16	49	29	10	24
二、协议利用外资	万美元	232524	138663	7585	1114	23757	106237	42828	25605	25428
三、实际利用外资	万美元	161462	107354	6611	4164	8770	87809	22014	10177	21917
四、进出口总额	万美元	815392	525439	49891	50798	43564	337602	180787	65008	44158
#省级以上开发区进出口总额	万美元	517160	414119	21704	35548	31254	325613	47125	32469	23447
#进口总额	万美元	340302	261959	3641	13156	6221	224043	31928	32836	13579
#省级以上开发区进口总额	万美元	278404	243189	3205	14674	7878	217432	8513	17398	9304
出口总额	万美元	475090	263481	46541	37807	37556	112798	148858	32172	30579
#省级以上开发区出口总额	万美元	238756	170930	18499	20874	23376	108181	38612	15071	14143
五、新签对外承包劳务合同额	万美元	35286	33045	905	615	750	0	1583	0	658
六、对外承包劳务营业额	万美元	31850	29703	870	470	829	0	1382	0	765
七、对外劳务输出										
年末在外人数	人	10313	7029	708	638	678	–	2009	0	1275
全年新派人数	人	5255	4116	610	303	699	–	707	0	432

注:“市区”数据含市直属。

教育、卫生

表 40-12

2010 年镇江市教育事业概况

项　目	学校数(所)	招生数(人)	在校学生数(人)	毕业生数(人)	专任教师数(人)
合　计	274	101354	386066	105109	25492
#普通高等学校	5	24145	86513	23977	5125
普通中等专业学校	7	8782	24305	5077	801
普通中学	109	37421	123423	47539	10124
#高中	22	15186	48856	17261	3657
初中	87	22235	74567	30278	6467
职业高中	9	2720	6935	2597	784
技工学校	9	5588	14814	3282	361
小学	130	22576	129312	22525	8179
特殊教育学校	5	122	964	112	118

表 40-13

2010 年镇江市市区普通高中教育基本情况

单位:人

项　目	在校学生				毕业生数	专任教师
		高一年级	高二年级	高三年级		
镇江中学	2908	930	1008	970	924	227
镇江市第一中学	2709	930	946	833	763	201
镇江市第二中学	1245	431	393	421	415	89
镇江市实验高级中学	2788	932	936	920	842	183
镇江市国际学校	325	98	117	110	–	30
镇江市第九中学	702	–	309	393	478	59
江苏省大港中学	2554	842	870	842	782	202
镇江市丹徒区高级中学	3008	876	1055	1077	993	208

表40-14

2010年镇江市卫生事业基本情况

项目	单位	全市	市区	丹阳市	扬中市	句容市
一、卫生机构数	个	877	370	236	88	183
#医院	个	34	21	4	2	7
卫生院	个	64	19	24	5	16
疾病预防控制中心(防疫站)	个	7	4	1	1	1
妇幼保健院(所、站)	个	6	3	1	1	1
二、卫生机构床位数	张	9204	5224	2180	608	1192
#医院	张	6552	4387	1115	480	570
卫生院	张	2129	529	934	92	574
三、卫生工作人员	人	17301	9100	3965	1783	2453
四、卫生技术人员计	人	13204	7189	2917	1326	1772
#执业(助理)医师	人	5476	2934	1215	585	742
注册护士	人	4856	2878	949	401	628
#卫生防疫人员	人	428	194	100	70	64
五、医院、卫生院技术人员	人	10269	5513	2381	963	1412
#执业(助理)医师	人	4058	2117	961	411	569
注册护士	人	4114	2396	829	337	552
六、妇幼保健						
5岁以下儿童死亡率	‰	4.0	3.9	4.6	2.1	4.2
婴儿死亡率	‰	2.9	3.0	3.4	2.1	2.2
产妇住院分娩比例	%	100.0	100.0	100.0	100.0	100.0
七、医疗卫生水平及保障						
每千人拥有卫生机构床位数	张	2.96	4.36	2.27	1.82	1.93
每千人拥有医院(卫生院)床位数	张	2.8	4.1	2.1	1.7	1.9
每千人拥有卫生技术人员数	人	4.3	6.0	3.0	4.0	2.9
每千人拥有执业(助理)医师数	人	1.8	2.5	1.3	1.8	1.2
每千人拥有注册护士数	人	1.56	2.4	0.99	1.2	1.02
城镇基本医疗保险覆盖面	%	98.30	99.50	98.50	99.60	97.90
新型农村合作医疗覆盖面	%	100.00	100.00	100.00	100.00	100.00

人民生活

表 40-15

2010 年镇江市劳动工资主要综合指标

项　目	单　位	全　市	市　区				丹阳市	扬中市	句容市
				京口区	润州区	丹徒区			
全部单位从业人员数	人	372638	185913	67486	52061	37488	81325	44048	61352
#在岗职工人数	人	356684	176937	60981	49956	37226	78548	42322	58877
国有单位从业人员数	人	144243	77044	32749	25529	11398	35911	10665	20623
#在岗职工人数	人	135884	73435	30803	23994	11282	33588	10243	18618
集体单位从业人员数	人	18290	6327	1270	747	3545	3590	4728	3645
#在岗职工人数	人	17617	6065	1237	527	3537	3565	4678	3309
其他单位从业人员数	人	210105	102542	33467	25785	22545	41824	28655	37084
#在岗职工人数	人	203183	97437	28941	25435	22407	41395	27401	36950
全部单位在岗职工工资总额	万元	1332951	728602	262688	216276	131457	272181	145633	186535
#国有单位	万元	689950	397530	165944	141517	56080	145760	49963	96697
集体单位	万元	51594	17404	3407	1460	9414	12717	13230	8243
其他单位	万元	591407	313668	93337	73299	65963	113704	82440	81595
全部单位在岗职工平均工资	元	37675	41485	43465	43842	35265	34710	35174	31967
#国有单位	元	51067	54341	54041	59205	49924	43372	48873	53356
集体单位	元	29633	28620	27542	27652	26533	36691	28624	25426
其他单位	元	29382	32540	32758	29437	29322	27503	31040	22060

注："市区"数据含市直属。

表 40-16

2010 年镇江市城市居民和农村居民生活基本情况

项　目	单　位	绝对数	项　目	单　位	绝对数
城市居民			农村居民		
调查户数	户	200	调查户数	户	580
平均每户家庭人口	人	2.7	平均每百户常住人口	人	341
平均每户就业人口	人	1.2	平均每百户 7～15 岁在校学生人数	人	23
平均每户离退休人口	人	0.9	平均每百户整半劳动力	人	253
平均每一就业者负担人数	人	2.2	平均每百户就业劳动力人数	人	250
平均每户就业面	%	46.2	平均每人年内新建(购)住房面积	平方米	0.19
现住房平均每人建筑面积	平方米	35.0	平均每人年末住房面积	平方米	49
#现住房平均每人使用面积	平方米	26.3	平均每人年末住房价值	元	27727
家庭总收入	元/人	25015	家庭总收入	元/人	13277
#可支配收入	元/人	23075	#人均纯收入	元/人	10874
#工薪收入	元/人	14539	工薪收入	元/人	6597
经营净收入	元/人	1141	经营净收入	元/人	5483
财产性收入	元/人	140	财产性收入	元/人	249
转移性收入	元/人	9194	转移性收入	元/人	948
#出售财物收入	元/人		家庭总支出	元/人	10870
#借贷收入	元/人	3671	家庭经营费用支出	元/人	1912
家庭总支出	元/人	18604	生活消费支出	元/人	7848

表40-17

2010年镇江市城乡居民家庭生活消费支出

单位:元

项　　目	金　额	项　　目	金　额
城镇居民全年人均生活消费支出	14080	农村居民全年人均生活消费支出	7848
一、食品	5995		
#粮食类	426	#服务性	2554
油脂类	147		
肉类	824	#食品	3076
二、衣着	1563		
三、家庭设备用品及服务	981	衣着	543
#耐用消费品	371		
四、医疗保健	995	居住	1193
五、交通和通讯	1486	家庭设备用品	457
#通讯	703		
六、教育文化娱乐服务	1579	交通和通讯	826
文化娱乐用品	376		
文化娱乐服务	510	文化教育娱乐	1054
教育费用	692		
七、居住	940	医疗保健	491
八、其他商品和服务	542	其他商品和服务	208

表40-18

2010年镇江市商品零售价格分类指数

项　　目	以上年价格为100	项　　目	以上年价格为100
商品零售价格总指数	102.9	九、交通、通讯用品	92.6
一、食品类	107.8	十、家具	99.8
二、饮料、烟酒	103.7	十一、化妆品类	100.1
三、服装、鞋帽类	98.6	十二、金银珠宝类	113.4
四、纺织品类	92.0	十三、中西药品及医疗保健用品类	99.5
五、家用电器及音像器材	96.5	十四、书报杂志及电子出版物类	101.1
六、文化办公用品	94.1	十五、燃料类	110.0
七、日用品	99.4	十六、建筑材料及五金电料类	106.4
八、体育娱乐用品	94.5		

表40-19

2010年镇江市居民消费价格分类指数

项　目	以上年价格为100	项　目	以上年价格为100
居民消费价格总指数	103.7	三、衣着	99.1
非食品价格指数	101.9	服装	98.6
服务项目价格指数	104.4	衣着材料	107.6
扣除鲜菜鲜果总指数	103.0	鞋、袜、帽	99.5
消费品价格指数	103.5	衣着加工服务	110.9
一、食品	107.7	四、家庭设备用品及维修服务	99.5
粮食	114.6	耐用消费品	98.9
淀粉及薯类	102.8	室内装饰品	101.1
干豆类及豆制品	105.5	床上用品	87.8
油脂	103.4	家庭日用杂品	99.6
肉禽及其制品	101.5	家庭服务及加工维修服务	111.1
蛋	107.3	五、医疗保健和个人用品	101.6
水产品	103.3	医疗保健	100.0
菜	116.8	个人用品及服务	104.1
#鲜菜	118.0	六、交通和通讯	99.2
调味品	107.4	交通	101.1
糖	105.2	通讯	96.8
茶及饮料	103.1	七、娱乐教育文化用品及服务	100.1
干鲜瓜果	119.4	文娱用耐用消费品及服务	89.0
#鲜果	120.3	教育	100.8
糕点饼干	100.9	文化娱乐类	105.0
液体乳及乳制品	108.1	旅游	102.4
在外用膳食品	108.9	八、居住	106.3
其他食品	99.0	建房及装修材料	105.1
二、烟酒及用品	104.2	租房	116.5
烟草	100.5	自有住房	106.4
酒	111.5	水、电、燃料	103.2

（统计局）

人口普查

2010 年镇江市第六次全国人口普查主要数据公报[1]

根据《全国人口普查条例》和《国务院关于开展第六次全国人口普查的通知》,我国以 2010 年 11 月 1 日零时为标准时点进行了第六次全国人口普查[2]。现将快速汇总的主要数据公布如下:

一、全市常住人口

全市常住人口[3]为 3113384 人,同第五次全国人口普查 2000 年 11 月 1 日零时的 2897016 人相比,十年共增加 216368 人,增长 7.47%。年平均增长率为 0.72%。

二、家庭户人口

全市常住人口中,家庭户[4] 975338 户,家庭户人口为 2847513 人,平均每个家庭户的人口为 2.92 人,比 2000 年第五次全国人口普查的 3.04 人减少 0.12 人。

三、性别构成

全市常住人口中,男性人口为 1595672 人,占 51.25%;女性人口为 1517712 人,占 48.75%。总人口性别比(以女性为 100,男性对女性的比例)由 2000 年第五次全国人口普查的 103.71 上升为 105.14。

四、年龄构成

全市常住人口中,0－14 岁人口为 320687 人,占 10.30%;15～64 岁人口为 2470067 人,占 79.34%;65 岁及以上人口为 322630 人,占 10.36%。同 2000 年第五次全国人口普查相比,0～14 岁人口的比重下降 6.38 个百分点,15～64 岁人口的比重上升 4.68 个百分点,65 岁及以上人口的比重上升 1.7 个百分点。

五、各种受教育程度人口

全市常住人口中,具有大学(指大专以上)文化程度的人口为 358318 人;具有高中(含中专)文化程度的人口为 576598 人;具有初中文化程度的人口为 1258580 人;具有小学文化程度的人口为 685065 人(以上各种受教育程度的人包括各类学校的毕业生、肄业生和在校生)。

同 2000 年第五次全国人口普查相比,每 10 万人中具有大学文化程度的由 5044 人上升为 11509 人;具有高中文化程度的由人 15128 上升为 18520 人;具有初中文化程度的由 38255 人上升为 40425 人;具有小学文化程度的由 29120 人下降为 22004 人。

全市常住人口中,文盲人口(15 岁及以上不识字的人)为 89876 人, 同 2000 年第五次全国人口普查相比,文盲人口减少 69635 人,文盲率[5]由 5.59% 下降为 2.89%,下降 2.7 个百分点。

六、人口地区分布

全市常住人口的地区分布如下:

表 40-20

地区	人口数(人)	比重[6](%)
全市合计	3113384	100.00
市　区	1200400	38.56
京口区	601671	19.33
#京口	388231	12.47
新区	213440	6.86
润州区	296453	9.52
丹徒区	302276	9.71
丹阳市	960418	30.85
扬中市	334886	10.75
句容市	617680	19.84

注释:

[1] 本公报中数据均为初步汇总数。

[2] 普查登记的对象是指普查标准时点在中华人民共和国境内的自然人以及在中华人民共和国境外但未定居的中国公民,不包括在中华人民共和国境内短期停留的港澳台居民和外籍人员。"境内"指我国海关关境以内,"境外"指我国海关关境以外。

[3] 省辖市及各县(市、区)的人口,是普查登记的 2010 年 11 月 1 日零时的常住人口。常住人口包括,居住在本乡镇街道、户口在本乡镇街道或户口待定的人;居住在本乡镇街道、离开户口所在的乡镇街道半年以上的人;户口在本乡镇街道、外出不满半年或在境外工作学习的人。

[4] 家庭户是指以家庭成员关系为主、居住一处共同生活的人组成的户。

[5] 文盲率是指全市常住人口中 15 岁及以上不识字人口所占比重。

[6] 指各县(市、区)的常住人口占全市常住人口的比重。

工作生活指南

责任编校：杨正宏

表 41-1

2010 年重要文件、规范性文件一览表

文件名	发文号	发文日期
国务院关于表彰全国劳动模范和先进工作者的决定	国发〔2010〕11 号	2010-04-24
关于命名江苏省第九届双拥模范城(县、区) 表彰江苏省双拥模范单位和先进个人的决定	苏委〔2010〕166 号	2010-05-05
关于表彰法治县(市、区)创建工作先进单位的决定	苏委〔2010〕178 号	2010-06-29
关于提名王常生同志为镇江市副市长人选的通知	苏委〔2010〕353 号	2010-09-18
关于表彰优秀民营企业和杰出民营企业家的决定	苏委〔2010〕426 号	2010-10-21
关于表彰江苏省对口援建四川绵竹先进集体和先进工作者的决定	苏委〔2010〕449 号	2010-11-30
省政府关于公布 2010 年度江苏省有突出贡献中青年专家名单的通知	苏政发〔2010〕109 号	2010-08-28
省政府办公厅关于公布姜堰市等为江苏省园林城市的通知	苏政办发〔2010〕10 号	2010-01-19
省政府办公厅关于授予溧水县等江苏省教育现代化建设先进县(市、区)称号的通知	苏政办发〔2010〕12 号	2010-01-21
省政府办公厅关于公布南京傅家边现代农业园等为江苏省现代农业产业园区的通知	苏政办发〔2010〕87 号	2010-07-16
省政府办公厅关于印发 2010 年全省农村环境综合整治示范村名单的通知	苏政办发〔2010〕88 号	2010-07-16
省政府办公厅关于表彰首届江苏省年鉴奖获奖年鉴的通报	苏政办发〔2010〕115 号	2010-09-20
中共镇江市委贯彻落实《中共中央关于加强和改进新形势下党的建设重大问题的决定》的实施意见	镇发〔2010〕1 号	2010-01-14
关于加快推进新市镇建设的意见	镇发〔2010〕18 号	2010-04-09
关于 2010 年全市党风廉政建设和反腐败工作相关单位责任分解意见	镇发〔2010〕19 号	2010-04-09
关于全国推进重要权力节点监控机制建设的工作意见	镇发〔2010〕20 号	2010-04-09
关于加快建设创新型城市 促进发展方式转变的指导意见	镇发〔2010〕31 号	2010-08-12
关于加快林业改革和发展的意见	镇政发〔2010〕6 号	2010-01-14
关于促进房地产市场平稳健康发展的意见	镇政发〔2010〕32 号	2010-05-11
关于加快全市水运发展的实施意见	镇政发〔2010〕34 号	2010-07-01
关于加快全市新兴产业发展的指导意见	镇政发〔2010〕35 号	2010-07-05
关于加强住房保障工作的实施意见	镇政发〔2010〕39 号	2010-08-10
关于居民住宅区和城市道路命名的通知	镇政发〔2010〕49 号	2010-10-12
关于印发《2010 年法治镇江建设工作要点》的通知	镇办发〔2010〕21 号	2010-04-02
关于规范全市县处正职以上领导干部因公出国境预报工作的规定	镇办发〔2010〕28 号	2010-04-29
关于印发《镇江市新市镇建设工作联席会议组成单位及职责》的通知	镇办发〔2010〕29 号	2010-04-30
关于印发《镇江市惩治和预防腐败体系基本框架建设系列模型》的通知	镇办发〔2010〕31 号	2010-05-12
关于印发《镇江市"全民共创文明城"行动方案》的通知	镇办发〔2010〕35 号	2010-05-13
关于成立全市村"两委会"换届选举工作领导小组的通知	镇办发〔2010〕48 号	2010-07-05
关于开展农村土地承包经营权登记 加快发展农业适度规模经营 推进新市镇建设的实施意见	镇办发〔2010〕50 号	2010-07-09
关于提升工业集中区发展水平 推进新市镇建设的实施意见	镇办发〔2010〕54 号	2010-07-20
关于深化户籍管理制度改革 推进新市镇建设的实施意见	镇办发〔2010〕55 号	2010-07-26
关于开展"双置换"工作 推进新市镇建设的实施意见	镇办发〔2010〕56 号	2010-07-26
关于加快现代农业园区发展的意见	镇办发〔2010〕57 号	2010-08-04
关于金融支持新市镇新社区新园区建设的实施意见	镇办发〔2010〕60 号	2010-08-09
关于进一步深化全市网络发言人工作的意见	镇办发〔2010〕63 号	2010-09-14
关于巩固脱贫攻坚成果 开展"四争"活动的实施意见	镇办发〔2010〕75 号	2010-12-13

续表 41-1

文　件　名	发 文 号	发文日期
关于推进全市农村邮政物流发展工作的意见	镇政办发〔2010〕2 号	2010-01-08
关于金融促进创业型城市建设的实施意见	镇政办发〔2010〕16 号	2010-01-25
转发市城市管理局等六部门镇江市城市生活垃圾分类收集和处置实施方案的通知	镇政办发〔2010〕25 号	2010-02-03
关于医疗集团社区卫生服务机构标准化建设的意见	镇政办发〔2010〕31 号	2010-02-09
转发市食药监局关于创建城市社区药品“两网”建设示范区工作实施方案的通知	镇政办发〔2010〕58 号	2010-03-29
关于印发镇江市创建江苏人居环境奖实施方案的通知	镇政办发〔2010〕66 号	2010-04-14
关于印发《镇江市农业技术推广奖奖励办法》的通知	镇政办发〔2010〕133 号	2010-05-11
关于印发镇江市行政权力网上运行管理办法的通知	镇政办发〔2010〕170 号	2010-08-09
关于转发市人社局等部门居民(学生)基本医疗保险有关政策调整方案的通知	镇政办发〔2010〕179 号	2010-08-25
关于印发镇江市市区保障性住房资金管理暂行办法的通知	镇政办发〔2010〕180 号	2010-08-25
印发关于加快全市新兴产业发展的扶持激励政策的通知	镇政办发〔2010〕197 号	2010-10-13
转发市财政局等部门关于零散税收委托代征管理实施意见的通知	镇政办发〔2010〕204 号	2010-10-25
关于转发市人社局市财政局镇江市工伤保险市级统筹实施意见的通知	镇政办发〔2010〕218 号	2010-11-29
关于规范住房公积金个人住房贷款政策有关问题的通知	镇政办发〔2010〕234 号	2010-12-31
转发市卫生局等部门关于鼓励和引导社会资本发展医疗卫生事业的若干意见(试行)的通知	镇政办发〔2010〕235 号	2010-12-24
关于印发《镇江市市区居住区配套设施建设管理暂行办法》的通知	镇政规发〔2010〕1 号	2010-04-14
关于加强市区段长江河道滩地管理的通告	镇政规发〔2010〕2 号	2010-05-28
关于印发《镇江市市区集体土地拆迁安置房管理暂行办法》的通知	镇政规发〔2010〕3 号	2010-08-01
关于印发《镇江市市区公共租赁住房管理暂行办法》的通知	镇政规发〔2010〕4 号	2010-08-01
关于印发《镇江市市区经济适用住房管理实施细则》的通知	镇政规发〔2010〕5 号	2010-08-01
关于印发《镇江市市区烟花爆竹安全燃放管理暂行办法》的通知	镇政规发〔2010〕6 号	2010-09-03
关于印发《镇江市大型群众性活动安全管理暂行办法》的通知	镇政规发〔2010〕7 号	2010-09-03
关于印发《镇江市市区公共场所控制吸烟暂行办法》的通知	镇政规发〔2010〕8 号	2010-10-20
关于印发镇江市市民卡管理暂行办法的通知	镇政规发〔2010〕9 号	2010-10-20
关于印发《镇江市地名管理办法》的通知	镇政规发〔2010〕10 号	2010-11-13
关于修订《镇江市城市房屋拆迁管理办法》的通知	镇政规发〔2010〕11 号	2010-12-31

（胡　瑾　吴小娟）

表 41-2

2010 年镇江市市区标准地名命名情况表

标准地名	实 体 状 况 说 明
北府路	位于黄山西路南侧,东起黄山东路,西至朱方路,长 3608 米,宽 34 米
凤凰山路	位于龙脉路南侧,东起九华山路,西至乔家门路,长 3334 米,宽 40 米
长山渠路	位于长山灌渠西侧,北起团山路,南至凤凰山路,长 1050 米,宽 20 米
润兴路	位于润州民营经济开发区长山渠路西侧,北起团山路,南至 312 国道,长 2267 米,宽 40 米
乔家门路	镇句公路北段,东北起团山路,西南至戴家门路,长 3851 米,宽 36 米
禹山路	位于汝山北侧,西起东吴路,东转东南至学府路,长 5827 米,宽 48 米
左湖路	位于丹徒路西侧,西北起学府路,东南至丁卯桥路,长 1556 米,宽 34 米
上隍路	原镇大公路北段,北起丹徒路,南至金港大道,长 1685 米,宽 40 米
谏辛路	位于谏壁镇南,北起金港大道,南至 338 省道,长 2292 米,宽 40 米
枣林路	位于九华山路西侧,北起南徐大道,南至团山路,长 750 米,宽 23 米
蛋山路	位于团山路南侧,东起檀山路,西转南至凤凰山路,长 1024 米,宽 23 米
龙脉路	位于蛋山路南侧,东南起檀山路,西北至龙脉团山遗址,长 1257 米,宽 19 米
白龙山路	位于凤凰山路南侧,东起九华山路,西至檀山路,长 1327 米,宽 29 米
润园路	位于润州民营经济开发区润旺路北侧,东起长山渠路,西至乔家门路,长 837 米,宽 20 米
润旺路	位于润州民营经济开发区润园路南侧,东起长山渠路,西至乔家门路,长 1250 米,宽 20 米
云台山路	位于云台山西侧,南起京畿路,北至新河路,长 544 米,宽 13 米
何家湾路	位于林隐路北侧,东起黄山东路,西至黄山南路,规划全长 674 米,宽 18 米
花山支路	位于大学山东侧,北起花山路,南至桃花坞路,长 569 米,宽 12 米
南山路	原南徐路,南起南徐大道,北转西至朱方路,长 3763 米,宽 15 米
黄山西路	原黄山支路,东起黄山南路,西至南山路,规划全长 2480 米,宽 24 米
仁章路	原健康路北段,北起中山东路,南转东至山门口街,长 406 米,宽 14 米
万古一人路	原万古路,西起解放路,东至梦溪路,规划全长 1168 米,宽 24 米

续表41-2

标准地名	实体状况说明
戴家门路	原戴家门路,南至312国道,北至长江路。现变更为南起乔家门路,北至润江路,规划全长4674米,宽55米
长江路	原长江路,东起解放路,西至润州路。现变更为东起解放路,西至丹徒区高资镇京阳路,长19418米,宽40米~60米,原金桥大道并入长江路
九华山路	原九华山路,南至丹徒区谷阳镇千禧路,北至南徐大道。现变更为南起312国道,北至中山西路,长6354米,宽20米,原跑马山路北段并入九华山路
跑马山路	原跑马山路,北起中山西路,南转西至铁路桥。现变更为北起九华山路,南转西至铁路桥,长1900米,宽3米~8米
团山路	原团山路,东起九华山路,西至朱方路。现变更为东起九华山路,西至312国道戴家门转盘,长4880米,宽45米,原312国道引线并入团山路
黄山东路	原黄山东路,西起黄山转盘,东转东南再转东至健康路。现变更为西起黄山南路,东转东南至南徐大道,长1970米,宽30米,原林隐路东段并入黄山东路
黄山南路	原黄山南路,南至南徐大道,北至中山西路。现变更为北起黄山东路,南至南徐大道,长1455米,宽50米
黄山北路	原黄山北路,南起中山西路,北至长江路。现变更为南起黄山东路,北至宝盖山路,长1059米,宽32米。原黄山北路北段,即南起宝盖山路,北至长江路,长1037米,宽25米,恢复使用宝塔路名称
江滨路	原江滨路,南至东吴路,北转东至东吴路。现变更为南起东吴路,北转东再转东南至大寨港,规划全长5360米,宽28米
金港大道	原金港大道,东起圌山路,西至松林山路。现变更为东起滨江路,西转西北至丁卯桥路,长23025米,宽60米
庄泉路	原庄泉路,东起黄山南路,西至九华山路。现变更为南起南徐大道,北至黄山西路,长1318米,宽27米
林隐路	原林隐路,南起南门立交桥,北转西南至南徐路。现变更为东起黄山东路,西至南山路,长1117米,宽27米
双井路	原双井路,南至中山东路,北至大西路。现变更为南起中山东路,北至长江路,长1309米,宽23米
山门口街	原山门口街,南至健康路,北至中山东路。现变更为北起中山东路,南至新拓宽改造的健康路,长525米,宽13米
健康路	原健康路,东至解放路,西转北至中山东路。现变更为东起解放路,西至黄山东路,长1077米,宽25米
第一楼街	原第一楼街,南至中山东路,北转西至解放路。现变更为南起中山东路,北至东吴路,长936米,宽18米
九华山庄	位于九华山路西侧,东至九华山路,南临规划中的五州山路,西至规划中的站前路,北至白龙山路,总建筑面积12.67万平方米。其中分片区名称:碧云苑、翠朗苑
新城花园	位于檀山路西侧,东至檀山路,南、西至南徐路,北至二道巷,总建筑面积61.13万平方米
尚海茗苑	位于宗泽路南侧,东、南至颐和家园居民住宅区,西至方家湾新村居民住宅区,北至宗泽路,总建筑面积15.26万平方米
云河湾家苑	位于经十二路东侧,东临古运河,南至纬七路,西至经十二路,北至纬八路,总建筑面积10万平方米
景天花园	位于黄鹤山路西侧,东至黄鹤山路,南至何家湾路,西临黄山路,北至北府路,总建筑面积19万平方米
金桥花园	位于二道河东侧,东至规划中的头匡路,南至规划中的解放湾路,西至览江桥南路,北至长江路,总建筑面积19万平方米
米山雅居	位于宗泽路西段南侧,东北至宗泽路,南至花山路向东延伸段,西临米山人家居民住宅区,总建筑面积12.65万平方米
桃花源小区	位于林隐路西段北侧,东至黄鹤山路,南至林隐路,西临黄山路,北至何家湾路,总建筑面积15.3万平方米
云开甲第花园	位于御桥港路东侧,东至规划中的坡岗路,南临冠城路,西至御桥港路,北至南徐大道,总建筑面积17万平方米
九润商业广场	位于天桥路南侧,东临丁卯桥路,南临鸿鹤桥路,西至矿机路,北至天桥路,建筑面积4.46万平方米
九润双子星公寓	位于天桥路南侧,东临丁卯桥路,南临鸿鹤桥路,西至矿机路,北至天桥路,建筑面积3.41万平方米
恒泰新村	位于规划中的老山路东侧,东临规划中的汝山路,南临规划中的戴家湾路,西至规划中的老山路,北临规划中的京旺路,建筑面积2.54万平方米
宝润银都大厦	位于中山北路东侧,东南至和平路,西南至中山北路,北临运粮河,总建筑面积1.6万平方米
和院	朴园分片区名称。位于何家湾北侧片,东至黄山东路,南至何家湾路,西至黄鹤山路,建筑面积1.75万平方米
月湖佳苑	位于谏壁镇月湖村,东临雩山街,南临规划中的文华路,西临京杭运河,北临规划中的翻水河路,建筑面积2.6万平方米
康德嘉苑	位于牌湾街249号,东至二道巷,南至跑马山,西至原煤矿专用设备厂,北至牌湾街,建筑面积2.8万平方米
金山湖	位于原北部滨水区,东至焦南坝,南至长江路、东吴路、滨水路、江滨路北侧,西至环湖路,北至引航道闸站、京江路南侧,面积8.8平方公里的水域,命名为"金山湖",原塔影湖统称金山湖。
未来雅筑	位于镇江经济技术开发区大港片区,东临烟墩山路,南临扬子江路,西至港中路,北至金港大道,建筑面积9.05万平方米
镇江义乌小商品城	位于镇江新区丁卯片区,东至经九路,南至纬四路,西临经八路,北至丁卯桥路,建筑面积5.67万平方米
怡景苑	颐和家园分片区名称。位于谷阳路与宗泽路交会处西北侧,建筑面积5万平方米
北固湾广场	位于北固山北峰东侧,占地面积4万平方米的开放式公共场地和绿地
南徐山庄	位于朱方路南段西侧,东至朱方路,南至镇江市信息中等专业技校,西临小牛山,北临七里甸小学,建筑面积6.74万平方米
天正置业广场	位于规划中的焦山路西侧,东至规划中的焦山路,南临梦溪家园居民住宅区,西临镇江船艇学院,北至小米山路,建筑面积5.52万平方米
慧景湾、融景湾、瑞景苑、雍景苑	永隆城市广场分片区名称。位于谷阳路与纬五路交会处西北侧南片区,建筑面积分别为5.9万、8.1万、3万、11万平方米

（徐雨平）

表 41-3 **2010 年镇江市辖市(区)标准地名命名(更名)情况表**

辖市(区)	标准名称
丹徒区	中天北路、二重大道、欢喜家园、碧海湾小区、泰银茗园、枫丹东苑、枫华丽府、风和苑、新加州花园、龙楼广场、中凯花园、金色阳光、枫雅苑、桃源居、山水半岛家园、聚旺城市花园
丹阳市	清馨家园、锦尚名都、碧水兰庭、开泰小区
句容市	香江丽景、逸品汤山花园、东紫园、第五街区(蔷薇街区)、德院上城、三鸿雅居、仑山湖汇景雅墅、锦绣大厦、金水湾、御景山庄、宝华花园、江苏商贸城、松鹤居、普罗旺斯小镇、绿源雅居、丝绸新区、假日花园更名为美加东部假日、五星家园、华西大厦、紫金7号别墅、北大公寓、山外山、仙林国际公寓、幸福花园、朝阳嘉园、第七街区、崇明雅居
扬中市	汇金广场、明珠农商城、东城秀锦、上水名都

(徐雨平)

镇江市新兴产业发展指导目录

一、新能源产业

1. 薄膜太阳能

薄膜太阳能电池、薄膜太阳能电池生产设备、TCO 玻璃、太阳能发电站等。

2. 晶硅太阳能光伏发电及并网设备

高纯多晶硅、大面积超薄硅片、高效低成本晶硅电池,发电光电转化率国际领先的单晶硅电池、多晶硅电池,太阳能并网发电系统集成、生产和检测设备设计制造技术和产品,大功率逆变器、大功率光伏发电平衡部件、控制器、连接器,太阳能热水器等终端产品;太阳能屋顶和建筑一体化(BIPV)示范项目等。

3. 风电控制及并网系统

风电机组,大型风机齿轮箱、叶片、塔筒、法兰、轮毂、底盘、发电机、变频器/主控、主轴承/偏航轴承/变桨轴承、液压系统、万向联轴器,并网逆变器、阶跃电压调整器、有载调压变压器、开关电容器组、相关控制系统和风场预测与管理系统、潮流电气设备等。

4. 核电装备制造

第三代核电成套装备、核电压力容器安全壳,核电专用泵阀、核电主管道、管件材料、密封材料、管道附件、大型锻铸件,系列核用屏蔽泵、核用上充泵、核用循环泵,核电用泵电气控制部件等。

5. 生物质能

生物柴油、氢气、沼气、燃料乙醇,生物质直燃/掺烧发电、气化发电系统设备、秸秆发电、垃圾发电和沼气发电等发电机组,生物质燃烧锅炉、高效气化装置、水制氢装置、热解液化装置,能源植物等。

6. 动力电池

镍氢电池、锂离子电池和燃料电池及其配套产品,电池正负极材料、电芯、单体及模块、组堆及管理系统(BMS)等。

二、新材料产业

1. 新型金属材料

(1) 超级钢材料

优质特钢、核电用钢、石油钻井及石油天然气输送管材、电站设备用管材、3兆瓦以上大型和特大型风力发电机组用钢铁材料、高速列车用钢、可替代进口的高性能金属基功能结构件等。

(2) 有色金属基合金材料和复合材料

各种兼具高强高韧和优异成形性能铝合金、耐热和变形镁合金、低成本高性能钛合金、高温合金、轻质金属基复合材料等。

(3) 苛刻服役条件材料

高导高强耐电冲蚀铜合金和电触材料、大尺寸非晶材料、高温耐蚀材料、防火耐辐照核电用屏蔽材料、耐温磁性能材料等。

2. 新型碳材料

碳纤维及其复合材料制品、高纯石墨碳材、新型增碳剂、高端金刚石工具拉拔模具、金刚石工具等。

3. 新型化工材料

(1) 有机硅有机氟

有机硅单体、硅橡胶混炼胶、特种硅油等,氟氯烷及代用品、氟树脂、氟橡胶、氟涂料等。

(2) 工程塑料

聚碳酸酯(PC)、聚苯硫醚(PP)、聚醚醚酮(PEEK)、液晶聚合物(LCP)等特种工程塑料和聚氯乙烯(PVC)、聚乙烯(PE)等塑料合金和树脂共混、改性及合金化产品等。

(3) 工程用合成纤维

高强高模量聚乙烯纤维、芳纶纤维、聚丙烯纤维、聚苯硫醚纤维、聚酰胺纤维各类纤维材料等。

(4) 催化剂材料

石油炼制催化剂、石油化工催化剂、无机化工催化剂和环境保护催化剂等。

(5) 化工助剂材料

新型高效无污染塑料助剂、橡胶助剂、涂料助剂、印染助剂、农药助剂等。

(6) 重交道路沥青

利用环烷基原油资源生产的重交道路沥青、聚氨酯等。

4. 纳米材料

纳米粉体材料、纳米能源材料、纳米环境材料、纳米电子、光子、传感材料及器件和重大疾病早期诊断与治疗用纳米材料及器件等。

5. 功能陶瓷材料

(1) 高性能结构陶瓷材料

基于氧化铝陶瓷的低成本制备、陶瓷纤维材料、高端和特种蜂窝陶瓷、特种耐火陶瓷材料、球形硅微粉、碳化硅和氮化硅等非氧化物陶瓷等。

(2) 电子功能陶瓷材料

介质陶瓷(陶瓷电容器、微波介质陶瓷)、磁性陶瓷、透明陶瓷材料、陶瓷封装与基板材料、电子陶瓷材料等。

6. 新型建筑材料

各类新型建筑结构材料和新型节能建筑材料。如高韧性、高抗裂、高耐久等高性能混凝土的外加剂,防火、防腐和保温隔热的功能性涂料,性能稳定性价比高的新型防水材料、建筑密封材料、建筑节能材料等。

7. 其他新材料

鼓励发展各类稀土材料及稀土功能材料、各类磁性材料、复合材料、膜材料、生物医用材料、生态环境材料等。

三、电子信息产业

1. 电子信息产品制造业

(1) 通信产品

新一代移动通信网络设备、终端产品、专用芯片,与新一代移动通信有关的设备关键配套件及测试仪器,数字集群通信设备,宽带无线接入系统、终端及核心芯片,传感器网络数据采集、压缩、传输产品与设备等。

(2) 电子信息材料

非线性晶体材料,半导体发光管、半导体激光管、半导体照明用长寿命高效荧光粉、热匹配性能和密封性能好的封装树脂材料和热沉材料,液晶显示及其他新型平板显示器件用关键材料,大规模集成电路、专用集成电路、特种电子元器件等硅基微电子材料,电子级多晶硅材料,电子陶瓷材料,高性能磁性材料,覆铜板材料等。

(3) 新型电子元器件

中高档片式元器件,新型电力电子器件,汽车传感器、MEMS 传感器及其他新型高性能传感器,高性能硅电容压力传感器,CMOS 传感器,超大容量、超级电容器,非线性光电器件,高效节能电子照明控制器,大容量真空开关管,新型电源/电池,手机用高像素摄像头模块组件、手机屏模组,新型平板显示器件,高可靠、低能耗微传感器器件与产品,高密度印刷电路板和柔性电路板等。

(4) 光电器件

光集成和光电集成器件,高速光传输、交换、接入设备及关键部件,光有源器件、光无源器件、光电交换器件等光通信器件,大功率激光器,红外探测器,下一代光网络器件,高亮度、大功率、长寿命 LED 产品等。

(5) 数字视听产品

基于 DTMB 和自主音视频标准(AVS、DRA)的地面数字电视系统,基于 AVS 标准的高清编解码设备,数字广播发射、接收产品及设备,基于 CMMB 的发射设备、接收设备、用户终端设备,与数字电视音视频信号处理相关的关键设备、专用集成电路、关键部件,机卡分离的数字有线电视前端、条件接收、中间件、机顶盒和一体化机产品,卫星直播电视专用芯片及终端产品,数字电影产品及设备,高密度数字激光视盘机及关键部件,数字摄录一体机及数码相机,家庭信息终端、网络电视、手机电视,以视频、音频、信息服务为主体的支持三网融合的数字内容处理产品等。

(6) 电子专用设备

硅片生产设备、半导体生产设备、片式元件生产设备、敏感元器件生产设备、高频率器件生产设备、电力电子器件生产设备、超净设备、环境实验设备、高精度电子专用模具、电子专用测试设备、平板显示器件生产专用设备等。

(7) 计算机及网络

具有自主知识产权的计算机外围设备(包括打印机、复印机等),计算机外围设备的关键部件(包括打印机硒鼓、墨盒等),计算机使用的安全设备等,从 IPv4 向 IPv6 过渡的中、低端网络设备和终端,网络安全产品等。

(8) 电子信息机电产品

纸币鉴伪点钞、自动捆钞、多币种纸币快速鉴别、清分等金融电子产品,汽车车载信息系统、车身电子控制器件、单元和系统等汽车电子产品,GPS 定位、手机定位等目标定位产品和设备等。

2. 软件业和信息服务业

(1) 基础软件

面向网络应用环境的可信服务器操作系统软件、支持桌面 Linux 操作系统软件、数据库管理系统软件、各类中间件技术及产品、办公套件的开发应用、开源软件的开发与应用、开发环境及其他基础类工具软件的开发应用等。

(2) 信息安全软件

各类信息安全产品(防火墙、防病毒、入侵检测、安全防御等),加解密算法开发等。

(3) 行业解决方案软件

电子政务软件、电子商务软件、农村信息化软件、城市及社区信息化软件、企业信息化软件、物流信息化软件、远程教育软件等。

(4) 嵌入式软件

开放标准的嵌入式软件开发平台,嵌入式操作系统和应用软件,汽车电子、医疗器械、工程电器、电力电子、数字化仪器仪表、现代装备等领域的嵌入式软件等。

(5) 集成电路

音视频电路、电源电路等集成电路产品,专用集成电路芯片,具有自主知识产权的高端通用芯片 CPU、DSP 等产业化,符合国家标准、具有自主知识产权、重点整机配套的集成电路产品,3G 移动终端电路、数字电视电路、无线局域网电路等,生物特征(虹膜、指纹等)识别芯片,智能 IC 卡操作系统等。

(6) 软件与信息技术外包服务

面向国内外的信息系统咨询顾问、规划设计、集成实施、运行维护、技术支持、教育等服务,信息系统的监理、测评、评估、认证、培训等服务,信息安全服务,软件开发及维护、应用管理和设备托管等 ITO 外包业务,客户服务、呼叫中心、研发设计、财务管理、人力资源管理等 BPO 业务,高端服务外包 KPO 业务等。

(7) 创新型业态软件技术外包服务

云计算服务,互联网、移动互联网、物联网环境下的软件技术服务,"三网"融合下的新兴增值内容软件技术服务,虚拟现实和三维重构技术的研发与服务,基于位置通信技术的软件产品研发与技术服务等。

(8) 信息传输服务产业

通信传输业、电视传输业、电信和互联网增值服务业、广播电视增值服务业等。

(9) 数字内容服务产业

数据库业、信息咨询服务业、数字设计和文化创意业、动漫与网络游戏业、数字媒体内容业等。

四、航空制造产业

1. 航空新材料

机体结构铝合金型材、航空航天钛合金薄板、航空发动机缸体薄壁件、发动机叶片用铸造母合金、高温合金、碳/碳复合材料、航空复合材料、航空泡沫材料、精密不锈钢材料、航空涂料、超级纤维。

2. 航空机电

(1) 航空精密设备

驾驶员座椅、空气调节系统、制氧系统、航空仪表、液压泵、液压马达、航空用齿轮箱等。

(2) 电子设备

示波器、函数/任意波信号发生器、程控电源、多功能常规信号测试仪器等。

(3) 航空标准件

电连接器、射频同轴电缆、控制电缆、配电箱、母线槽、电缆桥架、航空灯具、航空轴承等。

3. 客舱设备及内饰

客舱座椅、安全带、行李架、机载娱乐设备、座椅罩、遮阳板、侧壁装饰板、隔离层、天花板、舱门装饰板、地毯等客舱内的设备和装饰品,空气调节系统、制氧系统、氧气面罩、结冰探测装置、防冰系统、风挡排雨系统、火警探测系统、灭火系统等生命保障系统,海水手电筒、反光镜、无线电发报机、急救箱、防烟面罩、救生衣、逃生滑梯、救生船等紧急撤离设备。

4. 大件加工及部件组装

飞机机身、机翼、尾翼和起落架等关键部件的加工、组装和整机装配技术及其关键装备。

5. 轻型飞机

私用飞行、商用飞行、公务飞行、航空摄影、空中巡查、空中广告、空中施肥等在内的轻型飞机技术研究、开发设计、生产制造、试飞定型等。

6. 航空维修业务

航空发动机维修、航空机电部件维修、航空复合材料维修等业务。

7. 航空中介服务

适航认证、航空机务维修、航空教育培训、航空技术咨询等。

五、海洋工程产业

1. 海洋平台及模块

各类海洋平台的上部模块、钻井模块、生活模块、生产模块等。

2. 海上浮式生产储油装置

20 万吨以下的浮式生产储油船(FPSO)、圆筒式生产储油装置、浮式天然气生产液化储存装备(LNG-FPSO)、穿梭油轮等。

3. 海工辅助船舶

起重船、三用工作船、平台供应船、远洋救助打捞船、石油平台支援船、起锚供应船、海洋工程拖船、铺管船、消防船、修井船、海上风电场工程船、风车安装船、海洋调查勘探船、海上过驳平台船等。

4. 海洋工程装备的配套

中低速柴油机、应急柴油发电机组,大功率中压高压柴油发电机组、电力变压器,锚、系泊链、锚机等锚泊产品与设备,单点系泊系统,推进器、控制装置等动力定位系统设备,提升及传动机械,甲板多用途起重机、甲板机械、大型浮式起重机，海工用主配电板、驾驶室控制台、机舱集中控制台、自动化控制系统，海工电器、电线与电缆，有毒、易燃气体的检测、报警装置，消防泵、喷淋装置等消防设施，通信导航装备，应急密封式防火救生艇等救生装置，各类海工照明灯具等。

六、其他重点领域新兴产业

1. 智能电网产业

超高压特高压变压器、超高压线缆、耐热导线、特种电缆、超高压开关设备、灵活交流输电设备，非晶合金变压器、箱式变压器、特种变压器、智能开关、智能配电监控系统，用电信息采集系统、智能电表、智能用电管理终端，智能电网调度技术支持系统、智能二次设备、数字化传感器等。

2. 物联网产业

各类新型传感器与传感节点、射频识别设备、电子标签（RFID）技术与产品，传感网芯片、操作系统、数据库软件、中间件、应用软件、系统集成、网络与内容服务、智能控制系统及设备等。

3. 医药及生物技术产业

新型抗恶性肿瘤药物、抗心脑血管疾病药物、糖尿病药物，中药现代化及中药现代剂型，抗肝炎药物，抗感染类药物，神经精神疾病治疗药物、风湿类疾病用药的换代产品，高效、安全、非成瘾性的镇痛、戒毒类药物，具有生物活性修复功能的钛合金骨科植入材料，数字化医学影像、医用电子、医用诊断及新型家庭护理设备，高动态范围压力控制无创呼吸机，深加工废水生产丁醇，优质高产粳稻等农作物新产品的高技术育种等。

4. 节能环保产业

冶金高炉煤气等余热发电或制冷成套工程化设备，水泥窑炉纯低温余热发电装置，垃圾分选、焚烧处理、有毒有害废弃物焚烧控制设备，工业固体废物回收利用、有毒有害废物处置、生活垃圾无害化与资源化处理等成套设备，化工废水废气焚烧炉、生物柴油设备，高精度、高可靠性智能化的环保自动化控制系统、新型节能环保家用容器和关键零部件、节能节水环保及资源综合利用等技术及设备材料、农村可再生产资源综合利用开发工程等。

5. 新能源汽车产业

纯电动汽车，车用动力电池，车用电池管理系统，车用电机及驱动系统，车用电驱动变速系统，控制系统，电动车车用大功率电子器件，车用 DC/DC，车载充电机和充电站，混合动力汽车专用耦合及传动装置，车用空调电动压缩机，陶瓷 PTC 加热器，数字化仪表控制（盘）系统，城市用低底盘公共汽车专用底盘，车用电池电解液、第二代储氢合金、第三代镍合金等专用材料及新能源汽车电池制造专用设备等，新能源汽车关键零部件设计开发，汽车轻量化及环保型新材料制造等。（市经信委）

镇江市市区社会医疗保险定点零售药店自购药品目录（2011 年版）

一、西药部分（98 种）

甲硝唑片（阴道泡腾片）、小檗碱片、阿苯达唑片、哌嗪片、阿司匹林片、布洛芬片（缓释胶囊）、对乙酰氨基酚片、复方对乙酰氨基酚片、缓解感冒症状的复方 OTC 制剂、萘普生片（胶囊、缓释片、缓释胶囊）、索米痛片、吲哚美辛片（胶囊、栓）、复方芦丁片、复合维生素 B 片、干酵母片、维生素 A 胶丸、维生素 B1 片、维生素 B2 片、维生素 B6 片、维生素 C、烟酸片、碳酸钙片、葡萄糖酸钙片、碳酸钙 D3 片、格列本脲片、格列吡嗪片、二甲双胍片、氯雷他定片（胶囊）、氯苯那敏片、西替利嗪片、茶苯海明片、赛庚啶片、异丙嗪片、酮替芬片（胶囊）、谷维素片、溴己新片、右美沙芬片、氨溴索片（口服液体）、复方甘草片、喷托维林片、沙丁胺醇片、硫糖铝片、碳酸氢钠片、西咪替丁片（胶囊）、法莫替丁片、雷尼替丁片（胶囊）、复方氢氧化铝片、枸橼酸铋钾片（胶囊）、铝碳酸镁片（咀嚼片）、甲氧氯普胺片、多酶片、乳酸菌素片、山莨菪碱片、溴丙胺太林片、多潘立酮片、酚酞片、开塞露溶液、蒙脱石口服散、葡醛内酯片、齐墩果酸片、水飞蓟宾片、苯丙醇胶丸、缓解消化道不适症状的复方 OTC 制剂、复方降压片（复方利血平片）、硫酸亚铁片、肌苷片、叶酸片、曲克芦丁片、氯化钾片、口服补液盐、红霉素软膏（眼膏）、克罗米通乳膏、硼酸外用溶液、克霉唑软膏（阴道片、栓）、联苯苄唑乳膏、咪康唑软膏（栓）、酮康唑软膏（洗剂）、阿昔洛韦软膏、煤焦油洗剂、水杨酸软膏、丁酸氢化可的松软膏、复方水杨酸溶、鱼石脂软膏、炉甘石洗剂、尿素乳膏、维 A 酸乳膏、氧化锌软膏、磺胺醋酰钠滴眼剂、金霉素眼膏、氯霉素滴眼剂、吡诺克辛滴眼剂、色甘酸钠滴眼液、呋麻滴鼻液、麻黄碱滴鼻液、复方氯己定含漱液、制霉素阴道泡腾片（栓剂）、双唑泰阴道泡腾片（栓剂）、替硝唑阴道泡腾片（栓剂）。

二、中成药部分（192 种）

艾附暖宫丸、安神补心丸（颗粒、片）、安神补脑片（胶囊、液）、八珍益母丸、白带丸、柏子养心丸、板蓝根颗粒（片、口服液）、百合固金丸、半夏露糖浆、保和丸、保济丸（口服液）、鼻炎康片、鼻炎片、拨云退翳丸、补脾益肠丸、补中益气合剂（丸、颗粒）、参苓白术丸（散、颗粒）、参芪健胃颗粒、参苏丸（胶囊）、柴银口服液、沉香化滞丸、川贝枇杷糖浆、川芎茶调丸（散、颗粒）、穿心莲片、创灼膏、刺五加胶囊（片）、丹栀逍遥丸、地奥心血康胶囊、跌打丸、冬凌草片、独活寄生合剂、耳聋左慈丸、二陈丸、二母宁嗽丸（片）、二至丸、法半夏枇杷膏、防风通圣丸、妇科千金胶囊（片）、妇科十味片、妇炎舒片、附子理中丸、复方板蓝根颗粒、复方丹参片、复方感冒灵颗粒（片）、复方罗布麻片、复方土槿皮酊、复方鲜竹沥液、感冒灵胶囊、感冒清热颗粒（胶囊）、固本咳喘片、固经丸、关节止痛膏、归脾丸（合剂）、桂附地黄丸（胶囊）、桂林西瓜霜（指粉剂）、桂龙咳喘宁胶囊、猴头菌片、护肝片、花红片、华佗膏、槐角丸、黄连上清丸（胶囊、片）、黄芪精口服液、黄芪颗粒、黄氏响声丸、活血止痛胶囊（膏）、藿胆丸、藿香正气水（丸、软胶囊、胶囊、片、滴丸、口服液、颗粒）、急支糖浆、加味逍遥丸、健脾丸、健胃消食片、健胃消炎颗粒、姜枣祛寒颗粒、接骨七厘片、解痉镇痛酊、金胆片、金莲花胶囊（片）、金银花露、京万红、荆防合剂（颗粒）、颈复康颗粒、九华痔疮栓、橘红痰咳颗粒、橘红丸（颗粒、胶囊）、抗病毒颗粒（片、口服液）、咳喘宁片（口服液）、快胃片、连翘败毒丸（片）、良附丸、六君子丸、六神丸、六味地黄丸（胶囊、片）、六味能消胶囊、龙胆泻肝丸、麻仁丸、马应龙八宝眼膏、马应龙麝香痔疮膏、麦味地黄丸、蜜炼川贝枇杷膏、明目地黄丸、木香顺气丸、脑立清丸（胶囊）、牛黄解毒片、牛黄上清片（丸、胶囊）、女金丸（胶囊、片）、枇杷叶膏、普乐安胶囊（片）、707 胃药胶囊、启脾丸（口服液）、杞菊地黄丸（胶囊、口服液）、气滞胃痛颗粒、强力枇杷露、清开灵颗粒（胶囊、片、滴丸）、清宁丸、清气化痰丸、清热解毒颗粒（胶囊、口服液）、清咽滴丸、祛痰灵口服液、全天麻片、人参归脾丸、人参健脾丸（片）、人参养荣丸、如意金黄散、三黄片、三金片、三九胃泰颗粒、三七胶囊（片）、桑菊感冒颗粒（片）、涩肠止泻散、伤湿止痛膏、上清丸、蛇胆陈皮散（胶囊）、蛇胆川贝液（胶囊）、麝香追风膏、生脉饮（颗粒、胶囊）、生脉饮（党参方）、十滴水、石斛夜光丸、双黄连颗粒（胶囊、片、口服液）、顺气化痰片、痰咳净散（片）、烫疮油、天麻丸、天王补心丸、田七痛经胶囊、通便灵胶囊、通宣理肺丸（片）、痛经宝颗粒、维 C 银翘片、胃康灵胶囊、胃乐宁片、胃苏颗粒、温胃舒胶囊（颗粒）、乌鸡白凤丸（胶囊、片）、五味子糖浆、仙灵骨葆胶囊、香菊感冒颗粒、香菊胶囊（片）、香连丸（片）、香砂六君丸、香砂平胃丸、香砂养胃丸（颗粒）、香砂枳术丸、消渴丸、消炎利胆片、消痔软膏、消肿止痛酊、逍遥丸（颗粒）、小柴胡颗粒（片）、杏苏止咳颗粒（口服液、糖浆）、养阴清肺膏（糖浆、口服液）、一清胶囊（颗粒）、益肝灵片、益母草膏（颗粒、胶囊、片）、银黄颗粒（片、胶囊、口服液）、银翘解毒合剂（丸、颗粒、片、胶囊、液）、玉屏风颗粒（胶囊、口服液）、元胡止痛颗粒（胶囊、片、滴丸）、越鞠丸、云南白药（散剂、胶囊、膏、酊、气雾剂）、障眼明片、珍珠明目滴眼液、正柴胡饮颗粒、正天丸、知柏地黄丸、止咳橘红颗粒、止咳丸、枳术颗粒、壮腰健肾丸（片）、左归丸、左金丸。（王　翔）

2011年1月1日起镇江市市区实施的医疗保险新政策简介

一、提高离休人员医疗统筹费标准

2011年，市区离休人员统筹费标准确定为每人27500元，参保单位（包括已实行地税征收单位）按此标准直接交至市社保经办机构，其中5000元划入离休人员个人医疗费用账户。离休人员个人医疗费用账户既可用于门诊，也可用于住院，往年结余部分可用于支付本人自付、自费费用。统一执行本市医保药品目录和诊疗项目目录，使用药品目录中注★、★★、★★★的药品，不再按比例先支付，改为全部报销；用于抢救的非目录药品费用报销40%；床位费最高报销标准提高到50元/床·日。使用诊疗项目中目录的乙类诊疗项目，个人先自付比例由15%降为10%。在定点社区卫生服务机构门急诊的，一律免收诊疗费。

二、完善居民医保医疗费用结算管理

自2011年1月1日起实行新的《镇江市居民基本医疗保险医疗费用结算办法》，进一步完善居民医保医疗费用的结算方式、结算程序、考核管理。主要内容包括：(1) 建立基金预算制度，确定支出原则。对市区居民医保参保人员的医疗费用支出实行总额控制。即根据当年基金筹集的预算额，在测算提取4%的风险金后，全部作为当年医疗费用支出的预算总额，予以分配及控制使用，确保收支平衡。(2) 根据定点医疗机构的不同，对定点医疗机构实行不同的结算方式。其中，定点社区卫生服务机构（含乡镇卫生院）实行以"参保定点人头"为核心的"总额预算管理""按病种付费"和"按服务单元付费"的复合式结算方式。对定点的二级及以上医院实行"总额预算、弹性结算和部分疾病按病种付费相结合"的复合式结算方式。(3) 建立居民基本医疗保险结算质量指标体系。包括特殊病种门急诊人次、出院人次（不含单独结算人次）、平均每门诊人次费用、平均每出院人次费用、门诊均次费用上下限、住院均次费用上下限、住院自费费用比例等7个指标，具体标准根据各定点医院上年的综合预算、结算数据制定，年终根据各定点医院年度预算总额指标及质量管理指标的实施情况进行决算。其中，医疗费用未超预算总额指标的按实结算，结余部分奖励40%；医疗费用超预算总额指标的合理增长部分，视有效增加工作量和均次费用指标、基金支付率等情况给予补助；住院自费费用比例超过规定的部分不予支付。

三、执行新版医保药品目录和社区药品目录

自2011年1月1日起执行《镇江市社会医疗保险、工伤保险和生育保险药品目录（2010年版）》和《镇江市社会医疗保险社区卫生服务机构药品目录（2010年版）》。

新版《医保药品目录》全面执行《江苏省基本医疗保险、工伤保险和生育保险药品目录》，并结合镇江市实际，对省药品目录中的乙类药品费用先自付比例进行了确定。在全市范围内统一使用，各辖市（区）必须严格执行，不得调整和另行制定。《医保药品目录》中的中成药和西药分：不注符号、注★、注★★以及注★★★四种。社会医疗保险参保人员使用不注符号的药品发生的费用，按社会医疗保险的规定支付；使用注★的药品发生的费用，先由个人自付10%，再按社会医疗保险的规定支付；使用注★★的药品发生的费用，先由个人自付20%，再按社会医疗保险的规定支付；使用注★★★的药品发生的费用，先由个人自付30%，再按社会医疗保险的规定支付；使用中药饮片发生的费用，除不予支付费用的中药饮片及药材外，均按社会医疗保险的规定支付。基本医疗保险参保人员个人一级账户有结余的，可用于抵冲药品费用个人先自付部分。工伤保险和生育保险参保人员使用目录中所有药品发生的费用，均按工伤保险和生育保险的规定支付。

新版《社区药品目录》由国家基本药物、省基层医疗卫生机构增补药物（以下简称省增补药物）和市社会医疗保险社区卫生服务机构过渡药物（以下简称社区过渡药物）三部分组成。共计药品677种，其中国家基本药物307种，省增补药物290种，社区过渡药物80种。适用于市区各定点社区卫生服务机构和一级医疗机构。参保人员使用国家基本药物（国家免疫规划用疫苗、部分未纳入《医保药品目录》的避孕药除外）和省增补药物发生的费用，无须个人先自付，直接按规定支付；使用国家免疫规划用疫苗、部分未纳入《医保药品目录》的避孕药发生的费用，由原渠道解决；使用社区过渡药物发生的费用，其支付范围、待遇与《医保药品目录》相同，其中中成药"备注"栏中和西药剂型后注有"社区去★""社区去★★"的药品，参保人员在定点社区卫生服务机构使用该药品发生的费用无须个人先自付，直接按规定支付；在其他定点医疗机构使用该药品发生的费用则分别先由个人自付10%、20%，再按规定支付。

四、降低参保人员社区机构门诊的个人支付比例

自2011年1月1日起，调整市区统账结合基本医疗保险门诊支付政策，降低参保人员在社区卫生服务机构门诊的个人支付比例。调整后，参保人员在社区就诊的门诊费用报销比例提高到90%，个人支付比例仅为10%，而一、二、三级定点医院则分别为25%、30%和50%，两者之间的差距，进一步拉大到15%、30%和40%，有利于促进分级诊疗服务体系和双向转诊制度的实施。

新政策规定，市区参保人员发生的门诊医疗费用，先从一级个人账户支付，用完后，进入社会统筹基金起付标准。在起付标准以内，由个人支付；超过起付标准以上的部分，由社会统筹基金和个人按比例共同支付，并采取不同等级定点医疗机构不同负担比例的办法。即在三级医院就诊的，社会统筹基金支付50%，个人支付50%；在二级医院就诊的，社会统筹基金支付70%，个人支付30%；在一级医院及除定点社区卫生服务机构外的其他定点医疗机构就诊的，社会统筹基金支付75%，个人支付25%；在本人所定点的社区卫生服务机构就诊的，社会统筹基金支付90%，个人支付10%。其余未涉及内容，仍按原规定执行。

五、提高居民医保财政补贴标准

自2011年起分两年提高市区居民基本医疗保险筹资和财政补贴标准。2011年，先将筹资标准提高到每人每年300元，财政补贴从150元提高到200元，其中个人缴费100元不变。2012年，再将筹资标准从每人每年300元提高到400元，其中财政补助从200元提高到240元，同时个人缴费从100元提高到160元。居民医保筹资标准提高后，"506070"参保人员和医疗救助对象的个人缴费仍按原规定享受照顾政策。居民医保的政府补贴部分，仍由市、区两级财政共同承担。（王　翔）

表41-4 镇江市市区公共交通营运线路情况一览表

线路	起讫站		全长(公里)	班车运行时间		间隔时间(分钟)	沿途停靠站点
				起站	讫站		
1	丁卯开发区	迎江桥	8.3	5:40~18:50	6:10~19:25	4~6	丁卯开发区(义乌小商品城)、新区广场、公交总公司、丁卯桥(丁卯医院)、金田花园、宝塔山公园、青年广场、江苏科技大学、梦溪广场西站、市政府、解放路南站(单)、大市口南站、大市口北站、四牌楼、电力路、迎江桥
2	火车站	金山公园	7.7	5:40~22:30	6:00~23:00	5~6	火车站、恒顺酱醋厂、中山桥、大市口西站、大市口北站、四牌楼、宝塔路、人民街、伯先公园、西站、和平路、江南新村(江南幼儿园)、金山公园
3	火车站	谏壁	18.6	5:40~22:00	5:40~22:00	4~6	火车站、恒顺酱醋厂、中山桥、大市口东站、梦溪路、梦溪广场北站、江苏科技大学、青年广场、宝塔山公园、金田花园、丁卯桥(丁卯医院)、公交总公司、永隆城市广场、纬七路、东城绿洲·翰霖苑、镇江机电高职、汝山(香江世纪名城)、江苏大学中门、江苏大学东门、王龙桥、丹徒镇、丹徒化肥厂、长岗、索普集团、化工开发区、纸浆厂、谏壁镇、谏壁
4	火车站	焦山公园	7.4	5:50~22:00	6:20~22:00	5~6	火车站、恒顺酱醋厂、中山桥、大市口西站、大市口北站、江滨医院、甘露寺(江滨医院北站)、江滨路、东吴路、江滨新村、检察院(国检局)、红豆购物广场(象山桥)、香江花城、中南世纪城、焦山公园
5	京谷大厦	乔家门	10.3	5:40~19:00	6:00~19:30	8~10	京谷大厦、大市口东站、中山桥、恒顺酱醋厂、润州山路、火车站、牌湾、二道巷、朱方路、三茅宫、七里甸、好美家装饰城、四摆渡、信息中专、民营开发区、白湾、蒋乔工业园区(大唐机械)、蒋乔肾病医院、乔家门
6	迎江桥	公交丹徒新城枢纽站(米芾广场)	18.7	6:00~18:50	6:00~19:00	10~15	迎江桥、长江路、江滨公园、江滨医院、大市口北站、大市口南站、市政府、梦溪广场南站、青年广场、天桥路、南门汽车客运站、吕家湾、五凤口、严岗村、三里岗、官塘桥、森普公司、铭基商贸城、缪家甸、台商工业园区、新区管委会、瑞泰圣地雅格、人民广场、瑞丹花苑、丹徒实验学校、盛丹路、公交丹徒新城枢纽站(米芾广场)
8	吉贝尔药业	金山公园	13.0	6:00~18:30	6:40~19:10	10~15	吉贝尔药业、纬一路、消防支队、路灯管理处、高新园区、丁卯开发区(义乌小商品城)(单)、新区广场、公交总公司、丁卯桥(丁卯医院)、金田花园、宝塔山公园、青年广场、江苏科技大学、梦溪广场南站(单)、梦溪广场北站(单)、梦溪路、花山路、东吴新村、江滨路、甘露寺(江滨医院北站)、江滨公园、长江路、中华路、西津渡、二人医、江南新村(江南幼儿园)、金山公园
9	南门汽车客运站	谏壁	20.8	5:50~18:10	6:10~19:00	15~20	南门汽车客运站、市图书馆、大市口东站、青云门、梦溪路、梦溪广场东站、京口区政府、镇江高专、丹徒区人民医院、恒美嘉园、恒顺翠谷、颐和家园、东城绿洲·翰霖苑、纬七路、永隆城市广场、新区广场、丁卯开发区(义乌小商品城)、四季经典(亚太五金电器城)、张尹徐、亿都家居建材城、武将村、陶瓷城(威达驾校)、长岗、上埠村、上埠货场、蔡家村、月湖街、燕舞桥、谏壁镇、谏壁
10	党校	渡口	11.9	5:40~18:50	6:20~19:25	4~5	党校、松盛花苑(建设学校)、桃花山庄、船艇学院、中医院(单)、桃八区、桃花坞路、梦溪广场西站、市政府、大市口南站、大市口西站、中山桥、恒顺酱醋厂、润州山路、火车站、牌湾、二道巷、朱方路、三茅宫、润州区政府、润州法院、太平圩、跃进桥、润州路、渡口
11	李家山新村	我家山水	7.6	5:40~22:00	6:00~22:00	8~10	李家山新村、百盛家园、城铁镇江站、黄山西路、恒顺酱醋厂、中山桥、大市口西站、大市口东站、青云门、花山路、东吴新村、东吴路、象山大道、江滨新村中学、紫荆苑(单)、阳光世纪花园(单)、山水广场(单)、我家山水
12	宝塔山公园	三茅宫	11.4	6:00~18:10	6:40~18:55	10~15	宝塔山公园、青年广场、东方花苑、解放桥、市图书馆、解放路南站(单)、大市口北站、江滨医院、江滨公园、长江路、电力路、宝塔路、山巷广场、宝盖路、伯先公园、京畿路、二道巷、朱方路、三茅宫小区(单)、仲家圩(单)、润州区政府(单)、三茅宫

续表 41-4

线路	起讫站		全长(公里)	班车运行时间		间隔时间(分钟)	沿途停靠站点
				起站	讫站		
14	宗泽路停车场	二人医	13.4	6:00~18:40	6:35~19:20	15~20	宗泽路停车场、袁家村、宗泽路、袁家湾、刘家湾、长江村、何家门、夏家门、袁家门、禹山北路、红豆购物广场(中影东方影城)(单)、检察院(国检局)、东吴路、花山路、古城路、中医院、桃八区、桃花坞路、梦溪路、青云门、大市口东站、大市口北站、江滨医院、江滨公园、长江路、中华路、西津渡、二人医
15	金江乡	南山风景区(碧榆园)	11.1	6:00~18:00	6:35~18:35	10~15	金江乡、江南桥、新河路、江南新村(江南幼儿园)、金山桥、西站、牌湾、火车站、恒顺酱醋厂、中山桥、大市口西站、青云门、梦溪路、梦溪广场南站、江苏科技大学、青年广场、天桥路、磨笄山、竹林路、南山风景区(碧榆园)
16	象山油库	南门汽车客运站	13.2	6:10~18:10	6:00~19:00	10~15	象山油库、唐家村、徐家村、陈家门、袁家门、禹山北路、党校、米山人家、桃花山庄、梦溪嘉苑、京口路、石马路、京口区政府北站、梦溪广场东站、梦溪广场西站、市政府、解放路南站(单)、大市口南站、中山桥、恒顺酱醋厂、锻压机床厂、黄山花园、黄山南路、林隐路、黄鹤山、磨笄山、南门汽车客运站
17	南门汽车客运站	龙门港区	15.0	5:45~18:00	6:25~18:40	15~20	南门汽车客运站、磨笄山、黄鹤山、南徐大道、黄山南路、庄泉村、黄山西路、城铁镇江站、九华山路北站、牌湾、西站、和平路、江南新村(江南幼儿园)、金山公园、桃西路、太平支路、鲇鱼套、大桥村、小桥、五摆渡、爱乡路、龙门村、惠龙港、西大圩、六摆渡、龙门港区
18	松盛园	公交江科大枢纽站	11.9	6:00~18:20	6:40~19:00	10~15	松盛园、东吴新村、花山路、梦溪路、梦溪广场南站、江苏科技大学、青年广场、天桥路、磨笄山、黄鹤山、林隐路、润州花园南站、润州工商分局、行政中心东站、行政中心北站、南山路西站、营房街、七里甸、好美家装饰城、四摆渡西站、小牛村、江科大西校区、公交江科大枢纽站
19	城铁镇江站	公交江大枢纽站	10.3	5:40~22:00	5:40~22:00	4~6	城铁镇江站、九华山路北站、润州山路、恒顺酱醋厂、中山桥、大市口西站、大市口南站、市政府、梦溪广场西站、梦溪广场东站、京口区政府、镇江高专、丹徒区人民医院、恒美嘉园、恒顺翠谷、颐和家园、镇江机电高职、汝山(香江世纪名城)、江苏大学中门、江苏大学东门、公交江大枢纽站
20	红豆购物广场	新区小学	34.9	6:00~18:00	6:20~19:10	20~25	红豆购物广场、检察院(国检局)、江滨新村、东吴路、东吴新村、花山路、青云门、大市口南站、解放路南站(单)、市图书馆、解放桥、东方花苑、青年广场、宝塔山公园、金田花园、丁卯桥(丁卯医院)、公交总公司、新区广场、丁卯开发区(义乌小商品城)、银山鑫城、港中路、开发区检察院(银山鑫城)、银山路、银环路、金港花园、赵声路南站、世纪花苑、新区医院、新区小学、四季经典(亚太五金电器城)、张尹徐、亿都家居建材城、武将村、陶瓷城(威达驾校)、上膛货场、蔡家村、月湖街、下庚、钱家湾、甸上、青龙山路、百里庄、双堡里、投资服务中
21有	迎江桥	上党农贸市场	23.8	5:40~18:20	5:50~19:25	10~15	迎江桥、电力路、一人医、大市口西站、大市口东站、青云门、梦溪路、梦溪广场南站、青年广场、宝塔山公园、金田花园、丁卯桥(丁卯医院)、公交总公司、潘宗村、美林湾、南山一品、三里岗、官塘桥、森普公司、铭基商贸城、缪家甸、光明村、蔡巷、蔡巷南站、西麓、贺家山、严家山、义村、钱家庄、上党镇政府、上党邮电局、上党农贸市场
21	迎江桥	上党农贸市场	24.2	6:30~18:30	6:00~19:35	10~15	迎江桥、电力路、一人医、大市口西站、大市口东站、青云门、梦溪路、梦溪广场南站、青年广场、宝塔山公园、金田花园、丁卯桥(丁卯医院)、公交总公司、潘宗村、美林湾、南山一品、三里岗、官塘桥、森普公司、铭基商贸城、缪家甸、光明村、丹徒新城医院、杨溪村、谷阳镇、倪家庄、天燃气门站、槐荫村、苏源电力、王院村、上党农贸市场
22有	我家山水	韦岗温泉	23.7	5:40~18:00	6:55~18:40	15~20	我家山水、江滨新村中学、象山大道、东吴路、东吴新村、花山路、青云门、大市口东站、中山桥、恒顺酱醋厂、火车站、牌湾、二道巷、朱方路、三茅宫、七里甸、好美家装饰城、四摆渡、信息中专、乔家门、镇江国防园、分牛村、石头岗、公交拥军站、新甸、西斛村、焦汾村、华夏制漆、石马(煤安公司)、黄埝岗、韦岗修理厂、韦岗、韦岗温泉、(定班延伸至东昌)

续表41-4

线路	起讫站		全长(公里)	班车运行时间		间隔时间(分钟)	沿途停靠站点
				起站	讫站		
22	我家山水	小衣庄	27.6	5:55~17:40	6:45~18:45	40~50	我家山水、江滨新村中学、象山大道、东吴路、东吴新村、花山路、青云门、大市口东站、中山桥、恒顺酱醋厂、火车站、牌湾、二道巷、朱方路、三茅宫、七里甸、好美家装饰城、四摆渡、信息中专、乔家门、镇江国防园、分牛村、石头岗、公交拥军站、新甸、西斛村、焦汾村、周家、厚固村、黄山、黄埝岗、韦岗温泉、二水、韦岗纪念碑、小衣庄、工兵团、汽训大队
23有	梦溪嘉苑	高资中学	22.7	5:40~18:30	6:20~19:20	10~15	梦溪嘉苑、桃花山庄、船艇学院、中医院、桃花坞路、梦溪路、青云门、大市口东站、中山桥、恒顺酱醋厂、火车站、牌湾、二道巷、朱方路、三茅宫、七里甸、好美家装饰城、四摆渡、信息中专、喻家湾、柳工集团、陈家门、三人医、东茶场、项家窑、夹山、高资茶场、赵家窑、唐驾庄、高资小区、高资、玉书路、高资中学
23	梦溪嘉苑	高资中学	24.3				梦溪嘉苑、桃花山庄、船艇学院、中医院、桃花坞路、梦溪路、青云门、大市口东站、中山桥、恒顺酱醋厂、火车站、牌湾、二道巷、朱方路、三茅宫、七里甸、好美家装饰城、四摆渡、信息中专、喻家湾、柳工集团、陈家门、三人医、东茶场、项家窑、夹山、高资茶场、赵家窑、唐驾庄、高资小区、高资、玉书路、高资中学(23路定班延伸)、桥头、财校、茶场、下蜀
24	火车站	港务总公司	34.1	5:40~18:10	6:00~19:30	12~15	火车站、恒顺酱醋厂、一人医、新马路、迎江桥、江滨公园、江滨医院、大市口北站、大市口南站、解放路南站(单)、市政府、梦溪广场西站、江苏科技大学、青年广场、宝塔山公园、金田花园、丁卯桥(丁卯医院)、公交总公司、新区广场、丁卯开发区(义乌小商品城)、四季经典(亚太五金电器城)、亿都家居建材城、陶瓷城(威达驾校)、长岗、化工开发区、纸浆厂、谏壁、莺歌桥、六九〇四、长龙山、粮山、德马化工、方泉村、甸上、南谢村、西严村、纪庄、圌村、西葛村、葛村、港南路、陈家窑、出口加工区、四海家园、唐家湾、大港镇、港口路南站、赵声路
25	我家山水	彩虹城	21.3	6:00~18:00	6:30~18:30	15~20	我家山水、江滨新村中学、象山大道、东吴路、东吴新村、花山路、青云门、大市口东站、中山桥、恒顺酱醋厂、黄山北路南站、庄泉村、北府路、镇江实验初中、庄泉路、江科大南校区(单)、枣林村、国际冠城、万科魅力之城、御桥港路、凤凰家园、润旺路、交巡警支队、镇江佳峰、樟山果园、国际工业品城、沟西村、长山灌区、华子桥、长山巷(北)、长山巷、米芾广场、姚庄、皇都寺、西环路、爱民路、盛丹路、彩虹城
28	城铁镇江站	鼎胜铝业	25.1	6:10~19:00	6:10~19:00	20~30	城铁镇江站、九华山路北站、润州山路、恒顺酱醋厂、中山桥、大市口南站、市政府、梦溪广场西站、梦溪广场东站、京口区政府、镇江高专、丹徒区人民医院、恒美嘉园、恒顺翠谷、颐和家园、镇江机电高职、汝山(香江世纪名城)、东城绿洲、学林雅郡、四季经典(亚太五金电器城)、亿都家居建材城、陶瓷城(威达驾校)、长岗、索普集团、化工开发区、纸浆厂、谏壁镇、燕舞桥、月湖街、高王庙、华诚新村、李华村(北)、李华村(南)、谏辛公路、鸿泰钢铁公司、鼎胜铝业
29	金山公园	东方村	36.4	5:50~18:20	6:20~19:30	15~25	金山公园、江南新村(江南幼儿园)、二人医、西津渡、中华路、长江路、江滨公园、江滨医院、大市口东站、梦溪路、梦溪广场东站、京口区政府、镇江高专、丹徒区人民医院、恒美嘉园、恒顺翠谷、颐和家园、镇江机电高职、汝山(香江世纪名城)、江苏大学中门、江苏大学东门、王龙桥、丹徒镇、丹徒化肥厂、长岗、化工开发区、纸浆厂、谏壁、莺歌桥、六九〇四、粮山村、谏壁石油总公司、谏壁油库、江心汽渡、孩溪村、船山村、高鹏药业、祝赵村、白云石矿、朱家湾、岱向桥、大港汽渡、新区广电中心、港口路南站、赵声路北站、港中新村、农贸市场、港中新村
31	丁卯开发区	三茅宫	10.9	18:50~23:20	19:25~22:40	8~15	丁卯开发区(义乌小商品城)、新区广场、公交总公司、丁卯桥(丁卯医院)、金田花园、宝塔山公园、青年广场、江苏科技大学、梦溪广场西站、市政府、解放路南站(单)、大市口南站、大市口西站、中山桥、恒顺酱醋厂、火车站、牌湾、二道巷、朱方路、三茅宫
32	宗泽路停车场	火车站	8.5	18:55~21:35	19:30~22:00	10~15	宗泽路停车场、方家湾、凌家湾、红旗村、党校、松盛花苑(建设学校)、桃花山庄、船艇学院、桃八区、桃花坞路、梦溪路、青云门、大市口东站、大市口西站、中山桥、恒顺酱醋厂、润州山路、火车站

续表 41-4

线路	起讫站		全长(公里)	班车运行时间		间隔时间(分钟)	沿途停靠站点
				起站	讫站		
33	党校	镇江中学	9.2	18:55~21:30	19:30~22:00	15~20	党校、米山人家、花山东路、花山湾、干休所、花山路、青云门、大市口东站、大市口西站、中山桥、恒顺酱醋厂、火车站、牌湾、二道巷、朱方路、三茅宫、镇江中学
34	金山公园	林隐路停车场	9.2	18:15~21:30	18:50~22:00	15~20	金山公园、金山桥、西站、伯先公园、宝盖路、登云路、一人医、中山桥、大市口西站、大市口东站、青云门、梦溪路、梦溪广场南站、江苏科技大学、青年广场、天桥路、磨笄山、林隐路停车场
35	丁卯美林湾	金山公园	13.0	18:40~21:30	19:15~22:00	15~20	金山公园、江南新村(江南幼儿园)、二人医、西津渡、中华路、长江路、江滨公园、江滨医院、大市口北站、大市口东站、青云门、梦溪路、梦溪广场南站、江苏科技大学、青年广场、宝塔山公园、金田花园、丁卯桥、公交总公司、潘宗村、美林湾北站、美林湾西站、美林湾南站、丁卯美林湾
36	火车站	渡口	5.7	19:30~21:30	19:50~21:50	20~30	火车站广场、火车站、牌湾、二道巷、朱方路、三茅宫、润州区政府、润州法院、太平圩、跃进桥、润州路、渡口
39	党校	镇江南站	16.0	6:00~21:10	6:40~22:00	白天12~15 晚上20~25	松盛花苑、桃花山庄、梦溪嘉苑、京口路、石马路、京口区政府北站、梦溪广场东站、梦溪广场西站、正东路、大市口南站、大市口西站、中山桥、恒顺酱醋厂、庄泉村、黄山南路、南徐大道、江科大南校区、枣林村、国际冠城、万科魅力之城、万科魅力之城润园、秧坝村、檀山路、五州山路西站
40	城铁镇江站	李长荣化工	17.0	6:30~18:00	7:15~18:40	40	城铁镇江站、火车站、牌湾、西站、金山桥、金山公园、桃西路、太平支路、鲇鱼套、大桥、康士伯船舶电气、疏港路、西小圩、沿河、吴家庄、勤丰、二重集团、李长荣化工
K42	城铁镇江站	韦岗温泉	21.9	6:30~18:00	6:30~19:00	30	城铁镇江站、黄山西路、庄泉村、黄山南路、南徐大道、江科大南校区、江科大南校区西门、体育会展中心、万科魅力之城、御桥港路、凤凰家园、交巡警支队、镇江佳峰、凤凰山路、蒋桥肾病医院、乔家门、镇江国防园、分牛村、石头岗、公交拥军站、新甸、西斛村、焦汾村、华夏制漆、石马(煤安公司)、黄埝岗、韦岗、韦岗温泉
51	丁卯开发区(义务小商品城)	火车站	14.0	6:30~18:30	6:30~18:30	10~12	丁卯开发区(义乌小商品城)、新区广场、公交总公司、丁卯桥(丁卯医院)、金田花园、宝塔山公园、青年广场、江苏科技大学、梦溪广场西站、市政府、大市口南站、中山桥、恒顺酱醋厂、庄泉村、北府路、百盛家园、行政中心北站、跑马山、檀山路北站、火车站
100	高资中学	镇江南站	24.0	6:30~18:00	6:30~18:00	20~25	玉书路、高资东站、高资小区、唐驾庄、徐家跳、茅家庄、西斛村、唐岗、焦汾村、戴巷、石山湾、长山林场、车家边、大西湾、米芾书法公园、赵家村、盘丹路西站、丹徒实验学校、瑞山路南站、瑞泰圣地雅格、新城管委会、北极金谷家园、丹徒大港中学、瑞山路北站、駙马庄、千禧路东站、蔬菜基地
101	丁卯美林湾	三茅宫	12.6	6:00~18:20	6:20~19:00	10~15	丁卯美林湾、丁卯美林湾南站、丁卯美林湾西站、丁卯美林湾北站、潘宗村、公交总公司、丁卯桥(丁卯医院)、金田花园、宝塔山公园、青年广场、江苏科技大学、梦溪广场西站、市政府、市图书馆、解放桥、农机公司、运河路公用站、恒顺酱醋厂、火车站、牌湾、二道巷、朱方路、三茅宫
102	一泉村	南门汽车客运站	10.0	5:50~18:00	6:30~18:40	10~15	一泉村、一泉小学、竹轩宾馆、一泉路、金山公园、江南新村(江南幼儿园)、二人医、西津渡、人民街、宝塔路、四牌楼、斜桥街、山门口街、健康路、市政府、梦溪广场西站、江苏科技大学、青年广场、天桥路、南门汽车客运站
104	金山公园	焦山公园	9.2	6:00~18:00	6:40~18:40	8~10	金山公园、金山桥、西站、伯先公园、宝盖路、登云路、一人医、中山桥、大市口东站、青云门、花山路、东吴新村、东吴路、江滨新村、检察院(国检局)、红豆购物广场(象山桥)、香江花城、中南世纪城、焦山公园
105	党校	江科大西校区	11.6	5:40~18:40	6:15~19:15	10~15	党校、米山人家、花山东路、花山湾、干休所、花山路、青云门、大市口东站、中山桥、恒顺酱醋厂、火车站、牌湾、二道巷、朱方路、三茅宫、七里甸、好美家装饰城、四摆渡西站、小牛村、蚕种场、江科大西校区

续表41-4

线路	起讫站		全长(公里)	班车运行时间		间隔时间(分钟)	沿途停靠站点
				起站	讫站		
106	宗泽路停车场	三茅宫	12.2	6:00~18:20	6:40~19:00	20~25	宗泽路停车场、袁家村、颐和家园谷阳路站、东城绿洲·翰霖苑、纬七路、永隆城市广场、公交总公司、丁卯桥(丁卯医院)、金田花园、宝塔山公园、青年广场、天桥路、磨笄山、黄鹤山、南山、黄山、江苏科大南校区、枣林村、檀山路、坡岗村、茶砚山、好美佳装饰城、七里甸
113	梦溪嘉苑	万科魅力之城	14.4	7:00~18:00	7:00~18:00	30~40	梦溪嘉苑、桃花山庄、船艇学院、桃花坞路、梦溪路、青云门、大市口东站、中山桥、恒顺酱醋厂、庄泉村、北府路、百盛家园、行政中心东站、江科大南校区西门、九华山路、檀山社区、莲花洞村、九华山庄、白龙山路、诈输村、秧坝村、万科魅力之城润园、万科魅力之城
115	渡口	金太阳装饰城	11.9	6:00~18:00	6:40~18:40	15~20	金太阳装饰城、严岗村、五凤口、吕家湾、南门汽车客运站、市图书馆、大市口南站、中山桥、恒顺酱醋厂、火车站、牌湾、西站、金山桥、金山公园、桃西路、太平支路、跃进桥、润州路、渡口
116	火车站	公交江大枢纽站	12.8	6:30~18:30	6:30~18:30	30~40	火车站、恒顺酱醋厂、中山桥、大市口南站、市政府、梦溪广场西站、江苏科技大学、青年广场、宝塔山公园、金田花园、丁卯桥(丁卯医院)、公交总公司、永隆城市广场、纬七路、纬八路、蒋家湾、经十二路、东城绿洲、江苏大学中门、江苏大学东门、公交江大枢纽站
118	松盛园	公交丹徒新城枢纽站(米芾广场)	18.8	6:00~18:00	6:30~18:50	12~20	松盛园、东吴新村、花山路、青云门、大市口东站、中山桥、恒顺酱醋厂、润州山路、火车站、檀山路北站、跑马山、行政中心西站、国际冠城、万科魅力之城、万科魅力之城润园、秧坝村、檀山路、诈输村、长山灌区、蔬菜基地、农业示范园、下黄山、金谷东路、大港中学、丹徒区法院、龙山路、画意江南、风景城邦、姚庄、公交丹徒新城枢纽站(米芾广场)
123	三茅宫	宗泽路停车场	13.1	6:30~19:00	5:50~18:15	15~20	三茅宫、朱方路、二道巷、牌湾、火车站、润州山路、黄山、登云路、黄山北路、京口闸、长江路、江滨公园、江滨医院、大市口北站、大市口东站、青云门、梦溪路、桃花坞路、桃八区、中医院、古城路、花山东路、米山人家、党校、红旗村、凌家湾、方家湾、宗泽路停车场
126	港务总公司	东方村	9.2	7:00~18:00	7:00~18:30	20~30	港务总公司、港口西区、伯先故居、港口路南站、世纪花苑、赵声路南站、金港花园、银山公园、银环路、港中路、烟墩山路、华阳、康飞公司、东方路、横山村、东方村
130	红豆购物广场	三茅宫	10.8	6:00~18:00	6:30~18:30	25~30	红豆购物广场、香江花城、中南世纪城、江滨大道、沧浪桥、我家山水、松盛园、江滨路、甘露寺(江滨医院北站)、江滨公园、长江路、中华路、西津渡、二人医、江南新村(江南幼儿园)、金山桥、西站、二道巷、朱方路、三茅宫
132	红豆购物广场	城铁丹徒站	23.4	6:30~18:00	6:30~18:00	定班运行	红豆购物广场、禹山北路、袁家门、夏家门、何家门、长江村、刘家湾、卢家圩、禹山东路、王家湾、江苏大学北门、学府路、公交江大枢纽站、江苏大学东门、江苏大学中门、东城绿洲、学林雅郡、四季经典(亚太五金电器城)、创业园区、南纬四路、新区科技园
133	金山公园	焦山公园	9.8	7:00~17:00	7:45~18:00	25~30	焦山公园、中南世纪城、香江花城、红豆购物广场(象山桥)、检察院(国检局)、江滨新村、东吴路、江滨路、甘露寺(江滨医院北站)、江滨医院、大市口北站、大市口西站、中山桥(单)、恒顺酱醋厂、火车站、牌湾、西站、金山桥、金山公园
135	松盛园	农副产品批发市场	11.1	6:00~18:20	6:40~18:50	20~30	松盛园、江滨路、甘露寺(江滨医院北站)、江滨医院、大市口北站、大市口南站、解放路南站(单)、市图书馆、南门汽车客运站、吕家湾、五凤口、严岗村、三里岗、官塘桥、农副产品批发市场
136	镇江新区	东方村	10.4	7:10~18:10	7:10~18:40	15~20	镇江新区、世纪花苑、赵声路南站、金港花园、银河路、出口加工区、双堡里、投资服务中心、开发区检察院(银山鑫城)、观塘、北角西站、北角、北角东站、横山中路站、横山北路站、东方村
138	公交丹徒新城枢纽站(米芾广场)	三山南站	12.8	6:20~18:20	6:20~18:20	15~20	公交丹徒新城枢纽站(米芾广场)、盛丹路、丹徒实验学校、瑞丹花苑、人民广场、瑞泰圣地雅格、新区管委会 、丹徒新城医院、杨溪村、谷阳镇、下西六村、白露村、丹徒工业园区、六村、三山镇 、城南人家、江家村、三山南站

续表 41-4

线路	起讫站		全长(公里)	班车运行时间		间隔时间(分钟)	沿途停靠站点
				起站	讫站		
139	公交丹徒新城枢纽站(米芾广场)	城铁丹徒站	12.5	6:30~18:30	6:30~18:30	15~20	公交丹徒新城枢纽站(米芾广场)、盛丹路、华山路、风景城邦、画意江南、龙山路、丹徒区法院、丹徒大港中学、金谷东路、铭基商贸城、缪家甸、东经一路、谷阳大道东站、江苏捷诚电子、丹徒农场、三山镇、城南人家、江家村、三山职教中心、后北村、前北村、城铁丹徒站
K201	三茅宫	长岗	14.7	6:30~18:00	6:30~18:00	15~20	三茅宫、朱方路、二道巷、牌湾、火车站、恒顺酱醋厂、中山桥、大市口西站、大市口南站、市政府、梦溪广场西站、梦溪广场东站、京口区政府、镇江高专、丹徒区人民医院、恒美嘉园、恒顺翠谷、颐和家园、镇江机电高职、汝山(香江世纪名城)、江苏大学中门、江苏大学东门、王龙桥、丹徒镇、丹徒化肥厂、长岗
K202	江大枢纽站	镇江南站	17	6:30~18:30	6:30~19:00	10~15	江苏大学东门、江苏大学中门、汝山(香江世纪名城)、镇江机电高职、颐和家园、恒顺翠谷、恒美嘉园、丹徒区人民医院、镇江高专、京口区政府、梦溪广场东站、梦溪广场西站、正东路、健康路、珍珠桥、黄山东路、庄泉村、北府路、镇江实验初中、庄泉路南站、江科大南校区、枣林村、国际冠城、万科魅力之城、万科魅力之城润园、秧坝村、檀山路、五州山路西站
K208	伯先故居	镇江南站	40.0	6:20~18:50	6:00~18:00	12~15	港口路南站、赵声路南站、金港花园、投资服务中心、双堡里、毛家湾、东寺巷、公交江大枢纽站、江苏大学东门、江苏大学中门、汝山(香江世纪名城)、镇江机电高职、颐和家园、恒顺翠谷、恒美嘉园、丹徒区人民医院、镇江高专、京口区政府、梦溪广场东站、梦溪广场西站、正东路、大市口南站、中山桥、恒顺酱醋厂、庄泉村、黄山南路、润州花园南站、庄泉路南站、江科大南校区、枣林村、国际冠城、万科魅力之城、万科魅力之城润园、秧坝村、檀山路、五州山路西站
K218	京谷大厦	彩虹城	14.3	6:30~20:30	6:30~21:00	15~20	京谷大厦、大市口东站、中山桥、恒顺酱醋厂、黄山南路、南徐大道、江苏科大南校区、江科大南校区西门、九华山路、檀山社区、莲花洞村、白龙山南路、卢湾村、千禧路、龙山路、丹徒区法院、大港中学、北极金谷家园、彩虹城
K219	南门汽车客运站	公交江大枢纽站	10.5	6:40~19:20	6:00~18:40	20~25	南门汽车客运站、市图书馆、市政府、梦溪广场西站、梦溪广场东站、京口区政府、镇江高专、丹徒区人民医院、恒美嘉园、恒顺翠谷、颐和家园、镇江机电高职、汝山(香江世纪名城)、江苏大学中门、江苏大学东门、公交江大枢纽站
K221	城铁镇江站	上党农贸市场	21.0	6:20~18:00	6:10~19:00	15~20	城铁镇江站、黄山西路、恒顺酱醋厂、中山桥、大市口南站、市图书馆、南门汽车客运站、吕家湾、五凤口、严岗村、三里岗、官塘桥、森普公司、铭基商贸城、缪家甸、光明村、杨溪村、谷阳镇、倪家庄、天燃气门站、槐荫村、苏源电力、王院村、上党农贸市场
D1	城铁镇江站	公交江大枢纽站	10.3	6:10~18:40	6:10~18:40	3~5	城铁镇江站、九华山路北站、润州山路、恒顺酱醋厂、中山桥、大市口西站、大市口南站、市政府、梦溪广场西站、梦溪广场东站、京口区政府、镇江高专、丹徒区人民医院、恒美嘉园、恒顺翠谷、颐和家园、镇江机电高职、汝山(香江世纪名城)、江苏大学中门、江苏大学东门、江苏大学
D2	城铁镇江站	镇江新区	31.1	6:00~20:30	6:30~21:45	5~10	城铁镇江站、黄山西路、恒顺酱醋厂、中山桥、大市口西站(单)、大市口南站、市政府、梦溪广场西站、江苏科技大学、青年广场、宝塔山公园、金田花园、丁卯桥(丁卯医院)、公交总公司、新区广场、丁卯开发区(义务小商品城)、四季经典(亚太五金电器城)、张尹徐、亿都家居建材城、陶瓷城(威达驾校)、周家村、上隍村、丁家桥、蔡家村、雩北(大刘村)、钱家湾、果园里、双堡里、投资服务中心、银山路、银环路、金港花园、赵声路南站、世纪花苑、港口路南站、镇江新区
D3	焦山风景区	公交丹徒新城枢纽站(米芾广场)	24.4	6:00~19:00	6:30~20:00	5~7	焦山风景区、象山、中南世纪城、香江花城、红豆购物广场(象山桥)、检察院(国检局)、江滨新村、东吴路、江滨路、甘露寺(江滨医院北站)、江滨医院、大市口北站、中山桥、恒顺酱醋厂、庄泉村、黄山南路、南徐大道、江科大南校区、枣林村、国际冠城、万科魅力之城、檀山路、诈输村、沟西村、长山灌区、华子桥、长山巷(北)、华润·金色阳光、驸马山庄、泰银茗园、龙山路、丹徒区法院、丹徒大港中学、北极金谷家园、新区管委会、瑞泰圣地雅格、人民广场、画意江南、风景城邦、姚庄、公交丹徒新城枢纽站(米芾广场)

续表 41-4

线路	起讫站		全长(公里)	班车运行时间		间隔时间(分钟)	沿途停靠站点
				起站	讫站		
D4	焦山风景区	火车站	15.5	6:00~18:30	6:30~19:00	5~10	焦山风景区、象山、中南世纪城、香江花城、红豆购物广场(象山桥)、党校、米山人家、松盛花苑、桃花山庄、梦溪嘉苑、京口路、石马路、京口区政府北站、梦溪广场东站、梦溪广场西站、市政府、市图书馆、解放桥、农机公司、运河路公用站、恒顺酱醋厂、庄泉村、黄山南路、润州花园南站、润州工商分局、行政中心东站、行政中心北站、跑马山、檀山路北站、火车站
D5	谏壁	镇江南站	21	6:00~18:30	6:00~18:30	10~15	谏壁镇、金河纸业、化工开发区、索普集团、长岗、陶瓷城(威达驾校)、亿都家居建材城、张尹徐、四季经典(亚太五金电器城)、丁卯开发区(义乌小商品城)、新区广场、公交总公司、丁卯桥(丁卯医院)、金田花园、宝塔山公园、青年广场、天桥路、磨笄山、黄鹤山、南山、黄山、江科大南校区、枣林村、国际冠城、万科魅力之城、万科魅力之城润园、秧坝村、檀山路、五州山路西站
龙山线	谏壁	龙山村	6.6	6:30~18:00	7:00~18:30	25~30	谏壁、龙山
驸马庄专线	京谷大厦	彩虹城	19.1	6:30~18:30	6:30~18:30	20~30	京谷大厦、大市口东站、中山桥、恒顺酱醋厂、火车站、牌湾、朱方路、三茅宫、七里甸、好美家装饰城、四摆渡、信息中专、锻压机床厂、润旺路、镇江佳峰、凤凰山路、樟山果园、国际工业品城、沟西村、长山灌区、千禧路西站、驸马山庄、驸马庄茶场、驸马庄、魏玛假日、金谷东路、新区管委会、彩虹城
丹徒新区夜班专线	城铁镇江站	公交丹徒新城枢纽站(米芾广场)	22.6	18:30~22:00	18:50~22:00	20~25	城铁镇江站、黄山西路、恒顺酱醋厂、中山桥、大市口西站、大市口南站、市政府、梦溪广场西站、梦溪广场南站、青年广场、天桥路、南门汽车客运站、吕家湾、五凤口、严岗村、三里岗、官塘桥、森普公司、铭基商贸城、缪家甸、台商工业园区、新区管委会、瑞泰圣地雅格、人民广场、画意江南、风景城邦、姚庄、米芾广场、长山巷、华润·金色阳光、驸马山庄、千禧路东站、驸马庄、魏玛假日、金谷东路、丹徒大港中学、丹徒区法院、龙山路、公交丹徒新城枢纽站(米芾广场)
车管所专线	迎江桥	鼎胜铝业	18.0	6:30~17:40	7:20~18:30	50	迎江桥、长江路、江滨公园、江滨医院、大市口北站、大市口南站、市政府、梦溪广场西站、江苏科技大学、青年广场、宝塔山公园、金田花园、丁卯桥(丁卯医院)、公交总公司、新区广场、丁卯开发区(义务小商品城)、四季经典(亚太五金电器城)、创业园区、南纬四路、新区科技园、小刘村北、小刘村南、丰家村北、丰家村南、车辆管理所、鼎胜铝业
五峰山专线	港务总公司	五峰山船厂	7	定班运行	定班运行	定班	港务总公司、聂家村、港韩路、韩桥、国亨化学、过江线、东洲造船厂、五峰山船厂
三人医专线	京谷大厦	三人医	10.8	定班运行	定班运行	定班运行	京谷大厦、大市口东站、中山桥、恒顺酱醋厂、火车站、牌湾、二道巷、朱方路、三茅宫、七里甸、好美家装饰城、四摆渡、信息中专、喻家湾、三人医

注:1. D为大运量线路;K为空调线路;“有”为有人售票线路,其他为无人售票线路。

2. 括号中标注“单”的站点为单向停靠站点。

3. 线路、时间若有变动,以有关公告为准。

(沈玉梅)

索 引

说 明

一、本索引采用主题分析方法编制。标引词中机构、单位名称按《简称全称对照表》,用简称。市机构、单位名称前不加"镇江市"或"市"。标引词按第一字汉语拼音音序排列;第一字相同,按第二字排列,依次类推。

二、类目、分目(次分目)名称用黑体字标明。标引词后的阿拉伯数字表示内容所在页码,数字后的拉丁字母 a、b、c 分别表示从左至右第一、二、三栏。标引词后第二个页码起,表示该索引参见内容所在位置;空一字起排的为上一标引词的附见内容。

三、《大事记》和彩色画页未编索引。

A

B

C

H

T

U

W

X

Y

Z

江苏省电力建设第三工程公司

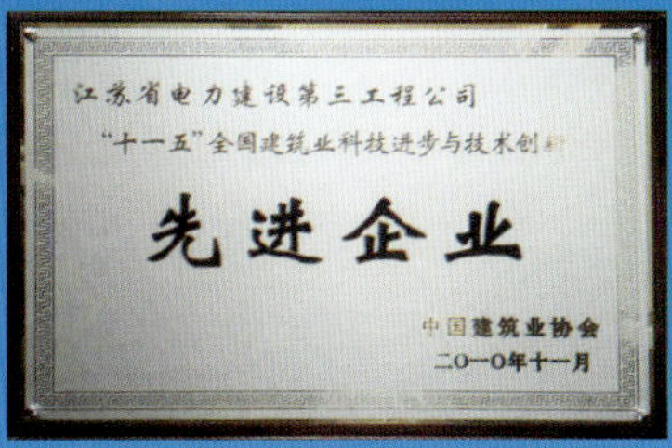

江苏省电力建设第三工程公司自成立以来，先后建成火电发电厂 62 座（不含核电、燃机），移交机组总装机容量 2692.11 万千瓦（截至 2010 年底），为国家电力建设事业的发展作出了积极的贡献。

“十一五”期间，该公司认真贯彻落实科学发展观，始终坚持科学发展、安全发展、和谐发展，综合实力、发展能力、队伍素质、品牌影响力全面提升。一是实现了主业做大做强，累计完成施工产值 103.7 亿元，比“十五”时期增长 47%。二是实现了产业多元齐头并进，仅 2010 年，该公司在火电、送变电、核电、风电、检修五大产业的中标工程量超过 30 亿元；“十一五”期间，送变电产业完成产值 5.56 亿元，比“十五”时期实现翻番；核电施工能级再上新台阶，在完成江苏田湾核电一期工程的基础上，承接了世界领先的海阳核电站 AP1000 机组常规岛项目；风电业务从无到有，完成产值 2 亿元。三是实现了经营集约化发展，通过资源整合、机构重组、流程再造等一系列管理举措，企业综合实力全面提升，各项经济指标位居全国同行前列。四是实现了品牌形象的全面提升，“十一五”期间共获得了 2 个“鲁班奖”、1 个国家级优质工程、11 个全国焊接优质工程、2 个全国新技术应用示范工程、6 个省部级优质工程和 1 个国家级工法。

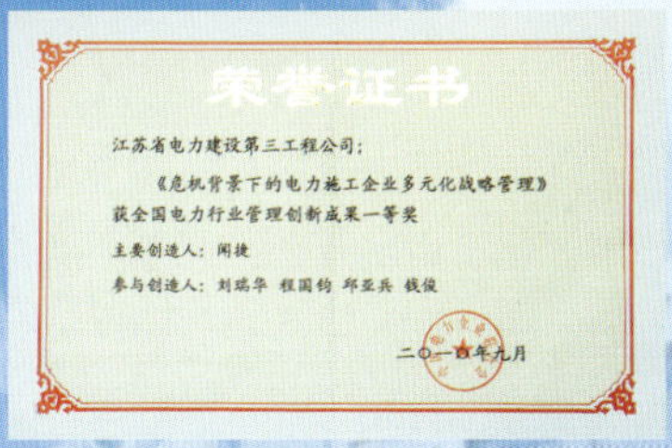

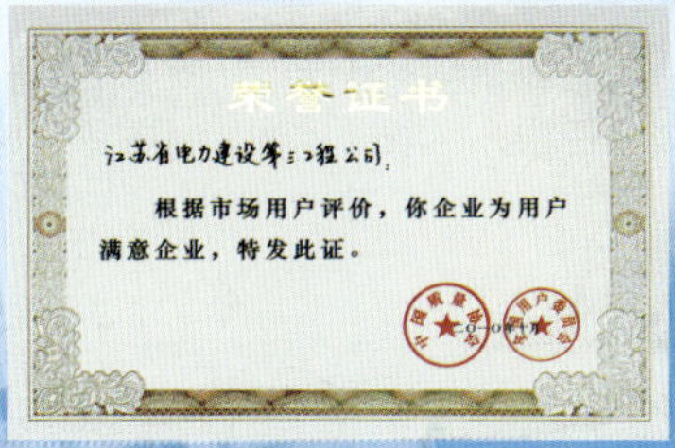

中储粮镇江基地

基地党委书记、公司总经理王嗣强在表彰大会上讲话

基地党委副书记、直属库主任张中在表彰大会上讲话

市委书记许津荣会见中储粮总公司总经理包克辛

总经理王嗣强颁发希望之星奖

中储粮镇江基地地处长江与京杭大运河交汇处，占地面积47.3公顷，拥有长江岸线720米。基地自2007年设立以来，努力加快基础设施建设，不断完善油脂产业链条，服务国家粮油市场宏观调控能力显著增强。

基地拥有中央储备粮镇江直属库和中储粮镇江粮油有限公司两个独立法人单位，镇江直属库承担基地的核心业务，即政策性油脂油料的库存管理，旨在按照“两个确保”“三个维护”全面推进储备粮管理制度化、规范化、科学化和精细化。镇江公司主要负责中央储备油脂油料的轮换经营，为江苏及周边地区接卸中转进口储备粮油，加工销售轮换出库油脂油料，执行粮食宏观调控任务，维护粮食市场稳定。镇江公司还利用现有资源，积极拓展中转、加工、贸易等业务，服务长三角地区及长江流域粮油企业，服务地方经济发展。基地积极探索建立现代企业管理制度，学习借鉴先进企业管理经验，已通过ISO 9001和ISO 22000管理体系认证，体系健全，管理规范。有员工300多人，大专以上学历占70%以上。

2008年以来，经国家发改委批复镇江基地建设粮食现代物流项目，并列入中央预算内投资计划，已批项目相继投入运营，2011年还配套建设大豆加工厂、油脂精炼厂和小包装车间，服务油脂油料轮换经营和市场供应。目标是完善集中转物流、储备、加工、销售为一体的油脂油料产业链，成为中储粮系统在长三角地区的油脂油料储备基地和粮油物流中心，成为国家调控粮油市场的重要载体。公司先后被授予京口区、镇江市劳动关系和谐企业、安全诚信优秀企业，并被确定为2011年镇江市百家民主管理重点培树单位，2011年获得镇江市重大项目完成奖，镇江直属库被评为全国粮油仓储规范化管理先进企业，基地项目办被江苏省总工会评为“江苏省工人先锋号”。

厂区一角

总结表彰大会现场

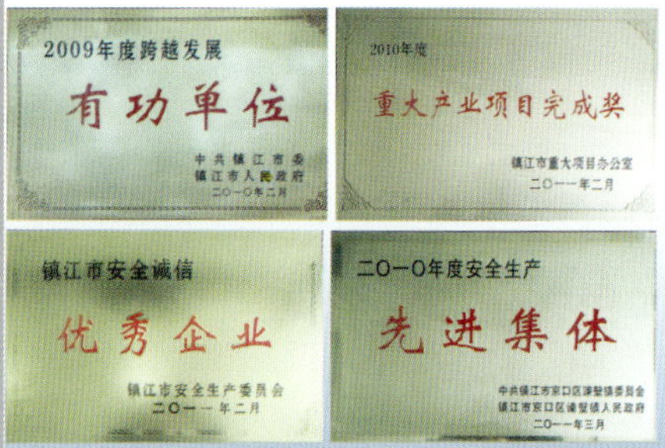

中储粮镇江基地全景图

惠龙港国际
WELLONG PORT INTERNATIONAL

惠龙港国际钢铁物流基地由镇江中油京惠石油化工有限公司和镇江惠龙长江港务有限公司投资兴建，总投资 17 亿元，占地 100 公顷，建设 5000 吨至 7 万吨的对外开放码头泊位 10 座，大型铁路接卸货站 1 座，海关公共保税和出口监管仓库各 1 座，全国最大的钢材期货交割库 1 座，货物监管和贷款担保平台各 1 个，全球可视化以及 IC 卡加 PDA 的信息化系统 1 套，钢材系列加工生产线 11 条，交易配套用房 17 万平方米。

2010 年，惠龙港国际引进钢材生产企业、贸易企业、运输企业 158 户，1 号交易大楼铺位已全部住满。其中正式开始销售的 133 户入驻企业在惠龙港开港开业的头一年就实现开票销售 118 亿元，上缴各种税费超 1 亿元，被评为“镇江首家百亿物流企业”。真正做到入驻企业、惠龙港和当地政府的三方得利，验证惠龙港为入驻企业搭建强大服务平台、开展各个环节的物流增值服务，帮助入驻企业降低运输成本、加工成本、融资成本、经营成本，这种超前的经营理念是科学的，开创了全国单个钢材市场正式开业第一年最好的经营业绩，受到业内广泛的好评。惠龙港国际董事长也因此被评为“中国物流十大年度人物”。

惠龙港实现 100 亿元销售仅仅才是开始，下一步将在 3 年实现 500 亿元销售，开业 5 年吸纳 1000 户钢铁生产企业、贸易企业、加工运输企业入驻惠龙港，实现年基地销售超 1000 亿元。

中国物流与采购联合会会长陆江视察惠龙港

江苏省委书记罗志军到惠龙港视察指导工作

镇江市市长刘捍东在惠龙港国际视察

镇江市市委书记许津荣到惠龙港国际视察指导工作

户外货场

码头装卸

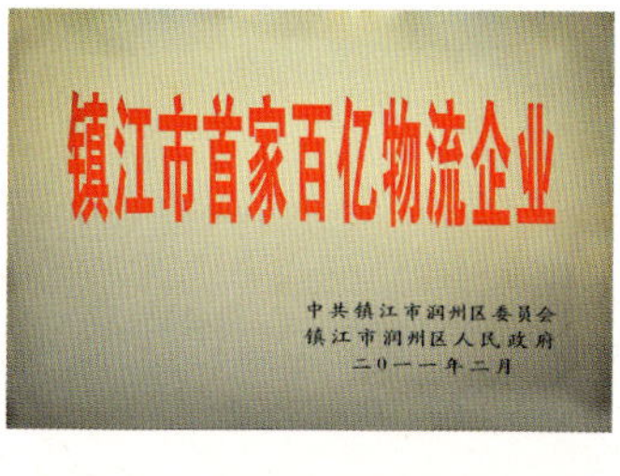

江苏鸿泰钢铁有限公司

一期除尘改造项目

江苏鸿泰钢铁有限公司坐落于镇江市京口工业园，公司有固定资产 11.3 亿元，占地 40 公顷，职工 800 多人，其中中、高级工程师 85 人。公司拥有两座 60 吨电弧炉和两座 80 吨电弧炉，两座 60 吨精炼炉和两座 80 吨精炼炉，两套三机三流 R6m 连铸机，一套五机五流 R8m 连铸机，三条直径 520 半连轧轧钢生产线，一条意大利 POMINI 轧钢生产线。生产 HRB335、HRB400，直径 10～25 规格钢筋混凝土用热轧带肋钢筋，具有年产钢 200 万吨、轧材 200 万吨的生产能力。是一个具有冶炼、连铸、轧材等综合性生产能力的中型钢铁企业，“鹤塔”牌钢筋畅销长三角地区。

企业通过 ISO 9001—2000 质量管理体系认证和产品质量认证，ISO 14001：2004 环境体系认证。

我国钢铁业正在由大向强发展，鸿泰公司也将在近期内向生产精品钢材方向努力。高强度钢材和细晶粒热轧带肋钢筋的技改项目正在加紧实施当中，并进一步开发热轧盘螺和冷轧带肋钢筋等新品。在技术改造中使用新材料、新工艺、新技术，把节能降耗摆在了首位，并加大二次能源的利用，以应对市场的挑战。

“诚信经营、稳健立足、创新致远、务实敬业”是公司的生产经营理念，公司倡导“质量力臻卓越，服务锲而不舍”的市场开拓精神，竭诚与广大客商携手并进，共创多赢！

液氧站

配电柜

厂房一角

生产线

成品库

丹阳龙江钢铁有限公司

厂容厂貌

丹阳龙江钢铁有限公司成立于2003年7月，系由台港客商出资的外商合资企业，总投资2989万美元。公司地处富饶美丽的长三角地段，近邻南京、镇江、常州、无锡、苏州等城市，距上海不足180公里。京杭大运河沿厂流过，沪宁铁路、沪宁高速及312国道距厂仅一公里左右，长江下游大型港口大港港离厂也仅二十公里，交通运输畅达，原燃料采购便捷，市场销售半径密集，区位优势独特。

公司自组建以来，始终坚持科技是第一生产力的原则，紧盯国际、国内高科技前沿，吸取国内同行成功经验，不断提高公司产能升级。经过多年发展，公司已建设成为一个集制氧、烧结、炼铁、炼钢、轧材、精加工为一体的现代化钢铁联合企业。

高　炉

产　品

码　头

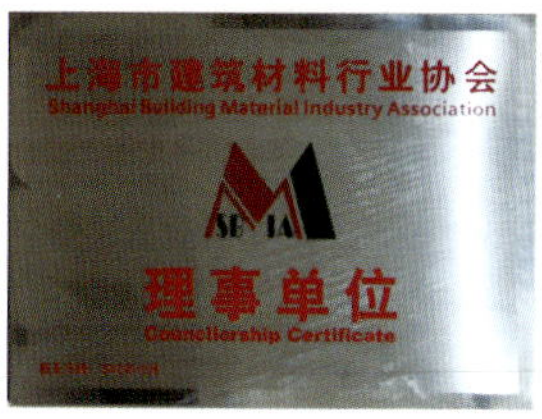

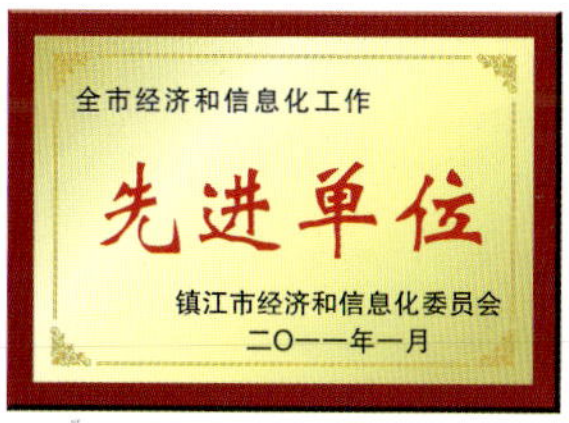

江苏宏马物流有限公司

江苏宏马物流有限公司成立于 2001 年 11 月 30 日，业务范围包括普通货运、物流中心（仓储）、货运代理（代办）、联托运及配载服务、停车场、搬运装卸、地磅服务等。占地 1.6 公顷，拥有员工 182 人。办公仓储面积 12000 平方米，自有车辆 70 辆，核定吨位 1032 吨，长期签约的固定车辆 100 余辆，核定吨位 2500 余吨，年货物周转量达 23500 吨公里。公司主要从事集仓储、运输于一体的第三方物流业务。公司机构设置齐全，下设办公室、业务部、业务二部、财务部、储运部、车队、人力资源部等七个部门。在外设有北京、怀柔、天津、济南、广州、界牌、后巷、镇江、金坛、山东诸城、丹阳开发区商业街等十多个分公司（办事处）。

公司成立以来一直注重品牌的创建，于 2005 年、2006 年注册了“宏马”商标及图案商标，并在 2007~2010 年评为镇江知名商标。连续六年被评为丹阳市“重合同守信用企业”，2005~2009 连续五年被丹阳市运管处评为“先进企业”，2009 年 10 月被江苏省经济与信息化委员会评为省“重点物流企业”，2010 年 5 月被大华国信资信评估有限公司江苏分公司评为信用等级 AAA 级，2010 年 10 月为中国物流与采购联合会常务理事单位。

公司注重与国内客户营造良好的合作环境，现固定客户中有包括上市公司在内的大亚股份、北汽福田以及规模企业江苏申阳集团、江苏鱼跃医疗设备有限公司、镇江万新光学有限公司等大小企业 3000 多家。公司所有承运货物全部由中国人民财产保险股份有限公司丹阳支公司提供货物保险。

2009 年 12 月，江苏宏马物流有限公司与北京宝供福田物流有限公司共同组建了福田物流丹阳集货中心。由江苏宏马物流有限公司专门负责北京福田物流公司在华东地区的采购物流，使江苏宏马物流有限公司的经营登上了一个新的平台，向着全方位的物流服务迈进。

2010 年 6 月江苏宏马物流有限公司与北京宝供福田物流有限公司合资成立江苏宏福物流有限公司，并在江苏丹阳经济开发区创建了江苏宏福物流园，注册资本 8000 万元。

江苏宏福物流园项目是江苏省丹阳市政府 2010 年重点招商引资项目，由江苏宏福物流有限公司建设，依托北汽福田集团在江苏（重点是丹阳市）及华东地区的汽车零部件业务。按北京宝供福田物流有限公司管理模式由江苏宏马物流有限公司为投资主体并运营管理，项目选址位于丹阳经济开发区，距离京杭大运河 1 公里，交通条件十分便利，以公路、铁路和水路运输为主要交通衔接方式。项目建成后将业务范围辐射到华东地区，主要以汽车零部件的集货配送、仓储、展示交易、流通加工、信息服务作为主要运营业务，同时兼顾丹阳市其他产业的相关物流服务，形成年物流量 300 万吨，形成公、铁、水一体的综合性、多功能、设施完善的现代化物流园区。该项目总占地面积约 73 公顷，总建筑面积为 452561 平方米，分为集货配送区、物流仓储区、国际物流区、流通加工区、商贸物流区、综合服务区六个功能区域。

一期开发土地面积 18.6 公顷，计划投资 46000 万元，主要完成项目为综合办公楼、物流信息中心、加油站、停车场 A、机修间器材库、食堂、2 栋职工宿舍楼、1 栋司机宿舍楼、4 栋中转仓库、4 栋配载车间、磅房、停车场 B 部分、车辆调度中心、综合业务楼。建设期限为 2010 年 ~2011 年，一期建设正在进行中。

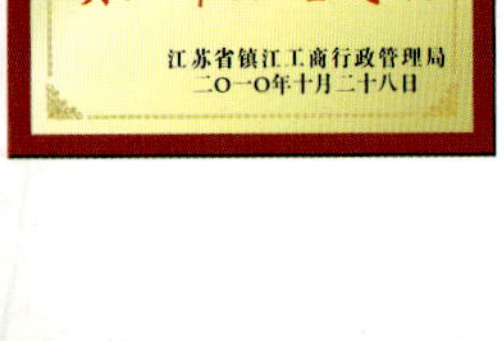

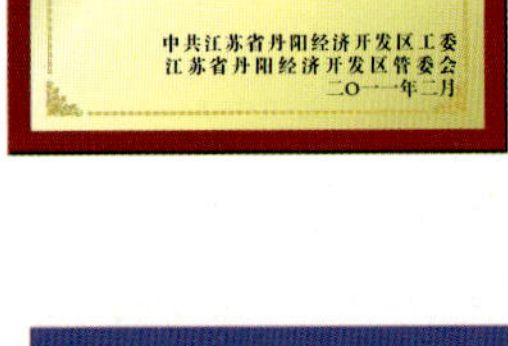

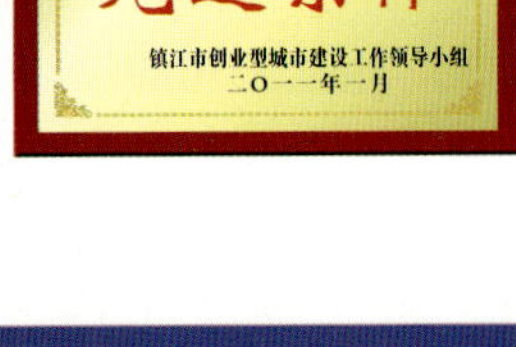

江苏正恺电子科技有限公司

江苏正恺电子科技有限公司，原名镇江市正恺电子有限公司，位于风景秀丽的京口科技工业园区。公司始创于 1995 年，是专业设计、制造和销售射频同轴连接器、同轴电缆组件、无源微波器件及光伏连接器和接线盒的省级民营高新技术企业。

公司占地面积 13000 平方米，生产区域 15000 平方米，注册资金 1000 万元，拥有先进的生产和测试设备 200 余台，其中数控车床 120 余台，以及包括惠普公司的 HP8753D 矢量网络分析仪、天瑞公司的 X 荧光光谱仪和 SUMMITEK 公司的三阶互调仪等先进的测试设备。

公司组织健全并拥有一支高效的队伍。2010 年顺利完成 ISO 2008 版换版工作，共获得受理发明专利 4 项，授权实用新型专利 9 项，外观设计专利 14 项；2010 年被认定为省高新技术企业和省创新型企业，被认定省高新技术产品 2 项，批准建设省工程技术研究中心 1 处。

近年来，公司销售产值一直保持稳步增长，每年均以 30% 的速度递增，2010 年实现销售额 8169.4 万元，创汇 186 万美元。

公司被政府部门多次授予“光彩之星、明星企业、诚信纳税企业、A 级信用企业、科技创新先锋和民营经济发展先进集体”等荣誉称号。

董事长兼总经理　徐正

情系灾区

生产车间一角

先进的生产设备

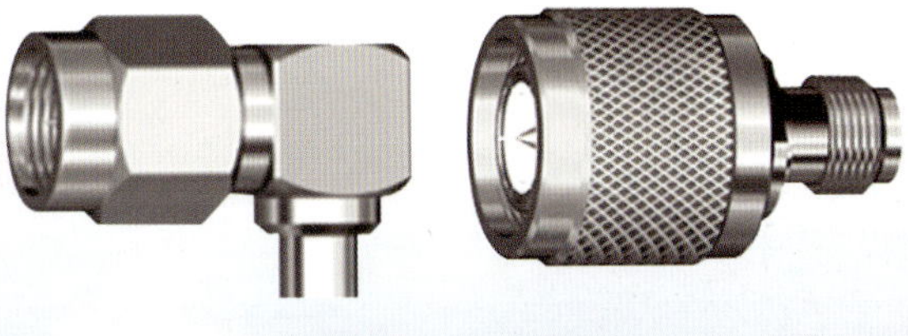

SMA公头弯式连接器

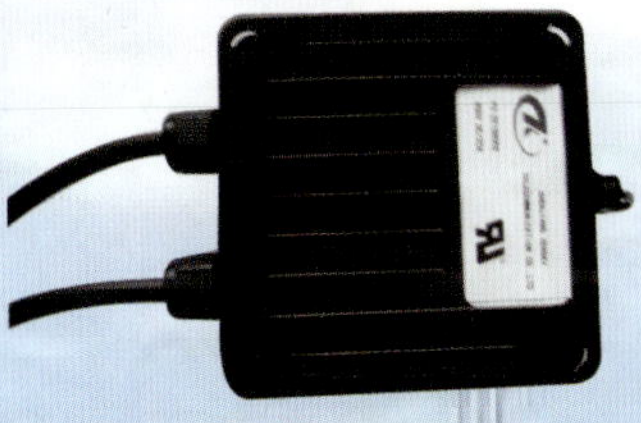

接线盒外观

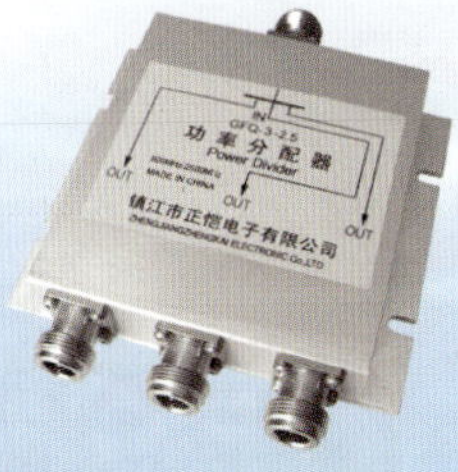

三功分器（100W）

镇江环太硅科技有限公司

多晶产品

多晶硅片

单晶棒及单晶片

镇江环太硅科技有限公司成立于 2004 年 1 月，是国内首家专业制造太阳能硅片的企业。公司主要经营单、多晶硅铸造，单、多晶硅片切割，硅材料清洗，硅片加工废切割液（碳化硅、聚乙二醇）回收等，是国家高新技术企业，江苏省科技成长型企业，镇江市和扬中市三十强企业，江苏省文明单位，AAA 级资信企业，江苏（镇江）太阳能光伏产业园重点依托企业。

公司自主研发的大面积超薄型单、多晶硅片荣获江苏省高新技术产品、国家重点新产品和江苏名牌产品称号。公司与国内外一流的电池制造商合作，其产品各项性能指标均达到国际先进水平。

公司注重技术进步与品牌发展战略，与国内著名高校和科研机构合作，拥有一批以教授、博士、硕士等组成的高素质科研开发队伍，拥有从事拉晶、铸造、切片 6 年以上的技术工人 500 多名，公司总人数已达 2000 多人。公司成立江苏省太阳能级硅材料工程技术研究中心，开展前瞻性、战略性、关键性技术的研究开发。

公司下辖的光伏企业有：

镇江环太硅科技有限公司

高照太阳能科技有限公司

江苏美科硅能源有限公司（与美国 MEMC 合资）

镇江大旺奥克硅技术有限公司（与辽宁奥克合资）

江苏吉星新材料有限公司

公司奉行“绩效导向、高效协作、精益生产、共享成长”的经营管理理念，推行 ISO 9001 质量管理体系、ISO 14001 环境管理体系，运用 ERP 管理系统、OA 办公系统、5S 等先进管理方法。广纳天下英才，倡导和打造最佳雇主品牌。

环太将“用全球视野观察问题，用世界思维分析问题，用国际惯例解决问题”，为人类清洁能源快速发展，为建设规范的令人尊敬的公司而不懈努力！

环太点亮世界　诚信铸就伟业！

多晶车间

江苏润阳伟业科技有限公司

董事长　蒋蔼其

江苏润阳伟业科技有限公司地处长江三角洲鱼米之乡的丹阳市，是上海经济圈和长江经济带辐射的最佳区域。北有沪宁高速公路，沪宁高速铁路；南有宁杭高速，沿江高速；东有上海浦东国际机场，西有南京禄口国际机场。这里被誉为沟通南北的“黄金通道”，人流、物流、信息流、资金流活跃。这里气候宜人、物华天宝、交通便利、地理条件得天独厚。

公司是生产苯丙乳液、纯丙乳液及羧基丁苯乳液系列粘合剂的专业化工厂，生产的润阳牌胶黏剂系列产品有 20 余种，特别是羧基丁苯造纸胶及羧基丁苯地毯胶占主导地位，工艺先进，质量稳定，均通过 ISO 9001：2001 质量管理体系、ISO 14001：2004 环境管理体系、GB/T28001：2001 职业健康安全管理体系的认证。企业资信等级为 AAA 级，是江苏省重合同信用企业，江苏省高新技术企业，镇江市明星企业。

羧基丁苯胶乳（地毯专用粘合剂）

羧基丁苯胶乳（造纸粘合剂）

江苏河海建设有限公司

金山文化广场及金山湖湖面扩大工程

滨江旅游专线木栈桥工程

金山湖桥工程

江苏河海建设有限公司是由镇江市水利建设工程总承包公司和镇江市水利工程处合并改制而成，经江苏省建设厅审定的“水利水电工程施工总承包二级”资质企业，公司以水利水电工程施工为主业，同时拥有“市政公用工程施工总承包二级”“地基与基础施工专业承包二级”“机电设备安装工程专业承包二级资质”“工民建工程施工总承包三级”资质，是集水 利、市政、基础、安装、工民建工程为一体的综合施工企业。

公司创建于五十年代初，一直从事水利、电力、交通、市政、基础、工业民用建筑工程的施工，为江苏省水利、市政等基础设施建设作出巨大贡 献，积累丰富的施工和管理经验。其中丹徒闸枢纽工程被省水利厅评为“优秀工程”“文明工地”；镇江市滨江旅游专线桥梁工程被评为市级“文明工地”，湖西引排九曲河枢纽整治工程被中国水利工程协会评为中国水利优质工程“大禹奖”。

公司十分注重管理创新和技术创新，重视员工的培训和“三新技术”的推广应用，不断加大科技投入，大大增强企业的发展后劲。2002 年通过 ISO 9001 质量体系认证，使公司的管理更趋规范，公司坚持诚实守信，质量第一的理念，致力于建立诚信企业，连续多年被评为诚信经营单位，重合同、守信用单位，安全生产先进集体。

大禹奖

公司办公大楼

滨江旅游专线道路工程

焦南闸工程

地址：镇江市学府路89号
电话：85377797
传真：85377779

江苏锋泰钻石工具制造有限公司

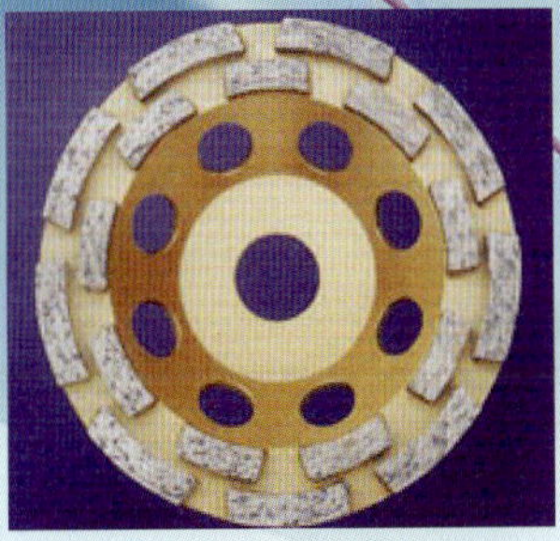

双排磨轮

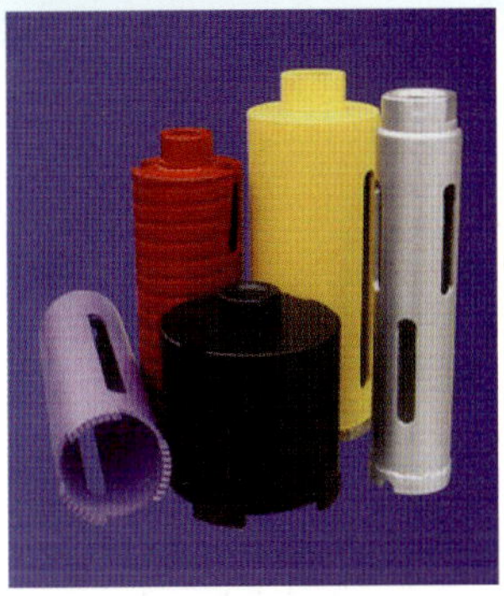

干式打孔钻

江苏锋泰钻石工具制造有限公司坐落于江苏省丹阳开发区，经过十余年的不懈努力，公司发展成为一个较大规模的金刚石切削工具制造企业，拥有员工520余人，各类技术和管理人员90余人。

公司实力雄厚，有专业的生产技术，全球性的销售网络，先进的生产工艺装备。产品远销欧美、东南亚等世界各地，深受顾客的青睐。

公司实行科学化管理，所有产品通过MPA安全质量认证，出口产品质量许可证，先后通过ISO 9001：2008质量管理体系和ISO 14001：2004环境管理体系认证。公司连续多年被评为镇江市重合同守信用企业、2007～2008年度镇江市20强私营企业、丹阳市50强企业、镇江市出口创汇先进企业、镇江市环境保护先进单位、全国外商投资“双优”企业，连续四年被评为镇江市劳动关系和谐企业。江苏省出口名牌产品、江苏省名牌，“锋矛”商标被评为江苏省著名商标和中国驰名商标。公司成为江苏大学技术实践基地，共同成立工程技术研究中心。

江苏锋泰钻石工具制造有限公司董事长邱新国（丹阳市政协委员、市工商联执委、锯业商会会长）一直坚持“以人为本、回报社会”的办企宗旨，在致力于做大做强企业的同时，积极参与光彩事业，累计支持地方事业发展、向弱势群体捐赠近100万元。公司共向社会提供500多个就业岗位，公司内部安置下岗失业人员近200名，在保证企业员工与企业的同步发展过程中，更好地为社会造福。

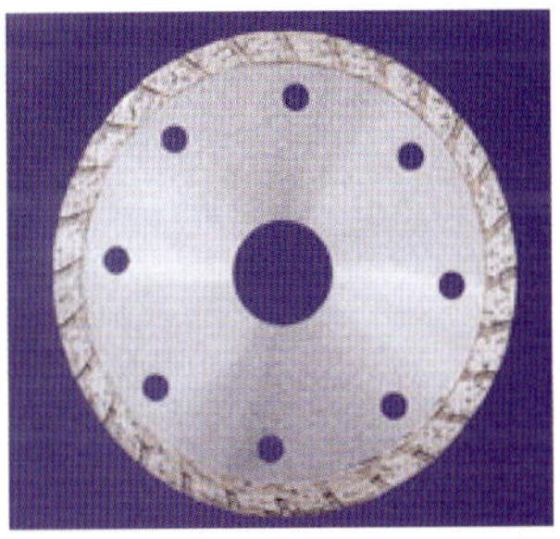

热压波纹片

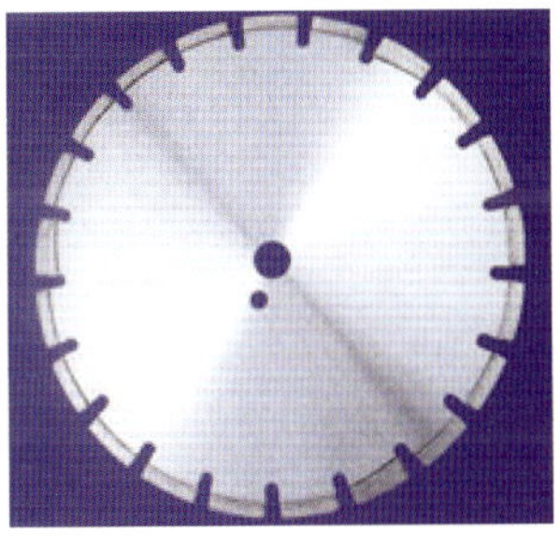

沥青 绿水泥／斜高齿

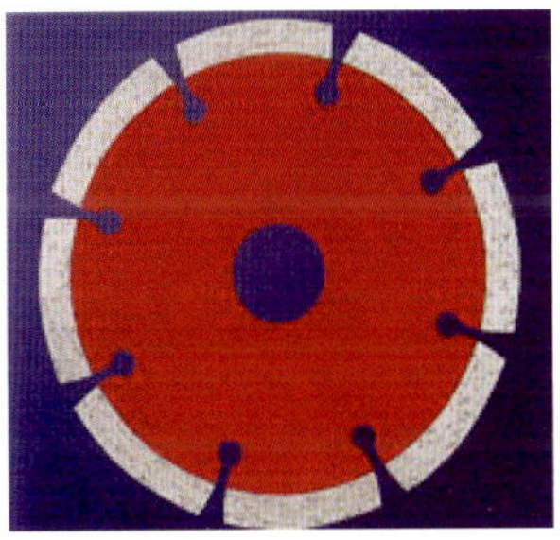

冷压干片

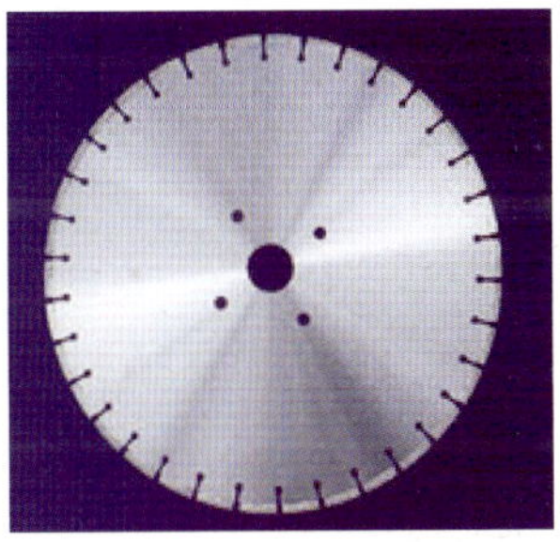

高频焊接片

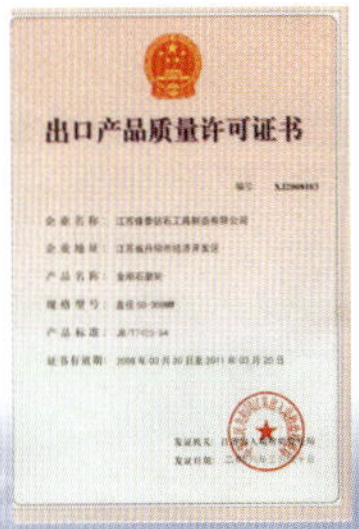

江苏超力集团

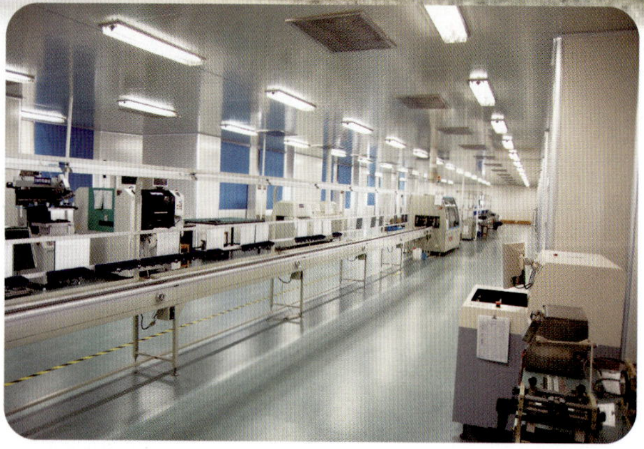

厂房

车间

以沈中泉为法人代表的江苏超力集团是顺应 21 世纪汽车产业发展的需要，采用现代企业制度建立和发展起来的高新技术企业。

江苏超力集团是以研发、生产汽车专用的各类散热器带风扇模块总成、空调用鼓风机总成、冷凝器风扇总成、蒸发风机、直流电动机、无刷电机、汽车散热器、暖风机、EPS 汽车电动助力转向系统、空调控制器、洗涤器、缓速器、燃油加热器、汽车轮毂等系列产品的专业厂家。“超力”商标是江苏省著名商标。

集团总投资 3 亿元，总占地面积为 20 万平方米。下设江苏超力电器有限公司、江苏超力散热器有限公司、上海诚隆超力电器有限公司、海南超力电器有限公司、安徽超力电器有限公司、开封超力电器有限公司、南京惠俊技术开发有限公司，并在美国汽车城底特律设立超力分公司。

集团于 2004 年通过 ISO/TS16949 质量管理体系认证，并不断加大科研投入，以市场为导向与主机厂进行新品开发，通过计算机辅助设计分析、测试及信息管理技术，合理规划产品研发周期，不断满足客户需求。

集团从日本、英国、丹麦等国引进先进的电枢、电机、散热器等产品的生产、检测和实验设备，确保产品的准时交付和品质上乘。集团风机年产量达 350 万台（套），水箱散热器年产量达 80 万台。集团有自己的独立实验室，具有噪声、振动、盐雾、高低温、喷淋、风量、寿命等全套检测手段及产品实验能力。

集团与众多知名品牌轿车、微型车、轻型和大中型客车等车型进行一、二次配套，如一汽大众、一汽海马汽车、华晨金杯、奇瑞汽车、戴姆勒一克莱斯勒、南汽名爵、长城汽车、上汽通用五菱、东风柳汽、东风悦达起亚、江淮 JAC、郑州宇通、厦门（苏州）金龙、华泰特拉卡、南京依维柯、重庆力帆、昌河北斗星，并向美国、加拿大、瑞典、韩国等国家批量出口。

空调控制器

散热风机

洗涤壶

直流电动机

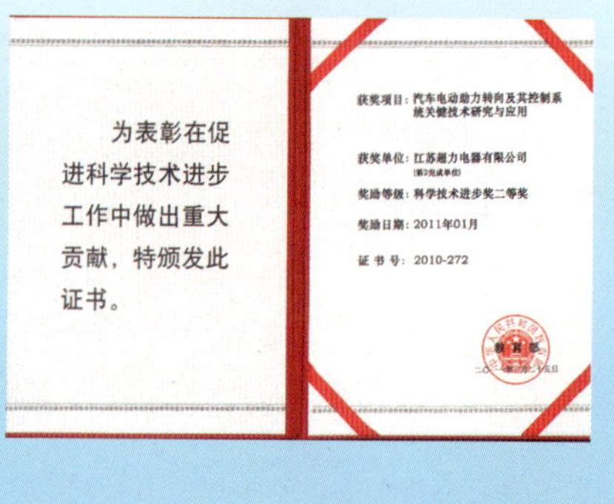

江苏朗景幕墙科技有限公司

LONKING JIANGSU LONKING CURTAIN WALL SCIENCE AND TECHNOLOGY CO.,LTD

江苏朗景幕墙科技有限公司成立于 2005 年 11 月，注册资金 1800 万元，是集建筑幕墙、建筑装饰装修、钢结构、建筑门窗工程设计、制作、安装、施工为一体的专业企业。

公司拥有建筑幕墙设计与施工壹级资质、建筑装饰装修设计与施工贰级资质、钢结构及金属门窗工程专业承包资质。公司是中国建筑金属结构协会会员、中国建筑装饰协会会员、江苏省建筑装饰协会会员、江苏省建设机械金属结构协会会员、镇江市装饰装修行业协会副会长单位。

公司坐落在江苏省镇江市丹徒区沿江公路 99 号(近经十二路口)，拥有固定资产 2600 多万元，员工 150 多人，其中高级工程师、工程师、国家注册一级建造师等专业技术、管理人员 40 多人。公司占地 26000 平方米，拥有办公及生产厂房 16000 平方米，公司拥有多条先进的数控幕墙加工中心、铝合金门窗、塑钢门窗、中空玻璃、钢结构生产流水线及相关的检测设备，年生产加工能力 50 万平方米。

公司自 2007 年起连续五年被江苏省装饰装修行业协会及镇江市装饰装修行业协会评为"江苏省优秀装饰企业"及"镇江市优秀装饰企业"，2010 年被评为"重合同守信用企业"，产品被评为"镇江市知名商标""镇江市名牌产品"，被江苏省机械金属结构协会评为"建筑门窗二十强企业""建筑幕墙优秀企业"，公司法人邹浩连续 3 年被江苏省装饰装修行业协会评定为"江苏省装饰装修行业优秀企业家"。

公司至今荣获各类工程优质奖 26 项，其中"镇江市优质建筑工程(北固杯)"18 项、"江苏省建筑装饰优质工程(紫金杯)"7 项、江苏省装饰装修行业科技示范工程奖 1 项。

地址:镇江市丹徒区沿江路99号　邮编:212143　电话:85585888 85588500　传真:84560222

建筑幕墙工程设计与施工一体化一级资质
建筑装饰装修工程设计与施工一体化二级资质
钢结构、金属门窗工程专业承包资质
2008~2010年度江苏省优秀装饰企业

中国建筑装饰协会会员单位
中国建筑金属结构协会会员单位
镇江市装饰装修行业协会副会长单位
镇江市重合同守信用企业　镇江市知名商标、镇江名牌产品

永铸精品 · 朗景天下

中国重汽
SINOTRUK
一步到位 步步到位

重卡领航者

国重汽镇江 4S 店：江苏朗景汽车销售服务有限公司　地址：沿江路 99 号(镇江车管所西 1.5)公里　销售热线：0511-85581888

镇江首家汽配专业市场

填补市场空白 ZHENJIANG SINB AUTO WORLD

ZHENJIANG SINB AUTO WORLD

/财富镇江\

星宝汽配城

ZHENJIANG SINB AUTO WORLD

星宝汽配城占地7公顷，项目总资近10个亿，完全运营后可形成40亿元的营业额，年创利税4亿元，将为镇江经济做出巨大贡献。

星宝汽配城是目前国内唯一的汽车全功能商业综合体。紧跟汽车产业发展潮流，整合行业资源，实现汽车后市场专业化、一体化。

整个商场分为汽车生活中心、中央采购区、汽车配件交易区、汽车用品交易区、物流配送中心、配套服务中心、企业总部大厦等7大板块。

汽配城有汽车贸易、实物展示、电子商务、车联网平台、品牌宣传、物流配送、配套服务、大型会展、行业咨询等9大功能区，构筑现代化、专业化、一体化的超级汽配。

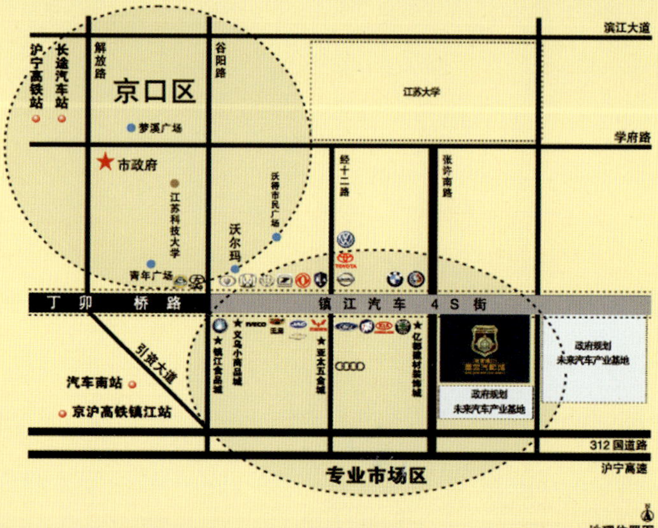

地理位置图

财富热线：0511- 8998 5550 / 8998 5551 免费热线：400 880 1535

项目地址：镇江 丁卯桥路375号（亿都建材城东200米）投资商：星宝集团 /开发商：镇江新路置业 / 设计单位：鼎实国际

商业运营：镇江星宝商业管理有限公司 / 营销企划：上海元和置业

镇江皇冠假日酒店

总统套房客厅

宴会厅

全日餐厅

镇江皇冠假日酒店由HEBRON ENTERPRISES LIMITED出资兴建，位于长江风光带以南，镇江市长江路27号。项目占地12236平方米，总建筑面积47012平方米，地下一层，地上二十三层，总高近百米，是镇江市第一家按五星级标准建设的酒店。集娱乐、餐饮、健身、休闲、商务等功能于一体，拥有333间尊贵高档客房和大型国际会务中心。该项目由南通三建总承包建设，委托国际知名品牌美国洲际酒店管理集团经营管理，并授权冠名皇冠假日酒店。预计在2012年1月1日正式运营。

镇江 兴润贵府大酒店

镇江兴润贵府大酒店位于润州路9号。酒店装饰富丽堂皇、豪华典雅，古典文化与现代艺术交相辉映，营业面积7000余平方米，自备大型免费停车场，拥有不同风格的豪华包房50余间。中央空调四季如春，可同时接待1200人用餐，酒店以弘扬美食文化，致力于打造餐饮名店为己任。“贵府高贵价格不贵”的市场定位和特色菜肴及优质服务深得各界人士的厚爱与支持。

酒店集粤港名菜、淮扬经典、天府风情、齐鲁珍味之中华美食为一体。并特聘谭氏官府菜正宗传人林伟大师主理燕、鲍、翅、参系列滋补养生菜肴。“昔日帝王宫廷宴，今朝贵府寻常席”。实为商务宴请、亲朋小酌、喜庆宴席、大型会议用餐的理想酒店。

江苏润江建设工程有限公司
丹阳市润途沥青搅和有限公司

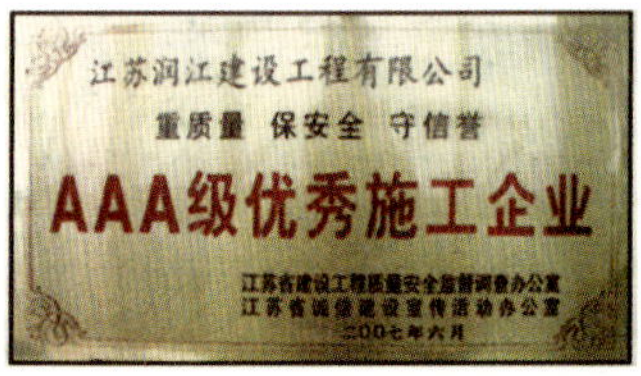

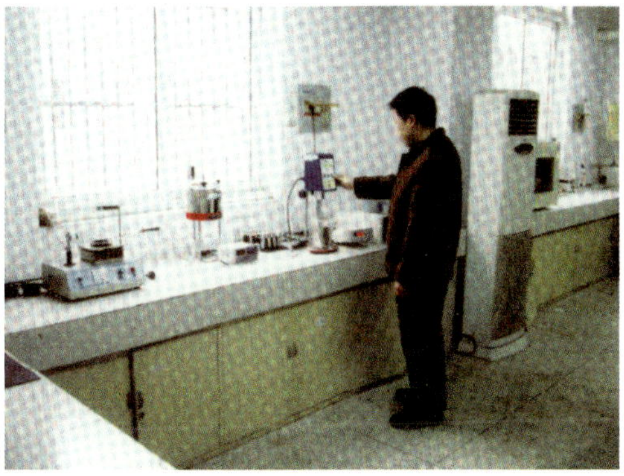

沥青实验室

江苏润江建设工程有限公司是一家具有三级资质总承包的施工企业。企业主要从事道路桥梁、市政工程建设等。公司位于交通便利的江南名城——丹阳市，公司注册资本 2600 万元，拥有各种大中型施工机械，并有一支高度敬业、团结合作的优秀团队。公司先后参与镇江市经十二路一期工程、南京市经五路北上一期工程、镇江市兴港路（烟墩山路口）雨水改造工程、镇江市滨江旅游一期工程、镇江市万古一人路道路工程、镇江沃得花园小区道路路基整修及沥青路面工程以及丹阳市区域供水市区至横塘段等工程施工。

2008 年公司又在丹阳市司徒镇河阳工业园新建了丹阳市润途沥青搅和有限公司。公司占地面积 3 万余平方米，总投资 3000 余万元。公司引进英国 ACP-2000 搅合楼、8820、ABG423 摊铺机、YZC12 双钢轮压路机、16 吨胶轮机，并配套乳化沥青生产设备及沥青洒布。公司现有管理、技术、施工人员 150 余人。超强的管理，使公司迅速成长为本地区有较强竞争力的企业。

董事长韦建华率全体员工热诚期望与社会各界真诚合作，共创新的辉煌。

沥青洒布车

工程现场

生产设备

INTERNATIONAL WANDA

国际万达 百年企业

CENTURY ENTERPRISE

万达，永不止步的商业地产先行者

万达集团创立于1988年，已形成商业地产、高级酒店、文化产业、连锁百货、旅游度假五大支柱产业，企业资产1400亿元，年销售额800亿元，年纳税95亿元。万达集团已在全国开业33个万达广场、15家五星级酒店、600块电影银幕、26家连锁百货店、30家量贩KTV。计划到2012年，企业资产2000亿元，年销售额1200亿元，年纳税200亿元，成为世界级的企业。

北京CBD万达广场

大连万达中心

23年50余城，运筹中国商业地产

万达23年，足迹跨越北京、上海、天津、大连、重庆、宁波、镇江等50余座城市，以国际前瞻性思路引领中国城市发展方向，以开拓者的姿态缔造中国城市新高度，傲立于商业地产先锋地位。2010年，全国15个已开业万达广场，即使是在绍兴、宜昌这样的三线城市，当天的客流都突破30万人次！

镇江万达广场
ZHENJIANG WANDA PLAZA

ZHENJIANG WANDA PLAZA

镇江万达广场璀璨绽放
南徐新城CBD强势崛起

新中心落成 世界级综合体模式开辟全新格局

2009年底，万达带着“23载，50余城”的商业拓展经验，带着在探索中进取与成熟的第三代城市综合体，落址南徐新城核心。

随着政府行政中心的迁入、沪宁城际铁路站的成功建成，周边中高档社区的纷纷落成以及人口数量的不断增加……南徐新城正在全面崛起，同时也迫切呼唤着这个新中心的商业配套进一步跟进。此时，一个巨资打造、近40万平方米庞大体量的镇江万达广场横空出世，一举成为担当镇江经济腾飞的新动力引擎。

镇江万达广场效果图

镇江万达广场效果图

镇江万达广场效果图

万达广场盛大开业 镇江首个国际化都会商圈强势崛起

作为领航镇江商业的龙头项目，镇江万达广场位于南徐新城核心，背靠新市政府，紧邻沪宁城际铁路及长途客运中心。项目由国际购物中心、室外商业步行街、五星级喜来登酒店、中心名宅和金钻小户型组成，是镇江迄今为止最大的城市综合体项目。

万千百货、万达电影院线、大玩家、大歌星等 6 大主力店以及 ZARA、满记甜品等约 50% 国际国内知名品牌首次亮相镇江，推动镇江商业等级发展。

镇江万达广场的盛大开业，为镇江市民提供一个“一站式”消费场所，全方位地满足消费者的日常需求，极大地改变原来镇江市区商业中心的格局，实现镇江商业的转型，为整个区域带来巨大的经济效益和社会效益。

TEL/0511-8588 8888

投资商：万达集团　开发商：镇江万达广场投资有限公司

镇江市农业产业化经营龙头企业

镇江市五峰茶场

镇江市五峰茶场地处镇江市西郊、五州山北麓，属宁镇丘陵地区。茶场创建于1986年2月，茶园面积60公顷，生态环境优良，空气清新，茶园方圆5公里内无工业“三废”排放企业。茶树优良品种率达80%以上，年产茶叶23吨，产销率达100%，呈供不应求趋势。

2002年五峰山茶场生产的“彭公”牌“金山翠芽”“五峰迎春”茶双双荣获国际名茶评比金奖，同年通过国家无公害农产品产地认证和产品认证。2003年茶场通过镇江市、润州区两级良种茶叶科技示范园达标验收；2004年茶场被镇江市政府授予农业产业化经营龙头企业。中国茶叶学会首批命名的全国12家“茶叶科技示范基地”之一，江苏省茶叶协会理事单位。2005年3月经中国农业科学院茶叶研究所有机茶研究与发展中心OTRDC有机认证，专家组实地检查和综合审核，符合有机茶标准要求，允许使用有机食品标志；2006年5月通过绿色食品认证，在全省茶叶企业首批通过QS市场准入质量安全认证。

2006年7月，茶场投入800万元，结合戴家门路新建和茶场场区搬迁，新建办公大楼，高标准建造符合食品卫生要求的厂房和配套设施用房5600平方米，茶叶低温冷藏保鲜库2座。企业严格执行企业标准和行业标准，建立茶叶生产全过程的产品质量安全控制方案，完善茶叶质量追踪溯源制度，以打造“金山翠芽”“五峰迎春”茶精品品牌为抓手，努力提高产品质量。

2007 年，“彭公”牌注册商标荣获“江苏省著名商标”；“五峰迎春茶”被评为“江苏省名牌农产品”。

2009 年，注册商标“五峰迎春”牌荣获“江苏省著名商标”。五峰茶场是中国名茶—— “金山翠芽茶”农产品地理标志有生产销售资质的五家生产企业之一。2010 年，第十四届“陆羽杯”评比中“彭公”牌五峰白茶、金山翠芽茶双双荣获一等奖。2011 年全国第九届“中茶杯”茶叶质量评比中，“彭公”牌金山翠芽茶、“五峰迎春”牌五峰迎春茶双双荣获一等奖。

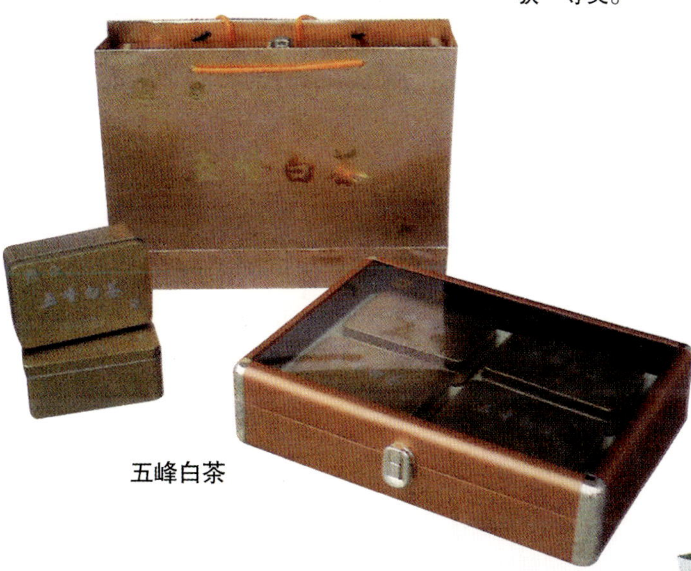

五峰白茶

五峰迎春、金山翠芽

【金山翠芽】

【五峰香怡】

场址：江苏镇江戴家门收费站西侧800米　电话：85723277

传真：0511-85729277　邮编：212111

中央电视台宣传品牌
茅山杯全国象棋冠军赛指定礼品
江苏省第六届农运会指定保健礼品

茅宝®

江苏名牌

茅山特产

养生之宝

茅宝® 葛根茶

北有人参　南有葛根

葛根属国家卫生部批准的药食兼用植物，在民间有3000多年食用历史。在古今医药专著《神农本草经》《本草纲目》《名医别录》等等都对葛根药食功效有详细记载：解酒、开胃下食、调节血压、血糖、血脂、治痔疮、通便排毒、美容养颜。

象棋冠军徐天红在德国向西门子核电总工程师莱德先生赠送茅宝葛根茶

象棋冠军徐天红、许银川代言茅宝葛根茶

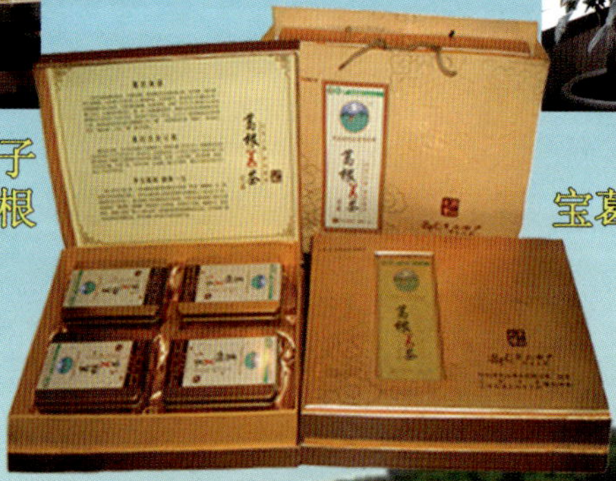

葛根王茶（贡品）

句容茅宝葛业有限公司　电话：0511-87239629
手机：13952931985　网址：www.zgmbs.com

长三角·恒顺城
恒美嘉园3期
古运河畔·4万平米人文景观社区
房地产业
镇江年鉴
2011 YEARBOOK
南临古运河/北邻恒顺实验小学
坐拥欧尚成熟商圈/占据镇江最优越的教育资源
小面积多功能复式挑空住宅备受青睐
86-118平方米多种户型任你选择
火爆热销中
4万平方米人文景观社区
拥世界500强欧尚超市成熟商圈 ● 恒顺生活圈 完美配套 ● 古运河畔百步之遥
幼儿园到大学的一站式全程化教育环境 ● 多功能、节能环保小区
品鉴热线 88787888/88787000
开发商：镇江恒顺房地产开发有限公司 全程策划：上海世唐

宏泰置业(镇江)有限公司

宏泰置业(镇江)有限公司是香港宏泰国际集团有限公司在国内设立的投资管理实体，公司性质为外商独资企业。是一家现代化房地产开发企业，公司注册资本为1200万美元，总投资达2300万美元，拥有房地产二级开发资质。自公司成立以来，先后在福建、湖南、江苏镇江等地投资开发房地产项目面积累计达50多万平方米，总投资超15亿元。公司开发的“宏泰东锦花园”项目位于镇江市丁卯新区。公司秉承“提高人居品质，提升城市形象”的开发理念，着力为镇江人民塑造一座具有现代高尚生活品质的居住社区。

地　址：纬五路8号(沃尔玛北200米)　电　话：0511-83355555

中南镇江房地产开发有限公司

5年历程，以运营城市的理念深耕镇江

Central living district Central living district

中南镇江公司为中南控股集团旗下的子公司之一，成立于2006年,以中南世纪城打开镇江市场，秉承着精工建造的理念，为镇江人民呈现出一派西班牙生活风情，成为区域内乃至全市的项目标杆。

2011年，中南镇江公司三盘联袂上演，必将成为市场瞩目的焦点。在中南世纪城62万平方米的基础之上，中南集团又斥资拿下两幅地块，为公司未来的发展奠定了坚实的基础，从而形成开发的系列性、连续性，打造出中南的品牌影响力，为镇江市民呈现更好的产品，未来公司开发量将超过百万平方米，在镇江如此规模尚属首例。

中南·世纪城：升级版洋房，品质生活新体验

中南世纪城，从消费者角度出发，以先进的居住理念精心打造高尚住宅，洋房、联排、叠加、高层，全系产品敬献镇江市民，最大化满足不同客户的购房需求。同时园区靠近国家4A级旅游风景区焦山，自然景观不可多得，生活环境无可比拟。

作为别墅社区里的洋房产品，中南世纪城以别墅理念打造时尚电梯洋房，以豪宅的尺度引领高品质生活。超高绿化率让每一户家庭与大自然零距离接触，鸟语花香、草长莺飞……实现人生花园家的梦想，而低总价的优势更是吸引了大批新老客户。在中南，尊贵品质毋庸置疑。

中南·锦园：全新叠加，户户电梯

2011年中南全新力作——中南锦园，低密度叠加产品，一二有天，三四有院，大量赠送空间超越想象；超低容积率，更大空间，更多景观资源，西班牙风格，每日上演异域风情大戏；优良的配套、完善的物业管理让您体验从未享受过的尊荣品质。最后的臻品，值得一生珍藏。

中南·锦城：品质高层，镇江新贵生活圈

2011年，中南锦城项目，将打造品质高层产品，新古典主义建筑风格，力邀镇江精英人士入驻城市中心新生活。这里，镇江新贵阶层人士云集；这里，是同一圈层人士的聚会，拥有共同的话语圈，共享最新最全生活资讯，共同鉴证城市的发展，共同见证中南的成长。城市新贵族生活，中南恭迎入主。

益华广场 CITY MALL

广东益华集团投资有限公司

一个益华 一座新城

广东益华集团投资有限公司是综合性投资公司，总部位于广东省中山市，主要投资酒店业、百货业、餐饮业、药业、建材业、电子业等多个行业。

"益华广场"是广东益华集团投资有限公司连锁经营的大型商业广场的成功品牌。旗下 80% 的业态自我持有自我经营。

目前，广东益华集团投资有限公司应各地政府邀请，正在积极筹备在多个城市投资建设更多的现代商业航母——"益华广场"。集团投资经营的中山益华广场、古镇益华广场、江门益华广场、清远益华广场等被誉为当地的CBD。

江苏镇江益华广场是在位于江苏省镇江新区大港片区的中心商贸区内投资兴建的城市综合商业体项目占地 67 公顷，是广东益华集团投资有限公司"走出珠三角"战略中，长三角板块的第一个桥头堡。独创的自建自营"一站式"城市商业综合体，以五星级酒店、购物广场、步行街、时尚公寓等多重物业类型为主，集购物、娱乐、餐饮为一体的综合性开发项目。

"一个益华，一座新城。"成为益华的社会责任。

镇江益华广场项目总投资 20 亿元，位于港南路以南、港中路以西、银山南路以东，CITYMALL 部分占地约 20 公顷。一期建设五星级酒店、商业裙楼及酒店式公寓总建筑面积约 16 万平方米，其中酒店为双子楼结构，一栋 32 层，高度 140 米；另一栋 25 层，高度 100 米；总建筑面积约 5.2 万平方米；酒店式公寓 18 层，高度 70 米，建筑面积约 5.9 万平方米；综合商业裙楼高 3 层，建筑面积约 4.8 万平方米。

镇江益华广场，近 30 万平方米自创"一站式"城市商业综合体，打造商业黄金航母，领衔未来新城发展。

广东益华集团将利用自身成熟的广场营运模式，结合政府的城市规划，将项目建设成镇江新区的标志性建筑，成为镇江市的商业、文化、经济交流和商业旅游中心。

CHINASUWINE
綿柔
蘇酒

中国驰名商标
雙溝珍寶坊

雙溝珍寶坊 酒
懂得通融 方能从容
珍宝坊原浆 68°
中國馳名商标
雙溝珍寶坊
聖坊
江苏双沟酒业股份有限公司

六和液
万象六和
中国之和
Everything Is Harmony
大境界 六和液
"和文化"白酒标杆品牌
LIU HE YE
六和液
酒精度:52%vol
WULIANGYE YIBIN CO., LTD.
净含量:500mL
尽享和美时刻
五粮液股份有限公司扛鼎之作
总经销:镇江峰华饮品有限公司
垂询热线:0511-85275799 85276906

WULIANGYE
五粮液
尊享和美时刻
五粮春
名门之秀五粮春·香醉人间三千年
峰华饮品有限公司，是镇江专营各类名酒的著名酒商。
峰华饮品经销的主要品牌有，五粮液核心产品：五粮液老酒、五粮液 1618、五粮液（普）、六和液，五粮春，水井坊，高炉家酒（系列），张裕干红（系列），杰克丹尼洋酒（系列），燕京啤酒，喜力啤酒……还拥有五粮液专卖店、张裕名品专卖店。
峰华饮品自 1996 年春天成立以来，坚持秉承『以诚做事、以信经商、以情做人』的经营理念和服务宗旨，赢得了良好的信誉与口碑，并以著名品牌多、经营规模大、市场占有率高雄踞镇江酒业前列。
峰华饮品为镇江市酒类协会副会长单位、维权协会常务理事单位，江苏省放心酒销售单位等。
WULIANGCHUN
五粮春
WULIANG CHUN
五粮春
五粮液股份有限公司
WULIANGYECO.,LTD. YIBIN. SICHUAN. CHINA

中国名酒
黄鹤楼®
酒
百年品牌 · 百强企业
武汉天龙黄鹤楼酒业有限公司
WUHAN PRIDE YELLOW CRANE TOWER DISTILLERY CO.,LTD.

中国名酒·黄鹤楼酒
中华老字号
China Time-honored Brand
知名酒业
镇江年鉴
2011 YEARBOOK
中国名酒
黄鹤楼
五福临门
酒
五福临门
酒